說郛三種

〔明〕陶宗儀 等編

上海古籍出版社

說郛卷第四十一

宣室志十卷　唐張讀字聖用常山人吏部侍郎

隴西李賀字長吉唐鄭王之孫雅而能文尤善樂府詞句意新麗名聞天下以晉肅子故不得舉進士卒于太常官年二十四歲其先夫人鄭氏念其子深及賀卒夫人不自解一夕夢賀來如平生時白夫人曰某幸得爲夫人子而夫人念某且深某從小奉指命能通詩書爲文章所以然者非止求一位而自飾也且欲大門族上報夫人恩豈期一日死不得奉晨夕之養豈不苦哉然某雖死非死也乃上帝命夫人訊其事賀曰上帝神仙之君近者遷都于月圃構新宮命曰白瑤以某業于詞故召某與數文士輩共撰新宮記帝又作凝虛殿使某輩纂樂章某今爲神仙宮人甚樂願夫人無以爲念既告去夫人寤甚異其夢自是哀少懈前三條今本未見

國初有神像用金而鑄傳云周隋間有術士鎔範而成之天后朝因命置于宮中扃其殿宇甚嚴玄宗嘗幸其殿啓而觀焉時肅宗在東宮代宗尚稚俱侍上上問內臣高力士曰此神像何所異乎亦有說耶力士曰此前代所制可以占王者在位之幾何年耳其法當厲聲而叱之苟年甚永則其像搖震亦久不然徒一搖而止上卽厲聲叱之其像若有懼震搖移時仆于地上喜笑曰誠如而說我爲天子幾何時力士再拜賀上命太子叱之其像微震又命皇孫叱之焉亦搖動久之上曰吾孫似我其後玄宗在位五十年肅宗在位凡六年代宗在位五十有九年乃盡契其占也

俗傳人之死凡數日當有禽自柩中出者曰殺大和中有鄭生者嘗客于隰川忽一日與郡官畋于野有鷹逐得一巨鳥色蒼高五尺餘生命解而視之忽亡所見生驚甚卽訪里中民以事訊之民有對者曰里中有人死且數月卜人言今月魅當去其家伺而視之有巨鳥毛蒼自柩中而出君之所獲果是乎生異而歸

李林甫宅卽李衞公宅有弘師者以道術聞于睿宗時常與人過其宅謂人曰後之人有能居此者貴不可言其後久無人居開元初林甫官爲奉御遂徙而居焉有人告弘師曰異乎哉吾言果如是十九年居相位稱豪貴于天下者此一人也雖然吾懼其易制中門則禍且及矣後林甫果相玄宗時恃權貴爲人觖望者久矣及將終年有人獻良馬馬甚高而其門稍卑不可乘以過遂易而製既毀其簷忽有蛇千萬數在屋瓦中林甫惡之卽罷而不敢毀焉未幾林甫竟籍沒校其始相迨籍沒果十九年矣

嵩山寇天師嘗刻石爲記表于山中上元初有洛川郜城縣民因採藥于山得其記以獻縣縣令樊文狀言于州州以上聞高宗詔藏于內府其銘記文甚多奧不可解略曰木子當天下又曰止戈龍又曰李代代不移宗又曰中鼎顯眞容又曰基千萬歲所謂木子當天下者言唐氏受命也止戈龍者言天后臨朝也止戈爲武武天后氏也李代代不移宗者謂中宗中興再新天下也中鼎顯眞容者顯賓中宗之廟諱眞爲睿宗之徽謚得不信乎基千萬歲基玄宗也千萬歲者蓋言曆數久長也後中宗御歷樊文男欽賁又以石記本上獻上命編于國史內也

衞先生大經解梁人以文學聞不狎俗常閉門絕人事生而敏悟罔不知天文曆象窮冥索玄後以壽終墓于解梁之野開元中天水姜師度奉詔鑿無鹹河以溉鹽田剗室廬潰丘墓甚多解梁人皆病之既至衞先生墳前發其地得一石刻字爲銘蓋衞先生之詞也詞曰姜師度更移向南三五步工人得之以狀言于師度師度異其事嘆咏久之顧謂僚吏曰衞先生奇士也卽命工人遷其河遠先生之墓數十步焉

開元中江南大水溺而死者且千數郡以狀聞玄宗詔侍御史鄖

載往巡載至江南忽見道傍有墓水潰而穴出公念之命遷其骸于高原之上既發墓得一石鑿而成文蓋誌其墓也誌後有銘二十言乃卜地者之詞詞曰爾後一千歲此地化爲泉賴済鄔侍御移我向高原載覽而異之因校其年果千歲矣

元和元年秋九月淮西帥吳少誠死子元濟拒天子命詔鄰淮西者以兵四面攻之凡數年不克十三年詔丞相晉國裴公度將而擊焉公既至因命封人深城壕且發其地有得一石者上有雕蟲文字爲銘封人持以獻公文曰井底一竿竹竹色深淥淥雞未肥酒未熟障車兒郎且須縮公得之以示從事者且將辨其義焉咸不得究公方念之俄有一卒自行間躍而賀曰吳元濟逆天子命縱狂兵爲反謀賴天子威聖與丞相德合今逆豎子且死矣敢賀丞相功公驚訊之卒曰前日封人得石銘是其兆也且井底一竿竹竹色深淥淥者言吳少誠由行間一卒遂擁千萬兵爲一方帥且喻其榮也雞未肥者言無肉也夫肥去肉爲己字也酒未熟者言無水也以酒去水爲酉字也障車兒郎謂兵革之士也且縮者謂宜退守其所也公喜顧左右曰卒辨者也嘆而且異之是歲冬十月相國李愬將兵入淮西生得元濟盡誅反者裴公因校其日果己酉焉于是公益奇卒之辨命爲裨將也

驂鸞錄一卷　宋范成大字致能號石湖居士

石湖居士以乾道壬辰十二月七日發吳郡帥廣西泊舟姑蘇館十七日至湖州十九日遊北山石林乘輕舟十餘里登籃輿小憩牛氏歲寒堂自此入山松桂深幽絕無塵事過大嶺乃至石林則棟宇已傾頹西廊盡折去今畦菜矣正堂無恙亦有舊床榻在凝塵鼠壤中堂正面卞山高峯層巒空翠照衣袂略似上天竺白雲堂所見而加雄尊自堂西過二小亭佳石錯立道周至西岩石益奇且多有小堂曰承詔葉公自玉堂歸守先隴經始之初始有此堂後以天官召還受命于此因以爲志焉其旁登高有羅漢岩石狀怪詭皆嵌空裝綴巧過鐫劖自西岩回步至東岩石之高壯礧砢又過西岩小亭亦頹矣葉公好石盡力剔山骨森然發露若林而開徑于石間亦有自他所移徙置道傍以補缺空者方公著書釋經于堂上四方學士聞風仰之如璇璣景星語石林所在又如仙都道山欲至不可得蓋棺未幾而其家已不能有委而棄之灌莽叢薄間游子相與徘徊歎息久之不能去或謂此地離人太遠岑蔚荒虛非大官部曲衆多者難久處又云公沒後山鬼搶攘莫夜與人錯行婦子不能安室故諸郎去之云出石林飯旌善寺葉氏墳祠也霅川有兩玲瓏山石林爲大玲瓏又有小玲瓏在長興縣界路口聞其尤勝石林遂過之小玲瓏今屬沈氏沈氏之父死二子幼方檢校于官此山石色微黃而更奇古一丘悉中空洞穴十數皆旁相通貫故名玲瓏泉聲瀉壞磴中窈如深谷堂前小池

石如牛馬虺隤其中池後山屏上洗出之石襞積嵌岩巧怪萬狀缺罅清泉渟泓蘩桂覆其上亭館既無人居亦漸荒廢霅川特無好事者能捐厚貲買之沈氏雖不得仙亦足以豪矣玲瓏山杜牧之所遊即石林是小玲瓏晚出而加勝由沈家步登舟回至城下一鼓後矣二十一日宿德清縣泊舟左顧亭孔愉放龜處亭前兩大枯木可千年德清古之餘杭地今孔侯墓在焉廟居墓前與其夫人像皆盤膝坐蓋是几席未廢作二十三日宿餘杭縣苕溪館二十八日宿富陽縣三十日發富陽雪滿千山江色沉碧夜小霽風急寒甚披使虜時所作綿袍戴氈帽坐船頭縱觀不勝清絕剡溪夜泛景物未必過此晚宿嚴州桐廬縣癸巳歲正月一日巳午間至釣臺率家人登臺講元正禮謁三先生祠登絕頂掃雪坐平石上諸山縞然凍雲不開境過清矣臧獲亦貪殊景皆忍寒犯滑來登始予自紹興己卯歲以新安戶曹沿檄來始識釣臺題詩壁

間後十年以括蒼假守被召復至自和二篇及今四年盍三過焉復自和三篇薄宦如此豈惟愧羊裘公見篙師灘子慚顏亦厚二日至嚴州泊定州館七日至蘭溪泊澄江館九日至婺州泊金華驛十二日宿龍游縣龍丘驛十三日至衢州十八日過常山縣十九日宿信州玉山縣玉川驛二十五日過弋陽縣二十六日過貴溪縣二十七日過饒州安仁縣二十八日至餘干縣閏月一日宿鄔子口鄔子者鄱陽湖尾也名爲盜區非便風張帆及有船伴不可過四日至隆興府泊南浦亭五日登滕王閣其故址甚侈今但于城上作大堂耳十一日過豐城縣十二日宿臨江軍十六日宿新喻縣十七日宿袁州分宜縣十八日至袁州聞仰山之勝久矣去城雖遠特往遊之二十五里先至孚惠廟祠兄弟二王不血食其神龍也舊傳二龍昔居仰山中以其地施仰山祖師遷居于此廟有楊氏稱吳時守加封司徒竹册尚存文稱保大元年予向居

鄉得吳江村寺石幢所記亦以保大紀年蓋錢氏有浙時或曾用楊氏正朔此二證爲甚確也出廟三十里至仰山緣山腹喬松之磴甚危嶺阪之上皆禾田層層而上至頂名梯田晚出山復之袁二十六日泊萍鄉萍實驛人以此地爲楚王得萍實之地然去大江遠非是三十日宿潭州醴陵縣二月三日泛湘江七日宿衡山縣十二日至衡州州北行岡隴將盡忽山右一峯特起如大磯浸江中蒸水自邵陽來繞其左瀟湘自桂州零陵來繞其右而皆會于合江亭之前幷爲一水以東去石鼓雄踞要會大略如春秋霸主號令諸侯勤王蒸湘如兄弟同奔來會稟命載書乃同軌以朝宗蓋其形勝如此十五日捨舟遵陸登回雁峯十八日宿永州祁陽縣十九日遊浯溪浯溪近山石澗也噴薄有聲流出江中臨江石崖數壁纔高尋丈中興頌在最大一壁碑之上餘石無幾所謂石崖天齊者說者謂或是天然齊整之義二十二日渡湘水即至愚溪二十六日至桂界有大華表跨官道榜曰廣南西路家人舉頭驚咤以爲何爲至于此也二十八日至靈州縣又六十里至八桂堂桂林北城外之別圃也未至桂林二三里泊八桂堂十日三月十日入城交府事郡治前後萬峯環列與天無際按桂林自唐以來以山川奇秀稱韓文公雖不到在潮乃熟聞之故詩有參天帶水翠羽黃甘之語末句乃曰遠勝登仙去飛鸞不暇驂蓋歆羨之如此故予行記以驂鸞名之若其風土之詳則有桂海虞衡志焉

吳船錄一卷　范大成

石湖居士以淳熙丁酉五月二十九日戊辰離成都泊舟合江亭下合江者乃岷江別派自永康離堆入成都及彭蜀諸郡水皆合于此以下新津綠野平林烟水清遠極似江南風景亭之上曰芳華樓前後植梅甚多蜀人入吳者皆從此登舟其西則萬里橋諸

葛孔明送費禕使吳曰萬里之行始于此後因以名橋杜子美詩曰門泊東吳萬里船正爲吳人設予在郡時每出東都過此橋輒爲之慨然六月己巳朔發家屬舟下眉州彭山縣泊罩騎轉城過東北兩門又轉而西自侍郎堤西行走岷山道中五十里至郫觀者塞途嚴妝盛飾帘幕相望蓋自來無制帥行此路者庚午至永康軍崇德廟在軍城西門外秦太守李陽冰父子廟食處也辛未登城西樓其下岷江對江即岷山山之最近者曰青城其尤大者曰大面山大面之後皆西戎山矣西門名玉壘關將至青城當再渡繩橋每橋長百二十丈分爲五架橋之廣十二繩排連之上布竹笆攢立大木數十於江沙中壘石固其根每數十木作一架掛橋於半空大風過之掀舉幡幡然大略如漁人晒網染家晾綵帛之狀又須捨輿疾步從容則震掉不可立同行者失色郡人云稍迂數里有白石渡可以船濟然極湍險也晚至青城山門曰寶仙

九室洞天夜宿丈人觀觀在丈人峯下巑峙如屏觀之臺殿上至岩腹丈人自唐以來號五岳丈人儲福定命眞君傳記略云姓甯名封與黃帝同時帝從之問龍蹻飛行之道本朝賜名會慶建福宮癸酉自丈人觀西登山五里至上淸宮在最高峯之絕頂以板閣插石作堂殿下視丈人峯直墻堵耳岷山數百峯悉在闌檻之下如翠浪起伏勢皆東傾一軒對大面山一上六十里有夷坦道曰芙蓉坪道人于彼種芎非留旬日不可登且涉入夷界雖羽衣輩亦罕到雪山三峯爛銀琢玉闖出大面後雪山在西域去此不知幾千里而了然可見之則其峻極可知上淸之游眞天下偉觀哉夜有燈出四山以千百數謂之聖燈聖燈所至多有說者不能堅決或云古人所藏丹藥之光或謂艸木之靈者亦有光或又以謂神龍山鬼所作其深信者則以謂仙聖之所設化也甲戌下山五里復至丈人觀二十里早頓長生觀范長生得道處也乙亥十五里發靑城縣丙子二十里早頓周家莊十里至蜀州郡圃內西湖極廣袤荷花正盛呼湖船泛之繫纜修竹古木間景物甚野爲西州之勝處蜀中少菱芡至此始見之丁丑三十里早頓江源縣四十里宿新津成都及此郡之客畢會邑中借居僦舍皆滿市人以爲盛成都萬里橋下之江與岷合派于此戊寅爲送客住一日飯罷發遣令各歸留者尙十五六己卯以小舟至彭山與挐累舡會卽解維午後至眉州城外江卽玻璨江也冬時水色如此夏潦怒漲皆黃流耳辛巳招送客燕于眉山館與敘別壬午發眉州六十里午後至中岩號西川林泉最佳處相傳爲第五羅漢諾矩那道場又爲老慈姥龍所居凡五里至慈姥岩岩前卽寺也甲申早出山至嘉州日未晡自眉至嘉百二十里中岩其半途也乙酉泊嘉州壬寅食後發嘉州僅行二十里至王波渡宿蜀中稱尊老者爲波祖及外祖皆曰波又有所謂天波日波月波雷波者皆尊之

之稱此王波蓋王老或王翁也宋景文嘗辨之謂當作皤字魯直貶州駕自號涪皤或從其俗云癸卯發王波渡四十里至羅漢鎭百里至犍爲縣過縣三十里至下壩宿甲辰發下壩百里至敘州宣化縣一百二十里至敘州綫亭午敘古戎州也山谷謫居在小寺中號大死庵後人遂作祠堂乙巳發敘州十五里南廣江來合大江通百二十里至南溪縣四十五里至瀘州江安縣百二十里至瀘州方申時近城有渡瀘亭不知諸葛孔明的從何處渡或敘正對馬湖江馬湖入諸夷路當自彼渡也戊申發瀘州百二十里至合江縣己酉發合江二百四十里至恭州江津縣二十里過魚洞宿泥培村庚戌發泥培村六十里至恭州自此入峽路大抵西川至東川風土已不同至峽益陋辛亥發恭州嘉陵江江自利閬果合等州來合大江百四十里至涪州樂溫縣蒲氏墨舊出此縣大韶死久矣其族猶賣墨不復能大佳亦以價賤故也七十里至涪州排亭之前波濤大洶湧如屋不可梢船已而過此州入黔江泊此江自黔江來合大江怒濤水色黃濁黔江乃淸泠如玻璃〃下悉是石底自成都登舟至此始見淸江浩蕩涪雖不與蕃部雜居舊亦夷俗號爲四種人四種人者謂華人巴人及廩君與盤瓠之種也壬子發涪州百二十里至忠州豐都縣數十里至竹平宿癸丑發竹平七十里至忠州八十里至萬州宿甲寅發萬州六十里至開江口水自開建來合大江四十里至下岩四十里至雲安軍十餘里風作水湧泊舟宿乙卯行百四十里至夔州予前年入蜀以重午過夔魚復方漲八陣在水中今來水更過六十四蕝不復得見頗有遺恨峽江水性大惡飮輒生癭婦女尤多前過此時婢子輩汲江而飮數日後發熱一再宿頭頸腫起十餘人悉然至西川月餘方漸消散丙辰泊夔州早遣視瞿塘水勢僅能沒灩澦之頂盤渦散出其上謂之灩澦撒髮人云如馬尙不可下況撒髮

耶是夜水忽驟漲渰及排亭及明走視灩澦則已在五丈以下或
可以僥倖入峽而夔人猶難之丁巳水漲未已遂決解維十五里
至瞿塘水平如席獨灩澦之頂猶渦文瀺㵎舟拂其上已過搖櫓
者皆汗手死心面無人色葢天下至險之地行路極危之時旁觀
者皆神驚予已在舟中一切付之自然不暇問據胡牀坐招頭處
任其蕩兀每一舟入峽數里後舟方敢續發水勢怒急恐猝相遇
不可解拆也帥司遣卒執一旂次第立山之上下一舟平安則簸
旂以招後船舊圖云灩澦大如襆瞿塘不可觸灩澦大如馬瞿塘
不敢下此俗傳灩澦大如象瞿塘不可上葢非是也後人立石辨
之甚詳峽中兩岸高岩峻壁斧鑿之痕皴皴然而黑石灘最號險
惡兩山束江驟起水勢不能平予來此水勢適平俗所謂茶槽者
又水大漲淹沒艸木謂之青艸齊則諸灘之上水寬少浪可以犯
之予之來此水未能盡沒艸木但名草根齊亦不可涉然犯難而

行不可回首也十五里至大溪口水稍闊山亦差遠夔峽之險紓
矣七十里至巫山縣宿縣人云昨日水大灩澦恰在船底故可下
夔峽至巫峽則不然却須水退十丈乃可是夕水驟退數丈同行
者皆有喜色戊午乘水退下巫峽灘瀧稠險濆淖洶洑其危又過
夔峽三十五里至神女廟廟前灘尤洶惡十二峰俱在北岸前後
映帶不能足其數十二峰皆有名不甚切事不足錄所謂陽雲臺
高唐觀人云在來鶴峰上亦未必是神女之事據宋玉賦本以諷
襄王後世不察一切以兒女子褻之今廟中石刻引唐城記瑤姬
西王母之女稱雲華夫人助禹驅神鬼斬石疏波有功見紀今封
妙用眞人廟額曰凝眞觀廟有馴鴉客舟將來則迓于數里外舡
過亦送數里土人謂之神鴉二十里至東奔灘高浪大渦巨艑掀
舞不當一葉或爲渦所使如磨之旋三老挽招竿叫呼力爭以出
渦二十里過歸州巴東縣九十里至歸州未至州數里曰叱灘其

險又過東奔連接城下大灘曰人鮓瓮已未泊歸州八月戊辰朔
發歸州五里至白狗灘二十里至新灘此灘惡名豪三峽八十里
至黃牛峽上有洺川廟黃牛之神也亦云助禹疏川者廟背大峰
峻壁之上有黃跡如牛一黑跡如人牽之云此其神也順流而下
黃牛峽盡則扇子峽過此則峽中灘盡矣三十里得南岸平地曰
平善壩出峽舟至是皆相慶如更生舟師篙工皆有犒賜己巳發
平善壩三十里至峽州登至善亭亭弊甚不稱坡翁之記百四十
里至楊木寨八十里至江陵之枝江縣四十里至松滋縣二百一
十里至荆南之沙頭乙亥移舟出大江宿江瀆廟前丙子發江瀆
廟七十里至公安縣百二十五里至石首縣丁丑發石首百七十
里至魯家洑自此至鄂渚有兩塗一路遵大江過岳陽及臨湘嘉
魚二縣岳陽通洞庭處波浪連天有風卽不可行故客舟多避之
一路自魯家洑入沌沌者江旁支流如海之汊其廣僅通運河不

畏風浪兩岸皆蘆荻時時有人家但支港通諸小湖故爲盜區自
魯家洑避大江入沌月明行三十里宿戊寅己卯皆行沌中庚辰
行過所謂百里荒者皆湖濼茭蘆不復人跡巨盜之所出沒行至
曉不止辰出大江至鄂渚泊鸚鵡洲己丑解維小泊漢口午後風
息通行百八十里至三江口宿三江口之名所在皆有凡水參會
處皆稱之庚寅發三江口辰時過赤壁泊黃州臨皋亭下辛卯發
黃州四十里過巴州河通行二百三十里至桐木溝宿壬辰發桐
木溝八十里至馬頭宿癸巳發馬頭百二十五里至江州泊琵琶
亭前戊戌發江州回望廬山漸東而高不復迤邐之狀過湖口望
大孤如道士冠立碧波萬頃中亦奇觀也九十里至交石峽宿己
亥發交石峽東望孤山如艾炷澎浪磯在其南風起浪作食頃通
行八十里宿庚子風未止強移舟數里至馬當對岸小巷中泊辛
丑風少緩移舟五六里至波斯夾中泊癸卯發波斯夾行幾二百

里至大風汊下口宿甲辰發大風汊百里午至池州池口丙午發池州十數里泊清溪口戊申發清溪宿長風沙己酉發長風沙入夾行晚泊太平州辛亥發太平州壬子至建康府泊賞心亭下丙辰發建康丁巳泊長蘆襆被宿寺中此爲菩提達摩一葦浮渡處戊午登舟己未至鎮江府壬戌買小舟發鎮江久去江浙奔走川廣乍入舴艋有魚釣舊想不知其身之自天末歸也甲子至常州丙寅發常州平江親戚故舊來相迎逐者陸續于道恍如隔世焉冬十月丁卯朔雨中行不住戊辰未至滸墅十里泊己巳入盤門

攬轡錄 卷全

范成大

乾道六年閏五月戊子成大被命以資政殿大學士與崇信軍節度使康諝爲奉使大金國信使副六月甲子出國門八月戊午渡淮虜遣尚書兵部郎中田彥皋行侍御史完顏德溫爲接伴使副皆帶銀牌虜法出使者必帶牌有金銀木之別上有女眞書准敕急遞字及阿骨打花押宣差者所至視三品朝旨差者視五品庚申過虞姬墓墓在路左雙石門出叢草間往來觀者成蹊甲子至南京虜改爲歸德府過雷萬春墓環以小墻榜曰忠勇雷公之墓西門外南望有宋王臺及張巡許遠廟世稱雙廟睢陽人又謂之雙王廟丙寅過雍丘縣二十里過空桑世傳伊尹生于此一里過伊尹墓道左有磚堠石刻云湯相伊公之墓過陳留縣縣有留侯廟西門外十里孟莊有孟姜女廟丁卯過東御園卽宜春苑也頹垣荒草而已二里至東京虜改爲南京入新宋門卽朝陽門也虜改曰弘仁門彌望悉荒墟入新宋門卽麗景門虜改爲賓曜門過大相國寺傾簷缺吻無復舊觀橫入東御廊門絕穿橋北馳道出西御廊門過交鈔處交鈔所者虜本無錢惟煬王亮嘗一鑄正隆錢絕不多餘悉用中國舊錢又不欲留錢于河南故倣中國楮幣于汴京置局造官會謂之交鈔擬見錢行使而陰收銅錢悉運而

北過河卽用見錢不用鈔鈔文曰南京交鈔所准戶部符尚書省批降檢會昨奏南京置局卽造一貫至三貫例交鈔許諸人納錢給鈔河南路官私作見錢流轉若赴局支取卽時給付每貫輸工墨錢十五文七年納換別給錢以七十爲百僞造者斬捕告者賞錢三百千前後有戶部管當令史幹當官交鈔庫使副書押四圍畫雲鶴爲飾焉入都亭驛歇泊舊京自城破後瘡痍不復煬王亮徙居燕山始以爲南都獨崇飾宮闕比舊加壯麗民間荒殘自若新城內大抵皆墟至有犂爲田處舊城內粗有市肆皆苟活而已四望時見樓閣崢嶸皆舊宮觀寺宇無不頹毀民亦久習胡俗態度嗜好與之俱化最甚者衣裝之類其制盡爲胡矣自過淮已北皆然而京師尤甚惟婦女之服不甚改而戴冠者絕少多綰髻貴人家卽用珠瓏璁冒之謂之方髻庚午出驛循東御廊百七十餘間有面西欞星門大街直東出舊景靈東宮也過欞星門側望端門舊宣德樓也虜改爲承天門五門如畫兩旁左右昇龍門東至西角樓轉東鑰匙頭街御廊對皇城俱東出廊可二百間許過左掖門至皇城東角樓廊亦如畫出樊樓街轉土市馬行街出舊封丘門卽安遠門也虜改爲玄武門門西金水河舊夾城曲江之處河中臥石礧磈皆艮岳所遺過藥市橋街蕃衍宅龍德宮擷芳擷景二園樓觀俱存擷芳中喜春堂猶巋然所謂八滴水閣者使屬官吏望者皆隕涕不自禁胡今以爲上林所過淸輝橋出新封丘門舊景陽門也虜改爲柔遠館壬申過伏道有扁鵲墓墓上有幡竿人傳云四傍土可以爲藥或于土中得小圓黑褐色以治病伏道艾醫家最貴之十里卽湯陰縣癸卯過羑河河上有羑里城四垣儼然居民林木滿其中過相州市有秦樓翠樓康樂樓月白風淸樓皆旗亭也秦樓有胡婦衣金縷鵝紅大袖袍金縷紫勒帛褰簾吳語云是宗室女郡守家也遺黎往往垂涕嗟嘖指使人云此

中華佛國人也老媼跪拜者尤多晝錦堂尚存虜嘗更修飾之過漳河入曹操講武城周遭十數里城外有操冢七十二散在數里間傳云操冢正在古寺中高翻墓在道傍碑云魏侍中黃鉞太尉錄尚書事渤海高公墓翻字飛爵事跡不見于史甲戌過甎城鎮故城延袤數十里城中有靈臺坡陁邯鄲人春時傾城出祭趙王歌舞其上傍有廉頗藺相如墓三十里至邯鄲縣墻外居民以長竿磔白犬自尻洞其首別一竿縛茅浸酒揭于上云女眞人用以祭天禳病甲子過沙河六十里至柏鄉縣縣人云沙河直東有堯山縣古堯山也堯葬焉東有放勳廟乙酉過良鄉縣是日大風幾拔木接伴使云此謂之信風使人遠來此風先報使入城丙戌至燕山城外燕賓館燕至畢與館伴副並馬行柳堤緣城過新石橋中以杈子隔絕道左邊過樓橋入豐宜門卽外城門也過石玉橋燕石色如玉橋上分三道皆以欄隔之雕刻極工中爲御路亦欄

以杈子兩傍有小亭中有碑曰龍津橋入宣陽門金書額兩旁有小四角亭卽登門路也樓下分三門中門爲御路常闔皆畫龍兩旁門通行皆畫鳳入門北望其闕由西御廊下轉西至會同館戊子早入見上馬出館後循西御廊至橫道至東御廊首轉北循簷行幾二百間廊分三節每節一門路東出第一門通街第二門通毬場第三門通太廟廟中有樓將至宮城廊卽東轉又百許間其西亦有三門出門但不知所通何處望之皆民居東西廊之中馳道甚闊兩旁有溝溝上植柳兩廊屋脊皆覆以青琉璃瓦宮闕門戶卽純用之馳道之北卽端門十一間曰應天之門舊嘗名通天亦開兩挾有樓如左右昇龍之制東西兩角樓每樓次第攢三簷與挾樓接極工巧端門之內有左右翔鳳門曰華月華門前殿曰大安殿使人入左掖門直北循大安殿東廊後壁行入敷德門自側門入又東北行直東有殿宇門曰東宮墻內亭觀甚多直北面南列三行門中曰集英門云是故壽康殿母后所居西曰會通門自會通東小門北入承明門又北則昭慶門東則集禧門尚書省在門外又西則有右嘉會門四門正相對入右嘉會門門有樓與左嘉會門相對卽大安殿後門之後至幙次有頃入宣明門卽常朝後殿門也門內庭中列衛士二百許人貼金雙鳳幞頭團花紅錦衫散手立入仁政門蓋隔門也至仁政殿下大花氈可半庭中團雙鳳兩旁各有朵殿朵殿之上有兩高樓曰東西上閤門兩傍悉有簾幙中有甲士東西御廊循簷各列甲士東立者紅茸甲金纏桿鎗黃旂畫青龍西立者碧茸甲金纏桿鎗白旂畫黃龍直至殿下皆然惟立于門下者皂袍持弓矢殿兩階雜立儀物幢節之屬如道士醮壇威儀之類使人由殿下東行上東階却轉南由露臺北行入殿虜主幞頭紅袍玉帶坐七寶榻背有龍水大屏風四壁帟幙皆紅繡龍拱斗皆有繡衣兩楹間各有大出香金師蠻

地鋪禮佛毯可一殿兩傍玉帶金魚或金帶者十四五人相對列立遙望前後殿屋崛起處甚多制度不經工巧無遺力所謂窮奢極侈者煬王亮始營此都規模多出于孔彥舟役民夫八十萬兵夫四十萬作治數年死者不可勝計地皆古坟冢悉掘而棄之虜旣蹂躪中原國之制度強慕華風往往不遺餘力而終不近似虜主旣端坐得國其徒益治文爲以眩飾之始則大修宮制其曆曰大明曆虜本無號自阿骨打始有天輔之稱虜宮多內寵其最貴者有元德淑麗溫恭慧明等十妃臣下亦娶數妻多少視官品以先後聘爲序民爲一妻壬辰入辭癸巳出館丁巳至泗州與送伴田彥皋完顏德溫敍別戊午渡淮矣

曲洧舊聞 十卷　　宋朱弁 字少章徽州人宣教郎直秘閣

太祖龍潛時雖屢以善兵立奇功而天性不好殺故受命之後其取江南也戒曹秦王潘鄭王曰江南本無罪但以朕欲大一統容

他不得卿等至彼愼勿殺人曹潘兵臨城久之不下乃𢬵奏曰兵久無功不殺無以立威太祖覽之赫然批還其奏曰朕寧不得江南不可輒殺人也逮批詔到而城已破契勘城破乃批奏狀之日天人相感之理不亦宜乎其後革輅至太原亦徇于師曰朕今取河東誓不殺一人大哉仁乎自古應天命一四海之君未嘗有是言也

五代以前官制及士大夫碑碣並不見有場務監官在所場務多是藩鎭差牙校不立課程法式公肆誅剝全無誰何百姓不勝其弊故建隆以來置官監臨制度一新利歸公上官不擾而民無害至今便之（此條今本無首二十二字）

張堯佐除宣徽使以廷論未諧遂止久之上以溫成故欲申前命一日將御朝溫成送至殿門撫背曰官家今日不要忘了宣徽使上曰記得既降旨包拯乞對大陳其不可反覆數百言音吐憤激唾濺帝面帝卒爲罷之溫成遣小黃門次第伺之知拯犯顏切直迎拜謝過帝以袖拭面曰中丞向前說話直唾我面汝只管要宣徽使豈不知包拯是御史中丞乎

張康節爲御史中丞論宰執不已上曰卿孤寒殊不自爲地康節曰臣自布衣叨冒至此有陛下爲知己安得謂之孤寒陛下今日便自孤寒也上驚而問其故康節曰內自左右近習外至公卿大臣無一人忠于陛下者陛下不自謂孤寒而反謂臣爲孤寒臣所未喻也當時有三眞之語謂富韓公爲眞宰相歐陽公爲眞內翰而康節爲眞御史也

太祖在周朝受命北討至陳橋爲三軍推戴時杜太后眷屬以下盡在定力院有司將搜捕主僧悉令登閣而固其扃鐍俄而大搜索主僧紿云皆散走不知所之矣甲士入寺陞梯且發鑰見蛛網絲布滿其上而塵埃凝積若累年不開者乃相告曰是安得有人

遂皆返去有頃太祖已踐祚矣

蜀公居許下于所居造大堂以長嘯名之前有荼蘼架高廣可容數十客每春季花繁盛時燕客于其下約曰有花飛墮酒中者爲釂一大白或語笑喧譁之際微風過之則滿座無遺者當時號爲飛英會傳之四遠無不以爲美談也

東坡與客論食次取紙一幅以示客云爛蒸同州羊羔灌以杏酪食之以七不以箸南都麥心麪作槐芽冷淘糝襄邑抹猪炊共城香稉薦以蒸子鵝吳興庖人斫松江鱠既飽以廬山玉簾泉烹曾坑鬭品茶少焉解衣仰臥使人誦東坡先生赤壁前後賦亦足以一笑也東坡在儋耳獨有二賦而已

東坡之沒士大夫及門人作祭文甚多惟李廌方叔文尤傳如道大不容才高爲累皇天后土鑒平生忠義之心名山大川還千古英靈之氣識與不識誰不盡傷聞所未聞吾將安放此數句人無賢愚皆能誦之

宋子京修唐書嘗一日逢大雪添帟幙然椽燭一秉燭二左右熾炭兩巨爐諸姬環侍方磨墨濡毫以澄心堂紙草某人傳未成顧諸姬曰汝輩俱曾在人家曾見主人如此否可謂清矣皆曰實無有也其間一人來自宗子家子京曰汝太尉遇此天氣亦復何如對曰只是擁爐命歌舞間以雜劇引滿大醉而已如何比得內翰子京點頭曰也自不惡乃閣筆掩卷起索酒飲之幾達晨明日對客自言其事後每燕集屢舉以爲笑

張次賢名能臣官至奉議郎文懿公諸孫朝奉大夫德鄰之子也好學喜綴文有鄭鄉涪江二集嘗記天下酒名今著於此后妃家高太皇香泉向太后天醇張溫成皇后醽醁朱太妃瓊酥劉明達皇后瑤池鄭皇后坤儀曹太后瀛玉宰相蔡太師慶會王太傅膏露何太宰親賢親王家鄆王瓊腴肅王蘭芷五王位椿齡嘉琬醑

濮安懿王重醞建安郡王玉瀝戚里李和文駙馬獻卿金波王晉卿碧香張駙馬敦禮醽醁曹駙馬詩字公雅成春郭駙馬獻卿香瓊大王駙馬瑤琮錢駙馬淸醇內臣家童貫宣撫褒功又光忠梁開府嘉義楊開府美誠府寺開封府瑤泉市店豐樂樓眉壽又和旨即白礬樓也忻樂樓仙醪即任店也和樂樓瓊漿即莊樓也遇仙樓玉液玉樓玉醞鐵薛樓瑤醽仁和樓瓊漿高陽店流霞淸風樓玉髓會仙樓玉醑八仙樓仙醪時樓碧光班樓瓊波潘樓瓊液千春樓仙醇今廢爲館中山園子正店千日春今廢爲邸銀王店延壽蠻王園子正店玉漿朱宅園子正店瑤光邵宅園子正店法淸大桶張宅園子正店仙醁方宅園子正店瓊酥姜宅園子正店羊羔梁宅園子正店美祿郭子齊園子正店瓊液楊皇后宅園子正店法淸三京北京香桂法又法酒南京桂香又北庫西京玉液又酴醾香四輔澶州中和堂許州潩泉鄭州金泉河北眞定州銀光河間府金波又玉醞保定

軍知訓堂又杏仁定州中山堂又九醞保州巡邊銀條又錯著水德州碧淋滄州石門又宜城博州宜城又蓮花衛州柏泉棣州延相堂恩州揀米又細酒洺州玉瑞堂夷白堂又玉友邢州沙醅金波磁州風麴法酒深州玉醅趙州瑤泉相州銀光懷州宜城又香桂又定州瓜麴又錯著水河東太原府玉液又靜制堂汾州甘露堂隰州瓊漿代州金波又璠酥陝州鳳翔府橐泉河中府天祿又舜泉陝府蒙泉華州蓮花又氷堂上尊邠州靜照堂又玉泉慶州江漢堂又瑤泉同州淸洛又淸心堂淮南揚州百桃廬州金城又金斗城又杏仁江南東西宣州琳腴又雙溪江寧府夫容又百桃又淸心堂處州谷簾洪州雙泉又金波杭州竹葉淸又碧香又白酒蘇州木蘭堂又白雪泉明州金波越州蓬萊潤州蒜山堂湖州碧瀾堂又霅溪秀州月波三川成都府忠臣堂又玉髓又錦江春又浣花堂梓州瓊波又竹葉淸劒州東溪漢州簾泉合州金波又

長春渠州蒲萄果州香桂今又銀液閬州仙醇峽州重醲至喜泉夔州法醽又法醞荆湖南北荆南金蓮堂鼎州白玉泉辰州法酒歸州瑤光又香桂福建泉州竹葉廣南廣州十八仙韶州換骨玉泉京東靑州揀米齊州舜泉近泉又淸燕堂又眞珠泉第一兗州蓮花淸曹州銀光又三酘又白羊又荷花鄆州風麴白佛泉又香桂濰州重醞登州朝霞萊州玉液徐州壽泉濟州宜城濮州宜城又細波單州宜城又杏仁京西汝州揀米滑州風麴又冰堂金州淸虛堂郢州漢泉又香桂隨州白雲樓唐州淮源又泌泉蔡州銀光香桂房州瓊酥襄州金沙又宜城又檀溪又竹葉淸鄧州香泉又寒泉又香菊又甘露潁州銀條淸又風麴均州仙醇河外府州歲寒堂也

歐公與王禹玉范忠文同在禁林故事進春帖子自皇后貴妃以下諸閤皆有是時溫成薨未久詞臣闕而不進仁宗語近侍曰詞

臣觀望溫成獨無有意甚不懌諸公聞之皇駭禹玉忠文倉卒作不成公徐云某有一首但寫進本時偶忘之耳乃取小紅牋自錄其詩云忽聞海上有仙山烟鎖樓臺日月閑花下玉容長不老只應春色勝人間既進上大喜禹玉撫歐公背曰君文章眞是含香丸子也

政和初凡人名或字中有天字君字主字聖字王字皆令避而不用蓋從趙野所請也當時如寺觀僧道所稱王字亦行改正或曰此何祥也已而果然

晁之道嘗言蔡侍郎準少年時出入嘗有二人見于馬或肩輿之前若先驅或前或却問之從者皆無所覩準甚懼謂有寃鬼百方禳禬皆不能遣既久亦不以爲事慶曆四年生京而一人不見又二年生卞乃遂俱滅元符末都城童謠有家中兩箇蘿葡精之語語多不能悉記而其末章云撞着潭州海藏神至崇寧中蔡餤謟

者又有一包栄之語其事皆驗而京于靖康初貶死于長沙豈潭州海藏亦應于此耶然之道語予此事時京身爲三公子踐三少領樞密院又爲保和殿大學士者而其孫判殿中監班視二府每出傳呼甚寵飛蓋相隨者五人若子若壻幷諸孫腰金者十有七人當此際氣焰薰灼可炙手也厥後流離嶺海妻孥星散不能相保而門生故吏皆諱言出其門然則準所見果爲蔡氏福耶否耶追思之道所論深有意味惜乎早世不及親見也

中秋翫月不知起何時考古人賦詩則始于杜子美而戎昱登樓望月冷朝陽與空上人宿華嚴寺對月陳羽鑑湖望月張南史和崔中丞望月武元衡錦樓望月皆在中秋則是杜子美已後班班形于篇什杜子想已綵也第以賦詠不著見于世耳江左如梁元帝江上望月朱超舟中望月庾肩吾望月而其子信亦有舟中望月唐太宗遼城望月雖各有詩而皆非爲中秋宴賞而作也然則翫月盛于中秋其在開元以後乎今則不問華夷所在則然矣

歐陽公歸田錄初成未出而序先傳神宗見之遽命中使宣取時公已致仕在潁川以其間所紀述有未欲廣者因盡刪去之又惡其太少則雜記戲笑不急之事以充滿其卷帙既繕寫進入而舊本亦不敢存今世之所有皆進本而元書蓋未嘗出之于世至今其子孫猶謹守之

後耳目志　一卷　　鞏豐

東坡平日詩學劉夢得字學徐季海晚年妙處乃不減李杜顏楊

先生（謂東萊先生豐之師也）嘗稱曾子固謝曆日表云臣幸備維藩預聞告朔去親方遠已經歲月之新許國維堅更歎功名之晚以爲妙處全在晚字

先生嘗愛東坡過海謝表云臣無毫髮之能而有丘山之罪宜三黜而未已跨萬里而獨來蕭然出四六畦町之外

先生云東坡作溫公神道碑末用北齊神武皇帝號蓋指高歡也歡追謚神武皇帝欲以比神宗故不書其名而引其謚此亦文章之關鍵

紹興四年陳東歐陽澈贈官制王居正所作也先生嘗稱誦之其詞曰嗚呼古之人願爲良臣以謂良臣身受美名君都顯號忠臣已嬰禍誅君陷昏惡惟爾東澈其殆將有意于忠臣乎抑繇朕不德使爾不幸而不爲良臣也雖然爾藉不得已不失爲忠而顧天下後世獨謂朕何此朕所以八年于茲一食三歎而不能自已也通階美職豈足爲恩以寵予哀以彰予過使天下後世考古之飾非拒諫之主殆不如是魂而有知享朕茲意

無以嗜欲殺身無以貨財殺子孫無以政事殺民無以學術殺天下後世世以爲劉高尙道人語或云乃唐人語也

荆公謂歐公之文如決積水于千仞之溪其淸駛孰能禦之

李端叔評東坡之文長江秋霽千里一道滔滔滾滾到海無盡其如風雷電雹之驟作崩騰洶湧之掀擊暫雄忽壯出入後先聳一時之壯觀極天地之變化王履道評東坡書云世學公書者衆矣劍拔弩張驥奔猊抉則不能無至于尺牘狎書姿態横生不矜而妍不束而嚴不軟而豪蕭散容與霏霏如既雨之霖森疏掩斂熠熠如從月之星紆徐宛轉纚纚如縈繭之絲恐學者所未到也二公之論頗得其妙然端叔之論更當以初寮之語終之乃無餘憾

老子高于列子列子高于莊子老子之文簡古列子之文和緩莊子之文豪放

先生云司馬遷五帝本紀學春秋

著書忌早處事忌擾立朝忌巧居屋忌好作四忌銘以致吾老

飯信粗旅信奴病信老遠信書

惟儉可以勝奢惟朴可以勝華

又二十八條在第十二卷內

說郛卷第四十一終

說郛卷第四十二

山水純全集 五卷全

宋韓　拙 字純全 號琴堂

夫畫者肇自伏羲氏畫卦象之後以通天地之德以類萬物之情嗣于黃帝時有史皇倉頡生焉史皇狀魚龍龜鳥之迹蒼頡因而爲字相繼更始而圖畫典籍萌矣書本畫也書先而畫次之傳曰畫者成造化助人倫窮神變測幽微與六合同功四時並運法于天然非由述作其書畫同體而未分故知文能序其事不能載其狀有書無以見其形有畫不能見其言存形莫善於畫載言莫善於書故知書畫異名其揆一也古云畫者聖也蓋以窮天地之至奧顯日月之不照揮纖毫之筆則萬類由心展方寸之能則千里在掌豈不爲筆補造化者哉自古逮今名賢上士雅好之者畫也然精于繪事者多矣恐世業儒榮名薄宦賦性疏野惟志所適切

慕于畫求前賢之模範究古人之糟粕自幼嗜好留心于此至今白首尙且孳孳無倦惟患學之淺短自爲成癖爾乃夙賦其性邪唐右丞王維文章冠世畫絕古今嘗自題云當世謬詞客前身應畫師誠哉是言也且夫畫山水之術其格清淡其理幽奧至于千變萬化四時景物風雲氣候悉資筆墨而窮極幽妙者若非博學廣論焉得精通妙用歟故有寡學之士兀兀之徒忽略此道者多矣其學問廣博之流惟恐淺陋疏略也彼孜孜汲汲與利名交戰者與吾道殊途耳此安足與言之哉愚習山水人物已爲歲久所得山水之趣粗以爲法誠不敢爲卓絕之論雖言無麗藻亦使好學之士頓然開悟分爲十論各隨品目以附于後宣和辛丑歲季夏八日琴堂韓拙全翁序

純全集卷第一

論山

凡畫山言丈尺寸分者王右丞之法則也山者有主客尊卑之序陰陽逆順之儀其山布置各有形體亦各有名習乎山水之士好學之流切要知之也主者乃衆山中高而大者是也有雄氣而敦厚旁有輔峯叢圍者嶽也大者尊也小者卑也大小岡阜朝接于主者順也不如此者逆也客者其山不相干而過也分陰陽者用疊取濃淡也凹深爲陰凸而爲陽山有高低大小之序以近次遠至于廣極者也洪谷子云尖者曰峯平者曰陵圓者曰巒相連者曰嶺有穴曰岫峻壁曰岩岩下有穴曰岩穴也山大而高曰嵩山小而孤曰岑銳山曰嶠高峻而纖者嶠也卑而小尖者扈也山小而孤衆山歸叢者名曰羅圍也言襲陟者山三重也兩山相重者謂之再成映也一山爲岯小山曰岌大山曰峘岌謂高而過也言屬山者相連屬也言嶧山者連而絡繹也俗曰絡繹者羣山連續而過也言獨者孤而只一山是也山岡者其山長而有脊也翠微

者近山傍坡也言山頂冢者山顛也岩者有洞穴是也有水曰洞無水曰府言山堂者山形如堂室也言障者山形如幃帳也小山別大山別者鮮不相連也言絕徑者連山斷絕也言崖者左右有崖夾山是也言嶷者多小石也多大石者礐平石者盤石也多艸木者謂之岵無艸木者謂之垓石載土謂之崔嵬石上有土也土載石謂之砠土上有石也言阜者土山也小堆曰阜平原曰坡坡高曰隴岡嶺相連掩映林泉漸分遠近也言谷者通人曰谷不通人曰磬窮瀆者無所通而與水注者川也兩山夾水曰澗陵夾水曰溪溪者蹊也有水也宜畫盤曲掩映斷續伏而後見也山亦有四方體貌景物各異東山敦厚而廣博景質而木多西山川峽而峭拔高聳而險峻南山低小而水多江湖景秀而華麗北山闊堤而多阜林木氣重而水窄東山宜畫村落耕鉏旅店山居游宦行旅之類西山宜畫關城棧道羅網高閣觀宇之類北山宜用盤車駱駝樵人背負之類南山宜畫江鄉魚市水村山郭之類但加之稻田漁樂無用駱駝也亦不用盤車也要知南北之風土不同耳故深宜分別山有四時之色春山豔冶夏山蒼翠秋山明淨冬山慘淡此四時之氣象也郭氏云山有三遠自山下而仰山上背後有淡山者謂之高遠自前山而窺後山者謂之深遠自近山至遠山謂之平遠愚又論三遠者有山根邊岸水波亘望而遙謂之闊遠有野霞暝漠野水隔而彷彿不見者謂之迷遠景物至絕而微茫縹緲者謂之幽遠以上山之名狀當備畫文理詩意用之兼候博古君子之問若問而無以對此無知之士也不可不知或詩句中有此山名雖有其名而不知其山之體狀者安可措手而製之凡畫全景山者重疊覆壓咫尺重深以近次遠或以下層疊分布相輔以卑次尊各有順序又不可太實仍要嵐霧鎖映林木遮藏不可露體如人無衣乃窮山也且山者以林木爲衣裳以艸木爲

毛髮以烟霞爲神采以景物爲妝飾以水源爲血脈以嵐霧爲氣象畫若不求古法不寫眞山惟務俗變采合虛浮妄自爲超古越今心以目蔽變是爲非此乃懵然不知山水之要之士也難可與言之嗟乎今人是少非多忘古狥今方爲名利之誘奪博古好學者鮮矣倘或有得其堂奧者誠可與論也彼笑古傲今侮慢宿學之士曷足以言此哉

論水（凡水甚多山水中可用具載之）

夫水有緩急淺深此爲大體也山上有水曰況（況謂出于高陵）山下有水曰淀（徒練切謂其文容緩）山澗有水曰湍（音耑）湍而漱石者謂之湧泉山石間有水澤潑而仰沸者謂之噴泉言瀑布者顚崖峻壁之間一水飛出如練千尺懸流于萬仞之下有驚濤怒浪湧滾騰沸噴濺漂流雖碪礁魚鱉皆不能容也言濺瀑者山間積水欲流而石隔礙中猛下其片浪如滾有石迎激方圓曲折交流會合用筆輕重自分

淺深盈滿而散漫也言淙者激流攢衝鳴湍叠瀨噴若雷風四面叢流謂之淙也言泝水者不用分開一片注下與瀑布頗異亦宜分別夫海水者風波浩蕩巨浪翻卷山水中少用也有兩邊峭壁萬仞不可通途中有湍急漂流如箭舟船不可停者硤水耳無急于此也言江湖者洞庭之廣大也言水源者平出之流水也其水混混不絕故孟子所謂不舍晝夜者是也惟溪水者山水中用之多矣宜盤曲掩映斷續伏而復見以遠至近仍宜用烟霞隱鎖爲佳王右丞云路欲斷而不斷水欲流而不流此之謂歟夫沙磧者水心通流水流兩邊急而有聲中有灘也夫石磧者輔岸絕流水流兩邊迴還有紋中有石也言磐者有岸而無水也然水有四時之色隨四時之氣春水微碧夏水微綠秋水微清冬水微慘又有沙汀淵渚皆水中可居人而景所集也至于魚瀨雁灤之類畫之者當自取才調况水爲山之血脉凡畫山水故宜天高地闊爲佳也

純全集卷第二

論林木

凡林木有四時榮枯大小叢薄咫尺重深以遠次近故林木要看蒼逸健硬筆跡堅重或質或麗以筆蹟欲斷而復續也且或輕或重本在乎用筆高低暈淡悉由于用墨此乃畫林木之要格也洪谷子曰筆有四勢者筋皮骨肉也筆絕而不斷謂之筋纏縛隨骨謂之皮筆側堅正而露節謂之骨起伏圓混而肥謂之肉凡畫宜骨肉相輔也肉多者肥而軟濁也柔媚者無骨也骨多者剛而如薪也勁死者無肉也跡斷者無筋也墨大而質朴者失其眞氣墨微怯弱者敗其眞形其木要停勻而有勢不可太長太長者無勢力不可太短太短者差濁也木皆有形勢而取其力無勢而亂作盤曲者乏其勢也若只取剛硬而無環轉者虧其生意也若筆細墨微者怯弱也大凡取其合宜用度之也木貴虬健老硬其形勢甚多或聳而拔逸者或屈折而俯仰者或躬身而若揖者或如醉人而狂舞者或如披頭仗劍者皆松也或如怒龍驚虬之勢騰龍伏虎之形似狂怪而飄逸似偃蹇而躬身或離披倒起如飲于水中或巔崖巉峻倒崖而身覆下者爲松之儀其勢萬狀變態莫測凡畫根者臨崖倒起之木其根起伏出拔土外狂而且迸也其平立之木當以大根深入崖中惟傍迸小根方宜出土也凡作枯槎槁木要竅嵌空耳且松者若公侯也爲衆木之長亭亭氣槩高上盤于空勢逼霄漢枝迸而復掛下覆凡木以貴待賤如君子之德和而不同荆浩曰成材者氣槩有餘不材者抱節自屈有偃蓋而枝盤頭低而腰亞者爲異松也皮老蒼鱗枝枯葉少者爲古松也訣云松不離于兄弟謂高低相亞松亦有子孫謂新枝相續唯蟠松其梢淩空而聳出其枝交結而陰重也且柏者若侯伯也訣曰

柏不叢生要老逸舒暢皮宜轉紐捧節有文多枝少葉其節嵌空勢若蛟虬身去而復回狀迭縱横乃古柏之狀惟蟠柏者葉密枝迸梢氣聳拔也檜者松身柏葉會于松柏故名曰檜其枝放肆而盤曲其葉聚散而無定乃古檜之體也其餘種種雜木難以具述惟楸梧槐柳儀形各異大槩有葉之木貴在豐茂而陰鬱至于寒林者止務森聳重深分布而不雜宜作枯梢老槎背後當用淺墨軟梢之木相伴和爲之故得幽韻而氣淸林罅不用明白尤宜烟嵐映帶誠爲李成咸熙中深得其妙用者哉梁元帝云木有四時春英夏陰秋毛冬骨春英者葉細而花繁也夏陰者葉密而茂盛也秋毛者葉疏而飄零也冬骨者葉枯而枝槁也其有林巒者山岩石上有密木也林鬱者山脚下有林木也林迥者遠林烟暝也遠木者取其大要而不可狂斜倒起隱渺直立辨其形質可一一分明也又云質者形質備也雜木取其大綱用墨點成淡淺相等

林木者山之衣也如人之衣妝使山無儀盛之貌故貴密木茂林有華盛之表也木少者謂之露骨如人衣少也若作一窠一石務要簡耳

論石

夫畫石貴要磊落雄壯蒼硬頑澁礬頭菱面層疊厚薄覆壓重深落筆堅實堆疊凹凸深淺之形皴拂陰陽點勻高下乃爲破墨之功也言盤石者大石也然石之狀不一或層疊而秀潤或崔嵬而顚險有岩石嵯峨者有怪石崩坍者或直插入水而深不可測者或根石浸水而脚石相輔者崒屹嶙峋千怪萬狀縱橫放逸其體無定而又皴拂多端也有披麻皴者有點錯皴者爾雅云謂木皮申錯也有斫砕皴者或橫皴者或勻而連水皴者一點一畫各有古今體法存焉昔人云石無十步眞山有千里遠况石爲山之體貴其潤澤而不貴枯燥也畫之者不可失此

純全集卷第三

論雲霞烟霧靄嵐光風雨雪

夫通山川之氣以雲爲總也雲出于深谷納于嵎夷掩日蔽空勃然無所拘也升之晴霽則顯四時之氣散之陰晦則逐其四時之象故春雲如白鶴其體閑逸融和而舒暢也夏雲如奇峯其勢陰鬱濃淡而無定也秋雲如輕浪飄零或若兆羅之狀廓靜而淸明也冬雲如潑墨慘翳示其玄冥之色昏寒深重此晴雲四時之象也故春陰則雲氣淡蕩夏陰則雲氣突黑秋陰則雲氣輕浮冬陰則雲氣黯淡此陰雲四時之象也然雲之體合散不一爲輕而爲烟重而爲霧浮而爲靄散而爲氣其有山嵐之氣烟之輕者雲捲而霞舒烟者氣之所聚也凡畫者分氣候別雲烟爲先山水中所用者霞不重以丹靑雲不施以彩繪恐失嵐光野色自然之氣也且雲者有出谷有游雲有寒雲有暮雲有朝雲雲之次爲霧有曉霧有遠霧有寒霧霧之次爲烟有晨烟有暮烟有輕烟烟之次爲靄有江靄有暮靄有遠靄雲烟霧靄之外又言其霞者東曙曰明霞又曰朝霞西照曰暮霞乃早晩一時之暈彩也不可多用凡雲霧烟靄之氣爲嵐光山色遙岑遠樹之彩也善繪于此者則得四時之眞氣造化之妙理故不可逆其嵐光而當順其物理也風雖無跡而艸木衣帶之形雲頭雨脚之勢無少逆也逆之則失其大要矣繼而雨雪之際時雖不同然雨有急雨有驟雨有夜雨有欲雨有雨霽雪者有風雪有江雪有夜雪有春雪有暮雪有欲雪有霽雪凡風雨雪之意皆本于雪色之輕重類于風勢之緩急想其時候方可落筆大槩以雲別雨雪之意則宜暗而不宜顯也又如爾雅所云天氣下而地不應曰雪言昧物而輕也地氣發而天不應曰霧言瞑物而重也風而雲爲曀風而雨爲霾言無分遠近也陰風重而爲曀言無分于山林也此皆不時之氣非雲之所該也

至于魚龍艸莽之象呂氏之言甚明鸞翔鳳翥之形陸機之論深得然在畫者窮天地之奧掃風雲之候曷可不深究焉

論人物橋彴關城寺觀山居舟車四時之景

凡畫人物不可麤俗所貴純雅而幽閑其有隱居傲逸之士與村夫農者漁父牧竪等輩體狀不同竊觀古之山水中人物優容閑雅無有粗惡者近世所作往往粗俗不謹殊失古人之態言橋彴者通舡曰橋不通舡曰彴彴以橫木渡于溪澗之上但使人跡可通也關者在乎山硤之間只一路可通無旁岐小嵠方可用關也城者雉堞相映樓屋相望須當映帶于山崦林木之間不可一一出露恐類于圖經山水中所用惟古堞城可也畫僧道寺觀者宜掩抱幽谷深岩峭壁之處惟酒旆旅店方可當途村落之間而山居隱逸之士務要幽僻不同于此宜畫草廬茅舍房屋平林牛馬耕耘之類有廣水處可畫漁市漁濼捕魚採菱罾網之類言舟舡

者大曰舟小曰舡漁人所泛者曰艇隱逸高尚之士所乘者曰舫或插以箬罩或掩以絲綸者漁艇也或爲木屋或爲棚幌者游舫也以小槳所搖者謂之飛航獨一木所造者謂之桐槽于山水中所宜用者惟此耳其舟舡宜游漾輕浮不可重載其餘江海巨載之舟于山水中少用也品四時景物務要明乎物理度乎人事春時可以畫人物忻悅而舒和郊游踏青翠陌秋千漁唱渡水歸牧耕鉏山種捕魚之類也夏可畫以人物但于山陰林壑之處或行旅憩歇水閣高亭避暑納涼翫水浮舟臨江浴滌曉汲涉水風雨過渡之類也秋畫以人物則吹簫翫月採菱浣紗漁笛搗帛夜舂登高賞菊之類也冬畫以人物則圍爐飲酒慘冽游宦雪笠寒僮驟綱運糧雪江渡口寒郊遊獵履冰之類也若水埜之間可兼于禽鳥者春宜畫燕雀黃鶯夏宜鸂鶒鷗鷺秋宜征雁羣鶩冬宜落雁寒鴉今略言其大槩耳若能法此以隨時製景任其才思則山水妝飾而無有不備者矣

純全集卷第四

論用筆墨格法氣韻之病

凡畫者筆也此乃心術索之于未兆之前得之于形儀之後默契造化與道同機握管而潛萬物揮毫而掃千里故筆以立其形體墨以別其陰陽山水悉從筆墨而成而吳道子筆勝于質此乃畫聖賢也常謂道子山水有筆而無墨項容山水有墨而無筆此皆不得其全善也荆浩采二賢之長以爲已能則全矣蓋用墨太多則失其眞體損其筆而且冗濁用墨太微則氣怯而弱也過與不及皆爲病耳切要循乎規矩格法以本乎自然氣韻以全其生意得于此者備矣失于此者病矣以是推之豈可與俗士論哉凡未操筆間當先凝神着思預想目前所以意在筆先用意于內然後用格法以揮之可謂得之于心應之于手也其用筆有簡易而意

全者有巧密而精細者或取氣概而筆迹雄壯者或取順快而流暢者縱横變化用功乎筆也然作畫之病者衆矣惟俗病最大多出于淺陋狗卑昧乎格法之士動作無規亂揮取逸強務古淡而枯燥苟圖巧密而纏縛詐爲老筆本非自然此爲論筆墨格法氣韻之病耳古云用筆有三病一曰板病二曰刻病三曰結病板病者腕弱筆痴取與全虧物狀平匾不能圓渾者板也刻病者筆迹顯露用筆中凝勾畫之際妄生圭角者刻也結病者欲行不行當散不散事物留礙不能流暢者結也恐有一論爲之確病筆路謹細而癡拘全無變通筆墨雖行類同死物狀如雕印之跡者確也確者無變動因移之意凡用筆先求氣韻次采體要然後精思若形勢未備便用巧密精思必失其氣韻也大槩以氣韻求其畫則形似自得于其間矣且善究山水之理者當守其實其實不足當去其華而華有餘實爲質幹也華爲華藻也質幹本乎自然華藻出于人事實爲本也華爲末也自然體也人事用也豈可失其本而逐其末忘其體而執其用乎是猶畫者惟務華媚而體法虧惟務柔細而神氣泯眞俗病耳焉知守實去華之理哉若行筆或麄或細或揮或勻或點或重或輕不可一一分明以布遠近取似者氣弱而無畫也其筆太粗則寡于理趣其筆太勁則絕乎氣韻一皴一點一勾一斫皆有法度若不從畫法意只寫眞山不分遠近淺深乃圖經也烏得其格法氣韻者歟凡用墨不可深深則傷其體不可微微則敗其氣此皆病也勾抽落筆使用墨取淡者爲之滑而無法其先皴而後淡次取陰陽淺深者眞得其理又以畫之取遠景貴簡而不絕繁而不冗使觀者豁然如目窮幽曠瀟灑之趣不其神妙矣乎

論觀畫別識

瓊瑰琬琰天下皆知其爲玉也非卞氏三獻孰別荆山之璞而爲

美騂騮騄騻天下皆知其爲馬也非伯樂一顧孰別冀北之駿而爲良若玉之無別安得瓊瑰琬琰之名若馬之無別豈得騂騮騄騻之駿別玉者卞氏耳識馬者伯樂耳天下後世亦無復加諸是猶畫山水之流于世也隱造化之情實論古今之賾奥發揮天地之形容蘊藉聖賢之藝業豈賤隸俗人得以易窺其端倪蓋有不測之神思難名之妙意寓于其間矣凡閱諸畫先看風勢氣韻次究格法高低者爲前賢家法規矩用度也倘生意純而物理順用度備而格法高固得其格者也雖有其格而家法不可揉雜者何哉且畫李成之豈用雜於范寬正如字法顔柳不可以同體篆隸不可以同攻故所操不一則所用有差信乎然矣歸古驗今善觀乎畫者焉可無別歟然古今山水之格皆畫也通畫法者得神全之氣攻寫法者有圖經之病亦不可以不識也以近世畫者多執好一家之學不通諸名流之迹者衆矣雖究博諸家之能精于一

家者寡矣若此之畫則雜乎神思亂乎規格難識而難別良由此也惟節明其諸家畫法乃爲精通之士論其別白之理也窮天文者然後證丘陵天地之間雖事之多有條則不紊物之衆有緒則不雜蓋各有理之所寓耳觀畫之理非融心神善縑素精通博覽者不能達是理也畫有純質而清淡者僻淺而古拙者輕清而簡妙者放肆而飄逸者野逸而生動者幽曠而深遠者昏暝而意存者眞率而閑雅者冗細而不亂者重厚而不濁者此皆三古之迹達之名品參乎神妙各適於理者然矣畫者初觀而可及究之而妙用益深者上也有初觀不可及再觀不可及窮之而理法乖異者下矣畫譬猶君子歟顯其跡而如金石著乎行而守規矩觀之而溫厚望之而儼然易事而難說難進而易退動作週旋無不合于理者此上格之體有若是而已畫猶小人歟以浮言相背以矯行相尙近之而無取遠之則有怨苟諂媚以自合勢詐僞以相蔽

旋爲交搆無有狥于理者此卑格之體有若是而已倘明其一而不明其二達于此而不達于彼非所以能別之也昔人有云畫有六要一曰氣氣者制度時用隨形運筆取象無惑二曰韻韻者隱霧立形備儀不俗三曰思思者頓挫取要凝想物宜四曰景景者制度時用搜妙創奇五曰筆筆者雖依法則運作變通不質不華如飛如動六曰墨墨者高低暈淡品別淺深文采自然似非用筆有此六法者神之又神也若六法未備但有一長亦可采覽畫有珍傳于世不自顯名者所謂以實得其名矣不期顯而自顯也畫有一時雖顯其名久則易銷者所謂聲過于實不期銷而自銷矣凡祕畫者豈可擇于名譽冠蓋但看格清意古墨妙筆精景物幽閑思遠理深氣象瀟灑者爲佳其未嘗精絕惟貢巧密者鮮鑒矣世有王晉卿者戚里之雅士也耕獵文史放肆圖畫每燕息之餘多戲小筆散之于公卿家多矣常蒙青眼左顧每圖畫必見召觀

論乎淵奧搆其名實偶一日于賜書堂東掛李成西掛范寬先觀李公之迹云李氏畫法墨潤而筆精烟嵐輕勃如對面千里秀氣可掬次觀范氏之作又云如面前眞山峯巒渾壯雄逸筆力老健此二畫乃一文一武耶愚嘗思其言由賞鑑而通于骨髓其格法之要切須知之方能定優劣明是非可謂精通善鑒者畫若不遇于識鑒者如暝行于途無分善惡也悲夫今有名卿士大夫之畫自得優游閒適之餘握管濡毫落筆有意多求簡易而取清逸出于自然之性無一點俗氣以世之格法在所勿識也古之名流士大夫皆從格法南唐以來李成郭熙范寬燕公穆宋復古李伯時王晉卿亦然信能悉之于此乎

論古今學者

天之所賦于我者性也性之所貴于人者學也性有顓蒙明敏之異學有日益無窮之功故能因其性之所悟求其學之所資未有

業不精于已者也且古人以務學而開其性今人以天性而恥于學此所以去古逾遠貽笑于大方之家也昔顧愷之夏月登樓家人罕見其面遇風雨晦明飢飽喜怒皆不操筆唐有王右丞杜員外贈歌云十日畫一水五日畫一石能事不受相促迫王宰始肯留眞跡古者如此多略舉一二蓋前人爲銷日養神今人反以圖利勞神古之學者爲己今之學者爲人古之冠冕上士燕閒餘裕以此爲淸幽自適之樂唐張彥遠云書畫之術非閭閻之子可爲也奈何頃者往往以畫爲業以利爲圖全乏九流之風不修士大夫之體豈不爲自輕其術哉故不精之原良以此也眞所謂棄本逐末矣且人之無學謂之無格無格謂無前賢格法也豈有不落格法者而爲越古超今名賢者歟所謂寡學之士則多性強而自爲蔽者有三難學者有三何謂也有心高而自恥下問惟憑盜學者爲自蔽也有性敏而才高雜學而狂亂志不歸一者爲自蔽也

有少年夙賦其性不勞而頗通慵而不學者爲自蔽也難學者何也有慢學而不知其學之理苟僥倖之策唯務作僞以勞心使神志散亂而不究于實者難學也有本性無學之心而假以爲生者難學也如此之徒技之下耳安得以傳古人之糟粕達前賢之閫奧未有不學而良能也信斯言也凡學者宜執一家之體法學之成就方可變易爲己格則可矣噫源深者流長表端者影正則學造乎妙藝盡乎精思蓋有本者亦若是而已

論三古之畫過與不及

且論畫多能精當者國之王晉卿也論三古高古中古近古自三皇以前爲洪荒之世畫無得名之自伏羲氏定龜文畫于卦象之後畫始有形意畫本畫也逮黃帝時史皇覩物而狀之此畫之始也至五帝禹湯及秦漢以來畫斯興焉其時雖錄人姓名然畫跡未見有之者莫能定其優劣其畫大興于晉宋其眞跡人間雖有罕得而見之晉卿論三古之畫可代爲之高者晉宋爲高古唐爲中古五代爲近古晉宋有顧陸張展畫之聖賢也乃爲百代之師範矣唐張彥遠云古之畫人物純重而閑雅今也不然至唐之盛漸乏純重而少閑雅何況于近代耶郭若虛云今人佛像鞍馬殆不及古花竹禽鳥山水古不及今唐李思訓張藻宋齊王維王宰楊炎之流乃仙格神奇過于高古亦以爲傳世之師法耳五朝有荊浩關仝超出古今至宋朝初又有李成范寬李雖師于關而過之可謂靑出于藍矣二賢畫能各立家法時有李昇慕李思訓之格呼爲將軍亦自立家法其有王士元翟院深王端燕肅董元陸僅趙幹屈鼎紀眞巨然許道寧劉丞丘納黃筌燕文貴宋迪商訓龎崇穆李隱宋李宗成郝銳梁宗信郭熙侯封高克明黃贇符道隱永嘉僧擇寧吳僧繼章以上名流各書宗法師資品學山水之士要知貴通其宗祖格法故序其後今本無此篇

後序嘗謂世之論畫者多矣稽古逮今瑣瑣碌碌亦其偏見持以僻說蔽于天地之純全不識古今之妙用者幾何人哉故不可以枚數而名計也然畫之祖述于古有自來矣顯自唐虞備于商周尊于天子用于宗廟明于日月山龍之形別于鳥獸魚蟲之跡制之于冠蓋袞冕說之于尊罍鼎器與六經具載百代祖述迨此而下雖世不乏然未備其體或攻于一物或長于片善無復有能超越而能盡其純全妙用之理者也且畫者剛天地玄黃之色泄陰陽造化之機掃風雲之出沒別魚龍之變化窮鬼神之情狀分江海之洪濤以至山川之秀麗草木之茂植翻然而異蹶然而超挺然而奇恢然而怪凡域于象數囿于形體一扶疏之細一蝡蠓之微覆于穹窿載于磅礴無逃乎象數而人爲萬物最靈者也故人之于畫造于理者能畫物之妙昧乎理則失物之眞何哉蓋天性之機也性者天所賦之體機者至神之用機之一發萬變生焉惟

畫造其理者能因性之自然究物之微妙心會神融默契動靜揮于一毫顯于萬象則形質動蕩氣運飄然矣故昧于理者心爲緒使性爲物遷汩于塵坌擾于利役徒爲筆墨之所使耳安得語天地之眞哉是以山水之妙多專于閒隱逸幽之流名卿高蹈之士悟空識性明了燭物得其趣者之所作也况山水之樂林泉之興豈庸魯賤隸闤闠鄙夫惑于饕餮者之所爲哉宜其畫之于山水誠未可以易言也今古之跡顯然而著見于域中者不爲不多矣略究形容而推之遥岑叠翠遠水澄明片帆歸浦秋雁下空指掌之間若睨千里有得其平遠者也雲輕峯秀樹老陰疏江村棧路遥嶺崢嶸僧舍溪橋歸舟人少漱石枕泉有得其全景者也若松柏老而虬怪羣木茂而葱鬱臨流盤澗崖古林高此得其樹石者也萬木披靡千岩聳翠烟重暝斜之勢林繁而葉葉有聲此得其風雨者也畫至于通乎淵源貫乎神明使人觀之若覩青天白日

窮究其奥釋然清爽非造理師古學之宏遠者何克及此今有琴堂韓公純全以名宦簪履之後家世儒業自垂髫誦習之間每臨筆研多戲以窠石既冠從南北宦游常于江山勝槩爲所樂者圖其所至之景宛然而旋踵在前繼而攻畫于山水則落筆驚人迥出塵俗不蔽于一偏不滯于一曲不取媚于世不苟名于時但游藝于心術精神之間爛額焦頭窮年皓首過于書淫傳癖之士未嘗一日捨乎筆墨猶恐學之不及也蘊古今之妙而宇宙在乎胸窮造化之源而百物生于心故研精極思深得其純全妙用之理南陽純全公之畫歟公自紹聖間擔簦之都下進藝于都尉王晉卿所愜薦于今聖藩邸繼而上登寶位受翰林書藝局祗候累遷爲直長畫待詔今以授忠訓郎公未嘗苟進迄今祗以畫爲性之所樂頃者出示以平昔編纂胸臆蘊奥俾僕以爲文釋意然所集山水之論莫不纖悉備載且指物而各序其說言無華藻事歸典實博古驗今增删證識分雲水山林關城橋彴傳其筆墨之法講其氣韻之病通四時景候識三古用筆一句一事燦然使後之學者覽而爲樞機津梁之要顧不偉歟當南陽接朋友則講論古今爲文章至於理邃如珠藏于蚌玉蘊于石學之者不可輕易其文當求其理信乎公之論畫如珠玉之祕于此焉如公之畫純于古而不雜于後代故其立論集曰純全庶幾雅德君子爲之廣傳宣和辛丑歲孟冬二十四日夷門張懷邦美序于集后

春渚紀聞 十卷　　宋何薳 號韓青老農

入内都知宣慶使陳永錫言上皇朝内人有兩劉娘子其一年近五旬志性素謹自入中年即食素誦經日有程課宮中呼爲看經劉娘子其一乃上皇藩邸人敏于給侍每上食則就案析治脯脩多如上意宮中呼爲尚食劉娘子樂禍而喜暴人之私一日有小宮嬪微忤上旨潛求救于尚食既諾之而反從之下石小嬪知之

乃多取紙筆焚之云我且上訴于天帝也即自縊而死不踰月兩劉娘子同日而亡時五月三日也至輿尸出閤門棺斂初舉尚食之衾而其首已斷旋轉于地視之則羣蛆叢雜而穢氣不可近殆啓看經之衾則香馥襲人而面色如生于是内人知者皆稽首云善惡之報昭示如此不可不爲之戒也

蕭注從狄殿前之破蠻洞也收其寶貨珍異得一龍長尺餘云是鹽龍蠻人所豢也藉以銀盤中置玉盂以玉箸摭海鹽龍飲之每鱗中出鹽如雪則收取用酒送一七專主興陽而前此無說者何也後因蔡元度就其體舐鹽而龍死其家以鹽封其遺體三數日用亦大有力後聞此龍歸蔡元長家

湖州烏墩鎮沈氏婢其鄰里呼之施妳婆者六十餘矣兩鬢明尚處子也年二十爲沈氏婢會大疫主公主母繼亡獨餘二女子各十數歲無旁親可依爲生施即傭舂旁舍或織草屨與縫紉之事

得錢以給二女且教護之至于長又擇良而配焉更爲撫抱其子盡力奴事鎮人皆知敬愛之每大家出游則假守舍餘物滿前一毫不私也至今尚在

先君爲武學教授日有旨校正武舉孫吳等七書先君言六韜非太公所作有考證處先以稟司業朱服服言此書行之已久未遽易廢也又疑李衛公對問亦非是後爲徐州教授與陳無已爲交代陳云嘗見東坡先生言世傳王氏元經薛氏傳關子明易傳李衛公對問皆阮逸著撰逸嘗以草示奉常公也非獨世傳龍城記載六丁取易說事樹萱錄載杜陵老李太白諸人賦詩事詩體一律而龍城記乃王銍性之所爲樹萱錄劉燾無言自撰也至于書刻亦然小字樂毅論實王著所書李太白醉草則葛叔忱戲其婦公者山谷道人常言之矣

古人作字謂之字書所謂書者蓋有用筆深意作字之法要筆直

而字圓若作畫則無有不圓勁如錐畫沙者是也不知何時改作寫字寫訓傳則是傳模之謂全失秉筆之意也又奕棋古亦謂之行棋宋文帝使人齎藥賜王景文死時景文與客棊以函置局下神色不變且思行爭劫蓋棋戰所以爲人困者以其行道窮迫耳行字于棋家亦有深意不知何時改作著棋著如著帽著履皆訓容也不知于棋有何干涉也且寫字著棋天下至俗無理之語而舉世皆承其說何也

東坡先生嘗謂劉景文與先子曰某平生于快意事惟作文章意之所到筆力曲折無不盡意自是世間樂事無踰此者

蓮一日謁冰華居士錢濟明丈于其所居烟雨堂語次偶誦祭東坡先生文至降鄒陽于十三世天豈偶然繼孟軻于五百年吾無間也之句冰華笑曰此老夫所爲者因請降鄒陽事冰華云元祐劉貢父夢至一官府案間文軸甚多偶取一軸展視云在宋爲蘇某逆數而上十三世云在西漢爲鄒陽蓋如黃帝時爲火師周朝爲柱下史只一老聃也

先生元祐間帥錢唐視事之初都下司稅務押到匿稅人南劍州鄉貢進士吳味道以二巨捲作公名銜封至京師蘇侍郎宅顯見僞妄公即呼味道前訊問巨捲中果何物也味道恐蹙而前曰味道今秋忝冒鄉薦鄉人集錢爲赴都之贐以百千就至建陽買紗得二百端因計道路所經場務盡行抽稅則至都下不存其半心竊計之當今負天下重名而愛獎士類唯內翰與侍郎耳縱有敗露必能情貸味道遂僞假先生台銜緘封而來下探知先生已臨鎮此邦罪實難逃幸先生恕之公熟視笑呼掌牋奏書史令去舊封換題細銜附至東京竹竿巷蘇侍郎宅并與書子由書一紙付示謂味道曰先輩這回將上天去也無妨來年高選却當惠顧也味道陳謝再三次年果登第還具牋啓謝殷勤其語亦多警策公

甚喜爲延款數日而去

司馬才仲初在洛下晝寢夢一美婦人牽帷歌曰妾本錢唐江上住花落花開不管流年度燕子銜將春色去紗窗幾陣黃梅雨才仲愛其詞因詢曲名云是黃金縷且曰後日相見于錢唐江上及才仲以東坡先生薦應制舉中等遂爲錢唐幙官其廨舍後唐蘇小墓在焉時秦少章爲錢唐尉爲續其詞後云斜插犀梳雲半吐檀板輕敲唱徹黃金縷夢斷綵雲無覓處夜涼明月生春浦不逾年而才仲得疾所乘畫水輿艤泊河塘柁工遽見才仲攜一麗人登舟即前聲諾繼而火起舟尾狼忙走抵家已慟哭矣

建安暨氏女子十歲能詩人令賦野花詩云多情樵牧頻簪髻無主蜂鶯任宿房觀者雖皆驚賞而知其後不保貞素竟更數夫流落而終

關子東云范希文嘗言于江山見一漁父意其隱者也問姓名不

對留詩一絶而去記其兩句云十年江上無人問兩手今朝一度

又

王荆公言月中彷彿有物乃山河影也至東坡先生亦有正如大圓鏡寫出山下影妄言桂兔蟇俗説皆可屏之句以二先生窮理盡性固當無可議者然尚有未盡解處今以半鏡懸照物象則全而見之月未滿則中之物像亦半見何也

東坡先生云中秋月明則是秋必多兔野人或言兔無雄者望月而孕信使斯言則木蘭詩云雌兔眼迷離雄兔脚撲朔何也先生徑山詩有熒足惟撲朔若雌兔望月則徑山正公又非得而熒足也

玉臺詩入門時左顧但見雙鴛鴦鴛鴦七十二羅列共成行孟東野和薔薇歌仙機軋軋飛鳳凰花開七十有二行不知皆用此七十二取何義也

春夢録一卷全　皇元鄭禧（字天趣溫州人進士及第黃岩州同知）

城之西有吳氏女生長儒家才色俱麗琴棋詩書靡不究通大夫士類稱之其父早世治命宜以爲儒家室女亦自負不凡予今年客于洪府一日媒嫗來言其家久擇婿難其人洪仲明公子戲欲與予求之予辭云已娶不期媒嫗欲求予詩詞達于女氏予戲賦木蘭花慢一闋翌日女和前詞附媒嫗至乃曰吳氏女見此詞喜稱文士之美但母氏謂官人已娶而不可然女獨憐子之才更唱迭和獨令乳母來覩且述女喜之意欲雖居貳室亦不辭也囑予托相知之深者求啓母歸予然予在城之日淺相知者少漫囑意山長吳槐坡者往説其母終亦不然有周氏子懼予之成事挾財以媚母氏母乃失于從周遂納其定禮女號泣曰父臨終命歸儒士周子不學無術但能琵琶耳我誓不從周氏因佯狂擲冠于地母怒毆之發憤成疾病且篤母乃大悔懼逆其意即以定禮付媒嫗以歸于周然女病竟無起色因以書遺予曰妾之病爲郎也若此生不救抱恨于地下料郎之情豈能忘乎臨終又泣謂青衣名梅蕋者曰我愛鄭郎生也爲鄭郎死也爲鄭郎我死之後汝可以鄭詩詞書翰密藏棺中以成我意未幾果卒嗚呼文君之于相如自昔所難而況夫婦之間多才相配世之尤難者乎夫以女之才如是而憐予之才又如是齊眉相好唱和百年豈非天下之至樂者乎而況其家本豐殖復有貲財者哉乃厄母命之不從發憤成痾抱恨而死嗟夫紅顏勝人多薄命亘古如斯而況才色之兼全者乎驚綵雲之易散痛黄壤之相遺亦重予之臨風相悒怏耳恨何言也抑予非悦其色也愛其才也非徒愛其才也感其心也今具録往來詞翰于後覽者亦必助予之悽愴也延祐戊午永嘉鄭禧天趣序

丁巳歲二月二十六日予寄木蘭花慢云恃生平豪氣沖星斗渺

雲煙記楚水湘山吳雲越月頻入詩篇皎潔劒光零亂算幾番沉醉樂花前　種仙人瑶草故家五色雲邊芙蓉金闕正需賢詔下九重天念滿腹琅玕盈襟書傳人正韶年蟾宮近傳芳信姮娥嬌豔待詩仙領取天香第一縱橫禮樂三千翌日女氏和云愛風流俊雅看筆下掃雲烟正困倚書窗慵拈針綫懶詠詩篇紅葉未知誰寄慢躊躇無語小欄前燕子知人有意雙雙飛度花邊　殷勤一笑問英賢夫乃婦之天恐薛嫒圖形楚材興歎喚醒當年疊疊滿枝梅子料今生無分共坡仙嬴得鮫綃帕上啼痕萬萬千千二月二十九日女密令乳母來覩三月一日再賦前腔云望斜楊裊翠簾試捲小紅樓想鸞佩敲瓊鸞粧沁粉越樣風流吟懷自憐豪健灑雲牋醉裏度春愁有唱還應有和纖纖玉映銀鈎犀心一點暗相投好事莫悠悠便有約尋芳蜂媒繞到蝶使重遊梅花故園憔悴損東風讓與杏梢頭況是梅花無語杏花好好相留女氏再和

云看紅牋寫恨人醉倚夕陽樓正故里梅花纔傳春信先認儒流此生料應緣淺綺窗下雨怨共雲愁如今杏花嬌豔珠簾嬾下銀鈎絲蘿喬樹欲依投此景兩悠悠恐鶯老花殘翠嫣紅減辜負春遊蜂媒問人情思總無言應只自低頭夢斷東風路遠柔情猶爲遲留予觀所和兩詞其才情標致豈易得哉此予所以深不能忘也再賦詩三首銀牋寫恨奈情何料得情深斂翠蛾須信梅花貪結子東風着意杏花多翠袖籠香倚畫樓柔情猶爲我遲留何時共箇鴛鴦字吟到東風淚欲流兩才相遇古來難重寫芳情仔細看莫待後時空自悔不如及早舞雙鸞吳氏和云慈親未識意如何不肯令君畫翠蛾自是杏花開較晚梅花占得舊情多殘紅片片入書樓獨倚危闌覺久留可惜才高招不得紅絲雙繫別風流今生緣分料應難接得新詩不忍看漫說胸襟有才思却無韓壽與紅鸞詩尾又繫以語云屢蒙佳什珍藏篋笥福淺緣慳不成好事舛命伯言不期違背一片眞情翻成虛意勤讀詩書要圖名利故里梅花依然夫婿數語贈君盈盈垂淚予復作儷語以寄遺恨因達于女氏云切以詩書相遇罕見于夫婦之間詞翰先投乃接于聲氣之表字含玉潤情染蘭香悵故里之梅花纔傳春信比芳園之杏蕊無奈風潺復令乳母來覩預遣女媒通好謂先君已定猶遺在耳之言矧才子如斯不忝齊眉之願倘得百年而偕老雖居貳室而不辭妙語難忘芳心可掬既窈窕之慨然許鄭何聖善之必欲從周事既相違分亦何淺幕底阻牽于紅綫石上空磨于玉簪誰令庸暴之男強投雁幣痛失文章之婿怒擲蟬冠脉脉春愁盈盈妝淚念欲挾文君而夜遁終不忍爲竟遲杜牧之春遊賞成深恨猶勸詩書之勤讀極知恩愛之逾深嗟伉儷之無緣徒唱酬之相與此日落花流水去遥想芳塵他時折桂月中歸必貽後悔茲憑四六用表再三願深思賢父之言庶免抱終身之恨難期

面敘幸冀心融又續以詩云畫梁雙燕舞嬌塵只見新詩不見人夜夜相思飛蝶夢東風着意杏花春風流才思古難全若得相逢不偶然有約綠楊門外過珠簾半捲露嬋娟吳氏答書云鍾天地之秀氣偉矣儒人含閨閫之芳情孤哉幼女兩才相遇方圖結子紅絲一語敗盟又空成于畫餅詩詞寄恨蜂蝶傳情先人之遺訓昭昭曾已告母慈母之嚴命切切乃不諒人鄭郎將故里之梅花憔悴周子戀芳園之杏蕊嬌羞齊眉之好已休衆口之辭不叶龜古來告雁幣輒修經史未得聞琵琶奚足聽鴛鴦枕上夜夜相思蝴蝶夢中時時相會深沉院宇無路可求寂寞簾櫳有緣終遇雖後死幼玉也尋柳氏奈今生文君未識相如謹此申酬伏祈炳照併和前詩二首云才高豈有困泥塵雁塔名香第一人却笑此生緣分淺可憐辜負兩青春琴棋書畫藝皆全一段風流出自然院宇深沉簾不捲想君難得見嬋娟是日吳氏又寄繡領至工夫精巧云此是十年工夫所繡者若此予復作詩云領中垂繡雙雙鸞幼小工夫此最難久上羅襦香欲褪多情拆寄鄭郎看落花時序易消魂忍看雲牋沁粉痕近日懨懨香玉瘦可憐和泪倚重門繡綫慵拈夢乍醒風流誰畫柳眉青琵琶聲裹昭君怨莫向他時不忍聽嫩柳嬌依道韞家東風何事苦驚鴉流鶯欲住頻回首盡日愁腸惱落花吳氏答書云某早忽洪妳至欲遣一書奈家事冗人多竟勿克午間再辱雲翰披味怳如會晤之爲快中間此事苦爲母氏所阻奴伴疾佯狂此數日周子稍緩其事但兩受凌辱被打氣積成疾不離枕席亦是因君耳恐天不假之壽萬一抱恨而歸亦爲君耳如天從人願因緣有在此事尙可成就中間多感十一安人恩意如三五日病可却至洪府相謝亦可一見與言至此悲涕漣漣先生千金之軀不可因賤妾而成疾但以堅心爲念好事亦不在怱忙衷腸非筆可盡切祈尊照又詩二絶云淚珠滴滴溼

香羅病裏芳肌瘦減多怪得夜來春夢淺不知今日定如何青衣扶起髻雲偏病裏情懷最可憐已自懨懨無氣力强擡纖手寫雲牋吳氏臨終答書云哀哉古人云春蠶到死絲方盡蠟燭成灰淚始乾誠哉是言也一自女媒道好之後妬情之輩登奴門者多其說不一有云先生貧者有云子多者有云妻妬行者奴聞之若風過耳但以眞心而待况兼母與伯以奴之身色才藝俱全豈可爲人次妻而周舍挾財以媚母氏遂以一紅一書爲定奴乃涕泣不從兩被淩辱以致成病而相思之情又何可勝言念欲竊香相隨奈千方百計不可而此病逾篤昨日兩辱佳音且喜且泣母氏而今已作噬臍之悔有通容處但奴魂飛不定神亂不常雖師巫醫卜無所不至而病略不減先生自宜將息不可因賤妾失寐忘飧以郎之才不患無好色之妻以奴之命其恐不見有才之郎若此生不救抱恨于地下料郎之情豈能忘乎然妾之死無身後之累郎若成疾則故里梅花青青梅子將葬之誰乎倘得病安必見□臨終哽咽不知下筆處奴扶德拜上吳氏既終以文寄祭云嗚呼崑山玉樹閬苑瓊花豈人間之凡植兌獨冠于仙葩儲芳而豔吐日春華祥雲爲蓋皎月爲家俄驪驚爲怪雨殜遺綵于塵沙啼玉鸞而自惜愁翠鳳而空嗟嗚呼哀哉玉容如在瓊佩何之生也何待死也何爲染夫容而爲色裁錦繡以爲詩琴彈綠綺兮冰雪爲絲詒鉛粉澤兮煙霞爲姿牙籤縹帙兮融融奥旨紋楸玉子兮了了玄機閨房之秀誰其似之謝家柳絮詎足方斯予也惜年冉冉負志奇奇投鯨竿兮學海之驚濤透翠衣兮詞苑之葳蕤鷁風孤退鵬雲自垂楚山古木湘水蕪祠泣娥英兮愁牽翠衣弔靈均兮空抱瓊芝昭昭從返渺渺遐思抱英懷之未擢忽窈窕之用知始之以女媒而道好中之以乳母而傳書是耶非耶物理茫茫色可得而有兮才孰儷而孤芳形不可得而見兮心殷殷而愈彰迨

大夢之初覺予亦攬泣而成章與言路阻莫寘一觴千秋萬古遺恨空傷又悼亡吟二首云詩寫青牋幾往來佳人何自苦憐才傷心春與花俱盡啼殺流鶯喚不回相見愁無奈相思自有緣死生俱夢幻來往只詩篇玉珮鶯沉水瑤琴愴斷絃傷心數行淚盡日落花前予召箕仙留得一詞云緣慘雙鶯香魂猶自多迷戀芳心密語在身邊如見詩人面又是柔腸未斷奈天不從人願瓊消玉減夢魂空有幾多愁怨四月朔予再調木蘭花慢云任東風老去吹不斷淚盈盈記春淺春深春寒春暖春雨春晴都來殺詩人興更落花無定挽春情芳草猶迷舞蝶綠楊空語流鶯玄霜着意擣初成回首失雲英但如醉如癡如狂如舞如夢如驚香魂至今迷戀問眞仙消息最分明後夜相逢何處清風明月蓬瀛是日再召箕仙一道童降筆詞曰今日瑤池大會羣神不肯來臨眞筆傳語鄭郎君記得相嘲妬行好箇木蘭花慢休題相契分明君還要問那香魂正在仙宮聽命吳氏之母痛憶之甚亦死一子年長不慧移居鄉村眞可惜哉予又作哀文云嗚呼茫茫九泉愛莫起之靈之音容忽其遠矣中心藏之何日忘之靈之心其可忘乎蛜蝛在室蟰蛸在戶靈之家蕩然矣天長地久恨無絕期靈之恨其可絕乎使靈之至此者誰之咎歟母氏之無明見伯氏之無理言也當是時二老果無允予之意姑徐徐數日而異其圖擇婿誰得而間之矧先君之治命若斯之昭昭者乎龜占未吉雁幣輒修其靈之死在此而不在彼也靈之容固不可得而見之矣靈之心與予相悲映者果無幽明之隔也耶予嘗過靈之家但見門掩夕暉兮草沿階而春色鄰人疑爲我之求弓空彷彿乎靈之魂獨在也吾想靈飄霞珮于太淸兮擬驂仙于瑤池逶迤而不忍去兮欲與予而追隨予因知靈之同心兮雖同往而何辭忽返睨乎故鄉兮念衆雛之無依靈誓勉予以自愛兮何既死而忽遺繫母氏之念而死

兮諒雖悔而曷追予于義未可以死兮則亦付修短之有期嗚呼疇昔之夜忽有擁予髻而泣者非靈也耶恍一夢之驚覺空伏枕之漣漪愴予懷之鬱結重抑憤之哀詞毋知天知有知無知吾獨自知爾嗚呼哀哉友人閱此女詞情事可傷作詩悼之云結髮姻緣豈偶然如何契闊便登仙可憐一點眞才思辜負韶華二十年磊落襟懷亞淑眞琴棋書畫更超倫恨哉周鄭翻成怨底不當初早嫁人女子文章天下少男兒才學豈應無滿懷空有詩書料負儞卿卿旦夕呼不見佳人亦可傷傷他非命爲才郎杏花夢斷東風曉空把新詩寫數行黃子侑敏讀之有感云春樓珠箔捲東風幾度偸彈淚粉紅豔質豈期黃壤隔香魂應逐綵雲空解將遺事留身後盡忘前言在耳中杏蕊梅花俱一夢悠悠深恨鎖幽宮汪庭村子才云犀心泥穎屢通津未識嫦娥一面新興盡故園梅已謝情留村塢杏初春將身輕許志雖失在耳不忘言可遵生死幽

冥千古恨臨風披閲爲傷神徐子文天賚和黃韻云杏花初破去春風未識芳心一點紅詞翰往來傳意切死生夢幻轉頭空奈知分淺鴛幃裏期許名魁雁塔中杳杳幽魂何處覓直牽消息報仙宮王君淸和黃汪韻云落花一掃夜來風枉駕相思寄斷紅梅信自間魚水遠杏香應逐燕泥空情懷琴瑟千春恨怨入琵琶一夢中門掩滿庭詩思遠教人惆悵館娃宮仙景無由一問津但吟佳句覺淸新不知中道夢中夢如坐上陽春上春空想彩鸞緣有分可憐司馬意難遵白頭老去吟猶苦對爾忘形似有神

嘉子述後序（嘉子述者不欲知其姓氏故作此名）昔者孔子繫周易其辭有曰言行君子之樞機也樞機之發吉凶榮辱之主也是以子張問行孔子則以言忠信行篤敬者答之其學干祿也孔子又以言寡尤行寡悔者告之蓋一言一行實惟君子立身之大節可不愼歟今衛陽鄭天趣讀聖人書將以爲祿生也其未遇時常館于洪氏舍而城之西吳氏女與之有文學之好天趣乃以其往來詩詞書翰編爲春夢錄以示于人且自爲之序言其女之心甘爲貳室然痴小女子不能持其志而輕身以許人固多有之矣天趣以爲得之如俯拾地芥吁其愚之不可及也夫今觀其初達女詞則有嫦娥嬌豔待詩仙之語實所以挑之也而女氏則以薛媛圖形寄楚材事而和之有云料今生無分共坡仙亦可謂心乎禮義者矣鄭子當于此時灰心可也乃復懷睠睠既有梅花故園憔悴杏花好好相留之詞及不如趁早舞雙鸞之句心跡顯然而謂之樂而不淫可乎女答之則曰恐君難得見嬋娟蓋已有絕之之意矣于是天趣復有儷語以眙之有夫婦之稱齊眉之好又曰念欲挾文君而夜遁終不忍爲既念之矣其心果不忍爲之乎特欲爲之而不能耳且如子女動心拂性亂其所爲違母之命持不嫁凡子之說以至殞其軀而勿悔實天趣導之也其罪容可隱乎且序又曰況其家本豐

殖而有資財者乎吁此一言足以見其貪戀顧惜之心而惑之甚者也雖然又曰非予悅其色也愛其才也非徒愛其才也感其心也愚獨以爲非徒愛其才也實貪其財也非感其心也實慕其色也文中子曰一夫一婦庶人之職也今天趣有妻在室有子在家而猶寓人門館苟慕妻子則可已何以少艾爲而況鍾于情形于言言之不足又從而詠歌之者乎然聽其言也則有踰東家墻而摟其處子之心欲其言不寡尤也難矣言之忠信者如是乎觀其行也蓋欲淫于新昏而棄其舊室也要其行不寡悔也難矣行之篤敬奚取焉然吳氏母之不從正也其女之不思可哀也哉女子情固不足取惜乎天趣學而優則仕者也顧其言行若斯士君子立身之大節已虧宜乎不容于堯舜之世詩云女也不爽士貳其行士也罔極二三其德鄭子吳姬皆有矣噫春夢一錄非所以爲榮實所以爲辱迨其前程之識未知果天趣之筆若果天趣之筆

想不得不助其悽愴也遂復爲儷語以斷其後雖曰刺時亦以自難之也非徒能言之亦允蹈之也其詞云蓋聞有德者先須正己無瑕者可以律人事宜變通時有可否爰覩鄭子錯愛㚟姬才美雖可誇名教未足數廣文先生官獨冷斐然成章深閨少女嬌復痴喜而不寐有唱還應有和多才又遇多能公子得之于辭昏既愼其始佳人自嗟于薄命鮮克有終胡爲戀杏蕊之嬌羞而欲棄梅花之憔悴雙鸞舞鏡豈能樂爾妻孥一雁傳書安得便爲夫婦毋乃養小以失大未免棄舊而憐新爲之也雖言之非怍彼美人之多情無定寧不動心而先君之治命足遵亦有立志嬋娟難見珠簾故懶上于銀鈎信悼不特羅襦乃拆寄于繡領苟甘心于貳室實屈己于偏房不出正兮豈能諧于琴瑟祗自辱兮未之思耳然女子之嫁也故母氏而命之若曰無緣或云非偶周鄭等耳亦何親而何疏秦晉負之當別卜而別選章臺柳當時攀折遂負倉

庚之好音洛陽花是處芬芳竟與鴛鴦而同夢既失自生之慈愛空能守死之遺言女不爽而死無名士罔極而貳其行暗求鳳也鄭亦不能無罪焉強委禽兮周當分受其責也傷中道人倫之廢嘆前程事業可知慕文章而論其才斯人之過也哀窈窕不淫其色夫我乃行之昔幼卿結髮以求新月如有約若倩女離魂而赴婿雲本無心夫居鰥者尙不忍爲而得偶者何須多愛縱横禮樂三千字因此作虛名寂寞金釵十二行付之于定分故雖獲乘軒之寵鶴然終愧釣渭之非熊嘆龍虎榜之方登奈鳳凰池之遽奪若是彼夫之悲得似非君子之所爲春事悠悠總是緑楊風後絮秋陽皜皜依然丹桂月中花常擬閒人是貴人空嗟好事成虛事古既有春秋之作今何無月旦之評饒舌以言銛寧甘得罪于鄭如心而爲恕悖然歸怨于周倘或反身而求庶幾克己復禮彼丈夫也我丈夫也吾何畏彼哉舜何人哉予何人哉有爲者亦若是不及小子之狂簡聊布箴規尙賴達人之大觀特加斥正

化書 六卷

南唐譚峭 字景昇

廣平宋齊丘字子嵩性慵讀書不知古今然好屬意于萬物有感于心必冥而通之所以或得萬物之情或見變化之妙遂著化書以盡其道凡六卷百有十篇上二卷說道與術中二卷說德與仁下二卷說食與儉皆化之旨也豈道不足化之爲術術不足化之爲德德不足化之爲仁仁不足化之爲食食不足化之爲儉儉二化其物甚卑其名甚微其數甚大其化甚廣可以談道德集仁義厚禮樂誠忠信噫不知萬物之化小人也不知小人之化萬物也不知小人之化化書也不知化書之化小人也化之道如是大已太和庚寅宋齊丘序

予嘗讀化書至老楓化爲羽人朽麥化爲蝴蝶自無情而之有情也賢母化爲堅石山蚯化爲百合自有情而之無情也乃知作之

者明乎莊列之旨達乎程生馬而馬生人予閒日問鴻濛君曰吾嘗聞希夷先生誦此書至稚子篇卷册而止語曰吾師友譚景昇名峭始隱于南山著化書因遊三茅道過金陵見宋齊丘有仙風道骨雖溺于機智而異乎黃埃中人遂引此篇云稚子弄影不知爲影所弄狂夫侮像不知爲像所侮化家者不知爲家所化化國者不知爲國所化醉者負醉疥者療疥其勢彌顛其病彌篤而無及者也齊丘終不悟景昇乃出化書授齊丘曰是書之化此化無窮願子序而傳之後世齊丘授畢以酒以景昇害之盛醉以革囊裹景昇縫之投深淵中奪此書爲己有作序流傳于世後有隱者漁淵獲革囊剖而視之一人鼾睡囊中指甲已纏體矣漁者大呼乃覺問其姓名囊中人曰我譚景昇也宋齊丘奪我化書沉于淵今化書曾無行乎漁者答曰化書行之久矣景昇曰化書若行不復入世矣吾睡此囊中得大休歇君納吾體于革囊中縫而復投

斯淵是所願望漁者如其言再沉之舊淵噫化化無窮至道宏深豈齊丘之識哉竊書求名賊害至人肆其逆心蔽其仙跡而齊丘後爲南唐相果不得其死宜哉嘉祐五年夏碧虛子題

大易言天地萬物變化雖頤隱深遠實不外陰陽剛柔之理呂令載鳩鷹雀蛤南華言青寧程馬芒昧不可致詰然萬物化生之機有非人所能測者化書言化殆本諸此其書務養神志齊物崇虛無清淨往往得老莊遺意至談道德禮樂仁義忠信推尊堯舜禹湯仲尼且重食敦儉要知治國化民之本不爲無補世多稱此書出宋齊丘不知譚景昇所作齊丘欲竊人之書以爲己有而平生智術巧詐蹈此書所深戒其能逃識者之目乎憲僉青社韓公好古博雅曩慮四至春陵得此本今行部莆陽出以見示旣鋟梓廣其傳因書此以見公尙風化之意云至順庚午日南至奉訓

道化篇

道化　蛇雀　老楓　耳目　環舞　鉛丹　形影　蟄藏　梟雞　四鏡　射虎　龍虎　遊雲　噦嚥　大化　正一　天地稚子　陽燧　生死　爪髮　神道　神交　大含

術化篇

雲龍　猛虎　用神　水竇　魍魎　虛無　虛實　狐狸　轉舟　心變　珠玉　蠮螉　胡夫　陰陽　海魚　磵松　動靜聲氣　大同　帝師　琥珀

德化篇

五常　飛蛾　異心　弓矢　聰明　有國　黃雀　籠猿　常道　感喜　太醫　讒語　刻畫　酒醴　恩賞　養民　救物書道救物書道今本在仁化篇神弓後

仁化篇

得一　五行　畋漁　犧牲　大和　海魚　神弓　鳳鷗　鑒知　螻蟻　歌舞　躑躅　止鬬　象符　善惡

食化篇

七奪　巫像　養馬　絲綸　奢僭　燔骨　食迷　戰欲　膠竿　庚辛　興亡　雀鼠　無爲　王者　鴟鳶

儉化篇

太平　權衡　禮道　食象　民情　慳號　君民　乳童　化柄　御一　三皇　奢儉　雕籠　禮要　清淨　損益　解惑

説郛卷第四十二終

說郛卷第四十三

宣靖妖化錄

宋孔　倜大梁人

花木之異　宣和七年京城諸園苑中盛夏六月間牡丹皆開始作金色又變黑色而褪諸柳皆生黃花大如林檎蕚結子黃色食之甜苦又瓜圃中瓜生雙蔕酸不堪食靖康元年梨樹生豆莢木香架生蒲桃可食又王殿直家籠中貯松花及啓觀之每一片中雪白小松一小株又寶籙宮前華表柱忽生松一枝北向者生一大黃花如斗大凡三日而萎又童貫轎中木板上生雜艸斫剗復生蓋妖異也未幾京師遭金人破蕩異花文木皆爲薪蓋妖變先有兆焉

羊犬同羣　宣和五年京師城北乃官民放養羊地忽有野犬不知所從來入羣羊中嗚叫左右前後諸犬皆來聚會一羊間一犬黑白交映至次日城內外諸犬畢集或縛者絣斷索而來凡擾擾兩日犬多羊少皆搊殺其羊識者知爲不祥後果有北虜犬羊之禍

鬼書　寶籙宮之建也極土木之盛燦金碧之輝巍殿傑閣瑤室修廊爲諸宮之魁宣和末忽有題字數行于瑤仙殿左扉云家中木蛀盡南方火不明吉人歸塞漠亘木又摧傾始不可辨後方知金賊之變家中木宋也南方火乃火德吉人亘木乃二帝御名又有鬼書一紙其紙薄如蟬翼日中無影紙長四尺高二尺乃宣和七年十二月二十八日閩城時有一黃衣自稱鬼郎中送書與寶籙宮徐知宮黃衣人不知所在其書上標云書上寶籙宮徐知宮下云玄都領袖坎部郎中行北鄉採達事鬼仲徹封其中大率言金人變盟兆亂之事其末有一項不曉今記于後云東中西裏六化四失能以千尺絲繫之必可達三權而輔三極也北溟闊南海興能康濟天下者眞人出焉泰華雖崩衡岷特起龍魚燕鳳在人可記乎凡六十字其書徐知宮徒弟周泰安收之予曾見之非人世物也今不知存否

炙轂子雜錄五卷

唐王　叡瑯琊人

麻鞖　實錄曰自夏殷皆以草爲之屩左氏謂之非屨也至周以麻爲之謂之麻鞖貴賤通著之晉永嘉中以絲爲之宮禁內貴妃以下皆著之

靸鞋舃　實錄曰三代皆以皮爲之鞁鞖禮云單底曰履重底曰舃朝祭之服多著之自始皇二年遂以蒲爲之名曰靸鞖至二世加以鳳首尙以蒲爲之西晉永嘉元年始尙用黃麻爲之宮內妃御皆著之始有伏鳩頭履子梁天監中武帝以絲爲之名解脫履至陳隋間吳越大行而模樣差多及唐大曆中進五朵草履子至建中元年進百合草履子至今其樣轉多差異

旁排　實錄云自夷矛始也謂之彭排步卒用八尺牛筋排馬軍用朱漆團排至今然矣

羊虎　雜錄云秦漢以來帝王陵前有石麟石象辟邪石馬之屬人臣墓前有石虎石羊石人石柱之類皆以飾墳壠如生前之儀衛唐朝以爲山陵太宗葬九嵕山闕前立石馬陵後司馬門內又有番首勇衛軒禁者一十四人石象皆刻其官名後漢太尉楊震葬日入壙驅罔象罔象好食亡者肝腦人家不能制爲方相立于墓側而罔象畏虎與柏故墓上樹柏墓前立虎或說陳倉人掘地得物若羊非羊獻之道逢二童子謂此名爲媪常在地中食亡人腦若欲殺之以柏東南枝插其首由是墓前皆樹柏以二說各異未知孰是禮係云大夫樹欒士樹楊按禮經云古之葬者不封不樹後代封墓而又樹焉左傳云爾墓之木拱矣又云樹吾墓檟仲尼卒子弟各自他方持其異木樹之墓側蓋殷周以來尊卑之制不必專以罔象之故盧思道西征記云新鄉城西府漢桂陽太守趙越墓墓北有碑碑有石柱柱東南有亭因以石柱爲名然柱前

石人石獸石柱自漢代有之炙轂子曰舜葬蒼梧鳥銜土陪墓陵石之象恐不特楊震也又古詩云古墓犂爲田松柏摧爲薪白楊多悲風蕭蕭愁殺人又詩云墓門有棘然則封樹起于中古也

序樂　炙轂子曰樂府題解序云樂府之興肇于漢魏歷代文士篇詠實繁或不覩本章便斷題取義贈夫利涉則述公無渡河慶待彼再誕乃引烏生八九子賦雉斑者但美繡頸錦臆歌馬者序馳驟亂踏皆若茲不可勝載遞相祖襲積用爲常欲令後生何以取正頃因涉閱傳記兼諸家文集每有所得輒以記之歲月積深或成卷軸因以編次目之爲古題解就學君子無或忽之也

雉朝飛齊宣王時處士犢牧子所作也

別鶴操上陵牧子所作也

走馬引樗里牧恭所作也

淮南王淮南小山所作也

武溪深馬援南征所作也

吳趨曲吳人以歌其地也

箜篌引亦曰公無渡河舊說朝鮮津卒霍里子高妻麗玉所作也

平陵東漢翟義門人所作也

薤露歌蒿里歌並喪歌出田橫門人

長歌短歌言人壽命長短以定不可妄求也

陌上桑一曰日出東南隅亦曰豔歌羅敷行

杞梁妻杞愼妻妹所作也

釣竿古今註云伯常子妻所作也

董逃歌古今註云後漢遊童所作也

短簫歌古今註云黃帝使岐伯作

上留田地名也北地人有父母死不接其孤弟者鄰人之賢者爲其弟作以諷兄

日重光月重輪羣臣爲漢明帝作也

橫吹胡樂也李延年造

江南曲

度關山古詩云魏武所作

雞鳴曲

對酒古辭魏武所作

烏生八九子

燕歌行晉用爲樂章

秋胡行胡妻死後人哀而賦之

苦寒行魏武賦晉用爲樂

塘上行一曰塘上辛苦魏文甄后作

善哉行

東門行

西門行

煌煌京洛行

豔歌何常行一曰飛鶴行

步出下東門行一曰隴西行

滿歌行

櫂歌行晉樂奏

雁門太守行

已上樂府相和歌按相和歌並漢世街陌謳謠之詞絲竹更相和爲執節者歌者之本一部魏明帝分爲二更遞夜宿始十七曲後合爲十三曲今所載之外復有氣出唱精列東光引等三篇自短歌行已下晉荀勗撰舊詩施用于漢魏故其數廣

殿前生桂樹樂府辭舞歌漢代宴享用之不詳所起其歌又有關東賢女章帝所造章和二年中樂久長四方望等五曲其辭皆亡

近史云鞞舞本漢巴渝舞也高祖造

白鳩篇按晉楊泓舞序云自到江南見白符舞或云白凫白鳩其詞吳人患孫皓之虐政思從晉也

碣石晉樂魏武帝辭

已上樂府拂舞篇按拂舞前史云出自江左復有濟濟獨祿等共五篇今讀其詞惟白鳩一篇餘並非吳歌未詳所起也

白紵歌

已上樂府白紵歌按舊史說白紵吳地所出白紵舞也梁武帝使沈約改其辭爲四時之歌若蘭葉參差桃半紅即泰歌也周處風土記云孫權征公孫閔浮海乘舶舶白也時和歌者猶云行行白紵蓋出于此炙轂子曰白紵細白生紵布也今湖州者最上也按左傳吳季札獻縞帶于子產贈之以紵布也

上之回　巫山高　君馬黃　芳樹　有所思

雉子班　臨高臺

已上樂府鐃歌按漢明帝定樂四品最末曰短簫歌軍中鼓吹之樂舊說黃帝使岐伯所造以建武威揚德風勸戰士也周禮所謂王大捷則令凱樂軍大捷則令凱歌也周禮所謂皆漢曲又有朱鷺思悲翁艾如張如二雍離上陵將進酒上聖人出上邪遠如斯石留壽共十八曲字皆紕繆不可曉解釣竿一篇晉世亦稱爲漢曲已上十八曲恐非是也

隴頭吟　黃鶴吟　望行人　折楊柳　關山月

長安道　橫行　梅花　紫騮馬　驄馬

雨雪　劉生

已上樂府橫吹曲按北曲有鼓角周禮以鼖鼓鼓角舊說蚩尤氏率魑魅與黃帝戰于涿鹿之野帝始命吹角作龍吟以禦之及魏武征烏桓越沙漠軍士聞之悲思于是減爲中鳴尤更悲矣又有胡笳之聲後漸用之又橫吹者胡樂也漢博望侯張騫入西域傳其法于西京惟得摩訶兜勒二曲李延年因胡曲變之更造新聲二十八解其法乘輿以爲武樂東漢以給邊將和帝時萬人將三軍得用之魏晉以來二十八解不復具在也在者止有出關出塞入塞黃覃子赤之楊合上黃鶴吟隴頭吟折楊柳望行人等十曲皆無其辭若關山月以下十八曲後代所加也

王昭君漢人憐昭君遠嫁爲作歌

子夜晉有女子名子夜所作也

前漢晉車騎將軍沈玩所作也

石城宋臧質所作也

烏夜啼宋臨川王義慶所作也

莫愁

襄陽城宋隨王誕所作也

已上樂府淸商曲南朝舊樂也故蔡邕云淸商曲其辭不足采者其曲名有出郭西門陸地行車俠鍾朱堂寢奉法五曲非止王昭君等永嘉之亂中朝舊曲散亂江左無復宋梁新聲後魏孝文纂緒收其所獲南音謂之淸商樂即此等是也隋平陳因置酒淸商署君巴諭白紵辭皆在焉

相逢狹路間行亦曰長安有狹斜行　豔歌行　怨詩行

飲馬長城窟或云此蔡邕之詞　君子行　鞠歌行

豫章行　門有車馬客行　猛虎行　齊謳行　會吟行　出自薊北門行　結客少年場行　東虎吟行或云無行字　苦熱行　放歌行　西上長安行　怨歌行

昇天行　鳳將雛舊說漢世樂曲名也　白馬篇

空城雀　半渡溪　起夜來　獨不見　攜手曲

陽春曲　新城亦曰長樂宮行　大垂手又有小垂手及獨
搖手　行路難　蜀道行　秦王卷永　輕薄篇
苦哉行　悲哉行
已上樂府雖題目自相逢狹路間已下皆不知所起君子有所思已下又無本辭仲尼云有所不知則闕之以俟知者今據後人所擬采其意而註之如曹植鴛鴦種葛明君箜篌蒲生吾生行宴樂無少年東海人生坐三殿閶闔日與月日月既逝隻翼太極白馬名都盤古驅車東嶽妍歌結客大垂手等擬氣出唱思爲喉乾酒行爲於穆精列行爲兩儀陌上桑爲望雲有所思爲嗟佳人善哉行爲苦日短長歌行爲鰕䱇墨出尺蠖出東門爲推賢苦寒行爲呼嗟飲馬長城窟爲扶桑嗟生豫章行爲窮達薤露爲天地秋胡行爲在昔妾薄命爲日月齊路行爲美如太山梁父吟爲八方等篇雖大禹以上行亦多是擬古所作後

繼之故不錄如傳林變有女秋蘭艸搖搖燕美人謝惠連却東西晨風前有尊酒陳歌越謠等行緩聲代後等歌諸家集復有城上麻擣手雍臺送歸夾樹渡易水胡無人桐柏出華陰山近代吳均輩多擬此等並自爲樂府皆闕古詞亦不書以俟知音也
思歸引一曰離拘操衛女作　水仙操伯牙作
公無渡河本曰箜篌引也　走馬引
雉朝飛　別鶴操
已上樂府琴曲皆出琴操記事與本傳相違今並存之以廣異聞
長門怨　婕好怨
銅雀臺一曰銅雀妓　四愁張平子所作
同聲詩亦張平子所作　招隱漢淮南王劉安小山所作

定情詩漢繁欽所作　合歡詩晉陽方所作
反招隱晉王康琚所作　藁砧今何在
聯句起漢武柏梁宴人作一句
自君之出矣出徐幹宣思詩等三詞云
離合詩起漢孔融離合其字以成文
盤屈詩盤屈書之是竇滔妻蘇氏迴文詩也
迴文詩迴復讀之皆韻而成見上註
百年歌每十歲爲一首陸士衡至百二十時也
步虛詞道觀所唱　道里名詩
草木鳥獸名　八音
六府　建除
風人詩梁簡文帝謂之風人詩陳江總謂之吳歌其文盡帷薄褻情上句述一語用下句釋之以成云圍棋燒敗襖看子故依然是

此類也
已上古題及後代雜題按古題多起漢代雜題多起齊梁又有古歌詩數十篇亦並兩漢之什大行于世而題目又如兩頭纖纖五雜俎桓敬道子詩等體復不類並不載之也炙轂子曰此部全出樂府題解予加以古今註附之義有闕者採經史以補之也
滑稽　炙轂子曰滑稽轉注之器也若今人以一器物底下穿孔注之不已亦若漏卮之類以類人言語捷給應對不窮似滑稽轉注不已故呼辨捷之人爲滑稽

陵陽先生室中語一卷　宋范季隨淮陽人

已下皆論詩　僕嘗請益下字之說法當如何公曰正如變棋三百六十路都有好著顧臨時如何耳
公云詩道無有窮盡如少陵出峽子瞻過海後詩愈工若使二公

出峽過海後未死作之不已則尙有妙處又不止于是也
又云大槩作詩要從首至尾語脉聯屬有如理詞狀古詩云喚婢打鵶兒莫教枝上啼啼時驚妾夢不得到遼西可爲標準
又云目前景物自古及今不知凡經幾人道今人一下筆要不蹈襲故有終篇無一句可解者葢欲新而反不可曉耳
又云杜少陵作八句近體詩卒章有時而對然語意皆卒章之詞今人學之臨了却作一景聯一篇之意無所歸大可笑也
又云明妃曲古今人所作多矣今人多稱王介甫者白樂天只四句含蓄不盡之意云驛使歸時頻寄語黄金早晚贖蛾眉君王若問妾顔色莫道不如宮裏時
又語云唐末人詩雖格致卑淺然謂其非詩則不可今人作詩雖句語軒昂但可遠聽其理略不可究
一日有坐客問公曰全用古人一句可乎曰然如少陵詩云使君

自有婦而無車馬喧之類是也
家父嘗具飯招公與呂十一郎中昆仲呂郎中先至過僕書室取案間書讀乃江西宗派圖也呂云安得此書切勿示人乃少時戲作耳他日公前道此語公曰居仁却如此說宗派圖本作一卷連書諸人姓字後豐城邑官開石遂如禪門宗派高下分爲數等初不爾也

發明義理一卷

宋呂希哲滎陽公

孔子未嘗師老子　老子曰古之善爲道者非以明民將以愚之書稱堯之德曰平章百姓百姓昭明記曰明明德于天下老子曰報怨以德孔子曰以直報怨以德報德老子曰知不知上不知知病孔子曰知之爲知之不知爲不知葢孔子未嘗師老子也

奔非淫奔　會而禮不備亦謂之過嫁娶而禮不備亦謂之奔仲春二月令謂男女于是時也奔而不禁奔者謂之不備禮者也若以淫奔解之不惟非先王之政雖後世爲文者亦不至如是之甚既有斗不可復剖也既有衡不可復折也後世聖人因而爲之法度禁約期于使民不爭而已矣

論四子　子貢曰我不欲人之加諸我也吾亦欲無加諸人未能忘我故也顔淵曰願無伐善無施勞能忘我故也子路曰願車馬衣輕裘與朋友共敝之而無憾雖然未能忘物也一簞食一瓢飲在陋巷人不堪其憂回也不改其樂能忘物也

三聖人　伊尹之耕于莘也傅說之築于岩也太公之釣于渭水也其于天下非事事而究其利病非人人而訪其賢不肯也其在已者而已矣及乎得志行乎天下舉而措之而已

治天下之道　莊子曰道之眞以治身其緒餘以爲國家其土苴以治天下予以爲不然聖人以其所以治身者治天下國家

八蜡　八蜡者先嗇也司嗇也農也郵表畷也貓也虎也坊也水庸也先儒以貓虎合爲一而以昆蟲爲八之一皆非也昆蟲無作乃祝辭耳

八珍　八珍者淳熬也淳母也炮豚也擣珍也漬也熬也糝也肝膋也先儒不數糝而分炮豚炮羊爲二皆非也

酬酢事變一卷

來往宴會書問　世人以往來宴會書問爲徒費日力不若不講之愈是未知先王治人道之意人之所以異于禽獸者以有禮樂相交接之道也故曰粲然有文以相接驩然有恩以相與此其所與講信修睦而免于爭奪相殺之患者常消禍于未萌也孟子曰出入相友守望相助疾病相扶持則百姓親睦言往來之不可以已也聘義曰相接以辭讓則不相侵陵言書問之不可以已也此三者所以消禍于未萌而使民免于爭奪相殺之患也

夫妻兄弟長幼　娣之夫長于己者拜之少者答拜焉可也妻之兄長于己者

拜之少者荅拜焉可也受外孫拜不當扶
賓禮待妹夫 吾家舊親中表兄弟甥壻來皆以長幼序坐唯妹婿則賓之
然有年齒爵位之相遼者則不必盡然也
塗面穿耳 近世儒者有戒婦人不油髮不塗面者詩曰豈無膏沐誰適
爲容自古而然又有戒婦人不穿耳者莊子曰天子之侍御不叉
揃不穿耳自古而然但不可至于治耳

感知錄一卷　　宋陸　游字務觀

文淸曾公幾字吉甫紹興中自臨川來省其兄學士班予以書見
之後因見予詩大嘆賞以爲不減呂居仁予以詩得名自公始也
後爲禮部侍郎力延譽于諸公間
魏國忠獻張公浚字德進爲樞密他日謂予曰吾子異時當以功
名顯吾少時在熙河從事曲琦授兵法所謂老曲太尉也今當以
付子予謝不敢及予通判鎭江公以右相視師過焉又謂予曰官

于此天相吾子也此郡宿兵大多老將可時從之遊予亦以素不
知兵又多病未嘗識諸將爲對然公不以爲忤又曰欲招吾子來
本司可也公時爲都督但自謂本司予曰方以愚戇不敢安于朝
豈復敢累公公曰不然俟歸當力言之未幾公亦罷政

緒訓一卷　　前人

風俗方日壞可憂者非一事吾幸老且死矣若使未遽死亦決不復
出仕惟顧念子孫不能無老嫗態吾家本農也復能爲農策之上
也杜門終窮不求仕進策之中也安于小官不慕榮達策之下也
捨此三者見無策也汝輩今日聞吾此言心當不以爲是他日乃
思之耳暇日時與兄弟一觀以自警不爲人道也
古者植木冢上以識其處耳吾家自先太傅以上冢松多不過數
十太尉初葬寶章比上世差爲茂蔚亦止數畝耳左丞歸葬之後
積以歲月林越漸盛遂至連山彌谷不幸孫曾遂有翦伐貿易之
弊坐視則不可禁止則紛然爭訟重爲門戶之辱其害又甚于厚
葬吾死後墓木毋過數十或可不陷後人于不孝之地戒之
子孫才分有限無如之何然不可不使之讀書貧則教訓童稚以
給衣食但書種不絕足矣若能布衣艸屨以事農圃足跡不至城
市大是佳事關中村落有魏鄭公莊子孫皆爲農張浮休過之留
詩云兒童不識字耕鑿魏公莊仕宦不可常不仕則農可無憾也
但切不可迫于衣食爲市井小人戒之

詩詞餘話一卷　　元俞　焯字元明長樂人

陳古愚平江人也作詩高古無宋末氣惜不聞于時常有志怪莫
飲二詩立意高遠不在建安黃初下志怪云沉沉萬仞淵下有驪
龍珠佩之壽到松售之富侔都貪夫臨淵羨重利輕微軀百金不
龜藥千金水犀株丹硃與翠羽陸產海所無賫裝涉濤浪貝闕光
炯如粲粲兩靑童姸頰問所須再拜上硃翠敢問龍起居靑童粲

玉齒云龍臥靈虛爲君竊珠出鞭雲助長驅雲急風更惡蒼莽來
時途丹藥兩胥失哀哉飽鯨魚莫飲酒云莫飲酒莫飲酒猩猩罵
屐有短長伸脚可試否未論身後五車書已墮生前一杯酒又有
馬別主詞哀惋悽斷足以警薄俗詞云馬別主兮涕泗沾臆士別
主兮喜見顏色吁嗟馬兮胡馬而騅吁嗟士兮胡弁而衣皆有益
于世教惜不多見
沈景高吳興烏程人亦佳子弟也流落不過于世人亦不知其能
詞一日見其嘗和龍洲指甲詞纖麗可愛乃與定交其詞云新脫
魚鱗平分鵝管愛勒眉彎記掐恨香蕉愁悰細說剖情嫩竹怨曲
新翻旋摘梅英粧鬢底斂珠領重交猶道寒嬌無奈笑輕拈杏帶
淺揭湘斑宮棋也學偷彈時縮就同心羞自看解傳杯頻賭藏鬮
羅袖歸鞭鞍重數刻印欄杆暗解納襪倦揮瑤瑟餧蘸鴛兒繡閣
間風流處露雛頭新剝消遣郎閑詞蓋沁園春詞也

詹天游名玉字可大風流才思不減晉人故宋駙馬楊鎮有十姬皆絶色名粉兒者尤勝一日招天游宴盡出諸姬觴天游屬意于粉兒口占一詞云淡淡青山兩點春嬌羞一點口兒櫻一梭兒玉一窩雲白藕香中見西子玉梅花下遇昭君不曾眞箇也消魂楊遂以粉兒贈之曰請天游眞箇消魂也後爲翰林學士熊訥齋嘗以軟香遺之因作慶淸朝慢以贈極形容之至詞曰紅雨爭形芳塵生潤將春都揉成泥分明惠風微露摶𢳆花枝欵欵汗酥薰透嬌羞無奈溼雲凝偏厮稱霓裳霞佩玉骨氷肌梅不似蘭不似風流處那更著意開時蘂地生綃金扇底納涼浮動好風微洒醉得渾無氣力海棠一色睡臙脂閑滋味殢人花氣韓壽爭知

朱熠本武臣嘗爲內夫人妹納宦官弟婿賂理廟見之大加賞異特旨授文臣後至參知政事其啓云環帝座之九星貂珥曾參于畫室亞嬪嬙之九御魚軒嘗綴于彤闈俱來天上之仙遊共結人間之嘉會所由遠矣夫豈偶然令弟殿長奕世近龍光月殿斯沾于湛露舍妹夫人十年陪鳳輦霓裳猶粲于朝霞水流紅葉之無心琴續朱絃而有托瑤臺不怕雪市歌彩鸞之詩玉杵曾擣霜辱娉雲英之婿朱乃武舉狀元溫州人號自江理廟微時識之

理宗時李亶歸化朝廷命學士院作詔以褒之時黃某當筆抒思已成而其起句有難爲辭者蓋以父全逆節故也往請于後村云臣子之心忠君而愛父春秋之法內華而外夷黃大踧踖即以應詔

藥房史府君既卒貧無以歸好事者爲作一疏求賻平淡簡易截斷衆流其起聯尤不可及聯云有喪未舉行道之人忍聞見義不爲秉彝之天安在四六尤難宋末如方岳李劉諸公駢花儷葉聯芳媲儷至有一句累十餘字者則失其名爲四六之體矣與其字異而句奇孰若字平而句短去陳腐取渾成方可以言制作之

妙如近世徐耕莘辭郡學諸觀禮書末云非其招而相招士固願爲小相召之役則往役我未免于鄉人時以數役不及赴也用事切著對工無出其右又一士代回婚定啓末云同州同縣同鄉相依是望某年某月某日聊記吾曾一洗種玉牽絲紅葉葭莩之陋觀此可以取法矣

列仙傳 一卷　漢劉向

列仙傳者光祿大夫劉向之所撰也初武帝好方士淮南王安招賓客有枕中鴻寶密祕之書言神仙使鬼物及鄒衍重道延命之術世人莫見先是安謀反伏誅向以文德爲武帝治淮南王獄獨得其書向紉而從之以爲奇及宣帝即位修武帝故事向與王褒張子喬等並以通敏有俊才進侍左右向及見淮南鑄金之術上言黃金可成上使向典上方鑄金費多不驗下吏當死兄隱爲安成侯上書乞入國戶半贖向罪上亦奇其才得減死論復徵爲黃門侍郎講五經于石渠至成帝時向既司典籍見上頗修神仙之事乃知鑄金之術實有不虛仙顔久視眞乎不謬但世人求之不勤者也遂輯上古以來及三代秦漢博采諸家言神仙事者約載其人集斯傳焉

赤松子者神農時雨師也

甯封子者黃帝時人也世傳爲黃帝陶正

馬師皇者黃帝時馬醫也

赤將子輿者黃帝時人

黃帝者號曰軒轅

方回者堯時隱人也

偓佺者槐山采藥父也堯時人

容成公者自稱黃帝師亦云老子師

老子姓李名耳字伯陽陳人生于殷爲周柱下史

關令尹喜者周大夫也
涓子者齊人也
呂尙者冀州人也避紂亂隱于遼東西適周釣于磻溪
嘯父者冀州人也少在西周市上補履
師門者嘯父弟子也爲夏孔甲龍師也
務光者夏時人也
仇生不知何所人當殷湯時爲木正
彭祖者殷大夫也姓籛名鏗帝顓頊之孫陸終氏之中子
邛疏者周封史也
介子推者姓王名光晉人也
馬丹者晉耿人也當文侯時爲大夫
穀城鄉平常生者不知何所人也
陸通者云楚狂接輿也

葛由者羌人也周成王時人
江妃二女者不知何所人也逢鄭交甫者
范蠡字少伯徐人也事周太公望爲大夫
琴高者趙人也以鼓琴爲宋康王舍人
寇先者宋景公時人也
王子喬者周靈王太子晉也
幼伯子者周蘇氏客也
安期生者瑯琊阜鄉人也秦始皇請見與語
桂父者象林人也
瑕丘仲者寧人也
酒客者梁市上酒家人也
任光者上蔡人也趙簡子嘗聘之
蕭史者秦穆公時人也

祝雞翁者洛人也
朱仲者會稽人也高后時來獻珠
修羊公者魏人也後以道干景帝
稷丘君者泰山下道士也武帝特爲立祠
崔文子者泰山人也
赤鬚子者豐人也秦穆公時主魚吏
東方朔者平原厭次人也
鉤弋夫人者齊人也姓趙武帝幸之生昭帝
犢子者鄴人也
騎龍鳴者渾亭人也
主柱者不知何所人也
園客者濟陰人也或云陳留濟陽氏
鹿皮公者淄川人也

昌容者常山道人也
谿父者南郡庸人也
山圖者隴西人也
谷春者櫟陽人也成帝時爲郎中
陰生者長安中渭橋下乞兒也
子英者舒鄉人也
毛女者字玉姜在華陰山中自言始皇宮人也
服閭者不知何所人也嘗止莒往來海邊
文賓者大丘鄉人也
商丘子胥者高邑人也
子主者楚語而細音不知何所人也
陶安公者六安鑄冶師也
赤斧者巴戎人也

呼子先者漢中關下卜師也
負局先生者不知何時人也語似燕代間人
朱璜者廣陵人也
黄阮丘者睢山道士也
女几者陳市上酤酒婦人也
陵陽子明者銍鄉人也
邗子者自言蜀人也
木羽者鉅鹿南和平鄉人也
玄俗者自言河間人也

神仙傳

晉葛洪（字稚川號抱朴子）

予著内篇論神仙之事凡二十卷弟子滕升問曰先生云仙化可得不死可學古之得仙者豈有其人乎予答曰秦大夫阮倉所記有數百人劉向所撰又七十餘人然神仙幽隱與世異流世之所聞者猶千不得一者也故甯子之入火而凌烟馬皇見迎于獲龍方回變化于雲母赤將茹葩以隨風涓子餌朮以著經嘯父別火以無窮務光游淵以哺薤仇生却老以食松邛疏煮石以鍊形琴高乘鯉于碭中桂父改色以龜腦女丸七十以增容陵陽吞五脂以登高商丘咀菖蒲以不終雨師煉五色以屬天子光轡兩虬于玄塗周晉跨素鶴于緱氏軒轅控飛龍于鼎湖葛由策木羊于綏山陸通匝遐紀于黄盧蕭史乘鳳而輕舉東方飄衣于京師犢子靈化以論神主柱飛行以丹砂阮丘長存于睢嶺英氏乘魚以登遐修羊陷石于西岳馬丹回風以上徂鹿翁陟險而流泉園客蟬蛻于五華予今復抄集古之仙者見于仙經服食方及百家之書先師所說耆儒所論以爲十卷以傳知眞識遠之士其繫俗之徒思不經微者亦不強以示之矣則知劉向所述殊甚簡要美事不舉此傳雖深妙奇異不可盡載猶存大體竊謂有愈于向多所遺棄也

廣成子者古之仙人也居空同黄帝造焉
若士者古之神仙也莫知其姓名燕人盧敖見之蒙谷山
沈文泰者九疑人也
彭祖者姓籛名鏗帝顓頊之玄孫至殷末世年七百六十歲
白石先生者中黄丈人弟子也至彭祖時已年二千餘歲
黄山君者修彭祖之術年數百歲猶有少容
鳳綱者漁陽人也
黄初平者丹谿人也金華牧羊者
呂恭字文敬採藥太行山遇仙
沈建者丹陽人也
欒子長者齊人也
衛叔卿者中山人也
魏伯陽者吳人也
沈羲者吳郡人也
陳安世者京兆人也
李八百者蜀人也莫知其名
李阿者蜀人也
王遠字方平東海人也
伯山甫者雍州人也
墨子者名翟宋人也仕宋爲大夫
孫博者河東人也
劉政者沛國人也
班孟者不知何所人也或云女子也
玉子者姓章名震南郡人也周幽王徵之不起
天門子者姓王名綱

九靈子者姓皇名化
北極子者姓陰名恆
絕洞子者姓李名修
太陽子者姓離名明本玉子同年之親友也
太陽女者姓朱名翼奉侍絕洞子
太陰女者姓盧名全太陽子教以補道之要
太玄女者姓顓名和得王子之術
南極子者姓柳名融
黃盧子者姓葛名越
馬鳴生者齊國臨淄人也本姓和字君賢
陰長生者新野人也
天師張道陵字輔漢沛國豐縣人也
茅君者名盈字叔申咸陽人也秦始王時學道後道成治句曲山

君之弟名固字季偉次弟名裹字思和亦得成眞
欒巴蜀郡成都人也
漢淮南王劉安高皇帝親孫也
李少君者齊人也漢武帝時人
王眞者上黨人也嘗見魏武帝謂年四百歲
陳長者在紵嶼山六百餘歲
劉綱者下邳人也初居四明山後爲上虞令
樊夫人者劉綱妻也
東陵聖母者廣陵海陵人也適杜氏師事劉綱
孔元方者許昌人也
王烈者字長休邯鄲人也
涉正者字元眞巴東人也
焦先者字孝然河東太陽人也

孫登者不知何所人也
東郭延者山陽人也
靈壽光者扶風人也
劉京者本孝文帝侍郎也
帛和字仲理遼東人也
嚴清者會稽人也
趙翟者字子榮上黨人也
宮嵩者瑯琊人也
容成公者字子貢遼東人也行玄素之道年二百歲
中黃子善房中之道
許由巢父服箕山石流黃丹今在中岳山中
石陽服三黃得仙
董仲君者臨淮人也

淸平吉者沛國人也漢高時兵卒也
王仲都者漢中人也漢元帝嘗見之
漢旗門郎程偉妻得道者也
薊子訓者齊人也
葛玄洪族祖字孝先吳大帝欲加以榮位玄不聽
左慈者字元放廬江人也
王遙者字伯遼鄱陽人也
陳永伯者南陽人也
太山老父者莫知其姓名也漢孝文帝請之
劉根字君安長安人也漢孝成帝時爲郎中
壺公者不知其姓名費長房傳其道
尹軌字公度太原人也
介象者字元則會稽人也

董奉者字君異侯官縣人也吳先主時得道
李根字子源許昌人也
李意期蜀郡人也漢文帝時人
王興者陽城人也漢武帝時人
黃敬字伯嚴武陵人也
魯女生者長樂人也
甘始者太原人也
封君達者隴西人也

續仙傳 三卷　唐沈汾 朝請郎前行溧水縣令

古今神仙舉世知之然飛騰隱化俗稀可覩先賢有言人間得仙之人猶千不得聞其一況史書不尚神仙之事故多不傳于世詳其史意以君臣父子理亂忠孝之道激勵終古也若敦尚虛無自然之迹則入無所拘制矣史記言三神山在于海中仙人居金銀

宮闕不死之藥生其上人有欲近山者則風引舡而去終莫能到斯亦激勵之意也大哉神仙之事靈異罕測初之脩也守一鍊氣拘謹法度孜孜辛勤恐失于纖微及其成也千變萬化混于人間或藏山林或遊城市其飛昇者多往海上諸山積功已高便爲仙官卑者猶爲仙民十洲間動有仙家數十萬耕植芝田課計頃畝如種稻焉是有仙官分理仙民及人間仙凡也其隱化者如蟬留皮換骨保氣固形于巖洞然後飛昇成其眞仙信非虛矣汾生而慕道尤喜積書及長遊歷凡接高尚所說兼復積年之間閒見皆銘于心又以國史不書事散于野矧當中和年兵火之後墳籍尤缺詎有秉筆札而述作處世斯久人漸稀傳惜哉他時寂無遺聲今故編錄其事分爲三卷冀資好事君子學道之人談柄用顯眞仙者哉

飛昇一十六人 內女眞三人

玄眞子姓張名志和會稽山陰人也
藍采和不知何所人也
朱孺子永嘉安固人也
王老坊州宜君縣人也
侯道華自言峨嵋山來泊于河中永樂觀
馬湘字自然杭州鹽官縣人也
鄔通微莫知何許人
許碏自稱高陽人也
金可記新羅人也
宋元白不知何許人
賀自眞莫究其來也
賣藥翁莫知其姓名
酆去奢衢州龍丘人也

謝自然蜀華陽女眞也
裴氏道名玄靜縣令昇之女鄠縣尉李言妻也
戚氏道名逍遙冀州南宮人也適同邑蒯潯

隱化二十人

孫思邈京兆華原人也
張果隱于常州條山往來汾晉間
許宣平新安歙人也
劉商彭城人也家長安
劉晗小字宜哥瞻兄也
羅萬象不知何所人
李玨廣陵江都人也
王可交蘇州華亭人也
李昇字雲舉自言江夏人

葉千韶字魯聰洪州建昌人

徐鈞者不知其名自言東海蓬萊鄉人也

錢朗字內光洪州南昌人也

司馬承禎字子微隱天台山

曹德休自言從東海青嶼山來遊于江西

閭丘方遠字大方舒州宿松人也

聶師道字通微新安歙人也

殷七七名文祥又名道筌不知何所人也

譚峭字景昇國子司業洙之子

杜昇字可雲自言京兆杜陵人也

羊愔者太山人也

集仙傳 十三卷

宋曾慥

道家者流學黃老神仙之術鍊形成氣鍊氣成神及臻厥成形神

俱妙遊與輕舉浮游蓬萊變化超忽將與山石無極其次坐脫立亡有所謂尸解者按眞誥云人死必視其形足不靑皮不皺目光不毀無異生人毛髮盡脫但失形骨者皆尸解也又云尸解之仙但不得御華蓋乘飛龍登太極遊九宮其中有火解者又有水解者要之一性常存周遊自在有道之士宿植根本積行累功乃能飛昇是以三千行滿獨步雲歸茲語信而有證或者修心鍊性自日益至于日損自有爲至于無爲功成丹就住世成仙故自有次第又或親遇至人餌丹藥得要訣不假修爲一超直入神仙之地繫于緣分如何耳劉向有列仙傳葛洪有神仙傳沈汾有續仙傳予晚學養生潛心至道因采前輩所錄神仙事迹并所聞見編集成書皆有證據不敢增損名曰集仙傳異代事得于碑碣者姑以其世冠于卷首其言不可考者次之有著見于本朝者又次之至于亡其姓名者皆附之卷末中有長生久視之道普勸用功同證道果浮生泡幻光景如流生老病死百苦隨之事在勉強而已覽者詳焉紹興辛未至游子曾慥

岑道願江陵人也隋末已百餘歲

翟法言字乾祐夔州雲安人也唐天寶十四載年四十一矣

王昌遇梓州人也大中十三年成道

楊雲外字慕仙徐州人也唐大中末抵萬州

欒子長海陵人也梁開平中昇仙

爾朱洞字通微不知何許人也唐懿宗朝學道

鍾離權字雲房不知何許人也唐末入終南山

呂岩字洞賓唐禮部侍郎渭之後唐末舉進士不第

施肩吾字希聖九江人也授眞筌于洞賓

張蘊不知何許人也唐末得道

應靖不知何許人也唐僖宗時爲登封令

屈突無爲字無不爲世不知其牒但云五代時得道

賀元不知何許人仕五代時至晉爲水部

馬自然不知何許人也

黃損不知何許人也五代時仕南漢爲尚書僕射

張四郎眉州人也

至游子曰自唐至五代成道之士僅得十有六人獨純陽子呂公顯力廣大

陳摶字圖南譙郡人也唐長興中舉進士不第

郭忠恕字恕先以字行不知何許人也漢湘陰公辟從事

王昭素酸棗人也開寶二年召至講易

趙靈運不知何許人也雍熙中爲睦州令

穆若拙莫詳其里牒端拱中爲洛州肥鄉令

張無夢字靈隱鳳翔盩厔人也眞宗召見

楊谷字虛白太室山人也眞宗召之
陳舉蘇州人也朝廷召至
木生奉天人也
藍方字道元亳州人也仁宗召至
劉聘字中明澶州人仁宗時
張士遜字之順光化人
晁迥字明達澶州人仁宗時以太子少傅歸老
石延年字曼卿其先幽州人
劉凡字百壽開封尹曄之子
雷應本馮翊人全家學仙
鮮于先生蜀州人也嘗爲司戶參軍
劉誼字宜翁湘州人也少登進士科官二千石
王安國字平甫臨川人也神宗時入崇文館

高存不知何許人也政和初監秦州酒務
張大夫魏州人也忘其名官至橫班
周從泗州鼎族也
馬宣德不知何許人也仕至宣德郎
田端彥齊魯間人也崇寧中僉書荆南節度府
傅霖靑州人也
劉希岳字秀峯潼川人也端拱中爲道士
王江考城人也
李昊劍州人也
趙吉代州人也
張用成字平叔天台人也一名伯端熙寧二年遇異人
水丘子眞州人也
劉亦功濱州人也徽宗三召之不應

劉生潁州人也
段穀不知何許人也
張繼先信州貴溪人漢天師道陵三十代孫也
武抱一建康人也
索子廉衡山農夫也
徐問眞濰州人也
施無疾不知何許人也
袁亢不知何許人也
王鼎襄陽人也
徐忍公不知始何許人少爲成都徐氏攜養
孫希齡不知其里居亦莫詳何代人
李鑒天不知何許人太平興國初來遊蓬池
陳太初眉州市道人子也蘇軾方八歲與先生同學

徐守信海陵人也人稱爲神翁徽宗召之
劉元眞字子直華原人也
劉益京兆藍田人也徽宗召之
景知常鄧州人也太宗時從趙甦禊至轂下
姚道眞合州人也
張開光中江人也
楊扆榮德人也
趙農夏州人也
塗定辭蓬州人也
李世寧字安道蓬州人
王鶴不知何許人也
張潤子不知何許人也
趙筆師不知何許人也

張風子不知何許人也
張子充字元賓邵武人
趙元精良山人也
王山人不知自何許來遊東都
張先生黃州人也
晉道成東平人也
張明永靜軍人也
趙先生趙州人也
田三禮不知何許人也元豐中教授洛州
王老志濮州吏也徽宗召至
崔知吉舒州靈仙觀道士
李五郎汝州密人也
馮五郎永康青城人也

竇道人山東人也
梁公趙州人也
皇甫先生唐州人也
黃道覺蓬州蕘牧童也
王先生隱王屋山常衣紙襖人呼王紙襖
房先生不知始何許人延安房氏養爲子
祝太伯不知何許人嘗爲傭于信州貴溪
褚先生不知何許人嘗遊東都
張先生池州人也
孫賣魚楚州人也徽廟解衣衣之
井柳華州蒲城人也
牛道師不知自何許來
趙道翁蜀人也

呂道者鳳翔寶雞人也
呂大郎大名成安人也
周貫不知何許人也治平熙寧間往來南昌郡
張世寧太原人也
潘谷伊洛間墨師也
董隱子宿州人也
劉野人青州人也
王褧師思州人也
魏二翁濮州雷澤世農也徽宗召至
郝老兒鄭州人也
王帽師居涪陵
郭竹師汾州人也
仵道人綏德人也

羅晏字少明閬州人也
滎陽東平人也徽廟訪以所學不對
曾志靜廬陵人也
袁處仁夔州雲安人也
趙麻衣不知何許人唐禧宗時道者避于終南山
劉信襲邑兵也孟德神勇軍之退卒也
魏守清鳳翔傳遞卒也
朱有荊州人也少竄名伍符
靳青絳州傳置卒也
杜摸隴冀州人也
石道人齊人也坐法而黥
王吉單州老兵也

覃道翁開州鈐下卒也

王友秦州人也嘗從軍

賈道人與覃道翁俱隸開州伍符中

來慶開封人也少隸尺籍

袁清隸州伍卒也

何仙姑零陵市道女也

于仙姑鳳翔人也徽宗召至

向端字東叔文簡公之後從仙姑學道

何氏二女秣陵人也

張仙姑南陽人也

鄭仙姑徽州人也

徐道生山陽軍婦也

張姥王氏獲也

寇姬晉寧人也

劉妍代州妓也

侯道姑兗州妓也

韓仙姑不知何許人也往來成都道上

華山老嫗　莫州女

玉局異人　紙爐道人

隆和隱子　泗濱丐人

油桐子　模著較

長安傭者　管城道人

羅浮仙子　茅山異人

藥市道人　方城高士

河清丐人　金山道人

南嶽棋仙　南安異人

房州道人

至游子曰予作集仙傳凡一百四十有四人不知姓名者十有六人幾成而敗者亦書之以示前輩之戒

說郛卷第四十三終

說郛卷第四十四

禮範一卷　宋

家範訓要

司馬文正公著家範十卷今略其故實而掇取其訓要之語載之

家訓節略

北齊黃門侍郎顏之推字介著家訓七卷今節其尤切于家道者載之

養老奉親書

熙寧中泰州興化縣令陳直所撰凡十五篇今删去其食飲醫藥之方而載其七篇

居家雜儀

皇朝丞相司馬文正公光君實所撰

弟子職

齊相管仲字夷吾著書八十六篇號曰管子此篇其一也

女誡

東海曹世叔妻班氏名昭在當時數召入宮皇后諸貴人師事之號曰大家

訓儉

司馬文正公所撰

鄉約

熙寧中寶文待制呂公大忠字進伯所撰

鄉儀

待制呂公之弟大鈞字和叔所撰

家訓

唐御史大夫柳玭所撰

靖康朝野僉言一卷　宋

靖康元年丙午十一月二十五日金兵至京城下粘罕于城南青城屯兵斡里勃于城北劉家寺屯兵環城列栅分地爲攻拔之計

閏十一月初六日卯時有大星東南落流光數丈初七日不見斗二夜初八夜遺火焚蔡京宅火光亘天鄰屋無所犯明旦士庶觀之咸謂國家召禍造端乃蔡京爲首宅焚無片木而不及鄰實本天意人皆欣悦

二十六日早城南百姓又驚起向北金兵下城入五嶽觀醴泉觀陳橋南薰門封丘門皆有金人下城殺人刦取財物城中百姓皆以布被蒙體而走士大夫以綺羅錦繡易貧民衲襖布袴以藏婦女提攜童稚于泥雪中走惶急棄河者無數自縊投井者動萬人號哭之聲上徹穹蒼官吏將士百姓踰城由萬勝門同子門出計

十餘萬人城外爲番兵殺死者居半是夜上在小殿中抱太子內侍止三四人餘皆逃遁道君自龍德宮殿徒行入大內諸王妃后帝姬相聚而哭亦有逃遁于民間者二十八日彗星見其長亘天二十九日日出如血十二月初一日帝出南薰門初三日見二酋初四日還復入南薰門城中百姓父老捧香列拜呼萬歲而泣涕者不知其數靖康二年丁未正月初十日上出郊至十五日方見二酋士庶每日望車駕還內時大雨雪十餘日不止王宗沇自軍前傳詔云元帥留上打毬未得晴候打毬畢即還內士庶聞之各請僧道作道場祈晴又願車駕早還大內自諸王宮宗室執政侍從寺監省部官吏在京百姓各貼黃榜自宣德門至南薰門羅列道場百姓忠義之士燃頂煉臂跪于南薰門父老持香爐于陰雪中跪拜哭泣者十餘日百姓每日于御街前候駕時雪雨大凍餓死者無數

二十九日罪前要教坊內侍等四十五人露臺妓女千人蔡京童貫王黼梁師成等家歌舞及宮女數百人先是權貴歌舞及內人自上皇禪位後皆散出民間至是令開封府勒牙婆媒人追尋矣哭泣之聲徧于里巷聞者不勝其哀

二月初七日上皇與諸王妃后以下于金銅車子內有內人持包徒步而親王三十二人附馬四十七人百姓見之咸知將欲廢立驚憂戰慄心膽喪亂皆不樂生市井小人張目相視色若死灰人心大擾留守司恐軍民亂致金人縱兵乃出牓曰太上道君皇帝幷嬪妃諸王詣軍前懇元帥乞車駕令還內軍士體國安業不得亂有驚疑見者咸知其虛誕

潤泉日記 五卷　宋韓淲 字仲止

素書云足寒傷心張無盡註謂沖和之氣生于足而流于四肢而心爲之君氣和則天君樂氣乖則天君傷矣

名位足以誘人奉養足以移人知本者不誘于名位克儉者不移于奉養明道以求本檢身以從儉自然爲世偉人

老蘇論史遷之傳廉頗也議救閼與之失不載焉見之趙奢傳傳酈食其也謀撓楚權之繆不載焉見之留侯傳固之傳周勃也汗出浹背之恥不載焉見之王陵傳傳董仲舒也議和親之疏不載焉見之匈奴傳皆功十而過一焉苟列一以疵十後之庸人必曰十功不能贖一過將苦其難而怠矣本傳晦之他傳發之其與善也不亦隱而彰乎遷論蘇秦稱其知過人不獨使蒙其惡聲論北宮伯子多其愛人長者固贊張楊與其推賢揚善贊酷吏人有所褒不獨暴其隱皆過十而功一者也苟舉十而廢一後之凶人必曰雖有善不錄矣吾復何望哉是窒其自新之路而堅其肆惡之志也故于傳詳之于論于贊復明之其懲惡也不亦直而寬乎

背館閣第天下學記以袁州李泰伯所作爲第一

晁子正曰周易何以止于有孚失是一句乎曰春秋言人事之書凡二百四十二年而止于西狩獲麟蓋以天道終也易言天道之書凡三百八十四爻而止于有孚失是蓋以人事終也王通曰春秋天道終乎司馬遷曰易本隱以之顯夫二子者其知制作之旨者與

神宗嘗謂執政曰朕思祖宗百戰而得天下今以一郡付之庸人深可痛心

六賊蔡京壞亂于前梁師成陰賊于內李彥結怨于西北朱勔結怨于東南王黼童貫又從而結怨于二虜

謝克家作憶君王其詞甚哀依依宮柳拂宮墻樓殿無人春晝長燕子歸來依舊忙憶君王月破黃昏人斷腸

大抵人生一世哀樂相生父母妻子最相愛之厚者是謂天倫相聚曾不幾時而死者常先後其能不悲者鮮矣萬物終歸于盡釋

氏論識心見性正欲遣此累耳

長松怪石去墟落不下一二十里鳥徑緣崖涉水于草莽間數四左右兩三家相望雞犬之聲相聞竹籬草舍燕處其中蘭菊藝之臨水時種梅桃霜月春風日有餘思兒童婢僕皆布衣短屐以給薪水釀村酒而飲之案無雜書莊周太玄楚辭黃庭陰符楞嚴圓覺數十卷而已杖藜躡屐往來窮谷大川聽流水看激湍鑒澄潭陟危嶠坐茂樹探幽壑升高峰顧不樂而死乎

范文正公在杭州子弟請治第洛陽樹園圃以爲逸老之地公曰吾之所患在位高而難退不患退無居也

史法須是識治體不可只以成敗是非得失立論蓋上下千百載見得古人底裏明白然後可載後世所不可載之事汎然欲備則不勝其史矣（案珍本只有此條）

蘇明允云婦人之有謚自周景王之穆后始也匹夫之有謚自東

漢之隱者始也宦官之有謚自東漢之孫程始也蠻夷之有謚自東漢之莎車始也漢魏之間惟有封爵者乃得謚雖爲卿相而無謚至晉元帝大興三年乃無爵而謚又云不仕而謚起于處士之侈心也周公謚法春秋謚法廣謚沈約賀琛扈蒙六家之書其中稍近古而可據者莫如沈約然亦非古之謚法

汴都失守本于耿南仲主和二聖初遷本于何㮚主和維揚失守本于汪伯彥黃潛善主和逆亮之變本于秦檜主和

避禍不若避名息影不若藏形又不可使兒輩覺便敗人佳思趣人處之自有中道學力未至時世逼人則不得不爾也欲心客氣日日增長而不自覺

史記父子兩手所作父愼密子疎蕩西漢文字乃班昭三人之文叔皮文字頗跌宕近于子長有波瀾段落孟堅則工細曹世叔之妻則平如無意味矣東漢三四種文字有班叔皮孟堅之文有范

寧之文有蔡邕之文有范曄之文三班有旨趣如隗囂公孫述馬文淵之傳是也如黃叔度郭林宗范滂乃武子家傳之作其他摭事而無文氣皆范曄之文也史之難也如此伯喈文字不多不及三班也

求去貧賤之心不已則犯上陵下靡所顧忌而天下有不可勝言者矣

隱民貧民也二字見左傳隱民皆取食焉

無勢不可與小人相見無利不可與小人相接小人所知者勢利焉如其交也以道其接也以禮必納侮而不可悔矣

經書養人德性史傳益人才智

秦檜隨世就功名之人爾不必論學與議論也壽皇有神廟一新天下之志而用人不專舊話不去所以終身二三其說雖蠹心用力欲振臨子只消王淮小小從窄規模結殺子可以大息其無臣以副其心志爾

次柳氏舊聞　一卷　全十七事

唐李德裕　守太尉兼門下侍郎平章事

序　上元中史臣柳芳得罪竄黔中時力士亦徙巫州力士以芳嘗司史爲芳言先時禁中事芳還論次其事今按求其書已失不獲臣德裕亡父先臣與芳子吏部郎中冕貞元初俱爲尚書郎後謫官亦俱東出道相與語遂及高力士之說先臣每爲臣言之臣伏念所憶授凡十有七事唯次所聞懼失其傳不足以對大君之問謹編錄如左以備史官之闕

張說　除過　玄宗之在東宮爲太平公主所忌朝夕伺察纖微必聞于上而宮闈左右亦潛持兩端以附太平之勢時元獻皇后得幸方娠玄宗懼太平欲令服藥除之而無可與語者張說以侍讀得進見太子宮中玄宗從容謀及說說亦密贊其事他日又入侍因懷去胎藥三劑煎以獻元宗得其藥喜盡去左右獨構火殿中煮未

及熟怠甚假寐肸蠁之際有神人長丈餘身被金甲操戈繞藥鼎三匝煮盡覆無遺焉玄宗起視異之復增火又投一劑煮于鼎中因就榻瞬目以候之而神見煮覆如初凡三煮皆覆乃止明日說又至告其詳說降階拜賀曰天所命也不可去之厥後元獻皇后思食酸玄宗亦以告說說每因經進輒袖木瓜以獻故開元中說恩澤莫之與比肅宗之于說與均垍若親戚昆弟云芳本張所引說嘗自陳述與力士詞協

噴帝　玄宗與諸昆季友愛彌篤呼寧王爲大哥每于諸王同食之次寧王錯喉噴上髭王驚慚不遑上顧其悚悚欲要之黃幡綽曰不是錯喉上曰何也是噴帝上大悅

黃幡綽捷給　安祿山之叛也玄宗忽遽播遷于蜀百官與諸司多不知之有陷在賊中者爲祿山所脅從而黃幡綽同在其數幡綽亦得出入左右及收復賊黨就擒幡綽被拘至行在上素憐其敏捷釋之

有毀于上前曰黃幡綽在賊中與逆圖夢皆順其情而忘陛下積年之恩寵祿山夢見衣袖長忽至陛下幡綽曰當垂衣而治之祿山夢見殿中槅子倒幡綽曰陛下革故從新推之多此類也幡綽曰臣實不知大駕蒙塵赴蜀既陷在賊中寧不苟悅其心以脫一時之命今日得再見天顏臣與大逆圓夢必知其不可也上曰何以知之對曰逆賊夢衣袖長是出手不可得也又夢槅子倒者是胡不得也以此臣故知之上大笑而止

稿簡贅筆（五卷）

宋章淵（字伯深）

（序）予解官南昌後居南墅草堂于若溪濱踰七年矣閉關却掃息交絕游屯蹇晚境幼稚盈室脫粟屢空斷編自娛文有抵梧隨輒是正事或牽連亦皆記載投稿破簏久而盈積閱視得數十幅不忍與故紙同棄錄爲五卷題曰稿簡贅筆云中國章淵伯深父序

（周周歌）阮嗣宗詠懷詩云周周尙銜羽蛩蛩亦念飢周周鳥名垂頭屈尾飲于河則沒常銜鳥羽然後得飲比肩獸曰蛩蛩能擇美艸距虛負之而走以喩君臣相須而濟

（金釵十二行）古樂府詞河中之曲咏莫愁云頭上金釵十二行足下絲履五文章後人多誤使爲金釵者十二行不知一人獨插十二行金釵古婦女髻非今比

（閑字）顏延年贈太常詩云側聞幽人居郊扉常晝閉閉音籠陶淵明與從弟明遠詩云顧盼莫誰知荊扉晝常閑音捌字雖各異其義則一閑字亦音閑又關閭戶云

（烏龍）韓渥詩云洞庭深閉不曾開橫臥烏龍作妬媒又云相風不動烏龍睡時有幽禽自喚名又云遙知小閣還斜照羨殺烏龍臥錦茵祝鎰子權賢良窮探古詩無不貫通一日問予曰韓致光詩烏龍爲何事予答以白樂天和元微之夢遊春詩云烏龍臥不驚青鳥飛相逐當是犬爾子權曰何所據見予戲之曰豈不聞俚語云拜狗作烏龍後閱沈汾續仙傳云韋善後攜一杖號烏龍乘之飛昇而去樂天致光詩未必不用此事

（篋黃）篋中有黃以火炙之樂家謂之燰篋故陸魯望贈遠詩云妾心冷如簧時時望君燰亦巧于用韻

（蟹）韓退之答柳柳州食蝦蟇詩云予初不下喉近亦能稍稍嘗懼染蠻夷平生性不樂漢武帝欲除上林苑東方朔進諫曰土宜薑芋水多鼃魚貧者得以人給家足無飢寒之憂顏師古註云鼃即蛙似蝦蟇而小長腳蓋人亦取食之霍山曰丞相擅減宗廟羔菟鼃師古曰羔菟鼃所以供祭祀也鼃古者上以祭宗廟下以給食貨而退之云爾何耶白樂天和張十六蝦蟇詩云嘉魚薦宗廟靈龜貢邦家應龍能致雨潤我百穀芽蠢蠢水族中無用者蝦蟇亦讀漢書不熟也

（碧落觀）吳興武康縣延眞觀唐碧落觀也沈休文故宅有唐縣令胡

傳美題詩云仙宮碧落應徵書遺迹依然掩故居幢節不歸天杳邈烟霞空鎖日幽虛不逢金簡投雲洞可惜瑤臺鞠蘚除欲脫儒衣陪羽客傷心齒髮已凋疏熙寧中孫華老集賢爲湖州守集境內東晉已來詩爲吳興集刊行偶遺此詩

（評李賀詩）杜牧作李賀詩集序以謂稍加以理奴僕命騷詎可奴僕壞古樂府體無如賀者騁少年粗豪之氣乖詩人比興之儀如榮華樂即擬古少年行云嵩眉公子二十餘齒如編貝屑纖朱氣如虹霓飲如建瓴走馬夜歸叫嚴更徑穿複道遊椒房椒房豈少年夜遊之所何周處之嗤也

（夜合石竹）閒花野草亦隨時輕重唐人詩中多言夜合石竹如遼陽春盡無消息夜合花開日又西山花插寶髻石竹繡羅衣是也至今唐畫宮殿池嶷多作二花自然有富貴氣今入絕不知重矣

（咏人婦）自古咏婦人詩云手如柔荑膚如凝脂領如蝤蠐齒如瓠犀

螓首蛾眉巧笑倩兮美目盼兮宋玉云增之一分則太長減之一分則太短施朱則太赤施粉則太白故已的的分其狀貌矣韓退之云清聲而便體秀外而惠中飄輕裾曳長袖粉白黛綠者列屋而閑居妬寵而負恃爭妍而取憐又何費詞之繁至元微之云近時婦人暈澹眉目綰約頭髮衣服修廣之度匹配色澤尤極怪豔因爲豔詩可謂眞狀略無隱蓄陶淵明作閑情賦固多微詞梁昭明便爲白玉微瑕以此言之宜乎當時深斥以爲淫言媟語入人肌腐偶讀元氏敘詩寄樂天書故錄其語

碎挼花　今人見婦人麄率者戲之曰碎挼花打人唐宣宗時有婦人以刀斷其夫兩足宣宗戲語宰相曰無乃碎挼花打人蓋引當時人有詞云牡丹含露眞珠顆美人折向庭前過含笑問檀郎花強妾貌強檀郎故相惱剛道花枝好一餉發嬌嗔碎挼花打人

酒令　唐人酒戲極多釣鼇竿堂上五尺庭前七尺紅絲綫繫之石盤

盛諸魚四十品逐一作牌子刻魚名各有詩于牌上或一鈞連二事物錄事釋其一以行勸罰焉又有探珠局格與釣鼇實同而名異後人復以人名易魚李建中嫌金吾巡使廂虞使之名不雅馴乃易以畢卓等古善飲酒人名趙昌言爲之序又有勸酒玉燭酌酒之分數爲勸每詩狀人之形如體之肥瘦髭之多少所好尙技藝分爲賞罰詩皆有味之言大抵皆出于釣鼇巨鼇詩云海底仙鼇難比儔黃金頂上有瀛洲當時龍伯如何釣虹作長竿月作鈎請人流霞杯勸登科人十分餘皆類此今不復見爲此戲者人但傳其詩圖其罰格今酒仙投曼倩亦其遺製也

耗磨日　正月十六日古爲之耗磨日張說耗日飲詩云耗磨傳茲日縱橫道未宜但令不忌醉翻是樂無爲又云上月今朝減流傳耗磨辰還將不事事同醉俗中人趙冬必飮酒如今之社日此日但謂之耗日官司不開倉庫而已

薛濤　蜀妓薛濤字弘度本長安良家子父鄖因官寓蜀濤八九歲知聲律其父一日坐庭中指井梧而示之曰庭除一古桐聳幹入雲中令濤續之應聲曰枝迎南北鳥葉送往來風父愀然久之父卒母孀居韋皋鎭蜀召令侍酒賦詩因入樂籍濤暮年屏居浣花溪著女冠服有詩五百首

挽歌詞　韓退之大行皇后挽歌詞云鳳飛終不返劍化會相從王荆公嘗云此非君臣所言近于黷也王黼奉勅撰明節和仁貴妃墓誌云妃齒瑩潔常珥絳有標致者俗目之爲韶使荆公見之當云何也

河市樂　劉貢父詩話云俳優言河市樂設者云起居駙馬在南都家樂甚盛詆誚河南市中樂人故得此名其實不然唐元和中時燕吳行記其中已有河市字大都是不隸軍中在事者散樂名貢父謂是今散樂是也乃高駢馬非石也河中在處臨河者皆曰河市

如今之藝人于市肆作場謂之打野皆謂不著所今人謂之打野呵

吳子夜歌　齊梁以來江南樂府詞多採方言用之穩帖不覺爲俗語吳中下里之曲有云消梨應郎心上冷甘蔗應郎心上寒又云羅裙十二褶小妻也是妾皆有類樂府詞予因採爲子夜吳歌二章云消梨得能冷甘蔗得能甜總應郎心上爲儂索比纔桃根復桃葉羅裙十二褶阿郎歡自濃小妻也是妾

白蓮社　遠法師在廬山初修淨土之社凡百有二十三人謝康樂爲鑿東西二池種蓮求入淨社故號白蓮社然遠公以靈運心雜止之世傳十八賢乃彭城劉遺民豫章雷次宗雁門周續之南陽宗炳南陽張野南陽張詮西林覺寂大師東林普濟大師慧持法師罽賓佛馱耶舍尊者蜀賓佛馱跋陀羅尊者慧睿法師曇順法師曇恆法師道炳法師道敬法師曇詵法師予舊藏李伯時畫蓮社

圖陶淵明乘籃輿謝康樂乘馬張曲笠二公雖不入淨社常往來山中僧齊已遠公影堂詩云陶令醉多招不得謝公心亂入無方是也

鼓契 禁鼓古有契契有二一曰放鼓二曰止鼓其制以木刻字于上凡放鼓契出禁門外擊鼓然後作止鼓契出亦然而更鼓之契傳自唐至本朝有司嘗欲易新不許

落花詩 宋景文平生數賦落花詩晚于圃田又賦此題云香歸蜂蜜盡紅入燕泥乾人謂景文與落花俱讖未幾果卒

康節易數 邵堯夫精于易數推往測來其驗如神其母自江鄰幾家得此書出爲邵氏妾而生堯夫嘗云其學惟先丞相申公與司馬溫公二人可傳先丞相以敏溫公以專數皆以四木火土石爲四用五行以謂金火皆出石也皇王帝霸爲四運易詩書春秋爲四經悉符合以相配撰皇極經世其圖畫方圓二像或空其中或以墨入之數亦皆四

丘墓 吳興丘墓一村之人皆姓丘有大碑列其族黨稱左史丘明之後云明爲魯國史左弱爲邾國大夫則左史蓋魯史官丘明乃姓名也

絕倒錄一卷　宋朱暉字養直錢唐人

題桃符 游巡轄璉滑稽善嘲謔以吏職補官任袁州巡轄彼中有王知縣者游初與之親狎後因杯酒失懽游怨之值除夕于庭揭二巨桃符題曰戶封七縣家給千兵夜始分游往賀焉覩其回謁而見也黎明王果來見所題桃符相笑曰此非千文內一聯乎游曰是也王曰七縣者何謂游曰君知否內一縣被門下壞了王不懌而去

老饕賦 老饕賦見于蘇文忠集中近有某應制者爲擬老饕賦雖近俳諧亦有所譏云賦曰齒刺唇搖心煎腹熬常眼落于鐺銚每情動于廚庖晨之興也掃半碗之豆粥食數甑之雪糕時方凜也盪二杯之卯酒從一早之酡酗方投箸而捫腹一噯腐而心嘈嗟夫物理豈洎兮幼體百漏人情可卻兮賓席難逃海味之去酒也而實愴于小器非肉之不飽也而尤便于大爊蟹團臍而巨殼魚帶子而多膠遇若人于春臺饗東家之太牢蓋新舊宜于和合而生熟異于烹炮飲福者則必酺餟欲醢者嘗亦哺糟每嘗徧于市食終莫及于家肴切緣孟嘗之門多喜不速之客大抵劉伶之宴悉尊洪量之豪易數得于需卦物可足于蟀蝤故先生之願遊者綺席深不戀乎綈袍利觜尖頭兮探鄉黨之吉凶尋香逐氣兮衷醵金以遨遊既盡狎而發笑何淨盤而見嘲先生一笑而起尋東司而上茅

養脾丸 李生者居餘杭門外善貨殖日賣養脾丸于市嘗揭巨榜于前曰不使丁香木香合則天誅地滅家蓄二婢以事炮製李一夜

飲醉而溺死于河其家勿知也但怪連日勿歸遣親信四方尋求略無蹤跡洎官驗視或有報其家者亟前詣之已腐敗僅能辨認欲求免洗滌已不及矣遂瘞葬于叢冢間立木牌于壙云發藥李郎中之墓或有題于牌後曰貨藥李郎中昂藏辨不窮一朝天賜報溺死運河東未幾家計蕭然其妻遣去二婢尋去所居攜二子以事人或有問于妻曰爾夫修合不苟天當佑之何反報之酷耶他日後夫醉之以酒叩之妻云向所遣去二婢先夫專委之修合一名木香一名丁香其實不用二藥也故受斯報云

煬帝開河記一卷

睢陽有王氣出占天耿純臣奏後五百年當有天子與煬帝已昏淫不以爲信時遊木蘭庭命袁寶兒歌柳枝詩因觀殿壁上有廣陵圖帝瞪目視之移時不能舉步時蕭后在側謂帝曰知他是甚圖畫何消皇帝如此掛意帝曰朕不愛此甚只爲思舊游之處于

是帝以左手凭后肩右手指圖上山水及人烟村落寺宇歷歷皆如目前謂后曰朕爲陳王時守鎭廣陵旦夕遊賞當此之時以雲烟爲美景視榮貴若深寃豈其久有臨軒萬機在躬使不得豁于懷抱也言訖聖容慘然后曰帝意欲在廣陵何如一幸帝聞心中豁然翌日與大臣議欲泛巨舟自洛入河自河達海入淮方至廣陵羣臣皆言似此程途不啻萬里又孟津水緊滄海波深若泛巨舟事有不測時有諫議大夫蕭懷靜（乃蕭后弟）奏曰臣聞秦始皇時金陵有王氣始皇使人鑿斷砥柱王氣遂絶今睢陽有王氣又陛下意在東南欲泛孟津又慮危險況大梁西北有故河道乃是秦將王離畎水灌大梁之處欲乞陛下廣集兵夫于大梁起首開掘西自河陰引孟津水入東至淮口放孟津水出此間地不過千里況于睢陽境内過一則路達廣陵二則鑿穿王氣帝聞奏大喜羣臣皆默帝乃出敕朝堂如有諫朕不開河者斬之詔以征北大總管

麻叔謀爲開河都護以蕩寇將軍李淵爲副使淵稱疾不赴即以左屯衞將軍令狐辛達代李淵爲開渠副使都督自大梁起首于樂臺之北建修渠所署命之爲卞渠（古只有此下字開封城乃卞邑）因名其府署爲卞渠上源傳舍也（傳舍驛名因卞渠此處起首故號卞渠上源也）詔發天下丁夫男年十五已上五十以下者皆至如有隱匿者斬三族帝以河水經于卞乃賜卞字加水丁夫計三百六十萬人乃更五家出一人或老或幼或婦人等供饋飯食又令少年驍卒五萬人各執杖督工爲吏如節級隊長之類共五百四十三萬餘人叔謀乃令三分中取一分人自上源而西至河陰通連古河道（乃王離浸城處）迤邐趨愁思臺而至北去又令二分丁夫自上源驛而東去其年乃隋大業五年八月上旬建功畚鍤既集東西横布數千里才開斷未及丈餘得古堂室可數間瑩然肅淨漆燈晶煌照耀如畫四壁皆有彩畫花竹龍鬼之像中有棺柩如豪家之葬其促工吏聞于叔謀命啓棺一人容貌如生肌膚潔白如玉而肥其髮自頭而出覆其面過腹胸下略其足倒生而上及其背下而方止搜得一石銘上有字如蒼頡鳥跡之篆乃召夫中有識者免其役有一下邳民讀曰我是大金仙死來一千年數滿一千年背下有流泉得逢麻叔謀葬我在高原髮長至泥丸更候一千年方登兜率天叔謀乃自備棺櫬葬于城西隅之地（今大佛寺是也）次開掘陳留帝遣使持御署玉祝并以白璧一雙具少牢之奠祭于留侯廟以假道祭訖忽有大風出于殿内窗牖間吹鑠人面使者退自陳留果開掘東去往來負擔施鍬者風馳電激遠近之人如蜂屯蟻聚數日達雍丘時有一夫乃中牟人偶患傴僂之疾不能前進墮于隊後伶仃而行是夜月色澄靜聞呵殿聲甚嚴夫鞠躬俟道左良久見清道繼至儀衞莫逃一貴人戴侯冠衣王者衣乘白馬命左右呼夫至前謂曰與吾言爾十二郎還白璧一雙爾當賓于胡（煬帝有天下十二年）言畢取璧以授夫跪受訖

欲再拜貴人躍馬西去向雍丘以獻于麻都護熟視乃帝獻留侯物也詰其夫又具道叔謀性貪乃匿璧又不曉其言慮夫洩于外乃斬以滅口然後于雍丘起工至大林林中有小祠廟叔謀訪問村叟曰古老相傳呼爲隱士墓其神甚靈叔謀不以爲信將塋域發掘數尺忽鑿一竅嵌空羣夫下窺有燈火熒熒無人敢入者乃指使將官武平郎將狄去邪者請入探之叔謀喜曰眞荆聶之輩也命繫去邪腰下鉤約數十丈方及地去邪解其索行約百步入一石室東北各有四石柱鐵索二條繫一獸大如牛熟視之一巨鼠也須臾石室之西有一石門洞開一童子出曰子非狄去邪乎曰然也童子曰皇甫君望子已久乃引入見一人朱衣頂雲冠居高堂之上去邪再拜其人不言亦不答拜綠衣吏引去邪立于堂之西階下良久堂上人呼力士牽取阿麼來（阿麼煬帝小字）武夫數人形貌醜異魁偉控所見大鼠至去邪本乃庭臣知帝小字莫究其事

但屏氣而立堂上人責鼠曰吾遣爾暫脫皮毛爲中國主何虐民害物不遵天道鼠但點頭搖尾而已堂上人益怒令武士以大棒撾其腦一擊拌然有聲如墻崩其鼠大叫若雷吼然方欲舉杖再擊俄一童子捧天符而下堂上驚躍降階俯伏聽命童子乃宣言曰阿麼數本一紀今已七年更候五年當以練巾繫頸而死童子去堂上人復令繫鼠于舊室中堂上人謂去邪曰與吾語麻叔謀謝爾不伐吾塋域來歲奉爾二金刀勿謂輕酬也言訖綠衣吏人引去邪于他門出約行十數里入一林躡石扳藤而行回顧已失使者又行三里餘見草舍一老父坐土榻上去邪訪其處老父曰此乃嵩陽少室山下也老父問去邪所至之處去邪一一言老父遂細解去邪去邪知煬帝不永之事且曰子能免官卽脫身于虎口也去邪東行回視茅屋已失所在時麻叔謀已至寧陽縣去邪見叔謀具白其事元來去邪入墓後其墓自崩將謂去邪已死今

日卻來叔謀不信將謂狂人去邪乃託狂疾隱終南山時煬帝以患腦痛月餘不視朝訪其因皆言帝夢中爲人撾其腦遂發痛數日乃是去邪見鼠之日也叔謀既至寧陵縣患風逆起坐不得帝令太醫令巢元方往視之曰風入腠理病在胸臆須用嫩羊肥者蒸熱糝藥食之則瘥叔謀取半年羊羔殺而取腔以和藥藥未盡而病已痊自後每令殺羊羔日數枚同杏酪五味蒸之置其腔盤中自以手臠擘而食之謂曰含酥臠鄉村獻羊羔者日數千人皆厚酬其直寧陵下馬村民陶榔兒家中巨富兄弟皆兇悖以祖父塋域旁河道二丈餘慮其發掘乃盜他人孩兒年三四歲者殺之去頭足蒸熟獻叔謀咀嚼香美迥異于羊羔愛慕不已召詰榔兒榔兒乘醉泄其事及醒叔謀乃以金十兩與榔兒又令役夫置一河曲以護其塋域榔兒兄弟自後每盜以獻所獲甚厚貧民有知者競竊人家子以獻求賜襄邑寧陵睢陽界所失孩兒數百冤痛

哀聲旦夕不輟虎賁郎將段達爲中門使掌四方表奏事叔謀令家奴黃金窟將金贈與凡有上表及訟食子者不訊其詞理並令笞背四十押出洛陽道中死者十有七八時令狐達知之潛令人收孩骨未及數日已盈車于是城市村坊之民有孩兒者家做木櫃鐵裹其縫每夜置子于櫃中鎖之全家秉燭圍守至天明開櫃見子卽長幼皆賀既達睢陽界有濠寨使陳伯恭言此河道若取直路徑穿透睢陽城如要迴護卽取令旨叔謀怒其言迴護令推出腰斬令狐辛達救之時睢陽坊市豪民一百八十戶皆恐掘穿其宅并塋域乃以醵金三千兩將獻于叔謀未有梯媒可達忽穿至一大林中有墓古老相傳云宋司馬華元墓掘透一石室室中漆燈棺柩帳幕之類遇風皆化爲灰燼得一石銘云睢陽土地高汴水可爲濠若也不迴避奉贈二金刀叔謀曰此乃詐也不足信是日叔謀夢使者召至一宮殿上一人衣絳綃戴進賢冠叔謀再

拜王亦答拜拜畢曰寡人宋襄公也上帝命鎭此方二千年矣倘將軍借其方便迴護此城卽一城老幼皆荷恩德也叔謀不允又曰適來護城之事蓋非寡人之意況奉上帝之命言此地後五百年間當有王者建萬世之業豈可偶爲遊逸致使掘穿王氣叔謀亦不允良久有使者入奏云大司馬華元至矣左右引一人紫衣戴進賢冠拜覲于王前王乃敍護城之事其人勃然大怒曰上帝有命臣護叔謀愚昧之夫不曉天命乃大呼左右令置拷訊之物王者曰拷訊之事何法最苦紫衣人曰銅汁灌之口爛其腸胃此爲第一王許之乃有數武夫拽叔謀脫去其衣惟留犢鼻縛鐵柱上欲以銅汁灌之叔謀魂膽俱喪殿上人連止之曰護城之事如何叔謀連聲言諾依上命遂令解縛與本衣冠王令引去將行紫衣人曰上帝賜叔謀金三千兩取于民間叔謀性貪謂使者曰上帝賜金此何言也使者曰有睢陽百姓獻與將軍此陰注陽受也

忽如夢覺但覺神不仕體睢陽民果賂黃金窟而獻金三千兩叔謀思夢中事乃收之立召陳伯恭令自睢陽西穿渠南去回屈東行過劉趙村連延而去令狐辛達知之累上表亦爲段達抑而不獻至彭城路經大林中有假王墓掘數尺不可掘乃銅鐵也四面掘去其土唯見鐵墓旁安石門扃鎖甚嚴用鄴人楊民計撞開墓門叔謀自入墓中行百餘步二童子當前云假王頤候久矣乃隨而入見宮殿一人戴通天冠衣絳綃衣坐殿上叔謀拜王亦拜曰寡人塋域當于河道今奉與將軍玉寶遺君當有天下儻然護之丘山之幸也叔謀許之王乃令使者持一玉印與叔謀叔謀視之印文乃古帝王受命寶也叔謀大喜王又曰再三保惜此刀刀之兆也（刀刀者隱語亦二金刀之意）叔謀出令兵夫曰護其墓時煬帝在洛陽忽失國寶搜訪宮闈莫知所在隱而不宣煬帝督工甚急叔謀乃自徐州朝夕無暇所役之夫已少一百五十餘萬下寨之處死屍滿野帝

在觀文殿讀書因覽史記見秦始皇築長城之事謂宰相宇文達曰始皇時至此已及千年料長城已應摧毀宇文達順帝意奏曰陛下偶然續秦皇之事建萬世之業莫若修其城堅其壁帝大喜乃詔以舒國公賀若弼爲修城都護以諫議大夫高熲爲副使以江淮吳楚襄鄧陳蔡幷開拓諸州丁夫一百二十萬修長城詔下若弼諫曰臣聞秦始皇築長城于絕塞連延一萬里男死女曠婦寡子孤其城未就父子俱死陛下欲聽狂夫之言學亡秦之事但恐社稷崩離有同秦世帝大怒未及發言宇文達在側乃叱曰爾武夫狂卒有何知而亂其大謀若弼怒以象簡擊宇文達帝怒令囚若弼于家是夜飲酖死高熲亦不行宇文達乃舉司農卿宇文弼爲修城都護以民部侍郎宇文愷爲副使時叔謀開汴渠盈灌口點檢丁夫約折二百五十萬人其部役兵士舊五萬人折二萬三千人工既畢上言于帝遣決汴口注水入汴渠帝自洛陽遷駕大渠詔江淮諸州造大船五百隻使命至急如星火民間有配著造船一隻者家產破用皆盡猶有不足枷項笞背然後鬻貨男女以供官用龍舟既成泛江沿淮而下至大梁又別加修飾砌以七寶金玉之類于是吳越間取民間女年十五六歲者五百人謂之殿脚女至于龍舟御楫即每船用綵纜十條每條用殿脚女十人嫩羊十口令殿脚女與羊相間而行牽之時恐盛暑翰林學士虞世基獻計請用垂柳栽于汴渠兩隄上一則樹根四散鞠護河堤二乃牽船之人獲其陰涼三則牽舟之羊食其葉上大喜詔民間有柳一株賞一縑百姓競獻之又令親種帝自種一株羣臣次第種方及百姓時有謠言曰天子先栽然後百姓栽栽畢帝御筆寫賜垂楊柳姓楊曰楊柳也時舳艫相繼連接千里自大梁至淮口聯緜不絕錦帆過處香聞百里既過雍丘漸達寧陵界水勢漸緊龍舟阻礙牽駕之人費功轉甚時有虎賁郎將鮮于俱爲護纜使

上言水淺河窄行舟甚難上以問虞世基曰請爲鐵脚木鵝長一丈二尺上流放下如木鵝住即是淺處帝依其言乃令右翊將軍劉岑驗其水淺之處自雍丘至灌口得一百二十九處帝大怒令根究本處人吏姓名應是木鵝住處兩岸地分之人皆縛之倒埋于岸下曰令教生作開河夫死爲抱沙鬼又埋却五萬餘人既達睢陽帝問叔謀曰坊市人烟所掘幾何叔謀曰睢陽地靈不可干犯若掘之必有不祥臣已迴護其城帝怒令劉岑乘小舟根訪屈曲之處比直路較二十里帝益怒乃令擒出叔謀囚于後獄急使宣令狐辛達詢問其由辛達奏自寧陵便爲不法初食羊臠後啗嬰兒養賊陶榔兒盜人之子受金三千兩于睢陽擅易河道乃取小兒骨進呈帝曰何不奏達辛達曰表章數上爲段達抳而不進帝令人搜叔謀囊橐間得睢陽民所獻金又得留侯所還白璧及受命寶玉印上驚異謂宇文達曰金與璧皆微物寡人之寶何自

而得乎宇文達曰必是遣賊竊取之帝瞪目而言曰叔謀今日竊吾寶明日盜吾首矣辛達在側奏曰叔謀常遣陶榔兒盜人之子恐國寶榔兒所盜也上益怒遣榮國公來護兒內使李百藥太僕卿楊義臣推鞠叔謀置臺署于睢陽幷收陶榔兒全家令榔兒具招入內盜寶事榔兒不勝其苦乃具事招欵又責段達所收令狐辛達奏章卽不奏之罪案成進上帝問丞相宇文達曰叔謀有大罪四條食人之子受人之金遣賊盜寶擅移開河道請用峻法誅之其子孫取聖旨帝曰叔謀有大罪爲開河有功免其子孫只令腰斬叔謀于河側時來護兒受敕未至間叔謀夢一童子自天而降謂曰宋襄公與大司馬華元遣我來感將軍護城之意往年所許二金刀今日奉還叔謀覺曰據此先兆不祥我腰領難存矣言未畢護兒至驅于河之北岸斬爲三段榔兒兄弟五人幷家奴黃金窟並鞭死中門使段達免死降官爲洛陽監門令

括異志 二十卷　宋張思政

夢捧天 侍中韓公稚圭知泰州日臥疾數日冥冥無所知倐然而寤語左右曰適夢以手捧天者再不覺驚寤其後拔英宗于藩邸翼神宗于春宮捧天之祥已兆于慶曆中因知賢臣勳業非偶然而致也

鵶報子仇 張職方大寧宿州人家富于財登進士第性惡鵶每至官下必令左右挾彈逐之熙寧六年丁內艱權居于符離佛寺嘗有鵶巢于殿之魚尾育二雛羽翼漸成飛躍于外鳴嘯不已張親彈之中丸而斃既而二大鵶盤空鳴聲悲甚翌日張步庭中一鵶下蹲其巾方驚駭一鵶復來攫傷其髮創亦不甚旬餘潰腐及喉遂死嗟乎哀子之死仁也執子之仇靈也孰謂禽獸無仁義之心乎父子之道天性也處萬物之靈親愛之心宜其甚焉熙寧甲寅乙卯歲天下蝗旱至父子相噉者眞禽獸之不若也悲夫

義犬之 渭州蒿店有廵檢廨宇率命班行領卒數百戍焉慶曆中羌人入寇廵檢張殿直者應援于外其家悉爲賊所俘虜既入賊境骨肉皆爲賞口其妻分隸一番酋俾主汲煬之役每荷汲器至水次必南望大慟而後回其家一犬亦攘掠而得者常隨妻出入銜其衣切切而吠搖尾前行十數步回顧又鳴如此者半歲妻因泣謂犬曰汝能導我歸漢乎犬卽躍鳴婦乃計曰住此而生不若逃而死萬一或得達漢計遂決候夜隨犬南馳天將曉犬必擇草木岑鬱之處令妻跧伏犬卽登高阜顧望意若探便者時捕雉兎銜致妻前得以充飢凡旬日達漢境廵邏者以聞訪其夫尚在乃好合如故自此朝暮所食必分三器一以餌犬斯事番人具知之評曰犬畜也惟豢養之戀既陷夷狄之域尚猶思漢又能導俘虜之婦間關而歸可謂獸貌而人心也有被衣冠而叛父母之國者斯犬之罪人也

虐殺弟妹 李侍禁齊善袁許之術士大夫多喜之有別業在華陰之東郊其妻先卒買一妾生二子一男一女李既死二子始髫齔長男年二十餘乃嫡所出與其妻謀曰二子成立當有婚嫁之費且分我貲產能置之死地家貲悉我有也自此二子衣不得完食不得飽笞罵屈辱無日無之餓得疾疫遂絕其藥膳雖杯水亦不與相繼皆物故妾不勝怨憤日走伏齊龕號泣以訴數月亦死有鄰家子于閭巷見齊手攜二子妾亦侍側顧謂鄰家子曰長男不孝不友虐殺弟妹又令此妾銜恨而歿若可語之吾亦訴于陰府不汝置也鄰家子知是鬼將走避因忽不見鄰家子遽來告之亦不大信一旦其妻具酒肴會親舊女客于中堂厥子獨坐書閣中乃父自外至數其罪以杖擊之坐客聞其號呼悉往視但見仆地叩首服罪言虐殺二子狀數日乃死其妻後數月亦死田宅家貲悉籍沒噫李齊之事不經矣世之人父死而謀害幼稚以圖貲賄者多

矣目覩數族雖不若李爲鬼蜮但見其身夭折子孫淪替以至無立錐之地李齊之事足使很子庸婦聞之少警其心

嬰怪 丁晉公謂在政府日竇夫人生一男既三日親戚來慶日向中負姥解襁將浴兒齊身皆毛忽躍起援帳帶而上據竿下視亟聞于晉公立命殺之親戚大駭祕不敢言

李德裕繫幽獄 學士馮浩有女適呂氏子頃有女厲嘯其室言曰爾前身某甲之妻我乃妾也若妬而害我我訴于帝抱冤幾十年始得伸遂許復讎又尋若僅十年不知再生爲呂氏婦乃今逢焉俟若今生命盡相與歸陰府對辨耳自茲日夕語言與家人雜處忽爾不聞其聲者踰旬間復至詢其所適乃曰往陰府看斷李德裕公事或問李德裕唐朝人逮今二百餘年事何以至今方決曰陰司之獄以人生死往來之不常獄繫二三百年而決者不爲久也聞其得罪者多與唐史同亦有史中無者

女子變男 廣州有蕭某家者嘗泛舶過海故以都綱呼之有侍婢忽娠姙蕭疑與奴僕私通苦詰之則曰與大娘子私合而孕也蕭有女年十八向以許嫁王氏子自十歲後變爲男子而家人不知也自此始彰焉吳中舍潛時隨兄官番禺曾假玉仙觀爲學蕭子亦預焉好讀文選略皆上口雖鬚出于頤然其舉止體態亦婦人也時景祐五年任諫議中郎知廣州

酒經 三卷

宋朱肱 字翼中號大隱翁

酒之作尚矣儀狄作酒醪杜康作秫酒豈以善釀得名蓋抑始于此耶酒味甘辛大熱有毒雖可忘憂復能作疾所謂腐腸爛胃潰髓蒸筋而劉訶養生論酒所以醉人者麯蘖之氣故耳麯蘖之氣消皆化爲水昔先王誥庶邦庶士無彝酒又曰祀茲酒言天之命民作酒惟祀而已六彝有舟所以戒其覆六尊有罍所以戒其淫陶侃劇飲亦自制其限後世以酒爲漿不醉反恥豈知百藥之長黃帝所以治疾耶大率晉人嗜酒孔群作書族人今年得秫七百斛不了麯蘖事王忱三日不飲酒覺形神不復相親至于劉殷嵇阮之徒尤不可一日無此要之酣放自肆託于麯蘖以逃世網未必眞得酒中趣爾古之所謂得全于酒者正不在此是知狂藥自有妙理豈特澆其礧磈者耶五斗先生棄官而歸耕于東皋之野浪遊醉鄉沒身不返以謂結繩之政已薄矣雖黃帝華胥之遊殆未有以過之繇此觀之酒之境界豈餔歠者所能與知哉儒學之士如韓愈者尤不足以知此反悲醉鄉之徒爲不遇大哉酒之于世也禮天地事鬼神鄉射之飲鹿鳴之歌賓主百拜左右秩秩上至縉紳下逮閭里詩人墨客漁夫樵婦無一可以缺此投閒自放攘襟露腹便然酣臥于江湖之上扶頭解醒忽然而醒雖道術之士鍊陽消陰飢腸如筋而熟穀之液亦不能去惟胡人禪律以此爲戒嗜者至于濡首敗性失理傷生往往屏爵棄卮焚罍折榼

終身不復知其味者酒復何過耶平居無事汙尊斗酒發狂蕩之思助江山之興亦未足以知麯蘖之力稻米之功至于流離放逐秋聲暮雨朝登糟丘暮遊麯封禦魑魅于烟嵐轉炎荒爲淨土酒之功力其近于道耶與酒遊者死生驚懼交于前而不知其視窮泰違順特戲事爾彼飢餓其身焦勞其思牛衣發兒女之感澤畔有可憐之色又烏足以議此哉鴟夷丈人以酒爲名含垢受侮與世浮沈而彼騷人高自標持分別黑白且不足以全身遠害猶可以爲惟我獨醒善乎酒之移人也慘舒陰陽平治險阻剛愎者熏然而慈仁懦弱者感慨而激烈陵轢王公紿玩妻妾滑稽不窮斟酌自如識量之高風味之燉足以還澆薄而發猥瑣豈特此哉夙夜在公有駜豈樂飲酒魚藻酌以大斗行葦不醉無歸湛露君臣相遇播于聲詩亦未必以語太平之盛至于黎民休息日用飲食祝史無求神具醉止斯可謂至德之世矣然則伯倫之頌德樂天之論功蓋

未必有以形容之夫其道深遠非冥搜不足以發其義其術精微非三昧不足以善其事昔唐逸人追述焦革酒法立祀配享又采自古以來善酒者以爲譜雖其書脫略卑陋闕者垂涎酣適之士口誦而心醉非酒之董狐其孰能爲之哉昔人有齊中酒聽事酒猥酒雖均以麴蘖爲之而有聖有賢清濁不同周官酒正以式法授酒材辨五齊之名三酒之物歲中以酒式誅賞月令乃命大酋（音緇大酋酒之官長也）秫稻必齊麴蘖必時湛饎必潔水泉必香陶器必良火齊必得六者盡善更得醯漿則酒人之事過半矣周官漿人掌共王之六飲水漿醴涼醫酏入于酒府而漿最爲先古語有之空桑穢飯醞以稷麥以成醇醪酒之始也說文酒白謂之醙醙者壞飯也醙者老也飯老即壞飯不壞則酒不甜又曰烏梅女𪎆（胡板反）甜醹九投澄清百品酒之終也麴之于黍猶鉛之于汞陰陽相制變化自然春秋緯曰麥陰也黍陽也先漬麴而投黍是陽得陰而沸

後世麴有用藥者所以治疾也麴用豆亦佳神農氏赤小豆飲汁愈酒病酒有熱得豆爲良但硬薄少蘊藉耳古者醴酒在室醍酒在堂澄酒在下而酒以醇厚爲上飲家須察黍性陳新天氣冷暖春夏及黍性新軟則先湯（平聲）而後米酒人謂之倒湯（去聲）秋冬及黍性陳硬則先米而後湯酒人謂之正湯醞釀須酴米偷酸（說文酴酒母也酴音途）投醹偷甜淛人不善偷酸所以酒熟入灰北人不善偷甜所以飲多令人膈上懊憹桓公所謂青州從事平原督郵者此也酒甘易釀味辛難醞釋名酒者酉也酉者陰也酉用事而爲收也用而爲散散者辛也酒之名以甘辛爲義金木間隔以土爲媒自酸之甘自甘之辛而酒成焉（酴米所以要酸投醹所以要甜）所謂以土之甘合水作酸以木之酸合土作辛然後知投者所以作辛也說文投者再釀也張華有九醞酒齊民要術桑落酒有六七投者酒以投多爲善要在麴力相及醁酒所以有韵酒亦以其再投故也過度亦多術尤忌見日若太陽出即酒多不中後魏賈思勰亦以夜半蒸炊昧旦下釀所謂以陰制陽其意如此著水無多少拌和黍麥以均爲度張藉詩釀酒愛乾和即今人不入定酒也晉人謂之乾榨酒大抵用水隨其湯（去聲）黍之大小斟酌之若投多水寬亦不妨要之米力勝于麴麴力勝于水即善矣北人不用酵祇用刷案水謂之信水然信水非酵也酒人以此體候冷暖耳凡醞不用酵即酒難發醅來遲則腳不正祇用正發酒醅最良不然則掉取醅面絞令稍乾和以麴蘖掛于衡茅謂之乾酵用酵四時不同寒即多用溫即減之酒人冬月用酵緊用麴少夏月用麴多用酵緩天氣極熱置甕于深屋冬月溫室多用氈毯圍繞之語林云抱瓮冬醪言冬月釀酒令人抱甕速成而味好大抵冬月蓋覆即陽氣在內而酒不凍夏月閉藏即陰氣在內而酒不動非深得卯酉出入之義孰能知此哉於戲酒之梗槩曲盡于此若夫心手之間不傳文字固有父子一法而氣味不同一手自釀而色澤殊絕此雖酒人亦不能自知也

總論

頓遞祠祭麴　香泉麴　香桂麴（已上罨麴）

瑤泉麴　金波麴　滑臺麴

豆花麴（已上風麴）　玉友麴　白醪麴

小酒麴　眞一麴　蓮子麴（已上曝麴）

臥漿　湯米　淘米

煎漿　蒸醋糜　用麴

合酵　酴米（酴米酒母也今人謂之腳飯）

蒸甜糜　投醹　酒器

上糟　收酒　煮酒

火迫酒　曝酒法　白羊酒

讀北山酒經一篇　宋李　保（勅奉郎行開封府刑曹）

大隱先生朱翼中壯年勇退著書釀酒僑居西湖上而老焉屬朝廷大興醫學求深于道術者爲之官司乃起公爲博士與予爲同僚明年翼中坐書東坡詩貶達州又明年以宮祠還未至予一夕夢翼中相過且誦詩云投老南還愧轉蓬會令淨土變炎風由來祇進杯中物萬事從渠醉眼中明日理書帙得翼中北山酒經法而讀之蓋有禦魑魅于烟嵐轉炎荒爲淨土之語與夢頗契予甚異乃作長詩以志之他時見翼中當以是問之其眞夢乎非耶政和七年正月二十五日也赤子含德天所鈞日漸月化滋澆淳惟帝哀矜憫下民爲作醪醴發其眞炊香釀玉爲物春投醽酴米授之神成此美祿功非人酣適安在味甘辛一醉逕與羲皇隣薰然剛愎皆慈仁陶冶窮愁孰知貧頌德不獨有伯倫先生作經賢聖分獨醒正似非全身德全不許世人聞夢中作詩語爾親不顧萬戶誤國恩乞取醉鄉作封君

說郛卷第四十四終

說郛卷第四十五

錢氏私誌 二卷

宋錢世昭

序 叔父太尉昭陵之甥親見宣政太平文物之懿逮事太上備膺眷遇其在帝左右銜命出疆凡耳目所接事出一時語流千載者皆廣記而備言之世昭敬請其說得數萬言敍而集之名曰錢氏私誌云姪迪功郎新秀州嘉興縣尉世昭謹序

尙主 某嘗聞父兄說熙甯間宣諭宰相王岐公云昭陵二女皆欣之姑卿可選勳賢之後有福者尙之岐公未有以奉詔會大父寶閣知台州回其子光玉補試入太學適與岐公之子敏甫同齋敏甫告岐公云近有一錢少監子風骨不羣文采富贍恐可奉詔岐公遂就啓聖院設齋令敏甫盡召同舍飯罷岐公會茶熟視光玉甚久皆不喻其意翌日又令敏甫竊取所業以進御云臣向奉詔

選勳賢之後尙主今得吳越王錢某之孫與臣男同齋得其所業又奏啓聖親見之事乞賜召見上云待共太皇商量後數日有旨令三班奉職曹詩進士錢某又一人忘其姓名于某月某日伺候宣押曹詩以本色服光玉服布衣巳時候內侍宣押入內至一小殿殿內皆宮嬪兩貴主在焉引曹與光玉立于簾前斯須上小帽領出簾外熟視云簾外與簾內一般顧左右令止御樂聽聖旨簾內宮人傳旨錢某可尙慶壽公主曹詩可尙承壽公主引入幕次更衣各賜襲衣玉帶服所賜畢引至殿下謝恩殿上軸簾慈聖裕陵宣仁欽聖同坐慈聖謂曹詩曰你是我姪曾見拊光玉背曰錢郎好女婿上云是箇享福節度使左右宮妃觀者如堵上同三殿徐登步輦還內樂聲漸遠復引光玉與曹詩再入幕次賜酒五行執事皆宮人酒罷內侍復引至宮門各以仗下御馬一疋崇政殿親從官二十人導歸第謂之宣繫玉帶赴朝三日除正刺史却繫方金御仙花帶赴朝參踰年賢穆下降三殿護送就第太常鹵簿迎引故事下降後三日貴主同副車詣景靈宮及入內謝畢方見舅姑舊例貴主晝堂垂簾坐舅姑拜于簾外賢穆奏乞行常人禮上與慈聖大喜再三稱歎詔從所請上令中使宣諭宰執嘉其賢德次日宰執殿上稱賀

求嗣 賢穆乳母永嘉董夫人一日入禁中慈聖問云主主以未得子爲念爲甚不去玉仙聖母處求嗣董奏云都尉不信事須是官家娘娘處分後數日光玉入禁中上笑云董婆來娘娘處說都尉來光玉皇恐謝罪欽聖云別沒事只是娘娘要教主主去玉仙求嗣董奏云都尉不信光玉奏云既得聖旨安敢不信遂擇日與賢穆同詣玉仙止留知觀老道士一人祝香祈禱道士見貴主車服之盛歆豔富貴云願得貧道與大主做兒子歸而有娠明年四月十五日光玉欲赴朝賢穆云我昨夜夢見玉仙觀知觀來與我做孩

兒知客皆笑衆云娘娘還得好兒亟遣人詣廟祈禱且問道士動靜云知觀自去年大主上廟後便不安不下床多日矣知觀在房內聞人聲問云甚處人來報云錢大主臨薦賫香燭祈禱知觀笑云來催我也是日告殂大父寶閣善推步午時遣人來報光玉云得數七十有九若今日酉時生是箇有福節度使伯兄果酉時生平生淡薄壽享正七十有九

搶節 忠懿歸朝同三子建節後光玉與三兄建節光玉兩移鎭南北兩地有十節堂節度使至團練使皆賜牌印旌節上日開封府妓樂百戲迎引望闕設香案引旌節于拜褥兩旁官告牌印皆置案上初拜交旌再拜交節是日諸處御司以至市井遊手前後傳呼謂之搶節至少三五千人犒賞大有所費猶藩鎭遺風也宮者得之則爲榮安定德麟一生貧苦臨終建節幾破家焉此條今水未見

國初貴主乘馬 賢穆有荊雍大長公主牌印金鑄也金鞍勒瑪瑙鞭金撮角

紅藤下馬杌子聞國初貴主猶乘馬元祐以後不鑄印亦無乘馬儀物（下二條今本未見）

（仁宗賜玉佛）賢穆一日開小金合有玉佛兒十數枚大者如錢小者如指面某問何用賢穆云仁宗皇帝每日頭上戴一枚大者幞頭帽子裏戴小者冠子裏戴嘗言我無德每日多少人呼萬歲教佛當之

（畫堂）畫堂上有鬬八藻井五色彩畫花磚砌地衮砧屏風畫白澤圖左設通珠五明金撮角倚子茶床排當卽施用銀右設黑光五明金銀鍍撮角倚子茶床排當卽施用銀泥幙帳設子孫兩向分昭穆坐服用之物酒食器外如洗漱之類賢穆者金光玉者銀未嘗錯亂皆遵李和文家風前輩主第毫髮不敢忘也

（歐公謝妓）歐文忠任河南推官親一妓時先文僖罷政爲西京留守梅聖俞謝希深尹師魯同在幕下惜歐有才無行共白于公屢微諷而不之恤一日宴于後園客集而歐與妓俱不至移時方來在坐

相視以目公責妓云未至何也妓云中暑往涼堂睡著覺而失金釵猶未見公曰若得歐陽推官一詞當爲償汝歐卽席云柳外輕雷池上雨雨聲滴碎荷聲小樓西角斷虹明闌干倚遍待得月華生燕子飛來棲畫棟玉鈎垂下簾旌涼波不動簟紋平水精雙枕傍有墮釵橫坐皆稱善遂命妓滿酌賞歐而令公庫償其失釵咸謂歐當少戢不惟不恤翻以爲怨後修五代史十國世家痛毀吳越又于歸田錄中說先文僖數事皆非美談從祖希白嘗戒子孫毋得勸人陰事賢者爲恩不賢者爲怨歐後爲人言其盜甥表云喪厥夫而無託攜孤女以來歸張氏此時年方七歲內翰伯見而笑云年七歲正是學簸錢時也歐詞云江南柳葉小未成陰人爲絲輕那忍折鶯憐枝嫩不勝吟留取待春深十四五閒抱琵琶尋堂上簸錢堂下走恁時相見已留心何况到如今歐知貢舉題目出通其變使民不倦乃云通其變使民不倦賢良伯昌云試官偏

愛外生兒于是科場大鬨皆報東門之役也

（酒名）親王宰相使相歲賜公使錢七千貫許造酒主第亦然李和文家酒名金波吾家酒名清淳王晉卿家碧香蔡魯公家君臣慶會秦師垣家表勳皆賜名其餘不能盡記（此條今本未見）

（岐公際遇）婦翁說岐公在翰苑時中秋有月上問當直學士是誰左右以姓名對命小殿對設二位召來賜酒公至殿側侍班俄頃女童小樂引步輦至宣學士就坐公奏故事無君臣對坐之禮正其席上云天下無事月色清美與其醉聲色何如與學士論文若要正席則外廷賜宴正欲略去苛禮放懷飲酒公固請不已再拜就坐上引謝莊賦李白詩稱美其才又出御製詩示公公嘆仰聖學高妙每起謝必敕內侍挾掖不令下拜夜漏下三鼓上悅甚令左右宮嬪各取領巾裙帶或團扇手帕求詩內侍舉牙床以金廂水晶硯珊瑚筆格玉管筆皆上所用者于公前來者應之略不停綴都

不蹈襲前人盡出一時新意仍稱其所長如美目者必及盼睞人人得其歡心悉以進呈上云豈可虛辱須與學士潤筆遂各取頭上珠花一朵裝公幞頭簪不盡者置公服袖中宮人旋取針綫縫聯袖口宴罷月將西沉上命輟金蓮燭令內侍扶掖歸院翌日問學士夜來醉否奏云雖有酒不醉倒到玉堂不解帶便上床取幞頭在面前抱兩公服袖坐睡恐失花也都下盛傳天子請客明年中秋公已參政蔡確爲學士上講故事命宮嬪求詩蔡奏云不敢遂命出公舊作蔡云臣才思短澀不及王某酒再行而止左右不悅云這箇學士又上鍾愛一公主七歲而薨親送殯歸路悲甚命宮門外再設祭合用祭文公度起帥不及乃就馬上自耑祝版云惟主如冰如雪如花如月冰散雪消花殘月缺嗚呼哀哉尚饗皆服其敏辦得體在相位御樓觀燈同列謂公云上或索詩用甚故事公云只是鰲山鳳輦同列以爲相薄泊進詩云雪消華月滿仙

臺萬燭當樓寶扇開五鳳雲中扶輦下六鰲海上駕山來鎬京春
酒沾周宴汾水秋風陋漢材一曲昇平人共樂君王又進紫霞杯
時高麗賀正旦禮物中有紫霞杯五色玻璃也是夕上用進酒同
列始服

（米元章）徽皇聞米元章有字學一旦于瑤林殿綳絹圖方廣二丈許
設瑪瑙研李廷珪墨牙管筆金硯匣玉鎭紙水滴召米書之上垂
簾觀看令梁守道相伴賜酒果米乃反繫袍袖昇高就上跳躍便
捷落筆如雲龍蛇飛動聞上在簾下回顧抗聲云奇絕陛下上大
喜盡以硏匣鎭紙之屬賜之尋除書學博士一日崇政殿對事畢
手執劄子上顧視令留椅子上米乃顧朵殿云皇帝叫內侍要唾
盂閤門彈奏上云俊人不可以禮法拘一日見蔡魯公蔡云元章
書法之妙今日可謂第一龜山須還他曼卿佛碑爲第一米曰恁
地時龜山却且做第二米有孔子贊曰孔子孔子大哉孔子孔子
以前未有孔子孔子以後更無孔子孔子孔子大哉孔子黃魯直
笑謂元章云公贊合黜落既不見題又懼少更落也（黃魯直云今本無）

（曹南院）郭傅師太尉說曹南院知淸州夏人撓邊有知將韎鞨與渭
對壘下十餘寨宿兵十餘萬夏人歲遣數百騎精銳覘視兩界曹
患韎鞨智勇我探騎伺彼巡邊兵來逆韎鞨踰月病不能起曹乃
于界首設一大祭賻贈器物照耀原野用祝版云大宋具位曹某
昭告于夏國都護某人公累以蠟書約提所部歸我大宋我待公
之來不期天喪吉人事無終始令百騎守寨下望其兵近卽舉火
燒并所用餘器十餘兩悉皆棄而遁歸夏兵盡掠祝版祭器而去
後旬月夏國殺韎鞨其下二十餘帳反側不安率衆內附拓地數
百里獲生口數萬羊馬槖駝不可勝計

（東明）蔡魯公帥成都一日于藥市中遇一婦人多髮如畫者毛女謂
蔡云三十年間相見言訖不知所在蔡後以太師魯國公致仕居
京師一日在相國寺資聖閣下納涼一人自外突入直至蔡前云
毛女有書蔡接書其人忽不見啓封大書東明二字蔡不曉其意
後貶長沙死于東明寺因就葬焉呂辨老蔡門人蔡能珠履譴散
獨呂送至長沙呂乘間問蔡云公高明遠識洞鑒古今知國家之
事必至于斯乎蔡云非不知也將謂老身可以幸免徐神翁自海
陵到京師蔡謂徐云且喜天下太平是時河北盜賊方定徐云太
平天上方多遣魔軍下界託生人間作壞世界蔡云如何得識其
人徐笑云太師亦是

（吳山井）紹興間吳山下有大井每年有落水渰死者蕭德之太尉率
衆作大方木以石板蓋合井口止能下水桶遂無損人之患有人
夜行聞井中叫出錢者云你幾箇怕壞了活人我幾箇幾時托生
觀此不可謂無鬼也

（佛印與東坡書）東坡在惠州佛印居江浙以地遠無人致書爲憂有道人卓

契順者慨然嘆曰惠州不在天上行卽到矣因請書以行佛印因
致書云常讀退之送李愿歸盤谷序愿不遇知于主上者猶能坐
茂樹以終日子瞻中甲科登金門上玉堂遠放寂寞之濱權臣忌
子瞻爲宰相耳人生一世間如白駒之過隙二三十年功名富貴
轉眄成空何不一筆勾斷尋取自家本來面目萬刼常住永無墮
落縱未得到如來地亦可以驂鸞駕鶴翱翔三島爲不死人何乃
膠柱守株待入惡趣昔有問師佛法在甚麼處師云在行住坐臥
處着衣喫飯處痾屎剌溺處沒理沒會處死活不得處子瞻胸中
有萬卷書筆下無一點塵到這地位不知性命所在一生聰明要
做甚麼三世諸佛則是一箇有血性的漢子子瞻若能脚下承當
把一二十年富貴功名賤如泥土努力向前珍重珍重也又傳是
王喬書（今本無末句）

（相法）唐一行嘗語人曰吾嘗得古人相法相人之法以洪範五福六

極爲主觀其所由察其所安可得大槩若其人忠孝仁義所作所爲言行相應顛沛造次必歸于善者吉人也若不忠不孝不仁不義言行不相應顛沛造次必歸于惡者凶人也吉人必獲五福之報凶人必獲六極之刑縱不在其身必在其子孫若但于風骨氣色中料其前程休咎豈悉中也

酒令字謎　荊公舉一酒令云有客姓任名稔販金販錦關吏止之曰任稔任入金錦禁急又字謎云目字加兩點不得做貝字猜貝字欠二點不得做目字猜賀資二字也又四箇口盡皆方加十字在中央不得作田字道不得作器字商圖字也

稱小人　燕北風俗不問士庶皆自稱小人宣和間有遼國右金吾衛上將軍韓正歸朝授撿校少保節度使與諸兄同正任班對中人以上說話卽稱小人中人以下卽稱我家每日到漏舍誦天童經數十遍其聲琅琅然且云對天童豈可稱我自皇天生我皆改爲

小人云皇天生小人皇地載小人日月照小人北斗輔小人前後二十餘句應稱我者皆改爲小人誦畢歎云這天童經靈聖王才元少師云若無靈聖如何持得許多小人然小人有母皆嘗小人之食小人之稱其來古矣施之于經是可笑也

陳理功賞　隆興初賀子忱知樞密院有武臣陳理功賞稱從軍三十餘年累立戰功宣和年第一次燕山府立功靖康年第二次白溝河立功第三次黃河立功第四次京城立功建炎年第五次海州立功第六次揚州立功紹興年第七次瓜州立功第八次和州立功第九次平州立功辭氣不平謂朝廷推賞一次輕如一次賀正色云只爲邊功一次近如一次武臣無詞聞者稱服

吃虀飯　宋相郊居政府上元夜在書院內讀周易聞其弟學士祁點華燈擁歌妓醉飲達旦翌日喩所親令誚讓云相公寄語學士聞昨夜燒燈夜宴窮極奢侈不知記得某年上元同在某州州學內喫虀煮飯時否學士笑曰却須寄語相公不知某年同在某處喫虀煮飯是爲甚底

善對答　元豐間宋閹使者善人倫上知而問云朕相法如何對云陛下天日之表神明之資下臣不得如名又問王安石如何對云安石牛行虎視牛行足以任重虎視足以威遠又問卿如何對曰臣草木之質瓦礫之資陛下用之則貴不用則賤

謝表　張天覺丞相再召到闕謝表云十年去國門前之雀可羅一日還朝屋上之烏亦好後有一達官效顰云十年去國不聞長樂之鐘一日還朝始見大君之鼎謂見魏漢津所鑄九鼎初成也

劉后遺祝　明節劉后一時遭遇寵傾六宮忽苦痁疾臨終戒左右云我有遺祝在領巾上候我氣絕奏官家親自來解語畢而終左右馳奏上至哀慟悲不自勝領巾上蠅頭細字其辭云妾出身微賤而無寸長一旦遭遇聖恩得與嬪御之列命分寒薄至此夭折雖埋

骨于九泉魂魄不離左右切望陛下必以宗廟社稷之重天下生靈之衆大皇帝姬之多不可以賤妾一人過有思念深動聖懷况後宮萬計勝如妾者不少妾深欲忍死面與君父訣別謫限已盡不得少留寃痛之情言不能盡下有數百點悲切之言不能盡記自後左右每欲寬解必提着領巾上愈傷感聞者謂李夫人不足道也林靈素謂后是九華安妃臨終聞本殿異香音樂次年有靑城術士見后于巫山髣髴鈿合金釵云

默記一卷　　宋王　銍字性之

大輪小兒　王朴仕周爲樞密使五代自朱梁以用武得天下政事皆歸樞密院至今謂之二府當時宰相但行文書而已况朴之得君哉所以世宗纔四年間取淮南下三關所向成功時緣用兵朴多宿禁中一日謁見世宗屏人嚬蹙且倉皇歎嗟曰禍起不久矣世宗因問之曰臣觀玄象大異所以不敢不言世宗云如何曰事在宗

社陛下不能免而臣亦先當之今夕請陛下觀之可以自見是夜與世宗微行自厚載門同出至野次止于五丈河傍中夜後指謂世宗曰陛下見隔河如漁燈者否世宗隨亦見之一燈熒熒然迤邐甚近近則漸大至隔岸大于車輪矣其間一小兒如三數歲引手相指既近岸朴曰陛下速拜之既拜漸遠而沒朴泣曰陛下既見無可復言後數日朴于李穀坐上得疾而死世宗既伐幽燕道被病歸而崩至明年而天授我宋矣火輪小兒啓聖朝火德之兆豈偶然哉陸子履爲先子言

（世宗二子）藝祖初自陳橋推戴入城周恭帝即衣白襴乘轎子出居天清寺寺即世宗節名而其功德院也藝祖諸將同入内六宮迎拜有二小兒丱角者宫人抱之亦拜詢之乃世宗二子紀王又王也顧謂諸將曰此復何待左右即提去惟潘美在後以手掐殿柱低頭不語藝祖云汝以爲不可耶美對曰臣豈敢以爲不可但于理未安藝祖即命追還以其一人賜美美即收之以爲子而藝祖後亦不復問其後名惟正者是也每供三代惟以美爲父而不及其他故獨此房不與美子孫連名名夙者乃其後也夙爲文官子孫亦然夙有才爲名帥其英明有自云

（徐鉉見故主）徐鉉歸朝爲左散騎常侍遷給事中太宗一日問曾見李煜否鉉對以臣安敢私見之上曰卿第往且言朕令卿往相見可矣鉉遂徑往其居望門下馬但一老卒守門徐言願見太尉卒言有旨不得與人接豈可見也鉉曰我乃奉旨來見老卒往報徐入立庭下久之老卒遂入取舊椅子相對鉉遥望見謂卒曰但正衙一椅足矣頃間李主紗帽道服而出鉉方拜而李主遽下堦引其手以上鉉告辭賓主之禮李主曰今日豈有此禮徐引椅少偏乃敢坐後主相持大哭乃坐默不言忽長吁嘆曰當時悔殺却潘佑李平鉉既去乃有旨再對詢後主何言鉉不敢隱遂有秦王賜牽機

藥之事牽機藥者服之前卻數十回頭足相就如牽機狀也又後主在賜第因七夕命故妓作樂聲聞于外太宗聞之大怒又傳小樓昨夜又東風及一江春水向東流之句併坐之遂被禍云

（張茂實頭角類龍種）張茂實太尉章聖之子尚宫朱氏所生章聖畏懼劉后凡後宫生皇子公主俱不留以與内侍張景宗令養視遂冒姓張既長景宗奏授三班奉職入謝日章聖曰孩兒早許大也昭陵出閤以爲春坊謁者後擢用副富鄭公使虜作殿前步帥中丞韓絳言茂實出自宫中迹涉可疑富弼引以爲殿帥蓋嘗同奉使交結有自弼皇恐待罪然朝廷考校茂實之除歲月非弼進擬出絳知蔡州弼乃止厚陵爲皇太子茂實入朝至東華門外居民樊用者迎馬首連呼曰虧你太尉茂實皇恐執詣有司以爲狂人而黥配之其實非狂也茂實緣此求外郡至厚陵即位避藩邸諱改名孜頗疎之自知蔡州坐事移曹州憂恐以卒論勤惠滕元發言嘗因其病問之至臥内茂實岸幘起坐其頭角巉然眞龍種也全類奇表蓋本朝内臣養子未有大用至節帥者于此可驗矣其子詢字仲謀賢雅能詩有子與邸中作婿此可怪也

（捐金緡）神宗初即位慨然有取山後之志滕章敏首被擢用所以東坡詩云先帝知公早虚懷第一人蓋欲委滕公以天下之事也一日語及北虜事曰太宗自燕京城下軍潰北虜追之僅得脱凡行在服御寶器盡爲所奪從行宫嬪盡陷沒股上中兩箭歲歲必發其棄天下竟以箭創發云蓋北虜乃不共戴天之讐反捐金繒數十萬以事之爲叔父爲人子孫當如是乎已而泣下久之蓋已有取北虜大志其後永樂靈州之敗故鬱鬱不樂者尤甚愴聖志之不就也章敏公爲先子言

（慈聖君）京兆李植字化光觀察使士衡之孫自少年好道不樂婚宦初爲侍禁約婚慈聖既娶迎入門見鬼神千萬在其前植驚走踰

墻避之后時卽還父母家俄選爲后焉植後自放田野往來關中洛陽汝州人以爲有道之士也

喬氏捨經　李後主手書金字心經一卷賜其宮人喬氏喬氏後入太宗禁中聞後主薨自內庭出其經捨在相國寺西塔以資薦且自書于后云故李氏國主宮人喬氏伏遇國主百日謹捨昔時賜妾所書般若心經一卷在相國寺西塔院伏願彌勒尊前持一花而見佛云云其後江南僧持歸故國置之天禧寺塔相輪中寺後失火相輪自火中墮落而經不損爲金陵守王君玉所得君玉卒子孫不能保之以歸甯鳳子儀家喬氏所書在經後字極整潔而詞甚悽惋所記止此徐鍇集南唐制誥有宮人喬氏出家誥豈斯人也耶

拆字　劉貢父與王介甫最爲故舊荆公嘗戲拆貢父名曰劉攽不直一分文謂其名也貢父復戲拆荆公名曰失女便成宕無宀眞是妬下交亂眞如上交誤當宁荆公大慚而心銜之

徐鍇　徐常侍鉉自江南歸朝歷右散騎常侍貶靜難軍行軍司馬而卒于邠州鉉無子其弟鍇有後居金陵攝山前開茶肆號徐十郎有鉉鍇誥敕備存甚多僕嘗至攝山求所謂徐十郎家觀之其間有自江南朝初授官誥云歸明人僞銀青光祿大夫知內史事上柱國徐鉉可依前銀青光祿大夫守太子率更令云云知內史乃江南宰相也銀青存其階官也

懸珠照夜　小說載伐江南大將獲李後主寵姬者見燈輒閉目云烟氣易以蠟燭亦閉目云烟氣愈甚曰然則宮中未嘗點燭耶云宮中本閣每至夜則懸大寶珠光照一室如日中也觀此則李氏之豪侈可知矣

賢母　楊宣懿察之母甚能文而教子以義方小不中程輒扑之察省試房心爲明堂賦榜登科第二人報者至其母睡未起聞之大怒

轉面向壁曰此兒辱我如此乃爲人所壓若二郎及第待不教人壓却及察歸亦久不與語寘果魁天下

歐陽文忠公　歐陽文忠慶曆中爲諫官仁宗更用大臣韓富范諸公將大有爲公銳意言事如論杜曾家事通婢有子曾出知曹州卽自縊死又論參知政事王舉正不才及宰相晏殊賈昌朝舉館職凌景陽娶富人女賈有章有贓魏庭堅踰濫三人皆廢終身如此之類極多大忤權貴遂除修起居注知制誥韓富旣罷未幾以龍圖閣直學士爲河北都運令計議河北二相賈昌朝陳執中爭邊事其實宰相欲以事中之也會令內侍供奉官王昭明同往相度河事公言今命侍從出使故事無內臣同行之理臣實恥之朝廷從之公在河北職事甚振無可中傷會公甥張氏妹一作處州壻龜正之女非歐生也幼孤鞠育于家嫁姪晟晟自虔州司戶罷以替名僕陳諫同行而張與諫通事發鞫于開封府右軍巡院張懼罪且圖自解免其語皆引公未嫁時事詞多醜異軍巡判官著作佐郎孫揆止劾張與諫通事不復枝蔓宰相聞之怒再命太常博士三司戶部判官蘇安世劾之遂盡用張前後語成案俄又差王昭明者監劾蓋以公前事欲令釋憾也昭明至獄見安世所劾案牘視之駭曰王昭明在官家左右無三日不說歐陽修今省判所劾乃迎合宰相意加以大惡異日昭明喫劍不得安世聞之大懼竟不敢易揆所劾但劾歐公用張氏貲買田產立戶事奏之宰相大怒公旣降知制誥知滁州而安世坐牒三司取錄問吏人不聞奏降殿中丞泰州監稅昭明降壽春監稅公責詞云不知淑慎以遠罪辜知出非已族而鞠于私門知女歸有室而納之槖從向以訟起晟家之獄語連張氏之資券旣不明辨無所驗以其久參侍從免致深文可除延閣之名還序右垣之次仍歸漕節往布郡條體予寬恩思釋前咎又安世責詞云汝受制按考法當窮審而乃巧

為朋比顧弼事端漏落偏說陰合傅會知朕慎重獄事不關有司而私密省寺潛召胥役跡其阿比之實倘與朋黨之風云云其後荊公為蘇安世埋銘盛稱能回此獄而世殊不知援守之于其前昭明主之于其後使安世不能有變改迎合也然則二人可謂奇士爾昭明後亦召用而擯饒州人終殿中丞當張獄之興楊闢叔外為舉人上書陳相力救之今宋文集中有外書嘗存之言

（盜盜傳）達奚盈盈傳晏元獻家有之蓋唐人所撰也盈盈者天寶中貴人之妾姿豔冠絕一時會貴人者病同官之子為千牛謁者父遣往問之因是以秘計相親盈盈遂匿于其室甚久其父失子索之甚急明皇聞之詔大索京師無所不至而莫見其跡因問近往何處其父言貴人病嘗往問之詔且索貴人之室盈盈謂千牛曰今勢不能自隱矣出亦無甚害千牛懼得罪盈盈因教曰第不可言在此恐上問何往但云所見人物如此所見帘幕屏幃如此所食物如此勢不由己則決無患矣既出明皇大怒問之對如盈盈言上笑而不問後數日虢國夫人入內明皇戲謂曰何久藏少年不出耶夫人亦大笑而已為人妾者智術固可慮矣又見天寶後掖庭戚屬莫不如此國何以久安耶此傳晏元獻手書在其甥楊文仲家其間敘婦人姿色及情好曲折甚詳然大意若此也

（李國主）龍袞江南錄有一本刪潤稍有倫貫者云李國主小周后隨後主歸朝封鄭國夫人例隨命婦入宮每一入輒數日而出必大泣罵後主聲聞于外多宛轉避之又韓玉汝家有李國主歸朝後與金陵舊宮人書云此中日夕只以眼淚洗面

（太祖見趙普）藝祖仕周世宗功業初未大顯會世宗親征淮南駐蹕正陽攻壽陽劉仁贍未下而藝祖分兵取滁州距壽州四程皆大山至青流關而止關去州三十里則平川而西澗又在滁城之西也是時江南李景據一方國力全盛聞世宗親至淮上而滁州其控扼

且援壽州命大將皇甫暉監軍姚鳳提兵十萬扼其地太祖以周軍數千與暉遇于清流關隘路周師大敗暉整全師入憩滁州城下令翌日再出太祖兵再聚于關下且虞暉兵再至問諸村人云有鎮州趙學究在村中教學多智計村民有爭訟者多詣以決曲直太祖微服往訪之學究者固知為趙點檢也迎見加禮太祖再三叩之學究曰皇甫暉威名冠南北太尉以為與己如何曰非其敵也學究曰然彼之兵勢與己如何曰非其比也學究曰然兩軍之勝負如何曰彼方勝我已敗畏其兵出所以問計于君也學究曰然且使彼來日整軍再乘勝而出我師絕歸路不復有噍類矣太祖曰當復奈何學究曰我有奇計所謂因敗為勝轉禍為福者也今關下有徑路人無行者雖暉軍亦不知之乃山之背也可以直抵城下方阻西澗水大漲之時彼必謂我既敗之後無敢躡其後者誠能由山背小路率衆浮西澗水至城下斬關而入彼方戰勝而驕解甲休衆必不為備可以得志所謂兵貴神速出其不意若彼來日整軍而出不可為矣太祖大喜且命學究指其路學究亦不辭而遣人前導即下令誓師夜出小路亟行三軍跨馬浮西澗以迫城暉果不為備奪門以入既入暉始聞之旋率親兵擐甲與太祖巷戰三縱而三擒之既主帥被擒城中咸謂周師大兵且至城中大亂自相蹂踐死亡不計其數遂下滁州即國史所載太祖曰餘人非我敵必斬皇甫暉頭者此時也滁州既破中斷壽州為二救兵不至壽州為孤軍周人得以擒仁贍自滁州始也擒暉送世宗正陽御寨世宗大喜見暉于簀中金創被體自撫視之暉仰面言我自貝州卒伍起兵佐李嗣源遂成唐莊宗之禍後率衆投江南位兼將相前後南北二朝大小數十戰未嘗敗而今日見擒于趙某者乃天贊趙某豈臣所能及因盛稱太祖之神武遂不肯治創不食而死至今滁人一日五時鳴鐘以資薦暉云蓋淮南

無山惟滁州邊淮有高山大川江淮相近處爲淮南屏蔽去金陵纔一水隔耳既失滁州不惟中斷壽州失援則淮南盡爲平地自是遂盡得淮南無復障塞世宗乘滁州破竹之勢盡收淮南李景割地稱臣者由太祖先擒皇甫暉首得滁州阻固之地故也此皇甫暉所以稱太祖爲神武者暉亦非常人知其天授非人力也其後眞宗時所以建原廟于滁而殿曰端命者太祖歷試于周功業自此而成王業自此而始故號端命蓋我宋之咸鎬豐沛也其趙學究卽韓王普也實與太祖定交于滁州引爲上介辟爲歸德軍節度使巡官以至太祖受天命卒爲宗臣比跡于蕭曹者自滁州始也

平陳記　一卷

（狎客）陳主愈驕荒于酒色左右嬖倖珥貂者五十人常使張貴妃孔貴人等八人夾坐江揔孔宗範等十人預宴號曰狎客

（沈后詩）其皇后沈氏者望蔡侯君理之女也以張貴妃權寵動經半年不得一御陳主嘗至沈后處暫入卽還謂后曰何不留我也沈后爲詩曰誰道不相憶見罷便成羞情知不肯住教我若爲留

（妖異）時有人自稱老子游于建康與人對語而不見形所言吉凶多驗得酒輒酣之陳主夜夢黃衣人圍城乃盡去繞城橘樹又舡下有聲云明年亂視之得嬰兒長三尺而無頭蔣山衆鳥鼓兩翼以拊膺曰奈何帝都城無故自壞地生白毛見大蛇中分首尾各走夜中索飯忽變爲血有狐入其床下捕之不見

（齊雲觀）省主起齊雲觀國人歌曰齊雲觀寇來無際畔

（省主）始鄴都將七官人多稱省主未幾而滅至是舉朝亦有此稱

（桃葉謠）先是江東謠多唱王獻之桃葉復桃葉渡江不用檝但渡無所苦我自來迎接及大軍迎于六合鎭其山名桃葉果乘陳舡而渡

（夢徵）初陳武帝卽位夜會稽人史溥爲揚州從事陪位闕庭還宿于黃門侍郎孔宗範舍夢人著朱衣武冠自天而下導從數十至太極殿北面手執金版上有文字溥往看之其文曰陳氏五主三十四年看畢凌空而上既覺爲宗範說之宗範曰吾年已多此夢若驗其子孫憂之至是溥尚存焉

（婦唱之靈）又陳主在東宮時有婦人突入唱曰畢國至有鳥一足集其殿廷以觜畫地成文獨足上高臺盛草變爲灰欲知我家處朱門向水開識者以爲獨足蓋以指陳主獨行無衆盛草言荒穢隋火德至得火而灰及至長安與其屬館于都水臺所謂上高臺向水開或云陳主名叔寶反語爲少福亦敗亡之徵焉

（侍宴奏詩）陳主既至隋宥之給賜甚厚班同三品及從東巡登邙山侍宴賦詩曰日月光天德山河壯帝居太平無以報願上登封書幷表請封禪隋文優詔謙讓不許

（童謠）陳主字秀元小名黃奴陳宣嫡長子也以仁壽四年十一月壬子終于洛陽時年五十二贈大將軍封長城縣公謚曰煬葬于邙山初梁末童謠曰可憐巴馬子一日行千里不見馬上郎但見黃塵汚其衣皂莢相料理及王僧辨死齊之羣臣以謠言白于齊文宣曰僧辨本色巴馬于擊侯景馬上郎王字也塵陳字也文宣問其皂莢咸謂灰能知既而陳滅于隋說者以江東謂羝羊角皂莢卽隋氏姓也

幸蜀記　一卷

（僖宗因馬幸蜀）僖宗聰容強記好馳騁記諸色博弄無不周偏季年寵內園小兒張浪狗好歌能舞曉十六七般馬數伎忽一日浪狗曰臣無馬乘僖宗乃密與銀一百兩令自買之其時聖駕自岐陽回長安少有好馬浪狗于諸處尋求于雲陽縣買得一疋浪狗本在宣徽南院安下僖宗一日獨行浪狗院中聞買得自潛行看之此馬又

未曾騎習偉宗巡繞馬左右謂浪狗曰好馬好馬數徧其馬忽爾騰躍右足踏偉宗左脅便倒不蘇浪狗驚惶銀盂子以尿灌偉宗口良久方蘇歸稱氣疾詔醫術二十餘人候脉出藥皆言是膀胱之氣並無瘳効其脅痛轉劇臥十二日崩本因馬踏也

田間書一卷　宋林昉 號石田晚號寔齋字日新一字景初

言非也不言非也當言而言則其言順不當言而言則其言暴不見鐘鼓乎扣之則鳴不扣而自鳴者人莫不以爲異也

或問舟不覆于龍門而覆于夷窒車不摧于太行而摧于康逵有諸曰有無他難者人所畏易者人所忽是以古之君子難其難不易其易

愼言以養其德持氣以養其體事之至近而所繫至大者莫過于言氣

愛子之道在于教教子之道在于嚴嚴斯成也愛而不教猶不愛也教而不嚴猶不教也區區于飲食服飾者末矣

俗所貴我所賤俗所賤我所貴非我異于俗也俗異于我矣

盡民之力必傷盡馬之力必蹶

事神不若事心心在斯神在舍心而神神有不神者矣

江海能容衆流以其卑且虛也是故以謙處己而後能容人

可以理喻而不可以利誘者其唯君子乎小人則知誘而已矣

火非風不燃風撲火則息舟非水不行水入舟則沒國非民不治民怨國則亂

木可雕而病于越度金可鑄而病于躍冶木越度金躍冶雖有良工巧將安施是故君子養質以成器

不有暴獸無以知麟之仁不有惡鳥無以知鳳之瑞不有貪人無以知聖之德

能以愛妻子之心愛父母則天下無不孝能以愛父母之心愛君則天下無不忠

享萬鍾之祿食不過于一七處萬間之廈臥不盈于一席

木不能棄土而生魚不能棄水而活人不能棄信而言

天以氣運人以識運鬼神其氣識之交乎

天以陰陽化萬物聖人以仁義定萬民故知天者莫若聖人

雜言 附

墨魚戒云海有蟲拳然而生者謂之墨魚其腹有墨游于水則以墨蔽其身故捕者往往迹墨而漁之噫彼所自蔽者迺所以自禍也歟人有恃智亦足以鑒

會友人遊山檄語云有殘縑敗素繪一山一水愛之若寶售之必千金至于目與眞景會則略不加喜毋乃貴僞而賤眞耶味樂之眞今日政在我輩春雪既霽春風亦和或坐釣于鷗邊或行歌于犢外百年瞬息懽樂幾何肴核杯盤隨意所命毋以豐約拘也檄

書馳告盍勇而前

赴火蟲云林子夜對客有物粉羽飛繞燭上以扇驅之既去復來如是者七八終于焦首爛額猶撲撲必期以死人莫不笑其愚也予謂聲色利欲何啻膏火今有蹈之而不疑滅其身而不悔者亦寧免爲此蟲笑哉噫

釣魚記云予嘗步自橫溪有二叟分石而釣其甲得魚至多且易取乙竟日亡所獲也乃投竿問甲曰食餌同釣之水亦同何得失之異耶甲曰吾方下釣時但知有我而不知有魚目不瞬神不變魚忘其爲我故易取也子意乎魚目乎魚神變則魚逝矣奚其獲乙如其教連取數魚予嘆曰旨哉意成乎道也敢記

蝨賦云飢吅予血貪不知止飽緣于衣私若自喜生誰使之死亦漫耳世之小人舍爾焉比

賈見農者曰我識物之媺惡審價之輕重籌算甚熟家資益饒其

妻妾莫不貫金玉而被組繡爾農何爲者終歲勤動不能謀一飽官督其輸私徵其償妻奴有不自悅之色我竊爲爾陋若釋爾之業而從我則何如農罔以對迺過其里人而質之里人喟然而嘆曰吁農本也今天下舍本趨末雞鳴而起孳孳于利者皆爾之徒孟氏子所謂賤丈夫者是已古人重在稼穡載諸詩存諸書農事毋忒廢而賢人名相近于耕今古相望爾安得賤彼農哉賈慚而退子林子聞里人之言作而言曰務本知賢斯人之謂歟敢記

論李斯云李斯相秦盡取儒書燔滅之謂斯從荀卿學必其師學之不正有以使然予曰荀卿著書固非十二子然使之焚坑亦必不爲也蓋心術之正不正存乎人師何尤焉昔吳起師曾子而不臨母喪謂曾子不孝其可乎

術解云推命之術古無有也達者不道也唐李虛中始以十母配十二子相生相剋術之所由生也人有惑于富貴死生之理者咸走問焉吾學孔子者也知有天命惡知有術作術解

義鵲云大慈山之陽有拱木上有二鵲各巢而生子者其一母爲鷙所搏二子失母其鳴啁啁其一方哺子若見而憐之赴而救之即銜置一處哺之若其子然噫鵲禽屬也非有人性也乃能義如此可以人而不如鳥乎

黃金云黃金生天下爭黃金如土天下古

蜀檮杌 十卷

宋張唐英 字次功號黃松子 銜替屯田員外郎

王建字光圖其先潁川鄢城人後徙居項城隆眉廣顙身長七尺少與晉暉輩以剽盜爲事被重罪繫許昌而獄吏縱之使至武當僧處洪謂曰子骨相異常貴不可言何自陷爲盜建感其言因隸軍于忠武節度使杜審權拔爲列校從討王仙芝有功所乘馬死剖之得一小蛇于心間私自異之秦宗權據淮西募建補軍虞候廣明中僖宗幸蜀建與晉暉韓建張造李師泰同謀率三千人奔行在僖宗大喜乃分其兵使建等五人主之號隨駕五都田令孜皆錄爲假子駕還分典神策軍光啓元年令孜與河中王重榮有隙移鎭易定重榮遂舉兵向闕二年正月僖宗再幸興元以建爲清道使負玉璽以從至當塗驛而邠寧李昌符朱玫等遣人焚棧道建翼僖宗過于烟焰中夜宿陂下僖宗枕建膝而寢賜以金券至褒中以建遙領壁州刺史令孜懼禍求爲西川監軍以楊復恭代爲觀軍容使復恭慮建不附己出爲利州防禦使十月駕還楊守亮鎭興元屢召建建疑其圖己遂招豪猾八千攻陷閬州殺楊行遷入據其城自稱刺史十一月昭宗即位陳敬瑄叛于成都慮建與東川顧彥明膠固爲患頗憂之令孜曰建吾子也可折簡召之遂與建書曰中原多故惟三蜀可以偸安陳公恢廓無疑同建大事吾父子輔之無不可也建大喜領兵趨成都敬瑄參謀李乂謂曰建今之姦雄狼顧久矣必不爲人下若爲將校亦非公之利

建至東川敬瑄遣人止之建怒進攻破鹿頭入據漢州進攻成都顧彥明亦懼建反戈相襲上表雪其罪建亦奏請擇大臣帥蜀乃召宰相韋昭度爲成都尹割邛蜀黎雅置永平軍于邛州以建爲節度使發兵迎昭度于劍門敬瑄不受代昭度于城東置行府以建爲衙內都指揮使大順元年十月建度敬瑄垂敗心冀全蜀乃入白昭度曰相公興數萬之衆未有討賊之效而饋運不繼大衆囂然今關東藩鎭相噬圖傾國家社稷朝廷姑息不暇相公爲國大臣其心安忍不如東還以清中原此根本之策也劍外之事願以相委必不負驅策昭度猶預未決建陰令軍士擒昭度帳下吏駱保蒼頭保祿臠食之昭度大懼乃以符節付建即日東還詔復敬瑄官令建罷兵歸邛州建不從急攻成都令孜懼登城與建語曰老夫與八哥素厚何爲相扼如此建曰建以軍容有父子之恩何敢忘心但太師負國而朝廷使建討之苟太師改心便可釋憾

令孜與敬瑄議以勢不可敵其夕令孜擕符印卽建營授之翌日以成都讓建自稱留後表陳其事龍紀元年春制授成都尹西川節度副使仍知節度事管內觀察處置雲南八國招撫等使敬瑄廢處雅州以其子爲刺史旣行建遣殺于江中令孜仍監其軍四月以令孜陰附鳳翔擒下獄餓死光化三年詔建私門立戟加中書令封琅琊王四年封建西平王

三年昭宗還長安建奉表貢茶布等十萬八月封建司徒蜀王四年八月朱全忠弒昭宗建率將吏百姓舉哀制服七年全忠篡位改元開平巨人見靑城山鳳凰見萬歲縣左右勸進三遜而後從九月僭卽僞位號大蜀改元武成以王宗佶爲中書令韋莊爲散騎常侍判中書門下事唐道襲爲樞密使任知元潘峭爲宣徽南北院使王宗裕爲太傅王宗侃爲太保兼侍中以唐觀軍容嚴遵美爲內侍監授唐室舊臣王進等三十二人官爵有差十月下僞

詔改堂宇廳館爲宮殿其略曰帝王之居上應辰象朝貢臻集華夷會同宮闕殿閣之深嚴臺省府寺之宏壯須分名號以正觀瞻况我肇啓丕圖數有嘉瑞久協上玄之眖式光萬世之基至于廚廐之標題倉庫之曹列並宜從革用永惟新大衙門爲宣德門師子門爲神獸門大廳爲會同殿毬場門爲神武門毬場廳爲神武殿蜀王殿爲承乾殿淸風樓爲壽光閣西亭子廳爲咸宜殿九頂堂爲承乾殿會仙樓爲龍飛閣西廳門爲東上閤門亭子西門爲西上閤門節堂南門爲日華門行庫角門爲月華門萬里橋門爲光夏門笮橋門爲坤德門大東門爲萬春門小東門爲瑞鼎門大西門爲乾正門小西門爲延秋門北門依舊爲大玄門子城子門南爲崇禮門中隔門爲神雀門東門爲神正門西門爲興義門鼓角樓爲大定門北門爲大安門中隔門爲玄武門昌橋爲應聖橋舊宅爲昭聖宮堂爲金華殿摩訶池爲龍躍池設廳爲韵光殿軍資庫爲國計庫衙庫爲內藏庫衙內麴佑庫爲齊天庫衙內雜庫爲廣潤庫賞設庫爲常盈庫賞設行庫爲殿前庫南倉爲天富倉贍軍東庫爲左金藏庫北倉爲大倉甲仗庫爲天武庫舊三使院爲彰信門尙書省于舊使院置御史臺于府司置府城爲皇城使防城使司依舊兩馬步使爲右街使廂虞候爲街巡使後槽爲飛龍廐客司爲客省使樂營爲教坊使廚爲御食廚戟門添置三十六戟神策營爲糧料司六軍爲支計院成都府移在子城外遂穩便處署立府所司新西宅爲天啓宮堂爲玉華殿

武成二年正月祀南郊御樓肆赦以韋莊爲吏部侍郎張格爲中書侍郎並平章事因謂曰不恃權不行私惟至公是守此宰相之任也三月灌州奏武部郎中張道古卒道古臨淄人少有文調慕朱雲梅福之爲人景福中舉進士釋褐爲著作郎遷左拾遺時播遷之後方鎭阻兵道古上疏言五危二亂七事貴授施州司戶參

軍未幾以左補闕徵由蜀赴闕陳田之亂乃變姓名賣卜于溫江建聞其名奏爲節度判官又上建詩敍二亂五危七事爲同僚所嫉送茂州安置開國召爲武部郎中至玉壘關謂所親曰吾唐室諫臣終不能拳跽與雞犬同食今雖召還必須再貶于此死之日葬我于關東不毛之地題曰唐左補闕張道古墓至蜀果不爲時所容復貶茂州卒于路五月立周氏爲皇后宗懿爲太子十月講武星宿山步騎三十萬遂宴于行宮謂左右曰得一二人如韓信而將之中原不足平也宗佶跪曰臣雖不才自顧可驅策兵部郎中張扶進曰陛下雄才大略尙不能得岐隴尺寸之土宗佶小子狂妄願陛下無以中原爲意宗佶憾之諂佹人置藥而毒殺之扶字子持廣都人博學善文凡書奏牋檄皆屬之贈諫議大夫制封諸子爲王建十一子馬姬生宗仁白姬生宗懿宋姬生宗輅陳姬生宗智宗時喬姬生宗傑褚姬生宗鼎宗澤宗平徐姬生宗衍撲

殺晉國公王宗佶宗佶本姓甘氏建未有子錄爲義子以戰功累遷中書令恃位隆功高所爲不法進上表求爲太子建勉諭令出而不肯去言詞甚悖因叱衛士撲殺之

三年六月下詔勸農桑曰昔劉先主入蜀武侯勸其閉關勤民十年而後舉兵震搖關內朕以猥眇託于人上爰念蒸民久罹干戈之苦而不暇力于農桑之業今國家漸寧民用休息其郡守縣令務在惠綏無使無擾使我赤子樂于南畝而有豳風七月之詠焉

八月吏部侍郎兼平章事韋莊卒莊字端己杜陵人見素之後乾寧中舉進士建奏爲掌書記昭宗遇弒梁祖即位遣使宣諭與元節度王宗綰馳驛白建建謀與復莊以兵者大事不可倉卒而行乃爲建答宗綰教其略曰吾家受主上恩有年矣衣襟之上宸翰如新墨詔之中淚痕猶在犬馬猶能報主而況人之臣子乎自去年二月車駕東還連貢二十表而絕無一使之報天地阻隔叫呼

何及聞上至洛水臣僚及宮妃千餘人皆爲汴州所害及至洛果遭弒逆自聞此詔五內糜潰今兩川銳旅誓雪國恥不知來使何以宣諭示此告敕令自決進退梁使遂還梁祖復遣使通好以建爲兄莊得書笑曰此神堯驕李密之意也建之開國制度號令刑政禮樂皆莊所定拜平章事卒有浣花集二十卷十二月大赦改元永平

永平元年十一月周德權卒德權汝南人建之妻弟從建入蜀以戰功累遷眉州刺史梁祖既篡德權上表曰案讖文李佑西王逢吉昌土德兌興丹莫當李佑者唐亡也西王者王氏興于西方也逢吉昌者逢字如殿下之名也土德坤維也兌興亦西方也丹莫當者丹朱也言朱梁不敢與殿下抗也願稽合天命仰膺寶籙使天地有主人神有依建大悅曰成我者叔舅也建即位累遷太保中書令卒贈太師

二年正月贈張魯扶義公諸葛亮安國王二月朔游龍華禪院召僧貫休坐賜茶藥綵段仍令口誦近詩時諸王貴戚皆賜坐貫休欲諷之因誦公子行曰錦衣鮮華手擎鶻閒行氣貌多輕忽稼穡艱難總不知五帝三王是何物建稱善貴倖皆怨之貫休本蘭溪人善詩與齊己齊名有西岳集十卷三月詔平章事張格專編纂開國以來實錄獲玉璞于田令孜之故第以爲國寶其文曰有德承天其祚永昌八月什邡縣獲銅牌石記有膺昌之文改什邡爲通計縣改太子名爲元膺

三年七月大昌軍使徐瑤等脅太子元膺舉宮中以叛諸軍討之斬元膺瑤伏誅以衍爲太子瑤字伯玉長葛人從建入蜀勇猛善格鬬建初在韋昭度幕府其兵皆文身黥黑衣裝詭異衆皆稱爲鬼兵稱瑤爲鬼魁建克成都瑤多汙辱衣冠士女富人李希妻俞氏有異色瑤虜而逼之俞氏曰吾夫夙嘗爲鄉貢進士風流儒雅

人比之相如我尚以非吾匹爾健兒也焉得無禮于我瑤仗劍謂曰爾畏此乎俞氏曰吾寧死必不受辱瑤欲殺之左右謂曰城中婦人無限何必逞暴于此遂扶釋之

四年二月以太子衍判內外六軍事詔以東宮爲崇賢府凡文學道德之士得以延納訪問重陽建出遊寶曆寺妃后皆從其日宮女四人逃匿搜尋不獲明日得之乃寺僧誘之藏于民家與僧二十二人同斬于龜化橋十月內樞密使潘炕卒炕字疑夢其先河南人有器量家人未嘗見其喜怒然嬖于美妾解愁遂夙恙成疾解愁姓趙氏其母夢吞海棠花蕊而生頗有國色善爲新聲及工小詩建嘗至炕第見之謂曰朕宮無如此人意欲取之炕曰此臣下賤人不敢以薦于君其實靳之也弟峭謂曰綠珠之禍可不戒耶炕曰人生貴于適意豈能愛死而自不足于心耶人皆服其有守十二月御大安門受秦鳳階成之信大赦改元通正時大霖雨

禱于奇相之祠

唐英按古史震蒙氏之女竊黃帝玄珠沉江而死化爲此神卽今江瀆廟是也

通正二年正月梁遣使來聘二月翰林學士庾傳昌卒傳昌後周義成侯信之後富文藻著金行啓運錄二十卷青宮載筆記十五卷玉堂集二十卷三月弘農郡王晉暉卒暉許州人少有膽勇初與建爲盜夜宿武陽古墓中聞人呼墓中鬼曰潁州設無遮會可同行不墓中應曰蜀王在此不得相從二人相會曰蜀王誰是也暉曰八哥狀貌有異于人必有非常之事建嘗與飲敘舊情暉曰武陽墓中言果不誣耳建笑曰始望不及此卒建親往臨弔十一月大赦改元天漢元年國號改稱大漢以廣成先生杜光庭爲戶部侍郎

天漢元年正月封張飛爲靈應王鄧艾爲彰順王張儀爲昌化王

五月祀黃帝于南郊翌日祀地祇于方丘六月賜百官飛雪丸十一月祀昊天上帝于圜丘大風拔木幙幄皆裂改元光天依舊稱大蜀國

光天二年四月有狐嗥于寢室鵂鶹鳴于帳中鸜鵒集于摩訶池建因感疾甚篤召大臣賜坐示手書曰朕比遭亂離以干戈定秦蜀賴卿等忠勤夾輔遂正名號撫有神器兢兢業業懼不克負荷幸賴天地之靈廟社之貺方隅底定民黎樂康二氣叶暢五穀豐稔然以萬機之大不免勤勞于夙夜感此疾恙藥石勿救太子雖幼有賢德然次不當立卿等固請于外后妃亦甚篤愛朕不能違立爲儲貳勉力輔戴無墜我邦家之休又謂曰太子若不克荷但置之別宮選立賢者愼勿害之徐氏兄弟但優與俸祿以豐其家勿令掌兵以速其禍詔太子入侍疾六月建薨年七十二僞謚神武聖文孝德明惠皇帝廟號高祖葬永陵

黃松子曰唐自廣明之亂天下陵遲姦猾亡命之徒攘袂誓衆于萑蒲之下而所在橫潰建于此時乃與晉暉輩擁竊于許蔡之郊藏匿于墟墓之間其暴固不足以聳動郡縣及抵罪被縶死在旦夕而孟彥暉縱之使去此豈獄吏知其必貴而佑之耶抑天爲之耶遂能奮迹士伍奔赴行在忠義感激誠貫白日執戈披銳翼衛乘輿于烟焰之中其勤至矣巨閹猜忌自璧遷利遂舉兵據閬止謀自全之計洎陳田召而不納遂抗表請師猶有勤王之節韋昭度章句書生柔雅醞藉非有將帥之才駕馭之術建察其可取而代中以機智奪其符印遂摧敵克城節制全蜀而納貢逃職道不絕使及梁祖受禪非有湯武高光之德建誓師雪恥而爲岐隴所阻自視才略不在梁下其肯甘心俛首而爲之臣耶因僭竊位號亦時使之然也觀其委任將佐擢用才智撫養士卒惠綏黎庶勸課農桑輕省徭賦始似如此及其臨終顧託至誠無疑前視劉備

可以無愧予嘗終始考究建之誠心使全忠不簒昭宗尚克享國必不忍爲鼎足之勢此予所以不深罪之也

衍字化源建幼子舊名宗衍八歲封鄭王爲左奉鑾軍使元膺死建以淮王宗輅類已信王宗傑明敏有才欲選立之衍母徐氏有寵密以金百鎰遺宰相張格言上已許衍爲太子願相公助之格遂抗表言衍才器英武定堪社稷之託遂得立開崇賢府置僚屬頗好經史賦詩卽位年十八時梁貞明五年也立妃周氏爲皇后十月詔選良家女二十人備後宮十二月拜永陵詔以來年正月有事于南郊改明年爲乾德元年以龍躍池爲宣華池卽摩訶池也

二年八月衍北巡以宰相王鍇判六軍諸衛事旌旗戈甲百里不絕衍戎裝被金甲珠帽錦袖執弓挾矢百姓望之謂如灌口神后妃餞于昇仙橋以宮人二十人從至漢州駐西湖與宮人泛舟奏

樂飲宴彌日九月駐軍西縣自西縣還至益昌泛舟巡閬中舟子皆衣錦繡衍自製水調銀漢曲命樂工歌之郡民何康女有美色將嫁衍取之賜其夫家百縑其夫一慟而卒

三年三月衍還至成都五月宣華苑成延袤十里有重光太清延昌會眞之殿清和迎仙之宮降眞蓬萊丹霞之亭土木之工窮極奢巧衍數于其中爲長夜之飲嬪御雜坐舄履交錯嘗召嘉王宗壽赴宴宗壽因持杯諫衍宜以社稷爲重毋爲宴飲其言慷慨激切流涕衍有愧色佞臣潘在迎顧在珣韓昭等奏曰嘉王從來酒悲不足怪也乃相與諧謔戲笑衍命宮人李玉簫歌衍所撰宮詞送宗壽酒宗壽懼禍乃盡飲之在迎曰嘉王聞玉簫歌即飲請以玉簫賜之衍曰王必不納衍宮詞曰輝輝赫赫浮五雲宣華池上月華新月華如水浸宮殿有酒不醉眞癡人宗壽字永年建之族子八月衍受道籙于苑中以杜光庭爲傳眞天師崇眞館大學士

光庭字賓聖京兆杜陵人寓居處州方士見之謂曰此宗廟中寶玉大圭也與鄭雲叟應百篇舉不中入天台爲道士僖宗召見賜紫衣出入禁中上表乞游成都隱青城山白雲溪卒于蜀年八十五顔貌如生衆以爲尸解有文十餘卷皆本無爲之旨九月詔置賢良方正博通經史明達吏理識洞兵機沉滯丘園五科令黃衣選人白衣舉人投策就試吏部考較十月以韓昭爲吏部侍郎判三銓昭受賂徇私選人詣鼓院訴之又嘲曰嘉眉邛蜀侍郎骨肉導江青城侍郎親情果閬二州侍郎自留巴蓬集璧侍郎不惜衍召而問之昭曰此皆太后太妃國舅之親非臣之親衍默然昭字德華長安人衍北巡以爲文思殿學士京師留守判官李台瑕云韓公凡事如僧剃髮無有寸長昭以便佞恩傾一時出入宮掖太妃愛其美風姿而專有辟陽之寵唐兵入蜀王宗弼輿之有隙先捕而殺之梟其首金馬坊百姓皆溺之

四年二月文明殿試制科白衣蒲禹卿對策其略曰今朝廷所行者皆一朝一夕之事公卿所陳者非乃子乃孫之謀暫偸目前之安不爲身後之慮衣朱紫者皆盜跖之輩在郡縣者皆虎狼之人姦佞滿朝貪淫如市以斯求治是謂倒行執政者切齒欲誅之衍以其言有益擢爲右補闕三月禁百姓不得戴小帽衍好私行往往宿于倡家飲于酒樓索筆題曰玉一來去恐人識之故令民間皆戴大帽四月流軍使王承綱于茂州衍嘗私至承綱家悅其女有美色欲私之承綱言已許嫁將適人衍不從遂取入宮潘昭與承綱有隙奏其出怨言故被貶女聞承綱得罪剪髮求贖其罪不從乃自縊死自五月不雨至九月林木皆枯赤地千里所在盜起肥遺見紅樓

後蜀幸寅遜修王氏開國記以肥遺爲旱魃唐英按肥遺蛇名角上有火見則大旱非魃也出山經外傳華山亦有此蛇

五年三月上巳宴怡神亭婦人雜坐夜分而罷衍自執板唱霓裳羽衣及后庭花思越人曲四月遊浣花溪龍舟綵舫十里綿亘自百花潭至萬里橋遊人士女珠翠夾岸日正午暴風起須臾雷電晦冥有白魚自江心躍起變爲蛟形騰空而起是日溺者數千人衍懼即時還宮重陽宴羣臣于宣華苑夜分未罷衍自唱韓琮柳枝詞曰梁苑隋隄事已空萬條猶舞舊春風何須思想千年事惟見楊花入漢宮內侍朱光溥詠胡曾詩曰吳王恃霸棄雄才貪向姑蘇醉綠醅不覺錢唐江上月一宵西送越兵來衍聞之不樂于是罷宴七月天富倉奏米中生蟲如小蜂尾後如米粒曳之而行十月彗星見長丈餘在井鬼之次司天言恐國家有大災宜修德以禳之詔于玉局建置道場以答天變右補闕張雲上疏言此是百姓怨氣上徹于天成此彗星彗者除舊布新之義此乃亡國之兆豈祈禱之可弭衍怒流于黎州雲唐安人立朝謇諤自比朱雲

在朝權倖多嫉之宣徽使景潤澄嘗謂曰昔朱雲請斬馬劍以要斬張禹今上方只有殺雞刀卿欲用乎雲曰雞刀雖小亦可斬棨狗潤澄憾之至是奏雲訪國遂有黎州之貶雲多病行至臨邛卒」六年正月禁民戴危帽其製狹中俛首即墮在位者惡之九月唐莊宗遣李稠來通好市珍玩錦繡衍不許以爲落草莊宗怒曰衍豈免落草乎

咸康元年正月朔受朝賀大赦改元三月衍朝永陵爲尖巾民庶皆效之還宴怡神亭嬪妃妾妓皆衣道服蓮花冠髽髻爲樂夾臉連額渥以朱粉曰醉妝國人皆效之四月朔衍會羣臣舉觴不飲容色不悅特進顧在珣曰臣聞主憂臣辱主辱臣死今陛下臨軒不樂臣願請罪衍曰北有後唐南有蠻詔朕既不能弔伐彼又不爲臣子此所以憂耳在珣曰朝廷有十臣在陛下何憂退而令太子洗馬林罕著十在文以進曰只如興土木于禁中選驍雄于鏖下爰持斧鉞出鎮藩籬飾宮殿于遐方命鑾輿而遠幸爲釁之端爲禍之原有王承休在摧挫英雄吹揚佞媚全無才智繆處腹心斷性命于戲玩之間戮仇讐于樞機之下有功勞而皆棄非賄賂而不行有朱光嗣在受先皇之付囑爲大國之棟梁既不輸忠又不知退恣一門之奢侈任勢力之驕矜徒爲貪饕之人實非社稷之器有王宗弼在謬陟烟霄殊非謇諤興亂本則遑章程之妙恣姦謀則事頰舌之能必召傾危尚居左右有韓昭在性懷慘毒心恣貪殘焚爇軍營要結私第不顧喧騰于衆口惟思自任于忿懷有歐陽晃在酷毒害民嚴刑聚貨叨爲郡守實負天恩猜狠已徧于苟安蒙蔽尚憑于密勿有田魯儔在爲君王之元舅受保傅之尊官但務奢華不思輔弼第宅迴同于上苑金珠未滿于貪心有徐延瓊在出爲留守入掌樞機無謇諤以佐君但唯唯而狥旨有景潤澄在搜求女色取悅宸襟常叨不次之恩每冒無厭之寵敗

對惟誇于便捷佐時不識于經綸素非忠勤實爲忝竊有嚴凝月在唱亡國之音衒趨時之伎每爲巫覡以翫聖明致君爲桀紂之昏使上乏唐虞之化有臣在陛下任臣如此何憂社稷不安衍覽之大笑賜在珣綵五百段加封開府在珣以綵段之半遺罕罕字仲緘溫江人博通經史獻車駕還都賦除溫江主簿遷太子洗馬落拓不羈文多譏刺執政惡之故不得大用而卒四月唐遣客省使李嚴來聘以覘虛實笏書記敍興亡其略曰伏自朱溫肆逆運屬昭宗五年痛別于西京一旦遽遷于東洛誅夷宗室焚爇宮闈雖列藩悉是唐臣無一處不從僞命由是大唐中興皇帝念太祖太宗之業倏爾隳隤憤朱溫崔胤之徒同謀篡弒遂乃神機迅發心鼎獨然竭滄溟而誓戮鯨鯢芟林莽而決除虎兕十年對壘萬陣交鋒慮久困于生靈乃選練其死力纔過汶水縛王彥章于馬前旋及夷門斬朱友貞于樓上劍霜未匣鍔雪猶揮段凝領八萬雄師倒戈伏死趙嵒知一人應運引頸待誅遂乃武將異心謀夫拱手取乾坤只勞八日救塗炭遂定四維備闡皇猷咸遵帝力今則三秦貢表兩浙稱臣淮南陳述職之儀回紇備朝天之禮纔安宇宙便息干戈未順梟凶方議除剪豈謂蜀國皇帝柔遠懷邇居安慮危嘉吾帝祚中興羣妖悉滅特遣蘇張之士將追唐蜀之歡吾王迴感于蜀王國禮遠酬于厚禮宣徽使宋光葆召嚴宴飲與語終日伏其機辨料嚴東還必有鄧艾之謀乃謂衍曰我先皇承天正命惠養全蜀有鼎足之勢今以姦雄相喻是鄙我也可斬其使以威天下衍不從既還言衍荒淫失政可一鼓而下光葆聞之又上疏時衍荒于游宴不能悉用其策光葆字季正內樞密使光嗣之從弟隨光嗣爲閤給事黃門累遷東川節度使及衍敗託疾留閩中爲剌史安重霸所殺七月丙午衍應聖節列山棚于得賢門是日有暴風摧之翌日雷震應聖堂摧兩柱太常少卿楊玢上

言其略曰陛下誕聖之日而山棚摧者非不騫不崩之義也在于得賢門者示陛下所用不得賢也應聖堂柱震摧者示陛下柱石非材也衍不以爲意九月衍與母同禱青城山宫人畢從皆衣雲霞之衣衍自製甘州詞令宫人歌之其詞哀怨聞者愴悽衍至青城山住旬日設醮祈福太妃太后謁建鑄像及丈人觀玄都觀金華宫丹景山至德寺各有唱和詩刻于石次至彭州幸陽平化漢州三學山夜看聖燈亦各賦詩回至天回驛又各賦詩太后詩曰周遊靈境散幽情千里江山喜得行所恨風光看未足却驅金翠入龜城太妃詩曰翠驛江亭近蜀京夢魂猶是在青城此來出看江山景却被江山看出行徐氏父名耕成都人生二女皆有國色耕教爲詩有藻思耕家甚貧有相者謂之曰公非久貧當大富貴耕因使相其二女相者曰青城山有一氣每夜徹天者一紀矣不十年後有眞人乘運此二子當妃后君之貴由二女致也及建入

城閭有姿色納于後房姊生彭王妹生衍建即位姊爲淑妃妹爲貴妃耕爲驃騎大將軍衍即位册貴妃爲順聖太后淑妃爲翊聖太妃兄延瓊弟延珪皆致位太師侍中衍既荒於酒色而徐氏姊妹亦各有倖臣不能相規正至于失國皆其致也十月衍還成都是月莊宗遣興慶宫使魏王繼岌樞密使郭崇韜來伐中外皇駭衍有所私秦州節度使王承休妻嚴氏至是自統精兵入秦州以巡邊爲名左右切諫皆不聽補闕蒲禹卿上疏衍不納禹卿成都人從衍入洛及衍被誅乃慟哭曰蜀人自此重不幸也乃題詩于驛門而逃不知所終衍離成都日天地冥晦兵不成列有羣鴉噪于旗杆上其聲甚哀次梓潼大風暴起發屋拔木知星者趙廷乂言曰此貪狼風千里外必有破軍殺將之凶衍親禱張惡子廟抽籤得逆天者殃四字不悦次緜谷唐將李彥琛等圍鳳州刺史王承捷以城降衍乃以王宗勳宗昱宗儼爲三招討以禦之唐師至

三泉諸將皆棄城棄遁還衍令斷桔柏津梁自緜谷還留王宗弼以兵固守仍令斬宗勳等三將俄而宗弼亦棄緜谷奔白芬與三將同謀納欵于魏王十一月衍至成都宫人及百官迎謁于七里亭衍入妓妾中作回紇隊以趨城中知唐師已逼但掩袂泣下既而宗弼擁兵還成都遂刼衍及母妻諸子遷于天啓宫收其璽綬金寶後魏王至德陽衍報曰比與將校謀歸朝廷爲樞密使宋光嗣景潤澄宣徽使周輅歐陽晃等異謀熒惑各已處斬謹函首以獻又激李嚴相見以母妻爲託因上表曰臣先人受鉞坤維作藩唐室一開土宇垂四十年屬梁室挺災皇綱解紐不能助逆遂至從權勉狥輿情正王三蜀逮臣纂紹罔敢怠遑自保土疆以安生衆皇帝陛下嗣唐虞之業興湯武之師廓定中區奄征下國梯航畢集文軌大同臣方議改圖便期納欵遽聞致討實抱驚危今則委千里封疆盡爲王土冀萬家臣妾皆沐皇恩輿櫬有歸負荆俟

罪望回日月之照特寬斧鉞之誅頣佇德音以安反側謹奉表歸命翌日魏王至七里亭衍備亡國禮以降魏王入居東内崇韜止天府十二月魏王斬宗弼宗勳宗儼于東内夷其宗族弼姓魏名洪夫隸忠武軍隨建有功賜名姓莊宗下詔慰勞衍曰固當裂土而封必不薄人于險三辰在上一言不欺衍奉詔欣然曰不失爲安樂公乃率其宗族及僞宰相王鍇等及將佐家族上下數千人東赴洛陽四年三月至鳳翔是時關東危急蜀中未寧莊宗令宦者向延嗣往中路誅之四月衍至長安延嗣至與留守張筠誅衍于秦州驛夷其族時年二十八母徐氏臨刑呼曰寃哉吾兒以一國迎降反以爲戮信義俱棄吾知爾禍不旋踵矣建自唐光啓三年入蜀父子相承凡四十年而亡天成三年衍舊臣王宗壽上奏表乞改葬明宗下詔追封爲順正公以諸侯禮葬于長安南三趙村

黄松子曰衍幼無英特之質長于綺紈富貴之中及元膺被誅次當以輅傑爲嗣而衍母專寵大臣表裏叶謀遂得嗣立襲位之後不能委任忠賢躬決刑政惟宮苑是務惟宴遊是好惟憸巧是近惟聲色是尙閹官執政于外母后司晨于內張士喬輩以諫諍而得罪王宗壽輩以鯁忠而見侮既不卑詞厚禮以睦鄰又不選將練武而守國唐師壓境尙謀宣淫于藩臣之家而宋光葆之議其滅亡也宜哉然予觀莊宗之才非司馬文王之比崇韜繼岌庸兒繆將非鍾會鄧艾之比是時天下郡國十未得五六藩鎭跋扈經略未暇雖意在伐蜀亦未有必然之計止于求金帛錦繡以自足其欲衍誠能昭之以利結之以好勤勞覇政勇于爲治尙可延數十年俟眞主應運納土歸命不失其爲竇融而以鄙吝召禍不免面縛及拜裂土之詔忻然自得以不失爲劉禪屬天未厭亂中外有變非幸殞命可哀也哉

孟知祥字保胤荆州隴岡人爲郡衙吏以咸通十五年甲午歲四月二十一日生有火光照室鄰里皆異之有僧見而撫曰此五臺山靈也弱冠補太原衙內都指揮使李克用鎭太原妻以其弟克讓之女累遷親衛軍使天祐五年莊宗嗣晉王位改馬步軍教練使出知嵐州召爲中門使莊宗與梁祖夾河頓兵知祥參謀應變事無留滯中官屢以罪被誅知祥懼禍乃薦郭崇韜爲副而辭疾補馬步軍都虞候莊宗即位于鄴除太原尹知留守事同光三年十二月魏王繼岌與崇韜伐蜀崇韜素德于知祥臨行奏曰西川平陛下擇帥無如知祥因以知祥爲成都尹劍南西川節度副大使朝于洛陽有司出內府幄幕玩館于宮中莊宗既疑崇韜有異志戒知祥誅之知祥曰崇韜國之重臣必无二心俟臣至蜀觀之如無他志即遣歸闕知祥之石塚中使馬彥圭至言往誅崇韜知祥自洛至蜀凡十七日時天成九年正月至則崇韜已被誅諸將恟恟知祥至承制宣慰人心稍定初蜀人擊拂以初入爲孟入又王氏宮殿皆題匠人孟德名姓及知祥至人以爲先兆時魏王尙駐于府舍知祥乃館于徐延瓊之第延瓊即衍之舅衍嘗幸其第悅其華麗于壁上書孟字以戲之蓋蜀中以孟爲不佳故也延瓊以紅紗籠之知祥見而歎曰踈狂豎亦預知與我殆知我居此耶四月明宗即位十月加知祥檢校太傅兼侍中長興元年二月南郊加知祥中書令改封其妻瓊華公主爲福慶長公主三年長公主薨朝廷遣使來歸賻册贈晉國雍順長公主六月進封蜀王承制行賞諸將進秩有差九月葬長公主于星宿山四年二月命修王建墓禁樵牧三月宴府僚于王氏宣華苑因謂左右曰使衍不荒于政有賢臣輔之繼岌小子豈能遽取耶趙季良曰亦天時也不有所廢君何以興知祥大喜九月立三廟十一月明宗崩制服大臨五年正月黃龍見犍爲白鵲集玉局觀白龜遊宣華苑季

良上表陳符瑞率百官勸進知祥曰德薄不足辱天命以蜀王而老于孤足矣季良曰將士大夫盡節效忠于殿下止望攀鱗附翼今不正大統無以足軍民推戴心閏正月二十八日遂僭即位其日大風晝暝以季良守司空平章事李仁罕爲衛聖諸軍馬步軍指揮使趙廷隱張業爲左右匡聖步軍都指揮使二月追尊曾祖佚爲孝元皇帝廟號太祖祖察爲孝景皇帝廟號世祖考巘爲孝武皇帝廟號顯宗遣使持書至洛稱大蜀皇帝四月受玉寶玉册追册長公主爲皇后册夫人李氏爲貴妃御得聖門大赦改元明德六月往大慈寺避暑觀明皇僖宗御容宴羣臣于華嚴閣下七夕與宮人乞巧于丹霞樓是月寢疾命子昶監國季良召術士周仲明問知祥壽仲明曰上合爲眞王食蜀中二十年祿既登九五于壽無益季良曰可爲金滕乎曰此天數也非人力可爲季良又問子孫壽何如曰二紀外有眞人出天下一統爾季良默然二十

六日薨年六十一僞謚文武聖德英烈明孝皇帝廟號高祖葬和陵初有丐者自號醋頭手擕一燈檠所至處卓之輒大呼曰不得登登便倒至是人以爲應知祥好學問性寛厚撫民以仁惠馭卒以恩威接士大夫以禮薨之日蜀人甚哀之

昶字保元知祥第三子母李氏雍順公主之媵生昶於太原天成初知祥迎入蜀累遷西川衙內馬步軍都指揮使明德元年七月知祥寢疾以昶監國翌日册爲太子知祥薨于柩前卽位加季良司徒仁罕兼中書令判六軍副使張業檢校太尉李肇兼侍中十月仁罕伏誅仁罕字德美陳留人十一月李肇以太子太傅致仕肇汝陰人

二年二月尊母李氏爲皇太后李氏長公主之媵嘗夢太陽自天墜落其懷以告公主公主曰此婢有福相當生貴子乃令知祥幸之遂生昶六月江原縣民張元母死負土成墳有白兎馴繞其廬

羣鳥銜土置于墳上賜帛三十段及米酒仍付史館編錄七月閬州大雨雹如雞子鳥雀皆死暴風飄船上民屋女巫云灌口神與閬州神交戰之所致三年四月吳越遣使來聘十月遣使報聘十二月晉高祖卽位改元天福四年三月晉高祖遣使來聘敍姻親之舊其書略曰大晉皇帝奏書大蜀皇帝伏自中原多故大憝繼興朱氏不道而皇天不親沙陀背義而蒼生失望不期景運猥屬眇躬方鼎足以分疆宜鄰好之講睦況有姻親之舊敢交玉帛之歡機務方殷保攝是望十月百姓譙本罵母忽然化成虎上城僕射趙廷隱射殺之因見昶言曰虎山林之獸而人化之入于城市疑虎旅中有不軌之士其夜張洪謀叛翌日爲其黨所告伏誅洪太原人剛勇猛厲軍中號爲張大蟲至是有虎上城被誅卽其驗也十二月昶耀兵大玄門翌日大赦改元廣政

廣政元年上巳遊大慈寺宴從官于玉溪院賦詩俳優以王衍爲戲命斬之二月民訛言後宮產蛇取人心肝食百姓驚恐踰月方止十一月地震屋柱皆搖三日而後止

二年六月地震悩悩有聲

三年正月上元觀燈露臺舞娼李豔娘有姿色召入宮賜其家錢十萬五月地震昶問大臣曰頃年地頻震此何祥也對曰地道靜而屢動此必强臣陰謀之事願以爲慮六月教坊部頭孫廷應王彥洪等謀爲逆廷應趙廷隱之優人以能選入教坊有尼謂曰君貴不可言至是謂其徒胡圭曰今苦竹開花侯侍中家馬作人言銀鎗營中井水湧出地又數震此叛亂之兆也構得十二人期以宴日因持杖爲俳優盡殺諸將而奪其兵爲其黨趙廷規所告盡擒而誅之九月眉州刺史申貴責授維州司戶貴潞州人殘虐聚斂諭獄吏令賊徒引富民爲黨以納其賂常指獄門曰此吾家錢壚被訴下獄責授維州至犀浦賜死人皆相賀十月地震從西北

來聲如暴風急雨之狀

四年五月昶著官箴頒于郡縣曰朕念赤子旰食宵衣託之令長撫養安綏政在三異道在七絲驅雞爲理留犢爲規寛猛得所風俗可移無令侵削毋使瘡痍下民易虐上天難欺賦輿是切軍國是資朕之爵賞固不踰時爾俸爾祿民膏民脂爲人父母罔不仁慈特爲爾戒體朕深思昶好學凡爲文皆本于理常謂李昊徐光溥曰王衍浮薄而好輕豔之詞朕不爲也

五年正月地震二月湖南遣使來聘三月宴後苑賞瑞牡丹其花雙開者十黄者白者三紅白相間者四從官皆賦詩十月地震摧民居者數百

六年春大選良家子以備後宮限年十五以上二十以下州縣騷然新津縣令陳及之疏諫昶嘉其言賜白金百兩然采擇不止于是後宮位號有十四品昭儀昭容昭華保芳保香保衣安宸安蹕

安情修容修媛修娟秩比公卿大夫士
八年九月保寧軍節度使張公繹卒繹太原平樂人涉獵文史爲政清嚴民受其賜及卒昶哭曰嚴而不猛淸而不酷惟張公而已
九年八月司徒趙季良卒季良字德彰濟陰人謚文肅
十年八月諸王宮侍讀劉保乂卒保乂青州人治尙書左氏性嚴急日施檟楚于諸王及昶諸子乳媪密令諭之保乂曰膏粱之性不撻之則他日爲豚犬耳八月漢州奏西水縣令范義死其子文通居喪以孝聞有盜發義冢羣虎逐之文通廬于墓側虎見之弭耳而去賜羊酒束帛以旌之是歲漢高祖即位改元天福
十一年十二月宋王趙廷隱卒廷隱開封人
十二年八月昶遊浣花溪是時蜀中百姓富庶夾江皆剏亭榭遊賞之處都人士女傾城遊玩珠翠綺羅名花異香馥郁森列昶御龍舟觀水嬉上下十里人望之如神仙之境昶曰曲江金殿鎖千

門追未及此兵部尙書王廷珪賦曰十字水中分島嶼數重花外見樓臺昶稱善久之十月召百官宴芳林園賞紅梔花此花靑城山中進三粒子種之而成其花六出而紅淸香如梅當時最重之
十一月漢兵陷鳳翔王景崇自焚死
十三年五月昶第三子玄寶卒年七歲昶因此乃封弟仁殷爲瓊王仁贄爲雅王仁裕爲彭王仁操爲嘉王子玄吉爲秦王判六軍諸衛事玄珏爲褒王玄寶幼而奇異既齔誦詩書萬言昶悲悼不已乃下詔封爲遂王贈靑城大都督九月令城上植芙蓉盡以幄幙遮護是時蜀中久安賦役俱省斗米三錢城中之人子弟不識稻麥之苗以筍芋俱生于林木之上蓋未嘗出至郊外也村落閭巷之間絃管歌聲合筵社會晝夜相接府庫之積無一絲一粒入于中原所以財幣充實城上盡種芙蓉九月間盛開望之皆如錦綉昶謂左右曰自古以蜀爲錦城今日觀之眞錦城也十一月左丞歐陽彬卒彬字齊美衡山人博學能文昶以爲嘉州刺史喜曰靑山綠水中爲二千石作詩飲酒爲風月主人豈不嘉哉
十四年春周高祖即位改元廣順三月宴後苑放士庶入觀時俳優有唱康老子者昶問李昊等其曲所出皆不能對徐光溥曰康老而無子故製此曲
唐英案康老子即長安富家子開元中落拓不事生業好與梨園樂工遊一旦家資蕩盡窮悴而卒樂工歎之因爲此曲又一名得至寶光溥不知而妄對也
四月太子太傅致仕王處回卒回字亞賢彭城人初有道士朱桃椎謁之于階前以劍撥土取花子三粒種之須臾成花三朵謂處回曰此仙人旌節花公富貴之兆處回後歷三鎭果如其言性寬厚愛養士家資巨萬初幼時相者周玄豹見之曰此寶精也當大富故處回積鏹比內藏三之二

十五年正月下詔勸農三月以趙廷隱別墅爲崇勳園幅圓十餘里臺榭亭沼窮極奢侈六月朔宴教坊俳優作灌口神隊二龍戰鬭之象須臾天地昏暗大雨雹明日灌口奏岷山大漲鎖塞龍處鐵柱頻撼其夕大水漂城壞延秋門深丈餘溺數千家權司天監及太廟令宰相范仁恕禱請寺觀又遣使往灌州下詔罪己十一月地震十二月天雨毛
十六年三月地震五月端午昶侍其母游凌波殿競渡（前蜀宣華苑也）八月以翰林學士范禹偁兼簡州刺史禹偁九隴人父虔爲衙吏禹偁少落拓鬭雞走狗隨母改適張氏因冒姓張有道士謂曰子骨相異常若讀書他日必大貴遂入丹景山從師苦學天成中登第始復姓上郡守啓曰昔年上第誤標張祿之名今日故園復作范睢之裔知祥以爲褒陽令召入侍太子昶嗣位累遷翰林學士性吝嗇好聚財求守外郡昶不欲其出令兼簡州刺史乃召陽安白直

至成都歲令輸錢數千緡三掌貢舉賄厚者登高科面評其直無有愧色與馮贊堯爲布衣交家貧無資終不放登第後從昶歸朝爲鴻臚卿有門生自陽城至相見甚懽延話終日乃曰吾近鑿一井水甚甘乃各飲一杯竟不設具其鄙嗇如此九月有鵁鶄集瑞鼎門觀者以爲不祥

十七年春周世宗即位改元顯德

十九年正月大赦賜民今年夏租以周師出境也

二十年六月周世宗歸我秦鳳之俘昶遣使至書謝稱大蜀皇帝世宗不答昶曰朕郊祀天地稱天子時爾方鼠竊作賊何得相薄耶十二月旌表蓬州孝子程崇雅門以割股啗父及泣竹林而得冬筍以療母病也

二十一年十二月天雨血

二十三年正月昶謁和陵正月龍見玉壘關時藝祖皇帝建隆元

年也十一月宰相李昊請對言曰臣觀大宋啓運不類漢周天厭亂久矣一統天下其在此乎若通職貢亦保安三蜀之長策也昶曰卿且去朕徐自圖之昊字穹佐唐相紳之後後王師來伐昊勸封府庫以降太祖知其始有歸國之謀拜工部尚書賜宅一區其妻劉氏至夷陵卒昊追感亦卒年七十二贈右僕射昊事前後蜀五十年資貨巨萬奢侈踰度妓妾數百嘗讀王愷石崇傳笑曰窮儉乞兒以此爲富可笑可歎

王衍及昶降表皆昊爲之蜀人鄙其所爲夜書其門曰世修降表李家

十二月太后夢青衣神言是宮中衛聖龍神乞出居于外乃于照覺寺廡下建堂自內引出置于寺中識者以爲不祥

二十四年十月漢州什邡縣井中有火龍騰空而去昶書兆民賴之四字誤以兆爲趙十一月民訛言國家東遷于天水皆不祥也

二十五年正月以玄喆爲太子玄喆字遵聖昶長子歸朝授太寧節度知貝州封滕國公知滑州滁州卒年二十九年弟玄珏入朝爲統軍卒二月璧州白石縣巨蛇見長百餘丈徑八九尺三月王師平荆湘昶懼將發使朝貢樞密使王昭遠固止之

二十六年四月遂州方義縣雨雹大如斗五十里內飛鳥六畜皆死

二十七年春昶遣使齎帛書通好于太原尊劉鈞爲天子至境上爲疆吏所獲太祖怒命王全斌顧彥進等六將鳳州路劉光乂等二將由夔州路領兵來討遣王昭遠趙崇韜韓保正李珪率兵拒戰昶謂昭遠曰今日之師皆卿所召勉力爲朕立功命宰相李昊等餞于城外昭遠酒酣攘臂言曰此行非止克敵當領此雕面惡少數萬人取中原如反掌及行執鐵如意指揮諸將自比孔明人竊笑之十二月王師至興州所在不戰而下遂拔利州崇韜布陣

將戰昭遠據胡牀不能起免冑而逃爲追騎所獲昶大懼出金帛募兵令玄喆統之守劍門成都震恐皆怨昭遠召禍而恨誅之不速也昭遠成都人依東郭院僧爲小沙彌知祥飯僧見其慧黠留給侍昶左右累遷捲簾使通奏使知樞密院未幾節制山南巡邊至汶州見古冢有屍如生誌云大中年文州步軍都虞候文和之墓命判官文谷作文重葬之夢文和謂曰我已爲太乙真人侍者子當有兵刃之厄既能葬我可以免禍至是爲王師所獲至闕下太祖詰曰汝何誘昶而結劉鈞昭遠曰臣愚無知但忠于本國耳太祖釋之以爲領軍大將軍開寶中卒

二十八年正月王師陷夔州節度使高彥儔自焚死彥儔太原人是月劍門不守玄喆奔還問計于左右老將石頵曰北軍遠來勢不能久可堅壁以老之昶沉吟久之乃彈指而嘆曰吾父子以豐衣美食養兵四十年無一人爲我東向發一箭今若閉壘誰肯效

命乃遣通奏使伊審徵賫表詣魏城乞降其表略曰臣生自幷州長于蜀土幸以先人之基構得從幼歲以纂承只知四序之推移不識三靈之改卜伏自皇帝陛下大明出震聖德居尊聲教被于遐荒慶澤流于中夏當凝旒正殿虧以小事大之儀及告類圜丘曠執贄奉琛之禮蓋屬地居遐僻路阻闕庭已慚先見之明因有後時之責今則皇威電赫聖略風馳干戈所指而無前鼙鼓纔臨而自潰山河郡縣半入于提封將卒倉儲盡歸于圖籍但念臣中外骨肉二百餘人高堂有親七十非遠弱齡侍奉只在庭闈日承訓撫之恩粗勤孝養之道實願克終甘旨保此衰年其次得子孫之團圓守血食之祭祀伏乞皇帝陛下容之如地蓋之如天特軫仁慈以寬危辱臣敢輒徵故事上瀆嚴聰竊念劉禪有安樂之封叔寶有長城之號皆因歸款盡獲全生顧眇昧之餘魂得保家而爲幸庶使先人寢廟不爲樵採之場老母庭除尚有問安之所見

今保全府庫巡遏軍城不使毀傷將期臨照臣昶謹率文武見任官望闕上表歸命全斌至升仙橋昶備亡國之禮見于軍門全斌承制釋罪翌日舉族幷其官屬詣闕自眉州乘舟至荆州出安陸太祖遣使迎勞幷遣其母湯藥五月至京素服待罪赦之封秦國公時乾德三年也錄其子弟舊臣僅百人賜皇朝日曆是歲卒年四十七追封楚王諡恭惠葬洛陽昶幼聰悟才辨自襲位頗勤于政邊境不聳國內阜安其後用王昭遠韓保正掌軍國事其母謂曰如昭遠者始以微賤事汝左右保正世祿素不知兵一旦邊境有危此輩制敵必先敗衄惟高彥儔是汝父故人可以委任昶不能用及卒其母不哭以酒酹地曰汝不用吾言不死社稷貪生以至今日吾所以不死者以汝在汝既死吾何用生爲因不食亦卒先是蜀人貰錢取息者將徙居必書其門曰召主收贖周世宗先欲平蜀而不果至太祖始克之蜀未亡前一年歲除日昶令學士幸寅遜題桃板于寢門以其詞工昶命筆自題云新年納餘慶嘉節賀長春蜀平朝廷以呂餘慶知成都長春乃太祖聖誕節名也其符合如此昶之行萬民擁道哭聲動地昶以袂掩面而哭自二江至眉州沿路百姓慟絕者數百人燕與王衍不同耳

黃松子曰知祥以戚里之親領三蜀之寄館留宮中日宴臥內其恩可謂隆矣及明宗即位重誨專政始搆疑貳遂變誠節擅誅李嚴專留季良遂結董璋攻攻遂闚其跋扈之心著矣議者以王孟僭竊其惡均一予以建之不臣猶有可恕嘗論之于前矣知祥始末臣于後唐託葭莩之援階將相之貴固當勤王戮力爲國藩輔而乃倜然自帝不復顧忌迹其素心眞亂臣賊子也昶戒王衍荒淫驕佚之失孜孜求治與民休戚雖刑法稍峻而不至酷虐人頗安之然不識天時用庸臣之謀結幷州之援此至愚極昏者之所不爲而昶爲之固宜誅之無赦及王師弔伐能翻然束手歸命生

享大國之封死有貞王之贈子孫俱享厚祿太祖皇帝眞有恩于降虜哉

說郛卷第四十五終

說郛卷第四十六

松窗雜錄 一卷

唐李濬

玄宗幸東都偶因秋霽與一行師共登天宮寺閣臨眺久之上遐顧凄然長嘆數四謂一行曰吾甲子得終無患乎一行進曰陛下行幸萬里聖祚無疆及西狩初至成都前望大橋上舉鞭問左右曰是橋何名節度使崔圓躍馬前進曰萬里橋上因追歎曰一行之言今果符之吾無憂矣

上好馬上擊毬內廐所飼者意猶未甚適會黃幡綽戲語相解因曰吾欲良馬久之而誰能通于馬經者幡綽奏曰臣能知之且曰今三丞相悉善馬經上曰吾與三丞相語政事之外悉究其旁學不聞有通于馬經者爾焉能得知幡綽曰臣日日沙隄上見丞相所乘馬皆良馬也以是必知通馬經上因大笑而語他

上自臨淄郡王爲潞州別駕乞假歸京師覩時晦迹尤用卑損會春暮豪家子數輩盛酒饌遊于昆明池選勝方宴上戎服臂小鷹于野次因疾驅直突會前諸子輩頗露難色忽一少年持酒舡唱令曰宜以門族官品備陳之酒及于上因大聲曰曾祖天子父相王臨淄郡王某也諸少年聞之驚走四散不敢復視于車服上因聯飲三銀舡盡一巨餡徐乘馬而東去

何皇后始以色進及上登位不數年恩寵日衰后憂畏之狀愈不自安然撫下有恩幸免讒語共危之禍忽一日泣訴于上曰三郎獨不記阿忠脫新紫半臂更得一斗麪爲三郎生日湯餅耶何忍不追念于前時上聞之戚然改容有憫皇后之色由是得延其恩者三更春秋終以諸妃恩遇日盛皇后竟見黜焉后無罪被黜六宮共憐之（阿忠皇后自呼其父名也）

大和開成中有程修己者以善畫得進謁修己始以孝廉召入籍故上不甚以畫者流視之會暮春內殿賞牡丹花上頗好詩因問修己曰今京邑傳唱牡丹花詩誰爲首出修己對曰臣嘗聞公卿間多吟賞中書舍人李正封詩曰國色朝酣酒天香夜染衣上聞之歎賞移時楊妃方恃恩寵上笑謂賢妃曰鏡臺前宜飲以一紫金盞酒則正封之詩見矣

瑞桂堂暇錄 十卷

帝王世紀曰庖犧氏作八卦神農重之爲六十四卦黃帝堯舜引而伸之分爲三易至夏人因炎帝曰連山殷人因黃帝曰歸藏文王廣六十四卦著九六之爻曰周易王弼虞翻韓康伯孔穎達及淮南子皆云伏羲已重爲六十四卦乾鑿度亦曰庖羲氏畫爲六十四卦文王作爻辭周公作彖辭鄭氏則曰神農重卦蓋本世紀之言司馬遷揚雄言文王重之非是繫辭曰八卦成列象在其中因而重之爻在其中味其文義爲伏羲分曉觀十三卦制作其重

卦名皆在文王前如神農耒耜之教蓋取諸益之類昭然可証至于卦辭則作于文王爻辭作于周公馬融釋經陸績序太玄及王弼並依此說若以爻辭爲文王則辭多文王後事明夷六五可見韓宣子聘魯見易象乃嘆周公之德則爻辭爲周公作無疑孔子十翼乃上下彖上下象上下繫辭文言說卦序卦雜卦班固亦云十翼作于孔子或疑春秋傳穆姜之筮得文言是時未有孔子安得孔子作或曰此左氏之繆或曰古有是語孔子用之孟子春秋天子之事葉石林謂春秋不特天子之事乃天之事也蓋天子僅可賞罰一時之諸侯卿大夫時王之得失誰得而治之故曰春秋爲天之事天有四時賞以春夏刑以秋冬既因魯史之舊每年必書春夏秋冬石林謂自隱至哀凡十二公以象天之十二月謂十二爲天之大數是矣以二百四十二年象天之二十四氣則失之鑿春秋惟桓公以不義得國經于四年七年闕秋冬十四年十七

年或書夏不書月或書月不書夏桓公惟元年二年十八年十年書王餘並不書王以著桓之不知有王然桓之薨王乃使榮叔錫之命此爲不當故春秋王不書天削天字以示貶其餘書求金求車之類直書而不恕譏時王之失此非天之事而何

齊桓公衣裳之會十有一兵車之會四盟洮盟牡丘會鹹會淮則兵車之會也莊十三年會北杏十四年會鄄十六年盟幽二十七年盟幽會檉盟貫會陽穀首止寧毋葵丘衣裳之會十有一孔子只說九合諸侯不以兵車何也蓋北杏始圖霸初會鄄霸未成惟莊十五年再會鄄左傳曰復會焉齊始霸也夫子所謂九合諸侯乃是再會鄄爲始

平王東遷而雅亡齊桓霸而王風亡楚莊霸而諸國之風皆亡讀隱公之春秋見王迹熄而天下爲五霸也讀定哀之春秋見霸迹熄而天下爲戰國也吕東萊云春秋之時堯舜禹湯文王之澤幾

絕而僅存戰國秦漢之風方生而未艾此正是世變接頭處

夫子定書乃以秦誓繼于帝王百篇之後其或繼周者百世可知也夫子固以知周必秦矣

周禮儀禮並周公作禮儀三百即周禮威儀三千即儀禮周禮遭秦藏于山岩屋壁得不亡漢武帝時有季氏者獲之以上河間獻王猶缺冬官千金訪求不得補以考工記奏上祕省時儒以爲非是不行卽藝文志周經六篇是也至劉歆始識以爲太平之迹乃立學官在三禮中最晚出康成註

文章各有體六一公爲一代文章冠冕亦惟以其事事合體如作詩卽幾及李杜碑銘記序卽不減韓退之作五代史卽與司馬子長並駕作四六一洗崑體作奏議庶幾陸宣公游戲小詞亦無愧唐人花間集蓋得文章之全者如東坡之文固不可及詩如武庫矛戟已無不利鈍且未嘗作史曾子固之古雅蘇老泉之雄健固文章之傑然皆短于詩山谷詩騷妙于天下而散文頗覺繁碎其他文人蓋亦各有所長而全美之爲難

老泉携東坡潁濱謁張文定公時方習制科業將應詔文定公與語奇之舘于齋舍翌日文定公忽出六題令人持與坡潁云請學士擬試文定密于壁間窺之兩公得題各就坐致思潁濱于一題有疑指以是坡坡不言但舉筆倒敲几上云管子注潁濱疑而未決也又指其次東坡以筆勾去卽擬撰出以納文定閱其文益喜勾去一題乃無出處文定欲試之也次日文定見老泉云皆天才長者明敏尤可愛然少者謹重成就或過之所以二公皆受知文定而潁濱感之尤深

文章以不蹈襲爲難昌黎作樊紹述墓誌稱其必出于己不蹈襲前人一言一句觀絳守居園池記用瑤翻碧瀲等語誠然矣歐公跋之以詩曰嘗聞繼宗絳守居偶來登覽周四隅異哉樊子怪可

吁心欲出獨無古初窮荒探幽入無有一語詰曲百盤紆孰云己出不剽襲句法乃學盤庚書國史補云元和之後文筆學奇于樊韓愈學于樊宗師韓之文如水中鹽味色裏膠靑未嘗不用事而未嘗見其用事之迹盡去陳言足起八代之衰然或者又謂坐茂樹濯淸泉卽楚詞飮石泉蔭松柏也飄輕裾翳長袖卽洛神賦揚輕袿翳修袖也昌黎豈肯學人言語亦偶然相類爾杜牧之阿房宮賦六王畢四海一蜀山兀阿房出陸傪作長城賦云千城絕長城列秦民竭秦君滅傪輩行在牧之前則阿房宮賦又是祖長城句法矣牧之云明星熒熒開妝鏡也綠雲擾擾梳曉鬟也渭流漲膩棄脂水也烟斜霧橫焚椒蘭也雷霆乍驚宮車過也轆轆遠聽杳不知其所之也盛言秦之奢侈楊敬之作華山賦有云見若咫尺田千畝矣見若環堵城千雉矣見若杯水池百里矣見若蟻垤臺九層矣蜂窠聯聯起阿房矣小星熒熒焚咸陽矣華山賦杜司

徒佑常稱之牧之乃佑孫亦是做敬之所作信矣文章不蹈襲爲難也

劉乂嘲韓退之諛墓豈惟退之哉蔡中郎自謂平生作碑惟于郭有道無愧辭則他碑有愧者多矣李北海爲諫官時面折廷爭是甚氣魄其詞翰俱妙碑板滿天下外國至持金帛購求及爲葉有道碑稱美其孫景龍觀道士鴻臚卿越國公法善爲帝傲吏作大宗師以臺閣名士而爲一黄冠秉顯揚之筆讀之可發千載一笑史謂自古粥文獲財未有如邕之盛豈非法善輩潤筆也使皆爲郭泰作碑昌黎安得數斤之金北海安得珊瑚鉤麒麟罽與紫騮劍几之玩乎

王宣子之母既葬盜發其冢因剖其棺取其衣物宣子之家以聞于官獲其盜曰嵇四德者付于獄時紹興研勘斷罪免死坐以加役流宣子之弟公衮怨恨不已四德者出外公衮擕刀密即其所

四德雖凶惡一時無備雖起鬬竟爲公衮所斃郡具以聞宣子時爲吏部侍郎迺乞納出身誥命以贖公衮之罪朝廷下給事評議時楊春爲給事中張安國在西掖議以爲父母之讐得賊而輒殺之義也莫之敢殺者謂知有法也獄成而吏出之使賊出入閭里與齊民齒爲之子者安得自比于人哉公衮之殺賊協于義而宜于法也且此賊掘墓至十數屢敗而不死公衮之殺之也豈獨直王氏之寃哉是則公衮殺掘塚法應死之人無罪佐納官贖弟之請不當許縱失刑之人宜如律于是公衮止降一資而紹興守臣以下並坐失出之罪公衮時爲和州烏江尉楊春字元老

六十甲子之有納音何也曰此以金木火土水之音而明之也一六爲水二七爲火三八爲木四九爲金五十爲土然五行之中惟金木有自然之音水火土必相假而後爲音蓋水假土火假水土假火故金音四九木音三八水音五十火音一六土音二七此不易之論也何以言之甲己子午九也乙庚丑未八也丙辛寅申七也丁壬卯酉六也戊癸辰戌五也巳亥四也甲子乙丑其數三十有四四者金之音也故曰金戊辰己巳其數二十有八八者木之音也故曰木庚午辛未其數三十有二二者火也土以火爲音故曰土甲申乙酉其數二十二者土也水以土爲音故曰水戊子己丑其數三十有一一者水也火以水爲音故曰火凡六十皆然此納音之所起也大抵六十甲子曆也納音曆律也支干納音之別也此天地自然之數河圖生數也生者左旋故以中央之土而生西方之金西方之金而生北方之水北方之水而生東方之木東方之木而生南方之火南方之火而復生中央之土洛書剋數也剋者左轉故以中央之土而剋北與西北之水北與西北之水而剋西與西南之火西與西南之火而剋南與東南之金南與東南之金而剋東與東北之木東與東北之木而又剋中央之土此圖

書生剋自然之數也

東坡自謫海南歸人有問其遷謫艱苦者坡答曰此骨相所招少時入京師有相者云一雙學士眼半箇配軍頭異日文章雖當知名然有遷徙不測之禍今悉符其語

紹興中張九萬以拆字決吉凶秦檜一日獨坐書閣召九萬至以扇柄就地畫一字問曰如何九萬賀曰相公當加官爵檜曰我位爲丞相爵爲國公復何所加九萬曰土上一畫非王而何當享眞王之貴其後竟封郡王又封申王

翟欽甫金人也衆飲清菴欽甫至衆不之識俾賦清菴欽甫故拙起一句云爲問清菴何似清衆拍手大笑及賦第二句霜天明月照蓬瀛衆失色連賦廣寒宮裏琴三弄白玉樓頭笛一聲金井玉梧秋水冷石田茅屋暮雲平夜來一枕遊仙夢十二瑤臺獨自行衆始知爲欽甫愧謝延之上坐

陸放翁爲侂冑作碑南園園已爲福國之物陸碑仆臥廡下
有士人訪一妓妓在開府侍宴候稍久遂賦一詞寄之云春風捏就腰兒細繫的粉裙兒不起從來只向掌中看怎忍在燭花影裏酒紅應是鉛華褪暗蹙損眉峯雙翠夜深沾輛繡鞋兒算着那箇屏風立地詞至爲閫帥所見善其詞語清麗明日呼士人來竟以此妓與之
宜春劉才卿敘古今書法源流云黃帝時蒼頡作古文周宣王時史籀作大篆李斯損大篆作小篆時始皇又好征伐法令繁劇軍期嚴速篆字難就乃約大小篆歸之于楷且稍作波勢謂之隸書欲其省工而便于徒隸佐書也故亦曰佐書始皇便之乃行于世又有王次仲以當時字體少波勢乃增之爲八分因其字方八分遂以爲名漢史游復解散隸體而爲章草劉德升破隸體作行書張伯英變行書作大草已上才卿所考訂亦詳矣按藝文志不以

小篆爲李斯而以爲程邈必亦有據歐陽習古錄跋以隸與八分爲一體趙明誠金石錄云隸書者今之楷書是也亦曰正書亦曰眞書自唐以前楷字爲隸蓋明誠以今之楷字爲隸而以波勢爲八分予家有漢刻三四十册比其筆勢考之可見矣
易安居士李氏趙丞相挺之之子諱明誠字德夫之內子也才高學博近代鮮倫其詩詞行于世甚多嘗見其爲乃夫作金石錄後序使人歎息比間見世間萬事眞如夢幻泡影而歸于一空而已全錄于此曰右金石錄三十卷者何趙侯德夫所著書也取上自三代下及五季鐘鼎甗鬲盤匜尊敦之欵識豐碑大碣顯人晦士之事跡凡見于金石刻者二千卷皆正其僞謬去取褒貶上足以合聖人之道下足以訂史氏之失者皆具載之可謂多矣嗚呼且王播元載之禍書畫與胡椒無異長興元凱之病錢癖與傳癖何殊名雖不同其惑一也予建中辛巳始歸趙氏時先君作吏部員外郎侯年二十一在太學作學生趙李族寒素貧儉每朔望謁告出質衣取半千錢步入相國寺市碑文果實歸相對展玩咀嚼自謂葛天氏之民也後二三出仕便有飯蔬衣綀窮遐方絕域盡天下古文奇字之志也日就月將漸益堆積丞相居政府親舊或在館閣多有亡詩逸史魯壁汲冢所未見之書遂力傳寫浸覺有味不自已後或有古今名人書畫三代奇器亦復脫衣市易嘗記崇寧間有人持徐熙牡丹圖求錢二十萬當時雖貴家子求二十萬豈易得耶留信宿計無所出而還之夫婦相向惋悵者數日後屏居鄉里十年仰取俯拾衣食有餘連守兩郡竭俸入從事鉛槧每獲一書即同共是正校勘正集籤題得書畫鼎彝亦摩玩舒卷指摘疵病盡一燭爲率故能筆札精緻字畫完整冠諸收書家予性偏強記每飯罷坐歸來堂烹茶指堆積書史言某事在某書某卷第幾葉第幾行比中否角勝負爲飲茶先後中則舉杯大笑至茶

傾覆懷中反不得飲而歸甘心老是鄉矣故雖處憂患困窮而志不少綴書既成歸來堂起書廚簿甲乙置書册如要講讀則請鑰上簿關出卷帙或少損汙必懲責揩涂完整固不復向時之坦夷也是欲求適意反取憀慄予性不耐始謀食去重肉衣去重采首無明珠翠羽之飾室無涂金刺繡之具遇書史百家字不刓缺者本不訛謬者輒市之儲作副本自來家傳周易左氏傳兩家者流文字最備于是几案羅列枕籍枕席意會心謀目往神授樂在聲色狗馬之上至靖康丙午歲侯守淄聞金寇犯京師四顧茫然盈箱溢篋且戀戀且悵悵知其必不爲己物矣建炎丁未春三月奔太夫人喪南來既長物不能盡載迺先去書之重大印本者又去畫之多幅者又去古器無欵識者後又去書之監本者畫之尋常者凡屢減去尚載書十五車至東海連艫渡淮及渡江至建康青州凡所謂十餘屋者已化爲灰燼矣建炎戊申秋九月侯起復知

建康府己酉春三月罷建康具舟上蕪湖入姑蘇將卜居贛水上夏五月至池陽被旨知湖州過闕上殿遂駐家池陽獨赴召六月十二日始負担舍舟坐岸上着衣巾精神如虎目爛爛光射人望舟中告別予甚意惡呼曰如傳聞城中緩急柰何戟手遥應曰從衆必不得已先棄輜重次衣衾次書册次卷軸次古器獨所謂宗器者自可抱負與身俱存亡勿亡失遂馳馬去中途奔馳冒大暑感疾至行在病痁或熱必服寒藥疾可憂遂解舟下一日夜行三百里比至果大服柴胡黄芩藥瘧且痢病危在膏肓予悲泣倉皇不忍問後事八月十七日遂不起取筆而作詩絶筆而終殊無分香賣履之意葬畢顧四維無所之朝廷已分遣六宫又傳江當禁疾時猶有書二萬卷金石刻二千卷器皿裀褥可待百客他長物稱是予又有大病僅存喘息事勢日迫念侯有妹婿任兵部侍郎從衛在洪州遂遣二故吏先部送行李往投之冬十二月金寇陷

洪州遂盡棄所謂連艫渡江之書又散爲雲烟矣獨餘少輕小卷軸書帖寫本李杜韓柳集世説鹽鐵論漢唐石刻副本十卷軸三代鼎鼐十餘事南唐寫本書數篋偶病中把玩搬在臥内者巋然獨存上江既不可往又虜勢叵測有弟仕敕局删定官遂往依之到台守已遁之嵊在陸又棄衣被走黄岩雇舟入海奔赴行在時駐蹕章安從御舟岸道之溫又之越庚戌十二月放散百官遂之衢紹興辛亥春三月復赴越壬子又赴杭先侯疾亟時張飛卿學士攜玉壺過示侯便攜去其實珉也不知何人傳道遂妄言有頒金之語或傳亦有密論列者予大惶怖不敢言遂盡將家中所用銅器等物欲去外廷投進到越已移幸四明不敢留家中并寫本書寄嵊縣後官軍收叛卒取閣盡入故李將軍家所謂巋然獨存者無慮十去五六矣惟有書畫研墨可五七簏更不忍置他所常在臥榻前手自開闔在會稽卜居土民鍾氏舍忽一夕空壁負五簏去矣悲慟不已重立賞收贖後二日鄰人鍾浩出十八軸求賞故知眞盜不遠矣萬計求之其餘遂不可出今知盡爲吳説運使賤價得之所謂巋然獨存者十去其七八所有一二零殘不能部帙書册數種手書帖猶愛惜如護頭目何愚也耶忽閲此書如見故人因憶侯在東萊靜治堂裝標初就芸籤縹帶束十卷爲一帙每日晚吏散輒校二卷有題跋者五百二卷耳今手澤如新而墓木已拱悲夫昔蕭繹江陵陷沒不惜國亡而毀裂書畫楊廣江都傾滅不悲身死而復取圖書豈人性之所嗜生死不能忘之矣或者天意以予菲薄而不足以享此尤物耶抑亦死者有知尤斤斤愛惜不肯留在人間耶何得之難而失之易也嗚呼予自少陸機作賦之二年至蘧伯玉知非之兩歲三十四年之間憂患得失何其多也然有有必有無有聚必有散理之常也人亡而人得之又胡足道所以區區記其終始者亦欲爲後世好古博雅之戒云紹

興四年玄默壯月朔甲寅日易安堂題

有士人求見韓魏公説親喪二女未嫁願有以周之公退顧無所有爲之戚然夫人收酒器得一大合送之士人對使者曰相公何薄我也叱不受公曰吾固疑甚薄也復裒一合送至士人又怒罵不受使者曰相公實無所有非薄君也士人不顧使者持回公又裒一合以往士人笑以書授使者曰吾事已辦不願受也向來蓋欲觀公度量耳

簡池劉光祖號後溪朱文公高弟平生好施不顧家有無來謁者皆周之一日晨坐暖閣夫人方梳沐有舊友來訪公令夫人出閣延士人者進夫人遂挈妝具偶遺金釵一公適起入内夫人從窗隙中見士人拾所遺金釵入懷未穩公將出夫人掣公衣袖止之少頃公乃入客退問其故夫人曰偶遺小釵彼方收之入未穩士人以貧得之可少濟不欲遽恐之公與夫人俱賢如此

有士人牘作韓魏公書謁蔡君謨蔡雖疑之然士頗豪與之三千緡因回書遣四兵送之併致果物于魏公客至京謁公曰某以貧故輒牘公書見蔡端明端明有回書幷果物令某面致某死罪公徐曰君謨手段小此恐未足以了公事夏太尉在長安可往見之爲之治書子弟請曰士爲牘書大人容之善矣長安之書無亦可已公曰士能爲我書又能動君謨其才器亦不凡矣至關中夏竟官之葢書中所囑者如此

道君嘗宴于禁中檉桐花盛開問左右曰何以爲此衆不知所對上曰可賜名珊瑚樹

墨子 三卷

昌黎韓愈讀墨子曰儒譏墨以尙同兼愛尙賢明鬼而孔子畏大人君子居是邦不非其大夫春秋譏專臣不尙同哉孔子泛愛親仁以博施濟衆爲聖不兼愛哉孔子賢賢以四科進褒弟子疾沒

世而名不稱不尙賢哉孔子祭如在譏祭如不祭者曰我祭則受福不明鬼哉儒墨同是堯舜同非桀紂同修身正心以治天下國家奚不相悅如是哉予以爲辨生于末學各務售其師之說非二師之道本然也孔子必用墨子墨子必用孔子不相用不足爲孔墨

甘井近竭招木近伐靈龜近灼神蛇近暴　比干之殪其抗也孟賁之殺其勇也西施之沉其美也吳起之裂其事也　良弓難張然後可以及高入深良馬難乘然後可以任重致遠良才難令然後可以致君見尊　江河之水非一源也千鎰之裘非一狐之白也　谿狹者速涸淺者速竭墝埆者其地不育右見親士　君子戰雖有陳而勇爲本焉喪雖有禮而哀爲本焉士雖有學而行爲本焉

志不強者智不達言不信者行不果據財不能以分人者不足與友守道不篤徧物不博辨是非不察者不足與遊　務言而緩行雖辨必不聽多力而伐功雖勞必不圖　名不可簡而成也譽不可巧而立也右見修身　子墨子言見染絲者而歎曰染于蒼則蒼染于黃則黃所入者變其色亦變五色畢入則爲五色矣故染不可不愼也右見所染　愛人利人者天必福之惡人賊人者天必禍之日殺不辜者得不祥焉右見法儀　先盡民力無用之功賞賜無能之人民力盡于無用財寶虛于待客患也　備者國之重也食者國之寶也兵者國之爪牙也城者所以自守也此三者國之具也右見七患　上之所以使下者一物也下之所以事上者一術也　堯舉

舜于服澤之陽授之政天下平禹舉益于陰方之中授之政九州治湯舉伊尹于庖廚之中授之政其謀得文王舉閎夭泰顛于罝罔之中授之政西土服　食于政者不能分人以事厚于貨者不能分人以祿　有一服裳不能製也必藉良工有一牛羊不能殺也必藉良宰有一罷馬不能治也必索良醫有一危弓不能張也必索巧匠右見尙賢　一目之視不若二目之視也一耳之聽不若二耳之聽也一手之操也不若二手之強也右見尙同

子華子 十卷　晉人程本字子華

護左都水使者光祿大夫臣向言所校讐中子華子書凡一十有四篇以相校重復十有四篇定著十篇皆以殺靑書可繕寫子華子程氏名本字子華晉人也晉自頃公失政政在六卿趙簡子始得志招來賢儁之士爲其家臣子華子生于斯時博學能通墳典丘索及故府傳記之書性闓爽善持論不肯苟容于諸侯聚徒著

書自號程子名稱籍甚聞于諸侯孔子遇諸郯歎曰天下之賢士也簡子欲仕諸朝而不能致乃遣使者奉纁幣聘以爲爵執圭是時簡子殺竇犢及舜華孔子爲作臨河之操子華子亦逡巡不肯起簡子大怒將脅之以兵子華子去而之齊齊景公不能用也子華子館于晏氏更題其書曰子華子簡子卒襄子立子華子返于晉時已老矣遂不復仕以卒今其書編離簡斷以是門人弟子共相掇隨紀其所聞而無次敘非子華所著之書也大抵子華子以道德爲指歸而經紀以仁義存誠養操不苟于售惟孔子然後知其賢齊大夫晏平仲與之爲久要之交當時諸侯以勢相軋爭結怨連禍日以權譎爲事子華子之言如持水納石不相酧答卒以不遇可謂酸鼻謹目錄臣向昧死上

水陽也而其伏爲陰風陰也而其發爲陽　水涵太乙之中精故能潤澤百物而行乎地中風涵太玄之中精故能動化百物而行乎天上　陽氣爲火火勝故冬至之日燥陰氣爲水水勝故夏至之日溼　所貴乎嗜粱肉者非腐鼠之謂也所貴乎飲醴醪者非敗酒之謂也（右見陽城胥渠問）　物扃于所甘士扃于所守　丘陵崇而穴成于上狐貍藏矣溪谷深而淵成于下魚鱉安矣松柏茂而陰成于林塗之人則蔭矣（右見孔子贈）　百事成而一事疑道必廢三人行而一人惑議必格　愛之反則憎必有所立矣助之反則擠必有所在矣譽之反則毀必有所歸矣（見北宮子仕）　山有猛虎林樾勿除江湖納汙衆流是潴（見虎會問）　蒙金以沙固玉以璞珠之所生漩桓之淵而隈澳之下也豫章楩楠之可以大斵者必在夫大山穹谷㟼顔嶇崿之區　如以匙勘鑰也如以璽印塗也（見晏子）　太山之高非一石之積也瑯琊之東渤澥稽天非一水之鍾也所以治國家天下者非一士之言也　猶之買馬者然不論其足力而以物色毛澤爲儀則廐無走馬矣猶之售玉者然不論其廉貞溫粹而無瑕

者而以大小徑廣爲儀則篋無連城矣惟士亦然論士不以其才而以勢地爲儀則伊尹仲父不立于朝矣（見晏子問黨）　生者死之對有者無之反庳者隆之因虧者成之漸　渾淪鴻蒙道之所以爲宗也徧覆包涵天之所以爲大也昭明顯融帝之所以爲功也（右見執中）　一之所成萬紀以生一之所綱萬有以藏　釜鬵之于量也不能以容于所不受尋墨之于度也不能以及其所不至鈞天廣奏飛鳥過而不止崇檻繢栱猱狖逃焉　圓動而方息所性不同也火炎而水流習使之然也（右見大道）　彼其視鳳凰麒麟也豢牢之養爾彼其視醴液甘露也[illegible]瀹之瀉爾彼其視芝房竹實凡草木之異者畦圃之蔬爾彼其視玉石瓌怪凡種種之族者篋襲之藏爾　醫者理也理者意也藥者瀹也瀹者養也　中無載則道集于虛矣心無累則道載乎平矣（見北宮意問）　伏羲神農之世其民童蒙瞑瞑蹎蹎不知所以然而然是以永年黃帝堯舜之世其民樸以有立職職植植而弗鄙弗夭是以難老（見神氣）

晁公武讀書志云右子華子程氏名本晉人也劉向校定其書按莊子稱子華子見韓昭侯陸德明以爲魏人既不合又藝文志不錄子華子書觀其文辭近世依託爲之者也其書有子華子爲趙簡子不悅又有秦襄之卒在春秋前而趙簡子與孔子同時相去幾二百年其抵梧類如此且多字說謬誤淺陋殆元豐以後舉子所爲爾（此條無）

曾子（二卷）

魯國曾　參

晁公武讀書志云右魯曾參撰漢藝文志曾子十八篇隋志曾子二卷目一卷唐志曾子二卷今世傳曾子二卷十篇本也有題曰樊紹述本豈樊宗師歟視隋亡一篇考其書已見于大戴禮漢有禮經七十篇后氏戴氏記百三十一篇七十子後學者所紀是時未有大小戴之分不知曾在其中歟否也予從父府事公嘗病世

之人莫不尊事孟子而知子思中庸者蓋寡知子思中庸者雖寡而知讀曾子者蓋未見其人也是以文字回舛繆誤乃以家藏曾子與溫公所藏大戴參校頗爲是正而處詳遂行于曾子云

修身一　本孝二　立身三　大孝四　事父母五

制言上六　制言中七　制言下八　疾病九　天圓十

君子愛日以學及時以行　學必由其業問必以其序　博學而孱守之微言而篤行之行欲先人言欲後人　行毋求數有名事毋求數有成　見利思辱見難思詬嗜欲思恥忿怒思患　人信其言從之以行人信其行從之以服服宜其類類宜其年　已善亦樂人之善也已能亦樂人之能也己雖不能亦不以授人　好人之爲善而勿趣也惡人之爲不善而勿疾也疾其過而勿補也飾其美而不信也　不先人以惡不疑人以不信　不絕人之懽不盡人之禮慕而不難安而不舒遜而不諂寬而不縱惠而不儉直而不徑　其少不諷誦其壯不論議其老不教誨亦所爲謂無業之人矣　少稱不弟焉恥也壯稱無德焉辱也老稱無禮焉罪也過而不能改倦也行而不能遂恥也慕善人而不與焉辱也弗知而不問故也說而不能行窮也喜怒異慮惑也不能行而言之誣也非其事而居之矯也道言而飾其詞虛也無益而受厚祿竊也好道煩言亂也言殺人而不慼焉賊也　臨懼之而觀其不恐也怒之而觀其不惛也喜之而觀其不誣也近諸色而觀其不踰也飲食之而觀其有常也（見修身）　養可能也敬爲難敬可能也安爲難安可能也久爲難久可能也卒爲難（見大孝）　孝子無私憂無私樂父母所憂憂之父母所樂樂之　養之內不養于外是則越之也養之外勿養于內是則疏之也（見事父母）　蓬生麻中不扶乃直白沙在泥與之俱黑　人非人不濟馬非馬不走土非土不高水非水不流富以毀不如貧以譽生以辱不如死以榮　不假貴而取寵不必譽而取食不宛言而取富不屈行以取位　不恃富貴以爲己說不淺貧賤以爲己尊（見制言）　鷹隼以高山爲卑而增巢其上魚鼈黿鼉以淵爲淺蹷穴其中卒其所以得者餌也（見疾病）　龍非風不舉龜非火不兆鳳非梧不棲麟非藪不止（見天圓）

尹文子　周人尹文子

漢山陽仲長氏撰定序曰尹文子者蓋出于周之尹氏齊宣王時居稷下與宋銒彭蒙田駢同學于老子之道著書二篇多所彌綸莊子曰不累于物不苟于人不忮于衆願天下之安寧以活民命人我之養畢足而止以此白心見侮不辱此其道也而劉向亦以其學本于黃老大較刑名家也近爲誣矣予黃初末始到京師繆熙伯以此書見示意悅甚玩之而多脫誤聊識修次撰足爲上下篇亦未能究其詳也

大道上　大道下

大道無形稱器有名道不足以治則用法法不足以治則用術術不足以治則用權權不足以治則用勢勢用則反權權用則反術術用則反法法用則反道道用則無爲而自治　名以檢形形以定名名以定事事以檢名　名有三科法有四呈一曰命物之名方圓白黑是也二曰毀譽之名善惡貴賤是也三曰况謂之名賢愚愛憎是也一曰不變之法君臣上下是也二曰齊俗之法能鄙同異是也三曰治衆之法慶賞刑罰是也四曰平準之法律度權衡是也　術者人君之所密用羣下不可妄窺勢者制法之利器羣下不可妄爲人君者有術而使羣下得窺非術之奥者有勢而使羣下得爲非勢之重者　今萬物俱存不以明正之則亂萬名具列不以形應之則乖　故人以度審長短以量度少多以衡平輕重以律均清濁以名稽虛實以法定治亂以簡制煩惑以易御險難以萬事皆歸于一百度皆準于法歸一者簡之至準法者

易之極　有理而無益于治者君子勿言有能而無益于事者君子勿爲君子非樂有言有益于治不得不言君子非樂有爲有益于事不得不爲故所言者不出于名法權術所爲者不出農稼軍陣周務而已　獨行之言不足于化成獨能之事不足以周務出羣之辨不可爲戶說絕衆之勇不可爲征陣　雉兔在野衆人逐之分未定也雞豕滿市莫有戀者分定故也物奢則仁智相屈分定則貪鄙不爭　圓者之轉非能轉而轉不得不轉也方者之止不能止而止不得不止也　政者名法是也以名法治國萬物所不能亂奇者權衡是也以權衡用兵萬物所不能敵　人貧則怨人富則驕人怨人者苦人之祿不施於己也起于情所難安而不能安有可恕也驕人者無苦而無故驕人此情所以貴而勿能貴弗可恕矣衆人見貧賤則慢而疏之見富貴則敬而親之貧賤者有請求于己踈之可也未必損己而必踈之以其無益物之具故

也富貴者有施惠于己親之可也未必益己而必親之則彼不敢親我矣

孔叢子

陳勝時孔鮒（字子魚）

孔叢子者乃孔子八世孫名鮒字子魚仕陳勝爲博士以言不見用託目疾而退論集先君仲尼子思子上子高子順之言及已之事凡二十一篇爲六卷名之曰孔叢子蓋言有善而叢聚也至孝武朝太常孔臧又以其所爲賦與書謂之連叢上下篇爲一卷附之于末然士大夫號藏書者所得本皆亥豕魚魯不堪具讀臣凡百購求以損益補竄近始完集然有語或淺固勿極于道疑後人增益乃悉誅去義例繁猥隨亦删定因念彼鬼谷尉繚浮誇汪洋之說尚且命氏于世矧是書所載皆先聖之言三代之術六藝之要在焉非諸子之流也又可泯而不稱歟故敢具所以然註而示諸學者云嘉祐三年戊戌歲二月日具官臣宋咸謹序

嘉言一

夫子適周見萇弘言終退萇弘語劉文公曰（周大夫萇叔也劉文公卿士川摯之子文公卷也）吾觀孔仲尼有聖人之表河目而隆顙（河目深廣也）黃帝之形貌也修肱而龜背長九尺又六寸成湯之容體也然言稱先王躬履廉讓洽聞強記博物不窮抑亦聖人之興者乎劉子曰方今周室衰微（敬王時）而諸侯力爭孔丘布衣聖將安施萇弘曰堯舜文武之道或弛而墜禮樂崩喪亦正其統紀而已矣既而夫子聞之曰吾豈敢

哉亦好禮樂者也

子張曰女子必漸乎二十而後嫁何也孔子曰十五許嫁而後從夫是陽動而陰應男倡而女隨之義也以爲纘組紃紝者女子之所有事也黼黻文章之義婦人之所有大功也必十五以往漸乎二十然後可以通乎此事然後乃能上以孝于舅姑下以事夫養子也　齊東郭亥（齊大夫東國賈之族亦曰乃方園子之黨也）欲攻田氏執贄見夫子而訪焉夫子曰子爲義也丘不足以計事揖子貢使答之子貢謂之曰今子士也位卑而圖大位卑則人不附也圖大則人憚之殆非子之任也盍姑已乎夫以一縷之任繫千鈞之重（三十斤曰鈞）上懸之于無極之高下垂之于不測之深旁人皆哀其絕而造之者不知其危子之謂乎馬方駭鼓而驚之繫方絕重而塡之（塡壓也）馬奔車覆六轡不禁繫絕高墜之于深其危必矣東郭亥色戰而跪曰吾已矣願子無言既而夫子告子貢曰東郭亥欲爲義者也子亦告

之以難易則可矣奚至懼之哉

論書二

子張問曰聖人受命必受諸天而書云受終于文祖何也孔子曰受命于天者湯武也受命于人者舜禹也（湯武順天以誅暴舜禹順人以歸義者也）夫不讀書詩易春秋則不知聖人之心無以別堯舜之禪湯武之伐也

子夏問書大義子曰吾于帝典見堯舜之聖焉于大禹皐陶謨益稷見禹稷皐陶之忠勤功勳焉于洛誥見周公之德焉故帝典可以觀美（謂聖臣與君讓禮樂之美）大禹謨禹貢可以觀事皐陶謨益稷可以觀政（謂典章教彝之政）洪範可以觀度（謂皇極彝倫之度）秦誓可以觀義（謂天命之意）五誥可以觀仁（謂仁民之仁）甫刑可以觀戒（謂哀矜之戒）通此七者書之大義舉矣孔子曰書之于事遠而不闊近而不迫志盡而不怨辭順而不諂吾于高宗肜日見德有報之疾也苟由其道致其仁則遠方歸志而致敬焉吾于洪範見君子之不忍言人之惡而質人之美

也發乎中而見乎外以成文者其惟洪範乎

記義三（記夫子并弟子諸侯所聞之義）

季桓子以粟千鍾餼夫子夫子受之而不辭既而以頒門人之無者子貢進曰季孫以夫子貧故致粟夫子受之而以施人毋乃非季孫之意乎子曰何對曰季孫以爲惠也子曰然吾得千鍾所以受而不辭者爲季孫之惠且以爲寵也夫受人財不以成富與季孫之惠于一人豈若惠數百人哉　秦莊子死孟武伯（莊子魯大夫武伯彘之子）仲孫（仲孫彘也）問于孔子曰昔者同僚有服乎答曰然同僚有相友之義貴賤殊等不爲同官聞諸老聃昔者虢叔閎夭太顛散宜生南宮适五臣同僚比德以贊文武及虢叔死四人者爲之服古之達禮者行之也　顏讐（魯人也）善事親子路義之後讐以非罪執于衛將死子路請以金贖焉衛人將許之既而二三子納金于子路以入衛或謂孔子曰受人之金以贖其私昵義乎子曰義以贖之貧取于友非義而何受金而令不辜陷辟凡人且猶不忍況二三子于由之所親乎詩云如可贖兮人百其身（秦風黃三良詩）苟出金可以生人雖倍古人不以爲多故二三子其欲由也成其義非汝之所知也

刑論四

仲弓問古之刑教與今之刑教孔子曰古之刑省今之刑繁其爲教古有禮然後有刑是以刑省今無禮教而齊之以刑是以刑繁書曰伯夷降典折民惟刑謂先禮以教之然後繼以刑折之可也夫無禮則民無恥而正之以刑故民苟免　曾子問聽獄之術孔子曰其大法有三焉治必寬寬之之術歸于察（寬則民慢慢則姦姦生故歸之以察）察之之術歸于義（察甚則過于暴故以義爲實）是故聽而不寬是亂也寬而不察是慢也察而不中義是私也私則民怨故善聽者雖不越辭辭不越情情不越義書曰上下比罰無僭亂辭

記問五

夫子閒居喟然而歎子思再拜請曰（孔伋字子思）意子孫不修將忝祖乎羨堯舜之道恨不反乎夫子曰爾孺子安知吾志乎子思對曰伋于進膳亟聞夫子之教其父析薪其子勿克負荷是爲不肖伋每思之所以大恐而不解也夫子忻然嘆曰吾無憂矣世不廢業其克昌乎

子思問於夫子曰物有形類事有眞僞必審之奚由子曰由乎人心心之精神是爲聖推數究理不以疑（心誠神通則數不能遁）周其所察聖人難諸　楚王使使奉金幣聘夫子（楚昭王欲以書社地七百里封夫子令尹子西諫而止）宰予冉有曰夫子之道至是行矣遂請見問夫子曰太公勤身苦志八十而遇文王孰與許由之賢夫子曰許由獨善其身者也太公兼善天下者也然今世無文王之君也雖有太公孰能識之乃歌曰大道隱兮禮爲基賢人竄兮將待時天下如一欲何之

雜訓六（諸侯弟子有所請而子思訓子弟一理故曰雜）

子上雜所習請于父子思（孔白字子上子思之子也雜者諸子百家非聖人之道）子思曰先人有訓焉學必由聖所以致其材也厲必由砥所以致其刃也故夫子之教必始于詩書而終于禮樂雜說不與焉又何請子思謂子上曰白乎吾嘗深有思而莫之得也于學則寤焉吾嘗企有望而莫之見也登高則覩焉是故雖有本性而加之以學則無惑矣

魯人有同姓死而不弔者人曰在禮當免（當爲免服）不免當弔不弔則有司罰之如之何子之無弔也答曰吾以其疏遠也子思聞之曰無恩之甚也昔者季孫問于夫子曰（季孫季康子肥）百世之宗有絕道乎子曰繼之以姓義無絕也故同姓爲宗合族爲屬雖國子之尊不廢其親所以崇愛也是以綴之以食序列昭穆萬世婚姻不通忠篤之道然也　孟軻問牧民何先子思曰先利之曰君子之所以教民亦仁義固所以利之乎子思曰上不仁則不得其所上不義則樂爲亂也此爲不利大矣故易曰利者義之和也又曰利用安

身以崇德也皆利之大者也（利非財利之利）

居衞七（子思又去魯以居于衞中有在齊遺宋又言蓋自衞而往故以衞名篇）

子思在齊尹文子（齊大夫有書三卷行于世皆言治道）生子不類怒而杖之告子思曰此非吾子也吾妻殆不婦吾將黜之子思曰若子之言則堯舜之妃復可疑也此二帝聖者之英而丹朱商均不及匹夫以是推之子豈可類乎然舉其多者有此父斯有此子道之常也若夫賢父之有愚子此由天道自然非子之妻之罪也尹文子曰先生止之願無言文留妻矣

巡狩八

公儀九

魯人有公儀僭者（數本皆作僭詳其行已疑爲公儀休）砥節厲行樂道好古恬于榮利不事諸侯子思與之友穆公因子思欲以爲相謂子思曰公儀子必輔寡人參分魯國而與之一子其言之子思對曰如君之言則公儀子愈所以不至也君若飢渴待賢納用其謀雖蔬食水飲伋亦願在下風今徒以高官厚祿釣餌君子無信用之意公儀子之智若魚鳥可也不然則彼將終身不躡乎君之廷矣且臣不佞又不任爲君操竿下釣以蕩守節之士也

胡母豹（晉人）謂子思曰子好大世莫能容子也盍亦隨時乎子思曰大非所病所病不大也凡所以求容于世爲行道也毀道以求容何行焉大不見容命也毀大而求容罪也吾勿改矣

抗志十

曾申（參之子）謂子思曰屈己以伸道乎抗志以貧賤乎子思曰道伸吾所願也今天下王侯其孰能哉與屈己以富貴不若抗志以貧賤屈己則制于人抗志則不愧于道

子思居衞衞人釣于河得鰥魚焉其大盈車子思問曰鰥魚亦難得者也子果何得之對曰吾始下釣垂一寸之餌鰥魚過而勿視

也更以豚之半體則吞之矣子思喟然曰鰥雖難得貪以死餌士雖懷道貪以死祿矣

小爾雅十一（此篇無）

廣義云凡無妻無夫通謂之寡寡夫曰煢寡婦曰嫠妾婦之賤者謂之屬婦屬逮也逮婦之名言其微也非義而得謂之幸詰責以辭謂之讓男女不以禮交謂之淫上淫曰烝下淫曰報旁淫曰通不直失節謂之慚慚愧也面慚曰赧心慚曰恧體慚曰逡

廣名云諱死謂之大行死而復生謂之大蘇疾甚謂之阽（阽危也）請天子命曰未可以戚先王（戚近也）諸侯命曰未可以近先君請大夫命曰未可以從先子空棺謂之櫬下棺謂之窆壙竁謂之封宰冢也塋塋也無主之鬼謂之殤（大死曰殤故不作生）

度云跬一舉足也倍跬謂之步（司馬法六尺爲步倍跬雙舉足也）八尺謂之仞（世儀以七步爲仞）倍仞謂之尋（兩肱也）倍尋謂之常五尺謂之墨倍墨謂之丈倍

丈謂之端端兩倍謂之匹倍匹謂之束（禮玄纁五兩以兩爲束每兩卷之二丈雙合則成匹凡十卷爲五束以應天九地十之數與此制異爲）量云一手之盛謂之溢（滿一手是也）兩手謂之掬（一升也）掬四謂之豆豆四謂之區區四謂之釜（齊制四升爲豆四豆爲區四區爲釜釜六斗區一斗四升也齊陳以五升爲豆五豆爲區五區爲釜十釜爲鍾與今同）釜二有半爲之藪藪二有半爲之缶（四斛也）缶二爲之鍾（八斛）鍾二爲之秉（十六斛）衡云二十四銖爲兩兩有半爲捷倍捷曰舉倍舉曰鋝倍鋝謂之鍰（舉三兩鋝六兩）二鍰四兩爲之斤斤十爲之衡衡有半謂之稱稱二謂之鈞鈞四謂之石石四謂之鼓

公孫龍十二

儒服十三

子高衣長裾振褒袖方屐麤翣（鬣也）見平原君君曰吾子亦儒服乎子高曰此布衣之服非儒服也儒服非一也平原君曰請吾子言之答曰夫儒者居位行道則有衮冕之服統御師旅則有介冑之服（晉將相皆儒者所爲）從容徒走則有常穿之服故曰服非一也平原君曰儒之爲名何取爾子高曰取包衆美兼六藝動靜不失中道

子高遊趙平原客有鄒文季節者與子高相善及將還魯與諸故人訣既畢文節送行三宿臨別文節流涕交頤子高徒抗手而已分背就路其徒問曰先生與彼二子善彼有戀戀之心未知後會何期悽愴流涕先生厲聲高揖此無乃非親親之謂子高曰始吾以此二子丈夫爾乃今知其婦人也人生則有四方之志豈鹿豕也哉而常聚乎其徒曰若此二子之泣非耶答曰斯二子良人也有不忍之心其于取斷必不足矣其徒曰凡泣者一無取乎子高曰有二焉大姦之人以泣自信婦人懦夫以泣著愛

對魏王十四

陳士義十五

魏王謂子順（孔武後名斌字子順乃子高之子嘗相魏安釐王年五十七一作士臧）曰吾欲致天下之士奈何子順對曰昔周穆王問祭公謀父曰（祭公爲王卿士字謀父）吾欲得天下賢才對曰去其帝王之色則幾乎得賢才矣今臣亦請君去其尊貴之色而已王曰吾欲得無欲之士爲臣何如子順曰人之可使以有欲也故欲多者其所得用亦多欲少者其所得用亦少夷齊無欲雖文武不能致君安得而臣之

論勢十六

執節十七

魏安釐王問天下之高士子順曰世無其人也抑可以爲次其魯仲連乎王曰魯仲連強作之者非體自然也答曰人皆作之作之不止乃成君子文武欲作堯舜而至焉者我先君夫子欲作文武而至焉者作之不變習與體成則自然矣

子高以爲平原君霸世之士惜其不遇時也其子子順以爲衰世之好事公子無霸相之材也申叔問子順曰子之家公有道先生既論之矣今子易之是非焉在答曰言貴盡心亦各具所見也若是非則明智者裁之

詰墨十八

獨治十九

尹曾謂子魚曰子之讀先王之書將奚以爲答曰爲治也世治則助之道行世亂則獨治其身治之至也

問軍禮二十

答問二十一

陳涉讀國語言申生事顧博士曰始予信聖賢之道乃今知其不誠也先生以爲何如曰王何謂哉王曰晉獻惑聽讒而書又載驪姬夜泣公而信入其言人之夫婦處幽室之中莫能知其私焉雖黔首猶然況國君乎予以是知其不信乃好事者爲之辭將欲成

其說以誣愚俗也故使予幷疑于聖人也博士曰不然也古者人君外朝則有國史內朝則有女史舉則左史書之言則右史書之以無諱示後世善以爲式惡以爲戒廢而不記史失其官故凡若晉侯驪姬床第之私事事不能掩焉若夫設教之言驅羣族使人入道而不知其所以者也今此書實事槩若貫珠可無疑矣王曰先生眞聖人之後也今幸得聞命寡人無過焉

說郛卷第四十六終

說郛卷第四十七

公孫龍子 一卷全抄　公孫龍

疏府一　白馬論二　指物論三　通變論四
堅白論五　名實論六

疏府

公孫龍六國時辨士也疾名實之散亂因資才之所長爲守白之論假物取譬以守白辨謂白馬爲非馬也白馬爲非馬者言白所以名色也言馬所以名形也色非形形非色也夫言色則形不當與言形則色不宜從今合以爲物非也如求白馬于廄中無有而有驪色之馬然不可以應有白馬也不可以應有白馬則所求之馬亡矣亡則白馬竟非馬欲推是辨以正名實而化天下焉龍與孔穿會趙平原君家穿曰素聞先生高誼願爲弟子久但不取先生以白馬爲非馬爾請去此術則穿請爲弟子龍曰先生之言悖

龍之所以爲名乃以白馬之論耳今使龍去之則無以教焉且欲師之者以智與學不如也今使龍去之此先教而後師之者也先教而後師之者悖且白馬非馬乃仲尼之所取龍聞楚王張繁弱之弓載忘歸之矢以射蛟兕于雲夢之圃而喪其弓左右請求之王曰止楚王遺弓楚人得之又何求乎仲尼聞之曰楚王仁義而未遂也亦曰人亡弓人得之而已何必楚若此仲尼異楚人于所謂人夫是仲尼異楚人于所謂人而非龍異白馬于所謂馬悖先生脩儒術而非仲尼之所取欲學而使龍去所教則雖百龍固不能當前矣孔穿無以應焉公孫龍趙平原君之客也孔穿孔子之葉也穿與龍會穿謂龍曰臣居魯側聞下風高先生之智說先生之行願受業之日久矣乃今得見然所不取先生者獨不取先生之言耳請去白馬非馬之學則穿請爲弟子公孫龍曰先生之言

悖龍之學以白馬爲非馬者也使龍去之則龍無以教無以教而乃學于龍也者悖且夫欲學于龍者以智與學焉爲不逮也今教龍去白馬非馬是先教而後師之也先教而後師之不可先生之所以教龍者似齊王之謂尹文也齊王之謂尹文曰寡人甚好士而齊國無士何也尹文曰願聞大王之所謂士者齊王無以應尹文曰今有人于此事君則忠事親則孝交友則信處鄉則順有此四行可謂士乎齊王曰此眞吾所謂士也尹文曰王得此人肯以爲臣乎王曰所願而不得也是時齊王好勇于是尹文曰使此人廣庭大衆之中見侵侮而終不敢鬬王將以爲臣乎王曰鉅士也見侮而不鬬辱也辱則寡人不以爲臣矣尹文曰惟見侮而不鬬未失其四行也是人未失其四行其所以爲士也然而王一以爲臣一不以爲臣則向之所謂士者乃非士乎齊王無以應尹文曰今有人君將理其國人有非則非之無非則亦非之有功則賞之

無功則亦賞之而怨人之不理也可乎齊王曰不可尹文曰臣竊聞王之理齊其方若此矣王曰寡人理國信若先生之言人雖不理寡人不敢怨也意未至然與尹文曰言之敢無說乎王之令曰殺人者死傷人者刑人有畏王之令者見侮而終不敢鬬是全王之令也而王曰見侮而不鬬者辱也謂之辱非之也無非而王辱之故因除其籍不以爲臣也不以爲臣者罰之也此無罪而王罰之也且王辱不敢鬬者必榮敢鬬者也榮敢鬬者是王是之必以爲臣矣必以爲臣者賞之也彼無功而王賞之王之所賞吏之所誅也上之所是而法之所非也賞罰是非相與四謬雖十黃帝不能理也齊王無以應焉故龍以子言之有似齊王子知難白馬之非馬不知所以難之說以此猶知好士之名而不知察士之類

白馬論

白馬非馬可乎曰可曰何哉曰馬者所以命形也白者所以命色也命色者非命形也故曰白馬非馬曰有白馬不可謂無馬也不可謂無馬者非馬也有白馬爲有白馬之非馬何也曰求馬黃黑馬皆可致求白馬黃黑馬不可致使白馬乃馬也是所求一也所求一者白者不異馬也所求不異如黃黑馬有可有不可何也可與不可其相非明故黃黑馬一也而可以應有馬而不可以應有白馬是白馬之非馬審矣曰以馬之有色爲非馬天下非有無色之馬也天下無馬可乎曰馬固有色故有白馬使馬無色有馬如已耳安取白馬故白者非馬也白馬者馬與白也馬與白馬也故曰白馬非馬也曰馬未與白爲馬白未與馬爲白合馬與白復名白馬是相與以不相與爲名未可故曰白馬非馬未可曰以有白馬爲有馬謂有白馬爲有黃馬可乎曰未可曰以有馬爲異有黃馬是異黃馬於馬也異黃馬於馬是以黃馬爲非馬也以黃馬爲非馬而以白馬爲有馬此飛者入池棺槨異處此天下之悖言亂

辭也曰有白馬不可謂無馬者離白之謂也是離者有白馬不可謂有馬也故所以爲有馬者獨以馬爲有馬耳非有白馬爲有馬故其爲有馬也不可以爲馬馬也曰白者不定所白忘之而可也白馬者言白定所白也定所白者非白也馬者無去取于色故黃黑皆所以應白馬者有去取于色黃黑馬皆所以色去故唯白馬獨可以應耳無去者非有去也故曰白馬非馬

指物論

物莫非指而指非指天下無指物無可以謂物非指者天下而物可謂指乎指也者天下之所無也物也者天下之所有也以天下之所有爲天下之所無未可天下無指而物不可謂指也不可謂指者非指也非指者物莫非指也天下無指而物不可謂指者非有非指也非有非指者物莫非指也物莫非指者而指非指也天下無指者生于物之各有名不爲指也不爲指而謂之指是兼不

為指以有不為指之無不為指未可且指者天下之所兼天下無指者物不可謂無指也不可謂無指者非有非指也非有非指者物莫非指指非非指也指與物非指也使天下無物指誰徑謂非指天下無物誰徑謂指天下有指無物指誰徑謂非指徑謂無物非指且夫指故自為非指奚待于物而乃與為指

通變論

曰二有一乎曰二無一曰二有右乎曰二無右曰二有左乎曰二無左曰右可為二乎曰不可曰左可為二乎曰不可曰左與右可謂二乎曰可曰謂變非不變可乎曰可曰右有與可謂變乎曰可曰變隻曰右曰右苟變安可謂右苟不變安可謂變曰二苟無左又無右二者左與右奈何羊合牛非馬牛合羊非雞曰何哉曰羊與牛唯異羊有齒牛無齒而牛之非羊也羊之非牛也未可是不俱有而或類焉羊有角牛有角牛之而羊也羊之而牛也未

可是俱有而類之不同也羊牛有角馬無角馬有尾羊牛無尾故曰羊合牛非馬也非馬者無馬也無馬者羊不二牛不二而羊牛二是而羊而牛非馬可也若舉而以是猶類之不同若左右之猶是舉牛羊有毛雞有羽謂雞足一數足二二而一故三謂牛羊足一數足四四而一故五牛羊足五雞足三故曰牛合羊非雞非有以非雞也與馬以雞寧馬材不材其無以類審矣舉是為亂名是狂舉曰他辨曰青以白非黃白以青非碧曰何哉曰青白不相與而相與反對也不相連而相連不害其方也不害其方者反而對各當其所若左右不驪故一于青不可一于白不可惡乎其有黃矣哉黃其正矣是正舉也其有君臣之于國焉故強壽矣而且青驪乎白而白不勝也白足之勝矣而不勝是木賊金也木賊金者碧碧則非正舉矣青白不相與而相與不相勝則兩明也爭而明其色碧也與其碧寧黃黃其馬也其與類乎碧其雞也其與暴乎暴則君臣爭而兩明也兩明者昏不明非正舉也非正舉者名實無當驪色章焉故曰兩明也兩明而道喪其無有以正焉

堅白論

堅白石三可乎曰不可曰二可乎曰可曰何哉曰無堅得白其舉也二無白得堅其舉也二曰得其所白不可謂無白得其所堅不可謂無堅而之石也之于然也非三也曰視不得其所堅而得其所白者無堅也拊不得其所白而得其所堅者得其堅也無白也曰天下無白不可以視石天下無堅不可以謂石堅白石不相外藏三可乎有曰有自藏也非藏而藏也曰其白也其堅也而石必得以相盛盈其自藏奈何曰得其白得其堅見與不見離不見離一一不相盈故離離也者藏也曰石之白石之堅見與不見二與三若廣修而相盈也其非舉乎曰物白焉不定其所白物堅焉不定其所堅不定者兼惡乎其石也曰循石非彼無石非石無所取

乎白石不相離者固乎然其無也曰于石一也堅白二也而在于石故有知焉有不知焉有見焉有不見焉故知與不知相與離見與不見相與藏藏故孰為之不離曰目不能堅手不能白不可謂無堅不可謂無白其異任也其無以代也堅白域于石惡乎離曰堅未與石為堅而物兼未與為堅而堅必堅其不堅石物而堅天下未有若堅而堅藏白固不能自白惡能白石物乎若白者必白則不白物而白焉黃黑與之然石其無有惡取堅白石乎故離也離也者因是力與智果不若因是且猶白以目以火見而火不見則火與目不見而神見神不見而見離堅以手而手以捶是捶與手知而不知而神與不知神乎是之謂離焉離也者天下故獨而正

名實論

天地與其所產焉物也物以物其所物而不過焉實也實以實其

所實不曠焉位也出其所位非位位其所位焉正也以其所正正其所不正疑其所正其正者正其所實也正其所實者正其名也名正則唯乎其彼此焉謂彼其彼不唯乎彼則彼謂不行謂此而行不唯乎此則此謂不行其以當不當也不當而亂也故彼彼當乎彼則唯乎彼其謂行彼此此當乎此則唯乎此其謂行此其以當而當也以當而當正也故彼彼止于彼此此止于此可彼此而彼且此此彼而此且彼不可夫名實謂也知此之非也知此之不在此也則不謂也知彼之非彼也知彼之不在彼也則不謂也至矣哉古之明王審其名實愼其所謂至矣哉古之明王

鬻子一卷文全

鬻子名熊楚人也周文王之師年九十見王王曰老矣鬻子曰使臣捕獸逐麋已老矣使臣坐策國事尚少也文王師之著書二十二篇名曰鬻子子者男子美稱賢不逮聖不以爲經用題紀標子

因據劉氏九流卽道流也遭秦漢暴亂書記略盡鬻子雖不預焚燒編帙由此殘缺依漢書藝文志雖有六篇今此本乃有十四篇未詳孰是篇或錯亂文多遺缺志敷演大道銓撰明史闡域中之教化論刑德之是非雖卷軸不全而其門可見然鄧林之桂荊山之玉君子餘文可得覩矣鬻子博懷道德善謀政事故使周文屈節大聖諮詢情存帝王之道辭多斥救之要理致通遠旨趣恢弘實元達之奧皆爲諸子之首倡織組仁義經緯邦家乖勸戒之風陳弘濟之術王者覽之可以理國吏者遵之可以從政足使賢者勵志不肖者滌心語曰詩三百一言以蔽之曰思無邪言而不朽可爲龜鑑鬻子論道無邪之謂歟幸以休務之隙披閱子史而書籍實繁不能精備至于此子頗復留心尋其立跡之端探其闡教之旨豈如寓言迂怪馳術飛談者矣亦乃字重千金辭高萬歲聊爲註解略將指歸馳心于萬古之上寄懷于千載之下庶乖消見志懸諸日月將來君子幸毋忽焉華州鄭縣尉逄行珪序

鬻子大道文王問第八　篇之一

政曰昔者文王問于鬻子曰敢問人有大忘乎對曰有文王曰敢問大忘奈何鬻子曰知其身之惡而不改也以賊其身乃喪其軀其行如此是謂之大忘

鬻子道符五帝三王傳政甲第二　篇之二

不肖者不自謂不肖也而不肖見于行雖自謂賢人猶謂之不肖也愚者不自謂之愚而愚見于言雖自謂知人猶謂之愚

鬻子道符五帝三王傳政甲第三　篇之三

夫國有卿相世賢者有之有國無國智者治之智者非一日之志治者非一日之謀治志治謀在于帝王然後民知所保而知所避發教施令爲天下福者謂之道上下相親謂之和民不求而得所欲謂之信除去天下之害謂之仁仁與信和與道帝王之器凡萬

物皆有器故欲有爲不行其器者雖欲有爲不成諸侯之欲王者亦然不用帝王器者不成

鬻子守道五帝三王周政甲第四　篇之四

聖人在上賢士百里而有一人則猶無有也王道衰微暴亂在上賢士千里而有一人則猶比肩也

鬻子貴道五帝三王周政乙第一　篇之五

昔之帝王其所以爲明者以其吏也昔之君子其所以爲功者以其明也力生于神而功最于吏福歸于君昔者五帝之治天下也其道昭昭若日月之明然若以晝代夜然故其道首首然萬世爲福萬世爲教者唯從黄帝以下舜禹以上而已矣君王欲緣五帝之道而不失則可以長久

鬻子撰吏五帝三王傳政乙第三　篇之六

政曰民者賢不肖之杖也賢不肖皆具焉故賢人得焉不肖人休

爲杖能側焉忠信飾焉故曰民者積愚也雖愚明主撰吏焉必使民興焉士民與之明主舉之士民若之明主去之故王者取吏不忘必使民唱然後和民者吏之程也察吏于民然後隨焉故曰民者至卑也而使之取吏焉必取所愛（賢主不遠人以獨用也）故十人愛之則十人之吏也百人愛之則百人之吏也千人愛之則千人之吏也萬人愛之則萬人之吏也故萬人之吏撰卿相矣（自此以上皆言人之情好吏之德行各有所愛樂之）

鬻子撰吏五帝三王傳政乙第五　篇之七

（多少殊別也）卿相者諸侯之丞也故封侯之土秩出焉卿相君侯之本也

政曰君子不與人謀則已矣若與人謀之則非道無由也故君子之謀能必用道而不能必見受能必忠而不能必見入能必信而不能必見信君子非人者不出之于辭而施之于行故非非者行是惡惡者行善而道諭矣

鬻子數始五帝治天下第七　篇之八

昔者帝高陽年十五而佐黄帝二十而治天下其治天下也上緣黄帝之道而行之學黄帝之道而常之（其政令不改革也）昔者帝嚳年十五而佐帝高陽三十而治天下其治天下也上緣黄帝之道而明之學帝顓頊之道而行之

鬻子上禹政第六　篇之九

禹之治天下也得皋陶得杜子業得既子𥠖得施子黯得季子寗得然子堪得輕子玉得七大夫以佐其身以治天下而天下治

鬻子上禹政第七　篇之十

禹之治天下也以五聲聽門懸鐘鼓鐸磬而置鞀以得四海之士爲銘於簨簴曰教寡人以道者擊鼓教寡人以義者擊鐘教寡人以事者振鐸語寡人以憂者擊磬語寡人以獄訟者揮鞀此之謂五聲是以禹嘗據一饋而七十起日中而不暇飽食曰吾猶恐四海之士留于道路是以四海之士皆至而以禹當朝廷間也可以

羅爵（爵與舍同可以羅爵明之間舒恬閒無事也）

鬻子湯政湯治天下理第七　篇之十一

天地闢而萬物生而人爲政焉無不能生而不敢無殺也唯天地之所以殺人而不能生人化而爲善獸化而爲惡人而不善者謂之獸有天然後有地有地然後有別有別然後有義有義然後有教有教然後有道有道然後有理有理然後有數故有冥有旦有晝有夜然後以爲數月一盈一虧合月離以數紀四者皆陳以爲數治政者衛也始終之謂衛

鬻子湯政天下至紂第七　篇之十二

湯之治天下也得慶輔伊尹湟里且東門虚南門蝡西門疵北門側得七大夫佐以治天下而天下治二十七世積歲五百七十六載至紂

鬻子曲阜魯周公政甲第十四　篇之十三

政曰昔者魯周公曰吾聞之于政也知善不行謂之狂知惡不改謂之惑夫狂與惑者聖王之戒也

鬻子愼誅魯周公第六　篇之十四

政曰昔者（此昔者往日之間也）魯周公使康叔往守於殷（康叔周公母弟也衛三監之地殷人數叛故使賢母弟）王戒之曰與殺不辜寗失有罪無有無罪而見誅有功而不賞戒之封誅賞之愼焉

鄧析子（二卷全）

中鄧析書四篇臣敍書一篇凡中外書五篇以相校除重複爲一篇皆可定殺而書可繕寫也鄧析者鄭人也好刑名操兩可之說設無窮之辭當子產之世數難子產之法記或云子產起而戮之于春秋左氏傳昭公二十年而子產卒子太叔嗣爲政定公八年太叔卒駟歂嗣爲政明年乃殺鄧析而用其竹刑君子謂子然于是乎不忠苟有可以加于國家棄其邪可也靜女之三章取彤管

爲竿旄何以告之取其忠也故用其道不棄其人詩云蔽芾甘棠勿剪勿伐召伯所憩思其人猶愛其樹也況用其道不恤其人乎子然無以勸能矣竹刑簡法也久遠世無其書子產卒後二十年而鄧析死傳說或稱子產誅鄧析非也其論無厚者言之異同與公孫龍同類謹第上

無厚篇

天于人無厚也君于民無厚也父于子無厚也兄于弟無厚也何以言之天不能屏悖厲之氣全夭折之人使爲善之民必壽此于民無厚也凡民有穿窬爲盜者有詐僞相迷者此皆生于不足起于貧窮而君必執法誅之此于民無厚也堯舜位爲天子而丹朱商均爲布衣此于子無厚也周公誅管蔡此于弟無厚也推此言之何厚之有

循名責實君之事也奉法宣令臣之職也下不得自擅上操其柄而不理者未之有也君有三累臣有四責何謂三累惟親所信一累以名取士二累近故親疏三累何謂四責受重賞而無功一責居大位而不治二責理官而不平三責御軍陣而奔潰四責君無三累臣無四責可以安國

勢者君之輿威者君之策臣者君之馬民者君之輪勢固則輿安威定則策勁臣順則馬良民和則輪利爲國失此必有覆車奔馬折輪敗載之患安得不危異同之不可別是非之不可定黑白之不可分清濁之不可理以斯誠聽能聞于無聲視能見于無形計能規于未兆慮能防于未然斯無他也不以耳聽則通于無聲矣不以目視則照于無形矣不以心計則達于未兆矣不以知慮則合於未然矣君者藏形匿影羣下無私掩目塞耳萬民恐震循名責實察法立威是明王也夫明于形者分不遇于事察于動者用不失其利故明君審一萬物自定名不可以外務智不可以他從

求諸己之謂也

夫負重者患途遠據貴者憂民離負重途遠者身疲而無功在上離民者雖勞而不治故智者量途而後負明君親民而出政

獵羆虎者不于外圂釣鯨鯢者不居清池何則圂非羆虎之處也池非鯨鯢之泉也楚之不泝流陳之不束麾長盧之不士呂子之蒙恥

夫泝而不見敬不恭也居而不見愛不仁也言而不見用不信也求而不能得無始也謀而不見善無理也計而不見從遺道也因勢而發譽則行等而名殊人齊而得時則力敵而功倍其所以然者乘勢之在外推辨說而非所聽也虛言向非所應也無益亂非所達也故談者別殊類使不相害序異端使不相亂諭志通意非務相乖也若飾詞以相亂匿辭以相移非古之辨也

慮不先定不可以應卒兵不閑習不可以當敵廟勝千里帷幄之奇百戰百勝黃帝之師

死生有命貧富有時怨夭折者不知命也怨貧賤者不知時也故臨難不懼知天命也貧窮無懾達時序也凶飢之歲父死于室子死于戶而不相怨者無所顧也同舟渡海中流遇風救患若一所憂同也張羅畋野唱和而不差者其利等也故體痛者口不能不呼心悅者顏不能不笑責疲者以舉千鈞兀者以及走馬驅逸足于庭求猨捷于檻斯逆理而求之猶倒裳而索領事有遠而親近而疏就而不用去而反求凡此四行明主大憂也

夫水濁則無掉尾之魚政苛則無逸樂之士故令煩則民詐政擾則民不定不治其本而務其末譬如拯溺投之以石救火投之以薪

夫建道者無知之道也無能之道也是知大道不知而中不能而成無有而足守虛責實而萬事畢

忠生于不忠義生于不義音出而不收謂之放言出而不督謂之闇故見其象致其行循其理正其名得其端知其情若此何往不復何事不成有物者意也無外者德也有人者行也無人者道也故德非所履處非所處則失道非其道不道則諂意無賢慮無忠行無道言虛如受實而萬事畢

夫言榮不若辱非誠辭也得不若失非實談也不進則退不喜則憂不得則亡此世人之常眞人危斯十者而爲一矣所謂大辨者別天下之行具天下之物選善退惡時措其宜而功立德至矣小辨則不然別言異道以言相射以行相代使民不知其要無他故焉故淺知也君子幷物而錯之兼途而用之五味未嘗而辨于口五行在身而布于人故何方之道不從面從之義不行治亂之法不用淡然寬裕蕩然簡易略而無失精神入微也

夫舟浮于水車轉于陸此自然之道也有不治者知不豫焉夫木擊折轊水戾破舟不怨木石而罪巧拙故不載焉故有知則惑有心則險有目則眩是以規矩一而不易不爲秦楚緩節不爲胡越改容一而不邪方行而不流一日行之萬世傳之無爲爲之也矣

夫自見之明借人見之闇也自聽之聰借人聞之聾也明君知此則去就之分定矣爲君當若冬日之陽夏日之陰萬物自歸莫之使也恬臥而功自成優游而政自治其在振目搤腕手據鞭扑而後爲治歟

夫合事有不合者知與未知也合而不結者陽親而陰疏故遠而親者忘相應者也近而疏者忘不合也就而不用者策不得也去而反求者無違行也近而不御者心相乖也遠而相思者合其謀也故明君擇人不可不審士之進趣亦不可不詳

轉辭篇

世間悲哀喜樂嗔怒憂愁久惑于此今轉之在已爲哀在他爲悲

在已爲樂在他爲喜在已爲嗔在他爲怒在已爲愁在他爲憂在已若扶之與攜謝之與讓故之與右諾之與已相去千里也夫言之術與智者言依于博與博者言依于辨與辨者言依于安與貴者言依于勢與富者言依于豪與貧者言依于利與勇者言依于敢與愚者言依于說此言之術也不用在早圖不窮在早稼非所宜言勿言以避其禍非所宜爲勿爲以避其危非所宜取勿取以避其咎非所宜爭勿爭以避其聲一聲而非四馬勿追一言而忽四馬不及故惡言不出口苟語不留耳此謂君子也

夫任臣之法闇則不任也慧則不從也仁則不親也勇則不近也言則不信也不以神人用人故謂之神怒出于不怒爲出于不爲視于無色則得其所見聽于無聲則得其所聞故無形者有形之本無聲者有聲之母循名責實實之極也按實定名名之極也參以相平轉而相成故得之形名

夫川竭而谷虛丘夷而淵實聖人不死大盜不起天下平故也聖人不死大盜不止何以知其然爲之斗斛而量之則幷斗斛而竊之爲之權衡以平之則幷與權衡而竊之爲之符璽以信之則幷與符璽而竊之爲之仁義以敎之則幷仁義而竊之何以知其然彼竊財者誅竊國者爲諸侯諸侯之門仁義存焉是非竊仁義耶故遂于大盜霸諸侯此重利也盜跖所不可禁者乃聖人之罪也欲之與惡善之與惡四者變之失恭之與儉敬之與傲四者失之修故善素朴任慨憂而無失未有修焉此德之永也言有信而不爲信言有善而不爲善者不可不察也

夫治之法莫大于私不行功莫大于使民不爭今也立法而行私與法爭其亂也甚于無法立君而爭愚與君爭其亂也甚于無君故有道之國則法立而私善不行君立而愚者不尊民一于君事斷于法此國之道也

明君之督大臣緣身而責名緣名而責形緣形而責實臣懼其重誅之至于是不敢行其私矣

心欲安靜慮欲深遠心安靜則神策生慮深遠則計謀成心不欲躁慮不欲淺心躁則精神滑慮淺則事計傾

治世之禮簡而易行亂世之禮煩而難遵上古之樂質而不悲當今之樂邪而爲淫上古之民質而敦朴今世之民詐而多行上古象形而民不犯教今有墨劓不以爲恥斯民所以亂多治少也堯置敢諫之鼓舜立誹謗之木湯有司直之人武有戒愼之銘此四君者聖人也而猶若此之勤至于栗陸氏殺東里子宿沙氏戮箕文桀誅龍逢紂刳比干四主者亂君也故其疾賢若仇是以賢愚之相覺若百丈之谿與萬仞之山若九地之下與重天之上

明君之御民若御奔而無轡履冰而負重親而疏之疏而親之故畏儉則福生驕奢則禍起聖人之道逍遙一世宰匹萬物之形寂

然無鞭扑之罰漠然無叱咤之聲而家給人足天下太平視昭昭知冥冥推未運覩未然故神而不可見幽而不可見此之謂也

君人者不能自專而好任下則智日困而數日窮迫于下則不能申行隨于國則下能持智不足以爲治威不足以行誅則無以與下交矣故喜而使賞不必富功怒而使誅不必値罪不愼喜怒誅賞從其意而欲委在臣下故亡國相繼殺君不絶古人有言衆口鑠金三人成虎不可不察也

夫人情發言欲勝舉事欲成故明者不以其短疾人之長不以其拙病人之工言有善者明而賞之言有非者顯而罰之塞邪枉之路蕩淫辭之端臣下閉之左右結舌可謂明君爲善者君與之賞爲惡者君與之罰因其所以來而報之循其所以進而答之聖人因之故能用之因之循理故能長久今之爲君非堯舜之才而慕堯舜之治故終顚殞乎混冥之中而事不覺于昭明之術是以虛慕欲治之名無益亂世之理也

患生于宦成病始于少瘳禍生于懈怠孝衰于妻子此四者愼終而始也富必給貧壯必給老快情恣欲必多侵侮故曰尊貴無以高人聰明無以寵人資給無以先人剛毅無以勝人人能履行此可爲天下君

夫謀莫難于必聽事莫難于必成成必合于數聽必合于情故抱薪加火爍者必先燃平地注水溼者必先濡故曰動之以其類安有不應者獨行之術也

明君立法之後中程者不賞缺漏者不誅此之謂君曰亂君國曰亡國

智者寂于是非故善惡有別明者寂于去就故進退無類若智不能察是非明不能審去就斯謂虛妄

目貴明耳貴聰心貴公以天下之目視則無不見以天下之耳聽

則無不聞以天下之智慮則無不知得此三術則存于不爲矣

韓非子

韓非者韓之諸公子也喜刑名法術之學而歸其本于黄老其爲人吃口不能道說善著書與李斯俱事荀卿李斯自以爲不如非見韓之削弱數以書干韓王韓王不能用于是韓非病治國不務求人任賢反舉浮淫之蠹而加功實之上以爲儒者用文亂法而俠者以武犯禁寬則寵名譽之人急則用介冑之士所用非所養所養非所用廉直不用容于邪枉之臣觀往者得失之變故作孤憤五蠹內外儲說難五十五篇十餘萬言人或傳其書至秦秦王見孤憤五蠹之書曰嗟乎寡人得見此人與遊死不恨矣李斯曰此韓非之所著書秦因急攻韓韓始不用非及急乃遣韓非使秦秦王悅之未任用李斯害之斯說秦王曰非韓之諸公子也今欲併諸侯非終爲韓不爲秦此人情也今王不用久留而歸之此自

遺患也不如過法誅之秦王以爲然下吏治罪李斯遺之藥令早自殺韓非欲自陳不見秦王王後悔使人赦之非已死矣

臣聞不知而言不智知而不言不忠爲人臣不忠當死言而不當亦當死雖然臣願悉言所聞唯大王裁其罪大王誠聽其說一舉而天下之從不破趙不舉韓不亡荆魏不臣齊燕不親霸王之名不成四鄰諸侯不朝大王斬臣以徇國以爲王謀不忠者也右初見秦

韓事秦三十餘年出則爲扞蔽入則爲蓆薦出實以侯若席薦居人下秦特出銳師取韓地而隨之怨懸于天下功歸于強秦且夫韓入貢職與郡縣無異也今日臣竊聞貴臣之計舉兵將伐韓夫趙氏聚士卒養徒欲贅天下之兵明秦不弱則諸侯必滅宗廟欲西面行其意非一日之計也今釋趙之患而攘內臣之韓則天下明趙氏之計矣右見存韓

臣非非難言也所以難言者言順比滑澤洋洋纚纚然則見以爲華而不實敦祗恭厚鯁固愼完則見以爲拙而不倫多言繁稱連類比物則見以爲虛而無用總微說約徑省而不飾則見以爲劌而不辨激急親近探知人情則見以爲譖而不讓閎大廣博妙遠不測則見以爲夸而無用纖計小談以具數言則見以爲陋言而近世辭不悖逆則見以爲貪生而諛上言而遠俗詭躁人間則見以爲誕捷敏辨給繁于文采則見以爲史殊釋文學以質信言則

見以爲鄙時稱詩書道法往古則見以爲誦此臣非之所以難言而重患也右見難言

愛臣太親必危其身人臣太貴必易主位妻妾無等必危嫡子兄弟不服必危社稷是故諸侯之博大天子之害也羣臣之太富君主之敗也右見愛臣

道者萬物之始是非之紀也是以明君守始以知萬物之源治紀以知善敗之端右見主道

國無常強無常弱奉法者強則國強奉法者弱則國弱故當今之時能去私曲就公法者民安而國治能去私行行公法者則兵強而敵弱故審得失有法度之制者加以羣臣之上則主不可欺以詐僞審得失有權衡之稱者以聽遠事則主不可以欺天下之輕重今若以譽進能則臣離上而下比周若以黨舉官則民務交而不求用于法故官之失能者其國亂以譽爲賞以毀爲罰也則好

賞惡罰之人釋公行私術比周以相爲也 右見有度

明主之所導制其臣者二柄而已矣二柄者刑德也何謂刑德曰殺戮之謂刑慶賞之謂德夫虎之所以能服狗者爪牙也使虎釋其爪牙而使狗用之則虎反服狗矣人主者以刑德制臣者也今君人者釋其刑德而使臣用之則君反制于臣矣 右見二柄

夫香美脆味厚酒肥肉甘口而病形曼理皓齒說情而損精故去甚去太身乃無害 右見揚權

凡人臣之所以道成姦者有八術一曰在同牀二曰在旁三曰父兄四曰養殃五曰民萌六曰流行七曰威強八曰四方凡此八者人臣所以道成姦世主所以壅刦失其所有也不可不察焉 右見八姦

十過一曰行小忠則大忠之賊也二曰顧小利則大利之殘也三曰行僻自用無禮諸侯則亡身之至也四曰不務聽治而好五音則窮身之事也五曰貪愎喜利則滅國殺身之本也六曰耽于女

樂不顧國政則亡國之禍也七曰離內遠遊而忽于諫士則危身之道也八曰過而不聽于忠臣而獨行其意則滅高名爲人笑之始也九曰內不量力外恃諸侯則削國之患也十曰國小無禮不用諫臣則絕世之勢也 右见十過

知術之士必遠見而明察不明察不能燭私能法之士必強毅而勁直不勁直不能矯姦人臣循令而從事案法而治官非謂重人也重人也者無令而擅爲虧法以利私耗國以便家力能得其君此所謂重人也智術之士明察聽用且燭重人之陰情能法之士勁直聽用且矯重人之姦行故智術能法之士用則貴重之臣必在繩之外矣 右見孤憤

凡說之難非吾知之有以說之之難也又非吾辨之能明吾意之難也又非吾敢橫失而能盡之難也凡說之難在知所說之心可以吾說當之故與之論大人則以爲間已矣與之論細人則以爲賣重論其所愛則以爲藉資論其所憎則以爲嘗已也徑省其說則以爲不智而拙之米鹽博辨則以爲多而交之 米鹽之物積聚萃以成對斛䌊傳明瑣雜之物則爲已多介而挫交之也 略事陳意則曰怯懦而不盡慮事廣大則曰艸野而倨侮此說之難不可不知也夫龍之爲蟲也柔可狎而騎也然其頷下有逆鱗徑尺若人有嬰之者則必殺人 嬰觸也 人主亦有逆鱗說者能無嬰人主之逆鱗則幾矣 右見說難

主用術則大臣不能擅斷近習不敢賣重官行法則浮萌趨于畊農而游士危于戰陣則法術者乃羣臣士民之所禍也人主非能倍大臣之議越民萌之誹獨周乎道言也則法術之士雖至死亡道必不論矣 右見和氏

人主者非目若離婁乃爲明也非耳若師曠乃爲聰也目必不任其數而待目以爲明所見者少矣非不弊之術也耳必不因其勢而待耳以爲聰所聞者寡矣非不欺之道也明主者使天下不得不爲已視不得不爲已聽故身在深宮之中而明照四海之內而天下勿能蔽弗能欺者何也闇亂之道廢而聰明之勢興也 右見姦刦殺臣

夫兩堯不能相王兩桀不能相亡王亡之機必治亂強弱相踦者也木之折也必通蠹墻之壞也必通隙然木雖蠹無疾風不折墻雖隙無大雨不壞萬乘之主有能服術行法以爲亡徵之君風雨者其兼天下不難矣 右見亡徵

故鏡執明而無事美惡從而比焉衡執正而無事輕重從而載焉

夫搖鏡則不得爲明搖衡則不得爲正法之謂也 右見飾邪

凡法令更則利害易利害易則民務變是以有道之君貴靜不重變法故曰治大國者若烹小鮮人處疾則貴醫有禍則畏鬼聖人在上則民少欲少欲則血氣治而舉動理舉動理則少禍害夫內無癰疽癉痔之害而外無刑罰法誅之禍者其輕恬鬼也甚故曰

以道莅天下其鬼不神治世之民不與鬼神相害也故曰非其鬼不神也其神不傷也鬼不祟也疾人之謂鬼傷人人逐除之之謂人傷鬼也民犯法令之謂民傷上上刑戮民之謂上傷民民不犯法則上亦不行刑上不行刑之謂上不傷人故曰聖人亦不傷民上不與民相害而人不與鬼相傷故曰兩不相傷

道者萬物之所然也萬理之所稽也理者成物之文也道者萬物之所以成也故曰道理之者也物有理不可以相薄物有理不可以相薄故理爲物之制萬物各異理萬物各異理而道盡稽萬物之理故不得不化不得不化故無常操無常操是以死生氣稟焉萬智斟酌焉萬事廢興焉言天得之以高地得之以藏維斗得之以成其威日月得之以恒其光五常得之以常其位列宿得之以端其行四時得之以御其變氣軒轅得之以擅四方赤松得之與天地統聖人得之以成文章道與堯舜俱智與接輿俱狂與桀紂

俱滅與湯武俱昌以爲近乎遊于四極以爲遠乎常在吾側以爲暗乎其光昭昭以爲明乎其物冥冥而功成天地和化雷霆宇內之物恃之以成凡道之情不制不形柔弱隨時與理相應萬物得之以死得之以生萬事得之以敗得之以成道譬諸若水溺者多飲之卽死渴者適飲之卽生譬之若劍戟愚人以行忿則禍生聖人以誅暴則福成故得之以死得之以生得之以敗得之以成

人始于生而卒于死始之謂出卒之謂入故曰出生入死是以聖人愛精神而貴處靜此甚大于兕虎之害夫兕虎有域動靜有時避其域省其時則免其兕虎之害矣民獨知兕虎之有爪角也而莫知萬物盡有爪角也不免于萬物之害何以論之時雨降集曠野閒靜而以晨昏犯山川則風露之爪角害之事上不忠輕犯禁令則刑法之爪角害之處鄉不節憎愛無度則爭鬬之爪角害之嗜慾無限動靜不節則痤疽之爪角害之好用其私智而棄道理則網羅之爪角害之兕虎有域而萬害有原避其域塞其原則免于諸害矣 右見解老

千丈之隄以螻蟻之穴潰百丈之室以突隙之烟焚故白圭之行隄也塞其穴丈人之愼火也塗其隙是以白圭無水難丈人無火患此皆愼易以避難敬細以遠大也 右見喻老

有獻不死之藥于荊王者謁者操之以入中射之士問曰可食乎曰可因奪而食之王大怒使人殺中射之士中射之士使人說王曰臣問謁者曰可食臣故食之是臣無罪而罪在謁者也且客獻不死之藥臣食之而王殺臣是死藥也是客欺王也夫殺無罪之臣而明人之欺王也不如釋臣王乃不殺

魯人身善織屨妻善織縞而欲徙于越或謂之曰子必窮矣魯人曰何也曰屨爲人履也而越人跣行縞爲人冠也而越人被髮以子之所長游于不用之國欲使無窮其可得乎

衛人嫁其子而教之曰必私積聚爲人婦而出常也其成居幸也其子因私積聚其姑以爲多私而出之其子所以反者倍其所以嫁其父不自罪于教子非也而自知其益富今人臣之處官者皆是類也

魯丹三說中山之君而不受也因散五十金事其左右復見未語而君與之食魯丹出而不反舍遂去中山其御曰及見乃始善我何故去之魯丹曰夫以人言善我者必以人言罪我未出境而公子惡之曰爲趙來間中山君因索而罪之 右見說林

鱣似蛇蠶似蠋人見蛇則驚駭見蠋則毛起然而漁者握鱣婦人拾蠶利之所在皆爲孟賁 右見說林

安術有七危道有六安術一曰賞罰隨是非二曰禍福隨善惡三曰死生隨法度四曰有賢不肖而無善惡五曰有愚智而無非譽六曰有尺寸而無意度七曰有信而無詐危道一曰斲削于繩之

內二曰斷割于法之外三曰利人之所害四曰樂人之所禍五曰危人之所安六曰所愛不親所惡不疏如此則人失其所以樂生而忘其所以重死人不樂生則人主不尊不重死則法令不行 右見安危

聖王之立法也其賞足以勸善其威足以勝暴其備足以完法治世之臣功多者位尊力極者賞厚情盡者名立善之生如春惡之死如秋故民勸極力而樂盡情此之謂上下相得上下相得故能使用力者自極于權衡而務至于任鄙戰士出死而願爲賁育守道者皆懷金石之心以死子胥之節用力者爲任鄙戰如賁育守爲金石則君人者高枕而守已完矣 右見守道

釋法術而心治堯不能正一國去規矩而妄意度奚仲不能成一輪廢尺寸而差長短王爾不能成半器使中主守法術拙匠守規矩尺寸則萬不失矣君人者能去賢巧之所不能守中拙之所能

萬不失則人力盡而功名立

明主之表易見故約立其教易知故言用其法易爲故令行三者立而上無私心則下得循法而治望表而動隨繩而斲因攢而縫如此則上無私威之毒而下無愚拙之誅故上君明而少怒下盡忠而少罪 右見用人

明君之所以立功成名者四一曰天時二曰人心三曰技能四曰勢位非天時雖十堯不能冬生一穗逆人心雖賁育不能盡人力故得天時則不務而自生得人心則不趣而自勸因技能則不急而自疾得勢位則不推進而名成若水之流若船之浮守自然之道行無窮之令故曰明主

夫有材而無勢雖賢不能制不肖故立尺材于高山之上則臨千仞之谿材非長也位高也桀爲天子能制天下非賢也勢重也堯爲匹夫不能正其家非不肖也位卑也千鈞得舡則浮錙銖失舡則沉非千金輕錙銖重也有勢之與無勢也故短之臨高也以位不肖之制賢以勢 右見功名

古之全大體者望天地觀江海因山谷日月所照四時所行雲布風動不以智累心不以私累己寄治亂于法術託是非于賞罰屬輕重于權衡不逆天理不傷情性不吹毛而求小疵不洗垢而察難知不引繩之外不推繩之內不急法之外不緩法之內守成理因自然禍福生乎道法而不出乎愛惡榮辱之責在乎己而不在乎人故至治之世法如朝露純樸不散心無結怨口無煩言故車馬不疲于遠路旌旂不亂于大澤萬民不失命于寇戎雄駿不創壽于旗幢豪傑不著名于圖書不錄功于盤盂記年之牒空虛故曰利莫長于簡福莫久于安使匠石以千歲之壽操鉤視規矩舉繩墨而正太山使賁育帶干將而齊萬民雖盡力于巧極盛于壽太山不正民不能齊故曰古之牧天下者不使匠石極巧以敗太

山之體不使賁育盡威以傷萬民之性因道全法君子樂而大姦止澹然閑靜因天命持大體故使人無離法之罪魚無失水之禍如此故天下少不治 右見大體

主之所用也七術所察也六微七術一曰衆端參觀二曰必罰明威三曰信賞盡能四曰一聽責下五曰疑詔詭使六曰挾智而問七曰倒言反事此七者主之所用也

觀聽不參則誠不聞聽有門戶則臣壅塞其說在侏儒之夢見竈哀公之問莫衆而迷故齊人見河伯與惠子之言亡其半也其患在豎牛之餓叔孫而江乞之說荆俗也嗣公欲治不知故使有敵是以明主推積鐵之類而察一市之患

衛靈公之時彌子瑕有寵專于衛國侏儒有見于公者曰臣之夢驗矣公曰何夢對曰夢見竈爲見公也公怒曰吾聞見人主夢見日奚爲見寡人而夢見竈對曰夫日兼燭天下一物不能當也人

君兼燭一國一人不能壅也故將見人主者夢見日夫竈一人煬焉則後人無從見矣今或者有一人煬君者乎則臣雖夢見竈不亦可乎

越王問于大夫種曰吾欲伐吳可乎對曰可矣吾賞厚而信罰嚴而必君欲知之何不試焚宮室于是遂焚宮室人莫救之乃下令曰人之救火者死比死敵之賞救火而不死者比勝敵之賞不救火者比降敵之罪人塗其體被濡衣而赴火者左三千人右三千人此必勝之勢也

越王句踐見怒蛙而式之御者曰何爲式王曰蛙有氣如此可無爲式乎士人聞之曰蛙有氣王猶以式況士人之有勇者乎是歲人有自剄死以其頭獻者故越王將復吳而試其教燔臺而鼓之使民赴火者賞在火也臨江而鼓之使人赴水者賞在水也臨戰而使人絕頭刳腹而無顧心賞在兵也又況據法而進賢其助甚此矣

李悝爲魏文侯上地之守而欲人之善射也乃下令曰人之有狐疑之訟者令之射中之者勝不中者負令下而人皆疾習射日夜不休及與秦人戰大敗之以人善戰射也 右見內儲說上七術

六微一曰權借在下二曰利異外借三曰托于似類四曰利害有反五曰參疑內爭六曰敵國廢置此六者主之所察也

勢重者人主之淵也臣者勢重之魚也魚失于淵而不可復得也人主失其勢重于臣不可復收也古人難正言故託之于魚賞罰者利器也君操之以制臣臣得之以壅主故君先見所賞則臣鬻之以爲德君先見所罰則臣鬻之以爲威故曰國之利器不可以示人

靖郭君相齊與故人久語則故人富懷左右刷則左右重久語懷刷小資也猶以成富況于吏勢乎

衛人有夫婦禱者而祝曰使我無故得百束布其夫曰何少也對曰益是子將以置妾

鄭君問鄭昭曰太子亦何如對曰太子未生也君曰太子已置而曰未生何也對曰太子雖置然而君之好色不已所愛有子君必愛之愛之則必欲以爲後臣故曰太子未生也 右見內儲說下六微

夫嬰兒相與戲也以塵爲飯以塗爲羹以木爲胾然至日晚必歸饟者塵飯塗羹可以戲而不可以食也夫稱上古之傳頌辨而不慤道先王仁義而不能正國者此亦可以戲而不可以爲治也夫慕仁義而弱亂者三晉也不慕而治強者秦也然而秦強而未帝者治未畢也 右見外儲說左上

秦韓攻魏昭卯西說而秦韓罷齊荆攻魏卯東說而齊荆罷魏襄王養之以五乘將軍卯曰伯夷以將軍葬于首陽山之下而天下曰夫以伯夷之賢與其稱仁而以將軍葬是手足不掩也今臣能

四國之兵而王乃與臣五乘此其稱功猶贏勝而履屩 贏利也閒賈者贏利倍勝 今以勝賞報大功猶贏勝之人履草屩也 孔子曰善爲吏者樹德不能爲吏者樹怨槩者平量者也吏者平法者也治國不可失平也 右見外儲說左下

宋人有酤酒者升概甚平遇客甚謹爲酒甚美懸幟甚高著然不售酒酸怪其故問其所知長者楊倩倩曰汝狗猛耶曰狗猛則酒何故而不售曰人畏焉或令孺子懷錢挈壺甕而往酤而狗迓而齕之此酒所以酸而不售也夫國亦有狗有道之士懷其術而欲以明萬乘之主大臣爲猛狗迎而齕之此人主之所以蔽脅而有道之士所以不用也桓公問管仲曰治國何患對曰社鼠夫社樹木而塗之鼠因自託也薰之則木焚灌之則塗陁此所以若于社鼠也今人君左右出則爲勢重以收利于民入則比周謾侮蔽惡以欺于君不誅則亂法誅之則人主危據而有之此亦社鼠也故人臣執柄禁明爲己者必利不爲己者必害此亦猛狗也故左右

爲社鼠用事者爲猛狗則術不行矣 右見外儲說右上

方吾子曰吾聞之古禮行不與同服者同車居不與同族者共家而況君人者乃借其權而外其勢乎吳章謂韓宣王曰人主不可佯愛人一日不可復憎不可佯憎人一日不可復愛也故佯憎佯愛之徵見則諛者因資而毀譽之雖有明主不能復收而況於以誠借人也

管仲曰上有積財則民必匱乏于下宮中有怨女則外有老而無妻者桓公曰善令于宮中女子未嘗御出嫁之乃令男子年二十而室女子十五而嫁則内無怨女外無曠夫矣 右見外儲說右下

歷山之農者侵畔舜往耕焉期年甽畝正河濱之漁者爭坻舜往漁焉期年而讓居東夷之陶者器苦窳舜往陶焉期年而器牢仲尼嘆曰畊漁與陶非舜者也而舜往爲之者所以救敗也舜其信仁乎乃躬籍處苦而民從之故曰聖人之德化乎

晉平公與羣臣飲飲酣乃喟然嘆曰莫樂爲人君惟其言而莫之違師曠侍坐于前援琴撞之公披衽以避琴壞于壁公曰大師誰撞曠曰今者有小人言于側者故撞之公曰寡人也曰惡是非君人者之言也左右請除之公曰釋之以爲寡人戒 右見難一

景公過晏子曰子宮小近市請徙家于豫章之間晏子再拜而辭曰嬰家貧待市食而朝暮趨之不可以遠景公笑曰子家習市識貴賤乎是時景公繁于刑晏子對曰踴貴而屨賤景公曰何故對曰刑多也景公造 七老反 然變色曰寡人其暴乎于是損刑五

晉平公問叔向曰昔者齊桓公九合諸侯一匡天下不識臣之力也叔向對曰管仲善制割賓胥無善削縫 言損益若女工剪削縫綻 隰朋善純緣 言增飾若女工之純緣也 衣成君舉而服之亦臣之力也君何力之有師曠伏琴而笑公曰太師奚笑也師曠對曰臣笑叔向之對君也凡爲人臣者猶炮宰和五味而進之君君勿食孰敢強之也臣請譬之君者壤地也臣者艸木也必壤地美然後艸木碩大亦君之力臣何力之有 右見難二

或曰廣廷嚴居衆人之所肅也晏室獨處曾史之所慢也觀人之所肅非得情也且君上者臣下之所爲飾也好惡在所見臣下之飾姦物以愚其君必也明不能燭遠姦見隱微而待之以觀飾行定賞罰不亦弊乎 右見難三

愼子曰飛龍乘雲騰蛇遊霧雲罷霧霽而龍蛇與螾螘同矣則失其所乘也賢人而詘于不肖者則權輕位卑也不肖而能服于賢者則權重位尊也堯爲匹夫不能治三人而桀爲天子能治天下以此知勢位之足恃而賢智之不足慕也夫弩弱而矢高者激于風也身不肖而令行者得助于衆也堯教于隸屬而民不聽至于南面而王天下令則行禁則止由此觀之賢智未足以服衆而勢位足以御賢者也 右見難勢

畏死遠難降北之民也而世尊之曰貴生之士學道立方離法之民也而世尊之曰文學之士遊居厚養牟食之民也而世尊之曰有能之士語曲牟知僞詐之民也而世尊之曰辨智之士行劍攻殺暴憿之民也而世尊之曰磏勇之士活賊匿姦當死之民也而世尊之曰任譽之士此六民者世之所譽也赴險殉誠死節之民也而世少之曰失計之民也寡聞從令全法之民也而世少之曰樸陋之民也力作而食生利之民也而世少之曰寡能之民也嘉厚純粹整慤之民也而世少之曰愚戇之民也重命畏事尊上之民也而世少之曰怯懾之民也挫賊遏奸明上之民也而世少之曰諂讒之民也此六民者世之所毀也姦僞無益之民六而世譽之如彼畊戰有益之民六而世毀之如此此之謂六反

夫彈痤者痛飲藥者苦爲苦痛之故不彈痤飲藥則身不活病不已矣今上下之接無子父之澤而欲行仁義禁下則交必有郄矣

且父母之于子也產男則相賀產女則殺之此俱出父母之懷姙然男子受賀女子殺之者慮其後便計之長利也故父母之于子也猶用計算之心以相待也而况無父子之澤乎

人皆寐則盲者不知皆嘿則瘖者不知覺而使之視問而使之對則瘖盲者窮矣不聽其言也則無術者不知不任其身也則不肖者不知聽其言而求其當任其身而責其功則無術不肖者窮矣

右見六反

夫馬之所以能任重引車致遠道者以筋力也萬乘之主千乘之君所以制天下而臨諸侯者以其威勢也威勢者人主之筋力也今大臣特威左右擅勢是人主失力也人主失力而能有國者千無一人虎豹之所以能勝人執百獸者以其爪牙也當使虎豹失其爪牙則人必制之矣今勢重者人主之爪牙也君人失其爪牙虎豹之類也 右見人主

聖人之治民度于本不從其欲期于利民而已故其與之刑非所以惡民愛之本也刑勝而民靜賞繁而奸生故治民者刑勝治之首也賞繁亂之本也夫民之性喜其亂而不親其法故明主之治國也明賞則民勸功嚴刑則民親法勸功則公事不犯親法則姦無所萌 右見心度

夫凡國博君尊者未嘗非法重而可以至乎令行禁止于天下者也是以君人者分爵祿制則法必嚴以重之夫國治則民安事亂則邦危法重者得人情禁輕者失事實且夫死力者民之所有者也人情莫不出于死力以致其所欲而好惡者上之所制也民者好利祿而惡刑罰上掌好惡以御民力事實不宜失矣 右見制分

說郛卷第四十七終

說郛卷第四十八

聱隅子歔欷瑣微論 二卷

宋黃晞 蜀人仁宗朝

敘曰聱隅者枘物之名也歔欷者兼嘆之聲也瑣微者述之之謂也天生斯人也與夫禽獸之駢然所以異者由出道限矣故首之以生學天實生賢宜均所付介然獨處爲隘則甚故承之以進身進身之速匪衣且食殫吾所私垂無疆之休故承之以揚名厚俗流荒實一姦百善既揚名惡亦如之故承之以虎豹暴夫于虎爲毒舉世慨夫哲人爲之來哉故承之以仁者勇勝則暴仁勝則流不暴不流故承之以文武文以經治武以運文故承之以戰克文武交濟剛以浹柔故承之以大中大中之至莫顯乎二者故承之以道德道德者誰何故終之以三王或曰孔子刪書其實帝之而子與王何也曰宗周之禮父傳之子子畀之孫雖有堯舜在下未

有無父而天子也晞之所得表于三王耳勿爾則吾罔敢源溢則波微智小則意塵迯而不文孰與爾歸非敢播之作者益用致之子姪云爾晞序

五氣雜萃鈞坯鑪鞴物吾鍾付何以事天用吾以然則無不然君子亶力作生學篇

無自而生無自而不生以吾茲身人實奈何物求吾原吾道是求蓁然濡然不吾爲哉作進身篇

顯顯令實巍昂卓厲吾曄吾暉以效所在知生不生所以長生作揚名篇

回邪飭心反僞如眞賞日不足厲則有餘嗚呼咈矣哉奈命之何

故作虎豹篇
世道斯往誰爲來者寨極以亨勢之使然萬態融融動植飛潛故
作仁者篇
天生萬彙爲茲人用紛紜交蔓將焉救之有條有綱統宗會元故
作文武篇
陰陽相生水火相平交戰其間以順吾道夥哉生衆得讒天性作
戰克篇
人情不一世所以亂聖人哀之大爲之防二者交際故不可以不
知也故作大中篇
自天地事無能捨之者萃斯二柄而已嗚呼斯人以歸乎壽福作
道德篇
王協其王民心繹順位不崇德衆斯救焚惟皇建極允克厥終作
三王篇

鼇隅子曰生而不知學與不生同學而不知道與不學同知而不
能行與不知同知而後行者尚矣
學之非師而功益勞友之非人而過益深是以古人君子從師而
後言顧友而後行故其失鮮矣今則亡 右見生學
嗚呼腐帥不可以撻兵渙泥不可以膠物猶釋老不可以持天下
也 右見進身
千里之旱一雨或能救其將枯緜年之病丸藥或能救其少死
終日不爲惡惡必殺矣終日不爲善善必怠矣是以君子捨此覬
彼 右見揚名
不謨之相不材之將其尸利也倍乎商賈欺閭之人慘礉之吏其
爲毒也甚乎鴆翅故爲天下者不可不愼
王良之執馭扁鵲之爲醫師曠之善聽由基之精射使其志于聖
人之道猶反掌耳 右見虎豹

或問孔子之道何所止也鼇隅子曰春以煦之夏以長之秋以成
之冬以藏之又何所止哉 右見仁者
文成而道存道存而事協事協而功易有不由于此者猶捨舟而
渡淵其能濟乎
女不恥其身之不正而恥其色之不偶士不恥其材之不充而恥
其祿之不厚亦不思之甚矣
大僞若眞大邪若正大私若公大害若利聖人不啓人以爲賊而
姦人迹聖人以爲賊 右見文武
或問戰克于鼇隅子子對曰以道德爲疆場以仁義爲將帥以命
令爲陣伍以忠信爲干戈智以帥之禮以戰之則何戰而不克也
右見戰克
女無妍媸得幸則衆妬之矣士無賢愚得勢則衆嫉之矣 右見大中
澗底之松千尋之標風雨所飄霜露所及而未嘗以材不材易其
秀君子履道無躁世之勿腆無尤人之不念生雖不遺名亦隨昌
右見道德

三王不以天下爲心而天下歸之五霸以生民爲心而生民違之
蓋脩與否故也
去就者是非之根動靜者成敗之源吉凶者善惡之樞始終者安
危之機固其根澄其源審其樞端其機則天下之能事畢矣
或問爲天下之道如之何對曰其猶馬也護之以皁廄飼之以芻
粟嚴之以靮鞿控之以善御以遠則遠之以近則近之孰爲而勿
若也 右見三王

程氏則古 十卷　宋 程大昌 字泰之新安人淳熙辛丑作

古詩分題 梁天監中曹景宗立功還武帝宴華光殿連句令沈約賦韻
獨景宗不預固啓求賦詩韻已盡惟餘競病二字景宗操筆而成
所謂歸來笳鼓競者是也初讀此了未曉賦韻爲何等格法偶閱

陳後主集見其序宣猷堂宣宴集五言曰披鉤賦咏逐韻多少次第而用座有江總陸瑜孔範等三人後主韻得迮格白易夕擲折唶字其詩用韻與所得韻次前後正同曾不攙亂一字乃知其說是先書韻爲鉤座客探鉤各據所得循序賦之正後世次韻格也唐世次韻起元微之白樂天二公自號元和體古未之有也抑不知梁陳間已嘗出此但其所次之韻以探鉤所得而非酬和先唱者是少異耳又楊衒之洛陽伽藍記載王肅入魏舍江南故妻謝氏而娶魏元帝女其故妻贈之詩曰本爲箔上蠶今爲機上絲得路遂騰去頗憶纏綿時其繼室代答見謝正次用絲時兩韻則亦以唱和爲次矣

後九月　漢初不獨襲秦正朔亦因秦曆秦以十月爲首不置閏當閏之歲無問何月率歸餘歲終爲後九月漢紀表及史記自高帝至文帝其書後九月皆同是未嘗推時定閏也至太初元年改用夏正建寅爲歲首然猶歷十四年至征和二年始于四月後書閏月豈史失書耶抑自此始制閏也

僧尼拜天子　唐志道士女冠僧尼見天子必拜今不拜非禮也

食其　漢初酈寄趙三人皆名食其以亡國衛有司馬食其並慕其名

黎明　史記呂后紀黎明孝惠還徐廣曰黎猶比也將明之時此說非也黎𥠖古字通黎黑也黑與明相雜欲曉未正曉也猶曰昧爽昧暗也爽明也亦明暗相雜也遲明即未及乎明也厥明質明則已曉也

郝靈答　開元間得默啜首者唐史爲郝靈峯白樂天新豐折臂翁詩註云郝雲苓郝雲苓者豈其字或蓄官耶

尊後書空　補沈括筆談云前世卑者致書于尊書尾作敬空字如從尊暨卑但于空紙批所欲言曰及某人如今批答之類故紙尾結言敬空者示行卑不敢更有他語也

馮商續史記　張湯傳注如淳曰班固目錄馮商長安人成帝時待詔金馬門受詔續太史公書十餘篇顏師古曰劉歆七略云商與孟柳俱待詔頗序列傳未卒會病死然則史記亦有馮商與孟柳之文不獨褚先生也

秦穆公以人從死　古今罪秦穆公以人從死非也此自其國俗嘗有願殉者而三良亦在願中耳田横死其二臣亦穿冢以從是時横已失國豈能強之使殉乎詩曰如可贖兮人百其身者傷其自欲從殉不可救之更代也恐非穆公遺命使然秦獻公元年下令止從死者然則自穆公以至康公其國俗既以願殉爲義國家不立法禁故獻公既葬出子之非令始以國法絕之

北夢瑣言　二十卷　五代孫光憲　富春人

所好優劣　唐宣宗皇帝好儒雅每于小殿對學士從容未嘗不論前代興亡頗留心貢舉曾于殿柱上自題曰鄉貢進士李昇或宰臣出鎭賦詩以贈之詞皆清麗凡對宰臣及政事即終日忘倦洎僖宗皇帝好蹴球鬬雞爲樂自以能于步打謂俳優石野猪曰朕若作步打進士亦合得狀元野猪對曰或遇堯舜禹湯作禮部侍郎陛下不免且落第帝笑而已原其所好優劣即聖政可知也

再興釋教　武宗嗣位宣宗居皇叔之行密遊外方或止江南名山多識高道僧人初聽政謂宰相曰佛者雖異方之教深助理本所可存而勿論不欲過毀以傷令德乃下遺詔會昌中靈山石迹招提廢棄之地並令復之委長吏擇僧之高行者居之惟出家者不得妄度也懿宗即位唯以崇佛爲事相國蕭倣裴坦時爲常侍諫議上疏極諫其略云臣等聞玄祖之道用慈儉爲先素王之風以仁義是首相延百世作則千年至聖至明不可易也如佛者生于天竺去彼王宮割愛中之至難取滅後之殊勝名歸象外理出塵中非爲帝王所能慕也廣引無益有損之義文多不錄文理婉順與韓

愈元和中上請除佛骨表不異也懿皇雖聽覽稱奬竟不能止末年迎佛骨纔至京師俄而晏駕識者謂大喪之兆也

(文宗重王起) 王文懿公起三任節鎭歇歷省寺贈守太尉文宗頗重之曾爲詩寫于太子之笏以錫之又畫儀形于便殿師友目之曰當代仲尼雖歷外鎭家無餘財上知其貧甚詔以仙韶院樂官逐月俸錢三百貫給之起昧于理家俸入其家盡爲僕妾所有耄年寒餒故加給焉于時識者以起不能陳遜而與伶人分俸利其苟得此爲短也葆光子曰士人之家唯恥貨殖至于荷畚執耒灌園鬻蔬未有祿代耕豈空器而爲養安可忘甘旨不迨晨昏今之世祿囂浮不能撙節稍豐則飫其狗彘少歉則困彼妻孥而云安貧吾無所取唯衣與食所謂切身倘德望名品未若王相國得不思儉而足用乎

(戲改畢諴名) 唐相畢諴吳郡人詞學器度冠于儕流擢進士未遂其志嘗謁一朝士希爲改名以期亨達此朝士譏其鹺賈之子請改爲諴字畢欣然受而謝之竟以此名登第致位台輔前之朝士慙悔交集也

(段相爇金蓮) 唐段相文昌家寓江陵少以貧窶進修常患口食不給每聽曾口寺齋鐘動輒詣謁飡焉爲寺僧所厭自此乃齋後扣鐘冀其晚至而不逮食也後入登台座連出大鎭拜荊南節度有詩題曾口寺云曾遇闍黎飯後鐘蓋爲此也富貴後打金蓮花盆盛水濯足徐相商致書規之鄙平曰人生幾何要酬平生不足也夏侯孜相國未偶伶傳風塵蹇驢無故墜井每入朝士之門舍逆旅之館多有齟齬時人號曰不利市秀才後登將相何先蹇而後通(或曰王播相公未遇題揚州佛寺詩又荊南人云是段相亦兩存之)

(王文公叉手睡) 王文公凝清修重德冠絕當時每就寢息必叉手而臥慮夢寐中見先靈也

(韋宙足穀翁) 唐相韋公宙善治生江陵府東有別業良田美產最號膏腴而積穀如坻皆爲滯穗大中初除廣州節度宣宗以番禺珠翠之地垂貪泉之戒京兆從容奏對曰江陵莊積穀尚有七十堆固無所貪宣宗曰此所謂足穀翁也

(五經子三變) 唐咸通中荊州有書生號唐五經者學識精博實曰鴻儒旨趣甚高人所師仰聚徒五百輩以束脩自給優游卒歲有濟南之風幕僚多與之遊嘗謂人曰不肖弟子有三變第一變爲蝗蟲謂鬻莊而食也第二變爲蠹魚謂鬻書而食也第三變爲大蟲謂賣奴婢而食也三食之輩何代無之

(女之失身與守節者) 浙西周寶侍中博陵崔夫人乃乾符中時相之姊妹也少爲女道士或云寡而冠帔自幽獨焉大貂素以豪俠聞知崔有容色乃踰墻而竊之宗族亦莫知其存歿爾後周除浙右其內亦至國號乃具車馬偕歸崔門曰昔日官職卑下未敢先言此際叨塵亦不相辱相國不得已而容之此事鳳翔楊少君說之甚詳近代江南鍾令內子乃盧犨員外之女也亂離失身弟兄之在班行者恥之乃曰小娘子何不自殺而偶非丈夫也仙傳有徐仙姑居南岳魏夫人壇毳僧調之乃自顯仆此乃修道而靈官所衞也末山尼開堂說法禪僧鄧隱峰有道者也然試其所守中夜挾刀入禪室欲行強暴尼憚死失志隱峰取其袒服集衆僧以曉之其徒立散王蜀先主部將張勍暴橫鞭人之胷典眉州有一少尼姿容明悟講無量壽經張欲逼辱以死拒之不肯破戒因而詬罵張乃折其齒與其父同沉于蟇頤津中崔氏女末山尼以畏愞而苟全徐仙姑用道力而止暴講經尼以守介而損命是知女子修道亦一段障難而況冶容誨淫者哉孫棨舍人著北里志敘朝賢子弟平康狎遊之事其旨似言盧相攜之室女失身于外甥鄭氏子遂以妻之殺家人而滅口是知平康之遊亦何傷于年少之流哉

崔禹昌 唐世梁太祖未建國前崔禹昌擢進士第有別業在汴州管內禹昌敏俊善接對初到夷門希梁祖意請陳桑梓禮梁祖甚喜以其不相輕薄甚蒙管領常預賓從或陪游戲梁祖以其有莊墅必籍牛乃問曰莊中有牛否禹昌曰不識得有牛意是無牛以時俗語不識得有對之梁祖大怒曰豈有人不識牛謂我是村夫即識牛渠則不識如此輕薄何由可奈幾至不測復有人言方漸釋怒

韋氏女配劉謙妻 丞相韋公宙出鎮南海有小將劉謙者職級甚卑氣宇殊異乃以從猶女妻之其內以非我族類慮招物議諷諸幕僚請亟諫止之丞相曰此人非常流也他日吾子孫或可依之謙以軍功拜封州刺史韋夫人生子曰隱曰巖爲廣帥巖嗣之奄有嶺表四府之地自建號曰漢改名龑在位二紀而終次子嗣即京兆知人之鑑非繆也

盧詩三遇 唐盧延讓業詩二十五舉方得一第其卷中有狐衝官道過狗觸店門開之句租庸張濬親見此事每稱賞之母又有餓猫臨鼠穴饞犬舐魚砧之句爲成中令汭見賞又有栗爆燒氈破猫跳觸鼎翻爲王先生所賞公謂人曰平生投謁公卿不意得力于猫兒狗子也人聞而笑之

夢中女妓 光化中有文士劉生道濟止於天台山國淸寺夢見一女子引生入窗下有側柏樹葵花遂爲伉儷後頻于夢中相遇自不曉其故無何于明州奉化縣古寺內見有一窗側柏樹葵花宛是夢中所遊有一客官人寄寓于此室女有美才貧未聘近中心疾而生所遇乃女之魂也蓋女子及笄不有所歸乃父兄之過也又有彭城劉生夢入一娼家與諸輩狎飲爾後但夢便及彼家自疑非夢所遇之姬芳香常襲衣蓋心邪所致聞于劉山甫也

張暇起一悼 唐張褘侍郎朝望甚高有愛姬早逝悼念不已因入朝未回其猶子右補闕曙才俊風流因增大阮之悲乃制浣溪紗詞曰枕障薰爐隔繡幃二年終日兩相思好風明月始應知天上人間何處去舊懽新夢覺來時黃昏微雨畫簾垂置于几上大阮退朝憑几無憀忽睹此詞不覺哀慟乃曰此必阿灰所作阿灰即中諫小字也然于名教還亦不可以其叔姪年顏相侶恕之可矣諺曰小舅小叔相追相逐謔戲固不免也

荆十三娘 進士趙中行家于溫州以豪俠爲事至蘇州旅止支山禪院僧房有一女商荆十三娘爲亡夫設大祥齋因慕趙遂同載歸揚州趙以氣義耗荆之財殊不介意其友人李正郎第三十九愛一妓爲其父母奪與諸葛殷李悵恨不已時諸葛殷與呂用之幻惑高太尉恣行威福李懼禍飲泣而已時偶話于荆娘荆娘亦憤惋謂李三十九郎曰此小事我能爲報讐但請過江于潤州北固山六月六日正午時待我李依之至期荆氏以囊盛妓兼致妓之父母首歸于李後與趙進士同入浙中不知所止

魚徐二緣 唐女道士魚玄機字惠蘭甚有才思咸通中爲李億補闕執箕帚後愛衰下山隸咸宜觀爲道士有怨李公詩云易求無價寶難得有心郎又云蕙蘭消歇歸秦浦楊柳東西伴客舟自是縱懷乃娼婦也竟以殺侍婢爲京兆尹溫璋殺之有集行于世江淮間有徐月英亦娼者其送人詩云惆悵人間事久違兩人同去一人歸生憎平望橋邊水忍照鴛鴦相背飛亦有詩集金陵徐氏諸公子寵一官妓官妓死乃焚之月英送葬謂徐公曰此娘子平生風流沒亦帶焰時號美戲也唐末有北里志其間即孫尙書儲數賢平康狎遊之事或云孫棨舍人撰

孔拯避雨 唐孔拯侍郎作補遺時朝回遇雨不賫油衣乃避雨于坊曳之廡下雾注愈甚已過食時民家意其朝飢延入廳事俄有一叟烏帽紗巾而出迎候甚恭因備酒饌亦精珍乃公侯家不若也孔

公慙謝之且借油衣叟曰某寒不出熱不出風不出雨不出未嘗置油衣然已令鋪上取去可以供借也孔公嘆羨不覺頓忘宦情他日說于僚友爲大隱之美也古之富者擬于封君洪範五福一曰富先賢以無事富貴豈斯人之徒耶復有一丞郎馬上內逼急詣一空宅纔登溷軒則大優穆刀綾空屋也將畢優忽至丞郎慚謝之優曰侍郎他日內逼但倩光訪聞者絕倒

（梁魏張夫人）梁祖魏國夫人張氏碭山富室女父蘐曾爲宋州刺史溫時聞張有姿色私心傾慕有麗華之嘆及溫在同州得張于兵間因以婦禮納之溫以其宿欵深加敬異張賢明有禮溫雖虎狼其心亦所畏伏每軍謀國計必亦延訪或已出師中途有所不可張氏一介請旋如期而至其信重如此初收兗鄆得朱瑾妻溫告之云彼既無依寓于輜車張氏遣人召之瑾妻再拜張氏答拜泣下謂之曰兗鄆爲司空同姓之國昆仲之間以小故尋戈致吾姒如此

設不幸汴京失守妾亦如吾姒之今日也又泣下乃度爲尼張恆給其費張既卒繼寵者非人及僭號後大縱朋淫骨肉聚麀帷薄荒穢以致友珪之禍起于婦人始能以柔婉之德制虎豹之心如張氏者不亦賢乎

退齋雅聞錄　一卷　　宋侯延慶（號退齋居士字季長）

（宋郊改名庠）宋莒公初名郊在翰苑上有意大用爲同列所譖言姓名之讖不利國家上賜名庠莒公因有詩云紙尾何勞問姓名禁林依舊接羣英欲知七略稱臣向便是當時劉更生

（蠟炬）張芸叟初遷集兒女把酒芸叟有慨然不樂之意命各探坐中物賦詩一女賦蠟炬云尊前獨垂淚應爲未灰心蓋以諷也芸叟稱之

（轉食藥方）衡陽試院中同官趙傳霖傳轉食藥方以巴豆一粒同枳殼一枚切作兩片去穰內巴豆以麻皮縶合不拘多少水煎令枳殼軟爛只去巴豆焙乾枳殼爲末麪糊丸以桐子大食後熱水下十五丸老小皆可服

（治暴熱吐血方）孫紹先傳治暴吐血方急以竹子去簷頭取蛛蜘網搓成丸子用米飲下一服立止

（梅花詩）蔡載天任賦梅花落句云應有化人巢木末枝間一國自行春其冥搜如此

（唐書詩）予與尹東珣溫叔同考信德府進士溫叔言頃在都下市書有見寫本唐詩節要一册後題一絕云中原不可生強盜強盜纔生不可除一盜既除羣盜起功臣都是盜根株竟不知誰所作

（雨）河朔人謂淸明雨爲潑火雨立夏爲隔轍雨

（農語）秦晉間農夫語小麥鑽大秀旱穀豌豆花植穀地泥秀爛起田中瓜

（瑞香花）瑞香花種出江州廬山今長沙競成俗一株有至百千花者

最忌麝或佩麝觸之花輒萎死惟頻瀹茶灌其根不爲蟲所蝕

（江村圖詩）章子厚題李邦直家江村初雪圖詩云江頭微雪北風急憶泊武昌洲尾時潮來浪打船欲破擁被醉眠人不知

（羅浮山隱者詩）羅浮山有隱者自謂黃冠野人或云呂洞賓之流嘗題詩山間云雲來萬山動雲去山一色長嘯兩三聲天高秋月白

（道宗詩）劉拱衛遠宣和初仕祁州嘗接伴北使有李處能者北朝故相之季子號李狀元家燕人之最以文學著者處能謂遠曰本朝道宗皇帝好文先人昔荷寵異嘗于九日進菊花賦次日賜批答一絕句云昨日吟卿菊花賦碎剪金英作佳句至今襟袖有餘香冷落秋風吹不去

退齋筆錄　　前人

（墓誌）建炎二年歲在戊申楊淵守吉州是年車駕駐蹕維揚江南諸郡日虞金人深入淵時修城得銅鐘于城隅其上有文云唐京兆

李愛子墓誌唐興元初仲春仲巳日吾李愛子役築于廬陵殞于西壘之原吾時司天文昭政命令晦朔康定之始未欲塋于他山就瘞于西壘之根吾卜茲土後當大德五九之間世衰道敗浙梁相繼喪亂之時章貢康昌之日復工是壘吾亦復出是邦東平鳩工決便使吾愛子之骨得同河伯聽命于水府矣京兆逸翁深甫記淵方與版築未成明年金人犯維揚車駕幸浙金人遂渡江分兩路一犯明越車駕登海舟駐永嘉一犯洪吉太母保章貢淵失守既經兵火不知鐘所在癸丑呂源來守下車即修城不數月壁壘皆立東平鳩工之言一驗云 銅鐘之名歸之劉淵

僧化成課命 元豐中王荊公曰乞罷機政寓于劉沆相宅幾兩月神宗未許其去沆之子瑨嘗謁公坐間公問云化成住處在近可令呼來化成者卜課命老僧也少頃化成至公作一鬮詢更爲看命化成曰三十年前與相公看命今仕至宰相矣更復何問公微作色曰使安石問命又不待做官但力乞去上未許只看旦夕便去得否化成曰相公得意濃是正好休要去在相公不在上不疑何卜公悵然嘆服去意遂決瑨之子倜云

神宗時以陝西用兵失利內批出令斬一漕臣明日宰相蔡確奏事上曰昨日批出斬某人已行否確曰方欲奏知上曰此人可疑確曰祖宗以來未嘗殺士人臣等不欲自陛下始上沉吟久之曰可與刺面配遠惡處門下侍郎惇曰如此即不若殺之上曰何故曰士可殺不可辱上聲色俱厲曰快意事更做不得一件惇曰如此快意事不做得也好 呂源云

蔡確之子懋先宣和末爲同知樞密院事因奏事言確南遷時事云蘇軾有章救先臣確臣家嘗傳錄因袖出章進上皇云蘇軾無此章軾在哲宗朝所上章哲宗以一旋風册子手自錄次今在宮中無此章也懋悵然而退 郎瀟之云

五總志 一卷　宋吳　坰 江右人

憂患餘生艱棘百狀遭時搶攘顧逃生之不暇猶廢井不汲泥不食矣然于紬繹方册與夫耳目所聞見有可紀述者尚未能結舌于是因事輒書雜以己語或以古証今亦不復引其次第非敢爲書覬有補于遺亡龜生五總靈而知事因識其首曰五總建炎庚戌上巳前三日避地無諸城書于蕭寺之道山亭江右吳坰序

論李白 唐李白嶔崎磊落常醉眠于酒市上遽召見于沉香亭白披襟扶掖以對命高力士脫靴以水噀面須臾落筆如風雨時人謂白沉酣中爲文章及與不醉人相對議是未嘗錯誤因號爲醉聖故老杜云天子呼來不上船而開元遺事載明皇宴于便殿酒酣謂白曰太后之朝政出多門國由奸幸任人之道如小兒市瓜不擇香味惟揀肥大者白曰今朝用人如淘沙取金剖石採玉皆得精粹者上曰學士故有所飾也以此觀之白本進取之流諂諛之意不忘于胸中向來恃酒不羈特有才無命託此以玩世與杜公

醒時而狂未易同日語也

潦倒 魏天保以後重吏事謂容止醞藉爲潦倒宋武帝舉止行事以劉穆之爲節度此非醞藉潦倒之士耶而後世以潦倒爲不偶之辭誤矣

才絕 唐人謂李白爲天才絕白居易爲人才絕李賀爲鬼才絕白傅與贊皇嘗不協每白有所寄李緘之一笑未嘗開或請之答曰若見辭翰則回吾心矣東坡云文章如精金美玉市而有價未易以私口舌貴賤誠哉是言也

龍戶 長安有龍戶見水即知有龍或引出但如鰍退之云衙時龍戶集上日馬人來當是用此而馬人不見于書傳更當詳考且質于博古者

餅餌 干寶司徒儀曰祭用糝𩜹晉制呼爲𥟉餅又曰寒具今日饊子

桓玄蓄法書名畫冠絕一時方食寒具有客至不復拭手出以示之故多染汚東坡題古畫云上有桓玄寒具油

二碧落碑　唐韓嘉九官絳澤二州其子王爲妣妃薦嚴作文立石以表孝誠文雖不同而俱名曰碧落在絳州者立于天尊之背在澤者立于佛龕之西絳之道館有開元中所立石爲荆人陳惟玉書

不借　不借草屨也謂其易辦人人自有不待借故名曰不借

清節　有一朝士家藏古鑑自言能照二百里將以獻呂穆公公曰吾面不及碟子大安用照二百里爲復有獻硯于王荆公云呵之得水公笑而却之曰縱得一擔能直幾何二公之言雖類質野而清節不爲物移聞者嘆服

丁謂責詞　寇萊公貶時楊文公在西掖既得詞頭有請于丁晉公公曰春秋無將漢法不道皆其罪也楊深不平之及晉公去位楊尚當制爲責詞曰無將之戒深著于魯經不道之誅難逃于漢法一時快之

丁晉公齋僧疏　晉公少以文稱南遷作齋僧疏云補仲山之袞雖曲盡于乃心和傅說之羹實難調于衆口至南海有詩云艸解忘憂憂底事花名含笑笑何人士大夫傳誦服其精巧而識者以爲所憂所笑公心知之而不覺形于歌詠也

動靜即精神　王介甫一夕以動靜二字問諸門生作答皆數百言公皆不然之時東坡維舟秦淮公曰俟蘇軾明日來問之既至果詰前語東坡應聲曰精出爲動神守爲靜動靜即精神也公擊節稱歎

說郛卷第四十八終

說郛卷第四十九

唾玉集　俞文豹

序　世有說苑說林又有叢說世說嗚呼說而不根諸理横潦耳俞君文豹餘慶友也一日以其所萃之說名曰吹劍其庶乎根于理者予披閱顚末觀其學粹甚味其文瑩甚殆無一疵可指因易其名爲唾玉集識者或有取于斯撫卷太息喜而書之景祐二年春山翁

又　頃編是錄名爲吹劍聊適興耳或者遂僭名爲唾玉集豈予本心哉知我罪我以俟賢者

星日　嚴君平在蜀看五行者人臣則勉之以忠人子則勉之以孝後世或取于日或寓于星泥于支干誠爲可鄙如從漢高祖入關三百人封侯隨趙括四十萬人皆坑之漢兵無一名行衰絕運限趙兵無一人在生旺者此理當有所處昔軍校與趙韓王同年月日時生若韓王有一大遷除軍校則一大責罰小小遷轉則軍校微有譴訶此又不知以何而取大抵人事盡則天理見焉可徒信術者而生預憂妄喜

衣錦集　陳希夷狀元衣錦集預定我朝狀元凡鄉里姓名經題官祿疾病父母妻氏姓名盡在四句中歷歷應驗

天子爲座主　馬涓字巨濟爲狀元乃劉元城取涓不修門生之禮曰省試有主司故稱門生殿試則天子爲座主豈可謂他人門生器之大服

木姓　木尚書待問癸未年爲狀元孝宗問木姓出何代對曰容臣退思故永嘉有鬼魅魍魎之誚文豹謂子貢姓端木恐木姓如諸葛司馬夏侯皆分爲兩姓

登科後解嘲　詹文登科後解嘲讀盡詩書五六擔老來方得一青衫佳人

問我年多少五十年前二十三

（荊公捨宅）荊公嘗暑中與明道先生語公子雱囚首跣足手持婦人冠出問言何事公曰新法爲人沮雱箕踞坐大言曰梟韓琦富弼頭于市則法行矣雱卒公恍見其荷鐵枷如重囚乃捨宅爲平山寺

（行令）東坡先生嘗遇客行一令以兩卦名証一故事一人云孟嘗門下三千客大有同人一人云光武兵渡滹沱河未濟既濟一人云劉寬羹汚朝衣家人小過先生云牛僧孺父子犯罪先斬大畜後斬小畜蓋爲荊公發也

（又）漁隱叢話云朝廷嘗遣使高麗彼一僧館伴宴會中行令有云張良項羽爭一傘良曰涼傘羽曰雨傘我使曰許由晁錯爭一瓢由曰油葫蘆錯曰醋葫蘆

（常談出處）常談習熟多有不知出處者公孫弘東閣開招賢欽賢翹林三館出郭璞西京雜記有客來相訪如何是治生但存方寸地留與子孫耕賀章詩近水樓臺先得月向陽花木易逢春乃杭州巡檢蘇公上太守范文正求薦舉詩蔡州褒信縣有道人工棊常饒人先其詩曰爛柯仙客妙通神一局曾經幾度春自出洞來無敵手得饒人處且饒人

（振鼻目）太宗子元儼有威聲號八大王有人謁張乖崖投丞相及給事書皆納之袖中無言及八大王書乃曰眞振鼻目也

（拒馬）拒馬者漢制光祿大夫門外則施行馬

（市井闤闠）顏延之云闤市門闠巷門也市廛者市中邸舍楊子有田一廛言有百畝之居市井者古者鄉田同一井一井心有一市文豹嘗作開井疏曰六十四卦有井卦言水養人二十八宿有井星司人汲水雖三家之市皆有豈兩巷之間反無平地鑿空要湧出醴泉甘露諸天打拱會移來金海銀河

（俗語切脚字）俗語切脚字勃龍蓬字勃蘭盤字哭落鐸字窟陀窠字骴顙壞字骨露錮字屈攣圈字鶻盧浦字哭郎堂字突欒團字吃落角字只零精字不可叵字即釋典所謂二合字

（西方出處）哲宗問左右蘇軾襯朝章者何服對曰道衣南行時帶一軸彌陀曰此軾生西方公據也

（紙佛論）張商英字天覺號無盡常見梵册整齊嘆吾儒之不若夜執筆妻向氏問何作曰欲作無佛論向曰既曰無又何論公駭其言而止後閱藏經悚然有悟乃作護法論

（聖節僧人升座）德宗每年生日令僧道及給事中等大論麟德殿相與問難賜予有差時以爲上儀白樂天有三教論衡我朝聖節升座本于此

過庭錄

宋樓昉（字暘叔號迂齋四明人端明初贈直龍圖）

（作文用虛字）文字之妙只在幾箇助辭虛字上看柳子厚答韋中立嚴厚與二書便得此法助辭虛字是過接斡旋千轉萬化處

（古人用字）古人字明用不如暗用前代故事實說不如虛說五行家之言以爲明合不如暗合供實不如供虛知此說可以悟作文之法有一朋友聞之擊節

（諸家文章）予嘗取韓退之答張籍李翺柳子厚答韋中立老蘇上田樞密子由上韓太尉書曾南豐答王介甫書陳後山答秦少游書與前輩諸公凡論文處別作一册寫出類聚觀之不特可見各人自有法度亦可以見各人自有工夫此與親承面命有何異哉

（柳文學國語）柳子厚文字多學國語却著非國語論若干篇豈私其所自得而諱其所從來耶至答韋中立書則云參之國語以著其潔又云左丘明太史公國語可出入此却是子厚自瞞不得處不覺說出亦可見其資刻薄

（太史公有俠氣）太史公作蘇秦張儀范睢荊軻傳分外精神蓋子長胸中有許多俠氣所謂爬着他癢處若使之作董仲舒等傳則必不逮以

其非當行也

（王蠋傳）王蠋義不北面于燕非戰國士也太史公不自爲立傳僅以附之田單傳末子長自有深意單之勝因于蠋之死也

（同字）太史公云同子驂乘袁絲色變同子趙談也顔師古註葢以父名談故也近王明清揮麈錄屢字劉摯莘老爲同老王之大父名莘字樂道本太史公舊也史丞相本字光叔壻五人潘氏潘又李參政泰法壻也于稱謂不便故以同叔易之此惟潘李可稱耳予故與朋舊問名字偶與祖宗相配者槩可以同字稱人往往詰予不知固有所本云

（太史公筆）太史公筆力豪放而語激壯頓挫如所謂長袖善舞多財善賈女無美惡入宮見妬士無賢不肖入朝見嫉等語皆切近端的贊尤奇屈原賈誼荆軻兩贊當爲第一讀之使人鼓舞痛快而繼之以泫然泣下也韓退之毛穎贊可繼其後

（晉問）柳河東晉問節目凡八先說山河次說兵器次說馬次說木次說魚鹽次說晉霸末乃歸之唐堯遺風一篇高如一節而武陵之說自廢葢子厚先有最後一節前面只是布置敷衍旋旋引入譬人鬻珍器重寶終不成纔有人求看便把第一最好者示人也須從平常之物持與之看却到珍奇之物自然懽喜贊歎彼之觀漸異則吾之寶漸重前人常謂作文字須留最好者在後而呂太史亦云文章結尾如散場後底板若好者相排鋪在前而後面只平平結果則無可笑者矣

（文字）予少時每持非聖賢之書不敢觀之說他書未掛眼有一朋友謂某曰天下惟一種刻薄人善作文字後因閱戰國策韓非子呂氏春秋方悟此法葢模寫物態考核事情幾于文致傅會操切者之所爲非精密者不能到使和緩長厚多可爲之則平凡矣若刻薄之事自可不爲刻薄之念自不可作亦先有六經孔孟義理之

說先入而爲之主則百家之書反爲我役而不能爲我害矣此須魯男子乃能學不然擬人面前不可說夢也

（四六）前輩評四六謂經句對經句子句對子句史句對史句詩句對詩句最爲的當且于體製諧協以予觀之若書句自對書句之類尤佳六經循還自相對之若不得已以史句分曉處對子句或經句亦不奈何大要主于縷貫脉聯文從字順而已不必大拘如在武丁時對作召公考惟女一德對子今三年天惟顯思對民亦勞止有能奮庸對爰立作相經營四方對飲御諸友之類固是天造地設若萬人留田對三事就緒不免以史句對經句緣有氣力所以不覺若獨有天幸對不自意全以史句對史句則尤妙古人詩句亦有可用之于表啓者若用之于制誥則不尊嚴不可不知開禧間有以家世平章軍國者遇宗祀予爲代作加恩制末聯云伊尹格于天伊陟格于帝既助予克享之誠巫咸乂王家巫賢乂有殷尙勉爾交修之誼葢四人家世輔相格天帝施之于郊祀禮成之後乃更自親切耳

詩談

宋□□□

梁太常任昉云六經所有歌詩書詠之類此蓋取秦漢以來聖君賢士沿襲爲文名之始起故因暇目錄其緣起抑亦用新好事者之目云三言詩自晉散騎常侍夏侯湛始四言詩自前漢楚王韋孟諫楚夷王戊始五言詩自漢騎都尉李陵與蘇武別始六言詩自漢大司農谷永始七言詩自漢武帝柏梁臺殿聯句始九言詩自魏高貴鄉公始賦自大夫宋玉始歌自荆軻作易水歌始離騷自楚三閭大夫屈原始反離騷自漢揚雄始離合詩自漢孔融作四言離合詩始歌詩自枚臯作麗人行歌始挽詞自魏光祿勳繆襲始

唐白樂天云夫文之爲言尙矣三才各有文天之文三光首之地

之文五材首之人之文六經首之就六經言詩又首之者何聖人感人心而天下和平感人心者莫先乎情莫始乎言莫切乎聲莫深于義詩者性根情苗言華聲實上自賢聖下自愚騃微及豚魚幽及鬼神羣分而氣同形異而情一未有聲入而不應情至而不感者聖人知其然因其言經之以六義緣其聲緯之以五音音有韻義有類韻協則言順言順則聲易入類舉則情見情見則感易交于是乎孕大含深貫微洞密上下通而一氣泰憂樂合而百志熙五帝三王所以直道而行垂拱而理者揭此以爲大柄決此以爲大寶也故聞元首明股肱良之歌則知虞道昌矣聞五子洛汭之歌則知夏政荒矣言者無罪聞者足戒言者莫不兩盡其心焉洎周衰秦興采詩之官廢上不以詩補察時政下不以歌洩道人情乃至于諂成之風動救失之道缺于時六義始刓矣國風變爲騷辭五言始于蘇李蘇李騷人所不遇者各繫其志發而爲文故

河梁之句止于傷別澤畔之吟歸于怨思徬徨抑鬱不暇及他耳然去詩未遠梗槩尚存故興離別則引兩凫一鴈爲喻諷君子小人則引草下草上爲比雖義類不具猶得風人之什二三焉于時六義始缺矣晉宋以還得者蓋寡以康樂之奧博多溺于山水以淵明之高古猶放于田園江鮑之徒又狹于此如梁鴻五噫之例者百無一二焉于時六義浸微矣陵夷至于陳梁之間率不過嘲風雪弄花艸而已噫風雪花艸之物三百篇中豈舍乎哉顧所用如何耳設如北風其涼假風以刺爲虐也雨雪霏霏以愍征役也棠棣之華感華以諷兄弟也采采芣苢美草以樂有子也皆發興于此而義歸于彼反是者可乎哉然則餘霞散成綺澄江淨如練離花初萎露別葉乍辭風之句麗則麗矣吾不知其所諷焉故所謂嘲風月弄花草而已于時六義盡去矣唐興二百年其間詩人不可勝數所可舉者陳子昂有感遇詩二十首鮑防有感興詩十五首又詩之豪世稱李翰林才矣其人不逮矣索其風雅比興十無一焉杜詩最多可傳者十餘首至于貫穿古今覼縷律格盡工盡善又過于李然撮其新安石壕潼關吏盧子木門之詩朱門酒肉臭路有凍死骨之句亦不過三四十首杜尚如此況其不逮杜者乎予嘗痛詩道前壞如此忽忽發憤或食輟哺夜輟寢不量力欲扶起之嗟乎事有大難者又不可一二而言亦不能不粗陳于篇略敍其詩之源流廢興于此沈存中謂唱和聯句之起其源遠矣自舜作歌皐陶賡歌及柏梁聯句顏延年謝玄暉有和伏武昌登孫權故城等篇梁何遜集中多聯句至唐文士唱和固多矣元稹作春深何處好二十篇並用家花車斜四字爲韻白居易劉禹錫之和亦同此四字韻令狐楚所謂詩多次韻起于此凡聯句兩句四句亦有對一句出一句者謂之轆轤體焉

詩律之興其來久矣自建安以後訖于江左格律屢變至沈約庾

信以音韻相婉附屬對精密及沈佺期宋之問又加靡麗四忌聲病約句準篇如錦繡成文學者宗之號爲沈宋體語曰蘇李居前沈宋比肩謂蘇武李陵也

唐李肇云元和已後文章則學奇于韓愈學澀于樊宗師學放曠于張籍詩則學矯激于孟郊學切淺于白居易學輕靡于元稹俱名爲元和體也

李長吉長于歌詩有天若有情天亦老之句人以爲奇絕無對石曼卿常對以月如無恨月長圓人以爲勁敵

寇萊公在中書與同列戲云水底月爲天上月未有以對會楊公大年適來白事因請其對大年應聲曰眼中人似面前人一坐皆爲的對

金玉詩話

宋蔡絛（西清無爲子）

藥名詩世云起自陳亞非也東漢已有離合體之作至唐始著藥

名之號如張藉答鄱陽客江臯歲暮相逢地黃葉霜前半夏枝子夜吟詩向松桂心間萬事喜君知是也

集句自國初有之未盛也至石曼卿人物開敏以文爲戲然後大著嘗見手書下第偶成一生不得文章力欲上青雲未有因聖主不勞千里召姮娥何惜一枝春鳳凰詔下雖霑命豺虎叢中也立身啼得血流無用處著朱騎馬是何人又云年去年來來去忙爲他人作嫁衣裳仰天大笑出門去獨對東風舞一場至元豐間王文公益工于此人言始自公非也

杜少陵作詩用事要如釋語水中著鹽飲水乃知鹽味此說詩家祕藏也如五更鼓角聲悲壯三峽星河影動搖人徒見陵轢造化之工不知乃用事也禰衡撾漁陽摻悲壯武漢故事星影動搖東方朔謂民勞之應則善用故事者如繫風捕影豈有迹耶此理殆不容聲予乃顯言之已落第三矣

作詩者陶取物精體會光景貴乎自得蓋格有高下才有分限不可強力至也譬之秦武陽氣蓋全燕見秦王則戰失色淮南王安雖爲神仙謁帝猶輕其舉此豈由素習哉予以謂少陵太白當險阻艱難流離困躓意欲卑而語未嘗不高至于羅隱貫休得意偏覇詩雄逞奇語欲高而意反卑乃知天稟自然有不能易者矣

少陵飲中八仙歌用韻船字眠字天字各再前字凡三于古未有其體予嘗質之叔父又曰此歌分之八篇人人各異雖製重韻無害亦周詩分章意也握牘吮墨者不可不知也

洞庭天下壯觀自昔騷人墨客題詠搜奇者尤衆如水涵天影闊山拔地形高又四顧疑無地中流忽有山鳥飛應畏墮帆遠却如閑皆見稱于世然未若孟浩然氣蒸雲夢澤波動岳陽城則洞庭空曠無邊氣象雄張如在目前至讀杜子美詩則又不然吳楚東南坼乾坤日夜浮不知少陵目中呑幾雲夢也

蘄州黃梅縣峰頂寺在水中央環伏萬山人跡罕到曾子山阜爲令時因事登其山見梁間一板暗塵粉落蛛絲蒙罩幾不可讀滌拂久之乃謫仙詩也夜宿峰頂寺舉手捫星辰不敢高聲語恐驚天上人世傳楊文公幼時詩者誤

王師弔伐江左城破或夢丱角女子行空中以巨筵徙物散落如豆者著地皆成人問其故曰此當死于難者後見貴人盛冠服繼墮于地云此徐舍人也旣寤聞徐鍇死圍城中王文公兄弟在金陵和王微之哲登高齋詩押筵字平甫有當時徐氏擅筆墨夜圍夢墮空中筵此事奇謠而崛強韻中可謂搏虎手也

韓偓詩鵝兒唼啑雌黃嘴鳳子輕盈膩粉腰不記鳳子定是何物或問于予姑以蝶應之問者依違而已退念藏書萬數不能盱心亦病也徐悟乃崔豹古今注謂蛺蝶大者爲鳳子

南唐李後主歸朝後每懷江國且念嬪妾散落鬱鬱不自聊嘗作長短句簾外雨潺潺春意將闌羅衾不奈五更寒夢裏不知身是

客一向貪歡獨自莫凭闌無限江山別時容易見時難流水落花春去也天上人間含思悽惋未幾下世云

南遊記舊

宋 魯紓

慶曆中賈昌朝鎮北都因奏韓魏公治恩異河流斷趙征侍岡勢不利國姓致皇嗣未立仁宗卽日中批付侍御史知雜吳中復亟往按治一日受內降至七封中復固請對乃旣對以所受內降面乞盡付中書門下行出乃敢奉詔上初甚咈吳固爭不已乃從之時人謂之鐵面御史

舊制游幸宴賞惟學士陪扈太宗好文藝詔知制誥並扈從惟弔喪問疾不赴

掖垣牒御史臺連字（俗謂之擡頭牒）自李宗諤始中丞呂文仲論奏不當宗諤引臺閣故事復奏云宰相政事堂禮上兩省官謁于堂上中丞

率百官班于堂下蓋兩省官長言尊則位居四輔敘位則禮絕百司今御史掖垣近司使同寺監統攝亂堂陛等威之分侮黷憲章取誚中外朝廷直宗諤之論從之自是爲例

中書門下班分東西向謂之蛾眉班自王溥始得罷

王介甫以次女適蔡卞吳國夫人吳氏驟貴又愛此女乃以天下樂暈錦爲帳未成禮而華侈之聲已聞于外神宗一日問介甫云卿大儒之家用錦帳嫁女介甫諤然無以對歸問之果然乃捨之開寶寺福勝閣下爲佛帳明日再對皇懼謝罪而已

熙寧中韓子華自鄧州再入相韓持國方在翰苑遂當制縉紳榮之元豐中官制行曲阜公除天官南豐先生爲西掖行詞元符末曾公拜相曲阜以學士草制曲阜對便殿以親嫌辭上曰禁中已檢見韓維故事乃批旨兄弟迭居詞禁兄行弟詞弟草兄制是日以天寧前二日樞密院罷齋筵曾公押宴曲阜居席面會出宣召

鎖院曾公拜相榮耀一時又非韓氏之比

南豐先生病中介甫日造臥內邸報蔡京召試介甫云他如何做得知制誥一屠沽耳又云除修注誥詞是子固行當待便當論繳時南豐已疾革頷之而已

永州張子發秀才云昔人皆有所祖述如廉頗慕藺相如近世如韓持國祖述晏公之類蔡京祖述教坊使丁仙現無所不爲以取人主一解顏而已

紹興中瑤華既廢判大宗正儀景乃乞以妾楊氏爲夫人乞免宣繫及不召媒保中批依所乞許沖元在中書遂依已得指揮過門下章子厚大怒而責沖元云小白葵丘之盟諸侯以妾爲妻者天下共誅之惇頭可得此命不可下翌日極諫能景宗司仍奪儀同時論皆以爲得防微杜漸之意後三年乃乞建立元符至託以東朝之命自草詔檢何本末相戾也

李端愿宮保文和長子治園池延賓客不替父風每休沐必置酒高會延侍從館閣率以爲例至夜分樓閣什物供帳皆不移具元豐中會佳客坐中忽召學士將鎖院孫巨源適當制甚怏怏不欲去李飭侍妾取羅巾求長短句巨源援筆欲書從者告以將掩門矣草草作數語云城頭上有三鼕鼓何須抵死催人去上馬苦匆匆琵琶曲未終回頭腸斷處却更廉纖雨漫道玉爲堂玉堂今夜長李邦直在坐頗以卒章非佳語巨源是夕得疾于玉堂後六日卒

黃實自言平生有二事元豐甲子爲淮東提舉常平除夜泊汴口見蘇子瞻植杖立對岸若有所俟歸舟中以揚州廚釀二尊雍酥一奩遺之後十五年爲發運使大暑泊秦淮樓下見米芾衣犢鼻自滌研于淮口索篋中一無所有獨得小龍團二餅急遣人送之趁其滌研未畢有此二事頗自慰云

小說舊聞記

唐柳公權

人死鏡亡　元相國之鎮江夏也嘗秋夕登黃鶴樓遙望沔江之湄有光若殘星焉乃令親信往覘之遂棹小舟直至光所乃釣舡中也詢彼漁者漁者云適獲一鯉光則無之親信乃攜鯉而來既登樓公命庖人剖之腹中得古鏡二如古錢大以面相合背則隱起雙龍雖小而鱗鬣爪牙悉具既磨瑩一則常有光耀公寶之納巾箱中及相國薨亦亡去光啓丁未歲于鄴下與河南元恕遇因話焉

李藩　外王父中書令晉國公王鐸宣宗朝再啓黃閣也不協比于權道惟以公諒宰大政四方有諸所礙于德刑者必固爭不允由是藩鎮忌焉而志尚典籍雖門施行馬庭列具鍾而尋繹未嘗倦于永寧里第別構書齋每退朝獨處其中愉如也大中因請辰前後將入齋惟所愛皁腳犬花鴨從既啓扉而花鴨連銜公衣却行叱去復至既入閣花鴨仰視吠轉急公亦疑之乃于匣拔千金劍

按于膝上向空祝之曰若有異類陰物可出相見吾乃大丈夫豈懾于鼠輩而相迫耶言訖倏有物梁上墜地乃人也朱髮衣短褐衣色貌黝瘦頓首連拜惟曰死罪公止之且詢其來及姓名對曰李龜壽盧龍塞人也或有厚賂龜壽令不利于公龜壽上感鈞化復爲花鴨所驚形不能匿令公若貰龜壽萬死之罪願以餘生服事台鼎公曰待汝以不死耳遂命元從都押衙傳存隸之明日詰旦且有婦人至第門服裝單急曳履而抱持襁嬰請于閽曰幸爲我呼李龜壽龜壽乃出其妻且曰訝君稍遲昨日半夜自薊來相尋耳遂與龜壽如初及公薨龜壽盡室出亡此舅氏昔年話于鼎臣兄弟予不敢墜盛烈故書之三水曰夫積仁可以怀邦家厚德可以質幽顯晉公天縱弘度岳生炳靈文則振起國風武則式遏戎醜故得光輔王室至于雍熙實中興賢相也龜壽瑣隸尙厎義風九土蒼生固受息肩之賜矣

蓮花峯

王得臣癸巳歲從鼎臣兄自汝入秦冬十二月宿于北華之野狐原店到時日勢尙早逆旅喧閴鼎臣乃與予同登南坡蘭若訪僧曰義海氣貌甚清談吐亦雅中夜圍爐設茶果待客頗勤因話三峰事海曰去年初秋一日迨暮有士人風格峻整麻衣芒履荷笠而來祈宿者問其所自姓氏誰何答曰玄沖姓王來自天姥性隱遁好奇爲心中間所遊陟諸山名跡盡東南之美矣惟有華山蓮花峰之秀異未覩今則方候一登爾海哂之謂曰茲山峭自非馭風憑雲亦無有去理玄沖曰賢人勿謂天不可昇但慮無其志耳僕亦知華陽川中有路志其幽尋焉海觀其辭氣壯厲亦然之玄沖曰某明旦去某日當屆山趾計其五千仞爲一旬之程亦足矣既上當構烟爲信至時可來桃林南下望次日玄沖發笈取一藥壺幷火金懷之而去義海書于屋壁及期先一日至桃林宿日平曉岳色清朗無纖翳佇立數息間有白烟一道欻起蓮花峰頂海祕之不言復歸二旬而玄沖至歇定乃言曰前者既入華陽川中尋微徑縈紆至蓮花峰下憩一宿方登初登也雖險峻猶可重足一跡困則復于石崦中暮亦如之既及峰三分之一則壁立青嶂莓苔冷骨石縫縱橫劣容半足乃以死誓之作氣而登時遇石髮垂下接之以昇果一旬而及峰頂頂廣約百畝中有池亦數畝菡萏方盛濃碧鮮妍四旁則巨檜喬松竦擢于霄漢餘奇木芳艸不可識池側有破鐵舟觸之則碎周覽已乃取火金敲之揉枯荄以承之大木亦有朽仆于地于是拉其枝榦燁火焉既循池玩花將折數蒂又思靈境不可瀆只將取落葉數片及鐵舟寸許懷之一宿乃下下之危峻復倍于登陟時海不覺前席執玄沖手曰君固三清之奇士也不然何以臻茲于是玄沖盡以蓮葉鐵舟贈義海明日復負笈而去莫知所終則尙子尋五嶽亦斯人之徒歟

河東裴光遠龍紀己酉歲調授滑州衛南縣宰性貪婪冒貨賂嚴

刑峻法吏民畏而惡之尤好擊踘雖九夏蒸鬱亦不暫息畜一白馬俊健能馳竟以暑月不勝其役而致斃于廣場之內有里長王表者家雖富贍早喪其妻唯一子可七八歲白晳端麗常隨父來縣曹光遠見而憐之呼令入宅遺渠服玩自是率以爲常光遠後令所親謂表曰我無子若能以此兒相餉當善待汝縱有大過亦可免汝疵瑕也表答曰某誠賤微愛制于賢骨肉之間則無以奉命况此兒襁褓喪母豈可復離其父設使以此獲罪于明公亦甘心矣光遠聞而銜之數月乃遣表使于曹南使盜待境上殺之而取其子大順辛亥歲春光遠遘疾逾月則附床第委頓矣或時若鬼物所中獨言曰王表來也當還爾兒又爲表言曰某雖小吏愼密自防細過既無反招殘賊豈有寃奪赤子陰害平人已訴于天今來請命又爲己語今還爾兒與爾重作功德厚賂爾陰錢免我乎皆曰不可少頃曰白馬來也則代馬語曰前生業報受畜生身

爲人乘騎自有年限至于負載馳驟亦有常程筋力之勞所不敢憚豈有盛夏之月摯蹢不停四蹄火然雙目血濺斃死命終誠君之由已訴上天今來奉取又爲己語祈之如王表終不聽數日光遠卒吳郡陸允儒代之乾寧甲寅歲杪予因訪故人至衛南縣陸君延客甚謹語及前政乃爲予語之三水人曰夫上應列宿出宰百里雖乎茲選誠哉是言如裴生位則子男行乃豺虎殘忍陰狡鬼得而誅將來爲政之倫得不以此殷鑒勿謂幽遠雖高聽卑可忽之哉

説郛卷第四十九終

説郛卷第五十

識遺 九卷

宋羅璧 字子蒼

予舊爲冊記凡經傳所得家庭所講師友所聞莫不筆置以備遺忘歲久成帙追憶舊讀間于是編有考暇日因剔繁纂要粹爲一書目曰識遺庶幾往者之筆力不徒爾嘿畊羅璧子蒼甫書

孔子師老聃之說發于莊子莊子師老子故其著書譏侮古今聖賢獨推老子甚至假設孔子言語譽之後來漢儒輯禮記承其言曰聞諸老聃司馬遷史記老子傳復增許多老子訓誨孔子言語孔鮒作家語著孔子事實因據以爲證（家語後有晉王肅所加故益難信）由是堅後學之信不知莊子一書多駕空寓言時去孔子未遠知天下崇信其學故託言世之最重者尊其師庶幾聃之道益隆此莊子抑孔子尊老子之迹也後儒不察禮記家語史記出莊子後見孔子萬世師表不應禮樂無所自來而問禮老聃一語又備見諸書未詳始自莊子不知老子之教主于清靜無爲其著書厭薄禮樂文子曰禮者忠信之薄而亂之首也莊子傳其學從而有掊斗折衡攘棄仁義焚符破璽絕聖棄智等論則聃之學又何有禮之可問也太史公謂道家以虛無爲本因循爲用有法無法有度無度故後之尊老莊者蕩棄禮法蓬首垢面而喪酒弔肉皆代可證已豈有以禮訓孔子而勖其徒則異是耶孔子于人之有善若管仲之仁子產之惠皆亟稱不暇豈有聃爲之師而故沒之耶此爲莊子寓言無疑予嘗論孔子師表尙推周公彼其夢想猶冀見之孟子去孔子甚近且曾思之傳最的謂孔子派接不過文武周公使孔子果師聃于莊子輩爾聃學之是非莊子述而傳之足矣何必假孔子言明之此其借孔子尊師可見也後之衛道者多爲孔子分說未以寓言及尊師之意照破莊子之妄爾若孔子從聃之事莊子外

篇著聃爲周藏史藏史書所或者聃所職多書孔子因往問聃焉容有此理不然魯論何無一語及聃而聃之禮何不盡傳其徒而廿爲棄名檢蕩禮教之罪人耶東坡嘗謂莊子雖譏孔子實尊孔子書末敘百家之學與曰譬如耳目鼻舌各有所明而不能相通故墨翟宋鈃禽滑釐尹文彭蒙田駢愼到關尹老聃以至莊周皆列敘名之至鄒魯之士搢紳先生其在詩書禮樂多能明之則推而不敢斥此又可見莊子前之推老聃者借孔子也

左傳都城過百雉周禮名城以五雉七雉九雉釋者謂一雉之牆長三丈高一丈其取以名文之義未詳（公羊五堵而雉則二百尺）山陰陸氏著埤雅謂雉性妬壟護疆飛不越分界之內以一雄爲長潘安仁雉賦曰晝墳衍以分畿者此也其飛崇不過丈修不過三丈所以以雉計丈也禮記晉太子申生縊死鄭玄註曰雉經晉語亦曰申生雉于城廟孔氏釋雉性耿介被獲必屈折其頭而死言申生以介死

也因思城之大有取于雉亦有望于耿介死守封疆之臣豈泛然哉

左傳晉平公以同姓四人備嬪御鄭子產聘晉言于叔向曰今君內實有四姬焉蓋指其不別同姓之醜非目賤妾爲姬也按古婦人皆有字與謚或國名下繫其姓先儒謂示不忘本且別他族今攷字下繫姓如周女曰伯姬叔姬齊女曰孟姜季姜宋女曰孟子仲子狄女曰叔隗季隗是也謚下繫姓如齊女曰宣姜莊姜宋女曰聲子秦女曰懷嬴楚女曰江芈杞女曰定姒是也國下繫姓如秦女曰徐嬴葛嬴陳女曰息嬀之類是也豈惟姬姓後世以目賤人戰國曰幸姬如姬漢史曰諸姬薄姬愛姬釋者不辨其爲周姓如淳曰姬晉怡臣瓚曰漢內官也秩比二千石位婕妤下惟顏師古謂漢內官無姬職若周姓貴于衆國之女故婦人美號皆稱姬宋大觀間公主易號曰帝姬貴之也世例以目妾豈反賤乎然則姬女貴而以姓著反不若齊宋女不辱其姓之爲愈也

司馬遷班固漢史韓信傳贊中皆稱兩韓信據其說韓信王古韓國之後項羽殺韓王成復立信爲韓王都晉陽與淮陰侯韓信不同劉知幾史通譏遷固之繆曰韓王名信都古韓國後姓姬則名信都者非姓韓亦不單名信二史不別姬韓兩姓且失韓王名信都字遂與淮陰侯韓信無辨予考班馬誤姬爲韓誠如劉說但謂韓王名信都劉說亦差按王充潛夫姓氏論云沛公起張良屬焉沛公使韓信略定韓地立橫陽君成爲韓王而拜良爲信都又曰信都者司徒也或爲勝徒漢功臣表云張良以廐將從起下邳以韓申都下韓楚漢春秋作信都信音申史記亦作韓申都張良傳直作韓司徒蓋信都勝徒司徒之聲轉然則信都乃張良官名卽非韓信王名知幾之說亦不免繆尙何班馬責乎

子者男子通稱孔子大聖孟子大賢例只稱子孔子漢號夫子者

邢昺孝經疏云孔子嘗爲魯國大夫故弟子連官稱尊之以別餘人也後之尊師者因例曰夫子近時朱文公稱周程特曰子周子子程子復于姓上繫子按公羊傳曰子沈子子公羊子子司馬子何休云加子姓上名其爲師也若非師而但有德者不以子冠氏上朱子于周程蓋師尊之

左傳記孔子卒而不記其生公羊記孔子生魯襄二十一年十一月庚子穀梁以爲生十二月二十二庚子與公羊差一月五行書謂孔子生庚戌年二月二十三庚子日甲申時考庚戌乃魯襄公二十二年周靈王二十一年與公穀年月俱差如公穀則孔子乃生己酉非庚戌也故劉氏外紀謂孔子年七十四終與他書生庚戌終壬戌七十三之說異從公穀也信五行書固不若信公穀然公羊言十一月庚子而杜預長曆魯襄二十一年庚戌歲十一月無庚子（左傳孔子壬戌歲夏四月己丑卒杜預註歲四月無己丑）故孔氏家譜祖廷廣記俱云魯襄二

十二年十月二十七日庚子孔子生與公穀五行書俱差不知又何所本乎或謂周建子魯襄十月實寅正八月以改朔不改月之說推之又不然

漢改秦典客官爲大鴻臚掌諸侯歸義蠻夷古行人之官也因設鴻臚寺待四方賓客永平中佛入中國首名其居曰白馬寺(以白馬負經來故號)蓋竝緣鴻臚待四方賓客之故此中國有寺之始詳其故事寺非佛得專漢世官有九寺之目劉昭註曰寺官舍也風俗通曰寺司也又曰寺嗣也理事之吏嗣續其中則非獨爲佛也觀之義禮運仲尼與于蜡賓事畢出游于觀之上蓋魯有兩觀門旁高處也爾雅釋觀爲闕孫炎曰宮門雙闕懸法象使民觀之闕居巍巍高處因名象魏謂之闕者觀法象則可決去疑事春秋晉楚邲之戰潘黨請收晉尸築爲京觀封土觀示後人也胡濬菴言觀有四一曰朵樓魯兩觀是也一曰藏書所漢東觀是也一曰游觀處謝玄

渾賦屬玉觀是也一曰高可望黃帝內傳置元始眞容于高觀上是也今老氏居疑本內傳詳此觀非老可專凡高可縱觀皆觀也至于藏只貯藏之義狐兔穴居州呂藏老聃爲周守藏史名柱下史藏乃庋書所漢東觀藏書號柱史藏室書所在也釋道法其制度庋經遂爲二氏之私今復以事祈禳豈以經典所積福可集乎若鐸鈸胡致堂謂本西夷樂夷俗吉凶並奏今華俗專以送終不察夷亦以從吉也

後漢西域傳云明帝時佛始入中國按漢武故事昆邪王殺休屠王以其衆來降得其金人之神武帝置之甘泉宮祭不用牛羊惟燒香禮拜帝使依其國俗祀之又時作昆明池掘得黑灰東方朔曰可問西域道人則前漢時佛流中國矣況帝事四夷葯醬竹杖猶入王府又方事神仙佛以超度爲術張騫輩肯賤佛書乎劉向列仙傳序言仙者一百四十六人而七十四人已見佛經向成哀時人其言如此則前漢有佛經矣向又曰予覽載籍往見有經洪慶善因言周時久流釋典按列子仲尼篇曰西方之人有聖者焉詳禦寇鄭人在孔子後孟子先其時已說西方聖人則佛傳中國晚周也就後漢言之光武閉玉門謝西域佛豈有不通者何必待明帝之迎而後有耶通鑑著其始于明帝蓋本西域傳豈以帝者尙佛自明帝始故特本西域傳表之耶

豚犬斥子詳語意疑賤之之稱按二字出越語范蠡欲速報吳使國民衆多令國人女子十七不嫁丈夫三十不娶皆罪父母生丈夫與酒三壺犬一生女子與酒一壺豚一蓋幼之之事論語六尺之孤周禮國中七尺野外六尺皆不從征亦謂幼者六尺年十五七尺年二十也

趙襄子漆智伯之頭爲飲器漢建元中匈奴破月氏王以其頭爲飲器史韻飲音去聲漢書韋昭釋椑榼也盛酒器晉灼曰飲器虎

子屬溲便褻器也顏師古引匈奴傳以所破月氏王頭共飲血盟爲証謂飲酒器如顏說貴之也且死骨凶穢又惡人頭顱豈俎豆所宜乎溲便釋蓋似之

經書稱夏皆曰夏后氏殷周皆曰人班固白虎通曰夏禹受禪爲君故稱后殷周順人心征伐得天下故稱人則舜曰有虞氏亦以堯禪爾

三教各植門庭互有詆訾儒者鬪天堂地獄輪迴懺悔之非據理執正而論也若二氏互相詆訾則釋氏云摩訶迦葉下生世間號曰老子老氏云老君遣尹眞人喜騎月精白象下天竺于淨飯王夫人口中託生爲佛又云老聃入秦西歷流沙化胡成佛蓋各相軋以求勝之論也至二氏于儒教莊子首言孔子問禮老聃釋氏天地經云寶輪菩薩下生號伏羲吉祥菩薩下生號女媧儒童菩薩下生號孔子月明儒童下生爲顏回昌黎原道謂佛者曰孔子

吾師之弟子也本此南唐景福二年賜溧水縣南孔子祠爲孔子寺以孔子適楚嘗經之地後復改爲儒童寺豈孔子眞佛派也吁不能訶其繆過矣又從而溺焉豈不甚哉古今論著周素異紀云周昭王二十四年甲寅歲四月八日井泉溢宮殿震夜恆星不見太史蘇繇占爲西方聖人生此周書紀佛生之異也則又安有前唐虞夏商預記生爲伏羲女媧等理乎況春秋書恆星不見于莊公十年甲午歲上去昭王甲寅三百四十年周紀亦附會無稽之談也陳大建五年恆星不見史占爲主不嚴法度消天子失政諸侯暴横國亡之象又豈生異人之祥乎

漢以孝廉取士而孫仲謀曹孟德皆舉孝廉唐重進士而黃巢屢舉進士

桂海虞衡志 三卷

宋范成大 字致能吳郡人淳熙二年

始予自紫薇垣出帥廣右姻親故人張飲松江皆以炎荒風土爲戚予取唐人詩考桂林之地少陵謂之宜人樂天謂之無瘴退之至以湘南江山勝于驂鸞仙去則宦游之適寧有踰於此者乎既以解親友而遂行乾道八年三月既至郡則風氣淸淑果如所聞而巖岫之奇絶習俗之醇古官府之雄勝又有過所聞者予既不鄙夷其民而民亦矜予之拙而信其誠相戒毋欺侮歲比稔幙府少文書居二年余心安焉承詔徙鎭全蜀亟上疏固謝不能留再閲月辭勿獲命乃與桂民別民觴客于途既出郭又留二日始得去航瀟湘絶洞庭泝灩澦馳驅兩川半年達于成都道中無事時念昔游因追記其登臨之處與風物土宜凡方志所未載者萃爲一書蠻陬絶徼見聞可紀者亦附著之以備土訓之圖噫錦城以名都樂國聞天下予幸得至焉然且惓惓于桂林至爲之綴緝瑣碎如此蓋以信予之不鄙夷其民雖去之遠且在名都樂國而猶勿忘之也淳熙二年長至日吳郡范成大致能書

志巖洞

予嘗評桂山之奇宜爲天下第一士大夫落南者少往往不知而聞者亦不能信予生東吳而北撫幽薊南宅交廣西使岷峨之下三方皆走萬里所至無不登覽太行常山衡嶽廬阜皆崇高雄厚雖有諸峯之名正爾魁然大山峯云者蓋強名之其最號奇秀莫如池之九華歙之黃山括之仙都溫之鴈蕩夔之巫峽此天下同稱之者然皆數峯而止爾又在荒遠僻絶之瀕非几杖間可得且所以能拔乎其萃者必因重岡複嶺之勢盤亙而起其發也有自來桂之千峯皆旁無延緣悉自平地嶇然特立玉筍瑤篸森列無際其怪且多如此誠當爲天下第一韓退之詩云水作靑羅帶山如碧玉篸柳子厚訾家洲記云桂州多靈山發地峭壁林立四野黃魯直詩云桂嶺環城如雁蕩平地蒼玉忽嵯峨觀三子語意則桂山之奇固在目中不待予言之贅頌嘗圖其眞形寄吳中故人蓋無深信者此未易以口舌爭也山皆中空故峯下多佳巖洞有名可紀者三十餘所皆去城不過七八里近者二三里一日可以徧至今推其尤者記其略

讀書巖在獨秀峯下峯直立郡治後爲桂主山傍無坡阜突起千丈峯趾石屋有便房石榻石牖如環堵之室顔延年守郡時讀書其中

伏波巖突然而起且千丈下有洞可容二十榻穿鑿通透戶牖傍出有懸石如柱去地一綫不合俗名馬伏波試劍石前浸江滄波浪洶湧日夜漱嚙之

疊綵巖在八桂堂後支徑登山太半有大洞曲轉穿出山背

白龍洞在南溪平地半山中龕有大石屋由屋右壁入洞行半途有小石室

劉仙巖在白龍洞之陽仙人劉仲遠所居也石室高寒出半山間

華景洞高廣如十間屋洞門亦然

水月洞在宜山之麓其半枕江天然刓刻作大洞門透徹山背頂高數十丈其形正圓望之端整如大月輪江別派流貫洞中踞石弄水如坐捲蓬大橋下

龍隱洞龍隱巖皆在七星山腳沒江水中泛舟至石壁下有大洞門高可百丈鼓棹而入仰視洞頂有龍跡夭矯若印泥然其長竟洞舟行僅一箭許別有洞門可出巖在洞側山半有小寺即巖爲佛堂不復屋

雉巖亦江濱獨山有小洞洞門下臨灕江

立魚峯在西山後雄偉高峻如植立一魚餘峯甚多皆蒼石刻峭

棲霞洞在七星山七星山者七峯位置如北斗又一小峯在傍曰輔星石洞在山半腹入石門下行百餘級得平地可坐數十人傍有兩路其一西行兩壁石液凝沍玉雪晶瑩頂高數十丈路闊亦三四丈如行通衢中頓足曳杖彭鏗有鼓鐘聲蓋洞之下又有洞焉半里遇大壑不可進一路北行俯僂而入數步則寬廣兩傍十許丈鍾乳垂下纍纍凡乳床必因石脉而出不自頑石出也進里餘所見益奇又行食頃則多歧遊者恐迷途不敢進云通九疑山也

元風洞去棲霞傍數百步風自洞中出寒如冰雪（元字胡涓切）

曾公洞舊名冷水巖山根石門砑然入門石橋甚華曾丞相子宣所作有澗水莫知所從來自洞中右旋東流橋下復自右入莫知所往或謂洑流入于江也度橋有仙田數畝過田路窄且逕俯視石罅尺餘匍匐而進旋復高曠可通棲霞

屏風巖在平地斷山峭壁之下入洞門上下左右皆高曠百餘丈中有平地可宴百客仰視鍾乳森然倒垂者甚多躡石磴五十級有石穴通明透穴而出則山川城郭恍然無際予因其處作壺天觀而命其洞曰空明

隱山六洞皆在西湖中隱山之上一曰朝陽二曰夕陽三曰南華四曰北牖五曰嘉蓮六曰白雀泛湖泊舟自西北登山先至南華出洞而西至夕陽洞旁有石門可出至北牖出洞十許步至朝陽又西至白雀穴口隘狹側身入有穴通嘉蓮西湖之外既有四山遶之碧玉每十峯倒影水面固已奇絕而湖心又浸隱山諸洞之外別有奇峯繪畫所不及荷花時有泛舟故事勝賞甲于西南

北潛洞在隱山之北中有石室石臺石果之屬石果作荔枝胡桃棗栗之形人采取玩之或以釘盤相問遺

南潛洞在西湖中羅家山之上

佛子巖亦名鍾隱巖去城十里號最遠一山崒起莽蒼中山腰有上中下三洞最廣中洞明敞高百許丈上洞差小一寺就洞中結架因石屋爲堂室

盧秀洞去城差遠大石室面平野室左右皆有徑隧各數十百步穿透兩傍亦臨平野以上所紀皆附郭可日涉者餘外邑巖洞尚多不可皆到興安石乳洞最奇予罷郡時過之上中下三洞此洞與棲霞相甲乙他洞不及也陽朔亦有繡山羅漢白鶴華蓋明珠五洞皆奇又聞容州都嶠有三洞天融州有靈巖眞仙洞世傳不下桂林但皆在瘴地士大夫尤罕到

志金石

本艸有玉石部專主藥物非療病雖重不錄此篇亦主爲方藥所須者

生金出西南州峒生山谷田野沙土中不由礦出也峒民以淘沙爲生坯土出之自然融結成顆大者如麥粒小者如麩片便鍛作服用但色差淡耳欲令精好則重鍊取足色耗去十二三既鍊則是熟金丹竈所須生金故錄其所出

丹砂本艸以辰砂爲上宜砂次之今宜山人云出砂處與湖北犬牙山北爲辰砂南爲宜砂地脉不殊無甚分別宜砂老者白色有牆壁如鏡生白石床上可入鍊勢敵辰砂本艸圖經乃云宜砂出土石間非白石床所生卽是未識宜砂也別有一種色紅質嫩者名土坑砂乃是點都感切黑也出土石間者不堪耐火邕州亦有砂大都數十百兩作塊黑闇少牆壁嚼之紫黛不堪入藥彼人惟以燒取水銀圖經又云融州亦有砂今融州元無砂邕融聲相近蓋又誤云

水銀以邕州溪洞朱砂末之入爐燒取極易成以百兩爲一銚銚之制以豬胞爲骨外糊厚紙數重貯之不漏

鍾乳桂林接宜融山中洞穴至多勝連州遠甚予游洞親訪之仰視石脉湧起處卽有乳床如玉雪石液融結所爲也乳床下垂如倒數峯小山峯端漸銳且長如冰床柱端輕薄中空如鵝管乳水滴瀝未已且凝且滴此乳之最精者以竹管仰承拆取之煉治家又以鵝管之端尤輕明如雲母爪甲者爲勝

銅邕州右江州峒所出掘地數尺卽有礦故蠻人好用銅器

綠銅之苗也亦出右江有銅處生石中質如石者名石綠又有一種脆爛如碎土者名泥綠品最下價亦賤

滑石桂林屬邑及猺洞中皆出有白黑二種功用相似初出如爛泥見風則堅又謂之冷石土人以石灰圬壁及未乾時以滑石末拂拭之光瑩如玉

鉛粉桂林所作最有名謂之桂粉以黑鉛著糟瓮罨化之

無名異小黑石子也桂林山中極多一包數百枚

石梅生海中一叢數枝橫斜瘦硬形色眞枯梅也雖巧工造作所不能及根所附著如覆菌或云本是木質爲海水所化如石蟹石蝦之類

石柏生海中一榦極細上有一葉宛是側柏扶疎無小異根所附著如烏藥大抵皆化爲石矣此與石梅雖未詳可入藥用否然皆奇物不可不志

志香

南方火行其氣炎上藥物所賦皆味辛而嗅香而沉箋之屬世專謂之香者又美之所種也世皆云二廣出香然廣東香乃自舶上來廣右香廣海北者亦凡品惟海南最勝人士未嘗落南者未必盡知故著其說

沉水香上品出海南黎峒亦名土沉香少大塊其次如繭栗角如附子如芝菌如茅竹葉者皆佳至輕薄如紙者入水亦沉香之節因久蟄土中滋液下向結而爲香採時香面悉在下其背帶木性者乃出土上環島四郡界皆有之悉冠諸蕃所出又以出萬安者爲最勝說者謂萬安山在島正東鍾朝陽之氣香尤醞藉豐美大抵海南香氣皆清淑如蓮花梅英鵝梨蜜脾之類焚一博投許氛翳彌室翻之四面悉香至煤燼氣亦不焦此海南香之辨也北人多不甚識蓋海上亦自難得省民以牛博之于衆黎一牛博香一擔歸自差擇得沉水十不一二中州人士但用廣州舶占城眞蠟等香近年又貴丁流眉來者予試之乃不及海南中下品舶香往往腥烈不甚腥者意味又短帶木性尾烟必焦其出海北者生交趾及交人得之海外蕃舶而聚于欽州謂之欽香質重實多大塊氣尤酷烈不復風味惟可入藥南人賤之

蓬萊香亦出海南卽沉水香結未成者多成片如小笠及大菌之狀有徑一二尺者極堅實色狀皆似沉香惟入水則浮刳去其背帶木處亦多沉水

鷓鴣斑香亦得之于海南沉水蓬萊及絕好箋香中槎牙輕鬆色褐黑而有白斑點點如鷓鴣臆上毛氣尤清婉如蓮花

箋香出海南香如蝟皮栗蓬及漁蓑狀蓋修治時雕鏤費工去木留香棘刺森然香之精鍾于刺端芳氣與他處箋香迥別出海北者聚于欽州品極凡與廣東舶上生熟速結等香相埒海南箋香之下又有重漏生結等香皆下色

光香與箋香同品第出海北及交趾亦聚于欽州多大塊如山石枯槎氣粗烈如焚松檜曾不能與海南箋香比南人常以供日用及常程祭享

沉香出交趾以諸香艸合和蜜調如薰衣香其氣溫馨自有一種意味然微昏鈍

香珠出交趾以泥香捏成小巴豆狀琉璃珠間之綵絲貫之作道人數珠入省地賣南中婦人好帶之

思勞香出日南如乳香瀝青黃褐色氣如楓香交趾人用以合和諸香

排草出日南狀如白茅香芬烈如麝香本亦用以合香諸草香無及之者

檳榔苔出西南海島生檳榔木上如松身之艾蒳單爇極臭交趾人用以合泥香則能成溫馨之氣功用如甲香

橄欖香橄欖木脂也狀如黑膠飴江東人取黃連木及楓木脂以爲欖香蓋其類出于橄欖故獨有清烈出塵之意品格在黃連楓香之上桂林東江有此果居人采香賣之不能多得以純脂不雜木皮者爲佳

零陵香宜融等州多有之土人編以爲席薦坐褥性暖宜人零陵今永州實無此香

志酒

予性不能酒士友之飲少者莫予若也然知酒者亦莫予若也頃數仕于朝游王公貴人家未始得見名酒使虜至燕山得其宮中酒號金蘭者乃大佳燕西有金蘭山汲其泉以釀及來桂林而飲瑞露乃盡酒之妙聲震湖廣則雖金蘭之勝未必能頡頏也

瑞露帥司公廚酒也經撫廳前有井清冽汲以釀遂有名今南庫中自出一泉近年只用庫井酒仍佳

古辣泉古辣本賓橫間墟名以墟中泉釀酒既熟不煮埋之地中日足取出

老酒以麥麴釀酒密封藏之可數年士人家尤貴重每歲臘中家家造鮓使可爲卒歲計有貴客則設老酒冬鮓以示勤婚娶以老酒爲厚禮

志器

南州風俗猱雜蠻猺故凡什器多詭異而外蠻兵甲之製亦邊鎭之所宜知者

竹弓以簹（徒郎反竹也）竹爲之筋膠之制一如角弓惟揭箭不甚力

黎弓海南黎人所用長弰木弓也以藤爲弦箭長三尺無羽鏃長五寸如茨菰葉以無羽故射不遠三四丈然中者必死

蠻弩諸峒猺及西南諸蕃其造作略同以硬木爲弓椿甚短似中國獵人射生弩但差大耳

猺人弩又名編架弩無槽箭編架而射也

藥箭化外諸蠻所用弩雖小弱而以毒藥濡箭鋒中者立死藥以蛇毒艸爲之

蠻甲惟大理國最工甲冑皆用象皮胸背各一大片如龜殼堅厚與鐵等又聯綴小皮片爲披膊護項之屬製如中國鐵甲葉皆朱之兜鍪及甲身內外悉朱地間黃黑漆作百花蟲獸之文如世所用犀毗器極工妙又以小白貝纍纍絡甲縫及裝兜鍪疑猶傳古貝冑朱綅遺製云

黎兜鍪海南黎人所用以藤織爲之

雲南刀卽大理所作鐵青黑沉沉不錔南人最貴之以象皮爲鞘朱之上亦畫犀毗花文一鞘兩室各函一刀靶以皮條纏束貴人以金銀絲

峒刀兩江州峒及諸外蠻無不帶刀者一鞘二刀與雲南同但以黑漆雜皮爲鞘

黎刀海南黎人所作刀長不過一二尺靶乃三四寸織細藤纏束之靶端插白角片尺許如鴟鴞尾以爲飾

蠻鞍西南諸蕃所作不用韉但空垂兩木鐙鐙之狀刻如小龜藏足指其中恐入榛棘傷足也後鞦鏃木爲大錢纍纍貫數百狀如中國騾驢鞦

蠻鞭刻木節節如竹根朱黑間漆之長纔四五寸首小有鐵環貫二皮條以策馬

花腔腰鼓出臨桂職田鄉其土特宜鼓腔村人專作窰燒之細畫

紅花紋以爲飾

銅鼓古蠻人所用南邊土中時有掘得者相傳爲馬伏波所遺其製如坐墪而空其下滿鼓皆細花紋極工緻四角有小蟾蜍兩人舁行以手拊之其聲全似鞞鼓

銃鼓猺人樂狀如腰鼓腔長倍之上鋭下侈亦以皮鞔植于地坐拊之

盧沙猺人樂狀類簫縱八管橫一管貫之

葫蘆笙兩江峒中樂

藤合屈藤盤繞成杵合狀漆固護之出藤梧等郡

雞毛筆嶺外亦有兎然極少俗不能爲兎毫筆率用雞毛其鋒踉蹡不聽使

練子出兩江州洞大略似苧布有花紋者謂之花練土人亦自貴重

綄亦出兩江州洞如中國綫羅上有偏地小方勝紋

蠻氈出西南諸蕃以大理者爲最蠻人晝披夜臥無貴賤人有一番

黎幕出海南黎峒黎人得中國錦綵拆取色絲間木棉挑織而成每以四幅聯成一幕

黎單亦黎人所織青紅間道木棉布也桂林人悉買以爲臥具

檳榔合南人旣喜食檳榔其法用石灰或蜆灰幷扶留藤同咀則不澁土人家至以銀錫作小合如銀錠樣中爲三室一貯灰一貯藤一貯檳榔

鼻飲杯南邊人習鼻飲有陶器如杯碗旁植一小管若缾嘴以鼻就管吸酒漿暑月以飲水云水自鼻入咽快不可言邕州人已如此記之以發覽者一胡盧也

牛角杯海旁人截牛角令平以飲酒亦古兕觥遺意

蠻椀以木刻朱黑間漆之侈腹而有足如敦瓿之形

竹釜猺人所用截大竹筒以當鐺鼎食物熟而竹不熸蓋物理自爾非異也

戲面桂林人以木刻人面窮極工巧一枚或値萬錢

志禽

南方多珍禽非君子所問又予以法禁采捕甚急故不能多識偶于人家見之及有異聞者錄以備博物

孔雀生高山喬木之上人探其雛育之喜臥沙中以沙自浴拍拍甚適雄者尾長數尺生三年尾始長歲一脫尾夏秋復生羽不可近目損人飼以豬腸及生菜惟不食菘

鸚鵡近海郡尤多民或以鸚鵡爲鮓又以孔雀爲腊皆以其易得故也此二事載籍所未紀自予始志之南人養鸚鵡者云此物出炎方稍北中冷則發瘴噤戰如人患寒熱以柑子飼之則愈不然

必死

白鸚鵡大如小鵝亦能言羽毛玉雪以手撫之有粉黏着指掌如蛺蝶翅

烏鳳如喜鵲色紺碧頸毛類雄雞鬃頭有冠尾垂二弱骨各長一尺四五寸其杪始有毛羽一簇冠尾絶異大略如鳳鳴聲清越如笙簫然度曲妙合宮商又能爲百蟲之音生左右江溪洞中極難得然書傳未之紀當由人罕識云

秦吉了如鸜鵒紺黑色丹咮黃距目下連頂有深黃文頂毛有縫如人分髮能人言比鸚鵡尤慧大抵鸚鵡聲如兒女吉了聲則如丈夫出邕州溪洞中唐書林邑出結遼鳥林邑今占城去邕欽州但隔交阯疑卽吉了也

錦雞又名金雞形如小雉湖南北亦有之

山鳳凰狀如鶖雁嘴如鳳巢兩江深林中伏卵時雄者以木枝雜

桃膠封其雌于巢獨留一竅雄飛求食以飼之子成卽發封不成則窒竅殺之此亦異物然未之見也

翻毛雞翮翎皆翻生彎彎向外尤馴狎不散逸二廣皆有

長鳴雞高大過常雞鳴聲甚長終日啼號不絶生邕州溪洞中

翡翠出海南邕賀二州亦有腊而賣之

灰鶴大如鶴通身灰慘色去頂二寸許毛始丹及頸之半亦能鳴舞

鴡鳩大如竹雞而差長頭如鶉身文亦然惟臆前白點正圓如珠人采食之

水雀蒼色似鶺鴒飛集庭戶翾翾然與燕雀爲伍

志獸

獸莫巨于象莫有用于馬皆南土所宜予治馬政頗補苴漏隙其說累牘所不能載姑著其略及畜獸稍異者併爲一篇

象出交阯山谷惟雄者有兩牙佛書云四牙又云六牙今無有

蠻馬出西南諸蕃多自毗那自杞等國來自杞取馬于大理古南詔也地連西戎馬生尤蕃

大理馬爲西南蕃之最

果下馬土產小駟也以出德慶之瀧水者爲最高不踰三尺駿者有兩脊骨故又號雙脊馬健而喜行

猨有三種金綫者黃玉面者黑純黑者面亦黑金綫玉面皆難得或云純黑者雄金綫者雌又云雄能嘯雌不能也猨性不耐著地著地輒瀉以死煎附子汁與之卽愈

蠻犬如獵狗警而猘

鬱林犬出鬱林州極高大垂耳拳尾與常犬異

花羊南中無白羊多黃褐白班如黃牛又有一種深褐黑脊白班全似鹿

乳羊本出英州其地出仙茅羊食茅舉體悉化爲肪不復有血肉食之宜人

緜羊出邕州溪洞及諸蠻國與朔方胡羊不異

麝香自邕州溪洞來者名土麝氣燥烈不及西蕃

火狸狸之類不一邕別有一種其毛色如金錢豹但其錢差大耳彼人云歲久則化爲豹其文先似之矣

風狸狀如黃猨食蜘蛛晝則拳曲如蝟遇風則飛行空中其溺及乳汁主治大風疾奇効

懶婦如山豬而小喜食禾田夫以機軸織紝之器掛田所則不復近安平七源等州有之

山豬卽毫豬身有棘刺能振發以射人三二百爲羣以害禾稼州洞中甚苦之

石鼠專食山豆根賓州人以其腹乾之治咽喉疾效如神謂之石

鼠肚

香鼠至小僅如指擘大穴于柱中行地中疾如激箭

山獺出宜州溪洞俗傳爲補助要藥洞人云獺性淫毒山中有此物凡牝獸悉避去獺無偶抱木而枯洞獠尤貴重云能解藥箭毒中箭者研其骨少許傅治立消一枚直金一兩人或求買但得殺死者功力甚劣

志蟲魚

蟲魚微物外薄于海者其類庸可既哉錄偶見聞者萬一

珠出合浦海中有珠池蜑戶沒水探蚌取之歲有豐耗多得謂之珠熟相傳海底有處所如城郭大蚌居其中有怪物守之不可得蚌之細碎蔓延于外者始得而采

硨磲似大蚌海人磨治其殼爲諸玩物

蚺蛇大者如柱長稱之其膽入藥南人腊其皮刮去鱗以鞔鼓蛇常出逐鹿食寨兵善捕之數輩滿頭插花趨赴蛇蛇喜花必駐視漸近競拊其首大呼紅娘子蛇頭益俛不動壯士大刀斷其首衆悉奔散遠伺之有頃蛇省覺奮迅騰擲傍小木盡拔力竭乃斃數十人舁之一村飽其肉

蠵蝐形如龜黿輩背甲十三片黑白斑文相錯鱗差以成一背其邊裙闌缺齧如鋸齒無足而有四鬣前兩鬣長狀如檝後兩鬣極短其上皆有鱗甲以四鬣棹水而行海人養以鹽水飼以小鮮俗傳甲子庚申日輒不食謂之蠵蝐齋日其說甚俚

蜈蚣有極大者

青螺狀如田螺其大兩拳揩磨去麄皮如翡翠色雕琢爲酒杯

鸚鵡螺狀如蝸牛殼磨治出精采亦雕爲杯

貝子海傍皆有之大者如拳上有紫班小者指面大白如玉

石蟹生海南形眞是蟹云是海沫所化理不可詰又有石蝦亦其類

鬼蛺蝶大如扇四翅好飛荔枝上

黑蛺蝶大如蝙蝠橘蠹所化北人或名玄武蟬

嘉魚狀如小鰣魚多脂味極腴美出梧州火山人以爲鮓以餉遠

蝦魚出灘水肉白而豐味似蝦而鬆美

竹魚出灘水狀如青魚味如鱖魚南中魚品如鯉鯽輩皆有之而以蝦竹二魚爲珍

天蝦狀如大飛蟻秋社後有風雨則羣墮水中有小翅人候其墮掠取之爲鮓

志花

桂林具有諸艸花木牡丹芍藥桃杏之屬但培漑不力存形似而已今著其土產獨宜者凡北州所有皆不錄

上元紅深紅色絕似紅木瓜花不結實以燈夕前後開故得名

南山茶葩萼大倍中州者色微淡葉柔薄有毛別自有一種如中州所出者

白鶴花如白鶴立春開

紅荳蔻花叢生葉瘦如碧蘆春末發初開花先抽一幹有大籜包之籜拆花見一穗數十蘂淡紅鮮研如桃杏花色蘂重則下垂如蒲萄又如火齊纓絡及翦綵鸞枝之狀此花無實不與草豆蔻同種每蘂心有兩瓣相並詞人託興如比目連理云

泡花南人或名柚花春末開蘂圓白如大珠既拆則似茶花氣極清芳與茉莉素馨相遏番人采以蒸香風味超勝

紅蕉花葉瘦類蘆箬心中抽條條端發花葉數層日拆一兩葉葉色正紅如榴花荔枝其端各有一點鮮綠尤可愛春夏開至歲寒猶芳又有一種根出土處特肥飽如膽瓶名膽瓶蕉

枸那花葉瘦長略似楊柳夏開淡紅花一朵數十萼至秋深猶有

之
史君子花蔓生作架植之夏開一簇一二十葩輕盈似海棠
水西花葉如萱艸花黃夏開
褒梅花卽木槿有紅白二種葉似蜀葵采紅者連葉包裹黃梅鹽漬暴乾以薦酒故名玉脩花粉紅色四季開
象蹄花如梔子而葉小夏開至秋深
素馨花比番禺所出爲少當由風土差宜故也
茉莉花亦少如番禺以淅米漿水日溉之則作花不絕可耐一夏花亦大且多葉倍常花六月六日又以治魚腥水一溉益佳
石榴花南中一種四季常開夏中既實之後秋深忽又大發花且實枝頭碩果罅裂而其旁紅英粲然併花實折釘盤筵極可玩
添色芙蓉花晨開正白午後微紅夜深紅
側金盞花如小黃葵葉似槿歲暮開與梅同時

志果

世傳南果以子名者百二十半是山野間艸木實猿狙之所甘人強名以爲果故予不能盡識錄其識且可食者五十五種
荔枝自湖南界入桂林纔百餘里便有之亦未甚多昭平出橢核臨賀出綠色者尤勝自此而南諸郡皆有之悉不宜乾肉薄味淺不及閩中所產
龍眼南州悉有之極大者出邕州圜如當二錢但肉薄不能遠過常品爲可恨
饅頭柑近蔕起如饅頭尖者味香勝可埒永嘉乳柑
金橘出營道者爲天下冠出江浙者皮甘肉酸不逮也
緜李味甘美勝常品擘之兩片開如離核桃
石栗圓如彈子每顆有梗抱附之類杓柄肉黃白甘㲉似巴欖子仁附肉有白膜不可食發病北人或呼爲海胡桃
龍荔殼如小荔枝肉味如龍眼木身葉亦似二果故名可蒸食不可生啖令人發癎或見鬼物三月開小白花與荔枝同時
木竹子皮色形狀全似大枇杷肉甘美秋冬間實
冬桃狀如棗深碧而光軟爛甘酸春夏熟
羅望子殼長數寸如肥皂又如刀豆色正丹內有二三實煨食甘美
人面子如大梅李核如人面兩目鼻口皆具肉甘酸宜蜜煎
烏欖如橄欖青黑色肉爛而甘
方欖亦如橄欖三角或四角出兩江州洞
椰子木身葉悉類椶櫚桄榔之屬子生葉間一穗數枚枚大如五升器果之大者謂唯此與波羅蜜相等耳皮中子殼可爲器子中瓤白如玉味美如牛乳瓤中酒新者極清芳久則渾濁不堪飲
蕉子芭蕉極大者凌冬不凋腹中抽幹長數尺節節有花花褪葉

根有實去皮取肉軟爛如綠柹極甘冷四季實土人或以飼小兒云性涼去客熱以梅汁漬暴乾按令褊（音坒）味甘酸有微霜世謂芭蕉乾者是也又名牛蕉子亦四季實
雞蕉子小如牛蕉子亦四季實
芽蕉子小如雞蕉尤香嫩甘美秋初實
紅鹽草果取生草荳蔲入梅汁鹽漬令色紅暴乾以薦酒
鸚哥舌卽紅鹽草果之珍者實始結卽擷取紅鹽乾之纔如小舌
八角茴香北人得之以薦酒少許咀嚼甚芳香出左右江州洞中
餘甘子多販入北州人皆識之其木可以制器
五稜子形甚詭異瓣五出如田家碌碡狀味酸久嚼微甘閩中謂之羊桃
黎朦子如大梅復似小橘味極酸
波羅蜜大如冬瓜外膚磊砢如佛髻削其皮食之味極甘子綀悉

如冬瓜生大木上秋熟
柚子南州名臭柚大如瓜人亦食之皮甚厚打碑者捲皮蘸墨以代氈刷宜墨而不損紙極便于用此法可傳但北州無許大柚耳
櫓罟子大如半升碗譎覩之數十房攢聚成毬每房有縫冬生青至夏紅破其瓣食之微甘
槎擦子如錐栗肉甘而微澀
地蠶生土中如小蠶又似甘露子
赤柚子如橄欖皮青肉赤以下並春實
火炭子如烏李
山韶子色紅肉如荔枝以下八種並夏實
山龍眼色青肉如龍眼
菩提子色黄如石榴
木賴子如淡黄大李

粘子如指面大褐色
蘿晃子如橄欖其皮七重
千歲子如青黄李味甘
赤棗子如酸棗味酸
藤韶子大如鳧卵柿以下十三種並秋實
古米子殼黄中有肉如米粒
殼子如青梅味甘
滕核子生白藤上如小蒲桃
木連子如胡桃紫色
蘿蒙子黄大如橙柚
毛栗如橡栗
特乃子狀似榧而圓長端正
不納子似黄熟小梅絕易爛爛即皮肉腐核可為念珠似菩提子

羊矢子色狀全似羊矢味亦不佳
日頭子狀如櫻桃色如蒲桃穗生
秋風子色狀俱似楝子
黄皮子如小棗
朱圓子正圓深紅狀似苦楝子以下六種皆冬實
匾桃大如桃而匾色正青
粉骨子皮黄色如粉
塔骨子匾如大橘皮裏空虛
布衲子似李而黄
黄肚子如小石榴

志草木

異艸瑰木多生窮山野荒其不中醫和匠石者人亦不采故予所識者少惟竹品乃多桀異併附于錄

桂南方奇木上藥也桂林以桂名地實不產而出于賓宜州凡木葉心皆一縱理獨桂有兩紋形如圭製字者意或出此葉味辛甘與皮無別而加芳美人喜咀嚼之
榕易生之木又易高大可覆數畝者甚多根出半身附幹而下以入土故有榕木倒生根之語禽鳥銜其子寄生他木上便蔚茂根下至地得土氣久則過其所寄
沙木與杉同類尤高大葉尖成叢穗小與杉異
桄榔木身直如杉又如棕櫚有節似大竹一幹挺上高數丈開花數十穗綠色
息櫑木生兩江州洞堅實漬鹽水中百年不腐
燕脂木堅緻色如臙脂可鏇作出融州及州洞桂林屬縣亦有之
雞桐葉如楝其葉煮湯濯足膝疾
龍骨木色翠青狀如枯骨

風膏藥葉如冬青治太陽疼頭目昏眩
南漆如稀餄氣如松脂霑霑無力
簩竹葉大且密略如蘆葦
澀竹膚麄澀如木工所用沙紙可以錯磨爪甲
人面竹節密而凸宛如人面人采以爲拄杖
約絲竹類簩竹枝極柔弱
班竹中有疊暈江浙間班竹直一沁痕無暈也
貓頭竹質性類筋竹
桃枝竹多生石上葉如小棕櫚人以大者爲杖
竻盧得反竹刺竹也芒棘森然
箭竹山中悉有
宿根茄茄木不凋明年結實
銅鼓草其實如瓜治瘡瘍毒

大蒿容梧道中久無霜雪處年深滋長大者可作屋柱小亦中肩輿之扛
石髮出海上纖長如絲縷
匾菜細如荇帶匾如薤菜長一二尺
都管艸一莖六葉辟蜈蚣蛇
花藤鏇以爲器用心有花紋
胡蔓藤毒艸也揉其艸漬之水入口卽死

雜志

嶺南風土之異宜錄以備博聞而不可以部居謂之雜志
雪南州多無雪霜艸木皆不改柯易葉獨桂林歲歲得雪或臘中三白然終不及北州之多靈川興安之間兩山蹲踞中容一馬謂之嚴關朔雪至關輒止大盛則度關至桂林城下不復南矣
風廣東南海旁有颶風西路稍北州縣悉無之獨桂林多風秋冬大甚拔木飛瓦晝夜不息俗傳朝作一日止暮七日夜半則彌旬去海猶千餘里非颶也土人自不知其說予試論之桂林地勢視長沙番禺千丈之上高而多風理固然也
癸水桂林有古記父老傳誦之略曰癸水繞東城永不見刀兵癸水灕江也
瘴二廣惟桂林無之自是而南皆瘴鄉矣瘴者山嵐水毒與草莽沴氣鬱勃蒸薰之所爲也其中人如瘧狀治法雖多常以附子爲急須不換金正氣散爲通用邕州兩江水土尤惡一歲無時無瘴春曰青艸瘴夏曰黃梅瘴六七月曰新禾瘴八九月曰黃茅瘴土人以黃茅瘴爲尤毒
桂嶺舊不知的實所在城北五里有尋丈小坡立石其上刻曰桂嶺賀州自有桂嶺縣相傳始名嶺在其地今小坡非也
俗字邊遠俗陋牒訴券約專用土俗書桂林諸邑皆然今姑記臨

桂數字雖甚鄙野而偏傍亦有依附養音矮不長也閪音穩坐于門中穩也奎亦音穩大坐亦穩也仦音嬝小兒也奀音動人瘦弱也歪音終人亡絕也孬音矲不能舉足也妖音大女大及姊也岙音磡山石之岩窟也門音擐門橫關也他不能悉記予閱訟牒二年習見之大理國間有文書至南邊及商人持其國佛經題識猶用圀字者圀武后所作國字也唐書稱大禮國其國止用理字
捲伴南州法度疏略婚姻多不正村落強暴竊人妻女以逃轉移他所安居自若謂之捲伴言捲以爲伴侶也已而復爲後人捲去至有歷數捲未已者其舅姑若前夫訪知所在詣官自陳官爲追究往往所謂前夫亦是捲伴得之復爲後人所捲惟其親父母兄弟及初娶者所訴卽歸始初被捲之家
草子卽寒熱時疫南中吏卒小民不問病源但頭痛體不佳便謂之草子不服藥使人以小錐刺脣及舌尖出血謂之挑草子實無

加損于病必服藥乃愈

志蠻

廣西經略使所領二十五郡其外則西南諸蠻蠻之區落不可悉記姑卽其聲聞相接帥司常有事于其地者數種曰羈縻州洞曰猺曰獠曰黎曰蜑通謂之蠻

羈縻州洞隸邕州左右江者爲多舊有四道儂氏謂安平武勒忠浪七源四州皆儂姓又有四道黃氏謂安德歸樂露城田州四州皆黃姓又有武侯延衆石門感德四鎭之民自唐以來內附分析其種落大者爲州小者爲縣又小者爲洞國朝開拓寖廣州縣洞五十餘所推其雄長者爲首領籍其民爲壯丁其人物獷悍風俗荒怪不可盡以中國教法繩治姑羈縻之而已有知州權州監州知縣知洞其次有同發遣權發遣之屬謂之主戶餘民皆稱提陀猶言百姓也酋豪或娶數妻皆曰媚娘其田計口給民不得典賣

惟自開荒者由己謂之祖業口分田知州別得養印田猶圭田也權州以下無印記者得蔭免田既各服屬其民又以攻剽山獠及博買嫁娶所得生口男女相配給田使耕教以武技世世隸屬謂之家奴亦曰家丁民戶強壯可教勸者謂之田子田丁亦曰馬前牌總謂之洞丁今黃姓尙多而儂姓絕少智高亂後儂氏善良許從國姓今多姓趙氏有舉洞純一姓者婚姻不以爲嫌酋豪或娶數妻皆曰媚娘宜州管下亦有羈縻州縣十餘所其法制尤疏幾似化外其尤者曰南丹州待之又與他州洞不同特命其首領莫氏曰刺史月支鹽料及守臣供給錢其說以謂宜州徼外卽唐黃家賊之地崇建南丹使控制之莫氏家人亦有時相攻奪今刺史莫延葚逐其弟延廩而自立延廩奔朝廷謂之出宋（凡州洞歸朝者皆稱出宋）

猺本五溪槃瓠之後其壤接廣右者靜江之興安義寧古縣融州之融水懷遠縣界皆有之生深山重溪中椎髻跣足不供征役各以其遠近爲伍

獠在右江溪洞之外俗謂之山獠依山林而居無酋長版籍蠻之荒忽無常者也以射生食動而活蟲豸能蠕動者均取食無年甲姓名一村中推有事力者曰郎火餘但稱火畲傳其類有飛頭鑿齒鼻飲白衫花面赤褌之屬二十一種今在江西南一帶甚多殆百餘種也

蠻南方曰蠻今郡縣之外羈縻州洞雖故皆蠻地猶近省民供稅役故不以蠻命之過羈縻則謂之化外眞蠻矣區落連亘接于西戎種類殊詭不可勝記今志其近桂林者宜州有西南蕃大小張大小王龍石滕謝諸蕃地與牂牁接人椎髻跣足或著木履衣青花斑布以射獵讎殺爲事又南連邕州南江之外者羅殿自杞等以國名羅孔特磨白衣九道等以道名而裒州以西別有酋長無所統屬者蘇綺羅坐夜面計利流求萬壽多嶺阿悞等蠻謂之生

蠻酋自謂太保大抵與山獠相似但有首領耳羅殿等處乃成聚落亦有文書公文稱守羅殿國王其外又有大蠻落西曰大理東曰交阯大理南詔國也交阯古交州治龍編又爲安南都護府

黎海南四郡島上蠻也島直雷州由徐聞渡半日至島之中有黎母山諸蠻環居四旁號黎人山極高常霧靄中黎人自鮮識之久晴海氣清廓時或見翠尖浮半空云蠻皆椎髻跣足插銀銅錫釵婦人加銅環耳墜垂肩女及笄卽黥頰爲細花紋謂之繡面女既黥集親客相慶賀惟婢獲則不繡面四郡之人多黎姓蓋其裔族而今黎人乃多姓王

蜑海上水居蠻也以舟楫爲家採海物爲生且生食之入水能視合浦珠池蚌蛤惟蜑能沒水探取旁人以繩繫其腰繩動搖則引而上先煮毳衲極熱出水急覆之不然寒慄以死或遇大魚蛟鼉諸海怪爲鬐鬣所觸往往潰腹折支人見血一縷浮水面知蜑死

矣

說郛卷第五十終

說郛卷第五十一

豫章古今記

郡城縣部

雷次宗云豫章之地南接五嶺北帶九江春秋時以爲楚之東境然據天文則吳之分野至漢高五年潁陰侯灌嬰追滅項羽遂定江南五年始立爲郡郡城卽灌嬰所築舊領一十八縣南昌廬陵彭澤鄱陽歷陽餘干柴桑文縣(今分寧縣)新塗南城建昌宜春海昏雩都鄱陽(屬古鄱縣)南野安平贛縣等漢高祖十一年又以豫章會稽縣等三郡立兄仲子濞爲吳王立四十七年與七國謀反爲漢將周亞夫所殺死于丹徒其國依舊爲郡王莽攝政爲九江郡後漢還復豫章爲至和帝永元中更置臨安(今杭州)石陽(屬吉州)建昌等三縣桓帝元嘉中復立上饒縣(後改弋陽縣屬饒州)靈帝元和中又立樂安縣(復改)(樂平縣屬饒州)順帝中平中又立永修縣(今屬建安縣)上蔡(今屬高安縣)新英縣等四縣初平中又立喻修縣(今屬宜縣)獻帝建安中又立宜黃富城(今豐城)西安(後改豫章)等三縣自後漢分置諸縣後更宜豐永興鍾陵南豐永城安福西寧(今入豐城)陽安(今屬高安)新建廣昌南康平固揭陽葛郡(已上屬寶州)西昌東昌高昌巴丘興平陽豐遂興吉陽(已上屬吉州)已前二十二縣並元是豫章境內地也漢靈帝末揚州刺史東萊劉遵行部以豫章地廣遠奏請分置廬陵鄱陽二郡至獻帝初平二年始分置廬陵石陽平都贛縣南野雩都等六縣爲廬陵郡(今吉州)漢末建安十五年漢祚已季三分天下孫氏又分鄱陽歷陽餘干鄱陽樂安等五縣及廬江共爲鄱陽郡(今饒州)其年又以柴桑縣入武昌郡吳少帝太平二年又分南城臨安宜黃等三縣爲臨川郡(今屬杭州)寶鼎二年分宜陽平都新塗等三縣及長沙安城共爲安城郡(今吉州安福縣)晉永嘉七年分柴桑廬江九江爲尋陽郡(今江州)其年又以彭澤益陽尋陽等縣

爲九江郡太康五年割廬陵郡之南野雩都贛縣及南康平固等縣爲南康郡今虔州太康十二年以豫章尋陽武昌鄱陽臨川廬陵安城南康建安等十郡置江州授陳留高誕爲刺史在豫章郡大興元年以王敦爲刺史在武昌郡大寧元年以王彬爲刺史亦在武昌郡二年以應贍爲刺史在武昌郡成帝咸和元年以溫嶠爲刺史在湓城五年陶侃以荆州領江州置在江陵九年庾亮以豫州領江州鎭蕪湖咸康元年王凝之爲刺史在豫章郡其年又王允爲刺史在湓城建元二年以褚裒爲刺史在饒州江州側其年又以庾翼爲刺史在武昌太寧九年桓秀爲刺史在尋陽郡大元二年桓嗣爲刺史在江州六年桓沖以荆州鎭江陵九年桓伊爲刺史在尋陽郡元興元年郭昶爲刺史在江州又移尋陽安帝義熙六年庾悅爲刺史在豫章郡八年孟玉爲刺史在尋陽自置江州以來刺史三政在豫章餘皆在他郡晉武帝析南昌東界立鍾陵縣至太康元年罷入南康至永定三年分南昌立西昌至陳滅猶屬江州至

隋文帝開皇九年己酉滅陳之日改郡爲總管府以西山有洪崖先生所居之處其年因以洪爲州名至大業二年又改爲豫章郡復爲南昌縣十三年爲饒州師操師乞林士弘等破廢割豫章江西置三縣入縣州南昌金塘唐朝武德五年平定復爲洪州總管府以歸首賊張善安爲總管至六年復叛其年總管崔順討之至七年改爲都督領洪江鄂袁虔吉饒撫等八州諸軍事至唐高宗顯慶四年除饒鄂江等三州

城闕部

雷次宗豫章記云郡城灌嬰所築周廻十里八十四步六門一曰南門二曰松陽門西二門一曰昌門二曰皋門東北各一門門以東北爲名昔太康中太守范寧更開東之北以爲東北門以對皋門又門北之西爲西北門以對松陽門今八門也

郡墻東南雙闕吳鳳凰二年太守維揚府君張俊字子房所造郡西學堂晉元康六年太守安范故潤字世源造

昌邑王城在海昏縣今建昌也

太史慈城在海昏縣西三百里

林丘城在郡下流一百四十里臨江

孫舊城在郡北二里

劉繇城在豫章縣北四十里

脩城在豐城北三十里

古情城在豐城東一里

孫慮城在建昌縣南一百里慮孫權第二子

余孝項城在建昌南湖井村

石姑宮在上遼西五里漢昌邑王賸所居處

尉廨在王步北二里漢梅福所居處福嘗爲南昌尉

徐孺宅在梅福宅東陳蕃下榻處也又塘東百步又云孺宅北去

城一里亦曰書臺

度支府在郡城西臨江晉度支校尉所立也府舍之處領戶三千五百今福向釣磯也在椒丘城下流一百六里有鄉邸閤度支尉所居之處太尉陶侃置也晉陶侃字士行尋陽人少喪父母貧孤求濟于澤嘗坐此石而釣累年不移其石今有痕在釣磯後仕晉爲太尉

滕王閣近章江而眺西山王諱元嬰唐高祖子節度洪州時立也

寶瑞部

晉懷帝諱熾字豐度初誕有嘉禾生于豫章太康中望氣云豫章有天子氣其改豫章王爲皇太子光熙元年在位改爲永嘉

寺觀部

宣明寺龍興寺兩寺晉安侯世高所立也高是西域胡安息王太子讓位于弟避而來也

太乙觀豫章縣東舊是梅福宅

女道觀高安縣東南一里
同眞觀祈仙觀高安縣二十五里黃輔仙人宅
三皇觀高安縣西南四十五里
元陽觀高安縣西二里
玄元觀高安縣東南一百一十六步
玄風觀高安縣北五十五里
崇玄觀高安縣東一里
許眞觀高安縣西北
計仙觀高安縣西北
飛皇觀豐城縣南一里甘仙人住場也
丹陵觀象牙湖岸鍾離住宅
龍崗寺高安縣東一里
方等寺

葛仙人壇高安縣東三十里西山小峯
王喬壇西山高峰
凌雲觀
眞一觀縣西南三十里
至海觀縣西三里
翊眞觀州西北三十八里
丁仙觀武寧縣東十里
建業觀在高安縣安鄉
太淸觀在分寧西一百八十里
開化寺在府下去州一里
觀音院葛觶蕎宅
吳仙人壇在縣南二百里
東林寺當廬山北

九天使者廟在建昌南六十里
應聖宮在西山去府四十里
翠岸寺在西山去州六十里
天寶觀在西山去府七十里
淨眞觀
雲臺觀在州西北四十二里

術藝部

後漢唐擅字子產豫章南昌人少好學易韓氏詩顏氏春秋災異星占永建五年舉孝廉爲郎中棄官去著書二十八篇名唐子
吳眞君猛豫章新邑人東晉永和初于浮雲山南修鍊九轉靈丹功成名列仙籍
許眞君遜字敬之豫章南昌人晉永和二年八月十五日合家仙去其宅今游性觀也

黃輔字萬石高安人東晉末飛昇其宅今祈仙觀
劉道成新吳人晉永嘉二年以明經得舉退官修仙道全家上昇其宅今門業觀
陶安公新吳人乘龍昇天二女采樵白日亦昇空見列仙傳
桑靈豫章建昌人常行陰功救物見晉書

鬼神部

後漢欒巴字子昇魏郡內黃人遷豫章太守素有術能役鬼神

變化部

漢書云哀帝建平中豫章男子化爲女人後嫁而生一男新錄云馬孝恭豫章人織簿爲活入南山化爲虎旬日又歸歸成人入山爲虎矣貞觀二十三年復爲人身而終

神祠部

賈廟在郡北津河東人漢更始二年爲郡太守謀誅王莽師敗死

節亡日人于津立祠
張華廟在豐城劍光
伍相廟在豐城縣北
浮槎神祠在豐城東
石神祠廟在豐城縣南
石侯廟在建昌

山石部

西山在豫章縣西四十二里高四十丈周回三百里
逍遥山在高安天寶鄉其山高峻
象山在高安縣西南
馬鞍山在豫章西山遥看如馬鞍也
松門山在豫章北二百里江水繞山上有松柏則江西第五六重水口也
吉州山江西與松門山相對上有千戶
擔石湖江西東北如石堆湖心遂成小山
軍山在建昌北
幕府山在建昌西
雲居山在建昌西四十里
洪滓山有僧居號汸(反鄖得)潭寺
兆州山在建昌西南
石門山在建昌下有石梁如門
堯山在豐城東堯時衆水不沒
羅山在豐城南上有池水晉羅文于此得仙
盃山在豐城山形如覆盃
澄嶺在豐城南
河山在高安南晉丁遥二女于此修道

米山在高安北山有石穴兵寇生靈避難
石山高安西南有石燒爲灰
遼山今入高安
藥王山在新吳西北五十里晉吳猛騎猛虎入山處
華林山在新吳西五十里浮丘公李八百隱遯此山古浮雲山唐封今名
百丈山在新吳縣源上流又名大雄山
黃龍山在分寧縣西二百里
星子石今星子縣是也在廬山

水沙部

龍沙在城北十里帶沙微白
豫章江縣三里源出東北接虔吉撫袁也
蜀水高安縣南江是也
漑口在昌邑東十三里水入豫章大江
掘土江在建昌縣西北十九里
巾口江在建昌縣
新韶江在建昌縣西北
鍾口江在高安縣西南
康樂江在高安縣西
修江在建昌縣南

津濟部

上遼津在海昏縣東二十里
谷鹿州在州城西南百步有一大橋
石頭津在郡江之西岸亦名沉書浦晉殷羨字洪喬爲豫章太守臨去因附書百封羨將至石頭沉之内有囑托事擲于水中曰有事者沉無事者浮故名焉

揚子州在州北九里

鱏洲在城北九十里

泉池井部

輔山今廬山也有泉二其一常溫可爓雞狁之類今爲湯院

猒源之西洪井（山府西）洪崖隱處

東湖郡城東周回十里與江連

風雷池在東湖側亢旱禱于此

冢墓部

郡東一十里有大冢曰丹陽墩古老相傳爲丹陽太守聶友墓

徐孺子墓在郡西十里

鄧粲墓撰晉書十卷者

翹俊部

後漢徐孺子名稚豫章南昌人也

劉陵字孟高豫章人也爲侍中

程曾字秀升豫章人也建初三年舉孝廉遷海西令

鄧通字子淵豫章人有學行爲太守凝然恬默京師號曰鄧獨坐

羊茂字季寶豫章人東郡太守

張載字仲宗豫章人爲廣陵太守

陳重字景公豫章宜春人與同郡雷義爲友舉孝廉讓于義

雷義字仲公豫章鄱陽人舉茂材讓于重刺史曰膠漆雖堅然不如陳雷

宋度字文叔豫章人爲定陵令

昔向豫章人路上拾珠一囊訪主還之

徐崇豫章人有聲望爲吳侍中

聶友字文悌豫章新淦人吳封丹陽太守

陶侃母湛氏豫章新淦人范逵嘗嘆曰非此母不生侃非侃不生于此母墓在撫州五十里色岡村

胡藩豫章人爲宋相府參軍

胡諧字士會豫章南昌人爲齊侍中

吳相休字吉甫一名列爲江東太守

胡勃字欽宗晉爲郡功曹

王琮豫章人爲兗州刺史

施陽字孟倫豫章人遷尚書令道遇賊刦財物去尚餘錢五千文遣人追賊與之

熊行字欽明爲吳大將軍長義都尉

鄧粲字文豔爲堂邑太守撰晉史十卷

熊鴻晉初七辟不就

鄧中筀著交州記三卷

雷次宗字仲倫入廬山事沙門惠遠篤志好學徵不起卒有文集

注禮記周易元嘉六年撰豫章記

諶仲字文叠有孝行漢荊州刺史

徐雅確博覽經傳仕晉至南平太守

陸遜字伯言吳郡人吳黃龍四年任荊州及豫章三郡事

吳愛字子童濮陽人皇唐蓬郡刺史

李忠玄字子文成高安邑人滕王請爲師友

滕王字元嬰高祖第二十三子顯慶元年除洪州三十年築閣

應智項高安萬載鳳嶺人起義師佐大唐仕靖州刺史

侍講日記　呂希哲（字原明崇政殿說書乃正獻公公著字晦叔之長子）

程伯淳正叔兄弟嘗事周敦頤後與關中諸張爲友大勝敦頤人以爲青出于藍

蘇子瞻嘗見文富二公言以武人爲樞臣最非計因彼讀書不知義理臨大節不知所守至和中仁宗不豫諸公議及嗣事王海用

時爲樞密輒合兩手掌向額曰奈此一尊菩薩何

八蜡者先嗇也農也郵表畷也貓也虎也坊也庸也先儒以貓虎合爲一而昆蟲爲八之一皆非也昆蟲無作乃祝辭爾

八珍者淳熬也淳母也炮也擣珍也漬也熬也糝也肝膋也先儒不數糝而分炮豚羊爲二皆非也

世人以往來宴會書問爲徒費日力不若不講之愈是未知先王治人道之意人之所以異于禽獸者以有禮樂相交接之道故曰粲然有文以相接驩然有恩以相與此其所以講信修睦而免于爭奪相殺之患者常消禍于未萌也

都城西南十五里有地名鏖糟陂士人惡之自易其名曰好草陂

予少時詣父執歐陽公王荆公司馬溫公歐陽公拜則立扶之既再拜但曰拜多其慰撫之如子姪及傳達正獻公語則變容唯唯見荆公溫公皆先答拜俟敍述事竟然後跪扶之

竿牘請謁君子所重常人所輕甚者至云可削而去之蓋未之思也人之所以異于禽獸者以有禮也有禮則能交易曰天地交而萬物通也上下交而其志同也楊子曰天地交萬物生人道交功勳成夫能交則相敬而無相害此廉讓所以興而爭奪相殺之禍不作是以聖人重之或曰今之所謂竿牘請謁者徒以爲文爾而子重之何也答曰聖人之教有由中出者樂是也有自外作者禮是也由中出者其文見于外自外作者其情動乎內始則既其文中則既其實其于小人也始則革面久則與之化矣是禮之教雖未能化不猶愈于縱情而徑行者歟而子欲投魚于淵置猿于木乎

得官修廟虧夫子病較齋僧語藥王鄭州茶肆中題

溫公熙寧三年辭樞密副使不拜四年自永興路安撫使還京西路安撫使又辭不赴請西京留臺閒局許之優游多暇訪求河南境內佳山水處凡目之所觀身之所歷窮蒐幽勝之趣十數年間倦于登覽于是乃與楚政叔通議王安之朝議耆老六七人時相與會于城之名園古寺且爲之約果實不過三品肴膳不過五品酒則無算以爲儉則易供簡則易繼也命之曰率會文潞公以太尉守洛求欲附名于其間溫公不許爲其貴顯勿納也一日潞公伺其爲會戒中廚具盛饌直往造焉溫公笑而延之戲曰俗却此會矣相與歡飲夜分而散亦一時之盛事也（亦曰眞率會）後溫公語人曰吾知不合放此人入來

慶曆三年有李京者爲小官吳鼎臣在侍從二人相與通家一日京薦其友人與鼎臣求聞達于朝廷鼎臣即繳書具奏之京坐貶官未行京妻謁鼎臣妻取別鼎臣妻慙不出京妻立廳事召幹僕語之曰我來既爲往還之久欲求一別亦爲乃公嘗有數帖與吾夫禱私事恐汝家終以爲疑索火焚之而去蘇子瞻云

眞宗朝王嗣宗守邠士邠舊有狐王廟相傳能與人爲禍福州人虔事之歲時祭祀祈禱不敢少怠至不敢道狐嗣宗知即集諸色獵戶得百餘人以甲兵圍其廟薰灌其穴殺百餘狐或云有大狐從火光中逸去其妖遂息後人有復爲立廟則寂無靈矣嗣宗後帥長安處士种放者人主所禮每帥守至輒面教之嗣宗不服以言拒之放責數嗣宗聲色甚厲嗣宗怒以手批其頰先是眞宗有敕書令种放有章奏即付驛欲詣闕即乘驛訴于上前上特爲于嵩山之陽置書院以處之而不加罪嗣宗去郡有人遺詩曰終南處士威風減渭北妖狐窟穴空嗣宗大喜歸告其子孫曰吾死更勿爲碑誌但刻此于石置墓傍甚爲榮也

翰林梁狀元灝丱角時從其父至官府非相士安時爲郡官見其有異于人及坐定目看便廳壁上書字問其父曰此子亦讀書耶曰亦就學又問曾學對屬否曰其師嘗教之但某俱不識其能否

乃指壁間字曰此有一句詩無人對得曰鸚鵡能言爭似鳳灑應聲曰蜘蛛雖巧不如蠶舉大驚異延之家塾自教養之卒成大名」

儒臣講讀內侍先置書冊在御案上揭開乃用牙籤揭以講讀一葉講儒臣執牙籤立侯內侍揭過復講讀其不欲勞儒臣如此

洛陽搢紳舊聞記 五卷

宋張齊賢 兵部尚書知青州

予未應舉前十數年中多與洛城搢紳舊老善爲予說及唐梁已還五代間事使人終日聽之忘倦無暇著述邇來營丘事有條貫終朝晏坐無所用心追思曩所見聞得二十餘事因編次之分爲五卷命之曰洛陽搢紳舊聞記宋朝乙巳歲夏六月營邱自序

梁祖之初兼四鎮也英烈剛很視之若乳虎左右小忤其旨立殺之梁之職吏每日先與家人辭訣而入歸必相賀賓客對之不寒而慄進士杜荀鶴以所業投之且乞一見掌客以事聞于梁祖默無所報荀鶴住大梁數月先是凡有求謁梁祖如已通姓名而不

得見者雖踰年困躓于逆旅中寒餓殊甚主者留之不令私去不若是即公人輩及禍矣荀鶴逐日詣客次一日梁祖在便廳謂左右曰杜荀鶴何在左右以見在客次爲對未見適有馳騎至者梁祖見之至巳午間方退梁祖遽起歸宅荀鶴謂掌客曰某飢甚欲告歸公人輩爲設食且曰乞命若大王出要見秀才某言已歸館舍即某等求死不暇至未申間梁祖果出復坐于便廳令取盆骰子來既至梁祖擲骰數十擲意似有所卜擲且久終不愜旨怒甚屢顧左右左右怖懼縮頸重足若蹈湯火須臾梁祖取骰子在手大呼去聲曰杜荀鶴遂擲之視之六隻俱赤乃連聲命屈秀才杜荀鶴主客者引入令趨驟至階陛下梁祖言曰秀才不合趨階荀鶴聲喏恐懼流汗再拜敘謝訖命坐荀鶴慘悴戰慄神不主體梁祖徐曰知秀才久矣荀鶴欲降階拜謝梁祖曰不可于是再拜復坐梁祖顧視階下謂左右曰似有雨點下令視之實雨也然仰首視之天無片雲雨點甚大霑階簷有聲梁祖自起熟視之復坐謂杜曰秀才曾見無雲而雨否荀鶴答言未曾見梁祖笑曰此所謂無雲而雨謂之天泣不知是何祥也又大笑命左右將紙筆來請秀才題一篇無雲雨詩杜始對梁祖坐身如在然炭之上憂悸殊甚復令賦詩不敢辭立成一絕獻之梁祖覽之大喜立召賓席共飲極歡而散且曰來日特爲秀才開一筵復拜謝而退杜絕句云同是乾坤事不同雨絲飛灑日輪中若教陰朗都相似爭表梁王造化功由是大獲見知杜既歸驚悸成疾水瀉數十度氣貌羸絕幾不能起主客守之供侍湯藥若事慈父母明晨再有主客者督之且曰大王欲見秀才請速上馬不獲已而巾櫛上馬比至凡促召者五七輩杜困頓無力趨進遲慢梁祖自起大聲曰杜秀才爭表梁王造化功杜頓忘其病趨走如飛連拜敘謝數四自是梁祖特遇張設賓館賜之衣服錢物待之甚厚

福建人徐寅下第獻過梁郊賦梁祖覽而器重之且曰古人酬文士有一語千金之語軍督費用多今且一字奉絹一疋留于賓館厚禮待之

梁祖既有移鼎之意求賓席直言骨鯁之士一日忽出大梁門外數十里憩于高柳樹下樹可數圍柯幹甚大可庇五六十人游客亦侍坐梁祖獨語曰好大柳樹徐徧視賓客注目久之坐客各各避席對曰好柳樹梁祖又曰此好柳樹好作車頭末坐五六人起對好作車頭梁祖顧恭翔等起對曰雖好柳樹作車頭須是夾榆樹梁祖厲聲言曰這一隊措大愛順口弄人柳樹豈可作車頭須是夾榆木便順我也道柳好作車頭我見人說秦時指鹿爲馬有甚難事顧左右曰更待甚須臾健兒十五七人悉擒言柳樹好作車頭者數以諛佞之罪當面撲殺之梁祖雖起于羣盜安忍雄猜甚于古昔至于剛猛英斷以權數御物遂成興王之業豈偶然哉」

太子少師李公諱讜國史有傳唐末西京留守齊王張全義貴盛兼鎮河陽李公自雍之梁齊王見之愛其俊異以女妻之賢懿夫人所生王之適女也數歲而亡又以他姬所生之女妻之雖非賢懿所出以其聰敏多伎藝王與賢懿憐惜之過于其姊音樂女工無不臻妙知書美容止迨神仙中人也性賢明有禮節自幼至老無惰容夫貴封清河郡夫人治家甚嚴大富姬僕且衆與夫別院李公院姬妾數十人夫人亦數十人潛令伺夫院中姬妾稍失夫指則召而撻之擇美少者代之每夫生日必先畜童女曉音律者盛飾珠翠綺繡因捧觴祝壽并玩物同獻之夫或辭以婢妾衆多即復擇其不常者歸已院執事稍久者嫁之夫入朝將歸具裙帔候之于中堂之前側令小蒼頭探之既接見如賓禮夫若困倦一見便退歸如相見稍從容令動樂迎引歸夫人院備酒果時新物多語及前代事人愛而憚之未嘗敢失色于前李公嘗將命置安

邑解縣兩池鹽利既至值成卒竊發爲亂公乘機許以正庫錢十萬貫爲賞罪其元惡者亂兵由是散去戮其同惡者數十人人心頓安當時用事者一人素與公通家求洛中櫻桃園不與因而有隙常欲中傷之因是上言曰李某擅自盜用官庫物以買名求不次之賞上于是乃命臺官就鞫之獄且急垂餌虎口爾時夫人聞知乘步輦直詣朝門俟執權者出趨拜于路側須臾叩馬聲甚厲且訴且泣援引今古寵辱禍福成敗可驗者數事哀怨悽苦左右聞者感動時當路者慚悔甚即回馬入朝非時請對由爲論雪之且言有妻張氏即齊王之女詣臣馬前號訴時主聞之駭愕曰如是賢婦人乎即命馳驛出之李公由是免禍至晉朝北戎降王東丹王非命而死虜已知之李公受命護東丹喪柩歸北虜既歸私第憂沮不知其計止于外廳獨坐久之夫人訝夫如是命侍人請之既入夫人謂李公曰有不如意差使乎夫默然泣下曰某已老男女又小涕泣哽噎未及再言夫人曰得無使絶域乎若然不當效兒女聲啼泣也李公收涕曰今奉命北使送東丹喪東丹朝廷密害之北虜已知矣某不憚遠役念此去必不還矣夫人曰不然爲君計者戎虜貪利某房內珠金等可得數十萬盡以送行厚賂其戎主左右及獻虜主萬全必歸非惟速歸兼恐厚得回禮李公如其言到蕃國賂其左右盡其所有爲私禮戎虜君王果大喜命速遣公回賜名馬百餘匹別賜駝馬百餘頭衣服器皿稱是復命不敢留悉進之由是遷官賜賚甚厚夫人之力也先是趙思綰在永興時使主赴闕思綰主藍田副鎮有罪已發李公時爲環衛兼雍耀三白渠使雍耀莊宅使節度副使權軍府事護而脫之來謝李公公歸宅夫人詰之曰趙思綰庸賤人公何與免其過既來謝公何必見之乎曰某比不言夫人問須言之思綰者雖賤類審觀其狀貌眞亂臣賊子恨位下未有朕跡不能除去之故也夫人曰

既不能除去何妨以小惠啖之無使銜怨自後夫人密遣人令思綰之妻來參夫人厚以衣服賜之前後與錢物甚多及漢朝公以上將軍告老歸雍未久思綰過雍遂閉門據雍城叛衣冠之族遭塗炭者衆公全家免禍終以計勸思綰納款遂拔雍城周祖素知公名與之歸闕旋改官致仕于洛皆夫人之力也且婦人之恡財與妒忌悉常態也無妒忌疎財者皆難況非治世叩馬而數權貴推陳古昔傾陷良善禍不旋踵報應之驗雖大丈夫負膽氣輕生者亦憚爲之況婦人女子者與不獨雪夫罪而能免全家之禍則昔之彈棊齊眉如賓者何人哉不其賢乎與夫飾粧黛弄眉首蠱惑其金夫竊魚軒之貴者豈同日而道哉夫人事迹可爲女訓母儀者甚多予聊舉其殊尤者紀之于篇俾其令名千載之後不磨耳

衡陽周令失其名蜀川人喪妻再娶亦蜀川人後妻攜三女俱長

矣周撫之如己女後妻兇妬周舊畜數婢內二人姙娠後妻加以他事鞭撻之無虛日二婢各爲懷姙嘗以背或臂腿受其梃妻多方用杖觸其腹欲其不全二婢竟以鞭箠墮胎而死時予任衡州通倅間常不平之及予罷歸周氏之家久無所聞後有士人與周舊話及之周之後妻旣殺二婢其後三女相次適人因權寓衡陽不四五年其三女俱臨產而死每一女死妻必飯僧悔過爲先鞭撻墮胎死者二婢看經自禮梁武懺三女俱以產死未死間必旬日號呼痛楚宛轉而後終妻涕泣憂惱而得疾女亡後歲餘亦死吁書所謂天網恢恢疎而不漏佛經報應何昭昭之若是乎書之俾妬悍不令之婦聞之增懼亦勸誡之道也有益于世教云

張相諱從恩有繼室訪其姓氏未獲河東人有容色兼多技藝十四五時失身于軍校爲側室洎軍校替歸洛下與之偕來至上黨得病因舁之而進至北小紀（地名）病且甚湯飲不能下辰至酉痢百餘度形骸骨立臭穢狼藉不可嚮邇軍校厭之遂棄之道周而去不食者數日行路爲之傷嗟道傍一土龕可容數人蕘樵童牧豎避風雨之處所也過客閔之衆爲舁至于土龕中又數日痢漸愈衣服悉爲暴客所褫但以敗席亂艸蔽形而已漸行至店日求丐飲食夜卽宿逆旅簷下一日有老嫗謂曰覩爾非求乞者也我住處非遠可三百許步卽攜之而往姥爲洗滌衣以故衣日啜粥飲蔬飯而已不數月平復如故顏狀豔麗殆神仙中人也忽有士子過小紀知之求見贈嫗綵絹五十疋載之而去偕往襄陽僦居會襄帥安大王從進叛左右殺士子納其妻從進敗爲亂兵所得送至都監張相寨張卽從恩也張相共獲婦女凡十餘人獨寵待士子之妻深厚數歲張之室亡遂以爲繼室後封郡夫人及爲主饋也善治家尤嚴整動有禮法及張加使相進封大國夫人壽終于洛陽第中吁婦人女子何先困而後亨險阻艱難備嘗之矣前有

失身求丐之厄後享富貴大國之封則古之賢人君子當未遇也冒風塵蒙榮色有呼天求死而不能一旦建功業會雲龍爵位通顯恩寵稠疊功業書之史册令名播之不朽者何可勝數哉書之者有以見婦人微賤者豈可輕易之乎況有文武才幹困布衣及下位者歟

萬州白太保名廷誨卽致仕中令諱文珂之長子也任莊宅使時權五司兼水北巡檢（五司者莊宅皇城內園洛苑宮苑也）平蜀有功就除萬州刺史受代歸家于荊南廷誨素好重道術之士從兄廷讓爲親事都將不履行檢屢游行于鄽市中忽有客謂廷讓曰劍客嘗聞之乎曰未聞見之乎曰未見客曰見在通利坊逆旅中呼爲處士卽劍客也可同往見之廷讓如其言明日同至逆旅中見五六人席地環坐中有一人深目豐眉紫黑色黃鬚廷讓拜黃鬚據受徐曰誰引子至此客曰白令公姪與某同來專起居處士黃鬚笑曰爾同來可坐共飲須臾將一木盆至取酒數瓶滿其盆各置一磁碗在面前舁一桉驢肉置其側中一人鼓刀切肉作大臠用杓酌酒于碗中每人前設一器肉廷讓視之有難色黃鬚者一吸而盡數輩亦然俱引手取肉啖之顧廷讓揚眉攝目若怒色廷讓強飲半碗許咀嚼少肉而已酒食罷散去廷讓熟視皆狗屠角抵輩廷讓與同來客獨款曲客語黃鬚曰白公志士也處士幸弗形跡黃鬚于牀上席下取一短劍引出匣以手簸弄訖以指彈劍錚然有聲廷讓視之意謂劍客爾復起再三拜之曰幸覩處士終願乞爲弟子黃鬚曰此劍凡殺五七十人皆慳財輕侮人者取首級煮食之味美如豬羊頭爾廷讓聞之若芒刺滿身恐悚而退歸具以事咨于弟廷誨貴家子聞異人奇士素所好尚且曰某如何得一見之可謀于客遂告之客曰但備酒饌俟之明日辰巳間客果與俱來白兄弟迎接之延入俱設拜黃鬚據受之飲食訖謂白曰君家有好劍否對

曰有因取數十口置于前黃鬚一、二閱之曰皆凡鐵也廷讓曰某房中有兩口劍試取觀之黃鬚置一于地亦曰凡鐵爾再取一觀之曰此可令取火筯至引劍斷之刃無傷缺以手彈擲若舞劍狀久之告去廷誨奇而留之黃鬚大率少語但應諾而已一日謂廷讓曰于爾弟處借銀十錠皮篋一好馬一疋健僕二人暫至華陽回日銀馬即奉還白兄潛思之欲不與聞其多殺悋財者欲與慮其不返黃鬚果怒告去不可留白昆弟遜謝之曰銀馬小事爾却是人力恐不稱處士指顧悉依借與之不辭上馬而去數日一僕至曰處士至土壕怒行遲遣回又旬日一僕至曰到陝州處士怒遣回白之兄弟謂是劍客不敢竊議恐知而及禍踰年不至有賈客乘所借者馬過問之曰于華州買之契券分明賣馬姓名易之矣方知其詐數年後有入陝者見之盩素善鍛者也大凡人平常厚貌深情未易輕信黃鬚假劍術以威人宜乎白之可欺也書之

者亦鑄鼎備物之象使人入山林不逢不若爾斯亦自古欺詐之尤者也君子誌之抑鑄鼎之類也戒之

安南行記 一卷

皇元徐明善 字芳谷德興人

至元二十五年安南國上表曰安南國世子微臣陳日烜惶恐百拜昧死伏罪上言于上天眘命皇帝陛下聖旨方今薰風解慍欽惟聖躬起居萬福微臣父子歸順天朝三十有餘年矣雖微臣困嬰疾病道途遼遠陛下置之度外納貢方物使臣進獻歲月未曾欠缺至二十三年阿里海牙平章貪厥邊功違却聖詔是以小國一方生靈化爲塗炭大軍回後微臣知其下情甦寒惡語見誣執反稱成臣罪特差通侍大夫阮義全協忠大夫阮德榮右武大夫段海穹中大夫阮文彥等奉齎方物前詣闕者意謂少加矜恤豈期並不回歸至元二十四年冬又見大軍水陸並進焚燒國內寺宇開掘祖先墳墓虜殺民家老少摧破百姓產業諸殘負行無所不爲時臣怕死先已逃去烏馬兒參政說與國人傳報臣云你走上天我上天去你走入地我入地去你逃山裏我山裏去你走水裏我水裏去百端毀辱不可容言臣聞斯語知其不免愈行遠遁迨蒙太子矜恤曲從小國情願發回大軍烏馬兒參政久領船軍別出海外盡捕海道邊民大者殺之小者虜去至于懸縛解剮身首異處百姓逼死輒興窮獸之禍微臣恐爲自累親來制止道遠已無及者也聞見百姓送到昔戾機大王一名稱係大國貴戚臣于是日平禮相待極加尊重敬與不敬大王必知若烏馬兒所行酷虐大王眼見微臣不敢妄道小國水土甚惡炎瘴實繁臣慮住坐久淹或生疾病雖微臣盡于奉養亦不免貪利邊功語奏流言之罪也微臣謹具行路禮物差人前就界首迎送大王歸國伏望陛下德配乾坤恩過父母智可以燭幽顯辨可以識情僞願垂矜察曲加寬宥庶令微臣免于罪戾得盡誓終事天之意豈惟微臣

與一方生靈死生骨肉世受生成大造之恩抑亦普率之國實享陛下仁心仁聞之大幸也外大軍遺亡者殆千餘人臣已發令歸了或後別有見之臣亦尋教回去小國近遭兵火且今天氣尚熱貢物人使難于即辦待至冬間方可發遣臣下情無任叩天籲聖惶恐昧死伏罪之至謹奏至元二十五年四月安南國世子微臣陳日烜上奏既而詔諭安南國曰上天奉命皇帝聖旨諭陳日烜省所上表已盡來情又唐兀歹哈散剌鍓古剌歹等口奏事亦已聽悉朕君臨萬邦威福並用豈于爾國獨忍加兵蓋自混一以來屢講會同之禮爾名爲向化實未造朝累示徵書輒辭以疾及命爾叔攝守彼疆公然拒違敢行專殺至若阿里海牙占城之役就爾假途俾之縴治津梁飛輓芻粟不惟失信乃復抗師此而不征王憲何在民殘國破實自取之今爾表稱伏辜似已知悔據來人代奏謂爾自責者三被召不來一也脫歡撫軍而不迓二也唆都

報底候庶當來三也若蒙赦宥當遣質子進美姬且歲貢方物凡茲繆敬將焉用此若使果出誠悃何不來此面陳安有鬩遣將則惟事逝逃見班師則聲言入貢以此奉上情僞可知爾試思與其嶺海偸生日虞兵禍曷若闕庭皈命被寵榮還二策之間孰得孰失爾今一念迷悟係彼一方存亡故遣山北遼東道提刑按察司劉廷直禮部侍郎李思衍檢校兵部郎奴同唐兀歹哈散兖吉刺等將引前所差來人阮義全等二十四人回國親諭朕旨爾能趨裝一來足明臣節朕當悉宥前過俾復舊封或更遲疑決難但已宜修爾城郭礪爾甲兵聽爾所爲俟朕此舉爾嘗臣事亡宋自度氣力何如合早知幾無貽後悔昔戾機忝爲族屬以被遣還彼乃有過謫戍之人譬如以此飾情合將烏馬兒拔都軍官等發送回來方表忠順詔書到日烏馬兒拔都軍官等一同來見彼中所宜事理朕當區處完備津遣回還故茲詔示想宜知悉至元二十

五年十一月十二日禮部侍郎李思衍呈都堂以明善輔行十六日詣都堂奉鈞旨相副使安南去者二十六日出順城門二十六年己丑二月二十八日至其國門世子之弟太師迓上香致敬問聖躬起居萬福使者道途安好各上馬至驛二十九日世子與使者相見驛後有重屋世子由後門先至其中啓中扃延使者立揖問聖躬萬福使者道途安好三月一日具旗幟黃繖鼓吹迎詔書使者入王城及殿門下馬再入門曰集賢殿世子再拜上香又再拜宣詔書聞者世子之左右親侍而已禮畢宴使者二日世子遣翰林等來言烏馬兒參政將北歸往辭與道(世子之弟)夜臥舟中爲風濤所溺及老病不堪朝覲之意六日世子延使者觀表檢十日世子延使者觀方物十三日押方物使臣譚名獻壺殆十五日太師送使者至江七月八日至京安南國表曰安南國世子微臣陳日烜皇恐昧死伏罪上言于上天眷命皇帝陛下方今三春明媚萬

彙敷生恭惟聖躬起居萬福微臣于至元二十六年三月初一日見劉天使李侍郎郎中同唐兀歹哈散兖吉刺歹等奉齎天詔及將小使臣阮義全等數輩回歸臣不勝欣幸謹于正殿焚香拜讀至于趨裝一同來見微臣神魂俱喪心膽如摧所謂樂未極而悲來喜未終而懼至也微臣僻處海隅久嬰疾病道途遼遠水土艱難雖命自天數之所關而死乃人情之最怕加以大軍屢伐殺虜尤多兄弟無良構讒不少往者國叔遺愛的是境外逃亡反誣指以爲專殺繼而仲弟益稷將使軍前投拜乃先去以爲己功又況來人代奏輒爲訛妄微臣十死殆無一生陛下德過唐虞明並日月誠僞無所不周幽微無所不燭是以大軍前後屠滅微臣常以忠順二字銘于心腑年綱歲信不曾廢闕蓋恃其聖人在上天日照臨未有不明者矣大軍纔去天使未來微臣已差中大夫陳克用泛義郎阮孟聰等敬齎謝罪菲物詣闕馳獻倘蒙寬宥曲賜矜

察諒亦明見微臣怕死貪生之意除外別無敢行悖逆事也去年小國百姓送遺官軍微臣親問只得昔戾機大王烏馬兒參政樊參政三名百姓皆爲殺他妻子燒他房宇之故多欲肆行非義微臣深自芘護厚加給養妻妾完全衣食充到先備行物特差使臣從義郎阮盛隨昔戾機大王同唐兀歹等赴闕其間二參政落後緣于大軍纔退意恐參政未息怒心必興禍害是以慢留方行津遣豈期微臣無福事與願違樊參政忽遭熱病微臣盡其所有藥物購彼部下醫人療之不可漸致身亡微臣火葬修功德訖因給馬疋付他妻妾馱其香骨千戶梅世英薛文正等爲之護送一併還家其劉天使至日皆云邕州過了凡茲平日管待敬之與否問諸妻妾亦可知已烏馬兒參政期當續後回去彼以歸路經由萬佃因請先就與道資其行具水土程中夜困火融舟爲水漏參政身材長大難于拯援遂致溺亡小國人夫尋亦俱死他之妻妾小

童幾陷沒賴乎輕小救之得免微臣火葬修之功德天使郎中眼所親見其或不恭有妻妾在難可掩藏微臣謹具還禮亦付之妻妾一同舍人郎中續後回國外在前數陷微臣所軍人通計八千餘人其間或有頭目皆不知之今蒙詔諭微臣更行搜索所得軍人頭目若干名軍人若干名並從天使回者別後尚有遺亡猶未盡到微臣亦當發遣不敢一留伏望陛下山海包含汙垢藏納毓其目明曠其耳聰一一寬宥置之度外使微臣豈特一生保全首領以終事天之心更期世世生生粉骨碎身圖報聖恩之萬一抑亦一國生靈萬口一辭共祝聖壽無疆之萬萬也微臣無任瞻天望聖激切屏營之至謹奏至元二十六年三月日安南國世子微臣陳日烜上奏進方物狀云安南國世子微臣陳日烜伏以今年二月見天使劉按察等齎奉天詔微臣久嬰疾病懼罪謹具非物差陪臣譚明通侍大夫周英種等一行人使隨天使詣國進獻今

具名數物件于后漏在卷末右前件項非物隨狀上進伏望聖慈俯賜鑒納謹狀至元二十六年三月日安南國世子微臣陳日烜狀進皇后牋云安南國世子陳日烜謹頓首上牋方今惡路風光椒塗日暖欽惟皇后殿下起居萬福主張內治興隆功返于百王表正母儀化育仁同于一視化基正始德體好生故得萬國之歡心不忍一夫之失所乞憐荒僻預沐洪慈尚修玉律之和益介瑤池之壽謹具非物在于別副進獻伏惟鑒納臣誠皋誠恐頓首謹言至元二十六年三月日安南國世子臣陳日烜上牋進方物狀云全金懸珥結眞珠一雙連玳瑁盤一口赭色珠金朝領一領盛用銀匣一口色珠十八顆（黃龍珠四紫尼珠四碧尼珠四石榴珠四）眞珠二百七十六顆（大二中十如黛實樣二百）粧金眞珠釧一雙（金重一兩珠一千顆）金勸盃一副共重四兩五錢花犀盞盛用金碟一口重三兩金盂連蓋一口重九兩六錢錦一疋天絲緞子二疋五色細著絹二十疋闍婆國白布一疋翠羽五

十隻右前件項非物隨牋上進伏望洪慈俯賜鑒納（此一段補入方物狀中）謹狀至元二十三年三月日安南國世子臣陳日烜狀一金度銀廓朱木表函連匙鎖一副一馴象一頭楞金鞍子連坐具板一坐（楞金）（重十兩）一金度銀尊牛毛連毬五副（共重六兩十四錢）金度銅鐸七口羚羊角兀一坐藉綠錦席一片紅緜索四條紅綾銷金油帔一片一楞金度銀御前花石盤一面琉璃瓶連金蓋二口（共重一兩六錢）金燭臺一對（重十四兩）一楞金度銀牙犀盤一面楞金沈香盞連蓋底一口盛金蓮葉楪一口金底盞（三兩七錢）金蓮葉碟（五兩）金瓜樣碟一口（六兩八錢）金瓢一口（十兩）楞金金犀碟連底一口（四兩）楞金犀盞一口（楞金五兩）盛用金碟一口（二兩八錢）金契連金筯一副（共六兩）金契一口（四兩）金筯（一兩三錢）金穿肉一（七錢）眞金垂帶四條一楞金度銀金烏文木牝象骨棋盤一面（金線三兩）度金間銀匣連契一口（二十五兩）象牙棋子一具（三十二件）一花犀三株金度銀間底三件（底重十八兩）一大烏犀角五株連畫木底五片一金斯鑼五面（共一

百兩）一鋸斯鑼十面（共重三百兩）一蘇合香油盛用銀瓶三口（油共重一百六十三兩瓶共重七十九兩）一西洋國黃毛段子二疋一五色細絹五十疋一蠻錦一百疋一闍婆國白布二十斤一闍婆國間色布十斤一翠羽一百隻一白檀香二齊（共重十斤十五兩）一梅香檀五齊（七十斤）一甘麻然香一百斤一草果十斤一象牙二十扎一犀角二十株一鷹鳥二隻一雉二隻一風狸一頭一鱷魚八尾一八哥兒鳥一隻明善相副兩山禮侍使安南常例贐幣皆却而不受其還也用資格調隆興路儒學教授

說郛卷第五十一終

說郛卷第五十二

北邊備對 六卷

宋程大昌

淳熙二年臣大昌備數講官因講禹貢詩皇問曰卿言中國山川悉矣北虜地理亦能詳知之否大昌對曰虜無文史間有可傳者多匆詳實臣安敢強以不知爲知也後曁紹熙大昌連得奉祠家居無爲常愧前此淺學無以酬塞顧問追采古來中華北狄樞紐相關者條列而推言之則虜事雖不盡知而亦可云涉獵矣初時奉訓指問者惟北狄故專主北以言不容雜舉他虜也紹熙辛亥八月新安程大昌敍

四海

四海之邊中國者在山東則爲東海在廣南則爲南海人人得而聞見之不待證說矣若夫禹跡所及西竟流沙而極不言西海東北嘗至碣石而北海之名不著于經則爲外薄四海訖于四海者如之何而四也漢武帝事遠有效使命方行四表故西北二海遂有身歷而目擊之者矣非道聽途說之比也于是條支之西有海焉先漢使命固嘗見之而入諸史矣後漢班超又嘗遣甘華輩親至其地也至于西海之西又有大秦者焉郎波斯也夷人之與海商皆嘗往來若夫北海則又其甚遠者矣而霍去病之封狼居胥山也其山實臨瀚海者北海也蘇武郭吉皆爲匈奴所幽寘諸北海之上而唐史所載又曰突厥部北海之北更有所謂骨利幹之國焉在海北岸也然則詩書所稱四海者實皆環夷夏而四之非寓言矣若夫西北二虜有西海柏海靑海蒲類海蒲菖海居延海白亭海鮮水海皆嘗並海立稱矣然要其實致則衆水鍾爲大澤如洞庭彭蠡之類故借海以名之非眞海也李吉甫辨白亭海而曰河北得水便名爲河塞外有水便名爲海其說碻也班固敍張掖之

水曰羌水出羌中東北至居延入海則眞以居延爲海矣

漢緣邊九郡

五原 鹽州 朔方 夏州 雲中 雲州 代郡 雁門 定襄 忻州 北平 平州 上谷 易州 漁陽 薊州

秦漢河南

漢史凡記三輔以及虜事而曰河南者非洛陽河之南也上郡北地隴西朔方西河皆在積石豐勝龍門三河之南故曰河南也

虜名號

北狄者太王之獯粥宣王之玁狁幽王之犬戎桓公之山戎也爲其居四夷之北故總名北狄也至戰國遂有林胡烏桓之名也後爲鮮卑至漢初東胡遂爲冒頓所幷而冒頓國于東胡之西卽漢世之匈奴也漢史之敍北狄事自秦已前皆命爲犬戎而史記李牧傳已有匈奴之名則狄人立匈奴以爲國號其已久矣若以時世求之則蒙恬所抑之胡其酋長卽頭曼也故漢史曰頭曼不勝秦而北徙頭曼者冒頓之父也頭曼之時已稱單于後又增稱撐犂孤塗單于史著其義曰撐犂者天也單于者廣大之貌也自秦至漢在北最強者惟此一族他虜雖盛莫之與京也後魏之世蠕蠕社崙始改稱單于爲可汗者其擬則皇帝也故唐高宗曰今之可汗古單于也突厥也者本匈奴之北部居金山之陽以鐵工役屬蠕蠕蠕蠕已而益大改稱突厥者兜牟也以兜牟名國明其肇迹于兵也唐初頡利大盛所據之地三垂薄海南抵大漠其地正與華夏對立而亦相抗矣若夫元魏拓跋本亦北虜其勢既盛乃竊用中國禮樂盜居中國郡縣不容列爲偏北之虜故皆不錄唐自突厥以外其彊大與中國抗力者薛延陀回紇沙陀吐谷渾四種最大若吐蕃雖嘗侵入北境其實西戎也

契丹

五代史曰契丹在潢水之南黄龍之北鮮卑故地或云亦鮮卑別種戰國之世命爲東胡者是也及阿保機併小族稱帝援立石晉又得其所割鴈門以北幽州節度管内十六州葢其地東北有盧龍塞西北有居庸關中國恃此以界限北狄自十六州既割之後山險皆爲虜有而河北葢在平地無險可以拒守矣

回紇 九姓

唐史回紇者其先匈奴也後呼鐵勒薛延陀者同紇之部落也貞觀之初突厥已亡惟回紇與薛延陀爲最雄强已而回紇攻薛延陀併有其地遣使獻功太宗爲幸靈州次涇陽受其功乃以回紇部爲瀚海部督多質葛部爲燕然部督凡六部督天寶初回紇之臣裴羅襲破拔密自稱骨出祿毗伽欵可汗天子以爲奉義王居突厥故地徙牙烏得韃山南去高闕無二千里則去塞甚不遠而又盡九姓之地九姓者曰樂葛羅曰胡咄葛爲族凡九也其後裴

羅又殺白眉可行得地愈廣盡得古匈奴地肅宗初遣兵助廣平王收長安帝以幼女妻之此在唐之中世北虜最强者也

匈奴庭

匈奴之族雖曰逐水艸遷徙不常然亦擇形勢便利據一地以爲之庭猶中國之有京邑也遇戰爭游獵則隨事而出事已復歸其舊其設險據要略與中國同惟不建築城郭則大異耳

北狄無城郭

東西南三夷皆以有城郭爲固至于北夷則以不立城郭爲武韓安國曰匈奴輕疾悍亟之兵也至如飆風去如收電居處無常難得而制漢敍西域諸國有城郭國有行國城郭國則其築城有守者也行國則不立城廓而以馬上爲國者也

突厥建牙

匈奴屯聚之地則曰置庭突厥兵師所駐則曰建牙其實一也

黄河四大折

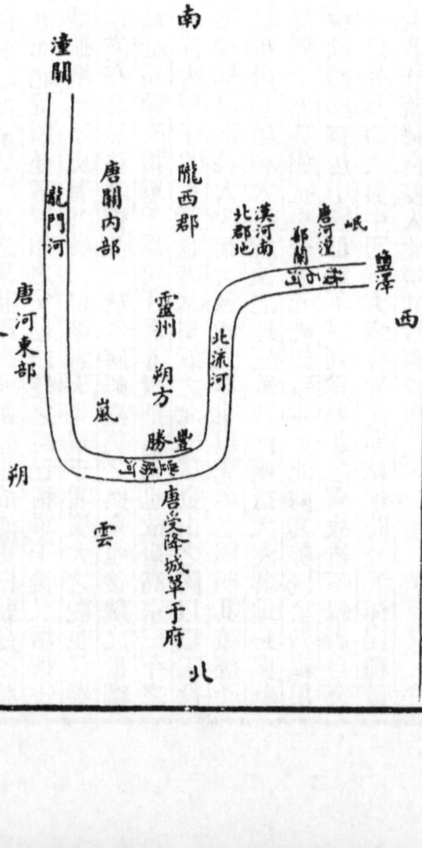

西
鹽澤
岷
唐河湟
鄯蘭
漢河南北郡地
北流河
隴西郡
唐關内部
靈州
朔方
豐勝
嵐
唐受降城單于府
雲
朔
南
北
潼關
龍門河
唐河東部
東

黄河自鹽澤西來暨達潼關其面勢所向凡四大折或與北狄分境或當北狄來路其初一折由積石而逕隍中則鄯蘭也是一折也及至靈州西南遂轉北而行凡千餘里比河西岸即爲涼肅甘沙四郡是又一折也迨其北流千里而遙至九原豐州則又轉而東流故豐州北面正拄大河是又一折也豐州之東爲楡林北境固抵大河而河從此州之東又轉而南故勝州北東兩面皆抵大河也自此而往直至潼關皆是河南矣此又一折也

長城

古來築長城以扞北虜者四世燕趙秦隋也秦制多承燕趙而隋氏不盡因秦也史記燕城起于造陽而至襄平遼陽造陽者上谷地也襄平者遼東縣也遼陽者遼水之北也皆燕國邊胡之地故其建築亦在此地也趙之城則自代地而西屬于高闕代者鴈門郡也高闕者靈州北流河之西陰山之上游也趙武靈王國于雲

代故其備胡之城但能並河而西以極乎趙境耳至秦已幷六國天下爲一西自上郡北地而東至遼東西悉爲秦有故蒙恬之致役也西起臨洮則中國極西之地也北屬遼東則中國極東之地也自東延西殆萬餘里無論燕趙之與岷蘭其在當時蓋綿一地而無長城也于是會合三制而要其所宿則秦城之長固周乎中國之北矣然審而求之則其城不皆秦築也秦但補築使足耳元和志曰開皇長城自代之繁峙縣北經蔚州北十里入飛狐縣夫其自代而蔚則極北而與虜邊中國之地不出此外秦人爲城以城中夏其地固當在此矣志又曰開皇城起嵐州合河縣經幽州皆因古跡修築夫嵐州者樓煩郡也初爲胡地後爲趙惠文所取則合河縣固可立城矣幽州者戰國時屬燕地者則非趙人所得有何由可施版築也是必前乎燕趙别有築之者史所不傳故概言因古跡修築也以此知古事湮落無載者多也元和志又有大

業城在靈州懷遠縣界河外則越積石河而北秦無此跡也

大漠

漢趙信既降匈奴與之畫謀令遠渡漠北以要疲漢軍故武帝必欲越漠征之而大漠之名始通中國也幕者漠也言沙磧廣漠望之漠漠然也漢以後史家變稱爲磧磧者沙積也其義一也

玉門陽關

漢之兩關皆在燉煌郡壽昌縣通典曰漢龍勒縣也玉門在縣之北陽關在玉門之南故曰陽一陽而設兩關者自此而趨西域有南北道故也

居庸關

太行山南自河陽懷縣迤邐北出直至燕北無有間斷者也此其爲山不同他地蓋數百千里自麓至脊皆陡峻不可登越獨有八處粗通微徑名之曰陘居庸關也者即其最北之第八陘也此陘東西橫亘五十里而中間通行之地才闊五步即李左車謂井陘車不得方軌騎不得成列者其險可以類想也

天山

天山即祈連山也又名時漫羅山又名祈漫羅山蓋虜語謂祈連也時漫羅也祈漫羅也皆天也通典元和志于張掖縣既著祈連山矣而伊西庭三州皆有此山則是自甘張掖而西至于庭州相去三千五六百里而天山皆能周徧其地則此山亦廣長矣

陰山

漢朔方之北雲中之南代郡之西高闕之東有陰山焉又有陽山焉漢書音義曰陽山在河北陰山在河南予以史漢本文考之始知陰山陽山皆在豐勝河之北謂爲河南者誤也

燕然山

後漢和帝永元元年竇憲與耿夔出朔方雞鹿塞至涿山與南匈

奴兵合憲分遣精騎與戰于稽落山大破之八十一部俱降遂登燕然山去塞五千餘里刻石勒功紀漢威德若夫燕然山者必在速邪烏之地而速邪烏必在漢北而非薊之燕山也

焉支山

霍去病元狩三年出隴西有功武帝曰驃騎涉狐奴轉戰六日至焉支山千有餘里合短兵鏖戰皋蘭下通典甘州删丹縣有焉支山匈奴失之乃歌曰失我焉支山使我婦女無顏色說者曰焉支閼氏也焉支也者今之燕脂也此山產紅藍可爲燕脂而閼氏資以爲飾故失之則婦女無顏色其說或然也

浚稽山

應劭曰浚稽山在武威塞北匈奴以爲蔽障路

金山

隋唐間突厥阿史那氏得古匈奴北部之地居金山之陽

賀蘭山

賀蘭山在靈州保靜縣山有林木靑白望如駮馬北人呼駮馬爲賀蘭

漢孝武故事 五卷

漢班　固

漢景帝王皇后槐里王仲女也名姝兒母臧氏臧荼孫也初爲仲妻生一男兩女其一女卽后也仲死更嫁長陵田氏生二男后少孤始嫁與金王孫生一男矣相士姚少翁善相人千百勿失見后而嘆曰天下貴人也當生天子田氏乃奪后歸內太子宮得幸有妊夢日入懷景帝亦夢高祖謂已曰王美人得子可名爲彘及生男因名焉是爲武帝帝以乙酉年七月七日旦生于猗蘭殿年四歲立爲膠東王少而聰明有智術與宮人諸兄弟戲善徵其意而後應之大小皆得其歡心及在上前恭敬應對有若成人太后下及侍衛咸異之是時薄皇后無子立栗姬子爲太子長公主嫖有

女欲與太子婚栗姬妒寵少衰王夫人因令告栗姬曰長公主前納美人得幸于上子何不私謁長公主結之乎時諸美人皆因長公主見得貴幸也故栗姬怒不聽因怨長公主謝不許婚長公主亦怒王夫人因厚事之長公主更欲與王夫人男婚上未許後長公主還宮時膠東王數歲公主抱置膝上問曰兒欲得婦否長主指左右長御百餘人皆云不用指其女阿嬌好否笑對曰好若得阿嬌作婦當作金屋貯之長主大悅乃苦要上遂成婚焉皇后既廢栗姬次應立而長主伺其短輒微白之上嘗與栗姬語屬諸姬子曰吾百歲後善視之栗姬怒勿肯應又罵上老狗上心銜之未發也長主日譖之因譽王夫人男之美王夫人陰告長主使大臣請立栗姬爲后上以爲栗姬諷之遂發怒誅大臣廢太子爲王栗姬自殺遂立王夫人爲后膠東王爲太子時年七歲上曰彘者徹也因改名徹廷尉上囚防年繼母陳氏殺年父年因殺陳依律殺母大逆論帝疑之詔問太子對曰夫繼母如母明其不及也緣父之愛故謂之母爾今繼母無狀手殺其父則下手之日母恩絕矣宜與殺人者同不宜大逆論帝從之棄市議者稱善太子年十四歲卽位改號建元長主伐其功求欲無厭上患之皇后寵亦衰皇太后謂上曰汝新卽位先爲明堂太皇太后已怒今又忤長主必重得罪婦人性易悅其深愼之上納太后戒復與長公主和皇后寵幸如初建元六年太皇太后崩上始親政事好祀鬼神謀議征伐長主自伐滋甚每有所求上不復與長主失望愈出醜言上怒欲廢皇后曰微長公主勿及此忘德勿祥且容之乃止然皇后寵遂衰嬌妒滋甚女巫楚服自言有術能令上意回晝夜祭祀合藥服之巫著男子衣冠幘帶綬與皇后寢居相愛若夫婦上聞窮治侍御巫與后諸妖蠱呪詛女而男淫皆伏辜廢皇后處長門宮后雖廢供養如法長門無異上宮也長主以宿恩猶自親近後置酒

主家見所幸董偃上爲之起偃亦能自結媚于上貴寵聞于天下嘗宴飲宣室引公主及偃東方朔司馬相如等並諫上不聽偃既富則淫于他色與主漸疏主怒因閉于內不復聽交游上聞之賜偃死後卒與公主合葬元朔元年立衞子夫爲皇后初上幸平陽公主家置酒作樂子夫爲謳者善歌能造曲每歌挑上上喜動起更衣子夫因侍尚衣軒中遂得幸頭解上見其美髮悅之遂內于宮中時宮女數千皆以次幸子夫新入在籍末歲餘不得見上擇宮人不中用者出之子夫因泣涕請出上曰吾昨夜夢子夫中庭生梓樹數株豈非天意乎是日幸之有娠生女凡三幸生三女後生男卽戾太子也淮南王安招方術之士習爲神仙上聞而喜仙事于是方士自燕齊至者數千人齊人李少翁年二百餘歲色若童子拜爲文成將軍歲餘術未驗上漸厭倦會所幸李夫人死上甚思悼之少翁云能致其神乃夜張帳明燭具酒食令上居他帳

中遙見李夫人不得就視也上愈益相思悲感作賦曰美聯娟以修姱兮命樔絕而勿長飾新宮以延貯兮泯不歸乎故鄉慘鬱鬱其蕪穢兮隱處幽而懷傷釋輿馬于山椒兮奄修夜之不陽云云少翁者諸方皆驗唯祭太乙積年無應上怒誅之文成被誅後月餘使者籍貲從關東還逢于渭亭謂使者曰爲吾謝上不能忍少日而敗大事乎上好自愛後四十年求我于蓬山方將共事不相怨也于是上大悔復徵諸方士常輕服爲微行時丞相公孫弘數諫弗從弘謂其子曰吾年已八十餘陛下擢爲宰相士猶爲知己死況不世之君乎今陛下微行不已社稷必危吾雖不逮史魚冀萬一能以尸諫因自殺上聞而悲之自爲誄弘嘗諫伐匈奴爲之少止弘卒乃大發卒數十萬遣霍去病討匈奴至澤蘭過居延獲祭天金人于上林鑿昆明池又起柏梁臺以處神君神君者長陵女子也先嫁爲人妻生一男數歲死女子悲哀悼痛之亦死死而

有靈其姒宛若（宛若姒之名也）祀之遂聞（通也）言語說人家小事頗有驗上遂祀神君請術初霍去病微時數自禱于神君神君乃見其形自修飾欲與去病交接去病不肯乃責之曰吾以神君清潔故齋戒祈福今規欲爲淫此非神明也因絕不復往神君亦慚及去病疾篤上令爲禱于神君神君曰霍將軍精氣少壽命勿長吾嘗欲以太一精補之可以延年霍將軍不曉此意遂見斷絕今病必死非可救也去病竟薨上造神君請術之有效大抵不容易成也神君以道授宛若亦曉其術年百餘歲貌有少容衛太子未敗一年神君亡去自柏臺燒後神稍衰東方朔娶宛若爲小妻生三子與朔同日死時人疑化去未死也自後貴人公主慕其術專爲淫亂大者抵罪或夭死無復驗云東郡送一短人長五寸衣冠具足上疑其精召東方朔至朔呼短人曰巨靈阿母還來否短人不對因指謂上曰王母種桃三千年一結子此兒不良已三過偷之失王母意

故被謫來此上大驚始知朔非世中人也短人謂上曰王母使人來告陛下求道之法惟有清淨不宜躁擾言終勿見上愈恨召朔問其道朔曰陛下自當知上以其神人不敢逼也乃出宮女希幸御者二十人以賜之朔與行道女子並年百歲而死唯一女子長陵徐氏號儀君善傳朔術至今上元延中已百三十七歲矣視之如童女諸侯貴人更迎致之問其道術善行交接之道無他法也受道者皆與之通或傳世淫之法也陳盛父子皆與之行道京中好淫亂者爭就之翟丞相奏壞風俗請僇尤亂惡者今上勿聽乃徙女子于燉煌後遂入胡不知所終樂成侯上書言方士欒大膠東人故嘗與文成侯同師上召見大大悅大乃敢大言處之無疑上乃封爲樂通侯賜甲第僮奴千人乘輿車馬帷幄器物以充其家又以女公主妻之送金千斤更號當利公主速年妖妄滋甚而不效上怒收大腰斬之上起明光宮發燕趙美女二千人充之率

皆十五以上二十以下年滿三十者出嫁之掖庭總其籍凡諸宮美女萬有八千建章未央長安三宮皆輦道相屬率使宦者婦人分屬以爲僕射大者領四五百小者領一二百常被幸御者輒注其籍增其俸三宮秩比六百石宮人既多極被幸者數年一再遇挾婦人媚術者甚衆選二百人常從幸郡國載之後車與上同輦者十六人充數恆使滿皆自然美麗不假粉白黛綠侍尚衣軒者亦如之嘗自言能三日不食不能一日無婦人善行導養術故體常壯悅其應有子者皆記其時日賜金千斤孕者拜爵爲容華充侍衣之屬上巡狩過河間有紫青氣自地屬天望氣者以爲其下當有奇女天子之祥上使求之見有一女子在空館中資貌殊絕兩手皆拳上令開其手數十人擘之莫能舒上于是自披手手即伸由是得幸號拳夫人進爲婕妤居鈎弋宮解黃帝素女之術大有寵有娠十四月而產是爲昭帝焉從上至甘泉因告上曰妾相

運正應爲陛下生一男年七歲妾當死今必死于此不可得歸矣願陛下自愛宮中多巫蠱氣必傷聖體幸愼之言終忽然而臥有頃遂卒既殯而尸香聞十餘里因葬雲陵上哀悼之又疑其非常人乃發冢開視空棺無尸惟衣履存上乃爲起通靈臺于甘泉上年六十餘髮不白更有少容服食辟穀希復幸女子矣上每見羣臣自歎愚惑天下豈有仙人盡妖妄耳節食服藥差可少病自是亦不服藥而身體更瘠瘦二三年中慘慘不樂行幸五柞宮謂霍光曰朕告老矣公可立鈎弋子公善輔之光泣頓首曰陛下尙康豫豈有此耶上曰吾病甚公不知耳三月丙寅上晝臥不覺顏色不異而身已無氣明日色漸變閉目乃發哀告喪殯未央前殿朝晡上祭若有食之常所幸御葬畢悉出茂陵園自婕好已下上幸之如平生旁人勿見也光聞之乃更出宮人增爲五百人因是遂絕

大觀茶論 一卷全

宋徽宗

嘗謂首地而倒生所以供人之求者其類不一穀粟之于飢絲枲之于寒雖庸人孺子皆知常須而日用不以歲時之遑遽而可以興廢也至若茶之爲物擅甌閩之秀氣鍾山川之靈稟祛襟滌滯致清導和則非庸人孺子之可得而知矣沖澹簡潔韻高致靜則非遑遽之時而好尙矣本朝之興歲修建溪之貢龍團鳳餅名冠天下婺源之品亦自此盛延及于今百廢俱舉海內晏然垂拱密勿俱致無爲薦紳之士韋布之流沐浴膏澤薰陶德化咸以高雅相從事茗飲故近歲以來采擇之精製作之工品第之勝烹點之妙莫不咸造其極且物之興廢固自有然亦係乎時之汙隆時或遑遽人懷勞悴則向所謂常須而日用猶且汲汲營求惟恐不獲飲茶何暇議哉世既累洽人恬物熙則常須而日用者因而厭飫狼藉而天下之士厲志清白競爲閑暇修索之玩莫不碎玉鏘金

啜英咀華校篋笥之精爭鑒裁之妙雖否士于此時不以蓄茶爲羞可謂盛世之淸尙也嗚呼至治之世豈惟人得以盡其材而艸木之靈者亦以盡其用矣偶因暇日研究精微所得之妙人有不自知爲利害者敘本末列于二十篇號曰茶論

地產

植產之地產必陽圃必陰蓋茶之性寒其葉抑而瘠其味疏以薄必資陽和以發之土之性敷其葉疏以暴其味強以肆必資木以節之（今圃家皆植木以資茶之陰）陰陽相濟則茶之滋長得其宜

天時

茶工作于驚蟄尤以得天時爲急輕寒英華漸長條達而不迫茶之從容致力故其色味兩全若或時暘鬱燠芽甲暴促土暴力隨槁晷刻所迫有蒸而未及壓壓而未及研研而未及製茶黃留漬其色味所失已半故焙人得茶天爲慶

采擇

擷茶以黎明見日則止用爪斷芽不以指揉慮氣汗熏漬茶不鮮潔故茶工多以新汲水自隨得芽則投諸水凡芽如雀舌穀粒者爲鬭品一槍一旗爲揀茶一槍二旗爲次之餘此爲下茶茶始芽萌則有白合既擷則有烏帶白合不去害茶味烏帶不去害茶色

蒸壓

茶之美惡尤係于蒸芽壓黃之得失蒸太生則芽滑故色淸而味烈過熟則芽爛故色赤而不膠壓久則氣竭味漓不及則色暗味澁蒸芽欲及熟而香壓黃欲膏盡亟止如此則製造之功十已得七八矣

製造

滌芽惟潔濯器惟淨蒸壓惟其宜研膏惟熱焙火惟良飲而有砂者滌濯之不精也文理燥赤者焙火之過熟也夫造茶先度日晷

之短長均工力之衆寡會采擇之多少使一日造成恐茶暮過宿則害色味

鑒辨

茶之範度不同如人之有面首也膏稀者其膚蹙以文膏稠者其理斂以實即日成者其色則青紫越宿製造者其色則慘黑有肥凝如赤蠟者末雖白受湯則黃有縝密如蒼玉者末雖灰受湯愈白有光華外暴而中暗者有明白內備而表質者其首面之異同難概論要之色瑩徹而不駮質縝繹而不浮舉之則凝然碾之則鏗然可驗其爲精品也有得于言意之表者可以心解比又有貪利之民購求外焙已采之芽假以製造研碎已成之餅易以範模雖名氏采製似之其膚理色澤何所逃于僞哉

白茶

白茶自爲一種與常茶不同其條敷闡其葉瑩薄崖林之間偶然

生出雖非人力所可致正焙之有者不過四五家不過一二株所造止于二三胯而已芽英不多尤難蒸焙湯火一失則已變而爲常品須製造精微過度得宜則表裏昭澈如玉之在璞他無爲倫也淺焙亦有之但品格不及

羅碾

碾以銀爲上熟鐵次之生鐵者非淘煉槌磨所成間有黑屑藏于隙穴害茶之色尤甚凡碾爲製槽欲深而峻輪欲銳而薄槽深而峻則有準而茶常聚輪銳而薄則運邊中而槽不戛羅欲細而面緊則絹不泥而常透碾必力而遠不欲久恐鐵之害色羅必輕而手不厭數庶已細者不耗惟再羅則入湯輕泛粥面光凝盡茶色

盞

盞色貴青黑玉毫條達者爲上取其煥發茶采色也底必差深而微寬底深則茶直立易以取乳寬則運筅旋徹不礙擊拂然須度茶之多少用盞之小大盞高茶少則掩蔽茶色茶多盞小則受湯不盡盞惟熱則茶發立耐久

筅

茶筅以筯竹老者爲之身欲厚重筅欲疏勁本欲壯而末必眇當如劍脊則擊拂雖過而浮沫不生

缾

缾宜金銀大小之製惟所裁製注湯利害獨缾之口觜而已觜之口欲大而宛直則注湯力緊而不散觜之末欲圓小而峻削則用湯有節而不滴瀝蓋湯力緊則發速有節而不滴瀝則茶面不破

杓

杓之大小當以可受一盞茶爲量過一盞則必歸其餘不及則必取其不足傾杓煩數茶必冰矣

水

水以淸輕甘潔爲美輕甘乃水之自然獨爲難得古人第水雖曰中濡惠山爲上然人相去之遠近似不常得但當取山泉之淸潔者其次則井水之常汲者爲可用若江河之水則魚鼈之腥泥濘之汙雖輕甘無取凡用湯以魚目蟹眼連繹迸躍爲度過老則以少新水投之就火頃刻而後用

點

點茶不一而調膏繼刻以湯注之手重筅輕無粟文蟹眼者謂之靜面點蓋擊拂無力茶不發立水乳未浹又復傷湯色澤不盡英華淪散茶無立作矣有隨湯擊拂手筅俱重立文泛泛謂之一發點蓋用湯已故指腕不圓粥面未凝茶力已盡霧雲雖泛水脚易生妙于此者量茶受湯調如融膠環注盞畔勿使浸茶勢不欲猛先須攪動茶膏漸加擊拂手輕筅重指遶腕旋上下透徹如酵蘖之起疏星皎月燦然而生則茶面根本立矣第二湯自茶面注

之周回一綫急注急止茶面不動擊拂既力色澤漸開珠璣磊落三湯多寡如前擊拂漸貴輕勻周環表裏洞徹粟文蟹眼泛結雜起茶之色十已得其六七四湯尚嗇筅欲轉稍寬而勿速其眞精華彩既已煥然輕雲漸生五湯乃可稍縱筅欲輕盈而透達如發立未盡則擊以作之發立各過則拂以斂之然後結靄凝雪香氣盡矣六湯以觀立作乳點勃然則以筅着居緩繞拂動而已七湯以分輕清重濁相稀稠得中可欲則止乳霧洶湧溢盞而起周回凝而不動謂之咬盞宜均其輕清浮合者飲之桐君錄曰茗有餑飲之宜人雖多不爲過也

味

夫茶以味爲上甘香重滑爲味之全惟北苑壑源之品兼之其味醇而乏風膏者蒸壓太過也茶槍乃條之始萌者本性酸槍過長則初甘重而終微鏁澁茶旂乃葉之方敷者葉味苦旂過老則初

雖留舌而飲徹反甘矣此則芽胯有之若夫卓絶之品眞香靈味自然不同

香

茶有眞香非龍麝可擬要須蒸及熟而壓之及乾而研研細而造則知美具足入盞則馨香四達秋爽灑然或蒸氣如桃仁夾雜則其氣酸烈而惡

色

點茶之色以純白爲上眞青白爲次灰白次之黃白又次之天時得于上人力盡于下茶必純白天時暴暄芽萌狂長采造留積雖白而黃矣青白者蒸壓微生灰白者蒸壓過熟壓膏不盡則色青暗焙火太烈則色昏赤

藏焙

焙數則首面乾而香減失焙則雜色剝而味散要當新芽初生卽焙以去水陸風溼之氣焙用熟火置爐中以靜灰擁合七分露火三分亦以輕灰糝覆良久卻置焙土上以逼散焙中潤氣然後列茶于其中盡展角焙之未可蒙蔽候火通徹覆之火之多少以焙之大小增減探手爐中火氣雖熱而不至逼人手者爲良時以手援茶體雖甚熱而無害欲其火力通徹茶體耳或曰焙火如人體溫但能燥茶皮膚而已內之餘潤未盡則復蒸暍矣焙畢卽以用久漆竹器中緘藏之陰潤勿開如此終年再焙色常如新

品名

名茶各以所產之地如葉耕之平園台星岩葉剛之高峰青鳳髓葉思純之大嵐葉嶼之眉山葉五崇林之羅漢山水葉芽葉堅之碎石窠石臼窠（一作突窠）葉瓊葉輝之秀皮林葉師復師貺之虎岩葉椿之無雙岩芽葉懋之老窠園名擅其門未嘗混淆不可槩舉前後爭鬻互爲剝竊參錯無據曾不思茶之美惡者在于製造之工

拙而已豈岡地之虛名所能增減哉焙人之茶固有前優而後劣者昔負而今勝者是亦園地之不常也

外焙

世稱外焙之茶臠小而色駁體好而味澹方之正焙昭然可別近之好事者篋笥之中往往半之蓄外焙之品蓋外焙之家久而益工製造之妙咸取之于壑源傚像規模摹主爲正殊不知至臠雖等而蔑風骨色澤雖潤而無蘊蓄體雖實而膏理乏縝密之文味雖重而澁滯乏馨香之美何所逃乎外焙哉雖然有外焙者有淺焙者蓋淺焙之茶去壑源爲未遠製之雖工則色亦瑩白擊拂有度則體亦立湯雖甘重香滑之味不遠于正焙耳至于外焙則迥然可辨其有甚者又至于採柿葉桴欖之萌相雜而造味雖與茶相類點時隱隱有輕絮泛然茶面粟文不生乃其驗也桑苧翁曰雜以卉莽飲之成病可不細鑒而熟辨之

困學齋雜錄一卷

元鮮于樞

定齋先生李獻卿字欽止河東人

陳司諫規字正叔稷山人明昌五年進士博學能文詩亦有律度南渡以後諫官稱許古陳規而正叔不以訐直自名仕至右司諫卒子良臣今在燕中

吏部高先生鳴字雄飛岢嵐人歷彰德總管召爲翰林學士至元五年歷御史吏部尚書卒

淄川先生楊弘道字叔能自號素菴默翁博學無所不知而不爲科舉計嘗以蔭仕于金遭亂南歸爲州司戶北還終于鄉里有小亨集十卷言補一卷行于世

參政楊公諱果字正卿號西菴中山人金末王鶚榜登科歷偃師蒲城等縣郡辟陝州行臺郎中北度後移居洛陽紫陽爲租課所官辟經歷官參河南經略司事中統改元召爲參知政事告老除懷孟總管以榮其歸致仕後卒葬于鄉里

轉運田特秀字彥實易縣人大定十九年進士仕至太原轉運使喜作詩爲周德卿李之純所賞彥實所居里名半十行第五以五月五日生小字五兒二十五歲鄉府省御四試皆中第五年五十五八月十五日卒造物之戲人如此

太常卿石抹世勣字晉卿承安中進士終于禮部尚書子嵩字企隆應奉翰林文字父子皆死蔡州之難

戶部張德直字伯直平陽人叔祖邦彥字彥才登科以當川令致仕有松堂集父廸祿字仲英明昌初進士歷岐山上黨二縣令卒于省掾伯直貞祐三年進士釋褐新平簿辟藍田令移沔池廷許召補省選遴院使終于同知武勝軍節度使事子誠今居永寧

寧介字介夫彭城人正大元年經義第一人歷鞏穀熟三縣令有政聲爲人尤蘊藉

敏學字彥貴陝人性嗜酒工詩客京師十餘年竟流落以死同時有鄭雲表者慕彥舉之爲人作詩挽之云形如槁木因詩苦眉鎖蒼山得酒開人以爲寫眞云

道士申志眞字正之太原人嘗爲道教提點住京師長春宮時舊傳道士十七人坐與釋教持論不勝落髮爲僧者志眞其一人也後終于鄉里

寂通老人陳時可字秀玉燕人今翰林學士仕國朝爲燕京路稅課所官

紫邏岩道人楊鴻字飛卿一名雲鵬少粱人北度後終于東平有洞然集行世

南湖散人曹居一字通甫又號聽翁太原人金末登進士第仕國朝行臺員外郎

虎岩先生趙著燕人終于編修官

新軒先生張伯道字聖俞

紫陽先生楊奐字煥然又名知章奉天人以明經後進稱爲關西先生少年時自悟以前身爲紫陽宮道士因以自號國朝爲河南府稅課所官有還山集行于世

內翰鹿菴先生王盤字文炳初名采齡字蕭客永年人學于徵君麻九疇金末以易經登科北度後爲東平學官一時名士皆出其門中統初召爲眞定宣撫使入拜翰林學士承旨年八十餘致仕歸東平時京師有易木菴陪飯寶太師陪鐵王狀元陪口作三陪圖徵詩于當代名公者先生自題云寺主善爲無米粥病人要吃沒鐵鍼皇都詩老多才思收拾酸寒入笑林或云始圖者太保公也

庸齋先生薛玄字微之華陰人仕至河南提學有易解行于世

江漢先生趙復字仁甫武昌之役始初渡江時寄皇甫庭云寄語

江南皇甫庭此行無慮隔平生眼前漫有千行淚水自東流月自明又自遺詩云醉乘鸞馭到仙家彩筆雲箋賦落霞老去空山秋寂寞自鋤明月種梅花人甚稱之

呂龍山先生與趙虎岩齊名平生多佳句夏日道中一絕句曲盡田家夏日之趣棗花初落路塵香燕掠麻池乍頡頏一片雲陰遮十頃賣瓜棚下午風涼

右中州名公翰墨至元乙酉得于京師庚寅裝于錢塘直以所得日月先後次序之不敢妄有品第也

開封屠子胡氏婦素行不潔夫及舅姑日加箠罵一日出汲不歸胡訴之官適安業坊中有婦人屍在眢井中者官司召胡認之曰吾婦一足無小指此屍足指全非吾婦也婦父母素怨胡氏又索辦而乃抱屍而哭曰此吾女也久失愛舅姑是必撻死置井中以逃罪耳時暑不三二日屍已潰略一驗有司權瘗城外下胡氏獄

考驗鍛鍊百至胡遂自誣服事上刑部國朝之法歲遣使者覆審諸路刑獄是歲刑部郎中邊某來開封視成案即知冤濫謂宣慰司安文玉曰是婦不死安執不肯改乃令人徧閱城門所揭諸人捕亡文字中有賈胡逃婢一人中所索辦及他物色與屍狀同迹其所寓眢井處也賈胡已他適矣于是使人監故瘗屍者令掘起原屍將詢其所主與隣僉曰然瘗者出曹門涉河東岸指一新冢曰此是也發之乃一男子屍執前說曰埋時盛夏河水方漲此輩病涉棄屍水中矣是男子以清纆挽髮必江淮新虜無疑訊之果然安心知其冤以未得逃婦不肯釋胡氏會開封故吏除名州一僕于逆妓中得胡氏婦問之乃出汲而淫奔于人轉售娼家其事乃白予三任佐幙所至必先伸明泛初不應受理之令政爲此耳

余爲行臺節史臺掾時至元戊寅夏爲監察御史李得甫慮江淮行省囚流人張傑等聲冤其說云傑亡宋時池州軍之馬醫也一日夜分已寢騎卒錢勝者叩門泣謂傑曰吾暮夜誤殺吾所飼馬明日將以暴死聞有司驗實必以屬君君幸脫祕當有厚報時重馬政殺一馬如殺人罪傑素謹畏具以實聞勝抵罪爾後或相値于道輒出怨言謂必報傑不殺傑不已明年池州降勝自稱宋故官得管軍總把乃大得志欲加害于傑者屢矣然非其部曲勿能也無何勝兼捕盜職傑以散卒調斫木于池之西山一日勝跨馬擁衆捕傑及同役二十四人械以巨木鞏而問曰曏昔之夜劫估舟于江岸者汝也當速承之不承死矣又謂同役者曰張傑我讐人也于若輩無預第指傑爲賊卽捨若等毋自苦爲也衆曰我輩與張傑同役跬步未嘗相違卽作賊我輩皆賊也實未有此言未竟白梃雨落二人死焉明日解州州將劉素信錢勝獄吏張友仁亦勝之故舊惟勝言是理所訴一切不聽榜掠燒爇身無完膚遂皆誣服所索之賊物信口妄指隨指卽得不知其由數日後張友

仁者持文字數紙謂傑等曰朝廷沛恩到州汝等獄未具恐不得預押字卽得出傑等不知爲所紿尋卽着字已而曰詔減死流遠汝等強盜當流卽械送行省傑等數號訴于省吏謂錢勝指傑等爲盜之夜實在山中祠神巫祝某及州之走卒某同飲抵明乞一會問雖死且無憾事竟不行欲見宰相面訴之亦不可得今繫一年矣餘二十二人死已過半嗚呼冤哉予于李君視其案與此言合乃上書于臺臺言白之惜哉

說郛卷第五十二終

說郛卷第五十三

鈎玄

劉公原曰大江之南前代要服舜禹南巡不返葬禹非不尊敬舜也啓非不孝于其父也時享在乎廟貌氣則無所不之也秦漢而下崇在墓祭違經棄禮遠事尸樞難以語乎理矣

敬齋先生李仁卿胎息之說曰養生家有知息說息氣也脈訣以一呼一吸謂之一息者出入之義也俗以音問相通謂之消息者往來之義也以稱貸取贏謂之利息者增長之義也以舍勞從逸謂之歇息者停息之義也人有孕嗣謂之子息者生滋之義也人而物故謂之休息者止絕之義也息之義大矣哉濂溪通書謂太極而無極而晦菴云太極無極秪是艮宮而已晦庵以艮卦當太極者正以終萬物始萬物莫盛于艮者也艮止也止息也止息之地萬物所終始也誰知形色盡于此止息中來乎且艮之爲卦位則處丑寅之間時則當十二月正月之交此萬物之所終始而何晦庵因此復論云自便是百穀之實初問此語急不能省徐徐以思乃大朗徹實既爲種種復成實實實相仍種種無窮則云息者非百穀之種何觀穀實之新新究萬物之芸芸吾然後知胎息之不忘也夫息之爲字從自從心說者又謂自心爲胎息息之驗其在茲乎自昔老子首發谷神之機莊周重啓踵息之論歷載斯久悠悠莫知惟宋老晁迥明遠蘇軾子瞻二先生乃能知之明遠則說勝定長生之術子瞻則述數息隨息之法明遠之言曰心息相依謂心靜調久久可成勝定神氣相合氣和神淸淸和久久可致長生此眞谷神不死之要術也子瞻之言曰數息數百此心寂然此身兀然與虛空等又有一法其名曰隨與息俱出復與息俱入隨之不已一息自住或覺此息從毛竅中雲蒸霧散病除瘴滅自

然明悟此齊人踵息之楗法也予少小多疾故常求所以攝生之道雖不得升齋肉亦粗得其藩籬嘗寓崞山之同川常與李鼎之和論及于此之和遂于性命者也因增之以詩曰玄牝機關不死根自消自息自氤氳暖于焰焰九微火輕似飄飄三素雲白玉池中流曉潤紫金爐裏裊餘薰未知與道相應否試作新詩一問君之和撫髀大笑曰子得之矣不可以語非其人張樂金有言身如蓮花反虛空中有習習淸微風綿綿不絕道乃通一來一往終無窮來無轍迹去無蹤散入八萬四千毛竅中此六句達磨胎息法也頌者萬松和尚從容錄以爲達磨無胎息法凡謂達磨行胎息者是其說皆出于曲學小智予謂萬松之說非也佛性雖深密要不出性命二字囿知胎息便是以性命爲一致若謂胎息者則皆妄也則凡經史不載機緣語句獨非繫驢橛耶胎息雖不足以盡至理亦至理之所依也今以一切去之則正是性外求命命外求性耳

杭醫宋會之治水蠱之證用絲瓜乾者一捧許去皮剪碎巴豆十四粒同炒以巴豆黃爲度去巴豆用絲瓜炒陳倉米如絲瓜之多少米黃色去絲瓜碾米爲末淸水和爲丸桐子大每服百丸數服愈蓋絲瓜如人之脈絡能引巴豆氣入皮膚故也

兩浙都轉運使廉希賢中統初平章公之弟累官至正議大夫予在運幕知公最詳公字達父讀書略通大義尤喜讀易爲人沉靜寡言樂善有守至元二十七年七月末旬下血逾其兄參政公以公事來杭八月八日疾革沐浴易衣冠而逝家人舉哀久之忽搖手止哭者起坐謂其兄參政公曰吾與兄同胞生相離十餘年今幸會于此謂必能承事顏色接杯酒之歡數月而別豈意一病至此今將永訣能無一盃之飲相餞乎時久不飲酒參政公手斟酪漿一杯飲之且謂曰吾父母去矣大兄去矣平章兄去矣五弟六

弟又去矣吾二人各年五十之上死不爲夭矣汝勿以妻子之故亂汝心汝身後汝之妻子吾竭吾力以恤之汝去之後吾身繼汝去矣公首肯又屬其弟端無失理闕及其子可終等勉以忠孝促令備馬既告辦復臥而逝身後家無一錢行臺賻楮幣五十定乃得歸中山

祕書郎喬中山云至元十年自以東曹掾出使延安道出鄜州土人傳有杜少陵骨在石中者因往觀之石在州市色青質堅樹于道傍中有人骨一具趺坐若自生成者與石俱化以佩刀削之眞人骨也

治走馬疳方用蚶子（此蚶子蓋赤經留淹者）蓮肉火煨存性置冷地用盞子蓋覆候冷取出碾爲末乾糝患處

瘡疹黑陷者用沉香乳香檀香不拘多寡于火盆焚之抱兒于烟上薰即起

又治走馬疳馬蹄燒灰入鹽少許糝患處

治惡瘡取冬瓜一枚中截先以一頭合瘡候瓜熱削去再合熱減則已

治破腸風用黃連五錢酒二盞煎至七分入黃蠟二錢同煎和滓服

治惡瘡用蒜泥作餅瘡上灸不痛者灸之痛即止痛者灸不痛止

小兒耳後瘡腎疳也地骨皮一味爲末麄者熱湯洗細者油調搽良

五不男天犍妬變半五不女螺紋鼓角綫

劉雲震祭酒題明皇擊鼓圖詩云宮殿蕭森陰碧梧杖頭白雨起花奴迅雲飛下漁陽鼓一曲霓裳敎得無

四朝聞見錄（壬申至甲戌五卷）　宋葉紹翁（龍泉人）

紹翁恭聞南渡以來四朝史事雖云備修采野史以補國史之闕蓋政與地愚不自揆得之見聞緝爲一書曰四朝聞見錄庶補國史之闕敬鋟諸梓務在增廣參驗凡孝子順孫思欲發撝先業績紬先生不忍棄置異聞亟望垂教

賜酒羣臣無滌爵之文孝宗錫宴內朝丞相王淮涕流于酒已則復縮涕入鼻時吳公琚兄弟亦預宴上見其飲酒輒有難色微扣左右知其故後有詔滌爵滌爵自淮始

張司封廟號昭貺即景祐中尚書兵部郎張公夏也（國史作兵部碑文作太常詞典作工部員外俗呼司封）字伯起景祐中出爲兩浙轉運使杭州江岸率用薪土潮水衝擊不過三歲輒壞夏令作石隄一十二里以防江湖之害既成州人感夏之功慶曆中立廟于隄上嘉祐十年十月贈太常少卿政和二年八月封寧江侯改封安濟公併賜今額紹興十四年增靈感二字紹興三十年增順濟字予以本末攷之初無神怪之事今臨安相傳以伯起治湖三年莫能得其要領不勝悒憤謚抱所

書牘自赴于江上訴于帝後寫于夢繼是修江者方得其說隄成而潮亦退蓋眞野人語也江之所恃者隄安有伯起不知以石代薪土之便工未及成效匹夫溝瀆之爲此身不存而憑虛忽之夢以告來者若萬一不用其夢患當如何是尙得生謂之智歿謂之神乎沿江十二里要是上至六和塔下至東青門正昭貺所築今顧誘之錢王則尤繆矣

武林本曰虎林唐避帝諱故曰武林如以玄虎爲玄武之類山自天目而來爲靈隱後山頓伏至儀王墓後若虎昂首頷下隱隱有斧鑿痕故老相傳以爲太祖又以爲徽宗用望氣者之言鑿去虎頷又謂高宗嘗占夢爲虎所驚因鑿焉未知孰是今竹宮有小山曰武林道士作亭其上環以花竹蓋因一小土阜爲之非武林也道士易如剛間因攻媿樓公齋宿丏詩以詠其亭詩中用事最爲精博曰武林山出武林水靈隱後山毋乃是此山亦復用此名細

考其來眞有以蓋靈隱之山卽武林之山冷泉之水卽武林之水謂此山亦復用此名則竹宮培塿之土非武林明矣老筆殊使人畀也末章乃謂錢氏鑿幷建緇黃廬以厭王氣疑此山爲武林餘脈是又收拾人情之論當以前章爲正云

高宗御書六經嘗以賜國子監及石本于諸州庠上親御翰墨稍倦卽命吳后憲聖續書至今皆莫能辨

孝宗喜占對宋之瑞面對上問以所居之瑞對曰臣家于天台上又曰聞彼多名山勝刹孰謂之冠之瑞對曰唯是萬年國淸上大加賞歎之瑞遂陞兩制云三衢毛澤民以薦者面對徽宗問以所居江郎山高可幾許澤民姑大言曰五千丈上質何以驗之也對曰臣日斜時覩景上喜其捷

皇甫眞人號爲有道術善風鑑高宗間因大雪中召入以手提其所衣繒絮至數襲謂皇甫曰先生亦怕冷耶皇甫從容對曰臣聞順天者昌時逆亮謀南寇故皇甫以對上大悅後又自出山來見上叩其所以來則曰做媒來臣爲陛下尋得个好孫媳婦上問謂誰則以慈懿皇后對后大將子也生于營中生之日有黑鳳儀于營前大黑石上人謂鳳實鸑鷟石則玄玉慈懿小字鳳孃蓋本于此后既爲太子妃至訴太子左右于高孝兩宮高宗不懌謂憲聖曰終是將種吾爲皇甫所誤孝宗屢訓妃宜法大媽媽(卽憲聖)蠡斯之行汝卽管與太子爭吾寧廢汝上欲懼之未嘗眞欲廢之也后因驚憤疑其說出于憲聖會光宗卽位大惡近習忽手批付內侍省取其尤黠者首級(閹卽陳源)其黨亟奔訴于重華急有教曰吾兒息怒光皇雖卽奉旨而詞色加怒意欲他日盡誅此曹由是宦者相懼而謀所以間三宮者光皇適感心疾久缺定省重華憂之得草澤良藥爲一大丸疾可立愈欲宣賜恐爲后所沮候光皇問安卽面授之宦官因間慈懿云太上只等官家過宮便賜藥后使覘北宮果有藥后遂持嘉王泣而訴之上上由此堅不肯詣太上先是上之未疾也常獨幸聚景京師兩制俱扈從惟吳琚待制以疾在告上將進酒于荼蘼花下言者飛章交至謂太上每出幸外苑必恭請光堯上方怒言者遂以重華亦有不曾恭請光堯之時以語從臣適太上命黃門持玉巵暨宣勸以賜會上怒未忘以手顫誤觸巵于地黃門歸奏遂隱言者之事但云官家纔見太上傳宣卽大怒碎巵矣每太上游幸上必進勸會太上奉憲聖幸東園閱市而上偶不記太上左右陰颺雞數十故使捉之不獲乃相與大呼曰今日捉雞不着蓋臨安以俟人飲食爲捉雞故以此激太上怒太上陽若不聞而玉色微變自上以疾不詣北宮至孝宗大漸終忽克執喪與憲聖垂殁而莫有嘗藥皆后爲宦官所誤云

言者疏奏楊沂中擅灌西湖水入私第上徐曉言者曰朕南渡之初虜人退而羣盜起朕重困赤子遂用議者羈縻之策刻印盡封羣盜大者鄧王小亦節鉞所自有者惟淮浙數郡猶豫未決會諸將盡平羣盜朕發願除土地之外凡府庫金帛俱置不問沂中故有餘力以給泉池若以諸將平盜之功論之雖盡以西湖賜之曾不爲過沂中此事惟卿容之言者皇恐而退

古篆無佑佑卽右賜佑聖觀扁篆者爲右羽流固爭以爲觀中無人何以自立至訴之禮部旨從之非古篆也識者謂既從佑字則不當用篆觀爲孝宗潛邸先是有神三見于雲端孝宗爲之拜跪既卽大位賜邸爲觀蓋潛龍初志也眞聖殿潛邸正寢也寢旁規小室若今小學有宮[illegible]必從勤苦得男兒須讀五車書二句刻于石蓋宸翰也上自訓莊文讀書之地故書此以勵之

寧皇命二小黃門常背二小屏前導隨其所至卽面之屏書戒曰少飲酒怕吐少食生冷怕痛析二事爲二屏以白楮糊緣以靑楮所幸後苑有苦進上以酒及勸上以生冷者指二屏以示之故每

歡不過三爵宮中動卻呵衛黃衣至不之避自以補革舄浣紬衣爲便左右至以語激上則應曰毋作聰明亂舊章蓋學于永嘉陳氏傳良嘗導上以此故終身不忘大臣進擬不過畫可謂之請批依龍顏隆準相者謂眞老龍形云

陸游字務觀山陰人名游字當从觀平聲至今謂觀去聲蓋母氏夢秦少游而生公故以秦名爲字而字其名云或曰公慕少游者也其祖名佃字龍師新學行有詩說傳于世大率祖半山後以新法浸異公紹興間已爲浙漕鎖廳第一有司竟首秦熺置公于末及南宮一人又以秦檜所諷見黜蓋疾其喜論恢復紹興末始賜第學詩于茶山曾文淸公其後冰寒于水云嘗從紫岩張公游具知西北事天資慷慨喜任俠嘗以據鞍草檄自任且好結中原豪傑以滅虜自誓商賈仙釋詩人劍客無不徧交游宦劍南作爲歌詩皆寄意恢復書肆流傳或得之以御孝宗上乙其處而韙之旋

除删定官（賜第時得旛）或疑其交游非類爲論者所斥上憐其才旋即復用未內禪一日上手批以出陸游除禮部郎上之除目自公而止其得上眷如此公早求退往來若耶雲門留賓歎洽以觴詠自娛官已階中大夫遂致其仕誓不復出韓侂胄固欲其出落致仕除次對公勉爲之出韓喜陸附己至出所愛四夫人擘阮琴起舞索公爲詞有飛上錦茵紅縐之語又命公勹靑衣泉旁有唐開成道士題名韓求陸記記極精古且以坐客皆不能盡一瓢惟游盡勺且謂掛冠復出不惟有愧于此泉且有愧于開成道士云先是慈福賜韓以南園韓求記于公公記云天下知公之功而不知公之志知上之倚公而不知公之自處與上之倚公本自不侔蓋寓微詞也又云游老謝事山陰澤中公以手書來曰子爲我作南園記豈取其無諛言無侈詞足以道公之志歟公已賜丙第而人謂公探孝宗恢復之志故作爲歌詩以恢復自期至公之終猶留詩以示其家云王師剋復中原日家祭無忘告乃翁則公之心方暴白于易簀之時矣又有鄭棫者嘗第進士自作南園記并鐫石以獻韓以陸記爲重仆鄭石瘗之地後韓敗鄭竟免湔陽陳讜文人也輸靈璧石以壽韓至刻金字于石稱之曰我王又有某人以錫字分爲九題如錫壽錫福之類爲詩以獻韓敗有爲陳瘗石于地者會搜地窖鏗然有聲則陳石也遂爲言者所彈陳留題吳山三茅觀梅亭詩有竹密不知雲欲雨山高盡見水朝宗之句繼是未有能和者翰墨本于顏蔡世以不得其字爲憾獨附韓一節爲可恨官爵自有定命特諸人自信不過爾

高宗自能推步星命或臣下不能終始仰副聖眷則曰吾奴僕宮星陷故也

前所載臣僚論侂胄鑿山爲園下瞰宗廟窮奢極侈僭擬宮闈又云剏造亭館震驚太廟之山宴樂笑語徹聞神御之所齒及路馬

禮所當誅簡慢宗廟罪宜萬死蓋自寧壽觀梅亭而至太室之後山皆觀中地也韓侂胄擅朝舊居于太廟側遂包觀之山而有之爲閱古堂閱古泉（舊名靑衣有靑衣童子見泉上故以名）爲流觴曲水泉自靑衣下注于池十有二折旁砌以瑪瑙泉流而下瀦于閱古堂渾涵數畝有桃坡十有二級夜宴則殿岩用紅燈數百出于桃坡之後以燭之其雲岩之最奇者曰雲岫韓命程有徽校通鑑于中侂胄居之既久歲累月積剔奇抉勝洗石而雲根出刳土而泉脉見危峰穩石淺瀨曲沼窈窕渟深疑爲洞天福地之居不類其爲園也因在天衢咫尺有旨盡給還寧壽今復爲禁地云又慈福以南園賜侂胄有香山十樣錦之勝有奇石爲十洞洞有亭亭頂盡以文錦香山本蜀守所獻高至五丈出于沙蝕濤激之餘玲瓏壁立在凌風閣下皆記所不載予已略具記于前集近聞併閱古記不登于作記者之集又碑已仆懼後人無復考其詳今併載二記云閱古泉記云

太師平原王韓公府之西繚山而上五步一磴十步一壑崖如伏黿徑如驚蛇大石礧礧或如地湧以立或如翔空而下或翩如將奮或森如欲搏名蘤碩果更出互見壽藤怪蔓羅絡蒙密地多桂竹秋而華敷夏而籜解至者應接不暇及左顧而右盼則呀然而江橫陂豁然而湖自獻天造地設非人力所能為者其尤勝絕之地曰閱古泉在溜玉亭之西繚以翠麓覆以美蔭又以其東向故浴海之日既望之月泉輒先得之袤三尺深不知其幾也霖雨不溢久旱不涸其甘飴蜜其寒冰雪其泓止明靜可鑑鬚髮而游塵墮葉常若有神物呵護屏除者朝暮雨暘無時不鏡如也泉上有小亭亭中置瓢可飲可濯尤于烹茗釀酒為宜他名泉皆莫逮公嘗與客相羊泉上酌以飲客游年最老獨盡一瓢公顧而喜曰君為我記此泉使後知吾輩之游亦一勝也游按泉之壁有唐開成五年道士諸葛鑑元八分書題名蓋此泉湮伏勿耀者幾四百年

公乃復發之而閱古蓋先忠獻王以名堂者則泉可謂遇矣游起于告老之後視道士為有愧其視泉尤有愧也幸且暮得復歸故山幅巾裋褐從公一酌此泉而行尚能賦之嘉泰三年四月乙巳山陰陸游記南園記云慶元三年二月丙午慈福有旨以別園賜今少師平原郡王韓公其地實武林之東麓而西湖之水滙于其下天造地設極湖山之美公既受命乃以祿入之餘葺為南園因其自然輔以雅趣方公之始至也前瞻却視左顧右盼而規模定因高就下通窒去蔽而物態別奇葩美木爭效于前清流秀石若顧若揖于是飛觀傑閣虛堂廣廈上足以陳俎豆下足以奏金石者莫不畢備升而高明顯敞如蛻塵垢而入窈窕邃深疑于無窮既成悉取先得魏忠獻王之詩句而名之堂最大者曰許閒上為親御翰墨以榜其顏其射廳曰和容其臺曰寒碧其門曰藏春其閣曰凌風其積石為山曰西湖洞天其瀦水藝稻為囷為場為牧

羊牛畜雁鶩之地曰歸耕之莊其他因其實而命之名則曰夾芳曰豁望曰鮮霞曰矜春曰歲寒曰忘機曰照香曰堆錦曰清芬曰紅香亭之名則曰遠塵曰幽翠曰多稼自紹興以來王公將相之園林相望莫能及南園之髣髴者然公之志豈在于登臨游觀之美哉始曰許閒終曰歸耕是公之志也公之為此名皆取于忠獻王之詩則公之志忠獻之志也與忠獻同時功名富貴略相埒者豈無其人今百四五十年其後往往寂寥無聞韓氏子孫功足以銘彝鼎被絃歌者獨相踵也逮至于公勤勞王家勳在社稷復如忠獻之盛而又謙恭抑畏拳拳志忠獻之志不忘如此公之子孫又將嗣公之志而不敢忘則韓氏之昌將與宋無極雖周之齊魯尚何加哉或曰上方倚公如濟大川之舟公雖欲遂其志其可得哉是不然上之倚公而不知公之自處知公之勳業而不知公之志此南園之所以不可無述游老病謝事居山陰澤中公以手書

來曰子為我作南園記游切伏思公之門才傑所萃也而顧以屬游者豈謂其愚且老又已掛衣冠而去則庶幾其無諛辭無侈言而足以道公之志歟此游所以承公之命而不獲辭也中大夫直華文閣致仕賜紫金魚袋陸游謹記鎮安軍節度使開府儀同三司判建康軍府事充江南東路安撫使兼行營留守吳琚謹書并篆額（額漢大書南園記三字非篆也不用螭首繪以芝鵲云）

武林即今靈隱寺山南園之山自淨慈而分脉相去靈隱有南北之間麓者山之趾以南園為靈隱山之趾恐其不然惟攻媿樓公賦武林之山甚明園中有亭曰晚節植菊二百種亦取其祖詩句記中不及云

侂胄所幸妾同甘苦者為三夫人號滿頭花新進者曰四夫人至通宮籍慈明常召入禮貌賜坐以示優寵四夫人者即與慈明偶席蓋娭也慈明衛之造韓為鄭虎臣所刺諸婢皆遣還其父母慈

明特旨令京尹杖四夫人而遣之

說郛卷第五十三終

說郛卷第五十四

文子通玄眞經 十二卷　　周辛　鈃

大道不振其來已久微波尙存出自諸子莫不祖述道德彌縫百代文子者周平王時人也著書一十二篇史記云文子亦曰計然范蠡師之姓辛名鈃字文子葵丘濮上人其先晉公子也常南游越得而事之老子弟子也平王問文子曰聞子得道于老子今賢人雖有道賢人文子也而遭淫亂之世以一人之權而欲化久亂之民其能庸乎文子對曰道德者拒邪以爲政振亂以爲禮使聖德復生天下安寧要在一人故積德成王積怨成亡而堯舜以是昌桀紂以是亡平王信其言而用之時天下治然安危成敗匪降自天在乎君王任賢而已故聖人怵怵爲天下孩其人同于赤子欲以興利去害而安之非欲有私已也其書上述皇王帝霸興亡之兆次敍道德禮義興衰之由莫不上極玄機傍通庶品其旨博而奧其辭文

而眞故有國者雖淫敗之俗可返樸于太素有身者而過墨之質可復至命于自然大矣哉君子不可不剞心焉洎我唐十有一葉皇帝垂衣布化均和育物柔懷庶邦殊俗一軌故在顯位者咸盡其忠慕幽居者亦安其業默希以元和四載投迹衡峰之表考室華蓋之前迨經八稔夙熟樸素之風竊味希微之旨今未能拱默強爲註釋是量天漢之高邈料滄溟之淺深者亦自以爲難矣默希子序並註

道原　精誠　九守守虛守眞　守無守靜　守平守法　守易守弱　守淸守樸

內守虛乃九守一致　符言　道德　上德　微明　自然　下德

上仁　上義　上禮

道原

老子曰有物混成先天地生惟象無形窈窈冥冥寂寥沖漠不聞其聲吾強爲之名字之曰道夫道者高不可極深不可測包裹天

地稟受無形源流汩汩(音骨)沖而不盈濁以靜之徐以淸之施之无窮无所朝夕表之不盈一握約而能張幽而能明柔而能剛含陰吐陽而彰三光山以之高淵以之深獸以之走鳥以之飛麟以之遊鳳以之翔星曆以之行以亡取存以卑取尊以退取先古者三皇得道之統立于中央神與化遊以撫四方是故能天運地滯輪轉而无廢水流而不止與物終始風興雲蒸雷聲雨降並應无窮已雕已琢還復于樸无爲爲之而合乎生死无爲言之而通乎道德恬愉无矜而得乎和有萬不同而便乎生和陰陽節四時調五行潤乎草木浸乎金石禽獸碩大毫毛潤澤鳥卵不敗獸胎不殰(音讀)父無喪子之憂兄無哭弟之哀童子不孤婦人不孀虹蜺不見盜賊不行含德之所致也天常之道生物而不有成化而不宰萬物恃之而生莫知其德恃之而死莫之能怨收藏蓄積而不加富布施稟受而不益貧忽兮怳兮不可爲象兮怳兮忽兮應用不詘

兮窈兮冥兮應化无窮兮遂兮通兮不虛動兮與剛柔卷舒兮與陰陽俯仰兮

老子曰萬物之總皆閱一孔百事之根皆出一門故聖人一度循軌不變其故不易其常放准循繩曲因其直直因其常夫喜怒者道之衰也憂悲者德之失也好憎者心之過也嗜欲者生之累也人大怒破陰大喜墜陽薄氣發喑驚怖爲狂憂悲焦心疾乃成積人能除此五者卽合于神明神明者得其內也得其內者五藏寧思慮平耳目聰明筋骨勁剛疏達而不悖堅強而不匱无所太過无所不逮天下莫柔弱于水水之爲道也廣不可極深不可測長極无窮遠淪无涯(音宜)息耗減益過于不訾上天爲雨露下地爲潤澤萬物不得不生百事不得不成大苞羣生而无私好澤及蚑(音歧)蟯而不求報富贍天下而不既德施百姓而不費行不可得而窮極微不可得而把握擊之不創刺之不傷斬之不斷灼之不薰淖約流循而不可靡散利貫金石強淪天下有餘不足任天下取與稟受萬物而無所先後無私無公與天地洪同是謂至德夫水所以能成其至德者以其綽約潤滑也故曰天下之至柔馳騁天下之至堅无有入于其間夫無形者物之太祖無音者類之太宗眞人者通于靈府與造化者爲人執玄德于心而化馳如神是故不道之道芒乎大哉未發號施令而移風易俗其惟心行也萬物有所生而獨知其根百事有所出而獨守其門故能窮无窮極无極照物而不眩響應而不知

精誠

老子曰天致其高地致其厚日月照耀列星明朗陰陽和合非有爲焉正其道而物自然陰陽四時非生萬物也雨露時降非養草木也神明接陰陽和萬物生矣夫道者藏精于內極神于心靜漠恬淡悅穆胸中廓然無形寂然無聲官府若無事朝廷若無人無

隱士無逸民無勞役無寃刑天下莫不仰上之德象主之旨絕國殊俗莫不重譯而至非家至而人見之也推其誠心施之天下而已故賞善罰惡者正令也其所以能行者精誠也令雖明不能獨行必待精誠故總道以被民而民勿從者精誠勿包也

老子曰天設日月列星辰張四時調陰陽日以暴之夜以息之風以乾之雨露以濡之其生物也莫見其所養而萬物長其殺物也莫見其所喪而萬物亡此謂神明是故聖人象之其起福也不見其所以而福起其除禍也不見其所由而禍除稽之不得察之不虛日計不足歲計有餘寂然無聲一言而大動天下是以無心動化者也故精誠內形氣動于天景星見黃龍下鳳凰至醴泉出佳穀生河不滿溢海不波涌逆天暴物卽日月薄蝕五星失行四時相乖晝冥宵光山崩川涸冬雷夏霜天之與人有以相通故國之殂亡也天文變世俗亂虹蜺見萬物有以相連精氣有以相薄故

神明之事不可以智巧爲也不可以強力致也故大人與天地合德與日月合明與鬼神合靈與四時合信懷天心抱地氣執沖含和不下堂而行四海變易習俗民化遷善若出諸己能以神化者也

老子曰聖人之從事也所由異路而同歸存亡定傾若一志不忘乎欲利人也故秦楚燕魏之歌異傳而皆樂九夷八狄之哭異聲而皆哀夫歌者樂之徵哭者哀之效也愔于中發于外故在所以感之矣聖人之心日夜不忘乎欲利人其澤之所及亦遠矣

九守

老子曰天地未形窈窈冥冥混而爲一寂然清澄重濁爲地精微爲天離而爲四時分而爲陰陽精氣爲人粗氣爲蟲剛柔相成萬物乃生精神本乎天骨骸根于地精神入其門骨骸反其根我尙何存故聖人法天順地不拘于俗不誘于人以天爲父以地爲母

陰陽爲綱四時爲紀天靜以淸地定以寧萬物逆之者死順之者生故靜漠者神明之宅虛無者道之所居夫精神者所受于天也骨骸者所稟于地也道生一一生二二生三三生萬物萬物負陰而抱陽沖氣以爲和

老子曰人受天地變化而生一月而膏二月血脉三月而胚四月而胎五月而筋六月而骨七月而成形八月而動九月而躁十月而生形骸已成五藏乃分肝主目腎主耳脾主舌肺主鼻膽主口外爲表中爲裏頭圓法天足方象地天有四時五行九曜三百六十日人有四肢五藏九竅三百六十節天有風雨寒暑人有取與喜怒膽爲雲肺爲氣脾爲風腎爲雨肝爲雷人與天地相類而心爲之主耳目者日月也血氣者風雨也日月失行薄蝕無光風雨非時毀折生災五星失行州國受其殃天地之道至閎以大尙由節其章光愛其神明人之耳目何能久燻而不息精神何能馳騁而不乏是故聖人守內而不失外夫血氣者人之華也五藏者人之精也血氣專乎內而不外越則胸腹充而嗜欲寡嗜欲寡則耳目清而聽視聰達聽視聰達謂之明五藏能屬于心而無離則意氣勝而行不僻精神盛而氣不散以聽無不聞以視無不見以爲無不成禍患無由入衰氣不能襲故所求多者所得少所見大者所知小夫孔竅者精神之所戶牖血氣者五藏之所使候故耳目淫于聲色即五藏動搖而不定血氣滔蕩而不休精神馳騁而不守禍福之至雖如丘山無由識之矣故聖人受而不越聖人誠使耳目精神玄達無所誘慕意氣無失清淨而少嗜欲五藏便寧精神內守形骸不越即觀乎往世之外來事之內禍福之間可足見也故其出彌遠者其知彌少以言精神不可使外淫也故五色亂目使目不明五音亂耳使耳不聰五味亂口使口生創音爽趣舍滑心使行飛揚故嗜欲使人氣淫好憎使人精勞不疾去之則志

氣日耗夫人所以不能終其天年者以其生生之厚夫唯无以生爲者即所以得長生天地運而相通萬物總而爲一能知一即無一之不知也不能知一即無一之能知也吾處天下亦爲一物而物亦物也物之與物何以相物欲生不可事也憎死不可辟也賤之不可憎也貴之不可喜也因其資而寧之勿敢極也勿敢極即至樂極矣

符言

老子曰無爲名尸無爲謀府無爲事任無爲智主藏于無形行于無怠不爲福先不爲禍始于無形動于不得已欲福先無禍欲利先遠害故無爲而寧者失其所寧即危無爲而治者失其所治即亂固不欲碌碌如玉落落如石其文好者皮必剝其角美者身必殺甘泉必竭直木必伐華榮之言後爲愆石有玉傷其山黔首之患固在言前

老子曰山生金石生玉反相剝木生蟲還自食人生事還自賊夫
好事者未嘗不中爭利者未嘗不窮善游者溺善騎者墜各以所
好反自爲禍得在時不在爭治在道不在聖土處下不爭高故安
而不危水流下不爭疾故去而不遲是以聖人無執故無失無爲
故無敗

老子曰其施厚者其報美其怨大者其禍深薄施而厚望畜怨而
無患者未之有也察其所以往者卽知其所以來矣

老子曰德少而寵多者譏才下而位高者危無大功而有厚祿者
微故物或益之而損或損之而益衆人皆知利利而不知病病惟
聖人知病之爲利利之爲病故再實之木其根必傷多藏之家其
後必殃夫大利者反爲害天之道也

道德

文子問道老子曰學問不精聽道不深凡聽者將以達智也將以

成行也將以致功名也不精不明不深不達故上學以神聽中學
以心聽下學以耳聽以耳聽者學在皮膚以心聽者學在肌肉以
神聽者學在骨髓故聽之不深卽知之不明知之不明卽不能盡
其精不能盡其精卽行之不成凡聽之理虛心淸靜損氣無盛無
思無慮目無妄視耳無苟聽專精積稸內意盈幷既以得之必堅
守之必長久之夫道者原產有始始于柔弱成以剛強始于寡短
成于衆長十圍之木始于把百仞之臺始于下此天之道也聖人
法之卑者所以自下退者所以自後儉者所以自小損者所以自
少卑則尊退則先儉則廣損則大此天道所成也夫道者德之元
天之根福之門萬物待之而生待之而成待之而寧夫道無爲無
形內以修身外以治人功成事立與天爲鄰無爲而無不爲莫知
其情莫知其眞其中有信天子有道則天下服長有社稷公侯有
道則人民和睦不失其國士庶有道則全其身保其親強大有道
不戰而克小弱有道不爭而得擧事有道功成得福君臣有道則
忠惠父子有道則慈孝士庶有道則相愛故有道則智無道則苛
由是觀之道之于人無所不宜也夫道者小行之小得福大行之
大得福盡行之天下服服則懷之故帝者天下之適也王者天下
之往也天下不適不往不可爲帝王故帝王不得人不能成得人
失道亦不能守夫失道者奢泰驕佚慢倨矜傲見餘自顯自明執
雄堅強作難結怨爲兵主爲亂首小人行之身受大殃大人行之
國家滅亡淺及其身深及子孫夫罪莫大于無道怨莫深于無德
天道然也

平王問文子曰吾聞子得道于老聃今賢人雖有道而遭淫亂之
世以一人之權而欲化久亂之民其庸能乎文子曰夫道德者匡
邪以爲正振亂以爲治化淫敗以爲樸淳德復生天下安寧要在
一人人主者民之師也上者下之儀也上美之則下食之上有道

德則下有仁義下有仁義則無淫亂之世矣積德成王積怨成亡
積石成山積水成海不積而能成者未之有也

積道德者天與之地助之鬼神輔之鳳凰集其庭麒麟游其郊蛟
龍宿其沼故以道蒞天下天下之德也無道蒞天下天下之賊也
以一人與天下爲讐雖欲長久不可得也堯舜以是昌桀紂以是
亡平王曰寡人敬聞命矣

上德

老子曰主者國之心也心治則百節皆安心擾則百節皆亂故其
身治者支體相遺也其國治者君臣相忘也

老子曰山致其高而雲雨起焉水致其深而蛟龍生焉君子致其
道而德澤流焉夫有陰德者必有陽報有隱行者必有昭名樹黍
者不穫稷樹怨者無報德

微明

老子曰凡人之道心欲小志欲大智欲圓行欲方能欲多事欲少所謂心欲小者慮患未生戒禍愼微不敢縱其欲也志欲大者兼包萬國一齊殊俗是非輻輳中爲之轂也智圓者終始無端方（音旁）流四遠淵泉而不竭也行方者直立而不撓素白而不汙窮不易操達不肆志也能多者文武備具動靜中儀舉措廢置曲得其宜也事少者秉要以擧衆執約以治廣處靜以持躁也故心小者禁于微也志大者無不懷也智圓者無不知也行方者有不爲也能多者無不治也事少者約所持也故聖人之于善也無小而不行焉其于過也無微而不改焉行不用巫覡而鬼神不敢先可謂至貴矣然而戰戰慄慄日愼一日是以無爲而無不成也愚人之智固已少矣而所爲之事又多故動必窮故以正教化其勢易而必成以邪教化其勢難而必敗捨其易而必成從事于難而必敗愚惑之所致也

自然

老子曰聖人天覆地載日月照臨陰陽和四時化懷萬物而不同無故無新無疎無親故能法天者天不一時地不一材人不一事故緒業多端趨行多方故用兵者或輕或重或貪或廉四者相反不可一也輕者欲發重者欲止貪者欲取廉者不利非其有也故勇者可令進鬬不可令持堅重者可令固守不可令淩敵貪者可令進取不可令分財廉者可令守分不可令進取信者可令持約不可令應變五者聖人兼用而材使之夫天地不懷一物陰陽不產一類故海不讓水潦以成其大山林不讓枉橈以成其崇聖人不辭其負薪之言以廣其名夫守一隅而遺萬方取一物而棄其餘則所得者寡而所治者淺矣

下德

老子曰天愛其精地愛其平人愛其情天之精日月星辰雷霆風雨也地之平水火金木土也人之情思慮聰明喜怒也故閉其四關止其五行卽與道淪神明藏于無形精氣反于至眞目明而不以視耳聰而不以聽口當而不以言心條通而不以思慮委而不以爲知而不矜直性命之情而知故不得害精存于目卽其視明精存于耳卽其聽聰留于口卽其言當集于心卽其慮通故閉四關卽終身無患四肢九竅莫死莫生是謂眞人地之生財大本不過五行聖人節用五行卽治不荒

老子曰地廣民衆不足以爲強甲堅兵利不足以恃勝城高池深不足以爲固嚴刑峻罰不足以爲威爲存政者雖小必存焉爲亡政者雖大必亡焉故善守者無與禦善戰者無與鬬乘時勢因民欲而天下治故善爲政者積其德善用兵者畜其怒德積而民可用也怒畜而威可立也故文之所加者深則權之所服者大德之所施者博則威之所制者廣廣卽我強而敵弱善用兵者先弱敵而後戰故費不半而功十倍故千乘之國行文德者王萬乘之國好用兵者亡王兵先勝而後戰敗兵先戰而後勝此不明于道也

上仁

老子曰古者明君取下有節自養有度必計歲而收量民積聚知有餘不足之數然後取奉如此卽得承所受于天地而離于飢寒之患其憯怛于民也國有飢者食不重味民有寒者冬不被裘與民同苦樂則天下無哀民闇主卽不然取民不裁其力求下不量其情男女不得耕織之業以供上求力勤而財盆寡有且無暮君臣相疾且人之爲生也一人執耒而耕不過十畝中田之收不過四石妻子老弱仰之而食或時有災害之患以供上求卽人主愍之矣貪主暴君涸漁其下以適無極之欲則百姓不被天和履地德矣

老子曰天地之氣莫大于和和者陰陽調日夜分故萬物春分而

生秋分而成生與成必得和之精故積陰不分積陽不化陰陽交接乃能成和是以聖人之道寬而栗嚴而溫柔而直猛而仁夫太剛則折太柔則卷道正在于剛柔之間夫繩之爲度也可卷而懷也引而申之可直而布也長而不橫短而不窮直而不剛故聖人體之夫恩推即懦懦即不威嚴推即猛猛即不和愛推即縱縱即不令刑推即禍禍即無親是以貴和也

上義

老子曰霸王之道以謀慮之以策圖之扶義而動非以圖存也將以存亡也故聞敵國之君有暴虐其民者即舉兵而臨其境責以不義刺以過行兵至其郊令軍帥曰無伐樹木無掘墳墓無敗五穀無焚積聚無捕民虜無聚六畜乃發號施令曰其國之君逆天地侮鬼神決獄不平殺戮無罪天之所誅民之所讐也兵之來也以廢不義而授有德也有敢逆天道亂民之賊者身死族滅以家聽者祿以家以里聽者賞以里以鄉聽者封以鄉以縣聽者侯其縣克其國不及其民廢其君易其政尊其秀士顯其賢良振其孤寡恤其貧窮出其囹圄賞其有功百姓開戶而內之漬米而儲之惟恐其不來也義兵至于境不戰而止不義之兵至于伏尸流血相交以前故爲地戰者不能成其王爲身求者不能立其功舉事以爲人者衆助之以自爲者衆去之衆之所助雖弱必強衆之所去雖大必亡

北轅錄 一卷　宋周煇

淳熙丙申十一月二十九日詔待制敷文閣張子正假試戶部尚書充賀金國生辰使皇叔祖右監門衛大將軍士褒假明州觀察使知東上閤門兼客省四方館事副之明年正月七日陛辭出國門初九日離行在二十一日至淮陰二十六日燕館習儀二十八日北行引接儐御使副即館坐受其謁上中節序立其傍虜遣接伴使昭武大將軍尚書戶部郎中李份廣威將軍尚書兵部員外郎完顏宗卞儐賓立飲引接三杯而退二十九日盱眙置酒餞使介度淮午至泗州津亭使副拜望如儀接伴戎服陪立各帶銀牌牌樣如方響上有番書急速走遞四字上有御押其狀如主字虜法出使皆帶牌有金銀木之別朝服對立于庭互展起居狀三節人講參禮使副陞廳茶酒三行虜法先湯後茶少頃聯轡入城夾道甲士執兵直抵于館旋供晚食果飣如南方齋筵先設茶筵一般若七夕乞巧其瓦壠桂皮雞腸銀鋌金剛鐲西施舌取其形似蜜和麪油煎之虜甚珍此（茶食謂茶未行酒先設此品進茶一盞又謂之茶筵）次供饅頭血羹畢羅肚羹羊餅子解粥肉虀羹索麪骨頭盤子自後大同小異酒味甚漓食畢即鎖門內外不通二月一日甫交睫間接伴所晨衙三節謂北家聲喏各相呼而起時猶未至三鼓旋覓盂水洗漱冠櫛畢點心已至灌肺油餅棗糕麪粥有供糕糜處或未暇舉筯忽一人呼官員認馬二節出門馬已預定上一上二貼于背上以防差誤馬料供于民謂之戶馬御者不俟據鞍即散甚防與之話言泄機事也細車四輛奉南北使副亦以敘行車之形製既不美觀出館各有紅紗二燭籠爲導氣象甚不佳亦有光管從後聲頓悽怨永夜修途行人爲之感愴車每輛用驢十五頭把車五六人行差遲以巨挺擊驢謂走車其震蕩如逆風上下波濤間麄車三十六輛每兩輓以四牛禮物私覿使介三節行李皆在焉自起程至三許折車（眞定作京燕山）蓋常先一兩程而往來人夫及輓車牛驢所至州縣更易六十里至臨淮縣縣有徐城本徐國有徐君墓季札掛劍處即此是日行循汴河河水極淺洛口既塞理固應然承平漕江淮米六百萬石自揚子達京師不過四十日五十年後乃成污渠可寓一歎隋隄之柳無復彷彿矣二日至虹縣晚宿靈璧縣汴河自此斷流自過泗地皆荒瘠兩岸奇石可愛（石產于縣鳳凰山以小爲貴）或云花石

綱所弃者虞姬墓在西岸雖無碑却有村疃名陰陵靈壁舊爲鎮亦名獻齒頭虹本紅陽夏丘二縣地漢書紅陽侯立是也訛而不改遂名曰虹五日至永城縣縣本敬丘縣地漢更敬丘曰太丘陳寔爲之長縣北有芒山與碭山相接六日至穀熟縣十八里至南京入陽熙門市樓榜曰睢陽夾道甲兵甚盛張巡許遠廟在西門外謂之雙忠廟其傍則宋玉臺此地高辛氏子閼伯所居商丘是也武王封微子杞爲宋國後唐號歸德軍本朝王業所基陞爲南京詔即衙域以爲大內以歸德爲名後陞應天府太上皇于此登位虜今改爲歸德府及門數妓來迎北使率皆騎驢不約束步武便乘騎也入境男子衣皆小窄婦女衣皆極寬大有位者便服立止用皂紵絲或番羅繫版縧與皂隸略無分別縧反插垂頭於腰謂之有禮無貴賤皆着尖頭靴所頂巾謂之蹋鴟七日至寧陵縣縣本寧城古葛伯國六國時屬魏爲信陵君無忌之封宿拱州襄

陵驛虜改曰濉州濉河在十里外本襄邑縣宋襄公葬于此故曰襄陵八日至雍丘縣縣故杞國武王封禹後東樓公縣東有葵丘齊威公所會也行二十里過空桑伊尹所生之地又里許即伊尹墓地名三家次過范郎廟其地名孟莊廟塑孟姜女偶坐配享者蒙恬將軍也又六十里至陳留縣縣本鄭邑爲陳所幷故名實張良之封邑或云陳思王亦生于此九日至東京虜改名南京未到城先過皇城寺宜春苑使副易朝服三節更衣帶從者跨馬入新宋門舊曰朝陽虜名洪仁樓櫓濠塹甚設次入甓城次入大城人烟極凋殘至會同館舊貢院也接伴所得私覿盡貨于此行戶倍償都窮晚食酒貯以黃缸味差勝有以柑子餉承應人得之甚喜云謂之朝樂子按東京春秋衞陳鄭三國之境古大梁城也十三日至黃河浮航以渡自南抵北用船八十五隻各闊一丈六七尺其布置相去又各丈餘上實筭子木復覆以草曳車策馬而過如

履平地虜以順天名橋予觀駢頭巨艦綷以寸金規制閎壯掃兵守護甚嚴不日我國家恢復河朔過師枕席上云當知此橋爲利之溥焉十八里至建津津即袁紹渡處十四日至湯陰縣湯陰本蕩陰晉侍中嵇紹死節之所又有羑里城羑河羑市文王所囚之地十五日至相州闤闠繁盛觀者如堵二樓曰康樂曰月白風清又有二樓曰翠樓曰秦樓時方賣酒其上牌書十洲春色酒名也或云韓魏公晝錦堂今爲一貴人宅石記猶在好事者扣門打碑不禁也相出茜草故纈名天下銅雀臺講武城漳河紂之朝歌城皆在境內講武城南有塔闘是舊鄴都高丘相望名七十二冢世謂曹孟德狙詐惑後人使迷其葬所相實古鄴相魏文侯始封之地十六日至邯鄲縣縣古趙國邯山名鄲盡也邯山至此而盡凡城郭字從邑故字皆從邑趙王叢臺在縣之北聞每年三月二十四日空巷上笛子塚塚形如硯世謂硯子冢程嬰公孫杵臼墓亦

在焉路逢一細車蓋以青氈頭段人家也頭段者謂貴族及將相之家十七日至邢州邢古鉅鹿郡古邢侯國也秦兼天下于此置信都縣十八日至內丘縣內丘本漢之中丘未至內丘西望太行山岡巒北走崖谷秀傑如昔所聞山延袤八十里十九日至柏鄉縣柏鄉本春秋晉鄗邑之地漢光武即位于鄗之南六十里至趙州道經光武廟有二石人首橫于路俗傳光武欲渡河二人致餉慮洩其蹤乃除之又云過二人問途不答怒而斬之已而皆石也未至城五里渡石橋石橋從空架起工極堅緻南北長十三丈闊四之一實隋人李春所造元祐間賜名安濟有張杲老驢迹二十日至眞定府未至城先過滹沱河河流不甚闊聞當春漲時亦湍急也眞定在春秋時屬鮮虞國二十二日至新樂縣新樂古鮮虞國漢中山孝王母馮昭儀隨王就國王爲建宮于樂里故呼爲西樂城語訛西爲新四十五里至中山府堯始封于此二十四日至

安肅軍過白溝河二十五日至涿州黃帝戰蚩尤于涿鹿卽此地二十六日至良鄉縣入內通侍郎李處和賜鋌合湯藥貼用紅綾敕書云敕某卿遠持慶幣來賀誕辰馳華隰以良勞次郊亭而伊邇宜有節宣之餽以彰眷遇之優二十七日過盧溝河卽盧龍也燕人呼水爲龍呼黑爲盧亦謂之黑水河色黑而濁其急如箭至燕山府外燕賓館赴班荆宴少定傳銜館伴使昭武大將軍太子少詹事蒲察明少中大夫侍御史鄧儼爲之副南使與之互展起居狀繼與接伴互展辭狀天使敬吳賜宴罷仲賜酒果酒九行禮畢趨入城初入端禮門次入南門次入豐宜門次過龍津樓樓亦分三道通用奪玉石扶闌上琢爲嬰兒形極工巧次入宣陽門由馳道西南入會同館甫就次有天使完顏汴傳宣撫問二十八日忠勇校尉劉彥忠忠翊校尉何彥來交禮物天使烏古論賜酒果宣威將軍充東上閤門副使郭喜說朝見儀二十九日辨色副使率三節入見行司捧國書于馬上前行初出館橫過馳道而行御廊東西曲尺各二百五十間至掖門下馬自專德門由會通承明二門入左嘉會門趨而南至幕次少頃鳴鐘鐘罷衛士山呼百官裏見時方辰正斯須于幕間見曳玉帶者五人先出後知爲東宮親王平章令公也繼獨引副使捧國書頃之閤門綠衣吏來引都轄以下都轄三節之長先入宣明門次仁政門于隔門上面北百官敍立門之裏卽殿庭隙間見副使舞蹈之節俟禮物過副使由右出三節自東入拜于大氈上上有一品至七品黑漆黃字牌子蓋其朝署也一氈可容數百人遍地製成鸞鳳殿九楹前設露臺柱衣文繡兩廊各三十間中有鐘鼓樓兩外垂金漆簾額飾以繡廊之西馬有鞴紅繡鞍者數疋乃高麗所進殿門外衛士二三百人分兩傍立蒜戴金花帽錦袍宣明門外直至外廊皆甲士青綃甲居左旗執黃龍紅綃甲居右旗執紅龍外廊皆銀鎗左掖門入皆金鎗

人依一柱以立焉仁政門左門用甲士訖見無人跛倚者凡門屋下皆青隊執弓矢人數各有差若乃經從之處宮殿門名兹不具載北宮營繕之制初雖取則東都而竭民膏血終殫土木之費瓦悉覆以琉璃日色輝映樓觀翬飛圖畫莫克摹寫佐佑之初役民兵一百二十萬數年方就死者不計其數三節既出副使疾作亦倚一柱以立扶策至幕次未畢餘禮小底入報小底二百人傳旨免禮數止于殿門外受衣帶三節繼之是日高麗夏使人同見少留俟其禮竟閤門來引復舊路出至嘉會門駐立久之以麗人在門外受賜未畢也歸館久之宣威將軍客省使兼東上閤門處璣到館押伴置酒殿上近例止就賜副使免坐第拜表謝三節各受衣帶五事尙書公獨以病辭館伴所服以禮例應給副使衣帶各七事有靴而無笏虜無象簡所用皆木履也三十日就館宴天使李顯全賜宴幷酒果燕山酒固佳是日所餉尤爲醇厚名金瀾蓋用金瀾水以釀之也三月一日雨免入賀不爾必致沾服失容有習來此者言雖雨立移時不卹也二日天使完顏奕遍賜分食者分御膳以賜之也九日入辭使副受書而歸十日離館宴燕古冀州地武王封堯後于薊卽薊縣也隋立涿郡唐爲幽州天寶間曰范陽郡陞爲盧龍軍遼曰燕京名析津府皇朝改名曰燕山府虜曰大興府二十三日至東都未至城三二里車夫指一土岡云是名愁臺乃晉少帝北狩之路二十四日押宴鎮國上將軍鎮南軍節度使兼懷州管內觀察使高蘇賜宴幷酒果天使趙泳食畢啓行四月十六日到家是行往返凡九十六日

蒙韃備錄一卷

宋孟珙

立國

韃靼始起地處契丹之西北其族出于沙陀別種故于歷代無聞焉其種有三曰黑曰白曰生所謂白韃靼者顏貌稍細爲人恭謹

而孝遇父母之喪則務其面而哭嘗與之聯轡每見貌不醜惡而腮面有刀痕者問曰白韃靼否曰然凡掠中國子女教成却強之與人交言有情今彼部族之後其國乃韃主成吉思之公主必姬權管國事近者入聘與我宋副使速不罕者乃白韃靼也每聯轡間速不罕未嘗不以好語相陪奉慰勞且曰辛苦無管待千萬勿怪所謂生韃靼者甚貧且拙且無能爲但知乘馬隨衆而已今成吉思皇帝及將相大臣皆黑韃靼也大抵韃人身不甚長大最長者不過五尺二三亦無肥厚者其面皆橫闊而上下促有顴骨眼無上紋髭鬚絕少形狀頗醜惟今韃主忒沒眞者其身魁偉而廣顙長髯人物雄壯所以異也成吉思乃舊牌子頭結娶之子牌子頭者乃彼國千人之長也今爲創國之主譯曰成吉思皇帝東征西討其國強大

韃主始起

今成吉思皇帝者甲戌生彼國初無庚甲今考據其言而書之易以見彼齒歲也其俗每以草青爲一歲人有問其歲則曰幾草矣亦嘗問彼生月日笑而答曰初不知之亦不能記其春與秋也每見月圓而爲一月每見草青遲遲方知是年有閏月也成吉思少被金人虜爲奴婢者十餘年方逃歸所以盡知金國事宜其人英勇果決有度量能容衆敬天地重信義所傳忒沒貞者乃小名爾初無姓氏亦無名諱近年以來有女眞叛亡之臣爲用所以譯曰成吉思皇帝或曰成吉思者乃譯語天賜兩字也

國號 年號

韃國所鄰前有紇族左右乃沙陀等諸部舊有蒙古斯國在金人僞天會間亦嘗擾金虜爲患金虜常與之戰後乃多與金帛和之按李諒征蒙記曰蒙人嘗改元天興自稱太祖元明皇帝今韃人甚朴野略無制度珙常討究于彼聞蒙已殘滅久矣蓋北方之國

或方千里或方百里興衰起滅之不常今韃之始起並無文書凡發命令遣使往來止是刻指以記之爲使者雖一字不敢增損彼國俗也其俗既朴則有回鶻爲鄰每于西河博易販賣于其國迄今文書中自用于他國者皆用回鶻字如中國笛譜字也今二年以來因金國叛亡降附之人無地容身願爲彼國用始教之以文書于金國往來却用漢字去年春珙每見其所行文字猶曰大朝又稱年號曰兔兒年龍兒年自去年方改曰庚辰年今曰辛巳年是也又慕蒙爲雄國故以國號曰大蒙古國亦女眞亡臣教之也珙親見其權皇帝摩睺國王每自稱曰我韃靼人凡彼大臣元帥皆自稱曰我彼亦不知其爲蒙是何等名字何爲國號何爲年號今所行文書皆亡臣識字者強解事以教之耳按南遷錄載韃有詔與金國稱龍虎九年非也以愚觀之更遲年歲則金虜叛亡之臣必教之撰其誕日以爲節又必教之改年立號也矣

太子諸王

成吉思皇帝兄弟凡四人成吉思居長大皇弟久已陣亡二皇弟名便古得那見在國中三皇弟名忒沒葛貞所統多係自己人馬善戰有功成吉思有子甚多長子比因破金國攻打西京雲中時陣亡今第二子却爲大太子名約直三太子名阿戭四太子名天婁五太子名龍孫皆正宮所生其下又有十數人乃庶生也女七人長公主曰阿貞鱉拽今嫁豹突駙馬二公主曰阿里黑百因俗曰必姬夫人曾嫁金國亡臣白四部死寡居今領白韃靼國事日逐看經有婦女數千人事之凡征伐斬殺皆自己出三公主曰阿五嫁尚書令國舅之子餘未知孫男甚衆

諸將功臣

元勳乃彼太師國王沒黑助者小名也中國人呼曰摩睺羅彼詔誥則曰謀合理南北之音輕重所訛也見封天下兵馬大元帥行

省太師國王乃黑韃靼人十年以來東征西討威震夷夏征伐大事皆決于己故曰權皇帝衣服制度全用天子禮有兒曰計里歌那自有千騎不任事弟二人長曰抹歌見在成吉思處爲護衛次曰帶孫駙王每隨侍焉國王每戒所部將士如己兄弟只以小名稱之不許呼他國王止有一子名袍阿美容儀不肯剃婆焦只裹巾帽着窄服能諸國語其次曰兎花兒太傅國公聲名亞于摩睺羅又有鵰博者官亦穹見隨成吉思皇后之弟部下掌重兵又其次曰按赤那邪見封尚書令乃成吉思正后之弟部下亦有騎軍十餘萬所統之人頗循法韃人自言隨國王者皆惡隨尚書令者皆善也其次曰劉伯林者乃燕地雲內州人先爲金人統兵頭目奔降韃主有子甚勇而韃主忒沒貞長子戰死遂將長子之妃嫁伯林之子同韃人破燕京等處甚有功伯林昨已封王近退閒于家其子見爲西京府留守又其次曰大葛相公乃紀家人見爲留

守燕京次曰劄八者乃回鶻人已老亦在燕京同任事燕京等處有紙蟬兒元帥史元帥劉元帥等甚衆各有軍馬皆聽摩睺羅國王命令

任相

首相脫合太師者乃兎花太傅之兄元女眞人極狡猾兄弟皆歸韃主爲將相其次韃人宰相乃卒埒脫合又有女眞人七金宰相餘者未知名率皆女眞亡臣向所傳有白儉李藻者爲相今止見一處有所題曰白倫提兵至此今亦不知存亡燕京見有移剌晉卿者契丹人登第見爲內翰掌文書又有楊彪者爲吏部尚書楊藻者爲彼北京留守珙所見國王之前有左右司二郎中使人到則二人通譯其言語乃金人舊太守女眞人也

軍政

韃人生長于鞍馬間人自習戰自春徂冬旦旦逐獵乃其生涯故無步卒悉是騎軍起兵數十萬略無文書自元帥至千戶百戶牌子頭傳令而行凡攻大城先擊小郡掠其人民以供驅使乃下令曰每一騎兵必欲掠十人人足備則每名需草或柴薪或土石若干晝夜迫逐緩者殺之迫逐塡塞其壕塹立平或供鵝洞砲座等用不惜數萬人以此攻城壁無不破者其城一破不問老幼妍醜貧富逆順皆誅之略不少恕凡諸臨敵不用命者雖貴必誅凡破城守有所得則以分數均之自上及下雖多寡每留一分爲成吉思皇帝獻餘物則敷俵有差宰相等在于沙漠不臨戎者亦有其數焉凡有征伐謀議先定于三四月間行于諸國又于重五宴會共議今秋所向各歸其國避暑牧養至八月一日咸集于燕都而後啓行

馬政

韃國地豐水草宜羊馬其馬初生一二年卽于草地苦騎而教之

却養三年而後再乘騎故教其初是以不蹄齧也千百成羣寂無嘶鳴下馬不用控繫亦不走逸性甚良善日間未嘗芻秣惟至夜方始牧放之隨其艸之青枯野牧之至曉搭鞍乘騎並未始與豆粟之類凡出師人有數馬日輪一騎乘之故馬不困弊

糧食

韃人地饒水草宜羊馬其爲生涯止是飲馬乳以塞飢渴凡一牝馬之乳可飽三人出入止飲馬乳或宰羊爲糧故彼國中有一馬者必有六七羊謂如有百馬者必有六七百羊羣也如出征于中國食羊盡則射兎鹿野豕爲食故屯數十萬之師不舉烟火近年以來掠中國之人爲奴婢必米食而後飽故乃掠米麥而于劄寨處亦煮粥而食彼國亦有一二處黑黍米彼亦解煮粥

征伐

韃人在本國時金虜大定間燕京及契丹地有謠言云韃靼來韃

韃去起得官家沒去處葛酋雄死轉聞之驚曰必是韃人爲我國患乃下令極于窮荒出兵勦之每三歲遣兵向北勦殺謂之減丁迄今中原人盡能記之曰二十年前山東河北誰家不買韃人爲小奴婢皆諸軍掠來者今韃人大臣當時多有虜掠住于金國者且其國每歲朝貢則于塞外受其禮幣而遣之亦不令至燕京韃人逃遁沙漠怨入骨髓至僞章宗立明昌年間不令殺戮以是韃人稍稍還本國添丁長育章宗又以爲患乃築新長城在靜州之北以唐古紏人戍之酋首因唐古紏叛連結叩刺都紏木典紏胖紏後典紏等俱叛金人發兵平之紏人散走投于韃人且回鶻有田姓者饒于財商販巨萬往來于山東河北具言民物繁庶與紏同說韃人治兵入寇忒沒貞忿其欺淩以此犯邊邊州悉敗死長驅犯燕虜謂韃人曰我國如海汝國如一掬沙豈能動搖韃人至今老幼皆能記此語虜君臣因其陷西京始大驚恐乃竭國中精

銳以忽殺虎元帥統馬步五十萬迎擊之虜大敗又再刷山東河北等處及隨駕護衛等人馬三十萬令高琪爲大元帥再敗是以韃人迫于燕京城下是戰也罄金虜百年兵力消折潰散殆盡其國遂衰後來凡圍河北山東燕北諸州等處虜皆不敢攖其鋒

官制

韃人襲金虜之俗亦置領錄尚書令左右相左右平章等官亦置大元帥等職所佩金牌第一等貴臣帶兩虎相向曰虎鬬金牌用漢字曰天賜成吉思皇帝聖旨當便宜行事其次素金牌曰天賜成吉思皇帝聖旨疾又其次乃銀牌文與前同如成吉思亦行詔敕等書皆金虜叛臣教之遺發臨民者四曰宣差逐州守臣皆曰節使今在于左右帶弓矢執侍驍勇者曰護衛

風俗

韃人賤老而喜壯其俗無私鬬爭正月一日必拜天重午亦然此乃久住燕地襲金人遺制飲宴爲樂也摩睺國王每征伐來歸諸夫人連日各爲主禮具酒饌飲燕在下者亦然其俗多不洗手而每拿攫魚肉手有脂膩則拭之衣袍上其衣至損不解浣濯婦人往往以黃粉塗額亦漢舊粧傳襲迄今不改也上至成吉思下及國人皆剃婆焦如中國小兒留三搭頭在顖門者稍長則剪之在兩下者總小角垂于肩上

軍裝器械

成吉思之儀衛建大純白旗以爲識認外此並無他旌幢惟傘亦用紅黃爲之所坐乃金裹龍頭胡床國王者間有用銀處以此爲別其鞍馬帶上亦以黃金盤龍爲飾國王亦然今國王止建一白旗九尾中有黑月出師則張之其下必元帥方有一旗國王止有一鼓臨陣則用之鞍橋以木爲之極輕巧弓必一石以上箭用沙柳爲笴手刀甚輕薄而彎

奉使

彼奉使曰宣差自皇帝或國王處來者所過州縣及管兵頭目處悉來尊敬不問官之高卑皆分庭抗禮穿戟門坐于州郡設廳之上太守親跪以効勤宿于黃堂廳事之內鼓吹旗幟妓樂郊外送迎之凡見馬則換易幷一行人從悉可換馬謂之乘鋪馬亦古乘傳之意近使臣到彼國王處凡相見禮文甚簡言辭甚直且曰你大宋好皇帝好宰相大抵其性淳朴有太古風可恨金虜叛亡之臣今乃鑿混沌破彼天眞教以姦計爲可惡也

祭祀

凡占卜吉凶進退殺伐每用羊骨扇以鐵椎火椎之看其兆坼以決大事類龜卜也凡飲酒先酹之其俗最敬天地每事必稱天聞雷聲則恐懼不敢行師曰天叫也

婦人

其俗出師不以貴賤多帶妻孥而行自云用以管行李衣服錢物之類其婦人專管張立氈帳收卸鞍馬輜重車馱等物事極能走馬所衣如中國道服之類凡諸酋之妻則有顧姑冠用鐵絲結成形如竹夫人長三尺許用紅青錦繡或珠金飾其上又有杖一枝用紅青絨飾之又有大袖衣如中國鶴氅寬長曳地行則兩女奴拽之男女雜坐更相酬勸不禁北人使于彼國王者相見了即命之以酒同彼妻賴蠻公主及諸侍姬稱夫人者八人皆共坐凡諸飲宴無不同席所謂諸姬皆燦白美色四人乃金虜貴嬪之類餘四人乃韃人內四夫人者甚姝麗最有寵皆胡服胡帽而已

燕聚舞樂

國王出師亦以女樂隨行率十七八美女極慧黠多以十四絃等彈大官樂等曲拍手爲節甚低其舞甚異韃人之俗主人執盤盞以勸客客飲若少留涓滴則主人者更不接盞見人飲盡乃喜如

彼擊鞠止是二十來騎不肯多用馬者亦惡其鬨鬧也擊罷遣介來請我使人至彼乃曰今日打毬如何不來答曰不聞鈞旨相請故不敢來國王乃曰你來我國中便是一家人凡有宴聚打毬或打圍出獵爾便來同戲如何又要有人來請喚因大笑而罰六盃終日必大醉而罷且每飲酒其俗鄰坐更相嘗換若以一手執盃是令我嘗一口彼方敢飲若以兩手執盃乃彼與我換盃我當盡飲彼酒却酌酒以酬之以此易醉凡見外客醉中喧鬨失禮或吐或臥則大喜曰客醉則與我一心無異也我使人相辭之日國王戒伴使曰凡好城子多住幾日有好酒與吃好茶與吃好笛兒鼓兒吹着打着所說好城子乃好州縣也

說郛卷第五十四終

說郛卷第五十五

聖武親征錄 一卷　皇元□□□

烈祖神堯皇帝諱也速該初征塔塔兒部獲其部長帖木真斡却忽魯不花輩還駐軍鐵里溫盤陀山時我太祖聖武皇帝始生右手握凝血長而神異以獲鐵木真故命爲上名初族人泰赤烏部居別林舊無怨于我後因其主阿丹可汗二子塔兒不台忽鄰拔都有憾遂絕烈祖歿世上冲幼部衆多歸泰赤烏上聞近侍脫端火兒貞亦將叛自泣留之脫端曰今清潭既涸堅石已碎留復何爲遂去上母月倫太后麾旗將兵躬自追叛者太半還夙將察剌海背中鎗創甚上親視勞慰察剌海曰自先君登遐部人多叛臣不勝忿遠追苦戰以致然也上感泣而出時上麾下捌只塔兒馬剌別居薩里川札荅蘭氏札木合部人禿台察兒居玉律哥泉衆

來薩里川掠捌只牧馬捌只麾左右匿羣馬中射殺之札木合以是爲隙遂與泰赤烏亦乞剌思兀魯吾郡也勒八魯剌思霸鄰諸部合謀以衆三萬來戰上時駐軍荅蘭版朱思之野亦乞剌部人揑羣之子孛徒先在麾下玉自是曲鄰君山遣卜亦台慕哥二人逾阿剌烏禿剌烏二山來告變上集諸部戒嚴凡有三翼月倫太后暨上諸昆弟爲一翼三哈初來之子奔塔出拔相禿不哥逸敦木忽兒好蘭等統阿塔兒斤察忽蘭大魯剌諸部及鮮明昆那顏之子迭良坑火力白不荅合輩爲一翼札剌兒及阿哈部爲一翼荅聖台火察兒二人及朶忽闌揑古思火魯罕撒合夷嫩直諸部爲一翼忽相徒忙納兒之子蒙哥怯只兒哥爲一翼忽相剌可汗之子捌只可汗爲一翼按擅爲一翼忽闌脫端二人爲一翼共吉牙部塔降吉拔相統雪干札剌吾思爲一翼達相赤納玉列貞赤剌二部爲一翼軍成大戰于荅蘭班朱思之野札木合敗走彼軍

初越二山半途爲七十二灶烹狼爲食是時泰赤烏部地廣民衆而內無統紀其族照烈部與我近常獵斡禪札剌馬思之野上時亦獵圍陣偶相屬記合上曰可同宿于此乎彼曰獵騎四百糗糧不具已追半還上曰命給助同宿者越明日再合圍上賓之使驅獸近彼陣讓多獲以厭其心彼衆咸相語曰泰赤烏與我雖兄弟常攘我車馬奪我飲食厚恤我者其此人乎大稱羨而歸上因遣告之曰可來結盟否照烈之長玉律拔相謀于族長馬兀牙荅納對曰泰赤烏何惡于我彼以爲昆弟何遽降不之從玉律拔相遂與塔海荅魯領所部來歸謂上曰如我屬將有無夫之婦無牧之馬而來以泰赤烏長母之子計殺故也我擔當棄親從義而招之上曰我方熟寐捽髮而悟之兀坐掀髯而起之汝之言我素心也汝兵車所至餘悉力而助也既盟後二人食言叛歸少族人忽數忽兒章怨塔海荅魯反仄遂殺之照烈部已亡矣泰赤烏部衆苦

其長非法相告曰太子（絹太亂也）衣人而已衣乘人而已馬安民定國必此人也因悉來歸赤剌溫拔相哲別二人實泰赤烏族脫脫哥家人亦來歸初上嘗爲塔兒忽台所執赤剌溫拔相交梭魯罕失剌密釋之是以歸我哲別之來實以力窮故也失力哥相也不干手執忽阿赤拔相塔兒忽台二人來至忽相渾野復從之止將己子萬才阿剌二人來歸後捌只魯鈔罕二人率朶郎吉札剌兒部及荄蔡勝和率忙兀部亦來歸日後上同月倫太后暨哈撒兒斡貞那顏昆弟族薛徹太出等各以車載潼酥（潼音潼乳汁也）大會于斡河林木間會中太后暨上謂族人薛徹別吉及其母忽兒貞哈敦共置馬潼一革囊其次母野別該前獨置一革囊忽兒貞哈敦怒曰今不尊我而貴野別該乎遂笞主膳者失丘兒泣曰蓋以揑碎太后葉速該命拔相二君去世我專爲他人所辱至此因大哭是時別里古台那顏掌上乞列思事（係蒙外繫馬所）親搖上馬播里掌薛徹別

吉乞列思事播里從者因盜我馬靷別里吉台執之播里怒斫別里古台背傷左右欲鬬別里古台止之曰此讐汝等欲即報乎我傷不甚也姑待之不可由我致隙其衆不聽各執馬乳潼斫木拔疾鬬我衆勝之乃奪忽兒貞火里貞二哈敦留麾下于是絕好後復議和遣二哈敦歸行成之際塔塔兒部長滅兀眞笑里徒背金約金主遣丞相完顏襄帥兵逐塔塔兒北走上聞之遂起兵發自斡難河迎討之仍諭月兒斤來助候六日不至上以麾下兵與戰納剌禿失圖忽剌禿天圖之野盡擄其車馬糧餉殺滅兀眞笑里徒又獲大珠衾銀綳車各一金兵回金主因我滅塔塔兒就拜上爲察兀忽魯（若今招討使也）亦册克烈部長脫憐爲王時我衆居哈連徒澤間爲乃蠻部人所掠上怒曰曩者別里古台爲彼所傷我捨讐議和而不聽令何乃乘敵勢淩我因發兵于大川至朶欒盤陀山大擄月兒斤部惟薛徹大出僅以妻孥數人脫走上時居塔剌速

之野有克烈部王可汗弟札阿紺孛來歸適滅里乞部與我衆戰上與札阿紺孛迎敵之其衆敗走是時有土滿土伯夷董哀諸部乃克烈敗散之衆亦來降王可汗始與葉速該可汗和好相稱按荅（交物之友）所以然者由初王可汗父忽兒札忽思孟祿可汗既崩王可汗殺戮昆弟其叔父菊兒可汗率兵與王可汗戰逼王可汗于哈剌溫隘敗之僅以百餘騎脫走奔葉速該可汗葉速該可汗親將兵逐菊兒可汗走西夏復奪部衆歸之王可汗感德遂盟按荅後王可汗弟也力可哈剌者以其多殺昆弟叛歸乃蠻部立赤難赤可汗赤難赤可汗發兵伐王可汗盡奪克烈部衆與也力可哈剌王可汗脫身歷走三城奔赴契丹主菊律可汗既而復叛之涉畏吾兒西夏諸城邑中道糧絕遺乳羊五頭以又禁羊口奪其乳爲飲刺槖駝血煮爲食困甚僅至曲薛兀兒澤上聞之以其初與先君按荅之故乃遣近侍塔海雪也垓二人往招之來上自怯祿

阿連親迎撫勞安置軍中大賑給之後秋上同王可汗會于土兀
剌河上黑林間結爲父子禮是年冬月兒斤部先脫走者薛徹大
出追至帖列徒隆滅之次年秋上發兵于哈剌河伐滅里乞部主
脫脫戰于莫那察山遂掠兀相夷滅里乞二部收其衆上盡以所
獲給王可汗其後部衆稍集不約我軍自侵滅里乞部至捕兀剌
川殺脫脫之子土居思別吉虜忽相台察勒渾二哈敦及招脫脫
次子和都赤剌溫二人領部衆而來所奪不以秋毫與我脫脫奔
八兒忽征之隘後上與王可汗征孟祿可汗至黑新八石之野盡
虜其民孟祿可汗先遣也的脫孛魯領百騎爲前鋒我軍逼之走
據高山其鞍馬轉墜擒之冬上與乃蠻部將曲薛吾撒八剌二人
遇于拜荅剌邊只兒之野日暮列陣對宿期明日戰是夜王可汗
多燃火于陣地使人不疑潛移衆于哈薛兀里河上時札木在聖
下日出望見王可汗立旗幟非舊處馳往問之曰王知衆否我昆

弟如野鳥依人終必飛去予有白翎鵲也棲息幕上寧肯去乎我
常言之矣部將曲憐拔都聞之歎曰至愛昆弟之間何爲此言也
和都赤剌溫因是亦叛王可汗歸其父脫脫所居上見王可汗移
去曰此輩無乃異志乎卽解陣去駐撒里川王可汗至土九剌河
其弟亦剌合鮮昆及札阿紺白孛也造兒按臺河來會父軍曲薛
吾撒八剌乘其不備虜其部衆又掠王可汗所居邊民牛馬輜重
而還亦剌合札阿紺孛以身免奔告王可汗王可汗命亦剌合將
已兵往追之且遣使來告曰乃蠻爲不道掠我人民太子有良將
四人能假我雪怨復人民乎上釋前憾遂遣博爾木赤顏木華黎
國王博兒垣那顏赤剌溫拔都四將帥兵往救之比我軍至赤剌
合先與其將迪吉火力亦禿兒干盞塔兀等二人迫之忽次河胡
山曲薛兀撒八剌迎敵擒之迪吉火力亦禿兒干盞兀二人中流
矢赤剌合馬踣幾爲所獲須臾四將兵至救赤剌合大敗其衆盡

掠所奪歸之王可汗王可汗深感上德謝曰曩以困乏來歸荷太
子切切存恤今已亡之國又奪歸之知將何以報也時聞脫脫復
出入忽貞隘居統烈澤上率兵復討之後上與弟哈撒兒討乃蠻
部至忽蘭盞側山大敗之盡殺諸部衆聚其尸焉于是申號令還
軍時見乃蠻勢弱不足念矣上會王可汗于薩里川不魯吉崖發
兵征泰赤烏部與其長兀忽阿蠻出忽鄰忽都荅兒別吉荅兒等
大戰于斡難河上敗之襲貼泥忽都徒思月哥察兒別吉荅兒忽
台希憐禿忽都荅兒至月良兀禿剌思之野擒之阿忽兀忽出忽
敦忽兒章走入兒忽貞隘忽憐奔乃蠻部後哈塔斤散只兀朵魯
班塔塔兒弘吉剌諸部會盟于河雷泉上腰斬白馬爲誓欲襲我
軍及王可汗于是弘吉剌部長迭夷遣人來告上聞之遂與王可
汗發兵自虎圖澤遇戰于盃亦剌川大敗之冬王可汗分兵由怯
綠憐河指忽八海牙山先發部衆後成列而進其弟札阿紺孛以

王可汗反覆不常遂謀于渾分按敦阿速燕火脫兒延晃火兒四
人我兄無寧處之心屠絕昆弟常附于契丹觀其心性若此終不
能存我輩亦不使國安矣今何計處之按敦阿速泄是語于王可
汗王可汗令執燕火脫兒及納憐脫憐二人至帳下解其縛謂燕
火脫兒曰吾輩自西夏而來道路飢困祖誓之語忘之乎我心非
汝也唾其面座上之人皆起唾之按敦阿速曰予亦與此謀不忍
捨王所以來告也王可汗屢責札阿紺孛曰汝當懷肺肝者札阿
紺孛不安後與燕火脫兒延晃火兒納憐脫憐太石等俱奔乃蠻
冬王可汗居于忽八海牙兒上駐軍于徹徹兒山起兵伐塔塔兒
部長阿剌忽都兒乞兒哈太石察忽斤帖木兒等戰于搭蘭捏木
哥思之野大敗之時弘吉剌部亦來附上弟哈撒兒居別所從其
飈下哲不哥之計往掠之上深切責于是弘吉剌遂附札木合與
亦乞剌思大魯剌思朵魯班塔塔兒哈塔斤撒只吾諸部會于揵

河共立札木合爲菊兒可汗謀欲侵我盟于禿律別兒河岸爲誓曰凡我同盟有泄此謀者如岸之摧如林之伐言畢同共舉足蹋岸揮刀斫林驅衆馳馬赴我軍有塔海哈者時在衆中上麾下照烈氏抄兀兒與之親往視之偶並驅實不知有是謀塔海哈以馬鞭築其肋抄兀兒顧見塔海哈目之抄吾兒悟下馬佯旋塔海哈因告之河上之盟曰事急矣汝何往抄兀兒驚卽還過火魯剌氏也速該言其事將赴上告之也速該曰我長婦之子與忽郞不花往來無旦夕我左右止有幼子及家人火力台耳因命與火力台誓而往乘以蒼驢白馬囑之曰汝至彼惟見上及太后兼吾婿哈徹兒則言之言苟泄與他人願斷汝腰裂汝背誓訖乃行中道過忽闌八都哈剌滅力吉台軍圍爲其巡兵所執以舊識得解因贈以獺色全馬謂曰此馬遁可脫身追可及人可乘而去既又過氈車白帳之隊往札木合所者隊中人出追兀抄兀兒乘馬絕馳而脫至上前悉告前謀上卽起兵迎之戰于海剌兒帖兒火魯罕之野破之札木合脫走弘吉剌部來降

壬戌（宋理宗景定三年金章宗泰和二年）發兵于兀魯回失連眞河伐按赤塔塔兒察罕塔塔兒夏頓兵避暑比戰先誓衆曰苟破敵逐北見棄遺物愼勿顧軍事畢共分之既戰屢勝族人按難火察兒荅力台三人背約上合虎必來哲別二將盡奪其獲散軍中是秋乃蠻孟祿可汗會滅力乞部長脫脫別吉朶魯班塔塔兒畤塔斤散只兀諸部曁阿忽出拔都忽都花別吉等來犯我軍及王可汗上遣先騎乘高覘望于捏干貴因都揻兒赤忽兒黑諸山有騎自赤黑山來告乃蠻漸至上與王可汗自兀魯回失連眞河移軍入塞王可汗與赤剌哈居北邊後至據高嶺方下營孟祿可汗易之曰彼軍漫散俟其衆吾悉捲之時阿忽出火都二部兵從乃蠻來與前鋒合將戰遙望赤剌軍勢不可動遂還赤合剌尋亦入塞會我軍擬戰置輜重他所上與王可汗並阿闌塞爲壁大戰于闕奕壇之野彼祭風風忽反爲雪所迷軍亂塡溝墜塹而還時札木合同孟祿可汗未中道札木合引兵回還立已回可汗者諸部悉討掠之冬上出塞駐于阿不札闕忒哥兒之山王可汗居于別里抈沙陀中是時上與太子朮赤求聘王可汗抄兒百姬王可汗之孫禿散合亦求上公主火阿貞伯姬俱不諧自是稍疏札木合聞之往說赤剌合曰吾按荅（謂太祖也）常遣使通信于乃蠻大陽可汗時將不利于君今若能助我兵當從旁脇助時赤剌合居別所來會父王可汗上族人荅力台斡貞斤按難火察兒塔海忽剌海剌荅兒斤木忽兒畤檀札木哈等背我逃且說赤剌合說之曰吾等願爲效力若討月倫太后諸子赤合剌信之車帳相間頓兵共謀遣塞罕脫脫于言之于王可汗可汗曰札木合巧言寡信人也不足信赤剌哈曰彼言者有口有舌何爲不信屢遣人言之王可汗曰我禁汝輩汝輩不從吾身有立實賴于彼垂老遺骸冀得安寢今喋喋不已汝當自能爲之毋遺吾憂既而有異志悉燒我牧地

癸亥春王可汗爲詐計曰彼前者常求婚于我我不從今宜許之候其來宴定約必擒之遂遣不花台乞察來請上率麾下十騎往赴之宿于滅里哥帳中越明日與滅力池赤哥謀使回王可汗語曰我牧鮮羸弱方從思之合命一人彼赴宴足矣既遣使上卽還時王可汗近侍也可察合闌者聞圖上謀歸語其妻因曰人若有言泄此于上當如何哉其子亦剌罕止之曰此死據之言恐他人以爲實也可察合闌牧馬乞失月供馬湩適至微有聞問其弟抱帶曰適所議者何事該知否抱帶曰不知察合闌次子納憐坐帳外礪鏃聞之罵曰割舌者適我不言乎今事已然當禁誰口也抱帶謂乞失力曰我今知矣可同赴上言之遂入已帳治行止有一羔殺之折臥榻煮熟夜馳見上告其謀曰王可汗將圖太子其計

定矣上閩之止軍于阿闌塞急移輜重于失連眞河上游遣折里
麥爲前鋒並莫運都兒山之陰行王可汗亦領兵自莫運都兒山
陽由忽刺河卜魯哈二山而來時有太出也迭兒二人者因牧馬
見王可汗軍至亟來告上時移軍令闊只之野未及爲備日銜山
郎整兵出戰先敗朱力斤部衆次敗董哀衆又敗火力失門太石
衆進逼王可汗護傳其子赤剌哈馳來衛陣我軍射之中頰其勢
大挫斂兵而退上亦將兵至幹兒弩兀遣忒哥山岡軍凡四千六
百騎沿哈勒合河順進分爲兩隊上親將二千三百騎行河南岸
兀魯吾忙兒二部將二千三百騎行河北岸上以弘吉剌部先爲
婚親遣使謂其長帖木哥阿蠻部曰汝若來順則女子面容外甥
賫貨俱在不然則加兵于汝矣遂行至董哥澤脫兒合火魯合之
地駐軍上遣使阿里海致責于王可汗曰我合大軍駐董哥澤間
草盛馬肥謂父王可汗言之昔汝菊兒可汗嘗謂汝我兒忽兒札

忽思孟祿可汗之位不我與自奪之汝又殺諸昆弟詐言太帖木
兒太石不花帖木兒輩不知所存是故菊兒可汗逼汝哈剌溫之
險汝窮逼無計遂以百騎來歸我先君我先君率兵借汝以雪前
恥而泰赤兀部兀都兒吾難八合只二人助兵幾計不可知其時
道哈剌不花出谷之上又出河不札不花哥兀之山又踰禿烈壇
禿零古曷速境盞零古闊碧險出笑兒澤跋涉重險始至其境適
値彼凶年得穿其國枝菊兒可汗時聞避我于荅剌速野我又逼
之僅以數十騎遁走河西之國不復反矣我先君盡以其土地人
民歸于汝由是結爲按荅我固尊汝爲父此我有造于汝一也又
曰父王可汗汝其時如埋雲中如沒日底汝弟札阿紺孛居漢塞
之間我發聲轟轟以呼之舉幡隱隱而招之彼其聞我呼見我招
遠來投歸我乃登山而望倚盧而待其至又爲王部滅力乞所逼
我以其遠來肯令死之也所以告殺兒誅弟此謂誰薛徹別里爲

我兒太出乞魯爲我弟是我有造于汝二也又曰父王可汗汝既
出雲中顯日底來歸于我使汝飢不過日午羸不過月望所以然
者何哉我昔與兀都夷部戰于哈丁里山之西木那又笑力之野
多獲孳畜輜重悉以與汝飢不過午羸不過望者實此之由是我
有造于汝三也又曰父王可汗曩汝征滅萬乞陣于不剌川遣使
覘傒部長脫脫不待成而先戰獲忽都合察魯渾二哈敦因招其
二子火都赤剌溫盡收兀都夷部汝以德此故我秋毫不及又
汝子乃蠻相戰拜哈剌邊只兒之野時火部赤剌溫合部叛歸汝
又爲山薛兀撒八剌追襲于汝人民使來告我我遣四將領兵戰
敗之盡歸所掠于汝是我有造于汝四也又曰昔我出哈兒合山
谷馬君忽剌阿班荅兀卓兒完忽奴之山相見時于時不已言乎
譬如毒牙之蛇所傷勿以動念我吾二人唇齒相見始可間離汝
今以蛇傷而間我乎唇齒相見而離我乎父王可汗我時又如靑

鶻海鶻自赤忽兒黑山揮越于盃兒之澤搦班脚鴿以歸君此謂
誰哈荅斤散只兀散弘里剌諸部是也汝豈非假彼諸部之力而
驚畏我邪是我有造于汝五也又曰父王可汗汝何嘗有造于我
我造汝者凡若此與其驚畏我何不使我衆揚發不息安榻而臥
使我癡子癡婦得寧寢乎我有汝子勢雖寡弱不使汝有慕于他
衆也我雖愚不使汝有慕于他賢也譬如雙輪去一不能行也徒
使牛汗縱之恐盜係之實餓又如雙轅偶斷其一牛憤破軛徒使
跳躍不能前也以我方車獨非一輪乎凡此諭王可汗也時上族
人火察兒按攤兒在王可汗部中上因使謂之曰汝二人欲殺我
將棄之乎瘞之乎吾嘗謂上輩人兒合拔都二子薛徹太出詐可
使斡難河之地無主累讓爲君而不聽也又謂火察兒曰以汝湼
羣太石之子吾族中當汝立又不聽又謂按攤曰汝爲忽都剌可
汗之子以而父嘗謂可汗推位汝亦不聽吾悉曾讓汝等不我聽

我之立實汝等推也吾所以不辭者不欲使嵩萊生久居之地斷木阻通車之塗吾夙心也假汝等爲君我當前鋒俘獲輜重亦歸汝也使我從諸君畋我亦將遮獸迫崖使汝得從便射也又謂按攤火察兒曰三河之源我祖實與毋令他人居之又謂脫憐曰吾弟我以汝是馬祖家奴曾祖闊僕故奪汝爲弟也汝祖諾苔乃吾祖察剌合令忽統必乃二君所虜諸苔生雪也哥雪也哥生闊闊出黑兒思之本思之本生拆該晃脫合兒拆該晃脫合兒生汝汝世爲奴虜誰之國土汝敵取之縱得我國按攤火察兒必不與也昔我等居王可汗所早起也得飲王靑潼馬乳汝輩豈知吾先飲而妒之也我今去矣汝輩恣飲之吾弟脫憐量汝能費幾何也又謂按攤火察兒曰汝若事吾父王可汗勿使疑汝爲察兀忽魯（謂太親自稱前有註）之族而累我卽王可汗交人馬厭于我尙爾況汝等乎縱然今夏豈能到來冬矣又爲我父王可汗曰可遣按敦何速渾八力二人來報否則遣一人曰者吾麾下忙納兒拔都失破銀鞍黑馬在王所就持來鮮昆按苔（卽王子亦剌合也）汝亦遣必力哥別吉脫端二人來否則遣一人來札木合按苔阿赤失闊阿剌不花帶亦兒火察兒按攤各遣二人來如我東向可于納是脫憐乎陳腦兀之源來會如我西向可出哈八剌漢苔兒哈之山順忽魯班不花諸思河來會也王可汗聞上前語曰惟吾子裁之王子鮮昆謂其父曰彼何嘗誠意待我爲按苔特以覬覦我耳何嘗稱君爲父特以老奴視我耳又何嘗遣辨士馳御馬以及哉彼能勝我聽取吾國若我勝彼亦取其國也因戒其部將及別力哥別吉脫端曰備而釜建而旗秣而馬以需進也上旣遣使于王可汗遂進兵掠虜弘吉剌別部溺兒斤以行至班朱泥河飲水搆裝時有赤乞列部人孛徒者爲火魯剌部所逼敗之因過上同盟是時上弟哈撒兒別居哈剌渾只敦山妻子爲王可汗所虜上挾幼子脫忽走絕糧探鳥

卵爲食來會于河濱上與王可汗戰于哈闌眞涉陀之後王可汗居于只忒忽盧之地時上麾下苔力台斡眞按攤折火溫察兒別吉札木哈八憐梭哥台脫隣塔海忽剌海等及忽都花部衆在王可汗所相與謀害王可汗曰此不可依也將叛去王可汗覺其事討逐之是時苔力台斡眞八鄰撒合夷嫩眞諸部稍稍來歸按攤折溫火察兒別吉忽相花札木合等奔乃蠻王太陽可汗上移軍自班朱河秋大會于斡難河源進伐王可汗上遣使哈柳苔兒抄兒塞二人往王可汗所假爲上弟哈撒兒語謂之曰瞻望我兒遙遙忽及遠擠涉往不知所從近聞我妻子在父所我今蔽木枕塊藉壤仰屋而臥我實賴王父故雖有諸王苟從之吾終歸王父也王可汗因遣使亦禿兒干以煮漆器盛血與之盟哈柳苔兒抄兒塞二使將亦利兒干來上不與語卽送于哈撒兒所上因以二使爲鄉導領兵夜馳主徹徹兒運都山出其不意破王可汗軍盡降克烈夷部衆王可汗僅以子及數騎脫走顧其左右謂其子亦剌合曰我父子相親其可絕而絕之乎今由此綴頰兒絕矣至捏辟烏柳河爲乃蠻部主太陽可汗之將火里速八赤帖迪沙二人所殺亦剌合走西夏過亦卽納城至波黎土蕃部旣討掠且欲居之吐蕃收集部衆逐之散走西域曰先城徹兒哥思蠻之地爲黑隣亦哈剌者殺之上旣滅王可汗是冬大獵于帖麥該川宣布號令振旅歸龍庭上春秋四十二時乃蠻太陽可汗遣使月忽難謀于王孤部主阿剌忽思的乞火力（今愛不花駙馬丞相白達達是也）曰近聞東方有稱王者日月在天了然可知世豈有二王哉君能益吾右臂奪其孤失卽阿剌忽思卽遣使朶兒必塔失以是謀先告于上後舉族來歸我之與王孤部親好者由此也

甲子（宋景定五年金泰和四年）春大會于帖木垓川議伐乃蠻百官謀曰今畜牧疾瘦待秋高馬肥而後可進上弟斡赤斤那顏曰毋慮馬瘦我騎

倘壯今勢已如此其可綏乎以吾料敵必取之苟戰勝使他日指此地嘗擒太陽可汗當圖此名然勝負在天必當進矣上弟別里古台那顏亦曰乃蠻欲奪王孤失若果爲奪則身將安之彼恃國大馬繁恣爲誇語我今卒然入之國雖大必逃散于山林馬雖繁必遺棄于原野掩其不虞奪之弓矢豈難哉衆稱善望日祭纛詰朝進兵伐乃蠻秋再會哈勒合河建忒垓山先遺麾下虎必來哲別二人爲前鋒太陽可汗至自安臺營于杭海山之哈只兒兀孫河引兵迎敵我軍至斡兒寒河太陽可汗同滅兒乞部長脫脫克烈部長札阿紺孛阿憐大石斡亦剌部長忽都花別吉及札木合朶兒班塔塔兒哈塔斤散只兀諸部相合時我隊中一白馬帶弊鞍驚走突乃蠻太陽可汗與衆謀曰彼軍馬羸可尾而進然待馬稍輕健與之戰也驍將火力速八赤曰昔君父亦年赤可汗勇戰不回士皆馬後未嘗使人也今何怯耶果懼之何不令菊兒八速

來（太陽可汗妻也）太陽可汗因率衆來敵上以弟哈撒兒主中軍躬自指揮行陣時札木合日從太陽可汗來望見上軍容嚴整謂左右曰汝等見按荅舉止英異乎乃蠻語常有言雖駁芇哥許猶貪不捨豈能當之遂提本部兵走是日上與之大戰至晡擒殺太陽可汗乃蠻部衆潰夜走絕阻俱墜納忽渾崖死者不可勝計明日餘衆悉降于是朶兒班塔塔兒哈塔斤散只兀諸部亦來降冬再征脫脫至迭兒惡河源不剌納矮胡之地兀花思滅兒乞部長帶兒兀孫獻女忽闌哈敦于上率衆來降爲彼力弱散置諸翼中實羈縻之其人頗不安故復叛留輜重我大兵與戰復奪之上進軍圍滅兒乞于泰寒塞盡降麥古丹脫脫里掌斤滅兒乞諸部而還部長脫脫挾其子奔孟祿可汗帶兒兀孫既叛率餘衆至薛良葛河哈剌溫隘築寨以居上遣孛羅桓那顏及赤剌溫拔相弟闊拜二人領右軍討平之

乙丑征西夏攻破力吉里寨經落思城大掠人民多獲橐駝以還

丙寅大會諸王百官于斡難河之源建九游之白旂共上尊號曰成吉思皇帝後發兵征乃蠻孟祿可汗飛獵于兀魯塔山涉令水上擒之是時太陽可汗子屈出律可汗與脫脫奔走涉也兒的石河

丁卯夏頓兵秋再征西夏冬克斡羅汝城先遣按彈不兀剌二人使乞力吉思部其長斡羅思亦難及阿里替也兒部野牒亦納里部亦遣也力帖木兒阿忒黑剌二人偕我使來獻白海青且爲好也

戊辰春班師至自西夏避暑于龍庭冬再征脫脫及曲出律可汗時斡亦勒部長忽部花別吉等遇我前鋒不戰而降因用爲鄉導至也兒的石河盡討滅里乞部脫脫中流矢而死曲出律可汗僅以數人脫走奔契丹主菊兒可汗

已巳春畏吾兒國王奕相護聞上威名遂殺契丹主所置監國少監欲求議和時上先遣按力也奴荅兒拜二人使其國奕相護大喜待我禮甚厚卽遣其官別吉思阿憐帖木兒二人入奏曰臣竊聞皇帝威名故棄契丹舊好方將遣使來通誠意躬自效順豈料遠辱大使降臨下國譬雲開見日冰泮得水喜不勝矣而今而後當盡率部衆爲僕爲子竭犬馬之勞也是時滅力乞脫脫子大都赤剌溫馬札兒禿薛干四人以脫脫中流矢死不能歸全尸遂取其頭涉也兒的河時奔畏吾兒國先遣別干者使奕相護奕相護殺之四人至與畏吾兒大戰于嶄河秋奕相護先遣其官阿思蘭斡却孛羅的斤亦難海牙倉赤四人來告滅力乞事上曰奕相護果誠心効力于我以其已有來獻尋遣安魯不也女荅兒班二人復使其國奕相護遣使奉珍寶方物爲貢

庚午夏上避暑龍庭秋復征西夏入孛王朝其主失相兒忽出降

獻女爲好

辛未春上居怯綠漣河時西域哈兒鹿部主阿兒蘭可汗來歸因忽必那顔見上奕相護兒亦來朝奏曰陛下若恩顧臣使遠者悉聞近者悉見輟衮衣之餘縷摘金帶之星裝誠願在陛下四子之亞竭其力也上悅其言使尙公主仍序弟五子遣將忽察兒率騎二千出哨西邊邊秋上始誓衆南征克大水濼又拔烏沙堡及昌桓撫等州大太子朮赤二太子哈罕三太子窩闊台太宗也破雲內東勝武宣寧豐靖等州金人懼棄西京又遣哲伯率衆取東京哲伯知其中堅以衆壓城卽引退五百里金人爲我軍已還不復設備哲別戒軍中一騎牽一馬一晝夜馳還忽攻大掠之以歸上之將發撫州也金人以招討九斤監軍萬奴等領大軍力備于野狐嶺又以參政忽沙率軍爲後繼契丹軍師謀爲九斤曰聞彼新破撫州以所獲物分賜軍中馬牧于野奮不虞之際宜速騎以掩之

九斤曰此危道也不若馬步俱進爲計萬全上聞金兵至進拒貛兒觜九斤命麾下明安曰汝嘗使北方素識太祖皇帝其往臨陣問以舉兵之由金國何怨于君而有此舉若不然卽詬之明安來如所教俄策馬來降上命麾下縛之曰俟吾戰畢問之也遂與九斤戰大敗之其人馬蹂躪者不可勝計因勝彼復破忽沙軍于會合堡金人精銳盡沒于此上歸詰明安曰我與汝無隙何對衆相辱對曰臣素有歸志恐其間故因如所教不爾何由瞻望天顔上善其言命釋之

壬申破宣德府至德興府失利引却四太子也可那顔赤渠駙馬率兵盡克德興境內諸城堡而還後金人復收之

癸酉秋上復破之遂進軍至懷來金帥高琪將兵舉戰我軍勝追至北口大敗之死者不可勝計時金人塹山築塞悉力爲備上留怯台薄察等頓軍拒守遂別衆西行由紫荆口出爲金主聞之遣大將奧敦將兵拒隘忽使及平地比其至我衆度關矣乃命哲別率衆攻居庸南口出其不備破之追兵至北口與怯台薄察軍合繼而又還諸部精兵五千騎令怯台哈台二將固守中都上自率衆攻涿州命二日拔之乃分軍爲三道大太子二太子三太子爲右軍循太行西南破保州中山邢洺磁相衛輝懷孟等州弃眞定威州境沿東海破諸沂等城而還上與四太子馭諸部君抵黃河大掠平陽太原而還哈撒兒安赤那顔朱兒撒台薄察爲左軍由中道進破深莫河間靑滄景獻濟南濱棣益相等城弃東平大名不攻餘皆望風而拔下令北還又遣木花里回攻密州拔之上至中都亦來合

甲戌上駐營于中都北壬甸金丞相高琪與其主謀曰聞彼人馬疲病乘此決戰可乎丞相完顔福興曰不可我軍身在都城家屬多居諸路其心向背未可知戰敗必散苟勝亦思妻子而去祖宗

社稷安危在此舉矣當熟思之今莫若姑遣使議和待彼還軍更爲之計如何金主然之遣使求和因獻衛紹王公主令福興來送上至野麻池而還夏四月金主南遷汴梁留其太子守中都以丞相完顔福興左相泰忠爲輔金主行距涿契丹軍在後至良鄉金主疑之欲奪其元給鎧馬還宮契丹衆驚遂殺主帥衰昆而叛共推斫荅比涉兒札剌兒爲帥而還中都福興聞變軍陌虜溝使忽得度荅及其裨將塔塔兒帥輕騎千人潛渡水腹背擊守橋衆大破之盡掠衣甲器械牧馬之相迎者由是契丹軍勢漸振先是那律留哥以中國多故據有東京咸平等郡自稱遼王斫荅比涉兒等遣使詣上行宮納款又求好于遼王時遼王亦來降上命爲元帥令居廣寧府金主之南遷也以招討也奴爲咸平等路宣撫復移咨于忽必阿蘭至是亦以衆來降仍遣子鐵哥入質既而復叛自稱東夏王五月金太子留福興泰忠等守中都亦走汴梁上以

契丹衆將來歸遂命散只兀兒三木合拔都領契丹先鋒將明安太保兄弟等爲鄉導引我軍合之至則與斫荅等併力圍中都金主以點檢慶壽元帥李英運糧分道還救中都人賞糧三斗英自負以勵衆慶壽至涿州旋風寨李英至霸州青戈皆爲我軍所獲既絶其糧中都人自相食福興自毒死秦忠亦委城走明安太保入據之遣使獻捷上時駐桓州遂命忽都忽那顏與雍古兒寶兒赤阿兒海哈撒兒三人檢視中都帑藏時金留守哈荅國和等奉金幣爲拜見之禮雍古兒哈撒兒受之獨忽都忽拒不受方將哈荅等萃其物北來上問忽都忽曰哈荅等嘗與爾物乎對曰有之未敢受之上問其故對曰臣嘗與哈荅言城未陷時寸帛尺縷皆金主之物今既城陷悉吾君物矣汝又安得竊我君物爲和意乎上甚嘉之以爲知大體而重責雍古兒阿兒海哈撒兒等之不珍也哈荅因見其孫崇山而還時金通州元帥七斤率衆來降惟張

復張鑁柄衆哥也思瓦帥據守信安不下上駐軍魚兒濼命三合拔都帥蒙古軍萬騎由西夏抵京兆出潼關破嵩汝等郡直趨汴望至杏花營大掠河南回至峽州適河冰合遂渡西北金元帥那荅忽監軍斜烈以北京來降上遣脫脫欒闍兒必帥蒙古契丹漢軍南征降眞定破大名東平阻水不克大掠而還金人復取之

乙亥金右副元帥七斤以通州降木黎筆攻北京金元帥寅荅虎等以城降金御史中丞李英等率師拔中都戰于霸州敗之中都留守完顏福興仰藥死抹然盡忠棄城走明安入守之詔使天倪南征取平州木華黎遣英進道等攻廣寧府降之是秋取城邑凡八百六十有二

丙子錦州帥張智以錦義廣寧等郡來降俄而復叛自號遼西王改元大漢上命木華里以左軍討平之

丁丑上遣大將速不台拔都以鐵裹車輪征滅兒乞部與先遣征西前鋒脫忽察兒二千騎合至暫河遇其長大相戰盡滅滅乞兒還是歲吐麻部主帶都剌莎合兒既附而叛上命博羅渾那顏都魯伯二將討平之博羅渾那顏卒于彼

戊寅封木華黎爲國王總率王孤部萬騎火朱勒部千騎兀魯部四千騎忙兀部將木哥漢札千騎弘吉剌部安赤那顏三千騎亦乞剌部孛徒駙馬二千騎札剌兒部及帶孫等二千騎同北京諸部烏葉兒元帥禿花元帥所將漢兵及北剌兒所將契丹兵南伐金國別遣大將哲別攻曲出律可汗至撒里桓地克之先吐麻部叛上遣徵兵于乞兒乞思部不從亦叛遂命大太子往討之以不花爲前鋒追乞兒思至亦馬兒河而還大太子領兵涉謙河水順下招降之因克烏思憾哈納思帖良兀克失的迷火因亦兒干諸部

已卯上總兵征西域

庚辰上至也兒的石河住夏秋進兵所過城皆克至斡脫羅地城上留二太子三太子攻守尋克之

辛巳上與四太子進攻十哈兒薛迷思干等城皆克之大太子又攻克養吉干八兒眞等城夏上駐軍于西域速望壇（西域可汗之都也）避暑之地命忽相忽那顏爲前鋒秋分遣大太子二太子三太子率左軍攻玉龍傑赤城以軍集奏聞上有旨曰軍既集可聽三太子節制也于是上進兵過鐵門關命四太子攻也里左沙兀兒等城上親克迭兒密城又破班勒紇城圍守塔里寨冬四太子又克馬魯察葉可馬盧昔剌思等城復進兵

壬午春又克徒思匿察兀兒等城上以暑氣方隆遣使招四太子速還因經木剌夷國大掠之渡搠搠蘭河克野里等城上方攻塔里寨朝覲畢幷兵克之三太子克玉龍傑赤城大太子還營所寨破後二太子三太子始歸相覲是夏避暑于塔里寒寨高原時西

城速里札闌丁遁去遂命哲別爲先鋒追之再遣速不台拔都爲繼又遣脫忽察兒殿其後哲別至滅里可汗城不犯而過速不台拔都亦如之脫忽察兒至與其外軍戰滅里可汗懼棄城走忽都忽那顏聞知率兵進襲時滅里可汗與札闌丁合既戰我不利遂遣使以聞上自塔里寒寨率精衛親擊之追及辛自速河獲蔑里可汗屠其衆札闌丁脫身入河泳水而遁遂遣八剌那顏將兵急追之不獲因大擄忻相人民之半而還

癸未春上兵循辛自速河而上命三太子循河而下至昔思丹城欲攻之遣使來稟命上曰隆暑將及宜別遣將攻之夏上避暑于八魯灣川候八剌那顏因討近敵悉平之八剌那顏軍至遂行至河溫察三太子亦至時上既定西域置達魯花赤于各城監治之

甲申旋師住谷避暑且止且行

乙酉春上歸國自出師凡七年是夏避暑秋復總兵征西夏

丙戌春至西夏一歲間盡克其城時上年六十矣

丁亥滅其國以還太祖聖武皇帝昇遐之後太宗皇帝即大位以前太上皇帝時爲太子

戊子避暑于斡思罕金主遣使來朝太宗皇帝與太上皇共議遣擲力蠻復征西域秋太宗皇帝自虎八會于先太祖皇帝之大宮

己丑八月二十四日諸王駙馬百官大會曲雕阿闌共册太宗皇帝登極太宗遂議征收金國助貧乏置倉戍瓶驛站命河北先附漢民賦調命兀相撒罕主之西域賦調命牙魯瓦赤主之是年西域亦思八剌納城城主遣使來降又西域之西忻相歹不剌夷國主躬來朝會

庚寅春遣軍將攻守京兆金主以步騎五萬來援敗還其城尋拔秋七月上與太上皇親征金國發自闕郡隘過川由官山鐵門關平陽南下渡河攻鳳翔

辛卯春二月遂克鳳翔又克洛陽河中數處城邑而還避暑于官山會諸王百官分三道征收金國期于來年正月畢集南京是年秋八月二十四日上至西京執事之人各執名位兀相撒罕中書令粘合重山右丞相鎭海左丞相自此始遣撒里塔火兒赤征收高麗克四十餘城還冬十月初三日上攻河中府十二月初八日克之時有西夏人速哥者來告黄河有坡可渡從其言

壬辰春正月初六日大兵畢渡及獲漢船七百餘艘太上皇遣將貴由乃來報集等軍兵已渡漢江上亦遣使于太上皇諭曰汝等與敵連戰日久可來合戰上于正月十三日至鄭州守城馬提控者以城降太上皇既渡漢水有金大將哈苔麾下欽察者來逃告哈苔伏兵于鄧西隘截等候太上皇是夜會兵明燭而進哈苔移剌聞知入鄧以避其鋒太上皇正月十五日至均州雪作上遣大王口溫不花國王苔思將兵畢至十六日雪又大作是日與哈苔

移哈剌合戰于三峯山大敗之遂擒移剌十七日上行至視戰所住之二十一日克均州哈苔匿于地穴亦擒之又克昌州潞州嵩州曹州陝州洛陽濬州武州易州鄧州應州壽州遂州禁州等來降三月上至南京合忽相忽攻之上與太上皇北渡河避暑于官山速不歹拔相忒木火兒赤貴由拔相塔察兒等適與金戰金遣兒之子曹王入質我軍遂退留速不台拔相以兵三萬守鎭河南秋七月上遣唐慶使金促降因被殺之八月金之參政完顏思烈桓山公武仙將兵二十萬會援南京至鄭州西合戰是年高麗復叛再命徹兒搭火兒赤征收九月南京城中倉廪俱竭金主帥兵六萬北渡河欲復東平新衞二城我軍逐北潰散尚千餘人復渡河南

癸巳春正月二十三日金主出南京入歸德金人崔立遂殺留守南京參政二人開門詣速不台拔都降四月速不台拔都至青城

崔立又將金主母后太子二人曁諸族人來獻遂入南京六月金主出歸德府入蔡塔察兒火兒赤統大軍圍守是月十日遣人入蔡催降勿應四面築城攻之八月別遣按脫等抄籍漢民七十三萬奇十一月南宋遣太尉孟珙等領兵五萬運糧三十萬石至蔡來助分兵南面攻之金人舉沂萊海濰等州來降

甲午春正月十日塔察兒火兒赤急攻蔡城危逼金主傳位于族人承麟遂縊焚而死我軍入蔡獲承麟殺之金主遺骸南人爭取而逃平金之事如此是年夏五月于荅蘭荅八思始建行宮大會諸王百官宣布憲章是年羣臣奏言南宋雖稱和好反殺我使侵犯我邊奉揚天命往征其辜又遣忽相忽主治漢民別遣塔海紺孛征蜀

乙未春建和林城宮殿夏遣曲出忽相都籍到漢民一百一十一萬有奇遂分賜諸王城邑各有差

丙申大慶和林城宮冬十一月赤曲闕端等克西川

丁酉夏四月築掃憐城秋八月試漢儒選擢除本貫職位

戊戌夏築禿思兒忽城

己亥

庚子春正月命暗都剌合蠻主漢民財賦

辛丑春高麗王遣姪子入貢冬十月命牙老瓦赤主管漢民十一月初七日至地名月忒哥忽闌病夾日崩壽至五十六在位一十二年

說郛卷第五十五終

說郛卷第五十六

安雅堂酒令 一卷全

皇元曹　紹 字繼善號漢東漫士

孔融開尊第一　孔融誠好事其性更寬容座上客常滿杯中酒不空

得此不飲但徧酌坐客各飲一盃

曹參歌呼第二　相國不事事言中飲一巵隣吏方舉觴歌呼以從之

得令入手間坐上客說話者先罰一杯得令之人然後與下隣各歌一曲各酌一盃下隣者待令之人也所謂說話者雖衆但高聲或多言者當之

鄭虔高歌第三　衮衮登臺省獨冷官如何襟期能與共對酒且高歌

與對席之人作儒者高歌慢詞古樂府之類各飲一杯如無對席者只以席面正客便是

子美騎驢第四　暮隨肥馬塵朝扣富兒門殘杯與冷炙到處潛悲辛

以對坐客或酒主人爲富兒得令者作騎驢狀扣門索酒富兒與殘杯冷炙既飲食之作十七字詩一首相謝不能者作驢叫三聲而止

阮藉兵廚第五　藉聞步兵廚貯酒三百斛遂求爲校尉一醉萬事足

得令任意斟酒痛飲仍歌選詩不能者作猖狂狀仍罰之酒

劉伶頌德第六　兀醉恍然惺不聞雷霆聲何人侍左右蜾蠃與螟蛉

自飲一杯仍要見枕麴藉糟之態對席者作雷聲左隣作蜂

聲右隣作蹇蹇狀

齊人乞餘第七　乞餘眞可鄙不足又之他妻妾交相訕施施尙欲詩

得令者領折杯中酒飲些子復于坐客處求酒食既而詩之席有妓則作妻妾罵之無妓則以處左右隣爲妻妾

張旭草聖第八　三杯草聖傳雲烟驚落紙脫帽濡其首既醉猶不已

作寫字狀飲一杯後脫巾再飲一杯以鬢髮蘸酒以頭作寫字狀飲一杯

桓公卜晝第九　樂飲欲繼燭成禮不以淫公胡卜其夜卜晝乃吾心

日間得此飲一杯夜則免飲

蘇晉長齋第十　蘇子雖曠浪長齋繡佛前醉中誠可笑往往愛逃禪

以蔬菜飲半杯不得茹葷仍說禪話不能者作佛事數句更不能者罰念阿彌陀佛百聲

次公醒狂十一　衆多酌我酒我醉狂不已欲狂豈在酒不飲亦如此

得此不飲但作狂態不已或不能狂却罰酒

陳遵起舞十二　陳遵日醉歸廢事何可數寡婦共謳歌跳梁爲起舞

得令者踴躍而舞左客作寡婦謳戲曲各飲一杯有妓則以妓爲寡婦有數婦則以左者爲之

灌夫罵坐十三　坐客不避席灌夫乃罵坐按項罰以酒夫亦當悔過

得令者作罵坐語主人起按其項罰一杯

左相萬錢十四　萬錢方下箸鯨吸聲如雷避賢初罷相樂聖且銜杯

以箸于果肴上遍閱三兩遍却不得下箸乃以口吸引一杯要聽喉中響聲仍銜杯示衆人

玉川所思十五　曾醉美人家美人嬌如花青樓在何許珠箔天之涯

盧仝之悶悶非酒可破者進茶一甌作長短句俚鄙之詩一首不能者亦罰酒

羲之蘭亭十六　少長既咸集一觴復一詠雖無絲與竹亦足娛視聽

衆客無大小各飲一盃各賦一詩不能詩者遂爲絲竹管絃之聲能誦吾竹房蘭亭者免飲此日若值上巳得令者作詩飲酒各倍于衆人

東坡赤壁十七　客喜吹洞簫客倦則長嘯覺時戛然鳴夢裏道士笑

得令者初作鶴鳴先飲一杯再作散花步虛之類左右二客一吹簫一長嘯各飲五分

庾亮南樓十八　秋月照南樓有愁何以遣急呼載酒來老子興不淺

登坐物南面立量飲八分作十六字月詩或遇中秋月夜當作二詩飲雙杯

醉翁名亭十九　飲少輒至醉衆賓一何歡智仙作斯亭禽鳥樂其間

得令者隨意飲些子坐中有僧則賞一杯以其作亭之功也仍作禽語衆客于是撫掌大笑

白傅醉鬼二十　醉吟先生墓奠者無日間冢上方丈土泥濘何

時乾
對席客斟酒一杯讀祭文勸得令者得令者作鬼歆饗之狀
而飲
便了行酤二十一　便了即髯奴執役與行酤鼻涕一尺長持勸
王大夫
得令者爲童子狀以酒勸主人一杯
知章騎馬二十二　知章醉騎馬蕩漾若乘船昏昏如夢中眼花
井底眠
酌一杯作醉中騎馬之勢
文季五斗二十三　吳興沈太守一飲至五斗賓對王大夫爾亦
能飲否
自飲一杯有妓則以妓爲王氏飲六分無妓則以對席客爲
王氏

華歆獨坐二十四　誰能飲不亂昔賢亦頗頗要須整衣冠遂號
華獨坐
整其衣冠危坐不動飲不飲隨意
陳暄糟丘二十五　生不離瓢勺死當號酒徒速爲營糟丘吾將
老矣乎
飲一杯後作欲死狀羣呼酒徒乃醒
汝陽流涎二十六　花奴催羯鼓不飲便朝天道上逢麯車津津
口流涎
作擊鼓聲狀不得飲酒而口中流涎而已
永遠蓮杯二十七　玉生交卞繪延之私室中笑遺白玉尊掬酒
生香風
妓用沒手盞把得令之人左右隣各一杯却揮得令者一類
如無妓請對坐者作妻把酒三人各一杯却不許揮類

玄明戒飲二十八　山陰劉縣令舊政必告新食飯莫飲酒良策
勿告人
已得令過去者戒得令之客勿飲但食少物而已
阮宣毆背二十九　阮宣強吳衍忍斷杯中物拳及老癖癡此意
豈可咈
主人以拳椎得令之人背罵而強之遂各飲一杯得令者仍
作癡態
趙達着射三十　善射卜無有盤着縱橫之美酒與鹿脯既有何
必辭
主人以松子作一拳得籤之人博之中其有無雙隻乃飲一
杯仍食少脯不中則免飲
江公酒兵三十一　千日可無兵一日能無酒美哉江諸議此論
當不朽

但飲一杯別無他作
幾卿對騶三十二　欲醉詣酒壚褰幔且停車得酒不獨飲乃與
騶卒俱
詣壚貰酒與僕各飲一杯如已無僕與主人之僕配與僕擧
話皆不妨
曼卿鱉飲三十三　請君爲鱉飲引首出復縮囚則科其頭巢則
坐杪木
此當飲三杯令恕其二任意于三者之中比一軀者而飲一
杯或不如法罰二杯仍作飲狀鱉以頭伸縮就飲囚去巾幘
作杻手狀以口就飲洒巢躋坐物上如在木杪
宗之白眼三十四　瀟灑美少年玉樹臨風前擧觴而一酌白眼
望青天
既稱美少年豈不能謳請歌一小令南北隨意然擧觴作白

眼狀

季鷹曠達三十五　吳中張季鷹秋風蓴菜羮卽時一杯酒何用身後名

自唱吳歌蔬酌半杯

再思高麗三十六　盡道楊再思面目似高麗酒酣乃歌舞滿坐皆笑之

張敞擒盜三十七　盜首補爲吏小偷來賀之飲醉赭其衣悉擒無一遺

得令者爲賊首先賞一杯坐中紅衣者爲小偷不問幾人但凡身上一點紅者皆飲一杯乃唱山歌帽纓及面紅者不在此限或盛暑無衣紅者則驗體膚紅赤者皆是

艾子噦藏三十八　艾子醉後噦門人置猪藏本意欲何之乃譬

唐三藏

得令者作吐而不與飲但打一好諢諢不好者罰一杯

焦遂五斗三十九　焦遂酒中仙五斗方卓然高談與雄辨不覺驚四筵

隨意酌酒飲不飲亦聽須談經史或古今文章之語須高聲朗說犯尋俗者罰一杯不識字之人小說謔諢諺語等亦可

三閭獨醒四十　皆醉我獨醒彈冠復振衣滄浪自清濁我歌漁父辭

作楚音歌漁父詞或楚詞一章免飲或此日遇重午得此令者則終席不得飲但食物而已歌却不免

陶穀團茶四十一　可憐陶學士雪水煮團茶党家風味別低唱酌流霞

貪儒無酒可飲煮茶自啜命妓歌雪詞而已却用骰子擲數一人作党太尉命妓淺斟低唱無妓自唱亦雪詞

少連擊姦四十二　秀實嘗擊賊姦臣我能擊醉中正膽大爹也勸不得

得令者以箸指席中敗與之客敗與者作揖謝罪不肯揖者准罰一杯

梁商薤露四十三　中郎素酣飲無奈極歡何酒闌方罷唱薤露亦能歌

酒闌歌罷繼以薤露此可謂哀樂失時可罰酒一杯

嵇康彈琴四十四　時時與親舊敍闊說平生但願斟濁酒彈琴發清聲

先說舊事或平生心事然後歌琴調飲一杯

趙軌飲水四十五　父老送趙軌請酌一杯水豈無尊中酒公淸乃如此

衆人勸得令者水一盞

阮孚解貂四十六　遙集爲常侍換酒解金貂若欲免彈劾一杯方見饒

常侍解貂有司劾之若欲免罪須飲一杯不願飲酒當筵中一跪

白波席捲四十七　古有白波賊擒之如捲席因以酒爲令沉湎意乃釋

賊徒飲酒必無揖讓之容滿斟快飲如捲白波入口故酒令名捲白波得令者如此法飲一杯

穆生醴酒四十八　穆生不嗜酒楚元爲設醴久之意已怠斯亦可逃矣

既不嗜酒又不設醴可與免飲

岳陽三醉四十九　洞賓橫一劍三上岳陽樓盡見神仙過西風

湘水秋

神仙飲酒必有飄逸不凡之態唱三醉岳陽樓一折淺酌三杯不能者則歌神仙詩三首

長吉進酒五十　龍笛問鼉鼓浩歌并細舞勸君日酩酊青春忽相暮

得令者以骰子擲四擲教四人作樂得令者犯主人一杯

孟嘗養士五十一　門下三千客其間朱履多雞鳴已可鄙狗盜却如何

自得令之人左轉數起至第十客爲雞作雞鳴一聲免飲第十一客爲狗作狗吠聲偷酒一杯喫得令者免飲（自子至酉戌故用十與十一之類）

山簡習池五十二　飲酒高陽池日夕倒載歸時時能騎馬倒着白接䍦

自斟飲一杯作騎馬狀仍以頭巾及帽反戴

謝譓風月五十三　聽不妄交接有時自酌日入室惟淸風對飲有明月

對坐者或左客把得令者一杯以盞盤作明月照其面得令者還一杯右客以口吹得令者之面

宗武沽酒五十四　預恐尊中盡隔屋喚西家鄰人有美酒稚子夜能賒

右向第二客以一杯酒于此人頭遞過與得令人得令人勸主人飲如得令者有父在坐乃勸其父

平原滅燭五十五　夜飲燭忽滅客牽美人衣美人絕其纓盡絕乃不知

滅筵上之燭少時不問有妓無妓皆許衆說惡口一語却不得乘時動手或日間未有燭但俱閉目仍要褻語得令者于唔中飲一杯以贖牽衣之罪并絕免纓

相如滌器五十六　文園雖病渴滌器向琴臺時時頻顧望猶恐丈人來

坐中之人肯作卓王孫者得令之人特洗盞勸丈人一杯丈人回水一盞以沃其渴或無人肯作丈人得令自洗盞自吃水

長卿沐猴五十七　可笑楦長卿乃作沐猴舞人欲與狗鬭得此亦無苦

得令者作猢猻舞又迤向坐中戌生之人作吠狀既罷舞罰酒一杯如無戌生者則不必酒

郭珍裸飲五十八　昔日洛陽令姓郭乃名英裸袒呼進酒侍婢數十人

得令者解衣令妓環立進酒一杯

文淵酒船五十九　船酒五百斛甘味置兩頭反覆以飲酒瘦憊當即休

得令者先吃甜物一味進酒一杯作五呷後再吃甜物一味

畢卓盜飲六十　可笑畢吏部盜飲比舍郎既遭甕下縛沉醉亦何妨

竊飲鄰客之杯隣客執之呼以爲賊乃命巨觥沃之仍罰做俚鄙詩一首

阮咸豕飲六十一　竹林有小阮盆飲無盃觴羣豕爾共之何異食糟糠

用盆貯酒一盞作猪吃食狀于盆中啜飲之仍作猪叫坐上亥生之人亦如此配飲

光逸竅竇六十二　大叫者何人此必我孟祖遽呼入飲之竅竇勝排戶

得令者以首窺桉下大叫一聲對面者作狗吠一聲以答衆人呼起之浮以大白

荆巫淫祀六十三　羊猪鮮且肥淸酤更滿巵祈疾者得死祈歲者得飢

得令作師巫請神狀徧獻衆客一杯衆客作神享之

靈師花月六十四　飲酒盡百杯梟盧叱回旋有時醉花月高唱淸且絲

得此者是僧作法事飲酒三杯畢乃以骰子擲數一人則爲韓文公僧求詩文公以文談正色排斥僧唱曲把酒陪告乃止

楊惲羔酒六十五　趙女善鼓瑟奴婢皆歌呼酒後自拊缶秦聲何嗚嗚

惲以田家自娱得令者作田父敲盆擊碗作嗚嗚聲或山歌

自飲一杯對飲者爲趙女鼓瑟餘客隨意羣唱或歌或曲衆聲俱發

德秀彈琴六十六　陸渾佳山水著此元德秀彈琴日自妙欣然酌春酒

以手作彈琴之狀或口中叮嚀隨意一酌

淳于一石六十七　嚴客飲最少情懽則倍之握手更多酌襟解不復辭

此意有四意得令之人若値此席有尊客在上止飲半杯若得令者是席面上之人或賓友相勸可飲一杯坐無尊長而昵狎之客及有謳者可握手兩杯若謳者俊黠可喜肯解襟調戲笑隨意唱曲痛飲或願配飲者聽

樊噲巵酒六十八　頭髮俱上指瞋目入披帷我死且不避巵酒安足辭

作勇而且怒狀張目立飲一巨觥仍食生肉鮓之類

淵明賦詩六十九　登高賦新詩濁酒聊自適杯盡壺自傾傾壺絶而遷

得令者登坐物上立作選體四句不能者誦陶詩一首壺中有酒則酌一杯或酒冷壺空及偶未有酒則免飲若此日値重九可作三首詩飲三巨觥仍泛菊

謫仙獨酌七十　花下一壺酒獨酌無相親我歌月徘徊對影成三人

既在花下必須對花自歌佳詞獨飲一杯隨意邀一人爲月肯飲者飲不從則止

文君當壚七十一　文君奔相如甘心自當壚長向琴臺下妖嬈喚人沽

作婦人喚人飲酒狀坐客自願飲者得令之人把盞口作琴

調侑觴仍伴飲一杯若席間有妓得令者不願作文君起揖請代作亦可

吳姬勸客七十二　柳花滿店香壓酒勸君嘗金陵佳子弟爲我各盡觴

得令者簪花作妓謳一曲勸坐上年老最少者兩人各一觴兩人亦回吳姬觴

孟嘉落帽七十三　人言酒何好是未識眞趣我醉不覺風吹了頭巾去

科頭酌酒隨意多寡此日若値重九須作九日詩一首插菊于鬢泛菊于杯飲三巨觴

孔羣糟肉七十四　何爲布易爛因覆酒家瓿君不見糟肉淹之更堪久

得令者初自責曰酒能害人胡故常醉自此當不飲矣復自

解曰酒亦能益人且更酌一杯遂一酌

杜康死日七十五　杜康稱善醞其死日在酉何爲不會客不忍飲此酒

得此者三回不得與令抽牌若此日酉日乃謂之踏着火遂終席不得與令矣

黄公酒壚七十六　王戎與嵇阮二人今已亡□□□□□□□□□□

得令者亦思已死之友二人而以酒酹之若所思非其人者隨量罰酒

潯陽送客七十七　商婦撥琵琶促絃絃轉急添酒重回燈司馬青衫溼

得令者作商婦彈琵琶請主及席端各飲一杯主人仍作哭聲

王績待詔七十八　待詔何樂耶良醞可戀耳三升增作斗稱斗酒學士

本飲三分今增作一杯願只飲三分亦聽既稱學士必能讀書請讀經書一章

庾純行酒七十九　賈充宴嘉賓庾純亦與席純起爲行酒衆人敢不吃

得令者執杯起勸坐上一二人量高者既不得濫勸然酒到亦不得辭

葛伯仇餉八十　要其有酒食葛伯遂奪之善哉先師言仇餉豈虛辭

得令者奪人酒肉而飲食之如各人之前無酒肉起斟壺中酒攖俎肉亦荒忙如奪之狀

蕭猷獻神八十一　蕭猷守吳與每與廟神飲交勸至一斛酒色上神影

得令者讀祝文勸對坐客作神之狀而飲亦還勸五分

姚馥酒泉八十二　九河清麴糵八藪爲薪蒸庖俎七澤麋淸池樂餘生

得令者自謳回回曲自飲一巨觥

孔欒水酒八十三　孔欒頗明察兩罌一乃水何爲遂知之輕重有異耳

此客得令主人密命僕斟水酒各一壺來以器蓋之任取一壺飲遇水吃水遇酒吃酒不得辭

揚雄奇字八十四　子雲貧嗜酒人希至其門有能載酒至奇字爲君論

得令者爲揚雄坐中肯以酒勸者酌得令之人一杯却說一難字如揚雄不識再罰一杯

馬周獨酌八十五　賓王舍新豐主人不之顧命酒獨悠然觀者乃如堵

爲主人者作不采得令之狀得令者呼酒自酌一杯如店中買飲

元明通騷八十六　我聞王刺史盧子自佳器唯須讀離騷一飲呼萬事

讀離騷一章飲一杯

孫濟酒債八十七　尋常行坐處屢欠酒家緡欲貨此蘊袍得錢乃償人

得令者自酌隨意多少隨後解衣還人

馮孫三絕八十八　淸吟復豔歌琵琶得三味長爲不速客得酒且歡喜

于坐中獵酒有留之者則就坐然後作一詩謳一曲作琵琶

聲狀沃以三卆杯

劉寬叱奴八十九　蒼頭去市酒大醉始言還客乃罵畜產其辱孰甚焉

得令者爲蒼頭斟酒一杯至面前久之方飲席端罵得令者爲畜生得令者要自殺主人責席端而罰半杯

玄石醉瘞九十　劉公雖善飲勿飲千日酒誤葬疑醉死發冢無恙否

得令者飲一杯遂隱几良久直待下次令畢方起

白墮擒姦九十一　劉氏善釀酒鴻賓賫過藩盜飲醉被執因名爲擒姦

得令者斟酒一杯與下次得令之人此客得之又遞與下次之人遂飲之上兩人遂呼飲者爲賊賊應曰賊得酒吃了乃止

田父泥飲九十二　拾遺能住否盃中爲取醉高聲索果栗欲起被肘礙

得令者作田父相留前次得令之客用楪子勸酒一楪且作村話及高聲取果子幷以肘留客

郭朏被誣九十三　事有不可測人當防未然張公自吃酒李公何醉焉

得令者以骰子任擲一人飲酒左右轉數皆不妨數著者飲隨意多少却稱得令人姓名飲酒

陰鏗飲僕九十四　吾儕終日酣役者不知味坐客勿笑我人情乃如此

得令者自不飲而飲進爵之人

嚴氏乳酒九十五　乳酒下靑雲濃香幸見分走送憐漁父開嘗對馬軍

對面者斟酒作馬嘶勸得令者得令者唱漁歌而飲半杯

麴生風味九十六　玄貞葉法善幻術成荒唐遣致麴秀才風味不可忘

得令者爲葉法善作道士法事狀下次得令之人爲麴生秀才舞把衆賓客一杯飲罷衆謝二人

李泌虛誕九十七　家人速洒掃洪崖今夜來又得麻姑酒使我深疑猜

得令者自稱誑賊飲酌一杯後復稱誑畢飲

樂天之樂九十八　菱角執笙簧谷兒抹琵琶紅綃信手舞紫綃隨意歌

得令者以骰子擲數四人各依樂器歌舞得令者欲飲則飲不飲亦隨

酈生落魄九十九　高陽有酒徒落魄不可及幸無人溺冠且請作長揖

爲狂蕩書生狀作極長之揖坐客免酌

薛濤改令一百　高駢鎭成都薛濤爲酒佐公命改此令濤曰改亦可

得令者當別行一小令以助衆賓客之歡或一處後復舉元令若元令既久自此止亦可

說郛卷第五十六終

說郛卷第五十七

鯨背吟集 一卷全　皇元朱世名

僕粗涉詩書薄遊山水偶託跡于冑科未忘情于筆硯緣木求魚乘桴浮海觀千艘之漕餉勢若龍驤受半載之奔波名如蝸角碧漢迢遙一似浮槎于天上銀濤洶湧幾番戰慄于船中今將所歷海洋山島與夫風物所聞舟航所見各成詩一首詩尾聯以古句葢滑稽也非敢稱于格律然而風檣之下柁樓之上舉酒酌月亦可與梢人黃帽郎同發一笑云爾至元辛卯中秋蘇臺吟人朱晞顔世名序 朱晞顔郎宋翠寒也

茅亭數戶日燒鹽一角荒城浸海尖儼似揚州二三月春光十里捲珠簾 鹽城縣

拔矴張篷豈暫停爲貪薄利故輕生幾宵風雨舡頭坐不脫蓑衣臥月明 梢水

輕蓑方解盡無遺風挾雙篷水面飛却被沙頭漁父笑滿船空載月明歸 海船

崖倚波濤頂接空黃鶯游處樹成叢莫言山上人稀少多少樓臺烟雨中 烏沙山

金烏搖上浪如堆萬象分明海色開遙望扶桑岸頭近小舟撐出柳陰來 日出

東溟雲氣接蓬萊徐福樓船此際開應是秦王望消息釆芝何處未歸來 東洋

彭月懷沙小更肥團臍風味頗相宜菊花新酒何辜負正是橙黃橘綠時 彭月

海味新來數得滄梢人收拾日登盤錢唐江上親曾見賣得風流別一般 海味

萬斛龍驤一葉輕逆風寸步不能行如今閑在沙灘上野渡無人舟自横 擱沙

翠飛獨宿水中央逐浪隨波羽半傷莫去西湖花裏睡芰荷翻雨打鴛鴦 海鷗

不知飢飽只思眠無病淸流口角涎自笑先生獨醒者長留一甓在頭邊 吐船

遠望渾如兩乳同近前方信兩高峰端相不似雞頭肉莫遣三郎解抹胸 乳島

積沙成島浸蒼空古廟龍妃石晻東亦有游人曾記到去年今日此門中 沙門島

從來見說海無邊四際雲濤碧洞天昨夜神仙山下過笙歌引至畫堂前 神山

萊州洋內浪頭高矴鐵千尋繫不牢傳與海神休恣意二三升水作波濤 萊州洋

海上千山與萬洲誰知風土屬何州年年六月糧船過不上靈岩即虎丘 海邊山

九日灘頭不可移九灘一霎尙嫌遲何須頻問程多少路上行人口是碑 水程

萬艦同䑸在海心一時相離不知音夜來欲問平安信明月蘆花何處尋 尋䑸

千斤鐵矴繫船頭萬丈波中得挽留想見夜深拋擲處驚魚錯認月沉鈎 拋矴

前䑸去速後䑸忙暗裏尋䑸認火光何處笙歌歸棹晚高燒銀燭照紅粧 出火

潮信遲留風力慳落篷少歇浪中間慇懃爲向梢人道又得浮生半日閑 落篷

棹篷回艙放還收欹側安身不自由祇恐前村無處宿斜風細雨轉船頭 掉艙

夜颶顛狂浪捲天深洋多少走風船一宵行盡波濤險只在蘆花淺水邊 走風

浪靜船遲共一艅櫓聲齊起嚮連空要將檀板輕輕和又被風吹別調中 棹歌

呑天高浪雪成堆搖蕩驚心眼怕開深謝波神費工力幾回風雨送將來 大洋

遼陽別是个乾坤東望瀰漫遠浪奔問道錦州何處去牧童遙指杏花村 遼陽

探水行船逐步尋忽逢沙淺卽驚心蓬萊近處更難偏揚子江頭浪最深 探淺

海波鹽苦帶流沙馬上清泉味最佳莫笑行人不風韻一甌春水自煎茶 討水

海樹年深成大材一時斧伐作薪來山人指點長松說盡是劉郎去後栽 採薪

劍鬣如山海面浮巨腮噓浪勢呑舟叮嚀大客尋竿餌稚子敲針作釣鈎 撈魚

高麗遼陽各問津半洋分路可傷神風帆相別東西去君向瀟湘我向秦 分船

直沽風月可消愁標格燕山第一流細問名花何處出揚州十里小紅樓 直沽

乘興風波萬里遊清如王子泛扁舟早知鯨背推敲險悔不來時只跨牛 自題

予第錄予海中詩成此帙因命名曰鯨背吟又序于前姑記一時風波之興詩云善戲謔兮者也識者幸勿誚諸

演繁露 十五卷續五卷

宋程大昌 字泰之新安人

大學致知必始格物聖人之教初學亦期其多識鳥獸草木之名也是學也先秦則爾雅入漢則繁露其後轉而爲釋名廣雅正謬刊誤皆小學也而論事談理者必稽焉如辨方正位之不容不仗土圭也五三而上制器備物人以爲道故爾雅得與經比繁露已下既雜載後世之制則其書往往晦伏不揚此貴耳賤目之失也以仲舒之識精通天人性命而繁露之書事物名義悉所研極苟其未及仲舒顧可忽而不考歟予嘗有意于是而聞見不博間因閲古有見不問經史稗說諧戲苟從疑得釋則遂隨所遇纈簡亟疏錄以備忽忘雖不皆關涉治道而棄之可惜因加凡最而并輯之題其帙曰演繁露以便尋繹非敢自列于董氏以其董出而董名之自識其意焉耳淳熙庚子新安程大昌泰之㕓吳興書

牛車

漢初馬少故曰自天子不能具醇駟將相或乘牛車言惟天子之車然後有馬然亦不能純具一色至將相則時或駕牛也自吳楚誅後諸侯惟是食租衣稅無有橫入故貧者或乘牛車則此之以牛而駕自緣貧窶無資可具非有禁令也漢章元成以列侯侍祠天雨淖不駕駟馬車而騎至廟下有司劾奏削爵則舍車而騎漢已有禁矣東晉惟許乘車其或騎者御史彈之則漢法仍在也至其駕車遂改用牛王導駕短轅犢車犢牛犢也王濟之八百駁駁亦牛也言其色駁而行速日可八百里也石崇之牛疾奔人不能追此其所以寶之也南史吳興太守之官皆殺軛下牛以祭項羽知駕車用牛也豈通晉之制皆不得駕馬也耶予于是攷案上古駕車則皆駕牛無用馬者故易曰服牛乘馬也又曰睆彼牽牛不以服箱則牛服之謂也至古之耕却不用牛孔子弟子中有冉耕字伯牛豈前此未以牛耕邪詩十千爲耦長沮桀溺耦而耕沮溺

二人相對自挽犂也甘誓御非其馬之正汝不共命詩曰四牡騑騑蕭蕭馬鳴有車轔轔有馬白顛則車皆馬駕也然則此時牛既不耕又不駕車則將何用也至于馬既駕車車重而鈍又未有人知用馬爲騎直至六韜方著騎兵詩書中元未之有此制殆難考也

騶唱不入宮（[illegible]喝）

舊尙書令僕中丞騶唱得入宮門止于馬道（馬道是許人上馬處也）郭祚爲僕射奏言非盡敬之宜騶唱不入宮自此始也案騶唱者騶從之傳呼也朱仲遠爲行臺僕射請準朝式在軍鳴騶廢帝笑而許之史臣爲其任情則是僕射在朝得用騶唱而莅軍則否軍國異容之義也在軍而乞從朝儀所以名爲任情也梁制尙書令僕御史中丞各給威儀十人其七人武冠絳韝唱呼入殿引喤至階一人執儀囊不喤（音橫）類篇曰喧也則七人同聲唱導故曰喧也絳韝六人所謂騶也

學官

官者管也一職皆立一官使之典管也故官舍所在皆名爲官其曰學官者學舍也五帝官天下以天下爲公而使仕者任之是爲官矣三王家天下則以天下爲已有者也然則學官之義可想矣渭口有船官餘杭有鹽官成都有錦官齊出三服有工官其爲官一也

左符　魚書

漢太守之官必得左符以出之郡用以爲驗蓋右符先以留州故令以左合右也唐世刺史亦執左魚至州與右魚合契亦其制也唐世左魚之外又有敕牒將之故兼名魚書唐書曰開成二年幽州節度使史元忠奏當管八州準門下牒追刺史右魚各一隻臣勘自天寶末年頻有干戈並皆失墜伏乞各賜新銅魚可之（貨三百五十五）後有詔刺史已有制書爲驗左魚不給

交戟

交戟之內案通典衛尉公車令曰胡廣曰諸門部各陳屯夾道其旁設兵以示威武交節立戟以遮呵出入也

邸閣

爲邸爲閣貯糧也通典漕運門後魏于水運處立邸閣八所俗名爲倉也

岩廊

舜遊岩廊李氏義訓曰屋垂謂之宇宇下謂之廡步檐謂之廊（俗書檐爲簷）峻廊謂之岩漢宣帝選六郡良家子便弓馬者爲羽林郎一名岩郎言其禦侮岩除之下註曰後漢志曰言從游獵還宿殿階岩下室中故號岩郎（通典十八）

和香

梁武帝祀地用土和香杜佑註以地于人近宜加雜馥案雜馥即合諸香爲之言不止一香也梁武祭天始用沉香古未用也（通典四十三）

行馬

晉魏以後官至貴品其門得施行馬行馬者一木橫中兩木互穿以成四角施之于門以爲禁約也周禮謂之陛枑今官府前乂子是也

盋盂

東方朔傳置守宮盂下註盂食器也若盋而大今之所謂盋盂也盋音撥今僧家名其食器爲缽則中國古有此名而佛徒用之耳

霞帔

唐睿宗召司馬承禎問道遂賜絳霞紅帔以還公卿賦詩送之今世謂之霞帔者殆起此邪（出實錄二十五）

代名　花書

陶隱居以諸王侍讀解職自稱華陽隱居書疏亦以此代名（出太平廣記）國初人簡牘往來其前起語處皆書名後結語處即以花書代名不再出名也花書云者自書其名而走筆成妍狀如花葩也中書舍人六員凡書敕雜列其名濃淡相間故名爲六花判書花書之起其必始此矣韋陟書名如五朵雲亦其事也王介甫當神宗正眷注時書其石字爲○人皆効之故時人嘲之曰表德皆聯甫花書盡帶圈蓋有以也

石蜜

太平御覽異物志曰交趾甘滋大者數寸煎之凝如冰破如博棋謂之石蜜涼州異物志曰石蜜之滋甜于浮萍非石之類假石之名實出甘蔗變而凝輕註云甘蔗如竹煮而曝之則凝如石而甚輕又魏文帝詔曰南方龍眼荔枝寧比西國葡萄石蜜合此數說觀之既曰蔗漿所凝其狀如冰而名又爲石則今之糖霜是矣又

有崖蜜者蜂之釀蜜即峻崖懸置其窠使人不可攀取也而人之用智因其窠蜜成熟用長竿繫木甯度可相及則以竿刺窠窠破蜜注桶中是名崖蜜也

六帖

白樂天作類書名六帖通典選舉門載唐制曰開元中舉行課試之法帖經者以所習經掩其兩端中間惟開一行裁紙爲帖凡帖三字隨時增損可否不一或得四得五得六者爲通此六帖之名所從起也六帖云者取中帖之數以名其書期于必遂中選也

古每遷一官別鑄印

孔琳之當桓元時建議曰古者皇王傳國之璽及公侯襲封之印皆奕世傳用無取改作今世惟尉之一職獨用一印至於內外羣臣每遷悉改終年刻鑄金銀銅炭之費不可勝言愚請中官印即用一印無煩改作（本傳十七）

神道

李廣傳丞相李蔡得賜塚地盜取三頃賣之又盜取神道外壖地一畝葬其中世之言神道者始此（漢二十四四）又霍光塋起三土闕築神道神道言神行之道也

五馬

太守五馬莫知的據古樂府五馬立踟躕即其來已久或言詩有良馬五之侯國事也然上言良馬四之下言良馬六之則或四或六元非定制也漢有駟馬車正用四馬而鄭玄註詩曰周禮州長建旟漢太守比州長法御五馬玄以州長比方漢州大小相絕遠矣周之州乃反統隸於縣比漢太守品秩殊不侔不足爲據然鄭後漢人則太守之用五馬後漢已然矣至唐白樂天和深春二十詩曰五匹鳴珂馬雙輪畫戟車至其自杭分司有詩曰錢唐五馬留三匹還擬騎來攪擾春老杜亦曰使君五馬一馬驄則是眞有

五馬矣若其制之所始則未有知者

虛封

建安二十年曹操專封拜始置名號侯至五大夫與舊列侯關內侯凡六等以賞軍功（新置者不食租）虞松之曰今之虛封蓋起于此

誕馬

宣和鹵簿圖有誕馬其制用色帛周裹一方氊蓋覆馬脊更不施鞍此其爲制必有古傳非意剏矣然名以爲誕則其義未究也蔡攸輩雖加辨釋終不協當案通典宋江夏王義恭爲孝武所忌憂懼故奏革諸侯國制但馬不得過二其字則書爲但不書爲誕也但者徒也徒馬者有馬無鞍如人袒裼之袒也迹其義類則古謂徒歌曰謠是其比也其所謂徒者但有歌聲而無鐘鼓以將也然則爲之但馬蓋散馬備用而不施轡者也（通典三十一）又王瓊每見道俗乞丐無已道逢太保廣平王懷遽自言馬瘦懷即以誕馬并乘具

輿之案此書但爲誕誤也所輿者但馬而無鞍勒故以乘具輿之其理相貫也又案酉陽雜俎一卷北齊迎南使使正副各乘車但馬在車後鐵甲百餘人其所書曰但馬而不曰誕馬夫在車後而名但知無乘具以備闕也

卜教

後世問卜于神有器名杯珓者以兩蚌殼投空擲地觀其俯仰以斷休咎自有此制後後人不專用蚌殼矣或以竹或以木略斵削使如蛤形而中分爲二有仰有俯故亦名杯珓杯珓者言蛤蜊中空可以受盛其狀如盃也珓者本合爲教言神所告教現于此之俯仰也後人見其質之爲木也則書以爲校字義山雜纂曰殢神擲校是也校者教也今野廟之荒凉無資者止破厚竹爲之俗呼竹下安教者是也至唐韻效部所收則有珓其說曰珓者盃珓也以玉爲之說文玉篇皆無珓字也按許氏說文作于後漢顧野王

玉篇作于梁世孫愐如字則在上元間而廣韻之成則在天寶十載然則自漢至梁皆未有此珓字知必出于後世意撰也干祿字書凡名俗字者皆此類也至其謂以玉爲之決非眞玉玉雖堅不可颺擲葢野廟之巫未必力能用玉也當是擇蚌殼瑩白者爲之而人因附玉以爲之名凡今珠璣琲瑞字雖從玉其實蚌屬也夫惟珓校教既無明據又無理致皆所未安予故獨取宗懍之說也宗懍荊楚歲時記曰秋社擬教于神以占來歲豐儉其字無所附並乃獨書爲教猶言神所告于颺擲乎見之也此說最爲明徑也又歲時記註文曰教以桐爲之形如小蛤言教教令也其擲法則以半俯半仰者爲吉也此其所以爲教也

太守黃堂

郡國志曰雞坡之側卽春申君之子假居之地也後有守居之以數失火故塗以雌黃遂名黃堂御堂堂門

寢廟游衣冠

古不墓祭祭必于廟廟皆有寢故也凡廟列諸寢前寢則位乎廟後以象人君之前朝後寢也凡寢之有衣冠几杖象生之具者則在廟之寢也高廟衣冠月一出游者游其廟寢之衣冠也秦人始于墓側立寢漢世因之諸陵皆有園寢又有宮人隨鼓漏理枕具盥水陳嚴具則又推廟寢之制以及陵寢者也陵寢者如廟寢其衣冠月一游之諸侯王表曰太常孔臧坐衣冠稿壞失侯是其事也然則魏武置宮人銅雀臺令月朝十五日望陵上食其來有自矣通鑑四十九陸機作文以譏刺之但知搜剔其過不復審諦其自也

頌琴

左氏襄二年穆姜擇美櫝自爲頌琴杜預曰琴名也猶言雅琴案周禮有頌笙頌磬予嘗疑之若謂此之二器以寫頌爲名則大小雅亦嘗在數矣而其器獨不記于周禮也因閱杜語乃悟頌云者

乃其笙磬之名也唐李勉所寶之琴有二一名響泉一名韻磬其義亦取此乎

蝗

江南無蝗其有蝗者皆自北飛來也吾鄉徽州稻初成窠常苦蟲害其形如蠶而其色縹青既食苗葉又能吐絲牽漫稻頂如蠶在簇然稻之花穗皆不得伸最爲農害俗呼橫音戶孟切蟲記得紹興庚申汪彥章典鄉郡有投牒訴此蟲爲害者牒書蟲名爲橫彥章謂曰日有旨令蝗災第言徽州蟲蝻爲害不呼爲橫也案唐韻蝗一音橫去聲俗呼爲橫不爲無本也

生祠

于定國爲東海郡決曹決獄平郡中爲立生祠生而立祠此似無謂也人已死乃須立廟而血食今也生而立廟誰當享之然而于公聽之不辭者習見時事以爲當然也秦始皇自立祠廟漢諸帝

皆生自立廟故賈誼對文帝而曰顧成之廟號爲太宗則生祠殆例此也

厠

漢書衛青傳大將軍侍中武帝據厠見之註溷厠也此說非也武帝故以奴隸待青矣青時已爲大將軍亦不應如此之深也凡言厠者皆爲其在兩物之間漢文居霸北臨厠使愼夫人鼓瑟章昭曰高岸夾水爲厠水經曰今斯原夾二水矣原者白鹿原也霸水自北原上來近長安向西入于滻（或謂是水會霸要之皆在兩水間其義兩通）故此原在霸滻兩間而文帝臨之是爲臨厠也卽此理推之則凡厠云皆以兩間爲義雖溷圊之名爲厠亦一理也詩謂夾其皇澗者是也夫水在兩土之間既可名澗則凡厠之義皆以兩間名之復何疑哉古書所著如曰豫讓變姓名爲刑人而入襄子之厠襄子如厠心動只如管寧首過而曰固嘗如厠不冠矣諸如此類則眞溷圊矣而溷圊之義葢亦同用兩間爲義也又如郅都傳賈姬如厠有野彘如厠命都擊之則此之如厠者正謂其在兩土夾中非溷圊矣人主之見臣下不必皆在廣庭坐雖便殿燕間御坐之前必有隙地使見者得以拜伏從容進退乃爲得禮今武帝之見青也臨斬絕之岸而使青匍匐于絕岸之下仰視威顏如在天上可謂非禮矣故史因武帝之禮黯而對青以言臨厠也

大宅

黃庭經天中篇曰靈宅既淸玉帝游梁丘子註曰面爲靈宅一名大宅以眉目口之所居故爲宅大洞經云面爲大宅黃庭經者其書自序云扶桑大帝傳授南嶽魏夫人也魏夫人者魏公舒女晉人也計其世皆在東漢以後特不知大洞經作于何世耳文選載枚乘七發說太子以游獵之可樂而太子陽氣見于眉宇之間浸淫而上滿于大宅也既曰陽氣自眉宇而上滿于大宅卽必在眉兩間矣以李善之博而不詳大宅所出惟五臣註劉良曰大宅面也良若嘗見大洞經彼必引以爲據矣不言所本則意度之耳然則枚乘之在漢世當已見道書而知名面以爲大宅也

烏鬼

元稹集十三聽庾及之彈烏夜啼引曰四五年前作拾遺謫官詔下吏遣驅身竹枸囚妻在遠歸來相見淚如珠惟說閑宵長拜烏君來到舍是烏力粧點烏盤邀女巫當時爲我賽烏人死葬咸陽原上地按稹此詩卽是其妻爲稹賽烏而得還家者則唐人賽烏鬼有自來矣

樂營將弟子

開元二年元宗以太常禮樂之司不應典倡優雜樂乃更置左右教坊以教俗樂命左右驍衛將軍范及爲之使又選樂工百數人自教法曲于梨園謂之皇帝梨園弟子至今謂優女爲弟子命伶魁爲樂營將者此其始也（通典二百十一）

金鋪

風俗通義門戶鋪首昔公輸班見水中蠡引閉其戶終不可開遂象之立于門戶按今門上排立而突起者公輸班所飾之蠡也義訓曰門飾金謂之鋪鋪謂之鏂鏂音歐今俗謂之浮漚釘也案此漚者水上浮漚狀亦類蠡也南史人借雀以行嘲謔曰誰家門屋頭鋪首浮遊逸

平

始予聞蜀興州有榖金平其名已古矣璘嘗于平上大刻金虜故其名因此而著予嘗問人何以名平曰山之名平在所有之不止此處也予後至昌化縣過一山其下甚峻至頂而平夷名走馬平乃知平之爲義葢如此後又讀道書太上太霄琅書有曰尸解者不棺不槨拂山平之上掃深樹之下衾覆於地則山平之名其來

久矣

李白墓

采石江之南岸田畝間有墓世傳爲李白葬所纍甓圍之其墳略可高三尺許前有小祠堂甚草草范傳正作碑曰白之孫女言白嘗殯龍山之東麓墳高三尺傳正時爲宣歙觀察使諭當塗令諸葛縱改葬于青山則在舊瘞之東六里矣其時元和十二年也然則龍山青山兩地皆有白墳亦有實矣至謂白以捉月自投于江則傳者誤也曾鞏曰范傳正志白墓稱白偶乘扁舟一日千里白之歌詩亦云如此或者因其豪逸又嘗草瘞江邊乃飾爲此說耳正史及范碑皆無捉月事則可證矣

黃銀

唐太宗賜房元齡黃銀帶欲及杜如晦而如晦已不在帝曰世傳黃銀鬼神畏之更取金帶遣元齡送其家夫不賜黃銀而別賜金

帶則改賜之帶必爲黃金無疑矣然則先賜之帶名爲黃銀者果何物也世有鍮石者質實爲銅而色如黃金特差淡耳則太宗之謂黃銀者其殆鍮石也矣鍮金屬也而附石爲字者爲夫不皆天然自生亦有用爐甘石煮煉而成者始舉兩物而合爲之名也說文無鍮字玉篇唐韻集韻遂皆有之豈前乎漢者未知以石煮銅故其名不附石也耶諺言眞鍮不博金甚言其可貴也夫天然自生者既名眞鍮則爐甘石所煮者必爲假鍮矣元和郡縣志曰太原出赤銅夫不直言出銅而特言赤銅似是鍮石也而史無明據不敢堅斷隋高祖時辛公義守幷州嘗大水流出黃銀以上于朝此之黃銀即太宗用以飾帶而槩賜房杜者矣今世人言鍮石者太原所產爲最而太原即幷州也則公義幷州所得蓋自然之鍮不經爐甘石煮鍊者也故公義所上不云赤銅而云黃銀也黃銀云者其貴重可以比銀而色又特黃也是故兼銀黃兩名而命其

美也且又有可驗者鬼神畏銅古有其傳矣佩玉之音其中商律也皆去之不用而廟樂之聲爲商者亦闕之不奏即是太宗畏鬼之論所從出也然則黃銀之不爲銀而爲銅此尤可證也

海不波溢

韓詩外傳曰越裳來獻白雉謂周公曰久矣天之不迅風疾雨也海之不波溢也中國殆有聖人今人用瀛海無波皆本此御覽四百一

方寸

徐庶母爲人所執曰方寸亂矣古今謂方寸爲心似始乎此然而列子已嘗曰吾見子之心矣方寸之地虛矣御覽四百一

端午綵索

裴元本字諱新言曰五月五日集五綵繒謂之辟兵不解以問伏君伏君曰靑赤白黑爲之四面黃居中央名曰襞方綴之于複此字疑是襪字以示婦人養蠶之工也傳聲者誤以爲辟兵予按此即今人五月

綵索也今索合五色綫爲之此之所言乃自用繒其曰四色爲之四面即是裁色繒爲方片各案四方色位而安之于衣而黃繒居四色繒之中以此綴諸衣上以表蠶工之成故名襞方襞者積而會之也方者各案其方以其色配之也今人用綵綫繫臂益文也御覽八百十

端匹

左氏昭二十六年豐貲以幣錦二兩遺子猶註云二丈爲一端二端爲一兩所謂匹也二兩者二匹也御覽八百十五

涼州梁州

樂府所傳大曲惟涼州最先出會要曰自晉播遷內地古樂遂分散不存苻堅滅涼始得漢魏淸商之樂傳于前後二秦及宋武定關中收之入于江南隋平陳獲之隋文曰此華夏正聲也乃置淸商署總謂之淸樂至煬帝乃立淸樂西涼等九部武后朝猶有六

十三曲如公莫巴渝明君子夜等皆是也後遂訛爲梁州

肩輿

百官得于寓京乘轎自揚州始後遂不復乘馬惟隨駕則乘之祖宗時臣僚雖在外亦不許乘轎也唐會要三十卷曰開成五年黎植奏朝官出使自合乘驛馬不合更乘檐子自此請不限高卑不得輙乘檐子如疾病卽任所在陳牒申中書門下及御史臺其擔夫自出錢雇其宰相至僕射致仕官疾病者許乘之

馬人

退之上廣帥詩曰上日馬人來傳燈錄曰富那夜奢昔爲毗舍利國王北國有一類人如馬倮露王運神力分身爲蠶彼乃得衣王後復生中印度馬人感戀悲鳴因號馬鳴大士案中印度在西域地與廣近豈唐時嘗有中印度人來至廣境耶退之與佛異趣而此馬人乃出佛典當是佛教已通中國馬人已來亦同民庶赴上

日衙集耶故退之得而記之也荀子蠶賦曰此夫身女好而頭馬首者歟今蠶頭實不似馬而卿乃云爾則蠶爲馬類古有其傳矣周禮禁原蠶爲妨馬也今術家末僵蠶塗傳馬齒馬輙不能齕草則蠶馬同類信矣傳燈之說固專尊佛而自周禮以及荀子皆在佛教未入中國之前其說已如此殆古來已有此傳矣然蠶背悉有黑紫迹對出宛如馬蹄而頭實不似也

廚傳

宣帝元康二年詔曰吏或擅興徭役飾廚傳以稱譽過客按廚傳兩事也廚庖也以好飲食供過客則爲飾廚也傳者驛也具車馬資行役則爲飾傳也今人合廚傳爲一槩謂豐饌爲廚傳非也

嘌

凡今世歌曲比古鄭衛又爲淫靡近又卽舊聲而加泛灩者名曰嘌唱嘌讀如瓢玉篇嘌字謂如飄引詩曰匪車嘌兮言嘌嘌無節度也元不音飄廣韻嘌讀如杓疾吹也亦不音瓢

五伯

後漢虞詡傳四十八註續漢志五伯公八人中二千石六人千六百石皆四人自百石已下皆二人黃綬武官伍伯六官辟車鈴下侍閤門闌部署街走卒皆有程品多少隨所典領率皆赤幘絳韝卽今行鞭杖者也

餛飩

世言餛飩是虜中渾氏屯氏爲之按方言餅謂之飩徒昆切或謂之餦音張或謂之餛音渾則其來久矣非出謂胡虜也御覽

百丈

南史朱超石傳宋武北伐超石前鋒入河軍人緣河南岸牽百丈有漂度北岸者杜詩上蜀多言百丈也

飾金吾

揚子雲執金吾箴吾臣司金敢告執璜則知金吾者以金飾其兩末也今管軍官入朝所執之杖皆銀釦其末也漢志謂金吾爲鳥非也

蘇塗

通典東夷馬韓祭鬼神立蘇塗連大木以垂鈴鼓註蘇塗有似浮塗案浮塗卽浮圖浮圖卽塔

謎

古無謎字若其意制卽伍舉東方朔謂之爲隱者是也隱者藏匿事情不使暴露也至鮑照集則有井謎矣玉篇亦收謎字釋云隱也卽後世之謎也鮑之井謎曰一八五八飛泉仰流飛泉仰流也者垂綆取水而上之故曰仰流也一八者井字八角也五八者析井字而四之則其字爲十者四也四十卽五八也凡謎皆倣此

上宮

孟之曰孟子之滕館于上宮趙岐曰上宮樓也孟子舍止賓客所館之樓上也詩曰期乎我桑中要我乎上宮（通鑑十八）漢陳皇后雖廢供奉如法長門無異上宮也

囊螢

沈存中清夜錄丁朱崖敗有司籍其家有絳紗籠數十大率如燭籠而無跋無炧不知何用其家曰聚螢囊也詳其此製有火之用無火之熱亦已巧矣然隋煬帝已常爲之曰大爲之囊照耀山谷也丁氏之囊葢其具體而微者耳

神道碑

裴子野葬湘東王爲墓誌銘陳于藏內邵陵王又立墓誌埋于羨道道列誌自此始

獲生人亦爲級

衛青傳獲二千七百級師古曰漢以斬敵一首拜爵一級故謂一首爲一級因復名生獲一人爲一級也此意與車稱兩馬稱匹同

先馬

荀子正論天子乘大路諸侯持輪挾輿先馬註先馬導馬也後世太子洗馬釋者曰洗先也亦此先馬之義也天子出則有先驅太子則有洗馬言騎而爲太子儀衛之先也

嘉慶李

韋述兩京記東都嘉慶坊有李樹其實甚鮮爲京師之美故稱嘉慶李

養和

李泌訪隱選異采怪木蟠枝以隱背號曰養和人至今效之乃爲養和以獻（太平廣記此條今本未見）

夾襭

元宗時柳婕妤妹適趙氏性巧慧使工鏤版爲雜花象之而爲夾

襭因婕妤生日獻王皇后上見而賞之因敕宮中依樣製之當時甚祕後漸出徧于天下

金釦器

續漢書桓帝祠老子用純金釦器揚雄蜀都賦曰雕鏤釦器百伎千工

浙江

說文釋浙云江水東至會稽山陰爲浙江又漸水出丹陽黟中東入海皆今錢唐浙江也秦始皇游浙江至會稽又莊子有淛河則浙名舊矣桑欽戴漸水所經所入正今浙江而不名謂浙若謂浙漸字近久而相變如郗鄒之類邪則浙之得名既見于秦而桑欽更以爲漸何耶許氏浙水漸水又復兩出皆不可曉黟即今徽州休寧縣有浙溪溪上有浙嶺而婺州亦有浙溪二州水皆會桐廬而遂從杭越間入海則本其發源各名爲浙亦無牴牾第以古語爲正則出黟者古也

垜殿

說文垜堂塾也垜（丁果反）又云塾門側堂也今垜殿取此

腰舟

莊子言魏王大瓠濩落無所用何不以爲大尊而浮之水上司馬云尊如酒器縛之于身浮於江海所謂腰舟也亦鶡冠子中流失船一壺千金者也

墓石誌

西京雜記杜子夏葬長安臨終作文曰云云及死命刊石埋于墓側則墓之有誌不起南朝王儉然西京雜記所記制度多班固㫖所無又其文氣嫵媚不能古勁疑即葛洪爲之

內中

漢紀元封二年甘泉宮內中產芝註內中爲後庭之室也

吳越改元

寶正六年歲在辛卯見封落星石制書辛卯乃後唐明宗長興二年寶大元年羅隱記修新城縣記云癸未歲癸未乃後唐莊宗同光二年（臨安志）以此知吳越雖云禀中原正朔既後唐長興同光年號與寶正寶大同歲而名不同吳越自嘗改元審矣

吳越分境

唐僧詩曰到江吳地盡對岸越山靑陳後山曰聲言隨地改吳越到江分善謔者曰此杭越堠子詩也其謔亦有理然以後山之博而于杭越二州分境亦隨世傳言之似未諦審也案國語越雖爲吳所侵棲之會稽然其國境北至禦兒禦兒今嘉興縣禦兒鄉亦曰語兒也勾踐伐吳用禦兒人涉江註此江松江也襲吳勝之夫禦兒之人越王得以爲用則禦兒之人素隸越籍審矣則吳境何嘗抵江也耶

沙河塘

潘洞浙江論云胥山西北舊皆鑿石以爲棧道景龍四年沙岸北漲地漸平坦桑麻植焉州司馬李珣始開沙河水陸成路事見杭州龍興寺圖經胥山者今吳山也有廟相傳其神伍子胥故也又州圖經云塘在縣南五里此時河流去胥山未甚遠故李紳詩曰猶瞻伍相胥山廟又曰伍相廟前多白浪也景龍沙漲之後至于錢氏隨沙移岸漸至鐵幢今新岸去胥山已逾三里皆爲通衢居民甚衆此圖經之言也及今紹興間紅亭沙漲其沙又遠在靑山西南矣

貢禹七十一生子

貢禹爲光祿大夫乞骸骨曰臣犬馬之齒八十一凡有一子年十二以年計之是年七十有一而生此子也武王之壽九十三歲當成王嗣位時十餘歲是武王八十而生成王也

鈴下威儀

晉書楊方爲郡鈴下威儀諸葛恢待以門人之禮案鈴下威儀殆今典客之吏耶

姑蘇筆記（二卷）　（宋末國初）羅志仁（號壺秋錢塘人）

老泉論漢高帝云帝常謂呂后曰周勃重厚少文然安劉氏必勃也可令爲太尉方是時劉氏既安矣勃又將誰安耶高帝之以太尉屬勃也知有呂氏之禍矣雖然其不去呂后何也勢不可也東坡論高帝云或曰呂后強悍帝恐其爲變故欲立趙王此又不然自高帝之時而言之計呂氏之年當死于惠帝之手呂氏強悍必不忍奪其子以與姪惠帝既死而呂后始有邪謀此出于無聊而高帝逆知之父子立論亦自不同如此

薛昂賦蔡京君臣慶會閣詩云逢時可謂眞千載拜賜應須更萬回時人謂之薛萬回賈秋壑柄國時浙漕朱浚深源每有劄子禀事必稱厶萬拜覆時人謂之朱萬拜深源晦翁曾孫也惜哉

錢文僖公惟演生富貴家而文雅樂善出天性晚以使相留守西京時通判謝絳掌書記尹洙留守推官歐陽修皆一時勝彥遊宴吟詠未嘗不同洛下多水竹奇卉凡園囿勝處無不到有郭延卿者居水南少與張文定呂文穆公游累舉不第以文行稱于鄉閭張呂繼相更薦之得職官延卿亦未嘗出仕幽亭藝花足迹亦不及城市至是年八十餘矣一日文僖率僚屬訪之去其居一里外屏騎從腰輿張蓋及門不告以名氏洛下士族多過客衆延卿不常出見莫知其何人但欣然相接道服對談而已數公疏爽闓明皆天下之選延卿笑曰陋居罕有過從嘗日所接之人亦無如數君者老夫甚愜願少留對花小酌于是以陶尊果蔌而進文僖愛其野逸爲引滿不辭而吏報申牌府吏牙兵列庭中延卿徐曰公等何官而從官之多也尹師魯指文僖語之曰留守相公也延卿

笑曰不圖相國青顧野人遂相與大笑又曰尚能飲否文信欣然從之又數盃肴盤無少加于前而談笑自若日入辭去延卿送之門顧曰老病不能造謝希勿訝也文信登車茫然自失語歐公諸人曰此眞隱者也渠視富貴爲何等物耶歎息累日宣和間廣川董棨爲鎭江府教官有李迥者高尚不出人士頗宗仰之董時往見與之欵語出所著書及所嘗獻朝廷者又知其適于治道皆切時用非尋常事文彩取人娛悅者董因白知府虞奕曰治下有隱君子盍訪之虞問爲誰董以李迥字叔友對虞奕曰斯人則願見久矣一日擕具邀董偕詣而叔友預辭以未嘗製衫帽虞許野服相見至門下車與董步而入叔友降階迎客神情蕭散守虞甚高之既飯叔友起懇曰李迥有老母八十矣願得薦迥名于朝與處士號庶遇恩可覬虞守唯唯而去明日董詣之曰何不見謀而遽啟此齒叔友亦愧悔曰恐其不再來董具以語諸生共嗟惜之予

謂虞守不失爲有錢文禧之遺風而叔友有愧于郭延卿多矣賈秋壑德祐乙亥八月生日建醮詞語云老臣無罪何衆議之不容上帝好生奈死期之已迫適值垂弧之旦預陳易簀之辭切念臣際遇三朝始終一節爲國任怨但知存大本以杜私門遭時多艱安敢顧微軀而思末路醜虜當時之犯順率驕兵悍將以徂征用兵不前致成酷害措躬無所惟有後圖衆口皆詆其非百喙難明此謗四十年勞悴悔不爲留侯之保身三千里流離猶恐置霍光于赤族仰慚覆載俯愧劬勞伏願皇天厚土之鑒臨理考度宗之昭格三宮霽怒收瘞骨于江邊九廟開靈掃妖氛于外境此時已無廖王諸客矣豈似道所自爲邪讀之雖可怒可笑可恨其文自好

張于湖代爲和州守設廳題梁云宋乾道丁亥正月朔旦郡守胡昉新作黃堂其綏靖和民千萬年永無斁詞翰奇偉至今猶存彭大雅文子帥蜀築重慶城幕客門士各撰記頌功俱不當其意文子乃自記十七字云大宋嘉熙庚子制臣彭大雅城渝爲蜀根本大書深刻之諸人嘆服文子以布衣位至方伯連率功名震耀其胸次亦不凡矣本不工文然吐辭超勝以少少勝多多暗合于湖想見豪氣

東坡言梅二丈長身秀眉大耳紅頰飲酒過百杯輒正坐高拱此其酒也然不可謂之能飲蓋謂聖俞剛制已不免爲酒所動矣馮當世好佛知太原日以書寄王平甫曰幷門歌舞妙麗但閉目不觀惟日以談禪爲事平甫答曰若如所論即明公未達禪理但閉目不觀便是一重公案平甫此論與東坡意合

古今佳文章其湮沒而不傳者亦復何限鄭獬字毅夫守江陵作楚樂亭記云予之有頌云我是蘇州監本獃與爺祝壽獻棺材近來髯鄒知人事雨下還歸屋裏來予謂張季膺之先見陸魯望之

高標張伯英之草聖此不待論多知如丁晉公在朱崖猶能使商人迎奏乞憐于君父盛德如范六丈終始能先天下之憂風流文彩如石湖使軺一節聲名山立蘇人獃不獃哉若今之所觀則風移俗改正恨欠對耳

雪舟脞語（一卷　先名天睦語）

邵桂子（宋末國初　字玄同　嚴陵人）

唐悅齋仲友字與正知台州朱晦庵爲浙東提舉數不相得至于互申壽皇問宰執二人曲直對曰秀才爭閒氣耳悅齋眷官妓嚴蕊奴晦庵捕送囹圄提刑岳商卿霖行部疏決蕊奴乞自便憲使問去將安歸蕊奴賦卜算子末云住也如何住去也終須去若得山花插滿頭莫問奴歸處憲笑而釋之

蔡絛西淸詩話載南唐後主圍城中作長短句未就而城破櫻桃落盡春歸去蝶翻金粉雙飛子規啼月小樓西曲瓊金箔惆悵卷金泥門巷寂寥人去後望殘烟草低迷藝祖云李煜若以作詩工

夫治國事豈爲吾虜也又一詞云簾外雨潺潺春意將闌羅衾不暖五更寒夢裏不知身是客一晌貪歡獨自莫凭闌無限江山別時容易見時難流水落花春去也天上人間含思悽惋未幾下世徽宗亦工長短句方北狩在房中猶作小詞云孟婆孟婆你做些方便吹个船兒倒轉後在汗州有二絕云國破山河在人非殿宇空中興何日是搔首賦車攻國破山河在宮庭荊棘春衣冠今左衽忍作北朝臣又云投老汗城北西風又是秋中原心耿耿南國淚悠悠嘗贍思賢佐顒情憶舊遊故宮禾黍徧行役閔宗周又云杳杳神京路八千宗祧隔越幾千年衰殘病渴那能久茹苦窮荒敢怨天又淸明日作云茸母初生認禁烟北地寒食茸母生無家對景倍凄然帝城春色誰爲主遙指鄉關涕淚漣已上詩並見天會錄又嘗膽錄云道君喜爲篇章北狩以來傷時感事形于歌詠者凡百餘首以二逆告變策昇炎火所傳于灰燼之餘者僅此數篇而已或謂徽宗乃南唐後主後身其然豈其然乎

靖康徽欽北狩記其事者有泣血錄避戎夜話靖康野史朝野僉言趙子砥北歸錄曹勛北狩錄天會錄靖康小史痛定錄嘗膽錄竊憤錄覽之使人涕泗滂沱不意後人復哀後人也至元丙子三宮赴北行者俘三學生一百人從行責齋臧足其數時見機者悉已竄徒本齋有兩同舍州橋吳府子弟名棠孫棻孫歲僅一入齋至是乃爲齋臧所指驅之北去出關後諸生趦趄不行人箠以棍棒三下登舟餧甚得飮一桶無匕筯乃于河邊拾蚌蛤之殼爭攫而飮之飢寒困苦道亡者多皆身膏草野後放回授諸路府教授僅餘十七八人耳

方梧坡元善卿之前輩也其父無子偶妻之妹來省姊私之有娠妻乃僞作產蓐狀生梧坡厚具裝以嫁其妹梧坡買莆田同姓補牒入太學以從免過省登科齋舍謂之三無同舍蓋生無母補無牒登科無解也

至元辛巳初到雲間餽物衆姻識頃刻作儷劄數枚並不要重複曹誠齋吳蒙靜皆妻叔合作一席以儷劄見招答之曰斗絕一隅何敢瞰曾吳之鼎圭言三復遂得升洙泗之堂翩其雙鯉魚之書寵以五侯鯖之宴□然□粲然以相接曷稱重勤長者賜少者不敢辭尙容待謝

大德辛丑正月乙丑遣女適曹男贅于唐衛山齋以書賀之有子有室子有家戍惟征戍惟築之對答曰子爲人之後漫歌唐什之三星女謂嫁曰歸未熟曹家之七誡云云乙丑利于行我方歎兩勞之値甲戌征且築君乃誇一日之同云云摽梅宜其家宜其室未足多召國之及時木瓜報之玖報之瓊但願若衛人之永好

文文山天祥留中齋夢炎一般狀元宰相末後結果不同流芳遺臭較然可見陳靜觀宜中客死萬里雖免作北臣而視從容就義者有間矣陳恕文龍舉義就擒粗得其死蛟峯逢辰德祐屢召不起持父服終其身尙得爲全人也

文山在獄中時北人有詩云當今不殺文丞相君義臣忠兩得之義似漢王侯齒日忠如蜀將斫頭時乾坤日月華夷界綱領風霜草木知未必史臣書到此老夫和淚寫新詩中齋自北歸過嚴陵就養于其子府判者何潛齋遺之詩曰昆明灰刼化麋緇夢裏功名黍一炊鍾子不將南操變庾公空抱北臣悲歸來眼底湖山在老去心期浙水知白髮門生憐未死靑山留得褁遺屍

婢之婢世謂之重臺評書者謂羊欣書似婢學夫人米芾學欣書故高宗謂米字爲重臺今有人以非道進身而人又求出其門是無重臺也幹之幹曰踏床兒卽重臺之謂或作儓與臺只此臺字

彭大雅知重慶大興城築僚屬更諫不從彭曰不把錢做錢看不把人做人看無不可築之理既而城成僚屬乃請立碑以紀之大

雅以爲不必但立四大石于四門之上書曰某年某月彭大雅築此城爲西蜀根本其後蜀之流離者多歸焉蜀亡城猶無恙眞西蜀根本也

大業雜記（一卷）

隋杜寶（隋著作郎）

大業元年敕有司于洛陽故王城東營建東京以越國公楊素爲營東京大監安得公宇文愷爲副廢三崤舊道令開葼柵道時有術人章仇太翼表奏云陛下是本命人雍州是破木之衝不可久住開皇之初有童謠云修治洛陽還晉家陛下曾封晉王此其驗矣帝覽表愴然有遷都之意即日車駕往洛陽改洛州爲豫州自豫州至京師八百餘里置一十四頓頓別有宮宮有正殿發河南諸州郡兵夫五十餘萬開通津渠自河起滎澤入淮千餘里又發淮南諸州郡兵夫十餘萬開邗溝自山陽淮至于揚子入江三百餘里水面闊四十步通龍舟兩岸爲大道種榆柳自東都至江都二千餘里樹蔭相交每兩驛置一宮爲停頓之所自京師至江都離宮四十餘所東都大城週圍七十三里一百五十步西距王城東越瀍澗南跨洛川北踰谷水宮城東西五里二百步南北七里城南東西各兩重北三重南臨洛水開大道對端門名端門街一名天津街闊一百步道傍植櫻桃石榴兩行自端門至建國門南北九里四望成行人由其下中爲御道通泉流渠映帶其間端門即宮南正門重樓樓上重名大微觀臨大街直南二十里正當龍門出端門百步有黃道渠渠闊二十步上有黃道橋三道過渠二百步至洛水有天津浮橋跨水長一百三十步橋南北有重樓四所各高百餘丈過洛二百步又疏洛水爲重津渠闊四十步上有浮橋津有時開闔以通樓船入苑重津南百餘步有大隄隄南有民坊各周四里開四門臨大街門上爲重樓飾以丹粉洛南有九十六坊洛北有三十坊大街小陌縱橫相對自重津南行盡六坊有

建國門即羅城南正門也正南二里有甘泉渠疏洛入伊渠上有通仙橋五道時人亦謂之五橋橋南北有華表長四丈各高百餘尺建國門西二里有白虎門門西二里至苑城傍城行三里有天經宮南二里有仙都宮並置先帝廟堂建國門東五里有長夏門門南二里至丹水渠渠南五里至伊水水東北流十餘里入洛端門門西一里有右掖門門南過黃道渠橋橋南道西有右候衛府出右掖門門傍渠西二里有龍天道場南臨石瀉口即煬帝門師濟闍梨所居石瀉東西三百餘步闊五十餘步深八步並用青大石長七八尺厚一尺自上至下積三重並用大鐵爲細腰互相鈎牽亦非常之牢固正當瀉口三十步初造瀉之時鑿池得大窖容千斛許于是塡塞瀉成不過一年即破碎上令濟闍梨咒之後更修補得立二年闍梨亡還復毀破前後計用四十萬工以瀉王城池水下黃道渠入洛端門東有左掖門南道左有左候衛府左掖門東二里有承福門即東城南門門南洛水有翊津橋通翻經道場新翻經本從外國來用貝多樹葉葉形似枇杷葉而厚大橫作行書約經多少綴其一邊牒牒然今呼爲梵夾道場北有道術坊並是陰陽梵咒有道術人居之向有百餘家東城東有宣仁門臨大街街大小與天津街相似東行盡六坊有上春門門外夾道南北有東西道諸都邸百餘所每年朝集使停止之處幷新戸坊東至雙槐樹三里宮城正門曰則天門南去端門五百步則天門東行二百步有興教門興教門一里有重光門即東宮正門門東二百步有泰和門並重觀門內即左右藏左藏有庫屋六重重二十五間間一十七架總一百五十間右藏屋兩重總四十間屋大小如左藏（左綵絹布帛右鐵器金銅鼓雜香牙角）出則天門南橫街直東七百步有東太陽門門東即東城門東街北行三里有含嘉門門北即含嘉城城北德猷門出含嘉城西有圓璧門門西有圓璧城城正南有曜儀門

門南卽曜儀城城南玄武門門內卽宮出則天門南橫街直西七百步西有太陽門出門道西南行第一院齊王宅第二院燕王宅第三院陳王宅第四院代王宅第五院越王宅宅西距周王古城城西卽入苑則天門南八十步過橫街道東有東朝堂道西有西朝堂堂西連內史省省西連謁者臺臺連右翊衛府府西抵右掖門街街西有鞶庫庫西卽西馬坊坊西抵西城西朝堂第二街北壁第卽右驍衛府府西連右禦衛府府西抵右掖門街街西有子羅倉倉有鹽二十萬石子羅倉西有粳米六十餘窖窖別受八千石窖西至西城西朝堂南第三街第一御史臺臺西連祕書省省西連尙食庫庫西連右監門府府西連長秋監監西抵右掖門街街西卽掌醞署署西連良醞署署西至粳米窖坊東朝堂東連門下省省東殿內省省東連左掖衛府府東卽抵左掖門街街東卽西錢坊坊東連東錢坊東朝堂南第二街第一左驍衛府府東連

左備身府府東左武衛府府東連左屯衛府府東連左禦衛府府東抵左掖門街街東卽少府監監東卽城東朝堂南第三街第一司隸臺臺東連光祿寺寺東連左監門府府東連太府寺寺東抵左掖門街街東卽少府監連南監監東至城出東太陽門街北道東第一街有鴻臚寺寺東有司農寺寺東連太常寺寺東距城第二街卽宣仁門大道大道北卽尙書省第三街將作監監東連太僕寺寺東至城第四街有衞尉寺寺東連都水監監東宗正寺寺東連大理寺寺東距城則天門兩重觀觀上曰紫微觀觀左右連闕闕高二十尺門內四十步有永泰門門東二百步至會昌門永泰西二百步至景運門並步廊連市坐宿衛兵永泰門內四十步有乾陽門並重樓乾陽門東西亦有軒廊周市門內一百二十步有乾陽殿殿基高九尺從地至鴟尾高一百七十尺又十三間二十九架三陛（一作階）重軒文槐鏤檻欒櫨百重楶拱千構雲楣綉柱

華榱璧璫窮軒甍之壯麗其柱大二十四圍倚井垂蓮仰之者眩曜南軒垂以珠絲網絡下不至地七尺以防飛鳥四面周以軒廊坐宿衛兵殿庭左右各有大井井面闊二十尺庭東南西南各有重樓一懸鐘一懸鼓刻漏卽在樓下隨刻漏則鳴鐘鼓大殿北三十步有大業門門內四十步有大業殿規模小于乾陽殿而雕綺過之乾陽殿東有東上閤閤東二十步又南行六十步有東華門門東四十步道北有文成門門內有文成殿周以軒廊東華門南四十步左延福門出門東行一百步至章善門街乾陽殿西有西上閤入內宮閤西二十步又行六十步有西華門出門西三十步道道有武安門門內有武安殿周以軒廊西華門南四十步有延福門出門西行一百步至明福門出門西行一百步至明福門街大業文成武安三殿御坐見朝臣則宿衛隨入不坐則有宮人庭殿並種枇杷海棠石榴□青梧桐及諸名藥奇卉東有大井三面

闊十餘尺深百餘尺其三殿之內內宮諸殿甚多不能盡知則天門東二百步有興教門門北三十步有會昌門門北三百步有章善門入內尙食進食尙藥進藥內尙進物皆由此門會昌門內道左有內殿內省少府內監內尙光祿內廚道右門下內省左六衛內府左監門內府入章善門橫街東百二十步有重潤門東有東宮則天門西二百步有光政門門北三十步有景運門門北二百步有明福門入內宮命婦入朝學士進書皆由此門入景運門內道左有內史內省祕書內省學士館右監門內府右六衛內府鷹坊內甲庫道右命婦朝堂惠日法雲二道場通眞玉淸二玄壇接西馬坊入明福門北行三十步有玄靖門門內有玄靖殿周以軒廊卽宮內別供養經像之處出玄靖門橫街東行四十步有修文殿西行百步有閶闔重門門南北並有仰觀臺高百尺門西卽入寶城城有儀鸞殿殿南有烏梓林栗林有蒲萄架四行行長百餘

步架南有射堂對閶闔直西二百二十步有寶城門出北傍城三里有方諸門門卽圓壁城出門西七里至青城宮宮卽西苑之內也

元年夏五月築西苑周二百里其內造十六院屈曲周繞龍鱗渠其第一延光院第二明彩院第三含香院第四承華院第五凝暉院第六麗景院第七飛英院第八流芳院第九曜儀院第十結綺院第十一百福院第十二萬壽院第十三長春院第十四永樂院第十五清暑院第十六明德院置四品夫人十六人各主一院庭植名花秋冬卽剪雜綵爲之色渝則改著新者其池沼之內冬月亦剪綵爲芰荷每院開東西南三門門並臨龍鱗渠渠面闊二十步上跨飛橋過橋百步卽種楊柳修竹四面鬱茂名花美草隱映軒陛其中有逍遙亭四面合成結構之麗冠絕今古其十六院例相倣效每院各置一屯屯卽用院名名之屯別置正一人副二人

並用宮人爲之其屯內儲養芻豢穿池養魚爲園種蔬植瓜菓四時殽膳水陸之產靡所不有其外遊觀之處復有數十或泛輕舟畫舸習采菱之歌或升飛橋閣道奏春遊之曲苑內造山爲海周十餘里水深數丈其中有方丈蓬萊瀛洲諸山相去各五百步山高出水百餘尺上有通眞觀集美臺總仙宮分在諸山風亭月觀皆以機成或起或滅若有神變海北有龍鱗渠屈曲周繞十六院入海海東有曲水池其間有曲水殿上巳禊飲之所每秋八月月明之夜帝引宮人三五十騎人定之後開閶闔門入西苑歌管達曙諸府寺乃置清夜游之曲數十首初衞尉劉權祕書承袁萬頃總監築宮城一時布兵夫周匝四面有七十萬人城周匝兩重延袤三十餘里高四十七尺六十日成其內諸殿基及諸牆院又役十餘萬人直東都土工監常役八十餘萬人其木工瓦工金工石工又役十餘萬人河南郡在宣範里西北去宮城七里河南縣在政化里去宮城八里在天津街西洛陽縣在德茂里宣仁門道北西去宮城六里大同市周四里在河南縣西一里出上春門傍羅城南行四百步至漕渠傍渠西行三里至通遠橋橋跨漕渠橋南卽入通遠市二十門分路入市東合漕渠市周六里其內郡國舟船舳艫萬計市南臨洛水跨水有臨寰橋橋南二里有豐都市周八里通門十二其內一百二十行三千餘肆甍宇齊平四望如一榆柳交陰通渠相注市四壁有四百餘店重樓延閣互相照映招致商旅珍奇山積出上春門東十二里有亭子宮宮南臨漕渠東臨積潤池池東二十里有華林園備池塘臨玩之處建國門西南十二里有景華宮宮內有含景殿及射堂樓觀池隍十餘里有甘泉宮一名芳潤宮周十餘里宮北通西苑其內多山阜崇峰曲澗秀麗標奇其中有閬風亭麗日亭棲霞觀行雨臺清暑殿殿南有通仙飛橋百尺澗青蓮峰峰上有翠微亭游賞之美于斯爲最

大業元年春遷都未成敕內史舍人封德彝于此置宮又敕揚州總管府長史王弘大修江都宮又于揚子造臨江宮內有凝暉殿及諸堂隍十餘所又敕王弘于揚州造舟及樓船水殿水（一作朱）航板艑板舫黃篾舫平乘艨艟輕舸等五千餘艘八月方得成就九月車駕幸江都宮發藻澗宮宿平樂園頓自漕渠口下乘小朱航行次洛口御龍舟皇后御翔螭舟其龍舟高四十五尺闊五十尺長二百尺四重上一重有正殿內殿東西朝堂周以軒廊中二重有一百六十房皆飾以丹粉裝以金碧珠翠雕鏤奇麗綴以流蘇羽葆朱絲網絡下一重長秋內侍及乘舟水手以青絲大絛繩六條兩岸引進其引船人普名殿脚一千八十人並著雜錦采裝襖子行纏鞋襪等每繩一條百八十人分爲三番每一番引舟有三百六十人其人並取江淮以南少壯者爲之皇后御次殿名翔螭舟其殿角有九百人又有小水殿九名浮景舟並三重朱絲網絡

已下殿脚爲兩番一艘一番一百人諸妃嬪所乘又有大朱航三十六艘名漾彩舟並兩重加綱絡貴人美女及十六夫人所乘每一艘一番殿脚百人又有朱鳥航二十四艘蒼螭航二十四艘白虎航二十四艘玄武航二十四艘並兩重其架船人名爲船脚爲兩番一艘一番六十人又有飛羽舫六十艘一重一艘一番四十人又有青鳧舸十艘凌波舸十艘宮人習水者乘之往來供脚一作本已上殿脚及御船脚四萬餘人有五樓船五十二艘諸王公主及三品以下坐給黃衣夫艘別四十人三樓船一百二十艘四品官人及四道場玄壇僧尼道士坐給黃衣夫船別三十人又有二樓船二百五十艘五品以上及諸國蕃官乘黃衣夫船別二十五人板艡二百艘載羽儀服飾百官供奉之物黃衣夫船別二十人黃蔑舫二千艘六品以下九品以上從官幷及五品以上家口坐並船別給黃衣夫十五人已上黃衣夫四萬餘人又有平乘五百

艘青龍五百艘艨艟五百艘艚舟五百艘八櫂舸二百艘舴艋舸二百艘並十二衛兵所乘幷載兵器帳幙兵士自乘不給夫發洛口部五十日乃盡舳艫相繼二百餘里騎兵翊兩岸二十餘萬每行次諸部界五百里之內競造食獻多者一州百舁于時天下豐樂雖此差科未足爲苦文武百司並從別有步騎十餘萬夾兩岸翊舟而行冬十月車駕至江都十二月置城皋關于武牢城西邊黃河汜水之上

二年正月帝御成象殿大會設庭燎于江都門朝諸侯成象殿卽江都正殿殿南有成象門門南卽江都門二月大駕出揚子幸臨江宮大會賜百僚赤錢于凝暉殿蒱戲爲樂四月勑土工監丞任洪則開東都漕渠自宮城南承福門分洛水東至偃師入洛五月敕江南諸州科上戶分房入東都住名爲部京戶六千餘家七月自江都還洛陽敕于汾州西北四十里臨汾水起汾陽宮卽管涔山河源所出之處當盛暑月臨河盥漱卽涼風凜然如八九月

三年帝御崇德殿不怡曰先朝不甚御北殿宜于此館之西別爲一殿因乃造承乾殿後改爲毓德殿在京師行次金城郡党項羌朝見帝問曰古有先零燒當等種落爾是何者之後對曰相傳獼猴之後帝笑之至浩亹橋成乃行先是造觀風行殿三間兩廈丹柱素壁雕梁綺棟一日之內嶷然峙立夷人見此莫不驚駭以爲神異六月敕開永濟渠引汾一作沁水入河又自汾一作沁水東北開渠合渠水至于涿郡二千餘里通龍舟

四年二月自京師還東都造天經仙都二宮九月自幕北還至東都改胡牀爲交牀胡瓜爲白露黃瓜改茄子爲崑崙紫瓜梁都有清冷泉水周圍二里許卽衞平所得火龜之處清冷水南有橫瀆東南至碭山縣西北入通濟渠忽有大魚似鯉有角從清冷水入通濟渠亦唐興之兆

五年吳郡送扶芳二百樹其樹蔓生纏繞他樹葉圓而厚凌冬不凋夏月取其葉微火炙使香煮以飲碧綠色香甚美令人不渴先有籌禪師仁壽間常在內供養造五色飲以扶芳葉爲青飲拔楔根爲赤飲酪漿爲白飲烏梅漿爲玄飲江董一作桂爲黃飲又作五香飲第一沉香飲次檀香飲次澤蘭香飲次甘松香飲皆有別法以香爲主尙食直長謝諷造淮南王食經有四時飲

六年四月帝幸瀧川宮避暑十二月敕開江南河自京口至餘杭郡八百餘里水面闊十餘丈又擬通龍舟並置驛宮草頓並足欲東巡會稽

十年冬總兵東進幸北平榆林宮四月車駕幸汾陽宮避暑宮所卽汾河之源上有名山管涔高可千仞常于山上造亭子十二所其最上名翠微亭次閬風彩霞臨月飛芳積雪合璧含暉凝碧紫岩澄景最下名尙陽亭子內皆縱廣二丈四邊安劍闌每亭鋪六

尺楊子一合山下又有臨汾殿敕從官縱觀
十二年春正月又敕毗陵郡通守路道德集十郡兵近數萬人于郡東南置宮苑周十二里其中有離宮十六所其流觴曲水別有涼殿四所環以淸流共四殿一曰圓基二曰結綺三曰飛宇（一作雨）四曰漏景其十六宮亦以殿名名宮芳夏池之左一曰驪仙宮二曰流英宮三曰紫芝宮四曰凝華宮五曰瑤景宮六曰浮綵宮七曰舒芳宮八曰懿樂宮池右第一曰乘碧宮二曰椒房宮（一曰風宮）三曰朝霞宮（一作淸暑）四曰朱明宮五曰翼仙宮六曰翠微宮七曰層城宮八曰千金宮及江左叛燔燒遂盡又欲于禹域造宮未就而天下大亂十二月修丹陽宮欲東巡會稽等郡羣臣皆不欲

說郛卷第五十七終

說郛卷第五十八

江表志

宋鄭文寶（字仲賢寧化人）

江表志者有國之時朝章國典粲然可觀執政大臣以史筆爲不急之務洎開寶中起居郎高遠當職始編輯昇元以來故事將成一家之言書未成遠疾亟數篋文章皆令焚之無子遺矣太宗皇帝知前事命湯悅徐鉉撰成江南錄十卷事多遺落無年可編筆削之際不無高下當時好事者往往少之文寶耳目所及編成三卷方國志則不足比通曆則有餘聊足補亡以俟來者庚戌歲閏三月二十三日序

南唐高祖姓李諱知誥生于徐州有唐疏屬鄭王房之枝派父志祖榮不仕帝少孤有姊出家爲尼出入徐溫宅與溫妻李氏同姓帝亦隨姊往來溫妻以其同宗憐其明慧收爲養子居諸子之上

名曰知誥累典郡符溫爲丞相封齊王出鎭金陵留帝在都執楊氏政事帝沉機遠略莫知其際折節謙下中外所瞻纔及弱冠即秉大權揚都浩繁之地海內所聞率由儉素無所耽溺內輔幼主外弼義父延楊祚十數年帝之力也丞相薨盡總其兵嘗以讖詞有東海鯉魚飛上天之語由是懷逼主禪位之心矣帝加以九錫封齊王丙申年執政者欲盡楊氏一朝然後受禪烈祖不可遂以國稱唐改元昇元更姓李氏名昇追尊丞相爲義祖皇帝吳帝爲讓皇帝在帝位七年年五十四廟號烈祖謚曰孝高陵曰永陵元敬皇后宋氏祔焉

皇子

元宗（一子少亡）　晉王景遂　齊王景達　衛王景逷

宰相

宋齊丘　王令謀　張延翰　李建勳　嚴球　張居永　孫

晟

使相

趙王（李德誠）　張崇　張宣　周本　李簡　王輿　劉威　劉信　王綰　柴載用　劉金　徐玠　馬仁裕

樞密使

杜光鄴　陳褒

將帥

崔太初　王輿　姚景　祖重恩　李鐇

文臣

楊彥伯　高弼　孫晟　李正明　龔溁　蕭儼　成幼文　賈潭

嚴球爲相是時王愼辭奉使北朝球在病請告烈祖授以論答凡數百事皆中機務然嚴球未見更就宅訪之球攬畢尤所稱美請更添一二事北朝問黑雲長劍多少時及五十指揮皆在都下柴載用不曾赴鎭既到北朝一無所問首問黑雲長劍幷柴載用所之愼辭依前致對梁太祖鋭意南征卽時罷兵愼辭還朝夜宿金山嘗有詩云淮舡分蟻點江市聚蠅聲烈祖性多猜忌聞之宋齊丘因而興譖以竹籠盛之沉于江口

魏王知訓徐溫之子也烈祖嘗宴引金觴賜酒曰願我弟千年長壽魏王意烈祖置毒引他器均之曰願與陛下各享五百歲烈祖不飲久之申漸高乘談諧併而飲之內金鍾于懷袖亟趨而去到家腦潰而終

宋齊丘鎭鍾陵有布衣李匡堯累贄謁于宋宋知其忤物託以他故終不與之見一日宋公喪子匡堯隨弔客造謁賓司復贄之乃就賓次大書二十八字云安排唐祚挫強吳盡是先生設廟謨今日喪雛猶自哭讓王宮眷合如何

讓王遷于泰州永寧宮數年未卒每有枝葉延及五歲卽有中使賜衫笏加冠卽日而終（每有枝葉今本作每有枯楊生枝葉）

讓王居泰州永寧宮嘗賦詩云江南江北舊家鄉三十年來夢一場吳苑宮闈今冷落廣陵臺榭合荒涼烟迷遠岫愁千點雨滴孤舟淚萬行兄弟四人三百口不堪回首細思量

申漸高嘗因曲宴天久無雨烈祖曰四郊之外皆言雨足惟都城百里之地亢旱何也漸高云雨怕抽稅不敢入城翌日市征之令咸有損除

仲時光者樂部中之官妓也有寵于永陵生衛王景逷烈祖矜嚴峻整有難犯之色常怒作數聲金鋪振動种夫人左手擎飯右手捧匙安詳而進之雷電爲之少霽後封越國太妃

柴載用按家樂于後園有左右人竊于門隙覩之柴知乃召至後園使觀其按習曰隙風恐傷爾眸子

元宗名璟烈祖元子也母曰宋太后帝謙和明睿奢儉得中搜訪賢良訓齊師旅政無大小咸必躬親又善曉音律不至耽溺深知理體動明物情聖德聞于隣國矣在吳朝太子諭德後累居丞相常于廬山構書堂有物外之意烈祖卽位爲皇太子烈祖崩于柩前卽位年四十九在位十九年崩廟號元宗謚曰明道崇德文宣孝皇帝陵曰順陵皇后光穆順聖鍾氏年號二保大交泰

皇子

太子冀　陳王（少亡）　保寧王（少亡）　慶王弘茂（少亡）　後主從嘉　韓王從善（降封楚國公）　鄧王從謐（降封江國公）　吉王從謙（降封鄂國公）　昭平郡公從度　文陽郡公從信

宰相

宋齊丘　李建勳　馮延巳　徐遊　孫晟　嚴續

使相

趙王李德誠　王崇文　郭宗　柴克宏　謝匡　朱鄴　孫漢威　皇甫暉　劉彥貞　劉仁贍

樞密院

嚴續　湯悅　李徵古　陳覺　唐鎬　陳處堯　魏岑

僞王

楚王馬希萼　閩王王延政

將帥

馬先進　陳誨　魏韶　何洙　林仁肇　張漢卿　郭彥華　丘仁詡　陸孟俊　王建封　祖重恩　馬存貴　鄭再誠　張彥卿　劉崇俊　張全約　時厚　武彥暉　成師朝　查文徽　許文縝　邊鎬　陳承昭　高弼

文臣

江文蔚　王仲連　李貽業　游簡言　湯悅　常夢錫　朱鞏　陳玄藻　馮延魯　潘承祐　高遠　田霖　張義方　高越　賈潭　張緯　鍾謨　李克明　張易　趙宣　陳繼善

元宗爲太子日常問安寢門會烈祖酣寢未解夢便殿有黃龍據闌檻蜿蜒可懼烈祖既寤命左右觀之即太子也

蘇洪至揚州板築發一塚不題姓名刊石爲銘曰日爲箭兮月爲弓射四時兮無終窮但見天將明月在不覺人隨流水空南山石兮高穹窿夫人墓兮在其中猿啼鳥叫烟濛濛千年萬歲松柏風

右散騎常侍王仲連北土人事元宗元宗嘗謂曰自古及今江北文人不及江南才子之多仲連對曰誠如聖旨陛下聖祖玄元皇帝降于亳州貞源縣文宣王出于兗州曲阜縣亦不爲少矣嗣主有愧色

兩浙錢氏偏霸一方急徵苛慘科賦凡欠一斗者多至徒罪徐瑒嘗使越云三更已聞獐麂號叫達曙問于驛吏乃縣司徵科也鄉民多赤體有被葛褐者都用竹篾繫腰間執事非刻理不可雖貧者亦家累千金

元宗割江南之後金陵對岸即爲敵境因遷都豫章舟車之盛旌旗絡繹凡數千里百司儀衛洎禁校帑藏不絕者僅一載上每北顧忽忽不樂澄心堂承旨秦裕藏多引屏風障之嘗吟御製詩云靈槎思浩渺老鶴憶崆峒

上友愛之分備極天倫登位之初太弟景遂衛王景逷齊王景達出處游宴未嘗相捨軍國之政同爲參決保大五年元日天忽大雪上召太弟以下登樓展宴咸命賦詩令中使就私第賜進士李建勳建勳方會中書舍人徐鉉勤政殿學士張義方于溪亭即時和進元宗乃召建勳鉉義方同入夜分方散侍臣皆有興咏徐鉉爲前後序太弟合爲一圖集名公圖繪曲盡一時之妙御容高冲

古主之太弟以下侍臣法部絲竹周文矩主之樓閣宮殿朱澄主之雪竹寒林董元主之池沼禽魚徐崇嗣主之圖成無非絕筆侍宴詩纔記數篇而已御製詩云珠簾高捲莫輕遮往往相逢隔歲華春氣昨朝飄律管東風今日散梅花素姿好把芳姿掩落勢還同舞勢斜坐有賓朋尊有酒可憐情味屬儂家建勳詩云紛紛忽降當元會著物輕明似月華狂灑玉墀初散絮密粘宮樹未妨花迴封雙闕千尋峭冷壓南山萬仞斜寧意晚來中使出御題宣賜老僧家徐鉉詩云一宿東林正氣和便隨仙仗放春華散飄白絮難分影輕綴青旂始見花落砌更依宮舞轉入樓偏向御衣斜嚴徐更待金門詔願布堯言賀萬家義方詩云恰當歲日紛紛落天寶瑤花助物華自古最先標瑞牒有誰輕擬比楊花密飄粉署光同冷靜壓庭枝勢欲斜豈但小臣添興味狂歌醉舞一千家

陳覺李徵古少日依托鎭南楚公宋齊丘引至樞密使保大之末

王室多故覺及徵古屢上變言天命已改請元宗深居後苑委國老攝國事令陳喬草敕喬袖敕上前曰陛下既署此敕臣不復見陛下矣元宗使鍾謨言于周世宗曰罪大臣理合奏啓世宗曰自家國事大國何預元宗乃命湯悦草制曰惡莫大于無君罪莫大于賣國宋齊丘本一布衣遭遇先帝不二十年竊極富貴陳覺李徵古言齊丘是造國之手理當居攝云云即日徙齊丘青陽安置覺徵古各賜自盡齊丘將至青陽絕食數日後命至家人亦菜色中使云令公捐館方始供食家人以絮塞口而卒有黑氣一道舟中起直貫九華

朱尊度本青州書生好藏書高尙不事閒居金陵著鴻漸學記一千卷羣書麗藻一千卷漆書數卷皆行于世

太平縣聶氏女年方十三歲隨母採薪母爲虎搏去蹲之將食女持刀自後跳上虎背用手交抱連割其頸奮擲不脫遂自困死女

捨歸告鄉人共收母屍

元宗嗣位李建勳出帥臨川謂所親曰今主上寬大之度比于先帝遠矣但性習未定左右獻替須得方正之士若目前所覩綜恐不守舊業及馮延魯陳覺出討閩中徵督軍糧急于星火建勳以詩寄延魯曰衆多未必爲全計師老須防有援兵既而福州之軍果爲越人所敗歸拜司空累表致政自稱爲鍾山公詔授司徒不起時學士湯悦致狀賀之建勳以詩答曰司空猶不受那敢作司徒幸有山公號如何不見呼先是宋齊丘自京口求退歸青陽號九華先生未週歲一徵而起時論薄之建勳年德未衰時望方重或有以宋公比之因爲之詩曰桃花流水須相信不學劉郎去又來捐館之夕告門人曰時事如此吾得保全爲幸已甚吾死不須封樹立碑塚土任民耕墾無延他日毁斵之弊其後甲戌之歲公卿塋域爲兵發殆遍獨建勳葬所莫知訖不及禍

魏王知訓爲宣州帥苛暴斂下百姓苦之因入覲侍宴伶人戲作綠衣大面胡人若鬼神狀旁一人問曰何著綠衣對曰吾宣州土地神今入覲和地皮掠來因至于此

張崇帥廬江好爲不法士庶苦之嘗入覲江都廬人幸其改任皆相謂曰渠伊必不復來矣崇歸聞之計口徵渠伊錢明年再入覲盛有能府之耗人不敢指實皆道路相目捋鬚相慶歸又輒徵捋鬚錢嘗爲伶人所戲使一伶假爲人死有譴當作水族者陰府判曰焦湖百里一任作獺崇亦不慚

馮謐朝堂待漏因話及明皇賜賀監三百里鏡湖今不敢過望但得恩賜玄武湖三十里亦當足矣徐鉉曰國家不惜玄武湖所乏者賀知章耳

徐公撰江南錄議者謂之不直蓋不罪宋國老故也國老當淮甸失律之後援引門人陳覺李徵古掌樞密之任且授其意曰天命

已去元宗當深居後苑國老監國元宗詔將行陳喬草詔諍之而止舉國皆聞爲臣之道餘可知矣

文憲太子冀既正儲闈頗專國事而又率多不法元宗一旦甚怒撻之以毬杖且曰當命太弟景遂代之冀有慚色他日密使人持酖付昭慶宮使袁從範（從範從恭弟在金陵）未幾從範子承乾爲景遂嬖臣宋何九纔構遂置之法從範恩而且怨會景遂擊鞠暑渴從範進漿遇酖即日薨未殯而體已潰矣

元宗誅戮大臣之後暮年于禁中往往見宋齊丘李徵古陳覺如生叱之不去甚惡之因議南幸太子冀既病數見太弟爲崇于昭慶宮中

前進士韓熙載行止狀云熙載本貫齊州隱居嵩岳雖叨科第且晦姓名今則慕義來朝假身爲賈既及疆境合貢行藏某閲釣巨鰲者不投取魚之餌斷長鯨者非用割雞之刀是故有經邦治亂

之才可以踐股肱輔弼之位得之則佐時成績救萬姓之焦熬失之則遁世藏名臥一山之蒼翠某爰恩幼稚便異諸童竹馬蓬弧固罔親于好弄杏壇槐里寧不倦于修身但勵志以爲文每棲身而學武得麟經于泗水寧怯義圖受韜略于邳圯方酣勇戰占惟奇骨夢以生松敢期墜印之文尙愧擔簦之路于是攖龍鱗編虎鬚繕獻捷之師徒修受降之城壘爭雄筆陣決勝詞鋒運陳平之六奇飛魯連之一箭場中勍敵不攻而自立降旗天下鴻儒遙望而盡摧堅壘橫行四海高步出羣姓名遽列于烟霄行止遂離于塵俗且口有舌而手有筆腰有劍而袖有鎚時方亂離跡猶飄泛徒以術探韜略氣激雲霓瞋目張而陰電搖怒呼發而驚雷動神區鬼甸天蓋地車闢霹靂于雲中未爲蹻捷呼搏蒲于筵上不是酋豪蘊機謀而自有英雄仗勁節而豈甘貧賤攘袂叱咤拔劍長嗟不偶良時孰能言志旣逢昭代合展壯圖伏聞大吳肇基聿修

文教聯顯懿于中土布明恩于外夷萬邦咸貞四海如砥燮和天地岩廊有禹稷皋陶洒掃烟塵藩幹有韓彭衛霍豈獨漢稱三傑周舉十人凝王氣于神都吐祥光于丹闕急賢共理倖漢氏之懸科待旦旁求類周人之設學而又鄰邦接畛敵境連封一條之雞犬相聞兩岸之馬牛相望彼則恃之以力數年而頻見傾亡此則理之以賢一生而更無騷動由是見盛衰之勢審吉凶之機得不上順天心次量人事且向明背暗捨短從長聖賢所同古今一致然而出靑山而褁足渡長淮而棄繻派遙終赴于天池星遠須環于帝座是攜長策來詣大朝伏惟司空楚劍倚天秦松發地言雄武則平窺絳灌語兵機則高掩孫吳經受素王書傳玄女莫不鞭撻宇宙驅役風霆牢愁積而髀肉生順氣激而腕臂扼一怒而豺狼竄擺再呼而神鬼愁驚檛鼙鼓而簸朱旂雷奔電走掉燕鎚而揮白刃月落星飛命將拉龍使兵擒虎可以力平鯨海可以拳擊鰲山破堅每事于先登敵無不克策馬常居于後殿功乃非矜國家付以肺肝用爲保障勳藏盟府名鏤景鐘今則政舉六條地方千里示之以寬猛化之以溫恭繕甲兵而耀武威綏戶口而䘏農事謾洒隨車之雨沾沐嘉田輕搖逐扇之風吹消沴氣可謂仁而有斷謙而愈光賢豪向義以歸心奸宄望風而屏跡行見秉旄仗鉞列土分茅修職貢以勤王控臨四海率諸侯以定霸彈壓八方遐邇具瞻威名治著況復設廣庭以待士開玄宮以禮賢前席請論其韜鈐危坐願聞于謨典古今英傑孰可比方某干越通津已觀至化及來上謁囼棄謏才是敢輒述行藏盡鋪毫幅況聞鳥有鳳魚有龍草有芝泉有醴斯皆佳瑞出應昌期某幸處士倫謬知人理足以副明君之獎善忉聖代之樂賢昔婁敬布衣上言于漢祖曹劌草澤陳謀于魯公失范增而項氏不興得呂望而周朝遂霸使遠人之來格寔至德之克昭謹具行止如前伏請准式順義

六年七月歸明進士韓熙載狀

後主諱煜字重光母曰鍾太后太子冀薨後主當立鍾謨以其德輕志放請立弟從謙嗣主不可遂以太子揔百揆嗣主南幸洪都留後主居守金陵數月嗣主殂遺詔就金陵即位稱北朝正朔建隆壬戌歲也後主天性純孝孜孜儒學虛懷接下賓對大臣傾奉中朝惟恐不及加以留心著述勤于政事至于書畫盡皆精妙然頗耽竺乾之教果于自信所以奸邪得計排斥忠讜土地日削貢舉不充越人肆謀遂爲敵國又求援于北虜行人泄謀兵遂不解矣二十六卽位十四年己亥國亡封隴西公贈吳王葬北邙鄭國夫人周氏祔起建隆二年終開寶八年

皇子

淸源郡公仲禹　岐王仲宣亡少

宰相

嚴續　徐遊　游簡言　湯悅

使相

林仁肇　王崇文　何洙　湯悅　朱業　陳誨　黄廷謙

嚴續　柴克貞　鄭彦華　皇甫繼貞

樞密使

嚴續　朱鞏　陳喬

將帥

陳誨　陳德誠　孫彦祥　李彦虬　沙萬金　劉存忠　胡則　宋克明　高彦　林益　張粲　張遇　馬信仁　蔡振

穆堅　譚宗　張進勍　張仁照　李雄　吳翰　龔愼儀

羅延原　馬承俊　謝彦貿　謝文節

文臣

徐鉉　徐鍇　韓熙載　王克貢　張洎　龔穎　張泌　湯靜　朱銑　喬舜　潘祐　湯澥　湯滂　郭昭慶　孫舉

伍喬　孟拱辰　高遠　高越　馮謐　李平　張詔　賈彬

田霖　顧彝　趙宣輔

後主嗣位之初夜夢有羊據文德殿御榻而坐初甚惡之洎乙亥冬太祖弔伐之初首命吏部郎中楊克讓知府事故知陰數定也」

柳宣爲監察御史居韓熙載門下韓以帷簿不修責授太子右庶子分司南都議者疑柳宣上言宣無以自明乃上章雪熙載事後主叱曰爾不是魏徵頻好直言宣曰臣非魏徵陛下亦非太宗韓熙載上表其略云無積草之功可裨于國有滔天之過自累其身又老妻伏枕以呻吟稚子環牀而號泣三千里外送孤客以何之一葉舟中泛病身而前去遂免南行後臥疾終于城南戚家山後主贈衾被以殮贈同平章事所司以爲無贈宰相之故事後主曰當自我始徐鉉祭文所謂黔婁之衾賜從御府季子之印佩入泉

扃

後主奉竺乾之教多不茹葷嘗買禽魚爲之放生

北苑水心西有清輝殿署學士事太子太傅徐邈太子太保文安郡公徐遊別置一院于後謂之澄心堂以皇姪元楀元機元榆元樞爲員外郎及祕書郎皆在內廷密畫中旨多出其間中書密院皆同散地用兵之際降御札移易兵士密院不知皇甫繼勳伏誅之後夜出萬人斫寨招討分兵署字不知何往皆出于澄心堂直承宣命者謂之澄心堂承旨政出多門皆倣此也

宋齊丘爲儒日循啓投姚洞其大略云城上之嗚嗚曉角吹入愁腸樹頭之颯颯秋風結成離緒又云其如千懇萬端無奈飢寒兩字時有識者云當須殍死果如其言

胡則守江州堅壁不下曹翰攻之危急忽有旋風吹文字一紙墜于城中其詞曰由來秉節世無雙獨守孤城死不降何似知機早回顧免教流血滿長江翰攻陷江州殺戮殆盡謂之洗城焉

開寶中將興兵革吉州城頭有一人大面方三尺睨目多鬚狀如方相自旦至申酉時郡人覩之衆所驚異明年國亡之應也

霓裳羽衣曲自興兵之後絶無傳者周后按譜尋之盡得其聲

二朝父子爲相者嚴可求嚴續父子爲將者劉信劉彦貞王縉王崇文周本周業陳誨陳德誠皇甫暉皇甫繼勳兄弟與彦貞姪存忠亦爲將兄弟承恩遇者馮延已馮延魯兄弟有大名者徐鉉徐鍇二人連呼文筆則韓熙載伍喬正直則蕭儼常夢錫權勢則鍾謨李德明

建康受圍二歲斗米數千死者相藉人無叛心後主殂于大梁江左聞之皆巷哭爲齋

國中至寃者多立于御橋下謂之拜橋甚者操長釘擕巨斧以釘脚又有闖入立于殿庭之下者爲之拜殿進士曾覬南省下第乃

釘足謝泌下第立殿稱寃舉人之風掃地矣

後主即位之初張泌上書建隆二年七月二十八日將仕郎守江寧府句容縣尉張某言頓首頓首死罪死罪謹上書陛下臣聞行潦之水徒善而不廣斗梢之器固虛受而無補雖欲強其所勿能亦不自知其量也茲當陛下纘服丕圖嗣臨寶位百姓凝視仰徽猷而注目四方傾聽望德音以竦耳是陛下虛心側席克己納諫將敬迓天恩以布新命慰凡民顒顒之目非有朴直之士不能貢千慮一得之言于視聽也我國家積德累仁重華承聖雖疆里褊小而基構宏大剏賢智左右前後比肩繼踵以道揚休命致康哉之化猶反掌耳又何以規規然如晉公之聽重人齊侯之用老馬豈重人踰伯宗之善老馬過管仲之智蓋尺有所短寸有所長此之謂也臣是以申旦不寐齋沐佇思以聞庶裨陛下維新之政萬分之一也伏惟我唐之有天下也造功自高祖重熙于太宗聖子

神孫歷載三百丕祚中否烈祖紹復大勳未集肆我大行嗣之德則休明降年不永焦勞臞瘠奄棄萬戶民既歸仁天亦輔德嚢唐祚者非陛下而誰陛下居吳邸庶事康而宗親睦升儲位總百揆而黎民變當大行修巡狩之禮陛下膺國之任兢兢業業神人咸和令若秋霜而澤如時雨洎宅憂翼室而民無異望臣聞昔漢文帝承高祖之後天下一家僅三十年德教被于物也久矣而又封建子弟委用將相其朱盧東牟之力陳平周勃之謀宋昌之忠諸侯之助由長子而立可謂安矣及即位戒愼謙讓服勤政事躬行節約□思治平舉賢良賑鰥寡除妻孥相坐之法去誹謗妖言之令不貴難得之貨不作無益之費其屈己愛人也如此然而晁錯賈誼賈山馮唐之徒上書進諫言必激切至于痛哭流涕之詞者蓋懼靡不有初鮮克有終也而文帝優容不咈聖德充塞幾致刑措于業巍巍千載之下風聲不泯皆克勤勉強而臻于此也今陛下當數歲大兵之後鄰封襲利之日國用匱竭民力疲勞而內無劉章興居之親朝無絳侯曲逆之佐可謂危矣非陛下聰明睿智視險若夷豈能如是乎設使漢文帝之才處今日之勢何止于寒心消志而已陛下以天未厭德民方戴舊則可矣若欲駭遠近之聽慰億兆之思臣敢昧死言之夫人君即位之初必在發號施令行人之所難行者非秉漢文帝之心以布政則臣不知其可也臣以國家今日之急務略陳其綱要伏惟陛下留聽幸甚一曰舉簡大以行君道二曰略繁小以責臣職三曰明賞罰以彰勸善懲惡四曰愼名器以杜作威擅權五曰詢言行以擇忠良六曰均賦役以綏黎庶七曰納諫諍以容正直八曰究毀譽以遠讒佞九曰節用以行克儉十曰屈己以固舊好亦在審先代之治亂考前載之褒貶纖芥之惡必去毫釐之善必爲齊取與之機濟寬猛之政進經學之士退掊克之吏察邇言以廣視聽好下問以開蔽塞斥無

用之物罷不急之務此而不治臣不信矣臣又聞之詩曰敬之敬之天惟憲思書曰儆戒無虞罔失法度易曰其亡其亡繫于苞桑言君人者必懼天之明威遵古之令典作事謀始居安慮危也臣旋觀今日下民期陛下之致治雖百穀之仰膏雨不足以諭焉願陛下勉強行之無俾文帝專美于漢臣幸承勳緒忝逢昭代書實能于鄉老第甲乙于宗伯由文章而進位待詔命于金門比八年于茲矣沐大行育材之化聖鑒不遺當陛下御極之辰王猷未洽若爲優游義府默然無辭則赧然羞而有靦面目矣塵黷宸聽復切兢憂臣某誠惶誠恐死罪死罪謹言御批云古人讀書不祇謂詞賦口舌也委質事人忠言無隱斯可謂不辱士君子之風矣況朕纂承之始政德未敷哀毀之中智慮荒亂深虞布政設教有不足仰嗣先皇下副民望卿居下位而首進讜謀觀詞氣激揚快于披覽十事煥矣可舉而行朕必善初而思終卿無今直而後佞其

中事件亦有已于赦書處分者二十八日批

江南別録　　宋陳彭年

義祖徐氏諱溫烈祖之養父也剛毅寡言罕與人交衆中凜然可畏目爲徐瞋吳武王時淮南勁兵數萬號黑雲長劒義祖爲其裨將累以功遷右職與張鎬同爲衙內列校吳武王疾亟召左右謀後事判官周隱曰王之子未必能控禦諸將劉威長者必不負人可授以軍政使待諸子長也吳武王不答鎬與義祖曰王親犯矢石而創基業安可使外人爲王倘楊氏無兒有女亦可況未至此吳武王曰爾能如是吾死且瞑目矣武王卒子渥嗣立是爲宣王宣王所爲不道居父喪中掘地爲室以按音樂夜燃燭以擊毬燭大者十圍一燭之費數萬或單馬出遊從者不知所詣奔走道路義祖與鎬承間泣諫宣王怒曰爾爲我不中何不殺我自爲鎬對曰某曾受先王恩安敢與此心又宣王親吏皆恃勢凌鎬等鎬不能平遂有爲亂之意宣王晨興視事鎬擁百餘人持長劒直進宣王驚曰爾等果殺我耶鎬曰非敢殺王殺王左右不忠良者殺數十人而止諸將非其黨者相次被誅月餘殺宣王聲言暴卒立其母弟隆演是爲景帝鎬既得志又欲害義祖義祖用小將鍾泰章謀誅鎬義祖自爲淮南行軍司馬專軍政時藩郡守將皆武王勳舊驟爲所制心不能服宣州李遇謂人曰吾始不記有此人今日何忽乃爾遇不自安遂反及敗良賤百口皆誅死自是諸將屏氣矣李德誠爲潤州秉燭夜出揚州遥見謂有變立命親兵千餘人渡江比明德誠方盥漱兵已入城除德誠爲江州德誠惶怖即路帷幙皆不及取至江州懼禍未已令子繼勳來謁義祖見之嘆曰有子如是非爲惡人也以女妻之移德誠于信州後數歲義祖出鎮建康以親子知訓代知淮南軍政知訓素驕暴不奉法與景帝泛舟濁河酒酣景帝先起隨以彈丸擊之李德誠有女樂數十人

遣使求之德誠報曰此等皆有所主又且年長不足接以貴人俟求少妙者進之知訓對德誠使者曰吾殺德誠幷其妻取之亦易耳初學兵于朱瑾瑾悉心教之後與瑾有隙夜遣壯士殺瑾瑾手刃數人埋于舍後瑾出鎮泗州往辭知訓知訓約至瑾家爲別及至瑾令妻出見知訓方拜瑾以笏擊踣斬其首入謁景帝曰爲國去賊爲民去害在今日矣時強兵皆在建鄴景帝恐事不濟以衣障面曰此事阿舅自爲勿累于我退走入內景帝出于朱氏故以舅呼瑾瑾怒曰妾子不足與語誤我大事遂自殺烈祖自京口入代知訓掌政自是中外寧謐紀綱振舉矣楊氏自武王以來皆以東南道都統吳王承制行事及義祖雖權柄崇重而名數猶卑遂請建國改號自爲都統封齊王未幾莊宗平朱氏遣使來告義祖曰沙陀自稱中興來者必詔命逆告之曰若以敵國之書乃可餘則不奉命時果賫詔來使者盤桓界首驛書上聞莊宗初平大敵意務懷柔遂用敵國之禮書曰唐皇帝謹奉書于吳國主吳遣司農卿盧頻北聘李德誠自信州來朝賜宴至夕而罷是夜景帝暴殂宮中意德誠進毒藥幽于殿內德誠親吏已走告義祖以朝使不至慮有他變引親吏百餘人夜渡江斬關而入明日釋德誠立讓皇溥景帝之弟也義祖須摠大兵而身在外朝政皆遥禀烈祖居中任事徐玠數勸義祖除烈祖以次子知詢代之義祖亦知烈祖終爲已害而烈祖勤于侍養又自幼畜之故不忍陳夫人于烈祖鍾愛尤切常曰我家貧賤時養此兒今日富貴負之非人理也知訓又死知詢常少因以大政任焉及聞玠之謀深以爲不宜烈祖亦不自安求爲江西義祖令知詢入覲明日詔下以知詢爲相其夕宋齊丘與術士劉通微同宿聞鼓聲通微曰事必中變且有大喪書至而義祖殂義祖晚有氣疾歲中數發發則困躓將殂之夕氣暴作醫者進藥無效而絕知詢自淮南奔喪翌日起爲副都

統威權同義祖而知詢暗懦待諸弟不厚徐玠知其終敗輸誠于烈祖知詢內爲諸弟所構外爲徐玠所賣而不知也意以己控強兵居重地烈祖雖管大政而無兵士制之甚易義祖喪中遣使請烈祖至金陵烈祖上十餘表而讓皇不允頃之知詢入朝烈祖疏其罪以讓皇之命黜爲左統軍盡奪其兵知詢面數烈祖曰先王之喪兄爲人子而不親臨喪反罪我耶烈祖曰聞爾懸劒待我我亦不憚獨迫于君命不得往耳爾爲人臣而畜乘輿物非反而何知誨者知詢之弟娶吳功臣呂師造之女非正嫡所出知誨知之切齒因醉刺殺頻見呂氏爲祟請僧誦經亦見之僧爲陳因果呂曰吾不解此志在報寃知詢之敗知誨有力焉烈祖德之以爲江西至鎭歲餘不見呂氏中心甚喜有家人自淮南回于江心遇綵舟有婦人乃呂氏也招家人曰爲我謝相公善自愛我今他適矣又以繡履授之曰恐相公不信謂爾詐此殯時物用以爲信家人

返江西以履進知誨熟視之未畢呂氏已在側曰爾謂我的不來此也少時知誨卒知詢代之過其喪于中途撫棺而哭曰弟用心如此吾亦不怨但何以見先王于地下聞者傷之烈祖受吳禪追上義祖尊號徐氏諸子封拜與李氏同而知誨之後特盛子景遊景邃皆出入宮禁預樞密專掌浮圖修造之任當時言蠹政者以二人爲首

烈祖諱昪唐之宗室也舊名知誥少孤爲義祖所養有相者謂義祖曰君相至貴且有貴子然非君家所生又夢爲人引臨大水中黃龍數十令義祖捉之義祖捉獲一龍而寤明旦乃得烈祖烈祖奉義祖以孝聞常從義祖征伐有不如意杖而逐之及歸拜迎門外義祖驚曰爾在此耶烈祖泣曰爲人子者捨父母何適父怒而歸母子之常也義祖由是益憐惜長善書計性嚴明不可以非禮犯累爲樓船指揮使宋齊丘者父爲江西鍾傳副使父卒羈旅淮南欲上書干謁而無紙筆行歎道中有娼婦遇之問曰少年何不樂如此齊丘以情告召歸置食賜錢數千因曰郎時至此不使郎有所闕也齊丘感之及貴納爲正室騎將姚洞天薦于烈祖烈祖奇其才與結布衣之交動靜皆與之謀後烈祖除昇州刺史辟齊丘爲判官義祖出鎭建鄴改烈祖爲潤州烈祖意求宣州聞命不樂宋齊丘曰今三郎政亂敗在朝夕京口去淮南隔一水若有變必先知之是天贊也三郎知訓也未幾果有朱瑾之事烈祖輕舟渡江鎭定內外以待義祖之至義祖以己子既勿克負荷用烈祖猶愈于他人因留輔政先是知訓待烈祖甚悖每呼爲乞子與諸弟夜飲遣召烈祖烈祖不至知訓怒曰不飲酒飲劍乎餘皆類此及知訓敗宅中有土室封閉甚固烈祖請義祖親開其中繪圖義祖之形而身荷五木烈祖及諸弟執縛如就刑之狀已被衮冕南面視朝義祖唾曰狗死遲矣烈祖因疏其罪惡事怒遂少解死者

猶數家烈祖得政以愛民節用爲本甚得當時之譽吳景帝卽尊位烈祖當相而勳舊有未登三事者烈祖不欲自尊大乃以左僕射參政事時諸國交兵江淮南爲強盛烈祖增修法度人獲安乂識者歸心焉義祖殂知詢以罪廢大政由己矣數歲出鎭建鄴封齊王制度如義祖以長子景通居中輔政宋齊丘王謨皆爲相孫晟自中原來奔與語大奇之引居門下徐知詢卒李建勳來歸幙府遂與大將周宗等進禪代之議受禪之日白雀見于庭江西楊化爲李洪州李生連理詔還李姓國號唐立高祖以下七廟尊吳主爲讓王信州李德誠廬州周本皆楊氏舊老上言吳王已遜位宜依晉魏故事降封王公出居別邸烈祖曰曹馬之事非朕志也固請不已乃徙讓皇于丹徒遷諸楊于泰州初吳武王諱行密謂杏爲甜梅及是又呼爲杏故老有泣下者烈祖日與勤政殿視政有言事者雖徒隸必引見善揣物情人不能隱雖千里之外如在

目前詔立齊王景通爲皇太子王表願寢此禮三表許之以大元帥摠百揆信王景遏先娶德誠之女中興後有司以同宗姓請離之制曰南平王國之元老婚不可離信王妃可以南平爲氏南平德誠所封也景遏母种氏晚年尤承恩寵宋后罕得接見烈祖幸齊王宮遇其親理樂器大怒切責數日种氏承間言景遏之才可代爲嗣烈祖作色曰國家大事女子何預立嫁出之烈祖殂宋后願甘心數四賴元宗保全之烈祖服大丹藥火頓發而殂大漸嚙元宗指見血曰北方有事不可忽也中書侍郎孫晟草遺詔以宋后監國翰林院學士李夷鄴曰此非先旨必奸人所爲大行常云婦人預政亂之本也安肯自作禍階且嗣君明德聞于天下汝曹何遽爲亡國之計若遂宣行吾對百僚裂之必矣遂寢元宗卽位謂夷鄴曰疾風勁草卿之謂也

元宗諱璟烈祖長子也初名景通幼爲義祖所器常曰諸孫中此

子特貴虔州刺史鍾泰章恃功放恣烈祖欲繩其罪義祖曰昔無章吾已死于鎬手汝曹安有所託乎今日富貴章之力也背之豈人理乃令以章女配元宗義祖初見嘆曰非此兒不敵此女卽光穆皇后元宗起家尙書郎吳讓皇見之曰朕諸子皆不及也烈祖出鎭建鄴以元宗居中輔政甚得當時之譽烈祖卽位爲大元帥摠百揆烈祖殂遜于諸弟詞旨堅固中書令徐玠以袞冕之衣衣之曰大行付陛下以神器之重陛下固守小節非所以尊先旨承孝道也乃嗣位改元保大太常博士韓熙載上疏曰踰歲改元古之制也事不師古何以訓人時制書已行遂不改詔立皇弟景遂爲皇太弟馮延已自元帥掌書記爲翰林學士承旨延魯自水部員外郎爲中書舍人延魯銳于趨進欲以功名圖重位乃與建州之役延已曰士以文行飾身忠信事上何用行險以要祿延魯曰兄自能如此弟不能愔愔待循資爲宰相也始王氏政亂閩人聞

我師之至皆伐木開道壺漿奉迎既下建州軍無節度大掠數日民不堪其苦思效順者解體矣陳覺爲招討使矯制進圍福州表言朝夕可克元宗以爲實令王崇文爲統帥馮延魯亦至諸將爭功自相違貳崇文不能制會錢塘以兵數千來救我師不戰而自潰詔鎖覺及延魯赴建鄴既至尋赦其罪始馬殷據湖南幷桂管之地馬希範卒弟希廣立庶兄希萼自永州赴喪判官李恆臯知欲爲變未至以爲朗州節度歲餘舉兵殺希廣奪其位少弟希崇又廢希萼自立幽希萼送衡州將殺之大姓廖偃與叔匡凝以部曲數百人刼希萼于道奉爲衡山王以伐希崇數日有衆萬人希崇遣使求救于我元宗命袁州刺史邊鎬督兵赴援其實襲之也時長沙童謠曰鞭打馬馬須走兵至希崇希萼皆降餘郡相次歸附承亂取廣南桂管之地朗州劉言亦自爲刺史命將軍李建期屯兵益陽以圖朗州將軍張巒屯零陵以圖桂州鎬以偏兵不百

日而下一國四方聞之以爲神鎬性輕信自朗州至者皆陳言之忠順鎬不爲備歲餘朗州土豪王達襲殺建期進逼長沙奉言爲主言不能制鎬棄城遁歸諸郡皆沒惟巒全軍而回周師南伐進逼壽州劉彥貞督兵北征戰敗于正陽死于陣淮上方用兵錢塘乘虛圍我常州命將柴克宏往救常州有隋故將陳仁杲祠克宏將戰夜夢仁杲曰吾遣陰兵助爾及戰有黑牛二頭衝錢塘之陣我師繼之乃大破之斬首萬餘遂解常州之圍以克宏爲江州節使冊仁杲帝號謚武烈右僕射孫晟使周給事中王崇質爲介晟至汴京謂崇質曰吾視事勢不生還矣君家百口當別爲謀乃白世宗遣崇質歸計事會鍾謨李德明亦至世宗又遣德明至建鄴盛陳世宗威德請割地以求和宋齊丘深惡德明使崇質異其言乃以賣國誅德明世宗召晟責之因曰諸將圍壽州久未克汝能降之朕赦汝罪晟至城下見劉仁贍遥呼曰君受國家旌旄臣節

不可嚮也且援兵至世宗大怒追至汴京斬之晟臨刑神色不變南望再拜曰死不負陛下矣既而泗州降北諸軍繼敗乃遣陳覺奉表割江北之地求成世宗許之遂去尊號稱國王用周正朔太弟景遂固請歸藩立長子冀爲太子時丹徒得古銘曰天子冀州人衆以冀應之未幾冀卒識者謂冀州趙地也陳覺乘間言社稷禍在朝暮請陛下晏居宮中國政盡付宋齊丘已紓喪亂元宗以戎事未寧隱忍不發鍾謨自汴京歸理德明之怨乃言人臣窺國理不可容遂誅覺放齊丘于青陽尋亦卒謚醜謬謨使回爲禮部侍郎左丞任用權傾中外與信州刺史張巒有舊巒入爲天德軍使每詣謨第嘗屏人獨語中夜乃罷給事中唐鎬密言恐有他變宜先圖之會太子冀葬謨固請敕巒以所部兵爲京城巡徼元宗乃下詔數謨侵官之罪貶于饒州縊死巒亦黜爲宣州副使元宗殂于南都南都豫章也太子即位于建鄴梓宮是日還南都羣臣

表請殯于別宮後主手詔不許詞甚哀切乃殯于萬壽殿元宗神彩精粹詞旨清暢湖南使至歸與親友言曰爾不識東朝官家南嶽眞君不如也

後主諱煜字重光元宗第五子也幼而好古爲文有漢魏之風母兄冀爲太子性嚴忌後主獨以典籍自娛未嘗干預時政冀卒立爲太子元宗幸南都後主監國于建鄴臨事明允甚得時譽元宗崩哀毀過禮即位立妃周氏爲后句容尉張佖上言爲理之要詞甚激切後主手詔慰諭徵爲監察御史周后疾後主朝夕侍側藥非親嘗不進衣不解帶者逾月及殂哀毀骨立杖然後起立周后妹爲后王者婚禮歷代少有詔中書舍人徐鉉知制誥潘佑與禮官參議互相矛盾議久不決後主令文安郡公徐遊評其是非時佑方寵用遊希旨奏佑爲長月餘遊病疽鉉戲謂人曰周孔亦能爲祟乎佑既居親密欲盡去舊人獨當國政後主亦惡之俄以本官專知國史佑彌不樂乃非詆公卿與戶部侍郎李平親狎上書曰左右皆奸邪不誅爲亂在即後主手書敦諭七表不止因請休官遠去初李平初與朱元自北來元已叛去平深厚難測後主慮其同搆大奸乃暴其罪而誅之後主謂左右曰吾誅佑平思之踰旬不決蓋不獲已也烈祖初立庶事草創未有貢舉至元宗始議興置時韓熙載徐鉉徐鍇兄弟爲當代文宗繼以潘佑張洎以才名顯後主尤好儒學故江左三十年文物有貞元元和之風元宗稱臣于周雖去尊號用正朔其諸制度猶未全改後主即位始衣紫袍廣揚既下屯師漢陽鄂州楊守中以聞人心大懼乃下制貶損臺省名號並皆改易王皆降封公遣長弟南楚國公從善入貢因留質後主天性友愛自從善不還歲時宴會皆罷却惟作登高賦以見意曰原有鴒兮相從飛嗟我季兮不來歸天朝使中書舍人盧多遜來聘南伐之謀兆于此矣後主微知之遣使願受封策

太祖不許甲戌歲夏梁迴來聘從容謂後主曰今冬有柴燎之禮國主當來助祭後主唯唯不答秋初中書舍人李穆賫詔來曰朕以仲冬有事于圜丘思與卿同閱犧牲後主辭以疾時大兵已在荆湖惟候穆之反命後主既不赴召遂決進取九月舟師自大江直趨池州中外奪氣樊若水父保大末爲漢縣令父卒家池州累舉進士不第至汴京上書太祖謂之有才術累遷贊善大夫平南之策多所參預時雖得池州及姑孰餘郡皆未奉命糧道難阻若水請于采石繫橋以利輸輓每歲大江春夏暴漲謂之黃花水及天兵至水皆退小故識者知天命焉錢塘悉兵來圍常州主將禹萬誠固守大將金誠禮刧萬誠以降而天兵亦屯于建鄴城南十餘里錢塘又進圍潤州兵初興議者以京口要害當得良將侍衛廂虞候劉澄舊事藩邸後主尤親任之乃擢爲潤州留後臨行謂曰卿本未合離孤孤亦難與卿別但此非卿不可勉副孤心澄泣

洒奉別歸家盡輦金玉以往謂人曰此皆前後所賜今國家有難當散此以圖勳業後主聞之益喜及錢塘兵初至營搆未成左右請出兵掩之時澄已懷向背堅曰兵出勝則可不勝則立爲虜矣救至然後圖戰後主又命盧絳爲援絳至錢塘兵少退絳方入城圍又合矣固守累月自相猜忌初絳怒一裨將議殺之未決澄私謂曰盧公怒爾爾不生矣裨將泣涕請命澄因曰吾有一言告爾非徒免死且得富貴因諭以降事令先出道意裨將曰奈緣某家在都城何澄曰事急矣當且爲身謀我家百口亦不暇顧矣是夜裨將越城而出明日澄徧召將卒告曰澄守數旬志不負國事勢如此須爲生計諸君以爲如何將卒皆大發聲哭澄懼有變亦泣曰澄受恩固深于諸君且有父母在都城寧不知忠孝乎但力不能抗耳于是率將吏開門請降建鄴初圍後主遣使徵上江之兵入援以建昌軍制置使朱令贇爲統將時勝兵十萬屯于湖口不

進後主累促之至皖口方交戰船爲天兵所圍贇自救之被執餘兵皆潰建鄴受圍已經歲城中斗米十千死者相藉惟恃此救自潤州降後不聞外信降者相繼或云贇已敗死後主猶意其不實城陷後主欲自殺左右泣涕固諫得止元宗後主皆妙于筆札好求古迹宮中圖籍萬卷鍾王墨跡至多城將陷謂所幸保儀黃氏曰此皆吾寶惜城若不守爾可焚之無使散逸及城陷黃氏皆焚之時乙亥歲十一月也後主至梁京二歲殂南人聞之巷哭設齋後主初即位中使趙希操自建鄴奉使江西夜宿姑熟中宵忽聞二人相語曰君自金陵來新主何以爲理一曰吾觀新主以仁孝爲理又曰如是則明主也久之又聞一人曰然則水木之歲當至汴梁希操心喜以後主終得中原果以乙亥歲國除入天朝後主妙于音律樂曲有念家山後主親演其聲爲念家山破識者知其不祥至甲戌歲有衛兵秦福自毀其鞋跣足升正殿御坐論者以鞋者履也履與李同言李氏將敗此殿爲秦人所得也秦趙古同姓爲後主酷好著述襍說百篇行于代時人以爲可繼典論江南大臣至中朝名最顯著者徐鉉字鼎臣與弟鍇同有大名于江左方之士衡士龍焉鍇字楚金先城陷而卒著書甚多謚爲文後主文集鍇爲之序新說又鉉爲序鉉著質論十餘篇後主宸筆冠篇儒者榮之

資暇集

唐李濟翁

今見將首途者多云車馬有行色按莊子稱栁下季逢夫子自盜跖所回云云此也意者以其車有塵而馬意殆今有涉遠而來者用此宜矣南華既非僻經咸所觀習奚不根其文意而正其訛歟」李字除果名地名人姓之外更無別訓義也左傳行李之往來杜不研窮意理遂註云行李使人也遂俾今見遠行結束次第謂之行李而不悟是行使爾按舊文使字作㚔傳寫之誤作李焉舊文使字山下

人人下子

世咸云甘羅十二爲秦相大誤也按史記云羅事秦相呂不韋因說趙有功始封爲上卿不曾爲丞相也相秦者是羅祖名茂端午者按周處風土記仲夏端五烹鶩角黍端始也謂五月初五日也今人多書午字其義無取焉予家元和中端五詔書並無作午字處而近見醴泉縣尉廳壁有故光福王相題鄭泉記處云端午日豈三十年端午之義別有見耶

代云挽歌始自田橫門人非也左傳曰魯哀公會吳伐齊將戰齊將公孫夏令歌虞殯杜註虞殯送葬歌也如是則有已久矣

諺云千里井不反唾蓋由南朝宋之計吏瀉剉殘草于公館井中且自云千里相去豈當重來及其後復至熱渴汲水遽飲不憶前所弃草結于喉而斃俗因相戒曰千里井不反剉復訛爲唾耳

今之臛酒醵合作哱啐醵送酒聲音啐今訛以平聲捉糅是也故且作攙字貴淺近易識耳三十拍促曲名三臺何或

曰昔鄴中有三臺石季倫常與遊宴之地樂工倦怠造此歌促飲也一說蔡邕自治書御史累遷尙書三日之間周歷三臺樂府以邕旣音律製此曲動邕心抑希其厚遺似近之

公郡縣主宮禁呼爲宅家子蓋以至尊以天下爲宅四海爲家不敢斥呼故曰宅家亦猶陛下之義至公主以下則加子字猶帝子也又爲阿宅家子阿助詞也急訛乃以宅家子爲茶子既而亦云阿茶子或削其子字遂曰阿家以宅家子爲茶子既而亦云阿茶子削其子字遂曰阿茶一說漢魏以來宮中尊美之呼曰大家子今急訛以大爲宅焉

代稱士流爲醋大言其峭醋而冠四民之首一說衣冠儼然黎庶望之有不可犯之色犯必有驗比于醋而更驗故謂之焉或云往有士人貧居新鄭之郊以驢負醋巡邑而賣復落魄不調邑人指其醋馱而號之新鄭多衣冠所居因總被斯號亦云鄭有醋溝士

流多居其州溝之東尤多甲族以甲乙敍之故曰醋大愚以爲四說皆非也醋宜作措正言其能舉措大事而已

大傢題上紙籤起于丞相李趙公也元和中趙公權傾天下四方緘翰日滿閽者之袖而潞帥郄士美時有珍獻趙公喜而回章盈幅曲序殷勤誤卷入振武封內以遺之而振武別紙則附于潞時阿跋光進帥麟覽盈幅手字知誤書一時飛還趙公趙公因命書吏凡有尺題各令籤記以送故于今成風也

門狀文宗以前無之自朱崖李相貴盛于武宗朝凡近代稀有秩一品百官無以希取其意以爲舊刺輕（刺即今之名紙）相扇留具銜候起居狀而今又益競以善價紙如出印之字巧謟曲媚猶有未臻之遺恨井丹爾正平生於今日其亦如是乎

醉鄉日月　皇甫松（字子奇唐宣懿僖間人）

飲論第一　謀飲第二　爲賓第三
爲主第四　明府第五　律錄事第六
觥錄事第七　選徒第八　改令第九
令誤第十　骰子令第十一　詳樂第十二
旗旛令第十三　下次據令第十四　閃□令第十五
上酒令第十六　並著詞令第十七　按打第十八
手勢第十九　拒潑第二十　逃席第二十一
使酒第二十二　勸學第二十三　樂規第二十四
小酒令第二十五　褋法第二十六　進戶第二十七
釀酒第二十八　風俗第二十九　自序第三十

飲論

醉花宜晝襲其光也醉雪宜夜樂其潔也醉得意宜豔唱宣其和也醉將離宜鳴鼉（一作擊缽）壯其神也醉文人宜謹節奏慎章程畏其侮也醉俊人宜益觥盂加旗幟助其烈也醉樓宜暑資其淸也醉

水宜秋泛其爽也此皆以審其宜攷其景以與憂戰也嗚呼反此道者失飲之大也

謀飲

凡酒以色淸味重而飴者爲聖色如金而味醇且苦者爲賢色黑而酸醨者爲愚色白家醪糯觴醉人者爲君子以家醪黍觴醉人者爲中人以巷醪灰觴醉人者爲小人夫不懽之候有九主人悋一也賓輕主二也鋪陳褻而不敍者三也樂生而妓嬌四也數易令五也騁牛飲六也迭詼諧七也互相熱（一作手相鬧）八也惟懽骰子九也懽之徵有十三得其時一也賓主久間二也酒淳而飲嚴三也非觥盂不謳雖觥盂而囂不謳者四也不能令有恥五也方飲不重膳六也不動筵七也錄事貌毅而法峻八也明府不愛請（一作惜）九也廢賣律十也廢替律十一也不恃酒十二也使勿懽勿暴十三也審此九候十四也徵以爲術者飲之王道也其懽樂者飲之

覇道也

爲賓

愚同柴也僻若子張當宣令乃塞耳不聽及行令則瞋目重問此陪坐人耳

爲主

主前定則不繫賓前定則不亂樂前定則不暢酒前定則不嚴時然後懽人乃不厭

明府

明府之職前輩極爲重難蓋二十人爲飲而一人爲明府所以觀其斟酌之道每一明府管骰子一雙酒杓一隻此皆醉錄事人入配之承命者法不得拒凡主人之右主酒也甲明府得以糾諸明府之罪夫酒懦爲曠官猛爲苛政（懦爲冷也猛爲熱也）若明府貪務承命猛酌席人遂使請告公喧黷撓錄事（請告謂席人酒熱請推擲之類）明府之孤暴于四座矣

律錄事

夫律錄事者須有飲材飲材有三謂善令知音大戶也凡籠臺以白金爲之其中實以二十籌二十旗二十纛夫旗所以指巡也纛所以指飲也籌所以指犯也始賓主就坐錄事取一籌以旗與纛偕立于筵中餘置器在手執爵者告請骰子命受之復告之曰某忝骰子令乃陳其說于錄事錄事告于四席曰某官忝骰子令然縷宣之錄事之于令也必合其詞異于席人所謂巧宣也席人有犯既下籌犯者執爵請罪輒曰一人爵法未當言犯者不退請併下三籌然告其狀讞不當理則支其籌以飲焉席人刺錄事亦如之

觥錄事

凡烏合爲徒以言笑動衆暴慢無節或釜疊起坐或附耳囁語律錄事以本戶繩之奸不衰也觥錄事宜以剛毅木訥之士爲之有犯者輒設其旂于前曰某犯觥（法先旂而後纛）犯者諾而收執之拱曰知罪明府餉其觥而斟焉犯者右引觥左執旂附于胸律錄事顧伶曰命曲破送之飲訖無墜酒稽首以旂觥歸于觥主曰不敢滴瀝復觥于位後犯者捉以纛蠹犯者旂纛俱舞觥籌盡有犯者不問（謂借旬假）

選徒

大凡寡于言而敏于令者酒徒也怯猛飲而惜終歡者酒徒也不動搖而貌愈毅者酒徒也問其令而不重問者酒徒也不停觴而言褋亂者酒徒也改令及時而不涉重者酒徒也持屈爵而不分訴者酒徒也知內樂而惡外囂者酒徒也故告飲之法選徒爲根幹選酒爲枝葉選令爲敷蕚則可以愼難者斷可知矣

骰子令

大凡初筵皆先用骰子蓋欲微酣然後迤邐入令

手勢

大凡放令欲端其頸如一枝之孤柏其神如萬里之長江揚其膺如猛虎蹲踞運其眸如烈日飛動差其指如鸞欲翔舞柔其腕如龍欲蜿蜒旋其盞如羊角高風飛其袂如虎眼大浪然後可以畋漁風月繒繳笙竽

拒潑

孟子曰殺人以梃與刃有以異乎然則酗酒以拒與潑有異乎同歸酗酒也蓋有聞飲必來見杯即拒或酒糾不容密見明府責飲則必固爲翻瀉推作周章始持杯而喏吁背明燭而傾潑如此則俱爲害樂併是蠹歡自當揖之別室延以淸風展蕕葉而開襟極茗芽以從事

逃席

酒徒有逃席之疹者弃之如脫屣

使酒

大凡蔑章程而務牛飲者非歡源也醒木訥而醉喋喋者非歡源也飾已非而尙議讞者非歡源也得淺酒而訴深酌者非歡源也飲愈多而貌彌淡者非歡源也不逾令而病皴手者非歡源也已令謬而惡人議者非歡源也好請罪而諱以籌者非歡源也此人盞沉酗以濫觴紛喧之鴻漸也

進戶

進戶法葛花小荳花各陰乾各七兩爲末精羊肉一斤如法作生以二花末一兩勻入于生中如先只飲得五盞以十盞好酒熟暖沃生服之至日進一服花盡作戶倍矣

說郛卷第五十八終

說郛卷第五十九

史記法語 八卷一本無注　宋洪邁

紀第一 五帝

幼而徇齊 徇疾齊速也　有赤氣出如匹絳帛 絳解　其服士 衣服士服晉其公且豚也

穿井爲匿空旁出 穿亦作壙空音孔

紀第二 夏

食少調有餘相給　草繇木條

紀第三 殷

視水見形視民知治 以水喻民　割政 割剝之政　有好女入之紂 有美女郤入紂宮

紀第四 周

爲兒時屹如巨人之志 小人已有大人之志　棄其先祖肆祀不答 肆祭名答問也　不好笑　弓撥矢鉤

紀第五 秦

臣誠私利祿爵且留　收其良臣而從死　吾且尊官　其事在商君語中　不得良死

紀第六

操國事不道　令男子書年　寫放其宮室　羣臣相與誦皇帝功德刻于金石以爲表經　人善其所私學以非上之所建立 一私作知　人聞令下則各以其學議之　阿房宮未成成嘗欲更擇令名名之 上令字善也　求芝奇藥 芝草異藥　丞相諸大臣皆受成事倚辦于上　不敢端言其過 端正也　誦法孔子 誦孔子之書而取法也　山鬼固不過知一歲事也 不及遠也　妻爲逃嫁子不得母　皆天下累世名貴人

周廬設卒甚謹 宮外爲廬舍晝夜巡警　野諺 野人俗語　酒未及濡脣

紀第七 項羽

奴虜使之　此其志不在小 志在遠大　旦日不可不蚤自來謝 旦日明日

聽細說聽小人之言　不勝杯杓不能辭　奉白璧一雙再拜獻大王足下玉斗一雙再拜獻大將軍足下大將軍謂范增　有意督過之　吾翁即若翁必烹而翁若汝而我　毋徒苦天下之民父子爲也　不自責過

紀第八高祖

不事家人生產作業　試爲吏試補吏　貰酒賒酒　留飲酒讐數倍讐作售　此兩家常折券棄責歲終總棄不責　有重客尊客　主進主賦斂贈進爲之帥　賀錢萬實不持一錢　竟酒後　適從旁舍來　此大事願更相推擇可者　種族其家　諸所過毋得掠鹵鹵與虜同　止宮休舍　凡吾所以來爲父老除害非有所侵暴也無恐　譬猶居高屋之上建瓴水也瓴甕水瓶　遊子悲故鄉　吾魂魄猶樂思沛　道故舊爲笑樂　亡可翹足而待

紀第九呂后

泛巵泛音捧汎也　託天報仇　莫自堅其命　毋入相國產殿門　未敢訟言誅之訟一作公猶明言也　足下何爲者而入　政不出房戶

紀第十孝文

所言公公言之　除收孥諸相坐律令孥子也除秦有井坐家室之令　春秋高閱天下之義理多矣閒缺言多所謬歷也　而曰必必子人其以朕爲忘賢有德者而專于子　上以累三光之明　有犯此者勿聽治　祕祝諱之故曰祕　移過于下移君之過于民　受賂遺金錢　嘉生惡死惡去聲　常畏過行以羞先帝之遺德維年之久長懼于不終今乃幸以天年得復供養于高廟朕之不明與嘉之與去聲得卒天年已善矣

紀第十一孝景

除田半租　止馬舂不以粟食馬

表十卷

汜從布衣匹夫起　身無兢兢于當世之禁　大母家　與平臺侯昆弟行也　居衆人中常與人顏色

禮書第一

繁禮飾貌　二者心戰未能自決　臣下凜然莫必其命

樂書第二

得以接歡喜合殷勤　何必華山之騄耳而後行遠乎　通一經之士不能獨知其辭　奮之以風雨　備酒禍　禮閉淫　肉好肉好音音之洪樊　四暢交于中

律書第三

甘得之心不息　堅邊設侯　鳴雞吠狗烟火萬里　天下去湯火　自年六七十翁亦未嘗至市井游敖嬉戲如小兒狀

曆書第四

雞三號卒明　日歸于西起明于東月歸于東起明于西

天官書第五

若見若不　杓攜龍角衡殷南斗魁枕參首北斗也攝連也殷中也　三星隅置　過太白間可椷劍音函容也其間可容一劍　長庚如一疋布著天　諸此雲見　候歲美惡　死人如亂麻　雲風此天之客氣　客星出天廷有奇令

封禪書第六

其語不經見搢紳者不道獲若石云于陳倉　爲方仙道形解消化　諸所與爲皆廢　善爲巧發奇中　事化丹沙諸藥齊爲黃金　與王不相中相危以法　爲人長美言喜爲甘言　敢爲大言處之不疑　吾視去妻子如脫躧耳

河渠書第七

收皆畝一鍾　田者不能償種　水湍石不可漕　誠得水可令畝十石　岸善崩　搴長茭沈美玉竹葦編之茭

平準書第八

父馬（杜馬也父馬二字注文） 爲吏者長子孫居官者以爲姓號 以武斷于鄉曲 行者齎居者送 百姓抗弊以巧法 三人言利事析秋毫 浮食奇民 沮事之議不勝可聽 田儻（漫入田黨） 願輸家之半縣官助邊 不習仕宦不願也 何故見寃於人 馬母 事勢之流相激使然

世家第一（吳太伯）

始吾心已許之豈以死倍吾心哉 爲人能辛苦

世家第二（齊太公）

周之陰權皆宗太公爲本謀 使神可祝而來亦可禳而去也

世家第三（魯周公）

在襁褓之中 是未可鞭而置也 居喪意不在戚

世家第四（燕召公）

先生視可者得身事之 與人通關約交以五百金飲人之王

臣非以自爲爲王也

世家第五（管蔡）

且求之曹無此人 必去曹無罹曹禍 豈不欲引曹之祀者哉

世家第六（陳杞）

牽牛徑人田 十一人者皆唐虞之際名有功德臣也 小不足齒列勿論也

世家第七（衛）

身自勞與百姓同苦以收衛民 戒孫文子食 蒙衣（爲婦人之服）姻妾

世家第八（宋）

欲哭則不可欲泣爲其近婦人 卽奴事之耳

世家第九（晉）

旦暮之人曾不能待 爲太子所魚肉 齒牙爲禍 期盡不到（期盡而已不至） 犂二十五年吾冢上柏大矣 人生安樂孰知其他

世家第十（楚）

甚有功能光融天下 甚得江漢間民和 衆怒如水火 此爲蛇爲足之說也 令儀不得爲門闑之廝 抱空質 虎肉臊其兵利身人猶攻之也若使澤中之麋蒙虎之皮人之攻之必萬之于虎 居三代之傳器

世家第十一（越）

爭者事之末 試身于所末上帝禁之 身與之市 鷙鳥之擊也必匿其形 大名之下難以久居 爲一封書遺故所善 不知其意以爲殊無短長

世家第十二（鄭）

以權利合者權利盡而交疎

世家第十三（趙）

免身生男 以爲趙氏孤兒良以死然趙氏眞孤乃反在 游于鈞天廣樂九奏萬舞不類三代之樂其聲動人心 千羊之皮不如一狐之腋 鬑䰐髭頰 歌者之田且止 耕事方急一日不作百日不食 可以毋盡百姓之勞而序往古之勳 驅世以笑我 遠方之所觀赴也 錯臂左衽甌越之民也 其狀甚偉非人臣之度馳以脫關矣 同類相推俱入禍門 毋爲怨府毋爲禍梯 盛氣而胥之入 老臣病足曾不能疾走不得見久矣竊自恕而恐太后體之有所苦也 間者殊不欲食乃彊步日三四里少益嗜食 不和之色少解 嫁其禍于趙

世家第十四（魏）

鄙人也失對願卒爲弟子 上屋騎危（危棟上）

世家第十五（韓）

尚有世乎（有後） 此以一易二之計 事急願公雖病爲一宿之行

世家第十六（田齊）

淫于酒婦人　是子以幣厚吾左右以求譽也　狐裘雖弊不可以補黃狗之皮　白頭遊敖之士　女不取媒因自嫁　宜若奉漏甕沃焦釜

世家第十七（孔子）

循道彌久溫溫無所試莫能已用　歷階而升不盡一等　粥羔豚者勿飾賈　形狀末也而似喪家之狗然哉然哉　尺有咫不容何病不容然後見君子　鳥能擇木　予低回留之不能去」

世家第十八（陳涉）

今亡亦死舉大計亦死等死死國可乎　行卜　置人所罾魚腹中　卒中往往語指目勝　人奴產子（家人之產奴也）　自辨數乃置

世家第十九（外戚）

重親　欲其生子萬方終無子　欲連固根本牢甚然無益也

宗家女　丏沐沐我請食飯我乃去　男方在身　嚱大姊何藏之深也（戰國怪之辭）　丈夫當時富貴百惡滅除　衣故衣獨身來前浴不必江海要之去垢

世家第二十（楚元王）

時時與賓客過巨嫂食　佯爲羹盡櫟釜

世家第二十一（荊燕）

游乏資以晝干澤　呂氏雅故本推轂高帝就天下

世家第二十二（齊悼惠王）

酒吏　顧而父知田耳　試爲我言田　深耕穊種立苗欲疏　有亡酒一人　虎而冠　失火之家豈暇先言大人而後救火重寵

世家第二十三（蕭相國）

文無害（如今言公平吏）　卽不及奏上輒以便宜施行上來以聞　使使勞苦丞相　未嘗有汗馬之勞徒持文墨議論　功狗也　爲家不治垣屋　錄錄未有奇節

世家第二十四（曹參）

居縣爲豪吏　齊故俗諸儒以百數言人人殊　終莫得開說相舍後園近吏舍　反立取酒張坐飲　日飲無所請事　然無言吾告若也

世家第二十五（留侯）

年少未宦事韓　良與客狙（伺候也）　彊忍下取履父曰履我良業爲取履因長跪履之父以足受　與老人期後何也去　可屬大事當一面　藉前箸　此難以口舌爭之　使羊將狼　上雖苦爲妻子自彊

世家第二十六（陳丞相）

獨視偉平平亦以故後去　一縣中盡笑其所爲　游道日廣

如冠玉耳其中未必有也　兒婦人口不可用　君獨不素教我對

世家第二十七（絳侯）

材官　先至城下爲多（戰功）　尙公主不相中　從理入口　將以下騎迓迎　若兒戲耳　卽有緩急周亞夫眞可任將兵　人生各以時行耳　尙席（主席者）

世家第二十八（梁孝王）

雖知非至言然心內喜　百巨萬　事從中生　阿意治小私說少見之人如從管中闚天

世家第二十九（五宗）

子凡十三人爲王而母五人同母者爲宗親　晚節嗇惟恐不足于財　多持金錢事絕其獄　持詭辨以中人　樂酒好內

世家第三十（三王）

躬自切責也　肥德葬　陛下在妾又何等可言者　以手擊頭謝

白沙在泥中與之皆黑　欲和合骨肉

傳第一伯夷

詩書雖缺然虞夏之文可知也　左右欲兵之　肝人之肉　此其尤大彰明較著者也　專犯忌諱　舉世混濁淸士乃見　同明相照　伯夷叔齊雖賢得夫子而名益章顏淵雖篤學附驥尾而行益顯

傳第二管晏

下令如流水之源　俗之所欲因而予之俗之所否因而去之

擁大蓋策駟馬意氣揚揚甚自得也　假令晏子而在余雖爲之執鞭所忻慕焉

傳第三老子韓非莊子

其人與骨皆已朽矣　蓬累而行　良賈深藏若虛　鳥吾知其

能飛魚吾知其能游　世莫知其然否　大抵率寓言也　皆空語無事實　剽剝儒墨　雖當世宿學不能自解免　所養非所用所用非所養　徑省其辭　自知其計　其家甚知其子而疑鄰人之父　其極慘礉少恩

傳第四穰苴

擢之閭伍之中　立表下漏　仆表決漏　身與士卒平分糧食

傳第五孫子吳起

汝知而心與左右手背乎　罷休就舍　救鬬者不搏撠　批亢擣虛形格勢禁　與士卒最下者同衣食　舟中之人盡爲敵國

主少國疑

傳第六伍子胥

剛戾忍詢　人衆者勝天　吾日莫途遠吾故倒行而逆施之

爲人能苦辛　隱忍就功名

傳第七仲尼弟子

受業身通者七十有七人皆異能之士也　千鈞之重加銖兩而移　無報人之志而令人疑之拙也有報人之意使人知之殆也事未發而先聞危也　句踐頓首再拜　不料力　焦脣乾舌

好廢舉與時轉貨貲廢舉謂停貯也與時謂逐時也　喜揚人之美不能匿人之過

說取予去就名施乎諸侯　結駟連騎排藜藿入窮閻　持兩具

傳第八商君

公叔病有如不可諱將奈社稷何　王色不許我　語事良久時時睡不聽　未中旨　不自知厀之前于席也　語數日不厭

子何以中吾君吾君之驩甚也　安能邑邑待數十百年以成帝王乎　愚者暗于成事　緣法而治者吏習而民安之　常人安于故俗　令民爲什伍而相收司　事末利　千羊之皮不如

一狐之腋千人之諾諾不如一士之諤諤　終日正言而無誅

欵關請見　舂者不相杵　操闟戟　旁車而趨　危若朝露尙將欲延年益壽乎　舍客人不知其是商君也　舍人無驗者坐之　其天資刻薄人也　挾持浮說　予嘗讀商君開塞耕戰書與其人行事相類

傳第九蘇秦代厲

釋本而事口舌　屈首受書　顯王左右素習知蘇秦皆少之弗信　被山帶渭　皆願奉教陳忠于前之日久矣　捐館舍　常苦出辭斷絕人之交願君愼勿出于口此人之所以爲君願也

恐愓諸侯愓呼愒反　立國日淺未嘗得聞社稷之長計　今上客有意存天下　韓卒超足而射百發不暇止遠者括蔽洞胸近者鏑弇心　被堅甲　蹠勁弩　寧爲雞口無爲牛後　衡人怵王交彊虎狼之秦　受冠帶祠春秋　緜緜不絕蔓蔓奈何　未嘗得

聞明教 不下戶三男子 恫疑盧喝 妙音美人 心搖搖然
如縣旌而無所終薄 委蛇蒲服以面掩地 且使我有雒陽負
郭田二頃吾能佩六國相印乎 貸百錢爲資 徧報諸所嘗見
德者 飢人所以飢而不食烏喙者爲其愈充腹而與餓死同患
也 詳僵而棄酒 去尊安而取危卑 此其智有過人者 毋
令獨蒙惡聲

傳第十 張儀陳軫犀首

何不往遊以求通子之願 戒門下人不爲通又使不得去者數
日 賜僕妾之食 恐其樂小利而不遂 此吾在術中而不悟
爭名者于朝 使豺狼逐羣羊 一舉而名實附 地四平諸
侯四通 車馳人走不待力而至 可立而須 輕走易北不能
堅戰 嫁禍 多奮辭而少可信 賢其辨而牽其說 積羽沉
舟羣輕折軸衆口鑠金積毀銷骨 盧上舍而自館之 使秦女

得爲大王箕帚之妾 計無便此者 願陳子閉口毋復言 軫
可發口言乎 毋爲秦所魚肉 虎之與羊不格明矣 不與猛
虎而與羣羊 兵不如者勿與挑戰粟不如者勿與持久 跿跔
音徒俱跣跳也 左挈人頭右挾生虜 無異垂千鈞之重于鳥卵之上
聽須臾之說 造禍而求其福報 愁居懾處不敢動搖惟大王
有意督過之也 飲甲凋兵 面相見而口相結 方將約車趨
行 適聞使者之明詔 雖大男子裁如嬰兒 願乞其不肖之
身 賣僕妾不出閭巷而售者良僕妾也出婦嫁于鄉曲者良婦
也 故越之鄙細人也 文繡千純 振暴其短

傳第十一 樗里子甘茂

事成盡以爲子功 倍數險行千里攻之難 禽困覆車 禽獸困急猶能抵觸
覆車 貧人女與富人女會績 我無以買燭而子之燭光幸有餘
子可分我餘光無損子明 願君以餘光振之 以苟賤不廉聞

于世 少與之同衣 何不快之甚 臣不知卿所死處矣 年
少耳然名家之子孫 以骨肉重 亦戰國之策士也

傳第十二 穰侯

非計之工 天幸爲多 是以天幸自爲常也 以千鈞之弩決
潰癰 取天下之腸胃 貴極富溢一夫開說身折勢奪

傳第十三 白起王翦

禍大于所得 國內空遠絕河山而爭人國都 其意尚怏怏不
服有餘言 是足以死 于將軍度用幾何人而足 三日三夜
不頓舍 故及大王之嚮臣臣亦及時以請園池爲子孫業耳
怚音慮而不信人 日休士洗沐而善飲食撫循之親與士卒同食
投石超距 尺有所短寸有所長 坳身沒 彼各有所短也

傳第十四 孟子荀卿鄒衍淳于髡

閎于事情 所如者不合 其語閎大不經 中國者于天下乃

八十一分居其一分耳 側行撇席 仲尼菜色陳蔡 持方枘
欲內圜鑿 學無所主 承意觀色爲務 一語連三日三夜
久與處時有得善言

傳第十五 孟嘗君

不舉五月子 長與戶齊 又尚厚積餘藏欲以遺所不知何人
公家之事日損 使主家待賓客 舍業厚遇之 傾天下之
士食客數千人無貴賤一與文等 屏風後常有侍史主記君所
與客語問親戚居處 飯不等 人人各自以爲孟嘗君親己
見木偶人與土偶人相與語 眇小丈夫 馮先生甚貧猶有一
劍耳又蒯緱 茅繩也言無物可裝 貸錢者多不能與其息 多釀酒買肥羊
勢不兩立爲雄 客見文一日廢 結轡下拜 物有必至事
有固然 富貴多士貧賤寡交 明旦側肩爭門而入 非好朝
而惡暮所期物忘其中 其俗閭里率多暴桀子弟與鄒魯殊

傳第十六 平原君趙勝

槃散行汲　笑躄　士不外索取于食客門下足矣得十九人餘無可取者無以滿二十人　錐之處囊中其末立見　左右未有所稱誦勝未有所聞是先生無所有也先生不能先生留　臣乃今日請處囊中耳使遂早得處囊中乃穎脫而出非特其末見而已　相與目笑之　取雞狗馬之血來　歃血定從　左手持盤血而右手招十九人　公等錄錄所謂因人成事者也　勝不敢復相士　令夫人以下編于士卒之間分功而作　士方其危苦之時易德耳操其兩權事成操右券以責事不成以虛名德君　抒意通指　煩文以相假飾辭以相惇巧譬以相移引人聲使不得及其意 抒意煩文二節係集解語　躡蹻擔簦 長柄笠　相室　必于其長者薄而于婦人厚也　從母言之是爲賢母從妻言之是必不免爲妬妻　翩翩濁世之佳公子　料事揣情　然虞卿非窮愁亦不能著書以自見于後世

傳第十七 魏公子

居頃　臣之客有能探得趙王陰事者　俾倪故久　于衆人廣坐之中不宜有所過　隱屠間　具告所以欲死秦軍狀　曾無一言半辭送我　以肉投餒虎　尙安事客　欲爲公子死無所辭顧未有路耳公子誠一開口請如姬　嚄唶宿將　父子俱在軍中父歸兄弟俱在軍中兄歸獨子無兄弟歸養　不敢自比于人　有自功之色 自驕而功之　立自責若無所容者　侍酒至暮　平原君之游徒豪舉耳　其不足從游乃裝爲去

傳第十八 春申君

留死于秦　魏之兵雲翔而不敢救　天下五合六聚　三王不足四五伯不足六　鬼神孤傷無所血食　出身以狥其主　貴用事久　妾賴天有子男　身臨不測之罪　有毋望之福　有身而入之王

傳第十九 范雎蔡澤

謁君得無與諸侯客子俱來乎　久留臣無爲也　宋有結綠梁有縣黎 美玉　願得少賜遊觀之間望見顏色處人骨肉之間　杜口裹足莫肯鄉秦　馳韓盧而搏蹇兎　得寸則王之寸也得尺亦王之尺也　地形相錯如繡　斃斷無諱　木實繁者披其枝　范叔一寒如此哉　主人翁習知之　賈不意君能自致于靑雲之上　賈不敢復讀天下之書不敢復與天下之事　賈有湯鑊之罪惟君死生之　擢賈之髮以續賈之罪尙未足　更醉而溺我　綈袍戀戀有故人之意　夾而馬食之　卒然捐館舍　願與君爲布衣之友願與君爲十日之飲　急士之窮　楚之鐵劍利而倡優拙　曷鼻巨肩魋顏蹙齃　富貴吾所自有吾所不知者壽也　持粱刺齒肥　結紫綬于腰　百體堅強　吉祥善事

生而辱不如死而榮　批患折難　退而岩居川觀　欲而不知止失其所以欲有而不知足失其所以有　長袖善舞多錢善賈

傳第二十 樂毅

自以爲奉令承教可幸無罪　善作者不必善成　以幸爲利義之所勿敢出也　交絕不出惡聲　室有語不相盡以告鄰里

傳第二十一 廉頗藺相如趙奢李牧

臣頭今與璧俱碎于柱矣　和氏璧天下所共傳寶也　堅明約束　徒以口實爲勞　吾羞不忍爲之下　相如雖駑獨畏廉將軍哉　徒以吾兩人在也　田部吏　兩鼠鬭于穴中　以名使括　徒能讀其父書傳不知合變也　失勢之時故客盡去　雖老尙善飯　三遺矢　非死者難也處死者難　引璧睨柱

傳第二十二 田單

齊諸田疏屬　身操版插與士卒分功　始如處女敵人開戶後如脫兔敵不及距

傳第二十三魯仲連鄒陽

好奇偉俶儻之畫策而不肯仕宦任職好持高節　吾始以君爲天下之賢公子也吾乃今然後知君非天下之賢公子也　請爲紹介　吾聞魯仲連先生齊國之高士也衍人臣也使事有職吾不願見魯仲連先生　吾視居此圍城之中者皆有求于平原君者也今吾觀先生之玉貌非有求于平原君者也　彼秦者棄禮義而上首功之國也權使其士虜使其民　吾乃今日知先生爲天下之士也　即有取者是商賈之事也而連不忍爲也　爲書約之矢以射城中　智者不再計　光燭鄰國　業與三王爭流而名與天壤相弊　太白天之將軍太白云云集解語　白頭如新傾蓋如故　剖心析肝相信　從昏飯牛薄夜半從昏云云集解語　偏聽生姦

蟠木根柢輪囷離詭

傳第二十四屈原賈生

嫺于辭令　入則與王圖議國事以出號令　屬草稾未定　天者人之始父母者人之本人窮則反本故勞苦倦極未嘗不呼天也疾痛慘怛未嘗不呼父母也　自疏濯淖汙泥之中蟬蛻于濁穢以浮游塵埃之外不獲世之滋垢皭然泥而不滓者也　懷瑾握瑜　以身之察察受物之汶汶蒙世俗之溫蠖　汨徂南土汨行也　鳳凰在笯　邑犬羣吠吠所怪　吳廷尉爲河南守聞其秀才召置門下　諸老先生不能言　人人各如其意所欲出　闒茸尊顯　逆曳倒植　棄周鼎而寶康瓠　吉乎告我凶言其菑　澹乎若深淵之靜泛兮若不繫之舟　具道所以然之狀　以彼其材游諸侯何國不容而自令若是

傳第二十五呂不韋

往來販賤賣貴　有所甚愛姬　車乘進用不饒居處困　此奇貨可居　吾門待子門而大　心知所謂乃引與坐深語　子貧客于此非有以奉獻于親及結賓客也　以夫人爲天　以色事人者色衰而愛弛　不以繁華時樹本即色衰愛弛雖欲開一言尚可得乎

傳第二十六刺客

貪小利以自快　善客待之　女爲悅己者容　且吾所爲者極難耳　衆人遇我我故衆人報之　且夕得甘毳以奉親親供養備　老母在政身未敢以許人　市行者諸衆人皆曰　以天年下世　相樂也已而相泣　雖游于酒人乎　資怨而助禍　利匕首血濡縷　其人居遠未來　日已盡矣時多　髮盡上指冠　具知其事爲予道之如是

傳第二十七李斯

竄上騷音搔除　李斯議亦在逐中　飾後宮充下陳　擊甕叩缻彈箏搏髀而歌呼嗚嗚快耳目者眞秦之聲也　快意當前適觀而已　定一尊天子　聞令下即各以其私學議之　巷議　禁之便　上不知其駑下遂擢至此　吾未知所稅駕　父捐命遣命　贏糧躍馬惟恐後時　懷通侯之印歸于鄉里　辨于心而拙于口　見末而知本觀指而覩歸　人生居世間譬猶騁六驥過決隙　御府之衣臣得賜之中廐之寶馬臣得賜之　慈母有敗子救過不給　請爲君侯上間語君　丞相輒來請事丞相豈少我哉　閒其文書相往來未得其審　瞉抵角抵　私家之富與公家均　少失先人無所識知　夫高故賤人也　以忠死　復牽黃犬俱出上蔡東門逐狡兔

傳第二十八蒙恬

嘗書獄　皆生隱宮宦者　此其中不能無絕地脈

傳第二十九（張耳陳餘）
去抵父客　生平數聞耳餘賢未嘗見見郎大喜　頭會箕斂
傳檄而千里定　誅殺如前十城　不意君之望臣深也豈以臣
爲重去將也哉　爲天下宰不平　漢王與我有舊故　願君無
復出口　事敗獨身坐耳　刺剟身無可擊者　立名義不侵爲
然諾者　勞苦如生平懽　具道本指所以爲者　王不知狀

傳第三十（魏豹彭越）
緩頰往說豹　人生一世間如白駒過隙　罵詈諸侯羣臣如罵
奴耳非有上下禮節也　有司治反形已具　得攝尺寸之柄
雲蒸龍變

傳第三十一（黥布）
率其曹偶　提空名以鄉楚　布甚大怒悔來　布又大喜過望
疏爵而貴之　此皆爲身不顧後爲百姓萬世慮者也　常爲

首虐

傳第三十二（淮陰侯）
不得推擇爲吏　常從人寄食飯　諸母漂（以水擊絮爲漂）　吾必有以重
報母　大丈夫不能自食吾哀王孫而進食　中情怯耳　信度
何等已數言上上不我用　如失左右手　國士無雙　王必欲
長王漢中無所事信　非信無所與計事者　吾亦欲東耳安能
鬱鬱久居此乎　素慢無禮　拜大將如呼小兒　人人各自以
爲得大將　喑噁叱咤十人皆廢　言語嘔嘔（音吁）　兵號數萬其
實不過數千　夜半傳發　先據便地爲壁　東鄉坐西鄉對師
事之　前左水澤　非得素拊循士大夫　委心歸計　奉咫尺
之書　臣多多而益善耳　寃哉烹也　高材疾足者先得焉
吾如淮陰淮陰人爲予言　令其旁可置萬家

傳第三十三（韓信盧綰陳豨）
蘖孫　跂而望歸　國被邊　非有大罪急自歸　與將軍爭一
旦之命　痿人不忘起盲者不忘視　傳子至孫孫無子失侯
里中持羊酒賀兩家　里中嘉兩家親相愛生子同日壯又相愛
復賀兩家羊酒　有吏事辟匿　所以待賓客如布衣交皆出客
下　令人覆按豨客居代者財物諸不法事　夫計之生熟成敗
于人也深矣

傳第三十四（田儋）
蝮螫手則斬手　齮齕用事者墳墓　大者王小者迺侯耳　尸
鄉廄置　善爲長短說

傳第三十五（樊噲酈商滕公灌嬰）
以屠狗爲事　謝無有閉關事　中酒（酒醴）　賜之卮酒彘肩　病
甚惡見人　詔戶者無得入羣臣　誅呂媭婣屬　天下稱酈況
賣交　賜嬰縣北第第一曰近我以尊異之

傳第三十六（張丞相蒼）
好書律曆　主柱下方書（四方文書）　解衣伏質　身長大肥白如瓠
側耳于東廂聽　吾念之欲如是而羣臣誰可者　念非公無
可者公不得已彊行　蒼本好書無所不觀無所不通而尤善律
曆　材官蹶張　坐爲太守受故官送　娖娖廉謹爲丞相　無
所能發明功名有著于當世者　木彊人　孝武時丞相多甚不
記莫錄其行起居狀略　且紀征和以來　其治容容隨世俗浮
沉而見謂諂巧

傳第三十七（酈生陸賈）
家貧落魄無以爲衣食業　皆握齱好苛禮自用不能聽大度之
言　此眞吾所願從遊莫爲我先　生自謂我非狂生　不宜倨
見長者　輟洗起攝衣　名爲有口辨士　魋結（今兵士椎頭結）　以新造
未集之越　天地剖泮　崎嶇山海間　越中無足與語至生來

令我日聞所不聞　橐中裝值千金他送亦千金　時時前說稱
詩書　乃公居馬上而得之　畏大臣有口者　與汝約過汝汝
給吾人馬酒食極欲十日而更所死家得寶劍　一歲中往來過
他客率不過再三過數見不鮮無久慁公爲也　常燕居深念陸
生往請若問起居　何念之深　生揣我何念　注意相　在兩君掌
握耳　爲飲食費　遊漢廷公卿間名聲籍甚　願得望見口畫
天下便事　使者入通　狀貌類大儒衣儒衣冠側注　未暇見
儒人　走復入言沛公吾高陽酒徒也非儒人也　懼而失謁
跪拾謁　客天下壯士也　雪足
傳第三十八傅寬靳歙蒯成
軍乍利乍不利終無離上心　今上常自行是爲無人可使者乎
上以爲愛我
傳第三十九劉敬叔孫通

願見上言便事　欲與之鮮衣　衣帛衣帛見衣褐衣褐見　哭
泣之聲未絕傷痍者未起　卒然有急百萬之衆可具　搤天下
之吭而拊其背　此宜夸矜見所長此必欲見短　漢適女送厚
以歲時漢所餘彼所鮮數問遺　豈嘗聞外孫敢與大父抗禮
者哉　何足置之齒牙間　五帝異樂三王不同禮　吾不忍爲
公所爲不合古吾不行公往矣無汙我　以尊卑次起上壽　攻
苦食啖淡　千金之裘非一狐之腋
傳第四十季布欒布
爲氣任俠　此不北走胡卽南走越耳　待閒果言如朱家指
勇使酒難近　至留邸一月見罷　陛下無故召臣此人必有以
臣欺陛下者今臣至無所受事罷去此人必有以毀臣者以一人
之譽而召臣以一人之毀而去臣　得黃金百斤不如得季布一
諾　短兵接兩賢豈相厄哉　賃傭于齊爲酒人保　反形未見

傳第四十一袁盎鼂錯
意得甚　主在與在主亡與亡　丞相如有驕主色　請室獄也
千金之子坐不垂堂百金之子不騎衡　願至上前口對狀　其
語具在吳事中　公幸有親吾不足以累公　與閭里浮沉相隨
行鬬雞走狗　博徒　且緩急人所有夫一旦有急叩門不以親
爲解不以存亡爲辭　譬之皆不容口　之掊生所問占　學申
商刑名于軹張恢先所　陗直刻深　常數請閒言事輒聽寵幸
傾九卿　丞相心勿便力未有以傷　枝郡　別疏人骨肉人口
議多怨公　劉氏安矣而鼂氏危矣　吾去公歸矣　好聲矜賢
竟以名敗　變古亂常不死則亡
傳第四十二張釋之馮唐
卑之毋甚高論　尉左右視盡不能對　此兩人言事曾不能出
口　喋喋利口捷給　吏爭以亟疾苛察相高　教兒子不謹

倚瑟而歌　用紵絮斮陳蕠漆其間　雖錮南山猶有郄　此人
親驚吾馬馬柔和令他馬固不敗傷我乎　有如萬分之一取長
陵一抔土　善爲黃老言處士也　不能取容當世　父老何自
爲郎家安在　今吾每飯意未嘗不在鉅鹿也父知之乎　公奈
何衆辱我獨無間處乎　鄙人不知忌諱　士卒盡家人子起田
中從軍安知尺籍伍符　上功幕府一言不相應文吏以法繩之
臣誠愚觸忌諱死罪死罪
傳第四十三萬石張叔
中涓受書謁　積功勞至大中大夫　歸老于家以歲時爲朝臣
訢訢如也唯謹　文多質少　親中裙廁牏廁竇械窬竅器也窬音豆械虎子也廁行清窬
行中受糞者也最親近身之衣也　內史坐車中自如固當　更進用事　不關決于
丞相　丞相老謹不能與其議　無他大略爲百姓言　實無他
腸　不與他將爭　而告歸者來而歸金而前郎亡金者大慚

然獨無奈其善盜嫂何也　衣敝補衣　于後宮祕戲　子孫咸
至大官
傳第四十四（田叔）
喜劍　刻廉自喜喜游諸公　微陛下臣等當蟲出　上盡召見
與語漢廷臣毋能出其右者　以官卒　不以百金傷先人名
爲人將車之長安留求事爲小吏未有因緣也因占著名數家于
武功　無錢用以事將軍家監家監養惡齧馬兩人同牀臥　無
一人習事有智略者　將門之下必有將類　如木偶人衣之綺
繡耳　各自具鞍馬新絳衣家貧無用具也　錢官　久乘富貴
禍積爲祟
傳第四十五（扁鵲倉公）
爲人舍長　長桑君（扁鵲師）　出其懷中藥予扁鵲　飲以上池之
水三十日當知物矣　我之帝所甚樂　未嘗得望淸光侍謁于

前　俞跗治病不以湯液醴灑鑱石撟引案抗毒熨一撥見病之
應　割皮解肌訣脉結筋搦髓腦　湔浣腸胃漱滌五藏　曾不
可以告咳嬰之兒　切脉望色聽聲寫形　聞病之陽論得之陰
聞病之陰論得之陽　目眩然而不瞚舌撟然而不下　噓唏服
臆魂精泄橫流涕長潸忽忽承睞悲不能自止　形靜如死狀
以陽入陰支蘭藏者生　此自當生者越人能使之起耳　雒司
命無奈之何　人之所病病疾多醫之所病病道少　聞貴婦人
卽爲帶下醫聞周人愛老人卽爲耳目痺醫聞秦人愛小兒卽爲
小兒醫　左右行游諸侯不以家爲家　生子不生男緩急無可
使者　詔問臣意治病者有其書無有皆安受學受學幾何歲嘗
有何驗何縣里人也何病醫藥已其病之狀皆何如　驗之可一
年所　成之病得之飲酒且內湧疝令人不得前後溲　一飲得
前溲再飲大溲　病之得內　脉無五藏氣　脉少衰不死當浴
流水而寒甚已則熱　出之水中衣盡濡有閒而身寒已熱如火
至今不可以見寒　一飲汗盡再飲熱去三飲病已　大小溲
流汗出滫滫者去衣而汗晞也　沉之而大堅浮之而大緊　盛
怒而以接內　寒中迥風（洞）　飲食下嗌而輒出不流　風入中
得之欲溺不得因以接內　豎病重在死法中　齲齒　血如
豆比五六枚　望其色有病氣　望之殺然黃察之如死靑之茲
流汗數出炙于火而以出見大風　柔湯　內寒月事不下
欲男子而不可得　嗇而不屬者其來難堅故曰月不下　飲食
下嗌輒後之　泄數十出　柔齊剛齊　陽疾處內陰形應外
悍藥入中宛氣愈深　二陰應外一陽接內者不可以剛藥　四
支不能自用　牡疝　病名多同而診異　不中期死　論藥用
所宜　好諸方事　悉受書之　精方　意死不敢安傳人　以
其伎見殃

傳第四十六（吳王濞）
壯王　若狀有反相心獨悔業已拜　察見淵中魚不祥　王始
詐病及覺見責急愈益閉　卒踐更輒與平賈　反遲禍大　服
舍（在喪大）　使誂膠西王無文書口報曰　有宿夕之憂　舐糠及
米　身有內病　諸年上與寡人比下與少子等者皆發　其以
軍若城邑降者卒萬人邑萬戶如得大將　其有故爵邑者更益
勿因　白頭舉事　臣以無能不得待罪行間臣非敢求有所將
兵且至至屠下邳不過食頃　深入多殺爲功　使使惡條侯
于上
傳第四十七（魏其武安侯）
除嬰門籍不得入朝請　擁趙女屏間處而不朝　有如兩宮螫
將軍則妻子毋類矣　辨有口學　進名士家居者貴之　以毀
去　丞相入奏事坐語移日薦人或起家至二千石權移主上

君除吏已盡未吾亦欲除吏　益疏不用無勢　萬金良藥　兩人相爲引重其游如父子相得驩甚無厭恨相知晚也　夫妻治具　數以酒失得過丞相　獨故人避席耳餘半膝席　耳語生平毀程不識不直一錢　效女兒呫囁耳語　獨不爲李將軍地乎　侯自我得之自我捐之　腹誹而心謗　非有大惡爭杯酒不足引他過以誅・公平生數言魏其武安長短今日廷論局促效轅下駒　今我在也而人皆藉吾弟令我百歲後皆魚肉之矣　與長孺共一老秃翁何爲首鼠兩端　今人毀君君亦毁之譬如賈豎女子爭言何其無大體也

傳第四十八韓長孺

死灰獨不復然乎　雖有親父安知其不爲虎雖有親兄安知其不爲狼　私行千金丞相蚡　猶頗可得以慰士大夫心　意忽忽不樂　天子方倚以爲漢相

傳第四十九李將軍

誘騎　令諸騎曰前前未到匈奴陳二里所止　就善水草人人自便　莫府省約文書　有一胡兒騎善馬　漢之飛將軍　李廣老數奇　欲上書報天子軍曲折　悛悛如鄙人口不能道辭　桃李不言下自成蹊

傳第五十匈奴

其畜之所多則馬牛羊其奇畜則橐駝驢鸁　以言語爲約束　兒能騎羊引弓射鳥鼠少長則射狐兔　千里馬匈奴寶馬也　甌脫界上屯守處　其世傳不可得而次云　其坐長左　舉事候星月　月盛壯則攻戰月虧則退兵　善爲誘兵以冒敵　諸引弓之民并爲一家　書牘以尺二寸　渫惡民邪惡之民　薄物細故皆不足以離兄弟之驩　時小入盜邊　我兒子安敢望漢天子漢天子我丈人行

傳第五十一衛將軍驃騎

先母之子皆奴畜之不以爲兄弟數　鉗徒　人奴之生得無笞罵卽足矣安得封侯事乎　捕服聽者伏于隱處聽軍虛實　知善水草處軍得以無飢渴　軍亦有天幸　常坐留落不遇　乘傳先詣行在所　顧方略何如耳不至學古兵法　無以家爲也

傳第五十二平津侯主父

恢奇多聞　人主病不廣大人臣病不儉節　開陳其端令人主自擇　習文法吏事而又緣飾以儒術　恐先狗馬塡溝壑　君不幸罹霜露之病何恙不已　迺上書歸侯乞骸骨　晚乃學易春秋百家言游齊諸生間　假貸無所得　爲客甚困　功流萬世　雖有覆軍殺將之功亦適足以結怨深讐不足以償天下之費　禽獸畜之不屬爲人　兵久則變生事苦則慮易　將吏相疑而外市與外國交　俳優侏儒之笑不乏于前　宿憂　介冑生蟣蝨　人人自以爲更生　壤長地進　無狗吠之驚　生不五鼎食死卽五鼎烹耳吾日暮途遠故倒行暴施之　未有樹直表而得曲影　與內奢泰而外爲詭服以釣虛譽者殊科　遠迹羊豕之間

傳第五十三南越尉佗

揚越揚州之南越　頗有中國人相輔　妄竊帝號聊以自娛　方日夜裝入見天子　倘樂擅殺生自恣　飭治行裝重齎爲入朝具　男盡上王女女盡嫁王子兄弟　有逮叔督也　狐疑相杖　取自晚一時之利　犂旦黎連也

傳第五十四東越

項籍主命勿王　以海風波爲解

傳第五十五朝鮮

有便宜得以從事　具以素所意告

傳第五十六 西南夷

略通五尺道　諸此國頗置吏　筰馬僰僮

傳第五十七 司馬相如

令與諸生同舍　家貧無以自業　久宦游不遂　繆爲恭敬日往朝相如　令有貴客爲具召之并召令　一坐盡傾　奏琴爲鼓一再行　繆與令相重而以琴心挑之　雍容閒雅甚都　家居徒四壁立　不分一錢也　買一酒舍酤酒　身自著犢鼻褌與保庸雜作　有一男兩女所不足者非財也今文君以失身于司馬長卿長卿故倦游雖貧其人材足依也且又令客　嫁時衣被財物　子虛虛言也爲楚稱烏有先生者烏有此事者也爲齊難　無是公　白墡 注　榜人歌　吞若雲夢者八九其于胸中曾不蔕芥　萬端鱗萃　角觿 音觿似猪角在鼻上墡作弓李陵嘗以此遺蘇武　臨邛諸公皆因門下獻牛酒以交驩　自以得使女尙司馬長卿晚　厚分與

其女財與男等同　湛恩汪濊　非常者固常人之所異　委瑣齷齪拘文牽俗　勁越　長卿固未嘗有書也時時著書人又取去卽空居　未死時爲一卷書

傳第五十八 淮南衡山

殺以閉口 緘口也　有大死罪陛下不忍致法幸赦遣其子子母從居　一尺布尙可縫一斗粟尙可舂　閉太子使與妃同內三月　求女無夫家者爲士卒衣補　一船之載當中國數十兩車　不能十分吳楚之一　賜絕命之書　涕滿匡而橫流　皆不以爲子兄數　不省錄著兄弟數中 注　騎上下山若蜚　天下熬然若焦　悲號仰天叩心而怨上　結九江之浦絕豫章之口　屈彊江淮間猶可得延歲月之壽　及他逆無道事驗明白　吏二百石以上及比者 比吏而非眞　兄弟相責望禮節間不相能　女弟嫁棄歸

傳第五十九 獄吏

秋冬則勸民山採春夏以水 衆多水時而出材竹　如此幾何頃乎　童子不犂畔　老人兒啼　傳其罪下吏

傳第六十 汲黯爲當時

不足以辱天子之使　屋比延燒　不得久留內　其治責大指而已不苛小　治務在無爲而已　性倨少理　不合己者不能忍見　使人可其奏　何乃取高皇帝約束紛更之爲公以此無種矣　湯辨常在文深小苛　陷人于罪使不得得反其眞以勝爲功　如發蒙振落耳　褊心不能無少望　如積薪耳後來者居上　從民貰馬民或匿馬馬不具　臣自以爲塡溝壑不復見陛下不意陛下復收用之　常有狗馬病　好興事舞文法　其慕長者如恐不見年少官薄然其游知交皆其大父行　推轂士常趨和承意不敢甚引當否　有勢則賓客十倍　門外可設

雀羅　一貧一富乃知交態

傳第六十一 儒林

廣厲學官之路　退居家教　爲治者不在多言顧力行何如耳　履雖新必關于足　食肉不食馬肝不爲不知味言學者無言湯武受命不爲愚　諛儒　諸山東大師無不涉尙書以教　敏于文口不能發明也　求雨閉諸陽縱諸陰其止雨反是　弟子通者至于命大夫

傳第六十二 酷吏

昔天下之網嘗密矣　問遺無所受請寄無所聽　以危法中都　便道之官　爲人小吏必陵其長吏爲人上操下如束溼薪　相造請　舞智以御人　乾沒 得利爲乾失利爲沒　隨勢浮沉 注　已心內雖不合然陽浮慕之　所治卽上意所欲罪予監史深禍者卽上意所欲釋予監史輕平者　其造請諸公不避寒暑　文深意忌

不專平　刻深吏多爲爪牙用者　舞文巧詆以輔法　往來兩宮間寒心者數月　其治如狼牧羊　重足一迹　不寒而栗以鷹擊毛摯爲治　吏之治以斬殺縛束爲務　把其陰重罪快其意所欲得此人雖有百罪勿法　令冬月益展一月足吾事矣　有勢家雖有姦如山勿犯　攻訐下戶之猾以焄大豪　爪牙吏虎而冠　內深刺骨其用深刻至骨　徼見其寃狀　專以人主意指爲獄　九卿碌碌奉其官救過不贍何暇論繩墨之外乎　蝮鷙　扑擊賣請

傳第六十三大宛

竟不能得月氏要領　有大鳥卵如甕　大轂抵　見漢之廣大傾駭之　離宮別觀旁盡種蒲萄苜蓿極望　善市賈爭分銖徙其城下水空一作大

傳第六十四游俠

義不苟合當世當世亦笑之　且緩急人之所時有也　設取予然諾千里誦義　爲死不顧世　專趨人之急　短小精悍　以軀借交報仇藏命作姦　振人之命　其陰賊著于心卒發于睚眦如故云　與人飲使之釂非其任彊必灌之　爲人請求事事可出出之不可者各厭其意

傳第六十五佞幸

力耕不如逢年善事不如遇合　女以色媚　公卿皆因關說以櫂船爲黃頭郎　獨自謹其身以媚上　嗜吮之　坐法廢給事狗中

傳第六十六滑稽

此鳥不飛則已一飛沖天不鳴則已一鳴驚人　豈有說乎　所持者狹而所欲者奢　不過一斗徑醉矣　親有嚴客帣衣強韝　留拜鞠曲也跽間　時賜餘瀝　朋友交游久不見卒然相覩歡然道故私情相語　前有墮珥後有遺簪　主人留髡而送客羅襦襟解微聞薌澤　髡心最歡　酒極則亂　馬病肥死　葬之于人腹腸　抵掌談語　請歸與婦計之　山居耕田苦　又恐受賕枉法爲姦觸大罪　持廉至死　陛楯皆沾寒　幸雨立　易爲漆耳顧難爲陰室　好讀外家傳語竊不遜讓復作故事滑稽之語六章編之左方　游心駭耳　上書凡用三千奏牘兩人共持舉其書僅然能勝之　人主從上方讀之止輒乙其處讀之二月乃盡　飯已盡懷其餘肉持去衣盡汙　避世于朝廷間　陸沉于俗避世金馬門　子孫長榮　連四海之外以爲席　寡偶少徒願賜美酒粱飯大飧臣　奇策便計　履有上無下足盡踐地相馬失之瘦相士失之貧　以手擊頭呼幸甚　徒揭空籠造詐成辭　多言失實　君子相送以言小人相送以財　簪筆磬折嚮河立待良久　狀河伯留客之久

傳第六十七日者

天新雨道少人　復理前語　獵纓正襟　捧腹大笑　何以卑汙長者　卜筮者世俗之所賤簡也　虛高人祿命以說人志厚求拜謝　見人有汚雖尊不下也　譬無異于操白刃刦人從姬歌兒　此大盜不操矛弧者也攻而不用弦刃者也　分策定卦旋式正棊　騏驥不能與罷驢爲駟　屏語相謂　卜而有不審　不見奪糈　相去遠矣猶天冠地履也　見性好解婦來卜對之顏色嚴振未嘗見齒而笑也　聚會占家問之某日可娶婦乎五行家曰可堪輿家曰不可建除家曰不吉叢辰家曰大凶曆家曰小凶天人家曰小吉太乙家曰大吉

傳第六十八龜策

蓍久則不神　灼龜觀兆　三王不同龜　下有伏靈上有兔絲擣蓍　新雨已天清靜無風　方今世取蓍者不能中古法度

不能得滿百莖長丈者　得名龜　百言百當　理達于理文相錯迎　爲屋不成三瓦而陳之　祓去玉靈之不祥

傳第六十九 貨殖

雞狗之聲相聞　至老死不相往來　江南出柟梓薑桂金錫連鉛錫之未鍊者　中國人民所喜好　此寧有政教發徵期會哉　日夜無休時　商不出則三寶絕　齊冠帶衣履天下　禮生于有而廢于無　天下攘攘皆爲利往　金穰水毀木饑火旱　旱則資舟水則資車　治產積居與時逐　廢著鬻財著音貯　人棄我取人取我與　用事僮僕同苦樂　天下言治生祖白圭　耕則常饑桑則常寒注、　子欲速富當畜五牸注　畜至用谷量馬牛　丈夫相聚游戲悲歌忼慨起則相隨椎剽休則掘冢作巧　鼓鳴瑟跕屣游媚富貴　珠璣犀瑇瑁果布之湊　果隋一作蓏　蠃蛤不待賈而足　呰窳偷生苟且偷生之謂也　閭巷少年攻剽椎埋刦人作姦掘

家鑄幣任俠并兼借交報仇走死地如騖　趙女鄭姬設形容揳鳴琴揄長袂躡利屣目挑心招不遠千里不擇老少者奔富厚也游閑公子作色相矜必爭勝者重失負也　百里不販樵千里不販糴　素封無秩祿之奉爵邑之入而樂與之比者命曰素封　駔會　周人既纖嗇也　子錢家　博喜惡業也　販脂辱處也　賣漿小業也而張氏千萬洒削薄技也而郅氏鼎食胃脯簡微耳濁氏連騎馬醫淺方張里擊鐘　巨萬者乃與王者同樂

傳第七十 太史公自序

法家嚴而少恩　糲粱之食　舉音不盡其哀　名家苛察繳繞

南游江淮上會稽探禹穴闚九疑浮于沅湘北涉汶泗講業齊魯之都觀孔子之遺風鄉射鄒嶧戹困鄱薛彭城過梁楚以歸

予死汝必爲太史爲太史無忘吾所欲論著矣　予爲太史而勿論載廢天下之史文　小子不敏請悉論先人所次舊聞勿敢闕

紬史記石室金匱之書　維三代尚矣年紀不可考蓋取之譜牒　星氣之書多雜禨祥不經　獵儒墨之遺文　使馳說之士南鄉走楚　扁鵲言醫爲方者宗　智足以應近世之變寬足用得人　大臣宗室以侈靡相高唯弘用節衣食爲百吏先　然其指風諫　奉法循理之吏不伐功矜能百姓無稱亦無過行　正衣冠立于朝廷而羣臣莫敢言浮說　自孔子卒京師莫崇其庠序唯建元元狩之間文辭粲如也　能說主耳目和主顏色非獨色愛能亦各有所長　天下遺文古事靡不畢集太史公太史公仍父子相續纂其職　網羅天下放失舊聞　原始察終見盛觀衰　並時異世年差不明　以拾遺補藝成一家之言　整齊百家雜語　藏之名山副在京師俟後世聖人君子　予歷述黃帝以來至太初而訖百三十篇

說郛卷第五十九終

說郛卷第六十

五代新説

予咸亨之始著作東觀以三餘之暇閲五代之書後與好事者談或以宜存敍目錄時握管隨記疏之因而詮次遂加題目名曰五代新説凡三十篇分爲兩卷

帝王　符命　忠節　孝道　友愛　義烈
諫爭　誠感　儒學　詞林　著述　博綜
敏對　武略　膽勇　識量　方雅　簡素
廉讓　周給　止足　惠政　道術　伎藝
任誕　嘲謔　隱逸　怪異　歎逝　烈女

帝王

梁高祖武皇帝（姓蕭氏諱衍字叔達）初爲雍州刺史舉義殿齊東昏侯立和帝

封梁王受齊禪魏叛臣侯景來降以爲河南王領壽陽景與帝猶子臨賀王正德反圍臺城城陷帝孫永安侯（諱確卽邵陵王子）入見帝帝曰可一戰不曰不可歎曰得既在我失亦在命不預子孫夫復何恨景幽帝于宴居殿絶膳而崩立太子爲簡文帝（諱綱字世讚）景幽帝于永福省少帝引筆自敍曰有梁興王士蘭陵蕭綱立身行己終始若一風雨如晦雞鳴不已數至于此命也如何作五言詩曰天道何茫昧萬途那可想鳳飛逢鳥弋龍行會魚網又曰寶劒還藏匱神龍遂陸居有意聊思句無情堪著書景燕帝知不免因大酣醉後以土囊加之而崩景立豫章王棟爲天子俄而篡位湘東王（諱繹字世誠高祖第七子）命太尉王僧辨司空陳霸先擊景破之誅景卽位爲元皇帝都荆州魏軍圍城帝登城樓觀戰爲詩曰落星依遠戍斜日半平林徵兵資球玉疊鼓亂擔金單醪投百末芳茸下千尋從單所以樂梁王有赤心俄而城陷被殺將崩爲詩曰長夜無歲月安知秋與春原陵五穀樹空得動耕人又曰南風且絶唱西陵最可悲今日還蒿里終非封禪時太尉與司空定議以帝第九子承制還舊京爲皇太子太尉與北齊通好司空懼其有變襲殺太子是爲敬帝（諱方智字慧相）帝卽位封司空爲陳王陳王受禪以帝爲江陰王

陳高祖武皇帝（姓陳諱霸先字興國）卽位三年崩元子臨川王嗣位是爲文帝（諱蒨字子華）七年崩立太子是爲廢帝（諱伯宗）二年廢文帝弟安成王立是爲宣帝（諱頊）十四年崩太子立是爲後主（諱叔寶）六年隋滅陳以後主歸封長城王後主惑于張貴妃嘗居內游宴不關政事故隋師至而莫禦濟江陵詩曰故鄉一水隔風烟兩岸通望極清波裏思盡白雲中

北齊高祖神武皇帝（姓高諱歡字賀六渾）魏拜晉州刺史進渤海王位相國崩贈齊王謚獻武嫡子嗣位是爲文襄帝文宣帝立追尊高祖爲神武皇帝文宣王（諱澄字子惠）嗣位進位相國齊王將受禪爲食奴蘭荆因進食刃崩謚文襄弟太原公嗣位是爲文宣文宣帝進位追尊曰

文襄皇帝顯祖文宣皇帝（諱洋字子進）嗣位相國齊王受魏禪十年崩太子立是爲廢帝廢帝（諱殷字正道）卽位叔父常山王廢帝自立是爲昭帝（諱演字延安）一年崩徵弟長廣王立是爲武成帝（諱湛）四年傳位太子自稱太上皇帝崩太子立是爲後主（諱緯字仁綱）十二年周滅齊以後主歸長安封溫公爲詩曰龍樓絶行迹鳳闕永無因獨知明月夜遙想鄴城人

周太祖文皇帝（姓宇文氏諱泰字黑獺）魏進位太師崩謚曰文公嫡子嗣位是爲閔帝受禪追尊爲文帝閔帝（諱覺字陀羅尼）嗣位太冢宰封周壽受魏禪依周制攝天王先是文帝猶子爲冢宰（名護卽晉國公）執政以帝受禪至是廢帝立帝兄寧都公爲天王是爲明帝（諱毓字統突）三年冢宰酖帝崩立帝弟魯公是爲武帝（諱邕字禰羅突）誅冢宰十八年崩太子立是爲宣帝（諱贇字乾伯）稱天元皇帝二年崩太子立是爲靜帝（諱衍）以清公輔政進濟

王二年禪位隋王

隋高祖文皇帝姓楊諱堅姓普六茹木受周禪二十四年崩太子立是爲煬帝諱廣小字阿麼十二年幸江都宇文化及弑帝于溫室大唐平江南謚曰煬

符命

梁武帝兩髆駢骨頂上隆起右手有文曰武帝所居之室常有雲氣人或遇者體輒肅然

梁元帝背有黑痣相者曰此大貴之兆也

梁武帝母張太后忽見庭前菖蒲花左右無見者取吞之而孕焉

齊神武少時夢履衆星而行曾與同志數人獵于迴澤澤中茅屋有犬出噬殺鷹帝射犬斃有二人出將辱帝有老母兩目盲匍匐而出曰何敢與大家爭二子乃止母言善闇相徧捫諸人皆云卿相而已至帝曰貴不可道去數百步還顧無所見

齊文宣帝鱗身重踝晉陽曾有沙門乍愚乍智呼爲阿禿師帝曾與諸童兒見之歷問祿位至帝無言而指天

周文帝母王氏孕夢抱子升天纔上至而止故帝未受禪而崩背有黑痣宛轉若龍盤之形手垂過膝面有紫光

陳武帝初夢天開數丈有四人朱衣捧日令上吞之及覺腹中猶熱心獨負之

隋文帝生于馮翊般若寺有尼曰此兒所從來甚異不可以俗間處之乃自撫養皇妣忽見帝頭有角身有鱗起駭而墮地尼自外至曰已驚我兒令晚有天下帝額有五柱入頂目光外射有文在手曰王

忠節

梁太子左率更徐公摛侍太子侯景入永福省衆皆奔散摛嶷然曰侯公當以禮見何得如此景乃下拜

梁吳興太守張公嵊侯景使人說之乃斬之逆擊景景益兵攻城城陷戎服坐廳事臨之以刃終不爲屈而死

梁沈中丞浚見侯景景怒橫刀于膝瞋目叱之浚正色謂景曰舉兵向闕赦過結盟口血未乾而又翻背死生有命豈畏逆臣之刀乎不顧而出景後竟殺之

北齊東雍州刺史傅公伏周武帝破齊遣其子招慰之答曰此兒爲臣不忠爲子不孝願斬之號令天下及高阿那肱召公問至尊所在曰已被執入周公乃大哭入廳事前北面哀號然後出降周帝執其手曰朕平齊惟見公一人

孝道

梁袁光祿昂母憂將柩過江而遇風駭乃縛衣著柩誓同沉溺餘舟皆沉惟獨獲全

梁孔金紫休源至孝每見父手所寫書必哀慟流涕

梁劉洗馬苞七歲時見諸叔卽泣母以其畏憚怒之答曰兒早孤不及有識聞諸叔相似故心中悲因而歔欷母亦悲慟

梁陶黃門季直五歲喪母母在時染衣于外後贖歸抱之號泣聞者酸感

北齊趙郡公高叡生三旬而失父及數歲讀孝經至資于事父則流涕及喪母舉聲則絕遂長齋骨立

周幽公宇文廣患經年母李氏亦以成疾而歿公居喪哀毀而終時人謂母爲子歿子爲母終孝慈之道極于一門

友愛

北齊李中散岳弟庶爲臨漳令以訟魏吏不平文宣帝怒杖之三日死臨漳獄中中散痛之終身不經臨漳居弟喪不許婢入室而令妻伴弟妻元氏

義烈

北齊王侍中琳敗于壽春爲陳所殺故吏倉曹朱湯與陳徐僕射

書曰庶孤墳既築或非銜土之燕豐碑式樹空留墮淚之人不使壽春城下唯傳報葛之夫滄州島上獨有悲田之客徐義之斂琳之首葬之于八公山之上

諫諍

北齊王侍中紘侍宴文宣帝飲酒曰快哉大樂侍中曰亦有大苦帝曰云何曰長夜荒飲亡國滅身所謂大苦帝默然

誠感

隋大將軍賀公若弼會突厥來賜射一發中的文帝曰非弼無能當之命公公拜而祝曰臣若赤誠奉國當一發破的如其不然發不中也一發破的帝大說曰此人天賜我也

儒學

陳張博士幾論議溫雅後主于東宮造玉柄麈尾初成曰雖多士如林堪捉此者獨張幾耳便以授之令講老莊又于鍾山開善寺

命講索麈尾未至敕取松枝以屬幾曰可代麈尾卽從之一故事耳

隋二劉生大劉名焯河間人小劉名炫信都人結盟爲友好學不倦衣食不繼澹如也著五經義疏諸儒論古今滯義前賢不通者大劉生皆明之時人伏其精博小劉亦亞之故稱二劉

詞林

陳徐僕射陵文變舊體多有新意九錫尤美爲一代文宗初使于齊齊人留之致書楊僕射愔曰晨看旅鴈心赴江淮昏望牽牛情馳揚越朝千愁而掩泣夜萬緒而回腸何必足趙魏之黃塵加幽幷之白骨遂使東平拱樹常懷向漢之悲西洛孤墳恒表思鄉之夢僕射言而得還

敏對

隋國子生房博士暉遠文帝嘗問天子有女樂否朝臣不對暉遠乃進曰窈窕淑女鐘鼓樂之此卽王者房中之樂著于雅頌帝悅

梁王丹陽份侍宴高祖問曰朕爲有爲無答曰陛下應萬物爲有體至理爲無上稱善

梁柳吳興惲少時高祖問讀何書答曰尚書又問有何美句應曰德惟善政政在養民高祖稱善詔尚公主

梁蕭侍中子顯侍高祖曰我爲通史衆史可廢答曰仲尼贊易道黜八索述職方除九丘聖製同符復在今日時爲名對

武略

周韓大將軍果有勇略破稽胡胡憚其勁健號爲著翅人太祖曰著翅之名寧減飛將

周蔡少保祐與齊轉戰齊人有厚衣長刀者直進待其十步一發殪之後有戰被明光甲所向無敵齊人謂之鐵虎

膽勇

隋右屯衛麥將軍鐵杖初在陳以驍勇聞日行五百里走及奔馬

以爲盜被俘獻投爲官戶配執御傘每罷朝往南徐州行刦明旦反牙陳帝知而不罪入隋屢有軍功及征遼謂醫人曰丈夫性命自有所在豈能艾炷灸頞瓜蒂歕鼻療黃不差死兒女子手中乎遂死于遼東

北齊將軍彭樂從神武帝與周文帝戰于沙苑入深被刺腸出不盡截去復戰

隋折衝郎將沈光初仕陳陳亡入隋驍健絕倫禪定寺旛竿高十丈適懸繩斷非人力所及光口銜繩拍竿而上直至龍頭繫繩畢手足皆放透空而下以掌距地倒行十數步觀者驚駭征遼東上衝梯十五丈城上競擊之而墜未及地得遇垂絙接而復上者數回帝召下大悅卽爲折衝都尉

識量

梁左率僩有客失火燒十餘艘並金寶聞之初不挂意客懼走追

而慰之

北齊蘭陵王（長恭）朝退而出僕從盡散惟有一人與之獨還無所責問

方雅

梁昭明太子（統）性愛山水游圃泛舟番禺侯軌數請奏女樂久而不答徐而詠左太沖詩曰何必絲與竹山水有清音軌慙而止

梁徐僕射（勉）嘗夜集有人求官勉正色曰今夕止可談風月不宜及公事

簡素

梁江會稽（革）代還唯乘一舸偏欹不得安臥或曰舸偏濟險宜以重物均之既無物乃于西陵岸取石十餘片以實之

隋房司隸（彥謙）清介嘗謂其子曰人皆以祿富我獨以官貧所遺子孫在于淸白耳

廉讓

梁吏部郎王泰幼時祖母集諸孫姪散棗栗于床上皆爭之而泰獨不取問之答曰不敢自取當待賜中表異之

周給

周綏德陸公通祿散之親故家無餘財常曰凡人患貧而不能貴不患貴而貧也

止足

梁陶黃門（季直）歎曰仕至二千石始願畢矣無爲久預人間事辭病歸

惠政

陳孔晉陵（奐）單舸臨郡俸祿恤孤郡中大悅號曰神君

隋齊州趙別駕（軌）代還父老泣曰公淸若水請酌一杯水奉餞軌受而飲之

道術

北齊陸法和初隱于江陵及侯景反遣將任約攻江陵梁元帝時鎭江陵令兵隨法和拒之至赤沙湖法和不介冑沿流而下返曰彼龍正睡吾軍之龍甚躍卽命攻之約大敗逃竄不知其處法和曰吾先于此州建一刹雖名爲刹其實賊標當往取之約果抱刹仰頭出鼻就而擒之又曰侯景卽破蜀賊當至俄而武陵王起兵于蜀又于襄陽城北大樹下令掘得一龜長尺半以杖叩之曰汝欲出不得已數百年不逢我者豈見天日後元帝疑其爲神遂還京白堊塗門著麤白布衣大繩束腰坐茅席終日及魏破江陵乃取而著之天保中歸國死後所居壁破落其下有書曰十年天子爲尙可百日天子急如火周年天子遞代坐又曰一母生三天兩天共五年說者以爲婁太后生文宣帝昭帝武帝文宣帝十年其子廢帝百日昭帝一年武陵傳位後主共五年焉

伎藝

隋安平公（宇文愷）遷東西兩都殿堂皆其經始煬帝北巡欲誇戎狄命作觀風殿上容侍衞數百人離合爲之施輪軸推移倏然若神功戎狄見之莫不驚駭煬帝大悅

任誕

梁曹江州（景宗）乘車案部謂左右曰我昔在鄉里騎馬快如龍拓弓絃作霹靂聲箭如餓鴟叫平澤中逐麞耳後生風頭鼻出火不知老之將至今來作貴人閑置車中如三日新婦悒悒使人無氣

梁蕭湘州（恭）好賓客時湘東頗事聲譽湘州曰人有不好歡興著書勞神苦思仰眠牀上唯看屋梁豈如臨淸水對朗月肆意酣歌也

梁魚竟陵（弘）語人曰我爲郡所謂四盡水中魚鼈盡山中麞鹿盡田中穀米盡村里庶民盡丈夫生世如輕塵棲弱草白駒之過隙

遂恣情酣賞

北齊韓僕射（晉明）好客愛酒一席萬錢猶嫌其薄辭疾不仕曰廢人飲美酒對名勝安能作刀筆吏翻披故紙爲僕射百餘日便謝去之

隱逸

梁陶隱居（弘景）少時得葛洪神仙傳晝夜研尋便有養生之志謂人曰仰青天白日不覺爲遠逐居句容之句曲山云是第八洞天名金陵華陽之天自號華陽隱居特愛松風每聞其響欣然爲樂

梁陶隱居（弘景）母夢有青龍入懷而出并見兩天人執香爐詣之已而有娠遂生隱居與齊宜都王善王被誅夢來告別因訪其幽冥中事遂著夢記

陳徐僕射（陵）母臧氏夢五色雲化作鳳集左肩上已而誕之寶誌師摩其頂曰天上石麒麟也及長才學過人目有青瞳時人以爲

聰慧之相

隋戶部樊尚書（子蓋）討絳郡賊汾水之北人無善惡皆坑之遇村塢即焚之及病將死見斷頭鬼前後重沓爲厲云

藏一話腴（宜併入第五卷）　宋陳郁

馬友犯長沙向鄰林扞之不敵而潰道遇友別將方舟而來家人輩惶懼知勿脫矣賊指求鄰林愛妾妾聞命無懼色自語賊曰必欲我當以車馬來賊許之妾即盛飾以待家人駭之然猶謂其往可以紓難頃刻肩輿至即奮而登既過河望賊舟不甚相遠忽語輿卒欲少止舉卒乃弛轎妾一躍入水急援之已絕矣賊相顧不發鄰林亦悠然而去

郴之桂陽縣東有廟曰九江王所祀之鬼乃英布吳芮共敖也紹興間劉頌爲守乃謂九江王項羽所爲封芮敖追義帝而布殺之放弒之賊豈容廟食遂毀之荆門有伍子胥廟南軒張先生首平之蓋子胥吳視之爲忠楚視之爲讐尚安得血食于衆惡之地耶劉張所見前後契合偉哉（以下諸條今本未見）

自古取蜀將帥皆不利漢岑彭來歙討公孫述遭刺客之禍魏鄧艾鍾會討劉禪皆族滅後唐郭崇韜康延孝魏王繼岌討王衍皆死國朝王全斌崔彥遠討孟昶皆坐廢開禧間楊巨源李好義討吳曦皆爲李子文所戕近余玠爲宣諭凡十年亦不克令終

京兆李鑾欲以女妻戎昱欲令戎改姓戎辭焉有千金未必能移姓之句僧貫休以詩謁錢王云滿堂花醉三千客一劍霜寒十四州王喜甚遣人諭之令改十四爲四十乃可相見貫休曰州亦難添詩亦難改孤雲野鶴何天不可飛遂入蜀事孟知祥事與戎昱相類

拜亦多儀矣九拜者九稽首也九拜手也稽顙者頭至地也荀子大略曰稽首至地曰稽顙平衡曰磬折頭與腰平曰平衡也頓首

者頭叩地也太甲拜稽首者蓋頭至地而留之稽久也法帖中晉元帝與王導帖皆稱頓首者蓋尊師傅如此非伏地而拜也故曰古者君臣相答拜非也俱稽首也空首拜者頭至手所謂之拜手也雅拜者唐人先下一膝謂之雅拜也奇拜者一拜也褒拜者（褒音報）再拜也凶拜者拜而後稽顙也吉拜者振動戰慄也雙拜者古人之拜兩膝俱也如今道士拜是也或曰有父母答拜其子姑舅答拜其婦者蓋古人皆席地而坐只拜手而受其拜亦非伏地也惟婦人之拜自則天欲自尊更而爲跪樂府曰長跪問夫君有曰伸腰再拜跪如今樂舞遍數有似之也男子亦有跪秦王問范睢請蓋君前臣跪父前子跪是也亦膝跪地而立而惟夷狄之拜曰膜拜今髡緇之拜仰兩掌以受顙是也夫尊君之禮不過曰誠惶誠恐頓首頓首今折簡平交必曰惶恐百拜曰惶懼端拜又曰惶恐端拜百拜申稟何也

溫湯溫泉有之者不一福之城外一池頗寬源之初熱流之末溫
流溢百步可以漚田膏稻非專待浴者而已廬陵大興新田二泉
熱不可掬分寧毛竹山泉在驛路之側溫而不熱覆以密室往來
者便浴焉臨川銅山熱可烹飪其流分爲二派其陰泉常寒陽泉
常沸飛霧如烟雖霜雪無以改其熱然諸泉皆本硫黃氣腥而良
浴者可以愈疥崇人伍峯山下有湯泉常溫能瑩人肌膚潤人顏
色張無盡之詩曰誰知馬上腰金客洗去塵埃換玉顏是也浴之
者百疾俱瘥多吉祥事獨不腥者豈神仙浴丹之所沾漑後人歟
至歙之黟山第四峯有香溪泉其沸如湯其赤如朱刺史薛邕就
立廬舍設盤杅以浴病者病無不瘥蓋硃砂發見者也好事者皆
汲去澄砂以入藥經歲月而香甘宛然清潔如故耿南仲徐元龜
皆有文以記其異此泉不可與硫黃湯同日而語矣
唐人都長安語音非東南比于詩句攷之如綠浪東西南北路紅

闌三百九十橋十當爲諶也爲問長安月如何不相離恰似春風
相欺得夜來吹折數枝花相當爲廝也[思必切]晚來幽獨恐傷神恐
當爲共也後人皆倣而爲之如三十六所春風館一一香風送管
絃煩君一日殷勤意示我十年感遇詩又如但姓爲檀紹興間南
有監司曰但中庸是也今婦人見人則曰萬福彼此道勝常[勝字當爲升字]
蓋王建宮詞曰新睡起來思舊夢見人忘却道勝常凡此皆律詩
不如此則不協律矣
杜子美父名閑杜詩中無閑字王荆公父名益故所著無益字東
坡祖諱序故爲人作序俱云敘又改作引字張芸叟父名蓋故表
中改云此乃伏遇皇帝陛下今人亦倣之用此乃非也
閉門學易程夫子清坐焚香范史君蓋燒香士大夫之清致也此
不可與奢侈者例論嘗攷沉香之所產非一眞蠟爲上占城次之
而眞蠟之中又有三品綠洋爲上比之三泊佛囉安爲下矣大概

生結者爲上熟脫者次之堅黑者爲上黃者次之固當攷之氣體
然沉之形亦多異形如犀角沉也形如燕口沉也如附子者附子
沉也如梭者梭沉也又不可專取其體與形似也試之亦有方矴
之入水而微有聲者有先沉而後浮者有先浮而後沉者有似沉
似浮而弄水者又當先其氣質而後論其沉浮也予嘗斷以一說
龍涎不必合烏里眞里博蓬萊鵁鶄欖速不必用但以大黑片辨
沉置之烈火上而以篤耨加沉片之上待其沸則置片腦于篤耨
之汁中其妙足矣蓋此外多淫麗不則之香不若此清而雅也予
又謂香有富貴四和不若臺閣四和臺閣四和不若山林四和蓋
荔枝殼甘蔗滓乾柏葉茅山黃連之類各有自然之香也漫及之
自元豐以孟子爲鄒國公廟在兗州之鄒縣政和五年春乃詔以
樂政子克配享公孫丑以下從祀加封爵焉樂正子克鄒國侯公
孫丑壽光伯萬章博興伯告子不害東阿伯孟仲子新泰伯陳臻

蓬萊伯充虞昌樂伯屋廬連奉符伯徐辟仙源伯陳代沂水伯彭
更雷澤伯公孫子平陰伯咸丘蒙項城伯高子泗水伯桃應膠水
伯盆成括萊陽伯季孫豐陽伯子叔子陽伯自渡江以後鄒魯隔
絕而孟子無廟其配食從祀學者罕知之後有機緣幸舉而行之
君有君國卿有卿列郎有郎曹夫稱人曰君曰卿曰郎者皆所以
貴之褒之也曰平原曰商於漢碑曰府君東坡曰何止容君數百
人用周顗故事指王茂弘之流也王子猷愛竹目爲此君尊尚之
無可疑至于卿則有不同曰荀卿曰虞卿杜少陵指花將而卿之
曰人道花卿絕世無似乎溢美及鄭善果語宋璟云中丞奈何卿
五郎乃知卿亦可重而亦可輕也然宋璟復鄭之語曰爾非張家
奴何郎之有嘗攷武承嗣諂二張呼爲五郎六郎安祿山畏林甫
呼爲十郎王繇畏王鉷呼爲七郎宦者不敢名李輔國呼爲五郎
是承嗣輩奴事于人而稱之明以是呼郎亦不足爲美若然則少

陵詩中送蘇四郎答鄭十七郎例似奴于人而郎稱之者論之不可也予謂孫郎周郎何郎潘郎沈郎等皆一世文人少年勳業才名貴重人美以郎不敢第行稱者斯足喜歟不然則中山何自稱曰前度劉郎者必非敢與張林王李輩伍也或自卿君郎之外獨以行稱如高三十五孟六歐陽九蘇二之稱今人若此必蒙其唾罵矣

吳下風俗尙侈細民有女必教之樂藝以待設宴者之呼使令莫逆奉承惟恭蓋覬利贍家一切不顧名爲私妓實與公妓無異也長大鬻爲妾狠戾則籍之官動以千計習俗薄惡莫此爲甚鄰郡亦有未若吳之繁也天台陳潤道作吳民女一詩殊益風教吳民嗜錢如嗜飴天屬之愛亦可移養女日夜望長成長成未必爲民妻百金求師教歌舞便望將身贍門戶一家飽暖不自憐傍人覛之方垂涎朱門列屋爭妍麗百計逢迎主人意常時棄疎自怨啼一旦承恩多妬忌古人怕爲蕩子婦夜夜孤眠淚如雨今人甘爲貴人妾得意失意花上月蕩子不歸寧空房主人喜怒多不常吁使潤道爲吳守二年則舊染將一新矣

酒有箬下謂烏程也九醖謂宜城也千日中山也葡萄西涼也竹葉豫北也土窟春滎陽也石凍春富平也燒香劍南也桑落陝右也烏孫國有靑田酒名曰靑壺三伏取蓮葉卷酒就蓮柄吸之謂之筒酒又以黃甘醖酒曰洞庭春色此古人名酒者也至我國朝京師造酒惟內酒坊酒法庫上皇朝始置上醖局其外諸后殿親王府與主弟勳戚之家例許醖造間賜以美名惠恭后殿曰儀德寧德后殿曰坤儀德隆殿曰日月波瀾聖后殿曰坤珍宣仁高后宅曰香泉欽聖向后宅曰天醇欽成朱后宅曰瑀綠紹懷劉后宅曰玉腴明達劉后宅曰瑤池燕邸曰迎醇趙邸曰瓊酯曰玉液蔡邸曰春泉鄆邸曰瓊醆景邸曰雲醲濟邸曰浮春曰嘉成肅邸曰

闔旨昌王宮曰瑞露潞王宮曰親賢李遵勗曰金波王師約曰源瑤李瑋曰袞醒王詵曰碧香張敦禮曰靈液曰醽醁曹詩曰成春曹晟曰保平潘正夫曰慶源曹湜曰介壽蔡京曰君臣慶會鄭醑紳曰淸醑蔡鯈曰棣華童貫曰褒功又官府所造開封曰瑤泉洛口曰金泉下至市肆如太平豐樂亦賜名曰眉壽取用不同而俱得古人名酒之意

公孫弘在相位大開館閣以延賢所謂館目則各有別曰欽賢曰翹材曰接士欽賢以待德任毗贊之賢翹材以處九卿二千石之列若接士則一介之善一方之藝皆得居之其好賢樂士之意亦粲然可觀矣及高賀以故人見乃止食之以脫粟覆之以布被豈弘之奉養例爾菲薄邪抑故人者私有以處之不在三館之列耶否則賀士子也館之接士者姑若是而所謂欽翹又自別有待上客之盛禮耶弘之詐是未可知也獨怪今之登顯仕者其取媚貴要則有郊勞有祖送水陸具陳聲妓交集曰折俎也犒從也曰供不盡也曰筵不坐也巧爲名色獻諂貢餌惟恐繼富之不奢至于禮士友待親朋則不過具草酌煩蓐食而已曰眞率也曰亡具也曰公帑槃底也曰廚傳蕭條也訑訑聲色距人千里惟恐周急之不暇是何輕貧賤而重富貴若是其甚耶高賀有云脫粟布被我自有何用故人爲又云弘內五鼎外膳一殽其險詐也噫

嘗見有人彈范蠡文云匿怨友其人丘明所恥非其鬼而祭聖經是誅今有竊高人之名處衆惡之所有識之士莫不共憤無知之魂豈當久居可不雪讎恥于千載之前正禮義于萬世之下吳江三高卽越之范蠡晉張季鷹唐陸魯望也攷之世代相去甚遠揆之名節乃大不同切見范蠡越則謀臣吳爲敵國以利誘太宰嚭而脫彼句踐鼓兵却公孫雄而滅我夫差既遂厥謀又疑其主鄙君如鳥喙累大夫種以伏誅目己曰鴟夷載西施子而潛遁且古

之隱者自稱草野易稱高尚不事王侯如蠡者致產累數千萬而變姓名于齊陶轉貨逐什一利而詭踪跡于江海語其高節則未可謂之知術則有餘假扁舟五湖之名居笠澤三高之首況當無邊勝地之上着此不共戴天之讐其視菰菜蓴羹敝屣名爵筆牀茶竈短棹江湖者豈容與之並駕臨風聯鑣釣雪耶載觀往證歷攷近吟九江王之廟桂陽紹興劉頒爲放弑之賊而毀其貌伍子胥之祀荆楚南軒張公以讐隙之人而平其祠事正相符言不容過可笑吳癡亡越憾却誇范蠡作三高劉清軒見識固已深千年家國無窮恨只合江邊祀子胥黃東浦賜諡尤不淺得罪名勝難亞清高所合褫其祀于斯堂沉其軀于濁水別議高尚如季鷹魯望者充其祀庶幾笠澤之高風益凜松江之夜月增明不惟公論可以大伸抑且風教實非小補此文雖近乎刻亦有大議論存焉因錄記之

孩提之童才入學使之徐就規矩亦必有方發于書學是也故上大人丘乙已化三千七十士爾小生八九子佳作仁可知禮也殊有妙理予解之曰大人者聖人之通稱也在上有大底人孔子是也丘是孔子之名以一箇身己教化三千徒弟其中有七十二賢士但言七十者舉成數也爾是小小學生八歲九歲底兒子古人八歲始入小學也佳者好也作者爲也當好爲仁者之人可者肯也又當肯如此知禮節不知禮無以立也若能爲人知禮便做孔子也做得凡此一段也二十五字而爾字居其中上截是孔子之聖也下截是教小兒學做孔子其字畫從省者欲易于書寫其語言叶韻者欲順口好讀己士子禮四字是音韻相叶也之一字乃助語以結上文耳言雖不文欲使理到使小兒易通曉也

紹興間張彥實擴知制誥行紅霞帔張頑兒轉郡夫人詞有曰某某兒柔惠宅心溫恭率履早備掖庭之列居多夙夜之勤積譽彌芳渙恩斯渥又紅霞帔鄭廿八侯九娘轉尙字詞曰以爾內堅誠信外盡恪勤夙夜在公禮無違者躐升爾秩庸爾朕恩又紅霞帔馮十一娘張眞奴劉翠奴劉十娘轉典字詞紅霞帔鮑倬兒紫霞帔王愛奴轉掌字又典記邢廿二轉司字又掌闈劉宣添轉典字紅霞帔王八兒轉掌字夫以宮禁百執事之人固有定分有定職不可躐進所以轉遷資品皆有誥詞以示寵褒亦是國體然馮十一邢廿二王八兒倬兒之名殊覺不雅有忝王言曷不以柔惠懿美等或一字或二字名之豈不得體必也正名乎此之謂也

唐人詩中用字平仄與今人不同嘗言之于前矣今以未言者再言之唐彥謙春雨詩云燈檠昏魚目熏爐咽麝臍檠字平聲今作去聲用王建贈李翺僕射旗旛四面下營稠手詔頻來老將憂每日城南空挑戰不知坐縛入唐州挑字平聲今作上聲用贈田侍郎中歸鎭詩曰將士請衣忘去貧綠窗紅燭酒收新請作平聲用

劉夢得贈日本僧知藏詩云爲問中華學道者幾人雄猛得寧馨以寧字爲平聲李山甫赴舉別所知云黃祖不憐鸚鵡客誌公偏賞麒麟兒以麒字爲去聲杜荀鶴經賈島墓詩云謫官自麻衣銜怨至死時以寃爲怨以去聲爲平聲矣元微之春遊篇欲終心懶慢轉恐意闌散以散爲山以去爲平聲矣本朝李平叔和韻云望雲驚岳峙懷舊覺雲散亦以散爲平聲也今世人稱諸樂工謂之散樂指散爲上聲予謂不然唐梨園樂部所放散之樂工也此時家給據放散如此則散乃去聲矣

品茶要錄 一卷全　　宋黃儒 字道輔建安人

說者嘗怪陸羽茶經不第建安之品蓋前此茶事未甚興靈芽眞筍往往委翳消腐而人不知惜自國初已來士大夫沐浴膏澤詠歌升平之日久矣夫體勢洒落神觀沖淡惟兹茗飲爲可喜園林亦相與摘英夸異制捲鬻新而趨時之好故殊絕之品始得自出

于榛莽之間而其名遂冠天下借使陸羽復起閱其金餅味其雲腴當爽然自失矣因念草木之材一有負瓌偉絕特者未嘗不遇時而後興况于人乎然士大夫間爲珍藏精試之具非會雅好眞未嘗輒出其好事者又嘗論其采制之出入器用之宜否較試之湯火圖于縑素傳翫于時獨未有補于賞鑒之明耳蓋園民射利膏油其面色品味易辨而難評予因收閱之暇爲原采造之得失較試之低昂次爲十說以中其病題曰品茶要錄云

一采造過時

茶事起于驚蟄前其采芽如鷹爪初造曰試焙又曰一火其次曰二火二火之茶已次一火矣故市茶芽者惟同出于三火前者爲最佳尤喜薄寒氣候陰不至于凍（芽發時尤畏霜有造于一火二火皆遇霜而三火霜霽則三火之茶已勝矣）晴不至于暄則穀芽含養約勤而滋長有漸采工亦優爲矣凡試時泛色鮮白隱于薄霧者得于佳時而然也有造于積雨者其色昏黃或氣候暴暄茶芽蒸發采工汗手薰漬揀摘不給則製造雖多皆爲常品矣試時色非鮮白水脚微紅者過時之病也

二白合盜葉

茶之精絕者曰鬬曰亞鬬其次揀芽茶芽鬬品雖最上園戶或止一株蓋天材間有特異非能皆然也且物之變勢無窮而人之耳目有盡故造鬬品之家有昔優而今劣前負而後勝者雖人工有至有不至亦造化推移不可得而擅也其造一火曰鬬二火曰亞鬬不過十數銙而已揀芽則不然徧園隴中擇去其精英者耳其或貪多務得又滋色澤往往以白合盜葉間之試時色雖鮮白其味澁淡者間白合盜葉之病也（一鷹爪之芽有兩小葉抱而生者白合也新條葉之抱生而色白者盜葉也造揀芽常剔取鷹爪而白合不用况盜葉乎）

三入雜

物固不可以容僞况飲食之物尤不可也故茶有入他葉者建人

號爲入雜銙列入柿葉常品入桴檻葉二葉易致又滋色澤園民欺售直而爲之也試時無粟紋甘香盞面浮散隱如微毛或星星如纖絮者入雜之病也善茶品者側盞視之所入之多寡從可知矣嚮上下品有之近雖銙列亦或勾使

四蒸不熟

穀芽初采不過盈箱而已趣時爭新之勢然也既采而蒸既蒸而研蒸有不熟之病有過熟之病蒸不熟則雖精芽所損已多試時色青易沉味爲桃仁之氣者不蒸熟之病也惟正熟者味甘香

五過熟

茶芽方蒸以氣爲候視之不可以不謹也試時色黃而粟紋大者過熟之病也然雖過熟愈于不熟甘香之味勝也故君謨論色則以青白勝黃白予論味則以黃白勝青白

六焦釜

茶蒸不可以逾久久而過熟又久則湯乾而焦釜之氣上茶工有泛新湯以益之是致熏損茶黃試時色多昏紅氣焦味惡者焦釜之病也（俚人謂之熱鍋氣）

七壓黃

茶已蒸者爲黃黃細則已入捲模制之矣蓋淸潔鮮明則香色如之故采佳品者常于半曉間衝蒙雲霧或以罐汲新泉懸胸間得必投其中蓋欲鮮也其或日氣烘爍茶芽暴長工力不給其采芽已陳而不及蒸蒸而不及研研或出宿而後製試時色不鮮明薄如壞卵氣者壓黃之謂也

八漬膏

茶餅光黃又如蔭潤者榨不乾也榨欲盡去其膏膏盡則有如乾竹葉之色唯飾首面者故榨不欲乾以利易售試時色雖鮮白其味帶苦者漬膏之病也

九傷焙

夫茶本以芽葉之物就之捲模既出捲上笪焙之用火務令通徹即以灰覆之虛其中以熱火氣然茶民不喜用實炭號爲冷火以茶餅新濕欲速乾以見售故用火常帶烟焰烟焰既多稍失看候以故薰損茶餅試時其色昏紅氣味帶焦者傷焙之病也

十辨壑源沙溪

壑源沙溪其地相背而中隔一嶺其勢無數里之遠然茶產頓殊有能出力移栽植之不爲土氣所化竊嘗怪茶之爲草一物爾其勢必由得地而後異豈水絡地脉偏鍾粹于壑源抑御焙占此大岡巍隴神物伏護得其餘蔭耶何其芳甘精至而獨擅天下也觀乎春雷一驚筠籠纔起售者已擔簦挈橐于其門或先期而散留金錢或茶纔入笪而爭酬所直故壑源之茶常不足客所求其有桀猾之園民陰取沙溪茶黃雜就家捲而製之人徒趨其名睨其

規模之相若不能原其實者蓋有之矣凡壑源之茶售以十則沙溪之茶售以五其直大率做此然沙溪之園民亦勇以爲利或雜以松黃飾其首面凡肉理怯薄體輕而色黃試時雖鮮白不能久泛香薄而味短者沙溪之品也凡肉理實厚體堅而色紫試時泛盞凝久香滑而味長者壑源之品也

後論

予嘗論茶之精絕者其白合未開其細如麥蓋得青陽之輕清者也又其山多帶砂石而號嘉品者皆在山南蓋得朝陽之和者也予嘗事閒乘晷景之明淨適軒亭之瀟洒一取佳品嘗試既而神水生于華池愈甘而清其有助乎然建安之茶散天下者不爲少而得建安之精品不爲多蓋有得之者不能辨能辨矣或不善于烹試善烹試矣或非其時猶不善也況非其賓乎然未有主賢而賓愚者也夫惟知此然後盡茶之事昔者陸羽號爲知茶然羽之所知者皆今之所謂草茶何哉如鴻漸所論蒸芽并葉畏流其膏蓋草茶味短而淡故常恐去膏建茶力厚而甘故惟欲去膏又論福建而爲未詳往往得之其味極佳由是觀之鴻漸未嘗到建安歟

宣和北苑貢茶錄　一卷全

宋熊蕃　字叔茂建陽人

陸羽茶經裴汶茶述皆不第建品說者但謂二子未嘗至閩而不知物之發也固自有時蓋昔者山川尙閟靈芽未露至于唐末然後北苑出爲之最是時僞蜀辭臣毛文錫作茶譜亦第言建有紫筍而蠟面乃產于福五代之季建屬南唐歲率諸縣民采茶北苑初造研膏繼造蠟面既又製其佳者號曰京鋌聖朝開寶末下南唐太平興國初特置龍鳳模遣使臣卽北苑造團茶以別庶飲龍鳳茶蓋始于此又一種茶叢生石崖枝葉尤茂至道初有詔造之別號石乳又一種號的乳又一種號白乳蓋自龍鳳與京石的白

四種繼出而蠟面降爲下矣蓋龍鳳等茶皆太宗朝所製至咸平初丁晉公漕閩始載之于茶錄慶曆中蔡君謨將漕創造小龍團以進被旨仍歲貢之自小團出而龍鳳遂爲次矣元豐間有旨造密雲龍其品又加于小團之上紹聖間改爲瑞雲翔龍至大觀初今上親製茶論二十篇以白茶者與常茶不同偶然生出非人力可致于是白茶遂爲第一既又製三色細芽及試新銙貢新銙自三色細芽出而瑞雲翔龍顧居下矣凡茶芽數品最上曰小芽如雀舌鷹爪以其勁直纖銳故號芽茶次曰中芽乃一芽帶一葉者號一鎗一旗次曰中芽乃一芽帶兩葉者號一鎗兩旗其帶三葉四葉皆漸老矣芽茶早春極少景德中建守周絳爲補茶經言芽茶只作早茶馳奉萬乘嘗之可矣如一鎗一旗可謂奇茶也故一鎗一旗號揀芽最爲挺特光正舒王送人官閩中詩云新茗齋中試一旗謂揀芽也或者乃謂茶芽未展爲鎗已展爲旗指舒王

此詩爲誤蓋不知有所謂揀芽也夫揀芽猶奇如此而況芽茶以供天子之新嘗者乎芽茶絕矣至于水芽則曠古未之聞也宣和庚子歲漕臣鄭公可聞始創爲銀綫水芽蓋將已揀熟芽再剔去祇取其心一縷用珍器貯清泉漬之光明瑩潔若銀綫然以制方寸新銙有小龍蜿蜒其上號新龍團勝雪又廢石的白三乳鼎造花銙二十餘色初貢茶皆入龍腦至是慮奪眞味始不用焉蓋茶之妙至勝雪極矣故合爲首冠然猶在白茶之次者以白茶上之所好也異時郡人黃儒始撰品茶要錄極稱當時靈芽之富謂使陸羽數子見之必爽然自失蕃亦謂使黃君而閱今日則前乎此者未足詫焉然龍焙初興貢數殊少累增至于元符以片計者一萬八千視初已加數倍而猶未盛今則爲四萬七千一百片有奇矣（此數見范逵所著龍焙美成茶錄逵茶官也）自白茶勝雪以次厥名實繁今列于左使好事者得以觀焉

貢新銙（大觀二年造）　試新銙（政和二年造）　白茶（政和二年）
龍團勝雪（宣和二年）　御苑玉芽（大觀二年）　萬壽龍芽（大觀二年）
上林第一（宣和二年）　乙夜清供（宣和二年）　承平雅玩（宣和二年）
龍鳳英華（宣和二年）　玉除清賞（宣和二年）　啓沃承恩（宣和二年）
雪英（宣和三年）　雲葉（宣和三年）　蜀葵（宣和三年）
金錢（宣和三年）　玉華（宣和三年）　寸金（宣和三年）
無比壽芽（大觀四年）　萬春銀葉（宣和二年）　宜年寶玉（宣和二年）
玉清慶雲（宣和二年）　無疆壽龍（宣和二年）　玉葉長春（宣和四年）
瑞雲翔龍（紹聖二年）　長壽玉圭（政和二年）　興國岩銙
香口焙銙　上品揀芽（紹聖二年）　新收揀芽
太平嘉瑞（政和二年）　龍苑報春（宣和四年）　南山應瑞（宣和四年）
興國岩揀芽　興國岩小龍　興國岩小鳳（已上號細色）
揀芽　小龍　小鳳
大龍　大鳳（已上號麤色）

又有瓊林毓粹浴雪呈祥壑源拱秀貢籠推先價倍南金暘谷先春壽岩都勝延平乳石清白可鑒風韻甚高凡十色皆宣和二年所製越五歲省去

右歲分十餘綱惟白茶與勝雪自驚蟄前興役浹日乃成飛騎疾馳不出中春已至京師號爲頭綱玉芽以下卽先後以次發逮貢足時夏過半矣歐陽文忠公詩曰建安三千五百里京師三月嘗新茶蓋異時如此以今較昔又爲最早因念草木之微有瓌奇卓異之名亦必逢時而後出而況爲士者哉昌黎先生感二鳥之蒙采擢而自悼其不如今蕃于是茶也焉敢效昌黎之感姑務自警而堅其守以待時而已

貢新銙（竹圈銀模）方一寸三分　試新銙（竹圈銀模）同上
龍團勝雪（竹圈銀模）同上　白茶（銀圈銀模）徑一寸五分

御苑玉芽（銀圈銀模）徑一寸五分　萬壽龍芽（銀圈銀模）同上
上林第一　方一寸五分　乙夜清供（竹圈）同上
承平雅玩（竹圈）同上　龍鳳英華　同上
玉除清賞　同上　啓沃承恩（竹圈）同上
雪英（銀圈銀模）橫長一寸五分　雲葉（銀圈銀模）同上
蜀葵（銀圈銀模）徑一寸五分　金錢（銀圈銀模）同上
玉華（銀模）橫長一寸五分　寸金（竹圈）方一寸二分
無比壽芽（銀模竹圈）同上　萬春銀葉（銀模銀圈）兩尖徑二寸二分
宜年寶玉（銀圈銀模）直長三寸　玉清慶雲（銀模銀圈）方一寸八分
無疆壽龍（銀模銀圈直長一寸徑二寸五分）　長壽玉圭（銀模）直長三寸
瑞雲翔龍（銀模銀圈）徑一寸五分　玉葉長春（竹圈）直長一寸六分
興國岩銙（竹圈）方一寸二分　香口焙銙（竹圈）同上
上品揀芽（銀模銀圈）徑二寸五分　新收揀芽（銀模銀圈）同上

太平嘉瑞銅圈徑二寸五分　龍苑報春銀模銅圈徑一寸七分

南山應瑞銀模銀圈方一寸八分　興國岩揀芽銀模徑三寸

小龍銀模銀圈　小鳳銀模銀圈同上

大龍銀圈　大鳳銀模銀圈同上

先人作茶錄當貢品極盛之時凡有四十餘色紹興戊寅歲克攝事北苑閱近所貢皆仍舊其先後之序亦同惟躋龍團勝雪于白茶之上及無興國岩小龍小鳳蓋建炎南渡有旨罷貢三之一而省去之也先人但著其名號克今更寫其形制庶覽之者無遺恨焉先是壬子春漕司再葺茶政越十三載乃復舊額且用政和故事補種茶二萬株政和間曾種三萬株比年益虔貢職遂有創增之目仍改京鋌爲大龍團由是大龍多于大鳳之數凡此皆近事或者猶未之知也三月初吉男克北苑寓舍書

北苑貢茶最盛然前輩所錄止于慶曆以上自元豐之密雲龍紹聖之瑞雪龍相繼挺出制精于舊而未有好事者記焉但見于詩人句中及大觀以來增創新銙亦猶用揀芽蓋水芽至宣和始有故龍團勝雪與白茶角立歲充首貢復自御苑玉芽以下厥名實繁先子親見時事悉能記之成編具存今閩中漕臺所刊茶錄未備此書庶幾補其闕云淳熙九年冬十二月四日朝散郞行祕書郞兼國史編修官學士院權直熊克謹記

北苑別錄 一卷全

宋趙汝礪

建安之東三十里有山曰鳳凰其下直北苑旁聯諸焙厥土赤壤厥茶惟上上太平興國中初爲御焙歲模龍鳳以羞貢篚蓋表珍異慶曆中漕臺益重其事品數日增制度日精厥今茶自北苑上者獨冠天下非人間所可得也方春蟲震蟄千夫雷動一時之盛誠爲偉觀故建人謂至建安而不詣北苑與不至者同僕因攝事遂得研究其始末姑摭其大概條爲十餘類目曰北苑別錄云

御園

九窠十二隴　麥窠　壤園　龍游窠

小苦竹　苦竹里　雞藪窠　苦竹

鼯鼠窠　教練隴　鳳凰山　苦竹園

大小焊　橫坑　猿游隴　張坑

帶園　焙東　中歷　東際

西際　官平　石碎窠　上下官坑

虎膝窠　樓隴　蕉窠　新園

大樓基　阮坑　曾坑　黃際

馬鞍山　林園　和尚園　黃淡窠

吳彥山　羅漢山　水桑窠　銅場

師姑園　靈滋　苑馬園　高畬

大窠頭　小山

右四十六所廣袤三十餘里自官平而上爲內園官坑而下爲外園方春靈芽莩坼常先民焙十餘日如九窠十二隴龍游窠小苦竹張坑西際又爲禁園之先也

開焙

驚蟄節萬物始萌每歲常以前三日開焙遇閏則反之以其氣候少遲故也

采茶

采茶之法須是侵晨不可見日侵晨則夜露未晞茶芽肥潤見日則爲陽氣所薄使芽之膏腴內耗至受水而不鮮明故每日常以五更撾鼓集羣夫于鳳凰山山有打鼓亭監采官人給一牌入山至辰刻復鳴鑼以聚之恐其踰時貪多務得也大抵采茶亦須習熟募夫之際必擇土著及諳曉之人非特識茶發早晚所在而于采摘各知其指要蓋以指而不以甲則多溫而易損以甲而不以指則速

斷而不柔（徙畜戰也）故采夫欲其熟習正爲是耳（采夫日役二百二十五人）

揀茶

茶有小芽有中芽有紫芽有白合有烏蔕此不可不辨小芽者其小如鷹爪初造龍團勝雪白茶以其芽先次蒸熟置之水盆中剔取其精英僅如針小謂之水芽是小芽中之最精者也中芽古謂之一鎗一旗是也紫芽葉之紫者是也白合乃小芽有兩葉抱而生者是也烏蔕茶之蔕頭是也凡茶以水芽爲上小芽次之中芽又次之紫芽白合烏蔕皆在所不取使其擇焉而精則茶之色味無不佳萬一雜之以所不取則首面不均色濁而味重也

蒸茶

茶芽再四洗滌取令潔淨然後入甑候湯沸蒸之然蒸有過熟之患有不熟之患過熟則色黃而味淡不熟則色青易沉而有草木之氣唯在得中爲當也

榨茶

茶既熟謂之茶黃須淋洗數過（欲其冷也）方上小榨以去其水又入大榨出其膏（水芽則以高榨壓之以其芽嫩故也）先是包以布帛束以竹皮然後入大榨壓之至中夜取出揉勻復如前入榨謂之翻榨徹曉奮擊必至于乾淨而後已蓋建茶味遠而力厚非江茶之比江茶畏沉其膏建茶惟恐其膏之不盡膏不盡則色味重濁矣

研茶

研茶之具以柯爲杵以瓦爲盆分團酌水亦皆有數上而勝雪白茶以十六水下而揀芽之水六小龍鳳四大龍鳳二其餘皆十一二焉自十二水而上日研一團自六水而下日研三團至七團每水研之必至于水乾茶熟而後已水不乾則茶不熟茶不熟則首面不勻煎試易沉故研夫尤貴于強有手力者也嘗謂天下之理未有不相須而成者有北苑之芽而後有龍井之水其深不以丈尺則清而且甘晝夜酌之而不竭凡茶自北苑上者皆資焉亦猶錦之于蜀江膠之于阿井詎不信然

造茶

造茶舊分四局匠者起好勝之心彼此相誇不能無弊遂併而爲二焉故茶堂有東局西局之名茶銙有東作西作之號凡茶之初出研盆盪之欲其勻揉之欲其膩然後入圈製銙隨笪過黃有方銙有花銙有大龍有小龍品色不同其名亦異故隨綱繫之于貢茶云

過黃

茶之過黃初入烈火焙之次過沸湯爁之凡如是者三而後宿一火至翌日遂過烟焙焉然烟焙之火不欲烈烈則面炮而色黑又不欲烟烟則香盡而味焦但取其溫溫而已凡火之數多寡皆視其銙之厚薄銙之厚者有十火至于十五火銙之薄者七八九火

至于十火火數既足然後過湯上出色出色之後當置之密室急以扇扇之則色澤自然光瑩矣

綱次

細色第一綱

龍焙貢新　水芽　十二水　十宿火　正貢三十銙　創添二十銙

細色第二綱

龍焙試新　水芽　十二水　十宿火　正貢一百銙　創添五十銙

細色第三綱

龍團勝雪　水芽　十六水　十二宿火　正貢三十銙　（續添二十銙　創添六十銙）

白茶

水芽　十六水　七宿火　正貢三十銙　續添五十銙　創添八十銙
御苑玉芽
小芽　十二水　八宿火　正貢一百片
萬壽龍芽
小芽　十二水　八宿火　正貢一百片
上林第一
小芽　十二水　十宿火　正貢一百銙
乙夜清供
小芽　十二水　十宿火　正貢一百銙
承平雅玩
小芽　十二水　十宿火　正貢一百銙
龍鳳英華
小芽　十二水　十宿火　正貢一百銙

玉除清賞
小芽　十二水　十宿火　正貢一百銙
啓沃承恩
小芽　十二水　十宿火　正貢一百銙
雪英
小芽　十二水　七宿火　正貢一百片
雲葉
小芽　十二水　七宿火　正貢一百片
蜀葵
小芽　十二水　七宿火　正貢一百片
金錢
小芽　十二水　七宿火　正貢一百片
玉華
小芽　十二水　七宿火　正貢一百片
寸金
小芽　十二水　九宿火　正貢一百銙
細色第四綱
龍團勝雪
巳見前　正貢一百五十銙
無比壽芽
小芽　十二水　十五宿火　正貢五十銙　創添五十銙
萬春銀芽
小芽　十二水　十宿火　正貢四十片　創添六十片
宜年寶玉
小芽　十二水　十二宿火　正貢四十片　創添六十片
玉淸慶雲

小芽　十二水　九宿火　正貢四十片　創添六十片
無疆壽龍
小芽　十二水　十五宿火　正貢四十片　創添六十片
玉葉長春
小芽　十二水　七宿火　正貢一百片
瑞雲翔龍
小芽　十二水　九宿火　正貢一百八片
長壽玉圭
小芽　十二水　九宿火　正貢二百片
興國岩銙
中芽　十二水　十宿火　正貢二百七十銙
香口焙銙
中芽　十二水　十宿火　正貢五百銙

上品揀芽
小芽　十二水　十宿火　正貢一百片
新收揀芽
中芽　十二水　十宿火　正貢六百片
細色第五綱
太平嘉瑞
小芽　十二水　九宿火　正貢三百片
龍苑報春
小芽　十二水　九宿火　正貢六十片　創添六十片
南山應瑞
小芽　十二水　十五宿火　正貢六十片　創添六十銙
興國岩揀茶
中芽　十二水　十五宿火　正貢五百十片

興國岩小龍
中芽　十二水　十五宿火　正貢七百五十片
興國岩小鳳
中芽　十二水　十五宿火　正貢七百五十片
先春二色
太平嘉瑞
已見前　正貢三百片
長壽玉圭
已見前　正貢二百片
續入額四色
御苑玉芽
已見前　正貢一百片
萬壽龍芽
已見前　正貢一百片
無比壽芽
已見前　正貢一百片
瑞雲翔龍
已見前　正貢一百片
麤色第一綱
正貢
不入腦子上品揀芽小龍一千二百片　六水　十六宿火
入腦子小龍七百片　四水　十五宿火
增添
不入腦子上品揀芽小龍一千二百片
入腦子小龍七百片
建寧府附發
小龍茶八百四十片

麤色第二綱
正貢
不入腦子上品揀芽小龍六百四十片
入腦子小龍六百七十二片
入腦子小鳳一千三百四十四片　四水　十五宿火
入腦子大龍七百二十片　二水　十五宿火
入腦子大鳳七百二十片　二水　十五宿火
增添
不入腦子上品揀芽小龍一千二百片
入腦子小龍七百片
建寧府附發
大龍茶四百片　大鳳茶四百片

麄色第三綱

正貢

不入腦子上品揀芽小龍六百四十片

入腦子小龍六百七十二片

入腦孑小鳳六百七十二片

入腦子大龍一千八百片

入腦子大鳳一千八百片

增添

不入腦子上品揀芽小龍一千二百片

入腦子小龍七百片

建寧府附發

大龍茶八百片　大鳳茶八百片

麄色第四綱

正貢

不入腦子上品揀芽小龍六百片

入腦子小龍三百三十六片

入腦子小鳳三百三十六片

入腦子大龍一千二百四十片

入腦子大鳳一千二百四十片

建寧府附發

大龍茶四百片　大鳳茶四百片

麄色第五綱

正貢

入腦子大龍一千三百六十八片

入腦子大鳳一千三百六十八片

京鋌改造大龍一千六百片

建寧府附發

大龍茶八百片　大鳳茶八百片

麄色第六綱

正貢

入腦子大龍一千三百六十片

入腦子大鳳一千三百六十片

京鋌改造大龍一千六百片

建寧府附發

大龍茶八百片　大鳳茶八百片

京鋌改造大龍一千二百片

麄色第七綱

正貢

入腦子大龍一千二百四十片

入腦子大鳳一千二百四十片

京鋌改造大龍二千三百五十二片

建寧府附發

大龍茶二百四十片　大鳳茶二百四十片

京鋌改造大龍四百八十片

細色五綱

貢新爲最上後開焙十日入貢龍團勝雪爲最精而建人有直四萬錢之語夫茶之入貢圈以箬葉內以黃斗盛以花箱護以重篚扃以銀鑰花箱內外又有黃羅幕之可謂什襲之珍矣

麄色七綱

揀芽以四十餅爲角小龍鳳以二十餅爲角大龍鳳以八餅爲角圈以箬葉束以紅縷包以紅紙緘以白綾惟揀芽俱以黃焉

開畬

草木至夏益盛故欲導生長之氣以滲雨露之澤每歲六月興工虛其本培其土滋蔓之草遏鬱之木悉用除之政所以導生長之氣而滲雨露之澤也此之謂開畬唯桐木得留焉桐木之性與茶相宜而又茶至冬則畏寒桐木望秋而先落茶至夏而畏日桐木至春而漸茂理亦然也

外焙

石門　乳吉　香口

右三焙常後北苑五七日興工每日採茶蒸榨以過黃悉送北苑併造

說郛卷第六十終

說郛卷第六十一

清異錄 六卷　宋陶穀 號金鑾否人

天文

龍潤 李煜在國時自作祈雨文曰尙乖龍潤之祥

跋扈將軍 隋煬帝泛舟忽陰風頗緊歎曰此風可謂跋扈將軍

奇水 雨無雲而降非龍而作唐人號爲奇水

天公絮 雲者山川之氣今秦隴村民稱爲天公絮

赤眞人 周季年東漢國大雪盛唱曰生怕赤眞人都來一夜春後大宋受命

吼天氏 呂圜貧秋深大風鄰人朱錄事富而輕圜疊小紙擲圜前云呂圜洛師人也身寒而德備一日吼天氏作孼獨示威于圜

聖琉璃 王衍伶官王家樂侍燕小池水澄天見家樂應制云一段聖琉璃

黯陽根 僞閩中書吏章添天字謎云露頭更一日眞是黯陽根

碧翁翁 晉出帝不善詩時爲俳諧語詠天詩曰高平上監碧翁翁

地蓋 王彪天賦云溥爲地蓋浩作星衢

潤骨丹 開元時高太素隱商山起六逍遙館晴夏晚雲中秋午月冬日方出春雪未融暑簟清風夜階急雨各製一銘晚雲云作萬變圖先生一笑冬日云金鑼騰空映簷白醉春雪云消除疫癘名潤骨丹清風云醒骨眞人六月惠然

冷飛白 老伶官黃世明言常逮事莊宗大雪內宴鏡新磨進詞號曰冷飛白

天公玉戲 比丘淸傳與一客同入湖南客曰凡雪仙人亦重之號天公玉戲

花纈扇 俗以開花風爲花纈扇潤花雨爲花沐浴至花老風雨斷送

蓋花刑耳

驚世先生　驚世先生雷之聲也千里鏡電之形也

千里燭　道士王致一曰我平生不曾使一文油錢在家則爲扇子燈出路則爲千里燭意其日月也

迷空步障　世宗時水部郎韓彥卿使高麗見有一書曰博學記偸抄之得三百餘事今抄天部七事迷空步障霧威屑霜教水露冰子雹氣母虹屑金星秋明大老天河

地理

黃金母　汾晉村野間語曰欲作千箱主問取黃金母意謂多稼厚畜由耕耘所致

空青府　契丹東丹王突買巧石數峯目爲空青府

圓光石　趙光逢奴往淮壖偶得一石四邊玲瓏類火光逢大愛之名曰圓光石

隱士泥　秣陵孟娘山土正白色曰白墡土周護始調塗其四堵因呼隱士泥

寵仙　桑維翰壽辰韋濟德獻太湖石一塊上有鐫字金飾曰寵仙

琉璃變　劉東叔賦臘月雨云且雨且凍山徑滑是誰作此琉璃變

四時節　桂林一日之間具四時之氣遷謫者惡之號爲四時節

節木汴州　廣陵東南一都會凡百頗類京師號節木汴州

地上天宮　輕清秀麗東南爲甲富兼華夷餘杭又爲甲百事繁庶地上天宮也

青銅海　汴老圃紀生一鉏芘三十口病篤呼子孫戒曰此二十畝地便是青銅海也

水

七絃水　武夷山有石如立壁顛隱一泉分七派山僧願堅名爲七絃

小蓬萊　違命侯苑中鑿池廣一頃池心疊石象三神山號小蓬萊

麥家地理　臘雪熟麥春雪殺麥田翁以此占豐儉爲麥家地理

十辛　積麥以十辛良下子不得過三辛收鏺不得過三辛上場入倉亦用辛日

君道

蕭閑大夫　劉鋹僭立奢麗自恣在宮中自稱蕭閑大夫

候窗監　南漢劉晟殿側置宮人望明窗以候曉宮人謂之候窗監

仁爐義鑪道薪德火　周杜良作唐太宗畫像贊云仁爐義鑪道薪德火

摘瓜手　人君號能用才者莫如唐太宗然瀛州十八人許敬宗乃得與蓋如摘瓜手耳取之既多其中不容無濫

掃國眞人　隋裴寂待選京都一日郊飲遇老人畫地上沙土曰掃國眞人又曰玉環天子又曰兵丹上聖告寂云三百年中最雄者此三人耳寂醉臥及醒已失老人矣後人紬繹其名掃國者太宗之剗平僭暴也玉環太眞妃小字玄宗以妃而召亂玉環天子是玄宗

明矣憲宗始以兵定方鎭之強終以丹燥滅身兵丹之目其憲宗之謂乎

避賢招蹤存三峯五皇帝　昭宗丁不可爲之時遭無所立之地人戲上尊號曰云云蓋帝嘗曰朕東西所至禍難隨之願避賢者路存三峯五三謂三主帝后及柳昭儀五謂全忠行瑜克用茂貞韓建

彩局兒　開元中後宮繁衆侍御寢者難于取捨爲彩局兒以定之集宮嬪用骰子擲最勝一人乃得專夜宦璫私號骰子爲挫角媒人

大晉元年　王曦紹僭號跳梁閩越淫刑不道黃峻曰今非永隆恐是大昏元年

孟蜀弔伐　孟蜀煩危大軍弔伐僞昶遣皇太子玄喆平章事王昭遠統兵捍禦玄喆乳臭子昭遠僕厮材太祖笑曰孟昶都無股肱爪牙其亡不晚矣

禁明供奉　武帝宣內供奉賜坐食甘露毬蜜搗山藥油浴既退侵夜宮

嬪離次上獨映琉璃燈籠觀書久之歸寢殿王才人問官家今日以何消遣上曰綠羅供奉已去皂羅供奉宮人時番不來與紫明供奉相守熟讀尚書無逸篇數遍朕非不能取熱鬧快活正要與絃管尊罍暫時隔破

容易郎君　晉少主志于富貴纔進姓名即問幾錢拜官賜職出于談笑幸臣私號容易郎君

大體雙　劉鋹昏縱角出得波斯女年破瓜黑腯而慧豔善淫曲盡其妙鋹嬖之賜號媚猪延方士求健陽法久乃得多多益辦好觀人交選惡少年配以雛宮人皆妖俊美健者就後園褫衣使露而偶鋹扶媚猪巡行覽玩號曰大體雙又擇新採異與媚猪對鳥獸見之熟亦作合

官志

風力相國　越公楊素專恣既久包藏可畏四方寒心不敢直指故以風力相國槩之力一作刀

潤家錢　南漢地狹力弱事例卑猥州縣時會僚屬不設席而分饋阿堵號潤家錢

分身將　梁將葛從周忠義驍勇每臨陣東西南北忽焉如神晉人稱爲分身將

肉雷　來紹乃唐酷吏俊臣之裔孫天稟鷙忍以決罰爲樂嘗宰郃陽生靈困于辟手創造鐵繩千條或有問不承則急縛之仍以其半槌手往往委頓每肆枯木之威則百囚俱斷響震一邑時呼肉雷

百和參軍　袁象先判衢州時幕客謝平子癖于焚香至忘形廢事同僚蘇收作戲刺一札伺其亡也而投之云鼎炷郎守馥州百和參軍謝平子

攝金紫玉東嚳殿珠　王播拜諸道鹽鐵轉運使祕書丞許少連賀啓云云

玉葺金鹵　僞唐徐嚴掌建陽茶局弟復治海陵鹽政監檢烹煉之亭牓

曰金鹵履閻之潔敞焙舍命曰玉葺軒

赤心榜　張聿宰華亭治政凜然凡有府使賦外之需直榜邑門民感其誠指爲赤心榜

小宰羊　時戢爲青陽丞潔己勤民肉味不給日市豆腐數箇邑人呼豆腐爲小宰羊

抱冰公事　蒙州立山縣丞晁覺民自中原避兵南來因仕霸朝食料衣服皆市于鄰邑一吏專主之既回物多毫末皆置諸獄當其役者曰又管抱冰公事也

牛皮綳鐵鼓　蘇州錄事參軍薛朋龜廉勤明察胥吏呼爲牛皮綳鐵鼓言難縵也

軟繡天街　本朝以親王尹開封謂之判南衙羽儀散從粲如圖畫京師人嘆曰好一條軟繡天街近世士大夫騎吏華繁者亦號半里嬌

人間第一黃　僞唐贓臣褚仁規竊祿泰州刺史惡政不可縷舉有智民請吻儒爲二詩皆隱語凡寫數千幅詣金陵粘貼事乃上聞詩曰多求虁白昧蒼蒼兼取人間第一黃黃白隱金銀字

脯掾　何敬洙帥武昌時司倉彭湘傑習知膳味就中脯腊尤殊敬洙檄掌公廚郡中號爲脯掾

裹頭冰　宋城主簿祝天睨勵己如冰玉百姓呼爲裹頭冰天睨去後和甄來尉頗得天睨餘味加以儒而文民間語曰去了裹頭冰却得一段着腳琉璃

人事

名字副車　鄧州別駕令狐上選政貪性昧百姓呼名字副車

閙侯　侯元基馬氏時爲湖湘宰退居長沙門常有客宴會無虛日人目爲閙侯

九龍燭　杜黃裳當憲宗初載深謀密議眷禮敦優生日例外別賜九龍燭十挺

呷大夫　家述常聿修仕僞蜀爲太子左贊善大夫兩人皆滑稽聿修伺述酒瓮將竭叩門求飲未通大道已見罍恥濡筆書壁曰酒客乾喉去惟存呷大夫

九福　天下有九福京師錢福眼福病福屏帷福吳越口福洛陽花福蜀川藥福秦隴鞍馬福燕趙衣裳福

煙窠　四方指南海爲烟月作坊以言風俗尙淫故也今京師鬻色戶將及萬計至于男子擧體自貨迎送恬然遂成蠭窠戶巷又不止烟月作坊也

手民　木匠總號運斤之藝又曰手民手貨

鼎社　廣順三年以柴守禮子榮爲皇子拜守禮太子少保致仕皇子卽位是爲世宗守禮居西洛與王溥王彥超韓令坤之父結友嬉游裘馬衣冠僭逼逾制當時人爲一日具設樂集妓輪環無已謂之鼎社洛下多妙妓守禮日點十名以片紙書姓字押字大如掌

使人持呼之被遣者詣府尹出紙呈示尹從旁僉字妓見紙畫時爭到買笑子號曰鼎社

到頭菴主徹底門生　魏仁浦長百僚提獎單隱岩至列郎又附他相仁浦不悅一日浮屠仁普來乞山資留飯而隱岩至以束素贈別顧仁普曰到頭菴主徹底門生今昔所難師宜勉之隱岩面不類人唯唯而退

女及第　齊魯燕趙之種蠶收繭訖主蠶者簪通花銀碗謝祠廟村野指爲女及第

錢井經商　僦屋出錢號曰擬錢故僦賃取直者京師人指爲錢井經商

不動尊　宣武劉訓錢民也鑄鐵爲算子其子薄游妓求釵奩劉子辭之妓曰郎君家庫裏許多靑銅教做不動尊可惜爛了風流抛散能使幾何劉子云我爺喚算子作長生鐵況于錢乎彼日日燒香禱祝天地三光要錢生兒絹生孫金銀千百億化身豈止不動尊而已爲人父者聞此可以少戒

甌宰　廣席多賓必差一人慣習精俊者充甌宰使擧職律衆

金搭膝　溫韜少無賴拳人幾死市魁將送官謝過魁前拜逾數百魁釋之韜每念之以爲恥既貴達拍金薄爲搭膝帶之曰聊酬此膝

鄭世尊　或曰不肖子傾產破業所病不瘳其終奈何司馬安仁曰爲鄭世尊而已又問何謂曰鄭子以李娃故行乞安邑幾爲餒鬼佛世尊欲與一切衆生結勝因緣遂于舍衛次第而乞合二義以名之非不肖子尙誰當乎

三債三悅　桑維翰草萊時語友人曰吾有富貴在造物未還三債是以知之上債錢貨中債妓女下債書籍既而鐵硯功成一日酒後謂親密曰吾始望不及此當以數語勸子一杯其人滿酌而引公云吾有三悅而持之一曰錢二曰妓三曰不敢遺天下書公徐云吾街露太甚自罰一觥

女行

胭脂虎　朱氏女沉慘狡妬嫁爲陸愼言妻愼言宰尉氏政不在己吏民語曰胭脂虎

冠子蟲　俗罵婦人爲冠子蟲謂性若蟲蛇有傷無補

補闕燈檠　吳儒李大壯畏服小君萬一不遵號令則叱令正坐爲綰匾髻中安燈盌然燈火大壯屛氣定體如枯木土偶人諢目之曰補闕燈檠

鼠心符　一妻不能御一家從可知以之卿諸侯一國從可知以之相天子天下從可知蓋夫夫婦婦而天下正正家而天下定矣惟女子小人爲難養也近之則不遜遠之則怨論語之教也牝雞之晨惟家之索書之訓也無攸遂在中饋易之戒也能循法度則可以承先祖共祭祀詩之勸也威公縱文姜喪軀而幾亡魯高祖畏呂氏召亂而幾亡漢文帝牽制于獨孤故嫡長不立致大業之傾高

宗溺惑于武媚故政失威權階大周之僭萬乘尙爾況庶人乎又況講再醮備繼室既無結髮之情常有扶筐之志安得福祥免禍幸矣閔家以蘆絮示薄許氏以鐵杵表酷其事歷歷可見爲人夫者耽少姿入巧言房簣之間夜以繼日纆愛紐情牢不可拔妻計日行夫勢日削如鉗礙口噤不得聲如絡冒頭癡不得動如械被身束縛囚繫不得自由而至寒熱飢飽在彼不在我出入起居在彼不在我使爲不信惟命使爲不義惟命使爲不忠惟命使爲不慈惟命使躬行夷狄犬彘之所不爲惟命呼令殺人則恨頭落之遲呼令自殺則恐刀來之晚極口罵辱爲迎以笑嬉盡力決撻爲連稱罪過數以犯再拜謝之役以事健步辦之曰祗吾痔諾而趨曰嘗吾便跪而進上不知有親知有吾妻而已下不省有幼省有吾妻而已人方以謂古不聞今不見彼尙且流汗漬踵吐血逾胸悚懼慞惶戰栗振掉惟恐妻語之厲而色之莊也其效伊何有家則妻擅其家有國則妻據其國有天下則妻指麾其天下令一縣則小君映簾守一州則夫人並坐論道經邦奮庸熙載則于飛對內殿連理入都堂粉黛判賞罰裙襦執生殺矣世雖晚猶有是非俗雖澆猶分善惡有臣如此君必竄之有朋如此朋必絕之有閭里如此鄰必去之有民如此官必刑之有子如此父母必號泣而擯之有同氣如此兄弟必紛紜而捨之有父如此有祖如此有伯叔如此子孫姪必色變心移東西南北而避之婦人遂啓口爲雲霧發喉爲雷霆展手爲電轉身爲風誣春爲秋改白爲黑指吳作越號女爲男無力齟齬喜不自勝喜在其間夫在其間愚以度日坐以待盡或十年或六七年或二三年齒髮且衰壽命且終財貨歸彼卷而懷之則聯秦合晉之事萌而請媒通聘之迹見矣昏丈夫君已不用友已不齒鄉已不錄兄弟不親子孫不集人非高于泰山鬼責深于滄海其家墟矣老方悲其墓臭矣死尤辱妻而繼

爲有格言也就夫言之乃並枕於莞連盤野葛就子孫言之乃通心鑽徹骨錐就朋友親族言之乃一輪車四墻屋甚者至于殺夫囚子禍縣刀鋸寃著市曹祭祀絕而門庭蕪然世人恬爲之悟且畏者曾無也吾年六十目見耳聞不可算數今訓汝等有妻固所不免當待之如賓客防之如盜賊以德易色修己率下妻既正子孫敢不正乎萬一不幸中道鼓盆巾櫛付之侍婢米鹽畀之諸子日授方略坐享宴安又或無嗣孤單則宜歸老弟姪以心與之孰敢不盡若更重婚續娶定見敗身殞家至時親友不欲言子孫不敢諫兼已惑已誤難信難處其知吾熟諳而預言之龜鑑在前無復縷縷立石中寢永戒來裔稍越吾言祖先明神共賜誅殛百世循之眞萬金之良藥也

右萊州長史于義方黑心符一卷錄以傳後黑心者繼婦之德名也陶氏子孫其戒之哉

砌水隱形香印過界　扈載畏內特甚未仕時欲出則謁假于細君令滴水于地指曰未乾須前歸若去遠則然香印掐至某所以爲還家之驗因筵聚才三行酒載色欲逃遁朋友默曉譁曰扈君恐砌水隱形香印過界耳是當罰也吾徒人撰新句一聯勸淸酒一盞衆以爲善乃俱起一人捧甌吟曰解稟香三令能遵水五申逼載飲盡別云細彈防事水短爇戒時香別云戰兢思水約匍匐赴香期別云出佩香三尺歸防水九章別云命繫逡巡水時牽決定香載連沃六七巨觥吐嘔淋漓既上馬羣譟曰若夫人怪遲當道被水香勸盞留住

君子

髯佛　滑州賈寧性仁恕賑饑救患耆稚愛慕之以寧多髯遂皆以髯佛呼之

老鴉陳　巴陵陳氏累世孝謹鄉里以老鴉陳目之謂烏鴉能返哺也

返生錢　宣城儒士林生修己深方脉治病不求報謝人致餽再三哀

惡則留百餘一時人名爲返生錢

泰火否爐　蒲中趙節博贍剛直鄉人敬之常作爐火詩云近冬附火爲泰火透春攤爐成否爐用否隨時有輕重進身君子合知無

天梳日幘　唐隱君子田游岩一日冬晴就湯泉沐髮風于朝暉之下適所親者至曰高年豈不自愛而草草若是邪游岩笑而答曰天梳日幘他復何需

安富大夫　岐下梁撝以市隱爲樂有府從事來見將爲言于岐帥而官之撝怒府從事徐曰先生之量未易量也人之貧者富之人之病者安之人之賤者貴之人視先生貧賤且病之窮叟耳而皆反其所樂而今而後敢以安富大夫目先生

棣友　范陽竇禹鈞生五子儀等友愛天至儀曰吾與汝等離兄弟之拘牽眞棣友也

百悔經　閩士劉乙嘗乘醉與人爭妓女既醒慚悔集書籍凡因酒致失賈禍者編以自警題曰百悔經自後不歆至于終身

樂道齋七百二十病　周維簡隱洪州西山嘗曰得米三四石樂道齋七百二十碗足了一年之費

虛飣玲瓏石鎖羊　游士藻爲晉王記室予過其居知昨夜命客問食品曰第一虛裝玲瓏石鎖羊予曰好改裝作飣字便是一句詩士藻令取夜來食目對面塗註云吾平生以順人情爲佛事獨違學士可乎」

么麼

蟲使腹兵　莊宗時伶官朱國賓天資乖很衆皆畏懼以其閩人號爲蟲使荆楚賈者與閩商爭宿邸荆賈曰爾一等人獷面蛙言通身劍戟天生肉網腹內包蟲閩商應之曰汝輩腹兵亦自不淺蓋謂荆字從刀也

鑿空大使駕險三郎　桂州衙內都知兵馬使蔣剛善迎合上官剝兵刻民誑妄詐欺運以智數剛序行第三時號鑿空大使駕險三郎

瓮精　螺川人何晝薄有文藝而屈意于五侯鯖尤善酒人以瓮精詒之

釋族

的乳三神仙　太祖陳橋時太后方飯僧于寺懼不測寺主僧誓以身蔽上受禪賜的乳三神仙

引飯大師　僧家未粥飯先鳴槌維那掌之叢林目淨槌爲引飯大師維那爲欒槌都督

鉢盂精　行脚僧驚舉子驢舉子不忿僧曰麻衣鬼看汝何時會休舉子揚鞭曰鉢盂精且理會取養命圓

播地和尚　王建僭位後有一僧常持大帚不論官府人家寺觀過即汎掃人以掃地和尚目之建末年于諸處寫六字云水行仙怕秦川後王衍秦川之禍方悟水行仙即衍字耳

雙撚布　長安素上人四時止雙撚布爲三衣執一鬼脚杖而已

寄生蠹　梓潼雙燈寺僧書一頌曰撞來好箇寄生蠹云云趺坐而化」

寒灰道者　俞郢隱天童山寺大寒則于廚內取麩火一器亦納直于主者寺中呼爲寒灰道者

舍利頭　僧奉能素苦白禿瘡痂糊頂禪人皆呼爲舍利頭

泥融覺　比丘無染游廬山春雨路滑忽仆石上由是洞見本原士大夫稱爲泥融覺

研金虛縷沉水香紐列環　晉天福三年賜僧法城跋𨓢那毀袈裟也王言云敕法城卿佛國棟梁僧壇領袖合遣內官賜卿研金虛縷沉水香紐列環一枚至可領取

[illegible][illegible]老　沙門受英住池陽村剎示人語曰萬論千經不如無念無營時郡娼婦滿瑩娘多姿而富情眞妓女中麟鳳進士湯振祖以無念無營有情有色製一聯云門前草滿無無老床底花多有有娘」

猪羊三昧　宛朐僧行修食必大炙人戲之云修院主猪羊雞鴨三味正

受

紫織方　獲嘉禿士貫微僭奢如貴要子弟旋織小疊勝綾羅染槐服號紫織方

麪忠燕會　道忠行化餘杭一錢不遺專供靈隱僧衆月設一齋延僧廣備蒸作人人喜曰來日赴忠道者蒸雪會忠之化人惟曰買麪故稱爲麪忠

舟航化　玄奘論道釋云道有爲宗舟航化佛無爲宗盧空化

湯餅藏油蘆飽喫佛　無念苦行比丘也食量兼數人楚大韶延僧既旅集大韶長子以長紙書湯餅藏油蘆飽喫佛榜無念坐處念不動聲色如法飲食而退

梵嫂　相國寺星辰院比丘澄暉以豔娼爲妻每醉點胸曰二四阿羅烟粉釋迦又沒頭髮浪子有房室如來快活風流光前絕後忽一少年踵門謁暉願置酒參會梵嫂暉難之凌晨但見院牌用紙漫書曰敕賜雙飛之寺

偎紅倚翠大師　李煜在國微行娼家遇一僧張席煜遂爲不速之客僧奉酒令謳吟吹彈莫不高了見煜明俊醞藉氣合相愛重煜乘醉大書石壁曰淺斟低唱偎紅倚翠大師鴛鴦寺主持風流教法久之僧擁妓入屏帷煜徐步而出僧妓竟不知煜爲誰也煜嘗密諭徐鉉言于所親焉

僧旂佛傘　龍興寺檀越捨幡蓋文云僧旂交舞丁當起于風鈴佛傘高擎焜燿生乎日鑑其造語脫落尋常軌轍而不書誰人製撰

三隻襪　去習者雲行至峨嵋山而隱蓄三隻襪常穿二補一歲久裂帛交雜望之茸茸焉自呼爲獅子襪

五百斤鐵蒸胡　汴州封禪寺有鐵香爐大容三石都人目之曰香井爐邊鎖一木櫃竅其頂遊者香畢以白水眞人投櫃竅寺門收此以爲一歲麥本他院釋戲封禪方袍曰貴剎不愁齋粥世尊面前有五百

斤鐵蒸胡好一件堅牢常住

肉香爐肉燈臺　齊趙人好以身爲供養且謂兩臂爲肉燈臺頂心爲肉香爐

仙宗

饕仙　近世事仙道者不務寡欲多搜黃白術貪婪無厭宜謂之饕仙

花餅道人　五朝泉州有貧士行乞得錢盡買花蔴餅食之羣小兒呼爲花餅道人

長生籙　華陰士人子別莊在老鴉谷因收刈與密友飲夜醉乘月出莊信步似十餘里至一宮殿中皆仙粧婦人玉宇寶臺上安玉匣大標金字曰長生籙二人覩一金翠雙鬟女發書讀之曰九琳上魔伯校玉書先春法師長養三天花木並增算五千年二人失聲忽然不見身在亂石喬木間耳

大飛丸　吳毅卿臨邛人以多疾齋禱于青城山紫極院置壇設醮科儀畢假寢齋廳夢天人稱自剪刀館來授一竹簡題曰大飛丸鍊心法用鹽解仙人一物注曰世間白蝙蝠是其製合之節甚詳仍戒以絕嗜慾方可服

氤氳大使　朱起家居陽翟年踰弱冠姿韻爽逸伯氏虞部有女妓寵寵豔秀明慧起甚留意寵尤繫心緣館院各別種種礙隔起一志不移精神恍惚忽有密友詣都輦起送至郊外獨回之次逢青巾短袍擔筇杖藥籃者熟視起曰郎君幸値貧道否則危矣起因駭異下馬揖之青巾曰君有急直言吾能濟起再拜以寵事訴青巾笑曰世人陰陽之契有纏綣司總統其長官號氤氳大使諸夙緣冥數當合者須鴛鴦牒下乃成雖伉儷之正婢妾之微買笑之略偷期之秘仙凡交會華戎配接率由是道焉我即爲子囑之臨去籃中取一扇授起曰是坤靈扇子凡訪寵以扇自蔽人皆不見自此七日外可合合十五年而絕起歸如戒往來無阻後十五年寵疫

病而殂青巾蕊仙也

殖和闍　太上明堂玄真上經淸齋休糧存日月在口中趙威伯受法于范丘林行挹日月之道内景註載上淸紫虛呑日月氣法蜀天師杜光庭所作殖和闍奉行如上事

草

香祖　蘭雖吐一花室中亦馥郁襲人彌旬不歇故江南人目蘭爲香祖

昌九　宜春太守虞杲郡齋植菖蒲五檻次子夢髯翁自號昌九言願賜保養

瓔珞藤　終南山出瓔珞藤軟碧可愛葉甚小有子纍纍然纏固其上眞似瓔珞

科名草　杜荀鶴舍前椿樹生芝草明年及第以漆彩飾之安几硯間號科名草

蕉迷　南漢貴璫趙純節性惟喜芭蕉凡軒窗館宇咸種之時稱純節爲蕉迷

草帝　靑城山叟謝調芭蕉歌略云草中一種無倫比瑣屑蒿萊望帝尊

扇子仙　南海城中蘇氏園幽勝第一廣主嘗與幸姬李蟾妃微行至此憩酌綠蕉林廣主命筆大書蕉葉曰扇子仙蘇氏于廣主草宴之所起扇子亭

綠天　懷素居零陵菴東郊植芭蕉亘帶數畝取葉代紙而書號其所曰綠天庵曰種紙厥後道州刺史追作綠天銘

擎列侯　唐保大二年國主幸歙香亭賞新蘭詔苑令取滬溪美土爲擎列侯擁培之具

蕭寒郡假節侯　盧之爲物大類此君但霜雪佞陵改素爲黄故好事君子號盧爲蕭寒郡假節侯

護階子　常保衡呼麥門冬鹿葱爲護階君子金燈玉簪爲綠莊嚴

一元木公　瓦松殺屋爲不才之草有門生離合爲四字曰一元木公實不稱名瓦松蕊白日登天可以下視百草矣

綠衣元寶　苔一名地錢一名綠衣元寶王彥章葺園亭登壇種花急欲苔蘚少助野意而經年不生顧弟子曰尌耐這綠拗兒

三才士　葛爲世用花入藥根參果蔬筋備絺綌土生而具三才亦草中之白眉

綠參差　芭蕉詩最難作胡部陽嶠壹篇云野人無帳幄愛此綠參差云云

木　竹附

綠猗　王彪臨池賦云碧氏方澄宅龜魚而蕩漾綠卿高拂宿烟霧以參差

節氏　三堂人家古柱礎有文曰盧中子生成記初云盧中子姓節氏

化龍之後也隔十數字云與笙簫令壽鬆支離叟堅文同志莫逆又其後云子茁封甘銳侯餘皆漫滅不存疑是昔人種竹記竊記鬆是松支是柏茁是筍

圓通居士　比丘海光住廬山石虎庵夜夢人長身淸瘦而斑衣言捨身爲庵中供養具俄窗外竹生一筍花紫鞾如夢者之衣既成竹六尺餘無節黄綠瑩滑江州太守聞之意將奪取竹一夕自倒太守尋罪去光乃用爲拄杖目曰直兄光來都下予因見之光云夢者自稱圓通居士予遂小篆此四字于杖之首令黑而漆之

丁香竹　荆南判官劉彧弃官游秦隴閩粤篋中收大竹十餘顆每有客到斫取少許煎飲其芳香如雞舌香湯人堅叩其名曰謂之丁香竹非中國所產也

平頭筍　海南島中一類筍極腴厚而甚短島人號平頭筍

天親竹　秦維言雙竹自是一種有成林者因出三拄杖皆兩岐後問

浙人云此是天親竹有時出一番雙筍故例皆分岐亦非年年有之

不平生　崔鳳蹉跎失志洛南天慶觀頗幽雅常陪友生夏月招涼于古槐下戲曰予不登九品此槐不得爲手版想亦助不平也是後朋從呼槐爲不平生

錦心氏繡腹郎　懿宗時求老槐于城北筆頭谷李殊莊亦不下百年矣樹腰刻小字一曰錦心氏一曰繡腹郎云殊之祖愛甚故刻記之

淺色沉　同光中秦隴野人得柏樹解截爲版成器物置密室中時芬芳之氣稍類沉水初得而焚之亦不香蓋性不宜火云此淺色沉耳

木仙　張薦明隱樂山林有古松十餘株謂人曰予人中之仙此木中之仙也

文章樹　張曲江里第之側有古柘常因狂風發其一根解爲器具花

紋甚奇人又以公之手筆冠世目之曰文章樹

三義亭　同州郃陽縣劉清家兄弟不異居宅傍榆樹生桑西廊梧桐生榖枝明年壙中白楊生檜並鬱茂相若鄉人號榆爲義祖梧桐爲義父白楊爲義孫分先後也縣令出官錢爲修三義亭

漏春和尚　新栽柳樹必用泥固濟其末頗類比丘頂相元伯玉宅前插柳初春吐芽伯玉曰且得漏春和尚一一無恙蓋取子美漏泄春光有柳條之句

通天筍　衡州人家竹林中生五筍徹梢並無節目觀者神之名通天筍

蚱蜢竹　江湖間有一種野竹其葉糾結如蟲狀山民曰此蚱蜢竹也

韡韡樹　金鄉路上一老榆往來者就樹下易草屨例以其舊懸而去行人指爲韡韡樹

香世界　釋知足嘗曰吾身爐也吾心火也五戒十善香也安用沉檀箋乳作夢中戲人強之但摘窗前柏子焚爇和口者指爲省便珠

佛影蔬　新羅論迦邏島有筍曰佛影蔬中國雖大無此一種

邊幼節　予爲筍效傅休奕作墓誌云邊幼節字脆中晉林琅玕之裔也以湯死建節建隆二年三月二十五日立石

花

小南強　南漢地狹力貧不自揣度有欺四方傲中國之志每見北人盛誇嶺海之強世宗遣使入嶺館接者遺茉莉文其名曰小南強及本朝國主劉鋹面縛僞臣到闕見洛陽牡丹大駭歎有搢紳謂曰此名大北勝

睡香　廬山瑞香花始緣一比丘晝寢磐石上夢中聞花香烈酷不可名既覺尋香求之因名睡香四方奇之謂乃花中祥瑞遂以瑞易睡

獨立仙　孟昶時每臘日內官各獻羅體圈金花樹子梁守珍獻忘憂

花縷金于花上曰獨立仙

錦洞天　李後主每春盛時梁棟窗壁柱栱階砌並作隔筒密插雜花榜曰錦洞天

黃玉玦　錢俶以弟信鎮湖州後圃芙蓉枝上穿一黃玉玦枝梢交雜不知從何而穿也信截榦取玦以獻人謂眞仙來遊留此以驚世耳

百葉仙人　洛陽大內臨芳殿莊宗所建牡丹千餘本其名品亦有在人口者具于后

百葉仙人淺紅　月宮花白　小黃嬌深黃

雪夫人白　粉奴香白　蓬萊相公紫花黃綠

卯心黃　御衣紅　紫龍盃

三雲紫　盤子酥淺白　天王紫

出樣黃　太平樓閣千葉黃　火焰奴正紅

玉雞苗　東平城南許司馬後圃薔薇花太繁欲分於別地栽插忽花根下掘得一石如雞狀五色粲然郡人遂呼薔薇爲玉雞苗

樓羅曆　劉鋹在國春深令宮人鬭花淩晨開後苑各任採擇少頃敕還宮鎖苑門膳訖普集角勝負于殿中宦士抱關宮人出入皆搜懷袖置樓羅曆以驗姓名法制甚嚴時號花禁負者獻耍金耍銀買燕

鼎文帔　許智老居長沙有木芙蓉二株芘可畝餘一日盛開賓客盈溢坐中王子懷言花不踰萬若過之受罰指所擕妓賈三英胡錦鼎文帔以酬直智老命僕斲羣採凡一萬三千餘朶子懷褫帔納主人靦而默遁

十二香　吳門于永錫專好梅花吟十二香詩今錄其名意

萬選香（拔枝剪折過揀繁種）　水玉香（清水玉缸參差如雪）　二色香（幃幔深置脂粉同妍）

自得香（簾幕窺觀獨享歡然）　撲凸香（巧插鴉鬟妙麗無比）　筭香（採折歸集計多受賞）

富貴香（簪組共賞金玉輝映）　混沌香（夜室映燈暗中拂鼻）　盜跖香（就樹臨瓶至誠竊取）

君子香（不假風韻芳馨遠聞）　一寸香（醉藏懷袖馨聞斷續）　使者香（專使賫持臨門遺送）

紫風流　廬山僧舍有麝囊花一叢色正紫類丁香號紫風流江南后主詔取數十根植于移風殿賜名蓬萊紫

婪尾春　胡嶠詩缾裹數枝婪尾春時人罔喻其意桑維翰曰唐末文人有謂芍藥爲婪尾春者婪尾酒乃最後之杯芍藥殿春亦得是名

金剛不壞王　懿宗賞花短歌云生長白久視黃共拜金剛不壞王謂菊花也

雨天三昧　閩景春餘宴後苑飛紅滿空景曰彌陀經云雨天曼陀羅華此景近似今日觀化工之雨天三昧宜召六宮設三昧燕

花經九品九命　張翊者世本長安因亂南來先主擢置上列特拜西平昌令卒翊好學多思致嘗戲造花經以九品九命升降次第之時服其允當

一品九命　蘭　牡丹　紫風流（睡香異名）　臘梅　酴醿

二品八命　瓊花　蕙　巖桂　茉莉　含笑

三品七命　芍藥　蓮　薝蔔　丁香　碧桃　垂絲海棠　千葉梅

四品六命　菊　杏　辛夷　豆蔻　後庭　忘憂　櫻桃　林檎梅

五品五命　楊花　月紅　梨花　千葉李　桃花　石榴

六品四命　聚八仙　金沙　寶相　紫薇　淩霄　海棠

七品三命　散水　眞珠　粉團　郁李　薔薇　米囊　木瓜　山茶　迎春　玫瑰　金燈　木筆　金鳳　夜合　躑躅　金錢　錦帶　石蟬

八品二命　杜鵑　太淸　滴露　刺桐　木蘭　雞冠　錦被堆

九品一命　夫容　牽牛　木槿　葵　胡葵　鼓子　石竹　金蓮

花九錫　瞽忘錄載羅虬撰花九錫然亦須蘭蕙梅蓮輩乃可披襟若芙蓉躑躅望仙山木野草直唯阿耳尙錫之云耳

重頂幄（障風）　金錯刀（剪折）　甘泉（浸）

玉缸（貯）　雕文臺座（安置）　畫圖

翻曲　美醑（賞）　新詩（詠）

五宜　對花焚香有風味相和其妙不可言者木犀宜龍腦酴醿宜沉水蘭宜四絕含笑宜麝薝蔔宜檀韓熙載有五宜說

瀛洲玉雨　司空圖菩薩蠻謂梨花爲瀛洲玉雨

嚴山圭木　韓恭叟離合巖桂二字爲嚴山圭木

慈恩傳粉綠衣郎　陶子召客于西宅爲酴醿開尊無以侑飲請座人各撰小

名得有思致者七是日十一客費麴生八斗夜三鼓而罷家慈有酴醾酒肉如吾十二人之樂後世不可得賽白蔓君四字天花花聖人慈恩傳粉綠衣郎獨步春沉香密友

百宜枝杖　酴醾木香事事稱宜故賣插枝者云百宜枝杖此洛社故事也

花臈　脂粉流愛重酴醾盛開時置書册中冬間取以插鬢蓋花腊耳」

香瓊綬帶　薛熊賞酴醾詩云香瓊綬帶雪纓絡

花太醫　蘇直善治花瘠者腴之病者安之時人競稱爲花太醫

壅事牡丹法　常以九月取角屑硫黃碾如麪拌細土挑動花根壅罨入土一寸出土三寸地脉既暖立春漸有花蕾生如粟粒卽搯去惟留中心一蓝氣聚故花肥至開時大如盌面

蘭花第一香　蘭無偶稱爲第一香

洛白揚紅汴黃江紫　瑞香有洛白揚紅汴黃江紫花之變極矣

果

瑞聖奴　天寶年內中柑樹結實帝日與貴妃賞御呼爲瑞聖奴

餘甘尉　鄴中環桃實特異後唐莊宗曰昔人以橘爲千頭木奴此不爲餘甘尉乎

梅檀　馮長樂別墅有數種梅檀紫粉分心軟帶之類

冷金丹　未熟來禽百枚採用蜂蜜浸十日取出別入蜂蜜五斤細丹砂末二兩攪拌封泥一月出之陰乾名冷金丹飯後酒時食一兩枚其功勝九轉丹

省事三　北戎蓮實狹長少味出藕頗佳然止三孔用漢語轉譯其名曰省事三

蜜父蠟兄　建業野人種梨者誇其味曰蜜父種枇杷者恃其色曰蠟兄」

青灰蔗　甘蔗盛于吳中亦有精粗如崑崙蔗夾苗蔗靑灰蔗皆可煉糖桄榔蔗臼岩蔗乃次品糖坊中人盜取未煎蔗液盈盌啜之功德漿卽此物也

金香大丞相　莊宗小酌進新橘命諸伶詠之唐朝美詩先成曰金香大丞相兄弟八九人剝皮去滓子若个是汝身帝大笑賜所御軟金杯」

赤誌翁　予嘗以鴨卵及蓮枝一捻紅餉符昭遠介還幷送一詩云聖朝初出赤誌翁醜杖旁扶赤誌翁

河東飯　晉王嘗窮追汴師糧運不繼蒸栗以食軍中遂呼栗爲河東飯

雞冠棗　睢陽多善棗雞冠棗宜作脯醍醐棗宜生啖或謂棗是聖花兒

紅雲宴　嶺南荔枝固不逮閩蜀劉鋹每年設紅雲宴正荔枝熟時

玉枕薯　嶺外多諸間有發深山邃谷而得之者枚塊連屬有重數十斤者味極甘香人多自食未嘗貨于外本名玉枕諸又號三家諸」

土麝香　嘗因會客食瓜言最惡麝香坐有張延祖曰是大不然吾家以麝香種瓜爲鄉里冠但人不知制伏之術耳求麝二錢許懷去後旬日以藥末攪麝香見送每種瓜一窠根下用藥一捻既結實破之麝氣撲鼻次年種其子名之曰土麝香然不用藥麝止微香耳

掌扇罔　櫻桃素盛睢陽地名掌扇罔尤繁有一樹收子至三石者

東韋李　朔方處處有之云韋氏中東脊之孫種來得名

天公掌　淇上薯藥稱最大者號天公掌次者號槢柚羊

月一盤　蜀孟昶月旦必素飡性喜薯藥左右因呼薯藥爲月一盤

四十團　賈人自嶺外還得一枝龍眼已鹽乾凡四十團共千枚至荆南獻高保勉因作小琅玕檻子立置之名之曰海珠叢

繡木團　龍眼予但知其名繡木團川彈子而已按本草一名荔枝奴」

玉角香　新羅使者每來多鬻松子有數等玉角香重堂棗御家長龍牙子惟玉角香最奇使者亦自珍之

鐵脚梨　木瓜性益下部若脚膝筋骨有疾者必用焉故方家號爲鐵脚梨

黃金顆　丘鵬南出甘蔗啖朝友云黃金顆

百二子　河東蒲萄有極大者惟土人得啖之其至京師者百二子紫粉頭而已

御蟬香　洛南會昌中瓜圃結五六實長幾尺而極香類娥綠其上皺文酷似蟬形圃中人連蔓移上檻貢上命之曰御蟬香抱腰綠

百子甕　果中子繁者惟夏瓜冬瓜石榴故嗜果者目瓜爲百子甕

獨子青　遼東一處有瓜若澆沃則以酒代水實成破爲十段每段中止有一子而長數寸食一顆可作終日糧國人珍之名獨子青

瓜戰　吳越稱霅上瓜錢氏子弟逃暑取一瓜各言子之的數言定剖觀負者張宴謂之瓜戰

鼻選　瓜最盛者無逾齊趙車擔列市道路濃香故彼人云未至舌交先以鼻選

閩香玉女　閩士赴科臨川士赴調會京師旂亭各舉鄉產閩士曰我土荔枝眞壓枝天子釘坐眞人天下安有並駕者撫人不識荔枝之未腊者故盛主楊梅閩士不忿遂成喧競旁有滑稽子徐爲一絕云閩香玉女含香雪吳美星郎駕火雲草木無情爭底事青明經對赤參軍

殿脚綃　夷門瓜品殿脚綃夾鶉其色香味可魁本類也

稧寶　崔遠家墅在長安城南就中稧池產巨藕貴重一時相傳爲稧寶又曰玉臂龍

竹青棗　唐末羣方食品物產不通東漢有商歸自閩越以橄欖獻于霸君明日分賜大臣禁軍帥郝惟慶曰此果類狀吾鄉竹青棗加之一時久方得薄味官家何用賜臣所喜者金稜略綽盤耳

假蜂蔗　一時之果品類幾何惟假蜂蔗二糖白鹽藥物煎釀曝糝各隨所宜郭崇韜家最善乎此知味者稱爲九天材料

爽團　馮瀛王爽團法弄色金杏新水浸沒生薑甘草丁香蜀椒縮砂白荳蔻鹽花沉檀龍麝皆取末如麪攪拌日晒乾候水盡味透更以香藥鋪糝其功成矣宿酲未解一枚可以銷熱

百益紅　百益一損者棗一益百損者梨醫氏目棗爲百益紅梨爲百損黃

賜紫櫻桃　溫庭筠曰蒲萄是賜紫櫻桃黃葵是鍍金木槿

雲英麪　鄭文寶雲英麪予得食酷嗜之文寶贈方藕蓮菱芋雞頭荸薺茨菇百合並擇淨肉爛蒸之風前吹晾少時石臼中搗極細入川糖熟蜜再搗令相得取出作團停冷性硬淨刀隨意切食糖多爲佳蜜須合宜少過則太稀

蔬

崑味　落酥本名茄子煬帝緣飾爲崑崙紫瓜人間但名崑味而已

千金菜　咼國使者來漢隋人求得菜種酬之甚厚故因名千金菜今萵苣也

翰林虀　右補闕崔從授予翰林虀法每用時菜五七種擇去老壽者細長刀破之入滿瓮審硬軟作汁量淺深慎啓閉時檢察待其玉潔而芳香則熟矣若欲食先鍊雍州酥次下乾虀及鹽花冬春用熟筍夏秋用生藕亦刀破令形與虀同既熟攪于羹中極清美盧質在翰林躬爲之

胡麻自然汁　羹虀寸截連汁置潔器中鍊胡麻自然汁投之更入白鹽搗薑攪勻潑淡湯餅此乃餘杭壽禪師法非事佛者加煉熟葱韭益佳

百歲虀　俗呼虀爲百歲羹言至貧亦可具雖百歲可長享也

子母蔗　湖南馬氏有雜狗坊卒長能種子母蔗

龍鬚菜　瓮菜出閩中凡百毒悉能解之引蔓而生土人號龍鬚菜

一束金 杜頤云食不可無韭人惡其噉候其僕市還潛取弃之怒罵曰奴狗奴狗安得去此一束金也

盤盎惡葱 盤盎葱趙魏間有之幾如拄杖麄但盈尺耳

和事草 葱和美衆味若藥劑必用甘草也所以文言曰和事草

五鼎芝 北方桑上生白耳名桑鵝富貴有力者咸嗜之呼五鼎芝

南風蘊 南風薤多鬚葉短闊而圓風一作方

玉乳蘿蔔 王奭善營度子孫不許仕宦每年止火田玉乳蘿蔔壺城馬面菘可致千緡

蒺藜精 江南吳協劉賓王同省殊不相下時方嚴冽廳後石芥叢長協云可謂巉然特立賓王曰誠如公言但恨黃髮之年變成蒺藜精耳協已耳順聞而銜之

鼈還丹 孟貫獻詩于世宗遂聯九品有藥性論序曰紅莧爲跛鼈之還丹

題頭菌 保大中村民于爛木上得菌幾一擔狀如蓮花葉而色赤黃因呼題頭菌

筍奴菌妾 江右多菘菜鬻筍者惡之罵曰心子菜蓋筍奴菌妾也

金毛菜 石髮吳越亦有之然以新羅者爲上彼國呼爲金毛菜

笑矣乎 菌蕈有一種食之令人得乾笑疾士人戲呼爲笑矣乎

休休散 湖湘習俗爲毒藥以中人其法取大蛇斃之厚用茅草蓋罨幾旬則生菌蕈發根自蛇骨出候肥盛采之令乾擣末糝酒食茶湯中遇者無不殞身世人號爲休休散

麝香草 蒜五代宮中呼爲麝香草

三無比 鍾謨嗜菠薐菜文其名曰雨花菜又以蔞蒿蘆菔菠薐爲三無比

鍊鶴一羹 醉貓三餅 居士李巍求道雪竇山中畦蔬自供有問巍曰日進何味答曰以鍊鶴一羹藍田鍊得身形似鶴形也醉貓三餅蒔蘿薄荷以飯爲餅

以淸飢道者且暮必以菜解

纏齒羊 袁居道不求聞達馬希範間延入府希範病酒厭膏膩居道曰大王今日使得貧家纏齒羊詢其故則蔬茹

淨街槌 瓠少味無韻葷素俱不相宜俗呼淨街槌

藥

迎年珮 咸通後士風尙于正旦黎明佩紫赤囊中盛人參木香如豆樣時時傾出嚼吞之至日出乃止號迎年珮

師子朮 潛山產善朮以其盤結醜怪有獸之形因號師子朮

三清蔓 按淸冷眞君外訣枸杞號爲三淸蔓其苗爲換骨菜

鍊骨湯 潛山老黃冠年一百一歲扈長官好修攝賂黃冠僕竊藥而來乃吳茱萸艾葉川椒杜仲乾木瓜木鼈肉瓦上松花扈信之名曰鍊骨湯此仙家謂之水炙香

錦郎 檳榔含章甚美絕象白錦性體堅剛耐于斷削予治爲書軸因名錦郎

醫鼎而已 醫之于人功亥天地其間濫謬盜名取貲無功有害藥乎藥乎謬劑而已

藥譜 苾蒭淸本良于醫藥數百品各以角帖所題名字詭異予大駭究其源底答言天成中進士侯寧極戲造藥譜一卷盡出新意改立別名因時多艱不傳于世予以禮求假錄一通用娛閑暇

假君子牽牛 昌明童子川烏頭 淡伯厚朴

木叔胡椒 雪眉同氣白扁豆 含丸使者椒

醎毒仙預知子 貴老陳皮 遠秀卿沉香

化米先生神麯 九日三官吳茱萸 餤叟硫黃

三閭小玉白芷 中黃節士麻黃 時美中蒔蘿

導河掾木豬苓 嗽神五味子 削堅中尉三稜

曲方氏防風 白天壽苦朮一作蒼朮 洞庭奴隸枳殼

黃英石（檀香）　綠劍眞人（菖蒲）　魏去疾（阿魏）
禹孫（澤瀉）　橐籥尊師（仙靈脾）　風稜御史（史君子）
雪如來（白芨）　風味團頭（縮沙）　款肺侯（款冬花）
骨鯁元君（萆薢）　苦督郵（黃芩）　調睡參軍（酸棗仁）
黑司命（從蓉）　知微老（白蘞）　太淸尊者（朴硝）
既濟公（升麻）　冷翠金剛（石楠葉）　脫挑嬰兒（桃仁）
滋翁（訶棃勒）　抱靈居士（香附子）　隨陽給事中（甘遂）
斜枝大士（草龍膽）　野丈（白頭翁）　建陽八座（蛇床子）
玄房仲長統（皂莢）　叢生藥王（覆盆子）　仁棗（川楝子）
石仲寧（滑石）　命門錄事（安息香）　隱上座（郁李仁）
水狀元（紫蘇）　飛風道者（牙硝）　畢和尚（畢澄茄）
脾家瑞氣（肉豆蔻）　甜面淳于（蜜陀僧）　剔骨香（青皮）
痰宮劈歷（半夏）　玉虛飯（龍腦）　鎖眉根（苦參）

黑龍衣（鼈甲）　小帝青（青鹽）　百辣雲（生薑）
縷帶米（麥蘗）　半夏精（天南星）　夜金（雄黃）
沙田髓（黃精）　無聲虎（大黃）　小昌明（草烏頭）
草兵（巴豆）　巢烟九助（烏樟）　百子堂（草果）
被面還丹（人參）　琥珀孫（松脂）　賊參（薺苨）
不死麪（茯苓）　火泉（竹瀝）　比日沉香（烏藥）
陸續丸（蔓荊子）　地白（瓜蔞根）　天豆（破故紙）
滴膽芝（黃連）　新羅白玉（白附子）　瘦香嬌（丁黃一作丁香）
破關符（蓬莪朮）　玉絲皮（杜仲一名王孫友）　血櫃（牡丹皮）
川元蠢（川芎元一作毛）　九女香（鹿茸）　百藥緜（黃耆）
英華庫（益智）　通天拄杖（牛膝）　赤天佩（麻黃）
丹田霖雨（巴戟）　百丈鬚（石斛）　飛天蘸（旋復花）
安神隊仗（麥門冬）　酆芝（天麻）　金山力士（自然銅）

麝男（甘松）　冰喉尉（薄荷）　草東牀（大腹皮）
腎曹都護（胡盧巴）　壽祖（威靈仙）　玲瓏霍去病（藿香）
千眼油（蔴人）　延年卷雪（桑白皮）　水銀腊（輕粉）
黃香影子（槐子）　六停劑（五味子）　顯明犯（阿膠）
出樣珊瑚（木通）　中央粉（蒲黃）　瘡帚（何首烏）
支解香（丁香）　洗瘴丹（檳榔）　海腊脂（[illegible]）
水磨橄欖（金鈴子）　無名印（地榆）　無憂扇（枇杷葉）
鬼木串（桃角）　黑煞星（夜明砂）　續命筒（乾漆）
蠻龍古血（沒藥）　淸涼種（香薷）　羽化魁（五加皮）
度厄錢（連翹）　聖龍鬆（玄參）　翻胃木（常山）
湯主（山茱萸）　醒心杖（遠志）　玉皇瓜（馬兜鈴）
僉蜜珊瑚（甘草）　德兒（杏仁）　混沌螟蛉（寄生）
永嘉聖脯（乾薑）　紅心石（赤石脂）　藁本（五靈脂）

靜風尾（荊芥）　正坐丹砂（附子）　迎陽子（菟絲子）
山屠（黃蘗）　錦繡根（芍藥）　草魚目（蒙攻）
茅君寶篋（蒼朮）　尉陀生（牡桂）　鍊形松子（柏子仁）
蘆頭豹子（柴胡）　丑寶（牛黃）　肚裏屏風（艾）
九畹菜（澤蘭）　女二天（當歸）　天通綠（木香）
旱水晶（硼砂）　還元大品（地黃）　兩平草（羌活）
死冰（白殭蠶）　一寸樓臺（蜂窠）　三尸籙（枸杞）
無情手（硇砂）　拔萃團（麝香）　綠鬢姜（細辛）
笑靨金（菊花）　走根梅（乾葛）　八月珠（茴香）
銀條德星（山藥）　埋光烏藥（良薑）　樵聖（蓽撥）
破軍殺（大戟）　吉祥杵（桔梗）　金母蛻（鬱金）
綫子檀（芸香）　良醫匕首（葶藶）　產家大器（秦艽）
滴金卵（延胡索）　鬼丹（藿香鬼一作兒）　宜州樣子（白荳蔻）

瓦罋班（貝母）　孝梗（智母）　萬金茸（紫苑）
秦尖（茯驗）　西天蔓（前胡）　蕨臣（卷柏）
五福樹（白歛）　保生叢（藁本）　狨奴（狗脊）
蒜腦藷（百合）　備身弩（芫元）　帝膏（蘇合香）
玉靈片（石膏）

（黃庭泉）長生之藥惟積精液及吐納灌漑丹田爲上仙家以津液爲種壽泉祖黃庭也

（草師婆）福德縣吉祥草草師婆皆謂艾也

（大靈豆）華山陳摶有大靈豆服一粒四十九日不飢筋力如故顏色反嬰

（肝天）藥有五天決明爲肝天紫苑爲肺天神麯爲脾天遠志爲心天蓯蓉爲腎天

（草裹丹砂）耆老婦人好熨貼以瓦片煖肚名爲草裹丹砂凡陰寒覺足疼用之

（扁鵲鈴）椒又名扁鵲鈴蜀產者上葉屬木故青皮本火故赤花應土故黃膜兆金故白子符水故黑五行全足草中大丹服餌家重之

（卻老霜）卻老霜九鍊松脂爲之辟穀長生

（日面天腸福衢壽車）太淸草木方云服雲母者成日面天腸餌鍾乳者登福衢壽車

（草創刀圭）高麗博學記云酥名大刀圭醍醐名小刀圭酪名水刀圭乳腐名草創刀圭

（火輪三昧）凡病膏肓之際藥難効此鍼灸之所以用也鍼長于宣壅滯灸長于導氣血古人謂之延年火又曰火輪三昧今人有病必灸亦艾癖也

（火靈庫）昌黎公愈晚年頗親脂粉故事服食用硫黃末攪粥飯啖雞男不使交千日烹庖名火靈庫公間日進一隻焉始亦見功終致

絕命

（大道丸）食草木方黑豆一升去皮尖貫衆一兩甘草如之茯苓吳朮縮砂仁減半挫了用水五升同豆熬煮火須文武緊慢得中直至水盡揀去藥取豆搗如泥作雞頭實大用有蓋甆瓶密封黃巢亂江淮人竄入山林多餓死八公山有刹帝利種友禪製此藥名大道丸嚼一丸則恣食苗葉可爲終日飽雖異草殊木素所不識亦無毒甘甜與進飯糧一同獲濟者衆

（回頭靑）香附子湖湘人謂之回頭靑言就地劃去轉首已靑用之之法砂盆中熟擦去毛作細末水攪浸澄一日夜去水取膏晒稠揑餅微火焙乾末而復浸如此五七遍入藥宛然有沉水香味單服尤淸

禽

（鬭本）郝輪陳留別墅畜雞數百外甥丁權伯勸諭輪畜一雞日殺小蟲無數況損命莫知紀極豈不寒心輪曰汝要我破除鬭本雖親而實疏也

（插羽佳人）豪少年尚蓄鴿號半天嬌人以其蠱惑過于媚女豔妖呼爲插羽佳人

（白鷗譜）陳喬張佖之子秋晚並遊玄武湖時羣鷗游泛佖子曰一軸內本瀟湘喬子俄顧吏卒云此白色水禽可作脯否僉議云張佖子半莖鳳毛陳喬男一堆牛屎喬子從是得陳一堆白鷗脯之名

（家常膃肭臍）膃肭臍不可常得野雀久食積功固精峻緊蓋家常膃肭臍也

（婆娑兒）鄭遨隱居有高士問曰何以閱日對曰不注目于婆娑兒即側耳于鼓吹長謂玩鷗而聽蛙也

（鳳凰）禮部郎康凝畏妻甚有聲妻常病求烏鴉爲藥而積雪未消難以網捕妻大怒欲加捶楚凝畏懼涉泥出郊用粒食引致之僅

獲一枚同省劉尚賢戲之曰聖人以鳳凰來儀爲瑞君獲此免禍可謂黑鳳凰矣

兀地奴　世呼鵝爲兀地奴謂其行步蹣跚耳

減脚鵝　御史符昭遠曰鴨頗類乎鵝但足短耳宜謂之減脚鵝

軒郎　韓中書俾舒雅作鶴賦有曰矜彼軒郎治茲松府

書空匠　乾祐中冷金亭賞菊分韻賦秋雁族子祕書丞畝先就詩曰天掃閑雲秋淨時書空匠者最相宜云云

福德長　韓軫家藏三義雁圖有贊云伺察非常爲福德長

灌陽公　宣城開元寺殿上有鶴營巢沙門梵報撰灌陽公開府記

瓦亭仙　鸛多在殿閣鴟尾及人家屋獸爲窠故或有呼瓦亭仙者

青喜　李正己被囚執夢云青雀噪即報喜也是旦果有羣雀啁啾色皆青蒼至今李族居淄青者呼雀爲青喜

鳳隱　韋嗣立宅後林麓邃密有黃鵠一雙潛于崖側每韋氏有吉慶

事則先期盤翔時人議曰人君德感鳳凰呈瑞世未嘗無鳳凰非可出之時而自隱耳今山鵠爲韋氏家候祥報吉否則與鳳隱同焉者也

半瑞　吳興羅捕者得一鳶紫翠色俊鷙可喜山民朱神佐以謂錢俶初即位此是珍祥獻之必推賞典即重價償羅者擕之將獻鳶無故而殞滑稽者多以半瑞之言嘲神佐

肉寄生　章貢小蒙川蘇氏山林多鳩賓客滿坐可悉饜飫一網數十百咄嗟可具故其黨戲之曰此君家肉寄生也

九苞奴　動植廣疏云雉一名九苞奴謂其有文無德眞鳳凰之奴隸

啞瑞　于頔董天休俱爲鄜州從事頔文辨天休木訥而衣冠甚麗一日有吏人獲錦雉來獻頔笑曰此物毛羽粲錯但鳴不中律呂亦啞瑞而已天休覺其譏已徐曰若以聲語求之蟬亦可取其如闊禪師坐上敲拄杖示衆而望道遠矣頔銜之因茲日益參商訟于有司至于相罵辱譏誚之詩悉著在史牘若發訐之可淸懽竟日目爲鳳凰案

長生網　鶉之爲物惟聞同類之聲則至熟其性必求鶉之善鳴者誘致則無不獲自號引鶉爲長生網

族味　鶉捕之者多論網而獲故雌雄羣子同被鼎俎世人文其名爲族味

碧海舍人　隋宦者劉繼詮得芙蓉鷗二十四隻以獻毛色如芙蓉帝甚喜置北海中曰鷗字三品鳥宜封碧海舍人宮嬪略之呼海舍人

鶚一作北

人日鳥　南唐王建封不識文義族子有動植疏俾吏錄之其載鴿事以傳寫訛謬分一字爲三變而爲人日鳥矣建封信之每人日開筵必首進此味

痴伯子　葛從周養一皂鷹甚鷙忽突籠飛去從周惜責掌事者討捕

良急從周方食小僕報桐樹上鷹見棲泊望之乃一鴟也怒罵曰不解事奴此痴伯子得萬箇何所用促尋黑漫天來黑漫天所失鷹名也

唾十三　厭勝章言梟乃天毒所產見聞者必羅殃禍急向梟連唾十三口然後靜坐存北斗一時許可禳焉僞漢蒙州刺史龍驤武人極諱已名又父名碏子名卬亦諱之郡人呼梟曰唾十三鵲曰不奈何蛩曰秋風諱郤屬私相告云若使君祖諱飯吾輩亦當稱飯家粥耶

納諸小尉　取魚用鸕鷀快捷爲甚當塗菱塘石阜民莊舍在焉畜鸕鷀于家纜小舟在岸日遣一丁取魚供家邑尉過而見之謂阜民曰小舟即納脐場鸕鷀乃小尉耳復曰江湖漁郎用鸕鷀者名烏頭網

錦地鷓　閩中造盞花紋類鷓鴣斑點試茶家珍之因展蜀畫鷓鴣于

書館江南黃是甫見之曰鵻鳩亦數種此錦地鷗也

觀自在　耶律德光入京師春日聞杜鵑聲問李崧曰此是何物崧曰杜鵑唐杜甫詩云西川有杜鵑東川無杜鵑涪萬無杜鵑雲安有杜鵑京洛亦有之德光曰許大世界一箇飛禽任他揀選要生處便生不生處種也無佛經中所謂觀自在也

淵明鬼　太府少卿潘崇有處女名妙玉詠杜鵑云一九苞奴般毛羽淵明鬼

頭刺蟲　後周武帝置官于瀘川釀毒藥爲酒年以供進而所用材品不一名野一作夜叉酒役者皆取大辟捨罪而驅策之官長歲頒續命金以毒氣薰煮官吏被者多死徒卒恐怯呼鴆爲一拂鳥頭刻蟲蝮蛇爲霹靂盆蜂爲小峭

九羅一作闍羅　明崇儼厭勝書鬼車九首妖怪之魁凡所遭觸滅身破家故一名九羅其掌之者曰天血使者然物可以類勝羽毛中凡十種鬼車切畏之宜用烹製召巫爲祭盡禳厭之法焉

相如錦　相如文君用鷫鷞裘貰酒長沙浪士王溍與名倡董和仙客爲麗服塗鷫鷞狀號相如錦久而都下亦效之

獸

白沙龍　馮翊產羊膏嫩第一言飲食者推馮翊白沙龍爲首

珍郎　天后好食冷修羊賜張昌宗冷修羊手札曰珍郎殺身以奉國

角仙　華清宮一鹿十年精俊不衰人呼曰角仙

玉署三牲　道家流書言麞鹿麂是玉署三牲神仙所享故奉道者不忌

糟糠氏　僞唐陳喬食蒸豘曰此糟糠氏面目殊乖而風味不淺也

金鞍使者　王景倾金錢市名馬凡得五疋各有位號曰金鞍使者千里兼薦天眞將軍致遠侯渥洼郎驥國公

靈壽子　武宗爲潁王時邸園畜禽獸之可人者以備十玩繪十玩圖于今傳播

九皋處士鶴　玄素先生白鷳　長鳴都尉雞　靈壽子龜

惺惺奴猴　守門使犬　長耳公驢　鼠將貓

茸客鹿　辨哥鸚鵡

麝香騟　魏王繼岌奉命伐蜀王衍苑馬數百皆逸足也繼岌猶比選之得二十許匹格價不可言

麝香騟　錦耳驄　駱十二　趁日驄　偏界玉

陷冰騟　長命騮　弦兒驄　籠鬆白　八百哥

掠地雲　錦地龍　雪面娘　月影三　玉尾騟

撒沙騮　天花駱　旋風白　窣地嬌　六尺金

銜蟬奴　後唐瓊花公主自丱角養二貓雌雄各一有雪白者曰銜花朶而烏者惟白尾而已公主呼爲銜蟬奴崑崙妲己

尾君子　郭休隱居太山畜一猢猻謹恪不踰規矩呼爲尾君子

黃奴　耒陽廛習之家生一黃犬識人喜怒頤指習之嘗作歌云吾家黃奴類黃耳

綠耳梯　江南後主同氣宜春王從謙嘗春日與妃侍游宮中後圃妃侍觀桃花爛開意欲折而條高小黃門取綵梯獻時從謙正乘駿馬擊毬乃引鞚至花底痛採芳菲顧謂嬪妾曰吾之綠耳梯如何

菊道人　亳社吉祥僧刹有僧誦華嚴大典忽一紫兔自至馴伏不去隨僧坐起聽經坐禪惟飡菊花飲清泉僧呼菊道人

白雪姑　予在輦轂至大街見揭小榜者曰虞太傅宅失去貓兒色白小名白雪姑

鈍公子　天成長興中以牛者耕之本殺禁甚嚴有盜屠私販不敢顯其名宛稱曰格餌一作耳亦猶李甘家號甘子爲金輪藏楊虞卿家號魚爲水花羊陸象先家號象爲鈍公子李栖筠家號犀爲獨筍牛石虎時號虎爲黃猛朱全忠時號鍾爲大聖銅俱以避諱故也

肉胡床　吉祥座杜重威馬也肉胡床景延廣馬也

肉竈燒丹　開運中術士曹盈道來謁自陳能肉竈燒丹借廳修養詢其說肉竈者末生硃砂飼羊膏腯乃供廚借廳者素女容成閉陽采陰之道

四足仙人　魯人東野賓王適吳至盱眙村店使僕夫糴米拾薪俱未來而馬脫鞍解絡飽于芳秀矣賓王嘆曰綠耳公爾爲四足仙人我是兩脚餓鬼

黃毛菩薩　予陽翟莊舍左右有田老者不爲欺心事出言鯁直諢名撞倒墻尤不喜殺牛見村舍懸列牛頭脚告妻子曰天下人所喫皆從此黃毛菩薩身上發生臨了殺倒却有天在

峻青宅　李道殷華山道士岩棲谷飲有奇術能攝伏鬼神畜一黑猿兒呼爲臂童道殷于菴側古松上以茅草枝梢營一巢爲臂童寢息之所名曰峻青宅

蟲

塗金折枝蜻蜓　後唐宮人或網獲蜻蜓愛其翠薄遂以描金筆塗翅作小折枝花子金綫籠貯養之爾後上元賞花者取象爲之售于游女

花賊　溫庭筠嘗得一句云蜜官金翼使徧干知識無人可屬久之自聯其下曰花賊玉腰奴予以爲道盡蜂蝶

篆愁君　臨川李善寧之子十歲能即席賦詩親友嘗以貧家壁試之略不構思吟曰椒氣從何得燈光鑿處分拖涎來藻飾惟有篆愁君拖涎指蝸牛也

莎亭部落　浮屠氏彌陀經云極樂世界有白鶴孔雀鸚鵡舍利迦陵頻伽故今人目爲西方部落至于呼蛩爲莎亭部落不知何謂

青林音樂　唐世京城游手夏月採蟬貨之唱曰只賣青林音樂婦妾小兒爭買以籠懸窗戶間亦有驗其聲長短爲勝負者謂之仙蟲社

爾雅蟲　小符拆字爲戲得父緒餘予過其家正見莊賓來呈繭小符曰此虫雅哉予曰子將拆繭爲二出雅字以張本若作爾雅蟲無疑也適中其謀轟笑而已

魚

一命二鰻　江南紫微郎熙載酷好鰻鱺庖人私語曰韓中書一命二鰻

王字鯉　鯉魚多是龍化額上有眞書王字者名王字鯉此尤通神

裙襴大夫　晉祠小池畜老鼈大如食盤不知何人題闌杜曰裙襴大夫烏衣閧國何元美後失鼈所在

平福公　唐故宮池中有一六目龜或出曝背人見其甲上有刻字微金髹鬣曰平福公君靈古老傳是武宗王美人所養福猶腹也借音而已

水晶人　二三友來訪買得蟹蝦具饌語及唐士人逆風至長鬚國娶蝦女事坐客謝兼仲曰蝦女婿豈不好白角衫裹箇水晶人滿筵無不大笑

黃大　僞德昌宮使劉承勳嗜蟹但取圓殼而已親友中有言古重二螯承勳曰十萬白八敵一箇黃大不得謂蟹有八足故云

夾舌蟲　盧絳從弟純以蟹肉爲一品膏嘗曰四方之味當許含黃伯爲第一後因食二螯夾傷其舌血流盈襟絳自是戲呼蟹爲夾舌蟲

軟釘雪龍　京洛白鱔味極佳烹治四方罕有得法者周朝寺人楊承祿造脫骨獨爲魁冠禁中時亦宣索承祿進之文其名曰軟釘雪龍

水族加恩簿　吳越功德判官毛勝多雅戲以地產魚蝦海物四方所無有因造水族加恩簿品敘精奇有錢氏子得之予借觀私家一夕全錄

水族浙地之產爲多加恩簿者晉陵毛勝公敵所出也鬐鱗殼甲種類差殊薦醴登盤皆可于口陳言爛說不足盡其妙故各揚乃

德各敍所材然後總材德形容之美假以官封之令者蓋滄海龍君之命夫龍擅于海君制萬族號令其間寧有不可勝哉生居水國饕烹羣鮮嘗以天饞居士自名則觀此簿者宜不責而笑也

玉桂仙君江殊（乃江瑤之文名）　令呇爾獨步王江殊鼎鼐仙姿瓊瑤紺體天賦巨美時稱絕佳宜以流碧郡爲靈淵國進號玉桂仙君稱海珍元年（洑一作深）

章丘大都督（一滄浪頭蟹章擧　二白中郎蟹車螯　三淡然子蟹蝤蛑　四季遐蟹蟛越）　令章丘大都督忠美侯滄浪頭隱浪色奇入甌稱最杜口中郎將白中隱負乃厚德韜其雄姿殊形中尉兼靈甘尹淡然子體雖詭異用實芳鮮玉德公季遐純潔内含爽妙外濟滄浪頭可靈淵國上相無比白中隱可含珍大元帥豐甘上柱國兼脆尹淡然子可天味大將軍遠勝王季遐可清納内相頡羹郡王

爽國公（一南寵乃蠔蠣　二甲藏用乃蟳蛑　三解蘊中乃靈　四微子乃彭越）　令多黃尉權行尺一令南寵

截然居海天付巨材宜授黃城監遠珍侯復以爾專盤處士甲藏用素稱蠘副衆許蟹師宜授爽國公圓珍巨美功臣復以爾甘黃州甲杖大使咸宜伯解蘊中足材腴妙螯德充盈宜授糟丘常侍兼美公復以爾解微子形質肖祖風味專門咀嚼謾陳當置下列宜授爾郎黃少相

甘鬆左右丞（仲扁乃蛤蝶螺）　令合州刺史仲扁重負雙宅閉藏不發既命之爲含津令陞之爲慤誠君炎粉身功大償之實難宜授紫暈將軍甘鬆左右丞監試甘圓内史

清腴館學士（文名靈蚘先生）　令靈蚘先生外無排脅之皺内無鯁喉之亂宜授紅鐺祭酒清腴館學士

撥鼇錄事（鼇名紅文生盧清臣）　令惟爾紅文生盧清臣銷酲引興鱗鬣之鄉宜授撥鼇錄事守招賢使者

珍曹必用郎中（鯖名時充）　令珍曹必用郎中時充鐺材本美妙位元高宜授諸衙效死軍使持節雅州諸軍事

骨鯁卿（鯖名白圭夫子）　令維爾白圭夫子貌則清癯材極美俊宜授骨鯁卿

醉舌公（鱧名甘鼎）　令甘鼎究詳爾調鼎之材嚥舌潮津宜封醉舌公

搜甲尚書（鼈名甲拆翁）　令甲拆翁挾彈于中巧也負擔于外禮也介胄自防不間寒暑智也步武懦緩不踰規繩仁也故前以搜甲尚書榮其迹顯其能宜授金丸丞相九肋君

典醬大夫（鰶名長尾先生）　令長尾先生惟吳越人以謂用先生治醬華夏無敵宜授典醬大夫仙衣使者

新美舍人（石首名元鑽）　令元鑽區區枕石子孫德甚富焉宜授新美舍人

懷奇令史（石決明又名朱子房）　令和羹長朱子房酒方沉酣臭薰一座挑筋少進神明頓還至于七孔賦形治目爲最宜授懷奇令史

甘盤校尉（烏賊名甘盤）　令甘盤校尉吐墨自衛白事有聲宜授噀墨將軍

通幽博士（龜名元介卿）　令元介卿爾卜灼之効吉凶了然所主大矣宜授通幽博士

同體合用功臣（借眼公乃水母）　令惟爾借眼公受體不全兩相籍賴宜授同體合用功臣左右衛駕海將軍

點花使者（李藏珍即鳳珠夜光即求珠）　令李藏珍照乘走盤厥價不貲斑希裁箸製器不在金銀珠玉之下藏珍宜授圓輝隱士斑希宜授點花使者

梵響參軍（牡蠣曰房叔化　蚶光螺曰阮用光　梵響曰嵐突通　孔珂曰黎幼文）　令房叔化粉廁湯丸裹護丹器屈突通振聲遠聞可知佛樂阮用光運體施功物皆滑瑩羅幼文類乎貝孫點綴鞍勒粲然可觀小有文采叔化可豪山太守樂藏監固濟突通可曲沃郎梵響參軍攝玉塔舍人用光可檢校

大輝光宜充掌書記幼文可烏衣丞

濟饞都護田靑是蝸螺江伯夷是鱸鱠　申潔是蛙屯江小尉是江豚　令惟爾田靑微藏淺味無所取材世或烹調以爲怪品申潔蒼皮癮疹矮股跳梁江伯夷宋帝酷好鱇則別名屯江小尉魚王得雋亦號甘肥靑宜授具體郎潔宜授濟饞都護行水樂令伯夷宜授宋珍都尉南海府事屯江小尉宜授追風使試湯波太守

銀絲省鬏德郎錦袍氏鱖也李本鯉也鮮于饑鯽也楚鮮白魚也縮項仙人鯿也食寵侯鮃鯰也單長福鱓也管統鱸鱠也備員居士東巖也唐少連巖連也　令爾錦袍氏骨踈肉緊體具文章宜授蘇腸御史仙盤游奕使以爾李本三十六鱗大烹允尙宜授跨山君子世美公以爾鮮于𩱹斫膾精妙見稱杜陵宜授輕薄使銀絲省鬏德郎以爾楚鮮隱釜沉糟價傾淮甸宜授傾淮別駕以爾縮項仙人鬼腹星鱗道亨襄漢宜授槎頭刺史以爾食寵侯友節斑斕標致高爽宜授添廚太監以爾單長福曲直靡常鮮載具美宜授泥蟠掾以爾

管統肖象菜伯可備煎和宜授長白侯同盤司箸局平章事以爾備員居士腥麁無狀見取俗人宜授鍊身公子以爾唐少連池塘下格代匱充庖宜授保福軍節度使

春榮小供奉河豚名黃薦可　令黃薦可爾澤嫩可貴然失于經治敗傷厥毒故世以醇疵隱士爲爾之目特授三德尉兼春榮小供奉

輔庖生鰻名新餐氏　令新餐氏爾療飢無術淸醉有材莽新妖亂臨盤肆餐物以人汗百代寧洗爾之得氏累有由矣宜特補輔庖生

表堅郎蟹名蓋頑　令蓋頑生于泥沙薄有可采宜授表堅郎

肢體

髭聖　唐文皇虯鬚壯冠人號髭聖

何首烏　吉州省客吏何一面有黑誌連耳右腮曹號何首烏

玉板刀　小雪乍晴開明窗深爐之會時膾際串脯正乾溼得宜取以侑觴衆賓用小刀削食獨丘立之左右咬嚼捷如虎兕一坐譁云丘主簿口中自有玉板刀也

十様佛　世有十様佛皆禿首者也一僧二尼三老翁四小兒五優伶六角抵七泗魚漢八打狐人九禿瘡十酒禿

五百斤肉磨　晉祖時寺宦者廖習之體質魁梧食量寬博食物勇捷有若豺虎晉祖嘗云卿腹中不是脾胃乃五百斤肉磨耳

夢宅　張崇帥盧遇生日設延生大齋僧道獻功德疏祈祝之詞往往上比彭李有草衣叟聞之笑曰分身夢宅會歸變滅革囊汙穢煩惱所生何足多戀或言于崇崇以壽日免決抑令出界

黑京　臨沂路村人依大樹賣瓜有行者四五人解后一處因互問鄉里或云汴京咸京洛京鄴京惟黥面武士未對坐末儒生厲聲曰君莫若黑京否衆俱不曉天下多口不饒人薄德無顧籍措大打頭優伶次之

針史　自唐末無賴男子以劄刺相高或鍼輞川圖一本或竊白樂天

羅隱詩百首至有以平生所歷郡縣飲酒蒱博之事所交婦人姓名齒行第坊巷形貌之詳一一標表者時人號爲針史

作用

齒牙春色　婁師德位貴而性通豁尤善捧腹大笑人謂師德笑爲齒牙春色

口歡手怒　和魯公幠慨厚德每滑稽則哄堂大笑時博士楊永符能草聖有省郎聞魯公笑聲戲謂楊曰丞相口歡矣永符曰予忝事筆墨方揮掃之際亦謂太博手怒耶

無事歌　長沙獄掾任福祖擁騶吏出行有賣藥道人行吟曰無事歌呵呵亦呵呵哀哀亦呵呵不似荷葉參軍子人人與箇拜頭木大作廳上假閻羅福祖審思豈非異人急遣訪求已出城矣

混沌譜　華山眞人陳摶隱于睡馮翊羽士寇朝一嘗學眞人惟得睡之崖略後還鄉惟睡而已郡南劉垂範往謁其徒以睡告垂範坐

寢外聞駒軒之聲雄美可聽退而告人曰寇先生睡中有樂乃華胥調雙門曲也或曰未審譜記何如垂範以濃墨塗紙滿幅題曰混沌譜云即此是也

小太平　郭尚賢常云服餌導引之餘有二事乃養生大要梳頭洗脚是也每夜尚賢先髮後脚方寢自曰梳頭浴脚長生事臨臥之時小太平

輕薄蓮華　王行簡江西人口吻甚惡當世之事莫不品藻一經題品終身不可逃醜識者愉之號行簡舌爲輕薄蓮華

守中論　楊玢靖恭諸楊也還政天子婆娑田里自以多言數窮不如守中著守中論

軟盡虛空藏　人而無信不知其可也浮屠者流謂若將妄語誑衆生自招拔舌塵沙刦今世假裝桃杏義修樓閣者雖士夫尚不能免況屠沽乎予不敢詆訾輒借菩薩名加兩字稱曰軟盡虛空藏

居室

竹節洞　洛下公卿第宅棊布而郭從義爲冠巧匠蔡奇獻樣起竹節洞通貫明窍人以爲神工然從義亦不甚以爲佳終住他所

不思議堂　懿代崇佛法館宇踰制佛骨至起不思議堂對奉遺體工半帝升遐

薝蔔館　杜岐公別墅起薝蔔館室形亦六出器用之屬俱象之按本草梔子一名木丹一名越桃然正是西域薝蔔

會龍橋　蜀相許寂相王衍衍終秦川寂至洛以尚書致政葺園館引水爲溪架巨竹爲橋號會龍橋謂竹可以化龍耳

秋聲館　予銜命渡淮入廣陵界維舟野次縱步至一村園有碧蘆方數畝中隱小室榜曰秋聲館時甚愛之不知誰家之別墅意主人亦雅士也

覽驥亭　周初樞密王峻會朝臣予亦預吏引至覽驥亭深不喻其名呼吏問之曰太尉暇日悉閱廐馬于此爲娛玩焉

𡾵宮　孟蜀高祖晚年作以畫屏七十張關百紐而闔之用爲寢所𡾵

含薰閣　長安富室王元寶起高閣以銀鏤三稜屏風代籬落密置香槽香自花鏤中出號含薰閣

自在窗　韓熙載家通縱姬侍第側建橫窗絡以絲繩爲觀玩之地初惟市物後或調戲贈與所欲如意時人目爲自在窗

棧王家　王驤家壽春出郊隔山陂以木棧通之其門人遂目爲棧王家

鳳凰京　厭韶難得京字因讀陳張正見闕下行燈省詩謾記之華耀荔枝燭光絢鳳凰京

金迷紙醉　癡醫孟斧昭宗時常以方藥入侍唐末竄居蜀中以其熟于宮禁故治居宅法度奇雅有一小室窗牖煥明器皆金飾紙光瑩白金彩奪目所親見之歸語人曰此室暫憩令人金迷紙醉

小魯軒　宜春城中有堆阜郡人謂之袁臺地屬李致致有文馳聲衆築室于袁臺取登東山而小魯之義榜爲小魯軒

策勳亭　吳門王希默簡淡無他好惟以對鏡爲娛整飾眉髩終日無倦以杜甫有勳業頻看鏡之句作策勳亭

剖金堂　宣城何子華有古橙四株面橙建剖金堂霜降子熟開尊潔饌與衆共之

五窟室　善說者莫儒生若也老拙幼學時同舍生劉垂尤有口材曹號虛空錦說他時得志事予嘗記一說曰有錢當築五窟室吳香窟盡種梅株秦香窟周懸麝臍越香窟植岩桂蜀香窟栽川椒楚香窟植蘭四木草各占一時餘日入麝窟便足了一年死且爲香鬼況于生乎其人仕而貧財不副心而卒

假天　貧者以室不露明上安油瓦以竊微光又或四隣局塞則半空架版壘琛箱筥分寢兒女故有假天假地之稱

高明世界 陳犀罷司農少卿省女兒于姑蘇適上元夜觀燈車馬喧騰目奪神醉歎曰涉冰霜泛烟水乍見此高明世界遂覺神明頓還

舊觀

野春亭 武陵儒生苗彤事園池以接賓客有野春亭雜植山花五色錯列

長慶赤 穆宗喜華麗所建殿閣以紙膏膠水調粉飾墻名雪花泥又一等鰾清和丹砂末謂之長慶赤

藏用仙人 廣府劉龑僭大號晚年亦事奢靡作南薰殿柱皆通透刻鏤礎石各置爐燃香故有氣無形上謂左右曰隋煬帝論車燒沉水却成麄踈爭似我二十四箇藏用仙人縱不及堯舜禹湯不失作風流天子

蝶庵 李愚告人曰予夙夜在公不曾爛遊華胥國意欲于洛陽買水竹作蝶庵謝事居其間庵未下手銘已畢工庵中當以莊周爲開山第一祖陳摶配食然忙者難爲注籍供職

醉溫亭 王震爲天福國子博士好觀雨中溫疎稠出沒每雨就四階狹擁處寓目而心醉焉張麟瑞戲之曰公宜以此亭爲醉溫

衣服

珠絡平金朝天幞頭 廣順時簿閱太廟雜物其間有珠珞平金朝天幞頭一事

順裹 郢王鳳曆之叛別製幞頭都如唐巾但更雙脚爲仙藤耳其徒號爲順裹

聖遺遙 同光即位猶襲故態身預俳優侚衣進御巾裹名品日新今伶人所頂尙有合其遺製者曰聖遺遙安樂巾珠龍便巾清涼寶山交龍太守六合舍人二儀幞頭烏程樣玲瓏高常侍小朝天玄虛令漆相公自在冠鳳三千日華輕利巾九葉雲黑三郎慶雲仙聖天宜卿凡二十品

李家寬 清泰燕服凡兩品幞頭李家寬者漆地加金綫稜盤四脚差細

安豐頂 南漢僭創小國乃作平頂帽自冠之由是風俗一變皆以安豐頂爲尙

化巾 桑維翰服蟬翼紗大夫帽庶表四方名爲化巾

韓君輕格 韓熙載在江南造輕紗帽匠者謂爲韓君輕格

減樣方平帽 羅隱帽輕巧簡便省料人竊倣學相傳爲減樣方平帽

千重襪 唐制立冬日進千重襪其法用羅帛十餘層錦夾絡之

欽帽 道士所頂者槖籥冠或戴星朝上巾曰籠綃嘗跨馬都市間曰暑熱何不去欽帽試回覩之乃老黃冠卸其上巾矣

龍蕋簪 吳越孫妃嘗以一物施龍興寺形如朽木筯僧不以爲珍偶出示舶上胡人曰此日本國龍蕋簪也增價至萬二千緡易去

蒸黃透繡襖子 明宗天資恭儉嘗因苦寒左右進蒸黃透繡襖子不肯服索托羅氈襖衣之

遵王履 宣宗性儒雅令有司倣孔子履製進名魯風鞋宰相諸王倣之而微殺其式別呼遵王履

脆玉條 武帝緣金丹示孽中境躁亂內侍童膺福希旨進脆玉條用錦作虛帶實以冰條裸腹繫之心腑俱涼移時銷鎔復別更替

佛光袴 潞王從珂時出馳獵從者皆輕雾衫佛光袴佛光者以雜色橫合爲袴

小樣雲 士人暑天不欲露髻則頂矮冠淸泰間都下星貨鋪賣一冠子銀謂之五朶平雲作三層安置計止是梁朝物匠者遂依倣造小樣雲求售

十指倉 曹翰事世宗爲樞密承旨性貪侈常着錦韈金綫絲繋朝士有託無名子嘲之者詩曰不作錦衣裳裁爲十指倉千金包汗脚慚愧絡絲娘

雨傘 張崇帥廬在鎭不法酷于聚斂從者數千人出遇雨雪衆頂蓮

花帽琥珀衫所費油絹不知紀極市人稱曰兩仙

小太清 臨川上饒之民以新智籾作醒骨紗用純絲蕉骨相𥟖撚織夏月衣之輕涼適體陳鳳閣喬始以爲外衫號太淸氅又爲四袂肉衫子呼小太淸

拂拂嬌 同光年上因暇日晚霽登興平閣見霞彩可人命染院作霞樣紗作千摺裙分賜宮嬪是後民間尚之競爲彩裙號拂拂嬌

鼈裝 男子出家學佛始衣礬暈連裙黷衫謂之鼈裝

闌單帶疊垛衫 諺曰闌單帶疊垛衫肥人也覺瘦嚴岩闌單破裂之狀疊垛補衲蓋掩之多

鳳尾袍 鳳尾袍者相國桑維翰時未仕縕衣也謂其襤縷千結類乎鳳尾

芭蕉褲 予在翰苑以油衣漸故遣吏市新者回云馬行油作鋪目錄入朝避雨衫芭蕉褲一副三貫

圞頭債 晉朝賤者承人乏供八甎之職猥蒙天眷一日大暑方下直還私室裸袒揮拂未須臾中使促召左右急取衣裹頭巾予嘆曰阿㑺祇劫中欠此圞頭債天使于禁林嚴緊地還之也

粧飾

脂粉簿 顯德中岐下幞客入朝因言其家有舊書名脂粉簿載古今粧飾殊制

開元御愛眉 五代宮中畫開元御愛眉小山眉五岳眉垂珠眉月稜眉分梢眉涵烟眉國初小山尚行得之宦者竇季明

燕脂暈品 僖昭時都下娼家競事妝唇婦女以此分妍否其點注之工名色差繁其略有燕脂暈品石榴嬌大紅春小紅春嫩吳香半邊嬌萬金紅聖檀心露珠兒內家圓天宮巧洛兒殷淡紅心猩猩暈小珠龍格雙（格一作暈）唐媚花奴樣子

淺文殊眉 范陽鳳池院尼童子年未二十穠豔明俊頗通賓游創作新眉輕纖不類時俗人以其佛弟子謂之淺文殊眉

綠牙五色梳 洛陽少年崔瑜卿多資喜游冶嘗爲娼女玉𡖖子造綠象牙五色梳費錢近二十萬

北苑粧 江南晚季建陽進茶油花子大小形制各別極可愛宮嬪縷金于面背以淡妝以此花餅施于額上時號北苑粧

膠煤變相 瑩妲平康妓也玉淨花明尤善梳掠畫眉日作一樣唐斯立戲之曰西蜀有十眉圖汝眉癖若是可作百眉圖更假以歲年當率同志爲修眉史矣有細宅（一作宅）眷而不喜瑩者謗之爲膠煤變相自昭哀來不用靑黛掃拂皆以善墨火煨染指號薰墨變相

陳設

瑞英簾 人家畜一簾赤紫色人在簾間自外望之繞身有光云得于天寶之亂蓋宮禁物也後歸于渾咸家有貴臣識之曰此瑞英簾耳

尊重纈帳 顯德中創行尊重纈淡墨體花深黃二部郎陳昌達好緣飾家貧貨琴劍作纈帳一具

六合被 莊宗滅梁平蜀志頗自逸命蜀匠織十幅無縫錦爲被成賜名六合被

起文秋水席 顯德中書堂設起文秋水席色如蒲萄紫而柔薄類緜疊之可置研函中吏偶覆水水皆散去不能沾濡不識其何物爲之

楊花枕 盧文紀有玉枕骨故凡枕之堅實者悉不可用親舊間作一楊花枕贈之遂獲安寢自是縫靑繒充以柳絮一年一易

水晶金脉屏風 成德節度王鎔求長生不死日延異人方士坐邃宇映水晶金脉屏風焚香謂飛昇可致吏民莫不竊笑

闌磨大同簟 李文饒家藏會昌所賜大同簟其體白竹也闌磨平密了無罅隙但如一度膩玉耳

左宮枕 左宮枕靑玉爲之體方平長可寢二人冬溫夏凊醉者破醒

夢者游仙云是左宮王夫人授杜光庭光庭進之蜀主與皇明幃爲僻宮二寶

皇明幃　皇明幃色淺紅恐是鮫綃之類于皺紋中有十洲三島象施之大小床皆稱此可爲怪耳夜則燦錯如金箔狀衵敗失所在

玉羅漢屏　京城北醫者孫氏有木類小石屏石色赤綠上有正白如蒙頭坐僧頗類眞宋人相沿號玉羅漢屏孫家

逍遙座　胡床施轉關以交足穿便條以容坐轉縮須臾重不數斤相傳明皇行幸頻多從臣或待詔野頓扈駕登山不能跂立欲息則無以寄身遂創意如此當時稱逍遙座

青紗連二枕　舒雅作青紗連二枕滿貯酴醾木犀瑞香散蕋甚益鼻根運尚書郎秦南運見之留詩曰陰香裝豔入青紗還與歌眠好事家夢裏却成三色雨沉山不敢鬬清華

綽楔臺盤　五代五十年間易姓告代似翻鏊上餅然官爵益濫小人乘君子之器富貴出于非意視國家安危如秦越不相謀故將相大臣得以竊享燕安當時貴勢以筵具更相尙陸珍水異畢集于前至于方丈之桉不勝列傍挺二桉翼之珠花玉果蔬筍鮓醢糖品香劑參差數百謂之綽楔臺盤御宴官家例不能辨

節目翁須　陸龜蒙談謔有味居笠澤有一竹禪床常用偃憩時十月天已寒侍童忘施毡褥龜蒙已坐急起呼曰此節目翁須是與些衣服不然他寒我也寒

夏清侯傳　保大霸主同氣曰宜春王從謙材性夙成製撰多不具稿擬下邳侯革華體作夏清侯傳云侯姓于氏諱秀字聳之渭川人也曾大父仲森碧盧郎大父挺凌雲處士父太清方隱于幽間輒以卓立卿自名衣綠綬佩玉玦秦王聞之就拜銀綠大夫秀始在胚胞已有祖父相生之操持面目凜然僉曰鳳雛而文虎乳而班班秀之謂也不日間昂霄聳壑姿態猗猗遠勝其父久之材堅可用時秦王病暑席溫而下常侍不稱旨有言秀甚忠能碎身爲王得之必如意王亟召使者駕追鋒車旁午于道既至引對王大悅詔柄臣金開剖喻秀以革故鼎新之義然後剖析其材刮削其麄編度令合又教其方直縝密于是風采德能一變有司奏上殿王宣旨云恨識卿之晚賜名爲平瑩封夏清侯實食嶰谷三百戶瑩以賜姓名改字少覃自此槐殿虛敞玉窗邃深瑩專奉起居往往屏疎妃嬪以身藉瑩向之喘雷汗雨隱不復見如超熱海登廣寒宮王病良愈謂左右曰瑩每近吾則四體生風神志增爽雖古清卿清郎何以尙茲寵遇益隆假曹侍郎羽果支頭使沉水卷足功臣漆憑皆出其下瑩暇日沐浴萬珠水醺酣百穗香辟穀安居詠籜兮之詩以自娛感子猷此君之稱嫌牧之大夫之謗回視作甲者勞于魏武爲冠者小于漢高白虎殿之虛名童子寺之寡援未嘗不傷其類而長太息也不懈于位前後五年秋歸田園夏值軒閣

功日以大無何秦王有寒病不可以風席溫再幸兼拜羅大周爲斗圍監蒙厚中爲邊幅將軍同司臥起瑩絕不占蹤跡卷而不舒潦倒塵埃中每火雲排空日色如餤則憶昔悲今淚數行下乃上表乞骸骨得請以便就第終王世不用子嗣節襲國有罪除其封人以凝秋叟呼之既不契風雲但以時隱現于士庶家亦得人之歡心後世尙循瑩業流落徧于四方惟西北地寒故轍迹不至云」

器具

十二時盤　唐內庫一盤色正黃圍三尺四周有物象逐時物象變更且如辰時花草間皆戲龍轉巳則爲蛇矣因號十二時盤流傳及朱梁猶在

魚英托鏤椰子立壺　劉鋹僞宮中有魚英托鏤椰子立壺魚英盞魚腦骨熁治之

偽盌諮府中小白白　郭從義營洛第發池得一器受五升餘體如綠玉形正方

其中可用杵頂傍有篆文曰仙臺祕府中小白臼按杜陽雜記仙臺祕府乃武宗修和藥餌之所

通神盞　文宗屬宦豎專橫動卽掣肘頗以酣飲爲娛嬪御之小戶者厭患之爭賂內執事則造黃金盞以金蓮荷菱芰爲玦束盤其實中空盞滿則可潛引入盤中人初不知也遂有通神盤了事盤之號

五位餅　五位餅自同光至開運盛行以銀銅爲之高三尺圍八九寸上下直如筒樣安嵌蓋其口有微窪處可以傾酒春日郊行家家用之

銀稜木瓜胡樣桶　段文昌以木瓜益脚漆銀稜木瓜胡樣桶濯足

九曲盃　以螺爲盃亦無甚奇惟數穴極彎曲則可以藏酒號九曲螺盃

小海甌　耀州陶匠創造一等平底深盌狀簡古號小海甌

抵鵲盃　抵鵲盃房州刺史元自誠物也類珉而色淺黃因夏月用浸桃李雖無堅雪而水與果俱冰齒始異之也盛冬貯水則竟不凍

占景盤　郭江州有巧思多創物見遺占景盤銅爲之花唇平底深四寸許底上出細筒殆數十每用時滿添清水擇繁花插筒中可留十餘日不衰

燕羽觴　江南中書省宰相飲器有燕羽觴似常盃而狹長兩邊作羽形塗以佳漆云昔有宰相因惡五色耗明凡器用類改令黑

不二山　吳越孫總監承佑富傾霸朝用千金市得綠石一塊天質嵯峨如山命匠治爲博山香爐峯尖上作一暗竅出烟一穗親朋傚之呼不二山

夜潴　溺曰房中弱水見于道書溺器曰夜潴見于唐人文集

瑊中游妓　予家有魚英酒瑊中陷園林美女象又嘗以沉香水精飯入碗清馨左散騎常侍黃霖曰陶翰林飯裹熏香瑊中游妓非好事而何

水晶不落　白樂天送春詩云銀花不落從君勸不落酒器也馮王家有滑樣水晶不落一隻

玉太古　李煜僞長秋周氏居柔儀殿有主香宮女其焚香之器曰把子蓮三雲鳳折腰獅子小三神卍字金鳳口罌玉太古容華鼎凡數十種金玉爲之

平一公　博學記云度量衡有虞所不敢廢舜典同一度量衡孔安國註謂丈尺斛斗斤兩今文其名曰平一公尺度曰大展斗量曰半昌王又曰吉佃王升曰夕十遂知雞林人亦解離合也

光明夾　出行如居家一物不可闕闕則不便于我畢集焉惟荷者罹其害予取小薄鏡捨奩糊紙左右掩爲鏡室白牌題曰光明夾

烏舅金奴　江南烈祖素儉寢殿燭不用脂蠟灌以烏柏子油但呼烏柏案上捧燭鐵人高尺五云是楊氏馬廐中物一日黃昏忽須燭喚

小黃門掇過我金奴來左右竊相謂曰烏舅金奴正好作對

百八丸　和尚市語以念珠爲百八丸

八難　有膏粱子弟上莊墅監穫稻天寒野逈須附火莊賓引往山坡守禾舍拾杉枝燃之乃屈竹所成類比丘圓茨低密烟不出兩目淚洒如啼勃然走出叫曰入墮淚菴擁八難鑪勝如喫十五大棒

還元竹　自紙行于世簡牘之制遂絕予曾與所親言當取江湖大竹火上出汗候色變白磨瑩破之闊半寸長七寸厚三分兩兩膠固面目在外細綫爲繩三道編聯使卷舒快利每片書字一行密則倍不欲人見者加囊封宜號還元竹終以身未至南但成漫語

方亭侯　明皇因對寧王問卿近日萊神威力何如王奏臣憑托陛下聖神庶或可取上喜呼將方亭侯來二宮人以玉界局進與王對手

方便囊　唐季王侯競作方便囊重錦爲之每出行雜置衣巾篦鑑香藥詞册

金頭黃鋼小品　針之爲物至微者也問諸女流醫工則詳言利病似吾儒之用筆也耒陽匠氏諳熟粗好四方所推金頭黃鋼小品醫士用以砭刺者大三分以製衣小三分以作繡

龍腦方丈小驪山　吳越外戚孫承祐奢僭異常用龍腦煎酥製小樣驪山山水屋室人畜林木橋道纖息備具園方丈許

金剛炭　金剛炭有司以進御鑪圍徑欲及盃口自唐末五代皆然方燒造時制式以受柴稍劣者必退之小熾一鑪可以終日

珠龍九玉鞍　劉鋹自結珠龍九玉鞍獻闕下頗甚勤勞

小摩尼數珠　漢隱帝之禍手中猶持小摩尼數珠凡百八枚蓋合浦珠也郭允明刦去

玉平脫雙蒲萄鏡　開運既私寵馮夫人其事猶秘會高祖御器有玉平脫雙

蒲萄鏡乃高祖所愛帝初即位舉以賜馮夫人咸訝之未久册爲皇后

仙音燭　同昌公主薨帝傷悼不已以仙音燭賜安國寺冀追冥福其狀如高層露臺雜寶爲之花鳥皆玲瓏臺上安燭燭既燃點乃玲瓏皆動丁當清妙燭盡響絕莫測其理

淨君　商山館中窗頰上有八句詩云淨君掃浮塵涼友招清風是帚與扇明矣

金泥五疊傘　晉少主北遷至孟津界遺下所張紫羅傘五層疊梁簷仍泥金作盤花

薛醜刀　薛醜刀圖里人善栽植常持厚脊利刀芟洗繁穢人遂名此樣爲薛醜刀

碧金仙　有刁蕭者攜一鏡色碧體瑩背有字曰碧金仙大中元年十二月銅坊長老白九峰造予以俸糧五石換之置于文瑞堂呼爲銅此君

光音王　光叔之賢會昌微忌之帝因引照戲令宮嬪離合鏡字須臾以光音王奏帝曰鏡子封王邪帝不懌而罷距宣宗即位止三四年

驕龍杖　天師杜光庭驕龍杖紅如猩肉重若玉石似非藤竹所爲相傳是仙人留賜

流星輦　蜀王衍荒于游幸乃造平底大車設二十四輪牽以駿馬其去如飛謂之流星輦

巧先生　石守信掌庫奴蕭雲夜開庫私取錢幣倉惶失鎖所在雲不敢明言但云不見叉手鐵龍有同類戲曰何不問巧先生求之意以鎖口尙銜鑰譏雲焉

眉匠　篦誠瑣縷物也然丈夫整鬢婦人作眉捨此無以代之余名之曰鬢師眉匠

主風神　予游少室經壇院大暑疲薾其徒以扇來進題曰主風神亦可愛者

黑金社　廬山白鹿洞游士輻湊每冬寒醵金市烏薪爲禦冬備號黑金社

星子炭　唐宣宗命方士作丹餌之病中熱不敢衣綿擁爐冬月冷坐殿中宮人以金盆置獸炭火少許進御止暖手而已禁闥因呼獸炭爲星子炭

黑太陽　黑太陽法出自韋郇公家用精炭搗治作末研米煎粥溲和得所預辦圓鐵範滿内炭末運鐵面槌實擊五七十下出範陰乾範巨細若盞口厚如兩餅餤盛寒鑪中熾十數枚烘燃徹夜晉人獸炭豈此類耶

盧州大中正　室既密爐既深火正燃舉其熾者若非運匕治灰則淺深緩急將何託哉匕之爲功審矣命之曰盧州大中正

齊肩大士 合浦有書生張奉世貧苦飄泊諂登有位之門覓取酒食一日酒半士友各言其能或私相謂曰張君亦有藝也彼日夕差使齊肩大士功力如神聞者莫不大噱蓋謂運筯敏速盤無留味也」

木齒丹 修養家謂梳爲木齒丹法用奴婢細意者執梳理髮梳無數日愈多愈神

高密侯 江南周則少賤以造雨傘爲業其後戚連椒閫後主戲問之言臣急于米鹽日造二傘貨之惟霪雨連月則道大亨後生理微溫至于遭遇盛明遂捨舊業後主曰非我用卿而富貴乃高密侯提擕而起家也明年當封時以爲高密侯實誚之耳

漆方士 王丞相溥還政閒居四方書牘答報皆手筆然不過百字劄于紙劄封疊造赤漆小版書其上僕吏以帊蒙傳去雖一時間可發數十公自爲木牋後加頰拒安抽面以啓閉字濕則能護之故又有漆方士漆雕開之名公薨無效顰者惜哉

光濟叟 同光年高麗行人至副使朴嵓叟文雅如中朝賢士既行吏掃除其館舍得餘燭半挺其末紅印篆文曰光濟叟蓋以命燭也」

鏃了事 杜岐公悰以剜耳匙子爲鏃了事見悰敗稿有云悰封邠國公恐非岐字

火寸 夜中有急苦于作燈之緩有智者批杉條染硫黃置之待用一與火遇得燄穗然既神之呼引光奴今遂有貨者易名火寸

二儀刀 上饒葛溪鐵精而工細予中表以剪刀二柄遺贈遇物如風一上有鑿字曰二儀刀

惺惺二十一 博徒隱語以骰子爲惺惺二十一又曰象六謂六隻成副文用

月團 徐鉉兄弟工翰染崇飾書具嘗出一月團墨曰此價直三萬

藏鋒都尉 蜀多文婦亦風土所致元微之素聞薛濤名因奉使見焉微之矜持筆硯濤請走筆作四友贊其略曰磨潤色先生之腹濡藏

鋒都尉之頭引書媒而黯黯入文畝以休休微之驚服傳記止載菖蒲花發五雲高之句而遺此故錄之

璧友 予家世寶一硯陰有字云璧友似是唐物

定名筆 唐世舉子將入場嗜利者爭賣健毫圓鋒筆其價十倍號定名筆筆工每賣一枚則錄姓名候某榮捷則詣門求阿堵俗呼謝筆

淡淺小等月面松文紙 先君畜白樂天墨迹兩幅背之右角有方長小黄印文曰剡淡小等月面松文紙

五劍堂 范丞相質一墨表曰五劍堂造裹曰天關第一煤究其所來實遼東物也下有臣彥古等上彥古得非守臣之名乎

雪方池 和魯公有白方硯通明無纖翳自題硯室曰雪方池

金稜玉海 武昌節度掌書記周彬公予同僚一硯四圍有少金紋如陷製者處士方爲獻詩曰金稜玉海比連城

仙翁硯 南昌陳省躬好硯成癖檢得一枚腹有四眼徐鉉名之方相石省躬以近凶不用自號爲仙翁硯蓋取道家四目老翁之說

小金城 小金城命名者徐閩之硯體純紫而纖腰有綠紋如城之女墻是以得名

四環鼓硯 宣城裁衣肆用一石鎭紫而潤予以謂堪爲硯材買之琢爲四環鼓硯

發光地菩薩 舒雅才韻不在人下以戲狎得韓熙載之心一日得海螺甚奇宜用滑紙以簡獻于熙載云海中有無心斑道人往詣門下若書材糙澁逆意可使道人訓之即證發光地菩薩熙載喜受之發光地十地之一也出華嚴書

畦宗郎君 歐陽通善書修飾文具其家藏遺物尚多皆就刻名號研室曰紫方館金菘盛研洒曰金小相鎭紙曰套子龜蕭陵香鼎小連城玉璽千鈞史水瑩鐵蜓兒界尺曰由準氏芒筆曰畦宗郎君夾槽曰半身龍

三災石　蕭穎士文爽而矜躁嘗至李韶家見歙硯頗良既退語同行者曰君識此硯乎蓋三災石也同行不喻而問之曰字札不奇研一災文辭不優研二災窗几狼藉研三災同行者斂眉頷之

寶帚　僞唐宜春王從謙喜書札用宣城諸葛筆號爲翹軒寶帚士人往往呼爲寶帚

副墨子　蜀人景煥嘗得墨材甚精止造五十團曰以此終吾身墨印文曰香璧陰篆曰副墨子

麝香月　韓熙載留心翰墨四方膠煤多不合意延歙匠朱逢于書館傍燒墨供用命其所曰化松堂墨又曰玄中子又名麝香月

卯品　建中元年日本使眞人興能來朝善書札有譯者乞得章草兩幅沙苑楊履顯德中爲翰林編排官言譯者乃遠祖出兩幅示予筆法有晉人標韻紙兩幅一云女兒青微紺一云卯品晃白滑如鏡面

寶相枝　開平二年賜宰相張文蔚楊涉薛貽寶相枝各二十龍鱗月硯各一寶相枝斑竹筆管也花點勻密紋如兎毫龍鱗石紋似之月硯形象之歙產也

字厄　蔡邕非紈素不下筆書家老賊占姦太多魏晉人墨迹類是第一等楮先生可謂自重今人不擇紙而書已納敗闕更有用故紙者字之大厄也

尺二寃家　少師楊凝式書畫獨步一時求字者紙軸堆疊若墻壁少師見則浩歎曰無奈許多債主眞尺二寃家也

治書叔　裁刀治書參差之不齊者在筆墨硯紙間蓋似奴隸職也却似有大功于書且雖四子精絕標界停直字札楷穩而邊幅無狀不裁而整之未可也表飾面目者繕寫人助之者四子成之者刀如此品等然後爲正予爲裁刀爭功兒戲之甚都緣無事日月長故耳

退鋒郎　趙光逢薄游襄漢濯足溪上見一方磚上題云禿友退鋒郎功成鬢髮傷冢頭封馬鬣不敢負恩光獨孤貞節立甎蓋好事者瘞筆所在

化化牋　記余未冠時游龍門山寺欲留詩求紙僧以皺紙進余題大字曰化化牋還之僧憮懼躬揖請其故答曰紙之麁惡則供溷材一化也丐徒取諸圊廁積之家匠買別抄麩麪店肆收苞果藥遂成此紙二化也故曰化化牋備雜用可也載字畫不可也舉以與人不可之甚也汝禿士不通世故放過三十拄杖亦知感幸否乎

鄱陽白　先君子蓄紙百幅長如一匹緝謂之鄱陽白問饒人云本地無此物也

研光小本　姚顗子姪善造五色牋研紙版乃沉香刻山水等物號爲研光小本

武器

玉柄龍　朔方裨將其父嘗夢人曰吾開陽長史天命以玉柄龍授君若遇槖籥翁宜付之後汾陽王誕日裨將以父得夢六日買是劍既藏四年歸汾陽

護聖將軍　貞明末帝夜擒刺客自戮之造雲母匣貯所用劍名匣曰護聖將軍之館

堅利侯　安祿山得飛剛寶劍欲奏上乞封劍爲堅利侯僚屬以無此例力止之

風流箭　寶曆中帝造紙箭竹皮弓紙間密貯龍麝末香每宮嬪群聚帝躬射之中者濃香觸體了無痛楚宮中名風流箭爲之語曰風流箭中的人人願

一丈威　隋煬帝將征遼將軍麥鐵杖誓以死扞敵帝賜御副鎗一丈威

托地備　槍材難得十全魏州石屋林多有之楊師厚時賜槍效節軍

皆采于此圖典所用多是絕品聖龍節餘軍不過四五等托地仙長腰奴范陽嬌金梢裊兒是也更有風火枝聖蚰蜒頗曲弱軍中不取

小遶巡 王建初起軍中隱語代器械之名以犯者爲不祥至孟氏時猶有能道其略者劍曰奪命龍刀曰小遶巡鎗曰肩二斧曰鐵饞橐甲曰千斤使弓曰滿倘書弩曰百步王箭曰飛郎鼓曰聖牛兒鑼曰響八旗曰愁眉錦鐵蒺藜曰冷尖

十二機弩 宣武廳子都尤勇悍其弩張一大機則十二小機皆發用連珠大箭無遠不及晉人極畏此文士戲呼爲急就章

火龍標 梁祖自初起每令左右持大赤旗綏急之際用以揮軍祇自目爲火龍標

玉鞘兒腰品 唐劍具梢短常施于脅下者名腰品隴西人韋景珍衣玉篆袍佩玉鞘兒腰品修飾若神人李太白常識之見感寓詩

金翅將軍 葛從周有水瑩鐵甲遇賊戰不利甲必前昏事已還復從周常以候尅衂其驗若神日以香酒奉之設次于中寢曰金翅將軍之位

酒漿

太平君子 穆宗臨芳殿賞櫻桃進西涼州蒲萄酒帝曰飲此頓覺四體融和眞太平君子也

天祿大夫 王世充僭號謂羣臣曰朕萬機繁壅所以輔朕和氣者惟酒功耳宜封天祿大夫永賴醇德

魚兒酒 裴晉公盛冬常以魚兒酒飲客其法用龍腦凝結刻成小魚形狀每用沸酒一盞投一魚其中

含春王 唐末馮翊城外酒家門額書云飛空却回顧謝此含春王于王字末大書酒也字體散逸非世俗書人謂是呂洞賓題

天公匙 馬懷眞蒲中進士也有異術一日召十數客面前一方臺上

有一小銅盤中一黑匙而于是以匙次第置客口中皆覺有酒一盃許入喉又以盤向人傾之滿口是羊次魚次雞一坐皆同懷眞偶起人視匙末有文曰天公匙盤底曰如意盤有戲假之者曰但恐要龍兒不肯奉借

甘露經 汝陽王璡家有酒法號甘露酒經四方風俗諸家材料莫不備具

玉浮梁 舊聞李太白好飲玉浮梁不知其果何物予得吳婢使釀酒因促其功答曰尙未熟但浮梁耳試取一盞至則浮蛆酒脂也乃悟太白所飲蓋此耳

快活湯 當塗一種酒麴皆發散藥見風卽消既不久醉又無腹滯之患人號曰快活湯士大夫呼君子觴

林虛漿 後唐時高麗遣其廣評侍郎韓申一來申一通書史臨回召對便殿出新貢林虛漿面賜之

觥籌獄 荆南節判單天粹宜城人性耽酒日延親朋強以巨盃多致狼狽然人以其德善亦喜從之時戲語曰單家酒筵乃觥籌獄也

雜瑞榼 酒不可雜飲飲之雖善酒者亦醉蓋生熟煮鍊之殊官法私方之異飲家之所深忌宛葉書生胡适多至日延客以諸家羣遣之酒爲具席半客恐私相告戒适疑而問之一人曰某懼君家百氏漿次曰所畏者雜瑞榼耳

麴世界 河陽釋法常性英爽酷嗜酒無寒暑風雨常醉醉卽熟寢覺卽朗吟曰優游麴世界爛熳枕神仙嘗謂同志云酒天虛無酒地縣邈酒國安恬無君臣貴賤之拘無財利之圖無刑罰之避陶陶焉蕩蕩焉其樂莫可得而量也轉而入于飛蝶都則又瞢騰浩渺而不思覺也

丑未觴 予開運中賜丑未觴法用雞酥棧羊筒子髓置醇酒中暖消而後飲

（甕宮集大成）雍都酒海也梁奉常和泉病于甘劉拾遺玉露春病于辛皇甫别駕慶雲春病于釃光祿大夫致仕韋炳取三家酒攪合澄窨飲之遂爲雍都第一名甕宮集大成甕宮謂耀州倩樝

（醴泉）置之缾中酒也酌于杯注于腸善惡喜怒交矣禍福得失歧矣倘夫性昏志亂臚脹身狂平日不敢爲者爲之平日不敢言者言之言騰烟焰事墮穽機是豈聖人賢人乎一言蔽之曰禍泉而已

（瓶盞病）嗜飲者無早晚無寒暑樂固醉愁亦如之閒固醉忙亦如之肴核有無醪醴善否一不問典當抽挪借貸賖荷一不卹日必飲飲必醉醉不厭貧不悔俗號瓶盞病偏揭本草細檢素問只無此一種藥

茗荈

（十六湯）蘇廙仙芽傳第九卷載作湯十六法以謂湯者茶之司命若名茶而濫湯則與凡末同調矣煎以老嫩言者凡三品（自第一至第三）以緩急言者凡三品（自第四至第六）以器類標者共五品（自第七至第十一）以薪火論者共五品（自十二至十六）

第一得一湯　火績已諳水性乃盡蓋一而不偏雜者也天得一而以淸湯得一可建湯勳

第二嬰兒湯　薪火方交水釜纔熾急取茗旋傾若嬰兒之未孩欲責以壯夫之事難矣哉

第三百壽湯（一名白髮湯）　人過百息水踰十沸或以話阻或以事廢始取用之湯已失性矣敢問皤鬢蒼顏之大老還可執弓挾矢以取中乎還可雄登闊步以邁遠乎

第四中湯　亦見夫鼓琴者也聲合中則妙亦見夫磨墨者也力合中則濃夫聲有緩急則琴亡力有緩急則墨喪注湯有緩急則茶敗欲湯之中臂任其責

第五斷脉湯　茶已就膏宜以造化成其形若手顫臂亸惟恐其深缾嘴之端若存若亡湯不順通故茶不匀粹是猶人之百脉起伏氣血斷續欲壽奚苟惡斃宜逃

第六大壯湯　力士之把針耕夫之握管所以不能成功者傷于麄也且一甌之茗多不二錢若盞量合宜下湯不過六分萬一快瀉而深積之茶安在哉

第七富貴湯　以金銀爲湯器惟富貴者具焉所以策功建湯業貧賤者有不能遂也湯器之不可捨金銀猶琴之不可捨桐墨之不可捨膠

第八秀碧湯　石凝結天地秀氣而賦形者也琢以爲器秀猶在也其湯不良未之有也

第九壓一湯　貴厭金銀賤惡銅鐵則甆瓶有足取焉幽士逸夫品色尤宜豈不爲瓶中之壓一乎然不與誇珍衒豪臭公子道

第十纏口湯　猥人俗輩鍊之水器豈暇深擇取熱而已矣是湯也腥苦且澁飲之逾時惡氣纏口而不得去

第十一減價湯　無油之瓦滲水而有土氣雖御胯宸緘且將敗德銷聲諺曰茶瓶用瓦如乘折脚駿登高好事者幸誌之

第十二法律湯　凡木可以煮湯不獨炭也惟沃茶之湯非炭不可在茶家亦有法律水忌停薪忌薰犯律踰法湯乖則茶殆矣

第十三一面湯　或柴中之麩火或焚餘之虛炭木體雖盡而性且浮性浮則湯有終嫩之嫌炭則不然實湯之友

第十四宵人湯　茶本靈草觸之則敗糞火雖熱惡性未盡作湯泛茶減耗香味

第十五賊湯（一云賤湯）　竹篠樹梢風日乾之燃鼎附瓶頗甚快意然體性虛薄無中和之氣爲茶之殘賊也

第十六大魔湯　調茶在湯之淑慝而湯最惡烟燃柴一枝濃烟蔽室又安有湯耶苟用此湯又安有茶耶所以爲大魔

龍坡山子茶 開寶中竇儀以新茶飲予味極美奩面標云龍坡山子茶龍坡是顧渚之别境

聖賜花 吳僧梵川誓願然頂供養雙林傅大士自往蒙頂結庵種茶凡三年味方全美得絶佳者聖賜花吉祥蕊共不踰五斤持歸供獻

湯社 和凝在朝率同列遞日以茶相飲味劣者有罰號爲湯社

縷金耐重兒 有得建州茶膏取作耐重兒八枚膠以金縷獻于閩王曦

乳妖 吳僧文了善烹茶游荆南高保勉白于季興延置紫雲庵日試其藝保勉父子呼爲湯神奏授華定水大師上人目曰乳妖

清人樹 僞閩甘露堂前兩株茶鬱茂婆娑宫人呼爲清人樹每春初嬪嬙戲摘新芽堂中設傾筐會

玉蟬膏 大理徐恪見貽卿信鋌子茶茶面印文曰玉蟬膏一種曰清風使恪建人也

森伯 湯悦有森伯頌蓋茶也方飲而森然嚴乎齒牙既久四肢森然

水豹囊 豹革爲囊風神呼吸之具也煑茶啜之可以滌滯思而起清風每引此義稱茶爲水豹囊

不夜侯 胡嶠飲茶詩曰沾牙舊姓餘甘氏破睡當封不夜侯新奇哉

雞蘇佛 猶子彝之年十二歲予讀胡嶠詩因令傚法之近晚成篇有云生凉好喚雞蘇佛回味宜稱橄欖仙然彝之亦文詞之有基址者也

冷面草 符昭遠不喜茶曰此物面目嚴冷了無和美之態可謂冷面草也

晚甘侯 孫樵送茶與焦刑部書云晚甘侯十五人遣侍齋閣此徒皆請雷而摘拜水而和蓋建陽丹山碧水之鄉月澗雲龕之侶愼勿賤用之

生成盞 饌茶而幻出物像于湯面者茶匠通神之藝也沙門福全生于金鄉長于茶海能注湯幻茶成一句詩並點四甌共一絶句泛乎湯表小小物類唾手辦耳檀越日造門求觀湯戲全自詠曰生成盞裏水丹青云云

茶百戲 茶至唐始盛近世有下湯運七别施妙訣使湯紋水脉成物象者禽獸蟲魚花草之屬纖巧如畫但須臾即就散滅此茶之變也時人謂之茶百戲

漏影春 漏影春法用鏤紙貼盞糝茶而去紙僞爲花身别以荔肉爲葉松實鴨脚之類珍物爲蕋沸湯點攪

甘草癖 宣城何子華邀客酒半出嘉陽嚴峻畫陸鴻漸像子華因言前世惑駿逸者爲馬癖泥貫索者爲錢癖耽于子息者爲譽兒癖耽于褒貶者爲左傳癖若此叟者溺于茗事將何以名其癖楊粹仲曰茶至珍蓋未離乎草也草中之甘無出茶上者逭宜目陸氏爲甘草癖坐客曰允矣哉

苦口師 皮光業耽茗事一日中表前營新柑筵至呼茶甚急徑進一巨甌題詩曰未見甘心氏先迎苦口師

饌羞

無心炙 段成式馳獵飢甚叩村家主人老姥出彘臛五味不具成式食之有踰五鼎曰老姥初不加意而珍美如此常令庖人具此品因呼無心炙

蓮花餅餡 郭進家能作蓮花餅餡有十五隔者每隔有一折枝蓮華作十五色自云周世宗有故宫婢流落因受雇于家婢言宫中人號蕋押班

縷子膾 廣陵法曹宋龜造縷子膾其法用鯽魚肉鯉魚子以碧筍或菊苗爲胎骨

自然饌 蜀中有一道人賣自然羮人試買之盌中二魚鱗鬣腸胃皆在鱗上有黑紋如一圓月汁如淡水食者旋剔去鱗腸其味香美

有問魚上何故有月道人從盤中傾出皆是荔枝仁初未嘗有魚
拌汁笑而急走回顧云蓬萊月也不識明年時疫食羹人皆免道
人不復再見
（赤明香）赤明香世傳仇士良家脯名也輕薄甘香殷紅浮脆後世莫
及
（玲瓏牡丹鮓）吳越有一種玲瓏牡丹鮓以魚葉鬭成牡丹狀既熟出盎中
微紅如初開牡丹
（五福餅）湯悅逢士人于驛舍士人揖食其中一物是爐餅各五事細
味之餡料一不可曉以問士人笑曰此五福餅也
（輞川小樣）比丘尼梵正庖製精巧用鮓鱸膾脯鹽醬瓜蔬黃赤雜色鬭
成景物若坐及二十人則人裝一景合成輞川圖小樣
（逍遙炙）睿宗聞金仙玉眞公主飲素日令以九龍食轝裝逍遙炙賜
之

（單籠金乳酥）韋巨源拜尚書令上燒尾食其家故書中尚有食帳今擇奇
異者略記
單籠金乳酥（是餅但用獨隔通籠欲氣隔）　曼陀樣夾餅（公廳爐）
巨勝奴（酥蜜寒具）　貴妃紅（加味紅酥）
婆羅門輕高麪（籠蒸）　御黃王母飯（徧縷印脂蓋飯面裝雜味）
七返膏（七卷作圓花恐是糕子）　金鈴炙（酥攪印脂取眞）
光明蝦炙（生蝦可用）　通花軟牛腸（胎用羊膏髓）
生進二十四氣餛飩（花形餡料各異凡廿四種）
生進鴨花湯餅（廚典入內下湯）　同心生結脯（先結後風乾）
見風消（油浴餅）　冷蟾兒羹（蛤蜊）
唐安餤（鬭花）　金銀夾花平截（剔蟹細碎卷）
火焰盞口䭔（上言花下言體）　水晶龍鳳糕（棗米蒸方破見花乃進）
雙拌方破餅（餅料花角）　玉露團（雕酥）

漢宮棋（二錢能印花煮）　長生粥（進料）
天花饆饠（九練香）　賜緋含香糉子（蜜淋）
甜雪（蜜爁太例麪）　八方寒食餅（用木範）
素蒸音聲部（麪蒸象蓬萊仙人凡七十事）　白龍臛（治鱖肉）
金粟平䭔（魚子）　鳳凰胎（雜治魚白）
羊皮花絲（長及尺）　逡巡醬（魚羊體）
乳釀魚（完進）　丁子香淋膾（醋別）
葱醋雞（入籠）　吳興連帶鮓（不發缸）
西江料（蒸彘肩屑）　紅羊枝杖（蹄上裁一羊得四事）
昇平炙（治羊鹿舌拌三百數）　八仙盤（剔鵝作八付）
雪嬰兒（治蛙豆英貼）　仙人臠（乳瀹雞）
小天酥（雞鹿糝拌）　分裝蒸臘熊（存白）
卯羹（純兔）　清涼臛碎（封狸肉夾脂）

筯頭春（炙活鶉子）　暖寒花釀驢蒸（耿爛）
水煉犢（炙盡火力）　五生盤（羊豕牛熊鹿並細治）
格食（羊肉腸臟纏豆莢各別）　過門香（薄治群物入沸油烹）
紅羅飣（膋血）　纏花雲夢肉（卷鎮）
徧地錦裝鼈（羊脂鴨卵脂副）　蕃體間縷寶相肝（盤七升）
湯浴繡丸（肉糜治隱卵花）
（食經）謝諷[illegible]經中略抄五十三種
北齊武威王生羊膾　細供沒葱羊羹　急成小餤
飛鸞膾　咄嗟膾　剔縷雞
爽酒十樣卷生　龍鬚炙　千金碎香餅子
花折鵝糕　修羊寶卷　交加鴨脂
君子飣　越國公碎金飯　雲頭對爐餅
剪雲析魚羹　虞公斷醒鮓　紫龍糕

魚羊仙料　春香泛湯　十二香點臛
象牙鎚　滑餅　金裝韭黃艾炙
湯裝浮萍麪　白消熊　帖乳花面英
加料鹽花魚屑　專門膾　拖刀羊皮雅膾
折筯羹　朱衣餤　香翠鶉羹
露漿山子羊蒸　千日醬　加乳腐
金丸玉菜臛鼈　天孫膾　添酥冷白寒具
暗裝籠味　高細浮動羊　乾坤夾餅
乾炙滿天星　含醬餅　撮高巧裝檀樣餅
楊花泛湯糝餅　天眞羊膾　魚膾永加王特封
烙羊成美公　藏蟹含春侯（二名如上註）　新治月華飯
無憂腊　連珠起肉

（糟蟹　糖蟹）煬帝幸江都吳中貢糟蟹糖蟹每進御則旋潔拭殼面以金

縷龍鳳花雲貼其上

（消災餅）僖宗幸蜀乏食有宮人出方巾所包麪半升許會村人獻酒一提偪用酒溲麪煿餅以進嬪嬙泣奏曰此消災餅乞強進半枚

（滹沱飯）光武在滹沱有公孫豆粥之薦至今西北州縣有號粥爲滹沱飯者

（學士羹）竇儼嘗病目幾喪明得良醫愈之勸令頻食羊眼儼遂終身食之其家名雙暈羹世人有呼學士羹者

（道場羹）江南仰山善作道場羹脯麪蔬筍非一物也

（清風飯）寶曆元年內出清風飯制度賜御庖令造進法用水晶飯龍睛粉龍腦末牛酪漿調事畢入金提缸垂下冰池待其冷透供進惟大暑方作

（法乳湯）明宗在藩不妄費嘗召幙屬論事各設法乳湯半盞蓋閩中粟所煎者

（同阿餅）天成中帝令作同阿餅法用碎肉與麪溲和如臂刀截每隻三寸厚蒸之

（轉身米）貴有力者治飯材舂擣簸汰但中心一顆存焉俗謂之轉身米

（雙弓米）單公潔陽翟人恥言貧嘗有所親訪之留食糜慙于正名但云啜少許雙弓米

（參差生）吳門蕭璉仕至太常博士家習庖饌作卷子生止用肥羜包卷成雲樣然美觀而已別作散飣麥穗生滋味殊冠

（鄒平公食憲章）段文昌丞相尤精饌事第中庖所榜曰鍊珍堂在途號行珍館家有老婢掌之以修變之法指授女僕老婢名膳祖四十年閱百婢獨九者可嗣法文昌自編食經五十卷時稱鄒平公食憲章

（寒消粉）張彌守鎮江一日會客作酥夾生副戎許鼎蒼梧人不諳北饌甚嗜之他時再燕忽問前日盛饌有入口寒而消者尙可得否

彌紿之曰此名龍髓膏金牛國所貢閩用寒消粉製成寧可復得衆客莫不絕倒

（回湯武庫）臘日家宴作臘四方用種種輕細不拘名品治之如大豆加以湯液滋味蓋時人以爲節饌遂以老室兒女輩舉飲食中以雜味爲之者閑記于册季冬既大寒可以停食物家家多方鳩集羊豕牛鹿兔鴿魚鵝百珍之衆預期十日而辦造至正旦日方成以品目多者爲上用製湯餅盛筵而薦之名回湯武庫大概秦隴盛行

（社零星）予偶以農幹至莊墅適秋社莊丁皆戲呈社零星蓋用猪羊雞鴨粉麪蔬菜爲羹

（辣驕羊）和魯公嘗以春社遺節饌用奩惟一新樣大方碗覆以煎縷蝦春雞梳中品物不知其幾種也物十而飯三焉禁庭社日爲之名辣驕羊

（剝皮丹）唐末天降奇禍兵革徧海內時多饑儉秦宗權破巢魁于汝城遂爲節度使滿目荊榛強名曰藩府粒食價踰金璧通衢有飯肆偶開榜諸門曰貨剝皮丹每服只賣三千服以碗言也彼時之民與犬豕奚以異

（玉尖麪）趙宗儒在翰林時聞中使言今日早饌玉尖麪用消熊棧鹿爲內餡上甚嗜之問其形製蓋人間出尖饅頭也又問消之說曰熊之極肥者曰消鹿以倍料精養者曰棧

（十遠羹）石耳石髮石綠海紫菜鹿角腊菜天花蕈沙魚海鰾白石決明蝦魁腊右用雞羊鶉汁及決明蝦蕈浸漬自然水澄清與三汁相和鹽酎莊嚴多汁爲良十品不足聽闕忌入別物恐倫類雜則風韻去矣

（小四海）孫承祐在浙右嘗饌客指其盤筵曰今日坐中南之蝤蛑北之紅羊東之蝦魚西之果菜無不畢備可謂富有小四海矣

（雁檳）富家出遊運致饌具皆用髹檟蒙以紫碧重簷罩衣兩人舁之其行列之盛有若雁行旁觀號爲雁檳

（八珍主人）醬八珍主人也醋食總管也反是爲惡醬爲廚司大耗惡醋爲小耗

（張手美家）闤闠門外通衢有食肆人呼爲張手美家水產陸販隨需而供每節則專賣一物徧京輻輳偶記其名播告四方事口腹者

元陽臠（元日）　油畫明珠（上元油飯）　六一菜（人日）

涅盤兜（二月十五）　手裹行廚（上巳）　冬凌粥（寒食）

指天餕餡（四月八）　如意圓（重五）　綠荷包子（伏日）

辣雞餕（二社飯）　羅睺羅飯（七夕）　玩月羹（中秋）

孟蘭餅餡（中元）　米錦（重九糕）　宜盤（冬至）

萱草麪（臘日）　法王料斗（臘八）

（酒骨糟）孟蜀尚食掌食典一百卷有賜緋羊其法以紅麴煮肉緊卷石鎮深入酒骨淹透切如紙薄乃進註云酒骨糟也

（建康七妙）金陵士大夫淵藪家家事鼎鐺有七妙虀可照面餛飩湯可注硯餅可映字飯可打擦擦臺溼麪可穿結帶醋可作勸盞寒具嚼者驚動十里人

（糟雲）釋鑒興天台山居頌湯玉入甌糟雲上筯謂湯餅瑩滑糟䪥岐秀爲耳

（花饈員外）皇建僧舍傍有饈作坊主人由此入貲爲員外官蓋顯德中也都人呼花饈員外因取饈目錄箋之

滿天星（金米）　糝拌（夾豆）　金饈糜員外糝（外有花）

花截肚（內有花）　大小虹橋（饆子）　木蜜金毛麪（師子也）

（王饌玄卯赤相粥白玄黃）魏王繼岌每薦羹以羊兔猪臠而參之時盧澄爲平章事趨朝待漏堂廚具小饌澄惟進粥其品曰粟粥乳粥豆沙加糖粥三種並供澄各取少許併和而食廚官遂有王羹亥卯未相粥白玄黃之語

（玉杵金絲）吳淑冬日招客詩云曉羹沉玉杵寒鮓疊金絲杵謂小截山藾絲乃黃雀脂骨

（于闐法全蒸羊）于闐法全蒸羊廣順中尚食取法爲之西施捧心學者愈醜

薰燎

（龍腦著色小兒）以龍腦爲佛像者有矣未見着色者也汴都龍興寺惠乘寶一龍腦小兒雕製巧妙彩畫可人

（刀圭第一香）昭宗嘗賜崔胤香一黃綾角約二兩御題曰刀圭第一香酷烈清妙錐焚豆大亦終日旖旋蓋咸通所製賜同昌公主者

（乾饈香）江南山谷間有一種奇木曰麝香樹其老根焚之亦清烈號乾饈香

（靈芳國）後唐龍輝殿安假山水一鋪沉香爲山阜薔薇水蘇合油爲江池苓藿丁香爲林樹薰陸爲城郭黃紫檀爲屋宇白檀爲人物

方圜一丈三尺城門小牌曰靈芳國或云平蜀得之者

曲水香 用香末布篆文木範中急覆之是爲曲水香

旖旎山 高麗舶主王大世選沉水近千片疊爲旖旎山象衡岳七十二峰

鬭香 中宗朝宗紀韋武間爲雅會各攜名香比試優劣名曰鬭香

平等香 清泰中荆南有僧貨平等香貧富不二價復不見市香和合疑其仙者

鷓鴣沉界尺 沉水帶斑點者名鷓鴣沉華山道士蘇志恬偶獲尺許修爲界尺

香燕 李璟保大七年召大臣宗室赴內香燕凡中國外夷所出以至合和煎飲佩帶粉囊共九十二種江南素所無也

靈犀香 番禺牙儈徐審與舶主何吉羅洽密不忍分判臨歧出如鳥嘴尖者三枚贈審曰此鷹觜香也價不可言當時疫于中夜焚一顆則舉家無恙後八年番禺大疫審焚香闔門獨免餘者共爭市之呼爲吉羅香

沉香甑 有賈至林邑舍一翁㚯家日食其飯濃香滿室偶見甑則沉香所刻也

山水香 道士譚紫霄有異術閩王昶奉之爲師月給山水香焚之香用精沉香上火半熾則沃以蘇合油

伴月香 徐鉉或遇月夜露坐中庭但焚佳香一炷其所親私號伴月香

雪香扇 夏昶夏月水調龍腦末塗白扇上用以揮風名雪香扇

沉香似芬陀利華 顯德末進士賈顒于九仙山遇靖長官拜而求道取篋中所遺沉水香焚之靖曰此香全類斜光下等六天所種芬陀利華」

三勻煎 長安宋清常以香劑遺中朝簪紳題識器曰三勻煎焚之富貴清妙

奪眞盤釘 顯德元年周祖創造供薦之物世宗以外姓繼統凡百務從崇厚靈前看果雕香爲之承以金銀起突疊格禁中謂之奪眞盤釘

乞兒香 林邑占城闍婆交趾以雜出異香劑和而範之氣韻不凡謂中國三勻四絕爲乞兒香

莊嚴餅子 長安大興寺徐瑾男楚琳平生留神香事莊嚴餅子供佛之品也峭兒延賓之用也旖旎丸自奉之香也檀那槩之曰琳和尚品字香

六尺雪檀 南夷香茶到文登盡以易疋物同光中有船上檀香色正白號雪檀長六尺土人買爲僧坊刹竿

握君 僧繼顒住五臺山手執香如意紫檀鏤成劉繼元時在潛邸以金易致每接僧則頂帽具三衣假比丘秉此揮談名爲握君

清門處士 海舶來有一沉香翁剜鏤若鬼工高尺餘舶酋以上吳越王王目爲清門處士

四奇家具 後唐福慶公主下降孟知祥明宗晏駕唐亂莊宗諸兒削髮爲苾蒭間道走蜀時知祥新稱帝爲公主厚待猶子勅器用局以沉香降眞爲鉢木香爲匙筯錫之常食堂展鉢衆僧私相謂曰我輩謂渠頂相衣服均是金輪王孫但面前四奇家具有無不等耳」

喪葬

魂樓墓衣 葬處士封謂之魂樓凡兩品一如平頂炊餅一如倒合水桶上作銅鑼形亦有更用一重甎甃者或刻鏤物象名墓衣

泉臺上寶冥遊亞寶 顯德六年世宗慶陵攢土發引之日百司設祭于道翰林院楮泉大若盞口予令雕印字文文之黃曰泉臺上寶白曰冥游亞寶

義疾 他疾惟一臟受病勞瘵則異矣次第傳變五臟百脉俱傷血絕然後奄喪人死則有蟲出口中者病如前人非死不已一傳十十

傳百展轉無窮故號義疾

永息菴 右補闕王正己四十四致仕預製棺題曰永息菴置之寢室人勸移之僻地曰吾欲日見之常運死想滅除貪愛耳壽七十八無疾而逝

漆宅 予嘗臨外氏之喪正見漆工之髹裹凶器予因言棺槨甚如法漆工曰七郎中隨身富貴只贏得一座漆宅豈可鹵莽

布漆山 天成開運以來俗尚巨棺有停之中寢人立兩邊不相見者凶肆號布漆山

漆宮沙府 蘇司空禹珪薨百官致祭侍御史何登撰版文曰漆宮永閟沙府告成禮畢予問沙府之說曰自隧道至窆棺之穴皆鋪沙以防陰雨泥滑名沙府唐人嘗引用之

大小脫空 長安人物繁習俗侈喪葬陳拽寓象其表以綾綃金銀者曰大脫空楮外而設色者曰小脫空製造列肆茅行俗謂之茅行家

事

土筵席 葬家聽術士說例用朱書鐵券若人家契帖標四界及主名意謂亡者居室之執守者不知爭地者誰耶菴幕前甃石若函表之面方長高不登三尺號曰券臺貧無力則每祭祀以餕餘俎謂之土筵席

鬼

舉人會名鬼 釋種令超游南岳將至祝融峯逢赤幘紫衣人同憩道側超問其所之因密語曰我豈人也凡舉子入試天命俊鬼三番旁護之欲以振發其聰明其中爲名第及時運未偶者則無所護衛我即其數也隸蓬萊下宮西臺此來南岳關會一人陰德增減耳

神

侯白神茶 侯白隋人性輕多戲言常唾壁誤中神茶像人因責之應曰侯白兩脚墮地雙眼覷天太平田地步履安然此皆符耳安敢望侯白哉

紫相公 進士于則謁外親于汧陽未至十餘里飯于野店旁有紫荆樹村民祠以爲神呼曰紫相公則烹茶因以一杯置相公前策馬徑去是夜夢峩冠紫衣人來見自陳余則紫相公主一方菜蔬之屬隸屬有天平吏掌風疎判官主儉然皆嗜茶而奉祠者鮮以是品爲供蚤蒙厚供歡飲可謂非常之惠因口占贈詩曰降酒先生風韻高攪銀公子更清豪碎身粉骨功成後小碾當衙馬脚槽蓋則是日以小分鬚銀匙打茶故目爲攪銀公子

妖

活玉巢 盩厔吏魁召士人訓子弟館于門士人素有蛀牙一日復作左腮掀腫遂張口臥意似瞢騰忽聞有聲發于齦齶若切切語言人馬喧哄漸次出口外痛頓止至半夜却聞先來之聲仍云小都郎回活玉巢也似呵喝狀類上蠢蠢然直入口彈指頃齒大痛詰旦具告主人勸呼巫祝用符水士人從之痛已腫消竟不知何怪也

說郛卷第六十一終

說郛卷第六十二

蘭亭博議（十五卷）

宋桑世昌（字澤卿淮海人）

蘭亭博議予友桑君澤卿輯也予挈故書入山陰結廬茂林修竹間訪問王謝諸人遺躅但見繁流岩秀雲物與蔚而已既于屋東得鄰土地數畝益藝卉竹治堂觀又有以汪龍溪家所藏修禊圖見遺者乃揭之屋壁間又有舊藏定武石刻亦設諸几席日與兒輩來游觀圖玩事如與王謝諸人相接一日澤卿忽攜博議見過予驚且嘆曰此正越故事也吾曹不能爲之而澤卿所編其勤且篤而又精贍貫串如此予每謂右軍召爲侍中尚書皆不拜又權右軍仍不就至于男娶女嫁便有向子平之意縷縷書辭間其識度守量似非江左諸儒所可及矣若使右軍昌于事業當不在司徒叔太傅公之下而論者僅推其研精筆法盡善盡美而已吁是何其不知右軍者耶繭紙一帖辨者多矣自有確論故不復云獨愛吾澤卿纘燈詩書之系裔育大雅之傳凡所攷訪一一詳的直有括囊流略包舉藝文徧該緗素殫極丘墳之意因以此序博議且以策兒曹之苟簡鮮工云開禧元年十二月望四明高文虎書

本序

永和九年歲在癸丑暮春之初會于會稽山陰之蘭亭脩禊事也云云

李彙蘭渚輯錄云永和癸丑山陰蘭亭之會合四十二人一時畢集羣賢盛矣哉右軍製爲詩序筆精墨妙號爲第一後之人誦其辭玩其跡揭其畫猶足以想望風流于千載列傳言右軍自爲之序晉人謂之臨河序唐人稱蘭亭詩序或言蘭亭記歐陽公云修禊序蔡君謨云曲水序東坡云蘭亭文山谷云禊飲序通古今雅俗所稱俱云蘭亭至高宗皇帝所御宸翰題曰禊帖于是蘭亭有定名矣

詩

右將軍會稽內史王羲之　司徒謝安　瑯琊王友　司徒左西屬謝萬　右司馬孫綽（右一作左）　行參軍徐豐之　前餘姚令孫統（統一作充）　前永興令王彬之　王凝之　王肅之　王徽之　陳郡袁嶠之

已上一十一人各成四言五言一首

散騎常侍郄曇　前參軍王豐之　前上虞令華茂　潁川庾友　鎮軍司馬虞說（一作悅）　郡功曹魏滂　郡五官（五官一作佐）謝懌（一作繹）　潁川庾蘊　前中軍參軍孫嗣　行參軍曹茂之　徐州西平曹華（後錄云曹華平）　滎陽桓偉　王玄之　王蘊之　王渙之

已上十五人一篇成

侍郎謝瑰　鎮國大將軍掾卞迪　行參軍事印丘髦　王獻之　行參軍羊模　參軍孔熾（一作模）　參軍劉密　山陰令虞谷（陰一作陽）　府功（一作工）曹勞夷　府主簿后綿（一作淳）　前長岑令耆華　前餘姚令謝滕（姚一作桃滕一作藤）　府主簿任凝（一作汪枚）　任城呂系（一作係）　任城呂本　彭城曹禮（一作豎晉列傳有李充天章寺碑則係之）

已上一十六人詩不成罰酒三巨觥

孫綽後序云古人以水喻性有旨哉非所以淳之則清淆之則濁耶故振轡於朝市則克屈之心生閒步於林野則寥落之意興仰瞻羲唐（一作淳）邈然遠矣近詠臺閣顧深增懷聊於曖昧之中期乎瞥拂之道暮春之始禊于南澗之濱高嶺千尋長湖萬頃乃藉芳草鑑清流覽卉物觀魚鳥具類同榮資生咸暢于是和以醇醪齊以達觀快然兀矣焉復覺鵬鷃二物哉耀靈促轡急景西邁樂與時去悲亦系之往復推移新故相換今日之迹明復陳矣原（一作我）詩人之致興諒詠歌之有由文多不具大略如此所賦詩亦裁而

綴之如前四言五言焉

乾封二年十月二十七日弘福寺沙門懷仁集寫晉王右軍書

按羣賢賦詩刻本有二會稽者內避本朝諱多代以他字又多缺損殊失其旨且先後次序與中山王子高寫本稍異其間有兩存者輒疏其下若後序與藝文類聚所載詳略亦多不同故以集字本爲正世昌書

羲之雅好服食養性不樂在京師初度江便有終焉之志會稽佳山水名士多居之謝安未仕時亦居焉嘗與同志燕集于會稽之蘭亭羲之自爲之序以申其志晉史

蘭亭之名著于通典則曰山陰漢舊縣亭王羲之曲水序于此作唐郡國志曰山陰有逸少蘭亭元和郡國志曰蘭亭山在越州西南二十里十道志曰越州蘭亭王逸少會處越絕書蘭亭在山陰越王種蘭處也三朝國史曰越州山陰有蘭渚鑑湖會稽志曰蘭渚在縣西南二十五里舊經云山陰縣西有亭王右軍所置曲水賦詩作序于此水經云淛江東與蘭溪合湖南天柱山湖口有亭號蘭亭亦曰蘭上里太守王羲之謝安兄弟數往造焉吳都太守謝勗封蘭亭侯蓋取此爲封號也王廙之移亭在水中晉司空何無忌之臨郡也起亭于山椒極高盡眺亭宇雖壞基址尚存

睿賞

太宗皇帝

御書前人詩不到蘭亭千日餘嘗思墨客五雲居曾經數處看屏障盡是王家小草書

仁宗皇帝

至道二年內侍高班裴愈奏於王羲之蘭亭曲水傍置寺賜額天章又于書堂基上起樓藏三聖御書仁宗皇帝親篆寺額以寵之

按華初平記越州天章異聞云山陰去城西南二十五里有天章寺即王逸少上巳日修禊之蘭亭也山如屏障水似松江其鵝墨池傳云皆當時遺跡也不甚深廣引溪爲之源流相注每朝廷恩命將至池墨必見前後不爽其將見則池際水上浮浮圓浩旣大如斗渙散滿池雲舒霞卷烟膠粲爛如新研墨下流水復淸澈皇祐中忽三日連發人疑數爲將無驗未幾太宗眞宗仁宗三朝御書皆至又按方勺泊宅編山陰蘭亭有逸少研池寺曰天章以藏眞宗皇帝御書故也當時朝廷每有頒降禮池水盡黑可以染緇太常沈紳嘗記其事

高宗皇帝

校定武古本蘭亭敘因思其人與謝安共登冶城安悠然遐想有出世之志羲之謂曰夏禹勤王手足胼胝文王旰食日不暇給今四郊多壘宜思自効而虛談廢務浮文妨要恐非當今所宜且羲之挺拔俗邁往之資而于登臨放懷之際不忘憂國之心令人遠想慨然又嘆斯文見于世者摹刻重復盡失古人筆意之妙因出其本令精意鉤別付碑版以廣後學庶幾彷彿不墜于地也紹興元年秋八月十四日書

宗室子晝紹興初在從列有旨宣取所藏定武本于時快行數輩在門倉卒封進粘不及乾未幾遂摹刻禁中高宗親御翰墨此跋是也世昌嘗見其孫言故具錄之

予自魏晉以來至于六朝筆法無不臨摹或蕭散或枯瘦或遒勁而不回或秀異而特立衆體備于筆下意間猶存于取舍至若禊帖則測之益深擬之益嚴姿態橫生莫造其原詳觀點畫以至成誦不少去懷也翰墨志

唐何延年謂右軍永和中與太原孫承公四十有一人脩祓禊揮毫製序用蠶繭紙鼠鬚筆遒媚勁健絕代更無凡三百二十四字字有重者皆具別體就中之字有二十許變轉悉異遂無同者如

有神助及醒後他日更書數十百本終不及此予謂神助及醒後更書數十百本無如者恐此言過矣右軍他書豈減禊帖但此帖字數比他書最多若千丈文錦卷舒展玩無不滿人意軫在心目不可忘非若他尺牘數行數十字如寸錦片玉玩之易盡也上

智永禪師逸少七代孫克嗣家法居永欣寺閣三十年臨逸少眞草千文擇八百本散在浙東後幷禊帖傳弟子辯才唐太宗三召恩錫甚厚求禊帖終不與善保家傳抑可重也予得其千文藏之上

復古殿蘭亭贊紹興庚申

右軍筆法　變化無窮　禊亭遺墨　行書之宗

奇蹤既泯　石刻亦工　臨倣者誰　鑑明於銅

論學書先寫正書次行次草蘭亭樂毅論賜汝先各寫五百本然後寫草書

右汪逵家藏高宗御書前三字亦是宸翰後用御書之寶

王羲之樂毅論正書第一天下珍之梁世模出字法奇古全是帝後屬餘杭公主主以帝所重常加寶惜諸王皆求不得及天下一統處處尋訪累載方獲此書留意運功特盡神妙

御書橐本一幅塗改頗多藏汪逵家

早來鄭幵奏蘭亭後不見缺六字黃庭堅譚稹語言乃是庭堅作字晝非今幵來奏竝是稹書方是

御札一軸三紙藏右司黃犖家

思陵在御臨賜不一留守呂頤浩越帥孫近薌林向子禋松窗錢端禮米友仁劉光世皆刻於石薌林松窗所賜俱是宸翰

紹興七年三月臣頤浩蒙恩趣召入覲對于建康宮既辭行次近舍皇帝遣中使賜以御書管王羲之蘭亭脩禊序臣下拜捧觀如淩玉霄翔紫淸雲章奎畫爛然絢目而不知卷素之在手陛下天縱多能博通衆藝翰墨之妙前兼古人顧如此書雖下法羲之而天資高邁神意自得直出其右非若世人臨倣摹擬拘于筆畫形似之間者也臣伏思太宗皇帝宸翰之工定出二王于時臣下名善書者莫能望其彷彿方繼承藝祖卒其代功屢征不廷初未遑暇神武既定文德誕敷如字學一事獨擅天下而傳美于後況於紀綱法度之垂裕者乎今陛下乘中興之運躬撫六師志戡多難期復大業需時偃武則還以人文化成天下寶書傳美又將昭萬代以紹我太宗之懿蓋有待焉臣老矣念終無以仰裨聖志尙庶幾及見大勳之集也刊諸琬琰切以爲志具位臣呂頤浩謹書

御書蘭亭後序絳闕淸都甫遶帝所雲章奎畫忽到人間被寵錫之非常覺衰職之有耀中謝竊以隸文自古書法爭新魏氏以還東晉擅揮毫之妙鍾繇而降右軍馳獨步之名矧蘭亭修禊之遊非金谷坐塵之俗騁懷寄傲存逸想于胸中感事臨文發奇姿于筆下斯極

當年之美遂爲歷代之師珍藏既出于雲門傳刻僅留于朔塞疲精莫追絕軌難攀恭惟皇帝陛下好學性成多能天縱稍屬干戈之暇不遺翰墨之娛心摹手追何勞法下龍盤鳳翥直與抗衡實惟古今之無雙豈止帝王之第一臣少勤筆硯晚際風雲憂常在于邦家老已捐夫文字誤膺上賜還愧夙心懷實言歸幸免登牀之誚據鞍自失但驚照乘之光期傳祕于私門俾輸忠于永世

憲聖慈烈皇

皇后嘗臨蘭亭帖佚在人間咸寧郡王韓世忠得之表獻上驗璽文知爲中宮臨本賜保康軍節度使吳益刊於石

太后居中宮時嘗臨蘭亭山陰陸升之代劉珙春帖子云內仗朝初退朝曦滿翠屏硯池渾不凍端爲寫蘭亭刻吳琚家

孝宗皇帝

羲之書超詣衆妙古今不可比倫用意精微落筆詳緩一點一畫

無不皆有法度揮毫從心不踰于規矩既無過當亦無不及增之則失于有餘損之則失于不足作字有八面變態之妙如蛟虬之騫騰鸞鳳之翔舞粲然溢紙飛動眩目亦猶仲尼之道出乎其類拔乎其萃自生民以來未之有也覽此修禊詩序無一筆羲之法亦非唐賢所臨寫全不成字今復還卿至可領也（還從臣所遂本）

紹興己未六月思陵嘗臨禊序賜劉光世其子堯仁進之孝宗親灑宸翰于后云臣恭維光堯壽聖太上皇帝以天縱之聖當輯熙之季寓之翰墨躬臨王羲之脩禊敘妙入神品劉光世當靖康之末奉迎濟上率先諸帥敦詩閱禮夙蒙恩遇固宜被此寵章其子堯仁褾軸來上捧觀再三復書此以賜之乾道改元季冬臣謹書」

紀原

蘭亭者晉右軍衛將軍會稽內史瑯琊王羲之逸少書之詩序也右軍蟬聯美胄蕭散名賢雅好山水尤善草隸以穆帝永和九年暮春三月三日宦遊山陰與太原孫統承公孫綽興公廣漢王彬之道生陳郡謝安安石高平郄曇重熙太原王蘊叔仁釋支遁道林并逸少子凝徽操之等四十一人修禊祓之禮揮毫製序興樂而書用蠶繭紙鼠鬚筆遒媚勁健絕代所無凡二十八行三百二十四字有重者皆搆別體就中之字最多至二十許字悉無同者（一云變轉悉異遂無同者）是時殆有神助及醒後他日更書數十百本終不及之右軍亦自愛重留付子孫傳掌至七代孫智永即右軍第五子徽之之後俗號永禪師克嗣家法良精此藝常居永欣寺閣上臨寫所退筆頭置大簏中簏受石許而五滿凡三十年所臨眞草千文八百餘本禪師年近百歲乃終其遺書付弟子辨才辨才俗姓袁氏梁司空昂之玄孫博學工文琴棋書畫皆臻其妙嘗于所寢伏梁上鑿爲暗檻以貯蘭亭珍重過于師在日至貞觀中太宗銳意學二王書訪摹其跡備盡惟蘭亭未獲尋知在辨才處凡三召之

恩賚優洽方便善誘確稱往日侍奉先師亦嘗獲見洊經喪亂墜失不知所在竟靳固不出上謂侍臣曰右軍之書朕所偏寶求見蘭亭勞于夢寢此僧耆年又無所用若得一智略之士以計取之庶幾必獲尚書左僕射房玄齡奏曰臣聞監察御史蕭翼梁元帝之曾孫今貫魏州莘縣負才藝多權謀可充此使上遂召翼翼曰若公然遣往義無得理臣請私行又須得二王雜帖三數通上悉依給翼遂微服至洛潭隨商舶至越黃衫寬袖得山東書生之體抵寺之夕閱壁間畫過辨才所居才適遙見乃問曰檀越何來翼因就前致謁云弟子是北人攜蠶種歷寺縱觀幸遂一見語意投合延至室內即共圍棋撫琴投壺握槊間及文史乃曰白頭如新傾蓋若舊今後無復形迹也既下榻復設缸面酒江東云缸面猶河北甕頭謂初熟酒也酣樂之際分韻賦詩才探得來字其詩曰初醞一缸開新知萬里來披雲同落寞步月共徘徊夜久孤琴思風長旅雁哀非君有心術誰照不然灰翼得招字云邂逅款良宵殷勤可勝招彌天俄若蕩初夜豈成遙酒蟻傾還泛心猿躁似調誰憐失羣翼良苦業風飄妍媸略同彼此諷味恨相知之晚通宵盡歡翌旦乃去才云檀越閑即更來翼繼乃載酒赴之相與酬唱者數四一日翼示師梁元帝自畫職貢圖嗟賞不已因談及翰墨翼曰家世皆習二王楷法自幼耽玩今亦有數帖自隨才欣然謂曰詰旦可攜來翼如期而往見出帖示之才熟視且曰是則是矣然未佳善也貧道有蘭亭眞蹟頗亦殊常翼曰數經亂離眞蹟豈復在乎必是響搨者耳才曰先師圓寂之際親手付受端有源緒那得參差次日乃于梁檻內出以示翼翼故駮瑕指纇曰果響搨書也紛競不已自是更不復藏并翼諸帖並留几格間才時年餘八秩日于窗下臨數遍其老而篤好也如此自翼往還既密與其徒略無疑間未幾辨才赴靈氾橋南嚴遷家齋翼遂私來詣其

徒曰偶遺帛子在案童子卽爲開門翼因就取蘭亭及御府所借帖徑赴永安驛告驛長凌愬曰我乃御史奉命來此有墨敕可報汝都督知都督齊善行聞之馳來拜謁翼因宣示上命具告所由善行走介召辨才辨才遽見追呼不知所措繼遺散直云待御須見及才至見御史迺房中蕭生也翼報被命追取蘭亭今得矣故喚師來取別才聞語哽咽絶倒良久始甦翼卽馳驛而發至都奏御太宗大悅以玄齡舉得其人賞錦綵千段擢拜翼爲員外郎加入五品賜銀缾一金縷缾一瑪瑙碗一並實以珠內廐良馬二兼寶裝鞍轡第宅各一區太宗初怒老僧祕恡俄以其耄不忍加刑數月一作日後乃賜物三千段穀三千石敕越州支給辨才不以入已用迺造浮圖極其精麗至今猶存因驚悸成疾歲餘乃卒太宗命供奉搨書人趙模韓道政馮承素諸葛貞等數人各搨數本以賜皇太子諸王近臣貞觀二十三年帝不豫幸玉華宮含風殿謂

高宗曰吾欲從汝求一物汝誠孝也豈能違吾心耶高宗哽咽流涕引耳而聽受制命曰吾欲將所得蘭亭去及弓劍不遺同軌畢至隨仙駕入玄宮矣今趙模等所搨本尚直錢數萬也辨才弟子玄素俗姓楊氏猶居永欣寺永禪師之故房親爲吾說聊以退食之暇略疏其始末于時歲在甲寅季春之月上巳日而撰此記主上每暇隙留神藝術迹逾筆聖偏重蘭亭僕開元十年四月二十七日任筠一作均州刺史蒙恩許國至都承訪所得委曲緣病不獲詣闕遣男永寫本進其日奉日耀門宣敕內出絹三十疋賜永於是負恩荷澤手舞足蹈捧戴周全光駭閭里僕跼天聽命伏枕懷欣殊私忽臨沉痾輕減敬題卷末以示後代朝議郎行職方員外郎上柱國何延之記

僕得此編且復從太平廣記稍加去取仍不欲弃舊各就箋其下庶兩存之世昌書

八法

側勒努趯策掠啄磔

努　啄　磔
側　永　趯
勒　策　掠

蔡文姬傳云八法蔡邕授于神人而傳崔瑗及女文姬文姬傳鍾繇鍾繇傳衛夫人衛夫人傳王羲之羲之傳獻之獻之傳外甥羊欣羊欣傳王僧虔僧虔傳蕭子雲子雲傳僧智永智永傳虞世南世南傳歐陽詢詢傳陸柬之柬之傳姪彥遠彥遠傳張旭旭傳李陽冰陽冰傳徐浩顏眞卿鄔彤韋玩崔邈等凡二十三人

臨摹

唐太宗于右軍書特留睿賞貞觀初下詔求詢始盡遺逸萬機之暇備加執玩蘭亭樂毅尤閟寶重令搨書人楊普徹等搨賜梁公

房玄齡已下八人普徹竊以出故在外傳之及晏駕本入玄宮右軍蘭亭搨本人間往往有之多非精妙天禧中相國曾元龘有唐勒石本一卷卷尾有文臯署敕字傍勒僧權二字體法既臻鐫刻尤工

參政蘇易簡家有摹本蘭亭墨彩鮮濃紙色微紫一作赤與唐朝石本無相假借蓋名手傳搨也隋僧智永亦臨寫刻石仍間以章草功用不倫粗獷鬅其勢其本亦甚稀絶

唐陸柬之特工臨寫今世校理錢延年有柬之書蘭亭用綠麻紙臨成押尾署陸司議書雖外露毛骨而雅有風氣

劉秦妹善臨寫學右軍蘭亭及西安帖貌奪眞跡秦亦唐翰林書人也並法書苑

自唐末兵戈之亂儒學文章掃地而盡宋興百餘年間雄文碩學之士相繼不絶文章之盛遂追三代獨學字書之法寂寞不振未

能比蹤唐室予心每以爲恨今乃復見范君之書信乎時不乏人而患聽見之不博也然若君之筆法宜傳于世久閟于家葢其潛光晦伏非獨其書之閟也集古錄

盱眙南山杜寶臣字器之父爲令祖爲郎家世傳此唐刻本蘭亭予與二子五日模覩善工十日刻世謂三昧蘭亭出于此也杜畜百本而以此見歸乃好事欲廣其傳眞宗壬午五月西山寶晉齋手裝是歲既得上皇南山洞天一品食甘露降林木竹石歲也寶晉

逸少筆跡如優曇缽花近世罕見雖古人嚮搨亦乏善本葢臨書不于點畫排比之工而在于得筆意脫或昧此譬如垂絕人神氣都喪形體雖具奚爲也此本得之于許昌侍其氏其家襲藏無慮百餘年億歲殿舊物無疑觀其筆跡遒潤緊快分明凜然有生氣若出乎右軍之手決非趙模韓道政等所爲非虞永興則褚河南

筆也深于書者當自知之昔人論宋文帝書以謂其工夫不及羊欣而天然過之臨書而得天然意必知爲名筆葛欣謙白

世人于蘭亭肥瘦二本互有去取予獨以爲飛燕太眞俱是國色未可以己所好惡爲高下也頃歲盤齋楊公爲予言與薛道祖爲世姻道祖向在中山得蘭亭敘石本于公廚宣和中有旨索取薛氏父子通夕摹倣意欲取速覆紙三重幷摹之故字畫肥瘦不同予始知肥瘦本未易高下既又聞楊公之說顧猶未敢斷以爲一本也淳熙戊申汪季路自江南從事秩滿過錫山舟中出所藏本謂予曰本有肥瘦之異當以孰爲勝予以所見與所聽楊公者告之季路笑曰摹打有不同耳非有二本也不然豈應無毫髮之相似耶是予之所見未爲不然而盤齋之言猶信肥本墨必淡瘦本墨必濃季路之精鑒爲不可及也予因謂季路他日視蘭亭敘肥本其墨地濃淡亦致肥瘦之一端也因相與大閱蘭亭自是無遁形矣世人又有湍流帶右四字完缺者亦妄致去取而不知摹打之時有先後此尤可鄙壬子首夏東平榮公相過因道及此榮公俾予識之于其所藏本之後長安喻琳

范文度所書蘭亭不拘拘然求合其形似而盡得右軍用筆之意眞所謂善學柳下惠者歐陽公集古錄已載此書恨未之見今始識面信名下無虛士也錫山尤袤

黃伯思云世人多不曉臨摹之別臨謂以紙在古帖旁觀其形勢而學之若臨淵之臨故謂之臨摹謂以薄紙覆古帖上就明牖景而摹之謂之嚮搨焉臨之與摹二者迥殊不可亂也又筆談云世之摹字者多爲筆勢牽制失其舊跡須模摹之笵然不問其點畫惟舊跡是循然後盡其妙也予謂二條皆可開掖後學故附錄之世昌書

審定

外寄所託改作因寄於今所欣改作向之豈不哀哉改作痛哉良可悲也改作悲夫有感于斯也改作斯文凡塗兩字改六字註四字曾不知老之將至誤作僧已爲陳迹誤作以亦猶今之視昔誤作由舊說此文字有重者皆爲別體而之字最多今此之字頗有同者又嘗見一本比此微加楷疑此起草也然放曠自得不及此本也遠矣子由自河朔持歸寶月大師惟閑請其本令左綿僧意祖模刻于石治平四年九月十三日軾書東坡

此本以定州蘭亭土中所得石摹入棠梨板者字雖肥骨肉相稱觀其筆意右軍清眞風流氣韻冠映一時可想見也今時論書者憎肥而喜瘦黨同而妒異曾不夢見右軍腳汗氣豈可言用筆法耶元符二年四月甲辰涪翁題山谷

右米姓祕玩天下法書第一唐太宗既獲此書使起居郎褚遂良檢校馮承素韓道政趙模諸葛貞之流摹賜王公貴人見于張彥

遠法書要錄此軸有蘇氏故題爲褚遂良模觀其改誤數字眞是褚法皆率意落筆所書餘字皆鉤塡淸潤有勁秀氣轉摺毫鋩備盡與眞無異非深知書者所不能到世俗所收或肥或瘦乃是工人所作正以此本爲定壬午閏六月大江濟川亭䌖寶晉齋艎對紫金鼇山迎快風避暑九日手裝

蘇耆家第二本少長字世傳衆本皆不及長字其中二筆相近末後捺筆鉤迴筆鋒直至起筆處懷字内折筆摺筆抹筆皆轉側偏而見鋒蹔字内斤字足字轉筆賊毫隨之于斫筆處賊毫直出其中世之摹本未嘗有也並寶晉

王氏蘭譜　宋王貴學

窗前有草濂溪周先生蓋達其生意是格物而非玩物予及友龍江王進叔整暇于六籍書史之餘品藻百物封植蘭蕙設客難而主其譜擷英于幹葉香色之殊得韻于耳目口鼻之表非體蘭之生意不能也所稟既異所養又充進叔資學亦如斯蘭野而巖谷家而庭階國有臺省隨所置之其房無數夫草可以會仁意蘭豈一草云乎哉君子養德于是乎在淳祐丁未孟春戊戌蒲陽葉大有序

萬物皆天地委形其物之形而秀者又天地之委和也和氣所鍾爲聖爲賢爲景星爲鳳凰爲芝草草有蘭亦然世稱三友挺挺花卉中竹有節而嗇花梅有花而嗇葉松有葉而嗇香惟蘭獨併有之蘭君子也湌霞飮露孤竹之淸標勁柯端莖汾陽之淸節淸香淑質靈均之潔操韻而幽妍而淡曾不與西施何郎等伍以天地和氣委之也予嗜焉成癖志几之暇具于心服于身復于聲譽之間搜求五十品隨其性而植之客有謂予曰此身本無物子何取以自累予應之曰天壤間萬物皆寄爾耳聲之寄目色之寄鼻臭之寄口味之寄有耳目口鼻而欲絕夫聲色臭味則天地萬物將

無所寓其寄矣若總其所以寄我者而爲我有又安知其不我累耶客曰然遂譜之淳祐丁未龍江王貴學進叔敬書

品第之等

涪翁曰楚人滋蘭九畹植蕙百畝蘭少故貴蕙多故賤予按本草薰草亦名蕙草葉白蕙根曰薰十二畝爲畹百畝自是相等若以一幹數花而蕙賤之非也今均目曰蘭天下深山窮谷非無幽蘭生于漳者既盛且馥其色有深紫淡紫眞紅淡紅黃白碧綠魚魫金錢之異就中品第紫蘭陳爲甲吳潘次之如趙如何如大小張淳監糧趙長泰峽州邑名紫蘭景初以下又其次而金稜邊爲紫袍奇品白蘭竈山爲甲施花惠知客次之如李如馬如鄭如濟老十九蕭黃八兄周染以下又其次而魚魫蘭爲白花奇品其本不同如此或得其人或得其名其所產之異其名又不同如此

灌溉之候

涪翁曰蘭蕙叢生蒔以沙石則茂沃以湯茗則芳予于諸蘭非愛之大悉使之碩而茂密而蕃蒔沃以時而已一陽生于子根荄正穉受肥尙淺其澆宜薄南薰時來沙土正潰嚼肥滋多其澆宜厚秋七八月預防冰霜又以濯魚肉水或穢腐水停久反淸然後澆之人力所至蓋不萌者寡矣

分拆之法

予于分蘭次年纔開花即剪去求養其氣而不泄爾未分時前期月餘取合用沙去礫揚塵使糞夾和鵝糞爲上他糞勿用晒乾儲久逮寒露之後擊碎元盆輕手解拆去舊蘆頭存三年之穎或三穎四穎作一盆舊穎内新穎外不可太高恐年久易隘不可太低恐根局不舒下沙欲疏而通則積雨不漬上沙欲細則潤宜泥沙順性雖槖駝復生無易于此

泥沙之宜

世稱花木多品惟竹三十九種菊有一百二十種芍藥百餘種牡丹九十種皆用一等沙泥惟蘭有差夢良魚魫宜黃淨無泥瘦沙肥則腐吳蘭仙霞宜麄細適宜赤沙澆肥朱李龜山宜山下流聚沙濟老惠知客馬大同小鄭宜溝壑黑濁沙何趙蒲許大小張金稜邊則以赤沙和泥種之自陳八斜夕陽紅以下任意用沙皆可須盆面沙燥方澆肥平常澆水亦如之而澆水時與澆肥相倍蓰澆肥以一年三次澆水以一月三次澆大暑又倍之此封植之法受養之地靖節菊和靖梅濂溪蓮皆識物眞性蘭性好通風故臺太高沖陽太低隱風前宜向離後宜背坎故迎南風而障北吹蘭性畏近日故地太狹蔽氣太廣逼炎左宜近野右宜依林欲引東暘而避西照炎烈蔭之凝寒晒之蚯蚓蟠根以小便引之枯蠅點葉以油湯拭之摘莠草去蛛絲一月之內凡數十週伺其側眞怪識之橘踰淮爲枳殺踰汝則死余每病諸蘭肩載外郡取憐貴家既非土地之宜又失蒔養之法久皆化而爲茅故以得活萌貽諸同好君子倘如鄙言則紉爲裳揉爲佩生意日茂奚九畹而止

紫蘭

陳夢良有二種一紫榦一白榦花色淡紫大似鷹爪排釘甚疎壯者二十餘蕚葉深綠尾微焦而黃好溼惡燥受肥惡濁葉半出架而尙抽蓝幾與葉齊而未破昔陳承議得于官所而奇之夢良陳字也曾棄之雞塒傍一夕吐蕚二十五與葉俱長三尺五寸有奇人寶之曰陳夢良諸蘭今年懶爲子去年爲父越去年爲祖惟陳蘭多缺祖所以價穹其葉森潔狀如劍脊尾焦衆蘭頂花皆並俯惟此花獨仰特異于衆

吳蘭色深紫向吾得于龍岩（漳州縣名）鐵礦山鐵叢石心而婉媚葉之修綠冠諸品得所養則蓝歧生有二十餘蕚性頗受肥亭亭特特隱然君子立乎其前初成翁本性有仙霞色深紫花氣幽芳勁操特節榦葉與吳伯仲特花深耳

趙十使即師溥色淡壯者十四五蕚葉色深綠花似仙霞葉之修勁不及之

何蘭壯者十四五蕚繁而低壓冶而倒披花色淡紫似陳蘭陳花榦壯而何則瘦陳葉尾焦而何則否或名潘蘭有紅酣香醉之狀經雨露則嬌困號醉楊妃不常發似仙霞

大張青色深紫壯者十三蕚資勁質直向北門張其姓讀書岩谷得之花有二種大張花多小張花少大張榦花俱紫葉亦肥瘦勝小張慳于發花

蒲統領色紫壯者十數蕚淳熙間蒲統領引兵逐寇忽見一所似非人世四周幽蘭欲摘而歸一老叟前曰此蘭有神主之不可多摘取數穎而歸

陳八斜色深紫壯者十餘蕚發則盈盆花類大張淸榦紫過之葉綠而瘦尾蒲下垂紫花中能生者爲最間有一莖雙花

淳監糧色深紫多者十蕚叢生並葉榦曲花壯俯者似想倚者如思葉高三尺厚而且直其色尤紫

大紫壯者十四蕚出于長秦亦以邑名近五六載葉綠而茂花韻而幽

許景初有十二蕚者花色鮮紅凌晨浥露若素練經茜玉顏半酡榦微曲善于排釘葉頗散垂綠亦不深

石門紅其色紅壯者十二蕚花肥而促色紅而淺葉雖麄亦不甚高滿盆則生亦云趙蘭

小張青色紅多有八蕚淡于石門紅花榦甚短止供簪插

蕭仲紅色如褪紫多者十二蕚葉綠如芳茅其餘榦纖長花亦離疎時人呼爲花梯

何首座色淡紫壯者九蕚花半開而下視葉勁而黃一云仲美

粉粧成色輕紫多者八蕚類陳八斜花與葉亦不甚都
茅蘭其色紫葉長四寸有奇壯者十六七蕚麤而俗人鄙之是蘭
結實其破如綫絲絲片片隨風飄地即生夏至抽箆春前開花
金稜邊出于長秦陳氏或云東郡迎春坊門王元善家如龍溪縣
後林氏花因火爲王所得有十二三蕚幽香凌桂勁節芳筠花似
吳而差小其葉自尖處分爲兩邊各一綫許夕陽返照怳然金色
漳人寶之亦罕傳于外是以價高十倍于陳吳目之爲紫蘭

白蘭

竈山色碧壯者二十餘蕚出漳浦昔有煉丹于深山丹未成種其
蘭于丹竈傍因名花如葵而間生並葉幹葉花同色蕚修齊中有
薤黃東野朴守漳時品爲花魁更名碧玉幹得以秋花故殿于紫
蘭之後
濟老色微綠壯者二十五蕚逐瓣有一綫紅暈界其中幹絕高花

繁則幹不能制得所養則生紹興間僧廣濟修養窮谷中神人授
數穎蘭在山陰久矣師今行果已滿與蘭齊芳僧植之岩下架一
脉之水溉焉人植而名之又名一綫紅以花中界紅脉若一綫然
幹花與竈山相若惟竈山花開玉頂下花如落以此分其高下此
花慳生蕋每歲只生一
惠知客色潔白或向或背花英淡紫片尾微黃頗似施蘭其葉最
茂有三尺五寸餘
施蘭色黃壯者十五蕚或十六七蕚清操潔白聲德異香花頭頗
大歧幹而生但花開未周下蕋半墮葉深綠壯而長冠于諸品此
等種得之施尉
李通判色白壯者十二蕚葉有劍脊挺直而秀最可人眼所以識
蘭趣者不專看花正要看葉
鄭白善色碧多者十五蕚歧生過之膚美體膩翠羽金肩花若懶

散下視其跗尤碧交秋乃花或又謂大鄭
鄭少舉色潔白壯者十七八蕚鄭得之雲霄葉勁曰大鄭葉軟曰
小鄭散亂蓬頭少舉莖碌花一生則盈盆引于齊葉三尺勁壯似
仙霞
仙霞九十蕋色白鮮者如濯含者如潤始得之泰邑初不爲奇植
之蕋多因以名花比李通判則過之
馬大同色碧壯者十二蕚花頭肥大瓣綠片多紅暈其葉高聳幹
僅半之一名朱撫或曰翠微又曰五暈絲葉散端直冠他種
黃八兄色潔白壯者十三蕚黃綠而直善于抽幹頗似鄭花多猶
荔之十八娘
朱蘭得于朱僉判色黃多者十一蕚花頭似開倒向一隅若蟲之
蠹幹葉長而瘦
周染色白壯者十數蕚葉與花俱類鄭而幹短弱葉軟長者爲少舉侶而葉微黃者爲白春

幹短者爲周花
夕陽紅色白壯者八蕚花片雖白尖處微紅若夕陽返照或謂產
夕陽院東山因名
雲嶠色白壯者七蕚花大紅心鄰于小張以所得之地名葉深厚
于小張清高亦如之雲嶠海島之精寺也
林郡馬其色綠出長泰壯者十三蕚葉厚而壯似施而香過之
青蒲色白七蕚挺肩露穎似碧玉而葉低小僅尺有五寸花尤白
葉綠而小直而修
獨頭蘭色綠一花大如鷹爪幹高二寸葉類麥門冬入臘方薰馥
可愛建浙間謂之獻歲正一幹一花而香有餘者山鄉有之間有
雙頭涪翁以一幹一花而香有餘者蘭也
觀堂主色白七蕚幹紅花聚如簇葉不甚高婦女多簪之
名第色白七八蕚風韻雖亞以出周先生讀書林先生隱區物元和進士榜邦人

以先生故愛而存之

魚魫蘭一名趙蘭十二蕚花片澄澈宛似魚魫采而沉之無影可指葉頗勁綠頗微曲焉此白蘭之奇品更有高陽蘭四明蘭

碧蘭始出于葉[興化郡名]龜山院陳沈二仙修行處花有十四五蕚與葉齊修葉直而瘦花碧而芳用紅沙種雨水澆之甫中奇品或山石和泥亦宜之

翁通判色淡紫壯者十六七蕚葉最修長此泉州之奇品宜赤泥和沙

建蘭色白而潔味芎而幽葉不甚長只近二尺許深綠可愛最怕霜凝日晒則葉尾皆焦愛肥惡燥好溼惡濁清香皎潔勝于漳蘭但葉不如漳蘭修長此南建之奇品也品第亦多而予尚未造奇妙宜黑泥和沙

碧蘭色碧壯者二十餘蕚葉最修長得于所養則蕚修于葉花葉齊色香韻而幽長三尺五寸有餘更有一品花葉俱短三四寸許愛溼惡燥最怕烈日種之不得其本性則腐爛此廣州之奇品也

說郛卷第六十二終

說郛卷第六十三

金漳蘭譜 一卷全

宋趙時庚

序

先大父朝議郎彥自南康解印還里卜居築茅引泉植竹因以爲亭會宴乎其間得郡侯博士伯成名其亭曰筼簹世界又以其東架數椽自號趙翁書院回峯轉向依山疊石盡植花木叢雜其間繁陰之地環列蘭花掩映左右以爲游憩養疴之地予時尚少日在其中每好其花之豔葉之淸香之馥目不能捨手不能釋即詢其名默而識之是以酷愛之心殆幾成癖粤自嘉定改元以後有蘭數品又高出于向時所植者予嘉而求之故盡得其花之容質無失封培愛養者之法而品第之殆今三十年矣書就而未嘗與達者道暇日有朋友過予會詩酒琴棋之後倏然而問之予則曰有是哉即縷縷爲之詳言友曰吁亦開發後覺之一端也豈子一身可得而私有何不示諸人以廣其傳予不得辭因編爲一卷名曰金漳蘭譜欲以續前人牡丹荔枝譜之意予是以編紹定癸巳六月良日澹齋趙時庚謹書

敍蘭容質第一

陳夢良色紫每幹十二蕚花頭極大爲衆花之冠至若朝暉微照曉露暗溼則灼然騰秀亭然露奇斂膚傍幹團圓四向婉媚綽約佇立凝思如不勝情

吳蘭色深紫有十五蕚幹紫英紅得所養則歧而生至有二十蕚花頭差大色映人目如翔鸞翥鳳千態萬狀葉則高大剛毅勁節蒼然可愛

潘花色深紫有十五蕚幹紫圓匝齊整疏密得宜疏不露幹密不簇枝綽約作態窈窕逞姿眞所謂豔中之豔花中之花也視之愈

久愈見精神使人不能捨去花中近心所色如吳紫豔麗過于衆花葉則差小于吳峭直雄健衆莫能比其色特深或云仙霞乃潘氏西山于仙霞嶺得之故人更以爲名

趙十四色紫有十五萼初萌甚紅開時若晚霞燦日色更晶明葉深紅合于沙土則勁直肥聳超出羣品亦云趙師傳蓋其名也

何蘭色紫中紅有十四萼花頭倒壓亦不甚綠

品外之奇

金稜邊色深紫有十二萼出于長泰陳家色如吳花片則差小幹亦如之葉亦勁健所可貴者葉自尖處分二邊各一綫許直下至葉中處色映日如金綫其家寶之猶未廣也

白蘭

濟老色白有十二萼標致不凡如淡粧西子素裳縞衣不染一塵葉與施花近似更能高一二寸得所養則歧而生亦號一綫紅

竈山有十五萼色碧玉花枝開體膚鬆美顒顒昂昂雅特閑麗眞蘭中之魁品也每生並蔕花幹最碧葉綠而瘦薄開花生子蔕與苦蕒菜相似俗呼爲綠衣郎亦號爲碧玉幹

施花色微黃有十五萼合並幹而生計二十五萼或迸于根美則美矣每根有萎葉朶朶不起細葉最綠肥厚花頭似開不開幹雖高而實瘦葉雖勁而實柔亦花中之上品也

李通判色白十五萼峭特雅淡迎風浥露如泣如訴人多愛之比類鄭花則減一頭地位低葉小絕佳劍脊最長眞花中之上品惜乎不甚勁直

惠知客色白有十五萼賦質淸癯團簇齊整或向或背嬌柔瘦困花英淡紫片色尾凝黃葉雖綠茂細而觀之但亦柔弱

馬大同色碧而綠有十二萼花頭微大開有上向者片多紅暈葉則高聳蒼然肥厚花幹勁直及其葉之半亦名五暈絲上品之下

鄭少舉色白有十四萼瑩然孤潔極爲可愛葉則修長而瘦散亂所謂蓬頭少舉也亦有數種只是花有多少葉有軟硬之別白花中能生者無出于此其花之姿質可愛爲百花之翹楚者

黃八兄色白有十二萼善于抽幹頗似鄭花惜乎幹弱不能支持葉綠而直

周染花色白有十二萼與鄭花無異第幹短弱耳

夕陽紅花有八萼花片凝火色則凝紅夕陽返照于物

觀堂主色白有七萼花聚如簇葉不甚高可供婦人曉粧

青蒲色白有七萼挺肩露骨甚類竈山而花潔白葉小而直且綠只高尺五六寸

名第色白有五六萼花似鄭花葉最柔軟如長新葉則舊葉隨換人多不種

弱脚只是獨頭蘭色綠花大如鷹爪一幹一花高二三寸葉瘦長

二三尺入臘方花薰馥可愛而香有餘

魚魫蘭十二萼花片澄澈宛如魚魫采而沉之水中無影可指葉

頗勁綠此白蘭之奇品也

品蘭高下第二

予嘗謂天下凡幾山川而其支派源委與夫人迹所不至之地其間山坳石罅斜谷幽竇又不知其幾何多邁古之修竹矗空之危木雲烟覆護溪澗盤旋森蘢蔽道陽輝不燭泠然泉聲磊乎萬狀隨地之異則所產之多人賤之蔑如也倏然經于樵牧之手而見駭然識者從而得之則必攜持登高岡涉長途欣然不憚其勞中心之所好者何初不能以售販而置之也其他近城百里淺小去處亦有數品可取何必求諸深山窮谷每論及此往往啓識者雖有不韙之謂毋乃地邇而氣殊葉萎而花蠹或不能得培植之三昧者耶是故花有深紫有淺紫有深紅有淺紅與夫黃白綠碧魚

鈌金稜邊等品是何必因其地氣之所種而然意亦隨其本質而産之歟抑其皇穹儲精有景星慶雲垂光遇物而流形者也噫萬物之殊亦天地造化施生之功豈予可得而輕議哉竊嘗私合品第而類之以爲花有多寡葉有強弱此固因其所賦而然也苟惟人力不知則多者從而寡之弱者又從而弱之使夫人何以知其蘭之高下其不誤人者幾希嗚呼蘭不能自異而人異之耳故必執一定之見而拘品藻之則有淡然之性在況人均一心心均一見眼力所至非可誣也故紫花以陳夢良爲甲吳潘爲上品中品則趙十四何蘭大張靑蒲統領陳八尉淳監糧下品則許景初石門紅小張靑蕭仲和何首座林仲孔莊觀成外則金稜邊爲紫花奇品之冠也白花則濟老竈山施花李通判惠知客馬大同爲上品所謂鄭少舉鄭伯善黃八兄周染爲次下品夕陽紅雲嬌朱花觀堂主靑蒲名第弱脚王小娘者也趙花又爲品外之奇

天地愛養第三

天不言而四時行百物生者何蓋歲分四時生六氣合四時而言之則二十四氣以成其歲功故凡盈穹壤者皆物也不以草木之微昆蟲之細而必欲各遂其性者則在乎人因其氣候而生全之者也彼動植者非其物乎恩及草木者非其仁乎斧斤以時入山林數罟不入洿池又非其能全之者乎夫春爲靑帝回馭陽氣風和日暖蟄雷一震而土脉融暢萬彙叢生其氣則有不可得而揜者是以聖人之仁則順天地以養萬物必欲使萬物得遂其本性而後已故爲臺太高則衝陽太低則隱風前宜面南後宜背北蓋欲通南薰而障北吹也地不必曠曠則有日亦不必狹狹則蔽氣右宜近林左宜近野欲引東日而被西陽夏遇炎熱則蔭之冬逢沍寒則曝之下沙欲疏疏則連雨不能淫上沙欲濡濡則酷日不能燥至于插引葉之架平護根之沙防蚯蚓之傷禁螻蟻之穴去其莠草除其細蟲助其新篦剪其敗葉此則愛養之法也其餘一切窠蟲族類皆能蠹花並可除之所以封植灌漑之法詳載其後

堅性封植第四

草木之生長亦猶人焉何則人亦天地之物耳閑居暇日優游逸豫飮膳得其時寒暑得其宜則心安體逸氣和神爽又安有疷瘺之患哉以蘭而言之其一盆盈滿自非六七載莫能至皆由夫愛養之念不替灌漑之功愈久故根與土合性與壤俱然後森鬱雄健敷暢繁麗其花葉蓋有得于自然而然者合焉欲分而析之是裂其根荄易其沙土況或灌漑之失時愛養之乖宜又何異于人之飢飽則燥溼干之邪氣乘間入其榮衞則不免其所侵損所謂向之寒暑適宜肥瘦得時者此豈一朝一夕之所能仍舊也故必于寒露之後立冬以前而分之蓋取萬物得歸根之時而其葉則蒼根則老故也或者于此時分一盆吳蘭欲其盆之端正則不忍

擊碎因剔出而根已傷暨三年培植尤至困踣予今深以爲戒欲分其蘭而須用碎其盆務在輕手擊之亦須緩緩解析其交互之根勿使有拔斷之失然後逐篦叢取出積年腐蘆頭只存三年者每三篦作一盆盆底先用沙塡之即以三篦叢之互相枕藉使新篦在外作三方向却隨其花之好肥瘦沙土從而種之盆面則以少許瘦沙覆之以新汲水一勺定其根更有收沙晒之法此乃又分蘭之至要者當預于未分前半月取土篩去瓦礫之類曝令乾燥或欲適肥則宜淤泥沙可用便糞夾和攤晒之候乾或復溼如此十度視其極燥更須篩過隨意用蓋沙乃久年流聚雖居陰溼之地而蘭之驟爾分析失性須假以陽物助之則來年叢篦自長而與舊叢比肩此其效也夫苟不知收晒之宜用積滓之沙或憚披曝必至羸弱而黃葉者有之篦之不發者有之積有日月不知體察其失愈甚候其已覺方始易沙滌根加意調護冀其能復不

亦後乎抑有果知其能復焉如其稍可全活有幾何時而獲遂本質耶故深爲予惜之因併爲之言曰與其于既損之後而後又復生全之寧若于未分之前而必欲全生之豈不省力今逐品所宜沙土開列于後

陳夢良以黄淨無泥瘦沙種而切忌用肥恐有靡爛之失

吳蘭潘蘭用赤沙泥

何蘭青蒲統領大張青金棱邊各用黄色麄沙和泥更添些少紫沙赤沙泥種爲妙

陳八尉淳監糧蕭仲弘許景初何首座林仲孔莊觀成乃下品任意用妙

濟老施花惠知客馬大同鄭少舉黄八兄周染宜溝壑中黑沙泥和糞壤種之

李通判鼈山朱蘭鄭伯善魚魫用山下流聚沙泥種夕陽紅以下

諸品則任意栽種此封植之槩論

灌溉得宜第五

夫蘭自沙土出者各有品類然亦因其土地之宜而生長之故地有肥瘦或沙黄土赤而瘠有居山之顛處山之涯或近水或附石則各依而產之要在度其本性何如爾不可不謂其無肥瘦也苟性不能別白何者當肥何者當瘦強出己見混而肥之則好膏腴者因得所養之天花則輕而繁葉則雄而健所謂好瘦者不因肥而腐敗吾未之信也一陽生于子荄甲潛萌我則注而灌溉之使蘊諸中者稍獲強壯迨夫萌芽迸沙高未及寸許從使灌之則戢然卓簪暨南薰之時長養萬物又從而漬潤之則修然而高鬱然而蒼若有情于感遇者也秋八月之交驕陽方熾根葉失水欲老而黄此時當以瀊魚肉水或穢腐水澆之過是之外合用清物隨宜澆注使之暢茂亦以防秋風肅殺之患故其葉弱拳拳然抽出至冬而極夫人分蘭之次年不與發花者蓋恐泄其氣則葉不長爾凡善于養花者切意愛其葉葉聳則不慮其花之不繁盛也

紫花

陳夢良極難愛養稍肥隨即腐爛貴用清水澆灌則佳也

潘蘭雖未能愛肥須以茶清沃之冀得其本生地土之性

吳花看來亦好肥種亦灌溉之一月一度

趙花何花大張小張青蒲統領金棱邊半月一澆其肥則可

陳八尉淳監糧蕭仲和許景初何首座林仲孔莊觀成縱有太過不及之失亦無大害于用肥之時當視沙土乾燥過晚方始灌溉候曉以清水碗許澆之使肥膩之物得以下漬其根使其新來未發之篦自無勾蔓逆上散亂盤盆之患更能預以甕缸之屬蓄儲雨水積久色綠者間或進灌之而其葉則滓然挺秀濯然爭茂盈臺簇檻列翠羅青縱無花開亦見雅潔

白花

濟老施花惠知客馬大同鄭少舉黄八兄周染愛肥一任灌溉

李通判鼈山鄭伯善肥在六之中四之下又朱蘭亦如之

魚魫蘭質本瑩潔不須過肥徐以穢膩物汁澆之夕陽紅雲嬌青蒲觀堂主名第弱脚肥瘦任意亦當視其沙土之燥溼晚則灌注曉則清水灌之儲蓄雨水令其色綠沃之爲妙

惠知客等蘭用河沙斂去泥塵夾糞蓋泥種底用麄沙和糞

鄭少舉用糞蓋泥和便晒乾種之上面用紅泥覆之

鼈山用糞壤泥及河沙內用草鞋屑鋪四圍種之累試甚佳大凡用輕鬆泥皆可

濟老施花用糞泥用零小便糞澆溼攤晒用草鞋屑圍種

又鼈山用園泥下有糞澆溼泥種四圍用草鞋屑然後種之

跋

予嘗安身寂然一榻之中置事物于冗來紛至之外度極長篆香芬馥怡神默坐瞑目一視不覺精神自恬然也種蘭之趣然之否乎濟齋趙時庚敬爲一卷以俟知音予于修藏之暇窗前植蘭數盆盎欲覩其生意也每旦周旋其側撫之太息愛之太勤非徒悅目又且洗心怡神其芽茸茸其葉青青猶綠衣郎挺節獨立可敬可慕逌夫花開凝情瀼露間萬態千妍薰風時來四座芬郁豈非入蘭室乎豈非有國香乎親朋過訪遺以蘭譜予按味再三盡得愛之養之之法因其譜想其人又豈非流聲揚馥者乎時己卯歲中和節望日懶眞子李子謹跋

蘭譜奥法 一卷　　仝前

分種法

分種蘭蕙須至九月節氣方可分栽十月時候花已胎孕不可分種若見霜雪大寒尤不可分栽否必損花

栽花法

花盆先以麄碗或粗碟覆之于盆底次用爐炭鋪一層了然後却用肥泥薄鋪炭上使栽蘭根在上如根糝泥滿盆面上留一寸地栽時不可以手將泥埋實則根不長其根不舒暢葉則不長花亦不結土有乾溼依用時候水澆灌

安頓澆灌法

春二三月天無雪霜安放花盆在露天四面皆得雨澆日晒不妨逢十分大雨恐墜其葉則以小繩束起葉如連雨三五日須移避暑通風處四月至八月須用疎眼竹籃籠遮護略見日氣最要通風

梅天忽逢急雨須移花盆放背日處若逢大雨過又逢日晒盆內熱水則滋害葉亦損根遇花開時若枝上花蕋頭多候開次有未開一兩蕋頭便可剪去若留開盡則奪了來年花信

九月看花乾處用水澆灌若溼則不可澆或用肥水培灌一兩番不妨

冬十月十一月十二月正月不澆不妨最怕霜雪須用密籃遮護安頓朝陽有日照處在南窗簷下但是向陽處三兩日一番旋轉花盆四面俱要輪轉日晒均勻開花時則四畔皆有花若晒一面只一處有花

澆水法

用河水或陂塘水或積留雨水最好其次用溪磵水切不可用井水凍了花澆水須于四畔澆均不可從上澆下恐壞其葉

四月若有梅雨不必澆若無雨時則澆五月至八月須是早起五更日未出時澆一番至晚黃昏澆一番又要看花乾溼溼則不必澆如十分溼恐爛壞根

種花肥泥法

栽蘭用泥不管四時遇山上有火燒處取水流下火燒浮泥蕁蕨菜草燒灰和火燒泥用或拾舊草鞋放在小糞中浸日久拌黃泥燒過成灰却用大糞澆過放在一壁儘教雨打日晒二三箇月收起頓放閑處栽花時取用

瑞香花種時用前項肥泥如栽蘭花法一般安排盆內種只要泥鬆不可用實泥如用栽花時將泥打鬆以十分爲率八分用肥泥二分和沙泥拌之

去除蟻蝨法

肥水澆花必有蟻蝨在葉底恐壞葉則損花如生此物研大蒜和水以白筆蘸水拂洗葉上乾淨去除蟻蝨

雜法

遇盆內泥乾則用茶清澆灌不拘時月須用河水或留下雨水切不可用井水四月有花至八月內交過九月節氣便可分花

蘭之壯者有二三十箇花頭弱者只有五六箇花頭恐泥瘦分種時將元盆內泥取出再加肥泥和勻入盆栽種

魚鱗水亦肥須是浸得氣味過日久反清用

尋常盆內泥乾併實則用竹篦挑剔泥鬆休要撥根動了

葉紫紅色則是被霜打了須移于南窗簷下背霜雪處安頓仍舊自青

盆有竅孔不要着泥地安頓恐地溼蚯蚓鑽入盆內則損壞花又休要放盆在馬蟻窠處恐又引入馬蟻則損花

黃葉用茶清澆灌過

有黃葉處連根披去

花盆要放在高架上安頓令風從底入爲妙又免蚯蚓馬蟻之患

九月分花時用手擘開擘不開時用竹刀擘之休要損動了根分訖如法栽種

說郛卷第六十三終

說郛卷第六十四

積善錄 十二卷

宋黃光大 字行甫號露山居士南豐人

心者善之本也究夫所本未始不善不幸富貴利害者汨之故不善之心由是而生其間能不失其本者百無一二焉是以無富貴無貧賤作善者常少作不善者常多無足怪也然予嘗目擊世間積善之士鮮有不終吉者故易曰積善之家必有餘慶又曰善不積不足以成名噫聖人之言豈欺我哉予少也賤負笈四方經歷世故屢嘗患難凡所聞見踐履有益于人而可補于世者未嘗不積于中爰總管見裒集一百餘事目曰積善錄錄皆所以言修身積德濟物也非與天下善士共行之願自王公至于庶人咸知積善之爲終吉故言不文詞不飾每事宜述其旨要在明道理達倫類辨是非通世務使賢愚貴賤皆得以洞曉者也或曰子之言可謂達理若更加潤色則盡善矣予曰不然本朝文章之盛超軼漢唐所不足者節義區區之見蓋在警世諭俗利物濟人何以文爲所患其間類逆耳骨鯁之言與世俗違者甚多未覺有毀譽之私能而公言在我好惡在彼吾何容心哉若夫增廣善事刪去繁蕪則有賴于明哲君子時淳熙戊戌冬南豐黃光大行甫序

爲父不能盡父之道則家無忠孝之子孫爲師而不能盡師之道則門無行藝之士爲子而不能盡事父之道則爲不孝爲弟子而不能盡事師之道則爲無知斯四者天下之大經誠不可遺也苟欲盡夫爲父師之道者無他唯嚴與正而已制之以嚴教之以正罔不盡善雖文王爲父仲尼爲師不過如是也苟欲盡夫事父師之道者無他惟敬與順而已敬之以禮順其教命則罔有不令雖曾參之爲子顏淵之爲弟子不過如是也蓋父猶天也師猶父也其勢雖殊無倘一也爲人而不能盡父師之道者逆天者也之人

也若無人禍必有天刑或曰如彼之頑囂而嚴不足以制之正不足以教之則嚴正其奈之何對曰誠有是事也然果有人之道焉庸有治之以嚴正而不率者苟嚴正不足以治之則任之可也當觀夫堯舜不化朱象之道蓋凡此徒者不可謂之人也人之數而已韓愈所謂夷狄禽獸皆人者是也予欲天下之爲父子師弟子者各盡其道故發斯言

夫人之爲人莫善于能自守故孟子曰守孰爲大守身爲大守身守之本也蓋言人能守身是能守其本既能守其本則其末者無所不守小而子女玉帛富貴爵祿大而宗廟社稷家國人民皆可守也苟不能自守其身本則貧賤得以移其志得喪足以動其心如此則非其道非其法者安能保其爲不能如是則雖小者亦不能自守矧能守其大者乎奈何士之爲士莫不能自守能自守則不失其爲富貴顯達爲士君子不能自守則不失其爲貧賤窮困

爲愚夫如斯二者斷無疑矣故曰人之爲人莫善于能自守

人之處世不可不積陰德夫不積陰德者未見其有後也故于定國治獄多陰德而知其子孫必興孫叔敖有埋蛇之陰德而毋知其必貴信有之矣然陰德亦甚易積不以富貴有力者雖尋常之人皆可積也蓋所謂積陰德非廣散金穀多方布施齋設僧道建造寺院然後謂之積陰德凡爲此者乃愚人業福非積陰德也或曰何謂業福予對曰蓋彼所聚之財多不義取之取不義之財而廣布施設齋供故謂之作業福非積陰德者也夫所謂積陰德者當常操不害物之心出入起居種種行方便如此便是積陰德也今姑以一極小者言之如蛾之赴火蠅之墜水而吾能救之亦是積陰德矧夫人有飢寒吾能飽暖之人有疾苦吾能安樂之救人之患難解人之仇讐濟人之貧困不喪人之善不成人之惡不言人之過凡此之類皆積陰德也積陰德之士苟常以方便存心隨力行之不已則陰德亦厚矣殆見天下之報也莫非福壽之增崇門戶之盛大子孫之榮顯若不可辭者予言不欺力行之可也

經曰大夫無故不殺牛士無故不殺犬豕至于王者郊祀然後用特牲此禮制然也所以別尊卑之分也然後世壞法棄禮雖庶人而竊食牛牲矧于羊豕乎以庶人而食祀天之品物非吾有罪縱有福如天亦消去矣蓋彼有不食者二祀天之物不敢食之有功于民不忍食之若夫道釋者流論食牛罪業之重報應之速予不復舉而陰陽殊途罪福一致不言而喻此等事吾儕豈于不知知之安可不戒也

予觀世俗會賓客不以貴賤未有不強人以酒者勸人以酒故非惡意然當隨人之量以勸乃所以盡賓主之歡也予嘗聞危蜀公接伴契丹勸酒隨便禹見善請其故曰勸酒當以量也若不量如徭役而不用戶等高下彼夷狄也猶且知勸酒以量矧吾儕生乎

衣冠之國動容周旋務在中禮奚可以酒強人而使失禮節亂性情甚至于吐哇而後已此殆不如夷狄之知禮實可恥也實可醜也好禮之士苟聞予言當正其過而說其德庶幾無愧古人賓主百拜而酒三行之禮也

世間萬物久聚必散自然之理也夫金穀寶貨雖萬乘之貴久聚亦散然彼所以散者蓋爲養天下而散也苟不爲此而散必若鹿臺鉅橋而散其散一也由是言之則金穀寶貨常人豈能久聚而不散乎亦豈可久聚而不散乎予見世之愚者常聚金穀寶貨自謂可使子孫世守而不能散此眞癡漢耳誠可怪笑及夫物之當散也不以水火去則以盜賊去兵革疫訟去不肖子孫去蓋彼之去也未有不由此數者此事自古皆然非止今日是故鄧通之銅山不能有萬載石崇之金穴何嘗傳百年金穀寶貨不可久聚也如此故夫欲積善之家常以其餘者廣施于親友故舊鄰里之不

足者小民之貧困者人有患難疾苦者苟能如是而散之則彼之復聚于吾子孫者無有窮極蓋陰德明功厚矣予特爲是說以勉世之不悟者云君子毋謂不知言也

僧道不可入宅院猶鼠雀不可入倉廩也鼠雀入倉廩未有不食穀粟者僧道入宅院未有不爲亂行者此事之必然不可隱者也予竊見世之士大夫富家常令僧道入宅院與婦人同起居而不知恥殆其久而分熟則未有不爲彼淫汚者其間無知之輩至于事露醜出而亦不恥不禁悲夫世間如此等人何異于禽獸予不忍聞見此等事惟欲賢者智者而今而後知僧道不可入宅院故林處士亦云此輩只堪林下見不宜引到畫堂前

入之養生雖不可不足若粗有餘則以奉甘旨供祭祀修伏臘吉凶之外夫復奚用良田萬頃日食三升大廈千間夜眠八尺何必區區勞心故以末歲窮年汨汨于求貨利哉夫如是者乃一守錢虜爲子孫作馬牛也或曰何爲馬牛予對曰夫富者之爲利莫非放債取厚利恃勢而盈致使貧乏之下民終日逐利以償其債中人之家終身營業以待其吞併其或家窮力盡則賣妻鬻子身爲奴僕而後已凡此之類無非爲兒孫作馬牛也嗚呼不惟死作馬牛而且生作馬牛彼所以不自知其身爲馬牛者亦變其頭角與免鞭策耳苟曰爲子孫計則何不積陰德以遺之開義方以教之使子孫自取富貴故易曰積善之家必有餘慶傳曰愛子教之以義方何區區爲彼作奴僕殖貨利哉倘子孫賢必能爲我守之其或不肖則我聚而彼散反取笑于識者此理昭然無世無之不必智者知其然卽愚者亦知其然也予嘗憫人之苟富貴者不悟其身爲兒孫作馬牛故特爲是說以警之

治室家御妻妾之道當以正道與夫仁術大抵婦人女子之情性多淫邪而少正易喜怒而多乖率御之以嚴則事有不測其情不知其內有怨蓋未有久而不爲害者御之以寬則動必違禮其事多苟其心無憚蓋未有久而不亂者二者皆非君子所以處家人之道其失均也故予謂君子之治家室御妻妾當以正而使嚴行其中當以直而使寬在其中則無太嚴太寬之弊然後率之以正教之以義和之以禮撫之以恩勿聽其言勿受其制勿徒其役任以可責之事使以不怨之勢有能不可太寵有過不可窮治舉動不爲彼所識指畫不爲彼所料如是則彼之平昔所可逞者皆在吾術中雖欲事不測而情不知動違禮而事多苟內有所怨心無所憚不可得也夫是數者既不可得而爲則君子之事室家御妻婦之道如斯而已矣

續積善錄 五卷

元馮夢周 字士可潁川人

人有此心卽有此善善者何理是也理根于心猶木之根于土未嘗少離故仁義禮智蘊而爲心之體者固無不善惻隱羞惡辭讓是非發而爲心之用者亦無不善理之本然卽書所謂道心佛所謂德心孟子所謂良心已良心固未爲充滿然知善之根于心則可以保養此心而不爲私欲所壞心有所養則應事接物庶乎善之豫行矣

天之生人氣以成形而理卽賦焉故心得五行之秀氣而方寸之間虛靈洞澈然非理不行故秀氣所聚而理一具于中及其應事而接物所具之理又隨感而見是則理氣二者合而爲心而得之于天書言上帝降衷孟子言天爵董子言道之出于天皆謂之理之善而本于天學者不知天之所以與我者至重而反輕之則人欲肆而天理有所不行者其可乎哉

人之善莫大于孝弟其不善莫大于不孝不弟世蓋有敬他人如敬其親友愛四海之人如愛其兄弟者彼但知此爲善而不知善有大于此者故也嗚呼父母生我者也兄者先我而生者也此天

性之至切而人倫之大者也孝弟有虧則雖有他善亦不足觀矣事親事兄之道孝經論語孟子禮記言之備矣爲子弟者宜熟讀講說而行之

易恆卦恆者久也巽下震上震長男巽長女男在女上男動于外女順于內夫妻之常道也晏子曰夫和而義妻柔而正世有以色衰而棄妻者夫死肉未寒而改嫁者失恆久之過也偏于愛惜而不睦溺于情慾而苟從非和而義也忽悍而失于專媚悅而流于淫非柔而正也凡齊家者切宜知此夫婦人倫之首父子之所以親兄弟之所以睦男女上下之所以整齊家道之所以成莫不繫焉可不謹哉

今子弟之失其大者有三自少卽思衣服之鮮華飲食之豐美惟利己之嬌惰安逸而不恤人之規正一也不知誦讀經史惟事嬉遊度日稠人廣坐論古人之道則惛無所知聞世俗之言則欣然

而喜既不知恥習以爲常二也身既無學且復惡人故于勝己者則遠而不近于佞己者則悅而相親所言莫非庸下所思莫非頗僻三也有此三失父母兄弟所不喜君子長者所不與上官巨人所不肯薦揚欲立身成名起家以光其祖宗可乎苟能甘澹泊而務問學近有德而遠下流則所知者聖賢之道所聞者正大之言所交者正大之士所行者正大之事如此豈不足以成令名乎哉爲子弟者幸毋以予言爲髦

一不可亂人男女二不可負人錢穀三不可占人田宅四不可奪人玩好五不可妄求人財物六不可責備人飲食七不可揀擇便利處自處八不可品藻優劣前輩九不可訾毀長上及他人文字十不可互相品題自高標致十一不可自滿自矜十二不可酣飲酗酒恣意遊蕩十三不可好勝鬬訟十四不可怒氣加人

景行錄一卷

元史弼 字君佐號蠢蠢老人

高山仰止景行行止此景行錄之所由作也是錄凡百餘條言近而指遠守約而施博士大夫非苟知之亦允蹈之可也予寸懷如春風願與天下共故繡梓以廣其傳沽名云乎哉掠美云乎哉大德辛丑上巳前榮祿大夫江西等處行中書省平章政事史弼傳

寡言擇交可以無悔吝可以免憂辱

無瑕之玉可以爲國瑞孝弟之子可以爲家寶

爲政之要曰公與淸成家之道曰儉與勤

寶貨用之有盡忠孝享之無窮

坐密室如通衢馭寸心如六馬可以免過

語人之短不曰直濟人之惡不曰義

知足可樂務貪則憂

聲色者敗德之基思慮者殘生之本

結怨于人謂之種禍舍善不爲謂之自賊

以衆資己者心逸而事濟以己獘衆者心勞而怨聚

官爵富貴在人謂之儻來道德仁義在己謂之自得儻來者足以驕妻妾自得者多以傲公卿

務名者殺其身多財者殺其後

廣積不如教子避禍不如省非

責人者無不全自恕者不改過自滿者敗自矜者愚自賊者忍

寡言則省謗寡慾則保身

木有所養則枝本固而枝葉茂棟梁之材成水有所養則泉源壯而流派長灌漑之利溥人有所養則志氣大見識明忠義之士出可不養哉

以愛妻子之心事親則曲盡其孝以保富貴之策奉君則無往不忠以責人之心責己則寡過恕己之心恕人則全交

以忠孝遺子孫者昌以智術遺子孫者亡以謙接物者強以善自

衛者良

婦人悍者必淫醜者必妬乂如士大夫繆者愚險者疑必然之理」

利則共而不可獨謀則寡而不可衆獨利則敗衆謀則泄

溺愛者受制于妻子患失者屈己于富貴

費萬金爲一瞬之樂孰若散而活凍餓者幾千百人處微軀以廣廈何如芘寒士于一席耶

大丈夫見善明故重名節于泰山用心剛故輕死生如鴻毛

自信者人亦信之吳越皆兄弟自疑者人亦疑之身外皆敵國

賓客不來門戶俗詩書無教子孫愚

貪是逐物于外欲是情動于中榮輕辱淺利重害深禍不可以倖免福不可以再求

或問晦菴曰如何是命先生曰性是也凡性格不可通不近人情者薄命之士也

勤者富之本儉者富之原

禍莫大于從己之欲患莫甚于言人之非

大丈夫當容人無爲人所容

大筵宴不可屢集金石文字不可輕爲皆禍之端

觀朝夕起之早晏可以卜人家之興替

養人將以立事所以養人

人勤則剛人懶則柔

漫堂隨筆 一卷　宋吳幵 字正仲全椒人

幼江王　王翁挺言錢景述子之堪云其從兄死後蘇云瞑目見其兄問汝何因來吾初爲幼江王門客爲爾入問之出曰果誤也引入門至其館曰地獄可畏如世所傳吾無他善但因大叔母欲讀誦金剛經予求本寫予之遂免罪苦但未受生耳大叔母所誦佛名困積他日獲福報無量矣又指一閣極華麗曰族叔某人寫華嚴經致之也弟答以某人蠢未下筆寫曰纔發心閣已成矣俄頃見呵引一貴人入門稱相公就所下馬視之乃吳居厚王與之抗禮就坐吏舉案牘滿前王曰相公功過多吏可舉一二大者問之吏舉某事相公所建議耶或他人參之耶居厚曰某所爲也復舉之答如前即見陰晦黑風吹居厚起少時不見曰已墜無間地獄矣」

前身妬殺　李會富文言翁彥國再娶陳氏多病腰以下常如冰冷彥國官建州陳氏一日至親戚家過狂僧王姓曰夫人前生爲宰相妻妬殺孕婦井中今腰冷乃報也陳氏後死以柩歸金陵過宋舟夜沉水來日鈎出其柩浸汴中者經宿

王安石入地獄　沈錫子昭言郭權乃其妻之舊親權爲尚書郎崇寧初卒後蘇言冥中事甚可哀有一獄題爲機正見一貴人被械白鬚大似劉沈蓋權不欲斥言乃王安石介甫也蔡卞妻乃安石女令人問權曾見相公否權云不也但作些好功德安石乃錫舅

眞率記事 一卷　宋□□□

舊有秦少游責監處州酒與胡子文一帖說債宅云遠方必無閒空地宅如成都僦債然括蒼士大夫淵藪其父兄必多賢閭僕無居宜有輙居以見賃債者幸前期聞之不然使遷客有暴露之憂亦郡豪傑之深恥也輒尋事契敍此一篇

米老云四方無箇好溷予應曰吳江垂虹亭中所謂第一溷也米曰吳第一溷也

京師李小嬌一日與士人相向坐戲云小嬌你眼裏兩箇甚麼物嬌曰我眼裏兩箇牛

瑣語 一卷　宋司馬光

蔡確鞫相獄朝士被繫者確令獄之卒與同室而處同席而寢飲食旋溷共在一室置大盆于前諸家饋食者羹飯餅餌悉投其中以杓攪勻而分餉之累日不開幸得其開無罪不承張宜南云

章惇者郇公之疎族舉進士在京師館于郇公之第報族父之妻爲父所掩踰垣而出誤踐街中一樞爲嫗所訟時包希仁知開封府不復深探其獄贖銅而已既而及第在五六人間惇大不如意詬讓考校官有人請觀其文擲地以示之士論皆惡其不恭熙寧初召試館職御史言其無行罷之及介甫用事張峋李承之薦惇介甫曰聞惇無行承之曰承之所薦者才也顧惇才可用于今日耳素行何累焉公試召與語自當愛之介甫乃召見惇素口辨又善迎合介甫大喜擢用數年間至兩浙三司使

灌畦暇語 一卷　　唐無名氏

灌畦暇語者何老圃臃賴之云也嘗憶早年血氣未定鋪方紙運寸管自許不落人後亟起以干一旦之名良甚苦辛力盡志殫僅能如願終以枯腸不貯機穽不能隨世低昂中年以來漸識悔吝顧胸中有所謂刮磨者蟠不得吐則更自懲艾伏不敢發乃知昔

者所爲辛苦以求者大可怪笑非但無益抑爲有妨嗚呼大丈夫亦安往而失其貧賤者哉于是決意勇退脫謝纓弁故邱之旁有地彌畊蛇行趨隰土氣沃衍甘井在前不病於汲除治以蒔蔬咸曰宜哉夫藉暄於春陽射利者不爭資潤於泉脉乾沒者不忌而又繼日以從事其爲力可以不費卒歲而計入其爲收亦足糊口每風日好時皋壤悅暢負杖曳履暫出郊墅比鄰之人偶相與立曹相與談忽覺胸頤咄咤故態橫發或童顏之叟或粗有知識之少年時時相顧捧腹一笑意雖不倫亦似可惜因取而疏之以其緣隙日迺有得也故以暇語題辭

堯不有以其耳目者也寄其視于舜而四目以明寄其聽于舜而四聰以達堯與舜一體之化也故舜燮大功二十堯無得而名老圃曰堯舜之事不可以不察也無已則有如秦之二世矣乎二世不惟不能視也而寄其目于高庭下步不容跬高指鹿以爲馬而盲不得免二世不惟不能聽也而寄其耳于高盜滿山東民胥爲仇而聵不得聞身死望夷之下秦祀忽諸雖殖醢高庸何能及故曰堯舜之事不可以不察也

甯戚欲干齊桓公厥路無從飯牛車下逢桓公夕出乃叩角而疾歌商聲之詩詩曰南山矸白石爛生不逢堯與舜禪短布單衣不掩骭黃昏飯牛至夜半長夜漫漫何時旦桓公聞而異之命後車以載之歸與語悅之擢爲上客而預聞國事其後楊惲以列卿被放因與孫會宗書其中有秦聲之詩詩曰田彼南山蕪穢不治種豆一頃落而爲萁人生行樂爾須富貴何時是時有與惲不相能者臚其語以上聞孝宣帝大怒下之吏當以大臣怨誹罪及三族老圃曰嘻南山一也其託以諷亦一也攷其措辭甯語尤爲深切然一則以封一則以族豈所遇者不同歟抑楊涉于有情而甯特出于疎遠者歟夫人主內貯私意則聰明不開聰明不開則橫生

忌諱橫生忌諱則直言不聞而朝廷有非辜矣讒甚之黨又乘之以危中國士噫曾謂孝宣帝其不及齊桓公者遠矣

仙人海春居髑髏山善嘯術太山道士鍾約往來敬其藝願學焉而無從一日春變其形爲石約不之知乃坐旁石上仰春面而嘯春所化石應之亦發聲傾山動澗雲霧爲下墜約知是春驚起再拜以祈請焉春哀其誠因教以三術凡不飲不食乃得嘯而風生于虎也老圃曰夫氣出于虛則凝而不散留于實則鬱兮而不達聲出于虛則圓而不息留于實則澌盡而不發虛之于術則大矣豈惟嘯旨則然古之善事其心者萬形錯陳日接于化而不怛風生于虎其細矣夫

沈約以佐命勳位冠梁朝晚年新進用事者忌其高位取約所爲鹿葱詩乘間以白武帝帝意已不能堪未幾得道士赤章事遂大發怒約以憂死其詩曰野馬不可騎兔絲詎宜織爾非萃與蒿豈

供嚴鹿食老圃曰君子之于言不可以無擇也身處嫌疑之地而口陳形迹之語加有媒孽之人爲搆于旁沈約之不免也固宜故曰禍藏于眇微微物不可以不戒

昔蒲且子善弋者也脩何聞而悅之從受其術而以釣聞于楚國近吳道玄亦師張顚筆法而世傳其畫以爲卓絕老圃曰古之善學者不師其同而師其所以同同者迹也所以同者心也故騏驥以善走絕其羣矣今馬之能走者豈必隨其餘步哉顧所以滅景追風者有不在是故也彼學弋而得釣學書而善畫特轉移之頃耳古之善學者蓋又有爲方而不以矩爲圓而不以規及其又進于此則注其想動其神千變萬化其迹旁歧詰曲而不可以爲方卒其所以爲師者丙丙如丹夫是之爲善學適如吮毫而勘筆畫之豐省躡礎以辨竿綫之浮沈脩何且不爲而況不爲脩何者乎故禹行而舜趨子張氏之賤儒也

坡東黃仲秉問事心養生之術于老圃老圃曰心奚足事生奚足養夫因慮而運想想成則以慮而爲實實不可以爲常也復且響於虛矣昨之所以爲實若一聚之烟也從無而有形形立則以無而爲有亦不可以爲常也復且響于無矣昨之所謂有者一寄之塵也故曰心奚足事生奚足養且烟之起也止塵之囂也寂風定氣除了復何在子試嘗觀所謂灰矣乎五木之火皆託傳于木燄焰既合五者如一火木之極然後積而成灰木轉而火火轉而灰灰之所藏者深矣生之謂性性之動者之謂情性本定也而不必其有定者焉是水中之波也情之有所轉也而不必其有轉者焉是沙中之金也沙中之金由粗以聚聚則極而爲沈其沈也重水中之波由湛而揚揚則極而爲浮其浮也輕積輕者所以幻慮也積重者所以幻有也嗚呼吾所聞于吾師者止是矣心奚足事生奚足養子亦嘗擇于吾言者矣

五國故事 二卷

宋不著撰人

僞吳楊氏

先主行密 唐淮南節度使中書令終吳王渭僭號乃追册爲武皇帝廟號太祖

渥 不僭號渭稱吳仍追謚爲景皇帝

渭 僭稱大吳祖謚曰宣皇帝

溥 僞號爲讓皇帝乃李氏傳位之後册爲尚上思玄崇古讓皇帝亦非吳也

僞唐李氏

先主昪 僞謚爲孝高皇帝廟號爲烈祖

嗣主璟 僞謚爲明道崇德宣孝皇帝廟號太祖

後主煜 入朝封違命侯後封隴西郡公追封吳王

前蜀王氏

先主建 僞謚神武聖文孝德明惠皇帝廟號太祖

後主衍 歸降唐明宗追封順聖公

後蜀孟氏

先主知祥 僞謚文皇帝廟號高祖

後主昶 歸朝封秦國公薨追封楚王謚曰恭孝

僞漢彭城氏

先主巖 僞謚天皇大帝廟號高祖

第二主玢 僞謚殤帝

第三主晟 僞謚文武光聖明孝皇帝廟號中宗

後主鋹 入朝封恩赦侯薨追封南越王

僞閩王氏

忠懿王王審知 不僭號朝廷封閩王卒謚曰忠懿廷鈞僭位僞册太祖

王延翰 僞稱閩王不僭帝號踰年而終無謚僞號

王延鈞 僞稱大閩皇帝僞稱惠宗

昶 鈞子僞號僞謚康宗

王延羲 爲朱氏所滅無謚僞號

王延政（建州僭號大殷皇帝尋爲淮人所虜僞封光山王）
宗屬王延稟　王延彬　附朱文進　卓儼明　李孺贇
泉州婁從效　張漢思　陳洪進

僞吳先主吳王行密廬州合淝人力舉三百斤微時居常獨處必見黑衣夜叉侍其側後既有衆遂令部兵悉以黑繒幕其首號曰黑雲都渥行密長子既襲父位徐溫張顥謀殺之立楊渭爲主渭卒弟丹陽王溥襲位僞謚渭爲宣皇帝溫出鎭潤州以其子知訓知廣陵政事爲朱瑾所殺即日其事聞于昇州知誥謀于宋齊丘曰請明公即日渡江定其事仍馳聞令公（即溫也時在潤州）則政事任歸公矣不然令公當以諸子入代明公無望矣知誥立從之溫聞知誥已入遂因而許之知誥既代知訓以厚重清儉鎭撫時俗溫常入覲洎知誥之第侍奉彌謹溫謂諸子曰事在二哥矣知誥之兄知詢以徐溫既卒代爲金陵節制爲政暴急仍與知誥爭權知誥

遂紿以楊氏將申輔相之命使知詢入朝至處環衞之列徐氏將移楊氏之祚乃以昇州爲吳西都揚州爲東都聲言將遷楊氏于江南改白沙爲迎鑾鎭俄而逼禪稱楊氏欲入道乃營室于茅山遷溥居之册曰受禪老臣知誥謹上尊號曰高尙思玄崇古讓皇帝溥既渡江賦詩略曰烟凝楚岫愁千點雨灑吳江淚萬行兄弟四人三百口不堪端坐細思量及將遇弑方誦佛書于樓上使者前趨溥以香罏擲之俄而見害知誥自以取國艱難乃志勤儉金陵雖升都邑但以舊衙署爲之唯加鴟尾欄檻而已其餘女伎音樂園苑器玩之屬一無增加知誥殂景乃即位壬子癸丑間有狂人遍罵市人曰待顯德三年總殺之又曰不得韓白二人殺之無噍類人皆莫測俄而周太祖南郊改元顯德世宗襲位因仍其號至三年丙辰王師遂入淮南時韓侍衞令坤白太師重進並爲戎帥王師既入將屠其城而二公戢兵淮人得過江而南者尤衆悉如狂人之言周師未南征而淮南市井小兒普唱曰檀來也又揚州建春門有讖（讖本陀音而俗訛之讖）出于水次衆以爲應矣未幾王師入先鋒騎兵皆唱蕃歌其首句曰檀來也方明其兆煜景之次子本名從嘉嗣僞位乃更今名有辭藻尙奢侈嘗于宮中以銷金羅幕其壁以白金釘瑇瑁而押之又以綠鈿刷隔眼糊以紅羅種梅花于其外又于花間設綵畫小木亭子纔可容二座煜與愛姬周氏對酌于其中如是數處善音律造念家山及振金鈴曲破言者取要而言云家山破金陵破又建康市中染肆之牓多題曰天水碧尋而皇家蕩平之悉前兆也

僞蜀先主王建許州舞陽人世爲餅師初以唐朝之命析黎雅邛蜀四州爲永平軍節度旋領兩川封蜀王及梁太祖受禪乃僭大號長子元膺謀作亂伏誅乃立其少子鄭王衍是爲後主建在僞位十有二年急于督責雖倉庫充溢而聚斂不已末年苦于痢疾

疼楚尤劇但坐錦囊而疾中顧左右曰我見百姓無數列于牀前訴我曰重賦厚斂以至我災害而死今已得訴于帝矣建曰我實不知外間如此今如之何未幾而殂衍即僞位荒淫酒色出入無度常以繒綵數萬段結爲綵樓山上立宮殿亭閣一如居常之制衍宴樂其中或踰旬不下又別立二綵亭于山前列金銀錡釜之屬取御廚食料烹燀于其間衍凭綵樓以視之謂之當面廚綵山之前復穿一渠以通其宮中衍乘醉夜下綵山即泛小龍舟于渠中使宮人乘短畫船倒執蠟炬千餘條逆照水面以迎其船歌樂之聲沸于渠上及抵宮中復酣宴至晚綵樓遇風雨霜雪所損乃重易之無所愛惜好帶大帽蓋欲泥已而人以爲泥首包羞之兆耳初建立衍爲嗣鑄銅鐘于佛寺其聲洪遠建乃謂其下曰吾立此鐘爲立太子故也今其聲洪遠是必將來之慶纔及八日其鐘隕地龍首摧落建聞之不懌衍果八年而亡衍之末年率其母后

等同幸青城山上清宮隨駕宮人皆衣畫雲霞道服衍自製甘州曲辭親與宮人唱之曰畫羅裙能結束稱腰身柳眉桃臉不勝春薄媚更精神可惜許淪落在風塵宮人皆應聲而和之衍之本意以神仙而在凡塵耳後衍降中原宮妓多淪落人間始驗其語後朝廷追封爲順正公後唐既平蜀上乃以太原節度使孟知祥走馬入蜀以鎭撫之及明宗時安重誨用事知祥乃絕朝貢尋以長與五年遂僭大號初王氏在蜀建瓶宮殿皆紀大匠孟德名字氏于梁俄而終爲孟氏所處知祥僭號纔七月而終其子昶嗣僞位昶尚年少乃與其母后同宮數年餘遂遷新宮而居以其宮宇稍廣乃選民間女子脊殊色者充之以有司引至後苑昶親選佳者亦賜諸王餘則縱去而民間懼其搜選皆立求媒伐而嫁之謂之驚婚昶之母李卽後唐積慶公主之從車也頗務慈儉而昶亦能稟之及歸皇朝終訖天命遠視李氏近觀王衍禍福之道葢相方爲蜀之末年百官競執長鞭自馬至地婦人競戴高冠子皆謂之朝天又製新曲名之萬里朝天意謂萬里皆朝于己及歸降之後崎嶇川陸至于京師乃萬里朝天之驗矣

僞漢先主名巖後名龑（字曰龑本無此字蓋欲自大以龍天合成其字殊不典矣）其先上蔡人徙閩之仙游復遷番禺因家焉父謙爲賀水鎭將既卒以其子隱嗣隱卽巖之兄也先時唐末天下藩鎭不受代而薛王知柔以石門扈蹕功授唐廣帥丞相齊公徐彥若復代知柔隱皆迎納朝論嘉之尋自爲廣帥隱卒巖代其任梁朝命册南平王以中原多事乃僭號改元乾亨封其子十有八人爲王九年八月白虹入其僞三清殿中頗憂畏有詞臣王宏欲說巖乃以白虹爲白龍見上賦以賀之巖大悅乃改元白龍更名龔又改龔爲龑巖性嚴酷果于殺戮每視事則垂簾于便殿使有司引罪人于殿下設其非法之具而屠膾之故有湯鑊鐵床之獄又有投湯鑊之後更加日暴沃以鹽醋

肌體腐爛尚能行立久之乃死其餘則鎚鋸互作血肉交飛腥穢之氣寃痛之聲充沸庭廡而巖之脣吻必垂涎及頤頷若噏膏血之氣者久之方復常態有司候其復常乃引罪人而退葢妖蜃毒龍之類非可復以人論也巖暴政之外惟以治宮殿爲務故作昭陽諸殿秀華清宮皆極瓌麗昭陽殿以金爲仰陽銀爲地面簷楹榱桷亦皆飾之以銀殿下設水渠浸以眞珠又琢水晶琥珀爲日月列于東西樓之上巖親書其榜其餘宮室殿宇悉同之巖殂子玢嗣位是爲殤帝昏暴益甚爲長夜之飲其弟晟使壯士夜以角觝進而弒之于長春宮玢卒晟襲僞位改元應乾晚年猜忌功臣宗室誅殺相繼每誅親族弟子皆鴆死女有色遂置嬪御之列晟晚歲之所爲雖蠻夷不足以論理而人倫之內實所不忍聞爲鋹晟之長子也襲僞位改元大寶委政于內官龔澄樞及才人盧瓊仙又引巫樊胡子妖言以陳禍福由是內外淫亂鋹踵父之奢縱立萬政殿飾一柱凡用銀三千兩又以銀爲殿衣間以雲母無名之費日有千萬末年野蕈生于宮殿御井石自行百餘步狐鳴鬼哭妖怪日作至于亡國鋹既爲天兵所敗其下乃燔爇府庫寶貨之外其眞珠美者凡四十有六甕焉及至京師鋹乃自結眞珠龍鳳鞍靶以獻太祖謂羣臣曰聞鋹所貢悉皆手製其所善止如此不亡何待而鋹在南越僞封衛王及歸朝封恩赦侯改彭城郡公又進封衛國公及薨追封南越王

閩忠懿王王審知光州固始人長兄潮次兄圭及審知軍中號爲三龍皆以唐末起兵爲黃巢部伍巢敗乃領其衆入泉州旋自泉州復入福州初碎石僧爲讖曰巖高潮水沒潮退矢口出葢言潮破福州陳巖而審知終嗣其地也延翰審知子也襲父位踰年而終延翰妻博陵崔氏之女性悍妬而殘忍嘗以練縛姬侍而鞭之練染血赤乃止又置木掌摑人一旦盛暑天無纖雲而雷電擊博

陵斃于中庭或曰忠懿暴終博陵之鴆故也延鈞審知次子延翰殂遂襲其位僭大號稱國號曰大閩改元龍啓卽位日不能自知久之方蘇乃心許飯僧三百萬繕經三百藏壽而稍安後于諸寺齎所許願文疏中明述其事聞者哂之曰大閩之應天順人有如此者延鈞卽位改名鏻鏻(音零)將死有赤虹入其室飲以金盆水吸之俄盡又芝生殿門俄而遇弒延稟審知之養子眇(妙)一目人亦謂之獨眼龍延鈞之兄也翰既死稟自泉州率兵而至因立延鈞爲主事平還泉州將行謂鈞曰善守之無煩老兄再至鈞憾其言後因詐疾召稟稟復來遂以兵迎于南臺江斃之舟中取其首至而責之曰果煩老兄再至矣因梟之無諸市稟之子繼昇繼倫皆奔湖中昶本名繼鵬僞封福王卽鈞之長子也鈞既爲皇城使李倣所弒而立昶昶遂改元通文性狂猾忠懿之勳舊悉屏去之威武軍亦棄而不用威武軍悉忠懿王之親兵也威武怒一日潛取延

羲于私第而立之延羲審知之第二十八子也延羲卽位改元永隆移書于鄰國曰六軍踴躍于門前羣臣懽呼于日下是也延羲在位爲長夜之飲自宗室洎宰臣而下多以拒命見誅末年爲僞客省使朱文進所弒王氏遂滅忠懿嘗問懿山僧國祚修短僧曰大王騎馬去忠懿以丙午得閩至開運丙午歲而國亡其言驗矣

延政延羲弟延羲卽位乃請以建州爲威武軍延羲不可因授延政爲建州鎭安軍節度使延政乃自更爲鎭武後復僭號稱大殷皇帝改元天德延羲遇害閩人有迎延政者會爲淮兵所攻不能下使其子繼雄至文進拒而殺之延政終歸于江南封自在王尋改光山王終鄱陽焉

延彬圭之子忠懿之猶子也圭死襲其父封於泉州多藝而奢縱日服一巾櫛日易一汗衫能爲詩亦好說佛理辭人禪客謁見多爲所沮宅中聲妓皆北人將求妓必圖己形而書其歌詩于圖側題曰才如此貌如此以是冀其見慕初圭領兵至泉州舍于開化寺始生延彬于寺之堂既生而有白雀一棲于堂中迄延彬之終方失其所在凡三十年仍歲豐稔每發蠻舶無失墜者人因謂之招寶侍郎朝廷贈延彬雲州節度使及卒後葬雲臺山迄今閩人謂之雲臺侍中其詩有尤者曰兩衙前後訟堂清軟錦披袍擁鼻行雨後蕹苔侵履迹春深紅杏鎖鶯聲因攜久醞松醪酒自煮新抽竹筍羹也解爲詩也爲政儂家何似謝宣城人多誦之

僞朱文進者王氏時爲客省使既弒其君延羲乃稱藩于朝廷行天福年號朝廷授文進福州節度使同中書門下平章事封閩國王泉州指揮使婁從効殺文進所署刺史文進發兵攻之爲泉州人所敗連重遇乃殺文進傳首建州以從子繼昌來守福州爲淮兵所阻指揮使李孺贇乃推僧卓儼明爲主卓儼明本神光寺僧住上方達將自立懼人情不附乃假立之未幾殺之遂自立孺贇

本名達既乃自表朝廷檢校太尉同平章事充福建節度使知閩國事復求爵于朝廷不允遂歸江南編入屬籍賜名義預其僞皇子之列既而召之使入覲復不聽命遂爲江南所攻告急于浙兵救之圍解乃覲于浙未幾還本任復謀叛爲浙兵所殺其弟孺賓亦誅焉

婁從效泉州桃林人父諱璋初與董思安張漢思陳洪進等俱爲本州偏將及朱文進簒滅王氏以其將黃紹頗守泉州從效等因殺紹頗而立王繼勳以應建州文進等兵攻之不克及江南剋建州從效首請江南之命累授從效檢校太尉兼中書令泉州清源軍節度使鄂國公十數年間頗亦強盛建隆壬戌發疽死衆立張漢思爲帥以洪進副之初從效有泉南之地洪進爲大將張漢思同列從效死漢思有其郡且請節制于江南以洪進爲節度副使而頗忌洪進一日設筵將害洪進俄而地震漢思惶惑洪進遂起

出他日洪進率子弟徑入衙署取其符印而回廢之洪進因請命于朝廷授平海軍節度使太宗即位乃修朝覲改授徐州節鎭兼使相封岐國公終贈中書令謚忠順

韓魏公遺事　一卷　宋強至

石守道編三朝聖政錄將上一日求質于公公指數事爲非其一太祖時嘗惑一宮鬟視朝晏羣臣有言太祖悟潛伺鬟方酣寢刺殺之公曰此豈可爲後世法已溺之乃惡其溺而殺之彼何罪使其復有嬖將不勝其殺矣守道服其淸議

公在相臺作久旱喜雨詩上句言雲動風行雷雨作解之事斷句云須臾慰滿三農望却斂神功寂似無人謂此眞做出相業也

公在北門重陽燕諸漕于後園有詩一聯云不嫌老圃秋容淡且看寒花晚節香公居常謂保初節易保晚節難事事尤着力所立特完又作喜雪詩一聯云危石蓋深鹽虎陷老松擎重玉龍寒人謂公身雖在外自任以天下之重如此公之爲詩用意深非詳味之莫見其指皆此類也

劉御藥好收古畫多求諸公跋尾數册上有金書字悉上筆餘三册公卿多題于後劉到北門宣公出畫册謂獨未得公數字爲恨公題云觀畫之術無他惟逼眞而已得眞之全者絕也得眞之多者上也不得其多非中即下矣持吾說以觀劉氏之畫其可逃乎哉安陽惷叟病中題（時公堅請宣相上使劉聞）人謂此術不獨可觀畫亦可觀人物也

人有疑公待君子小人均以誠往往爲小人所欺奈何公曰不然亦觀其人如何隨分數放之耳謂公待人誠則皆誠但有深淺以明濟之也豈可以爲小人不待以誠耶皆嘆以爲不可及

公語小人害君子猶蜂蠆之毒物違之正使不能加諸人可謂善處矣

公云臨事若慮得是當劄定脚做更不移成與敗則任他如此方可成務又云孤忠每賴神明相助幸而多有成其至誠自信如此

公言王文正公母弟傲不可訓一日逼冬至祠家廟列百壺于家堂前弟皆擊破之家人惶駭文正忽自外入見酒流滿路不可行公無一言但攝衣步入堂其後弟忽感悟復爲善終亦不言

公因語章相在北門頗姑息三軍公曰御軍自有中道嚴固不可愛亦不可若當其罪雖日殺百人何害人自不怨

公謂小人不可求遠也三家村中亦有一家當求其處之之理知其爲小人以小人處之更不可校如校之則自小矣人有非毁但當反己是不是己是則是在我而非在彼焉用計其如何

公謂大凡使人爲善須就其性上做性中若無雖强之終不能從

定卒惡米陳執籌不請魏公時爲帥聞之馳入倉門羣卒約十餘人皆持米前訴公曰米分如此餘人皆退後出懷中米一裹曰某亦請此米朝廷置此米一斗價八鐶內地不售一百金米分雖陳下售猶不失四鐶適皆自汝扇搖公命盡戮數卒于前公凝然不動一軍股慄公平日恂恂如不能爲者臨事制變乃如此

韓魏公事　一卷　宋趙寅

寅自及第初任黃陂簿遭遇韓公目擊施爲皆不可及故寅之所書皆摭其實庶以信後世紹聖四年七月日朝請郎判南京國子監護軍賜緋魚袋趙寅

治平中厚陵服藥一日崇政殿起居上忽疾作在殿不肯服藥公揭簾直入搢笏腰間抱英宗頭言琦琦英宗視公方服藥治平四年正月六七間內外傳宣皇帝已上仙八日公早朝至簾下問起居慈聖低聲泣云皇帝夜來已上仙公且乞捲簾左右怱遽只以掌扇遮就西序急避與魯公永叔直至福寧見厚陵席地徐揭除面帛飲泣便出下福寧殿言聖體如常且進粥藥醫官宦官同聲

歎呼云慚愧元來人亂説公方召神宗正位中外帖然如常

公以黄河屢溺渡人以大印印船腹定力券由是人皆安濟葢溺者失在重任耳

公移鎭相臺寅知德州德平縣值公生日用皮筒附詩二首大字書公拆開甚喜時許茂先知在坐當時拆開稱其雅贍一云手抉浮雲開晝中重明親捧麗旋穹議行平日難言際德在羣生不報中強擬範模揮綵筆了無形跡似春風混同今古思前後希闊功名得始終其二云出處云爲盡至誠九州四海仰儀刑器同琮璧荆山玉節固風波砥柱銘身立三朝惟一德力扶七廟更千齡時人不用燒香祝自是昌辰一壽星熙寧三年秋公自并州移鎭定武慮百姓遮道相送不能行隔夜宿城北廟下百姓知明日隔城不能送其上戸各留一小弟子宿于廟門五更見一燈籠出廟門子弟驚起叫云走了本尉也紛紛人馬嘖咽及明百姓節次勸酒

無數時郝質作總管下馬云你百姓輩休煩聒資政若入相天下蒙福若不入相一二年再來不可如此爾等百姓都勸資政一盞酒衆曰然于是郝質執盃衆百姓齊斟遍野皆拜放聲大哭相送十餘里方肯散去後事聞虜中無不嘆羨

公在長安移鎭相臺河朔之民喜公之來有自定武頭戴香盆到澶州接者婦人女子皆易鮮衣俟候于野外老幼塡咽澶州水工無以獻勤至跳浮橋以足距橋脚人皆駭其未嘗見也

范文正公遺事 一卷

公爲人作銘文未嘗受遺後作范忠憲墓銘其子欲以金帛謝拒之乃獻以所蓄書畫公悉不收獨留道德經而還書戒之曰此先君所藏之所寶某竊爲宗家惜之毋爲人得也

公在杭州子弟見公有退志乘間治第洛陽樹園圃以爲逸老之地公曰人苟有道義之樂形骸可外況吾屋也吾今年踰六十且無幾乃謀樹第治圃顧何待而居乎吾之所患在位高而難退不患退而無居也居固易得而西都士大夫園林相望爲主人者莫得常遊而誰獨障吾游者豈必有諸己而後爲樂耶俸賜之餘宜以賙宗族若遵吾言毋以爲慮

公之子純仁娶王氏婦將歸或俾以羅爲幃者公聞之不悦曰羅綺豈幃幔之物耶吾家素淸儉安得亂吾家法者敢持至吾家當火于庭

九河公語錄 一卷 宋張畋

公曰近世唯以學文入仕故爲政者未聞稽古吾自讀書來知教化必有本聖賢必有心力學求之于今不倦彷彿而已

公曰見事有三難能難見一也見而欲行二也當行必果三也

公謂畋曰子還知公事有陰陽否對曰未也曰凡百公事未着事前屬陽陽主生也通變由之着事後屬陰陰主刑也刑貴正名名

不可改

公曰事君者廉不言貧勤不言苦不言己功不言己能斯可以事君矣

公誨畋曰大小之事皆須用智智猶水也不流則腐若凡百不用智臨大事之際寧有智乎

民間訛言云有白頭老翁夜後食人男女郡縣嘵嘵至暮路無行人公召知西浦寺丞阮昌齡曰近訛言惑衆汝歸縣中訪市肆有四明人爲鄉里患者必大言其事指但證解來明日果得之送上州遂僇于市卽日帖然夜市如故公曰妖訛之興冷氣乘之妖則有妖形訛則有聲正訛之術在乎識斷不在乎厭勝

轉運黄咸部好舉恃才之士公勸之曰大凡舉人須舉好退者廉愼知恥舉之則志節愈堅少有敗事莫舉奔競奔競者能曲事媚諂求人知己若舉之必能矜才好利累及舉官不少矣其人既解

弈競何可浪舉也

公曰爲政之道府吏曰治未也庶民曰治未也未若識見無私學古之士曰治

公曰大凡事先題箇明心着過與不及良由明心不定

公視事多暇召弈棋手談者俾交勝負公臨局覩之曰此着何也弈者曰棋貴先先則制其動又問此着何也曰棋貴捨捨則得其利公曰棋乎有簡易之道焉有變通之道焉有取捨之道焉吾故得之矣

畋苦痁既瘳請謁公曰子于病中會得移心法否對曰未也公曰人能于病中移其心如對君父愼之靜之自愈

公誨畋曰子異日爲政信及于民然後教之言及于義然後勸之動而有禮然後化之靜而無私然後民安而樂業矣行此四者在乎先率其身不然則民退避未必從者

公言未及第時至鄭州有一山人氣貌甚古同宿里中與之語皆塵外事不言姓氏自稱神和子而已質明爲別語吾曰異日當會于西州吾稍異之後因患頭瘡未痊蒙聖恩差入内侍省高班羅賓到川鄉撫問治郡不易頭瘡痊否感君父至恩遂于童輿觀設醮乞保殘軀畢期報國是夕吾坐寢中夢昔日神和子謂曰頭上瘡公勿疑不是死病及覺語于道士王文正文正云曾收得鄭韶處士贈神和子歌索而閲之益異其事乃建大閣上下十四間號曰仙遊閣吾曰神仙既便于四遊士庶不妨于登覽其歌先在觀内五靈院刻石存焉

公在蜀日執一幅書上題云須十年後開授與希白大中祥符六年八月一日公薨于陳州哀至蜀爲之罷市希白爲公設一大齋時密陳凌公率羣僚行慰奠之禮食訖希白告凌公曰尚書赴闕日付希白一幅書上題十年後開今果十年凌公許親拆其封乃是乖崖公眞戴隱士帽褐袍絳帶其旁題云依此樣寫于仙遊閣上兼自作贊云乖則違衆崖不利物乖崖之名聊以表德徒勞丹青繪寫凡質欲明此心服之無斁至今川民皆畫此像家家供事焉

説郛卷第六十四終

說郛卷第六十五

羯鼓錄（一卷全）

唐南卓（婺州刺史）

羯鼓出外夷樂以非中國之鼓故曰羯鼓其音主太簇一云龜茲部高昌部疎勒部天竺部皆用之次在都曇鼓答臘鼓之下（都曇鼓似腰鼓而小答臘鼓即揩鼓也）雞婁鼓之上𥣞如漆桶（山桑木為之）下桶有小牙床承之擊用兩杖其聲焦殺鳴烈尤宜促曲急破陣杖連碎之聲又宜高樓晚景明月清風破空透遠特異衆樂杖用黃檀木狗骨花楸等木須至乾緊無溼氣而復柔膩乾則發越響亮膩取戰裹健舉棬用鋼鐵鐵當精鍊棬當至匀若不剛即應候高下搊捩不停不匀即鼓面緩急若琴徽之校病矣諸曲調如太簇曲色俱騰乞婆娑耀日光等九十二曲名玄宗所製其餘徽羽調曲皆與胡部同故不載上洞曉音律由之天縱凡是絲管必造其妙若製作調曲皆與胡部隨意即成不立章度取適短長應指散聲皆中點拍至于清濁變轉律呂呼召君臣事物迭相制使雖古之夔曠不能過也尤愛羯鼓玉笛常云八音之領袖不可無也（玉笛之說見天寶故事）嘗遇二月初詰旦巾櫛方畢時當宿雨初晴景物明麗小殿內庭柳杏將吐覩而歎曰對此景物豈得不與他判斷之乎左右相目將命備酒獨高力士遣取羯鼓上旋命之臨軒縱擊一曲名春光好（自製者也）神思自得及顧柳杏皆已發拆上指而笑謂嬪御曰此一事不喚我作天公可乎嬪御侍官皆呼萬歲又製秋風高每至秋空迥徹纖翳不起則奏之必遠風徐來庭葉隨（一作墜）下其曲絕妙入神例皆如此汝南王璡寧王長子也姿容妍美秀出藩邸玄宗特鍾愛焉自傳授之又以其聰悟敏慧妙達音旨每隨游幸頃刻不捨常戴研絹帽打曲上自摘紅槿花一朵置于帽上笪處二物皆極滑久之方安遂奏舞山香一曲而花不墜落（本色所謂定頭項難在不動搖）上大喜笑賜璡金

器一廚因誇曰眞花奴（璡小字）姿質明瑩肌髮光細非人間人必神仙謫墜也寧王謙謝隨而短斥之上笑曰大哥不在過慮阿瞞自是相師（上之于親常自稱此號）夫帝王之相須有英特越逸之氣不然有深沉包育之度（一作序）若花奴但端秀過人悉無此相固無猜也而又舉止淹雅當更得公卿間令譽耳寧王又笑曰若如此臣乃輸之上曰若此一條阿瞞亦輸大哥矣寧王又謙謝上笑曰阿瞞贏處多大哥亦不用攙挹衆皆歡賀上性俊邁酷不好琴會聽琴正弄未及畢叱琴者曰待詔出去謂內官（一作侍官）曰速召花奴將羯鼓來爲我解穢

黃幡綽亦知音上嘗使人召之不時至上怒絡繹遣使尋捕綽既至及殿側聞上理鼓固止謁者不令報俄頃上又問侍官奴來未綽又止之曲罷後改奏一曲纔三數十聲綽即走入上問何處去來綽曰有親故遠適送至郊外上頷之鼓畢上謂曰賴稍遲我向來怒時至必撾焉適方思之長入供奉已五十餘日暫一日出外不可不放他東西過往綽拜謝訖內官有相偶語而笑者上詰之具言綽尋至聽鼓聲候時以入上問焉綽語其方怒及解怒之際皆無少差上奇之復厲聲謂曰我心脾骨下事安有侍官奴聞鼓能料之耶今且爲我如何綽走下階面北鞠躬大聲曰奉敕豎金雞上大笑而止

宋開府雖耿介不羣亦深好聲樂尤善羯鼓（樂部行王鮪云南山起雲北山起雨者即開府所爲也）始承恩顧與上論鼓事曰不是青州石末即是魯山花甆撚小碧上掌下須有朋（去聲）肯之聲據此乃是漢震（一作振）第二鼓也（二一作三）且䥫用石末花甆固是腰鼓掌下朋肯聲是以手拍非羯鼓明矣（第二鼓者左以杖右以手指）又開府謂上曰頭如青山峯手如白雨點此即羯鼓之能事也山峯取不動雨點取碎急即上與開府兼善兩鼓也而羯鼓偏好以其比漢震稍雅細焉開府之家悉傳之東都留守鄭叔

則祖母即開府之女今尊賢里鄭氏第有小樓即宋夫人習鼓之所也開府孫沇（音衍）亦工之并有音律之學貞元中進樂書三卷德宗覽而嘉之又知是開府之孫遂召對賜坐與論音樂喜甚數日又召至宣徽張樂使觀焉曰有舛悞乖謬悉可言之沇曰容臣與樂官參議數日然後進奏二使奏樂工多言沇不解聲律不審節拍兼有聵疾不可議樂上頗異之又召宣徽使對曰臣年老多病耳實失聽若迨于聲律不至無業上又使作樂曲罷問其得失承稟舒遲衆工多笑之沇顧笑者忿怒作色奏曰曲雖妙其間有不可者上驚問之即指一琵琶云此人大逆戕忍不日間兼即抵法不宜在至尊前又指一笙云此人神魂已遊墟墓不可更留供奉上尤驚異令主者潛伺察之旋而琵琶者爲同輩告訐稱六七年前其父自縊不可端由即令按鞫遂伏其罪笙者乃憂恐不食旬日而

卒上益加知遇面賜章綬累召對每令察樂樂工見沇悉惴懼脅息不敢正視沇懼罹禍辭病而退

嗣曹王皐有巧思精曉器用爲荊南節度使有羇旅士人懷二棬欲求通謁先啓賓府府中觀者訝之曰豈足尚耶士曰但啓之尚書當解矣及皐見棬捧而歎曰不意今日獲逢至寶指其鋼鈞之狀賓位唯唯或從非之皐曰諸公必未信命取食柈自選其極平者遂置二棬作柈心以油注之棬中滿而油不浸漏蓋相契無際也皐又曰此必開元天寶中供御棬不然無以至此問其所自答曰某先人在黔中得于高力士之家衆方深服賓府又潛問客直償幾何客曰不過三五百緡及皐遺財帛器皿其直果稱焉

廣德中蜀客前雙流縣丞李琬者亦能之調集至長安僦居務本里夜聞羯鼓聲頗妙于月下步尋至一小宅門極卑隘叩門請謁謂鼓工曰君所擊者豈非耶婆色雞乎（一本作婆娑雞）雖至精能而無尾何也工大異之曰君固知音者此事無人知某太常工人也祖父傳此藝尤能此曲近張通儒入長安某家事流散父歿河西此曲遂絕今但按舊譜數本尋之竟無結尾聲故夜夜求之琬曰曲下意盡乎工曰盡琬曰意盡即曲盡又何索尾焉工曰奈聲不盡何琬曰可言矣夫曲有不盡者須以他曲解之可盡其聲也夫耶婆色雞當用掘柘急遍解之工如所教果相協聲意皆盡工泣而謝之即立言于寺卿奏爲主簿後累轉至太常寺少卿宗正卿

宰相杜鴻漸亦能之永泰中爲三州副元帥西川節度使至成都有削杖者在蜀以二鼓杖獻鴻漸得之示于衆曰此尤物也當衣袠下收貯積時矣匠曰某于脊溝中養者十年及出蜀至利州西界望嘉陵驛入漢州矣自蜀南來始臨嘉陵江有山水景致其夜月色又佳乃與從事楊炎杜亞輩登驛樓望江月行觴燕話曰今日出艱危脫猜迫外則不辱命于朝廷內則免中禍于微賢皆諸

賢之力也既保此安步又瞰此殊景安得不自賀乎遂命家僮取鼓與拍笛以前所得杖酣奏數曲四（一作西）山猿鳥皆驚飛鳴噭噭從事悉異之曰昔夔之搏拊百獸舞庭此豈遠耶鴻漸曰若某于此稍曾致功未臻尤妙尚能及此況至聖御天賢臣考樂飛走之類寧有不感因言比有別墅近華嚴閣每遇風景晴朗時或登閣奏此初見羣羊牧于山下忽數頭躑躅不已某不謂以鼓然也及止鼓羣羊亦止某復鼓羊亦然遂以疾徐高下而節之無不應之而變旋有二犬自其家走而吠之及羣羊側遂漸止聲俯仰若有所聽少選即復宛頸搖尾亦從而變態是知率舞固不難矣後乃不敢爲之

近士林中無習之者惟僕射韓卓雖善亦不甚露焉爲鄂州節度使時間于黃鶴樓一月兩習而已會昌元年卓因爲洛陽令數陪劉賓客白少傅宴遊白有家僕多用佐酒卓因談往前三數事二

公亦應和之謂卓曰若吾友所談宜爲文記不可令湮沒也時過而未錄及陝府盧尚書任河南尹又話之因遺爲記卽粗爲編次尙未脫藁至東陽因曝書見之乃詳列而竟焉雖不足資儒者之博聞亦可助賓筵之談話屬之好事庶幾流傳

前錄大中二年所著四年春東陽罷免旋自海南路由廣陵崔司空爲鎭司空遇合素厚留至旬朔輒獻之過蒙奬飾因曰宋沇卽某之中外親丈人知音之異事非止于此也常爲太常丞每言諸懸鐘磬亡墜至多補亡者又乖律呂一日早于光宅佛寺待漏（貞元中猶未有待漏院朝士多立城門街中或止近坊人家光宅寺也）聞塔上風鐸聲傾耳久之朝迴復止寺舍問寺主僧曰上人塔上鐸皆知所自乎曰不能知沇曰其間有一是古製某請一登塔循金索歷叩以辨之可乎僧初難後許乃叩而辨焉寺衆卽言往往無風自搖洋洋有聞非此耶沇曰是耳必因祠祭考本懸鐘而應也固求摘取而觀之曰此姑洗之編鐘

耳請且獨綴于僧庭歸太常令樂工與僧同約其時彼叩樂懸此果應之遂購而獲焉又曾送客出通化門路逢度支運乘駐馬俄頃忽草草揖客別隨乘至左藏認一鈴言亦編鐘也他人但覺鎔鑄獨工不與衆者埒莫知其餘及配懸鐘音形皆合其度異乎此亦識微在金奏者與列於鼓錄則寖差矣以大君子之傳又精義入神豈容忽而不載遂附之于末

羯鼓錄諸宮曲

太簇宮

色俱騰　乞婆娑　耀日光　大勿
大通　舞山香　羅犂羅　蘇莫頼耶
俱倫僕　阿箇盤陀　蘇合香　蔵鉤樂
春光好　無首羅　鶻楨鹽　疏勒女
要殺鹽　通天樂　萬載樂　景雲
紫雲　承天雲　順天樂

太簇商

蘇羅　椋利梵　大借席　耶婆色雞
堂堂　君王盛神武赫赫　君之明
半杜渠　大䟦樂背　大沙野婆　破陣樂
黃驄疊　放鷹樂　英雄樂　思歸
憶新院　西樓送落月　摻霜風　九成樂
傾杯樂　百歲老壽　還成樂　打毬樂
飲酒樂　舞厥麼賦　太平樂　大酺樂
大寶樂　聖明樂　婆羅門　貟加那
萬歲樂　秋風高　回婆樂　夜半擊羌兵
香山　優婆師　匝天樂　禪曲
渡磧破虜迴　五更囀　黃驪囀　大定樂

越殿　須婆　缽羅背　大秋秋鹽
栗時　突厥鹽　踏蹄長

太簇角

大蘇頼耶　大春楊柳　大東祇羅　大郎頼耶
卽渠沙　大達麼友　俱倫毗　悉利都
移都師　阿鷓鴣烏歌　飛仙　涼下采桑
西河師子三臺舞　石州　破勃律（已上曲名玄宗御製）

徵羽調與胡部同不載

諸佛曲調

御製三元道曲　九仙道曲　盧舍那仙曲
四天王　于門燒香寶頭伽　失婆羅辭見祚
半閣麼那　菩薩阿羅地舞曲　阿陀彌大師曲
草堂富羅二曲

食曲

雲居曲　九巴鹿　阿彌羅衆僧曲　無量壽

眞安曲　雲星曲　羅利兒　芥老雞

婆娑阿彌陀　多羅頭尼摩訶鉢　散花

大燃燈　悉駄低　大統　龜茲大武

觀世音　蔓度大利香積　僧箇支婆羅樹

佛帝利　居麼尼　眞陀利　大輿

永寧賢者　恆河沙　江盤無始　具作

悉伽牟尼　大乘　毗沙門　渴農之文德

菩薩緱利陀　聖主興　地婆拔羅伽

開顏錄（一卷）　宋周玘（試祕書省校書郎）

有獻不死之藥于荆王射士取而食之王欲殺射士曰臣謂不死藥而食之今殺臣是殺人藥王乃笑而赦之矣（出韓子）

劉道眞自牽船嘲女子曰女子何不調機弄杼而採蓮女子答曰丈夫何不跨馬揮鞭而牽船道眞又嘗素盤共人食有姬青衣將二子行道眞嘲曰青羊將二羔姬應聲曰兩猪同一槽（出幽王記）

京邑有士人婦大妒于夫小則罵詈大則箠打常以長繩繫脚且喚便牽至夫密乞巫嫗爲計因婦眠士人入廁以繩繫羊士人踰牆避婦人覺牽繩而羊至大驚召問巫嫗巫嫗曰娘子積惡先人怪責故郎君變成羊若能克己改悔乃可祈請婦因悲號抱羊大慟哭深自咎悔誓不復妒嫗乃令七日清齋舉家大小悉避于水中祭鬼師呪羊還復本形士人徐還婦見聲問曰多日作羊不乃辛苦耶答曰猶憶噉草不美腹中痛耳婦人愈哀自此不復妒矣（出妬記）

晏嬰使楚楚王聞其智辨欲折之及相見王密使縛一囚于殿前而過曰此何人也左右曰齊人也王曰有何罪對曰坐爲盜王乃顧謂晏子曰齊人好爲盜乎晏子曰大王頗聞橘生江南踰江北爲枳水土異也此人在齊不爲盜今在楚乃爲之將知土俗使之然也王及左右皆大慚莫有對者（出晏子春秋）

鄭人有賣履者先自度其足而置之坐其至市忘操之也得履乃曰吾忘度乃歸取之及反市罷不得售人曰何不試以足曰寧信度無自信也（出韓子）

秦二世欲漆城優旃曰善漆城蕩蕩寇來不得上良爲漆耳顧恐陛下難爲窨屋乃幾諫也二世笑而止（出史記）

善謔集（一卷）　宋□□□（號天和子）

三國時先主在蜀嚴酒禁凡有釀酒者皆殺一日顧雍侍先主登樓見一少年與婦人同行白先主彼將行姦何不執之先主曰何以知之曰彼有淫具何故不知先主悟其旨大笑乃緩酒禁

東晉時月犯少微是時處士戴逵自謂當之遂有憂色久之隱者

謝敷卒時人譏之曰戴處士所謂求死不得死也

梁元帝一目眇爲湘東王時嘗登宮樓以望其侍臣曰今日所謂帝子降兮北渚帝疑其戲之答曰卿道目眇眇兮愁予耶

晉庾純之父嘗爲主市賈充之先嘗爲騶儈充置酒而純未至充曰君行常在人先今何忽後純曰會有少市井事未了是以後事

晉劉伶好酒人或喻以釀具先朽明酒非保生之具答曰君不見肉得酒而更久耶

元和中大官有婚于中表者已涉溱洧之嫌及夜深女家索詩儐者張仲素朗吟曰舜耕餘草木禹鑿舊山川坐有李程者應聲答曰舜禹之事吾知之矣久之方悟大笑

南唐魏明好吟詩動卽數百言而氣格卑下嘗袖以謁韓熙載熙載佯辭以目暗且置几上明曰然則某自誦之可乎曰適耳忽聵明慙而去

南唐馮謐嘗對諸閣老言及元宗賜賀知章鏡湖事因曰他日賜後湖足矣鉉答曰主上尊賢下士豈愛一湖所乏者賀知章爾謐大慚

觀時集 二卷

世之所神者以其有靈可以禍福于人也上自天子下至庶人精神所禱牲玉無愆祀亦至矣然神未嘗福于人未嘗禍于人人未知之也何以言之夫世之興衰人之窮達皆有命也且漢景之間宋文之際有不得禱于神者歟而吳犯關東虜寇江上仲尼之聖賈生之賢有不敬于神者歟而見逐于魯不容于漢故知神不能禍福于人也若能禍福于人王莽將僭而何不殺之董卓之亂而何不戮之堯舜將崩而何不生之桀紂欲生而何不死之柳下惠之屈而何不伸之董仲舒之出而何不止之以是言之神之于人也世之將興則福于人世之將亂則禍于人神之道與時升降焉

昔蔣子文敗苻堅是晉之未亡也及劉裕之取晉室豈無蔣子文乎是晉之亡也子文不能救則知人之憧憧然禱于神亡益也夫神聰明正直豈其饗耳而人不見其吐之謂之饗矣然則神之爲人所神非神自神也觀神

洛陽有捧游成丸鬻之者數舍然一舍之外冠接轡續或市之不得者予因請之曰爾有道乎曰吾不知他道爲丸則有道也曰其道何若曰游非常之游也蓋謂赤塡爾剪梟以揉之交杵之舂之就器以圓之趨日以晞之若是故澤而潤固而堅發之則不邪中之則不遺或拒尋擊垣或片時濡流且不破不壞雖金石之質無以過也由是舍乎事之不給于售也於戲業丸之道而然豈爲道之道不然且丸者道之體也塡者道之本也梟者道之志也杵者道之練也器者道之運也日者就有道而正之也有本有志有練有運正而體之夫何道之不成歟若發以人弓所中豈惟鶉鵲乎必使四海無惡鳥萬國無鷙獸烝民絕搏盤之患也其所趨市者豈徒冠接轡續哉人咸知善丸不知善道咸知御丸不知御道孰能體道者幸觀乎丸觀道

言者何言乃心之吏也心不能言使吏道之也既吏于心則生于心矣心所安則言之心所苦則言之而目牽其好事勾于悅吏乃詭發得不賊于主而危其身耶既賊于主則吏非我德既危于身則吏非我吏曰牽于目勾于事非生之使然吏何爲哉曰非也汝不爲予襟而不宣緘而不揚耶若不然則謂何孰能致乎堯舜觀言

人有傳一玉器可容一爵光彩激射內外相映若夫雕琢精巧則殆非人工也其人重而愛之寶而惜之晝則止之座夕則憐之枕每子弟參侍必擇長厚者主之僮僕護衛必令恭謹者近之然所主之子弟望之則流汗所近之僮僕仰之則屏息何哉懼失尊者

託付之旨也由是器傳之五子矣夫宜位者神器傳之五子也于玉器多矣其容豈一爵哉無影激射非止內外相映也若能重而愛之寶而惜之晝則思之于座夕則識之于枕主之以長厚之人近之以恭謹之僕復令望之流汗仰之屏息其爲久也豈止傳五代乎若乃狎而玩之同之瓦石一碎于地其可復修乎人或知以玉爲器而重之不知以天下爲器而重之悲夫觀器

富人以香薰其衣或着于衣中每步于庭出于衢則下風數里之內若有蘭蕙之畹比詰其名氏則才殆僕皂且時不聞焉然天下知薰香者多矣曾不知以道薰其身哀哉夫道之爲香也豈止聞數里乎昔信陵在魏而秦聞之齧蔑在鄭而晉聞之季良在隨而楚聞之季豊在洛而吳聞之張耳在梁而秦聞之衛靑在漢而淮南聞之孔明在蜀而洛下聞之虞舜在野而天子聞之宣尼在魯而天下聞之道之香也至矣何不去其香而薰其道苟能薰之吾

見治天下如示諸掌不獨于身而有聞于世也觀香

貧家之女無以爲鏡每以瓦瓶之汁水而鏡之旣鏡之而竊窺鄰之富女退而泣曰妾不迨富女乎而常鏡于此也蕁而富女以其家僕奔親族醜之而貧女爲鄰納幣焉以歸夫鏡者整其貌也非能整其心也苟能整其心雖鏡于水何損焉若不整其心金玉爲鏡適足誨其淫佚耳且唐虞氏之子朱均帝王之後也豈無師傅以教之而不能嗣其先重華之窮賤也天下知之矣卒有四海故曰人能弘道非道弘人亦鏡之謂也觀鏡

垣之爲用所以限牛馬之奔逸禦房屋之暴露有家者時而修之無俾隙壞其修之也必檢美土以聚之命竺杵以穏之絕其沙糞去其瓦石然欲其垣堅且久也復蓋茸之以拒風雨則善之善也夫如是雖倉箱盜賊無得而窺若乃崩而不補內外無間則見夫室家之好姦人得運其籌故曰夫子之牆數仞不得其門而入不

見宗廟之美百官之富且爲天下豈非家乎樹之藩屏者豈非垣乎爲天下之垣若何不堅乎若何不時修而堅則人主高枕去其擊柝之豫矣堅之道若何宋檀道濟齊斛律明月則其人也今天下豈無道濟明月哉蓋君未求之道濟明月多矣觀垣

客曰吾生年六十矣未嘗一日之暇也晝勞于事而形從之夜勞于夢而魂從之形魂俱勞而莫之已縱去利損嗜舍榮忘辱而心常矻矻然將之僅能終也形暇而心不暇心暇而事不暇豈勞生方知此哉謂之曰非獨爾不暇也上極于聖王賢士亦不暇也非聖王賢士之不暇也日月鬼神皆不暇也何以言之天則運行地則發生日月則盈昃不停鬼神則禍福是營天地日月人故知之矣夫鬼神則莫之見于不暇也且有國家者未有不資卜筮者卜筮之道見鬼神之意彼方與之則亂以亡之彼將亂之則治以興之彼將守之則日以失之彼將棄之則敗以售之一飲一啄一動一息神莫知之誰知爲神矣而勞若此豈吾所以求順也且吾之所以不暇也神以勞于中矣神既勞于中而欲或靜于外得乎然則爾詩若無爾形若枯雖爾欲神之勞而神亦棄爾而不勞也觀暇

臨漢隱居詩話一卷　宋魏泰字道輔襄陽人

竹有黑點謂之斑竹非也湘中斑竹方生時每點上有苔錢封之甚固土人斫竹浸水中用草穰洗出苔錢則紫暈爛斑可愛此斑竹也韓愈曰剝苔弔斑竹角黍餌沉冢是也

李肇國史補載韓愈遊華山窮極幽險心悸目眩不能下發狂號哭投書與家人別華陰令百計取之方能下沈顏作聲書以爲肇妄載豈有賢者輕命如此余觀退之贈張詩云洛邑得休告華山窮絕陘倚岩睨海浪引袖拂天星磴蘚澾拳蹋梯飆颭伶俜悔狂已咋指垂戒仍鐫銘則知肇記爲信然而沈顏爲妄辨也

班固云春秋五傳謂左丘明公羊高穀梁赤鄒氏夾氏又云鄒氏無書夾氏未有書而韓愈贈盧仝詩曰春秋五傳束高閣獨抱韋編究終始不知此二傳果何等書也

韋絢集劉禹錫之言爲嘉話錄載劉希夷詩云年年歲歲花相似歲歲年年人不同希夷之舅宋之問愛此句欲奪之希夷不與之問怒以土囊壓殺希夷世謂之問末節貶死乃劉生之報也吾觀之問集中儘有好處而希夷之句殊無可采不知何至壓殺乃奪之眞狂死也

梅堯臣贈朝集院鄰居詩云壁隙透燈光籬根分井口徐鉉亦喜李少保卜鄰云井泉分地脉砧杵共秋聲此句尤闘遠也

唐人詠馬嵬之事者多矣世所稱者劉禹錫曰官軍誅佞倖天子捨妖妃羣吏伏門屏貴人牵帝衣低回轉美目風日自無輝白居易曰六軍不發無奈何宛轉蛾眉馬前死此乃歌詠祿山能使官

軍皆叛逼迫明皇明皇不得已而誅楊妃也噫豈特不曉文章體裁而造語拙蠢已失臣下事君之禮矣老杜則不然其北征詩曰惟昔艱難初事與前世別不聞夏商衰中自誅褒妲方見明皇監夏商之敗畏天悔過賜妃子死官軍何預焉唐闕史載鄭畋馬嵬詩命意似矣而詞句凡下此說無狀不足道也

寇萊公七月十四日生魏野詩云何時生上相明日是中元李文定公迪八月十五日生于黔中作中秋八月詩以獻縷僅數百言皆以月況文定其中句有蟾輝吐光育萬種我公蟠屈爲心胸老桂根株撼不折我公得此爲清節孤輪碾空周復圓我公得此爲機權餘光燭物無洪細我公得此爲經濟終篇大率皆如此雖造語麄淺亦豪爽也野少以歌行自負石介貽三豪詩謂之歌豪以配石曼卿歐陽永叔晚節益縱酒落魄文章尤狂鄙熙寧末以特奏名得同出身一命得臨江軍新淦縣尉年近七十卒

楊億劉筠作詩務積故實而語意輕淺一時慕之號西崑體識者病之

詩惡蹈襲古人之意亦有襲而愈工若出于己者蓋思之愈精造語愈深也魏人章疏云福不盈身禍將溢世韓愈則曰詔華不滿眼咎責塞兩儀李華弔古戰場文曰其存其沒家莫聞知人或有言將信將疑娟娟心目夢寐見之陳陶則云可憐無定河邊骨猶是春閨夢裏人蓋愈工于前也

續齊諧記 一卷　梁　吳均

（鼓歌）桓玄篡位後來朱雀門中忽見兩小兒通體如墨相和作籠歌路邊小兒從而和之者數十人歌云芒籠茵繩縛腹車無軸倚孤木聲甚哀聽者忘歸日既夕二小兒入建康縣至閤下遂成雙漆鼓槌吏云積久比常失之而復得之不意作人也明年春而桓敗車無軸倚孤木桓字也荊州斬玄首用敗籠茵包之又芒繩束縛其屍着江中悉如所歌焉

（石磨）吳興故彰縣東三十里有梅溪山山根直樹一石可百餘丈至青而圓如兩間屋大四面斗絕仰之于雲外無登陟之理其上覆有盤石圓如車蓋恆轉如磨聲若風雨土人號爲石磨轉捷年豐遲則歲歉候之無失

（眼明袋）弘農鄧紹嘗八月旦入華山采藥見一童子執五綵囊盛柏葉上露皆如珠滿囊紹問用此何爲答曰赤松先生取以明目言終便失所在今世人八月旦作眼明袋此遺像也

（曲水）晉武帝問尚書郎摯虞仲治三月三日曲水其意何在答曰漢章帝時平原徐肇以三月初三生三女至三日俱死一村以爲怪乃相攜至水濱洗祓因流水以濫觴曲水之義蓋自此矣帝曰若如所談非佳事也尚書郎束晳進曰仲治小生不足以知此臣請說其始昔周公營洛邑因流水泛酒故逸詩云羽觴隨波流又秦

昭王三月三日上巳置酒河曲見金人自河而出奉水心劍曰令君制有西夏及秦霸諸侯乃因此處立爲曲水二漢相緣皆爲盛集帝曰善賜金五十斤左遷仲治爲城陽令

宋異記 一卷　宋　汴

（伏龜山鐵銘）江南保大中秋八月伏龜山圮得一石函長二尺闊八寸中有鐵銘文云梁天監十四年秋八月葬寶于是銘背有引曰寶公嘗爲此偈大書于木板之上以白巾幕之人或欲讀者必施錢方得一讀讀畢覆之當時名臣自陸倕王筠姚容而下皆莫知其旨或問其意答云事在五百年後非今也至卒日乃鑄偈同葬之以志其事銘曰莫問江南事江南自有憑乘雞登寶位跨犬出金陵子建司南位安仁秉夜燈東鄰家道闕隨虎過明徵其字皆小篆體勢完具無缺落處當日二徐韓張之徒亦不能解其意至李氏國亡好事者稍稍尋見其意蓋應在江浙也後主丁酉生[illegible]以丁

酉年即僞位是乘雞登寶位之驗至甲戌年國破是跨犬出金陵之應時曹翰按甲于城南是子建司南位之應潘太師美統兵于城北是安仁秉夜燈之應後二句亦未見其旨至戊寅年淮海王錢氏舉國入覲方驗其東鄰之句俗諺云家道闕者是無錢也所云隨虎者蓋戊寅年矣又淮海王小字虎子

(石匣)高氏專江陵日乾祐中于山庭後鑿一大池爲遊嬉之所掘地丈餘得一大石匣長丈餘闊數寸扃鐍甚固主者不敢啓之具事以故高氏大神之乃屏去左右惟與親僚屬三五人焚香而啓之匣中惟合篆銘一首云此去遇龍即歇于是祕之至太祖龍飛改號建隆高氏亡國

(銘記)廬山康王觀道士李谷神言沈彬郎中袁州宜陽人即谷神鄉里之鄰伍也趣尚高邈嘗謂𦃃組爲桎身其狀卒年自下葬地子孫不敢違既兆穴之下至七尺間得方石數片既啓之下有隧道漸次闢之乃造成石墓一所其中高九尺前後一丈二寸闊與高等靈座前有青石蓮花臺三樹上有青石蓮花燈碗三枚皆覆之後列數樹如前者其鐫鑱之工妙絕于世靈座中又得青石銘記一片朱字篆若方假云開成二年開雖開不葬埋漆燭猶未點留待沈彬來乃就葬之

神異記 二卷

漢東方朔撰　張華注

(東王公)東荒山中有大石室東王公居焉長一丈頭髮皓白人形鳥面而虎尾載一黑熊左右顧望恆與一玉女投壺每投千二百矯(九尾反)設有入不出者天爲之嚬噓(上嚬下噓音用以噓噓終笑也)矯出而脫誤有不接者(言失之)天爲之笑(言笑者天口流火炤灼今天不下雨而有電光)

(樸父)東南隅大荒之中有樸父焉夫妻並立其高千里腹圍自輔(自[illegible])

(亦千里)天初立時使其夫妻導開百川懶不用力謫之並立東南男露其牡女張其牝(牡陽牝陰)氣任妙人不畏寒暑不飲不食惟飲露須黃河清當復使其夫妻導護百川古者初立此人開導河瀆或深或淺或隘或塞故禹更治使其水不壅天責其夫妻倚而立之若黃河清者則河海絕流水自清矣

(善人)東方有人焉男皆朱衣縞帶玄冠女皆采衣男女便轉可愛恆分坐而不相犯相譽而不相毀見人有患投死救之名曰善(俗云土人)一名敬(俗云敬寵)一名美(俗云美人)不妄言喋喋然常笑倉卒見之如痴(俗云善人如癡此之謂也)

(尺郭)東南方有人焉周行天下身長七丈腹圍如其長頸戴雞文䳄頭(其頭髮煩亂也)朱衣縞帶以惡蛇繞額尾合于頭不飲不食朝吞惡鬼三千暮吞三百但吞不咋此人以鬼爲飯以露爲漿名曰尺郭(俗曰赤郭)一名食邪道師云吞邪鬼一名赤黃父今世謂有黃父鬼

(誕)西方大荒中有獸焉其狀如羌人面能言嘗欺人言東而西言可而否言惡而善言疏而密言遠而近言皆反也名曰誕(俗曰欺誕)

一名欺一名戲(俗曰戲者)其肉美食之可以已不直(不直之人多偽詐也食此肉則直情見矣)

(聖)西南大荒中有人焉長一丈其腹圍九尺踐龜蛇戴朱鳥左手憑青龍右手憑白虎知河海水斗斛識山石多少知天下鳥獸言語識土地上人民所道知百穀可食草木鹹苦名曰聖(俗曰聖人)一名哲(俗曰先哲)一名無不達凡人見而拜之令人神智此人爲天下聖人也

(饕餮)西南方有人焉身多毛頭上戴豕貪惡如狼好自積財而不食人強穀者奪老弱者畏羣而擊單名曰饕餮春秋言饕餮者縉雲氏之不才子也一名貪惏一名強奪一名凌弱此國之人皆如此也

(玉人)崑崙之山有銅柱焉其高如天可爲天柱也圍三千里側徑千里周圍如削治下有神仙府治玉童玉女也與天地同體息男女名玉人男即玉童女即玉女無爲匹配而仙道自成也(言不爲夫妻也)

（渾沌）崑崙西有獸焉其狀如犬尾長四尺似熊而無爪有兩目而不見有兩耳而不聞有腹而無五臟有腸而短食經過人有善行而無抵觸之有凶惡而往依憑之天使其然名爲渾沌春秋云帝鴻氏不才子也一名無腹一名無目一名無耳（俗曰耳聾）一名無心空居無爲嘗咋其尾回轉仰天而笑

（山臊）西方深山中有人焉身長尺餘袒身捕蝦蟹性不畏人見人止宿暮依其火以炙蝦蟹伺人不在而盜人鹽以食蝦蟹名曰山臊其音自叫人嘗以竹着火中爆而臊皆驚憚犯之令人寒熱此雖人形而變化然亦鬼魅之類今所在山中皆有之玄黃經曰臊體捕蝦蟇雖爲鬼例亦人體貌者也

（共工）西北荒中有人焉人面朱髮蛇身人手而無足名曰共工書曰流共工于幽州北裔也而此言西北方相近也皆四裔之族耳此人食五穀禽獸貪惡頑愚（此名共工亦國名也食惡頑愚舜流于此）

（何伯使者）西海水上有人焉乘白馬朱鬣白衣玄冠從十二童子馳馬西海水上如飛如風名曰河伯使者或時上岸馬跡所及水至其所處之國雨水滂沱暮則還河（河府北府也西海之府洛水深淵也此雖人形而是鬼神也）

（鵠國）西海之外有鵠國焉男女皆長七寸爲人自然有禮好經綸拜跪其人皆壽三百歲其行如飛日行千里百物不敢犯惟畏海鵠過輒吞之亦壽三百歲此人在鵠腹中不死而鵠一飛千里（陳章與桓公論所謂小人也）

（鴅兜）南方有人人面鳥喙而有翼手足扶翼而行食海中魚有翼不足以飛一名鴅兜書曰放鴅兜于崇山一名驩兜爲人很惡不畏風雨不畏禽獸犯死乃休耳（驩兜亦國名也）

（魃）南方有人長二三尺袒身而目在頂上行走如風名曰魃所見之國大旱（俗名旱魃）一名格子善行市朝中遇之投着廁中乃死旱災消詩曰旱魃爲虐或曰生捕得殺之禍去福來

香譜（一卷 此書與今本出入删節甚多）

唐無名氏（洪芻）

香品一

龍腦香出波律國樹高八九丈大可七尺圍葉圓而背白其樹有肥瘦形似松柏作杉木氣乾脂謂之龍腦香淸脂謂之波律膏子似荳蔻明淨如雪花者善如麥麩者不佳合黑糯米相思子貯之則不耗仍分生熟之異稱生龍腦則上之所載也其絕妙者謂之梅花腦子有以火飛結成塊謂之熟龍腦氣味差薄焉（波律一作被律）

麝香食柏葉及蛇采者多以一子眞香分揉作三四子刮取血膜雜以餘物或有夏食蛇蟲多出寒香滿入春患急痛自以脚剔之出人有得之者絕勝人間帶麝非但香亦辟惡以眞香者一子着頸間枕之辟惡夢及尸疰鬼氣今或傳有水麝其香尤爲佳美

沉水香出天竺單于二國與青桂雞骨䭃香同是一樹葉似橘經冬不凋夏生花白而圓細秋結實如檳榔色紫似椹而味辛樹皮青色木似櫸柳重實黑色沉水者是今復有色黃而沉水者謂之蠟沉丁相天香傳曰香之類者四曰沉曰箋曰生結曰黃熟其爲類也十有二沉香得其八焉曰烏文格土人以木爲格謂如文木也曰黃蠟曰牛眼曰牛角曰牛蹄曰雞頭曰雞腿曰雞骨皆爲沉香也

白檀香出崑崙國又有紫檀人磨以塗風腫雖不生于中華人間遍有之

蘇合香生中臺川谷俗傳是獅子糞外國說不然今皆從西域來眞者紫赤色極堅實芬香重如石燒之灰白者佳主辟邪瘧

安息香出西域國酉陽雜俎曰出波斯國其樹呼爲辟邪樹葉有四角經冬不凋二月有黃花心微碧不結實刻皮膠如餳名安息也

鬱金香生大秦國其香十二葉

雞舌香生崑崙及交廣已南樹有雌雄皮葉並似栗其花如梅結實如棗雌樹也不入香用無子而花雄樹也

薰陸香出天竺及邯鄲似楓松脂黃白色天竺者多白邯鄲者多綠

詹糖香生晉安岑州及交廣難得眞正者

丁香生廣州樹高丈餘葉似櫟而花圓細色黃子如釘長四五分紫色有麄大者長寸許俗呼爲母丁香擊之則順理而拆

波律香卽波律膏也見龍腦門

乳香廣志云卽南海波斯國松樹脂有紫赤如櫻桃者名乳香蓋薰陸之類也今以通明者爲勝目曰的乳其次曰揀香又其次曰缾香

雞骨香亦沉水香同樹以其枯燥輕浮故名之也

青桂香卽沉水香黑班者也

木香一名蜜香從外國船上來葉似薯蕷而根大花紫色如雞骨如髫之粘齒者良又有一種謂之青木香亦云雲南香

降眞香出交廣舶上其香如蘇枋木燃之初不甚香得諸香和之則美

艾納香似細艾又有松樹皮綠衣亦名艾納可以合諸香燒之能聚其烟青白不散也

棧香亦沉水同類以其肌理有黑脉者是也

葉子香卽棧香之薄者尤勝于棧

芸香似邪蒿可食典略云芸臺香辟蠹魚藏書者稱芸臺

芳草卽白芷也道家用此以浴去尸蟲又川合馬蹄香卽杜衡也形如馬蹄惟道家多用服之令人身及衣皆香

蕙香綠葉紫花魏武帝以爲香燒之

都梁香出交廣形如藿香

甲香出南海唐本草云蠡類大如拳青黃色長四五寸今和香多用爲能發香復聚烟然須酒蜜等煮炙修製方可入用

迷迭香廣志云出西域

異香二

都夷香洞冥記曰香如棗核食一顆則經月不飢

荼蕪香王子拾遺記燕昭王二年廣延國進二舞人常以此香屑鋪地使舞其上而無跡

辟寒香辟邪氣香瑞麟香金鳳香皆異國所獻自兩漢至皇唐皇后公主乘七寶車四面綴五色玉香囊中貯此四香每出遊則芬馥滿路

月氏香瑞應圖云天漢三年月氏國貢神香後長安大疫宮人得疾者便燒之病卽差百里之間聞香氣積九月而香不滅

龜甲香卽桂香之善者

沉光香門中燒之有光

沉榆香封禪記黃帝列珪玉于蘭蒲席上然沉榆之香

茵墀香靈帝初平三年西域所獻煮爲湯宮人沐浴經月不散

石葉香疊疊狀如雲母魏文帝時題腹國所獻

鳳腦香穆宗常于藏眞島前燒之

紫述香一名紅蘭香一名麝草香

百濯香拾遺記孫亮有寵姬四人合四氣香皆殊方異國所獻經踐躡宴息之處香在衣彌年不歇因以爲名也

蘅蕪香漢武帝夢李夫人授帝蘅蕪之香夢中驚起香氣猶着衣

九眞雄麝香卽趙昭儀上姊飛燕香也

金磾香洞冥記金日磾既入侍欲衣服香潔變胡虜之氣自合此香

香事三

宋范曄字蔚宗撰香序云麝本多忌過分必害沉實易和盈斤無傷零藿慘虐詹糖粘溼甘松蘇合安息鬱金並被珍于外國無取于中華又棗膏昏蒙甲煎淺俗非惟無助于馨烈乃當彌增于尤疾也此序所言悉以比類朝士麝本多忌比庾憬之棗膏昏蒙比羊玄保甲煎淺俗比徐湛之

香尉述異記曰漢雍仲子進南海香物拜涪陽尉時謂香尉也

懷香漢尚書郎懷香握蘭趨走丹墀漢官典職

香市南海有香市以香交易

香戶南海郡有采香戶

香洲在朱厓郡洲中出諸異香

披香殿漢宮有披香殿

採香徑吳王闔閭起響屧廊采香徑

啗香杜陽雜錄元載寵姬薛瑤英母以香啗英故肌肉皆香

含香應劭至侍中年老口臭帝賜雞舌香含之

竊香晉韓壽字德眞爲賈充司空掾充女窺見壽而悅焉竊通殷勤壽踰垣而至時西域有貢奇香一着人肌經月不歇帝以賜充其女密盜以遺壽後充聞其香意知女與壽通遂祕之因妻焉

香囊謝玄嘗佩紫羅香囊謝安患之而不欲傷其意因戲賭取焚之又古詩云香囊懸肘後

博山香爐皇太子初拜有銅博山乃東宮舊事也後丁緩又作九層博山香爐

被中香爐長安巧工丁緩始爲之機環運轉四周而爐體常平可置之被褥間

沉香火山隋煬帝每除夜殿前設火山數十皆沉水木根每一山焚香數車暗則以甲煎沃之

檀香亭宣州觀察使楊牧造之

沉香亭李白後集序開元中禁中初重木芍藥即今牡丹也得四本紅紫淺紅通白者上因移植于沉香亭前

香溪吳故宮有香溪是浴西施處又呼爲脂粉溪

香童天寶遺事玄宗好賓客常于寢帳前設金女童二人捧七寶博山爐自暝徹曉

香法四

蜀王薰衣牙香法

丁香　棧香　沉香　檀合龍腦　麝香各一兩　鬱金三兩製甲煎如常法

右件各細搗下羅用白沙蜜不得熟和燒之

延安郡公藥香法

玄參半斤去塵土銀器中水煮控乾滯切微火炒烟出　甘松四兩去土細剉　乳香二錢同麝細研別擣成末　後入麝香二錢　白檀香二錢　沉香半兩　右件爲末鍊蜜爲丸如雞頭大每藥末一兩使熟蜜一兩

江南李主帳中香法

右用沉香一兩細剉以鵝梨十個研汁銀器中盛蒸曝乾用之

牙香法

沉香　檀香　結香　藿香　零陵香　甘松　茅香各四兩

白膠香一兩　龍麝二錢　右蜜和燒之

又法

檀香　玄參各三兩　甘松二兩　乳香　麝香各半兩　右先將檀玄于銀石器內水煮乾盡爲度焙乾與諸香同爲末用生蜜和窨八日後燒之

淸神香此二方今本無

甘松二兩　甜參四兩　檀香一兩　麝香　右爲末煉蜜爲丸如雞頭燒之

薰衣香

檀香（十兩細剉用蜜半斤煎湯拌一宿炒冷紫色）　箋香（五兩半細剉）　沉香（三兩半細剉）　甲香（二兩修事了用）
杉木炭（二兩）　好臘茶末（二錢湯點取脚用）　右爲末煉蜜和勻入瓶
內窨一月可用

說郛卷第六十五終

說郛卷第六十六

酒譜（二卷）

宋　竇革（字子野）

內篇上

酒之源一

世言酒之所自者其說有三其一曰儀狄始作酒與禹同時又曰堯酒千鍾則酒始作于堯非禹之世也其二曰神農本草著酒之性味黃帝內經亦言酒之致病則非始于儀狄也其三曰天有酒星酒之作也其與天地並矣予以謂是三者皆不足以考據而多其贅說也况夫儀狄之名不見于經而獨出于世本世本非信書也其言曰昔儀狄始作酒醪以變五味少康始作秫酒其後趙邠卿之徒遂曰儀狄作酒禹飲而甘之遂絕旨酒而疏儀狄曰後世其有以酒敗國者乎夫禹之勤儉固嘗惡旨酒而樂讜言附之以前所云則贅矣或者又曰非儀狄也乃杜康也魏武帝樂府亦曰何以消憂惟有杜康予謂杜氏系出于劉累在商爲豕韋氏武王封之于杜傳國至杜伯爲宣王所誅子孫奔晉遂以杜爲氏者士會亦其後也或者康以善釀酒得名于世乎是未可知也謂酒始于康果非也堯酒千鍾其言本出于孔叢子蓋委巷之說孔文舉遂徵之以責曹公固已不取矣本草雖傳自炎帝氏亦有近世之物始附見者不觀其辨藥所生出皆以二漢郡國名其地則知不必皆炎帝之書也內經言天地生育五行休旺人之壽夭繫焉信三墳之書也然考其文章知卒成是書者六國秦漢之際也故言酒不可據以爲炎帝之始造也酒三星在女御之側後世爲天宮者或考焉予謂星麗乎天雖自混元之判則有之然事作乎下而應乎上推其驗于某星此隨世之變而著之也如宦者墳墓弧矢河鼓皆太古所無而天有是星推之可以知其類然則酒果誰始

乎予謂知者作之天下後世循之而莫能廢聖人不絶人之所同好用于郊廟享燕以爲禮之常亦安知其始于誰乎古者食飲必祭先酒亦未嘗言所祭者爲誰玆可見矣夏書述大禹之戒歌辭曰酣酒嗜味孟子曰禹惡旨酒而好善言夏書所記當時之事孟子所言追道在昔之事聖賢之書可信者無先于此雖然酒未必于此始造也若斷以必然之論則誕謾而無以取信于世矣

酒之名二

春秋斗運樞曰酒之言乳也所以柔身扶老也許愼說文云酒就也所以就人性之善惡也一曰造也吉凶所造起釋名曰酒酉也釀之米麴酉繹而成也其味美亦言踧踖也能否皆強相踧持也予謂古之所以名是物以聲相命取別而已猶今方言在在各殊形之于文則其字日滋未必皆有意謂也舉吳楚之音而語于齊人不能知者十有八九妄者欲探古名物造聲之意以示博聞則予笑之矣

說文曰酴酒母也醴一宿成也醪滓汁酒也酎三重酒也醨薄酒也醑旨酒也酴音途醑私呂切

昔人謂酒爲歡伯其義見易林蓋其可愛無貴賤賢不肖華夏夷戎共甘而樂之故其稱謂亦廣

造作謂之釀亦曰醞賣曰沽當肆者曰罏釀之再者曰酘漉酒曰釃酒之淸者曰醥白酒曰醝厚酒曰醹甚白曰醙相飲曰配相強曰浮飲盡曰釂使酒曰酗甚亂曰醟飲而面赤曰酡病酒曰酲主人進酒于客曰酬客酌主人曰酢酌而無酬酢曰醮合錢共飲曰醵賜民共飲曰酺不醉而怒曰䤷美酒曰醁其言廣博不可殫舉

周官酒人掌酒政令辨五齊三酒之名一曰泛齊二曰醴齊三曰盎齊四曰醍齊五曰沉齊一曰事酒二曰昔酒三曰淸酒此蓋當時厚薄之差而經無其說傳註悉度而解之未必得其眞故曰酒之言也略西京雜記有漂玉酒而不著其說枚乘賦云尊盈漂玉之酒爵獻金漿之醪云梁人作諸蔗酒名金漿不釋漂玉之義然此賦亦非乘之辭後人假附之耳輿地志云村人取若下水以釀而極美故世傳若下酒張協作七命云荊州烏程豫章竹葉烏程于九州屬揚州而言荊州未詳西漢尤重上尊酒以賜近臣註云糯米爲上尊稷爲中尊粟爲下尊顏籀曰此說非是酒以醇醴乃分上中下之名非因米也稷粟同物而分爲二大繆矣抱朴子所謂玄鬯者醇酒也

皮日休詩云明朝有物充君信擂酒三缾寄夜航擂酒江外酒名亦見沈約文集

張藉詩云釀酒愛乾和卽今人不入水也幷汾間以爲貴品名之曰乾酢酒

宋之問詩云尊溢宜城酒笙裁曲沃匏宜城在襄陽古之羅國也

酒之名最古于今不廢唐人言酒之美者有鄂之富水滎陽土窟春石凍春劍南燒春河東乾和蒲東桃博嶺南靈溪博羅宜城九醞潯陽湓水京城西市空蝦蟇陵其事見國史譜又有浮蟻榴花諸美酒雜見于傳記者甚衆

酒之事三

詩云有酒湑我無酒酤我而孔子不食酤酒者蓋孔子當亂世惡姦僞之害己故疑而不飲也

韓非子云宋人沽酒懸幟甚高酒市有旗始見于此或謂之帘近世文士有賦之者中有警策之辭云無小無大一尺之布可縫或素或靑十室之邑必有

古之善飲者多至石餘由唐以來遂無其人蓋自隋室更制度量而斗石倍大爾

紂爲長夜之飲而失其甲子問于百官皆莫知問于箕子箕子曰

國君而失其日其國危矣國人不知而我獨知之我其危矣辭以醉而不知

魏正始中鄭公愨避暑歷城之北林取大蓮葉置硯格上貯酒三升以簪通其柄屈莖如象鼻傳噏之名爲碧筩杯事見酉陽雜俎

晉阮籍常以百錢掛杖頭過店即酣暢

山簡有荆襄每飲于習家池人歌曰日暮竟醉歸倒着白接䍦接䍦巾也

揚雄嗜酒而貧好事者或載酒飲之

陶潛貧而嗜酒人亦多就飲之既醉而去曾不恡情嘗以九日無酒獨于菊花中徘徊俄見白衣人至乃王弘遣人送酒也遂盡醉而返

魏氏春秋云阮籍以步兵營人善釀廚多美酒求爲步兵校尉

唐王無功以美酒之故求爲大樂丞丞最爲冗職自無功居之後

遂爲清流

北齊李元中大率嘗醉家事大小了不關心每言寧無食不可無酒

今人元日飲屠蘇酒云可以辟瘟氣亦曰藍尾酒或以年高最後飲之故有尾之義爾

王莽以臘日獻椒酒于平帝其屠蘇之漸乎

元魏太武賜崔浩漂醪十斛

唐憲宗賜李絳酴醾桑落唐之上尊也良醞令掌供之

漢高祖爲布衣時常從王媪武負貰酒貰酒之稱始見于此

西漢以來臘日飲椒酒辟惡其詳見四民月令

天漢三年初榷酒酤元始五年官賣酒每升四錢酒價始此

任昉嘗謂劉杳曰酒有千日醉當是虛名杳曰桂陽程卿有千里醉飲之至家而醉亦其例也昉大驚乃云出楊元鳳所撰置郡事檢之而信又嘗有人遺昉榏酒劉杳爲辨其榏字之誤榏音陣木名其汁可以爲酒

春秋説題辭曰爲酒據陰乃動麥陰也黍陽也先漬麴而投黍是陽得陰而沸乃成

淮南子云酒感東方木水風之氣而成其言荒忽不足深信故不悉載

楚辭云奠桂酒兮椒漿然則古之造酒皆以椒桂

呂氏春秋云孟冬命有司秫稻必齊麴蘖必時湛熾必潔水泉必香陶器必良火齊必得厲用六物無或差忒大酋監之

唐薄白公以戶小飲薄酒

五代時有張白放逸嘗題崔氏酒壚云武陵城裏崔家酒地上應無天上有雲游道士飲一斗醉臥白雲深洞口自是酤者愈衆

卞彬喜飲以瓠壺瓠勺杬皮爲肴

陶潛爲彭澤令公田皆令種黍酒熟以頭上葛巾漉之

唐陽城爲諫議每俸入度其經用之餘盡送酒家

西京雜記漢人采菊花并莖葉釀之以黍米至來年九月九日熟而就飲謂之菊花酒

酒之功四

勾踐思刷會稽之恥欲士之致死力得酒而流之于江與之同醉

秦穆公伐晉及河將勞師而醪惟一鍾蹇叔勸之曰雖一米可投之于河而釀也乃投之于河三軍皆醉

孔文舉云趙之走卒東迎其主非卮酒無以辨卮之事史記及後漢書皆不載惟見于楚漢春秋

王莽時瑯琊海曲有呂母者子爲小吏犯微法令枉殺之母家素豐財乃多釀酒少年來沽必倍售之終歲多不取其直久之家稍乏諸少年議償之母泣曰所以辱諸君以令不道枉殺吾子託君

復讐耳豈望報乎少年義之相與聚誅令後其衆入赤眉

晉時荆州公廚有齋中洒廳事洒猥酒優劣三品劉弘作牧始命合爲一不必分別人伏其平

河東人劉白墮善釀六月以甖盛酒曝于日中經旬味不動而愈香美使人久醉朝士千里相饋號曰鶴觴亦名騎驢酒永熙中南青州刺史毛鴻賓齎酒之藩路逢盜刼之皆醉因執之乃名擒姦酒時人語曰不畏張弓拔刀惟畏白墮春醪見洛陽伽藍記

溫克五

禮云君子之飲酒也一爵而色溫如也二爵而言言斯三爵而油油以退

揚子雲曰侍坐于君子有酒則觀禮

于定國飲酒一石治獄益精明歷代有蕭寵出世記盧植馬融傳元出世記馮政劉京學道年二百九十魏舒劉藻皆飲酒一石而不亂

晉何充善飲而溫克

魏邴原別傳曰原舊能飲酒自行役八九年間酒不向口至陳留則師韓子助潁川則親陳仲弓涿郡則親盧子幹臨歸友以原不飲酒會米肉送原原曰早能飲酒但以荒思廢業故斷之耳今當遠別因見貺餞可一飲乎于是飲酒終日不醉

鄭玄別傳馬季長以英儒著名玄往從參考異同時與盧子幹相善在門下七年以母老歸養玄餞之會三百餘人皆離席奉觴度玄所飲三百餘杯而溫克之容終日無怠

孔融好飲而能文嘗云座上客常滿尊中酒不空吾無患矣

裴均在襄陽合燕有裴弘泰後至責之謝曰願赦罪而取在席之器滿酌而納其器合坐壯之又有一銀海受酒一斗餘亦釂而拖海去均以爲必腐脇而死使覘之見紗帽箕踞枰銀海計重二百兩

李白每大醉爲文未嘗差誤與醒者語無不屈服人目爲醉聖

樂天在河南自稱爲醉尹

皮日休自稱醉士

開元中天下康樂自昭應縣至都門官道之左右當路市酒錢量數飲之亦有施者爲行人解乏故路人號爲歇馬杯亦古人衢尊之義也

唐王元寶富而好施每大雪自坊口掃雪立于坊前迎賓就家具酒暖寒

梁謝譓不妄交有時獨醉曰入吾室者但有清風對吾飲者惟當明月

宋沈文季字惟賢爲吳興太守飲酒五斗妻王亦飲酒一斗竟日對飲視事不廢

五代之亂干戈日尋而鄭雲叟隱于華山與羅隱終日怡然對飲

有酒詩二十章好事繪爲圖以相貺遺

亂德六

小說紂爲糟丘酒池一鼓而牛飲者三千人池可運船

沖虛經云子產之兄曰穆其室聚酒千鍾積麴成封糟漿之氣逆于人鼻方荒于酒不知世道之安危也

史記紂及齊威王晉書王道子秦苻堅王悅皆爲長夜飲

楚恭王與晉師戰于鄢陵而敗方將復戰召大司馬子反謀之子反飲酒醉不能見王嘆曰天敗我也乃班師而戮子反

鄭良霄爲窟室而晝夜飲鄭人殺之

三輔決錄漢武帝自以功大更廣秦之酒池肉林以賜羌胡而酒可浮舟

魏志徐邈字景山爲尚書郎時禁酒邈私飲沈醉趙達問以曹事邈曰中聖人達白太祖太祖怒渡遼將軍鮮于輔進曰醉客謂酒

淸者爲聖人濁者爲賢人此醉言爾

三十國春秋曰阮孚爲散騎常侍終日酣縱嘗以金貂換酒爲有司所彈

裴楷別傳曰石崇與裴楷孫綽宴酣而綽慢即過度崇欲表之楷曰季舒酒狂四海所知足下飲人狂藥而責人正禮乎

宋孔顗使酒仗氣彌日不醒僚類之間多爲凌忽

漢末政在奄宦有獻西涼州葡萄酒十斛于張讓者立拜涼州刺史

元魏時汝南王悅兄懌爲元乂所枉殺悅略無復讎之意反以桑落酒遺之遂拜侍中

韓子云齊桓公醉而遺其冠恥之三日不朝管仲自請發倉廩賑窮三日民歌曰公何不更遺冠乎

晉阮咸每與宗人共集以大盆盛酒不用杯勺圍坐相向大酌更飲時有羣豕來飲其酒咸接去其上便共飲之

晉文王欲爲武帝求婚于阮籍醉不得言者六十日乃止

胡母輔之等方散髮裸袒閉室酣飲已累日阮逸將排戶入守者不聽逸乃脫衣露頂于狗竇中叫輔之遽呼入與飲不捨晝夜

唐進士劉逷劉參郭保衡王仲張道隱每春選妓三五人乘犢小車裸袒園中叫笑自若曰顚飲

元魏時崔儦每一醉八日

三國時鄭泉願得美酒滿一百斛船甘脆置兩頭反覆沒飲之憊即住而啖肴膳酒有斗升減即益之將終謂同志曰必葬我陶家之側庶百年之後化而爲土或見取爲酒壺實獲我心

晉人周顗過江積年恆日飲酒惟三日醒時人謂之三日僕射

畢卓爲吏部比舍郎釀酒熟卓夜盜飲

劉伶嘗乘鹿車攜一壺酒使人荷鍤隨之曰死便埋我

誡失七

周書酒誥曰文王誥教小子有政有事無彝酒

管輅別傳曰諸葛景與輅別誡以三事言卿性樂酒量雖溫克然不可保寧當節之輅曰酒不可盡吾欲持才以愚何患之有也

晉祖台之與王荆州書古人以酒爲戒願君屛爵弃卮焚罍毀榼殛儀狄于羽山放杜康于三危古人繫重離必有贈言僕之與君其能已乎

宋書云王悅卷從弟也詔爲天門太守悅嗜酒輒醉及醒則儼然端肅恭謂悅曰酒雖悅性亦所以傷生

蕭子顯齊書臧榮緒東莞人也以酒亂言常爲誡

世說晉元帝過江猶飲酒王茂弘與帝友舊流涕諫帝許之即酌一杯從是遂斷

梁典曰劉韶平原人也年二十便斷酒肉

梁王魏嬰觴諸侯于范臺酒酣請魯君舉觴魯君曰昔者帝令儀狄作酒而美之進于禹禹飲而甘之遂疎儀狄而絕旨酒曰後世必有以酒亡國者

周官萍氏掌幾酒譏之萍古無其說按本草述水萍之功云能勝酒名萍之意其取于此乎

陶侃飲酒必自制其量性歡而量已滿人或以爲言侃曰少時常有酒失亡親見約故不敢盡量耳

桓公與管仲飲掘新井而柴焉十日齋誡召管仲管仲至公執爵觴三行管仲趨出公怒曰寡人齋戒以飮仲父以爲脫于罪矣對曰吾聞湛于樂者治于憂厚于味者薄于行是以走出公拜送之

又云桓公飲大夫酒管仲復至公舉觴以飲之管仲棄半酒公曰禮乎臣聞酒入舌出則言失者弃身臣計弃身不如弃酒公大笑曰仲父就坐

北夢瑣言陸扆爲夷陵有士子入謁因命之飲曰天性不飲扆曰已滅半矣言當寡過也

蕭齊劉玄明政事爲天下最或問政術答曰作縣令但食一升飯而不飲酒此第一筴也

長孫登好賓客雖不飲酒而好觀人酣飲談論古今或繼以火常恐客去齎異饌以留之

趙襄子飲酒五日五夜不醉而自矜優眞曰昔紂飲七日七夜不醉君勉之則及矣襄子曰吾幾亡乎對曰紂遇周武所以亡今天下盡紂何遽亡然亦危矣

釋氏之教尤以酒爲戒故四分律云飲酒有十過失一顏色惡二少力三眼不明四見嗔相五壞田業資生六增疾病七益鬭訟八惡名流布九知慧減少十身壞終墮諸惡道

韓詩外傳飲之禮跣而上坐之宴能飲者飲之不能飲者已謂之醧齊顏色均衆寡謂之沉閨門不出謂之湎君子可以宴可以醧不可以沉不可以湎

魏略曰太祖禁酒人或私飲故更其辭以白爲賢人清酒爲聖人

典論云漢靈帝末有司權酒斗直千錢

西京雜記云司馬相如還成都以鷫鸘裘就里人楊昌換酒與文君爲歡

宋明帝文章志云王忱每醉連日不醒自號上頓時人以大飲爲上頓自忱始也

益部傳曰楊子拒妻劉泰瑛貞懿達禮子元宗醉歸舍劉十日不見諸弟謝過乃責之曰汝沉荒不敬自倡敗者何以帥先諸弟

外篇下

神異八

張華有九醖酒每醉必令人傳止之嘗有故人來與共飲忘敕左右至明華寤視之腹已穿酒流床下事出世說

王子年拾遺記張華爲酒煮三薇以漬麴蘗蘗出西羌麴出北胡以釀酒清美醇鬯久含令人齒動若大醉不搖蕩使人肝腸消爛俗謂爲消腸酒或云淳酒可爲長宵之樂兩說聲同而事異也

崔豹古今註云漢魏弘爲閿鄉嗇夫夜宿一津逢故人四顧荒郊無酒可沽因以錢投水中盡夕酣暢因名沉釀川

義寧初有一縣丞甚俊而文晚乃嗜酒日必數升病甚酒臭數里旬日卒

張茂先博物志云昔劉玄石從中山酒家酤酒酒家與之千日酒而忘語其節度歸至家常醉而家人不知以爲死也棺斂葬之酒家經千日忽悟而往告之發冢適醒齊人因乃能之爲千日酒飲過一升醉臥有故人趙英飲之踰量而去其家以爲死埋之計千日當醒往至其家破冢出之尚有酒氣事出鬼神玄怪錄

尸子曰赤縣洲者是爲崑崙之墟其鹵而浮爲蓬芽上生紅草食其一實醉三百年

王充論衡云須曼都好道去家三年而返曰仙人將我上天飲我流霞一杯數月不飢

道書謂露爲天酒見東方朔神異經

劉向列女傳曰安期先生與神女會于圜丘酣玄碧之酒

石虎於大武殿起樓高四十丈上有銅龍腹空着數百斛酒使胡人於樓下漱酒風至望之如霧名曰粘酒臺使以洒塵事見拾遺記

魏賈鏘有奴善別水嘗乘舟于黃河中流以匏瓠接河源水一日不過七八升經宿色如絳以釀酒名崑崙觴香味奇妙嘗以三十斛上魏帝

李肇云鄭人以滎水釀酒近邑之水重于遠郊之水數倍事見出

世記
堯登山山湧水一泉味如九醖色如玉漿號曰醴泉
南岳夫人傳曰天人旣王子喬璠蘇綠酒
十洲記曰瀛洲有玉膏如酒名曰玉酒飲數升令人長生
東方朔別傳云武帝幸甘泉見平坂道中有蟲赤如肝頭目口齒悉具朔曰此怪氣必秦獄處積憂者得酒而解乃取蟲置酒中立消後以酒置屬車爲此也

異域酒九

天竺國謂酒爲酥今北僧多云般若湯蓋庾辭以避法禁爾非釋典所出
古今注云烏孫國有靑田核莫知其樹與花其實大如五六升匏空之盛水而成酒劉章曾得二焉集賓設之可供二十人一核纔盡一核復成久置則味苦矣
波斯國有三勒漿類酒謂庵摩勒呲梨勒也
訶陵國人以柳花椰子爲酒飲之亦醉
大宛國多以蒲萄釀酒多者藏至萬石數十年不壞
扶南傳曰頓孫國有安石榴取汁停盆中數日成美酒
眞臘國人不飲酒比之淫惟與妻飲房中避尊長見
房千里投荒錄云南方有女數歲即大釀酒候陂水竭置壺其中密固其上候女將嫁決水取之供客謂之女酒味絕美居常不可發也
扶南有椰漿又有蔗及土瓜根酒色微赤爾
又有崑崙酒名事見盛魯望詩

性味十

本草云酒味苦甘辛大熱有毒主行藥勢殺百蟲惡氣註陶隱居云大寒凝海惟酒不冰明其性熱獨冠羣物飲之令人神昏體弊

是其毒也昔有三人晨犯霧露而行空腹者死食粥者病飲酒者疾明酒禦寒邪過於穀氣矣酒雖能勝寒邪通和諸氣苟過則成大疾傳曰惟酒可以忘憂無如病何內經十八卷其首論後世人多夭促不及上古之壽則由今之人以酒爲漿以妄爲常醉以入房其爲害如此凡酒氣獨勝而穀氣劣脾不能化則發于四肢而爲熱厥甚則爲酒醉而風入之則爲漏風無所不至凡人醉而臥黍穰中必成癩醉而飲茶必發膀胱氣食酸多則有成消中
皇甫松醉鄉日月記云松脂錮百病每糯米一斗松脂十四兩別以糯米二升和煮如粥冷着小麥麯一斤半每片重二三兩火爆乾搗爲末攪作酵五日以來候起辦炊飯米須薄之更以麯二十片火焙乾作末用水六斗五升酵及麯末飯等一時攪和入甕甕暖和如常春冬四日秋夏三日成
又云酒之酸者可變使甘酒半斗黑錫一斤半令極熱投中半日可去之矣
南史記虞悰有鯖鮓云可以醒酒而不著其造作之法
魏文帝詔曰且說蒲萄解酒宿醒淹露汁多除煩解熱善醉易醒
禮樂志云柘漿析朝醒言甘蔗汁治酒病也
開元遺事云興慶池南有草數叢葉紫而莖赤有人大醉過之酒應自醒後有醉者摘而嗅之立醒故謂之醒醉草
五代史云李德裕平泉有醒酒石尤爲珍物醉則踞之

飲器十一

上古汙尊而坏飲未有杯壺制也
漢書云舜祀宗廟用玉斝其飲器與然事非經見且不必以貯酒故予不達其事
周詩云兕觥其觩
周王制一升曰爵二升曰觚三升曰觶四升曰角五升曰散一斗

曰壺別名有盞斝㪷杯不一其號或曰小玉杯謂之盞又曰酒微濁曰醆俗書曰盞爾由六國以來多云製卮形制未詳也

劉向說苑云魏文侯與大夫飲曰不盡者浮以大白漢書或謂舉盞以白醑非也

豐干杜舉皆因器以爲戒者見禮

漢世多以鴟夷貯酒揚雄爲之贊曰鴟夷滑稽腹大如壺盡日盛酒人復借沽常爲國器託于屬車

南史有蝦頭杯蓋海中巨蝦其頭甲爲杯也

十洲記云周穆王時有杯名曰常滿

自晉以來酒器又多云鎗（力耕切）故南史有銀酒鎗鎗或作鐺陳宣好飲自云何水曹眼不識杯鎗吾口不離瓢杓李白云舒州杓力士鐺北史云孟信與老人飲以鐵鐺溫酒然鎗者本溫酒器也今遂通以爲蒸飪之具云

宋何點隱于武丘山竟陵王子陵遺以嵇叔夜之杯徐景山之酒鎗

松陵唱和又有瘿木杯詩蓋用木節爲之

老杜詩云醉倒終同臥竹根蓋以竹根爲飲杯也見江淹集是也

唐人尤尚蓮子杯白公詩中屢稱之

樂天又云榼木來方瀉蒙茶到始煎

李太白有山尊詩云尊成山岳勢材是棟梁餘

今世豪飲多以蕉葉梨花相強未知出于誰氏

訶陵國以鱟魚殼爲酒尊事見松陵唱和詩云用合對江螺

唐韓文公寄崔斯立詩我有雙飲盞其銀得朱提黃金塗物象雕琢妙功倕乃令千鍾鯨么麽微螽斯猶能爭明月擺掉出渺瀰野草花葉細不辨薋菉葹緜緜相糾結狀似環城陴四隅夫容樹擢豔皆猗猗云云蓋皆以興喻故歷言其狀如此今好事者多按其文作之名爲韓杯（朱提音殊時）

西蜀有酒杯藤大如臂葉似葛花實如梧桐實成花堅可酌實大如杯味如荳蔻香美土人持酒來藤下摘花酌酒乃實消酒國人寶之不傳中土事見張騫出關志

酒令十二

詩雅云人之齊聖飲酒溫恭又云既立之監或佐之史然則飲之立監史也所以已亂而備酒禍也後世因之有酒令焉

魏文侯飲酒使公乘不仁爲觴政其酒令之漸乎

漢初始聞朱虛侯以軍法行酒

逸詩云羽觴隨波流後世浮波疏泉之始也

唐柳子厚有序飲一篇始見其以洄泝遲駛爲罰爵之差皆酒令之變也又有藏鉤之戲或云起于鉤弋夫人有國色而手拳武帝自披之乃伸後人慕之而爲此戲白公詩云徐動碧芽籌又云轉

花移酒海今之世酒令其類尤多有捕醉仙者爲禺人轉之以指席者有流杯者有總數者有密書一字使誦詩句以抵之者不可殫名昔五代王章史肇之燕有手勢令此皆富貴逸居之所宜若幽人賢士既無金石絲竹之玩惟嘯詠文史可以助歡故曰閒徵雅令窮經史醉聽新吟勝管絃又公亦云令徵前事爲觴咏新詩送令略志其美而近者于左

孟嘗門下三千客大有同人湟水渡頭十萬羊未濟小畜馬援以馬革裹尸死而後已李耳指李樹爲姓生而知之江革隔江見魯般板榔李員園裏喚蔡澤釋栄

拆字爲反切者　矢引矧　欠金欽

名字相反切者　干謹字巨引　尹珍字道眞　孫程字雅卿

古人名姓點畫絕省者　宇文士及　尔朱天光　子州友父

公父文伯　王子比干　王士平　呂太一　王子中　王太丘

江子一　于方　卜巳　方干　王元　江乙　文丘　丁乂
卜式　王丘
字畫之繁者　蘇繼顔　謝靈運　韓麒麟　李繼鸞　邊歸讜
欒曆　鱗鑪　蕭鸞
聲音同者　高敖曹　田延年　劉幽求
字畫類者　田甲　李季
臺字去吉增點成室　居字去古增點成戶
火炎昆岡　山出器車　土圭封國
百全之士十萬五刑之屬三千
蕩蕩乎民無能名欣欣焉人樂其性
公子牟身在江湖心遊魏闕鄭子眞耕于谷口名動京師
前徒倒戈以北長者扶義而東
運天德以明世散皇明而燭幽

今人多以文句首末二字相聯謂之粘頭續尾嘗有客云維其時矣自謂文句必無矣字居首者欲以見窘予答矣焉也者矣焉也者決辭也出柳子厚文遂浮以大白
白公東南行云鞍馬呼教住骰盤喝遣輸長驅波卷白連擲采成盧註云頭盤卷白波莫走鞍馬皆當時酒令法未詳蓋亢白一時之事爾
國史補稱鄭弘慶始捩平素精看四字令未詳其法

酒之文十三

醉鄉記云醉之鄉不知去中國其幾千里其土曠無涯無丘陵阪險其氣和平一揆無晦冥寒暑其俗大同無邑居聚落其人湛靜無愛憎喜怒吸風飲露不食五穀其寢于于其行徐徐與鳥獸魚鼈雜處不知有舟車器械之用昔黃帝氏嘗獲游其都歸而昝然喪天下以爲浩浩之政已薄矣降及堯舜作爲千鍾百壺之獻因姑射人以假道蓋至其邊鄙終身太平禹湯立法禮繁樂雜數十代與鄉隔其臣羲和以甲子而逃蘇臻其鄉失路而道夭故天下遂不寧至乎子孫桀紂怒而昇其糟丘階級千仞南面望幸不見醉鄉武王得至于世乃以公旦立酒人之職典司五齊拓土七千里幾與醉鄉達焉二十年刑不用下逮幽厲迄于秦漢中國喪亂與醉鄉絕矣而臣下之愛道者往往竊至焉阮嗣宗陶淵明十數人等並游于醉鄉沒身不返死葬其壤中國以爲酒仙云嗟乎醉鄉氏之俗豈華胥氏之國乎何其淳絕也如是予將遊焉故爲之記
酒德頌云云
清和先生傳云清和先生者姓甘名液字子美其先本出于后稷氏有粒食之功其後播弃或居于野遂爲田氏田爲大族布于天下至夏末世衰有神農氏之後利其資率其徒往游于田而歸其

倔強不降者與降而不釋甲者皆爲城旦舂賴公孫杵臼仁愛審其輕重不盡碎其族徙之陳倉與麥氏谷氏鄰居其輕者猶爲白粲與鬼薪忤已而逃于河內又移于曲沃曲沃之民悉化焉曲沃之地近于甘古甘公之邑也故先生之生以甘爲氏始居于曹受封于鄭及長器度汪汪澄之不淸撓之不濁有醞藉涵泳經籍百家諸子之言無不濫觴孟子稱伯夷淸柳下惠和先生自謂不夷不惠居二者之間而兼有其德因自號曰淸和先生云士大夫善與之游詩歌曲引往往稱道之至于牛童馬卒閭巷倡優之口莫不羨之以是名漸徹于天子一日召見與語竟日上熟味其旨愛其醇正可以鎭澆薄之徒不覺膝之前席自是屢見于上雖郊廟燕享祀祠之禮先生無不首預其選素與金城賈氏友玉巵子善上皆禮之每召見先生有司不請而以二子俱見上不以爲疑或爲之作樂盛饌以待之歡甚至于頭沒杯桉先生既見寵遇子孫

支庶出爲郡國二千石者往往而是皆矜伐過實多自旌其門以致過客甚喜其自標致如此其最著而實不忝其名者知中山宜城若下溢浦諸甘皆良子弟也惟一族居魯者不肖薄于外行而無醞藉卒致齊秦稱怨而固趙邯鄲其餘十室之邑百人之聚皆有先生之族悉善賓客所居冠蓋如織號呶出入晝夜無節交易之利所在委積由是上疑其濁小人乘其間徑以賂入欲以逢上意一日上問先生曰君門如市何也對曰臣門如市臣心如水嘆曰清和先生今乃信爲清和矣益厚遇之由是士大夫復從先生游鄉黨賓友之會咸曰無甘公而不樂既至則一坐盡傾莫不注挹然其過事多不能自持必待人斟酌而後行常自稱曰沽之哉沽之哉我待價者也人或召之不擇貴賤至于挈缾之智斗筲之量或虛已來求者從之如流布衣寒士一與之遇溫于挾纊袁紹總兵于河朔使人召先生與鄭康成俱至是時盛夏康成與先生

高論竟日坐客悚然不覺盛暑之攻肌先生與人遊多隨其性能解人憂憤發其膽氣所謂能令公喜能令公怪者耶王公卿士如灌夫季布祖彬李景儉之徒與先生游而得罪者不可勝數性喜釋氏而僧之徒愛慕其道往往竊于先生處至于學道隱居之士多託先生以自晦而與先生相得甚歡者至于破家敗產而不悔以是禮法之士疾之如讐如相承朱子元執劉文叔郭解長孫登皆不悅未嘗與先生交又以其行既久多中道而變不承于初咸毀之曰甘氏孽子始以詐得終以詐敗矣久之諫大夫谷永上言先生性不自持無大臣輔政之體久置左右慮以虛文廢事由是以疎斥之會徐邈稱先生爲聖人上大怒遂斥邈而命有司以光祿大夫稱使先生就封于荆非宗廟祭祀未嘗召見矣先生遂終于封而仕于郡國其後皆盛族先生有四子曰醉曰醨曰醲曰醽皆淳厚過于其父其諸孫以十數稍薄德父風矣初先生既失寵其交游多謝絕惟吏部尚書畢卓北海相孔融彭城劉伯倫篤好如舊融嘗上書極言先生之無罪上益怒融由此亦得罪而伯倫又爲之頌頌與書世多有故不著今掇其事之要者著于篇

太史公曰先生之名見于諸書亦衆矣而未有至公之論也譽之者美過其情毀之者惡溢其眞若先生之激發壯氣解釋憂憤使布衣寒士樂而忘其貧不亦薰然慈仁君子之致歟孔子稱有始有卒其惟聖人至于久而多變此中之庇獨何致譏于先生予幸得以郎從上祀汾陰還過于甘慨然想先生之風聲而恨不及見也反爲傳以俟後之君子得以覽觀使不獨蒙惡聲

酒之詩十四

云云

予行天下幾大半見酒之苦薄者無新塗以是獨醒者彌歲因管庫餘閑記憶舊聞以爲此譜一覽之以自適亦猶孫公想天台而

賦之韓吏部記畫之比也然傳有云圖西施毛嬙而觀之不如醜妾可立御于前覽者無笑焉甲子六月既望日在衡陽次公竇子野題

竹譜一卷

晉戴凱之

植物之中有物曰竹不剛不柔非草非木小異空實大同節目或栽沙水或起岩陸條暢分敷青翠森肅質雖冬蒨性忌殊寒九河鮮育五嶺實繁萌筍苞籜夏多春鮮根幹將枯花箙音福竹實也乃懸紵筰詩謂死爲箹必六十復亦六年竹六十年易根則結實而枯死實落土復生六十年遂成町篁音中龍之美爰自崑崙員丘帝舜也竹一節爲船巨細已聞形名未傳員丘帝舜竹一節以爲船也桂實一族同稱異源桂竹高四五丈大者二圍闊節大葉衛尤勁薄博矢之賢簞任篙笛體特堅圓棘竹駢深一叢爲林根如椎輪節若束針亦曰笆竹城固是任棘竹生交阯枝節皆有刺彼人種以爲城牢不可陵萬實異物志云種爲藩落阻過層墻竹稱中物一名笆竹篾筍既食鬢髮則侵單體虛長各有所育嶺南夷人取其竹灰若叢種以爲麻績者如紛苦實稱名甘亦無目苦竹

（有白有害甘竹似篁而茂合涵者用此物今處處有之）弓竹如藤其節却曲生多臥土立則依木長幾百尋狀若相繼質雖含文須膏乃綷（弓竹出東垂山中有文膏塗火灼之乃見）厥族之中蘇麻特奇條幹並節大葉繁枝淩羣獨秀蓊茸紛披（蘇麻長數丈葉大如履可愛五嶺有之）篔簹射筒箖箊桃枝長爽纖葉清肌薄皮千百相亂洪細有差相繇既戮厥土惟腥三墠斯沮尋竹乃生物尤世遠略狀傳名（禹殺共工相繇背流爲水其土壓膝不植五穀三溼皆沮）盤腸實中與笆（音巴）相類于用寡宜爲筍殊味（盤腸生東都而筍最美）筋竹爲矛稱利海表槿仍其幹刃卽其杪生于日南別名爲篻（音錄）百葉參差生自南垂傷人則死醫莫能治亦曰簩（音勞）竹厥毒若斯（百葉竹一枝百葉有毒夾人以刺虎豹中之輒死一物二名）彼之同異予所未知簹與由衙厥體俱洪圍成累尺簹（音）實衙空南越之居梁柱是供（二竹皆大竹土人用爲梁柱簹竹安成以南有之衙竹在交州）竹之堪杖莫尚于筇磥砢不凡狀若人功豈必蜀壤亦產餘邦一曰扶老名實懸同（張騫傳云予大夏見之出身毒國始感筇杖終開越嶲越嶲則古身毒國也）䈙䉐（音聊體）二族亦甚相似杞髮苦竹促節薄齒束物體柔殆同麻枲

薔竹所生大抵江東上密防露下疏來風連畝接町竦散崗潭雞脛似篁高而筍脆稀葉梢杪類記黃細狗竹有毛出諸東裔物類衆詭千百不計（狗竹生臨海山中節間有毛）有竹象蘆因以爲名東甌諸郡緣海所生肌理勻淨筠色潤貞凡今之篾匪茲不鳴會稽之箭東南之美古人嘉之因以命矢（爾雅云會稽之竹箭也）箘簬（音路）載籍貢名荊鄙箘亦箘徒概節而短江漢之間謂之䉂竹根深耐寒茂彼淇苑䈭（音峯）篠蒼蒼接町蓮篁性不卑植必也岩岡踰矢稱大出尋爲長物各有用掃之最良又有族類爰挺嶧陽懸根百仞竦幹風生簫笙之選有聲四方質清氣亮衆管莫抗（此篠竹也笙賦所謂鄒山大竹嶧陽孤桐）亦有海篠生于島岑節大盈尺幹不滿尋形枯若筋色如黃金徒爲一異莫知所任赤白二竹還取其色白薄而曲赤厚而直沅澧所豐餘邦鮮植簫菡（音含）䉦翣翣攢植擢筍于秋冬乃成竹無大無小千萬修直䉩膜內晷綉文外絶䉩䉩（音孤讀）誕節內實外澤作貢漢陽以供輅策

浮竹亞節虛軟厚肉臨溪覆潦栖雲蔭木供筍滋肥可爲旨畜（浮竹其筍未出時取以醋藏之南人甚重詩云我有旨畜可以御冬是也）厥性異宜各有所育篚植于苑䈿（音莽）生于蜀細篠大簜竹之通目互名統體譬牛與犢人之所知事生軌躅赤縣之外焉可詳錄臆之筆之匪邁伊瞩

續竹譜一卷

蜀土有竹狀若垂釣俗名釣絲竹也

毛竹生武夷山李義山詩云安得流霞酒一杯空中簫鼓當時回武夷洞裏毛生竹老盡玄孫不更來

方竹生嶺外大者如巾筒小者如界方

瑞竹合歡竹也發地尺餘分爲兩竿

筀摩竹生桂嶺一人止可擊一竿欲種則鈖其苗載二尺許釘入土不踰月而生根葉期年長芽筍不三載而爲林

簞竹葉疏而大一節相去五六尺南人取嫩竹細破槌浸之織而

爲布

䈡竹皮上有文可爲錯子錯甲利勝于鐵若鈍以漿洗之還復快利（廣州志云石林之竹勁而利削爲刀割物如切草）

北戶錄云貞元年間有鹽戶犯禁逃于羅浮山深入第十三嶺（南越志云本卽有羅山忽海上浮來相合是曰羅浮山有嶺二十峯九百六十瀑泉城中無出其右也）見巨竹萬竿圍皆二丈餘有三十五節節凡三尺許逃者遂伐一竿破以爲篾會赦遂挈以歸有人得一篾奇之獻之太守李瓊乃圖而記之今海南以竹爲甑者屢見之矣皆羅浮之竹也

斑竹世傳二妃將沉湘水望蒼梧而泣洒淚染竹成斑

黃竹穆天子作詩三章以哀民謂之黃竹之歌

紫竹其莖如染出青城峨嵋山可作笙竽簫管

櫻竹蜀中多有之皮皆是櫻亦謂之桃竹

貓兒竹長沙有之下豐上細其筍甚甘美大者重十餘斤

紅竹出峽州宜都縣飛魚口大者不過一寸許鮮明可愛

顧愷之竹譜云南嶺實煩有毛竹簹竹靑皮竹木竹釣絲竹桃竹

越王竹越王竹春生石上細荻高丈餘以其脊色者用爲竹籌越王弄餘算而生焉

簕竹即節上有刺南人呼刺爲簕邕州舊以爲城蠻蜑來侵竟不能入即簕竹也

說郛卷第六十六終

說郛卷第六十七

孫公談圃 三卷

宋劉延世 臨江人

紹聖之改元也嘗仕于元祐而貴顯者例皆竄貶湖南嶺表相望而錯趾惟閩郡獨孫公一人遷于臨汀四年夏五月單車而至屏居林谷幅巾杖屨往來乎精藍幽嶋之間其後避謗杜門不出日有可憐之意予時侍親守官長汀縣與公同郡竊從之游聞其言皆可以爲後世法亦足以見公平生所存之大節于是退而筆之集爲三卷命曰孫公談圃公狀貌奇特眉目孤聳望之凜然可畏元祐中居殿中爲御史入中書爲舍人危言讜論內外憚之已而忤時宰意以集賢院修撰留守南都後遷學士其謫官也自南都爲歸州遂以散秩謫汀公在汀三年竟以疾終明年歲在庚辰天子嗣位盡還公舊職士大夫傷公之不及見也余辱公之知且久

而公之語亦嘗屬余記焉公之子皆幼而孤則其事久或不傳于是詳而述之庶幾不爲負公者非特爲談圃道也公諱升字君孚高郵人建中靖國元年正月四日引

藝祖生西京夾馬營營前有陳學究聚生徒爲學宣祖遣藝祖從之上微時尤嫉惡不容人過陳時時開諭後得趙學究即館于汴第杜后錄陳之舊召至門下與趙俱爲門客然藝祖獨與趙計事而陳不與也陳橋之事上謂趙曰陳雖不與吾事亦當告而後行且屬其家事夜與趙過陳具道之陳大怒曰不可作族滅事邐明拂衣而去居陳州村舍聚生徒如故迨太宗判南衙使人召之居無何有言開封之政皆出于陳藝祖怒問狀太宗懼遂遣之且以白金贈行陳歸半道盡爲盜掠居陳村舍生徒日衰饑寒無與從者太宗即位以左司諫召之官吏大集其門館于驛舍一夕醉飽而死趙學究即趙普也陳忘其名崔伯易能道其詳屢欲作傳

司馬溫公之薨當明堂大饗朝臣以致齋不及奠肆赦畢蘇子瞻率同輩以往而程頤引論語子于是日哭則不歌子瞻曰明堂乃吉禮不可謂歌則不可哭也頤又諭司馬諸孤不得受弔子瞻戲曰頤可謂鏖糟波俚叔孫通聞者笑之

司馬溫公隧道碑賜名清忠粹德紹聖初毀磨之際大風走石羣吏莫敢近獨有匠氏揮斤而擊未盡碎忽仆于碑下而死

孫莘老知福州時民有欠市易錢者繫獄甚衆有富人出錢五百萬葺佛殿請于莘老莘老徐曰汝輩所以捨錢者何也衆曰願得福耳莘老曰佛殿未甚壞佛又未露坐孰若以其錢爲獄囚償官逋使數百人釋枷鎖之苦其德福豈不多乎富人不得已曰諾卽日輸錢囹圄遂空

王德用世號黑王相公年十九從父討西域威名大震西人兒啼卽呼黑大王來以懼之德用在朝屢引年仁宗惜其去兩爲減年

一日除樞密使孔道輔云狀類藝祖宅枕乾岡卽出知隨州謝表云狀類藝祖父母所生宅枕乾岡先朝所賜時人莫不多其言

林英年七十致仕起爲大理卿氣貌不衰如四五十歲人或問何術致此英曰但平生不會煩惱明日無飯吃亦不憂事至則遣之釋然不留于胸中治獄多所全活若有所見者豈其陰相歟

仁廟皇嗣未立羣臣多言者獨韓魏公尤切一日殿上陳宗廟大計上不得已頷之遂降詔立濮邸比車駕還宮不食者再左右問安否上垂涕曰汝不知我今日已有交代宮人有數某妃將入閤者曰何遽使他人爲上曰是他韓琦已處置了復泣下晚年每遇眞廟諱日羣臣拜慰必聞上慟哭其聲哀咽

巫山神女廟其像坐帳中祕不可觀馮沆學士之幼子美秀如玉年十五隨沆知夔州日戲于郡圃必拍手呼鹿鹿至則騎之人以爲異後改蜀郡過巫山廟其子輒搴帷見神女目動歸時頭痛疾三日而卒

高郵軍南橋去東河丈餘地有井庇以四柱屋父老相傳葛洪女嘗汲此水鍊丹飛仙去世號玉女井其東二十餘步卽公之第宅公嘗言嘉祐中治所居屋得廢井甃砌完好泉清且甘按圖經卽此爲眞玉女井也庇以四柱者市人妄爲之耳（此條今本未見）

平泉山居記

唐李德裕

經始平泉追先志也吾隨侍先太師忠懿公在外十四年上會稽探禹穴歷楚澤登巫山遊沅湘望衡岳忠懿公每維舟清眺意有所感必凄然遐想屬在伊川嘗賦詩曰龍門南去是伊原草樹人烟目所存正是北州梨棗熟夢魂秋日到郊園吾心感是詩有退居伊洛之志前守金陵于龍門之西得喬處士隱淪空谷處士天寶末避地遠遊近廢爲荒榛首陽孤岑尙有薇蕨山陽舊逕唯餘竹林吾乃剪荊莽驅狐貍始立班生之廬漸成應叟之宅又得江

南珍木奇石列于庭除平生素懷于此足矣吾嘗以爲出處者貴得其道進退者貴不失時古來賢達多有遺恨至于玄祖潛身于柱史柳惠養德于士師漢代邴曼容官不過六百石終無辱殆邈難及矣越蠡泛五湖以肥遯留侯託黃老以辭世亦其次焉范睢感蔡澤一言超然高謝鄧禹見功臣多敗委遠名勢又其次也矧吾者刈葵無衛足之智處雁有不鳴之患雖有泉石杳無歸期留此林居貽厥後代鬻吾平泉者非吾子孫也以平泉一樹一石與人者非佳士也吾百年後爲權勢所奪則以先人之命泣而告之此吾志也詩曰維桑與梓必恭敬止言其父所植也昔周人之思召伯愛其所憩之樹近代薛令君于禁省中見先人所據之石必泫然流涕汝曹可不慕之唯岸爲谷谷爲陵然後已焉可也（右平泉山居戒子孫記）

予嘗覽賢相石泉公家藏書目有園庭草木疏則知先哲所尙必

有意焉予二十年間三守吳門一蒞淮服嘉樹芳草性之所耽或致自同人或得于樵客始則盈尺今已豈尋因感學詩者多識草木之名爲騷者必譏蓀荃之美乃記所出山澤庶資博聞木之奇者有天台之金松琪樹稽山之海棠榧檜剡溪之紅桂厚朴海嶠之香檉木蘭天目之靑神鳳集鍾山之月桂靑颼楊梅曲阿之山桂溫樹金陵之珠柏欒荆杜鵑茅山之山桃側柏南燭宜春之柳柏紅豆山櫻藍田之栗梨龍柏其水物之美者白蘋洲之重臺蓮芙蓉湖之白蓮茅山東溪之芳蓀復有日觀震澤巫嶺羅浮桂水嚴湍廬阜漏澤之石在焉其伊洛名園所有今並不載豈若潘賦閒居稱郁棣之藻麗陶歸衡宇嘉松菊之猶存爰列嘉名書之于石己未歲又得番禺之山茶宛陵之紫丁香會稽之百葉木芙蓉百葉薔薇永嘉之紫桂簇蝶天台之海石楠桂林之俱那衛台嶺茅山八公山之怪石巫峽嚴湍琅琊臺之水石布于淸渠之側仙人跡馬跡鹿跡之石列于佛榻之前是歲又得鍾陵之同心木芙蓉剡中之眞紅桂稽山之四時杜鵑相思紫苑貞桐山茗重臺薔薇黃槿東陽之牡桂杜石山楠九華山欒樹天蓼靑櫪黃心栳子朱杉龍骨庚申歲復得宜春之筆樹楠木椎子金荆紅筆密蒙勾栗木堆其草藥又得山薑碧百合焉右山居草木記

國史異纂 三卷

齊吳均爲文多慷慨軍旅之意梁武帝被圍臺城朝廷問均外禦之計怯怛不知所答啓云愚計速降爲上計

梁常侍徐陵聘于齊時魏收有文學北朝之秀錄其文集與陵令傳之江左陵還濟江而沉之從者問之陵曰吾與魏公藏拙也

太宗令虞監寫列女傳以裝屛風未及求書闇書一字無失

太宗將致櫻桃于酅公隋後封爲酅公稱奉則似尊言賜又卑乃問之虞監曰昔梁帝遺齊巴陵王稱餉從之

太宗嘗出有司請載書以從帝曰不須虞世南此行祕書也

虞公之爲祕書于省後堂集羣書中事不可爲文用者號爲北堂祕抄

貞觀中彈琵琶裴洛兒始廢撥用手爪所謂搊琵琶也

武后初稱國恐人心不安乃令人自舉供奉官正員外郎多置裏行拾遺補闕御史等至有車載斗量之詠御史臺令史將入臺値裏行御史數人聚立門外令史驢入直衝其間諸御史大怒將杖之令史云今日之過實在此驢乞先數之然後受罰御史共許之謂曰今日汝有藝可知精神極鈍何物驢畜敢于御史裹行于是羞赧而止

雲陽縣界多漢離宮故有槐而葉細土人謂之玉樹子甘泉賦云玉樹靑葱後左思誇爲珍怪蓋不詳也

江寧縣寺有吳長明燈歲久火色變靑而不熱隋文帝平陳已訖其古今猶在

驃國樂頌 一卷全

唐之盛天子宅位二十有三載輔臣司徒臯鎭蜀十有七年驃國王子獻其樂器躬總樂官踰萬里自至于蜀司徒公中書令南康王使使者護送于闕下小臣感王化之光明殊勳懋績之昭炳繼詩人之爲頌序曰聖朝擁神休合靈符化隋爲唐邁漢超周與唐虞比崇玄功不宰至理無朕聲教洎動于無心驃國王印度之種也其風聲教義與中印度同觀風雲占星氣知中國聖人聞中國教政乃踰越險異崎嶇國俗筋力殫耗形氣瘁然銜感至仁瞻望唐德遂其忠懇果達神都觀其恭肅莊虔動必中禮吹蠡擊鼓式舞且歌瓔珞四垂珠璣燦發既貴而麗爛然可觀自漢已還有德所感文字或至聲樂未聞聆其聲也幽若竽籟靜如景風曲度迴溥將遠而近浮軼雙闕徘徊九域條暢遐邃若翔若止精烈輾轉

參差無窮時因迴飇擁在高閣此至和之音也其舞節周章宛翳順序卑逑若威鳳族翬丹鶴羣翔環合聚散將軒如止促度應節屈伸若飛風生嶓幢氣逸罕箭俯僂跽跪前後有聲周流萬變繭然而卒長袖侈袂拂面約身于是緜駒陳左之徒慙口沮色不能進止此至敬之容也初驃國之王舉國送之且訓其子曰聖唐恩澤宏被八埏相君勳德著于四海今布于外野欵我塞門猶懼邊吏抑而不達非聖德之至何臻于此乎且夫溟渤之外沙石爲閡卑溼沮洳瀆漫冥昧經過崑崙或窮河源巔沛雪山陵兢玉門回繚阻深不知其近遠方造于蜀得非潛靈幽贊成國盛美大司徒勳伐焜燿圖牒發揮紬緗曷以觀期樂識斯人上至于再三展而閱之賜與雰霈又付史臣下太常附伶官隸樂章薦清廟設明堂同萬國合八荒詔曰惟爾司徒皋敬敷五教在寬使遠人來格公守邊之勳也朕何德焉南康受命色如不容乃言曰陛下垂天地

之仁以覆九有驃國之獻有爲而來西南微臣敢偸天功以奉疆理眇然鰥生感君聖臣忠遠方來同遂作頌曰驃國之人來自絕垠遠貢異樂作愉聖君明珠璘彬彩旄繽紛婆娑盤跚繚繞逶巡南康異習貢于內庭的的軒軒有儀有聲昔于紬緗畫以丹青助祭執贄羅于廟庭南康之鎭開扃洞闢忠賢翠后勳加百蠻惟昔之盛音聲亹亹巴渝雜戲高祖勃起白狼之至漢明致理獻詩作頌第彼功美至若驃國來循萬里進貢其音敢愛其子詳其曲度潛應簫韶感我康時盛我清朝赴水湯湯入林蕭蕭鏗鏘八音藹鬱繁條窮地盡理掩古越今載和耳目旁感飛沉上調薰風合以虞琴詩頌奏御王澤維深

詩論 一卷

宋釋普聞

老杜之詩備于衆體是爲詩史近世所論東坡長于古韻豪逸大度魯直長于律詩老健超邁荆公長于絕句閑暇清癯其各一家也然則荆公之詩覃深精思是亦今時之所尙者魯直曰荆公暮年小詩雅麗清絕脫去塵俗不可以常理待之也荆公送和甫寄女子詩云荒烟涼雨助人悲染溼衣衿不自知除却春風沙際綠一如送女過江時拂雲豪逸之氣屏蕩老健之節其意韻幽遠清癯雅麗爲得也

論曰詩家云鍊字莫如鍊句鍊句莫若得格格高本乎琢句句高則格勝矣天下之詩莫出于二句一曰意句二曰境句境句則易琢意句難製境句人皆得之獨意不得其妙者蓋不知其旨也所以魯直荆公之詩出于流輩者以其得意句之妙也何則蓋意從境中宣出所以此詩作荆公集中之眼者妙在斯耳魯直寄黃從善詩云我居北海君南海寄雁傳書謝不能桃李春風一杯酒江湖夜雨十年燈 云云 初二句爲破題第三第四句爲頷聯大凡頷聯皆宜意對春風桃李但一杯而想像無聊屢空爲甚飄蓬寒雨

十年燈之下未見青雲得路之便其羈孤未遇之歎具見矣其意句亦就境中宣出桃李春風江湖夜雨皆境也昧者不知直謂境句謬矣陳去非詩云一官不辨作生涯幾見秋風捲岸沙境也著幾見二字便成意句愚亦嘗法之送求僧行者云山林夜雨厭孤寂春風幾番沙草碧衣盂無計若爲傳負舂空墜腰間石 云云 已上皆古人未曾言之雖然其來亦有所自也陳無已詩云枯松倒影半溪寒 境 數箇沙鷗似水安 境中帶意 曾買江南十本畫歸來一筆不中看 意 石屋詩云八峯春到了雙澗雨晴初 境 小屋鈎簾坐 境中帶意 人間無畫圖 意 禁臠謂奪胎法者石屋之詩見之然其境句不勝耳又詩失名云千金欲買吳州畫今向吳州畫裏行 意 小雨半收蒲葉冷漁人歸去釣船橫 境 此亦前模之自出也愚亦效顰曰水闊天長雁影孤眠沙鷗鷺倚黃蘆半收小雨西風冷 境 藜杖相將入畫圖 意 又曰十里沙隄水滿湖着霜黃草未全枯曉來

細雨藏鷗鷺何處人間有畫圖大凡但識境意明白覷見古人千
載之妙其猶覩諸掌

說郛卷第六十七終

說郛卷第六十八

釋常談 三卷全抄

宋無名氏

從文入武謂之投筆漢班超字仲升家貧傭書以自給乃擲筆于地曰大丈夫當效張騫傅介子立功于異域以取封侯萬里之外安能久事筆硯乎時大將軍耿康用超爲行軍司馬討西域有功封爲定遠侯

甲第 好宅謂之甲第甲者首也漢書平恩侯許伯入新宅蓋寬饒訪之入門仰視而歎曰富貴無常如此甲第所閱甚多忽即易主

醇醪 好酒謂之醇醪吳書程據常以氣凌周瑜瑜未嘗有愠色承奉愈謹程據自慚遂投分于瑜曰與公瑾爲友如飲醇醪不覺自醉

穰侯 見事遲謂之穰侯史記范雎自魏隨秦使王稽入秦在路逢秦相穰侯雎不欲見之乃匿于王稽車中穰侯問王稽曰莫載魏人來否無益于事虛亂秦國耳稽曰無人遂去范雎謂王稽曰適來偷見穰侯耳此人見事遲向來所問疑車中有人忘却搜索雎乃下車藏于草中穰侯行十里果回使人搜車中不獲而去雎至秦果代穰侯爲秦相

右軍 鵝謂右軍晉書王羲之爲右將軍善書時山陰道士獻鵝求寫經得鵝欣然爲寫入會稽孤姥有一鵝善鳴右軍求之未得遂命駕與親知同詣觀之姥不察其意遂烹鵝以待右軍右軍知之歎息彌日

小冠子夏 患目者謂之小冠子夏漢書杜欽杜鄴俱有大名于世兩人皆字子夏欽眇一目被人呼之盲子夏欽惡以盲字爲號自作一小冠戴之時皆呼爲小冠子夏

喋喋 多語話謂之喋喋漢文帝幸上林苑虎圈問上林尉虎圈中事尉一詞不措有嗇夫代奏對言語無窮應答不滯帝乃命與嗇夫

官張釋之諫曰不可嗇夫利口捷給陛下若與之官即使天下之人唯事口舌喋喋而已帝遂納諫故周易云吉人之詞寡躁人之詞多

泰山　丈人謂之泰山玄宗開元十三年封禪于泰山張說爲封禪使說女壻鄭鎰本是九品官舊例封禪後自三公以下皆轉遷一階一級惟鄭鎰是封禪使女壻驟遷至五品兼賜緋服因大酺次玄宗見鎰官位騰跳怪問之鎰無詞以對優人黃幡綽奏曰此乃泰山之力也因此以丈人爲泰山

渭陽　母舅謂之渭陽左傳云秦康公之母即晉獻公之女也康公送晉獻公之子文公至渭陽曰見我舅氏如母存焉凡山以南面爲陽水以北面爲陽是康公送舅至渭水之北因曰渭陽也

宅相　外甥謂宅相魏舒字陽元少孤爲外家寧氏所養寧氏起宅相者曰此宅相合出貴甥魏舒聞之曰吾爲外家成此宅相也舒後位至晉卿果如相者之言因呼外甥爲宅相

玉潤　女壻謂之玉潤晉樂廣字彥輔衆皆呼爲冰清女壻衞玠字叔寶世號爲玉人故時謂之語曰婦翁冰清女壻玉潤

東牀　女壻謂之東牀晉太尉郄鑒遣門生求女壻于王導家導命來使偏觀之王氏子弟咸自矜持唯一人于東牀坦腹而卧旁若無人郄太尉聞之曰東牀坦腹者佳壻也訪問乃是羲之遂以女妻焉

尺布斗粟　兄弟不睦謂之有尺布斗粟之事漢文帝時淮南王長卿文帝弟也謀不軌文帝不忍戮謫于蜀在道不食而死時人謠言曰一尺布尚可縫一斗粟尚可舂兄弟二人不相容帝聞之追悔不及

參商　兄弟不和夫妻不睦皆謂之參商也左傳曰昔高辛氏有二子長曰閼伯次曰實沈居于曠林皆不相善日尋干戈以相征討后帝不臧遷閼伯于商丘主辰星遷實沈于大夏主晉星註曰商人以辰星爲商星唐人以晉星爲參星故謂之參商

張蓋　戴席帽謂之張蓋春秋後語曰商君問趙良曰吾相秦何如五羖大夫良曰五羖大夫相秦也勞不坐乘暑不張蓋及其薨也童子不歌謠舂者不相杵君不如也

傾蓋　卸帽謂之傾蓋家語曰孔子之郯遇程子于途傾蓋而語終日甚悅顧謂子路曰取束帛以贈先生傾蓋駐車者也

愛忘其醜　人有相善不顧其過謂之愛忘其醜呂氏春秋曰陳有醜人名敦洽厖眉權顙廣眼垂肩脣薄鼻昂皮膚皴黑陳侯悅之外使治國內使制身後爲楚兵所圍發言拙僻楚遂大怒促兵伐陳三月而滅人有言曰敦洽貌陋足以駭人語拙足以喪國陳侯可謂愛忘其醜

水寶　溝渠謂之水寶左傳曰蓽門圭竇之人而皆凌其上又曰禮義著人情之竇大可通流也

素領　項後白髮謂之素領漢馮唐白首爲郎官素髮垂領

銅臭　將錢買官謂之銅臭後漢崔烈有重名靈帝時入錢五百萬拜司徒烈名譽遂減乃問其子鈞曰外人議我以爲何如鈞曰人盡嫌大夫銅臭烈怒舉杖擊之鈞服武弁而走烈曰撾不受而走豈爲孝乎鈞曰舜事瞽叟小杖則受大杖則走烈慚而止今以富者亦曰銅臭也

躍馬肉食　乘肥馬食珍味謂之躍馬肉食史記秦國蔡澤問善相者唐舉曰聞君相李兌百日內持國柄有諸乎舉曰有之請相予如何唐舉視之曰君揭鼻戾脣魋顏蹙頸吾聞聖人不相殆先生乎蔡澤知唐舉戲之乃曰君更得四十三年矣蔡澤笑曰吾躍馬肉食得四十三年亦足矣後果代應侯爲丞相

元昆　長兄謂之元昆周易曰元者善之長也亨者嘉之會也元則長

也故論語曰人不問于其父母昆弟之言註云昆即兄也非長兄不得呼元昆也

義方　教子弟謂之義方之訓左傳曰石碏云臣聞愛子教之以義方也

絺綌　葛衫謂之絺綌論語曰當暑袗絺綌必表而出之註曰單着葛衫而出非禮也

挾纊　着綿衣謂之挾纊史記楚與齊戰楚既衆時値初寒楚王撫慰將士甘言勉之三軍皆如挾纊不覺寒也

倒載　沈醉謂之倒載晉山簡字季倫爲荆州牧每出酣醉而歸人歌曰山翁住何處來往高陽池日夕倒載歸酩酊無所知

加籩　增添飯味謂之加籩左傳曰鄭伯享楚子加籩至六品矣

狐假虎威　託威權者謂之狐假虎威春秋後語曰楚莊王問江乙曰寡人自以昭奚卹爲相諸國不敢犯境豈非賢相之力乎江乙對曰

王曾聞狐假虎威乎王曰何謂也對曰有虎捕得一狐欲噉之狐曰爾勿食我天帝使我爲百獸之長爾若食我是違天帝之命必有不祥矣爾若不信當隨我行百獸見之無不奔怕虎不知百獸畏己將爲畏狐遂不敢食今大王有甲馬五千强兵十萬諸國畏大王之威不敢犯境非畏昭奚卹也王曰寡人知之矣

周郎　士流會音樂謂之周郎吳志周瑜字公瑾妙于音律每有筵宴所奏音樂小有誤失瑜必舉目瞪視時人曰曲有誤周郎顧初孫權兄名策與周瑜同征夏侯獲喬公二女策與瑜各納一人策謂瑜曰喬氏雖至流離得吾二人採納可謂佳壻矣吳國因此呼瑜爲周郎也

鷸蚌相持　兩人相拄拾謂之鷸蚌相持史記趙欲伐燕蘇秦爲燕說趙王曰臣今來時水中見一蚌出曝其腹有鷸鳥啄其肉而蚌合其觜蚌曰今日不出明日不出必見死鷸蚌鷸相持之際有漁父見併而擒之今燕趙相持爲弊甚衆臣恐强秦有漁父之功願大王熟計之趙王乃止

排闥　推門入謂之排闥漢書曰樊噲沛人也以屠酤爲業後從高祖征伐有功高祖既定天下嘗臥疾于禁中不欲見人詔閽者不令放羣臣入噲乃排闥直入見高祖流涕曰陛下與臣等起于豐沛何壯也今天下已定又何憊也帝乃笑而起

鼓盆　喪妻謂之鼓盆莊周妻亡惠子往弔莊周不哭乃鼓盆而歌人問其故莊周曰哭且無益自損而已

負荆　人有過將謝罪謂之負荆史記秦昭王與趙王會于澠池秦王謂趙王曰寡人聞王善絲桐願聞之趙王乃爲鼓琴秦王遂命史官書之趙將藺相如進秦王前曰寡君聞王善鼓缶請擊之秦王不允相如按劍前曰五步之内制在一夫大王豈可恃衆乎抽劍怒目欲刺秦王秦王驚怕乃爲擊缶相如亦命史官書之會散各

歸本國趙王以相如爲將軍廉頗嫉之曰我有攻城野戰之勳相如徒有口舌之勞豈可位居吾上若逢見必當辱之相如聞之出入道路廻車避之相如下諸吏曰某等各辭親而仕君者慕君之高也今廉頗與君同列而君畏之如此某等雖不肖各請歸農相如曰吾尚不怕秦王豈怕廉頗乎秦所以不敢加兵于趙者以吾二人在今若二虎相鬭勢不俱生吾豈可棄國之急而行私忿乎廉頗聞之乃負荆之相如門謝曰頗言寡淺輕侮君子將軍弘雅乃至于斯遂與相如爲刎頸之交

巨卿之信　與人相約應時而至謂之巨卿之信後漢范式字巨卿與張元伯爲友春別京師暮秋爲期元伯至九月十五日殺雞炊黍以待之母曰相去千里何以審的元伯曰巨卿信士必不愆期言訖巨卿果至

鄧艾之疾　口吃謂之鄧艾之疾魏將鄧艾患吃晉文帝戲艾曰每稱艾

艾不知有幾艾艾答曰假如孔子云鳳兮鳳兮亦只有一鳳耳

文過飾非　有過不改但說詞理謂之文過飾非語曰小人之過也必文又魯哀公問孔子弟子孰爲好學孔子對曰有顏回者好學不遷怒不貳過卽是不文過飾非也或云顏子有過不致再度然論語內二字絕多惟不貳過字別何也貳者副也且周易云顏氏之子其庶幾乎有不善未嘗不知知之未嘗復行

大宛　馬謂之大宛漢書李廣利爲貳師將軍領兵伐大宛國得汗血馬武帝遂作天馬歌因號馬爲大宛也

芻粟　馬料謂之芻粟後漢第五倫爲會稽太守躬自斬芻爛粟以飼馬

彈鋏　譏諷主人覓食物謂之彈鋏史記馮驩在孟嘗君門下爲客每給蔬飯驩乃倚柱彈鋏而歌曰長鋏兮歸來食無魚孟嘗君知之乃依上客給與魚肉後果有市義三穴之功以報孟嘗君

傭書　受雇寫文字謂之傭書吳志闞澤字德潤會稽人好學家貧爲人傭書以自給抄寫纔畢已誦在口後位至侍中

蒲鞭　罪重而懲輕者謂之蒲鞭之恥漢書劉寬字文饒爲南陽太守吏有過以蒲鞭決責示其恥也

開東閣　接待賓客謂之開東閣漢公孫弘起客舍謂之東閣招迎賓士後爲丞相封平津侯

東道　接待賓客謂之東道史記秦欲破鄭鄭國招爲秦王曰若能捨鄭願爲東道之主有賓客往來可以救接其不達者也

楊朱泣　泣于道路謂之楊朱之泣淮南子曰楊朱見歧路而泣之曰可以南可以北高誘曰嗟其別易而會難也

七步之才　文章敏捷謂之七步之才陳思王字子建魏文帝親弟也有天才文帝嫉之令作詩限七步內須成子建詩曰煮豆燃豆萁豆在釜中泣本是同根生相煎何太急

八斗之才　文章多謂之八斗之才謝靈運嘗曰天下才有一石曹子建獨占八斗我得一斗天下共分一斗

膠柱鼓瑟　不見機而守舊規者謂之膠柱鼓瑟史記趙有名將趙奢能用兵奢既死趙王憐之使其子括將兵拒秦藺相如諫曰大王以其父之能而用其子者如膠柱鼓瑟耳括之用兵不及父者遠矣必敗大王之事王不聽爲秦將白起坑趙軍者四十萬

鬱壘　桃符謂之鬱壘干寶續搜神記及應劭風俗通云東海之中度朔山山有蟠桃屈曲三千里枝間東北山有二鬼一名鬱壘一名神荼萬鬼皆怕之今歲首立桃符于門畫此形以辟鬼也

敝帷之嘆　馬死謂之敝帷之嘆禮記曰敝帷不棄爲埋馬也敝蓋不去爲埋狗也

雪東門之恥　堅心報怨謂之雪東門之恥越王勾踐不納范蠡之諫與兵伐吳果大敗于吳之東門越王以餘兵五千退保會稽遂苦身勞思置膽于坐臥之所出入嘗之不忘其苦後果獲吳軍以雪東門之恥

折券　毀除文契謂之折券齊相孟嘗君受封邑于薛召門客往薛徵租時有下客馮驩請行驩至薛召欠租者悉至合其券既同詐稱孟嘗君令放欠租盡焚其券既歸孟嘗君訝其速問其故驩曰爲君折券市義而歸何訝也後孟嘗君失意罷歸薛之父老皆郊迎壺漿塞路乃馮驩之致也

分謗　救人行非事謂之分謗韓獻子將欲斬人郄獻子往救之至則已斬訖郄獻子徇之曰吾爲韓君分謗也

棄繻　人決意求官者謂之棄繻之志史記終軍字子雲西遊入關關吏曰若還當合符繻軍曰大丈夫西遊終不徒還遂棄繻而度關後爲謁者持節出關關吏見之曰此前棄繻生也

伐柯　媒人謂之伐柯詩云析薪如之何匪斧不克娶妻如之何匪媒

不得

王濟之癖　諸馬性謂之王濟之癖晉王濟乘馬度水馬不肯度濟曰必是惜錦障泥今之紫襟是也令解去之馬乃過水杜預謂晉帝曰王濟有馬癖和嶠有錢癖帝問曰卿有何癖對曰臣有左傳癖

潤屋　家富謂之潤屋曾子曰富潤于屋德潤于身

修容　重梳裹謂之修容漢馮參字叔平爲人矜嚴好修容儀動作可觀

鬒髮皓齒　女人髮黑齒白謂之鬒髮皓齒漢武帝幸平陽公主宅見歌者鬒髮皓齒悅而問之主曰姓衛字子夫帝遂納之卽令升車從帝入宮後册爲皇后

鮮粧帕服　婦人施粉黛花鈿着好衣服謂之鮮粧帕服李夫人別傳曰夫人久病武帝親往問之夫人面牆而臥都不廻顧默然不語帝垂泣而去延年以下責夫人曰帝再三顧問合轉面一見帝囑託骨肉何乃略不廻顧夫人曰我以色事帝今且色衰愛移人情自古如此今臥疾日久形狀枯悴若將衰貌見之有何益于骨肉乎今我不廻顧者我若不起此疾帝必追思我鮮粧帕服之時是深囑託也

幺麼　身小謂之幺麼春秋後語曰齊相孟嘗君入秦秦王留之不放歸本國君乃逃去至函谷關關猶未開秦法候雞鳴關方開孟嘗君有門客詐作雞鳴關乃開遂得出關徑往趙趙人聞孟嘗君至觀者如堵及見乃曰向聞孟嘗君之名將謂是魁梧之士此乃幺麼丈夫耳孟嘗君聞之大怒手刃三十餘人遂歸本國史記作眇小丈夫

持兩端　事有未決臨時看勢謂之持兩端史記魏信陵君之姉嫁趙平原君爲夫人秦發兵圍平原君遂遣使告信陵君令求魏王救之王曰欲救趙又恐秦國強大不救又與趙有骨肉之情遂遣晉鄙領兵五千于趙交境屯駐名爲救趙實持兩端平原君聞之大怒遣使責信陵君信陵君乃用抱關之吏侯嬴計竊虎符令屠者朱亥同往晉鄙軍前令朱亥袖三十斤鐵槌槌殺晉鄙信陵君矯詔自領軍救趙遂得解圍

色莊　面嚴毅謂之色莊論語曰君子者乎色莊者乎

屣步　不乘鞍馬謂之屣步屣鞋也蔡邕雅重王粲屣步迎之

七筯　匙筯謂之七筯蜀志先主劉備從曹操歸許昌操因從容謂先主曰天下英雄唯使君與操耳本初之徒不足數也先主食次不覺七筯墮地蓋怕曹操此語恐相害也

握髮吐餐　不倦待賓客謂之握髮吐餐史記周公輔政七年其子伯禽驕慢公戒之曰吾是文王之子武王之弟成王之叔于天下可謂貴矣猶一沐三握髮一食三吐餐以接賓客恐遺人怨恐遺天下賢士汝愼勿驕慢于四方

掛冠　休官謂之掛冠西漢馮萌字子康見王莽簒逆乃曰不去禍將及身遂解冠掛于城東門而去

陶朱公　能治生致富貴者謂之陶朱公昔范蠡爲越臣助越王滅吳有功遂拜蠡爲上相蠡曰大名之下難可久居乃乘扁舟泛五湖自號鴟夷子耕于海畔父子治生置產千萬齊王聞之乃拜爲相蠡嘆曰居家卽致千金拜官位至卿相此乃布衣之極矣久受尊榮恐後不祥解相印盡散家財與知友懷其寶貨行止于陶以爲此地是天下之中交易有無之通路于是自號陶朱公復父子耕畜候時轉物居無何又生計巨萬

商君　爲法自死者謂之商君史記秦孝公懸榜通衢招四方賢士共理秦國有衛人公孫鞅因宦者景監得見孝公說以霸道孝公大悅遂立嚴條秦國法令大行人盡勇于公戰而怯于私鬭遂封鞅于商洛號爲商君後孝公太子犯法不可施刑遂黥其太子傅公

子虔秦之大臣皆以秦之法令不便盡怨商君數年之後孝公崩惠王立舉國欲害商君商君怕乃逃去至函谷關關吏不知是商君遂止之曰商君之法無符驗者坐之商君乃歎曰爲法自弊一至于此

知囊　患瘦者謂之知囊史記秦樗里子瘦而多智時人號爲知囊又杜預亦有瘦也

置堇　下毒藥謂之置堇史記晉獻公後納驪姬爲后姬譖其前太子申生于公曰妾夢申生之母從公求食公遂令申生往其陵祭之祭同姬潛置堇于酒食中申生欲上公所祭酒食姬曰妾聞食從外來先須試之公以酒酹地地墳以肉飼犬犬死公怒遂殺申生

膏肓　病重不可醫謂之膏肓晉悼公染疾醫療不瘳乃遣使入秦召盧醫盧醫未至悼公夢二童子相謂曰秦醫若至我等必傷也一童子曰我居膏下子居肓上其奈我何及醫至謂公曰此病在膏肓之中藥餌不能到針灸不能及非臣所能醫也悼公曰眞良醫果如夢中之言

隱惡揚善　掩人之惡揚人之善謂之隱惡揚善論語曰君子成人之美不成人之惡小人反是也

弧矢　弓箭謂之弧矢易曰剡木爲弧剡木爲矢弧矢之利以威天下

姜維之膽　人大膽謂之姜維之膽蜀志姜維字伯約膽大如斗

強項　不服拜跪謂之強項後漢書云董宣字少平爲洛陽令朝陽公主家僮白日殺人宣領佐吏于洛陽門待之須臾公主出家僮亦侍衛而行宣遂令佐吏擒而殺之公主大怒還宮訴于光武光武欲殺宣宣曰陛下令公主從奴殺良人何以理國遂以頭觸殿陛血流被面帝令小黃門引宣謝公主宣拒之令捺其頭低宣竟不伏遂封宣爲強項侯

便便之腹　人腹大謂之便便之腹後漢邊韶字孝先腹大以教授爲業弟子嘲之曰邊孝先腹便便懶讀書但晝眠孝先聞而答之曰邊爲姓孝爲字腹便便五經笥但晝眠思經義夢與周公言論寐與孔子通理弟子嘲師出何典記

手談　着棊謂之手談遇眞傳云昔有樵人入終南採薪忽見一石室中有二老人棊樵人迷路問棊者此是何處棊者不應樵者拱立多時候畢局又問之老人曰向來我方手談不暇對汝乃指樵人出路樵人出告居人居人驚異乃領樵人入山尋訪攀蘿引蔓無處不到已失其所

步履蹣跚　患脚謂之步履蹣跚春秋時平原君趙勝有愛妾登樓見一跛躄者于下蹣跚而行妾見之大笑躄者詣其門謂平原君曰某不幸有足疾君家美人笑某請斬其頭平原君許之而終不斬門下諸客聞之稍稍而去有一客謂君曰君許躄者斬美人而終不斬是君無信也平原君遂斬其妾而謝之由是諸客再至

榎楚　杖謂之榎楚禮曰檟楚二物收其威也

塞翁失馬　福禍相隨謂之塞翁失馬淮南子云塞上翁有好道者家有走馬入胡地鄰人皆歎其失馬翁曰未必爲禍居數日其馬引胡虜駿馬同歸鄰人又皆賀之翁曰未必爲福既得駿馬翁之子墮馬折臂鄰人又來問翁曰未必爲禍居一年胡虜天下丁壯者皆控弦而戰翁之子以臂折得免

投轄　留客飲酒謂之投轄昔陳遵飲酒賓客滿座盡取客之車轄投于井中

罍恥　飲涶以酒盡謂之罍恥禮記曰瓶之罄矣維罍之恥

無投杼之疑　清愼之士被人讒毀謂之無投杼之疑魯人有與曾參同姓名者殺人而參母方織有人來告其母曰曾參殺人母曰參不殺人俄頃又有人來告其母曰曾參殺人母亦不信如此三度其母乃驚疑投杼出望復有人來其母問之答曰殺人者非母之子也

登徒子　男子好色謂之登徒子宋玉曰登徒子眞好色者也婦人有蓬頭垢面彎耳露齒者皆淫之

不速之客　凡筵席有不屈命而自來者謂之不速之客周易曰包有魚不利于客有不速客三人來敬之終吉

憔悴　人有失意瘦惡謂之憔悴春秋云屈原事楚懷王爲三閭大夫爲佞臣靳尙所讒王乃流放之原遂游于江潭行吟澤畔形容憔悴有漁父見而問之曰子非三閭大夫與何以至此原曰舉世皆濁惟我獨淸衆人皆醉惟我獨醒是以見放漁父曰聖人不凝滯于物故能與世推移舉世皆濁何不漏其泥而揚其波衆人皆醉何不餔其糟而啜其醨原曰吾聞新沐者必拭其冠新浴者必振其衣孰能以身之察察受物之汶汶者乎寧赴湘流葬于江魚之腹中遂投汨羅而死楚人以原五月五日死以竹筒貯米投水祭之後有人逢之于長沙自稱是三閭大夫每蒙楚人筒粽見祭常爲蛟龍所奪但以五色絲縛之蛟龍所畏無能奪也

陸雲之癖　愛笑謂之陸雲之癖晉陸機見司空張華華曰賢弟何不來機曰舍弟有笑疾不敢不先陳之張華鬚偏遂以錦囊盛之雲見果大笑華終不怪又嘗縗絰上船水中見己之影大笑落水幾至于死

無鹽　女人醜陋謂之無鹽齊有女醜號無鹽凸額深目垤胸隆腰肥項少髮皮膚如漆四十嫁不售乃自干于齊宣王淹留于漸臺左右見之皆掩口而笑時宣王至漸臺無鹽撫膺曰殆哉殆哉如此者四宣王怪而問之奏曰大王西有秦衞之患南有強楚之讐外有二國之難內有奸臣之衆衆賢不附王嗣未立此一殆也漸臺巍峨飾以金玉萬民疲極此二殆也賢者匿于山林讒者進于左右此三殆也耽酒沈湎以夜繼晝女樂優倡縱逸無度此四殆也宣王乃停漸臺廢女樂退讒佞進忠直遂册無鹽爲后自此齊國號爲中興

擢髮之罪　罪犯深者謂之擢髮之罪魏大夫須賈讒范雎于魏王使人毆雎折齒拉脇置于厠中雎求守厠者免死後遂改姓名稱張祿入秦爲相須賈充使至秦范雎責于賈賈曰某有湯鑊之誅請屏于胡貊之地雎問曰汝罪有幾何賈曰擢賈之髮不足以贖其罪

伐善　凡人自衒其能謂之伐善論語曰願無伐善毋施勞

盤庚　五遷謂之盤庚尙書云殷帝五遷其國

杖頭　百錢謂之杖頭晉阮修字宣子常以百錢掛杖頭至酒家獨飲酣醉而歸

上巳日　三月三日謂之上巳日漢書禮儀志三月三日士流祓禊飲酒于東流自魏但以三月三日不計上巳日

落帽之辰　重陽謂之落帽之辰晉孟嘉爲桓溫參軍溫甚重之重陽會飲于龍山嘉後至忽風起吹帽而落嘉不覺溫戒左右勿言以觀其舉止也

喪明之感　子死謂之喪明之感禮記曰子夏死其子而喪其明曾子弔而問之曰吾嘗與汝事夫子于洙泗之間退而老于西河之上使西河之民疑汝于夫子汝罪一也喪汝親使人未有聞焉汝罪二也汝子死而自喪明汝罪三也子夏投其杖而拜之曰吾過也

倨傲　見人輕慢謂之倨傲漢酈食其謁高祖高祖方使二婢洗足次令引食其入食其既見高祖乃長揖而不拜問高祖曰大王欲助秦乎爲復破秦乎若擬破秦豈可倨傲見長者耶

微瑕　人有小過謂之微瑕史記曰趙王得卞和之璧秦王聞之使人至趙請以十五城換之趙王欲不與畏秦強盛與之又恐不得十五城遂與羣臣選擇有氣度者爲送璧使有閤官繆賢舉藺相如相如既受命齎璧入秦獻王王得之後唯與宮嬪傳玩全無酬城之意相如乃詐云璧有微瑕請指示大王于是相如曰趙獲卞和

之璧大王特發使許以十五城易之趙王不敢拒命遣臣齎璧至此大王受璧之後曾無割城之意相如睥睨柱礎曰大王若乃見逼臣請頭璧俱碎秦王恐損至寶遂令且歸館驛相如乃密遣使者懷璧歸趙後乃請鼎鑊之誅秦王恐絕二國之好亦不加罪

璽壐 事有相續謂之壐壐壐壐者莫善乎蓍龜故天生神物聖人則之壐壐卽是相續不絕也

歸遺細君 從外將物歸與妻謂之歸遺細君細君卽妻也漢武帝因伏日賜東方朔肉大官不在朔乃自抽所佩劍割肉將歸大官遂錄奏帝帝令朔自責朔曰拔劍割肉一何壯也割之不多又何廉也歸遺細君又何義也帝笑曰卿自責乃自獎也

達于未萌 知未來事謂之達于未萌春秋後語云趙武靈王欲衣胡服公子成以不便奏之王問服之義公子成對曰愚者昧于成事智者達于未萌不納公子成之言卽日胡服

何日脂轄 問人何日遠行謂之何日脂轄詩曰巾車脂轄行在何日

鴻鵠之志 人雖居貧而志大者謂之有鴻鵠之志史記陳勝字涉少時家貧爲人傭耕忽謂同耕者曰他日富貴不忘汝等同耕者笑曰貧寒如此焉有富貴勝曰燕雀豈知鴻鵠之志哉後果先起于劉項舉大軍爲楚王

掛劍之義 心許人物而不更移者謂之掛劍之義史記吳季札吳王最小子也王使札聘于晉帶寶劍以自衞北過徐徐君念札之劍雖不形言札心已測札以遠使未還心私許之札回徐君已死乃以劍掛墓樹而去

忠信獲罪 爲事盡忠反招疑忌者謂之忠信獲罪史記蘇秦自齊歸燕國人毁之于燕王曰蘇秦左右賣國反覆之臣也王遂棄而不用蘇秦謂燕王曰王聞有忠信獲罪者乎王曰何也秦曰昔有人遠宦者妻通于外人及夫還其妻致毒藥于酒中使其妾進之妾曰酒有毒言之則罪于主母不言又傷于主父是以佯仆覆酒于地主父不察乃笞其妾王于是稍悟

以己方人 人有所好而指于他人同者謂之以己方人謂以己比方他人也論語云子貢方人子曰賜也賢乎哉夫我則不暇今人多云以己方人也

絕纓 夜飲次忽燭滅謂之絕纓楚莊王與羣臣夜飲次燭滅有一人起牽美人衣美人告王曰有人牽妾衣已絕得其纓矣王曰飲人以酒而責人以禮吾不爲也遂令左右盡絕其纓然後繼燭及楚王與晉戰晉軍圍楚數重楚將有一人登鋒冒刃用命交戰遂解晉圍楚王疑而問之對曰臣是昔者絕纓士也

哀王孫 見貧士與錢及食謂之哀王孫漢書韓信淮陰人也年少家貧常至下邳釣魚有漂母哀之將歸家致食因止信數十日信謂漂母曰異日必願報答母曰吾哀王孫而進食豈望報乎

掃門 凡欲求事先施功力謂之掃門漢書魏勃欲見齊相曹參無人相導勃每日早來平明卽往參之門掃淨街路參怪而潛問之乃魏勃也引而問之答曰願見丞相于是爲之通達參遂納之擢爲舍人

俯拾地芥 能修志業苦求身事謂之俯拾地芥漢書夏侯勝字長公常云男子所患不明一經經術既明取朱紫如俯地拾芥

燕爾 新婚謂之燕爾詩曰燕爾新婚

于飛 夫妻同行謂之于飛詩曰鳳凰于飛

自擾其咎 公然爲非自致其禍謂之自擾其咎周易曰不克訟歸逋竄也自下訟上患至掇也

趙達 筯謂之趙達趙達吳國人也善將一筯而筭無不徵應吳國與亡之事並中其筭又嘗過故人之家故人曰慙無酒肉相待達乃將一筯再三縱橫擲之謂故人曰君牀頭有一器酒北壁上懸一

猪蹄何無酒肉之有故人笑曰知君善術故相試耳乃出酒肉以延之

失餁　飲食過熱謂之失餁論語曰臭惡不食失餁不食

醞藉　人有溫柔雅律謂之風流醞藉書廣德如此

六出　雪謂之六出草木諸花皆五出唯雪花有六出

馳騖　驅馳求名利謂之馳騖

風馬牛　人事不相干不相接謂之風馬牛

黈纊　聾謂之黈纊天子以緜擁其耳不聽人過

圓規方矩　指教謂之圓規方矩

聾瞽　不嚮好事謂之聾瞽

敗于垂成　凡事欲成却不成謂之敗于垂成

二毛　髮半白謂之二毛昔潘安仁年三十二歲鬢已二毛

靡惡不爲　不善之事並曾爲之謂之靡惡不爲

自媒　自稱己善謂之自媒

厚誣　枉人爲非謂之厚誣史記吾雖小人不可厚誣君子

說郛卷第六十八終

說郛卷第六十九

善誘文

丹穴陳　錄

趙淸獻公座右銘

依本分　莫妄想　待則甚　怎奈何　知足勝持齋　無求勝布施　懼法朝朝樂　欺公日日憂　争先徑路機關惡　近後語言滋味長　爽口味多須作疾　快心事過必爲殃　得便宜處莫再去　怕人知事莫萌心　盛喜中勿許人物　盛怒中勿答人簡　無心于事無事於心　聞諸惡言如風如響　人有不及可以情恕　非意相干可以理遣　良田萬頃日食二升　大廈千間夜臥八尺　說得一尺行得一寸　但行好事莫問前程

人與物同

貪生畏死人與物同也愛戀親屬人與物同也當殺戮而痛苦人

與物同也所以不同者人有智物則無智人能言物則不能言人之力強物之力則微弱人以其無智不能自蔽其身以其不能言而不能告訴以其力之微弱不能勝我因謂物之受生與我輕重不等遂殺而食之凡一飲一食不得肉則不美至于辦一食又不止殺一物也食鳩鴿雀者殺十餘命方得一羹食蚌蛤蝦蜆者殺百餘命方得一羹又有好美味求適意者則不止據現在之物順平常之理殺而食之或驅役奴婢遠致異品或畜養鷄魚犬彘擇肥而旋殺生蟹投糟欲其味入鞭魚造膾欲有經紋聚炭燒蚌環火逼羊開腹取胎刺喉瀝血作計烹煎巧意鬬飣食之既飽則揚揚自得少不如意則怒罵庖者嗟乎染習成俗見聞久慣以爲飲食合當如此而不以爲怪深思痛念良可驚懼縣令俞偉撰

超然居士六法圖

日用八如

無私如天地光明如日月靜重如須彌深廣如大海無住如虛空隨順如流水榮辱如空華冤親如夢幻守此八如一生事畢

自警八莫

心念莫妄想光陰莫閒過名利莫貪求嗔怒莫恣縱見人莫妬忌世財莫常守强梁莫恃頑臨事莫害人守此八莫一生安樂

作官十宜

百姓宜安刑罰宜省稅斂宜薄冤抑宜察追呼宜簡判決宜審用度宜節興作宜謹燕會宜戒殺思患宜豫防守此十宜治道盡矣

處世十當

習氣當除心行當息諸惡當斷衆善當行五慾當滅三業當淨盈滿當畏危難當救善事當成就爲人當竭力守此十當生死無愧

對治十常

居富貴常憐貧困受快樂常恐災禍見在常生知足未來常思戒懼冤結常求解免衣食常思來處起念常教純正出語常思因果逆境常當順受動靜常付無心守此十常更無煩惱

悲誓十願

願一切人安樂願一切人離苦願難行能行願難捨能捨願難忍能忍願難信能信願除愛願無欺誑願常滿人意願常依本分守此十願賢行必成

好生之德

天地以好生爲德故羽毛鱗甲無一不遂其性諸佛以慈悲爲念故蠢動含靈無一不適其情此無他只是存心廣大一切衆生皆吾愛子一切血屬皆吾性命則放生詎可緩耶世人當知戒殺止足以解物之冤若能放生不惟與物爲恩又集無窮之福今人處世豈無所願子孫則欲其昌榮名利則欲其超勝以至學道學佛必欲善行圓滿早成正覺予見世人皇皇百計求是數者無一如意皆未知放生因果其效甚速不觀古人已驗之事難發好生慈悲之心漢楊寶救一黃雀報以玉環令生清白子孫其後震秉賜彪四世三公觀前人子孫昌榮如此則凡爲子孫計者可不以放生爲急乎宋莒公戲編竹橋以度羣蟻遂魁天下福祿壽考當世無比觀前人名利超勝如此則凡爲名利計者可不以放生爲急乎孫眞人解衣贖蛇得水府活人之方遂登仙籍壽禪師盜錢放生恬不畏死遂爲大善知識則道佛之獲報應又如何耶且放生之門非止一端或舉于四月八日供佛之時或施于慶誕日祝壽之際或遇本命或因疾病或過門而憐其無辜或出路而見其可憐皆因果也會稽丁銳撰

東平爲善

後漢東平憲王蒼顯宗母弟也上問處家何等最樂對曰爲善最樂及薨肅宗東巡幸其宮追感其言謂其子曰思其人至其鄉其處在其人亡肅宗大慟

司馬雅好

後漢司馬徽不談人短與人語美惡皆言好有人問徽安否答曰好有人自陳子死答曰大好妻責之曰人以君有德故相告何聞人子死便言好徽曰吾妻之言亦大好

天買放生

乾道年間海陵有販人載鱓魚數船欲往彼處貨之既至將纜岸俄有黑雲蔽船雷霆大震船中鱓魚皆羽化其販人覺腰間甚重解衣視之得黃金三十兩時人謂天買放生蓋鱓魚有鑊湯之苦就死大酷故天特捐金救之

李舟語

唐御史李舟曰使釋迦生中國設教當如周孔使周孔生西方設教當如釋迦無天堂則已有則君子生無地獄則已有則小人入

君子贏得爲君子小人枉了爲小人

官箴 一卷

宋呂本中

當官之法惟有三事曰淸曰慎曰勤知此三者可以保祿位可以遠恥辱可以得上之知可以得下之援然世之仕者臨財當事不能自克常自以爲不必敗持不必敗之意則無所不爲矣然事常至于敗而不能自已故設心處事戒之在初不可不察借使役用權知百端補治幸而得免所損已多不若初不爲之爲愈也司馬子徽坐忘論云與其巧持于末孰若拙戒于初此天下之要言當官處事之大法用力簡而見功多無如此言者人能思之豈復有悔吝耶

事君如事親事官長如事兄與同僚如家人待羣吏如奴僕愛百姓如妻子處官事如家事然後爲能盡吾之心如有毫末不至皆吾心有所未盡也故事親孝故忠可移于君事兄悌故順可移于長居家理故治可移于官豈有二理哉

當官處事常思有以及人如科率之行既不能免便就其間求其所以使民省力不使重爲民害其益多矣不與人爭者常得利多退一步者常進百步取之廉者得之常過其初約于今者必有垂報于後不可不思也惟不能少自忍者必敗此實未知利害之分賢愚之別也

予嘗爲太州獄掾顏岐夷仲以書勸予治獄次第每一事寫一幅相戒如夏月取罪人早間在西廊晚間在東廊以避日色之類又如獄中遣人勾追之類必使之畢此事不可更別遣人恐其受賂已足不肯畢事也又如監司郡守嚴刻過當者須平心定氣與之委曲詳盡使之相從而後已如未肯從再當如此詳盡其不聽者少矣

當官之法直道爲先其有未可一向直前或直前反敗大事者須用馮宣徽惠穆科停之說此非特小官然也爲天下國家當知之

黃兌剛中嘗爲予言頃爲縣尉每遇檢尸雖盛暑亦先飲少酒捉鼻親視人命至重不可避少臭穢使人橫死無所申訴也

范侍郎育作庫務官隨身箱籠只置廳上以防疑謗凡若此類皆守臣所宜詳知也

當官既自廉潔又須關防小人如文字歷引之類皆須明白以防中傷不可不至慎不可不詳知也

當官者難事勿辭而深避嫌疑以至誠遇人而深避文法如此則可以免

前輩常言小人之性專務苟且明日有事今日且休當官者不可徇其私意忽而不治諺有之曰勞心不如勞力此實要言也

徐丞相擇之嘗言前輩盡心職事仁廟朝有爲京西轉運使者一日見監窯官問曰所燒柴凡幾竈曰十八九竈曰吾所見者十一竈何也窯官愕然蓋轉運使者晨起望窯中所出烟幾道知之其盡心如此

前輩嘗言吏人不怕嚴只怕讀蓋當官者詳讀公案則情僞自見不待嚴明也

當官者凡異色人皆不宜與之相接凡巫祝尼媼之類尤宜疎絕要以淸心省事爲本

後生少年乍到官守多爲猾吏所餌不自省察所得毫末而一任之間不復敢舉動大抵作官嗜利所得甚少而吏人所盜不貲矣以此被重譴良可惜也

當官者先以暴怒爲戒事有不可當詳處之必無不中若先暴怒只能自害豈能害人前輩常言凡事只怕待待者詳處之謂也蓋詳處之則思慮自出人不能中傷也

嘗見前輩作州縣官或獄官每一公事難決者必沉思靜慮累日

忽然若有得者得則是非判矣是道也惟不苟者能之

處事者不以聰明爲先而以盡心爲急不以集事爲急而以方便爲上

孫思邈嘗言憂于身者不拘于人畏于已者不制于彼愼于小者不懼于大戒于近者不侮于遠如此則人事畢矣實當官之要也

同僚之契交承之分有兄弟之義至其子孫亦世講之前輩專以此爲務今人知之者蓋少矣又如舊舉將及舊嘗爲舊任按察官者後已官雖在上前輩皆辭避坐下坐風俗如此安得不厚乎

叔曾祖尙書當官至爲廉潔蓋嘗市縑帛欲製造衣服召當行者取縑帛使縫匠就坐裁取之并還所直錢與所剩帛就坐中還之

滎陽公爲單州凡每月所用雜物悉書之庫門買民間物未嘗過此數民皆悅服關沼止叔獲盜法當改官曰不以人命易官終不就賞可謂淸矣然恐非通道或當時所獲盜有情輕法重者止叔

不忍以此被賞也

當官取傭錢般家錢之類多爲之程而過受其直所得至微所喪多矣亦殊不知此數亦吾分外物也

當官者前輩多不敢就上位求薦章但盡心職事所以求知也心誠盡職求之雖不中不遠矣未有學養子而後嫁者也當官遇事以此爲心鮮不濟矣

畏避文法固是常情然世人自私者常以文法難任委之于人殊不知人之自私亦猶已之自私也以此處事其能有濟乎其能有後福乎其能使子孫昌盛乎

當官處事務合人情忠恕違道不遠觀于已而得之未有舍此二字而能有濟者也嘗有人作郡守延一術士同處書室後術士以公事干之大怒叱下竟致之理杖背編置招延此人已是犯義既與之稔熟而干以公事亦人常情也不從之足矣而治之如此之峻殆似絕滅人理

嘗謂仁人所處能變虎狼如人類如虎不入境不害物蝗不傷稼之類是也如其不然則變人類如虎狼凡若此類及告訐中傷謗人欲置于死地是也

唐充之廣仁賢者也深爲陳鄒二公所知大觀政和間守官蘇州朱氏方盛充之數刺譏之朱氏深以爲怨傅致之罪劉器之以爲充之爲善欲人之見知故不免自異以致禍患非明哲保身之謂

當官大要直不犯禍和不害義在人端詳斟酌之爾然求合于道理本非私心專爲已也

當官處事但務着實如塗擦文書追改日月重易押字萬一敗露得罪反重亦非所以養誠心事君不欺之道也百種奸僞不如一實反覆變詐不如愼始防人疑衆不如自愼知數周密不如省事不易之道事有當死不死其詬有甚于死者後亦未免于死當去

不去其禍有甚于去者後亦未必得安世人至此多惑亂失常皆不知輕重義利之分也此理非平居熟講臨事必不能自立不可不預思古之欲委質事人其父兄日夜先以此教之矣中材以下豈臨事一朝一夕所能至哉教之有素其心安焉所謂有所養也

忍之一字衆妙之門當官處事尤是先務若能淸愼勤之外更行一忍何事不辦書曰必有忍其乃有濟此處事之本也諺曰忍事敵災星少陵詩云忍過事堪喜此皆切于事理爲世大法非空言也王沂公常說喫得三斗釅醋方做得宰相蓋言忍受得事

劉器之建中崇寧初知潞州部使者觀望治郡中事無巨細皆詳考然竟不得毫髮過雖過往驛券亦無違法予者部使者亦嘆服之後居南京有府尹取兵官白直點磨他寓居無有不借禁軍者獨器之未嘗借一人其廉愼如此

故人龔節亨彥承嘗爲予言後生當官其使令人無乞丐錢物處

卽此職事可爲有乞丐錢物處則此職事不可爲蓋言有乞丐錢物人多啗主人以利或致嫌疑也

前輩嘗言公罪不可無私罪不可有此亦要言私罪固不可有若無公罪則自保太過無任事之意也

范忠宣公鎭西京日常戒屬官受納租稅不要令兩頭探或問何謂公曰賢問是也不要令人戶探官員等候受納官員不要探納者多少然後入場此謂兩頭探但自絕早入場等人戶則自無人戶稽留之弊

翰墨志一卷　　高　宗御製

予自魏晉以來至六朝筆法無不臨摹或蕭散或枯瘦或遒勁而不挽或奇異而特立衆體備于筆下意簡猶存于取捨至若禊帖則測之益深擬之益嚴姿態橫生莫造其原詳觀點畫以至成誦不少去懷也法書中唐人硬黃自可喜若其餘紙札俱不精乃託

名取售然右軍在時已苦小兒輩亂眞況流傳歷代之久贗本雜出固不一幅鑒定者不具眼目所以去眞益遠惟識者久于其道當能辨也

予每得右軍或數行或數字手之不置初若食蜜喉間少甘則已末則如食橄欖眞味久愈在也故尤不忘于心予頃自束髮卽喜攬筆作字雖屢易典刑而心所嗜者固有在矣凡五十年間非大利害相妨未始一日捨筆墨故晚年得趣橫斜平直隨意所適至作尺餘大字肆筆皆成每不介意至或膚腴瘦硬山林丘壑之氣則酒後頗有佳處古人豈難到也

衛夫人名鑠字茂漪晉汝陰太守李矩妻善鍾法能正書入妙王逸少師之杜甫謂學書初學衛夫人但恨無過王右軍也

端璞出下岩色紫如猪肝密理堅緻潑水發墨呵之卽澤研試則如磨玉而無聲此上品也中下品則皆砂壤相雜不惟肌理既粗復燥而赤色如後歷新坑皆不可用製作既俗又滑不留墨且石之有眼予亦不取大抵瑕翳于石有嫌況病眼假眼韻度尤不足觀故所藏皆一段紫玉略無點綴

本朝士人自國初至今殊乏以字畫名世縱有不過一二數誠非有唐之比然一祖八宗皆喜翰墨特書大書飛白分隸加賜臣下多矣予四十年間每作字因欲鼓動士類爲一代操觚之盛以六朝居江左皆南中士夫而書名顯著非一豈謂今非昔比視書漠然略不爲意果時移事異習尙亦與之汙隆不可力回也

評書謂羊欣書如婢作夫人舉止羞澀不堪位置而世言米芾喜效其體蓋米法敧側頗協不堪位置之意聞薛紹彭嘗戲米曰公效羊欣而評者以婢比欣公豈俗所謂重儓者耶

本朝承五季之後無復字畫可稱至太宗皇帝始搜羅法書備盡求訪當時以李建中字形瘦健姑得時譽猶恨絕無秀異至熙豐

以後蔡襄李時雍體致方入格律欲度驊騮終以駸駸不爲絕賞惟蘇黃米薛筆勢瀾翻各有趣向然家雞野鵠識者自有優劣猶勝泯然與草木俱腐者

前人多能正書而後草書蓋二法不可不兼有正則端雅莊重結密得體若大臣冠劍儼立廊廟草則騰蛟起鳳振迅筆力穎脫豪舉終不失眞所以齊高帝與王僧虔論書謂我書何如卿僧虔曰臣正書第一草書第三陛下草書第二正書第三是臣無第二陛下無第一帝大笑故知學書者必知正草二體不當闕一所以鍾王輩皆以此榮名不可不務也

昔起太極殿謝安欲使獻之題榜以爲萬代寶當時名士已愛重若此而唐人評獻之謂雖有父風殊非新巧字勢疎瘦如枯木而無屈伸若餓隸而無放縱鄙之乃無佳處豈唐人能書者衆而好惡遂不同如是耶

米芾得能書之名似無負于海内芾于眞楷隸篆不甚工惟于行艸誠入能品以芾收六朝翰墨副在筆端故沉着痛快如乘駿馬進退裕如不煩鞭勒無不當人意然善效其法者不過得外貌高視闊步氣韻軒昂殊未究其中本六朝妙處醞釀風骨自然超逸也昔人謂支遁道人愛馬不韻支曰貧道愛其神駿耳予于芾字亦然又芾之詩文無蹈襲出風烟之上覺其詞翰固有凌雲之氣覽者當自得

世傳米芾有潔疾初未詳其然後芾一帖云朝靴偶爲他人所持心甚惡之因屢洗遂損不可穿以此得潔之理靴且屢洗餘可知矣又芾方擇婿會建康段拂字去塵芾釋之曰既拂矣又去塵眞吾婿也以女妻之又一帖云乘借剩員其人不名自稱曰張大伯是何老物輒欲爲人父之兄若爲大叔猶之可也此豈以文滑稽者耶

士人作字有眞行草隸篆五體往往隸篆各成一家眞行草自成一家者以筆意本不同每拘于點畫無放意自得之蹟故别爲戶牖若通其變則五者皆在筆端了無閡塞惟在得其道而已非風神穎悟力學不倦至有筆冢研山者似未易語此

世有絳帖潭帖臨江帖此三書絳本已少惟潭帖爲勝者以錢希白所臨本也希白以字書得佳處故于二王帖尤邃若臨江則失眞遠矣又淳化帖大觀帖當時以晉唐善本及江南所收帖擇善者刻之悉出上聖規矩故風骨意象皆存在識者鑒裁而學者悟其趣爾

士于書法則必先學正書者以八法皆備不相附麗至側字亦可正讀不渝本體蓋隸之餘風若楷法既到則肆筆行草間自然于二法臻極煥乎妙體了無缺軼反是則流于塵俗不入識者指目矣吾于次序得之因筆其梗概

草書之法昔人用以趣急速而務簡易删難省煩損複爲單誠非蒼史之蹟但習書之餘以精神之運識思超妙使點畫不失眞爲尙故梁武謂赴急書不失蒼公鳥跡之意顧豈皂吏所能爲也又其序草大略雖趙一非之似未易重輕其體勢兼昔人自製書草筆悉用長毫以利縱捨之便其爲得法必至于此

書學之弊無如本朝作字眞記姓名爾其點畫位置殆無一毫名世先皇帝尤喜書法致立學養士惟得杜唐稽一人餘皆體倣了無神氣因念東晉渡江後猶有王謝而下朝士無不能書以擅一時之譽彬彬盛哉至若紹興以來雜書游絲書惟錢唐吳說篆法惟信州徐兢亦皆碌碌其弊可歎也

昔人論草書謂張伯英以一筆書之行斷則再連續蟠屈拏攫飛動自然筋骨心手相應所以率情運用略無留礙故譽者云應指宣事如矢發機霆不暇激電不及飛皆造極而言創始之意也後世或云忙不及草者豈草之本旨哉正須翰動若馳落紙雲烟方佳耳

士人于字法少加臨池之勤則點畫便有位置無面墻信手之愧前人作字煥然可觀者以師古而無俗韻其不學臆斷悉掃去之因念字之爲用大矣哉于精筆佳紙遺數十言致意千里孰不改觀存嘆賞之心以至竹帛金石傳于后世豈止不泯又爲一代文物亦猶今之視昔可不務乎偶試筆書以自識

宋虞龢論文房之用有吳興青石圓研質滑而停墨殊勝南方瓦石今苕霅間不聞有此石硯豈昔以爲珍今或不然或無好事者發之抑端璞歙硯既用則此石爲世所略

唐何延年謂右軍永和中與太原孫承公四十有一人修祓禊擇毫製序用蠶繭紙鼠鬚筆遒媚勁健絕代更無凡三百二十四字字有重者皆具別體就中之字有二十許變轉悉異遂無同者如

有神助及醒後他日更書數百千本終不及此予謂神助醒後更書百千本無如是者恐此言過矣右軍他書豈減禊帖但此帖字數比他本最多若千丈文錦卷舒展玩無不滿人意軫在心目不可忘非若他尺牘數行數十字如寸錦片玉玩之易盡也

本朝自建隆以后平定僭僞其間法書名跡皆歸祕府先帝時又加採訪賞以官職金帛至遣使詢訪頗盡探討命蔡京梁師成黃冕輩編類眞贋紙書練素備成卷秩皆用皂鸞鵲本錦褾褫白玉珊瑚爲軸祕在內府用大觀宣和印章其間法書以秦璽書法爲寶後有內府印標題品次皆宸翰也捨此標軸悉非珍藏其次儲于外祕余自渡江無復鍾王眞跡間有一二以重賞得之標軸字法亦顯然可驗

智永禪師逸少七代孫克嗣家法居永興寺閣三十年臨逸少眞草千文擇八百本散在浙東後幷禊帖傳子弟辨才唐太宗三召

恩賜甚厚求禊帖終不與善保家傳亦可重也予得其千文藏之

楊凝式在五代最號能書每不自檢束號楊風子人莫測也其筆札豪放傑出風塵之際歷後唐周漢卒能全身名其智與字法亦俱高矣在洛中往往有題記平居好事者幷匣置座右以爲淸玩

予嘗謂甚哉字法之微妙功均造物迹出窈冥未易以點畫之工便爲至極蒼史始意演幽發爲聖迹勢合卦象德該神明開闔形制化成天下至秦漢而下諸人悉胸次萬象布置模範想見神遊八表道冠一時或帝子神孫廊廟才器稽古入妙用智不分經明行修操尙高潔故能發爲文字照映編簡至若虎視狼顧龍駭獸犇或草聖草賢或絕倫絕世宜合天矩觸塗造極非夫道儒上士詎可語此豈小智自私不學無識者可言也

螢雪叢說 二卷

宋俞成

予自四十以後便不出應舉人笑其無能爲也是則然矣然而早能知退又有人之所不能爲焉以己之無能爲而能爲人之所不能爲此非其所長矣乎蓋四十而不惑四十五十而無聞焉斯亦不足畏也已夫子嘗有是言也幼誦夫子之言力行夫子之訓既而不惑抑又無聞宜乎退縮一頭地而莫之爲也自此功名灰念加以拙于謀利時復優游黃卷攷究討論付之書記襲螢映雪無所不爲塵積日久遂成一編目曰螢雪叢說賓其實也雖然襲螢映雪豈能照耀方册也哉于以見其學之篤而志之銳也此史臣所以美其勤勤若是姑欲激昂後進云爾則知今之叢是說也者其亦車胤孫康之意歟慶元庚申八月望日東陽俞成元德漫錄

致字說

先儒解致字往往不盡如致中和天地位焉鄭康成云致行之至也致樂以治心云致深審也周易略例主心致一也孔穎達云致猶歸也禮器禮也者物之致也鄭云致之言至也極也其他諸經

往往指爲極盡之意如喪致乎哀而止見危致命君子以致命遂志與病則致其憂之類是也此皆意有未盡蓋致有盡之意有取與納之意如喪致乎哀而止見危致命謂之極盡可也如致中和致知之類則又有取之意焉吾聞致師者亦有取之意也用致夫人凡春秋以某事致七十而致事致爲臣而歸則又有納之意與盡之意凡此皆難以一字通解也今人謂招致者亦有取意也

檀弓齊穀王姬之喪當爲告古毒反聲之誤也告下告上之詞故誤爲穀父母之喪哭無時使必知其反也知當爲如字之誤也言父母之喪號哭思慕如欲父母復反

忍字說

忍之名一也而用不同必有忍其乃有濟小不忍則亂大謀此皆聖賢之所謂忍忍於不善也所謂吉德也而世俗之所謂忍如猜

忍剛忍之類乃是忍于善而就不善也所謂凶德也王導不忍美人之勸酒恐爲見殺則強爲之飲此則不忍也正所謂忍于不善而就善也非吉德而何王敦之不顧美人之死而不爲之飲此世俗之所謂忍忍于善而就不善也非凶德而何天之報施必以其類觀于王導王敦之后興衰禍福蓋可見已然則不忍者正人之本心孟子所謂人皆有不忍人之心是也而世俗之所謂忍者殘義害善之本殺身覆族之由也項羽爲人不忍雖不能成大事要之良心猶存伍子胥爲人剛戾忍詬雖能成事然良心喪失盡矣子家子曰一慚之不忍而終身慚乎王導能忍事此皆忍于不善以就善之謂嘗觀唐張公藝九世同居家無異議人問其故公藝即書忍字以對亦鑒導敦之得失也

記史法

歷事幾主歷任幾官有何建立有何獻明何長可錄何短可戒傳中有何佳對此費挺才先生記史法也

解書訣

辭之內不可減減之則爲鑿鑿則失本意辭之外不可增增之則爲贅贅則壞本意此王盧中先生解書訣也

歌頌

盧仝茶歌至尊之餘合王公何事便到山家中上不忘君也安知百萬億蒼生命墮顛崖受辛苦下不忘民也此乃藎臣子敬上念下之意也元結中興頌前代帝王有盛德大業者必見于歌頌若今歌頌大業便不言德此乃得春秋一字褒貶之意也夫以歌頌之作不專爲稱美設也多寄意于譏諷一則有愛君之誠一則有貶上之意二者雖若相反而于措辭立言各有所主不得不然

祝壽

吳叔經先生代人上黃耕叟太夫人壽乃三月十四日生也其辭曰天邊將滿一輪月世上還鍾百歲人有一識者議論將滿一輪月之句若使十三日亦使得不若前去猶欠一分便見得直是十四日也嘗見樂人聖節致語鬭初便使李老子長上古而不老對董仲舒歷萬世以亡弊固以云好然而不老二字乃是語忌豈若詩人之婉其辭云永錫難老多少委曲和緩如曰天子萬年如曰如南山之壽如曰俾爾壽而臧皆曲盡祝壽之意也封人祝堯能如許乎

詩隨景物下語

杜詩丹霞一縷輕漁父詞蠶縷一鈎輕胡少汲詩云隋隄烟雨一帆輕至若騷人于漁父則曰一蓑烟雨于農父則曰一犂春雨于舟子則曰一篙春水皆曲盡形容之妙也

詩人警句

同舍李循道舉他秋景一聯曰池藕稀疏龜甲冷井梧凋薄鳳毛寒又張一之舉黃元夫詩曰葦村風下鴉千點麥隴天垂月一梳皆警句也

史臣不載人臣事實

前漢蕭何傳不言律令新唐書李邕傳無一字及筆札五代史劉昫傳不書修領唐史

功臣特奉朝請

光武功臣所加特奉朝請或者謂其官爵止乎如是而已殊不知春見曰朝秋見曰請示欲疎也蓋光武慮諸將功大權重有以脅勢而或變生肘腋乃所以遠之故也

不責酒過

武夷有一狂者爛醉詈及屏山先生劉彥沖次日修書謝罪先生不責其過但于紙尾復之云蛇本無影弓惧捲之影既無之公又何疑白首如新傾蓋如故眞達者之詞也

不怪炎涼

人之一身已自有輕重足履穢惡則不甚介意若手一沾汚浣濯無已豈可怪世情之炎涼也哉舊有題湯泉者最爲該理如云比隣三井在山岡二井冰寒一井湯造化無私猶冷暖爭教人世不炎涼

得失有時

人之得失各自有時初不知其所以然而然也有朋友于試罷之後聞望不著遂欲舍書學劍無所不至龍舒王先生畢似一絕曰得則忻忻失則悲桃紅李白各隨時雖然屬在東君手問着東君也不知

克己復禮天下歸仁

或問安定先生胡侍郎何謂克己復禮天下歸仁胡舉邵堯夫詩以答之云門前路徑無令窄路徑窄時無過客過客無時路徑荒人間滿地生荊棘其人默悟

聖人之于天道

陳洪範問艾軒先生林祭酒聖人之于天道如何答曰恰是恁地未悟間復問魏聘君國錄答云正如京師人賣床貼恰用得着觀此二說其意則一

學者作文之法

東萊先生呂伯恭嘗教學者作文之法先看精騎次看春秋權衡自然筆力雄樸格致老成每每出人一頭地

徐積悟作文之法

節孝先生徐積因讀史記貨殖傳見人棄我取人取我與遂悟作文之法

辨滕王閣序落霞之說

王勃作滕王閣序中間有落霞與孤鶩齊飛秋水共長天一色之句世率以爲警聯然而落霞乃飛蛾也即非雲霞之霞土人呼爲霞蛾至若鶩者乃野鴨也野鴨飛逐蛾蟲而欲食之故也所以齊飛若雲霞則不能飛也見吳獬事始

嚴子陵本姓莊

嚴子陵本姓莊避顯宗諱遂稱嚴氏若釣臺若七里灘亦皆以嚴命名無非循習之訛而莫知其非也

淅川

丹水出上洛湍水出伊陽南流至淅川又南流入漢天下之水罔不殊源而合流者有一源而釃爲二者灕桂是也惟淅湍同川而異流本末不相犯故謂之淅焉

用夏變夷

據胡床畜番犬舞柘枝動蠻樂皆士大夫之所不當爲而爲之無乃循習日久而恬不知怪乎有能奮拔于流俗之中而毅然以中國禮義爲己任亦風化之所由倡也殆見用夏變夷不聞用夷變夏

天堂地獄

人言天堂高而在上地獄幽而在下疑其勢之相遼絕也據某所見大有不同蓋與人說好事一切依本分眼前便是天堂不必更求之于天上欺筭人物色教唆人公事眼前便是地獄不必更求之于地下爲善即天堂爲惡即地獄不在乎他而在乎一念之間不可以毫髮差

目心相亂

仰面貪看鳥回頭錯應人是心爲眼所亂也忽因馬首見新月錯認蛾眉憶故人是眼爲心所亂也噫眼中有心心中有眼二者無意于相亂而不能不相亂也

責己說

責己不責人君子也責人不責己小人也小人惟知責人而不知責己所以多招外謗蓋嘗自恕也人之子弟或好賭博聲色寵養游獵一切玩弄皆自有以誘之故外得以投之費用未千百而生事已二三爲父兄者當痛責其子弟之不肖而箠楚之又懲戒之可也

續雞肋 一卷

宋趙崇絢

序

予嗜書如簡中之蠹魚讀書如瀛莫之謾書性根匆靈無能彊記能眞一編于几硯間隨筆錄之久而成卷以類抄聚其可去者十一亦有可觀者焉別爲一卷名曰雞肋古汴趙崇絢元素云

縱理入口

漢周亞夫縱理入口竟以餓死南史有水軍都督褚蘿面甚尖危縱理入口竟保衣食而終

目有重瞳

舜目重瞳項羽亦重瞳子而羽死垓下隋魚俱羅目有重瞳爲煬帝所忌斬東都市

羊侃勇力

南史羊侃膂力絕人所用弓至二十石馬上用六石弓常于兗州堯廟蹋壁直上至五尋橫行得七跡泗橋有數石人長八尺大十圍侃執以相擊悉皆破碎少時仕魏爲郎以力聞魏帝嘗謂曰郎官謂卿爲武豈羊質虎皮乎試作武狀侃因伏以手抉殿沒指后歸梁高祖幸樂游苑侃預宴時少府奏新造兩刃矟成長二丈四尺圍一尺三寸帝令賜侃試之執矟上馬左右刺擊特盡其妙觀者登樹帝曰此樹必爲侍中折矣俄而果折因號矟爲折樹矟侃性豪侈姬妾列侍舞人張淨琬腰圍一尺六寸能掌上舞又有孫荊玉能反腰帖地銜得席上玉簪

肉飛仙

北史沈光仕隋太子勇引署學士驍勇趫弛禪定寺中幡竿高十餘丈適値繩絕非人力所能及光因取索口銜緣竿而上直至龍頭繫繩畢手足皆放透空而下以掌拓地倒行十餘步觀者嗟異時人號爲肉飛仙

劉邕嗜瘡痂

南史劉邕嗣南康郡公性嗜瘡痂以爲味似鰒魚嘗詣孟靈休炙瘡痂落床上邕取食之靈休大驚答云性之所嗜靈休瘡痂未落者悉褫取以飴邕邕既去靈休與何勗書曰劉邕向見噉遂舉體流血南康國吏二百許人不問有罪無罪遞互與鞭瘡痂常以給膳

到彥之初擔糞

南史到彥之初以擔糞自給後以功至南豫州刺史封建昌縣公

婦人有鬚

唐李光弼母有鬚數十長五寸許封韓國夫人二子光弼封臨淮郡王光進封武威郡王皆爲名將死葬長安南原將相奠祭凡四十四幄

男子乳生湩

後漢李善本南陽李元蒼頭元家疾疫相繼死惟有孤兒續始生數旬諸奴婢欲殺續分財物善潛負續逃自哺養乳爲生湩唐元德秀兄子襁褓喪親無資得乳媼乃自乳之數日湩流能食乃止

累世有列傳

晉呂虔有佩刀工相之以爲必登三公可服此刀以與王祥祥臨薨以刀授弟覽曰汝後必興足稱此刀覽後奕世多賢才覽孫導至十一世孫褒歷兩晉宋齊梁陳後周凡七十餘人皆有列傳如羲之獻之徽之弘之僧達曇首僧綽僧虔儉皆有孫裔此史傳所

無也若河東裴氏十代有傳非一祖流傳又晉謝氏及南史江氏亦數代有傳皆不及也

千里駒

漢劉德　魏曹休　晉傅咸　劉曜　符朗　宋張敷　梁蕭映　王規　劉杳　王茂　任昉　齊丘仲孚　袁昂　魏李孝伯　袁躍　齊馮翊　王潤　崔昂　元文遙　後周杜杲　隋張乾威　唐李暠　成王千里

智囊

史記秦樗里子號知囊漢書鼂錯以才辯號知囊東漢魯匡王莽時爲羲和有權數號知囊晉宣帝舉兵廢曹爽桓範出赴爽宣帝曰知囊往矣杜預號知囊

八達

魏曹爽傳李勝明帝時人曰勝堂有四窗八達各有主名諸葛誕

八人號八達晉阮逸與胡母輔之謝鯤畢卓等八人裸袒酣飲謂八達晉宣帝兄弟八人俱以達爲字時號八達

萬石君

漢石奮號萬石君馮揚宣帝時爲弘農太守八子皆二千石號萬石君東漢秦彭與羣從同時爲二千石者五人三輔號萬石秦氏唐張文瓘高宗時爲侍中四子皆至三品人謂之萬石張家又西漢嚴延年兄弟五人皆至大官東海號其母曰萬石嚴嫗

佩六印

蘇秦佩六國相印漢五利將軍佩六印謂五利天士地士大通天道五將軍樂通侯凡六印戰國犀首亦佩五國相印唐王忠嗣爲河西隴右節度使權朔方河東節度使佩四將印

噀酒救火

後漢欒巴噀酒救成都火郭憲噀酒救齊國火晉佛圖澄噀酒救幽州火

水鏡

蜀龐德公以司馬德操爲水鏡晉衛瓘奇樂廣曰此人之水鏡北史蔡大寶見柳莊嘆曰襄陽水鏡復在于兹

撲鏡

魏夏侯惇爲流矢傷左目每照鏡恚怒輒撲鏡于地蜀張裕曉相術每舉鏡自知刑死未嘗不撲鏡于地吳孫策殺于吉後被創方差引鏡自照見吉在鏡中因撲鏡大叫瘡裂而死

倒用印

唐朱泚僞迎天子段秀實倒用司農印以追其兵五代劉皇后遣人殺郭崇韜李崧倒用都統印以定人心

大人跡

史記始皇時有大人見臨洮脚跡六尺漢武帝求神仙公孫卿至

東萊言見大人長數丈跡甚大魏咸熙二年大人見襄武縣跡長三尺二寸唐則天長安元年司刑寺囚僞作大人跡五尺改元大足

猨臂善射

漢李廣　吳太史慈　前趙劉淵　後唐李存孝

垂手下膝

蜀先主　晉武帝　後周太祖　陳武帝宣帝　前趙劉曜　秦苻堅　後秦姚萇　南燕慕容垂　五代南漢劉龑　蜀王衍　南史陳柳皇后皆垂手下膝又北魏李祖昇南史宋王元初隋劉元進垂手過膝皆以誅死

口吃人

韓非　司馬相如　揚雄　周昌　魯恭王　魏明帝　鄧艾　宋孔顗　後周盧柔　鄭偉　隋盧楚　唐李固言　南唐孫盛

古人嗜好

文王嗜菖蒲　武王嗜鮑魚　吳王僚嗜魚炙　屈到嗜芰　曾晳嗜羊棗　公儀休嗜魚　王莽嗜鰒魚　王右軍嗜牛心　宋明帝嗜蜜漬鯅鮧　齊宣帝嗜起麪餅鴨臛　高帝嗜肉膾　陳後主嗜驢肉　齊蕭穎胄噉白肉膾至三斗　後魏辛紹先嗜羊肝　唐陸羽嗜茶　魏明帝好槌鑿聲

夢筆

江淹夢五色筆　王珣夢人與大筆如椽　紀少瑜嘗夢陸倕以一束青鏤筆授之　唐李嶠夢人遺之雙筆　李白夢筆生花

軍中有女子

梁湘東王嘗出軍有人將婦人從者王曰才愧李陵未能先誅女子將非孫武遂欲驅戮婦人徐君蒨爲諮議參軍幼聰朗應聲曰項籍壯士猶有虞兮之愛紀信成功亦資姬人之力北魏太武令

古弼征馮弘高麗救軍至弘令婦女被甲居中其精卒及高麗陳兵于外遂東奔高麗唐韓弘惡李光顏忠力思有以抗蟣之乃飾名姝遺光顏光顏大合將校置酒使者引侍姝至秀曼都雅一軍驚視光顏徐曰我去室家久以爲公憂誠爲無以報德然將士皆棄妻子蹈白刃柰何獨以女色爲樂厚賂使者遣之將卒感激王智興破姚海獲美妾三人智興曰軍中有女子安得不敗即斬以徇隋文帝以韋孝寬爲元帥擊尉遲迥孝寬有疾每臥帳中遣婦人傳教命唐柴紹吐谷渾党項寇邊敕紹討之虜據高射紹軍紹安坐遣人彈琵琶使二女舞虜疑之休射觀紹伺其懈以精騎銜擊虜大潰敗

古人酒量

漢于定國爲廷尉飲酒至數石不亂冬月治請讞飲酒益精明鄭康成飲酒一斛盧植能飲一石晉周顗飲酒一石劉伶一石五斗解酲前燕皇甫眞飲石餘不亂後魏劉藻一石不亂南齊沈文季飲至五斗妻王錫女飲酒亦至三斗對飲竟日而視事不廢鄧元起飲至一斛不亂北史柳謇之飲一石不亂陳後主與子弟日飲一石孔珪飲酒七八斗

漢兩張禹

前漢張禹字子文成帝時爲丞相封安昌侯後漢張禹字伯達和帝時爲太傅安帝時以定策功封安鄉侯

晉兩劉毅

一字仲雄公正峭直武帝時爲尙書左僕射一字希樂與劉裕起義兵討桓玄爲豫州刺史

唐兩李光進

其先皆蕃部人皆爲名將建節鉞一乃光弼之弟一乃光顏之兄

玉環

明皇雜錄睿宗所御琵琶曰玉環楊貴妃小名亦曰玉環

玉樓

李賀爲白玉樓記集仙傳王母所居龜臺有玉樓十二又道家以兩肩爲玉樓故坡詩凍合玉樓寒起粟光搖銀海眩生花

銀海

道家以目爲銀海乾䐣子裴鈞大宴有銀海受一斗飲器也

白鳥

陸機詩疏蚊謂之白鳥夏小正閩蚋謂之白鳥

玄駒

爾雅云駒小馬也夏小正謂蟻曰玄駒古今注謂黑鯉爲玄駒

司花女

南部烟花錄煬帝令袁寶兒持花號司花女續仙傳鶴林寺杜鵑花開有紅裳女子遊花下謂殷七七曰妾久司此花今爲道者開

之

繞梁

劉子韓娥歌音繞梁樂書繞梁樂器也與箜篌相似宋武帝大明中沈懷遠爲之懷遠亡其器亦絶矣又楚莊王琴名繞梁

莫難

古今註莫難珠色黃出東夷鄴中記扇之奇巧者名莫難

小蠻

白樂天詩楊柳小蠻腰即白公侍兒也若晚春酒熟尋夢得云還擕小蠻去試覓老劉看即酒榼也

忽雷

洽聞記鰐魚一名忽雷樂府雜錄文宗朝內庫有琵琶號大忽雷小忽雷

庚溪詩話

宋陳巖肖 字子象金華人

藝祖皇帝嘗有詠月詩曰未離海底千山暗纔到中天萬國明大哉言乎撥亂世反之正見于此詩矣又竊聞上微時客有詠初日詩句雖工而意淺陋上所不喜其人請上詠之即應聲曰太陽初出光赫赫千山萬山如火發一輪頃刻上天衢逐退羣星與殘月蒸本朝以火德王天下及上登極僭竊之國以次削平混一之志先形于言規模宏遠矣

太宗皇帝既輔藝祖皇帝創業垂統暨登寶位尤留意斯文每進士及第賜聞喜宴必製詩賜之其後累朝遵爲故事宰相李昉年老罷政家居每曲宴必宣赴坐昉獻詩曰微臣自愧頭如雪也向鈞天侍玉皇上俯和曰珍重老臣純不已我慚寡昧繼三皇時皆榮之蘇易簡在翰林一日上召對賜酒謂之曰君臣千載遇易簡應聲曰忠孝一生心呂端參知政事上一日宴後苑釣魚賜之詩斷句曰欲餌金鉤殊未達磻溪須問釣魚人端賡以進曰愚臣鉤直難堪用宜問濠梁結網人既而端遂拜相君臣會遇形于賡詠此與唐虞賡歌事雖異而意同也

眞宗皇帝聽斷之暇惟務觀書每觀一書畢即有篇詠命近臣賡和故有御製觀尙書詩春秋周禮禮記孝經詩各三章讀宋書陳書各二章讀後魏書各三章讀北齊書二章讀後周書隋書唐書各三章讀五代史後唐史晉史漢史周史各二章可謂好文之主也

仁宗皇帝當持盈守成之世尤以斯文爲急每進士聞喜宴必以詩賜之景祐元年所賜詩末句曰寒儒逢景運報國合如何言宏大而有激勵眞詔旨也山東李廷臣嘗言瓊管夷人有持錦臂韝鬻于市者其上織成詩一聯云恩袍草色動仙籍桂香浮乃景祐五年賜進士詩也聖製固宜遠播而仁化所覃雖夷獠亦知敬愛廷臣遂以千金易之作小屏几硯間見之者莫不改容瞻敬嘉祐

初龍圖閣直學士尙書吏部郎中梅摯公儀出守杭州上特製詩以寵賜之其首章曰地有吳山美東南第一州梅既到杭欲侈上之賜遂建堂山上名曰有美歐陽修爲記以述之亦人臣之榮遇也

光堯壽聖太上皇帝當內修外攘之際尤以文德服遠至于宸章睿藻日星昭垂者非一至紹興二十八年將親郊祀有司以太常樂章篇序失次文義勿協請遵眞宗仁宗朝故事親製祭享樂章詔從之自郊丘宗廟原廟等共十有四章肆筆而成睿思雅正宸文典贍所謂大哉王言也至于一時閑適寓景而作則有漁父辭十五章淸新簡遠備騷雅之體其辭有曰薄晚烟林淡翠微江邊秋色已明輝橫遠近適天機水底閒雲片段飛又曰靑草開時已過船錦鱗躍處浪痕圓竹葉酒柳花毡有意沙鷗伴我眠又曰水涵微月湛虛明小笠輕蓑未要晴鑑裏縠紋生白鷺飛來空外聲

辭多不能盡載觀此數篇雖古之騷人詞客老于江湖擅名一時者不能跂及中又有乾坤淑氣多春歸時節自清和又一章曰春入朝陽苑曉霧弄滄波載與俱歸又若何此又有進用賢材之意闞乎治體也

今上皇帝以英睿之資宸文聖作煥然超卓方居王邸時從太上皇帝視師江左經由京口題詩金山曰屹然天立枕中流彈壓東南二百州狂虜來臨須破膽何勞平地戰貔貅辭壯而旨深已包不戰而屈人兵之意也矣

今上皇帝躬受內禪踐祚以來未嘗一日暫忘中興之圖每形于詩辭如新秋雨過述懷有曰平生雄武心攬鏡朱顏在豈惜常憂勤規恢須廣大如春晴有感曰春風歸草木曉日麗山河物滯欣逢泰時豐自此多神州應未遠當繼沛中歌觀此則規恢之志大矣如幸祕閣宴羣臣賜詩曰稽古右文慙非德禮賢下士法前王欲臻至治觀熙洽更罄嘉猷爲贊襄俯和史浩丞相詩有曰誰歌元首明自得股肱喜又曰虛心欲受人忠言資逆耳朕瘠天下肥至樂無易此觀此則任賢聽諫虛己愛民之心切矣至如詠德壽宮冷泉亭古風有曰孰云人力非自然千岩萬壑藏雲烟上有峥嶸倚空之翠壁下有潺湲漱玉之飛泉一堂虛敞臨佳沼密蔭交加森翠葆山頭草木四時芳閱盡歲寒長不老又曰日長雅趣超塵俗散步逍遙快心目山光水色無盡時長將挹向杯中醁觀此則篤于奉親盡天下之養者無不致矣如春賦曰浹土膏之流潤將勸功于九農碧草萋其帶露遊絲飄其曳空丹綠兮衆芳迢遙兮春風春風兮歸來信吹萬之不同又曰碧實朱英穠苞豔葩榮于春者冬必悴枏于夏者秋必花擢喬松于歲寒出奇卉于天涯知深仁之被物曾無間四時與幽遐吾將觀登臺之熙熙包八荒而爲家穆然若東風之振槁洒然若膏雨之萌芽則生生之德無

時不在又何美乎眩目之芳華觀此則所以贊天地之化育一視而同仁者深矣眞帝王之用心也

當今皇太子夙稟岐嶷之資篤日就月將之道方其處恭邸時在三王中閱經史習藝業爲最多每爲詩篇辭語高妙岩肖時備員講官每請退則與同僚詠歎敬服不已今育德春宮之久諒製作深造灝噩之體但以在遠不可得而聞竊觀賡主上新秋雨過述懷詩有曰中興日月明王氣山河在萬物飾昭回稽首王言大其辭如是其旨宏遠矣

漢高帝大風歌不事華藻而氣槩遠大眞英主也至武帝秋風辭言固雄偉而終有感慨之語故其末年幾至于變魏武魏文父子橫槊賦詩雖遒壯抑揚而乏帝王之度六朝以后人主言非不工而纖靡不逞無足言也

唐文皇既以武功平隋亂又以文德致太平于篇詠尤其所好如曰昔乘匹馬去今驅萬乘來辭氣壯偉固人所膾炙又嘗觀其過舊宅詩曰新豐停翠輦譙邑駐鳴笳一朝辭此去四海遂成家蓋其詩語與功烈眞相副也

唐宣宗微時以武宗忌之遁跡爲僧一日遊方遇黃蘗禪師因同行觀瀑布黃蘗曰我詠此得一聯而下韻不接宣宗曰當爲續成之黃蘗曰千岩萬壑不辭勞遠看方知出處高宣宗續云溪澗豈能留得住終歸大海作波濤其後宣宗竟踐位志先見于此詩矣然自宣宗以後接懿僖之時宇內遂不靖則作波濤之語豈非讖耶

岐陽石鼓文前世未傳至唐始盛稱而韋應物韓退之皆爲歌詩以詠之應物歌其略曰周人大獵兮岐之陽刻石表功兮何煒煌石如鼓形數止十風雨缺訛苔蘚澀端透迤兮相糺錯乃是宣王之臣史籀作退之歌其略曰周綱凌遲四海沸宣王憤起揮天戈

大閘明堂受朝賀諸侯劍佩鳴相磨蒐于岐陽騁雄俊萬里禽獸皆遮羅鐫功勒成告萬世鑿石作鼓隳嵯峨以應物之歌考之直以爲宣王之鼓也歐陽永叔集古錄疑其唐以前不傳又疑漢魏以後凡碑大書深刻者多已磨滅而此鼓又遠數百年文細刻淺豈得尚存然以予論之古物埋沒不見于世者多矣陵谷遷變此鼓或埋于土中或淪于水濱或隱蔽于幽僻之地至唐始見于世物雖古而風日雨雪所侵未久模打者亦未多故缺訛尚寡不可知也而歐公又云退之好古不妄又其字畫亦非史籀不能作也然則寶此豈不賢于沈他石刻哉

杜少陵子美詩多紀當時事皆有據依古號詩史頃見蔡絛西清詩話云唐史載王珪母盧氏嘗謂其子曰汝必貴但未見汝與遊者珪一日引房玄齡杜如晦過之母曰汝貴無疑及質之少陵送重表姪王砅詩曰我之曾老姑爾之高祖母則珪母杜氏非盧氏

也又曰爾祖未顯時歸爲尚書婦隋朝大業末房杜俱交友長者車在門荒年自餬口家貧無供給客位但箕帚俄頃羞頗珍寂寥人散後入怪鬢髮空吁嗟爲之久自陳剪髻鬟鬻市充杯酒上云天下亂宜與英俊厚向竊窺數公經綸亦俱有次問最少年虬髯十八九子等成大名皆因此人手下云風雲合龍虎一吟吼願展丈夫雄得辭兒女醜秦王時在坐眞氣驚戶牖及乎貞觀初尚書踐台斗夫人常肩輿上殿稱萬壽六宮師柔順法則化妃后至尊均嫂叔盛事垂不朽其詩詳諦如此而史謬誤之甚今以予考之云然其詩曰爾祖未顯時歸爲尚書婦又曰及乎正觀初尚書踐台斗尚書者葢指珪也爲尚書婦者迺爲珪妻也然則少陵所稱杜氏實珪之妻而史所稱迺珪之母也兩事自不同想以其詩中有剪髻鬟充杯酒事與陶侃母同故亦以爲珪母也予又以唐史珪傳考之珪母乃李氏亦非盧氏也然則西淸詩話非獨不詳考事實又併姓氏亦誤也嗚呼以珪之賢上稟訓于賢母下得助于賢妻宜其爲一代宗臣也

少陵詩非特記事至于都邑所出土地所生物之有無貴賤亦時見于吟詠如云急須相就飲一斗恰有三百青銅錢丁晉公謂以是知唐之酒價也

建炎己酉歲車駕駐蹕建康毘陵錢申仲紳赴召命僕亦以事至彼與之同邸申仲以能詩自負嘗作詩話甚詳予偶用其剪紙刀渠頗靳之且曰此刀惟吾鄉所造者頗佳他處不及也予戲之曰仙鄉剪刀雖佳然不及太原者也錢曰太原惟出銅器未聞出剪刀予曰君深于詩而不知此耶子美詩云焉得幷州快剪刀剪取吳淞半江水吾豈妄言哉錢大笑因而定交

世謂六一居士歐陽永叔不好杜少陵詩觀六一詩話載陳從易舍人初得杜集舊本多脫誤其送蔡都尉詩云身輕一鳥其下脫

一字陳公與數客各用一字補之或云落或云起或云下其後得善本乃身輕一鳥過陳歎服以爲雖一字諸君不能到也又曰唐之晚年無復李杜豪放之格但務以精意相高而已又集古目錄曰秦嶧山碑非眞杜甫直謂棗木傳刻耳杜有李潮八分小篆歌云嶧山之碑野火焚棗木傳刻肥失眞故也六一于杜詩既稱其雖一字人不能到又稱其格之豪放又取以證碑刻之眞僞詎可謂六一不好之乎後人之言未可信也

江南五月梅熟時霖雨連旬謂之黃梅雨然少陵詩曰南京西浦道四月熟黃梅湛湛長江去冥冥細雨來葢唐人以成都爲南京則蜀中梅雨乃在四月也及讀柳子厚詩曰梅實迎時雨蒼茫直晚春愁深楚猿夜夢斷越雞晨海霧連南極江雲暗北津素衣今盡化非爲帝京塵此子厚時在嶺外詩則南粵梅雨又在春末是知梅雨時候所至早晚不同

杜子美遊龍門奉先寺詩曰天闕象緯逼雲臥衣裳冷此寺在洛陽之龍門按韋述東都記龍門號雙闕以與大茵山對峙若天闕然此詩天闕指龍門也後人謂其屬對不切改爲天闕王介甫改爲天閲蔡興宗又謂世傳古本作天闚引莊子用管窺天爲證以予觀之皆臆說也且天闕象緯逼雲臥衣裳冷廼此寺中即事耳以彼天闕之高則勢逼象緯以我臥雲之幽則冷侵衣裳語自混成何必屑屑較瑣碎失大體哉

澄江朱正民舉直嘗云少陵今夕行揩意不苟其詩云今夕何夕歲云徂則言歲除夜也更長燭明不可孤則言夜永人多守歲不寐當有以自遣也咸陽客舍人事無則言旅中少况且無幹也相與博塞爲歡娛則言爲此猶賢乎已也蓋謂窮多佳節旅中永夕無事方可爲此自遣若他時不可也則正民觀少陵詩亦不苟矣正民乃予先太夫人族弟沈晦元同榜登科其人簡率而議論有

直氣爲廣德軍教授含山縣令而卒惜哉

白樂天有新製綾襖詩曰水波文襖造新成綾軟緜勻溫復輕百姓多寒無可救一身獨暖亦何情卒章曰爭得大裘長萬丈與君都蓋洛陽城可謂善推其所爲之心矣又觀新製布裘詩曰桂布白似雪吳緜軟於雲布重緜且厚爲裘有餘溫誰知嚴冬月肢體暖如春中夕忽有念撫裘起逡巡丈夫貴兼濟豈獨善一身安得萬里裘蓋裹周四垠隱暖皆如我天下無寒人後詩正與杜子美茅屋爲秋風所破歌曰安得廣廈千萬間大庇天下寒士俱歡顏風雨不動安如山觀樂天前詩則與楚人亡弓楚人得之相類觀樂天後詩及子美詩可與人亡弓人得之其意同也

東坡先生學術文章忠言直節不特士大夫所欽仰而累朝聖主寵遇皆厚仁宗朝登進士科復應制科擢居異等英宗朝任鳳翔僉判滿任欲以唐故事召入翰林宰相限以近制且召試祕閣上曰未知其能否故試之如軾豈不能耶宰相猶難之及試又入優等遂直史館神宗朝以議變更科舉法上得其議喜之遂欲進用以與王安石論新法不合補外王黨李定之徒媒蘖浸潤不止遂坐詩文有譏諷赴詔獄欲置之死賴上獨庇之得出止責置齊安方其坐獄時宰相有譖于上曰軾有不臣意上改容曰軾雖有罪不應至此時相舉軾檜詩云根到九泉無曲處世間惟有蟄龍知陛下飛龍在天軾以爲不知己而求地下蟄龍非不臣而何上曰詩人之詞安可如此論彼自詠檜何預朕事時相語塞又上一日與近臣論人材因曰軾之才與方古人孰比近臣曰唐李太白文材頗同上曰不然白有軾之才無軾之學上累有意復用而言者力阻之上一日特出手札曰蘇軾黜居思咎閱歲滋深人材實難不忍終棄因量移臨汝哲宗朝起知登州召爲南宮舍人不數月遷西掖遂登翰苑紹聖以後熙豐諸臣當國元祐諸臣例遷謫崇

觀間蔡京蔡卞等用事拘以黨籍禁其文辭墨跡而毀之政和間忽弛其禁求軾墨跡甚鋭人莫知其由或傳徽宗皇帝寶籙宮醮筵常親臨之一日啓醮其主醮道流拜伏地久之方起上詰其故答曰適至上帝所值奎宿奏事良久方畢始能達其章故也上歎訝之問曰奎宿何神爲之所奏何事對曰所奏不可得知然爲此宿者迺本朝之臣蘇軾也上大驚不惟弛其禁且欲玩其文辭墨跡一時士大夫從風而靡光堯太上皇帝朝盡復軾官職擢其孫符自小官至尚書今上皇帝尤愛其文粱丞相叔子乾道初任掖垣兼講席一日內中宿直召對上因論文問曰近有趙夔等注軾詩甚詳卿見之否粱奏曰臣未之見上曰朕有之命內侍取以示之至乾道末上遂爲軾御製文集敘贊命有司與集同刊之因贈太師謚文忠又賜其曾孫嶠出身擢爲臺諫侍從嗚呼昔揚雄之文當時人忽之且欲覆醬瓿雄亦自謂後世復有揚子雲當好之

今東坡詩文洒豪當代累朝神聖之主知遇如此使忌能之臣譖言不入且道流之語未必可信解註之士出于一時之意而當宁以軾之忠賢而確信之身後恩寵異常此誠堯舜之君樂取諸人以為善而軾遂被此光榮不其偉哉

姑蘇楓橋寺唐張繼留詩曰月落烏啼霜滿天江楓漁火對愁眠姑蘇城外寒山寺半夜鐘聲到客船六一居士詩話謂句則佳矣奈半夜非鳴鐘時然余昔官姑蘇每三鼓盡四鼓初即諸寺鐘皆鳴想自唐時已然也後觀于鵠詩云定知別後家中伴遥聽維山半夜鐘白樂天云新秋松影下半夜鐘聲後溫庭筠云悠然旅榜頻回首無復松窗半夜鐘則前人言之不獨張繼也又皇甫冉秋夜宿嚴維宅云昔聞開元寺門向會稽峯君住東湖上清風繼舊踪秋深臨水月夜半隔山鐘陳羽梓州與溫商夜別亦曰隔水悠悠午夜鐘然則豈詩人承襲用此語耶抑他處亦如姑蘇半夜鳴鐘耶

蔡元長京既貴享用侈靡喜食鶉每預畜養之烹殺過當一夕夢鶉數千百訴于前其一鶉居前致辭曰食君廩中粟作君羹中肉一羹數百命下箸猶未足羹肉何足論生死猶轉轂勸君宜勿食禍福相倚伏觀此亦可為饕餮而暴殄天物者之戒

昔人臨歧執別回首引望戀戀不忍遽去而形于詩者如王摩詰詩云車徒望不見時見起行塵歐陽詹云高城已不見況復城中人東坡與其弟子由別云登高回首坡隴隔時見烏帽出復沒或紀行人已遠而故人不復可見語雖不同其惜別之意則同也

昌黎韓退之和裴晉公詩云秋臺風日迥正好看前山後東坡和陶詩云前山正好數後騎且莫驅此語雖不同而寄情物外夷曠優游之意則同也

王摩詰漢江臨泛詩曰江流天地外山色有無中六一居士平山堂長短句云平山欄檻倚晴空山色有無中豈用摩詰語耶然詩人意所到而語偶相同者亦多矣其後東坡作長短句曰記取醉翁語山色有無中則專以為六一語也

吳門蠡口瀕大湖乃范蠡自此乘扁舟泛五湖也鄭毅夫獬有詩曰千重越甲夜成圍戰罷君王醉不知若論破吳功第一黃金只合鑄西施

宋景文有詩曰捫蝨須逢英俊主釣鰲豈在牛蹄涔用小物與大為對而語壯氣勁可嘉也又東坡一聯曰聞說騎鯨游汗漫亦嘗捫蝨話悲辛則律切而語亦奇矣

前人詠落花詩世傳二宋兄弟元憲公庠景文公祁詩為工元憲詩云漢皐佩冷臨江溼金谷樓危到地香景文詩云將飛更作迴風舞已落猶成半面粧固佳矣而余襄公靖安道詩亦工云金谷已空新步障馬嵬徒見舊香囊不減二宋也而景文公又有五言殘花詩一聯云香歸蜂蜜盡紅入燕泥乾雖不用事亦自是佳句

韓退之聯句云遥岑出寸碧遠目增雙明固為佳句後見謝無逸云忽逢隔水一山碧不覺舉頭雙眼明若敷衍退之語然句意清快亦自可嘉也

京師景德寺東廊三學院壁間題曰明月斜秋風冷今夜故人來不來教人立盡梧桐影皆傳呂先生洞賓所題也

靖康間遊京師天清寺于僧房壁間得一絕云空餘綠綺琴懶把新聲寫不見臨邛人誰是知音者不題名氏想有感而題也

盧贊元襄宣和靖康間為吏部侍郎詩篇極多向嘗得其數十篇皆清拔可喜後因兵火失之尚記其贈鼓琴者曰試將鍾子山水意一洗退之冰炭腸恨失其全篇

紹興初予之官建康艤舟溧陽郵亭見壁間題云十年棄微官歸來事却掃扁舟訪安期要覓如瓜棗不知膏粱珍惡食亦自好田

圜苦無多生理恆草草濁酒時一樽孤斟從醉倒然不著名氏不知何人所作觀其言淡而旨遠決非汩沒名利而不知返者也

昔年過邵伯埭登平野亭見梁間題曰地勢如披掌天形似覆盤三星羅戶牖北斗掛闌干晚色芙蕖靜秋香穲稏寒更無山礙眼剩覺水雲寬此劉燾無言詩此詩蓋盡得平野之景物也

舊傳有太守因旱祈雨于龍潭得小雨而未甚應作一絕云祈雨精神尚未通浮雲開闔有無中潭龍恐我羞歸去略灑些些表不究因寫投此詩潭中繼即大雨隨足

陳椾待制紹興中嘗從諸大將爲謀議官頗好修養之方且自以爲得道嘗題其所居曰神仙多是大羅客我比大羅超一格有輕薄續其後曰行滿三千我四千功成八百我九百

嘗見蘭溪范安茂云嚴陵一士人亡其姓名能詩好爲大言而間有可取者如詠林影曰日月明方見乾坤暗即收又詠扇曰大柄

如歸手蚊虻莫浪飛言皆類此不能盡記也

靖康之變中原爲虜竊據當時文人勝士陷于彼者不少紹興庚申辛酉河南關陝之地暫復有自關中驛舍壁間得二絕詩云鼙鼓轟轟聲徹天中原廬井半蕭然鶯花不管興亡事粧點春光似昔年又云渭平沙淺雁來棲渭漲沙移雁不歸江海一身多少事清風明月我沾衣

夢筆驛洒江淹舊居姚宏令題一絕可警後學者詩云一宵短夢驚流俗千里高名掛里閭遂使晚生矜此意擬眠不讀一行書

說郛卷第六十九終

說郛卷第七十

菊譜一卷全抄

宋劉蒙彭城人

譜序

草木之有花浮冶而易壞凡天下輕脆難久之物者皆以花比之宜非正人達士堅操篤行之所好也然予嘗觀屈原之爲文香草龍鳳以比忠正而菊與菌桂荃蕙蘭芷江蘺同爲所取又松者天下堅正之木也而陶淵明乃以松配菊連語而稱之夫屈原淵明寔皆正人達士堅操篤行之流至于菊尤貴重之如此是菊雖以花爲名固與浮冶易壞之物不可同年而語也且菊有異于物者凡花皆以春盛而實者以秋成其根柢枝葉無物不然菊獨以秋花晚茂于風霜搖落之時此其得時者異也有花葉者花本不可食而康風子乃以食菊得仙又本草云以九月取花久服輕身耐

老此其花異也野花可食者根葉未必可食而陸龜蒙云春苗恣肥得以采擷供左右杯案又本草云以正月取根此其根葉異也夫以一草之微自本至末無非可食有功于人者加以花色香態纖妙閑雅可爲丘壑燕靜之娛然則古人取其香以比德而配之以歲寒之操夫豈獨然而已哉洛陽風俗大抵好花菊品之數比他州爲盛劉元孫伯紹者隱居伊水之瀕萃諸菊而植之朝夕嘯詠乎其側蓋有意譜之而未暇也崇寧甲申九月予得爲龍門之游得至君居坐于舒嘯堂上顧玩而樂之于是相與訂論訪其名之未嘗有因次第焉夫牡丹荔枝香笋茶竹硯墨之類有名數者前人皆譜錄今菊品之盛至于三十餘種可以類聚而記之故隨其名品論序于左以列諸譜之次

說疑

或謂菊與苦薏有兩種而陶隱居日華子所記皆無千葉花疑今

譜中或有非菊者也然予嘗讀隱居之說以謂莖紫色青作蒿艾氣爲苦薏今予所記菊中雖有莖青者然而爲氣香味甘枝葉纖少或有味苦者而紫色細莖亦無蒿艾之氣又今人間相傳爲菊其已久矣故未能輕取舊說而棄之也凡植物之見取于人者栽培灌溉不失其宜則枝葉華實無不猥大至其氣之所聚乃有連理合穎雙葉並蒂之瑞而況于花有變而爲千葉者乎日華子曰花大者爲甘菊花小而苦者爲野菊若種園蔬肥沃之處復同一體是小可變而爲甘也如是則單葉變而爲千葉亦有之矣牡丹芍藥皆爲藥中所用隱居等但記花之紅白亦不云有千葉者今二花生於山野類皆單葉小花至于園圃肥沃之地栽鉏糞養皆爲千葉然後大花千葉變態百出然則奚獨至于菊而疑之註本草者謂菊一名日精按說文從鞠而爾雅菊治蘠月令云鞠有黃華疑皆傳寫之誤歟若夫馬蘭爲紫菊瞿麥爲大菊烏喙苗爲鴛鴦菊旋覆花爲艾菊與其他妄濫而竊菊名者皆所不取云

定品

或問菊奚先曰先色與香而後態然則色奚先曰黃者中之色土王季月而菊以九月花金土之應相生而相得者也其次莫若白西方金氣之應菊以秋開則于氣爲鍾焉陳藏器云白菊生平澤花紫者白之變紅者紫之變也此紫所以爲白之次而紅所以爲紫之次云有色矣而又有香有香矣而又有態是其爲花之尤者也或又曰花以豔媚爲悅而子以態爲後與曰吾嘗聞于古人矣妍卉繁花爲小人而松竹蘭菊爲君子安有君子而以態爲悅乎至于具香與色而又有態是猶君子而有威儀也菊有名龍腦者具香與色而態不足者也菊有名都勝者具色與態而香不足者也菊之黃者未必皆勝而置于前者正其色也菊之白者未必皆劣而列于中者次其色也雜羅香毬玉鈴之類則以瓌異而升焉至于順聖楊妃之類轉以受色不正故雖有芬香態度不得與諸花爭也然予獨以龍腦爲諸花之冠是故君子貴其質焉後之視此譜者觸類而求之則意可見矣

花總數三十有五品以品視之可以見花之高下以花視之可以知品之得失具列之如左云

龍腦第一

龍腦一名小銀臺出京師開以九月末類金萬鈴而葉尖謂花上葉色類人間染鬱金而外葉純白夫黃菊有淺深色兩種而是花獨得深淺之中又其香氣芬烈甚似龍腦是花與香色俱可貴也諸菊或以態度爭先者然標致高遠譬如大人君子雍容雅淡識與不識固將見而悅之誠未易以妖冶嫵媚爲勝也

新羅第二

新羅一名玉梅一名倭菊或云出海外國中開以九月末千葉純

白長短相次而花葉尖薄鮮明瑩澈若瓊瑤然花始開時中有青黃細葉如花蕊之狀盛開之後細葉舒展廼始見其蕊焉枝正紫色葉青支肱而小凡菊類多尖闕而此花之葉分爲五出如人之有支股也與花相映標韻高雅似非尋常之比也然予觀諸菊開頭枝葉有多少繁簡之失如桃花菊則恨葉多如毬子菊則恨花繁此菊一枝多開一花雖有旁枝亦少雙頭並開者正素獨立之意故詳紀焉

都勝第三

都勝出陳州開以九月末鵝黃千葉葉形圓厚有雙紋花葉大者每葉上皆有雙畫直紋如人手紋狀而內外大小重疊相次蓬蓬然疑造物者著意爲之凡花形千葉如金鈴則太厚單葉如大金鈴則太薄惟都勝新羅御愛棣棠頗得厚薄之中而都勝又其最美者也予嘗謂菊之爲花皆以香色態度爲尚而枝常恨粗葉常

恨大凡菊無態度者枝葉累之也此菊細枝少葉嫋嫋有態而俗以都勝目之其有取于此乎花有淺深兩色蓋初開時色深耳

御愛第四

御愛出京師開以九月末一名笑靨一名喜容淡黃千葉葉有雙紋齊短而闊葉端皆有兩闕內外鱗次亦有瓌異之形但恨枝幹差粗不得與都勝爭先耳葉比諸菊最小而青每葉不過如指面大或云出禁中因此得名

玉毬第五

玉毬出陳州開以九月末多葉白花近蕊微有紅色花外大葉有雙紋瑩白齊長而蕊中小葉如剪茸初開時有青殼久乃退去盛開後小葉舒展皆與花外長葉相次倒垂以玉毬目之者以有圓聚之形也枝幹不甚粗葉尖長無刓闕枝葉皆有浮毛頗與諸菊異然顏色標致固自不凡近年以來方有此本好事者競求致一

二本之直比于常菊蓋十倍焉

玉鈴第六

玉鈴未詳所出開以九月中純白千葉中有細鈴甚類大金鈴菊凡白花中如玉毬新羅形態高雅出于其上而此菊與之爭勝故予特次二菊觀名求實似無愧焉

金萬鈴第七

金萬鈴未詳所出開以九月末深黃千葉菊以黃為正而鈴以金為質是菊正黃色而葉有鐸形則于名實兩無愧也菊有花密枝褊者人間謂之鞍子菊實與此花一種特以地脉微盛使之然爾又有大萬鈴大金鈴蜂鈴之類或形色不正比之此花特為竊有其名也

大金鈴第八

大金鈴未詳所出開以九月末深黃有鈴者皆如鐸鈴之形而此花之中實皆五出細花下有大葉承之每葉上有雙紋枝與常菊相似葉大而疎一枝不過十餘葉俗名大金鈴蓋以花形似秋萬鈴耳

銀臺第九

銀臺深黃萬銀鈴葉有五出而下有雙紋白葉開之初疑與龍腦菊一種但花形差大且不甚香耳俗謂龍腦菊為小銀臺蓋以相似故也枝幹纖柔葉青黃而粗疎近出洛陽水北小民家未多見也

棣棠第十

棣棠出西京開以九月末深黃雙紋多葉自中至外長短相次如千葉棣棠狀凡黃菊類多小花如都勝御愛雖稍大而色皆淺黃其最大者若大金鈴菊則又單葉淺薄無甚佳處惟此花深黃多葉大于諸菊而又枝葉甚青一枝叢生至十餘朶花葉相映顏色

鮮好甚可愛也

蜂鈴第十一

蜂鈴開以九月中千葉深黃花形圓小而中有鈴葉擁聚蜂起細視若有蜂窠之狀大抵此花似金萬鈴獨以花形差小而尖又有細蕊出鈴葉中以此別耳

鵝毛第十二

鵝毛未詳所出開以九月末淡黃纖細如毛生于花萼上凡菊大率花心皆細葉而下有大葉承之間謂之托葉今此毛花自內自外葉皆一等但長短上下有次耳花形小於金萬鈴亦近年新花也

毬子第十三

毬子未詳所出開以九月中深黃千葉尖細重疊皆有倫理一枝之杪聚生百餘花若小毬諸菊黃花最小無過此者然枝青葉碧

花色鮮明相映尤好也

夏金鈴第十四

夏金鈴出西京開以六月深黃千葉甚與金萬鈴相類而花頭瘦小不甚鮮茂蓋以生非時故也或曰非時而花失其正也而可置于上乎曰其香是也其色是也若生非其時則係于天者也夫特以生非其時而置之諸菊之上香色不足論矣奚以貴質哉

秋金鈴第十五

秋金鈴出西京開以九月中深黃雙紋重葉花中細蕊皆出小鈴萼中其萼亦如鈴葉但比花葉短廣而青故譜中謂鈴葉鈴萼者以此有如蜂鈴狀予頃年至京師始見此菊戚里相傳以爲愛玩其後菊品漸盛香色形態往往出此花上而人之貴愛落寞矣然花色正黃未應便置諸菊之下也

金錢第十六

金錢出西京開以九月末深黃雙紋重葉似大金菊而花形圓齊頗得滴漏花（欄檻處處有亦名滴滴金亦名金錢子）人未識者或以爲棣棠菊或以爲大金鈴但以花葉辨之乃可見耳

鄧州黃第十七

鄧州黃開以九月末單葉雙紋深于鵝黃而淺于鬱金中有細葉出鈴萼上形樣甚似鄧州白但差小耳按陶隱居云南陽酈縣有黃菊而白者以五月採今人間相傳多以白菊爲貴又採時乃以九月頗與古說相異然黃菊味甘氣香枝榦葉形全類白菊疑乃弘景所記耳

薔薇第十八

薔薇未詳所出九月末開深黃雙紋單葉有黃細蕊出小鈴萼中枝榦差細葉有支股而圓今薔薇有紅黃千葉單葉兩種而單葉者差淡人間謂之野薔薇蓋以單葉者耳

黃二色第十九

黃二色九月末開鵝黃雙紋多葉一花之間自有深淺兩色然此花甚類薔薇菊惟形差小又近蕊多有亂葉不然亦不辨其異種也

甘菊第二十

甘菊生雍州川澤開以九月深黃單葉閭巷小人且能識之固不待記而後見也然予竊謂古菊未有瓌異如今者而陶淵明張景陽謝希逸潘安仁等或愛其香或詠其色或採之于東籬或泛之于酒斝疑皆今之甘菊花也夫以古人賦詠賞愛至于如此而一旦以今菊之盛遂將棄而不取是豈仁人君子之于物哉故予特以甘菊置于白紫紅菊三品之上其大意如此

酴醾第二十一

酴醾出相州開以九月末純白千葉自中至外長短相次花之大

小正如酴醾而枝榦纖柔頗有態度若花葉稍圓加以檀蕊眞酴醾也

玉盆第二十二

玉盆出滑州開以九月末多葉黃心內深外淡而下有闊白大葉連綴承之有如盆盂中盛花狀然人間相傳以爲玉盆菊者大率皆黃心碎葉初不知其得名之由後請疑于識者始以眞菊相示乃知物之見名于人者必有形似之實非講尋無倦或有所遺耳

鄧州白第二十三

鄧州白九月末開單葉雙紋白花中有細蕊出鈴萼中凡菊單葉如薔薇菊之類大率花葉圓密相次（花葉綱頭上白葉非枝葉之葉他稱花葉倣此）而此花葉皆尖細相去稀疏然香比諸菊甚烈而又正爲藥中所用蓋鄧州菊潭所出耳枝榦甚纖柔葉端有支股而長亦不甚青

白菊第二十四

白菊單葉白花蕊與鄧州白相類但花葉差闊相次圓密而枝葉粗繁人未識者多謂此爲鄧州白予亦信以爲然後劉伯紹訪得其眞菊較見其異故譜中別開鄧州白而正其名曰白菊

銀盆第二十五

銀盆出西京開以九月中花中皆細鈴比夏秋萬鈴差疎而形色似之鈴葉之下別有雙紋白葉故人間謂之銀盆者以其下葉正白故也此菊近出未多至其茂肥得地則一花之大有若盆者焉

順聖淺紫第二十六

順聖淺紫出陳州鄧州九月中方開多葉葉比諸菊最大一花不過六七葉而每葉盤疊凡三四重花葉空處間有筒葉輔之大率花形枝榦類垂絲棣棠但色紫花大耳予所記菊中推此最大而風流態度又爲可貴獨恨此花非黃白不得與諸菊爭先也

夏萬鈴第二十七

夏萬鈴出鄜州開以五月紫色細鈴生于雙紋大葉之上以時別之者以有秋時紫花故也或以菊皆秋生花而疑此菊獨以夏盛按靈寶方曰菊花紫白又陶隱居云五月採今此花紫色而開于夏時是其得時之正也夫何疑哉

秋萬鈴第二十八

秋萬鈴出鄜州開以九月中千葉淺紫其中細葉盡爲五出鐸形而下有雙紋大葉承之諸菊如棣棠是其最大獨此菊與順聖過焉或云與夏花一種但秋夏再開耳今人間起草爲花多作此菊蓋以其瓌美可愛故也

繡毬第二十九

繡毬出西京開以九月中千葉紫花花葉尖闊相次聚生如金鈴菊中鈴葉之狀大率此花似荔枝菊花中無筒葉而萼邊正平耳花形之大有若大金鈴菊者焉

荔枝第三十

荔枝紫出西京九月中開千葉紫花葉卷爲筒大小相間凡菊鈴幷蕊皆生托葉之上葉背乃有花萼與枝相連而此菊上下左右攢聚而生故俗以爲荔枝者以其花形正圓故也花有紅者與此同名而純紫者蓋不多爾

垂絲粉紅第三十一

垂絲粉紅出西京九月中開千葉葉細如茸攢聚相次而花下亦無托葉人以垂絲目之者蓋以枝榦纖弱故也

楊妃第三十二

楊妃未詳所出九月中開粉紅千葉散如亂茸而枝葉細小嫋嫋有態此實菊之柔媚爲悅者也

合蟬第三十三

合蟬未詳所出九月末開粉紅筒葉花形細者與蕊襍比方盛開時筒之大者裂爲兩翅如飛舞狀一枝之杪凡三四花然大率皆筒葉如荔枝菊有蟬形者蓋不多耳

紅二色第三十四

紅二色出西京開以九月末千葉深淺紅叢有兩色而花葉之中間生筒葉大小相映方盛開時筒之大者裂爲二三與花葉相襍比茸茸然花心與筒葉中有青黃紅蕊頗與諸菊相異然予怪桃花石榴川木瓜之類或有一株異色者每以造物之付受有不平歟抑將見其巧歟今菊之變其黃白而爲粉紅深紫固可怪而又一株亦有異色並生者也是亦深可怪歟花之形度無甚佳處特記其異耳

桃花第三十五

桃花粉紅單葉中有黃蕊其色正類桃花俗以此名蓋以言其色耳花之形度雖不甚佳而開于諸菊未有之前故人視此菊如木

中之梅焉枝葉最繁密或有無花者則一葉之大踰數寸也

雜記

敘遺

予聞有麝香菊者黃花千葉以香得名有錦菊者粉紅碎花以色得名有孩兒菊者粉紅青萼以形得名有金絲菊者紫花黃心以蕊得名嘗訪于好事求于園圃旣未之見而說者謂孩兒菊與桃花一種又云種花者剪掐爲之至錦菊金絲則或有言其與別名非菊者若麝香菊則又出陽翟洛人實未之見夫旣已記之而定其品之高下又因傳聞附會而亂其先後之次是非予譜菊之意故特論其名色列于記花之後以俟博物之君子證其謬焉

補意

予嘗怪古人之于菊雖賦詠嗟嘆嘗見于文詞而未嘗說其花瓌異如吾譜中所記者疑古之品未若今日之富也今遂有三十五

種又嘗聞于蒔花者云花之形色變易如牡丹之類歲取其變者以爲新今此菊亦疑所變也今之所譜雖自謂甚富然搜訪所有未至與花之變易後出則有待于好事者焉君子之于文亦闕其不知者斯可矣若夫掇擷治療之方栽培灌種之宜宜觀于方册而問于老圃不待予言也

拾遺

黃碧單葉兩種生于山野籬落之間宜若無足取者然譜中諸菊多以香色態度爲人所好剪鉏移徙或至傷生而是花與之均賦一性同受一色俱有此名而能遠近山野保其自然固亦無羨于諸菊也予嘉其大意而收之又不敢雜置諸菊之中故特列之于後云

石湖菊譜 一卷　宋范成大

山林好事者或以菊比君子其說以爲歲華婉娩草木變衰乃獨燁然秀發傲睨風露此幽人逸士之操雖寂寥荒寒中味道之腴不改其樂者也神農書以菊爲養生上藥能輕身延年南陽人飲其潭水皆壽百歲使夫人者有爲于當世醫國庇民亦猶是而已菊于君子之道誠有臭味哉月令以動植志氣候如桃桐華直云始華至菊獨曰菊有黃華豈以其正色獨立不伍衆草變詞而言之歟故名勝之士未有不愛菊者至陶淵明尤甚愛之而菊名益重又其花時秋暑始退歲事旣登天氣高明人情舒閑騷人飲流亦以菊爲時花移檻列斛輦致觴詠間謂之重九節物此非深知菊者要亦不可謂不愛菊也愛者旣多種者日廣吳下老圃伺春苗尺許時掇去其顚數日則歧出兩枝又掇之每掇益歧至秋則一榦所出數千百朶婆娑團植如車蓋熏籠矣人力勤土又膏沃花亦爲之屢變頃見東陽人家菊圖多至七十種淳熙丙午范村所植止得三十六種悉爲譜之明年將益訪求他品爲後譜焉

菊品

黃

勝金黃　疊金黃　棣棠菊　疊羅黃
麝香黃　太眞黃　垂絲菊　千葉小金鈴
鴛鴦菊　金鈴菊　毬子菊　單葉小金錢
夏小金鈴　十樣菊　甘菊　野菊

白

五月菊　金杯玉盤　喜容千葉　御衣黃千葉
萬鈴菊　蓮花菊　木香菊　茉莉菊
芙蓉菊　酴醿菊　艾葉菊　白麝香
白荔枝　銀杏菊　波斯菊

雜色

佛頂菊　桃花菊　胭脂菊　紫菊

後序 菊有黃白二種而以黃爲正人以牡丹獨曰花而不名好事者于菊亦但曰黃花皆所以珍異之故予譜先黃而後白陶隱居謂菊有二種一種莖紫氣香味甘葉嫩可食花微小者爲眞菊青莖細葉作蒿艾氣味苦花大名苦薏非眞也今吳下惟甘菊一種可食花細碎品不甚高餘味皆苦白花尤甚花亦大隱居論菊既不以此爲眞而其後云白菊治風眩陳藏器之說亦然靈寶方及抱朴子丹法又悉用白菊蓋與前說相抵牾今詳此惟甘菊一種可食瓣入藥餌餘黃白二花悉不可餌皆入藥而治頭風則尚白者此論堅定無疑併著于後

史老圃菊譜 一卷

宋史正志

序 菊草屬也以黃爲正所以槩稱黃花漢俗九日飲菊酒以祓除不祥蓋九月律中無射而數九俗尚九日而用時之草也南陽酈縣有菊潭飲其水者皆壽神仙傳有康生服其花而成仙菊有黃

華北方用以準節令大略黃花開時節候不差江南地暖百卉造作無時而菊獨不然考其理菊性介烈高潔不與百卉同其盛衰必待霜降草木黃落而花始開嶺南多至始有微霜故也本草一名日精一名周盈一名延年所宜貴者苗可以菜花可以藥囊可以枕釀可以飲所以高人隱士籬落畦圃之間不可一日無此花也陶淵明植于三徑采于東籬裛露掇英汎以忘憂鍾會賦以五美爲圓華高懸準天極也純黃不雜后土色也早植晚登君子德也冒霜吐穎象勁直也杯中體輕神仙食也其爲所重如此然品類有數十種而白菊一二年過多有變黃者予在二水植大白菊百餘枝次年盡變爲黃花今以色之黃白及雜色品類可見于吳門者二十有七種大小顏色殊異而不同自昔好事者爲牡丹芍藥海棠竹筍作譜記者多矣獨菊花未有爲之譜者殆亦菊花之闕文也敢予姑以所見爲之若夫耳目之所未接品類之未備更俟博雅君子與我同志者續之今止以所見具列于後

黃

大金黃 心密花瓣大如大錢

小金黃 心微紅花瓣鵝黃葉翠大如桼花

佛頭菊 無心中邊亦同

小佛頭 同上微小又云疊羅黃

金墪菊 比佛頭頗瘦花心微窪

金鈴菊 心微青紅花瓣鵝黃色葉小又云明州黃

深色御袍黃 心起突色如深鵝黃

淺色御袍黃 中深

金錢菊 心小花瓣稀

毬子黃 中邊一色突起如毬子

棣棠菊 色深黃如棣棠枝比甘菊差大

甘菊 色深黃比棣棠頗小

野菊 細瘦枝柯凋衰多野生亦有白者

白

金盞銀臺 心突起瓣黃四邊白

樓子佛頂 心大突起似佛頂四邊單葉

添色喜容 心微突起瓣密且大

纓枝菊 花瓣薄開過轉紅色

玉盤菊 黃心突起淡白緣邊

單心菊 細花心瓣大

樓子菊 層層狀如樓子

萬鈴菊 心茸茸突起花多半開如鈴

腦子菊 花瓣微皺縮如腦子狀

荼蘼菊 心青黃微起如鵝黃色淺

雜色紅紫

十樣菊　黃白雜樣亦有微紫花頭小

桃花菊　花瓣全如桃花秋初先開色有淺深深秋亦有白者

芙蓉菊　狀如芙蓉亦紅色

孩兒菊　紫蕚白心茸茸然葉上有光與他菊異

夏月佛頂菊　五六月開色微紅

菊之開也既黃白深淺之不同而花有落者有不落者葢花瓣結密者不落盛開之後淺黃者轉白而白色者漸轉紅枯于枝上花瓣扶疏者多落盛開之後漸覺離披遇風雨撼之則飄散滿地矣王介甫武夷詩云黃昏風雨打園林殘菊飄零滿地金歐陽永叔見之戲介甫曰秋花不落春花落爲報詩人仔細看介甫聞之笑曰歐陽九不學之過也豈不見楚辭云夕餐秋菊之落英東坡歐公門人也其詩亦有欲伴騷人賦落英與夫却遶東籬嗅落英亦

用楚辭語耳王彥賓言古人之言有不必盡循者如楚辭言秋菊落英之語予謂詩人所以多識草木之名葢爲是也歐王二公文章擅一世而左右佩紉彼此相笑豈非于草木之名猶有未盡識之而不知有落有不落者耶王彥賓之徒又從而爲之贅疣葢益遠矣若夫可餐者乃菊之初開芳馨可愛耳若夫衰謝而後落豈復有可餐之味楚辭之過乃在于此或云詩之訪落以落訓始也意落英之落葢謂始開之花耳然則介甫之引證殆亦未之思歟或者之說不爲無據予學爲老圃而頗識草木者因併書于菊譜之後淳熙歲次乙未閏九月望日吳門老圃序

范村梅譜　宋范大成

梅天下尤物無問智愚賢不肖莫敢有異議學圃之士必先種梅且不厭多他花有無多少皆不繫重輕予于石湖玉雪坡既有梅數百本比年又于舍南買王氏僦舍七十楹盡拆除之治爲范村以其地三分之一與梅吳下栽梅特盛其品不一今始盡得之隨所得爲之譜以遺好事者

江梅遺核野生不經栽接者又名直脚梅或謂之野梅凡山間水濱荒寒清絕之趣皆此本也花稍小而疏瘦有韻香最清實小而硬

早梅花勝直脚梅吳中春曉二月始爛熳獨此品于冬至前已開故得早名錢塘湖上亦有一種尤開早予嘗重陽日親折之有横枝對菊開之句行都賣花者爭先爲奇冬初折未開枝置浴室中薰蒸令拆强名早梅終瑣碎無香予頃守桂林立春梅已過元夕則嘗青子皆非風土之正杜子美詩云梅蕊臘前破梅花年後多惟冬春之交正是花時耳

官城梅吳下圃人以直脚梅擇他本花肥實美者接之花遂敷腴實亦佳可入煎造唐人所稱官梅止謂在官府園圃中非此官城

梅也

消梅花與江梅官城梅相似其實圓小鬆脆多液無滓多液則不耐日乾故不入煎造亦不宜熟惟堪青噉北梨亦有一種輕鬆者名消梨與此同意

古梅會稽最多四明吳興亦間有之其枝樛曲萬狀蒼蘚鱗皴封滿花身又有苔鬚垂于枝間或長數寸風至綠絲飄飄可玩初謂古木久歷風日致然詳考會稽所產雖小株亦有苔痕葢別是一種非必古木予嘗從會稽移植十本一年後花雖盛發苔皆剝落殆盡其自湖之武康所得者卽不變移風土不相宜會稽隔一江湖蘇接壤故土宜或異同也凡古梅多苔者封固花葉之眼惟罅隙間始能發花花雖稀而氣之所鍾豐腴妙絕苔剝落者則花發仍多與常梅同去成都二十里有臥梅偃蹇十餘丈相傳唐物也謂之梅龍好事者載酒遊之淸江酒家有大梅如數間屋傍枝四

垂周遭可羅坐數十人任子嚴運使買得作凌風閣臨之因遂進築大圃謂之盤園予生平所見梅之奇古者惟此兩處爲冠隨記之附古梅後

重葉梅花頭甚豐葉重數層盛開如小白蓮梅中之奇品花房獨出而結實多雙尤爲瑰異極梅之變化工無餘巧矣近年方見之蜀海棠有重葉者名蓮花海棠爲天下第一可與此梅作對

綠萼梅凡梅花跗蒂皆絳紫色惟此純綠枝梗亦青特爲清高好事者比之九疑仙人萼綠華京師艮嶽有萼綠華堂其下專植此本人間亦不多有爲時所貴重吳下又有一種萼亦微綠四邊猶淺絳亦自難得

百葉緗梅亦名黃香梅亦名千葉香梅花葉至二十餘瓣心色微黃花頭差小而繁密別有一種芳香比常梅尤穠美不結實

紅梅粉紅色標格猶是梅而繁密則如杏香亦類杏詩人有北人

全未識渾作杏花看之句與江梅同開紅白相映園林初春絕景也梅聖俞詩云認桃無綠葉辨杏有青枝當時以爲着題東坡詩云詩老不知梅格在更看綠葉與青枝葢譏其不韻爲紅梅解嘲云承平時此花獨盛于姑蘇晏元獻公始移植西岡圃中一日貴游賂園吏得一枝分接由是都下有二本嘗與客飲花下賦詩云若更開遲三二月北人應作杏花看客曰公詩固佳待北俗何淺耶晏笑曰傖父安得不然王琪君玉時守吳郡聞盜花種事以詩遺公曰館娃宮北發精神粉瘦瓊寒露蘂新園吏無端偷折去鳳城從此有雙身當時罕得如此比年展轉移接殆不可勝數矣世傳吳下紅梅詩甚多惟方子通一篇絕唱有紫府與丹來換骨春風吹酒上凝脂之句

鴛鴦梅多葉紅梅也花輕盈重葉數層凡雙果必並蒂惟此一蒂而結雙梅亦尤物

杏梅花比紅梅色微淡結實甚匾有爛斑色全似杏味不及紅梅

蠟梅本非梅類以其與梅同時香又相近色酷似蜜脾故名蠟梅凡三種以子種出不經接花小香淡其品最下俗謂之狗蠅梅經接花疏雖盛開花常半含名磬口梅言似僧磬之口也最先開色深黃如紫檀花密香濃名檀香梅此品最佳蠟梅香極清芳殆過梅香初不以形狀貴也故難題詠山谷簡齋但作五言小詩而已此花多宿葉實如垂鈴尖長寸餘又如大桃雙子在其中

後序　梅以韻勝以格高故以橫斜疏瘦與老枝怪奇者爲貴其新接稚木一歲抽嫩枝直上或三四尺如酴醿薔薇輩者吳下謂之氣條此直宜取實規利無所謂韻與格矣又有一種糞壤力勝者于條上茁短橫枝狀如棘針花密綴之亦非高品近世始畫墨梅江西有梅楊補之者尤有名其後倣之者實繁觀楊氏畫大略皆氣條耳雖筆法奇峭去梅實遠惟廉宣仲所作差有風致世鮮有評

之者予故附之譜後

牡丹榮辱志

丘濬 字道源

花卉蕃廡于天地間莫踰牡丹其貌正心荏莖節葉蕊聳抑儉曠有剛克柔克態遠而視之疑美丈夫女子儼衣冠當其前也苟非鍾純淑清粹氣何以傑全德于三月內迂愚叟覗造化意以榮辱志其事欲姚之黃爲王魏之紫爲妃無所忝冒何哉位既尊矣必授之以九嬪九嬪佐矣必隸之以世婦世婦廣矣必定之以保傅保傅任矣則彤管位彤管位矣則命婦立命婦立則嬖倖愿則近屬睦近屬睦則疎族親疎族親則外屏嚴外屏嚴則宮闈壯宮闈壯則叢脞革叢脞革則君子小人之分達君子小人之分達則亨泰屯難之兆繼繼之者莫大乎善也成之者莫大乎性也性稟乎中根本茂矣美歸於已色香厚矣如是則施之以天道順之以地利節之以人欲其栽其接無竭無滅其生其成不縮不盈

非獨爲洛陽一時歡賞之盛將以爲天下嗜好之勸也

姚黃爲王

名姚花以其王者非可以衆色斥萬乘之尊故以王以妃以示上下等第也

魏紫爲妃

天子立后以正內治故關雎爲風化之始妃嬪世婦所以輔佐淑德符家人之卦焉然後鵲巢采蘋采蘩列夫人職以助諸侯之政今以魏花爲妃配乎王爵視崇高富貴一之于內外也

九嬪

牛黃　細葉壽安　九蕊眞珠　鶴翎紅

鞓紅　潛谿緋　朱砂紅　添色紅

蓮葉九蕊

世婦

鵞葉壽安　甘草黃　一捻紅　倒暈檀

丹州紅　一百五　鹿胎　鞍子紅

多葉紅　獻來紅

今得其十別求異種補之

御妻

玉版白　多葉紫　葉底紫　左紫

添色紫　紅蓮萼　蘇州花　延州紅

駱駝紅　紫蓮萼　常州花　潤州花

金陵花　錢唐花　越州花　靑州花

密州花　和州花

自蘇臺會稽至歷陽郡好事者衆栽植尤夥八十一之數必可備矣

花師傅

萁莢　指佞草　菁蓮　燕胎芝

螢火芝　五色靈芝　九莖芝　碧蓮

瑤花　碧桃

花形史

同穎禾　兩岐麥　三脊茅　朝日蓮

連理木　薝蔔花　長樂花

花命婦

上品芍藥　黃樓子等　粉口　柳浦

茆山冠子　醉美人　紅纈子　白纈子

黃絲頭　紅絲頭　蟬花　重葉海棠出蜀中

千葉瑞蓮

花嬖倖

中品芍藥　長命女花出蜀中　素馨　茉莉

荳蔻　虞美人出蜀中　丁香　含笑

男眞　鴛鴦草出蜀中　女眞　玉蟬花出蜀中

石蟬花出蜀中　七寶花

花近屬

瓊花　紅蘭　桂花　娑羅花

黃拒霜　棣棠　迎春　金鈴菊

黃雞冠　忘憂草　荼蘼　山茶

千葉石榴　玉蝴蝶　黃酴醿出蜀中　玉屑

花疏屬

麗春　七寶花出蜀中　石爪花出蜀中　石岩

千葉菊　紫菊　添色拒霜出蜀中　羞天花

金錢　金鳳　山丹　吉貝

木蓮花　石竹　單葉菊　滴滴金

紅雞冠　矮雞冠　黃蜀葵　千葉郁李

花戚里

旌節　玉盤金盞　鵝毛玉鳳（出蜀中）　瑞聖

瑞香　御米　都勝　玉簪

花外屏

金沙　紅薔薇　黃薔薇　玫瑰

密菊　刺紅　紅薇　紫薇

朱槿　白槿　海木瓜　錦帶

杜鵑　梔子　紫荆　史君子

凌霄　木蘭　百合

花宮闈

諸類桃　諸類李　諸類梨　諸類杏

紅梅　早梅　櫻桃　山櫻桃

蒲桃　木瓜　桐花　栗花

棗花　木錦　紅蕉

花叢脞

紅蓼　牽牛　鼓子　芫花

蔓陀羅　金燈　射干　水蓀

地錦　地釘　黃躑躅　野薔薇

薺菜花　夜合　蘆花　楊花

金雀花　菜花

花君子

溫風　細雨　清露　暖日

微雲　沃壤　永晝　油幕

朱闌　甘泉　醇酒　珍饌

新樂　名倡

花小人

狂風　猛雨　赤日　苦寒

蜜蜂　蝴蝶　螻蟻　蚯蚓

白晝青蠅　黃昏蝙蝠　飛塵　妬芽

蠹　麝香　桑螵蛸

花亭泰

閏三月　五風十雨　主人多喜事

婢能歌舞　妻孥不倦排當　僮僕勤幹

子弟蘊藉　正開値生日　欲謝時待解醒

閒僧解栽接　借園亭張筵　從貧處移入富家

花屯難

醜婦妬與隣　猥人愛與嫌　盛開値私忌

主人慳鄙　和園賣與屠沽　三月内霜雹

賞處著棊闘茶　筵上持七八　盛開債主臨門

箔子遮圍　露頭跣足對酌　遭權勢人乞接頭

剪時和花眼　正歡賞酗酒　頭戴如厠

聽唱辭傳家宴　酥煎了下麥飯　凋落後箒掃

園使澆溼糞　落村僧道寺觀裏

疏食譜一卷

門人清漳友善書堂陳達叟編

本心翁齋居宴坐玩先天易對博山爐紙帳梅花石鼎茶葉自奉泊如也客從方外來竟日清言各有飢色呼山童供蔬饌客嘗之謂無人間烟火氣問食譜予口授二十品每品讚十六字與味道腴者共之

啜菽　禮不云乎啜菽飲水菽以絢兮洌其清矣

羹菜　先聖齊如菜羹瓜祭移以奉賓乃敬之至

粉餈（粉米蒸成）　天官籩人糗餌粉餈未見君子惄如調飢

薦韭　四之日早幽風祭韭我思古人如蘭其臭

貽米（胡麻麵）　貽我來思玉屑塵細六出飛花天一生水

玉延（山藥也）　山有靈藥錄于仙方削數片玉漬百花香

瓊珠（圓眼荔枝也）　汲金井水煮瓊珠羹蚌胎的皪龍目晶瑩

玉磚（炊餅）　截彼圓璧琢成方磚有馨似椒薄灑以鹽

銀虀　泠泠水白剪剪銀黃虀鹽風味牙齒宮商

水團（秫粉包糖）　團團秫粉點點蔗霜浴以沉水清甘且香

玉版（筍也）　春風抽籜冬雪挑鞭淇澳公族孤竹君孫

雪藕　中虛七竅不染一塵豈但爽口自可觀心

土酥（蘆菔）　雪浮玉糝月浸瑤池咬得菜根百事可爲

炊栗　周人以栗亦可以贄柴殼吹開黃中通理

煨芋　朝三暮四狙公何爲却彼羊羔啗吾蹲鴟

釆杞　丹實纍纍綠苗菁菁餌之羹之心開目明

甘薺　誰謂荼苦其甘如薺天生此物爲山居賜

蒸粉　碾破綠珠撒成銀縷熟蠲金石清澈肺腑

紫芝（蕈也）　漆園之菌商山之芝溼生者腴卉生者奇

白粲（炊玉粒沃以香湯）　釋之叟叟蒸之浮浮有一簞食吾復何求

已上二十品不必求備得四分之一斯足矣前五品出經典列之前筵尊經也後十五品有則具無則止或樽酒酬酢暢敘幽情但勿醺酣恐俗此會詩詠釆蘋禮嚴祭菜澗溪沼沚之毛可羞王公可薦鬼神以之待賓誰曰不宜第未免貽笑于公膳侯鯖之家然不笑不足爲道彼笑吾亦笑彼客辭出門大笑吾歸隱几亦一笑手錄畢又自笑目閱過輒一笑萬一此譜散在人間世其傳笑將無窮也

菌譜

宋陳仁玉（字德翰台州仙居人）

芝菌皆氣茁也靈華三秀稱瑞尚矣朝菌晦朔莊生詘之至若儕其食品古則未聞自商山茹芝而五臺天花亦甲群彙仙居介台栝叢山入天仙靈所宮爰產異菌林居岩棲者左右芼之固蘂莧之至腴蕈𤇾之上瑞比或以羞王公登玉食自有此山即有此菌未有此遇也遇不遇無預菌事繄欲盡菌之性而究其用第其品作菌譜淳祐乙巳秋九月山人陳仁玉序

合蕈

邑極西韋羌山高迥秀異寒極雪收林木堅瘦春氣微欲動土鬆芽活此菌候也菌質外褐色肌理玉潔芳薌韻味發釜葛聞百步外盞菌多種例柔美皆無香獨合蕈香與味稱雖靈芝天花無是也非全德耶宜特尊之以冠諸菌合蕈始名舊傳昔嘗以之上進標以台蕈上遙見誤讀因承誤云數十年來既充苞貢山獠得善賈率曝乾以售罕獲生致邑孟溪山中亦同時產特蕈柄高無香氣土人以是別于韋羌焉

稠膏蕈

邑西北孟溪山窅邃莫測秋中山氣重霏雨零露浸釀山膏木腴蓓爲菌花戢戢多生山絕頂高樹杪初如蓏珠圓瑩類輕酥滴乳淺黃白色味尤甘勝已乃傘張大幾掌味頓渝矣春時亦間生不能多稠膏得名土人謂稠木膏液所生耳合蕈他邦猶或有之此菌獨此邑此山所產故尤可貴鬻法當徐下鼎瀋伺湆沸漉起謹勿七撓撓則涎腥不可食性參和衆味而特全于酒烹齊既調溫厚滑甘雉尾蕈不足道也或欲致遠則複湯蒸熟貯之瓶罌然其味去出山遠矣

栗殼蕈

寒氣至稠膏將盡栗殼色者則其續也尚有典刑焉

松蕈

生松陰採無時凡物松出無不可愛松葉與脂伏靈琥珀皆松裔

也昔之遁山服食求長年者實松焉依人有病溲濁不禁者偶掇松下菌病良已此其効也

竹蕈

生竹根味極甘當與筍通譜而菌爲北阮矣

麥蕈

多生溪邊沙壤鬆土中俗名麥丹蕈未詳味殊美絕類北方蘑菇蕈品最優

玉蕈

生山中初寒時色潔晳可愛故諡爲玉然作羹微韌俗名寒蒲蕈

黃蕈

叢生山中拖鬱黃色俗名黃攢蕈又有名黃[illegible]者殊硝硬有味

紫蕈

頳紫色亦山中產俗名紫富蕈品爲下

四季蕈

生林木中味甘而肌理麄峭不入品

鵝膏蕈

生高山狀類鵝子久乃撒開味殊甘滑不謝稠膏然與杜蕈相亂杜蕈者生土中俗言毒蠚氣所成食之殺人甚美有惡宜在所黜食肉不食馬肝未爲不知味也凡中其毒者必笑解之宜以苦茗雜白礬酌新水併咽之無不立愈因著之俾山居者享其美而遠其害此譜外意也

筍譜　吳僧贊寧

麻油薑皆殺筍毒凡食筍之要譬若治藥修鍊得法則益人反是則損採之法可避露日出後掘深土取之半折取鞭根旋得投密竹器中以油單覆之勿令見風風吹旋堅以巾紛拭土又不宜見水含殼沸湯瀹之煎宜久生必損人苦筍最宜久甘筍出湯後去殼澄煮筍汁爲羹茹味全嘉美不然蒸最美味全爐灰中煨於入五味尤佳

採筍一日曰篤二日曰菸見風則觸本堅入水則侵肉硬脫殼煮則失味生著刄則失柔採而停久非鮮也盛而苦風非藏也揀之脫殼非治也淨之入水非洗也蒸煮不久非食也如此然後可以語食筍矣此外不足筭也

筍一名萌一名蒻竹一名䈬一名竹胎一名竹牙一名茁一名初篁筍竹牙也名有數種各以時而生而其滋味亦各有不同者然皆鮮而嫩者爲佳日乾甚耐久藏野人致滋味煮或藏以備蔬食尤妙者也

芍藥譜　宋王觀字通叟

天地之功至大而神非人力之所能竊勝惟聖人爲能體法其神以成天下之化其功蓋出其下而曾不[illegible]加以力不然天地固亦

有間而可窮其用矣予嘗論天下之物悉受天地之氣以生其小大長短辛酸甘苦與夫顏色之異計非人力之可容致巧于其間也今洛陽之牡丹維揚之芍藥受天地之氣以生而小大淺深一隨人力之工拙而移其天地所生之性故奇容異色間出於人間以人而盜天地之功而成之殊可怪也然而天地之間事之紛紜出于其前不得而曉者此其一也洛陽風土之詳已見于今歐陽公之記而此不復論維揚大抵土壤肥膩于草木爲宜禹貢曰厥草惟夭是也居人以治花相尚方九月十月時悉出其根滌以甘泉然後剝削老硬病腐之處揉調沙糞以培之易其故土凡花大約三年或二年一分不分則舊根老硬而侵蝕新芽故花不成就分之數則小而不舒不分與分之太數皆花之病也花之顏色之深淺與葉蕊之繁盛皆出于培壅剝削之力花既萎落亟剪去其子屈盤枝條使不離散故脉理不上行而皆歸于根明年新花繁

而色潤雜花根窠多不能致遠惟芍藥及時取根盡取本土貯以竹席之器雖數千里之遠一人可負數百本而不勞至于他州則壅以沙糞雖不及維揚之盛而顏色亦非他州所有者比也亦有踰年即變而不成者此亦係夫土地之宜不宜而人力之至不至也花品舊傳龍興寺山子羅漢觀音彌陀之四院冠于此州其後民間稍稍厚賂以丏其本壅培治事遂過于龍興之四院今則有朱氏之園最為冠絕南北二圃所種幾于五六萬株意其自古種花之盛未之有也當其花之盛開飾亭宇以待來遊者逾月不絕而朱氏未嘗厭也揚之人與西洛不異無貴賤皆喜戴花故開明橋之間方春之月拂旦有花市焉州宅舊有芍藥廳在都廳之後聚一州絕品于其中不下龍興朱氏之盛往歲州將召移新守未至監護不密悉為人盜去易以凡品自是芍藥廳徒有其名爾今芍藥有三十四品舊譜只取三十一種如緋單葉白單葉紅單葉

不入名品之內其花皆六出維揚之人甚賤之予自熙寧八年季冬守官江都所見與夫所聞莫不詳熟又得八品焉非平日三十一品之比皆世之所難得今悉列于左舊譜三十一品分上中下七等此前人所定今更不易

上之上

冠羣芳

大旋心冠子也深紅堆葉頂分四五旋其英密簇廣可及半尺高可及六寸豔色絕妙可冠羣芳因以名之枝條硬葉疎大

賽羣芳

小旋心冠子也漸添紅而緊小枝條及綠葉並與大旋心一同凡品中言大葉小葉堆葉者皆花葉也言綠葉者謂枝葉也

寶粧成

髻子也色微紫于上十二大葉其中密生曲葉回環裹抱團圓其高八九寸廣半尺餘每一小葉上絡以金綫綴以玉珠香欺蘭麝奇不可紀枝條硬而葉平

盡天工

柳浦青心紅冠子也于大葉中小葉密直妖媚出衆儻非造化無能為也枝硬而綠葉青薄

曉裝新

白纈子也如小旋心狀頂上四向葉端點小殷紅色每一朵上或三點或四點或五點象衣中之點纈也綠葉甚柔而厚條硬而絕低

點妝紅

紅纈子也色紅而小並與白纈子同綠葉微似瘦長

上之下

疊香英

紫樓子也廣五寸高盈尺于大葉中細葉二三十重上又聳大葉如樓閣狀枝條硬而高綠葉疏大而尖柔

積嬌紅

紅樓子也色淡紅與紫樓子不相異

中之上

醉西施

大軟條冠子也色淡紅惟大葉有類大旋心狀枝條軟細漸以物扶助之綠葉色深厚疏而長以柔

道粧成

黃樓子也大葉中深黃小葉數重又上展淡黃大葉枝條硬而絕黃綠葉疎長而柔與紅紫者異此品非今日之黃樓子也乃黃絲頭中盛則或出四五大葉小類黃樓子蓋本非黃樓子也

掬香瓊

青心玉板冠子也本自茅山來白英團掬堅密平頭枝條硬而綠葉短且光

素妝殘

退紅茅山冠子也初開粉紅即漸退白青心而素淡稍若大軟條冠子綠葉短厚而硬

試梅妝

白冠子也白纈中無點纈者是也

淺妝勻

粉紅冠子也是紅纈中無點纈者也

中之下

醉嬌紅

深紅楚州冠子也亦若小旋心狀中心堅堆大葉葉下亦有一重金綫枝條高綠葉疎而柔

擬香英

紫寶相冠子也紫樓子心中細葉上不堆大葉者

妬嬌紅

紅寶相冠子也紅樓子心中細葉上不堆大葉者

縷金囊

金綫冠子也稍似細條深紅者于大葉中細葉下抽金綫細細相雜條葉並同深紅冠子也

下之上

怨春紅

硬條冠子也色絕淡甚類金綫冠子而堆葉條硬而綠葉疏平稍若柔

妒鵝黃

黃絲頭也于大葉中一簇細葉雜以金綫條高綠葉疏柔

蘸金香

蘸金蕊紫單葉也是髻子開不成者于大葉中生小葉小葉尖蘸一綫金色是也

試濃妝

緋多葉也緋葉五七重皆平頭條赤而綠葉硬皆紫色（皆當作背）

下之中

宿妝殷

紫高多葉也條葉花並類緋多葉而枝葉絕高平頭凡檻中雖多無先後開並齊整也

取次妝

淡紅多葉也色絕淡條葉正類緋多葉亦平頭也

聚香絲

紫絲頭也大葉中一叢紫絲細細是也枝條高綠葉疎而柔

簇紅絲

紅絲頭也大葉中一簇紅絲細細是也枝葉並同紫者

下之下

效殷妝

小矮多葉者也與紫高多葉一同而枝葉低隨燥溼而出有三頭者雙頭者鞍子者銀絲者俱同根而土地肥瘠之異者也

會三英

三頭聚一萼而開

合歡芳

雙頭並蒂而開二朵相背也

擬繡韉

鞍子也兩邊垂下如所乘鞍狀地絕肥而生

銀含棱

銀綠也葉端一稜白色

新收八品

御衣黃

黃色淺而葉疎蕊差深散出于葉間其葉端色又微碧高廣類黃樓子也此種宜升絕品

黃樓子

盛者五七層間以金綫其香尤甚

袁黃冠子

宛如髻子間以金綫色比鮑黃

硤石黃冠子

如金綫冠子其色深如鮑黃

鮑黃冠子

大抵與大旋心同而葉差不旋色類鵝黃

楊花冠子

多葉白心色黃漸拂淺紅至葉端則色深紅間以金綫

湖纈

紅色深淺相雜類湖纈

黽池紅

開須並蕚或三頭者大抵花類軟條也

後論

維揚東南一都會也自古號爲繁盛自唐末亂離羣雄據有數經戰焚故遺基廢迹往往蕪沒而不可見今天下一統井邑田野雖不及古之繁盛而人人皆安生樂業不知有兵革之患民間及春之月惟以治花木飾亭榭以往來遊樂爲事其幸矣哉揚之芍藥甲天下其盛不知起于何代觀其今日之盛想古亦不減于此矣或者以謂自有唐若張祜杜牧盧仝崔涯章孝標李嶸王播皆一時名士而工于詩者也或觀于此或遊于此不爲不久而略無一言一句以及芍藥意其古未有之始盛于今未爲通論也海棠之盛莫甚于西蜀而杜子美詩名又重于張祜諸公在蜀日久其詩僅數千篇而未嘗一言及海棠之盛張祜輩詩之不及芍藥不足疑也芍藥三十一品乃前人之所次予不敢輒易後八品乃得于民間而最佳者然花之名品時或變易又安知止此八品而已哉後將有出茲八品之外者予不得而知當俟來者以補之也

海棠譜 二卷　　宋陳　思 錢唐人

世之花卉種類不一或以色而豔或以香而妍是皆鍾天地之秀爲人所欽羨也梅花占于春前牡丹殿于春後騷人墨客特注意焉獨海棠一種風姿豔質固不在二花之下自杜陵入蜀絕吟于是花世因以此薄之其後都官鄭谷已爲舉似本朝列聖品題雲章奎畫烜燿千古此花始得顯聞于時盛傳于世矣今採取諸家

雜錄及彙次唐以來諸人詩句以爲一編目曰海棠譜雖纂集未能詳及聊預衆譜之列云開慶改元長至日敘

敘事

蜀花稱美者有海棠焉然記牒多所不錄蓋恐近代有之何者古今獨棄此而取彼耶嘗聞眞宗皇帝御製後苑雜花十題以海棠爲首章賜近臣唱和則知海棠實牡丹抗衡而可獨步于西州矣因搜擇前志惟唐相賈元靖耽著百花譜以海棠爲花中神仙誠不虛美耳近世名儒巨賢發于歌詠清辭麗句往往而得立慶曆中爲縣洪雅春多暇日地富海棠幸得爲東道主惜其繁豔爲一隅之滯卉爲作海棠記敘其大槩又編次諸公詩句于右復率蕪拙作五言百韻詩一章四韻詩一章附于卷末好事者幸無誚焉

沈立海棠記序

杜子美居蜀累年吟詠殆遍海棠奇豔而詩章獨不及何耶鄭谷

詩云浣花溪上空惆悵子美無情爲發揚是已本朝名士賦海棠甚多往往皆用此爲實事如石延年云杜甫句何略薛能詩未工錢易詩云子美無情甚都官有意頻李定詩云不沾工部風騷力猶古勾芒造化權獨王荆公詩用此作梅花詩最爲有意所謂少陵爲爾牽詩興可是無心賦海棠末句云多謝許昌傳雅什蜀都曾未識詩人不道破爲尤工也 韻語陽秋

東坡海棠詩云只恐夜深花睡去更燒銀燭照紅粧事見太眞外傳曰上皇登沉香亭召太眞妃子時卯酒未醒命力士使侍兒扶掖而至妃子醉韻殘粧鬢亂釵橫不能再拜上皇笑曰豈妃子醉是海棠睡未足耳 冷齋夜話

東坡謫黄州居于定惠院之東雜花滿山而獨海棠一株土人不知貴東坡爲作長篇平生喜爲人寫人間刻石者自有五六本云吾平生最得意詩也 今古詩話

韓持國雖剛果特立風節凜然而情致風流絶出時輩許昌崔象之侍郎舊第今爲杜君章所有廳後小亭僅丈餘有海棠兩株持國每花開輒載酒日飲其下意謝而去歲以爲常至今故吏尙能言之 石林詩話

少游在黄州飲于海棠橋橋南北多海棠有老書生家海棠叢間少游醉臥宿于此明日題其柱曰喚起一聲人俏衾暖夢寒空曉且雨過海棠開春色又添多少社甕釀成微笑半破瘿瓢共舀覺健倒急投床醉鄉廣大人間小東坡愛之恨不得其腔當有知之者耳 冷齋夜話

李丹大夫客都下一年無差遣及授昌州議者以去家遠乃改授鄂州倅淵材聞之乃吐飯大步往謁李曰誰爲大夫謀昌佳郡也奈何棄之李驚曰供給豐乎曰非也民訟簡乎曰非也曰然則何以知其佳淵材曰海棠無香昌州海棠獨香非佳郡乎聞者傳以爲笑 墨客揮犀

前輩作花詩多用美女比其狀如曰若教解語應傾國任是無情也動人陳俗哉山谷作酴醾詩曰露溼何郎試湯餅日烘荀令炷爐香乃用美丈夫比之若將出類而吾叔淵材作海棠詩又不然曰雨過溫泉浴妃子露濃湯餅試何郎意尤工也 冷齋夜話

仁宗朝張冕學士賦蜀中海棠詩沈立取以載海棠記中云山木瓜開千顆顆水林禽發一攢攢註云大約木瓜林禽花初開皆與海棠相類若冕言則江西人正謂棠梨花耳惟紫緜色者始謂之海棠按沈立記言其花五出初極紅如燕脂點點然及開則漸成纈暈至落則若宿粧淡粉審此則似木瓜林禽六花者非眞海棠明矣晏元獻云已定復搖春水色似紅如白海棠花然則元獻亦與張冕同意耳 復齋漫錄

閬中漕宇修貢堂下海棠極盛三面共二十四叢長條修幹頎所

未見每春著花眞錦繡段其間有如紫緜揉色者亦有不如此者蓋其種類不同不可一概論也至其花落則皆若宿粧淡粉矣予三春對此觀之至熟大率富沙多此官舍人家往往皆種之並是帚子海棠正與蜀中者相類斯可貴耳今江浙間別有一種柔枝長蔕顔色淺紅垂英向下如日蔫者謂之垂絲海棠全于此不相類蓋強名耳 墨莊漫錄

吾叔劉淵材曰平生死無恨所恨者五事耳人問其故淵材欲說斂目不言久之曰吾論不入時聽恐汝曹輕易之問者力請乃答曰第一恨鰣魚多骨第二恨金橘太酸三恨蓴菜性冷四恨海棠無香五恨曾子固不能詩聞者大笑淵材瞠目答曰諸子果輕易吾論也 冷齋夜話

王介甫梅詩云少陵爲爾牽詩興可是無心賦海棠杜默云倚風莫怨唐工部後裔誰知不解詩曾不若東坡之海棠長篇冠古絕

今雖不指名老杜而補亡之意蓋使來世自曉也碧溪詩話

東風嫋嫋泛崇光香霧霏霏月轉廊只恐夜深花睡去更燒銀燭照紅粧先生常作大字如掌書此詩似是晚年筆札與集本不同者嫋嫋作渺渺霏霏作空濛故墨跡舊藏秦少師伯陽後歸林右司子長今從墨跡吳興沈氏註東坡詩

東坡謫居齊安時以文章游戲三昧齊安樂籍中李宜者色藝不下他妓他妓因席中有得詩曲者宜以語訥不能有所請人皆咎之坡將移臨汝于飲餞處宜哀鳴力請坡半酣笑謂之曰東坡居士文名久何事無言及李宜恰似西川杜工部海棠雖好不吟詩詩話總龜

蜀潘炕有嬖妾解愁姓趙氏其母夢吞海棠花蕊而生頗有國色善爲新聲外史檮杌

黎舉常云欲令梅聘海棠棖子臣櫻桃及以芥嫁筍但恨時不同

然牡丹酴醿楊梅枇杷盡爲執友雲仙散錄

海棠花欲鮮而盛于冬至日早以糟水澆根下瑣碎錄

李贊皇花木記以海爲名者悉從海外來如海棠之類是也同前

海棠候花謝結子翦去來年花盛而無葉同前

眞宗御製後苑雜花十題以海棠爲首近臣唱和瑣碎後錄

唐相賈耽著百花譜以海棠爲花中神仙同前

重葉海棠曰花命婦又云多葉海棠曰花戚里牡丹榮辱志

每歲冬至前後正宜移掇窠子隨手使肥水澆以盦過麻屑糞土壅培根柢使之厚密纔到春暖則枝葉自然大發著花亦繁密矣長春備用

許昌薛能海棠詩敘蜀海棠有聞而詩無聞花木錄

南海棠本性無異惟枝多曲數數有刺如杜梨花亦繁盛開稍早同前

黃海棠本性類海棠靑葉微圓而色深充滑不相類花半開鵝黃色盛開漸淺黃矣黃海棠以下今本無

海棠色紅以木瓜頭接之則色白長樂志

徐儉樂道隱于藥肆中家植海棠結巢其上引客登木而飲紺珠集

說郛卷第七十終

說郛卷第七十一

亢倉子 九篇　庚桑楚 陳人

全道第一　用道第二　政道第三　君道第四

臣道第五　賢道第六　訓道第七　農道第八

兵道第九

全道篇

亢倉子居羽山之顏三年俗無疵癘而仍穀熟其俗竊相謂曰亢倉子之始來吾鮮欸異之今吾日計之不足歲計之有餘其或聖者耶盍相與尸而祝之社而稷之乎亢倉子聞之色有不釋其徒曆啜從而啓之亢倉子曰吾聞至人尸居環堵之室而百姓猖狂不知其所如往今以羽俗父子竊竊焉將俎豆予我其的之人耶吾是以不釋于老聃之言曆啜曰不者夫尋常之汚巨魚無所還其體而鯢鰌爲之利步仞之丘巨獸無所隱其軀而蘖狐爲之祥且夫尊賢使能謟善就利自堯舜以固然而況羽俗乎先生其往矣亢倉子曰諳來夫二子者知虖函車之獸介而離山網罟制之吞舟之魚蕩而失水螻蟻苦之故鳥獸居欲其高魚鼈居欲其深夫全其形生之人藏其身也亦不厭深眇而已吾語若大亂之本祖乎堯舜之間其終存乎千代之後必有人與相食者矣言未終南子榮之榰色蹵然膝席曰榰年運而長矣將奚以託業以事斯言亢倉子曰全汝形抱汝生無使汝思慮營營若此緒年或可以及此言雖然吾才小不足以化子子胡不南謁吾師聃亢倉子既謝榮之榰不釋羽俗而龍已乎天下水之性清土者抇之故不得清人之性壽物者抇之故不得壽物也者所以養性也今代之惑者多以性養物則不知輕重也是故聖人之于聲色滋味也利于性則取之害于性則捐之此全性之道也彎人操弓彍音共射一招

招無不中彎物章章以害一生生無不傷故聖人之制萬物也全其天也天全則神全矣神全之人不慮而通不謀而當精照無外志凝宇宙德若天地然上爲天子而不驕下爲匹夫而不惛此之謂全道之人心平正不爲外物所誘曰清清而能久則明明而能久則虛虛則道全而居之秦佚死亢倉子哭之其役曰天下皆死先生何哭爲也亢倉子曰天下皆哭安得不哭其役曰哭者必哀而先生未始哀何也亢倉子曰舉天之下吾無與樂安所取哀蛻墜之爲水蛻水之謂氣蛻氣之謂虛蛻虛之謂道虛者道之體清者道之用理者道之綱識者道之目道所以保神德所以宏量禮所以參物物所以養體好質白之物者以黑爲汚好質黑之物者以白爲汚吾又安知天下之正潔汚哉由是不主物之潔汚者矣夫瞀眎者以赬爲赤以蒼爲玄吾乃今所謂皂白安知識者不以爲赬黃吾又安知天下之正色哉由是不適物之色矣夫好貨甚者不見他物之可好好馬甚者不見他物之可好好書甚者不見他物之可好吾又安知天下果可好者果可惡者哉由是不見物之可以保戀矣無能滑吾眞矣陳懷君柳使其大夫禱行聘于魯叔孫卿私曰吾國有聖人若知之乎陳大夫曰奚以果明其聖叔孫卿曰能廢心而用形陳大夫曰敝邑則小亦有聖人異于所聞曰聖人謂誰陳大夫曰有亢倉子者偏得老聃之道其能用耳視目聽定公聞而異焉使叔孫氏報聘且致亢倉子待以上卿之禮亢倉子至賓于亞寢魯公卑辭以問之亢倉子曰吾能視聽不用耳目非能易耳目之所用告者過也公曰孰如是寡人增異矣其道若何寡人果願聞之亢倉子曰我體合于心心合于氣氣合于神神合于無其有介然之色唯然之音雖遠際八荒之表邇在眉睫之內來干我者吾必盡知之乃不知爲是我七竅手足之所覺六腑五臟心慮之所知其自知而已矣

君道

始生之者天地養成之者人也能養天之所生而勿攖之謂之天子天子之以也以全天氣故百官之所以自立也立官者以全生也今代之惑主者官而反以害生則失所以爲立之本矣草鬱則爲腐樹鬱則爲蠹人鬱則爲病國鬱則百慝並起危亂不禁所爲國鬱者主德不下宣人欲不上達也是故聖王貴忠臣正士爲其敢直言而開鬱塞也克己復禮賢良自至君耕后織蒼生自化由是言之則賢良正可待不可求求則非賢也蒼生正可化不可刑刑則非理也堯舜有爲人主之勤無爲人主之欲故天下各得濟其欲有爲人主之位無爲人主之心故天下各得肆其心士有天下人恣之而主不恣有主獨恣之而天下人不恣者用天下人恣者則天下安用主獨恣者則天下危人主安可以自放其恣潛哉由是重天下者當制其情所謂天下者謂其有备物也所謂邦

國者謂其有人衆也夫國以人爲本人安則國安故得國之主務求理人之術玉之所以難辨者謂其有怪石也金之所以難辨者謂其有鍮石也今夫以隼翼而被之鷃視不明者正以爲隼明者視之乃鷃也今夫小人多誦經籍方書或學奇技通說而被以靑紫章服使愚者聽而視之正爲君子明者聽而視之乃小人也故人主誠明以言取人理也以才取人理也以行取人理也人主不明以言取人亂也以才取人亂也以行取人亂也夫聖人之用人也貴耳不聞之功目不見之功口不可道之功而百姓暢然自理矣若人主貴耳聞之功則天下之人運貨遂利而市譽矣貴目見之功則天下之人恢形異藝而爭進矣貴口道之功則天下之人習舌調吻而飾辭矣使天下之人市譽爭進飾辭見達則政紊矣人主皆知鏡之明己也而惡士之明己也鏡之明己也功細士之明己也功大知其細失其大不知類矣於虖人主淸心省事人臣恭儉專職太平可知矣而代主或難之吾所不知也若人主方寸之地不明不斷則天地之容四海之內動植萬類咸失其道矣以耳目取人者官多而政亂以心慮取人者官少而政淸是知循理之代務取不可見不可聞之才澆危之代務取可聞可見之材於虖人主豈知哉以耳目取人人皆攘奪以買譽以心慮取人人皆靜正以勤德吏靜正以勤德則不言而自化吏攘奪以買譽則刑之而不畏代主豈不知哉

臣道篇

夫國之將興也朝廷百吏或短或長或醜或美或怡或厲或是或非雖聽其言觀其貌有似不同然察其志徵其心蓋于爲國所以刑罰不怨黜退不愕議得其中無遠乎理故天不忒其時地不乏其利人不亂其事鬼神開贊蠻夷柔同保合大和萬物化育國之將亡也朝廷百吏姿貌多美顏色諧和詞氣柔華動止詳潤雖觀

其貌聽其言有若歡洽然察其志徵其心蓋在競位所以邸奇則怪見異必愕狙詐相蒙遂喪其道故天告災時地生反物人作凶德鬼神問禍戎狄交侵喪亂弘多萬物不化夫不妨人力不損官吏而功成政舉下阜百姓上滋主德如此者忠賢之臣也若費財煩人危官苟效一時功利規賞于主不顧過後貽災于國如此者姦臣也至理之代官得人不理之代人得官郗龍覩問事君亢倉子曰既榮死而臣人者也心莫若公貌莫若和言莫若正公不欲私和不欲雜正不欲犯古之淸勤爲國修政今之淸勤爲身修名夫爲國修政者區處條別動得其宜合于大體爲身修名者區處條別致遠不通拘于小節是知心以道爲主抵物得其所心以事爲主抵物失其所臣居上位不諫下位不公不合瞻其祿君不嚴敬大臣不彰信小臣不合官其朝有才者不必忠忠者不必有才臣不忠不忠適恐盡忠而主莫之信不忠不信適恐盡信而莫能

事事上等之人得其性則天下理中等之人得其性則天下亂明主用上等之人當委以權宜便事肆其所爲用中等之人則當程課其功示以賞罰

關尹子 三卷

一宇　二柱　三極　四符　五鑑　六匕　七釜　八籌　九藥

關尹子曰非有道不可言不可言卽道非有道不可思不可思卽道天物怒流人事錯錯然若若乎回也戛戛乎斸也勿勿乎似而非也而爭之而介之而哯之而嘖之而去之而要之言之如吹影思之如鏤塵聖智造迷鬼神不識惟不可爲不可致不可測不可分故曰天曰命曰神曰玄合曰道

觀道者如觀水以觀沼爲未足則之河之江之海曰水至也殊不知我之津液涎淚皆水也

道無人聖人不見甲是道乙非道道無我聖人不見己進道己退道以不有道故不無道以不得道故不失道

關尹子曰以盆爲沼以石爲島魚環遊之不知幾千萬里而不窮也夫何故水無源無歸聖人之道本無首末無尾所以應物不窮

重雲蔽天江湖黯然遊魚茫然忽望波明食動幸賜于天卽而就之漁釣斃焉不知我無我而逐道者亦然

方術之在天下多矣或尙晦或尙明或尙弱或尙強執之皆事不執之皆道

道終不可得彼可得者名德不名道道終不可行彼可行者名行不名道聖人以可得可行者所以善吾生以不可得不可行者所以善吾死

一情冥爲聖人一情善爲賢人一情惡爲小人一情冥者自有之無不可得而示一情善惡者自無起有不可得而祕一情善惡爲有知惟動物有之一情冥爲無知溥天之下道無不在

以事建物卽難以道棄物卽易天下之物無不成之難壞之易

一灼之火能燒萬物物亡而火何存一息之道能冥萬物物亡而道何在

習射習御習禮習樂終無一事可以一息得者惟道無形無方故可得之一息

兩人射相遇則工拙見兩人奕相遇則勝負見兩人道相遇則無可示無可示者無工無拙無勝無負

吾道如處暗夫處明者不見暗中一物而處暗者能見明中區事

小人之權歸于惡君子之權歸于善聖人之權歸于無所得惟無所得所以爲道

關尹子曰天下之人蓋不可以億兆計人人之夢各異夜夜之夢各異有天有地有人有物皆思成之蓋不可以塵計安知今之天地非有思者乎

天地雖大有色有形有數有方吾有非色非形非數非方而天天地地在焉

死胎中者死卵中者亦人亦物天地雖大彼固不知計天地者皆我區識譬如手不觸刃刃不傷手

夢中鑑中水中皆有天地存焉欲去夢天地者寢不寐欲去鑑天地者形不照欲去水天地者盎不汲彼之有無在此不在彼是以聖人不去天地去識

寒暑溫涼之變如瓦石之類置之火則熱置之水則寒呵之則溫吸之則涼時因外物有去有來而彼瓦石無去無來譬如水中之影有去有來而所爲水者實無去來

聖人之治天下不我賢愚故因人之賢而賢之因人之愚而愚之不我是非故因事之是而是之因事之非而非之知古今之大同

故或先古或先今知內外之大同故或先內或先外天下之物無得以累之故本之以謙天下之物無得以外之故含之以虛天下之物無得以難之故行之以易天下之物無得以窒之故變之以權以此中天下可以制禮以此和天下可以作樂以此公天下可以理財以此周天下可以禦侮以此因天下可以立法以此觀天下可以制器聖人不以一己治天下而以天下治天下天下歸功于聖人聖人任功于天下所以堯舜禹湯之治天下天下皆曰自然

天無不覆有生有殺而天無愛惡日無不照有妍有醜而日無厚薄

勿以行觀聖人道無蹟勿以言觀聖人道無言勿以能觀聖人道無爲勿以貌觀聖人道無形

利害心愈明則親不睦賢愚心愈明則友不交是非心愈明則事不成好醜心愈明則物不契是以聖人渾之

世之愚拙者忘援聖人之愚拙自解殊不知聖人時愚時明時拙時巧

天下之理夫者唱婦者隨牡者馳牝者逐雄者鳴雌者應是以聖人制言行而賢之人拘之

五行之運因精有魂因魂有神因神有意因意有魄因魄有精五者回環不已所以我之爲心流轉造化幾億萬歲未有窮極然核芽相生不知其幾萬株天地雖大不能芽空中之核雌雄相生不知其幾萬禽陰陽雖妙不能卵無雄之雌惟其來干我者皆攝之以一息則變物爲我無物非我所爲五行者孰能變之

人之厭生死超生死者皆是大患也譬如化人若有厭生死心超生死心止名爲妖不名爲道

流者舟也所以流之者是水非舟運者車也所以運之者是牛非車思者心也所以思之者是意非心不知所以然而然惟不知所以然而然故其來無從其往無在其來無從其往無在故能與天地本原不古不今

知心無物則知物無物知物無物則知道無物知道無物故不尊卓絕之行不驚微妙之言

無有一物不可見則無一物非吾之見無有一物不可聞則無一物非吾之聞五物可以養形無一物非吾之形五味可以養氣無一物非吾之氣是故吾之形氣天地萬物耕夫習牛則獷獵夫習虎則勇漁夫習水則沉戰夫習馬則健萬物可爲我我之一身內變蟯蛔外蒸蝨蚤瘕則龜魚瘻則鼠蟻我可爲萬物

一蜂至微亦能游觀乎天地一蝦至微亦能放肆乎大海

人一呼一吸日行四十萬里化可謂速矣惟聖人不存不變

青鸞子千歲而千歲化桃子五仕而心五化聖人賓御萬物豈不欲建立于世哉有形數者懼化之不可知也

天下之理是或化爲非非或化爲是恩或化爲讐讐或化爲恩是以聖人居常慮變

鳥獸俄呦呦俄旬旬俄逃逃草木俄茁茁俄亭亭俄蕭蕭天地不能留聖人不能繫有運者存焉耳有之在彼無之在此鼓不桴則不鳴偶之在彼奇之在此桴不手則不擊

知物之僞者不必去物譬如土牛木馬雖情存牛馬之名而心忘牛馬之實

智之極者知智果不足以周物故愚辨之極者知辨果不足以喻物故訥勇之極者知勇果不足以勝物故怯

善今者可以行古善末者可以立本

因天下之智者不在智而在愚窮天下之辨者不在辨而在訥

少言者不爲人所忌少行者不爲人所短少智者不爲人所勞少

能者不爲人所役

文中子十卷 王通字仲淹

王道 天地 事君 周公 問易 禮樂

述史 魏相 立命 關朗

文中子曰甚矣王道難行也吾家頃銅川六世矣未嘗不篤于斯然亦未嘗得宣其用退而咸有述焉則以志其道也予小子獲觀成訓勤九載矣服先人之義稽仲尼之心天人之事帝王之道昭昭乎子謂董常曰吾欲修元經稽諸史論不足徵也吾得皇極讜義焉吾欲續詩考諸集記不足徵也吾得時變論焉吾欲續書按諸載錄不足徵也吾得政大論焉董常曰夫子之得蓋其志焉子曰然子謂薛收曰昔聖人述史三焉其述書也帝王之制備矣故索焉而皆獲其述詩也興衰之由顯故究焉而皆得其述春秋也邪正之迹明故考焉而皆常此三者同出于史而不可雜也故聖人分焉

子曰圓者動方者靜其見天地之心乎子曰智者樂其存物之所爲乎仁者壽其忘我之所爲乎子曰義也清而莊靖也惠而斷威也和而博收也曠而肅瓊也明而毅淹也成而厲玄齡志而密徵也直而遂大雅深而弘叔達簡而正若逢其時不減卿相然禮樂則未備或曰董常何人也子曰其動也權其靜也至其顏氏之流乎叔恬曰山濤爲吏部拔賢進善時無知者身歿之後天子出其奏于朝然後知羣才皆濤所進如何子曰密矣曰仁乎子曰吾不知也

房玄齡問事君之道子曰無私問使人之道曰無偏曰敢問化人之道子曰正其心問禮樂子曰王道盛則禮樂從而興焉非爾所及也或問楊素子曰作福作威玉食不知其他也房玄齡問郡縣之治子曰宗周列國八百餘年皇漢雜建四百餘載魏晉以降滅亡不暇吾不知其用也楊素使謂子曰盍仕乎子曰疏屬之南汾水之曲有先人之敝廬在可以避風雨有田可以具饘粥彈琴著書講道勸義自樂也願君侯正身以統天下時和歲豐則通也受賜多矣不願仕也子曰古之爲政者先德而後刑故其人悅以恕今之爲政者任刑而棄德故其人怨以詐子曰古之從仕者養人今之從仕者養己

子謂周公之道曲而當私而恕其窮理盡性以至于命乎溫彥博問嵇康阮籍何人也子曰古之名理者而不能窮也曰何謂也子曰道不足而器有餘曰敢問道器子曰通變之謂道執方之謂器陳守謂薛生曰吾行令于郡縣而盜不止夫子居于鄉里而爭者息何也薛生曰此以言化彼以心化陳守曰吾過矣退而靜居三月盜賊出境子聞之曰收善言叔達善聽子謂武德之舞勞而決其發謀動慮經天下乎謂昭德之舞閑而泰其和神定氣綏天下乎武德則功存焉不如昭德之善也凡武之未盡善久矣其時乎其時乎

劉炫問易子曰聖人于易沒身而已況吾儕乎炫曰吾談之于朝無我敵者子不答退謂門人曰默而成之不言而信存乎德行魏徵曰聖人有憂乎子曰天下皆憂吾獨得不憂乎問疑子曰天下皆疑吾獨得不疑乎徵退子謂董常曰樂天知命吾何憂窮理盡性吾何疑常曰非告徵也子亦二言乎子曰徵所問者迹也吾告汝者心也心迹之判久矣吾獨得不二言乎

子曰吾于禮樂正失而已如其制作以候明哲必也崇貴乎賈瓊薛收曰道之不行如之何子曰父母安之兄弟愛之朋友信之施于有政道亦行矣奚謂不行子謂任薛王劉崔盧之昏非古也何以視譜文中子曰帝之不帝久矣王孝逸曰敢問元經之帝何也子曰潔名索實此不可去其爲帝實失而名存矣

子曰太熙之後述史者幾乎罵矣故君子沒稱焉溢彥博問知子曰無知問識子曰無識彥博曰何謂其然子曰是究是圖亶其然乎彥博退告薛常常曰深乎哉此文王之所以順帝則也子曰詩有天下之作焉有一國之作焉有神明之作焉吳季札曰小雅其周之衰乎幽其樂而不淫乎子曰孰爲季之知樂小雅烏乎衰其周之盛乎幽風烏乎樂其勤而不怨乎子曰太和之主有心哉賈瓊曰信乎美矣子曰未光也文中子曰元經作君子不榮祿矣

子謂魏相眞漢相識兵略達時令遠乎哉

文中子曰命之立也其稱人事乎故君子畏之賈瓊進曰敢問死生有命富貴在天何謂也子曰召之在前命之在後斯自取也庸非命乎噫吾末如之何也已矣瓊拜而出謂程元曰今吾而後知元命可作多福可求矣程元曰敬佩玉音服之無斁文中子曰度德而師易子而教今亡矣

或問關朗子曰魏之賢人也孝文沒而宣武立穆公死關朗退魏之不振有由哉子曰中國失道四夷知之魏徵曰請問其說子曰小雅盡廢四夷交侵斯中國失道也非其說乎徵退謂薛收曰時可知矣薛收問曰今之民胡無詩子曰詩者民之情性也情性能忘乎非民無詩職詩者之罪也

揚子　　揚雄字子雲成都人

學行　吾子　修身　問道　問神　問明

寡見　五百　先知　重黎　淵騫　君子

孝至

學行之上也言之次也教人又其次也咸無焉爲衆人或曰人羨久生將以學也可謂好學矣乎曰未之好也學不羨天之道不在仲尼乎仲尼駕說者也不在茲儒乎如將復駕其所說則莫若使諸儒金口而木舌或曰學無益也如質何曰未之思矣夫有刀者礲諸有玉者錯諸不礲不錯焉攸用礲而錯諸質在其中矣否則輟螟蠕之子殪而逢蜾蠃祝之曰類我類我久則肖之矣速哉七十子之肖仲尼也學以治之思以精之朋友以磨之名譽以崇之不倦以終之可謂好學也已矣

或問吾子少而好賦曰然童子雕蟲篆刻俄而曰壯夫不爲也或曰賦可以諷乎曰諷則已不已吾恐不免于勸也或曰霧縠之組麗曰女工之蠹矣劍客論曰劍可以愛身曰狴犴使人多禮乎或問景差唐勒宋玉枚乘之賦也益乎曰必也淫淫則奈何曰詩人之賦麗以則辭人之賦麗以淫如孔氏之門用賦也則賈誼升堂相如入室如其不用何

修身以爲弓嬌思以爲矢立義以爲的奠而後發發必中矣人之性也善惡混修其善則爲善人修其惡則爲惡人氣也者所適善惡之馬也歟或曰孔子之事多矣不用則亦勤且憂乎曰聖人樂天知命樂天則不勤知命則不憂

或問道曰道也者通也無不通也或曰可以適他歟曰適堯舜文王者爲正道非堯舜文王者爲他道君子正而不他或問道曰道若塗若川車航混混不捨晝夜或曰焉得直道而由諸曰塗雖曲而通諸夏則由諸川雖曲而通諸海則由諸或曰事雖曲而通諸聖則由諸乎道德仁義禮譬諸身乎夫道以導之德以得之仁以人之義以宜之禮以體之天也合則渾離則散一人而兼統四體者其身全乎或問德表曰莫知作上作下請問莫知曰行禮于彼而民得于此奚其知或曰孰若無禮而德曰禮體也人而無禮焉以爲德

或問神曰心請聞之曰潛天而天潛地而地天地神明而不測者也心之潛也猶將測之況于人乎況于事倫乎敢問潛心于聖曰昔仲尼潛心于文王矣達之顏淵亦潛心于仲尼矣未達一間耳

神在所潛而已矣天神天明照知四方天精天粹萬物作類人心其神矣乎操則存捨則亡能常操而存者其惟聖人乎聖人存神索至成天下之大順致天下之大利和同天下之際使之無間者也龍蟠于泥蚖其肆矣蚖哉蚖哉惡覩龍之志也歟或曰龍必欲飛天乎曰時飛則飛時潛則潛既飛且潛食不妄形其不可得而制也歟曰聖人不制則何爲乎羑里曰龍以不制爲龍聖人以不手爲聖人

或問明曰微或曰微何如其明也曰微而見之明其誶乎聽明其至矣乎不聽實無耳也不明實無目也敢問大聰明曰眩眩乎惟天爲聰惟天爲明夫能高其目而下其耳者匪天也夫

吾寡見人之好假者也邇文之視邇言之聽假則偭焉或曰曷若茲之甚也先王之道滿門曰不得已也得已則已矣得已而不已者寡哉好盡其心于聖人之道者君子也人亦有好盡其心矣未

必聖人之道也多聞見而識乎正道者至識也多聞見而識乎邪道者迷識也如賢人謀之美也詘人以從道如小人謀之不美也詘道以從人

或問五百歲而聖人出有諸曰堯舜禹君臣也而並文武周公父子也而處湯孔子數百歲而生因往以推來雖千一不可知也聖人有以擬天地而參諸身乎

先知其幾于神乎敢問先知曰不知知其道者其如視忽眇緜作炳先甲一日易後甲一日難或問何以治國曰立政曰何以立政曰政之本身也身立則政立矣或問爲政有幾曰思斁或問思斁曰在昔周公征于東方四國是王召伯述職蔽芾甘棠其思矣夫齊桓公欲徑陳陳不果内執袁濤塗其斁矣夫嗚呼從政者審其思斁而已矣或問何思何斁曰老人老孤人孤病者養死者葬男子畝婦人桑之謂思若汙人老屈人孤病者獨死者逋田畝荒杼柚空之謂斁爲政日新或人敢問日新曰使之利其仁樂其義厲之以名引之以美使之陶陶然之謂日新

或問南正重司天北正黎司地今何僚也曰近羲近和孰重孰黎曰羲近重和近黎

或問淵騫之徒惡乎在曰在寢或曰淵騫曷不寢曰攀龍鱗附鳳翼巽以揚之勃勃乎其不可及乎如其寢如其寢七十子之于仲尼也日聞所不聞見所不見文章亦不足爲矣君子絶德小人絶力

或問君子言則成文動則成德何以也曰以其弸中而彪外也般之揮斤羿之激矢君子不言言必有中也不行行必有稱也或問君子之柔剛曰君子于仁也柔以義也剛

孝至矣一言而該聖人不加焉父母子之天地歟無天何生無地何形天地裕于萬物萬物裕于天地裕父母之裕不裕矣事父母

自知不足者其舜乎不可得而久者事親之謂也孝子愛日孝子有祭乎有齊乎夫能存亡形屬荒絶者惟齊乎故孝子之于齊見父母之存也是以祭不賓人而不祭豺獺乎

鬼谷子 三卷

粤若稽古聖人之在天地間也爲衆生之先觀陰陽之開闔以命物知存亡之門戶籌策萬類之終始達人心之理見變化之朕焉而守司其門戶故聖人之在天下也自古至今其道一也變化無窮各有所歸或陰或陽或柔或剛或開或閉或弛或張是以聖人一守司其門戶審察其所先後度權量能校其長短賢不肖智愚勇怯仁義有差乃可捭乃可闔乃可進乃可退乃可賤乃可貴無爲以牧之審定其有無以知其實虛隨其嗜欲見其志意微排其所言而捭反之以求其實實得其指闔而捭之以求其利或開而示之或闔而閉之開而示之者同其情也闔而閉之者異其誠也

可乎不可乎審明其計謀以原其異同離合而守之先從其志即欲捭之貴周之即欲闔之貴密之周密之貴微而與道相追捭之者料其情也闔之者結其誠也皆見其權衡輕重也爲之度數聖人因而爲之慮其不中權衡度數聖人因而自爲之慮故捭者或捭而出之或捭而內之闔者或闔而取之或闔而去之捭闔者天地之道捭闔者以變動陰陽四時開閉以化萬物縱橫反出反覆反忤必由此矣捭闔者道之大化說之變也必豫審其變化吉凶大命繫焉口者心之門戶也心者神之主也志意喜欲思慮智謀此皆由門戶出入故關之以捭闔制之以出入捭之者開之也言也陽也闔之者閉之也默也陰也陰陽其和也終始其義也故言長生安樂富貴高榮顯名愛好財利得意喜欲爲陽曰始故言死亡憂患貧賤苦辱弃捐亡利失意有害刑戮誅罰爲陰曰終諸言法陽之類皆言始言善以始其事諸言法陰之類皆言終言惡以終其謀捭闔之道以陰陽試之故與陽言者依高崇與陰言者依卑小以下求小以高求大由此言之無所不出無所不入無所不可可以說人可以說家可以說國可以說天下爲小無內爲大無外益損去就皆反以陰陽御其事陽動而行陰止而藏陽動而出陰隨而入陽還終始陰極反陽以陽動者德相生也以陰靜者形相成也以陽求陰包以德也以陰結陽施以力也陰陽相求由捭闔也此天地陰陽之道而說人之法也爲萬事之先是謂圓方之門戶

古之大化者乃與無形俱生反以觀往覆以知今反以知彼覆以知己動靜虛實之理不合來今反古而求之事有反而得覆者聖人之意也不可不察人言者動也己默者靜也因其言聽其辭言有不合者反而求之其應必出言有象事有比其有象比以觀其次象者象其事比者比其辭也以無形求有聲其釣語合事得人實也

君臣上下之事有遠而親近而疎就之不用去之反求日進前而不御遙聞聲而相思事皆有內揵素結本始或結以道德或結以黨友或結以貨財或結以綵色用其意欲入則入欲出則出欲親則親欲疏則疏欲就則就欲去則去欲求則求欲思則思若蚨母之從其子也出無間入無朕獨往獨來莫之能止

物有自然事有合離有近而不可見有遠而可知近而不可見者不察其辭也遠而可知者反往以驗來也巇者罅也罅者間也間者成大隙也巇始有朕可抵而塞可抵而去可抵而息可抵而匿可抵而得此謂抵巇之理也

凡度權量能所以致遠來近立勢而制事必先察同異別是非之語見內外之辭知有無之數決安危之計定親疎之事然後乃權量之其有隱括乃可徵乃可求乃可用引鉤箝之辭飛而箝之鉤箝之語其說辭也乍同乍異其不可善者或先徵之而後重累或先重累而後毀之或以重累爲毀或以毀爲重累其用或稱財貨琦瑋玉璧金帛采色以事之或量能立勢以鉤之或伺候見澗而箝之

凡趨合背反計有適合化轉環屬各有形勢反覆相求因事爲制是以聖人居天地之間立身御世施教揚聲所以明名也必因事物之會觀天地之宜因以所多少以先知之與之轉化世無常貴事無常師聖人無常與無不與所以聽無不聽成于事而合于計謀與之爲主合于彼而離于此計謀不兩忠必有反忤反于是忤于彼忤于此反于彼其術也

揣情者必以其甚喜之時往而極其欲也其有欲也不能隱其情必以其甚懼之時往而極其惡也其有惡也不能隱其情情欲必失其變感動而不知其變迺且錯其人勿與語更問所親知其所安可

夫情變于內者形見于外故常必以其見者而知其隱者此所爲測深揣情

摩者揣之術也內符者揣之主也（謂揣知其情然後以其所欲切摩之故爲揣之術也）用之有道其道必隱微摩之以其所欲測而探之內符必應其所應也必有爲之故微而去之是謂塞窌匿端隱貌逃情而人不知故能成其事而無患摩之在此符應在彼從而用之事無不可古之善摩者如操鈎而臨深淵餌而投之必得魚焉故曰主事日成而人不知也主兵日勝而人不畏也

說者說之也說之者資之也飾言者假之也假之者損益也應對者利辭也利辭者輕論也成義者明之也明之者符驗也難言者却論也却論者釣幾也佞言者諂而干忠也諛言者博而干智也卒言者決而干勇也戚言者權而干信也靜言者反而干勝也先意承欲者諂也繁稱文辭者博也縱舍不宜者決也策選進謀者

權也先分不足而窒非者反也故口者機關也所以開閉情意也耳目者心之佐助也所以闚間見姦邪故曰參調而應利道而動故繁言而不亂翺翔而不迷變易而不危者觀要得理故無目者不可示以五色無耳者不可告以五音故不可以往者無所聞之也不可以來者無所受之也物有不通者聖人故不事也

說郛卷第七十一終

說郛卷第七十二

顏子（五卷）　顏回（字子淵）

好學篇

孔子曰吾與回言終日不違如愚退而省其私亦足以發回也不愚

哀公問弟子孰爲好學孔子對曰有顏回者好學不遷怒不貳過不幸短命死矣今也則亡未聞好學者也

顏淵喟然嘆曰仰之彌高鑽之彌堅瞻之在前忽焉在後夫子循循然善誘人博我以文約我以禮欲罷不能既竭吾才如有所立卓爾雖欲從之末由也已

子曰語之而不惰者其回也歟

子曰回之爲人也擇乎中庸得一善則拳拳服膺而弗失之矣

德行篇

子曰從我于陳蔡者皆不及門也德行顏淵閔子騫冉伯牛仲弓言語宰我子貢政事冉有季路文學子游子夏

子曰非禮勿視非禮勿聽非禮勿言非禮勿動顏淵曰回雖不敏請事斯語矣

言志篇

顏淵季路侍子曰盍各言爾志子路曰願車馬衣輕裘與朋友共敝之而無憾顏淵曰願無伐善無施勞子路曰願聞子之志子曰老者安之朋友信之少者懷之

子謂顏淵曰用之則行舍之則藏惟我與爾有是夫

顏淵問爲邦子曰行夏之時乘殷之輅服周之冕樂則韶舞放鄭聲遠佞人鄭聲淫佞人殆

不貳過篇

子曰顏氏之子其殆庶幾乎有不善未嘗不知知之未嘗復行也易曰不遠復無祇悔元吉

賢樂篇

子曰賢哉回也一簞食一瓢飲在陋巷人不堪其憂回也不改其樂賢哉回也

子曰回也其庶乎屢空賜不受命而貨殖焉億則屢中

知十篇

子謂子貢曰女與回也孰愈對曰賜也何敢望回回也聞一以知十賜也聞一以知二子曰弗如也吾與女弗如也

子曰回也非助我者也于吾言無所不悅

師友篇

子路去魯謂顏淵曰何以贈我曰去國則哭于墓而後行反其國不哭展墓而入謂子路曰何以處我子路曰吾聞之也過墓則式

過祠則下

曾子曰以能問于不能以多問于寡有若無實若虛犯而不校昔者吾友嘗從事于斯矣

在厄篇

子畏于匡顏淵後子曰吾以女爲死矣曰子在回何敢死

夭年篇

子謂顏淵曰惜乎吾見其進也未見其止也

季康子問弟子孰爲好學孔子對曰有顏回者好學不幸短命死矣今也則亡

顏淵死顏路請子之車以爲之椁子曰才不才亦各言其子也鯉也死有棺而無椁吾不徒行以爲之椁以吾從大夫之後不可徒行也

顏淵死子曰噫天喪予天喪予

顏淵死子哭之慟從者曰子慟矣曰有慟乎非夫人之爲慟而誰爲

顏淵死門人欲厚葬之子曰不可門人厚葬之子曰回也視予猶父也予不得視猶子也非我也夫二三子也

老子 二卷

體道

道可道非常道名可名非常名無名天地之始有名萬物之母故常無欲以觀其妙常有欲以觀其徼此兩者同出而異名同之謂玄玄之又玄衆妙之門

養身

天下皆知美之爲美斯惡已皆知善之爲善斯不善已故有無相生難易相成長短相形高下相傾音聲相和前後相隨是以聖人處無爲之事行不言之教萬物作焉而不辭生而不有爲而不恃

功成而弗居夫惟弗居是以不去

安民

不尙賢使民不爭不貴難得之貨使民不爲盜不見可欲使心不亂是以聖人之治虛其心實其腹弱其志強其骨常使民無知無欲使夫知者不敢爲也爲無爲則無不治

無源

道沖而用之或不盈淵乎似萬物之宗挫其銳解其紛和其光同其塵湛兮似若存吾不知誰之子象帝之先

虛用

天地不仁以萬物爲芻狗聖人不仁以百姓爲芻狗天地之間其猶橐籥乎虛而不屈動而愈出多言數窮不如守中

成象

谷神不死是謂玄牝玄牝之門是謂天地根綿綿若存用之不勤

韜光

天長地久天地所以能長且久者以其不自生故能長生是以聖人後其身而身先外其身而身存非以其無私耶故能成其私

易性

上善若水水善利萬物而不爭處衆人之所惡故幾于道矣居善地心善淵與善人言善信政善治事善能動善時夫惟不爭故無尤

運夷

持而盈之不如其已揣而銳之不可長保金玉滿堂莫之能守富貴而驕自遺其咎功成名遂身退天之道

能爲

載營魄抱一能無離專氣致柔能嬰兒滌除玄覽能無疵愛民治國能無知天門開闔能爲雌明白四達能無爲生之畜之生而不

有爲而不恃長而不宰是謂玄德

無用

三十輻共一轂當其無有車之用埏埴以爲器當其無有器之用鑿戶牖以爲室當其無有室之用故有之以爲利無之以爲用

檢欲

五色令人目盲五音令人耳聾五味令人口爽馳騁田獵令人心發狂難得之貨令人行妨是以聖人爲腹不爲目故去彼取此焉

厭恥

寵辱若驚貴大患若身何爲寵辱若驚寵爲下得之若驚失之若驚何謂貴大患若身吾所以有大患者爲吾有身及吾無身吾有何患故貴以身爲天下則可寄于天下愛以身爲天下乃可以託于天下

贊玄

視之不見名曰夷聽之不聞名曰希搏之不得名曰微此三者不可致詰故混而爲一其上不皦其下不昧繩繩不可名復歸于無物是謂無狀之狀無象之象是謂恍惚迎之不見其首隨之不見其後執古之道以御今之有能知古始是謂道紀

顯德

古之善爲士者微妙玄通深不可識夫惟不可識故強爲之容與兮若冬涉川猶兮若畏四隣儼兮其若客渙兮若冰之將釋敦兮其若朴曠兮其若谷渾兮其若濁孰能濁以靜之使清孰能安以動之徐生保此道者不欲盈夫唯不盈故能敝不新成

歸根

至虛極守靜篤萬物並作吾以觀其復夫物芸芸各復歸其根歸根曰靜是謂復命復命曰常知常曰明不知常妄作凶知常容容乃公公王乃天天乃道道乃久沒身不殆

淳風

太上不知有之其次親之譽之其次畏之其次侮之信不足焉有不信猶兮其貴言功成事遂百姓皆謂我自然

俗薄

大道廢有仁義智惠出有大僞六親不和有孝慈國家昏亂有忠臣

還淳

絕聖弃智民利百倍絕仁弃義民復孝慈絕巧弃利盜賊無有此三者以爲文不足故令有所屬見素抱朴少私寡欲

異俗

絕學無憂唯之與阿相去幾何善之與惡相去何若人之所畏不可不畏荒兮其未央哉衆人熙熙如享太牢如登春臺我獨泊兮其未兆如嬰兒之未孩乘乘兮若無所歸衆人皆有餘而我獨若

遺我愚人之心也哉沌沌兮俗人昭昭我獨若昏俗人察察我獨悶悶忽兮若海漂兮若無所止衆人皆有以而我獨頑似鄙我獨異于人而貴食其母

虛心

孔德之容唯道是從道之爲物唯恍惟忽忽兮恍兮其中有像恍兮忽兮其中有物窈兮冥兮其中有精其精甚眞其中有信自古及今其名不去以閱衆甫吾何以知衆甫之然哉以此

益謙

曲則全枉則直窪則盈弊則新少則得多則惑是以聖人抱一爲天下式不自見故明不自是故彰不自伐故有功不自矜故長夫唯不爭故天下莫能與之爭古之所謂曲則全者豈虛言哉誠全而歸之

虛無

希言自然飄風不終朝驟雨不終日孰爲此者天地天地尚不能久而況于人乎故從事于道者道者同于道德者同于德失者同于失同于道者道亦樂得之同于德者德亦樂得之同于失者失亦樂得之信不足焉有不信焉

苦恩

跂者不立跨者不行自見者不明自是者不彰自伐者無功自矜者不長其于道也曰餘食贅行物或惡之故有道者不處也

象元

有物混成先天地生寂兮寥兮獨立而不改周行而不殆可以爲天下母吾不知其名字之曰道強爲之名曰大大曰逝逝曰遠遠曰反故道大天大地大王亦大域中有四大而王居其一焉人法地地法天天法道道法自然

重德

重爲輕根靜爲躁君是以聖人終日行不離輜重雖有榮觀燕處超然奈何萬乘之主而以身輕天下輕則失臣躁則失君

巧用

善行無轍迹善言無瑕謫善計不用籌策善閉無關鍵而不可開善結無繩約而不可解是以聖人常善救人故無弃人常善救物故無弃物是謂襲明故善人者不善人之師不善人者善人之資不貴其師不愛其資雖智大迷是謂要妙

反朴

知其雄守其雌爲天下谿爲天下谿常德不離復歸于嬰兒知其白守其黑爲天下式爲天下式常德不忒復歸于無極知其榮守其辱爲天下谷爲天下谷常德乃足復歸于朴朴散則爲器聖人用之則爲官長故大制不割

無爲

將欲取天下而爲之吾見其不得已天下神器不可爲也爲者敗之執者失之故物或行或隨或噓或吹或強或羸或載或隳是以聖人去甚去奢去泰

儉武

以道佐人主者不以兵強天下其事好還師之所處荆棘生焉大軍之後必有凶年善者果而已不敢以取強果而勿矜果而勿伐果而勿驕果而不得已果而勿強物壯則老是謂不道不道早已」

龍城錄二卷　　河東先生

吳嶠精明天文

吳嶠霅溪人也年十三作道士時煬帝元年過鄴中告其令曰中星不守太微主君有嫌而旺氣流萃于秦地子知之乎令不之信至神堯即位方知不誣嶠精明天文即袁天綱之師也

魏徵嗜醋芹

魏左相忠言讜論贊襄萬機誠社稷臣有日退朝太宗笑謂侍臣曰此羊鼻公不知遺何好而能動其情侍臣曰魏徵好嗜醋芹每食之欣然稱快此見其眞態也明旦召賜食有醋芹三盃公見之欣喜翼然食未竟而芹已盡太宗笑曰卿謂無所好今朕見之矣公拜謝曰君無爲故無所好臣執作從事獨僻此收斂物太宗默而感之公退太宗仰睨而三嘆之

上帝追攝王遠知易總

上元中台州一道士王遠知善易于觀感間曲盡微妙善知人死生禍福作易總十五卷世祕其本一日因曝書雷雨忽至陰雲騰沓直入臥內雷殷殷然赤電繞室暝霧中一老人下身所衣服但認靑翠莫識其制作也遠知焚香再拜伏地若有所待老人叱起怒曰所泄者書何在上帝命吾攝六丁雷電追取遠知方惶懼據地起旁有六人靑衣已捧書立矣老人責曰上方禁文自有飛仙

保衛玉笈金科祕藏玄都汝是何者輒混藏紬帙據其所得實以告我遠知戰悸對曰靑丘元老以臣不逮故傳授焉老人頤頷頃曰上帝敕下汝仙品已及于授度期展二十四年二紀數也遠知拜命次旋風颮起坼帷裂幙將已二鼓明月在東星斗燦然俱無影響所取將書乃易總耳遠知志頗自失後閉戶不出經歲不食人因窺覘中但聞勸酬交歡竟不知爲誰也光定中召至京玉清觀安泊間或逃去如此者數次天后封金紫光祿大夫但笑而不謝一日告殂遺言屍赴東流湍水中天后不允其語敕葬開明原上後長壽中台州有人過海阻風飄蕩船欲坼妄行不知所止忽見畫船一葉渺自天末來驚視之乃遠知也漸相近台人拜而呼之遠知曰君涉險何至于此告台人此洋海之東十萬里也台人問歸計奈何遠知曰借子迅風正西一夕可到登州爲傳語天壇觀張光道士台人既辭去舟回如飛羽但覺風毣毣而過明日至

登州方知遠知死久矣訪天壇道士其徒云死兩日矣方驗二人皆仙去

武居常有身後名

武居常天后高祖也少時遊洛下呼爲猴頰郎以居常頤下有鬚若猿頷也其上有四靨一日伊水上遇一丐者曰郎君當有身後名面骨法當刑然有女當八十年後起家暴貴壽亦浸微居常不信後卒如言丐者豈非異人乎

房玄齡爲相無嗣

房玄齡買卜成都日者笑而掩象曰公知名當世爲時賢相奈無嗣相紹何公怒時遺直已三歲在側此日者顧指曰此兒此兒絕房氏者此也公大悵而還後皆信然也

韓仲卿夢子建求序

韓仲卿一日夢一烏幘少年風姿磊落神仙人也拜求仲卿言某

有文集在建業李氏公當名出一時肯爲我討是文而序之俾我亦陰報爾仲卿諾之去復回曰我曹植子建也仲卿既寤檢鄴中書得子建集分爲十卷異而序之即仲卿作也

趙師雄醉憩梅花下

隋開皇中趙師雄遊羅浮一日天寒日暮在醉醒間因憩僕車于松林間酒肆傍舍見一女人淡粧素服出迓師雄時已昏黑殘雪對月色微明師雄喜之與之語但覺芳香襲人語言淸麗因與之扣酒家門持盃相與飲少頃有一綠衣童來笑歌戲舞亦自可觀頃醉寢師雄亦惜然但覺風寒相襲久之時東方已白師雄起視乃在大梅花樹下上有翠羽啾嘈相須月落參橫但惆悵而已

李太白得仙

退之嘗言李太白得仙去元和初有人自北海來見太白與一道士在高山笑語久之頃道士于碧霧中跨赤虬而去太白聳身健

步追及共乘之而東去此亦可駭也

韓退之夢呑丹篆

退之常說少時夢人與丹篆一卷令強呑之傍一人撫掌而笑覺後亦似胸中如物噎經數日方無恙尙猶記其上一兩字筆勢非人間書也後識孟郊似與之目熟思之乃夢中傍笑者信乎相契如此

寧王畫馬化去

寧王善畫馬開元興慶池南華蕚樓下壁上有六馬滾塵圖內明皇最眷愛玉面花驄謂無纖悉不備風鬃霧鬣偉如也後壁惟有五馬其一者失去信知神妙將變化俱也

含元殿丹石隱語

開元末含元殿火去基下出丹石上有隱語不可解云天漢二年赤光生栗木下有子傷心遇酷此亦不能辨也

景州龍見三頭

開元四年景州水中見一龍三頭時虜中大水後六日有風自龍見處西南來飛屋拔木半晝暝

神堯皇帝破龍門賊

神堯皇帝拜河東節度使九月領大使擊龍門賊毋端兒夜過韓津口時明月方出白霧初澄于小橋下有二人語言明日毋大郎死我輩勤亦不少矣神堯停馬問二人再拜起泣曰某二人漢兵也昨奉東岳命獄神管押七十人付龍門助將軍討賊某二人埋骨在此因少憩于此亦自感傷兼欲先知于將軍爾神堯訝其言深切詢其姓氏但笑謝言將軍貴人也某僕卒之賤分不當逾言訖蒼惶辭去言大隊至矣倏忽不見頃疾風如過矢風塵蔽天而過神堯默喜之明日破賊發七十二矢皆中而復得其矢信聖王所向至靈亦先爲佐佑焉

明皇夢遊廣寒宮

開元六年上皇與申天師道士鴻都客八月望日夜因天師作術三人同在雲上遊月中過一大門在玉光中飛浮宮殿往來無定寒氣逼人露濡衣袖皆溼頃見一大宮府榜曰廣寒清虛之府其守門兵衛甚嚴白刃粲然望之如凝雪時三人皆止其下不得入天師引上皇起躍身如在烟霧中下視玉城崔巍但聞清香藹鬱下若萬里琉璃之田其間見有仙人道士乘雲駕鶴往來若遊戲少焉步向前覺翠色冷光相射目眩極寒不可進下見有素娥十餘人皆皓衣乘白鸞往來舞笑于廣陵大桂樹之下又聽樂音嘈雜亦甚清麗上皇素解音律熟覽而意已傳頃天師亟欲歸三人下若旋風忽悟若醉中夢回爾後夜上皇欲再求往天師但笑謝而不允上皇因想素娥風中飛舞袖被編律成音製霓裳羽衣舞曲自古洎今音律清麗無復加于是矣

任中宣夢水神持鏡

長安任中宣家素畜寶鏡謂之飛精識者謂是三代物後有八字僅可曉然近籀篆云水銀陰精百鍊成鏡詢所得云商山樵者石下得之後中宣南遊洞庭風浪洶然因泊舟夢一道士赤衣乘龍詣中宣言此鏡乃水府至寶出世有期今當歸我矣中宣因問姓氏但笑而不答持鏡而去夢迴亟視篋中已失所在

夜坐談鬼而怪至

君誨嘗夜坐與退之予三人談鬼神變化時風雪寒甚窗外點點微明若流螢須臾千萬點不可數度頃入室中或爲圓鏡飛度往來乍離乍合變爲大聲去而三人雖退之剛直亦爲之動顏君誨與予但掩目匍匐前席而已信乎俗諺曰白日無談人談人則害生昏夜無說鬼說鬼則怪至亦知言也予三人後皆不利

裴武公夜得鬼詩而化爲燼

開元末裴武公軍夜宿武休帳前見一介胄者擲一紙書而去武公取視乃四韻詩云屢策羸驂歷亂岣叢嵐映日晝如熏長橋駕險浮天漢危棧通岐觸岫雲却念淮陰還得計又嗟忠武不堪聞廢興盡係前生定休衒英雄勇冠軍武公得詩大不悅紙隨手落爲燼信知鬼物所製也出師大不利武公射中臕下病月餘薨

房玄齡大有譽

房玄齡幼稚日王通說其文謂此細眼奴非立忠志則爲亂賊輔帝者則爲儒師緯有大譽矣

閻立本有丹青之譽

閻立本畫宣王吉日圖太宗文皇帝上爲題字時朝中諸公皆議論東都從幸上出示圖于諸臣稱爲越絕前世而上忽藏于衣袖笑謝而退自是立本有丹青之譽

張景著龍山史記註

沈休文有龍山史記註即張景著景後漢末大儒而世亦不稱譽予少時江南李育之來訪予求進此文後爲火所焚更不復得豈斯文天欲祕者耶

龍城無妖邪之怪

柳州舊有鬼名五通予始到不之信一日因發篋易衣盡爲灰燼予乃爲文醮訴于帝帝憫我心遂爾龍城絕妖邪之怪而庶士亦得以寧也

王漸作孝經義

國初有孝子王漸作孝經義成五十卷事亦該備而漸性鄙朴凡鄉里有鬬訟漸即詣門高聲誦義一卷反爲漸謝後有病者即請漸來誦書尋亦得愈其名藹然予時過汴州適會路逢一老人一談此事頗亦敬其誠也

晉哀帝著書深闡至理

晉哀帝著丹青符經五卷丹臺錄三卷青符子即神丘先生也深闡至理而近世有胡宗道海上方士亦得其術

李明叔精明古器

建康李生名照字明叔眞可人書生好古博雅者一日就京師謁予裹飯從游于秦渭之間此人宦意畏巧而淡然藏于古器凡自戰國洎于蕭梁之間譜所載者十得六五而皆精製奇巧後世莫追然生頗爲文思澁設諸勤求古器心在于文書間亦足以超偉于當代也

賈爽著書仙去

賈爽河陽人字師道與予先父同室讀書爲人謹順少調官河南尉才吏也後五十歲弃家隱伊陽小水鄉和樂村鳴皋山中著書二十卷號鳴皋子踰年不知其所終山中人竟言仙去然詭幻莫之信也有子餗字子美亦有才然不逮于父風

開元藏書七萬卷

有唐惟開元最備文籍集賢院所藏至七萬卷當時之學士蓋爲褚无量裴煜之鄭譚馬懷素張說侯行果陸堅康子玄輩凡四十七人分司典籍靡有闕文而賊遽興兵火交焚兩都灰燼無存惜哉

明皇識射覆之術

上皇始平禍亂在宮所與道士馮存澄因射覆得卦曰合因又得卦曰斬關又得卦曰鑄印乘軒存澄啓謝曰昔此卦三靈爲最善黃帝勝炎帝而筮得之所謂合因斬關鑄印乘軒始當果斷終得嗣天上皇遽掩其口曰止矣默識之矣後即位應其術焉

明皇夢姚宋當爲相

上皇初登極夢二龍銜符自紅霧中來上大隸姚崇宋璟四字掛之兩大樹上宛延而去夢迴上召中王員兆王進曰兩木相也二

人名爲天遣龍致于樹卽姚崇宋璟當爲輔相兆矣上歎異之

高皇帝宴賞牡丹

高皇帝御羣臣賦宴賞雙頭牡丹詩惟上官昭容一聯爲絕麗所謂勢如連璧友心若臭蘭人者使夫婉兒稍知義訓亦足爲賢婦人而稱量天下何足道哉此禍成所以無赦于死也有文集一百卷行于世

魏徵善治酒

魏左相能治酒有名曰醽醁翠濤常以大金罌內貯盛十年飲不歇其味卽世所未有太宗文皇帝嘗有詩賜公稱醽醁勝蘭生翠濤過玉薤千日醉不醒十年味不敗蘭生卽漢武帝百味旨酒也玉薤煬帝酒名公此酒本學釀于西胡人豈非得大宛之法司馬遷所謂富人藏萬石蒲萄酒數十歲不敗者乎

裴令公訓子

裴令公常訓其子凡吾輩但可文種無絕然其間有能成功能致身爲萬乘之相則天也

華陽洞小兒化爲龍

茅山隱士吳綽素擅潔譽神鳳初因採藥于華陽洞口見一小兒手把大珠三顆其色瑩然戲于松下綽見之因前詢誰氏子兒犇忙入洞中綽恐爲虎所害遂連呼相從入欲救之行不三十步見兒化作龍形一手握三珠塡左耳中綽素剛膽以藥斧劚之落左耳而已失所在龍亦不見出不十餘步洞門閉矣綽後上皇封素先生此語貫宣伯說

李林甫以毒虐弄正權

惠州一娼女震厄死于市衢脇下有朱字云李林甫以毒虐弄正權帝命列仙舉三震之疑此女子假月公後身耶譎而可懼元和元年六月也

張復條山集論世外事

張復澧州人佹書性作條山集三十卷論世外事此人兼得神鬼趣隱不仕有文集行于世

羅池石刻

羅池北龍城勝地也役者得白石上微辨刻畫云龍城柳神所守驅厲鬼山左首編土民制九醜予得之不詳其理特欲隱予于斯歟

宋單父種牡丹

洛人宋單父字仲孺善吟詩亦能種藝術凡牡丹變易千種紅白鬭色人亦不能知其術上皇召至驪山植花萬本色樣各不同賜金千餘兩人皆呼爲花師亦幻世之絕藝也

法帖譜系 二卷　曹士冕

太宗皇帝時嘗遣使購募前賢眞跡集爲法帖十卷鏤板而藏之

每日有大臣進登二府則賜以一本其後不賜或傳板則御書院往時禁中火災板焚遂不復賜或云板今在但不賜爾故人間尤以官法帖爲難得予得自薛公期云是家藏舊本今世人所有皆轉相傳模者也

淳化法帖

熙陵以武定四方載櫜弓矢文治之餘留意翰墨乃出御府所藏歷代眞跡命侍臣王著模刻禁中釐爲十卷各于卷尾篆書題云淳化三年壬戌十一月六日奉聖旨模勒上石

二王府帖

山谷論禁中板刻古法帖十卷當時皆用歙州所貢墨本賜羣臣今都下用錢萬二千便可購得元祐中親賢宅從禁中借板墨本百分遺宮僚但用潘光墨光輝有餘而不甚黟黑又多木橫裂紋士大夫不能盡別也此本可當舊板之半耳

紹興國子監本

紹興中以御府所藏淳化舊帖刻板置之國子監其首尾與淳化閣本略無少異當時御府板者多用匱子蓋打金銀箔者也字畫精神極有可觀今都下亦時有舊板者元板尚存邇來碑工往往作蟬翼本但以厚紙覆板上隱然爲銀錠欜痕以惑人第損剝非復舊拓本之遒勁矣

淳熙修內司本

淳熙間奉旨刻石禁中卷帙規模悉同淳化閣本而卷尾乃楷書題云淳熙十二年乙巳歲二月十五日修內司恭奉聖旨模勒于石

大觀太淸樓帖

大觀中奉旨刻石太淸樓字行稍高而先後之次亦與淳化帖小異其間有數帖多寡不同或疑用眞跡摹刻凡標題皆蔡京所書

卷尾題云大觀三年正月奉聖旨模勒上石而又以建中靖國祕閣續帖十卷易其標題去其歲月與官屬名銜以爲後帖又刻孫過庭草書譜及貞觀十七帖總爲二十二卷吾家收宣政間所拓前十卷字畫有鋒芒且無損缺開禧以後有榷場中來者已磨去亮字矣

臨江戲魚堂帖

元祐間劉次莊以家藏淳化閣帖十卷摹刻堂上除去卷尾篆題而增釋文故家所藏往年拓本猶有典型近所拓者字多刓缺亦有補換新刻者矣

利州本

慶元中四川總領權安節以戲魚帖幷釋文重刻石于益昌官舍石今已不存權總江州德安人其家猶有當時墨本甚多釋文字畫比臨江帖爲稍大

慶曆長沙帖

丞相劉公沆帥潭日以淳化官帖命慧照大師希白模刻于石置之郡齋增入霜寒十七日王濛顏眞卿等帖而字行頗高與淳化閣本差不同逐卷各有歲月第一卷題云慶曆五年季夏慧照大師希白模勒第二卷慶曆八年仲冬月慧照大師希白重模第三卷則五年六月第四卷八年仲冬月第五卷戊子歲孟冬第六卷五年季夏第七卷五年仲秋月第八卷五年季夏模勒上石第九卷八年仲冬月第十卷五年仲秋月每卷各有慶曆及慧照大師希白重模字不復贅錄

劉丞相私第帖

劉丞相既刻法帖于郡齋復依倣前本刻石十卷以歸私第予頃在九江見故家所藏一本與長沙本絕相似而小異其卷後有人跋云此先丞相私第本也疑是劉氏子弟所跋後復見一本于姑

蘇與九江所見本同紙墨皆與南碑不類而慶曆題字止三兩卷有之蓋即劉氏本也

長沙碑匠家本

舊傳長沙官本扃鑰不可常得碑匠之家別刻一本以應求者予頃收一本與長沙古本首尾無少異而字體形模小小不同疑其爲碑匠家本頃又藏一本凡舊石損缺者皆別刻數行以易之其餘却只是舊石此必碑匠所爲也

長沙新刻本

舊刻毀于鬱攸之變中興以後復刻新石其間凡遇舊帖損缺處並不復刻字亦無尾歲月刻手甚繆殊不足觀

三山木板

三山帥司書庫有歷代帖板木蓋好事者以長沙舊帖刊勒卷帙皆同今已散失不全矣嘉熙庚子予備員帥幕尙及見之

黔江帖

桼子明常以里中兒不能書爲病其將兵于長沙也買石摹刻僧寶月古法帖十卷謀舟載入黔江之紹聖院刻石者潭石工湯正臣父子詳見山谷集中予淳祐甲辰道過三衢見好事家適有此帖其卷帙之多寡次序之先後字行之長短悉同淳化閣帖而紙墨髣髴似戲魚堂中興以前拓本其所以異者第一卷有淳化篆書三行其次有楷書一行云降授供備庫副使充東南第八副將訓練潭州諸將潭州駐劄桼世章家本其後又一行云長沙湯正臣重模男仙芝靈芝鐫第二卷至八卷尾各題長沙湯正臣重模勒八字却無淳化篆書及世章銜位又第八卷取鄉女壻帖內第二卷行休字立人作兩點第二卷鍾繇宣示帖內榮名作榮石正與戲魚帖同第九卷尾題長沙湯正臣摹七字第十卷題長沙人湯正臣重模男仙芝爲一行靈芝鐫爲一行此下似別有字偶裁損不可攷矣

北方印成本

予頃歲道過臨川時李編修伯高宰是邑出所藏法帖見示乃板本印成者是用北地厚皮紙印每段自成一板四圍皆空白紙不施筐緣裝褫而自然整齊成册字畫亦甚可愛

烏鎭本

舊傳湖州烏鎭張氏以絳閣二帖鋟木家塾或遇良工模拓亦有可觀後聞板歸新市人家每連紙一幅可打一段予在三山見一本于周氏後數卷板內時有直裂紋比到霅上獲一本于向氏叔堅之裔偶缺兩卷且以元祐間所拓戲魚帖足之此刻字畫甚差肥而極有筆意頗勝諸帖惜其間錯悞數字爲可恨耳趙宰叔愚云丙戌歲在宗庠有以法帖板質于齋舍旅人者偶不記爲何人疑是此板亦未可知

福淸本

福州福淸縣民家有板刻絳閣急就章雁塔題名四帖其刻稍精賣碑家得之往往駕名官帖以惑人但彼中匠者不用善蠟每每有硏光痕可以證驗

澧陽帖

澧陽舊有法帖石本其後散失僅存者右軍數帖而已

鼎帖

武陵郡齋板本較諸帖增亦最多博而不精殊無足取

不知處本

豫章士友董良史家有法帖石本數卷與淳化官帖規模相似而筆意差弱似不逮所見諸本且不知所出姑識于此以俟識者

長沙別本

嘉定間先君帥長沙予隨侍在焉時碑房中有斷石一片乃法帖

第一卷尾段字行高低正與淳化帖同而絕不類古潭末後亦有淳化篆字此石實不知所從來近世三山林伯鳳重刻于家直指爲古潭帖予未敢臆斷也

蜀本

予頃得一帖凡數卷于蜀中次序先後高低皆與長沙古帖同初亦疑爲黔江帖今見桼氏眞本則顯然二物矣大率此帖全用長沙古本摹刻而字行亦間有增減處既不知所出未敢臆說姑附見于此

廬陵蕭氏本

右法帖十卷用十干爲號後有崇寧五年蕭公綸記其略云右先伯父太博作邑和州之倉山得墨帖于丞相兗國劉公摹刊未畢先君殿丞繼之始終六年乃獲就迄今五十餘年刓缺大半今續完之以藏于家葢用潭帖刻也慶元間已損失二十餘段共少三

百四十餘行

說郛卷第七十二終

說郛卷第七十三

刀劍錄

梁陶宏景

夫刀劍之由出已久矣前王後帝莫不鑄之但以小事記註者不甚詳錄遂使精奇挺異空成湮沒慨然有想遂爲記云

夏禹子帝啓在位十年以庚戌八年鑄一銅劍長三尺九寸後藏之秦望山腹上刻二十八宿文有背面面文爲星辰背記山川日月

啓子太康在位二十九年歲在辛卯三月春鑄一銅劍上有八方面長三尺三寸頭方

孔甲在位三十一年以九年歲次甲辰採牛首山鐵鑄一劍銘曰夾古文篆書四尺一寸

殷太甲在位三十二年以四年歲次甲子鑄一劍長二尺文曰定

光古文篆書

武丁在位五十九年以元年歲次戊午鑄一劍長三尺銘曰照膽古文篆書

周昭王瑕在位五十一年以二年歲次壬午鑄五劍名五岳銘曰鎭岳上方古文篆書長五尺

簡王夷在位十四年以元年歲次癸酉鑄一劍長三尺銘曰駿大篆書

秦昭王稷在位五十二年以元年歲次丙午鑄一劍長三尺銘曰誡大篆書

秦始皇在位三十七年以三年歲次丁巳採北祇銅鑄二劍銘曰定秦小篆書李斯書一埋在阿房宮閣下一在觀臺下長三尺六寸

前漢劉季在位十二年以始皇三十四年于南山得一鐵劍長三

尺銘曰赤霄大篆書及貴帝服之此即斬蛇劍也

文帝恆在位二十三年以初元十六年歲次庚午鑄二劍長三尺六寸銘曰神龜多刻龜形以應大橫之兆帝崩命入玄武宮

武帝徹在位五十四年以元光五年歲次乙巳鑄八劍長三尺六寸銘曰八服小篆書嵩恆霍華太山五岳皆埋之

宣帝詢在位二十五年以本始四年鑄二劍長三尺一曰毛二曰貴以足下有毛故爲之皆小篆書

平帝衎在位五年以元始元年歲次辛酉掘得一劍上有帝名因服之大篆書

王莽在僞位十七年以建國五年歲次庚午造威斗及神劍皆鍊五色石爲之銘曰神勝萬里伏小篆書長三尺六寸

更始劉聖公在僞位二年自造一劍銘曰更國小篆書

後漢光武秀在位三十三年未貴時在南陽鄂山得一劍文曰秀霸小篆書帝常服之

明帝莊在位十八年以永平元年歲次戊午鑄一劍上作龍形沉之于洛水淸時常有見之者

章帝炟在位十三年以建初八年鑄一金劍令投於伊水中以厭人膝之怪弘景按水經云伊水有一物如人膝頭有爪人浴輒沒不復出

安帝祜在位十九年以元初六年鑄一劍藏娥眉山疑有山王在也

順帝保在位十九年以永建元年鑄一劍長三尺四寸銘曰安漢小篆書後改年號

靈帝宏在位二十二年以建寧三年鑄四劍文曰中興一劍無故自失並小篆書

魏武帝曹操以建安二年于幽谷得一劍長三尺六寸上有金字

銘曰孟德王常服之

齊王芳以正始六年鑄一劍常服之無故自失但有空匣如故後有禪代之事兆始于此尋爲司馬氏所廢

蜀主劉備以章武元年歲次辛丑採金牛山鐵鑄八劍各長三尺六寸一備自服一與太子禪一與梁王理一與魯王永一與諸葛亮一與關羽一與張飛一與趙雲並皆亮書皆作風角處所有令稱元造刀五萬口皆連環及刃口列七十二鍊柄中通之兼有二字房子容曰唐人尚書郎李章武本名方古貞元季年爲東平帥李師古判官因埋弟掘得一劍上有章武字方古博物亞張茂先亦曰蜀相諸葛亮所佩劍也及改名師古爲奏請爲章武焉蓋蜀主八劍之一也

後主禪延熙二年造一大劍長一丈二尺鎭劍口山往往人見光輝後人求之不獲

吳王孫權黃武五年採武昌銅鐵作千口劍萬口刀各長三尺九寸刀頭方皆是南銅越炭作之文曰大吳小篆書又赤烏年中有人得淮陰侯韓信劍帝以賜周瑜

孫亮以建興二年鑄一劍文曰流光小篆書

孫皓以建衡元年鑄一劍文曰皇帝吳王小篆書

晉武帝司馬炎以咸寧元年造八千口劍銘曰司馬

懷帝熾以永嘉元年造一劍長五尺銘曰步光小篆書

成帝衍以咸和元年造十三口劍銘曰興國

穆帝聃以永和五年于房山造五口劍銘曰五方單符隸書

孝武帝昌明以大元元年于華山頂埋一劍銘曰神劍隸書

宋武帝劉裕以永初元年鑄一刀銘曰定國小篆書長四尺後入于梁

少帝義符以景平元年造一刀銘曰五色小篆書

後廢帝昱以元徽二年于蔣山頂造一劍銘曰永昌篆書

順帝準以昇明元年掘得一刀銘曰上血其刀光照一屋帝奇之至二年七月帝使楊玉候織女玉候女不得懼死用以弒帝果然如銘故知凶吉其徵先見矣

齊高帝蕭道成以建元二年造一刀銘曰定業長五尺篆書自製之

明帝鸞以建武二年造一刀銘曰朝元長四尺小篆書

梁武帝蕭衍以天監二年即位至普通中歲在庚子命弘景造神劍十三口用金銀銅錫鐵五色合爲之長短各依劍術法文曰服之者永治四方並小篆書

諸小國刀劍總在此

前趙劉淵以元熙二年造一刀長三尺九寸文曰滅賊隸書

後趙石勒以建平元年造一刀用五百金工用萬人頭尖長三尺

六寸銘曰建平隸書勒未貴時耕地得一刀銘曰石氏昌篆書

石季龍以建武十四年造一刀長五尺銘曰皇帝石氏隸書

後蜀李雄以晏平元年造刀五百口文曰騰馬隸書

前涼張寔造刀百口無故刀盡失文曰霸

後魏昭成帝拓拔犍以建國元年以赤冶城鑄刺刀十口金鏤赤冶字

道武帝珪以登國元年于嵩阿鑄一劍銘曰鎮山隸書

明元帝嗣以泰常元年造一劍長四尺銘背曰太常至眞君元年有道士繼天師白爲帝造劍長三尺六寸隸書因改元眞君

宣武帝恪以景明元年于白鹿山造一刀文曰白鹿隸書

前秦苻堅以甘露四年造一刀用五千工銘曰神術隸書

前燕慕容儁以元璽元年造二十八口刀銘曰二十八將者也隸書

後燕慕容垂以建興元年造二刀長七尺一雄一雌隸書若別處之則鳴

後秦姚萇以建初元年造一刀銘曰中山長三尺七寸隸書

西秦乞伏國仁以建義三年造一刀銘曰建義隸書

張飛初拜新亭侯自命匠鍊赤朱山鐵爲一刀銘曰新亭侯蜀大將也後被范強殺之將此刀入于吳

諸葛亮定黔中從青石祠過遂抽刀刺山刀不折而去行人莫測

黃忠漢先主定南郡得一刀赤于血于漢中擊夏侯軍一日之中手刃百數

魏將刀

鍾會克蜀于成都土中得一刀文曰太乙會死入帳下王伯昇伯昇後渡江刀遂飛水中

鄧艾年十二曾讀陳太丘碑碑下掘得一刀黑如漆長三尺餘刀

上有氣淒淒然時人以爲神物

董卓少時耕野得一刀無文字四面隱起作山雲文剸玉如泥及卓貴五官郎將蔡邕曰此項羽之刀也

袁紹在黎陽夢有一神授一寶刀及覺果在臥所銘曰思召紹解之曰召紹字也

郭維于太原得一刀文曰宜爲將後爲將軍及與蜀將戰敗失此刀

王雙曾于市中買得一刀賣人曰得之者貴因不見雙後佩之爲魏將後與曹眞一刀換也

荊州記（宗祥案荊州記郛中記第四卷墨娥漫錄中所載皆同今仍存之以見南村原書之眞相）

緣城堤邊悉植細柳綠條散風淸陰交陌

雁塞北接梁州汝陽郡其間東西嶺屬天無際雁飛者羽至此即回翼唯一處稍下每雁飛達則矯翮裁度下處而過故名雁塞

武陵武陽縣有石帆山若數百幅帆

宜都西陵峽中有黄牛山江湍紆迴途經信宿猶望見之行者語曰朝發黄牛暮宿黄牛三日三暮黄牛如故

巴東有一折柱孤高三丈大十圍傳云是公孫述樓柱破之血出枯而不朽

鄴中記

石季龍作雲母五明金簿莫難扇簿打純金如蟬翼二面彩畫列仙奇鳥異獸隨扇大小雲母帖其中細鏤縫其際雖掩盡而彩色明徹看之如謂可取故名莫難也季龍出以此扇挾乘輿

石勒諱胡胡物皆改名名胡餅曰麻餅胡荽曰香荽胡豆曰國豆

陳達妹才色甚美髮長七尺石季龍以爲夫人

暘谷漫錄

洪巽

京都中下之戶不重生男每生女則愛護如捧璧擎珠甫長成則隨其姿質教以藝業用備士大夫採拾娛侍名目不一有所謂身邊人本事人供過人針線人堂前人劇雜人折洗人琴童棋童廚娘等級截乎不紊就中廚娘最爲下色然非極富貴家不可用予以寶祐丁巳參闈寓江陵嘗聞時官中有舉似其族人置廚娘事首末甚悉謾申之以發一笑其族人名某者奮身寒素已歷二倅一守然受用淡泊不改儒家之風偶奉祠居里便覺不足使令飲饌且大粗率守念昔留某官處晚膳出京都廚娘調羹極可口適有便介如京謾作承受人書囑以物色價不屑較未幾承受人復書曰得之矣其人年可二十餘近回自府地有容藝能筭能書旦夕遣以詣已不二旬月果至初憩五里頭時遣脚夫先申狀來乃其親筆也字畫端楷歷叙慶新即日伏事左右乞以回轎接取庶成體面辭甚委曲殆非庸碌女子所可及守一見爲之破顏及入門容止循雅紅衫翠裙參侍左右乃退守大過所望小選親朋

輩議舉杯爲賀廚娘亦遽致使廚之請守曰未可展會明日且具常食五杯五分廚娘請食品菜品資次守書以示之食品第一爲羊頭簽菜品第一爲蔥虀餘皆易辦者廚娘謹奉旨數舉筆硯具物料內羊頭簽五分合用羊頭十箇蔥虀五楪合用蔥五斤他稱是守因疑其妄然未欲遽示以儉鄙姑從之而密覘其所用翌旦廚師告物料齊廚娘發行奩取鍋銚盂勺湯盤之屬令小婢先捧以行熣燦耀目皆白金所爲大約正該五七十兩至如刀砧雜器亦一一精緻傍觀嘖嘖廚娘更圍襖圍裙銀索攀膊掉臂而入據坐胡床徐起切抹批臠慣熟條理眞有運斤成風之勢其治羊頭也漉置几上剔留臉肉餘悉擲之地衆問其故廚娘曰此皆非貴人之所食矣衆爲拾置他所廚娘笑曰若輩眞狗子也衆怒無語以答其治蔥虀也取蔥微過湯沸悉去鬚葉視楪之大小分寸而裁截之又除其外數重取條心之似韭黄者以淡酒醯浸漬餘弃置了不惜凡所供備馨香脆美濟楚細膩難以盡其形容食者舉筯無贏餘相顧稱好既撤席廚娘整襟再拜曰此日試廚幸中台意照例支犒守方遲難廚娘曰豈非待檢例耶探囊取數幅紙以呈曰是昨在某官處所得支賜判單也守視之其例每展會支賜或至千券數疋嫁娶或至三二百千雙疋無虛拘者守破慳勉強私切喟歎曰吾輩事力單薄此等筵宴不宜常舉此等廚娘不宜常用不兩月託以他事善遣以還其可笑如此

齊大飢黔敖爲食于路以待餓者而食之有餓者蒙袂輯屨貿貿然來黔敖左奉食右執飲曰嗟來食揚其目而視之曰予唯不食嗟來之食以至于斯也從而謝焉終不食而死且以文意言之揚其目而視之終不食而死其上皆當有餓者二字從而謝焉其上當有黔敖二字檀弓省字如此

子鼠丑牛寅虎卯兔辰龍巳蛇午馬未羊申猴酉雞戌犬亥猪爲

十二相屬前輩俱未有明所以取義者予嘗見日家遯公選云子寅辰午申戌俱陽故取相屬之奇數以爲名鼠五指虎五指龍五指馬單蹄猴五指狗五指丑卯巳未酉亥俱陰故取相屬之偶數以爲名牛四爪兎兩爪蛇雙舌羊四爪雞四爪猪四爪其說極有理必有所據惜不及詳問之今遯已下世久矣不敢掩其善遂筆于此

世俗爲善謎者多拆字爲謎然無理處極多不足傳說襲記同僚胡推坐間舉儉字謎一人立三人坐兩人小兩人大其中更有一二口此予如何過恐必有所本非一時所能撰其正大明白眞善謎而有益者豈特可助談話而已故筆之也

友人張堂宗召以片紙錄奇竹事云同邑安福西鄉地名下莊有周俊叔者嘗得十二時竹一根于某州植之家庭非土地所生風氣所宜也久不笋及笋矣又多憔悴不茂故歷十有餘年笋而竹者纔十之三竹繞節所生子丑寅卯辰巳午未申酉戌亥十二字點畫可數予喜而請曰造化生物之妙一至此夫前事固未之見聞也煩君轉覓一枝遺予杖策庶日日摩挲時時警省是亦前人惜寸陰分陰之義雖然予愛奇周亦愛奇未必周之能割愛否也宗召曰周固愛奇然分以遺愛奇者是爲眞愛奇者也吾必有以復命而表吾言之不妄矣

道字有數義非先王之法言不敢道此類爲道說何莫由斯道也此類訓道爲導道千乘之國此類訓道爲治可離非道也此類訓道爲理以今俗語官員銜位爲一道官銜衣服領緣爲一道領緣大槩以道訓路至于官司符引據牒亦曰幾道士之文義策論亦曰幾道則未詳訓義

無名公傳

邵雍

無名公生于冀方長于冀方老于豫方終于豫方年十歲求學于里人遂盡里人之情已之滓十去其五六矣年四十求學于古人遂盡古人之情已之滓十去其七八矣年五十求學于天地遂盡天地之情欲求已之滓無得而去矣始則里人疑其僻問于鄉人曰斯人善與人羣安得與之僻既而鄉人疑其泛問于國人曰斯人不安與人交安得與之泛既而國人疑其陋問于四方之人曰斯人不器安得謂之陋既而四方之人又疑質之于古今之人古今之人終始無可與同者又考之于天地天地不對當是之時四方迷亂不復得而名之因號爲無名公夫無名者不可得而聞也凡物有形則可器可器斯可名然則斯人無體乎曰有體有體而無迹者也斯人無用乎曰有用有用而無心者也夫有跡有心者斯可得而知也無心者無迹者雖鬼神不可得而名而況于人乎故其詩曰思慮未起鬼神莫知不由乎我更有乎誰能造萬物者天地也能造天地者太極也太極者其可得而知乎其可得而名乎故強名之曰太極太極者其無名之謂乎故嘗自爲之贊曰借爾面貌假爾形骸弄丸余假丸謂太極閑往閑來人告之以修福對曰未嘗爲不善人告之以禳災對曰未嘗妄祭祀故其詩曰禍如虛免人須諂福若待求天可量又曰中孚起信寧須禱無妄生災未易禳生喜飲酒嘗命之曰太和湯所飲不多微醺而罷不喜過量故其詩曰性喜飲酒飲喜微酡飲未微酡口先吟哦吟哦不足遂近浩歌浩歌不足無可奈何所寢之室謂之安樂窩不求過美惟求冬暖夏涼遇有睡思則就枕故其詩曰墻高于肩室大于斗布被暖餘藜羹飽後氣血胸中充塞宇宙其與人交雖賤必洽終身無懷未嘗作皺眉事故人皆得其歡心見貴人未嘗曲奉見不善人未嘗急去見善人未之知也未嘗急合故其詩曰風月情懷江湖氣性色斯其舉翔而後至無貧無富無賤無貴無拒無迎無拘無忌聞人之謗未嘗怒聞人之譽未嘗喜聞人言人之惡未嘗和

聞人言人之善則就而和之又從而喜之故其詩曰樂見善人樂聞善事樂道善言樂行善意聞人之惡如負芒刺聞人之善如佩蘭蕙家貧未嘗干求人人饋之雖寡必受故其詩曰窶未嘗憂飲不至醉收天下之春歸之肝肺朝廷授之官雖不強免亦不強起晚有二子教之以仁義授之以六經舉世尚虛談未嘗掛一言舉世尚奇事未嘗立異行故其詩曰不佞禪伯不諛方士不出戶庭直游天地家素業儒口未嘗不道儒言身未嘗不行儒行故其詩曰心無妄思足無妄走人無妄交物無妄受炎炎之談甘處其陋綽綽之言無出其右羲軒之書未嘗去手堯舜之談未嘗離口當中和天同樂易友吟自在詩飲歡喜酒百年淑平不為不偶七十康強不為不壽此其無名公之行乎

書訣墨藪一卷　　韋續

鍾繇教其子曰學書須精意吾學三十年坐則畫地臥則畫被自

見萬類皆倣象之乃臻妙

蔡邕入嵩山石室中得數書八角垂芒如篆籀

草書須緩前速後字有點者字竟乃安點隸書太急則墨不入紙隸有擊石波八分書有隼尾波最為難行

點欲堅重如鐵鉤欲活而有力如銀

張長史曰褚河南論書用筆當如印泥畫沙始不悟後于江岸見沙地平靜以錐畫字媚好可愛始信長史之言貴藏鋒也

梁武帝評羊欣書如大家婢為夫人舉止羞澁終不似眞褚遂良書字裏金生行間玉潤

虞世南書體段遒媚舉止不凡能中更能妙中更妙

筆陣圖云夫硯者城池也紙者陣也筆者刀矟也墨者甲兵也心意者將軍也結構者謀略也

鍾繇弟子宋翼每畫一波三折筆作一戈如百鈞弩作一點如高峯墜石作一牽如百歲枯藤作一放縱如驚蛇入草

晉祭北郊文羲之書已而欲改易命工削去墨皆入木七分

王逸少云紙取東陽魚卵墨取廬阜松烟又云字有肉微骨者謂之墨猪

張芝書謂之亞聖張旭草入神八分入妙隸入能

南楚新聞　　尉遲樞

薛昭緯經巢賊之亂流離道途往來絕糧遇一舊識銀工邀昭緯飲食甚豐以詩謝之曰一楪氈羹數十根盤中猶更有紅鱗早知文字多辛苦悔不當初學冶銀

荊南孫儒之亂斗米四十千持金寶換易纔得一撮一合謂之通腸米言飢人不可食他物惟煎米飲之可以稍通腸胃

文德中趙滔尹平陸有人馬逸入孔子廟觸倒十哲塑像座領將孫渾走報曰馬入孔子廟觸倒衙官兩箇

李蠙司空初名虬將赴舉夢名上添一畫成虱字及悟曰虱者蠙也及改名果登科

百粵人以蝦蟇為上味先于釜中置小芋俟湯沸投蝦蟇皆抱芋而熟謂之抱芋羹又云疥皮者最佳切不可脫去錦襖子

李泌賦詩譏楊國忠云靑靑東門柳歲晏心憔悴國忠訴之明皇曰賦柳者譏卿賦李者為譏朕可乎

明皇幸蜀德宗時年十五從行有父老言于衆曰大孫乃儋耳龍何懼賊乎

肅宗在靈武將鑄印徵兵文曰六合大同印

李泌謂肅宗曰臣絕粒無家祿位茅土皆非所欲收復京師但枕天子膝一覺使有司奏客星犯帝座一犯天文足矣

肅宗既還京師李泌辭云臣有五不可住臣遭遇太早陛下用臣太重恩太深功太高而迹太奇力辭竟去

皇孫奏節王好詩如煮茶加酥椒之類求詩李泌戲云旋沫翻成碧玉池添酥散出琉璃眼王即德宗

李泌得請乃于衡岳隱居即所居營建倉宇號端居室

李泌辟穀身輕能行屏風每導引骨節珊然有聲謂之鎖子骨

代宗欲相泌元載忌之帝不得已出泌約曰後當召以銀爲信忽除銀靑泌知載必敗召已必矣未幾果然

德宗播遷人多乏食無釀酒者後京師稍寧有一醉人聚觀以爲祥瑞

德宗以播遷爲天命泌曰天子造命不可言命

李泌謂盧杞小心乃姦臣之態

李泌請以二月一日爲中和節人家以靑囊盛百穀果實更相饋遺務極新巧宮中亦然謂之獻生子

李泌未相時宿內院阿師且起有竊泌鞋送帝所帝即送泌曰鞋

者諧也當爲弼諧事宜諧也

李泌少爲詩曰天覆吾地載吾天地生吾意有無不然絕粒昇天衢不然鳴珂遊帝都安得不貴復不富空作昂藏一丈夫

李泌兒時身輕能于屏風上立薰籠上行有異人見泌云此兒十五必昇天父母惡之聞空中異香作蒜汁潑之恐其飛昇上也

談賓錄（此與前談叢內不同）

錢文加甲迹者文德皇后也武德中廢五銖錢行開元通寶錢此四字乃歐陽詢所書也初進樣后掐一甲痕因鑄之

羅隱下第詩云名慚桂籍一枝綠鱠憶松江滿筯紅惟應鮑叔深知我他日蒲帆百尺風

唐東蠻王入朝顏師古奏昔武王時遠國歸故周史集爲王會篇今卉服鳥章備集蠻邸宜圖其事貽于后命閻立本畫之莫不盡該悉采備得精神（此條同出在談叢）

晉以來顧長康張僧繇陸探微是爲三神

許胤宗名醫或謂何不著書對曰醫者意也脉之深趣不可言傳

記文譚　唐潘遠

元白酧和千篇元守浙東白牧蘇臺置驛遞詩筒及云有月常同賞無杯不共持其句暗合

京師名娼曰陳嬌如姿藝俱美陸丹隱一見求納焉陳曰得錦帳三十里廼可蓋戲之也翌日載錦數十車張之陳如大驚乃如前約

明皇與貴妃骰戲將北唯重四可解連叱之果重四上悅令賜緋因之不易

南朝有姥善作筆以胎髮作者尤佳又有筆工名鐵頭能瑩管如玉世莫傳其法

于頔在海南日一夜方三更忽曉如日初出移時復暗徧嶺南悉

然後有海客言某日夜海中見大金鰲浮出目光照耀天地如白晝徐復暗沒驗其日正同方知鰲光

雜說　盧言

有舉子以詩投汴帥王智興智興曰莫有鵝腿子否

有人于筆管上刻從軍行人馬毛髮皆備云用鼠牙刻

闘賓國香烟成樓閣

詔敕有不便于事者塗却進之謂之塗歸

李德裕在相位不以顏色假人及南遷或作詩嘲之內一聯云內視具僚下七筯氣吞同列削寒溫

翰林學士賜食有物若畢羅大而味美謂之諸王修事

眞誥（所引各條皆刪節）　梁陶弘景

萼綠華自言是南山人以昇平三年十一月十日降羊權家綠華詩贈權云所期豈朝霞歲莫于吾子

九華眞妃安鬱嬪字靈𥨊云眼者身之鏡耳者身之牖妾有磨鏡之石決牖之術面者神之庭髮者腦之華妾有童面之經還白之法

王媚蘭阿母第十三女爲雲林夫人

火棗交梨之樹已生君心中爲荆棘相雜故二樹未可見

觀香王子喬妹眉壽觀香之兄

靑童大君云欲植滅度根當拔生死栽

王夫人謂長史云火棗交梨我當與中山許道士爲人間長史玉斧者長史之子也

仙道有玉佩金璫以登太極有八景之輿以遊上淸

日有九芒月有十芒諸臣有服日月芒法

爲道當如射箭直往不顧乃能徑造棚垜

含眞臺處女之得道者居之

蕭閑堂童男之得道者居之

霧氣乃是山澤水火之精華金石之盈氣也女眞張微子服霧得仙

重思酆都稻名也以供仙官食

素薰許長史女名

蕚緑華降羊權遺金條脫

說郛卷第七十三終

說郛卷第七十四

大中遺事 一卷　令狐澄

軒轅先生居羅浮山宣宗召入禁中能以桐竹葉滿手挼之悉成錢先生又能散髮箕踞用氣吹其髮一一條直如植

唐宮中以診脉爲對脉

裴惲詩有太康字宣宗曰太康失邦何以比我宰執奏晉平吳改元太康曰天子須博覽不然幾錯罪人上由是耽味經史觀書不休宮中竊目上爲老博士

新羅國記其國王族謂之第一骨餘貴族謂之第二骨

國爲唐建此寺故以名望德寺兩塔相對高十三層忽震動開闔如欲傾者數四其年安祿山亂疑其應也

擇貴人與弟子美者傅粉粧飾之名花郎國人皆尊事之

秦中歲時記　李淖

金吾仗儤前引百司皆避爾雅云郎封牛也此獸善抵觸故雕其首于竿上加龍虎節以油囊盛之而行

進士杏園初宴謂之探花宴差少俊二人爲探花使遍遊名園若他人先折花二使皆被罰

二月二日曲江採菜士民游觀極盛

大和八年放牓有無名子作詩曰乞兒還有大適年二十三人椀杖全薛庶准前騎瘦馬范鄴依舊蓋藩氈

端午前兩日東市謂之扇市車馬特盛

進士下第當年七月復獻新文求拔解曰槐花黃舉子忙王維重陽應制詩曰四海方無事三秋大有年無窮菊花節長奉柏梁篇

初冬納文書却謂之還文門開人名在令史前謂之某家百家狀在判後却須黏在前謂之吏部四㕍

歲除日進儺皆作鬼神狀內二老兒其名皆作儺公儺母

芝田錄（當併入前第三卷中）　丁用晦

序云予才甄鼠獄智昧雞碑

元德秀退居安祿縣南獨處一室去家數十里值大雨水漲七日不通餒死室中中書舍人盧載爲之誄曰誰爲府君犬必啗肉誰爲府僚馬必食粟忍使元公餒死空腹

西蜀有兄弟訟財者畢構侍郎爲廉察呼其兄弟三人以人乳食之皆止

令狐文公除守兗州境內方旱米價甚高廷吏至公首問米價幾何州有幾倉問訖屈指獨語曰舊價若干四倉各出米若干以若干定價糶則可以振救矣左右聽之流語達郡中富人競發所蓄物價方平人心欣然得稔

賈耽精于術數有一叟失牛詣桑國師曰爾牛在賈相公帽筒中

叟迎公道訴之公笑取筒中式盤據棜作對曰爾牛在安國觀三門後大槐鵲巢中叟往探下見傍有繫牛乃獲盜牛者

鑰必以魚者取其不瞑目守夜之義

桓玄于江州造盤龍齋後劉毅爲刺史居之小字盤龍

牛奇章帥維揚杜牧在幕中夜多微服逸遊公聞之以衙子數輩潛隨牧之以防不虞後牧之以拾遺召臨別公以縱逸爲戒牧之始猶諱之公命取一篋皆衙子報帖云杜書記平善乃大感服

魏武帝遷獻帝于武昌有小李色黃大如含桃帝嘗食至今號爲御小李

陶貞白二刀一名善勝一名寶勝往往飛騰如二青蛇

李德裕取惠山泉自常州至京置遞號水遞

江南錄　一卷

霓裳羽衣曲自兵興之後絕無傳者江南周后按譜尋之盡得其聲

韓熙載居戚家山常有蒼頭挈龍水圖貨于韓第即吳淮王筆也韓愛而不售爲鄰家所得翌日將練爲服忽見釜中浪湧雲蒸有二物若獺狀穿屋而去里人咸集謂之延火相將撲滅及視之惟烟霧而已韓甚追惜復異其事

彭李者世爲義門陳氏之傭夫喪明已久有子一人嘗聞陳之子弟言舜至孝爲父瞽叟舐目而致明乃歸效之可旬日父目忽明朗

辨惑論　四卷　謝庭芳

死生　疫癘　鬼神　祭祀　淫祀　妖怪
巫覡　卜筮　治喪　擇葬　相法　祿命
方位　時日　異端　老莊　佛氏　神仙
方士

論語曰死生有命

伯牛有疾子問之自牖執其手曰亡之命矣夫斯人也而有斯疾也斯人也而有斯疾也

孟子曰夭壽不貳修身以俟之所以立命也

莫非命也順受其正是故知命者不立于岩牆之下盡其道而死者正命也桎梏而死者非正命也

荀子曰相命以定鬼神不移

生人之始也死人之終也始終俱善人道具矣

家語云命者性之始死者生之終有始有終已

世俗以疾咎神鬼者衆矣至疫氣流行則曰有主疾之神家至而戶守之妖由巫興更相煽惑是故病疫之家人皆惴惴焉無敢蹥其門而問之甚而父子兄弟亦不相救傷風敗俗莫甚于斯故述此于生死之後以曉之

北谿陳先生曰鬼神一節說話甚長當以聖經說鬼神本意作一項論又以古人祭祀作一項論又以後世淫祀作一項論又以後世妖怪作一項論旨哉斯言苟不先述古人所謂鬼神祭祀之說則其理不明不述後世淫祀妖怪之說則又何以袪世俗之疑耶

子路問事鬼神子曰未能事人焉能事鬼

禮記曰明則有禮樂幽則有鬼神

宰我曰吾聞鬼神之名不知其所謂子曰氣也者神之盛也魄也者鬼之盛也合鬼與神教之至也衆生必死死必歸土此之謂鬼骨肉斃于下陰雨爲野土其氣發揚于上爲昭明焄蒿悽愴此百物之精也神之著也

鬼神之爲德其盛矣乎視之而勿見聽之而勿聞體物而不可遺使天下之人齊明盛服以承祭祀洋洋乎如在其上如在其左右

鬼神者二氣之良能也

釋氏道家之論鬼神可笑之尤者也

予生長吳楚間每見邑里之人歲時蒸嘗皆非然飲食而已至于山川鬼神妄言徼福動輒致大牲以祀享之問之則曰名山大川禮所當祭其亦不思之甚矣夫禮莫大于分今以一夫之微而欲僭王侯公卿之祭其越分踰禮爲何如哉若是者不獲戾于鬼神幸也况求福乎故愚采輯前言獨詳于上下之分祭告不同以破不知者若夫籩豆之事則不盡錄

天子祭天地祭四方祭山川祭五祀歲徧士祭其先

夫聖王之制祭祀也法施于民則祀之以死勤事則祀之以勞定國則祀之能禦大菑則祀之能捍大患則祀之

祭不欲數數則煩煩則不敬祭不欲疏疏則怠怠則忘

淫祀之說經有明訓國有常典愚俗惑之未足爲怪至學士大夫亦從而惑之斯可怪矣予自先人沒即以所祀神影火之以其非義故也

天曆中大疫由母氏以及同產皆病瘧務求醫藥不事祈禱旣而病者俱瘥予則無恙時鄰里從淫祀者適多斃于疫或以是頗嗟異之觀此亦可見淫祀之不足信孔子曰非其鬼而祭之諂也禮記曰非其所祭而祭之名曰淫祀淫祀無福

孔子不語怪今于妖怪之事乃力言之何也誠以俚俗相煽邪風盛行不得不辨之者或可少祛其惑矣

鄭厲公問申繻曰猶有妖乎對曰人之所忌其氣燄以取之妖由人興人無釁焉妖不自作人弃常則妖興故有妖

王沂公作郡時訛言有怪物夜飛來食小兒者遠近相恐未昏則鍵戶滅燭匿童稚以黃紙藁爐置門用爲厭勝公聞之戒徼巡之吏悉令屏去有違先倡者捕而重笞逐出于境民情遂安妖訛乃止

予蚤歲見巫者爲親戚祀神吐鄙俚之詞徼漫漶之福輒羞赧去之旣長即拒絕其人雖見亦不爲禮吁閭閻無知人信而用之固無足責若大夫士亦信且惑焉能無愧乎苟欲正風俗息妖妄擯巫者不用其在士大夫家始耳

西門豹爲鄴令問民所疾苦長老曰苦爲河伯娶婦豹曰至時幸來告吾及告豹往會河上見巫女數十人立大巫後豹呼河伯婦視之曰是女不好煩大巫爲報河伯更求好女使吏卒抱大巫嫗投之河中有頃曰何久也弟子趣水凡投三弟子豹曰巫嫗女子不能白事煩三老爲入白之復投三老河中良久欲復使廷掾等人趣之皆叩頭流血乃免自是不復言河伯娶婦

范氏曰夫惑鬼神聽巫覡者匹夫之愚也

卜筮之說尚矣予但嫉夫今之卜筮者誣罔百端與古相戾無足取信如占疾苟能斷其安危決其吉凶可也今也必曰厶神禍之

厶鬼祟之禱則生否則死吁何其卦兆之間灼見鬼神如是耶其他妖妄大率類此予之所以不信者此也非謂無蓍龜之靈也歷述傳記見聞集此篇與知者道

書曰朕志先定詢謀僉同鬼神其依龜筮協從

易曰初筮告再三瀆瀆則不告

禮記曰人無悔不可以爲卜筮

卜筮者先聖王所以使民信時日敬鬼神畏法令也所以使民決嫌疑定猶豫也

假于鬼神時日卜筮以疑衆殺

左傳曰卜以決疑不疑何卜

荀子曰日月食而救之天旱而雩卜筮而後決大事非義其爲得求也以文之也

程子曰古者卜筮將以決疑也今之卜筮則不然計其命之窮通

校其身之達否而已噫亦惑矣

喪祭之廢久矣今流俗之弊有二而廢尤甚其一鋪張祭儀務爲觀美甚者破家蕩產以侈聲樂器玩之盛覩其親之棺槨衣衾反若餘事也其二廣集浮屠大作佛事甚者經旬踰月以極齋修布施之盛顧其身之衰麻哭踊反若虛文也斯二者非利害之甚者乎然而祭儀之設惟有力者能之若浮屠之事習以成俗無有貧富貴賤之間不則人爭非之殊不知彼浮屠之有識者猶以其事爲恥可不悟哉子游曰喪致乎哀而止今也苟未能純用古禮必先去此二者之弊以盡夫哀痛慘怛之實則禮樂不足亦可以勿畔于道

子游問喪具夫子曰稱家之有無子游曰有無惡乎齊夫子曰有無過禮苟無矣斂手足形還葬懸棺而封之人豈有非之者哉

擇地以葬其親亦古者孝子慈孫之用心也但後世惑于風水之說往往多爲身謀使其親骨肉不得以時歸土又不若不擇之愈也今予首述前輩端確之論以破偏信者之惑後以考亭西山之言折衷之

相形之術近世或有精之者然致遠恐泥君子不爲愚嘗攷聖賢亦自有觀人之法人特不察耳孔子曰視其所以觀其所由察其所安人焉廋哉孟子曰眸子不能掩其惡胸中正則眸子瞭焉胸中不正則眸子眊焉聽其言也觀其眸子人焉廋哉聖賢觀人如此而已若夫死生禍福又豈顏貌間所能盡耶許負之書吾未之學乃所願則學孔孟

昔之人以陰陽五行推測祿命而知生死禍福亦間有奇中者矣論其拘泥又不啻如相法焉若今之泛泛售其術者尤不足信知命君子何以惑之嘗謂聖賢知人之死生禍福而非陰陽五行之術也孔子曰由也不得其死然其後果戰沒于衛孟子曰死矣盆

成括未幾見殺于齊蓋由也行行有不得其死之理括也小有才未聞君子之大道有足以殺其軀之理雖當時之有幸獲免聖賢之言猶信也然則學者亦當知此而已祿命之書雖或臆中何足信哉

方位細事也然庸巫謬卜從而神之禁忌百端祈禳無已甚者毀垣撤屋有不能一朝居者其爲害亦豈小哉爰述所聞以解愚俗

夫內事用柔日外事用剛日者聖人順陰陽之理初不以死生榮辱貧賤富貴之類一皆繫乎年日月時之吉凶而使人拘拘焉擇而用之孟子曰天時不如地利地利不如人和舉一物而天下之物莫不皆然亦盡乎人事而已夫時日者何足泥哉

古之爲異端邪說者多矣若老莊仙佛之流自秦漢以來惑世尤甚故特舉此而詳其說餘不盡述也先正有言曰邪說害正人人得以攻之不必聖賢如春秋之法亂臣賊子人人得而討之不必

士師吾予此亦云

或問長生神仙之道文中子曰仁義不修孝弟不立奚爲長生甚矣人之無厭也

楊子曰老子之言道德吾有取焉耳及搥提仁義絕滅禮樂吾無取焉耳又曰莊周不乖寡而漸諸篇則顏氏之子閔氏之孫其如㤃或問莊周有取乎曰少欲至周君臣之義雖鄰不覿也

至元間方士請鍊大丹世祖敕中書供給所需平章政事廉希憲奏曰前世人主爲方士誑惑堯舜得壽不假靈于大丹也上曰然却之

或謂佛之理比孔子爲徑先生曰天下果有徑理則仲尼豈欲使學者迂遠而難至乎故外仲尼之道而由徑則是冒險阻犯荆棘而已

或者曰佛之意亦欲引人爲善豈不有助于世而何闢之深則應之曰善無惡之稱也世之無父無君者惡乎善乎

大事記

呂祖謙 號東萊

歲目

上章涒灘一

周敬王 三十九年　魯哀公蔣 十四年
齊簡公壬 四年　晉定公午 三十一年
秦悼公 十年　楚惠王章 八年
宋景公頭曼 三十六年　衛出公輒 十八年
陳湣公越 二十一年　蔡成侯朔 十年
鄭聲公勝 二十年　燕獻公 十二年
吳王夫差 十五年

閼逢困敦

周敬王 四十三年　魯哀公 十八年
齊平公驁 四年　晉定公 三十五年
秦悼公 十四年　楚惠王 十二年
宋景公 四十年　衛侯起 元年
陳湣公 二十五年　蔡成侯 十四年
鄭聲公 二十四年　燕獻公 十六年
吳王 十九年

上章涒灘二

周威烈王 五年　魯元公嘉 十年
齊宣王就匠 三十五年　晉幽公柳 十七年
秦靈公 四年　楚簡王仲 十一年
宋昭公得 四十八年　衛懷公亹 五年
鄭繻公駘 二年　燕湣公 十三年

閼逢困敦

周威烈王 九年　魯元公 十四年
齊宣公 三十九年　晉烈公止 三年
秦靈公 八年　楚簡公 十五年
宋昭公 五十二年　衛懷公 九年
鄭繻公 六年　燕湣公 十七年

上章涒灘三

周顯王 八年　秦孝公 元年
韓懿侯 十一年　魏惠王罃 十年
趙成侯種 十四年　齊威王因齊 十八年
楚宣王良夫 九年　燕文公 元年
宋公則成 九年　魯共公奮 十六年
衛成侯速 元年

閼逢困敦

周顯王 十二年　秦孝公 五年
韓昭侯 二年　魏惠王 十四年
趙成侯 十八年　齊威王 二十二年
楚宣王 十三年　燕文公 五年
宋公剔成 十三年　魯共公 二十一年
衛成侯 五年

上章涒灘 四
周赧王 十四年　秦昭王稷 六年
韓襄王倉 十一年　魏襄王 十七年
趙武靈王 二十五年　齊閔王地 十三年
楚懷王會 二十八年　燕昭王平 十一年
宋君偃 二十八年　魯平王旅 十六年
衛嗣君 二十四年

閼逢困敦
周赧王 十八年　秦昭王 十年
韓襄王 十五年　魏襄王 二十一年
趙惠王何 二年　齊閔王 十六年
楚頃襄王橫 二年　燕昭王 十五年
宋君偃 三十二年　魯平公 二十年
衛嗣君 二十八年

上章涒灘 五
秦始皇 六年　韓桓惠王 三年
魏景閔王增 二年　趙悼襄王 四年
齊王建 二十四年　楚考烈王 二十二年
燕王喜 十四年　衛元君 十一年

閼逢困敦
秦始皇 十年　韓王安 二年
魏景閔王 六年　趙悼襄王 八年
齊王建 二十八年　楚幽王悍 元年
燕王喜 十八年　衛元君 十五年

上章涒灘 六
漢高后呂氏 七年

閼逢困敦
漢文帝 前三年

上章涒灘 七
漢武帝 元狩二年

閼逢困敦
漢武帝 元狩六年

上章涒灘 八

漢宣帝 神爵二年

閼逢困敦
漢宣帝 五鳳二年

上章涒灘 九
漢哀帝 元壽二年

閼逢困敦
漢平帝 元始四年

上章涒灘 十
漢明帝 永平三年

閼逢困敦
漢明帝 永平七年

上章涒灘 十一
漢安帝 永寧元年

閼逢困敦
漢安帝 延光三年
上章涒灘 十二
漢靈帝 光和二年
閼逢困敦
漢靈帝 中平元年
上章涒灘 十三
漢安樂思公 延熙三年　魏邵陵厲公曹芳 正始元年
吳大帝孫權 赤烏三年
閼逢困敦
漢安樂思公 延熙七年　魏邵陵厲公 正始五年
吳大帝 赤烏七年
上章涒灘 十四

晉惠帝 永康七年
閼逢困敦
晉惠帝 永興元年　漢光文帝劉淵 元熙元年
蜀武帝李雄 建興元年
上章涒灘 十五
晉穆帝 升平四年　秦宣昭帝苻堅 甘露二年
燕幽帝慕容暐 建熙元年　魏昭成帝拓跋什翼 建國二十三年
閼逢困敦
晉哀帝 興寧二年　秦宣昭帝 甘露六年
燕幽帝 建熙五年　魏昭成帝 建國二十七年
上章涒灘 十六
宋武帝劉裕 永初元年　魏明元帝嗣 大常五年
西秦乞伏熾盤 建弘二年　夏赫連勃勃 眞興二年

燕馮跋 太平十二年　涼沮渠蒙遜 玄始八年
閼逢困敦
宋文帝義隆 元嘉元年　魏太武帝燾 始光元年
西秦乞伏熾盤 建弘六年　夏赫連勃勃 眞興六年
燕馮跋 太平十六年　涼沮渠蒙遜 玄始十三年
上章涒灘 十七
齊高帝蕭道成 建元二年　魏孝文帝宏 太和四年
閼逢困敦
齊武帝 永明二年　魏孝文帝 太和八年
上章涒灘 十八
梁武帝蕭衍 大同六年　西魏文帝元寶炬 大統六年
東魏孝靜帝元善見 興和二年
閼逢困敦

梁武帝 大同十年　西魏文帝 大統十年
東魏孝靜帝 武定二年
上章涒灘 十九
隋文帝 開皇二十年
閼逢困敦
隋文帝 仁壽四年
上章涒灘 二十
唐高宗 顯慶五年
閼逢困敦
唐高宗 麟德元年
上章涒灘 二十一
唐元宗 開元八年
閼逢困敦

唐元宗 開元十二年

上章涒灘 二十二

唐德宗 建中元年

閼逢困敦

唐德宗 興元元年

上章涒灘 二十三

唐文宗 開成五年

閼逢困敦

唐武宗 會昌四年

上章涒灘 二十四

唐昭宗 光化三年

閼逢困敦

唐昭宗 天祐元年

屠維協洽

周世宗 顯德六年 南漢恩赦侯劉鋹 大寶元年

蜀秦國公孟昶 廣政二十三年 北漢劉承鈞 天會三年

凡一千四百四十年

褚氏遺書 一卷

褚澄

受形 本氣 平脉 津潤 分體 精血

除疾 審微 辨書 問子

男子之合二精交暢陰血先至陽精後衝血間裹精精入爲骨而男形成矣陽精先入陰血後參精間裹血血入爲本而女形成矣陽氣聚面故男子面重溺死者必伏陰氣聚背故女子背重溺死者必仰走獸溺死者伏仰皆然陰陽均至非男非女之身精血散分駢胎品胎之兆父少母老產女必亡母壯父衰生男必弱古之良子首察乎此補羸滋血女則壯脾補弱男則壯脾節次羸女宜近時而嫁弱男宜待壯而婚此疾外所務之本不可不察也

天地之氣周于一年人身之氣周于一日人身陽氣以子中出左足而上循左股左手指左肩左腦横過右腦右肩右臂手指脇足則又子中矣陰氣以午中自右手心通右臂右肩横過右臂左肩左脇左足外腎左足左脇則又午中矣陽氣所歷充滿周流陰氣上不過腦下不遺趾二氣之行晝夜不息中外必遍一爲痰積壅塞則痰疾生焉醫方證候統紀浩繁詳其本源痰積虛耳或痰聚上或積留中遏氣之留難于流轉則上氣逆上下氣鬱下臟腑失常形骸受害暨乎氣本衰弱運轉艱遲或有不周血亦偏滯風溼寒暑乘間襲之所生痰疾與痰積同凡人之生熱而汗產而易二便順利則氣之通也陽虛不能運陰氣無陰氣以清其陽則陽獨治而爲熱陰虛不能運陽氣無陽氣以和其陰則陰獨治而爲寒脾以養氣肺以通氣腎以泄氣心以役氣凡臟有五肝獨不與在

時爲春春若不養不通不泄不役而氣常生心虛則氣入而爲蕩肺虛則氣入而爲喘肝虛則氣入而目昏腎虛則氣入而腰疼四虛氣入脾獨不與受食不化氣將自微安能有餘以入其虛嗚呼兹謂氣之名理歟

脉分兩手手分三部隔尺寸者命之曰關去肘度尺曰尺關前一寸爲寸左手之寸極上右手之尺極下男子陽順而下生上故極下之地右手之尺爲受命之根本如天地未分元氣渾沌也既受命矣萬物從土而出惟脾爲先故尺上之關爲脾脾土生金故關土之寸爲肺肺金生水故自右手之寸越左手之尺爲腎腎水生木故右手尺上之關爲肝肝木生火故關上之寸爲心女子陰逆自上生下故極上之地左手之寸爲受命之根本既受命矣萬物從土而出惟脾爲先故左手寸下之關爲脾脾土生金故關下之尺爲肺肺金生水故左手之尺越右手之寸爲腎腎水生木故右

手寸下之關爲肺肺木生火故關下之尺爲心男子右手尺脉常弱初生微眇之氣也女子尺脉常強心火盛也非男非女之身感以婦人則男脉應診動以男子則女脉順指不察乎此難與言醫同化五穀故胃爲脾府而脉從脾同氣通泄故大腸爲肺府而脉從肺同主精血故膀胱爲腎府而脉從腎同感交合故小腸爲心府而脉從心同以脉爲竅故膽爲肝府而脉從肝澄生當後世傳其言而已若初决其祕發悟後人者非至神乎體修長者脉疏形侏儒者脉蹙肥人如沉而正沉者愈沉瘦人如浮而正浮者愈浮未明斯理曷愈衆疾表裏多名呼吸定至抑皆末也世俗並傳茲得略云爾

天地定位而土位乎中天地通氣而水氣蒸達土潤膏滋雲興雨降而百物生化人肖天地亦有水焉在上爲疾伏皮爲血在下爲精從毛竅出爲汗從腸腹出爲瀉從瘡口出爲水痰盡死精竭死

汗枯死瀉極死從瘡口出不止乾即死至于血充目則視明充耳則聽聰充四肢則充動強充肌膚則身色白清則黑去則黃外熱則赤內熱則上蒸喉或下蒸大腸爲小竅喉有竅則咳殺人腸有竅則便血殺人便血猶可止凝血不易醫後不停止髮泌欬血滲人喉愈滲愈欬愈欬愈滲飲溲溺則百不一死服寒涼則百不一生血雖陰類運之者其和陽乎耳因鼻口陰尻竅也雙乳外腎關也齒髮爪甲餘也枝指旁趾附也養耳力者常飽養目力者常順養臂指者常曲伸養皮趾者常步履夏臟宜涼冬臟宜溫背陰肢末雖夏宜涼胸色心火雖冬難熱熱作腫而竅塞血不行而肢廢餘有消長無疾痛附有疾痛無生死關有生死疾痛無消長有消長疾痛生死者宪痛而已

飲食五味養髓骨肉血肌膚毛髮男子爲陽陽中必有陰陰之中數八故一八而陽精升二八而陽精溢女子爲陰陰中必有陽陽之中數七故一七而陰血升二七而陰血溢陽精陰血皆飲食五味之實秀也方其升也智慮開明齒牙更始髮黃者黑筋弱者強槩其溢也凡充身肢體手足耳目之餘雖針養之瀝無有不下凡與形消父母者以其常于父母之身無不歷也是以父一體廢則子一肢不肖其母一目虧則子一目不肖其母然雌鳥牝獸無天癸而成胎者何也鳥獸精血往來尾間也精未通而御女以通精則五體有不滿之處異日有難狀之疾陰已痿而思色以發其精則精不出內敗小便道澁而爲淋也精耗而後竭之則大小便道牽疼愈疼則愈欲大小便愈便則愈疼女人天癸既至踰十年無男子合則不調未踰十年思男子合亦不調則舊血不出新血誤行或漬而如骨或度而之腫或雖合而男子令男子多則歷枯虛人產乳衆則血枯殺人觀其精血思過半矣

除疾之道極其候證詢其嗜好察致疾之由來觀而人之所患則

勞其病之始終也勞其病矣外病療內上病救下辨病藏之虛實通病藏之母子相其老壯酌其淺深以制其劑而十全上巧至焉至劑獨味爲上二味次之多品爲下酸通骨甘解毒苦去熱鹹道下心發沸當驗之藥未驗切戒亟投大勢既去餘勢不宜再藥修而肥者劑豐羸而弱者藥減用藥如用兵用醫如用將善用兵者馬有車之功善用藥者姜有桂之効知其知兵以軍付之用將之道也知其知伎以生付之用醫之道也世無難治之疾有不善治之醫藥無難代之品有不善代之人民中絕命斷可識矣

疾有誤涼而得今證有似是而實非差之毫釐損其壽命乳粟經三氣篇曰乾痛有時當爲獨產餘刺變皆爲熱諸冷皆爲即熱則先涼藏冷則先溫血腸疾篇曰乾痛有時當爲蟲產餘刺變皆痛胍傷寒篇曰傷風時疫濕暑宿痰作瘧作疼傷寒俱類時人多瘧宜防爲瘧時人多疹宜防作疹春瘟夏疫內證先出中濕中暑試

以苓朮殺之發散劑吐汗下俱此至證號宿痰失導必役癈嗟呼病有微而殺人勢有重而易治精微區別天下之良工哉

尹彥成問曰五運六氣是耶非耶曰大撓作甲子歲冬至于甲子月相爲甲子日夜半爲甲子時値歲月日時積一十百千萬一亦有條而不紊色配以立以五方皆人所爲也歲月日時甲子乙丑次及天地五行寒暑風雨倉卒而變人嬰所氣疾作于身氣難預期故疾難預定氣非人爲故疾難人測推驗多姧拯救易誤俞扁弗議淳華未稽吾未見其氣也曰素問之書成于黃岐運氣之宗起于素問將古聖哲妄耶曰尼父删經三墳猶廢扁鵲盧出盧醫遂多尙有黃岐之醫籍乎有說無方由漢而下有方無說說不幸理方不違義雖出後書之託名于聖哲也曰然則諸書不足信耶曰由漢時而後學亦是涼書師罔知君子之言不求貧朽然于武成之策亦取二三曰居今之世爲古之工亦有道乎曰師友良醫

因而言識變觀省舊典假筌以求魚博涉知病多診識脉屢用達藥則何愧于古人建平王妃姬等皆麗而無子擇良家子未笄女人御又無子問曰求男有道乎澄對之曰合男女必當其年男雖十六而精通必三十而娶女雖十四而天癸至必二十而嫁皆用陰陽氣完時而後交合則交而孕孕而育育而爲子堅壯強壽今未笄之女天癸始至以近男也陰氣早洩未完而傷未實而動是以交而不孕孕而不育育而子脆不壽此王之所以無子也然婦人有所產皆女者有所產皆男者大王誠能訪求多易婦人謀易宮府有男之道也王曰善未再期生三男夫老陽遇少陰老陰遇少陽有一子之道也

說郛卷第七十四終

說郛卷第七十五

蘇氏演義一卷　　蘇鶚

蚩海獸也漢武作柏梁殿有言蚩耗水之精能却火災因致其象于上今謂之鴟尾則非也

婁羅幹辦集事之稱也世傳謂婁敬甘羅甚非理

乾沒漢書注甚非每陸沉之義同

龍鍾不昌不翹舉之貌如鬅鬖拉搭納練之類

龜經元欲知龜有神視骨白如銀

觚者學書之牘或以記事削木爲之或六面或八面皆可以書以有圭角故謂之觚文選云操觚進牘或以爲筆非也班固賦曰上觚稜而棲金爵此乃闕角也

談助　　不語先生

京師語曰大牢筆小牢口南北東西無處走太牢牛僧孺少牢楊虞卿

戴覬之竹譜云花篗竹將枯死花篗

譜云籦龍之美爰自崑崙竹名也黃帝使伶倫伐之作樂員丘帝竹一節爲船

功竹可杖爲磥砢不凡謂之扶老

竹根曰鞭贊寧竹譜云鞭多西行故諺云東家種竹西家埋鞭以時八月爲春二月三月爲秋凡百穀皆以始生爲春熟成爲秋

陸雲笑竹云漢人適吳吳人設笋問何物曰竹也歸煮其簀不熟曰吳人欺我哉

昭君村生女皆炙其面白居易詩云至今村女面燒灼成瘡瘢

唐巢縣令楊日華膳夫經以旱頭爲天何生

洞微志　　錢希白

太平興國中李守中爲承旨奉使南方過海至瓊州界道逢一翁自稱楊遐年八十一邀守中詣所居居其父曰叔連年一百二十二又見其祖曰宋卿年一百九十五語次見梁上一雞窠中有一小兒頭下視宋卿曰此吾七代祖也不語不食不書其年朔望取下子孫列拜而已

顯德中齊州有人病狂每歌曰踏陽春人間二月雨和塵陽春踏盡秋風起腸斷人間白髮人又歌曰五雲華蓋曉玲瓏天時由來汝腑中惆悵此情言不盡一丸蘿蔔火吾宮後遇一道士作法治之云每見一紅衣小女引入宮殿皆紅多不知名小姑令歌道士曰此正犯大麥毒女即心神小者脾神也按醫經蘿蔔治麪毒故曰火吾宮即以藥兼蘿蔔食其疾遂愈

有術士于腕間出彈子三丸皆白色叱令變即化雙燕飛騰鳴啾又令變即化二小劍交擊須臾復爲丸入腕

汴都之南香余里有周令公慕墓前一石人能爲怪人或過之多稱魯枝書或云押衙

僧辨聰于五臺將還京師寺有老僧託以書其上題云東京城北婆勃賀分付僧繇啓封視之云度衆生畢早來苟更強狂却恐造業復封之乃至京詢訪不見其人一日于五大河側見一小兒逐一大猪名勃賀僧問之云屠者趙氏之猪能引羣猪令不亂遂受婆何故以名僧試呼其名以投之猪遂持其書人立而化僧又經五臺訪老僧亦化去矣

虞部郎中周仁得監永豐倉有通謁者進士呂厶及見之如十歲小兒出一啓以爲贄仁得閱之有莊周之罄已空孔絡之車適得又問孔氏之車出何書乃厲聲呼仁得父祖名化爲大鼠入倉

盧多遜未第時面極黑有相者告曰此名敗土色貴即明潤復來必多災多遜歷貴仕面色甚瑩將敗數日忽暗黑如故

有人喜食野物挨鵶雛之毛者以油塗之復至窠中至大肥取食之號鵶㹠後其妻產一物正如其狀

雞跖集　王子昭

河圖謂雷聲曰玉虎鳴

銀潢許洞詩謂銀河

王來安居記萍鄉有玉女岡天將雨出五丁爲品太湖上羅浮次之天竺又次之餘爲下

南齊永明中高麗使至冠拒風冠曰古弁之遺象

梁夏侯亶妓妾無衣客至每隔簾作樂人謂簾爲妓衣

二儀錄蕭史鍊雪丹與弄玉塗之即今水銀粉

裴晉公有遺以槐癭者郎中庾威在坐戲之曰此是雌樹生者公問郎中年甲對云與公同是甲辰公笑曰郎中便是雌甲辰

北齊策秀才有冒濫者飲墨一升

蕭子良與王僧虔書曰左伯之紙妍妙輝光仲將之墨一點如漆左伯人名也

唐王處回家居有道士以花種遺之云此仙家旌節花也後處回歷二鎮

仙傳拾遺有道士謂顏眞卿曰子骨可度世不宜沉名宦海

陸龜蒙曰耕欲深如象之履耘欲就如鳥之啄他說舜之神怪也

國史補　唐李肇

陸長源以舊德爲行軍司馬韓愈巡官同事或譏其年輩相遠愈曰大蟲老鼠俱爲十二相屬何怪之有

張垍尙主在翰林獨賜珍玩常誇于同列張埱曰此婦翁與女婿非天子賜學士也

王維好佛故字摩詰性致高遠得宋之問輞川別業山水絕勝今淸涼寺是也維有詩名然好竊取人句如行到水窮處坐看雲起

時此英華集中詩也漢漢水田飛白鷺陰陰夏木囀黃鸝此李嘉祐所作也

明皇至馬嵬驛令高力士縊貴妃于梨樹下店媼拾得錦襪一隻過客傳玩每出須百錢由此致富

郭汾陽自河陽入李太尉代領其兵舊營壘也舊旗幟也舊將士也光弼至鎮一號令而精彩皆變

崔趙公問徑山曰弟子出家得否答曰出家是大丈夫事非將相之所爲也

竇參之敗給事中竇申配流德宗曰吾聞申欲至人家謂之喜鵲遂賜死

劉玄佐守汴或言相國寺佛有汗玄佐遽往持金帛以施繼遣其家屬往禮之翌日後起齋場由是士庶競集布施甚衆乃令將吏籍其物十日乃閉寺門曰佛汗止矣所得十數萬盡以贍軍

貞元中欲取西京道槐爲薪別植小者牒渭南尉張造曰邵伯所憩尚勿剪除先皇舊遊豈宜斫伐遂止

鄭雲逵與王彥伯隣居常有客求醫誤謁雲逵雲逵亦爲診候曰熱風頗甚客求醫雲逵曰藥師不如東家王供奉客驚慚而去自是京師有乖議者云熱風

高貞公爲中書舍人家無制草或問之曰王言不可存于私家悉焚其草

王悅爲盩厔鎮將軍士犯令杖而枷之百日乃脫未百日脫者有三我死即脫爾死即脫天子之命即脫由是不犯

或問羅浮生爲政難易曰簡則易又問儒術同否對曰直則同

苗夫人其父太師也其舅張嘉貞也其夫延賞也其子弘靖也其婿韋皐也近代婦人之貴無如此也

宰相制四方事有堂案處分百司有堂帖不次押名曰花押黃敕既下有所異同曰黃帖

党魯使西番烹茶帳中番人問之党曰滌炊所謂茶也番人曰我亦有之乃出數點曰此壽春者此顧渚者此蘄門者

張旭自言始聞公主擔夫爭路而得筆法後見公孫大娘舞劍而入妙旭每大醉書亦精或揮筆大叫以頭濡墨中號張顛

韓文公始聞徑山以爲妖妄及謁之望其狀不覺生敬出妻以拜乞一號徑山曰功德山後自杭來婦人乞號皆以此號之而已

馬燧討李懷光自太原引兵至寶鼎下營問其地名曰埋懷村燧甚喜果敗懷光

李載者代燕豪士常呼鷹攜妓以獵終不肯仕生子栖筠爲御史大夫磊落可觀而氣不及栖筠生吉甫任相國八年多智而柔懦公慙卿卿慙長蕃近之矣

韋山甫以石硫黃濟人嗜慾其術大行服其藥多暴死其徒皆言

山甫與陶貞白同壇受籙以神其術長慶二年卒于江西觀察使王仲舒徧告人曰山甫病死而速朽無小異于俗人者

王彥伯自言醫道將行立四五釜煮藥于庭老幼塞門彥伯曰熱者飲此寒者飲此翌日各持金帛往謝之無不效者也

宋清賣藥長安市朝官移貶輒賣藥迎送施藥甚廣人有急難傾財濟之歲計所得利亦百倍長安言人有義聲賣藥宋清

竇氏子言家方盛時有奴斂羣從數宅之資供白麪言麥性平由是恣食不疑凡數歲有占奴妄言所輸乃常麥諸人皆暴熱

張參爲國子司業手寫九經每言讀書不如寫書

予嘗令客彈琴其嫂知音聽之曰三分中一分箏聲二分琵琶聲全無琴韻

博徒語曰強名爭勝謂之撩零假借分盡謂之囊家什一而乞謂之乞頭貞元中董叔經進博經一卷

南海有颶母風四面而至倒屋拔木每數年一作將作則虹見謂之颶母

雷州春夏多雷無日無之秋冬則伏地中如彘人取食之亦有雷斧雷墨可爲藥用

江夏有蚊母鳥夏夜鳴吐蚊子叢葦間又有蚊樹類枇杷熟則皮裂蚊紛然而去

銀鹿顔眞卿家童名後事魯公終其身

韓退之登華山絶峯不可返乃大慟華陰令百計取之乃得下

憲宗問趙宗儒曰聞卿在荊州毬場草生何也對曰雖則草生不妨毬子往來上爲大笑

宰相相呼曰宰老

王冷然上裴耀卿書云拾遺補闕寧有種乎僕亦公相一株桃李也

王元景使梁李孝綽送之泣下元景無泣謝曰卿勿怪我別後當闌干也

青瑣後集

宣宗每宰臣延英奏事不敢仰視奏事四刻龍顔卽怡然曰可以閑話矣一刻以來依舊整肅每戒宰臣曰長憂卿負朕撓法不得復相見令狐綯每謂人曰十年持政柄每延英奏對雖嚴冬盛寒亦流汗浹背

慎氏毗陵儒家女無嗣出之慎氏登舟留詩嚴灌夫覽詩慨然遂與偕老詩云當時心事已相關雨散雲飛一餉間卽是孤帆從此出不堪重過望夫山

李筌爲幽州刺史嘗夜見東南有異氣明旦詢之有牧羊胡婦生子筌曰此假天子也座客勸殺之筌曰不可此胡雖長必于國爲盜古亦有之殺假恐生眞矣乃祿山生于漁陽也

曹翰破江南獲樂妓而歸一日遍詢其氏族曰某卽韓侍郎熙載之女也翰曰韓侍郎江南名家朝廷嘗以名教許我豈宜以士君子女爲妾乎以禮嫁之

金鑾密記（此三條已見前第四卷中而字句互異故存之）　韓偓

偓于昭宗朝召入院試文五篇萬邦咸寧賦禹拜昌言詩武臣授東川節度使制答佛誓國王進貢書批三功臣讓圖形表其繳狀云臣才不邁蠹器不拔俗待價既殊于櫝玉窮經有愧于籝金而乃遭逢淸時涵濡聲澤峨冠振佩以塵象闕之班舐筆和鉛更辱金門之召擊缽謝捷纂組非工撫已循涯以榮爲懼

汴人列十餘柵圍岐城掘蚰蜒攻城城中大窘燒人糞煮人肉而食昭宗在岐城李茂貞不肯與梁和宣諭曰全忠兵未退城內窘急十六宅諸王奏三兩人下世皆凍餒所致公主夫人等一日食粥一日食不飥今亦竭矣願速與梁和

昭宗在鳳翔宴侍臣捕池魚爲饌李茂貞曰本蓄此魚以俟車駕又以巨杯勸帝酒帝不欲飲李茂貞舉杯叩帝頤頷坐上皆憤其無禮

士林紀實

龍鹽士大夫共知之龍方交有所遺用鹽漬之服之治虛敗有益韓簿之事

謝蝴蝶佳句云狂隨柳絮有時見飛入梨花無處尋古詩云身似何郎全傅粉心如韓壽愛偷香

鄭獬三舉方成名自稱獬過省及第名皆不出五人故謝啓云兩瞻天子之淸光累玷有司之優等

水衡記

黃河正月水名凌解水二三月名桃花水四月水名麥黃水五月以瓜蔓故名瓜蔓水六月水名礬山水七月八月菱花開故以名

秋苗水九月登高水十月水落復故道名復槽水十一月十二月水斷復結名蹙凌水

橘錄三卷

宋韓彥直

按開寶中陳藏器補神農本草書柑類則有朱柑乳柑黃柑石柑沙柑今永嘉所產實具數品且增多其目但名少異耳凡圃之所植柑比之橘纔十之一二大抵柑之植立甚難灌漑耡治少失時或歲寒霜雪頻作柑之枝頭殆無生意橘則猶故也得非瓊杯玉斝自昔易闕耶永嘉宰句君燽有詩聲其詩曰只須霜一顆壓盡橘千奴則黃柑位在陸吉上不待辨而知

眞柑

眞柑在品類中最貴可珍其柯木與花實皆異凡木木多婆娑葉則纖長茂密濃陰滿地花時韻特淸遠逮結實顆皆圓正膚理如澤蠟始霜之日園丁採以獻風味照坐擘之則香霧噀人北人未

之識者一見而知爲眞柑矣一名乳柑謂其味之似乳酪溫四邑之柑推泥山爲最地不彌一里所產柑其大不七寸圍皮薄而味珍脉不黏瓣食不留滓一顆之核纔一二間有全無者南塘之柑比年尤盛太守燕賞爲秋日盛事前太守參政李公賞柑之詩曰忘機白鳥衝船過堆案黃柑噀手香侍郎曾公之辭曰滿樹葉繁枝重綴靑黃千百皆佳句也

生枝柑

生枝柑似眞柑色靑而膚麁形不圓味似石榴微酸崔豹古今注曰甘實形如石榴者爲壺柑疑此類是鄉人以其耐久留之枝間俟其味變甘帶葉而折堆之盤俎新美可愛故命名生枝

海紅柑

海紅柑顆極大有及尺以上圍者皮厚而色紅藏之久而味愈甘木高二三尺有生數十顆者枝重委地亦可愛是柑可以致遠今都下堆積道旁者多此種初因近海故以海紅得名

洞庭柑

洞庭柑皮細而味美比之他柑韻稍不及熟最早藏之至來歲之春其色如丹鄉人謂其種自洞庭山來故以得名東坡洞庭春色賦有曰命黃頭之千奴卷震澤而與還翠勺銀罌紫絡靑綸物固惟所用醞釀得宜眞足以佐騷人之淸興耳

朱柑

朱柑類洞庭而大過之色絕嫣紅味多酸以刀破之漬以鹽始可食園丁云他柑必接唯朱柑不用接而成然鄉人不甚珍寵之賓祭斥不用

金柑

金柑比他柑特小其大者如錢小者如龍目色似金肌理細瑩圓丹可玩啖者不削去金衣若用以漬蜜尤佳歐陽文忠公歸田錄

載其香淸味美置之尊俎間光彩灼爍如金彈丸誠珍果也都人初不甚貴其後因溫成皇后好食之由是價貴重京師

木柑

木柑類洞庭少不慧耳膚理堅頑瓣大而乏膏液外強中乾故得名以木

甜柑

甜柑類洞庭高大過之每顆必八瓣不待霜而黃比之他柑加甜柑林未熟之日是柑最先摘置之席間靑黃照人長者先嘗之子弟懷以歸爲親庭壽焉然是種不多見治圃者植一株二株焉故以少爲貴

橙子

橙子木有刺似朱欒而小永嘉植之不若古栝之盛比年始競有之經霜早黃膚澤可愛狀微有似眞柑但圓正細實非眞柑之比

北人喜把翫之香氣馥馥可以薰袖可以芼鮮可以漬蜜眞嘉實也若眞柑則無是二三者人自珍之得非瞭然在人耳目者葢眞柑之細耶

黃橘

黃橘狀比之柑差褊小而香霧多于柑歲雨暘以時則肌充而味甘其圍四寸色方青黃時風味尤勝過是則香氣少減惟遇黃柑則避舍置之海紅生枝柑間未知其孰後先名之曰千奴眞屈稱也

塌橘

塌橘狀大而褊其南枝之向陽者外綠而心甚紅經春味極甘美瓣大而多液其種不常有特橘之次也

包橘

包橘取其纍然若包聚之義是橘外薄內盈隔皮脉瓣可數有一枝而生五六顆者懸之可愛然土膏而樹壯者多有之不稱奇也

緜橘

緜橘微小極軟美可愛故以名圃中間見一二樹結子復稀物以罕見爲奇此橘是也

沙橘

沙橘取細而甘美之稱或曰種之沙洲之上地虛而宜于橘故其味特珍然邦人稱物之小而甘美者必曰沙如沙瓜沙蜜沙糖之類特方言耳

荔枝橘

荔枝橘多出于橫陽膚理皺密類荔子故以取名橫陽與閩接軫荔子稱奇于閩黃橘擅美于溫故慕而名之有言橘踰淮爲枳植物豈能變哉疑似之亂名多此類

軟條穿橘

軟條穿橘其幹弱而條遠結實頗大皮色光澤滋味有餘其心虛有瓣如蓮子穿其中葢接橘之始以枝之杪者爲之其體性終弱不可以犯霜不可以耐久又名爲女兒橘

油橘

油橘皮似以油飾之中堅而外黑葢橘之若柤若柚者譬之而不聞其香食之而不可於口是又橘之奴僕也

綠橘

綠橘比他柑微小色紺碧可愛不待霜食之味已珍留之枝間色不盡變隆冬採之生意如新橫陽人家時有之不常見也

乳橘

乳橘狀似乳柑且極甘芳得名又名漳橘其種自漳浦來皮堅穰多味絕酸不與常橘齒鄉人以其頗魁梧時置之客間堪與飣座梨相値耳他日有以乳橘爲眞柑者特碔砆之似玉也

金橘

金橘生山逕間比金柑更小形色頗類木甘高不及尺許結實繁多取者多至數升肉瓣不可分止一核味不可食之惟宜植之欄檻中園丁種之以鬻於市亦名山金柑周美成詞有露葉烟梢寒色重攢星低映小珠簾是爲橘作

自然橘

自然橘謂以橘子下種待其長歷十年始作花結實味甚美由其本性自然不雜之人爲故其味全葢他柑與橘必以柑淡子着土俟其婆娑作樹以枝接之爲柑爲橘爲多種俱非天生故是橘以自然名之然十年之計種之以木今之闢圃者多不年歲間爬其膚以驗其枯榮糞其本以計其久近誰能遲十年之久以收效耶是橘名之曰自然當矣接木之詳見之于下篇

早黃橘

早黃橘者開花結子比他類獨早秋始半其心已丹千頭方酸而早黃橘之微甘已回齒頰矣王右軍帖有曰奉橘三百枚霜未降未可多得豈是類耶

凍橘

凍橘其顆如常橘之半歲八月八日爲小春枝頭時作細白花既而餘橘已黃千林已盡乃始傲然冰雪中着子甚繁春二三月始採之亦可愛前輩詩有曰梅柳攙先桃李晚東風元是一般春此詩不獨詠桃李物理皆然

朱欒

朱欒顆圓實皮麄瓣堅味酸惡不可食其大有至尺三四寸圍者摘之置几案間久則其臭如蘭是品雖不足珍然作花絕香鄉人拾其英蒸香取其核爲種析其皮入藥最有補于時其詳具見下篇

香欒

香欒大如朱欒形圓色紅芳馨可翫

香圓

香圓大似朱欒葉尖長枝間有刺植之近水乃生其長如瓜有及一尺四五寸者淸香襲人横陽多有之土人置之明窗淨几間頗可賞翫酒闌并刀破之盞不減新橙也葉可以藥病

枸橘

枸橘色靑氣烈小者似枳實大者似枳殼能治逆氣心胸痺痛中風便血醫家多用之

種植

柑橘宜斥鹵之地四邑皆距江海不十里凡圃之近塗泥者實大而繁味尤珍耐久不損名曰塗柑販而遠適者遇塗柑則爭售方種時高者畦壟溝以泄水每株相去七八尺歲四鋤之薙盡草冬月以河泥壅其根夏時更溉以糞壤其葉沃而實繁者斯爲園丁之良

始栽

始取朱欒核洗淨下肥土中一年而長名曰柑淡其根荄蔟蔟然明年移而疏之又一年木大如小兒之拳遇春月乃接取諸柑之佳與橘之美者經年向陽之枝以爲貼去地尺餘細鋸截之劙其皮兩枝對接勿動搖其根撥掬土實其中以防水蒻護其外麻束之緩急高下俱得所以候地氣之應接樹之法載之四時纂要中是蓋老圃者能之工之良者揮斤之間氣質隨異無不活者過時而不接則花不實復爲朱欒人力之有參于造化每如此

培植

樹高及二三尺許剪其最下命根以瓦片抵之安于土雜以肥泥實築之始發生命根不斷則根迸于上中枝葉乃不茂盛也

去病

木之病有二蘚與蠹是也樹稍久則枝榦之上苔蘚生焉一不去則蔓衍日滋木之膏液蔭蘚而不及木故枝榦老而枯善圃者用鐵器時刮去之删其繁枝之不能華實者以通風日以長新枝木間時有蛀屑流出則有蟲蠹之相視其穴以物鉤索之則蟲無所容仍以眞杉木作釘窒其處不然則木心受病日攻枝葉自凋異時作實瓣間亦有蟲食柑橘每先時而黃者皆其受病于中治之以早乃可

澆灌

圃中貴雨暘以時旱則堅苦而不長雨則暴長而皮多拆或瓣不實而味淡園丁溝以泄水俾無浸其根方亢陽時抱甕以潤之糞壤以培之則無枯瘁之患

採摘

歲當重陽色未黃有採之者名曰摘青舟載之江浙間青柑固人所樂得然採之不待其熟巧于商者間或然爾及經霜之二三夕纔盡翦濄天氣晴霽數十輩爲羣以小翦就枝間平蔕斷之輕置筐篗中護之必甚謹懼其香霧之裂則易壞霧之所漸者亦然尤不便酒香凡採者竟日不敢飲酒

收藏

採藏之日先淨掃一室密糊之勿使風入布稻藁其間堆柑橘于地上屏遠酒氣旬日一翻揀之遇有微損謂之點柑即揀出否則侵損附近者屢汰去之存而待價者十之五六人有掘地作坎攀枝條之垂者覆之以土至明年盛夏時開取之色味猶新但傷動枝苗次年不生耳

製治

朱欒作花比柑橘絕大而香就樹採之用箋香細作片以錫爲小甑每入花一重則實香一重使花多于香竅花甑之旁以溜汁液用器盛之炊畢撤甑去花以液浸香明日再蒸凡三換花始曝乾入甆器密藏之他時焚之如在柑林中柑橘并金柑皆可切瓣勿離之壓去核漬之以蜜金柑著蜜尤勝他品鄉人有用糖熬橘者謂之藥橘入爨之灰于鼎間色乃黑可以將遠又橘微損則去皮以肉瓣安甑間用火蒸之曰蒸柑置之糖蜜中味尤佳

入藥

橘皮最有益于藥去盡脉則爲橘紅青橘則爲青皮皆藥之所須者大抵橘皮性溫平下氣止蘊熱攻痰瘧久服輕身至橘子尤理腰膝近時難得枳實人多植枸橘于籬落間收其實剖乾之以之和藥味與商州之枳絕逼眞矣枸橘又未易多得取朱欒之小者半破之日曝以爲枳異方醫者不能辨用以治疾亦愈然藥貴于愈疾而已孰辨其爲眞僞耶

東觀奏記（此四條已見前第四卷中）　裴廷裕

宣宗聽政之暇好作詩令學士屬和蕭寘手狀謝曰此詩雖貴水日千里無以加也韋澳奏云宋太子家令沈約賦詩蕭寘以睿藻清新比方沈約爾上不悅曰將人臣比我得否出寘爲浙西觀察使

僧從晦道行高潔兼以文章應制上每擇劇韻令賦詩從晦供奉積年望紫方袍上曰朕不惜一紫袈裟但師頭耳稍薄恐不勝耳

度支奏狀言漬汙疋段誤書清汚上一覽異之樞密承旨孫隱中謂上未省添成漬字及中書復入上大怒勘添改章表者罰有差

上尤重科目鄭顥知舉帝索科目記顥撰十三卷自武德至大中仍乞今後放榜錄及第人姓名記賦題進入有司接續編次

洽聞記（此二條已見前第四卷中）

永昌中台州司馬孟詵奏臨海水下馮義得石連樹五株皆白石

隆安中丹徒民陳理于江邊作魚簄潮出簄中得一女長六尺有容色無衣裳水去不動臥沙中夜夢云我江黃也昨失路落君簄潮來今當去

初學記　唐徐堅

孔紹歸國晚高祖令賦詩作石榴詩云只爲生來晚花開不及春

唐人唱和初不次韻至劉賓客何處春深好之作始以韻爲次蓋自此始

王濛好飲茶人至輒命飲之士大夫每欲往候則云今日有水厄

有僧在濛山頂見一老父云仙家有雷鳴茶井候雷發聲井中採擷一兩却宿疾二兩當眼前無疾三兩換骨四兩爲地仙矣

大忽雷小忽雷內庫兩琵琶名

龜兒白樂天奴也見江州唱和詩云字之曰阿龜

陸羽茶既爲癖酒亦稱狂

甲申雜記一卷　宋王鞏字定國

曾彦和旼云神宗嘗有手詔云求于所不產取于所非時不可也予贊曰德音之謂歟

辛諒議子有儀嘗與阮逸善一日謂逸曰君未娶我有一初知無子而饒財有女求婿其家房奩二千當爲君營之苟成當以一千謝我逸唯唯姻既成逸以前約語其妻其妻難之有儀怨甚乃以逸有易立太山石難芳上林柳之句告訐不軌逸下吏全家流竄後有儀爲海州都曹至淮舟沒溺橋子浮水上得脱既至岸舟人雖小兒悉免有儀家人無一存者唯其長子脱他道及官滿歸洛長子忽失所在視之得尸井中世以爲阮逸之報也

崇寧元年六月西京民家猪生二男一女一猪

李觀察士衡之孫左侍禁化先者少好神仙事父母強令娶婦遣行人議曹氏之女及禮席之日曹氏已入門化先踰垣而走曹氏復歸後曹氏選納爲后慈聖光獻是也

張元素字君飾從事荆南府其同事楊久中一日忽遇天帝降其室前有鸑鷟鳳凰祥雲先至帝有隨身宮殿光彩煥耀一室之間望之不窮遂錫久中曰廉正君其妻及子皆有名號論物外事皆非世人所知語世間事大小無不驗復置花枝數盆于庭前即生根株于盆中隨四時開落結實大皆盈尺而根株盤結與常木無異病者取花盆中水飲之即愈荆南守孫頎龍圖病目點之隨手而愈久中後爲朝奉郎七十餘卒于睦州其妻子奉事今如故老人多言曆日載幾龍治水惟少爲雨多以其龍數多即少雨也又嘗言雨暘有常數春霖即夏旱夏旱即秋霖皆大不然崇寧四年歲次乙酉凡十一龍治水自春及夏秋皆大雨水

庚寅歲湖州孔目官朱氏以米八百石作粥散貧是歲生服後爲從官潤州金壇縣陳亢熙寧八年饑殍無數作萬人坑每一屍設飲一甌席一領紙四帖藏屍不可紀是歲生廓又生度皆爲監司孫登仕者相繼

西羌于龍呵既歸朝至闕下引見謂押伴使曰平生聞包中丞拯朝廷忠臣某既歸漢乞賜姓包神宗遂如其請名順其後極罄忠力

大遼謂天使爲赦例郎君依赦例日行五百里也

沙門島舊制有定額過額則取一人投之海中馬默處厚知登州建言朝廷既貸其生矣即投諸海中非朝廷之本意今後溢額乞選年深自至配所不作過人移登州神宗深然之即詔可著以爲定制未幾馬燕坐堂上忽昏困如夢寐中見一人乘空來如世間所畫符使也左右挾一男一女至馬前大呼曰我自東嶽來聖帝有命奉天符馬默本無嗣以移沙門島罪人事上帝特命賜男女各一人遂置二童乘黃雲而去馬驚起與左右卒隸見黃雲東去後生男女二人馬親語予如此

聞見近錄一卷　前人

太祖皇帝爲殿前都點檢有殿直衛節執詣樞府相王朴曰太尉軍制殿直廷臣無迴避禮太祖即位每歎曰安得王朴者相之故事執政奏事坐論殿上太祖即位之明日執政登殿上曰朕昏目持文字近前執政至榻前密遣中使撤其坐執政立奏事自此始也

慈聖光憲皇后養女范觀音得幸仁宗溫成患之一歲大旱仁宗祈雨甚切至然臂香以禱宮人內璫左右皆然之祈雨之術備盡天意勿答上心憂懼溫成養母賈氏宮中謂之賈婆婆威動六宮時相認之以爲其姑乃陰謂丞相請出宮人以弭灾變上從之溫成乃白上非出所親厚者莫能感天意首出其養女以率六宮范氏遂被出而雨未應上問臺官李柬之曰惟册免議曰未行耳是

夕鎖院賈氏營救不獲時相從工部侍郎拜鎮武軍節度使同中書門下平章事判北京雨遂霽

先公爲諫官論王德用進女口仁宗初詰之曰此宮禁事卿何從知先公曰臣職在風聞有之則陛下當改無之則爲妄傳何至詰其從來也仁宗笑曰朕眞宗子卿王某子與他人不同自有世契德用所進女口實有之在朕左右甚親近且留之如何先公曰若在疏遠雖留可也臣之所聞正恐親近仁宗色動呼近璫曰王德用所進女口各支錢三百貫即令出內東門了急來奏遂涕下先公曰陛下既以臣奏爲然亦不須如此之遽且入禁中徐遣之上曰朕雖爲帝王然人情同耳苟見其涕泣不忍去則恐朕亦不能出之卿且留此以待報先公曰陛下從諫古之哲王所未有天下社稷幸甚久之中使奏曰宮女已出東門上復動容而起

李和文都尉好士一日召從官呼左右軍官妓置會夜午臺官論

之楊文公以告先君不答退以牋書小詩以遺和文且以不得預會爲恨明日眞宗出疏文正公曰臣嘗知之亦遺其詩恨不得往也太平無象此其象乎上意遂釋

丁晉公嘗忌楊文公一日詣晉公既拜而躬拂地晉公曰內翰拜時鬚撇地起覩仰塵曰相公坐處幕漫天時人稱其敏而有理

太祖一日幸後苑觀牡丹召宮嬪將置酒得幸者以疾辭再召復不至上乃親折一枝過其舍而簪于髻上上還輒取花擲地上顧之曰我艱勤得天下乃欲以一婦人敗之耶即引所佩之刀截其腕而去

金城夫人得幸太祖頗恃寵一日宴射後苑上酌巨觥以勸太宗固辭上復勸之太宗顧太祖曰金城夫人親折此花來乃飲上遂命之太宗引弓射而殺之即再拜而泣抱太祖足曰陛下方得天下宜爲社稷自重而上飲射如故

張乖崖布衣時客長安旅次聞鄰家至夜啾哭甚悲訊之其家無他故乖崖詣其主人力叩之主人遂以實告曰某在官失不自慎嘗私用官錢爲家僕所持欲取長女拒之則畏禍從之則女子失身約在朝夕所以舉家悲泣也乖崖明日至門首候其僕出即曰我白汝主人假汝至一親家僕遲遲強之而去出城使導馬前至崖間即疏其罪僕介皇間以刃揮墜崖中歸告其主曰盛僕已不復來矣速歸汝鄉後當謹于事也

太祖即位方鎮多偃蹇所謂十兄弟者是也上一日召諸方鎮授以弓劍人馳一騎與上私出固子門大林中下馬酌酒上語方鎮曰此間無人爾輩要作官家者可殺我而爲之方鎮伏地戰恐上再三喻之伏地不敢對上曰爾輩是眞欲我爲主耶方鎮皆再拜稱萬歲上曰爾輩既欲我爲天下主爾輩當盡臣節今後毋或偃蹇方鎮復再拜呼萬歲與飲盡醉而歸

李文靖端默寡言堂下花檻頹圮經歲不問魚軒一日語之文靖不答累以爲言文靖曰豈以此故動吾一念哉亦不之問既薨盛夏顏色不變吐香如蓮花七日不滅

廣東老嫗江邊得巨蚌剖之得大珠歸而藏之絮中夜輒飛去及曉復還嫗懼失去以大釜煮之至夜有光燭天隣里驚之以爲火也競往赴之光自釜出乃珠也明日納于官府今在韶州軍資庫予嘗見之其大如彈狀如水晶非蚌珠也其中有北斗七星隱然而見煮之半枯矣故郡不敢貢于朝

金州道左有石洞入洞十里有石門門間有仙人像半掩扉外又有白石龍一條凡觀者必執炬而入有落燼即旋失去之每旱必往祈請及出洞門必有書字記雨之多少商人或過洞外必森然心動莫不加敬

夔峽將至灩澦堆峽左岩上有題聖泉二字泉上有大石謂之洞

石而初無泉也至者擊石大呼則水自石下出予嘗往焚香俾舟人擊而呼之曰山神土地人渴矣久之不報一卒無室家復大呼曰龍王龍王萬歲歲渴矣隨聲水大注時正月雪寒其水如湯或曰夏則如冰呼者必以龍王必以萬歲而呼之水于是出矣

揚州后土廟有瓊花一株宋丞相構亭花側榜曰無雙謂天下無別株也仁宗慶曆中嘗分植禁中明春輒枯遂復載還廟中鬱茂如故

張文懿爲射洪令出城過村寺寺老僧必迎于道邂逅過之亦必出迎文懿怪而詰之僧曰長官來則山神夜夢告某曰相公至矣一日復往而僧不出文懿曰不出何也僧謝曰神不我告也文懿以爲誕使僧問其所以夜夢告曰長官誤斷殺牛事天符已下不復相矣文懿驚駭省之果嘗有殺牛事也遂復改正明日過寺僧復出曰昨夕山神云長官復爲相明日當來但減筭爾後文懿三入中書

太宗即位以太祖諸子並稱皇子嘗曰猶我子也何有分別其後皇族遂不以疏密尊卑皆加皇字故有皇兄之類非典故也予丞宗正嘗建言乞如春秋之制名冠其父祖所封國王子曰王子公孫惟皇子得稱王焉時相呂申公喻太常少卿梁燾阻格不行宗正寺玉牒仙源類譜皇屬籍自慶曆八年張文定以翰林學士爲宗正寺修玉牒官修進之後至元祐元年凡四十五年玉牒官皆一時名人宋次道輩是也未嘗成書神宗朝官制行分隸宗正寺至予爲丞方建明修完其間最難取會者宮禁中事與皇族女夫官位耳蓋慶曆前皇族女尚少至元祐間不下萬員予請于朝宮禁事乞會內侍省御藥院皇族女夫附于屬籍不必書其官但書某適某人可也朝廷從之遂獲成書然玉牒事迹皆取三省樞密院時政記與日曆修著其禁嚴甚元祐末遂令史院官修撰送宗

正寺書錄蓋丞失其人非典故與官制也亦自予罷丞今十餘年不聞復進書矣國書嚴奉未有如玉牒者祖宗以來用金花白羅紙金花紅羅標黃金軸神宗時詔爲黃金梵筴以軸大難披閱也予進神宗玉牒始用此制又以黃金爲匣鎖鑰皆黃金也進畢奉安于太廟南宗正寺玉牒殿予初白執政官乞修寺書自司馬丞相呂丞相而下無一人知此典制者皆曰玉牒用玉簡刊刻如冊者也其玉牒典制尚不悉知書之廢亦宜矣

隨手雜錄一卷　宋前　人

蔡持正居宛丘一日雪作與里人黃好謙游一倡家入門見其肴醴特盛他時有美少年青巾白裘據席而坐蔡黃方引去少年亟俾倡家人邀二公欣然就席酒酣少年顧持正曰君正如李德裕顧黃曰君候此公貴憑藉亦顯語畢少年亦引去二公叩倡何人也倡曰朝來賫錢共飲亦不知誰氏也後如其言持正爲御史薦黃爲御史云

子瞻爲學士一日鎖院召至內東門小殿時子瞻半醉命以新水漱口解酒已而入對授以除目呂公著司空平章軍國事呂大防范純仁左右僕射承旨畢宣仁忽謂官家在此子瞻曰適已起居矣宣仁曰有一事要問內翰前年任何官職子瞻曰汝州團練副使曰今爲何官曰備員翰林充學士曰何以至此子瞻曰遭遇陛下曰不關老身事子瞻曰必出自官家曰亦不關官家子瞻曰豈大臣薦論耶曰亦不關大臣事子瞻驚曰臣雖無狀必不別有干請曰久待要學士知此是神宗皇帝之意當其飲食而停筯看文字則內人必曰此蘇軾文字也神宗忽時而稱之曰奇才奇才但未及用而上仙耳子瞻哭失聲宣仁與上左右皆泣已而賜坐喫茶曰內翰內翰直須盡心事官家以報先帝知遇子瞻拜而出徹金蓮燭送歸院子瞻親語予如此

太祖太宗時諸節度皆解兵柄獨潘美不解美每赴鎮留妻子止攜數妾以往或有子即遣其妾與子歸京仍具奏乞陛下特照管

席上腐談　元俞琰（字玉吾林屋山人）

邵康節曰動物自首生植物自根生首生命在首根生命在根又曰飛者棲木食木鷹鷂之毛猶木也走者棲草食草虎豹之毛猶草也飛之類喜風而敏于飛上走之類喜土而利于走下在水者不瞑在風在地者瞑走之類上睫接下飛之類下睫接上類使之然也水類出水則死風類入水則死然有出入之類者龜蟹鵝鳧之類是也

北地馬羣每一牡將十餘牝而行皆隨牡而不入他羣易之坤卦云利牝馬之貞蓋謂此也今人稱婦人爲媽媽亦是此意螘亦不入他羣故呼爲馬蟻一名玄駒

蝨陰物其足六北方坎水之數也行必北首驗之果然向見一書云爾今忘其書之名

肝屬木當浮而反沉肺屬金當沉而反浮何也肝實而肺虛也石入水則沉而南海有浮石之山木入水則浮而南海有沉水之木虛實之相反也

爾雅云鳥之雌雄不可別者以其翼左掩右爲雄右掩左爲雌張華博物志亦載此說陶隱居曰鳥之雌雄難別舊云翼左覆右是雄又燒灰納水沉者是雄浮者是雌

欲知時辰之陰陽當別以鼻中氣陽時在左陰時在右亥子之交兩鼻俱通丹家所謂玉洞雙開是也

左氏傳云國狗之瘈無不噬也杜預註云瘈狂也吉世反宋書云張收嘗爲猘犬所傷食蝦蟆膾而愈猘居例反亦作狾征列切狂犬也或謂杏仁亦可治犬傷

內則云狼去腸狸去正脊兔去尻狐去首豚去腦魚去乙鼈去醜

鄭氏註云皆爲不利人也乙魚體中害人者東海鰫魚有骨名乙在目傍狀如篆乙食之鯁人不可出爾雅云魚枕謂之丁魚腸爲之乙魚尾爲之丙愚謂鄭玄謂乙爲魚骨爾雅則以爲魚腸皆以其如篆書乙字之狀也若以狼去腸推之則魚之乙非腸矣乃魚骨也

古享禮猶今前筵古宴禮猶今後筵杜預曰享有禮貌設几而不倚爵盈而不飲肴乾而不食宴則折俎相與共食

古之素積即今細摺布衫也荀子云皮弁素積楊倞註云素積爲裳用十五升布爲之蹙其腰中故謂之素積一升八十縷十五升千二百縷蓋細布也

玉藻云士不衣織鄭氏註云織染絲織之釋文云織音志今訛爲注遂稱織絲爲注絲志注聲相近也或寫爲紵絲則又轉訛矣紵者宁非註也

北方毛段細軟者曰子氄子謂毛之細者氄溫柔貌書堯典云鳥獸氄毛是也今訛爲紫茸

今之蒙衫即古之毳衣蒙謂毛之細軟貌如詩所謂狐裘蒙茸之蒙俗作氁音模其實即是毛衫毛訛爲蒙蒙又轉而爲氁

毹之異名曰毛席毯之異名曰毛褥猶竹笠呼爲竹巾東漢西域傳註毹曰毛席張衡四愁詩云美人贈我氊氍毹服虔通俗文云織毛褥謂之氍毹細者謂之毾㲪毾㲪者施之大牀之前小蹋牀之上以踏而登牀者

漆器有所謂犀皮者出西毗國訛而爲犀皮桂漿出漿國訛而爲桂漿以此推之氍毹恐即是渠搜國名音同而字不同耳西毗亦是織皮國名訛而爲西毗也渠搜織皮出書禹貢

幞頭起于周武帝以幅巾裹首故曰幞頭幞字音伏與襆被之襆同今訛爲僕唐人幞頭初以皂紗爲之後以其軟遂以桐木山子

在前襯起名曰軍容頭以爲起于魚朝恩五代相承用之至宋乃易以藤織絲者仍冒以紗後又易以漆紗周武所制不過如今之結巾就垂兩角初無帶唐人添四帶兩脚垂前兩脚垂後宋又橫兩脚以鐵綫張之庶免朝見之時偶語近時涼緇巾以竹絲爲骨如涼帽之狀而覆以皁紗易脫易戴夏月最便以此見幞頭之製亦是展轉翻騰故其様今古不同如此

琵琶又名鼙婆唐詩琵字皆作入聲音弼如斷腸猶繫琵琶弦之類是也王昭君琵琶壞使胡人重造而其形小昭君笑曰渾不似今訛爲胡撥四

張衡四愁詩云美人贈我金錯刀古之錯卽今之磋也磋千個反北人讀錯作去聲南人讀錯作入聲其實一也

鬚眉荀子作須麋楊倞註麋與眉同髭鬚亦作茲疏荀子云龍茲劉向列女傳云龍疏皆席名也楊倞云茲與髭同龍茲卽龍疏疏

鬚音相近也

拂水車拂也楊倞以爲連枷非也枷乃打稻器非拂也

吳人指積薪曰柴積積音際卽周禮天官委積之積鄭氏云委積謂牢米薪芻釋文云積子賜反今訛爲際以委積停留曰際留

女媧氏繼伏羲氏而王天下後世以女媧爲古聖女乃伏羲之妹顓頊之母豈其然乎且氏名女媧猶國名女眞又左傳所謂女艾莊子所謂偶女高孟子所謂馮婦果皆婦人乎

書云皇天后土皇者大也后卽厚也古字后厚通用也揚州后土夫人祠塑后土爲婦人像謬矣月令云其神后土註云顓帝之子孫祭法云共工氏之覇九州也其子曰后土能平九州故祀以爲社左氏傳云共工氏有子曰勾龍爲后土此豈婦人哉古者天子稱元后諸侯則爲羣后若以后土爲婦人則后夔后稷亦可爲婦人乎

溫州有土地杜十姨無夫五撮鬚相公無婦州人迎杜十姨以配五撮鬚合爲一廟杜十姨爲誰杜拾遺也五撮鬚爲誰伍子胥也少陵有靈必對子胥笑曰爾尙有相公之稱我乃爲十姨豈不雌我也

近見廉司李德裕僉事云江陵北有奉甲站初不曉奉甲爲何義詢之父老乃春申君所居春訛爲奉申訛爲甲也

有自中原來者云北方有牛王廟畫百牛于壁而牛王居其中問牛王爲何人乃冉子伯牛嗚呼冉伯牛乃爲牛王

眞武卽玄武宋避祖諱改玄爲眞夫玄武乃斗女牛虛危室壁七宿位居北方屬水江南人家祀之以厭火如漢武帝柏梁殿殿飾以鴟尾鴟乃海獸水之精也水能剋火因置此像又如徐之黃樓黃中土色土所以勝水也

朱晦庵云眞武非是有一個神人被髮者蓋玄武只是所謂青龍

白虎朱雀玄武亦非有是四个物以角星爲角心星爲心尾星爲尾是爲青龍虛危星如龜螣蛇在虛危之下故爲玄武眞宗諱玄字故改爲眞參星有四脚如虎故爲白虎翼星如翼軫星如項下嗉井星如冠故爲朱雀盧仝詩頭戴井魁揚子雲言龍虎鳥龜正是如此

玄武卽烏龜之異名龜水族也水屬北方其色黑故曰玄龜有甲能捍禦故曰武其實只是烏龜一物耳北方七宿如龜形其下有螣蛇火屬也丹家借此以喻身中水火之交遂繪爲龜蛇蟠蚪之形世俗不知其故乃以元武爲龜蛇二物

張君房集道藏之書爲雲笈七籤多雜以符呪行持因果報應之說至游子曾慥作道樞集諸仙丹詩歌訣如海蟾之還金朝元之玉芝皆在焉

石林家訓 三卷　宋葉夢得 字少蘊

旦起須先讀書三五卷正其用心處然後可及他事暮夜見燭亦復然若遇無事終日不離几案苟善于此一生永不會作向下一等人汝見吾事自知不妄吾二年來目力極昏看小字甚難然盛夏帳中亦須讀數卷書至極困乃就枕不爾胸次歉然若有未了事往往睡亦不美况晝日乎若湊晨便治俗事或兀然閒坐日復一日與書卷漸遠豈復更思學問如此不流入庸俗人則着衣喫飯一騃子弟耳况復博奕飲酒追逐玩好尋求游戲任意所欲有一于此近三二年遠五六年未有不喪身破家者此不得吾言是知也

易曰亂之所由生也言語以爲階君不密則失臣臣不密則失身莊子曰兩喜多溢美之言兩怒多溢惡之言大抵人言多不能盡實非喜卽怒喜而溢美有失近厚怒而溢惡則爲人之害多矣孟子曰言人之不善當如後患何夫已輕以惡加人則人亦必輕以

惡加我以是自相加也吾見人言類不過有四習于誕妄者每信口縱談不問其人之利害于意所欲言樂于多知者並緣形似因以增飾雖過其實自不能覺溺于愛惡者所愛雖惡強爲之掩覆所惡雖善巧爲之破毀軋于利害者造端設謀傾之惟恐不力中之惟恐不深而人之聽言其類不過二途純質者不辨是非一皆信之疎快者不計利害一皆傳之此言所以不可不慎也今汝曹前四弊吾知其或可免若後三失吾不能無憂葢汝曹涉世未深未嘗經患難于人情變詐非能盡察則安知不有因循陷溺者乎故將欲慎言必須省事擇交每務簡靜無求于事會則自然不入是非毀譽之境所與游者皆善人端士彼亦自愛已防患則是非毀譽之言亦不到汝耳汝不得已而友純質者每致其思而無輕信友疎快者每謹其戒而無輕薄則庶乎其免矣

司馬溫公作迂說其一章云迂叟之事君無他長能勿欺而已矣其事親亦然此天下名言也事君之道汝曹未易言事親吾見世人未嘗能免于欺者何者親授教訓面從而不行欺也已有過矣隱蔽使不聞欺也有懷于中避就不敢盡言欺也佯爲美觀之事未必出于情欺也曾子喪其親水漿不入口者七日而曰于吾親無所用其情吾無所用其情也曾子之孝則至矣至于難能不可繼之行欲以孝聞則未必盡其情于親者也然且自以爲過夫死而過于難猶且不敢况生而欺之乎今但能聞教訓而一一遵行不敢失墜有過失改悔不敢復爲不求不聞凡有所懷必盡告之秋毫不敢隱爲人子所當爲不爲人子所不當爲飾以掠美如是亦可以言孝則勿欺而已推是心以事君安有二道哉趙中丞無愧喪母父多侍妾每抱其父足以寢不敢去跬步設心如此其誰曰不然而或者父母年高夜則三起扣寢戸問安至增損衣衾以時其寒溫親反厭煩不能得安而人以爲賢若是者以爲美可乎

汝曹願爲無愧不願爲或者古之人以立身揚名爲孝而口體之奉下焉推此非特爲天下孝子亦當爲天下忠臣也

兄弟輯睦最是門戸久長之道然必須自少積累使友愛出于至誠不見纖毫疑間乃能愈久愈篤若纔有一毫異心萌于胸中則必有因而乘之者初不自覺忽然而于成隙則雖欲救之不可及也吾觀近世兄弟間失和事雖不一然其大有二溺妻妾之私以口語相諜較貨物之入以增減相奪類此不可不預知而早戒也吾恨平生無兄弟不得以所行示汝等然許章二姑氏則汝等親見之矣汝母之于二姑氏則汝等親聞之矣少師捐館惟二姑氏未嫁榮國太夫人追念不已吾思無以得其意惟二姑氏得佳婿盡吾力嫁遣猶庶幾其可既得許章二人初免喪家無餘貲爲汝陽守假貸于陳州蔡寬夫侍郎得三千許緡而吾汝陽俸八百給外銖寸儲積汝母積箱篋所有僅留伏臘衣衾其餘一金不以自

有如是數月併歸二婿奩具亦不致儉薄汝母不幸至今二姑氏語之出涕豈可強爲而吾二十年間所以待二姑氏者如一日也自喪亂以來相失其居此山不惟榮國太夫人年高二姑氏朝夕左右足以供養吾視世道方難衣冠士族骨肉相保者無幾雖欲跬步相離亦不可得也矣今汝兄弟五人能如吾所以處二姑氏則吾門胄猶未艾也

說郛卷第七十五終

說郛卷第七十六

青箱雜記

文章純古不害其爲邪文章豔麗亦不害其爲正然或見文章鋪陳仁義道德便謂之正人若言及花草月露便謂之邪人茲亦不盡也皮日休曰予嘗慕宋璟之爲相疑其鐵石爲心腸不解吐婉媚辭及觀其文而有梅花賦清便富豔得南朝徐庾體然予觀近世所謂正人端士者亦皆有豔麗之詞如前世宋璟之比今並錄之

乖崖公張詠席上贈官妓小英歌曰天教摶百花摶作小英明如花住近桃花坊北面門庭掩映如仙家美人宜稱言不得龍腦薰花香入骨維揚軟縠如雲英亳郡輕紗似蟬翼我疑天上婺女星之精偷入筵中名小英又疑王母侍兒初失意謫向人間爲飲妓

不然何得膚如紅玉初碾成眼似秋波雙臉橫舞態因風欲飛去歌聲遏雲長且清有時歌罷下香砌幾人魂魄遙相驚人看小英心已足我看小英心未足爲我高歌送一杯我今贈爾新翻曲

韓魏公晚年鎮北都一日病起作點絳脣小詞云病起厭厭宴對堂前花樹添憔悴亂紅飄砌滴盡胭脂淚惆悵前春誰向花前醉愁無際武陵回睇人遠波空翠

司馬溫公亦嘗作阮郎歸小詞曰漁舟容易入春山仙家日日閑綺紗窗院映朱顏相逢醉夢間松露冷海波殷匆匆整棹還落花寂寂水潺潺重尋此路難

曹修古立朝最號剛方蹇諤嘗見池上有所似者亦作小詩寓意曰荷葉罩芙蓉圓青映嫩紅佳人南陌上翠蓋立春風

楊湜詞話載溫公西江月詞云寶髻鬆鬆挽就鉛華淡淡妝成輕烟翠霧罩娉婷飛絮遊絲無定相見爭如不見有情還似無情笙

歌散後酒初醒深院月明人靜

東皋雜錄云世傳溫公有西江月一詞今復得錦堂春云紅日遲遲虛廊轉影槐陰迤邐西斜彩筆工夫難狀晚景烟霞蝶尚不知春去漫繞幽砌尋花奈狂風過後縱有殘紅飛向誰家始知青春無價嘆飄蓬宦路荏苒年華今日笙歌叢裏特地咨嗟席上青衫溼透算感舊何止琵琶怎不教人易老多少離愁散在天涯

盧仝集有所思及樓上女兒曲自君之出矣愁夢行等篇皆豔詞也陶淵明亦有閑情賦

苕溪漁隱云予閱宛陵集見一曲其詞乃爲南陽一娼話離別而作然則謹厚者亦復爲之邪其曲云妾家鄧侯國肯愧邯鄲姝世本富繪綺嬌愛比明珠十五學組紃未嘗開戶樞十六失所適姓名傾里閭十七善歌舞使君邀宴娛自茲著樂府不得同羅敷涼溫忽荏苒屢接朝大夫相歡不及情何異逢路衢昨日一見郎目色曾不渝結愛從此篤蹔隔猶云疎如何遂從宦去涉千里塗郎跨青驄馬妾乘白雲駒送郎郎未遠別妾妾情孤不如水中鱗雙雙依綠蒲不如雲間鵠兩兩下平湖魚鳥尚有托妾今誰與俱去去約春華終朝怨日晡一心思杏子便擬見梅花梅花幾時吐頻搯闌干數東風若見郎重爲歌金縷

侯鯖集又有花娘歌翡翠詞

吹劍錄載范文正守饒喜妓籍一小鬟既去以詩寄魏介曰慶朔堂前花自栽便移官去未曾開年年長有別離恨已托春風幹當來介買送公王衍曰情之所鍾正在我輩以范公而不能免慧遠曰順境如磁石遇針不覺合而爲一處無情之物尚爾況我終日在情裏做活計邪張衡作定情賦蔡邕作靜情賦淵明作閑情賦蓋尤物能移人情蕩則離反故防閑之

獨斷 二卷　蔡邕 字伯喈

漢天子正號曰皇帝自稱曰朕臣民稱之曰陛下其言曰制詔史官記事曰上車馬衣服器械百物曰乘輿所在曰行在所所居曰禁中後曰省中印曰璽所至曰幸進曰御其命令一曰策書二曰制書三曰詔書四曰戒書

皇帝皇王后帝皆君也上古天子庖犧氏神農氏稱皇堯舜稱帝夏殷周稱王秦承周末爲漢驅除自以德兼三皇功過五帝故并以爲號漢高祖受命功德宜之因而不改也

王者至尊四號之別名

王畿內之所稱王有天下故稱王

天王諸夏之所稱天下之所歸往故稱天王

天子夷狄之所稱父天母地故稱天子

天家百官小吏之所稱天子無外以天下爲家故稱天家

天子正號之別名

皇帝至尊之稱皇者煌也盛德煌煌無所不照帝者諦也能行天道事天審諦故稱皇帝

朕我也古者尊卑共之貴賤不嫌則可同號之義也堯曰朕在位七十載皐陶與帝舜言曰朕言惠可底行屈原曰朕皇考此其義也至秦天子獨以爲稱漢因而不改也

陛下者陛階也所由升堂也天子必有近臣執兵陳于階側以戒不虞謂之陛下者羣臣與天子言不敢指斥天子故呼在階下者而告之因卑達尊之意也上書亦如之及羣臣士庶相與言曰殿下閣下執事之屬皆此類也

上者所謂尊位所在也太史令司馬遷記事當言帝則依違但言上不敢媟瀆言尊號尊王之義也

乘輿出于律律曰敢盜乘輿服御物謂天子所服食者也天子至尊不敢媟瀆言之故託之于乘輿乘猶載也輿猶車也天子以天

下爲家不以京師宮室爲常處則當乘車輿以行天下故羣臣託乘輿以言之或謂之車駕

天子自謂曰行在所猶言今雖在京師行所至耳

禁中者門戶有禁非侍御者不得入故曰禁中

璽者印也印者信也天子璽以玉螭虎紐古者尊卑共之月令曰固封璽

幸者宜幸也世俗謂幸爲僥倖車駕所至臣民被其德澤以僥倖故曰幸也

策書策者簡也禮曰不滿百丈不書于策其制長二尺短者半之其次一長一短兩編下附篆書起年月日稱皇帝曰以命諸侯王三公其諸侯王三公之薨于位者亦以策書誄謚其行而賜之

制書帝者制度之命也其文曰制詔三公赦令贖令之屬是也

詔書者詔誥也有三品其文曰告某官如故事是爲詔書羣臣有所奏請尚書令奏之下有制曰天子答之曰可若下某官云云亦曰詔書

戒書戒勑刺史太守及三邊營官被敕文曰有詔敕某官是爲戒敕也世皆名此爲策書失之遠矣

凡羣臣上書于天子者有四名一曰章二曰奏三曰表四曰駁議

章者需頭稱稽首上書謝恩陳事詣闕通者也奏者亦需頭其京師官但言稽首下言稽首以聞其中者所請謂若罪法劾案公府送御史臺公卿校尉送謁者臺也表者不需頭上言臣某言下言臣某誠惶誠恐頓首頓首死罪死罪其有疑事公卿校尉百官會議若臺閣有所正處而獨執異意者曰駁議駁議曰某官某甲議以爲如是下言臣愚戇議異其非駁議不言議異其合于上意者文報曰某官某甲議可

漢承秦法羣臣上書皆言昧死言王莽盜位慕古法去昧死曰稽首光武因而不改朝臣曰稽首頓首非朝臣曰稽首再拜公卿侍中尚書衣帛而朝曰朝臣諸營校尉將大夫以下亦爲朝臣

王者臨撫之別名

天子曰兆民諸侯曰萬民百乘之家曰百姓

天子所都曰京師京水也地下之衆者莫過于水地上之衆者莫過于人京大師衆也故曰京師也

京師天子之畿內千里象日月日月躔次千里

天子命令之別名

命出君下臣名曰命

令奉而行之名曰令

政著之竹帛名曰政

天子父事天母事地兄事日弟事月常以春分朝日于東門之外示有所尊訓人民事君之道也秋夕夕月于西門之外別陰陽之

義也天子父事三老者適成于天地人也兄事五更者訓于五品也更者長也更相代至五也能以善道改更己者

三代建正之別名

夏以十月爲正十寸爲尺律中大簇言萬物始簇而生故以爲正也殷以十二月爲正九寸爲尺律中大呂言陰氣太勝助黃鐘宣氣而萬物生故以爲正也周以十一月爲正八寸爲尺律中黃鐘言陽氣踵黃泉而出故以爲正也

三代年歲之別名

唐虞曰載載歲也言一歲莫不覆載故曰載也夏曰歲稔也商曰祀周曰年

閏月者所以補小月之餘日以正歲數故三年一閏五年再閏

天子諸侯后妃夫人之別名

天子之妃曰后后之言後也諸侯之妃曰夫人夫人之言扶也大

夫曰孺人孺之言屬也士曰婦人婦之言服也庶人曰妻妻之言齊也公侯有夫人有世婦有妻有妾皇后赤綬玉璽貴人緺綬金印緺綬色以綠

天子后立六宮之別名

三夫人帝嚳有四妃以象后妃四星其一明者爲正妃三者爲次妃也九嬪夏后氏增以三三而九合十二春秋天子一取十二夏制也二十七世婦殷人又增三九二十七合三十九人八十一御女周人上法帝嚳正妃又九九爲八十一增之合百二十一人也

天子一取十二女象十二月三夫人九嬪諸侯一取九女象九州一妻八妾卿大夫一妻二妾士一妻一妾

王者子女封邑之差

帝之女曰公主儀比諸侯帝之姊妹曰長公主儀比諸侯王異姓婦女以恩澤封者曰君比長公主也

天子諸侯宗廟之別名

左宗廟東曰左帝牲牢三月在外牢一月在中牢一月在明牢一月謂近明堂也三月一時以足肥矣徙之三月示其潔也

右社稷西曰右宗廟社稷皆在庫門之內雉門之外天子三昭三穆與太祖之廟七七廟一壇一墠曰考廟王考廟皇考廟顯考廟皆月祭之諸侯二昭二穆與太祖之廟五五廟一壇一墠曰考廟王考廟皇考廟顯考廟皆月祭之

大夫以下廟之別名

大夫一昭一穆與太祖之廟三三廟一壇考廟王考廟四時祭之也士二廟降大夫二也上士二廟一壇考廟王考廟亦四時祭之而已自立二祀曰門曰行下士一廟曰考廟王考無廟而祭之所謂祖稱曰廟者也亦立二祀與上士同府史以下未有爵命號爲庶人及庶人皆無廟四時祭于寢也

周祧文武爲祧四時祭之而已去祧爲壇去壇爲墠有禱焉祭之無禱乃止去墠曰鬼壇謂築土起堂墠謂築土而無屋也

薦考妣于適寢之所祭

春薦韭卵夏薦麥魚秋薦黍豚冬薦稻鴈制無常牲取于新物相宜而已

天子之宗社曰泰社天子所爲羣姓立社也天子之社曰王社一曰帝社古者命將行師必于此社授以政尙書曰用命賞于祖不用命戮于社

諸侯爲百姓立社曰國社諸侯之社曰侯社有亡國之社古者天子亦取亡國之社以分諸侯使爲社以自儆戒屋之奄其上使不通天柴其下使不通地自與天地絕也面北向陰示滅亡也

大夫以下成羣立社曰置社大夫不得特立社與民族居百姓已上則共立一社今之里社是也

天子社稷土壇方廣五丈諸侯半之

天子社稷皆大牢諸侯社稷皆少牢

天子爲羣姓立七祀之別名

曰司命曰中霤曰國行曰國門曰泰厲曰戶曰竈

諸侯爲國立五祀之別名

曰司命曰中霤曰國行曰國門曰公厲

大夫以下自立三祀之別名

曰族厲曰門曰行

四代臘之別名

夏曰嘉平殷曰清祀周曰大蜡漢曰臘

五帝臘祖之別名

青帝以未臘卯祖赤帝以戌臘午祖白帝以丑臘酉祖黑帝以辰臘子祖黃帝以辰臘未祖

天子大蜡八神之别名

蜡之爲言索也祭曰索此八神而祭之也大同小異爲位相對向祝曰土反其宅水歸其壑昆蟲毋作豊年若上歲取千百

先嗇　司嗇　農　郵表畷　貓虎　坊　水庸　昆蟲

五祀之别名

法施于民則祀以死勤事則祀以勞定國則祀能禦大災則祀能扞大患則祀

六號之别名

神號尊其名更爲美稱若曰皇天上帝也鬼號若曰皇祖伯某祇號若曰后土地祇也牲號牛曰一元大武羊曰柔毛之屬也齊號黍曰薌合粱曰香萁之屬也幣號玉曰嘉玉幣曰量幣之屬也

凡祭祀宗廟禮牲之别名

牛曰一元大武豕曰剛鬣豚曰肥腯羊曰柔毛雞曰翰音犬曰羹

獻雉曰疏趾兎曰明視

凡祭號牲物異于人者所以尊鬼神也脯曰尹祭槀魚曰商祭鮮魚曰脡祭水曰淸滌酒曰淸酌黍曰薌合粱曰香萁稻曰嘉疏鹽曰鹹鹺玉曰嘉玉幣曰量幣

太祝掌六祝之辭

順祝願豊年也年祝求永貞也告祝祈福祥也化祝弭災兵也瑞祝逆時雨寧風旱也策祝遠罪病也

五等爵之别名

三公者天子之相相助也助理天下其封百里侯者候也候逆順也其地方百里伯者白也明白于德其地方七十里子者滋也奉天王之恩澤其地方五十里男者任也立功業以化民其地方五十里

守者秦置也秦兼天下置三川守伊河洛也漢改曰河南守武帝命曰太守世祖都洛改曰正

諸侯大小之差

諸侯王皇子封爲王者稱曰諸侯王徹侯羣臣異姓有功封者稱曰徹因武帝諱改曰通侯或曰列侯也朝侯諸侯有功德者天子特命爲朝侯位次諸卿

王者耕耤田之别名

天子三推三公五推諸侯卿九推

三代學校之别名

夏曰校殷曰庠周曰序天子曰辟雍流水四面如璧以節觀者諸侯曰泮宮泮者半也義亦如上

五帝三代樂之别名

黃帝曰雲門顓頊曰六莖帝嚳曰五英堯曰咸池舜曰大韶一曰大招夏曰大夏殷曰大濩周曰大武天子八佾八八六十四人八

者象八風所以風化天下也公之樂六佾象六律也侯之樂四佾象四時也

朝士卿朝之法

左九棘孤卿大夫位也羣臣在其後右九棘公侯伯子男位也羣吏在其後三槐三公之位也州長衆庶在其後

四代獄之别名

唐虞曰士官史記曰皐陶爲理尙書曰皐陶作士夏曰均臺周曰圄圉漢曰獄

四夷樂之别名

王者必作四夷之樂以定天下之歡心祭神明和而歌之以管樂爲之聲

東方曰韎南方曰任西方曰侏離北方曰僸（一作昧離一作禁）

續書譜

宋姜夔（字堯章鄱陽人）

總論

眞行草書之法其原出于蟲篆八分飛白章草等圓勁古淡則出于蟲篆點畫波潑則出于八分轉換向背則出于飛白簡便痛快則出于章草然而眞草與行各有體製歐陽率更顏平原輩皆以眞爲草李邕李西臺輩以行爲眞亦以古人有專工正書者有專工草書者有專工行書者信乎其不能兼美也或云草書千字不抵行書十字行書十字不抵眞書一字意以爲草至易而眞至難豈眞知書者哉大抵下筆之際盡倣古人則少神氣專務遒勁則俗病不除所貴習熟兼通心手相應斯爲妙矣趙白雲先生作歐陽率更書訣亦能言其梗概孫過庭論之又詳皆可參稽之

眞

眞書以平正爲善此世俗之論唐人之失也古今眞書之妙無出鍾元常其次則王逸少今觀二家之書皆瀟洒縱橫何拘平正良

由唐人以書判取士而士大夫字畫類有科舉習氣顏魯公作干祿字書是其證也矧歐虞顏柳前後相望故唐人下筆應規入矩無復晉魏飄逸之氣且字之長短小大斜正疏密天然不齊孰能一之謂如東字之長西字之短口字之小體字之大朋字之斜當字之正千字之疎萬字之密畫多者宜瘦畫少者宜肥魏晉書法之高良由各盡字之眞態不以私意參之耳或者專喜方正則極意歐顏或者專務勻圓專師虞永或謂體須稍匾則自然平正此又有徐會稽之病或云欲其蕭散則自不塵俗此又有王子敬之風豈足以盡法書之美哉眞書用筆自有八法吾嘗採古人字列之以爲圖今略言其指如點者字之眉目全藉顧盼精神有向有背隨字異形橫直畫者字之骨體欲其堅正圓淨有起有止貴長短合宜結束堅實ノ㇏（音撇　音拂）者字之手足伸縮異度變化多端要如魚翼鳥翅有翩翩自得之狀挑剔者字之步履欲其沉實晉人挑剔或帶斜拂或橫引向外至顏柳始正鋒爲之正鋒則無飄逸之氣轉折者方圓之法眞多用折草多用轉折欲少駐駐則有力轉欲不滯滯則不遒然而眞以轉而後遒草以折而後勁不可不知也懸針者筆欲極正自上而下端若引繩若垂而復縮謂之垂露翟伯壽問于米老曰書法當如何米老曰無垂不縮無往不收此必至精至熟然後能之古人遺墨得其一點一畫皆昭然絕異者以其用筆精妙故也大令以來用筆多失一字之間長短相補斜正相拄肥瘦相混求妍媚于成體之後至于今世尤甚

用筆

用筆不欲太肥肥則形濁不欲太瘦瘦則形枯不欲多露鋒芒則意不持重不欲深藏圭角則體不精神不欲上小下大不欲左低右高不欲前多後少

草

草書之體如人坐臥行立揖遜忿爭乘舟躍馬歌舞擗踊一切變態非苟然者又一字之體率有多變有起有應如此起者當如此應各有義理王右軍書羲之字當字得字深字慰字最多多至數十字無有同者而未嘗不同也可謂從心所欲不踰矩矣大凡學草書先當取法張芝皇象索靖等章草則結體平正下筆有源然後仿王右軍申之以變化鼓之以奇崛若泛學諸家則字有工拙筆多失誤當連者反斷當斷者反續不識向背不知起止不悟轉換隨意用筆任筆賦形失悞顚錯反爲新奇自大令以來已如此矣況今世哉

用筆

用筆如折釵股如屋漏痕如錐畫沙如壁拆此皆後人之論折釵股者欲其屈折圓而有力屋漏痕者欲其無起止之跡錐畫沙者欲其勻而藏鋒壁拆者欲其無布置之巧然皆不必若是筆正則

藏鋒筆偃則鋒出一起一倒一晦一冥而神奇出焉常欲筆鋒在畫中則左右皆無病矣

用墨

作楷則墨欲乾然不可太燥行草則燥潤相雜潤以取妍燥以取險墨濃則筆滯燥則筆枯亦不可不知也筆欲鋒長勁而圓長則含墨可以運動勁則有力圓則妍美予嘗評世有三物用不同而理相似良弓引之則來舍之則急往世俗謂之揭箭好刀按之則曲舍之則勁直如初世俗謂之回性筆鋒亦欲如此若一引之後已曲不復挺又安能如人意耶故長而不勁不如勿長勁而不圓不如不勁蓋紙筆墨皆書法之助也

行書

嘗夷攷魏晉行書自有一體與草不同大率變眞以便于揮運而已草出于章行出于眞雖曰行書各有定體縱復晉代之賢亦苦

不相遠蘭亭記及右軍諸帖第一謝安石大令諸帖次之顔楊蘇米亦後世可觀者大要以筆老爲貴少有失悞亦可輝映所貴乎濃纖間出血脉相連筋骨老健風神灑落姿態備具眞有眞之態度行有行之態度草有草之態度必須博習可以兼通

六一筆記一卷　歐陽修

老氏說

前後之相隨長短之相形推而廣之萬物之理皆然也不必更言其餘然老子爲書比其餘諸子以爲簡要也其于覈見人情尤爲精簡非莊周愼到之倫可擬其言雖若虛無而于治人之術至矣

富貴貧賤說

貧賤常思富貴富貴必履危機此古人之所嘆也惟不思而得既得而不患失之者其庶幾乎富貴易安而患于難守貧賤難處而患于易奪居富貴而能守者周公也在貧賤而能久者顔回也然爲顔回者易爲周公者難也君子小人之用心常異趣于此見之小人莫不欲富貴而不知所以守是趣禍罪而惟恐不及也君子莫不安于貧賤爲小人者不閔則笑是閔笑人之不捨其所樂而趣于禍罪也其爲異趣相反如此則其所爲不得不事事異也故與小人共事者難于和同凡事不和同則不濟古之君子有用權以合正者爲至難也若其事君之忠主于誠信有欲濟其事顧不害其正亦有用權之助者此可以理得難以言傳孔子所以置而不論也推誠以接物有害其身者仁人不悔也所謂殺身以成仁然其所濟者遠矣非常情之可企至也

鐘莛說

甲問于乙曰鑄銅爲鐘削木爲莛叩鐘則鏗然而鳴然則聲在木乎在銅乎乙曰以莛叩垣牆則不鳴叩鐘則鳴是聲在銅甲曰以莛叩錢積則不鳴聲果在銅乎乙曰錢積實鐘虛中是聲在虛器之中甲曰以木若泥爲鐘則無聲聲果在虛器之中乎

駟不及舌說

俗云一言出口駟馬難追論語所謂駟不及舌也若校其理即俗諺爲是然則泥古之士學者患之也

學書靜中至樂說

有暇則學書非以求藝之精直勝勞心于他事爾以此知不寓心于物者眞所謂至人也寓于有益者君子也寓于伐性汨情而爲害者愚惑之人也學書不能不勞獨不害性情耳要得靜中之樂者惟此耳

夏日學書說

夏日之長飽食難過不自知愧但思所以寓心而消晝暑者惟據案作字殊不爲勞當其揮翰若飛手不能止雖驚雷疾霆雨雹交下有不暇顧也古人流愛信有之矣字未至于工尚已如此使其

樂之不厭未有不至于工者使其遂至于工可以樂而不厭不必取悅當時之人垂名于後世要于自適而已嘉祐七年正月九日補空

學書自成一家說

學書當自成一家之體其摹放他人謂之奴書安昌侯張禹曰書必博見然後成其眞僞予實見書之未博者廬陵歐陽修嘉祐三年十一月冬至日

李白杜甫詩優劣說

落日欲沒峴山西倒着接䍦花下迷襄陽小兒齊拍手大家爭唱白銅鞮此常言也至于清風明月不用一錢買玉山自倒非人推然後見其橫放其所以警動千萬者固不在此也杜甫于白得其一節而精強過之至于天才自放非甫可到也

薛道衡王維詩說

空梁落燕泥未爲絕警而楊廣不與薛道衡解仇于泉下豈荒楊所趣止于此耶大風飛雲信是英雄之語也若漠漠水田飛白鷺陰陰夏木囀黃鸝終非己有又何必區區于竊攘哉

峽州詩說

春風疑不到天涯二月山城未見花若無下句則上句何堪既見下句則上句頗工文意難評蓋如此也

辨甘菊說

本草所載菊者世所謂甘菊俗又謂家菊其苗澤美味甘香可食今市人所賣菊苗其味苦烈迺是野菊其實蒿艾之類強名爲菊耳家菊性涼野菊性熱食者宜辨之予近來得家菊植于西齋之前遂作詩云明年食菊知誰在自向欄邊種數叢予有思去之心久矣不覺發于斯

博物說

蟪蛄是爽物草木蟲魚詩家自爲一學博物尤難然非學者本務以其多不專意所通者少苟有一焉遂以名世當漢晉武帝有東方朔張華皆博物

道無常名說

道無常名所以尊于萬物君有常道所以尊于四海然則無常以應物爲功有常以執道爲本達有無之至理適用舍之深機詰之難以言窮推之不以迹見

物有常理說

凡物者必有常理而推之不可知者聖人之所不言也磁石引針蝍蛆甘帶松化虎魄

誨學說

玉不琢不成器人不學不知道然玉之爲物有不變之常德雖不琢以爲器而猶不害爲玉也人性因物則遷不學則捨君子而爲

小人可不念哉

祛疑說一卷 儲泳 雲間人

正法出于自然故感應亦廣大邪法出于人爲故多可喜之術予嘗見呪水自沸者不施藥物立使騰沸始甚奇之及得其說乃以豬脬藏袖中用手法助之耳如移景之法類多彷彿惟一法如烈日中影人無不見視諸家移景之法特異及得其說乃隱像于鏡設燈于旁燈鏡交輝傳影于紙此術近多施之攝召良可笑也大抵行持正法不過正心誠意而物格本無心于奇怪之應非如邪法之專于惑世駭俗聳動見聞也至于召雷而雷禱雨而雨此亦誠通物格之妙自然而已豈容以人僞參之哉

幼時嘗聞一道士有斬鬼之法每置劍空室中以水噀之叱其斬妖對衆封閉來日啓之流血滿地數年後旅寓中得親見此道士既久聞名厚加禮遇而求其法始甚珍祕久之許傳乃出示一草

寶密以擦劍含水大噴經夕視之水皆血色一見釋然蓋人之與鬼陰陽一氣耳一氣受形而爲人一氣離形而爲鬼血因形而生旣不受形何從有血天下未有無形而有血者君子可欺以其方難罔以非其道惟達理者不受非道之欺

舊聞呪棗而起烟或呪而棗焦者心雖知其爲術不知其所以爲術也後因叩之道師乃知棗之烟者藏藥于棗託名以呪然之則藥如烟起其棗之焦者藏鏡于頂感召陽精舉棗就鏡頂之自焦是知奇怪之事非藥則術不足多也

向有行雷法者以夜遊艾納數藥合而爲香每燒則烟聚爐上人身烏翼恍如雷神所至敬向不知其爲藥術也師巫多挾術以欺世向見一女巫應有祈禱必納香錢使自投于淨盂中隨即不見人多神之後得其術乃用荸薺水銀雜草藥數種埋之地中七七藥成每密投少許于水中錢入即化挾邪術託鬼神以欺世如此類者甚多不欲盡紀姑敘數端以祛後來者之惑

降筆之法甚多封書降筆者最異其封愈多而牢其拆愈易而疾惑而信者多矣不動全封可隨意而書寫或以天麻子油書之不見其跡此實鬼拆書之術耳然有挾此資生者故不欲著其所以拆云

向過一道友能呼鵲雀之類從而求之幾月乃許傳授其法用活雄鳩血書符殺命助靈心已不喜先授七字呪約且日教以作用閱其呪語盡從反犬有狐狸等字方知此爲嶺南妖術耳遂不卒受其說彼察知不悅亦就辭去戲已無益矧左道乎好怪傷生尤非仁人君子之事

自幼愛接道友有一人能呼鼠蛩聚久之遺去亦能祛蚊自謂以法追禁始亦疑之久相與處察其動靜悉非呪法每欲呼鼠必先期收市狼糞黑犬皮之類惟祛蚊之術不可知一夜醉寢取其篋

中香末試燒蚊悉遁去但不知其用藥然正作荷花香來日叩之微笑不荅想亦荷花之鬚耳

覆射之法甚多如覆命認錢之類無非暗號如左右多少之類出于筭法此不足道惟一法用七言詩兩首括天下字凡有音者皆包羅而不遺兩詩各四十九字分前後片前片四十九字內以三字分上去入聲一字爲疊實四十五字耳此四十五字分喉齒脣舌四音後四十九字總括諸韻合成反切故天下字無不可知人但見其或擊鑼鼓或用片紙反覆以錢不知其以四十九字寄倖于此也然可求者字之音難窮者字之體必能通文理而後可學否則亦徒然爾然立法簡妙不可得以智識推度因著此以廣好事者之見

欺世之術君子之未達者固多察之察而知其所以爲邪足矣如知其邪而邪之非上善之用心也故予特序其術之大概而不言其全正慮是也

人惟一覺性耳覺之一字可以斷疑情祛邪妄一雜亂返眞常人苟氣宇清明心神虛爽邪魅何從而入惟其昏擾濁亂自生顛倒見解故外邪客氣乘之然外邪客氣卽我之顚倒見解而已非外來也由內不自正故曰外邪心無所主故曰客氣當知覺性易昏惟誠以養之則明定以持之則淸淸明之極道乃可成謹敬事神不若還以事其性天之神也

世之論鬼神者有二持福善禍淫之說者泥于有持萬法惟心之說者著于無不究端倪皆非至當夫鬼神者本無形迹之可見聲臭之可求謂之有則不可至于寒暑之代謝日星之運行雷電風雨之倏變倏化非鬼神之顯著者乎此謂之無則又不可蓋天地之間惟陰陽耳天地者陰陽之祖也神者天之陽精鬼者地之陰氣陰陽者天地之妙用鬼神者陰陽之變化自天統開于子輕淸

之氣一萬八百年升而爲天天之晶華凝結而爲日月星辰成象旣著功用乃行地統開于丑重濁之炁一萬八百年凝而爲地地之蘊氣融結而爲山川河嶽成形旣定肸蠁攸召天之一氣列而爲淸明之神主造化運四時地之一氣鍾而爲福德之鬼鎭土宇司五嶽如天一生水于北水之精化爲玄武位鎭朔方此天地自然之道豈驅而爲之哉鬼神者陰陽顯著之名耳二氣運行本無形迹之可見固不可謂之有及其機微之積錯糅之變則風霆流形妖祥示像此天地之鬼神也故聖人謂鬼神之德易謂鬼神之情狀又其可謂之無乎鬼神者陰陽之粹精也依氣而聚散氣者形之始也氣聚則顯然成象氣散則泯然無迹本于無而出于有出于有而入于無古人謂鬼隱龍匿莫知其蹤是也夫幽深寥闃

淪寂無聲視之不見聽之不聞若推本則無也或見光景或聞音聲如在其上如在其左右者氣感而有也惟人稟陽于天受陰于地生神于陽成形于陰鬼神造化皆備于我特其體有小大故鬼神之功用與天地有等殊耳知此理則知鬼神之情狀

赤口小煞耳人或忤之率多鬬訟原其起法以四位求之常值于巳以十二支求之常值辰戌蓋魁罡乃天之惡神巳位屬蛇有嚙人之毒也然用之亦活法不可以此小害遽廢良日如赤口值寅巳酉戌則不可用餘皆無害蓋四位所屬皆能以口傷物其煞乃行他位値之不必盡避

說郛卷第七十六終

說郛卷第七十七

東谷所見一卷　李之彥

予閑居獨坐觸事動心據所見隨錄友朋目之屢請刋行不可辭然任意迅筆言無忌諱予所見與人所見未必盡合也有見而喜亦有見而怒知我罪我其惟此見乎

先壠

人子之于親苟虧生事之禮雖葬與祭致其力何足以言孝故曰祭之厚不如養之薄吾鄉多于至節歲節淸明詣墳所經半載餘置其親于荒墟已爲非禮乘祭之後大率與兄弟妻子親戚契交放情游覽盡歡而歸至節歲節非掃松也祇賞梅耳淸明非省墓也祇踏靑耳然則人子何以處此當揆之于心平日稍能孝養雖祭後舉杯酌亦未害若孝養有虧即當收斂酒饌返舍潛自尅責

庶幾亦不至大得罪於名教大獲譴於造物予嘗喜一前輩作初入仕啓兩句云祿不及親飽妻孥而何益遂耦其兩句忠未報國對師友以多慚于斯可見其人不惟能孝于親又能忠于君矣

壽命福德

願我壽命長常行一切善願我福德盛普濟一切人此語恐未爲的論人之念慮一正則萬善可觸類而通行一善則萬善皆萌蘖于此若必待壽命長而後行一切善則壽命不長一切善必不行矣顏子如之何而造道耶此兩句猶庶幾如下兩句則有大不然者願我福德盛普濟一切人則是我獨富足人多窘匱我常得爲人之惠主人皆仰我以周給是誠何心哉予欲改此兩句曰願人福德盛不待我普濟

殺人欠債

諺有之殺人償命欠債還錢理也近世豪家巨室威力使令逼人

致死但捐財賄餌血屬坦然無事至如人或逋負必欲迫取償必使投溺自經然後已由此觀之乃是殺人還錢欠債償命

異端

士君子莫不知崇尚正學排斥異端然朝廷及州縣間遇旱澇凶荒非黃冠設醮則浮屠禮懺平日排斥異端至此則倚仗異端豈吾儒感格之道耶切所未喻

養子

知子莫若父當年少時觀其讀書之利鈍行事之醇疵即可覘其終身之賢不肖也使其賢耶他日自能成立何必勞心勞力積財以遺之而損賢者之志也使其不肖耶他日必致敗壞又何必勞心勞力積財以遺之而益不肖之過也縱不免儲蓄以爲憑藉之計亦豈可妄求而自取損德之殃世邇有明見其子之不肖猶挾兔狡而規利逞鼠技以貽謀殊不知一傳而傾覆有不待其父之

瞑目而家貲已散而之他矣吁有此豚犬枉作馬牛

擇師

擇師教子弟正望其成人克紹實非細事不可忽也中產之家師席固不當需索富貴之家何待師席之需索書院中凡百自當如儀每見富貴者寧豐財多粟納好寵姬何嘗肯隆禮厚幣延好師席寵姬粧首飾則甚易子弟買書册則甚難蘭房用度必是周緻書院缺典置之不問氣象如此宜乎碩師去而庸師來碩師有抱負有見識合則留不合則去庸師無學問以自持惟佞諛而媚主庸師固棲身之謀一年復留一年子弟乏開導之益一日昏鈍一日及其長也塊然一物而已耳此豈特庸師之過殆亦父兄之過也有子弟者其亦知所戒哉

勸學文

勸學文曰書中自有黃金屋又曰賣金買書讀讀書買金易自斯言一入于胸中未得志之時已萌貪饕既得志之後恣其掊克惟以金多爲榮不以行穢爲辱屢玷白簡恬然自如雖有清議置之不卹然司白簡持清議者又未必非若而人也毋怪乎玩視典憲爲具文置一切廉恥于掃地氣習日勝若根天眞惟知肥家庇族而已亦不知其爲蠹國害民也得非蔽錮于勸學文而然耶是固不可不深責貪饕之徒亦不可不歸咎於勸學文有以誤之也

名利

或問殷浩曰將蒞官而夢棺將得財而夢糞何也浩對曰官本臭腐故將蒞官而夢尸財本糞土故將得財而夢穢世以爲知言予因喜曰予之不得名利者是造物不以臭腐待我也不以糞土予我也出之于汚穢之途而躋之于清高之境脫之于鄙陋之地而措之于道義之域拜造物之賜多矣世人名利稍不得志輒起怨尤何其蠢哉

錢

半輪殘月掩塵埃依稀猶有開元字想見淸光未破時買盡人間不平事古人詠錢如此以予觀之錢之爲錢人所共愛勢所必爭骨肉親知以之而搆怨稔釁公卿大夫以之而敗名喪節勞商遠賈以之而捐軀殞命市井交易以之而鬬毆戮辱乍來乍去倏貧倏富其籠絡乎一世者大抵福于人少而禍于人多嘗熟視其形模金旁着兩戈字眞殺人之物而世人莫之悟也吁錢乎錢乎以我之貧求汝活我而不可得我固無奈汝何而以我之不貪汝欲殺我而不可得汝亦無奈我何

朋友

君子以文會友以友輔仁友也者友其德也當親密之時握手論心必使君臣父子之倫兄弟夫婦之倫粹然一出于正此交友第一義也夫何世變日薄友道掃地惟酒饌追隨有無周濟穢言相

諛術數相勝于是規圖便利諂諛取容此妾婦耳非友也㗖以濡沫甘效奔走此奴隸耳非友也惟恐少有攖拂而取疎遠故隨事苟徇而覬親密乘其父子之睚眦即導之以不慈不孝乘其兄弟之鬩牆即導之以不友不恭乘其夫婦之反目即導之以不琴不瑟謬引古今眩亂是非指鹿爲馬野鳥爲鸞皆此等輩也其間稍有見識廉恥者必浩然而去所友者惟小人抑亦何所不至哉

故舊

故舊不遺則民不偷世俗薄故舊衰平日同筆硯同出處同貧賤同患難相與相愛不啻骨肉一旦得志有若路人吁犬不忘家燕尋舊壘彼既犬燕之不若亦何足責世人多以富貴忘舊爲憾此特不能理遣耳理遣宜如何曰譬如當初不相識

好官好人

偶見士大夫壁間碑刻曰好官易做好人難做衆咸謂知言予切

以爲不然好人何難做之有仁義禮智行之在我孝弟忠信行之在我人皆可以爲堯舜途之人亦可爲禹人自不爲之耳乃若欲做好官必鑽刺必營求必俯仰脅肩諂笑懾氣促步惟恐人擯斥其趨事之不周外壞面目內壞心術曾莫之顧求而得者能幾人求而不得者總總也縱求而得所喪已大甚矣做好官之難也

謙遜

嘗見世人行不背在人先坐不背在人上斂衽退縮至再三謙遜之風良可嘉尚及其見利則趨見便則奪惟恐或後于人雖骨肉亦疎絕契交反眼不相識當行不先人坐不上人之時亦知謙遜爲美事抑何臨小利害乃樂爲是不謙不遜耶矯情可強也眞情不可遏也

借親

父母垂死人子于此正哀痛徹骨幾不欲生之時也今人反以送死爲緩惟以借親爲急父母死未即入棺仍禁家人輩未得舉哀棄親喪之禮而講合巹之儀蹬括髮之戚而修結髮之好此夷狄禽獸之所不忍爲而世俗皆樂爲之雖彝纓詩禮之家亦相率而行恬不爲怪不知作俑者誰耶

寒暑

寒猶可禦而暑不可避涼亭水榭風車簟枕世不多有縱有之遇流金礫石之時其爲熱自若也方食冷物又恐生病方食熱物汗決如雨思之爲人何益于事矧得喪利害不能理遣而心火熾盛妻孥累重支吾不暇而家火逼迫當此流火而心火家火爲之俱焚鑊湯爐炭一時頓現一年復一年鬓白面皺催入死途不自知也予觀此境界所以不願有生

茹素

世人以茹素爲齋戒豈知聖賢之所謂齋者齊也齊其心之所不

齊所謂戒者戒其非心妄念也無一日不齋無一日不戒今之人每于斗降三八庚申甲子本命日茹素謂之齋戒不知其平日用心如何也况在茹素之日事至吾前輒趨利狥欲損人害物不知其茹素何爲也古語兩句甚好寧可葷口念佛莫將素口罵人

貪欲

五十不造宅六十不製衣縱饒得受用能用幾多時予年近七旬儘宜省事樂閒息心退步何必貪欲于受用無幾之日圓覺經云諸苦所因貪欲爲本庶幾乎免矣

禱祈

世人不思積善積惡殃慶各以類至惟托緇黃誦經持呪或謂保扶或謂禳災或謂薦亡如此則有資財者皆可免禍矣昔寒山見人家懸幡因作頌曰半作旛身半作脚掛在空中驚鳥雀行住坐臥思量著只好把與窮漢做襖着達哉斯言

科舉

永嘉科舉極狼狽只緣多試一日以至士子多謄公本只書義終場自有三萬三千餘卷考官例以雷同允長覩之僅看兩三日已厭惡矣其間好文字多不及考而謬妄之考官亦不能識中才之考官眩惑于卷之多又無所別白加之吏胥作弊不一取士之法于是大壞若得善舉送者申明條制痛革諸弊一人只許一卷庶無負國朝設科之美意

荔枝譜一卷　宋蔡襄莆陽人

第一

荔枝之于天下也惟閩粵南粵巴蜀有之漢初南粵王尉佗以之備方物于是始通中國司馬相如賦上林云荅遝離支蓋夸言之無有是也東京交趾七郡貢生荔枝十里一置五里一堠晝夜奔騰有毒蛇猛獸之害臨武長唐羌上書言狀和帝詔大官省之魏

文帝有西域蒲萄之比世譏其謬論豈當時南北斷隔所擬出于傳聞耶唐天寶中妃子尤愛嗜涪州歲命驛致時之詞人多所稱詠張九齡賦之以託意白居易刺忠州既形于詩又圖而敘之雖髣髴顏色而甘滋之勝莫能著也洛陽取于嶺南長安來于巴蜀雖曰鮮獻而傳置之速腐爛之餘色香味之存者亡幾矣是生荔枝中國未始見之也九齡居易雖見新實驗今之廣南州郡夔梓之間所出大率早熟肌肉薄而味甘酸其精好者僅比東閩之下等是二人者亦未始遇夫眞荔枝也閩中惟四郡有之福州最多而興化軍最爲奇特泉漳時亦知名列品雖高而寂寥無紀將尤異之物昔所未有乎蓋亦有之而未始遇乎人也予家莆陽再臨泉福二郡十年往還道由鄉國每得其尤者命工寫生萃集既多因而題目以爲倡始夫以一木之實生于海瀕巖險之遠而能名徹上京外被夷狄重于當世是亦有足貴者其于果品卓然第一然性畏高寒不堪移植而又道里遼絶曾不得班于盧橘江橙之右少發光采此所以爲之嘆惜而不可不述也

第二

興化軍風俗園池勝處唯種荔枝當其熟時雖有他果不復見省尤重陳紫富室大家歲或不嘗雖別品千計不爲滿意陳氏欲採摘必先閉戶隔牆入錢度錢與之得者自以爲幸不敢較其直之多少也今列陳紫之所長以例衆品其樹晚熟其實廣上而圓下大可徑寸有五分香氣淸遠色澤鮮紫殼薄而平瓤厚而瑩膜如桃花紅核如丁香母剝之凝如水晶食之消如絳雪其味之至不可得而狀也荔枝以甘爲味雖百千樹莫有同者過甘與淡失味之中惟陳紫之于色香味自拔其類此所以爲天下第一也凡荔枝皮膜形色一有類陳紫則已爲中品若夫厚皮尖刺肌理黃色附核而赤食之有查食已而澁雖無酢味自亦下等矣

第三

福州種植最多延貤原野洪塘水西尤其盛處一家之有至于萬株城中越山當州署之北鬱爲林麓暑雨初霽晚日照耀絳囊翠葉鮮明蔽映數里之間焜如星火非名畫之可得而精思之可述觀覽之勝無與爲比初著花時商人計株斷之以立券若後豐寡商人知之不計美惡悉爲紅鹽者水浮陸轉以入京師外至北戎西夏其東南舟行新羅日本流求大食之屬莫不愛好重利以酬之故商人販益廣而鄉人種益多一歲之出不知幾千萬億而鄉人得饫食者蓋鮮以其斷林鬻之也品目至衆惟江家綠爲州之第一

第四

荔枝食之有益于人列仙傳稱有食其華實爲荔枝仙人本草亦列其功葛洪云蠲渴補髓所以唐羌疏曰未必延年益壽蓋云雖

有其傳豈果能哉亦誅止之詞也或以其性熱人有日噉千顆未嘗爲疾即少覺熱以蜜漿解之其木堅理難老今有三百歲者枝葉繁茂生結不息此亦其驗也

第五

初種畏寒方五六年深冬覆之以護霜霰福州之西三舍曰水口地少加寒已不可植大略其花春生簌簌然白色其色多少在風雨時與不時也有間歲生者謂之歇枝有仍歲生者半生半歇也春雨之際傍生新葉其色紅白六七月時色已變綠此明年開花者也今年實者明年歇枝也最忌麝香或遇之花實盡落其熟未經採摘蟲鳥皆不敢近或已取之蝙蝠蜂蟻爭來蠹食園家有各樹旁植四柱小樓夜棲其上以警盜者又破竹五七尺搖之答答然以逼蝙蝠之屬

第六

紅鹽（去聲）之法民間以鹽梅鹵浸佛桑花爲紅漿投荔枝漬之曝乾色紅而甘酸可三四年不蟲（去聲）修貢與商人皆便之然絕無正味白曬者正爾烈日乾之以核堅爲止畜之甕中密封百日謂之出汗去汗耐久不然踰歲壞矣福州舊貢紅鹽蜜煎二種慶曆初大官問歲進之狀知州事沈邈以道遠不可致減紅鹽之數而增白曬者兼令漳泉二郡亦均貢焉蜜煎剝生荔枝榨去其漿然後蜜煮之予前知福州用曬及半乾者爲煎色黃白而味美可愛其費荔枝減常歲十之六七然修貢者皆取于民後之主吏利其多取以責賂曬煎之法不行矣

第七

陳紫因治居第平窊坎而樹之或云厥土肥沃之致今傳其種子者皆擇善壤終莫能及是亦賦生之異也

江綠大較類陳紫而差大獨香薄而味少淡故以次之其樹已賣葉氏而民間猶以爲江家綠云

方家紅可徑二寸色味俱美言荔枝之大者皆莫敢擬歲生一二百顆人罕得之方氏子名蓁今爲大理寺丞

游家紫出名十年種子自陳紫實大過之

小陳紫其樹去陳紫數十步初一家并種之及其成也差小又時有穩核者因而得名其家別居二紫亦分屬東西陳焉

宋公荔枝樹極高大實如陳紫而小甘美無異或云陳紫種出宋氏世傳其樹已三百歲舊屬王氏黃巢兵過欲斧薪之王氏媼抱樹號泣求與樹偕死賊憐之不伐宋公名誠公者老人之稱年餘八十子孫皆仕宦

藍家紅泉州爲第一藍氏兄弟圭爲太常博士丞爲尚書都官員外郎

周家紅獨立興化軍三十年後生益奇聲名乃損然亦不失爲上等

何家紅出漳州何氏世爲牙校嘗有郡將全樹買之樹在舍後將熟其子日領卒數十人穿其堂屋乃至樹所其來無時舉家伏藏欲即伐去而不忍今猶存焉

法石白出泉州法石院色青白其大次于藍家紅

綠核頗類江綠色丹而小荔枝皆紫核此以綠見異出福州

圓丁香丁香荔枝皆旁（去聲）蔕大而下銳此種體圓與味皆勝

虎皮者紅色絕大繞腹有青紋正類虎斑嘗于福州東山大乘寺見之不知其出處

牛心者以狀言之長二寸餘皮厚肉澁福州惟有一株每歲貢乾荔枝皆調于民主吏常以牛心爲準民倍直購之以輸予嘗黜而不用

玳瑁紅荔枝上有黑點疎密如玳瑁斑福州城東有之

硫黃顔色正黃而刺微紅亦小荔枝以色名之也

朱柿色如柹紅而扁大亦云朴柹出福州

蒲桃荔枝穗生一朶至一二百將熟多破裂凡荔枝每顆一梗長三五寸附于枝此等附枝而生樂天所謂朶如蒲桃者正謂是也其品殊下

蚶殼者殼爲深渠如瓦屋焉

龍牙者荔枝之變怪者其殼紅可長三四寸彎曲如爪牙而無瓤核全樹忽變非常有也與化軍轉運司廳事之西嘗見之

水荔枝漿多而淡食之蠲渴荔枝宜依山或平陸有近水田者淸泉流漑其味遂爾出興化軍

蜜荔枝純甘如蜜是謂過甘失味之中

丁香荔枝核如小丁香樹病或有之亦謂之穠核皆小實也

大丁香出福州天慶觀厚殼紫色瓤多而味微澁

雙髻小荔枝每朶數十皆並蔕雙頭因以目之

眞珠剖之純瓤圓白如珠荔枝之小者止于此

十八娘荔枝色深紅而細長時人以少女比之俚傳閩王王氏有女第十八娘好噉此品因而得名其冢在城東報國院冢旁今猶有此樹云

將軍荔枝五代間有爲此官者種之後人以其官號其樹而失其姓名之傳出福州

釵頭顆紅而小可間婦人女子簪翹之側故特貴之

粉紅者荔枝多深紅而色淺者爲異謂如傳朱粉之飾故曰粉紅

中元紅荔枝將絶纔熟以晚重于時予嘗七月二十四日得之

火山本出廣南四月熟味甘酸而肉薄穗生梗如枇杷閩中近亦有之山在梧川

右三十二品言姓氏尤其著者也言州郡記所出也不言姓氏州郡四郡或皆有也

西域志

波羅奈斯國佛轉法輪處在此國也

摩訶賴國有阿耨達山王舍城在山東南竹園精舍在城西有佛六年苦行處

摩揭陀國正月十五日僧俗雲集觀佛舍利放光雨花

雞林志

龜山有佛龕林木益邃傳云羅漢三藏行化至此漱齒楊枝插地成木淨水所著今爲淸泉國人以佛法始興之地最所崇奉

高麗僧住寺修行者或犯戒律配白黑二山輕示斥遣籍其子孫仍髠受差役

僧娶婦者不得居寺

高麗人善染彩紅紫尤妙紫草大梗如牡丹擣汁染帛

高麗人多織席有龍鬚席藤席今舶人販至者皆席草織之狹而密緊上亦有小團花

高麗黃漆生島上六月刺取瀋色若金日暴則乾本出百濟今浙人號新羅漆

高麗王于國中出債收息有道人嘗入其國爲商云今以官奴求息俾之日納磨絲皂好者倍其息收若得子則亦爲奴俾

高麗僧衣磨衲者爲禪師法師衲甚精好

金坡遺事　錢惟演

張洎文章淸贍在江南日將命入貢還作十詩以詆訾京師風物有一堆灰之句蘇易簡得其親昔洎歸朝爲學士與易簡同院爭寵不相下易簡語同列曰淸河更相矛盾卽將一堆灰之句進呈矣洎聞爲之屈

翰苑有雙鵲嘗棲于玉堂後海棠樹馴熟不畏人每鳴噪卽有大

詔令晃迴詩云都聞靈鵲心驚喜錢思公詩云靈鵲先依玉樹棲謂此也

景龍文館記

內殿奏合生歌其言淺穢武平一諫曰妖胡娼妓街童市女談妃主之情貌列王公之名質詠歌蹈舞號曰合生不可施于宮禁

清明節令侍臣爲拔河之戲以大麻絙兩頭繫十餘小繩每繩數人執之爭挽以力弱者爲輸時七宰相二駙馬爲東朋三將五將爲西朋僕射韋巨源少卿唐休璟以年老隨絙而踣久不能起帝以爲笑樂

上巳祓禊賜侍臣細柳圈云帶之免蠆毒瘟疫

說郛卷第七十七終

說郛卷第七十八

欒城遺言 一卷

宋蘇籀 眉山人

公言春秋時先王之澤未遠士君子重義理持節操其處死生之際卓然凜然非後世之士所及蓋三代之遺民也當時達者語三代遺事甚多今捨此無以考證

公爲某講老子數篇曰高于孟子二三等矣

公言伊周以道德深妙得之管葛房杜姚宋以才智高偉得之皆不可窺測

公解孟子二十餘章讀至浩然之氣一段顧予曰五百年無此作矣

公言仲尼春秋或是令左丘明作傳以相發明

公嘗云在朝所見朝廷遺老數人而已如歐陽公永叔張公安道皆一世偉人蘇子容劉貢父博學強識亦可以名世予幸獲與之周旋聽其誦說放失舊聞多得其詳實其于天下事古今得失折衷典據甚多東坡與貢父會語及不獲已之事貢父曰充類至義之盡也東坡曰貢父乃善讀孟子歟

公言歐陽文忠公讀書五行俱下吾嘗見之但近覷耳若遠視何可當

公曰吾爲春秋集傳乃平生事業

公自熙寧謫高安覽諸家之說爲集傳十二卷紹聖初再謫南方至元符三易地最後卜居龍川白雲橋集傳乃成歎曰此千載絕學也既而俾坡公觀之以爲古人所未至

公言東坡律詩最忌屬對偏枯不容一句不善者古詩用韻必須偶數

公曰吾暮年于義理無所不通悟孔子一以貫之者

東坡幼年作却鼠刀銘公作缸硯賦曾祖稱之命佳紙修寫裝飾釘于所居壁上

公曰子瞻之文奇予文但穩耳

公曰吾讀楚詞以爲除書

公曰李德裕謫崖州著窮愁志言牛僧孺將圖不軌不意老臣爲此言也

張十二病後詩一卷頗得陶元亮體然予觀古人爲文各自用其才耳若用心專模放一人捨己徇人未必貴也

張十二之文波瀾有餘而出入整理骨骼不足秦七波瀾不及張而出入輕健簡捷過之要知二人後來文士之冠冕也

賈誼宋玉賦皆天成自然張華鷦鷯賦亦佳妙

子瞻諸文皆有奇氣至赤壁賦髣髴屈原宋玉之作漢唐諸公皆莫及也

公曰予少年苦不達爲文之節度讀上林賦如觀君子佩玉冠冕還折揖讓音吐皆中規矩終日威儀無不可觀

公曰予少作文要使心如旋床大事大圓成小事小圓轉每句如珠圓

公曰凡爲詩文不必多古人無許多也

公曰予黄樓賦學兩都也晚年來不作此工夫之文頁父嘗謂公所謂訓詞曰君所作强于令兄

公曰莊周養生一篇誦之如龍行空爪趾鱗翼所及皆自合規矩可謂奇文

唐儲光羲詩高處似陶淵明平處似王摩詰

歐公碑版今世第一集中怪竹辨乃甚無謂非所以示後世

唐皇甫湜論朝廷文字以燕許爲宗文奇則怪矣

公曰李方叔文似唐蕭李所以可喜韓駒詩似儲光羲

程正叔引論語云南郊行事迴不當哭溫公公曰古人但云哭則不歌不曰歌則不哭蓋朋友之故何可預期

公曰讀書須學爲文餘事作詩人耳

公曰讀書百遍經義自見

族兄在廷問公學文如何曰前輩但看多做多而已

區以別矣如瓜苧之區自反而縮如王祭不供無以縮酒

公曰去陳言初學者事也

公讀一江西臨川前輩集曰胡爲竊王介甫之説以爲己説

公言吕吉甫王子韶皆解三經并字説介甫專行其説兩人所作皆廢勿用王吕由此矛盾

公曰文貴有謂予少年聞人唱三臺今尚記得云云其詞至鄙俚而傳者有謂也

公讀由余事曰女樂敗人可以爲戒

公聞以螺鈿作茶器者凡事要敦簡素不然天罰

公曰漢武帝所得人才皆鷹犬驅馳之才非以道致君者也

公曰以伍員比管仲猶鷹隼與鳳凰

黄魯直盛稱梅聖俞詩不容口公曰梅詩不逮君魯直甚喜

晁無咎作東皋記公見之曰古人之文也

姪孫元老呈所爲文一卷公曰似曾子固少年時文

陳恬題襄城北極觀鐵脚道人詩似退之

公大稱任象先之文以爲過其父德翁

徐蒙獻書公曰甚佳但波瀾不及李方叔

公每語予云聞吾言當記之勿忘吾死無人爲汝言此矣

公曰莊周多是破執言至道無如五千文

公言班固諸序可以爲作文法式

公曰李太白詩過人其平生所享如浮花浪蕊其詩云羅幃卷舒

似有人開明月直入無心可猜不可及

公解詩時年未二十初出魚藻兎罝等說

公讀新經義曰乾纓了溼纀做殺也不好謂介甫曰色取仁而行違居之不疑乃仲尼所謂聞者也

公曰唐士大夫少知道知道惟李習之白樂天喜復性書三篇嘗寫八漸揭于屏風

易曰一陰一陽之謂道坡公以爲陰陽未交公以坡公所說爲未允公曰陰陽未交元氣也非道也正如云一龜一蛇之謂道也謂之龍亦可謂之蛇亦可

公曰張文定死而復蘇自言所見地位淸高又曰吾得不做宰相氣力

公中歲歸自江南過宋聞鐵龜山人善術數邀至舟中問休咎云此去十年如飛騰升進前十年流落已過然尚有十年流落也後皆如其言

公言呂微仲性諳邊事行事皆乖戾故子孫不遠公言易云精義入神以致用不是要說脫空

崇寧丙戌十一月八日四鼓夢中得石菖蒲詩云一人得飽滿餘人皆不悅之句王介甫在側借觀示之赧然有愧恨之色

公言場屋之弊曰昔南省賦題官韻於字皐子程文云何以加於其文中選後詩韻有同者或曰何以更加於大抵場屋多此類也

公言張文潛詩云龍驚漢武英雄射山笑秦皇爛漫遊晚節作詩似稍失其精處

公丞歲教授宛丘或者屢以房中術自鬻于前公曰此必晚損止傳其養氣嗇神之法

公言近世學問濡染陳俗却人雖善士亦或不免蓋不應鄉舉無以干祿但當謹擇師友湔洗之也

公言秦火後漢叔孫通賈誼董仲舒諸人以詩書禮樂彌縫其闕西漢之文後世莫能髣髴今朝廷求魁偉之才黜謬妄之學可以追兩漢之餘漸復三代故後學當體此說

隋遺錄 二卷全抄

唐顏師古

大業十二年煬帝將幸江都命越王侑留守東都宮女半不隨駕爭泣留帝言遼東小國不足以煩大駕願擇將征之攀車留指指血染鞅帝意不回因戲飛帛題二十字賜守宮女云我夢江南好征遼亦偶然但留顏色在離別只今年車駕既行師徒百萬前驅大橋未就別命雲屯將軍麻叔謀濬黃河入汴隄使勝巨艦叔謀銜命甚酷以鐵脚木鵝試彼淺深鵝止謂濬河之夫不忠隊伍死水下至今兒啼聞人言麻胡來卽止其訛言畏人皆若是帝離都旬日幸宋何妥所進車車前隻輪高廣疏釘爲刃後隻輪庳下以柔楡爲之使滑勁不滯使牛御焉自都抵汴郡日進御女車車幰垂鮫綃網雜綴片玉鳴鈴行搖玲瓏以混車中笑語冀左右不聞

也長安貢御車女袁寶兒年十五腰支纖墮騃冶多態帝寵愛之特厚時洛陽進合蔕迎輦花云得之嵩山塢中人不知名採者異而貢之會帝駕適至因以迎輦名之花外殷紫內素膩菲芬粉蕊心深紅跗爭兩花枝榦烘翠類通草無刺葉圓長薄其香氣穠芬馥或惹襟袖移日不散嗅之令人多不睡帝命寶兒持之號曰司花女時詔虞世南草征遼指揮德音敕于帝側寶兒注視久之帝謂世南曰昔傳飛燕可掌上舞朕常謂儒生飾于文字豈人能若是乎及今得寶兒方昭前事然多憨態今注目于卿卿才人可便嘲之世南應詔爲絕句曰學畫鴉黃半未成垂眉嚲袖太憨生緣憨却得君王惜長把花枝傍輦行上大悅至汴上御龍舟蕭妃乘鳳舸錦帆彩纜窮極侈靡舟前爲舞臺臺上垂蔽日簾簾卽蒲澤國所進以負山蛟睫紉蓮根絲貫小珠間睫編成雖曉日激射而

光不能透每舟擇妙麗長白女子千人執雕板鏤金檝號爲殿脚女一日帝將登鳳舸凭殿脚女吳絳仙肩喜其柔麗不與羣輩齒愛之甚久不移步絳仙善畫長蛾眉帝色不自禁回輦召絳仙將拜婕妤適値絳仙下嫁爲玉工萬羣妻故不克諸帝寢興罷擢爲龍舟首檝號曰崆峒夫人由是殿脚女爭效爲長蛾眉司宮吏日給螺子黛五斛號爲蛾綠螺子黛出波斯國每顆直十金後徵賦不足雜以銅黛給之獨絳仙得賜螺黛不絕帝每倚簾視絳仙移時不去顧內謁者云古人言秀色若可飡如絳仙眞可療飢矣因吟持檝篇賜之曰舊曲歌桃葉新粧豔落梅將身倚輕檝知是渡江來詔殿脚女千輩唱之時越溪進耀光綾綾紋突起時有光彩越人乘樵風舟泛于石帆山下收野繭繰之繰絲女夜夢神人告之曰禹穴三千年一開汝所得野繭卽江淹文集中壁魚所化也絲織爲裳必有奇文織成果符所夢故進之帝獨賜司花女洎絳

仙他姬莫預蕭妃恚妬不懌由是二姬稍稍不得親幸帝常醉遊諸宮偶戲宮婢羅羅者羅羅畏蕭妃不敢迎帝且辭以有程姬之疾不可薦寢帝乃嘲之曰箇人無賴是橫波黛染隆顱簇小蛾幸好留儂伴成夢不留儂住意如何帝自達廣陵宮中多傚吳言因有儂語也帝昏湎滋深往往爲妖祟所惑常遊吳公宅雞臺恍惚間與陳後主相遇尙喚帝爲殿下後主戴輕紗皂幘青綽袖長裾綠錦純緣紫紋方平履舞女數十許羅侍左右中一人迥美帝屢目之後主云殿下不識此人耶卽麗華也每憶桃葉山前乘戰艦與此子北渡爾時麗華最恨方倚臨春閣試東郭㕙紫毫筆書小研紅綃作答江令璧月句詩詞未終見韓擒虎躍青驄駒擁萬甲直來衝人都不存去就便至今日俄以綠文測海蠡酌紅粱新醞勸帝帝飲之甚歡因請麗華舞玉樹後庭花麗華辭以抛擲歲久自井中出來腰肢裊娜無復往時姿態帝再三索之乃徐起終一曲後主問帝蕭妃何如此人帝曰春蘭秋菊各一時之秀也後主復詩十數篇帝不記之獨愛小窗詩及寄侍兒碧玉詩小窗云午醉醒來晚無人夢自驚夕陽如有意偏傍小窗明寄碧玉云離別腸猶斷相思骨合銷愁魂若飛散憑仗一相招麗華拜帝求一章帝辭以不能麗華笑曰嘗聞此處不留儂會有留儂處安可言不能帝強爲之操觚曰見面無多事聞名爾許時坐來生百媚實箇好相知麗華捧詩赧然不懌後主問帝龍舟之遊樂乎始謂殿下致治在堯舜之上今日復此逸遊大抵人生各圖快樂曩時何見罪之深耶三十六封書至今使人怏怏不悅帝忽悟叱之云何今日尙目我爲殿下復以往事訊我耶隨叱聲恍然不見

帝幸月觀烟景淸朗中夜獨與蕭妃起臨前軒簾掩不開左右方寢帝凭妃肩說東宮時事適有小黃門映薔薇叢調宮婢衣帶爲薔薇罥結笑聲吃吃不止帝望見腰支纖弱意爲寶兒有私帝披

單衣亟行擒之乃宮婢雅娘也回入寢殿蕭妃誚笑不知止帝因曰往年私幸妥娘時情態正如此此時雖有性命不復惜矣後得月賓被伊作意態不徹是時儂憐心不減今日對蕭娘情態曾效劉孝綽爲雜憶詩常念與妃妃記之否蕭妃承問卽念云憶睡時待來剛不來卸粧仍索伴解珮更相催博山思結夢沉水未成灰又云憶起時投簽初報曉被惹香黛殘枕隱金釵裊笑動上林中除却司晨鳥帝聽之咨嗟云日月遄逝今來已是幾年事矣妃因言聞說外方羣盜不少幸帝圖之帝曰儂家事一切已託楊素了人生能幾何縱有他變儂終不失作長城公汝無言外事也帝嘗幸昭明文選樓車駕未至先命宮娥數千人升樓迎侍微風東來宮娥衣被風綽直泊肩項帝覩之色荒愈熾因此乃建迷樓擇下俚稚女居之使衣輕羅單裳倚檻望之勢若飛舉又爇名香于四隅烟氣霏霏常若朝霧未散謂爲神仙境不我多也樓上張四寶

帳帳各異名一名散春愁二名醉忘歸三名夜酣香四名延秋月粧奩寢衣帳各異製帝自達廣陵沉湎失度每睡須搖頓四體或歌吹齊鼓方就一夢侍兒韓俊娥尤得帝意每寢必召令振聳支節然後成寢別賜名爲來夢兒蕭妃嘗密訊俊娥曰帝體不舒汝能安之豈有他媚俊娥畏威進言妾從帝自都城來見帝常在何妥車車行高下不等女態自搖帝就搖怡悅妾今幸承皇后恩德侍寢帳下私效車中之態以安帝耳非他媚也他日蕭后誣罪去之帝不能止暇日登迷樓憶之題東南柱二篇云黯黯愁侵骨綿綿病欲成須知潘岳鬢強半爲多情又云不信長相憶絲從鬢裏生閑來倚樓立相望幾含情殿脚女自至廣陵悉命備月觀行宮由是絳仙等亦不得親侍寢殿有郎將自瓜州宣事迴進合歡水果一器帝命小黃門以一雙馳騎賜絳仙過馬急搖解絳仙拜賜私恩因附紅牋小簡上進曰驛騎傳雙果君王寵念深寧知辭帝

里無復合歡心帝省章不悅顧黃門曰絳仙如何何來辭怨之深也黃門懼拜而言曰適走馬搖動及月觀果已離解不復連理帝意不解因言曰絳仙不獨貌可觀詩意深切乃女相如也亦何謝左貴嬪乎帝于宮中嘗小會爲拆字令取左右離合之意時杳娘侍側帝曰我取杳字爲十八日杳娘復解羅字爲四維帝顧蕭妃曰汝能拆朕字乎不能當醉一杯妃徐曰移左畫居右豈非淵字乎時人望多歸唐公帝聞之不懌乃言吾不知此事豈爲非聖人耶于是奸蠹起于內盜賊攻于外直閤裴虔通虎賁郎將司馬德勤等引左右屯衛將軍宇文化及將謀亂因請放官奴分直上下帝可奏即宣詔云門下寒暑迭用所以成歲功也日月代明所以均勞逸也故士子有遊息之談農夫有休勞之節咨爾髡衆服役甚勤執勞無怠埃壒溢于爪髮蟣蝨結于兜鍪朕甚憫之俾爾休番從便噫嚱無煩方朔滑稽之請而從衛士遞上之文朕于侍從之間可謂恩矣可依前件事是有焚草之變

硯史一卷　　米芾 襄陽人

人好萬殊而以甚同爲公甚不同爲惑喻之而移非眞得之更而得之則必信其守夫博奕由賢乎已則吾是文必不見嗤于賞鑒之士

用器

器以用爲功玉不爲鼎陶不爲柱文錦之美方暑則不先于表出之綌楮葉雖工而無補于宋人之用夫如是則石理發墨爲上色潤者次之形製工拙又其次文藻緣飾雖天然失硯之用

玉硯

玉出光爲硯着墨不滲甚發墨有光其云磨墨處不出光者非也予自製成蒼玉硯

唐州方城縣葛仙翁岩石

石理向日視之如玉瑩如鑑光而着墨如澄泥不滑稍磨之墨已下而不熱生泡生泡者膠也古墨無泡膠力盡也若石滑磨久墨下遲則兩剛生熱故膠生泡也此石既不熱良久墨發生光如漆如油有鋒不滲也歲久不乏常如新成有君子一德之操色紫可愛聲平而有韻亦有瀋青白色如月如星而無暈此石近出始見十餘枚矣

溫州華嚴尼寺岩石

石理向日視之如方城石研墨不熱無泡發墨生光如漆如油有鋒不滲色赤而多有白沙點爲硯則避磨墨處比方城差慢難鑱而易磨亦有白點點處有玉性扣之聲平無韻稜理石揚休所購王羲之硯者乃此石今人所收古硯間有此石形合晉制約見四五枚矣

端州岩石

岩有四下岩上岩牛邊岩後礫岩予嘗至端故得其説詳下岩第一穿洞深入不論四時皆爲水浸治平中貢硯取水月餘方及石細扣之清越鸜鵒眼闘碧暈多明瑩石嫩甚者如泥無聲不着墨清越溫潤着墨快不熱無泡然良久微滲若油發豔亦有不乏者」

歙硯婺源石

歙州有硯圖石峒最多種而赤紫石多瑕土人以綫脉隔爲三種病今人以細羅紋無星爲上

通遠軍漞石硯

石理澁可礪刃綠色如朝衣深者亦可愛又有水波紋間有黑小點土人謂之湔墨點有緊甚奇妙而硬者與墨𩰚而慢甚者滲墨無光其中者甚佳

西都會聖宫硯

會聖宫石在溪澗中色紫理如虢石差硬發墨不乏扣之無聲

青州青石

色類歙理皆不及發墨不乏有瓦礫之象

成州栗亭石

色青有銅點大如指理慢發墨不乏亦有瓦礫之象

潭州谷山硯

色淡青有紋如亂絲理慢扣之無聲得墨快發墨有光

成州栗玉硯

理堅色如栗不甚着墨爲器佳甚

歸州綠石硯

理有風濤之象紋頭緊慢不等治難平得墨快滲墨無光彩色綠可愛如資色濬如水蒼玉

夔州黯石硯

色黑理乾間有黑點如墨玉光發墨不乏

廬山青石硯

大略與潭州谷山同

蘇州褐黄石硯

理麄發墨不滲類夔石土人刻成硯以草一束燒過爲慢灰火煨之色遂變紫用之與不煨者一同亦不燥乃知天性非水火所移」

建溪黯淡石

理如牛角扣之聲堅清磨久不得墨縱得色變如灰作器甚佳

陶硯

相州士人自制陶硯在銅雀上以熟絹二重陶泥澄之取極細者燔爲硯有色綠如春波者或以黑白填爲水紋其理細滑着墨不費筆但微滲

呂硯

澤州有呂道人陶硯以別色泥于其首純作呂字內外透後人效

之有縫不透也其理堅重與凡石等以瀝青火油之堅響滲入三分許磨墨不乏其理與萬城石等

淄州硯

淄州石理滑易乏在建石之次

高麗硯

理密堅有聲發墨色青間白有金星隨橫文密成列用久則乏

青州蘊玉石紅絲石青石

理密聲堅清色青黑白點如彈不着墨墨無光好事者但置爲一器與紅絲石作器俱佳大抵色白而紋紅者慢發墨亦漬墨不可洗必磨治之文理斑赤者不漬墨發墨有光而紋大不入看慢者經臘則色損凍則裂乾則不可磨墨浸經日方可用一用又可滌非品之善青石有麄紋如羅近歙亦着墨不發

虢州石

理細如泥色紫可愛發墨不滲久之石漸損凹硬墨磨之則有泥香

信州水晶硯

于他磨硯墨汁傾入用

蔡州白硯

理滑可爲器爲朱硯花蕊石亦作小朱硯

性品

大抵四方硯發墨久不乏者石必差軟扣之聲低而有韻歲久漸凹不發墨者石堅扣之聲響稍用則如鏡走墨予所品謂目擊自收經用者聞雖多不錄以傳疑古硯無不佳豈不嘗落非好事者手用之則尋棄擲之矣惟久在人間賢庸並喜是以不乏傳也

硯譜一卷　不著撰人

李後主硯

李後主留意翰墨筆札所用澄心堂紙李廷珪墨龍尾石硯三者爲天下之冠

右軍風字硯

會稽有老叟云右軍之後持一風字硯大尺餘色正赤用之不減端石云右軍所用者石揚休以錢二萬得之

紅絲石

青州紅絲石外有皮表磨礱即其理紅黃相參理黃者其絲紅理紅者其絲黃須飲以水使足乃可用不然渴燥

鳳咮石

端硯 見端溪石譜

鸜鵒眼

子石

端溪

活眼死眼 同上見端硯譜

龍尾石

歙州出于龍尾溪以金星爲貴予少時得金坑礦石堅而發墨端溪以北岩爲上龍尾以西坑爲上龍尾遠于端溪上而端石以後出見貴耳

李賀詩

李賀有端州青花石硯詩云暗洒萇弘冷血痕則謂鸜鵒眼知端石爲硯久矣

諸州硯

淄州金雀石色紺青聲如玉又有青金石扣之無聲發墨青州紫金石狀類端州西坑石發墨過之吉州寧鄉縣紫石亦類西坑登州駞基島石上有羅紋金星絳州角石色如白牛角歸州大沱石江水中石也止用于川峽人宿州出樂石潤膩發墨但無石脉萬

州有懸金崖石又有磁洞石洮河出綠石性腰不起墨不耐久磨牢山丹石滑澤堅膩古瓦硯出相州魏銅雀臺里人因掘土往往得之虢州澄泥唐人品硯以爲第一今人罕用澤州道人呂翁作澄泥硯堅重如石手觸輒生暈上着呂字青濰州石末硯皆瓦硯也柳公權以爲第一當時未見歙石以爲上品耳

硯賦

傅玄硯賦云木貴其能軟石美其潤堅劉道友以浮査爲硯知古亦有木硯

銅硯蜂硯

劉聰謂晉懷帝曰頃贈朕柘木銅硯袁象贈庾翼蜂硯

水晶硯

丁恕有水精硯大纔四寸許爲風字様用墨即不出光發墨如歙石

玉硯

李充伯得玉琢爲圓硯發墨可愛

碧玉硯

許漢陽筆以白玉爲管硯乃碧玉以玻瓈爲匣

鐵硯

青州熟鐵硯甚發墨有柄可執晉桑維翰鑄生鐵硯

漆硯

晉傒注太子納妃有漆硯

竹硯

異物志云廣南以竹爲硯

滌硯

凡硯須旦滌之縱未能亦須日易其水洗宜用小甀片或紙若久用石色爲墨漬汚卽以麩炭磨洗復如新矣苦寒不宜用佳硯石

理旣凍墨亦少光

帝鴻氏之硯

黃帝得玉一紐治爲墨海其上篆文曰帝鴻氏之硯

孔子硯

孔子廟中石硯一枚甚古朴孔子平生時物也

硯溪

永嘉郡記云硯溪一源多石硯述異記云洞庭湖一陂有范蠡石牀石記

眞材本性

硯當用石鏡當用銅此眞材本性也以瓦爲硯如以鐵爲鏡耳

硯詩

僧貫休硯詩云低心蒙潤久入匣更身安

端溪硯譜一卷　宋范　纂

謹按端州治高要縣自唐爲高要郡皇朝政和初以太上皇潛藩賜號肇慶府府東二十三里有山曰斧柯在大江之南蓋羚羊峽之對山也斧柯山峻峙壁立下際潮水自江之湄登山行三四里卽爲硯岩也先至者曰下岩岩之中有泉出焉雖大旱未嘗涸下岩之上曰中岩岩之上曰上岩自上岩轉山之背曰龍岩岩蓋唐取硯之所後下岩得石勝龍岩岩不復取自山之下分路稍東至半邊山諸岩西南沿溪而上曰蚌坑龍岩斧柯山腹谷中石也大抵石以下岩爲上中岩龍岩半邊山諸岩次之上岩又次之蚌坑最下此岩石之品也下岩石乾則灰蒼色潤則靑紫色岩有兩口其中則通爲一穴大者取硯所自入也小者泉水所自出也故號曰水口卽陳公密所開也岩之北壁石背爲泉水所浸瀰漫湧溢下流爲溪岩之中歲久崩摧石屑翳塞積水屈曲淺深人所莫測以是石工不復能採矣今世所有下岩硯唐五季國初時物也今

欲得下岩北壁石者往往于泉水石屑中得之若南壁石向或可採然自崇觀以後亦罕得矣北壁石蓋泉生其中非石生泉中也則潤可知矣岩之上雖秋冬乾旱亦未嘗涸有泉珠散落如飛雨不絕北壁石眼正圓有靑綠碧紫白墨暈十數重中復有瞳子南壁石卽泉水半浸者稍不及北壁眼之暈色皆少淡下岩上岩皆有山半上岩之穴陟而取石中岩之穴或陟或降下岩之穴降而取石上岩有三穴上穴曰土地岩以土地祠居其上故名焉中岩曰梅樹岩下穴今石工以爲中岩者是也下穴兩口其間通爲一穴皆中岩也土地岩亦有兩穴其中亦相通土地岩石色帶黃赤眼亦如之梅樹岩石微黃赤稍輕而帶灰蒼色眼黃綠中岩兩壁石與梅樹岩同而少勝焉北壁石則與下岩南壁石相類而少劣焉

大抵石性貴潤色貴靑紫乾則灰蒼色潤則靑紫色眼貴翠綠圓

正有瞳子
硯之形製曰平底風字曰有脚風字曰垂裙風字曰古樣風字曰鳳池曰四直曰古樣四直曰雙錦四直曰合歡四直曰箕樣曰斧樣曰瓜樣曰卵樣曰璧樣曰人面曰蓮曰荷葉曰仙桃曰瓢樣曰鼎樣曰玉臺曰天研曰蟾樣曰龜樣曰曲水曰鐘樣曰圭樣曰笏樣曰梭樣曰琴樣曰鼓樣曰雙魚樣曰團樣曰八稜角柄乘硯曰八稜乘硯曰竹節乘硯曰硯甎曰硯板曰房廂樣曰琵琶樣曰月樣曰腰鼓曰馬蹄曰月池曰阮樣曰歙樣曰端樣曰琴足風字曰蓬萊樣
宣和初御府降樣造形若風字如鳳池樣但平低耳有四環刻海水魚龍三神山水池作崑崙狀左日右月星斗羅列以供太上皇書府之用
石之病者有曰鐵綫乃是膔皮隔處若于綫上鑿之則應手而斷曰瑕曰鎖曰鷖曰火黯（恨岩石有之斜斑處如火燒狀）曰黃龍灰黃色如龍蛇橫斜布石上唯火黯端人不以爲病蓋岩石必有之他山石皆無

法書苑　周越

玉璽編事王蜀時秦州節度使王承儉築城獲瓦棺中有石刻曰隋開皇二年渭州刺史張崇妻王氏銘有云深深葬玉鬱鬱埋香之語
寶泉爲李陽冰篆曰筆虎泉又作小篆贊曰丞相斯法神慮精深鉞鈠頭凪玉鼎垂金
唐太宗學虞監隸書每難于戈法一日書遇戩字召世南補寫其戈以示魏鄭公公曰仰示聖作內戩字戈法逼眞帝賞其鑑
唐李邕善書仍自刻多假立刻字人名伏苓芝黃仙鶴之類
杜操字伯度善草書帝愛之詔令上表亦作草字後謂之章草

說郛卷第七十八終

說郛卷第七十九

玉堂雜記　三卷　周必大

錢文僖公惟演金坡遺事云舊規學士六人遇聖節共率百二十緡寺中設齋今送五十千與樞密使同開道場前一日赴宴當時所記如此近歲樞密院遇散聖節及貢院賜宴則學士待制皆與而無送錢故事又六參隨樞密班先入止是再拜不舞蹈并遇宣廐不往皆內朝故事也
李仁父燾續通鑑長編開寶二年太祖命李昉盧多遜分直學士院昉前在翰林堂吏因事至者每拜堂下事已即遣未嘗與坐至是拜堂上更展敘中外無復褻日之禮昉愕然詢同列則云數年矣
大禮降御札既云札示則當親筆付外近歲同常詔從院吏寫本

行出未知中朝舊事如何乾道九年六月七日宣當直學士草南郊御札三更進草其間云乾清坤夷振四方之綱紀星輝海潤兆百世之本支玉卮每奉于親闈瑞節歲交于鄰境上改作農事屢豐戎軒戢戢崇禮樂于四達嘉風俗而再淳玉卮每奉于親闈美化遂刑于海宇仍批云可改簽抹者五句意不近于郊祀其欲得體大率如此
己亥二月丁卯詔今歲郊祀以例約束省費旋有旨未命行出下禮部太常寺議明堂大禮初李仁父主此說于前郊嘗經集議會近習揚言謂博極羣書却不曾讀孝經乃不果行至是予以禮部尚書兼翰林院學士與諸儒議曰周公雖攝政而主祭則成王王方幼冲故周公參稽古制蔵事于明堂其曰嚴父者指周公能推本武王之志追尊文王之功非謂自主其祭祀也衆以爲然遂奏臣等竊覩傳載黃帝拜祀上帝于明堂唐虞祀五帝于五府歷時

既久其詳莫得而聞至禮記始載明堂位一篇言天子負斧扆南鄉而立內之公侯伯子男外之蠻夷戎狄以序而立故曰明堂也者明諸侯之尊卑也孟子亦曰明堂者王者之堂也周禮大司樂有冬至圜丘之樂夏至方丘之樂宗廟九變之樂三者皆大祭祀惟不及明堂豈非明堂者布政會朝之地成王時嘗于此歌我將之頌宗祀其祖文王乎後暨漢唐雖有沿革至于祀帝而配以祖宗多由義起未始執一本朝仁宗皇祐中破諸儒異同之論即大慶殿行親享之禮並侑祖宗從以百神前期朝獻景靈宮享太廟一如郊祀之制太上皇帝中興斟酌家法舉行於紹興之初亦在殿庭蓋得聖經之遺意且國家大祀有四春祈穀夏雩祀秋明堂冬郊祀是也陛下即位以來固嘗一講祀穀四躬冬祀惟合宮雩壇之禮猶未親行今若特舉秋享於義爲允臣等謹據已行典禮及將前代賀循本朝名儒李泰伯范鎮明堂嚴祖說并治平中呂

誨司馬光等集議近歲李燾奏劄具錄以聞乙亥有旨從之九月上辛以顯肅后忌前改用仲辛行禮辛酉當受誓戒前一日上語宰執足指瘡腫恐妨拜跪欲展季辛又值顯恭后忌如何宰執奏天地尊后忌卑遂降旨用二十六日必大按漢武太初太始征和中屢祀明堂不專用辛方請別卜日詰朝上忽遣中使諭旨都堂夜來傳藥足瘡良愈不必改日但已展誓戒之期若再降旨不張皇否趙相奏此却無妨遂以是日午時集官受誓戒丙寅大雨丁卯鎖院草赦戊辰百執事冒雨入麗正門過後殿請皇帝致齋己巳上乘逍遙車朝獻景靈宮入太廟宿齋四日之間雨晝夜傾注通衢殆如溪澗有旨來早不乘玉輅止用逍遙車徑入北門趨文德殿致齋朝服導駕官皆改常服應儀仗排立人並放趙相爲大禮使密諭有司未得放散黃昏後雨驟止夜分內侍李思恭傳旨御史臺閤門太常寺仍舊乘玉輅府合行事件疾速施行庚午昧爽駕來登輅必大執綏上喜曰且得晴霽辛未行禮月色如晝上拜起不倦以迄於成黎明登樓肆赦絳花過德壽宮人情熙然赦書乃必大視草其間云惟周成宗祀洛中陟配于文王惟漢武合祠汶上推嚴於高帝皆用親郊之禮具殫尊祖之誠於鑠本朝若稽前代假經路寢有皇祐之彝儀偏秩羣神有紹興之近制不愆于素可舉而行蓋欲明著古禮以示來世也後數日加恩羣臣必大復草趙相制云祼將太宮霖潦驟霽陟恪大寢月華正中又云鎮定大事如彥博之恢宏貫通羣經如宋庠之博洽皆紀一時之事且以仁宗初行明堂二公實爲相也大禮赦條乃六部諸司條具上省省中類聚取旨訖即進熟狀降付學士院草赦文本院并首尾詞大書進入其間多云當議將上取旨蓋有司擬申如此既經書旨行赦便是處分不應仍舊用當議二字必大爲學士諭令削去院吏持不敢遂親以筆塗之

大禮上乘玉輅率命翰林學士執綏備顧問近歲多闕正員臨時選差他官與五使同降旨淳熙丙申南郊己亥明堂必大再爲之按京師用唐顯慶輅嘗以登封其安固可知元豐改造已不能及今乃紹興癸亥歲所製上自太廟服通天冠絳紗袍乘輦至輅後由木陛以登惟留御藥二宦者侍立執綏官先從傍用小梯攀援而上衛士以綵繩圍腰繫于箱柱輅行頗搖兀宸几亦覺危坐云

大禮後上御樓揭雞竿肆赦皇太子及文武百僚拜舞于下惟樞密使翰林學士相對侍立樓上丙申己亥必大扈從再登麗正門望濤江形勢環抱極壯觀也

乾道七年四月甲子詔皇太子判臨安府用至道故事也或謂當以大中大夫爲判官通領府事恐名稱未正遂議改尹而以侍從爲少尹餘判推官用卿監郎官丁卯將鎖院降麻或又擬官麻又疑宜麻給告非待儲貳之禮已巳後省官禮官會議于史院檢照

唐太宗征遼命太子監國及大帝命太子受諸司啓事或詔或制覩廳爲重可以作則上然之庚午偶當日被宣范紫微成大先以侍講遞宿闕報遲出薄暮至玉堂御藥李持出御封御筆皇太子某宜領臨安尹可依此降制三鼓進草因奏此制書既不給告則當付有司施行竊恐皇太子別無被受欲依自來詔書體式格換首尾書寫一通降付皇太子今擬定格式進呈如賜俞允乞速批降付下御筆批依辛未遂告大廷惟此稀闊盛典適以史官備討論詞臣參潤色復得宸翰寶藏予家非儒生之榮遇乎

答皇太子詔用卿字非是前輩知體則不然其他或汝或王或公皆當有別

歐陽文忠公學士院草錄世亡不傳近歲有玉堂集云是李漢老邴編類亦差訛非全書其中却載皇太子府春端帖子蓋政和宣和間所供今東宮乃闕此欲引例爲請緣無善本可據且當時不

曰宮而曰府遂止

乾道七年七月二十六日午後快行家傳旨下學士院取從官爲四川宣撫使體例蓋是時參知政事王明公炎在蜀三年屢求歸宰相薦吏部侍郎王能甫之奇爲代故來索例必大令回奏云降麻官方屬本院侍從當問三省既暮忽宣鎖至院已秉燭中使出御封御筆乃王炎降樞密使依舊四川宣撫使其密如此吏寫熟狀依例不轉官但加食邑必大方草制未暇細思既得筆依奏方省其誤自寫奏云本朝改官制後以太中大夫爲宰執官當時改樞密使爲知院事中興以來既復置使首用舊弼故恩數多視宰臣未有以中大夫充者昨汪澈元是通議大夫虞允文太中大夫故不轉官今王炎止是中大夫竊慮合轉左太中大夫仍加封邑庶協近制御筆批依時三鼓批墨尙濕

必大初直院見批答臣僚章表皆大書其後不過三兩行表紙盡則接以詔紙數幅文盡乃止然表紙高詔紙矮參差不等問之掌故並無依據心每疑之其後偏于執政故家求承平時舊本偶得仁宗皇祐間答孫威敏公沔辭免副樞表則所接之紙高低相若淳熙乙未再叨寓直閏九月十二日因李參彥頴王樞淮斷章批答即具奏照皇祐體式于表後用一等紙書寫進呈仍乞今後准此施行御筆批依遂爲定制

北門掌內制西掖掌外制是謂兩制又著令自觀文殿大學士至敷文閣待制爲侍從官朝廷或詔近臣舉賢議事多云兩省諫議大夫以上尙書省侍郎以上而別言御史中丞學士待制乃爲詳備近世相承通稱侍從固以疑混若泛言兩制則非矣

紹興二十四年春直學士院湯公思退以禮部侍郎同知貢舉時百官多闕大抵一人兼數職凡進士出身皆入試闈獨留監察御史王公綸蓋備拆號也內制既闕官遂降旨暫權適草劉婉儀進

位貴妃制太上稱其有典誥體潤筆殆萬緡賜硯尤奇秦丞相不樂遺論列而去秦熺召還掌內外制知樞密院事垂相而病除大資政留守金陵即其鄉也未第時兄弟就食府庠至是人以爲榮壽卒官予嘗草其致仕制云少則歌鹿鳴而薦于鄉老則釋麟符而居其里考昔人而或有在近歲以幾希贈官制云古所謂鄉先生者沒則祭于社而後世良二十石民亦奉祀之爾于二者蓋兼之皆紀實也

故事正除六曹侍郎及雜學士以上遇辭免皆降詔不允給舍并權侍郎則否紹興二十七年六月戶部王侍郎師心辭給事中亦降不允詔書蓋舊官合答詔也是歲九月權禮部賀侍郎允中除給事中辭免亦降詔乃誤襲王例非故事也三十年正月權工部王侍郎晞亮遷夕拜不復降詔得之矣明年九月權禮部金侍郎安節亦遷夕拜又誤降詔自後往往無定論院官隨事申明改正

爲善
上自登極至今將二十年正除翰苑纔七八人皆登二府惟王日
嚴以年踰七十除端明殿學士而去
內制名色不一偶直時或未詳其體式故凡詞頭之下者院吏必
以片紙錄舊作于前謂之屛風兒予嘗跋王岐公蘇文定公詔草
及謝表備言之至今不廢蓋其來久矣國初陶穀謂一生依本畫
蘆葫殆謂是耶
翰苑印以翰林學士苑印六字爲文背鐫景德二年少傅監鑄上
兩字微刓自南渡京百司印無如此久者又尚書六曹惟禮部印
是舊物然亦元豐改官制後取鑄蓋文書稍簡故不刓耳

王公四六話 二卷　宋王銍 汝陰人

宋元獻晚歲有詩云老矣師丹多忘事少之燭武不如人其後元
厚之作執政參知事一日奏事差訛神宗顧謂曰卿如此忘事耶

明日乞退遂用元獻語作乞致仕表云少之燭武尚不如人老矣
師丹仍多忘事神宗讀表至此憐其意而留之歐陽文忠公謝致
仕表云雖伏櫪之馬悲鳴難戀于君軒而曳尾之龜涵養未離于
靈沼元厚之後作致仕表云蹌蹌退舞敢忘舜帝之笙鏞翯翯歸
飛亦在文王之靈沼又謝致仕表云冥鴻雖遠正依天宇之高華
微蓓雖傾尚迴日華之明潤其意爲萬物不離于天地雖致仕亦
不離君父也子瞻爲箏說大以此爲妙云古人謝致仕表未有能
到此者
元厚之作王介甫再相麻世以爲工然未免偏枯其云忠氣貫日
雖金石而爲開讒波稽天孰斧斨之敢闕上句忠氣貫日則可以
襯雖金石而爲開下句讒波稽天則于斧斨了無干涉此皆四六
之病也元厚之取古今傳記佳話作四六雖金石而爲自開西京
雜記載揚雄全語也日華明潤李德裕唐武宗畫像贊也四六尤
欲取古人妙語以見工耳
神宗友愛嘉岐二王不許出閤固辭者數十其後改封先召翰林
學士元厚之諭曰卿可於麻辭中道朕勿令更辭也略云列第環
宮彌賛元開之盛側門通禁共承長樂之顏
四六有伐山語有伐材語伐材語者如已成之柱桷略加繩削而
已伐山語者則搜山開荒自我取之伐材謂熟事也伐山謂生事
也生事必對熟事熟事必對生事若兩聯皆生事則傷于奧澀若
兩聯皆熟事則無工蓋生事必用熟事對出也如夏英公辭奉使
表略云頃歲先人沒于行陣春初母氏始棄孤遺義不戴天難下
單于之拜哀深陟岵忍聞禁休之音不拜單于用鄭衆事而公羊
謂夷樂曰禁休此生事對熟事格也後永叔作歸田錄改云義不
戴天難下穹廬之拜情深陟岵忍聞夷樂之聲夏英公免起復奉
使表世以爲工然其間一聯云王姬築館接仇之禮既嫌曾子回

車勝母之遊遂輟此聯亦不減前一聯也
先公言本朝自楊劉四六彌盛然尚有五代衰陋氣至英公表章
始盡洗去四六之弊深厚廣大無古無今皆可施用者英公一人
而已所謂四六集大成者至王岐公元厚之四六皆出于英公王
荊公雖高妙亦出英公但化之以義理而已
沈存中繼永樂陷沒謫官久之元祐中復官分司以表謝曰洪造
與物難回霜殺之餘聖恩及臣更過天地之力又曰雖奮竭之心
難伸于已廢之日惟忠孝之志敢忘于未死之前皆新語也
錢易希白子彥遠字子高明逸字子飛俱以賢良登科族人藻醇
老既應說書進士俱中第經又應中大科熊伯通以啓賀藻知制
誥曰七年三第閱賢良文學之科一門四人擅潤色討論之職四
人謂易惟演明逸及藻也
蘇子瞻作翰林林子中方以言者去國在外以啓賀曰父子以文

章名世盡淵雲司馬之才兄弟以方正決科邁晁董公孫之學其後爲中書舍人謫二蘇告詞之語異矣

譚昉曲江人荆公少年仕宦韶州之友也特善牋表荆公在金陵稱其一對云車斜韻險競病聲難競病二字曹景宗故事也白樂天與元微之書曰何處春深好詩以斜車二字爲韻往來幾百篇

丁晉公文字雖老不衰在朱崖答胡則侍御史書曰夢幻泡影知既往之本無地水火風悟本來之不有在海外十四年及北遷道州謝表云心若傾葵漸暖長安之日身同旅雁乍浮楚澤之春又謝復祕書監表云炎荒萬里歲律一周傷禽無振羽之期病樹絕沾春之望人亦哀之

孫賁公素除河東轉運使托先子代作謝表蓋河東堯故都之地曰富歲三登有唐叔得禾之異輿情百樂與堯民擊壤之歌末云過太行回顧雲下義感親闈望長安遠在日邊心馳帝闕公素讀

之笑曰公之末篇寓忠孝之意也

先子嘗言四六須只當人可用他處不可使方爲有工邵箎自陝西運使移知鄧州先子以啓賀之云教實自西浸被南明之國民將愛父苧與前古之歌乃邵氏自陝移鄧之啓也

天聖中劉子儀賀五王出閤啓曰芝函曉列星飛降天上之書棣萼晨趨嶽立受日中之字皆隱用五字王字也

元豐末劉誼以論常平不便罷提舉官勒停游金陵以啓投王荆公令其再起稍更新法之不便于民者荆公答以啓略曰起于不得已蓋將有行老而無能爲云何不止

盧多遜丞相謫海外國史載其謝表末云流星已遠拱北極以無由海日空懸望長安而不見又其孫載作范陽家志附其臨終自作遺表略云昔日位居黃閣衆口鑠金此時身謫朱崖蔓草縈骨雖有五代衰氣然亦可哀也

熙寧中彗星見是歲交阯李乾德叛邕州二廣爲之騷動朝廷遣郭逵趙卨討之荆公作相草出師敕榜有云惟天助順以兆布新之祥爲彗星見而出師也行年河洛記王世充假隋恭帝禪位策文云海飛羣水天出長星除舊之徵克著布新之祥允集荆公用舊意爲新語也

楊子安侍郎坐黨籍謫官洛陽其謝再任宮詞表云地載海涵莫測包荒之度春生秋殺皆成造化之功邸報至丹陽蔡元度在郡見報驚嘆諷詠之

熊伯通任金陵爲王荆公幕府官代公作立貴妃表云有警戒相承之道無險詖私謁之心荆公取而用之後人因用此一聯相承不已

鄧溫伯知成都謝上表云捫參歷井敢辭蜀道之難就日望雲愈覺長安之遠自後凡官兩川者謝表相承用此一聯

張洎參政事江南李後主時爲大臣國亡受知太宗復作輔臣時王元之禹偁爲翰林學士洎手書古律詩二軸與之元之以啓謝云追蹤季札辭吳盡變爲國風接武韓宣適魯獨明于易象謂其自他國入中朝也

元之自黃移蘄州臨終作遺表曰豈期游岱之魂遂協生桑之夢蓋昔人夢生桑而占者云桑字乃四十八果以是歲終元之亦以四十八而歿也臨歿用事精當如此足以見其安于死生之際也

顧起敦詩罷臺官久之得太原倅與先子同官素相好也敦詩作火山軍試官歸詫得人且言其解頭作謝啓甚工云夢蕉中之鹿奚辨其眞探頷下之珠適遭其睡先子戲謂敦詩曰主文何太恍惚耶

陸宣公隨德宗自奉天還闕興元元年下悔過制書曰失守宗祧越在草莽不念率德誠莫追于既往永言思咎期有復于將來明

徵其義以示天下其後荆公罷相守金陵謝上表末云經體贊元廢任莫追于既往承流宣化收功尚冀于將來用宣公語意乃知文章師承未有無從來者也

西疇常言一卷　何坦盱江人

學貴有常而悠悠害道循序而進與日俱新有常也玩愒自怨曰我未嘗廢非悠悠乎顧一暴而十寒斯害也已孔子曰學如不及猶恐失之

學不可躐等先致察于日用常行人能孝于事親友于兄弟夫婦睦朋友信出而事君夙夜在公精白承德雖窮理盡性亦無越于躬履實行也

學以養心亦所以養身蓋邪念不萌則靈府清明血氣和平疾莫之攖善端油然而生矣是內外交相養也記曰心廣體胖此之謂也

士有假書于人者必熟復不厭有陳書盈几者乃坐老歲月是以白屋多起家膏粱易偷惰知儆則庶幾矣

君子之學體用具藏修之餘時與事物酬酢因可以識人情世態其間是非利害豈能盡如吾意哉有困心衡慮則足以增益其所未能也

交朋必擇勝已者講貫切磋益也追隨遊玩損也若佞諛相甘言不及義寧獨學寡聞猶可以無悔吝

勿忌人善以身取則爲孳孳不已惡知其非我有也勿揚人過反躬默省焉有或類是亟思悔而速改也去其不善而勉進于善是之謂善學

與剛直人居心所畏憚故言必擇行必謹初若不相安久而有益多矣與柔善人居意覺和易然而言必予贊也過莫予警也日相親好積尤悔于身而不自知損孰大焉故美味多生疾疢藥石可

保長年

孔門大學之道備九思三畏正心誠意也敏事而謹言修身也孝友施于有政而家齊矣敬信節用愛民惜力而國治矣以至謹修憲度而四方之政行振墜拔遺而天下之民歸心二帝三王平治之道莫或加此矣

節食則無疾擇言則無禍疾禍之生匪降自天皆自其口故君子于口出納唯謹

禮以嚴分和以通情分嚴則尊卑貴賤不踰情通則是非利害易達齊家治國何莫由斯

爲己之學成己所以成物由本可以及末也爲人之學徇人至于喪己遂末而不知反本也

爲學日益須以人形己自課其功然後有所激於中而勇果奮發不能自已也人一己百雖柔必強

上智安行乎善而無所睎避中人覬福慮禍故強爲善而不敢爲惡下愚昏不畏禍故肆爲惡而亡所忌憚

日用飲食取給不必精也衣冠禮容苟備不必華也若閔耕念織將慚惕不暇敢過用乎哉

一毫善行皆可爲毋徼福望報一毫惡念不可萌當知出乎爾者反乎爾

惟儉足以養廉蓋費廣則用窘肹肹然每懷不足則所守必不固雖未至有非義之舉苟念慮分擾已不克以廉靖自居矣

飲啄前定毋庸強求任目前所有則自如想珍異不獲則心慊矣自此理以推廣凡貴賤亨屯無入而不自得也

惠迪吉從逆凶惟影響然世固有多行悖戾而未罹殃咎者何也天有顯道踈網難逃霖淫漫漬人罔未之覺迨雨止則墻隤矣

上能寡欲安于清淡不爲富貴所淫則其視外物也輕自然進退

不失其正

君子安分養恬凡物自外至者皆無容心也得則若固有之不得本非我有也欣戚不加焉豈不見其有餘夫何羨約不知其爲乏夫何慊義理先立乎其在我故人欲勿之累也

矜名畏譏毁自好也忘檢制肆偷惰自棄也自好者中人也可導之使爲善也自棄者民斯爲下矣不足與有爲也

知學則居貧而無怨學而深于道則安貧能樂常人貧則怨小人貧則亂

君子有偶爲小人所困抑若自反無愧怍于我何損又安知其不爲進德之助歟

富兒因求宦傾貲汚吏以黷貨失職初皆起于慊其所無而卒至于喪其所有也各泯其貪心而安分守節則何奪祿敗家之有

士有寬餘義當軫念窮乏然孰能偏愛之哉骨肉則論服屬戚疏

交朋則計情義厚薄以次及之如力所不逮亦勿強也

江行者事神甚敬言動稍褻則飄風怒濤對面立見此誠有之愚俗蓋迫于勢耳君子不欺闇室處平地者顧可肆乎

凡居人上有勢分之臨惟以恕存心乃可以容下故行動必先謦欬步遠則有前導燕坐則毋簾窺壁聽是故君子不發人陰私不掩人之所不及也

富貴利達是人之所欲也然而出處去就之異趣君子小人之攸分蓋君子必審夫理之是非而小人惟計乎事之利害審是非則虞人雖賤非招不往計利害則苟可獲禽雖詭遇爲之

君子之事上也必忠以敬其接下也必謙以和小人之奉上也必諂以媚其待下也必傲以忽媚上而忽下小人無常心故君子惡之

世俗之愛其身曾不如愛其子之至也遣子入學必厲以勤教子治身必導以爲君子逮迹其自爲則因循惰弛罕克自強措心積慮甘心爲小人而不以爲病茲非惑歟有能即其所以爲子謀者而爲己謀則思過半矣

道統之傳自堯舜書雖載精一傳心而學之名未著也學聚問辯蓋夫子贊易之辭如三王四代惟其師出于記禮者之言爾堯學于君疇等說亦見于孫卿所述六經未之前聞也發明典學實自說命始至成王而後緝熙光明形于詩人之頌焉由是推之傳說之有功于名教大矣

孔子之于陽貨也瞰其亡而往見之不欲仕而諾以仕聖人之言行當如是乎待小人以權也如不能全身遠害而直墮惡人之阱則何以爲孔子

爲政寬嚴孰尙曰張嚴之聲行寬之實政有綱令有信使人望風肅畏者聲也法從輕賦從薄使人安靜自適者實也乃若始焉玩

易啓侮終焉刑不勝奸雖欲行愛人利物之志吾知其有不能已

當官動必自防凡家之器服所需宜一取諸其鄉不得已薪蔬常用市于官下亦須給納明文帳具予直適平而物無苛擇庶免于悔吝

弊政有當革者必審稽源委如其更也于公私兼利夫復何疑若動而利少害多不若用靜吉也

帝者以道懷民其治渾然而不可名也故其民安之而習于相忘王者以仁撫民其治至公而無私也故其民愛之而上下相樂霸者以法齊民其治假公以行其私也故其民畏而相制不敢違強國以威劫民其治無往而非私也故其民怨而易于相率以爲亂僅存之國厲民以自養而無復有政治也故其君民相與危寄惴惴然朝不謀夕矣

君子之事君當彌縫其闕而濟其所不逮漢武帝好大喜功方窮

奢極靡而公孫弘爲相乃以人主病不廣大爲言孟子所謂逢君之惡者歟

人君以至誠治天下不容有一毫之僞也僞萌于心則發于政事有不可掩焉者如病作于心而脉已形飲未及醉而色已見可畏也哉

季氏將伐顓臾由求同見而請問焉夫子未答而獨呼求以責之蓋主是役者求也求因聞持危扶顛之戒而後獨陳夫近費當取之說夫子何以逆知其主是役哉爲兵謀者先聚斂聖門嘗鳴鼓以聲求之罪矣然則子路不與謀歟曰不與謀則不同請矣蓋求實倡而由和之也宜夫子並目之爲具臣也

什一中制也三代共之由春秋至戰國良法廢格而取民出于私意久矣戴盈之欲復什一而未能無勇也白圭欲二十而取一過猶不及也

使人常用其所長而略其所短則無棄才事上當度己量力以庶共王命則無敗事責人以其所不能是使馬代耕也强己力之所不逮是行舟于陸也

虞朝九官各因能任職而終身不易後世庸才不量能否而俾更九職之事以此責治不亦難乎而况鮮同寅協恭之誠無率作興事之志蓋由朝除夕改之不常考績黜陟之法廢也

甚矣風俗侈靡而法禁不行也泥金以飾服玩而山澤之産耗矣銷錢以爲器具而鼓鑄之利蠹矣京都列肆日價相夸遠方何禁焉王公戚里時尚競新士庶何責焉法行而後化流皆當自近始也

冠昏喪祭民生日用之禮不可苟也在上莫爲之制節而一聽俚俗之自爲鄙陋不經甚矣攷古酌今著爲彝典頒之四方以革猥習是當今之急務也

三代盛時民德歸一農祥祈報而已今也祠祀非時率斂征醵急于官府是以豐年常苦不給一遇饑歉則流亡矣上之教不明下由之而莫知悔也如之何而使斯民之富庶也

海岳名言一卷　宋米　芾

歷觀前賢論書徵引迂遠比况奇巧如龍跳天門虎臥鳳闕是何等語或遣辭求工去法逾遠無益學者故吾所論要在入人不爲溢辭

吾書小字行書有如大字唯家藏眞跡跋尾間或有之不以與求書者心既貯之隨意落筆皆得自然備其古雅壯歲未能立家人謂吾書爲集古字蓋取諸長處總而成之既老始自成家人見之不知以何爲祖也

江南吳峴登州王子韶大隸題榜有古意吾兒友仁大隸題榜與之等又幼兒友智代吾名書牌及手大字更無辨門下許侍郎尤愛其小楷云每小簡可使令嗣書謂友智也

老杜作薛稷慧普寺詩云鬱鬱三大字蛟龍岌相纏今有石本得視之乃是勾勒倒收筆鋒筆筆如蒸餅普字如人偃兩拳伸臂而立醜怪難狀由是論之古無眞大字明矣

葛洪天台之觀飛白爲大字之冠古今第一歐陽詢道林之寺寒儉無精神柳公權國清寺大小不相稱費盡筋骨裴休率意寫牌乃是眞趣不陷醜怪眞字甚易惟有體勢難謂不如畫笇勻其勢活也

字之八面唯尚眞楷見之大小各自有分智永有八面已少鍾法丁道護歐虞筆始勻古法亡矣柳公權師歐不及遠甚而爲醜怪惡札之祖自柳公世始有俗書

唐官誥在世爲褚陸徐嶠之體殊有不俗者開元以來緣明皇字體肥俗始有徐浩以合時君所好經生字亦自此肥開元已前古

氣無復有矣

唐人以徐浩比僧虔甚失當浩大小一倫猶吏楷也僧虔蕭子雲傳鍾法與子敬無異大小各有分不一倫徐浩爲顏眞卿辟客書韶自張顚血脉來教顏大字促令小小字展令大非古也

石刻不可學但自書使人刻之已非己書也故必須眞跡觀之乃得趣如顏眞卿每使家僮刻字故會主人意修改披擊致大失眞唯吉州廬山題名題訖而去後人刻之故皆得其眞無做作凡差乃知顏出于褚也又眞跡皆無蠶頭燕尾之筆與郭知運爭坐位帖有篆籒氣皆顏傑思也柳與歐爲醜怪惡札祖其弟公綽乃不俗于兄筋骨之說出于柳世人但以怒張爲筋骨不知不怒張自有筋骨焉

凡大字要如小字小字要如大字褚遂良小字如大字其後經生祖述間有造妙者大字如小字未之見也

世人多寫大字時用力捉筆字愈無筋骨神氣作圓筆頭如蒸餅大可鄙笑要須如小字鋒勢備全都無刻意做作乃佳自古及今予不敏實得之榜字固已滿世自有識者知之

石曼卿作佛號都無回互轉摺之勢小字展令大大字促令小是張顚教顏眞卿謬論蓋字自有大小相稱且如寫太一之殿作四窠分豈可將一字肥滿一窠以對殿字乎蓋自有相稱大小不展促也予嘗書天慶之觀天之字皆四筆慶觀字多畫在下各隨其相稱寫之掛起氣勢自帶過皆知大小一般雖眞有飛動之勢也」

書至隸興大篆古法大壞矣篆籒各隨字形大小故知百物之狀活動圓備各各自足隸乃始有展促之勢而三代法亡矣

歐虞褚柳顏皆一筆書也安排費工豈能垂世李邕脫子敬體乏纖濃徐浩晚年力過更無氣骨皆不如作郎官時婺州碑也董孝子不空皆晚年惡札全無妍媚此有識者知之沈傳師變格自有超世眞趣徐不及也御史蕭誠書太原題名唐人無出其右者司馬係南岳眞君觀碑極有鍾王趣餘皆不及也

智永臨集千文秀潤圓勁八面具備有眞跡自顚沛字起在唐林夫處他人所收不及也

字要骨格肉須裹筋筋須藏肉帖乃秀潤生布置穩不俗險不怪老不枯潤不肥變態貴形不貴苦苦生怒怒生怪貴形不貴作作入畫畫入俗皆字病也

少成若天性習慣如自然茲古語也吾夢古衣冠人授以摺紙書書法自此差進與他人都不曉蔡元長見而驚曰法何太遽異耶此公亦具眼人章子厚以眞字名獨稱吾行草欲吾書如排筭子然眞字須有體勢乃佳爾

顏魯公行字可教眞便入俗品

友仁等古人書不知此學吾書多小兒作草書大段有意思

智永硯成臼乃能到右軍若穿透始到鍾索也可永勉之

一日不書便覺思澁想古人未嘗片時廢書也因思蘇之才恆公至洛帖字明意殊有工爲天下法書第一

半山莊臺上多文公書今不知存否文公與楊凝式書人尠知之予語其故公大賞其鑒

金陵幙山樓隸榜乃關蔚宗二十一年前書想六朝宮殿榜皆如是」

薛稷書慧普寺老杜以爲蛟龍岌相纒今見其本乃如奈重兒握蒸餅勢信老杜不能書也

學書須得趣他好俱忘乃入妙別爲一好縈之便不工也

海岳以書學博士召對上問本朝以書名世者凡數人海岳各以其人對曰蔡京不得筆蔡卞得筆而乏逸韻蔡襄勒字沈遼排字黃庭堅描字蘇軾畫字上復問卿書如何對曰臣書刷字

說郛卷第七十九終

說郛卷第八十

雲麓漫抄 十卷　趙彥衛 字景安

唐有三院御史侍御史謂之臺院殿中侍御史謂之殿院監察御史謂之察院太常寺有四院天府院御史院樂懸院神廚院皆子司耳五代有樞密院鹽鐵院糧料院等品秩亦不高本朝樞密本兵禮均二府又有學士院舍人院爲兩制院下則糧料審計進奏官告登聞檢鼓是爲六院皇子之居謂之某王宮王子之分院世俗目之曰宮僧寺亦賜名院而院之爲義始不一矣

唐制起居郎起居舍人在紫宸內閣則夾香案立殿下直第二螭首和墨濡筆皆即坳處時號螭頭所謂螭首者蓋殿陛間壓堦石上鐫鑿之飾今僧寺佛殿多有之或云唐殿多于陛之四角出石螭頭不應更云殿下第二螭首也

唐書制道士女冠僧尼見天子必拜今之不拜未知起自何時

淸微子服飾變古錄云燕脂紂製以紅藍汁凝而爲之官賜宮人塗之號爲桃花粉藍地水淸合之色鮮至唐頗進貢惟后妃得賜曰燕脂崔豹古今註云燕支葉似薊花似蒲公英出西方土人以染名燕脂中國亦爲紅藍以染粉爲婦人色謂之燕脂粉今人以重絳爲燕支非燕支花所染也燕支花自爲紅藍耳舊謂之赤白之間爲紅即今所謂紅藍也西河舊事云失我祁連嶺使我六畜不蕃息失我焉支山使我婦女無顏色

江海之有潮辰刻不移昔人嘗論之山海經則以爲海鰌出入穴之度浮屠書以爲神龍之變化竇叔蒙海嶠志以爲水隨月之盈虧盧肇海賦以謂日出于海衝擊而成王充論衡以謂水者地之血脉隨氣進退獨徐明叔傳墨卿高麗錄云天包水水承地而一元之氣升降于太空之中地乘水力以自持其與元氣升降互爲抑揚而人不覺也亦猶坐于船中者不知船之自運也方其氣升而地浮則海水溢上而爲潮及其氣降而地沉則海水縮下而爲汐計日十二辰由子至巳其氣爲陽而陽之氣又自有升降以運乎晝由午至亥其氣爲陰而陰之氣又自有升降以運乎夜一晝一夜合陰陽之氣凡再降再升故一日之間潮汐皆再焉然晝夜之晷繫乎日升降之數應乎月月臨于子則陽氣始升月臨乎午則陰氣始升故夜潮之期月則臨子晝潮之期月皆臨午焉又日行遲月行速應遲二十九度半而月行及之日月之會謂之合朔故月朔之夜潮日亦臨子月朔之晝潮日亦臨午焉且晝即上天而言之天體西轉日月東行自朔而往月漸東至午漸遲東而潮亦應之以遲于晝故午潮自朔後迭差而入于夜此所以一日午時二日午末三日未時四日未末五日申時六日申末七日酉時八日酉末夜即海下而言之天體東轉日月西行自朔而往月漸

西至子漸遲西而潮亦應之以遲于夜潮自朔後迭差而入于晝此所以一日子時二日子末三日丑時四日丑末五日寅時六日寅末七日卯時八日卯末日加一時有交變氣有盛衰而潮之所至亦因之爲大小當卯酉之月則陰陽之交也氣以交而盛出故潮之大也異于餘月當朔望之後則天地之變也氣以變而盛出故潮之大也異于餘日

正月旦日世俗皆飲屠蘇酒自幼及長或寫作屠蘇酒千金方云屠蘇之名不知何義按梁宗懍荆楚歲時記云是日進椒柏酒飲桃湯服却鬼丸敷于散次序從小起註云以過臘日故崔寔月令過臘一日謂之小歲又云小歲則用之漢朝元正則行之晉世承漢皆以十月爲歲首也又云敷于散即胡洽方云許山赤散並有偹兩則知敷于音訛轉而爲屠蘇小歲訛而爲自小起云

朱雀玄武青龍白虎爲四方之神祥符間避聖祖諱始改玄武爲

眞武玄冥爲眞冥玄枵爲眞枵玄伐謂眞伐後興醴泉觀得龜蛇道士以爲眞武現綸其像爲北方之神披髮黑衣仗劍踏龜蛇從者執黑旗自後奉事益嚴加號鎭天祐聖或以爲金虜之讖

彭祭酒學校馳聲善破經義每有難題人多請破之無不曲當後在兩省同僚嘗戲之請破月子彎彎照幾州幾家歡樂幾家愁彭佇思久之云運于上者無遠近之殊形于下者有悲歡之異人益嘆服此兩句乃吳中舟師之歌每于更闌月夜操舟蕩槳抑遏其詞而歌之聲甚悽怨唐人有詩云徙倚仙居凭翠樓分明宮漏靜乘秋長安一夜家家月幾處笙歌幾處愁盛行于時具載輦下歲時記云是章孝標製與此意同

韓詩外傳 十卷

韓嬰

閔子騫始見夫子有菜色後有芻豢之色子貢問曰子始有菜色今有芻豢之色何也閔子曰吾出蒹葭之中入夫子之門夫子內切磋以孝外爲之陳王法心竊樂之出見羽蓋龍旂旃裘相隨心又樂之二者相攻胸中而不能任是以有菜色也今被夫子之文寖深又賴二三子切磋而進之內明于去就之義出見羽蓋龍旂旃裘相隨視之如壇土矣是以有芻豢之色

曾子曰君子有三言可貫而佩之一曰無內疏而外親二曰身不善而怨他人三曰患至而後呼天子貢曰何也曾子曰內疏而外親不亦反乎身不善而怨他人不亦遠乎患至而後呼天不亦晚乎

顏淵侍坐魯定公于臺東野畢御馬于臺下定公曰善哉東野畢之御也顏淵曰善則善矣其馬將佚矣定公不悅以告左右曰聞君子不譖人君子亦譖人乎顏淵退俄而廐人以東野畢馬敗聞矣定公揭席而起曰趣駕召顏淵顏淵至定公曰鄉寡人曰善哉東野畢之御也吾子曰善則善矣然則馬將佚矣不識吾子以何知之顏淵曰臣以政知之昔者舜工于使人造父工于使馬舜不窮其民造父不極其馬是以舜無佚民造父無佚馬今東野畢之上車執轡御體正矣周旋步驟朝禮畢矣歷險致遠馬力殫矣然猶策之不已所以知佚也定公曰善可少進顏淵曰獸窮則齧鳥窮則啄人窮則詐自古及今窮其下能不危者未之有也

崔杼弒莊公合士大夫盟盟者皆脫劍而入言不疾指血至者死所殺者十餘人次及晏子奉杯血仰天而嘆曰惡乎崔杼將爲無道而殺其君于是盟者背之崔杼謂晏子曰子與我吾將與子分國不與我吾殺子直兵將推之曲兵將鉤之吾願子之圖之也晏子聞之曰留以利而倍其君者非仁也刦以刃而失其志者非勇也

楚昭王有士曰石奢其爲人也公而好直王使爲理于是道有殺人者石奢追之則父也還返于廷曰殺人者臣之父也以父成政

非孝也不行君法非忠也弛罪廢法而伏其辜臣之所守也遂伏斧鑕曰命在君君曰追而不及庸有罪乎子其治事矣

諸集拾遺

七明九光石之名也威喜樊桃木之名也獨搖牛前龍仙皆草之名

立夏日服六壬六癸符或云水丸飛霜散暑不能侵

盤曰無腸公子龜曰先知君

顏蠋辭齊宣王曰蠋願晚食以當肉安步以當車無罪以當貴遂不仕

李字除果名地名人姓之外別無訓義左傳行李按舊文疑行李也

明皇學隱形于羅公遠不盡其術帝怒斬之有使自蜀來道逢公遠語曰帝加我以丹頭之戮豈能害我哉因以蜀當歸爲獻以讖

幸蜀也

仙丹九品第四曰碧雲腴

唐乾符中木入南斗術士邊岡以爲帝王之兆木在斗下爲朱其應在朱全忠

盧懷愼與張説同作相盧忽暴亡其夫人崔氏不泣謂家人曰公命未盡公清廉而説尙存公不應死已而復生左右以夫人之言告公曰不然適冥間見數十處皆曰爲張説鼓鑄橫財我豈可同未幾卒

則天改新字有言國中有或或者惑也乞以武鎭之乃改爲囶後言武在口中與囚何異乃改作圀

崔紹暴卒復生云見冥間列榜備書人間姓名將相列金榜其次列銀榜州縣小官並列長鐵榜

岑文本避暑山亭有叩門來見曰上淸童子元寳後驗之乃一古錢

張瞻夢炊于臼中占之曰喪妻臼中炊言無釜也

續漢儀賜老人鳩杖杖端刻鳩取其不噎

董威在洛陽隱居白社以殘絮縷帛爲衣號百結衣

荆州記酉陽山石穴中有書千卷世謂之酉陽逸典

焦貢易林以酒爲歡伯

風俗通曰恙毒蟲喜噬人古人草居露宿故相勞問必曰無恙乎

大戴禮師曠曰歲欲豐甘草先生謂薺也歲欲儉苦草先生謂葶藶也歲惡則惡草先生謂水藻惡謂蓩也歲旱則旱艸先生謂蒺藜也皆以孟春占之

河圖記百代之後地高天下千代之後天可倚杵

王元長曰小兒五歲曰鳩車之戲七歲曰竹馬之戲

鄒子曰中國者天下八十一分之一耳有裨海環之如此者九又有大瀛海環之總謂之八極

養生訣錄云韭性暖號草鍾乳

柳子厚愚溪詩序溪丘泉溝池亭堂島皆以愚名之號八愚

嵇聖集蠶女家在緜竹縣塑女子像披以馬皮謂之馬頭娘廟

釋典以四法判夢一曰無明熏習二曰舊識巡遊三曰四大偏增四曰善惡先兆

韓詩章句曰有章曲曰歌無章曲曰謠齊歌曰謳吳歌曰歈楚歌曰豔淫歌曰哇振旅而歌曰凱

蜀王子泉買奴名便了立券具恕百役

陸機瓜賦云其種有黃𤬏密筩金釵貍首虎蹯玄骭素腕之名

孔演圖曰鳳有九苞一口包命二心合度三耳聽達四舌屈伸五彩色光六冠雉全七距銳鈎八音激揚九腹五行

沈懷遠南越志珠品一寸以上謂之大品珠大而底平如覆釜謂之璫珠次曰走珠次曰滑珠次曰磥砢珠次曰稅珠

李知微宿都省夜聞人呼馳道都尉司城主簿者數小人入古槐下石穴明日發視乃鼠也

法苑珠林兜率天雨摩尼珠護世城雨美膳阿修羅天雨長仗闘浮提世界雨淸淨水

本草牡丹一名百兩金又名鼠姑

蒼耳別名羊負米

盛事美談

太祖微時有麻衣和尙善望氣李守正叛河中來語趙普曰李侍中安得久耶城下有三天子氣歲餘城陷而周祖踐祚未知三天子之説乃太祖太宗時從行也

太宗一日問後苑象死取膽不獲詔問徐鉉鉉請于前左足求之果得云象膽隨四時左足上歎其博識

黄羽太宗朝畫端拱樓四壁意望恩賞一日太宗登樓皇子迤見驚啼遽令圬墁之卒不獲賞

宰相丁謂在中書日因于私第召賓客言江南李國主鍾愛一女選有奇表殊才有門第者執政言洪州劉生爲本郡參謀歲甲未冠儀形秀美大門曾列試卿兼富辭義可以塞選國主大喜成禮授少卿拜駙馬都尉鳴珂鏘玉出入中禁未歲周公主告卒國主傷悼悲泣曰吾不欲再覩劉生之面敕執政削其官籍一錢不與却送還洪州生恍若夢覺觸類如舊丁因笑曰某他日亦不失作劉參謀也席上聞之莫不失色半載果有朱崖之行田宅籍沒子孫南去疋馬數僕宛如未第之日

比紅兒詩 一卷　羅虬

北齊馮淑妃名小憐後主惑之願得生死一處

荀奉倩妻曹氏病熱奉倩乃出中庭取冷還以體熨之

孫綽情人詩云碧玉破瓜時呂洞賓詩云功成當在破瓜年楊文公謂俗以破瓜爲二八

顔回望吳門馬如一疋練孔子曰馬也然則馬之光景一疋長耳後人號馬爲一疋

齊武帝宮人不聞端門鼓漏聲置鐘景陽樓上應五鼓及三鼓宮人聞鐘聲早起粧飾出南史

虬詩云十年東北看燕趙眼冷何曾見一人

潘妃有琥珀釧一隻直至七十萬

虬詩云輕梳小鬟號慵來巧中君心不用媒可得紅兒抛酒眼漢皇恩澤一時回

馬明王隨神女入室臥紫金床

王獻之情人桃葉歌云桃葉復桃葉渡江不用楫但渡無所苦我自措迎汝

羿請不死之藥于西王母其妻嫦娥竊而服之得仙奔入月中爲月精

甄皇后每寢寐家中髣髴見如有持玉衣覆其上者

華山記云頂上有池生千葉蓮服之羽仙

范寛之得妓人結絲合歡香囊寄詞云謝娘梔子賈妃莢佩出本事集

李商隱贈更衣詩云結帶懸梔子繡領刺鴛鴦又梅聖俞梔子詩云同心誰可贈爲詠昔人詩

王訓舞詩云笑態千金動衣香十里聞

呂氏鄉約 一卷　藍田呂氏大忠

德業相勸

德謂見善必行聞過必改能治其身能治其家能事父兄能教子弟能御僮僕能事長上能睦親故能擇交遊能守廉介能廣施惠

能受寄託能救患難能規過失能爲人謀能集衆事能解鬭爭能決是非能興利除害能居官舉職凡有一善爲衆所推者皆書于籍以爲善行業謂居家則事父兄教子弟待妻妾在外則事長上接朋友教後生御僮僕至于讀書治田營家濟物如禮樂射御書數之類皆可爲之非此之務皆爲無益

過失相規

過失謂犯義之過六犯約之過四不修之過五犯義之過六一曰酗博鬭訟二曰行止踰違三曰行不恭遜四曰言不忠信五曰造言誣毀六曰營私太甚

犯約之過四一曰德業不相勸二曰過失不相規三曰禮俗不相成四曰患難不相恤

不修之過五一曰交非其人二曰怠惰不勤三曰動作無儀四曰臨事不恪五曰用度不節已上不修之過每犯皆書于籍三犯則

行罰

禮俗相交

凡有婚姻喪葬祭祀之禮禮經具載亦當講求如未能遽行且從家傳舊儀甚不經者當漸去之

凡與鄉人相接及往還書問當衆議一法共行之

凡遇慶弔每家只家長一人與同約者皆往其書問亦如之若家長有故或與所慶弔者不相識則其次者當之所助之事所遺之物亦臨時聚議各量其力裁定名物及多少之數若契分淺深不同則各從其情之厚薄

凡遺物婚姻及慶賀用幣帛羊酒蠟燭雉兔果實之類計所直多少多不過三千少至一二百喪葬始喪則用衣服或衣段以爲禭禮以酒脯爲奠禮計直多不過三千少至一二百至葬則用錢帛爲賻禮用猪羊酒蠟燭爲奠禮計直多不過五千少至三四百災患如水火盜賊疾病刑獄之類助濟者以財帛米穀薪炭等物計直多不過三千少至二三百凡助事謂助其力所不足者婚嫁則借助器用喪葬則又借助人夫及爲之營幹

患難相恤

患難之事七一曰水火二曰盜賊三曰疾病四曰死喪五曰孤弱六曰誣枉七曰貧乏凡同約者財物器用車馬人僕皆有無相假若不急之用及有所妨者亦不必借可借而不借及踰期不還及損壞借物者皆有罰凡事之急者自遣人偏告同約事之緩者所居相近及知者告于主事主事偏告之凡有患難雖非同約其所知者亦當救恤事重則率同約者共行之

罰式

犯義之過其罰五百不修之過及犯約之過其罰一百犯輕過規之而聽及能自舉者止書于籍皆免罰若再犯者不免其規之不

聽聽而復爲及過之大者皆卽罰之其不義已甚非士論所容者及累犯重罰而不悛者特聚衆議若決不可容則皆絕之

聚會

每一月一聚具食每一季一會具酒食所費率錢合當事者主之遇聚會則書其善惡行其賞罰若約有不便之事共議更易

主事

約正一人或二人衆推正直不阿者爲之專主平決賞罰當否直月一人同約中不以高下依長少輪次爲之一月一更主約中雜事

人之所賴于鄰里鄉黨者猶身有手足家有兄弟善惡利害皆與之同不可一日而無之不然則秦越其視何與于我哉大忠素病于此但不能勉願與鄉人共行斯道懼德未信動或取咎敢舉其目先求同志苟以爲可願書其語成吾里仁之美有望于衆君子爲淳熙九年十二月初五日呂大忠白

獻醜集 一卷　宋許棐 號忱甫 海鹽人

閨女弄粧自謂天下色也出見施嬙始知獻醜予以詩文獻醜者也自重痼之餘戶外事一不以綴意獨嗜筆硯如奇聲美味每有題著必拊几嗟賞謂意語天出不知前有古人今有作者及示人人傳以爲笑始悔不藏之也然則醜可藏乎曰不可安知不見窺而笑者哉抑笑可禁乎曰不可禁笑則愈笑也與其藏醜而人窺笑禁笑而人愈笑孰若獻醜之笑之爲快也故氏其集曰獻醜嘉熙丁酉中秋日梅屋許棐自序

樵談 并序 此即獻醜中之一

樵身也談心也向月澗雲崖和樹聲答泉響高亦可低亦可繁亦可簡亦可猿鶴不猜鹿豕不忌恐饒舌者語世人世人笑之耳世人不談王道樵亦能笑矣

耕堯田者有水慮耕湯田者有旱憂耕心田者無憂無慮日日豐
年
擘書毀硯裂史粘窗誰不惜之士厄窮途落寬穽闘者不憐過者
不顧聽其死生是賢紙上之字仇腹中之文哀哉
與邪佞人交如雪入墨池雖融爲水其色愈汚與端方人處如炭
入薰爐雖化爲灰其香不滅
小人出事剝竊入事薰修是攘雞賽神攫金妝佛神佛其據我乎」
逢彼躁忿如塗雪著面而易融逢彼笑怒如隙風侵肌而不覺
子怨父貧兄攘弟富妻妾視豐儉爲悲懽奴僕視盛衰爲勤怠市
道不在門外矣
殺人者死定法也酷吏殺人不死謬將殺人不死庸醫殺人不死
法定乎
凶人祭祀吉神不享如君子不受小人之苞苴吉人祭祀凶神不
臨如小人不登君子之俎豆
聞君子議論如啜苦茗森嚴之後甘芳溢頰聞小人諂笑如嚼糖
冰爽美之後寒冱凝腹
或問優孟學孫叔敖抵掌談笑歲餘與叔敖無辨今人終身學孔
顏何百不一如曰心學滑稽易口耳學聖賢難
畫工數筆術者片言倚道一經半咒動得千金文士刳精鉥心不
博人一笑吁士也賤何獨在茲
攜魚上砧送蟹入釜無不惻然及坑才陷藝惟恐不深是不忍于
細而忍于大
闔金闕玉不幸甚矣而先人手澤亦卷分帙散永爲不全之書是
遭無啖之秦也哀哉
貴畜孔鵬賤視賓客肥飼猿鹿瘦役輿臺不義而富貴者之積習
也

衣垢不湔器缺不補對人猶有慚色行垢不湔德缺不補對天豈
無愧心
古人歎未知爲人父之道而有子今人未知爲人子之道而有子」
庸匠誤器器可他求庸婦誤衣衣可別製庸師誤子弟子弟可復
胚乎
龍有蛇之一鱗不害其爲龍玉有石之一脉不害其爲寶士有百
行一行偶違不害其爲君子
自己之仙眞仙也不求眞仙而求繪鍾塑呂惑矣
堯行舜趨周冠孔裳者恐未可以貌定也使其見遺金于曠寂之
途遇色婦于空閑之室而一不動心是堯舜返魂孔周復肉不然
仁義之賊也
或問浮屠氏以身爲旅伯何必殫費金朱華耀土木曰小人性貪
非窮奢極侈無以起其信心
君子對青天而懼聞雷震而不驚履平地而恐涉風波而不疑
讀孔孟之書而不嗜殺人者未爲仁人也讀孫吳之書而不嗜殺
人者仁人也
東家富財車馬接踵西家富德風雪閉門
燕處文梁壘深雛暖鳩棲弱葦巢折身危蕭曹得其託勳成烈就
歷衍後人范增失其託義破忠殘餒貽先世然則劉季豪傑之文
梁項羽英雄之弱葦也
上交之難甚矣百諂未必喜一忠刻骨怨之百巧未必錄一拙終
身棄之所以古人高倘其事
虎不食虎人食人虎不食子人食子哀哉
破爪傷腐壞梳擿髮色爲之變藜珍瘠身列髏䐶骨心爲之安
倚富者貧倚貴者賤倚強者弱倚巧者拙倚仁義不貧不賤不弱
不拙

天不能家訓戶飭賢一人以誨衆人之愚天不能家賙戶給富一人以濟衆人之貧非以賢私一身富私一家也

痞犬說

別墅二犬一犬痞廢羣佃交議曰職吠者無聲當與不鳴雁俱死予召而諭之曰犬痞于聲者未必痞于心也是畜呼之而來叱之而去不痞于進退者也賓戚升堂嘹而迎之塗人過門哆而逐之又不痞于親疎者也視夫衛輒吠父王莽吠君管象吠兄弟怒聲徒嘈嘈于天下後世耳爾不原其心而鳴者生痞者死是冒持聽衡謬持刑柄生者幸而死者寃矣羣佃相視而歎曰吾儕痞于心者也念不到此敢不與是畜俱生拱而退

瘗木文

溝中之斷僕取爲薪斤斧將奏予止而哀之曰汝巢鳳凰者乎棲鴟梟者乎傲歲寒而蒼翠者乎媚春光而紅紫者乎何枘杙不齒

輹輻不錄而泛泛水中爲不刻之舟乎使造化者完汝根株布汝枝葉復生于仁壽之域或使匠民斵爲琴瑟文爲犧象不朽于禮樂之鄉汝欲之乎木以臆對曰天地一紅爐也古今一燄光也堯舜同埃孔跖共燼豈獨予可哀而爲是拘拘者哉請瘗之予不忍瘞于後圃贊且識曰出乎是反乎是與焚溺異木乎超生死類

朱黃二君說

阿丈人揖朱黃君而問曰吾膠漆二友爲梅屋校讐有功請各第而旹之黃君曰辭訛理舛非我莫攻點謬盐差非我莫蓋且黃中央色也當受衆采北面朱君赫容奮髯而怒曰句讀我判四聲我分又文之美惡我標我準實破晤之燈火極謬之丹沙也彼雌其名而不雌伏耶阿丈人評之曰朱君事業果赫赫滿人目然頻濯髮者易禿苦用心者早衰外澤顏色者內未必無枯槁之疾黃君目然請旹爲主人養生之鑒

責井

夏五小旱井無掬泉予俯睨而責之曰吾謂汝炎夏涵冷凜冬抱溫不趨其時者也朝瓢冰澄暮罌玉溜不易其操者也今衆源猶活爾泉獨枯泄竇塵積甃縫烟生始悔知汝者淺期汝者之太深也予寧休炊息飲誓不屈耿恭之膝言訖倦爾而睡見童子蓬頭土面焦脣燥吻嗎嗎而告曰吾井神也使爾釜不生塵衣不凝垢者誰乎使爾筆硯津津濡雲染霧樽罍灩灩泛月浮花者又誰乎久濟忘功一渴成怨何少恩耶當扣天閽鬮泉戶償子無窮之汲覺不知其所之但聞西簷之雨滴

說郛卷第八十終

說郛卷第八十一

學齋佔嗶 四卷　史繩祖 眉山人

天生神物

易繫是與神物以前民用又曰定天下之吉凶成天下之亹亹者莫大乎蓍龜是故天生神物聖人則之予嘗考神物莫著龜若也史記言下有神龜上有稠蓍稠即叢也凡下有龜而上有蓍者一叢必四十九莖以應大衍五十虛一之數又龜殼無間巨細背上中間一行五窠以應五行兩崖八窠以應八卦裙兩邊二十四窠以應二十四氣通成三十七以應乾之策三十六而太極居中不動之一數底板下爲地凡十二窠以應十二州分野之數通背上三十七計四十九窠即合大衍虛一之數此蓍龜之所以爲神物也卜筮以定吉凶淵乎哉

洪範商書

左傳襄三年君子謂祁奚于是能舉善矣商書曰無偏無黨王道蕩蕩其祁奚之謂矣註云商書洪範也予按洪範今在周書而當時謂之商書豈以箕子爲商人耶抑不知當時編在商書而經秦火之後編入周書耶但箕子雖商人而洪範之篇實成于武王訪問之日只當作周書爲正矣

君子懷刑

論語君子懷刑先儒皆釋以爲畏法竊嘗妄謂懷字恐非畏字可解而刑字亦難拘以法字爲斷竊意刑字當解作儀刑如儀式刑文王之德及刑于寡妻之刑又當作典刑如尚有典刑及百辟其刑之之刑蓋君子所懷者儀刑典刑可則而效之小人則直惠利之是懷耳

利人利己

禮記云事君大言入則望大利小言入則望小利所謂利者蓋利人也非自利也今之君子反是何必事君者其事長亦然揚人之名正人之過得寶于外者皆是也否則繼之以怒而勃以沽名矣可歎也

夏屋非屋宇之屋

詩夏屋渠渠註夏屋大具也渠渠勤勤也言于我設禮食大具以食我其意勤勤然初不指屋宇也經云夏屋唯此而已至揚子雲法言乃云震風淩雨然後知夏屋之帡幪也則[illegible][illegible]爲屋宇矣蓋由漢人信廣夏大夏已差忒矣

孔子誄

宣聖之誄數處互有不同左氏傳哀公十六年夏四月己丑孔丘卒公誄之曰旻天不弔不憖遺一老俾屏予一人在位煢煢予在疚嗚呼哀哉尼父無自律而禮記檀弓乃云魯哀公誄孔子曰天不遺耆老莫相予位焉嗚呼哀哉尼父與左氏異而史記孔子世家與左傳所載全同而班氏前漢五行志則云孔丘卒哀公誄之曰旻天不弔不憖遺一老俾屏予一人而止又與史記異夫聖人之誄尚紛紛異同如此況其下者乎

朔月吉月

詩十月之交朔月辛卯註云朔日也而乃謂朔月蓋月朔之反辭也亦猶書之月正元日乃正月元日之比也又論語吉月必朝服而朝註謂吉月月朔也如詩二月初吉註月朔謂之吉吉月亦猶朔月也

詩人詠物

東坡謂詩人詠物至不可移易之妙如桑之未落其葉沃若是故坡之詠橄欖詩云紛紛青子落紅鹽蓋凡果之生也必青及熟也必變色如梅杏半傳黃朱果爛枝繁是也惟有橄欖雖熟亦青故

謂之青子不可他用也

立人達人

論語已欲立而立人已欲達而達人立者自立之謂非成立之謂如三十而立如有所立卓爾之立達者達德之達非聞達之謂如夫子所云質直好義察言而觀色慮以下人爲達言已欲立欲達必以此望人猶盡已推已成已成物之謂今之士夫每于干舉干闕則必以立人達人爲辭是可羞惡也

仕學先後

李主簿有傳問子夏曰仕而優則學學而優則仕何故不首言學而先及仕予答之曰重在學也正恐其仕之優則廢學故先曰仕而優則無廢于學又恐其學未優而入仕故次曰學而優則仕此正漆雕開吾斯之未能信是也李曰善

漢鶡雀辨

漢黃霸傳鶡雀集丞相府鶡字音芬非音曷也今人例以曷字讀之誤矣按霸傳蘇林註云今武賁所著之鶡而師古註曰蘇說非也此鶡字音分本從鳻字通用鳻似鳳也若夫鶡雀之鶡青色好鬬不止俗謂之鶡雞音曷與此鶡雀音芬者不同故志之以正訛舛

晉志之誤

予昔與姑弟羅君玉同讀晉書君玉曰嵇康之誅于晉文帝執魏柄之時疑不當傳于晉向秀卒于魏世其傳亦然又云君苗無姓呂安無傳與嵇康書者皆當攷

漢四皓歌同異

古今樂錄四皓隱居南山高祖聘之不甘仰天嘆而作歌按漢書四皓即東園公綺里季夏黃公甪里先生年皆八十餘鬚眉皓白故曰四皓崔鴻曰四皓爲秦博士見焚書坑儒退隱商山乃作歌

曰南山嵯峨深谷逶迤樹木漠漠高山崔嵬巖居穴處以爲幄茵燁燁紫芝可以療飢唐虞往矣吾當安歸此載于先秦文章及文指世皆見之矣然予讀皇甫謐高士傳云四皓見秦政暴乃逃入藍田山作歌曰漠漠高山深谷逶迤燁燁紫芝可以療飢唐虞世遠吾將安歸駟馬高蓋其憂甚大富貴之留人不如貧賤之肆志兩歌互有不同然高士傳之歌尤勝故併錄之

二月無絲

聶夷中傷田家詩最得風人之體但二月賣新絲恐當作四月蓋二月則蠶尚未生戴勝降于桑乃三月内節所在必于此時蠶事方盛蓋月令蠶事乃在季春之月而祭義蠶歲註亦云三月月盡以後豳風蠶月條桑亦指三月二月安得有新絲耶當是四字傳寫差誤刻書耳其曰五月糶新穀却有之

日隨天左旋

予向作補亡月采篇辨日月隨天左旋援引張橫渠朱文公魏鶴山之言及朱文公援引月令註疏爲證詳無軼遺矣後因讀陸德明周易音義至明夷卦明夷于左股註馬融王肅音股字作般云旋也日隨天左旋也乃知經註已及之不待註疏及後世之辨也尤爲端的惜先儒不及引此耳故錄以補其前說

輿地圖名

世言輿地圖皆謂始于漢光武披輿地圖而不知前漢淮南王安傳已有按輿地圖之語第蘇林註曰輿猶盡載之意可謂淺陋予謂大易云坤爲輿然則地以輿名無易于此亦猶天形如倚蓋張衡作蓋天圖云

夷齊太伯封謚

國朝天禧元年封汾州介子推爲潔惠侯元符三年七月封伯夷爲清惠侯叔齊爲仁惠侯吳太伯爲至德侯東方朔爲智辨侯並

行制見于國朝大詔令中而諸史往往不盡登載也

市井字出春秋井田記

今人嘗談市井字莫考其證據此蓋出于後漢循吏傳中云白首不入市井註引春秋井田記曰井田之義有五一曰無泄天時地氣二曰無費一家三曰同風俗四曰合巧拙五曰通財貨因井爲市交易而退故稱市井也予因愛市井之名義起于此且春秋井田記不見于他書獨此引用故表而出之以資博聞

瓦卜

今之瓦卜蓋有取于周太卜之瓦兆註云瓦兆帝堯之兆其象似瓦原之釁隙是用名之

試筆 一卷全鈔　宋歐陽修

南唐硯　某此一硯用之二十年矣當南唐有國時于歙州置硯務選工之善者命以九品之服月有俸廩之給號硯務官歲爲官造硯有數其硯四方而平淺者南唐官硯也其石尤精製作亦不類今工之侈窳此硯得自今王舍人原叔家不識爲佳硯也兒子輩棄置之予始得之亦不知爲南唐物也有江南人年老者見之悽然曰此故國之物也因具道其所以然遂始寶惜之其貶夷陵也折其一角

宣筆　宣筆初不可用往時聖俞屢以爲惠尋復爲人乞去今得此甚可用遂深藏之

琴枕說　介甫嘗言夏月晝睡方枕爲佳問其何理云睡久氣蒸枕熱則轉一方冷處然則眞知睡者耶予謂夜彈琴唯石暉爲佳蓋金蚌瑟瑟之類皆有光色燈燭照之則炫燿非老翁夜視所宜白石照之無光唯目昏者爲便介甫知睡眞懶者予知琴暉直以老而目暗耳是皆可笑予家石暉琴得之二十餘年昨因患兩手中指拘攣醫者言惟數運動以導其氣之滯者謂唯彈琴爲可亦尋理得十餘年已忘諸曲物理損益相因固不能窮至于如此老莊之徒多寓物以盡人情信有以也哉

鑒畫　蕭條淡泊此難畫之意畫者得之覽者未必識也故飛走遲速意淺之物易見而閑和嚴靜趣遠之心難形若乃高下嚮背遠近重複此畫工之藝爾非精鑒者之事也不知此論爲是不予非知畫者強爲之說但恐未必然也然世謂好畫者亦未必能知此也此字不乃傷俗耶

學書爲樂　蘇子美嘗言明窗淨几筆硯紙墨皆極精良亦自是人生一樂然能得此樂者甚稀其不爲外物移其好者又特稀也予晚知此趣恨字體不工不能到古人佳處若以爲樂則自是有餘

學書消日　自少所喜事多矣中年以來漸以廢去或厭而不爲或好之未厭力有不能而止者其愈久益深而尤不厭者書也至于學字爲于不倦時往往可以消日乃知昔賢留意于此不爲無意也

學眞草書　自此以後隻日學草書雙日學眞書眞書兼行草書兼楷十年不倦當得書名然虛名已得而眞氣耗矣萬事莫不皆然有以寓其意不知身之爲勞也有以樂其心不知物之爲累也然則自古無不累心之物而有爲物所樂之心也

學書作故事　學書勿浪書事有可記者他時便爲故事

學書費紙　學書費紙猶勝飲酒費錢曩時嘗見王文康公戒其子弟云吾平生不以全幅紙作封皮文康太原人世以吝人喜嗇資談笑信有是哉吾志向亦不欲多耗用物誠未足以有益于人然衰年志思不壯于事少能快然亦其理耳

學書工拙　每書字嘗自嫌其不佳而見者或稱其可取嘗有初不自喜隔數日視之頗若有可愛者然此初欲寓其心以銷日何用較其工拙而區區于此遂成一役之勞豈非人心蔽于好勝耶

作字要熟　作字要熟熟則神氣完實而有餘于靜坐中自是一樂事然

患少暇豈其于樂處常不足耶

用筆之法　蘇子美嘗言用筆之法此乃柳公權之法也亦嘗較之斜正之間便分工拙能知此及虛腕則羲獻之書可以意得也因知萬事有法揚子云斷木爲棊梡革爲鞠亦皆有法豈正得此也

蘇子美論書　蘇子美喜論用筆而書字不迨其所論豈其力不副心耶然萬事以心爲本未有心至而力不能者予獨以爲不然此所謂非知之難而行之難者也古之人不虛勞其心力故其學精而無不至蓋方其幼也未有所爲時專其力于學書及其漸長則其所學漸近于用今人不然多學書于晚年所以與古不同也

信筆學書　秋霖不止文書頗稀叢竹蕭蕭似聽愁滴見案上故紙數幅信筆學書樞密院東廳

蘇子美蔡君謨書　自蘇子美死後遂覺筆法中絕近年君謨獨步當世然謙讓不肯主盟往年予嘗戲謂君謨曰學書如泝急流用盡氣力不

離故處君謨頗笑以爲能取譬今思此語已二十餘年竟如何哉

李邕書　予始得李邕書不甚好之然疑邕以書自名必有深趣及看之久遂謂他書少及者得之最晚好之尤篤譬猶結交其始也難則其合也必久予雖因李邕書得筆法然爲字絕不相類豈得其意而忘其形者耶因見邕書追求鍾王以來字法皆可以通然邕書未必獨然凡學書者得其一可以通其餘余偶從邕書而得之耳嘉祐五年春分日雪中西窗信筆

風法華　往時有風法華者偶然至人家見筆便書初無倫理久而禍福或應豈非好怪之士爲之遷就其事耶予每見筆輒書故江鄰幾目予爲風法華

九僧詩　近世（一作時）有九僧詩極有好句然今人家多不傳如馬放降來地雕盤戰後雲春生桂嶺外人在海門西今之文士未能有此句也

弔僧詩　謝希深嘗誦哭僧詩云燒痕碑入集海角寺留眞謂此人作詩不求好句只求好意予以爲意好句亦好矣賈島有哭僧詩云寫留行道影焚却坐禪身唐人謂燒却活和尚此句之大病也

郊島詩窮　唐之詩人類多窮士孟郊賈島之徒尤能刻琢窮苦之言以自喜或問二子雖窮孰甚曰閬仙甚也何以知之以其詩見之郊曰種稻耕白水負薪斫青山島云市中有樵山我舍朝無烟井底有甘泉釜中乃空然蓋孟氏薪米自足而島家柴米俱無此誠可歎然二子名稱高于當世其餘林翁處士用意精到者往往有之若雞聲茅店月人跡板橋霜則孤行流離辛苦之態見于數字之中至于野塘春水漫花塢夕陽遲則春物融怡人情和暢又有言不能盡之意茲亦精意刻琢之所得者耶

謝希深論詩　往在洛時嘗見謝希深誦縣古槐根出官淸馬骨高又見晏丞相常愛笙歌歸院落燈火下樓臺希深曰淸苦之意在言外而

見于言中晏公曰世傳寇萊公詩云老覺腰金重慵便枕玉涼以爲富貴此特窮相者爾能道富貴之盛則莫如前言亦與希深所評者類爾二公皆有情味而善爲篇詠者其論如此

溫庭筠嚴維詩　予嘗愛唐人詩云雞聲茅店月人迹板橋霜則天寒歲暮風淒木落羈旅之愁如身履之至其曰野塘春水慢花塢夕陽遲則風酣日煦萬物駘蕩天人之意相與融怡讀之便覺欣然感發謂此四句可以坐變寒暑詩之爲巧猶畫工小筆爾以此知文章與造化爭巧可也

作詩須多誦古今詩　作詩須多誦古今詩不獨詩爾其他文字皆然

漢人善以文言道時事　漢之文士善以文言道時事質而不俚茲所以爲難

蘇氏父子　往時作四六者多用古人語及廣引故事以衒博學而不思述事不暢近時文章變體如蘇氏父子以四六述敘委曲精盡不減古人自學者變格爲文迨今三十年始得斯人不惟遲久而後

獲實恐此後未有能繼者爾自古異人間出前後參差不相待予老矣乃及見之豈不爲幸哉

王濟讚張齊賢 張齊賢形體魁肥飲食兼數人然其爲相嘗有邊功國朝宰相惟宋琪與齊賢知邊事然其常與王濟不相能濟剛峭之士也其後齊賢罷相歸洛陽買得午橋裴晉公綠野堂營爲別墅一日濟自洛至京師公卿間有問及齊賢午橋別墅者濟忿然曰昔爲綠野堂今作屠兒墓園矣聞者皆笑

晦明說 藏精于晦則明養神以靜則安晦所以蓄明靜所以應動善蓄者不竭善應者無窮此君子修身治人之術然性近者得之易也

廉恥說 廉恥士君子之大節罕能自守者利欲勝之耳物有爲其所勝雖善守者或牽而去故孟子謂勇過賁育者誠有旨哉君子之道闇然而日彰而今人求速譽遂得速毀以自損者理之當然

繫辭說 昔不盡言言不盡意然自古聖賢之意萬古得以推而求之者豈非言之傳歟聖人之意所以存者得非書乎然則書不盡言之煩而盡其要言不盡意之委曲而盡其理謂書不盡言言不盡意者非深明之論也予謂繫辭非聖人之作初若可駭予爲此論迨今二十五年矣稍稍以予言爲然也六經之傳天地之久其爲二十五者將無窮而不可以數計也予之言久當見信于人矣何必汲汲較是非于一世哉

論樂說 清濁二聲爲樂之本而今自以爲知樂者猶未能達此安得言其細微之旨

六經簡要 妙論精言不以多爲貴而人非聰明不能達其義予嘗聽人讀佛書其數十萬言謂可數談而盡而溺其說者以謂欲曉愚下人故如此爾然則六經簡要愚下人獨不得曉耶

予家多文忠公書然比其沒後予于篋中得十數帖耳今劉君乃能致此非篤好之不能也元豐二年正月初吉蘇轍子由題

茶錄一卷　宋蔡襄莆田人

臣前因奏事伏蒙陛下諭臣先任福建轉運使日所進上品龍茶最爲精好臣退念草木之微首辱陛下之鑒若處之得地則能盡其材昔陸羽茶經不第建安之品丁謂茶圖獨論採造之本至于烹試曾未有聞臣輒條數事清閒之宴或賜觀采臣不勝惶懼榮幸之至謹序

上篇論茶

色

茶色貴白而餅茶多以珍膏油去聲其面故有青黃紫黑之異善別茶者正如相工之䀹人氣色也隱然察之于內以肉理潤者爲上既已末之黃白者受水昏重青白者受水鮮明故建安人鬬試以青勝黃白

香

茶有真香而入貢者微以龍腦和膏欲助其香建安民間試茶皆不入香恐奪其真若烹點之際又雜珍果香草其奪益甚正當不用

味

茶味主于甘滑惟北苑鳳凰山連屬諸焙所產者味佳隔溪諸山雖及時加意製作色味皆重莫能及也又有水泉不甘能損茶味前世之論水品者以此

藏茶

茶宜蒻葉而畏香藥喜溫燥而忌濕冷故收藏之家以蒻葉封裹入焙中兩三日一次用火常如人體溫溫則禦濕潤若火多則茶焦不可食

炙茶

茶或經年則香色味皆陳于淨器中以沸湯漬之刮去膏油一兩重乃止以鈐箝之微火炙乾然後碎碾若當年新茶則不用此說

碾茶

碾茶先以淨紙密裹槌碎然後熟碾其大要旋碾則色白或經宿則色已昏矣

羅茶

羅細則茶浮粗則水浮

候湯

候湯最難未熟則沫浮過熟則茶沉前世謂之蟹眼者過熟湯也沉瓶中煮之不可辨故曰候湯最難

熁盞

凡欲點茶先須熁盞令熱冷則茶不浮

點茶

茶少湯多則雲腳散湯少茶多則粥面聚鈔茶一錢匕先注湯調令極勻又添注入環迴擊拂湯上盞可四分則止眎其面色鮮白著盞無水痕爲絕佳建安鬬試以水痕先者爲負耐久者爲勝故較勝負之說曰相去一水兩水

下篇論茶器

茶焙

茶焙編竹爲之裹以蒻葉蓋其上以收火也隔其中以有容也納火其下去茶尺許常溫溫然所以養色香味也

茶籠

茶不入焙者宜密封裹以蒻籠盛之置高處不近溼氣

砧椎

砧椎蓋以砧茶砧以木爲之椎或金或鐵取于便用

茶鈐

茶鈐屈金鐵爲之用以炙茶

茶碾

茶碾以銀或鐵爲之黃金性柔銅及𥖃石皆能生鉎（音星）不入用

茶羅

茶羅以絕細爲佳羅底用蜀東川鵝溪畫絹之密者投湯中揉洗以冪之

茶盞

茶色白宜黑盞建安所造者紺黑紋如兔毫其坏微厚熁之久熱難冷最爲要用出他處者或薄或色紫皆不及也其青白盞鬬試家自不用

茶匙

茶匙要重擊拂有力黃金爲上人間以銀鐵爲之竹者輕建茶不取

湯瓶

瓶要小者易候湯又點茶注湯有準黃金爲上人間以銀鐵或瓷石爲之

後序

臣皇祐中脩起居註奏事仁宗皇帝屢承天問以建安貢茶并所以試茶之狀臣謂論茶雖禁中語無事于密造茶錄二篇上進後知福州爲掌書記竊去藏稾不復能記之知懷安縣樊紀購得之遂以刊勒行于好事者然多舛謬臣追念先帝顧遇之恩覽本流涕輒加正定書之于石以永其傳治平元年五月二十六日三司使給事中臣蔡襄謹記

煎茶水記　一卷

唐張又新（字孔昭深州陸澤人）

故刑部侍郎劉公諱伯芻于又新丈人行也爲學精博頗有風鑒稱較水之與茶宜者凡七等

揚子江南零水第一　無錫惠山泉水第二
蘇州虎丘寺泉水第三　丹陽縣觀音寺水第四
揚州大明寺水第五　吳淞江水第六
淮水最下第七

斯七水予嘗俱瓶于舟中親挹而比之誠如其說也客有熟于兩浙者言搜訪未盡予嘗志之及刺永嘉過桐廬江至嚴子灘溪色至清水味至冷家人輩以陳黑壞茶潑之皆至芳香又以煎佳茶不可名其鮮馥也又愈于揚子南零殊遠及至永嘉取仙岩瀑布用之亦不下南零以是知客之說誠哉信矣夫顯理鑒物今之人信不迨于古人蓋亦有古人所未知而今人能知之者元和九年春予初成名與同年生期于薦福寺予與李德垂先至憩西廂玄鑒室會適有楚僧至置囊有數編書予偶抽一通覽焉文細密皆雜記卷末有一題云煮茶記云代宗朝李季卿刺湖州至維揚逢

陸處士鴻漸李素熟陸名有傾蓋之懽因之赴郡泊揚子驛將食李曰陸君善于茶蓋天下聞名矣況揚子南零水又殊絕今者二妙千載一遇何曠之乎命軍士謹信者挈瓶操舟深詣南零陸利器以俟之俄水至陸以杓揚其水曰江則江矣非南零者似臨岸之水使曰某擢舟深入見者累百敢虛紿乎陸不言既而傾諸盆至半陸遽止之又以杓揚之曰自此南零者矣使蹶然大駭伏罪曰某自南零齎至岸舟蕩覆半懼其尠挹岸水增之處士之鑒神鑒也其敢隱焉李與賓從數十人皆大駭愕李因問陸既如是所經歷處之水優劣精可判矣陸曰楚水第一晉水最下李因命筆口授而次第之

廬山康王谷水簾水第一
無錫縣惠山寺石泉水第二
蘄州蘭溪石上水第三
峽州扇子山下有石突然洩水獨清冷狀如龜形俗云蝦蟆口水第四
蘇州虎丘寺石泉水第五
廬山招賢寺下方橋潭水第六
揚子江南零水第七
洪州西山西東瀑布水第八
唐州柏岩縣淮水源第九（淮水亦佳）
廬州龍池山嶺水第十
丹陽縣觀音寺水第十一
揚州大明寺水第十二
漢江金州上游中零水第十三（水苦）
歸州玉虛洞下香溪水第十四
商州武關西洛水第十五（未嘗泥）

吳淞江水第十六
天台山西南峯千丈瀑布水第十七
郴州圓泉水第十八
桐廬嚴陵灘水第十九
雪水第二十（用雪不可太冷）

此二十水予嘗試之非繫茶之精麤過此不之知也夫茶烹于所產處無不佳也蓋水土之宜離其處水功其半然善烹潔器全其功也李置諸笥焉遇有言茶者卽示之又新刺九江有客李滂門生劉魯封言嘗見說茶予醒然思往歲僧室獲是書因盡篋書在焉古人云瀉水置瓶中焉能辨淄澠此言不必可判也萬古以爲信然蓋不疑矣豈知天下之理未可言至古人研精固有未盡強學君子孜孜不懈豈止思齊而已哉此言亦有裨于勸勉故記之

述煮茶泉品

夫渭黍汾廉泉源之異稟江橘淮枳土地之或遷誠物類之有宜亦臭味之相感也若乃擷華掇秀多識草木之名激濁揚清能辨淄澠之品斯固好事之嘉尚博識之精鑒自非嘯傲塵表逍遙林下樂追王濛之約不讓陸訥之風其孰能與于此乎吳楚山谷間氣清地靈若俊穎挺多孕茶荈爲人採拾大率右于武夷者爲白乳甲于吳興者爲紫筍產禹穴者以天章顯茂錢塘者以徑山稀至于續廬之岩雲衢之麓鴉山著于無歙蒙頂傳于岷蜀角立差勝毛舉實繁然而天賦尤異性靡受和苟制非其妙烹失于術雖先雷而贏未雨而擔蒸焙以圖造作以經而泉不香水不甘爨之揚之若淤若滓予少得溫氏所著茶說嘗識其水泉之目有二十焉會西走巴峽經蝦蟇窟憇燕城汲蜀崗井東遊故都絕揚子江留丹陽酌觀音泉過無錫斛惠山水粉槍禾旗蘇蘭薪桂且鼎且缶以飲以歠莫不瀹氣滌慮蠲病析酲祛鄙恡之生心招神明而

還觀信乎物類之得宜臭味之所感幽人之佳尚前賢之精鑒不可及已噫紫華綠英均一草也清瀾素波均一水也皆忘情于庶彙或求伸于知己不然者叢薄之莽溝瀆之流亦奚以異哉遊鹿故宮依蓮盛府一命受職再朞服勞而虎丘之觱沸淞江之清泚復在封畛居然挹注是嘗所得于鴻漸之目二十而七也昔酈元善于水經而未嘗知茶王肅癖于茗飲而言不及水表是二美吾無愧焉凡泉品二十列于右幅且使盡神方之四兩遂成奇功代酒限于七升無忘眞賞云爾南陽葉淸臣述

說郛卷第八十一終

說郛卷第八十二

道山淸話一卷　道山先生

李常爲言官言王安石理財不由仁義且言安石遂非喜勝日與其徒呂惠卿等陰籌竊計思以口舌以文厥過以公論爲同乎流俗以憂國爲震驚朕師以百姓愁歎爲出自兼幷之言以卿士僉議爲生乎怨嫉之口而又妄取經籍傳會其說且言理財用而不由仁與義不上賢則下窮矣臣自知朝夕蒙戮不憚開垂閉之口吐將腐之舌爲陛下反覆道之凡數千言上覽之驚歎再三撫諭曰不意班行中乃有卿也從前無臣僚說得如此分明待便爲施行明日安石登對神宗正色視安石昨覽李常奏豈不悞他百姓安石垂笏低手作怠慢之狀笑而不對神宗愈怒遂再問之安石略陳數語人不聞安石所言何事但見上連點頭曰極是極是常

之奏竟不見降出常後對人言不知安石有甚狐媚厭倒之術

司馬君實洛中新第初遷入一日步行見牆外暗埋竹簽數十問之則曰此非人行之地將以防盜也公曰吾篋中所有幾何且盜亦人也豈可以此爲防命亟去之

人之叩齒將以收召神觀辟除外邪其說出于道家者流故修養之人多叩齒不闕以是爲恭敬也今人往往入神廟中叩齒非禮也

唐明皇名隆基故當時改太一基爲碁至今因之不改何也予嘗兩入文字不報

秦觀少游一日寫李太白古風詩三十四首于所居一隱壁間予因問燕昭延郭隗遂築黃金臺之詩史但言築宮而師事不聞黃金之名太白不知何據少游曰上谷圖經言昭王築臺置千金于其上遂因以爲名閱之信然

正獻杜公嘗言人家祀祖先非簡慢則媟瀆得其中者鮮矣

天聖中詔營浮圖姜遵在永興毀漢唐碑之堅好者以代甎甓當時有一縣尉投書啓具言不可力懇不已至于叩頭流血遵以其故沮格朝命按能之自是人無敢言者遵因此得進用何斯舉詩云長安古碑用樂石蟲尾銀鈎擅精密缺訛横道已足哀況復鐫斲代甎甓有如天吳及紫鳳顛倒在衣吁可惜斯舉黄州人少年識蘇子瞻初名頎字頡之後名頡之黄庭堅魯直極推重之嘗與斯舉簡云老病昏塞不記貴字欲奉字曰斯舉取色斯舉矣翔而後集但恐或犯公家諱字爾遵自諫議大夫知永興軍即除樞密副使

斯舉又作黄緜襖子歌其序言正月大雨雪十日不已既晴鄰里相呼負日曰黄緜襖子出矣

子瞻嘗言韓莊敏對客稱仁宗時一夜三更以來有中使于慈聖殿傳宣慈聖起着背子不開門但于門縫中問云傳宣有甚事中

使云皇帝起飲酒盡問皇后殿有酒否慈聖云此中便有酒亦不敢將去夜已深奏知官家且歇息去更不肯開門納中使

王陶爲中丞劾韓琦曾公亮不押班有背負芒刺之語參政吳奎言不押班蓋已久來相承寖成廢禮非始于二人陶以臺制彈劾舉職便可何至引用背負芒刺跋扈之語且言陶天資險薄市井小人巧詐翻覆情態萬狀邵安簡亢反攻奎言陰陽不和咎由執政奎乃言由陶所致所言顛錯奎遂罷

魏公一日至諸子讀書堂見臥榻枕邊有一劍公問儀公何用儀公言夜間以備緩急公笑曰使汝果能手刃賊賊死于此汝何以處萬一奪入賊手汝不得爲完人矣古人靑氊之說汝不記乎何至于是也吾嘗見前輩云夜行切不可以刃物自隨吾輩安能害人徒起惡心非所以自重也

神宗時文州曲水縣令宇文之劭上書極言時政且言奸聲亂色盈溢耳目衢巷之中父子兄弟不敢肩隨孰謂王者之都而風俗一至于此神宗乃遣一二內侍于通衢中物色民言竟以無是事而止予謂縱物色得其言如何敢舉于上前劉貢父嘗對人言內官如聽得只道是尋常之談

魏公在永興一日有一幕官來參公一見熟視慼然不樂凡數月未嘗交一語儀公乘間問公曰幕官者公初不知之胡爲一見而不樂公曰見其額上有塊隱起必是禮拜當非佳士恁地人緩急怎生倚仗

哲宗御講筵所手折一柏枝玩程頤爲講官奏曰方春萬物發生之時不可非時毀折哲宗亟擲于地終講有不樂之色太后聞之歎曰怪鬼壞事呂晦叔亦不樂其言也云不須得如此

溫公在永興一日行國忌香幕次中客將有事欲白公悞觸燭臺倒在公身上公不動亦不問

韓持國爲人尊嚴方重每兄弟聚話玉汝子華議論風生持國未嘗有一言

邵康節與富韓公在洛每日晴必同行至僧舍韓公每過佛寺神祠必躬身致敬康節笑曰無乃爲佞乎韓公亦笑自是不爲也

章子厚與蘇子瞻少爲莫逆交一日子厚坦腹而臥適子瞻自外來摩其腹以問子瞻曰公道此中何所有子瞻曰都是謀反底家事子厚大笑

慶曆中親事官乘醉入禁中上遣內侍諭皇后貴妃使閉閤勿出后聽命不出貴妃乃直趨上前明日上對輔臣泣下樞相乘間啓廢立之議獨梁相識適厲聲曰一之爲甚其可再乎其事乃止

契丹遣使論國書中所稱大宋大契丹似非兄弟之國今輒易曰南朝北朝上詔中書樞密院共議當時輔臣多言此不計利害不從徙生怨隙梁莊肅曰此易屈爾但答曰宋蓋本朝受命之土契

丹亦彼國號無故而自去非嘉兆其年賀正使來復稱大契丹如故

京城界多火在法放火者不獲則主吏皆坐罪有欲中傷官吏者至自爇其所居罷免者紛然時邵安簡爲提點府界縣鎮案公事廉得其事迺請自今非延及旁家者雖失捕勿坐自是絕無遺火者遂著爲令

仁宗時王文正公爲諫官因論王德用所進女口上曰正在朕左右文正曰臣之所言正恐在陛下左右上色動呼內侍官使各賜錢三百貫令即令便搬出內東門文正謂不須如此之遽但陛下知之足矣上曰人情皆一般若見涕泣不忍去則朕決不能去之既而上即閒說漢唐間事又言太宗黜李勣使其子召用大是入思慮來喜見于色忽內侍來奏云已出內東門去訖上復動容乃起其廢郭后也臺臣論列尙美人上曰隨即斥去矣豈容其尙在

宮中也上之英斷如此盛矣哉

蘇子瞻詩有似聞指麾築上郡已覺談笑無西戎之句嘗問子瞻當是用少陵談笑無西河之語子瞻笑曰故是但少陵亦自用左太沖長嘯激清風志若無東吳也

予一日在陝府官次中見一官員與人語話因及守將怒一孔目官始效守將奮髯抵掌厲聲之狀次又作孔目官皇懼鞠躬請罪之狀至於學傳呼杖直之聲一少年方十二三冠帶在衆中坐忽叱曰是何輕薄舉止一坐驚笑後問知是蔡子正家子弟

元祐八年呂大防因講筵言及前代宮室多尙華侈本朝宮殿止有川赤白前代人君雖在宮禁中亦出輿入輦祖宗皆步自內庭出御後殿正欲涉歷廣庭稍冒寒暑前代多深于用刑大者誅戮小者遠竄惟本朝用法最輕臣下有罪止于罷黜至於慮已納諫不好畋獵不尙玩好不用玉器不貴異味御廚止用羊肉皆祖宗家法陛下不須遠法前代只消盡行家法既而上退至宮中笑謂左右曰呂相公次第甚好

微仲爲人剛而有守正而不他輔相泰陵八年朝野安靜宣仁聖烈上仙因爲山陵使既回乃以大觀文知潁昌時元祐甲戌三月也公既行而左正言上官均言其以張耒秦觀浮薄之徒撰次國史以李之純爲中司來之邵陽畏虞策爲諫官范祖禹命執中呂希純吳安詩或主誥命或主封駁皆附會風旨以濟其欲時監察御史周秩及右正言張商英連上疏交攻之微仲遂落職猶知隨州秩等攻之不已至循州安置未踰嶺而卒人頗冤之

程伊川嘗言醫家有四肢不仁之說其言最近理下得仁字極好

館中一日會茶有一新進士曰退之詩太孟浪時貢父偶在坐厲聲問曰風約一池萍誰詩也其人無語

蘇子瞻一日在學士院閑坐忽命左右取紙筆寫平疇交遠風良

苗亦懷新兩句大書小楷行草書凡寫七八紙擲筆太息曰好好散其紙于左右給事者

張文潛嘗言近時印書盛行而鬻書者往往皆士人躬自負擔有一士人盡掊其家所有約百餘千買書將以入京至中途遇一士人取書目閱之愛其書而貧不能得家有數古銅器將以貨之而鬻書者雅有好古器之癖一見喜甚乃曰毋庸貨也我將與汝估其直而兩易之于是盡以隨行之書換數十銅器亟返其家其妻方訝夫之回疾視其行李但見二三布囊磊塊然鏗鏗有聲問得其實乃詈其夫曰你換得他這箇幾時近得飯吃其人曰他換得我那箇也則幾時近得飯吃因言人之惑也如此坐皆絕倒

劉貢父一日問蘇子瞻老身倦馬河堤永踏盡黃榆綠槐影非闍下之詩乎子瞻曰然貢父曰是日影耶月影耶子瞻曰竹影金鎖碎又何嘗說日月也二公大笑

常秩之學尤長于春秋或問秩孫復之學何如秩曰此商君法耳步過六尺與弃灰于道者有誅大不近人情矣

周重實爲察官以民間多壞錢爲器物乞行禁止且欲毁弃民間日近所鑄銅器時張天覺爲正言極論其不可恐官司臨迫因而壞及前代古器重實之言既不降出憤懣不平謂同列曰天覺只怕壞了鈸兒磬兒

呂晦叔爲中丞一日報在假館中諸公因問何事在假時劉貢父在坐忽大言今日必是一箇十齋日葢指晦叔好佛也

洛中有一僧欲開堂說法司馬君實夜過邵堯夫曰聞富彥國呂晦叔欲往聽此甚不可但晦叔貪佛已不可勸人亦不怪如何勸得彥國堯夫曰今日已暮矣姑任之明日二人果偕往後數月彥國招數客共飯堯夫在焉因問彥國曰主上以裴晉公之禮起公公何不應命又聞三遣使公皆臥內見之彥國曰衰病如此其能起否堯夫曰上三命公不起一僧開堂以片紙見呼卽出恐亦未是彥國曰弼亦不曾思量至此

神宗朝韓子華爲中丞劾奏宰臣富弼人言張茂先爲先帝子而弼引爲管軍鄭公丐罷子華亦待罪仍牒閤門更不稱中丞及不朝參今中書密同諫議以爲管軍人無間言絳欲以危言中傷大臣事既無根徒搖衆聽兼絳舉措顛倒不足以表率百官于是子華削職知蔡州子方亦請外知荆南兩敕過門下何剡知封駁事封還子方乃留

仁宗時梓州妖人白彥歡能依鬼神作法以詛人至有死者獄上請讞皆以不見傷爲疑梁莊肅曰殺人以刃尙或可拒以詛則其可免乎竟殺之

張堯佐以溫成之故復除宣徽使唐質肅時爲御史裏行爭之不可以得求全臺上殿不許求自貶不報于是劾丞相并言事官皆附會緘默乃又援致舊臣帝急召二府以其章示之子方猶立殿上梁莊肅爲樞副曰宰相豈御史薦耶叱使下殿殿上莫不驚愕相視于是貶春州別駕又改英州宰相諫官明日亦皆罷逐

眞宗不豫荆王因問疾留宿禁中宰執亦以祈禳內宿時御藥李從吉因對荆王叱小黃門荆王怒曰皇帝服藥爾輩敢近木闌子高聲以手中熱水潑之從吉者自言與李文定是族人仁宗既卽位從吉使其徒乘間言于上曰頃時先帝大漸八大王留禁中者累日宰執恐有異謀因八大王取金盂熱水李迪以墨筆攪水中八大王疑有毒藥卽時出禁中去上曰不然安有是事若八大王見盂中黑水便不會根究翰林司且這筆在熱水中也則甚計策當時八大王纔到禁中便要出去却是孃孃留住教只在禁中明日卽去直是無此事必是李從吉唆使爾輩來說上卽位未及一年英悟已如此

予少時嘗與張文潛在館中因看隋唐嘉話見楊祭酒贈項斯詩云度度見詩詩總好今觀標格勝于詩平生不解藏人善到處逢人說項斯因問諸公唐時未聞項斯有詩名也文潛曰必不足觀也楊君詩律已如此想其所好者皆此類也

韓莊敏一日來予子弟讀書堂徧觀子姪程課喜甚謂門客曰舉業只須做到這箇地位有命時儘可及第自此當命日日講五經依次第觀子史程文不必更工枉了工夫若無命時雖工無益

東坡在雪堂一日讀杜牧之阿房宮賦凡數遍每讀徹一徧卽再三咨嗟歎息至夜分猶不寐有二老兵皆陝人給事左右坐久甚苦之一人長嘆操西音曰知他有甚好處夜久寒甚不肯睡連作寃苦聲其一曰也有兩句好（西人皆作吼音）其人大怒曰你又理會得甚底對曰我愛他道天下之人不敢言而敢怒叔黨卧而聞之明日以告東坡大笑曰這漢子也有鑒識

秦觀南遷行次郴道遇雨有老僕滕貴者久在少游家隨以南行管押行李在後泥濘不能進少游留道傍人家以俟久之方蹣跚策杖而至視少游嘆曰學士學士他門取了富貴做了好官不枉了恁地自家做甚來陪奉他門波波地打閑官方落得甚聲名怒而不飯少游再三勉之曰没奈何其人怒猶未已曰可知是没奈何少游後見鄧博文言之大笑且謂鄧曰到京見諸公不可不舉似以發大笑也

子瞻愛杜牧之華清宮詩自言凡爲人寫了三四十本矣

仁宗時大名府有營兵背生肉蜿蜒如龍時程天球判大名因其人于獄具奏于朝上覽其奏笑曰是人何罪哉此贅耳卽令釋之後其兵輒死上頗疑焉一日對輔臣言大名府兵士肉生于背已是病也又從而禁繫安得不死又其後天球在延州累立功上欲大用輒曰向來無故囚人至今念之也

元符三年立賢妃劉氏爲后鄒至完上疏言不當立五伯者三王之罪人也其葵丘之會載書猶首曰無以妾爲妻况陛下之聖高出三王之上其可忽于此乎萬一自此以後士大夫有以妾爲妻者臣僚糾劾以聞陛下何以處之不治則傷化敗俗無以爲國治之則上行下效難以責人先帝在位動以五帝三王爲法今陛下爲五伯之所不爲者哲宗讀至此震怒詔浩言多狂妄事實不根除名勒停新州羈管當時人見至完之貶太峻而未見其疏遂有士人僞爲之者不樂至完者錄其僞本以進有商王桀紂之語言至完外以此本矯示于人以邀名其實非也上愈怒故行遣至完嘗所往來之人甚衆

曾紆云山谷用樂天語作黔南詩白云霜降水返壑風落木歸山冉冉歲將晏物皆復本原山谷云霜降水返壑風落木歸山冉冉歲將晏昆蟲皆閉關白云渴人多夢飲飢人多夢飡春來夢何處合眼到東川山谷云病人多夢醫囚人多夢赦如何春來夢合眼在鄉社白云相去六千里地絕山邈然十書九不到何以一開顏山谷云相望六千里天地隔江山十書九不到何用一開顏紆愛之每對人口誦謂是點鐵成金也范寥云寥在宜州嘗問山谷山谷云庭堅少時誦熟久而忘其爲何人詩也嘗阻雨衡山尉廳偶然無事信筆戲書爾寥以紆點鐵之語告之山谷大笑曰焉有是理便如此點鐵

人問邵堯夫人有潔病何也堯夫曰胸中滯礙而多疑耳未有人天生如此也初因多疑積漸而日深此亦未爲害但疑心既重則萬境皆錯最是害道第一事不可不知也

山谷在宜州服紫霞丹自云得力曾紆嘗以書勸其勿服山谷答云公卷疽根在傍乃不可服如僕服之殆如晴雲之在川谷安得霹靂火也

山谷之在宜州其年乙酉卽崇寧四年也重九日登郡城之樓聽邊人相語今歲當鏖戰取封侯因作小詞云諸將說封侯短笛長吹獨倚樓萬事總成風雨去休休戲馬臺南金絡頭催酒莫遲留酒似今秋勝去秋花向老人頭上笑羞羞人不羞花花自羞倚欄高歌若不能堪者是月三十日果不起范寥自言親見之

范寥言山谷在宜州嘗作辛卯未䏓肫又作未酉亥䏓肫寥皆得見之

王沂公每見子姪語話學人鄉音及效人舉止必痛抑之且曰不成登對後亦如此

李公擇每飲酒至百杯卽止詰旦見賓客或回書問亦不病酒亦無倦色

老蘇初出蜀以兵書徧見諸公貴人皆不甚領略後有人言其姓名于富韓公公曰此君専勸人行殺戮以立威豈得直如此要官

職傲

忠宣公范堯夫居常正坐未嘗背靠着物見客處有數胡床每暑月蒸溼時其餘客所坐者背所着處皆有汗漬痕迹惟公所坐處常乾也公所着衣服每易以澣濯並無垢膩履襪雖敝亦皆潔白子弟書室中皆坐草縛墪子或杌子初無有靠背之物有一幕客好修飾邊幅其衣巾常整整然公未嘗以目視之每遇筵會公不以上官自居必再三勉客待其飲盡而後已惟勸至此幕客一舉而退然此客不悟每遇赴席愈更潔其服而進予每舉此以戒吾家子姪

王荆公謝公墩詩云千枝遜嶧陽萬本無淇澳滿門陶令株彌岸韓侯蔌賈父云不成語

張天覺好佛而不許諸子誦經云彼讀書未多心源未明纔拈著經卷便燒香禮拜不能得了

范蜀公鎮每對客尊嚴靜重言有條理客亦不敢慢易惟蘇子瞻則掀髯鼓掌旁若無人然蜀公甚敬之一日有客問公何爲不重黃庭堅公曰魯直一代偉人鎮之畏友也安敢不加重又問庭堅學佛有得否公曰這箇則如何知得且佛亦如何恁地學得

彭汝礪久在侍從剛明正直朝野推重晚娶宋氏婦有姿色器資承順惟恐不及後出守九江病中忽索紙筆大書云宿世冤家五年夫婦從今以往不打這鼓投筆而逝

晏文獻公爲京兆辟張先爲通判新納侍兒公甚屬意先字子野能爲詩詞公雅重之每張來即令侍兒出侑觴往往歌子野所爲之辭其後王夫人寖不容公即出之一日子野至公與之飲子野作碧牡丹詞令營妓歌之有云望極藍橋但暮雲千里幾重山幾重水之句公聞之憮然曰人生行樂耳何自苦如此亟命于宅庫支錢若干復取前所出侍兒侍兒既來夫人亦不復詰何也

陳瑩中云嶺南之人見逐客不問官高卑皆呼爲相公想是見相公常來也

一長老在歐陽公座上見公家小兒有小名僧哥者戲謂公曰公不重佛安得此名公笑曰人家小兒要易長育往往以賤名爲小名如狗羊犬馬之類是也聞者莫不服公之捷對

裕陵嘗因便殿與二三大臣論事已而言曰嘗思唐明皇晚年侈心一搖其爲禍有不勝言者本朝無前代離宮別館遊豫奢侈非特不爲亦不暇爲也蓋北有狂虜西有黠羌朝廷汲汲然左枝右梧未嘗一日不念之二虜之勢所以難制者有城國有行國古之夷狄能行而已今兼中國之所有矣比之漢唐最爲強盛大臣皆言陛下聖慮及此二虜不足撲滅矣上曰安有撲滅之理但用此以爲外懼則可

溫公無子又無姬侍裴夫人既亡公常忽忽不樂時至獨樂園于

讀書堂危坐終日常作小詩隸書梁間云暫來還似客歸去不成家其回人簡有云草妨步則薙之木礙冠則芟之其他任其自然相與同生天地間亦各欲遂其生耳可見公存心也

石曼卿一日在李駙馬家見楊大年寫絕句詩一首云折戟沉沙鐵未消自將磨洗認前朝東風不與周郎便銅雀春深鎖二喬後書義山二字曼卿笑云昆裏沒這般文意塗去義山二字書其傍曰牧之蓋兩家集中皆載此詩也此詩佳甚但頗費解說

熙寧四年呂誨表乞致仕有曰臣本无宿疾偶值醫者用術乖方不知脉候有虛實陰陽有逆順診察有標本治療有先後妄投湯劑率任情意差之指下禍延四肢寖成風痺遂難行步非徒躍跖戾之苦又將虞心腹之變勢已及此爲之奈何雖然一身之微固未足卹其如九族之托良以爲憂是思逃祿以偷生不俟引年而還政於戲獻可之論可謂至矣

周種言垂簾時一日早朝執政因理會事太皇太后命一黃門于內中取案上文字來黃門倉卒取至悮觸上幞頭墜地時上未著巾也但兒新鬅頭撮數小角兒黃門者震懼幾不能立旁有黃門取幞頭以進上凝然端坐亦不怒亦不問既退押班具其事取旨上曰只是錯太后命押班只是就本班量行遣又言一日輔臣簾前論事甚久上忽顧一小黃門附耳與語小黃門者既去頃之復來亦附耳而奏上忽嘎然而與俄聞御屏後小鑼鈸之聲交作須臾上即復出一黃門抱上御椅子再端拱而坐直待奏事畢乃退太后亦顧上笑

章子厚爲侍從時遇其生朝會客其門人林特者亦鄉人也以詩爲壽子厚晚于坐上取詩以示客且指其頌德處云只是海行言語道人須道著乃爲工門人者頗不平之忽曰昔人有令畫工傳神以其不似命別爲之既而又以不似凡三四易畫工怒曰若畫得似復是甚模樣滿座烘然

章子厚人言初生時父母欲不舉以納水盆中爲人救止其後朝士頗聞其事蘇子瞻嘗與子厚詩有方丈仙人出渺茫高情猶愛水雲鄉之語子厚謂其譏己也頗不樂

熙寧中有薦華山陳戩者博學知治亂大體三十年不出戶庭隣人有不識者云是希夷宗人既對便坐上先覽其所進時議甚喜之至是命坐賜茶戩乃趦趄皇恐謝不敢者再三云上有鵶尾乞陛下暫令除去上使之退左右皆掩笑上亦不怒對輔臣亦未嘗言及一日忽有旨賜束帛令還山

太祖嘗有言不用南人爲相實錄國史皆載陶穀開基萬年錄開寶史譜言之甚詳皆言太祖親寫南人不得坐吾此堂刻石政事堂上或云自王文穆大拜後吏輩故壞壁因移石于他處後寖不知所在既而王安石章惇相繼用事爲人竊去如前兩書今館中有其名而亡其書也頃時尚見其他小說往往互見今皆爲人節略去人少有知者知亦不敢言矣

予一日道過毘陵舍于張郎中巷見張之第宅雄偉園池臺榭之勝古木參天因愛而訪之問其世家則知國初時有張佖者隨李煜入朝太宗時佖在史館家常多食客一日上問卿何賓客之多每日聚說何事佖曰臣之親舊多客都下困窘貧乏絕糧臣累輕而俸有餘故常過臣飯止菜羹而已臣愧菲薄而彼更以爲甘美故其來也不得而拒之翌日上遣快行家一人伺其食時直入其家佖方對客飯于是即其坐上取一客之食以進果止糲飯菜羹仍皆麤璺陶器上喜其不隱時號菜羹張佖三子益之昷之沓之皆嘗爲郎官至今彼中呼其所居曰張郎中巷

唐子方爲人剛直既參大政與介甫議事每不協常與介甫議殺人傷者許首服以律案問免死爭于裕陵之前介甫強辨上主其議子方不勝憤懣對上前謂介甫曰安石行乖學僻其實不曉事今與之造化之柄其悮天下蒼生必矣上以其先朝遺直驟加登用亦不之罪既而子方疽背而死方其病革車駕幸其第以臨問之子方已昏不知人忽聞上至開目而言曰願陛下早覺悟可惜祖宗社稷教安石壞却上首肯之問其家事無一言及薨又幸其第見其畫像不類命取禁中舊藏本以賜其家上有昭陵御題直哉若人爲國砥柱八字印以御寶下有昭陵御押字予嘗親得見焉其家傳云子方一日見介甫誦華嚴經因勸介甫不若早休官去介甫問之子方曰公之爲官止是作業更做執政數年和佛也費力介甫不答一日子方在朝假介甫乃以子方之言白于上將以危之上大笑而止

紹聖改元九月禁中爲宣仁作小祥道場宣隆報長老陞坐上設御幄于旁以聽其僧祝曰伏願皇帝陛下愛國如身視民如子每

念太皇之保佑常如先帝之憂勤庶尹百僚謹守漢家之法度四方萬里永爲趙氏之封疆既而有僧問話云太皇今居何處答云身居佛法龍天上心在兒孫社稷中當時傳播人莫不稱歎於戲太皇之聖華夷稱爲女堯舜方其垂簾每有號令天下人爲之快活條貫

元祐癸酉九月一日初夜開寶寺塔表裏通明徹旦禁中夜遣中使賫降御香寺門已閉既開寺僧皆不知也寺中望之無所見去寺漸明後二日宣仁上仙

嘗聞祖父言每歲三月二十八日四方之人集于泰山東嶽祠下謂之朝拜嘉祐八年祖父適以是日至祠下言其日風寒已如深冬時至明日地皆結冰寒甚幾欲裂面墮指人皆閉戶道無行跡日欲入忽聞傳呼之聲自南而北儀衛雄甚近道人家有自戶牖潛窺者見馬高數尺甲士皆不類常人繖扇車乘皆如今乘輿行幸望廟門而入廟之重門皆洞開異香載路有丈夫絳袍幞頭坐黃屋之下亦微聞警蹕之聲亦有言去朝眞君回來又有云眞君已歸皆相顧合掌中夜方不聞人語又明日天氣復溫皆揮扇而行後數日方聞昭陵其日升遐

昭陵上賓前一月每夜太廟中有哭聲不敢奏一日太宗神御前香案自壞

杜少陵宿龍門詩有云天闕象緯逼王介甫改闕爲閱黃魯直對衆極言其是貢父聞之曰直是怕他

劉貢父嘗言人之戲劇極有可人處楊大年與梁周翰朱昂同在禁掖大年年未三十而二公皆高年矣大年但呼朱翁梁翁每以言侵侮之一日梁戲謂大年曰這老亦待留以與君也朱于後亟搖手曰不要與衆皆笑其捷雖一時戲言而大年不五十而卒

今上初登極羣臣班列在庭忽一朝士大叫數聲仆地不知人扶未出殿門氣已絕

予頃時于陝府道間舍于逆旅因步行田間有村學究教授二三小兒閑與之語言皆無倫次忽見案間有小兒書卷其背乃蔡襄寫洛神賦已截爲兩段其一塗污已不可識問其何所自得曰吾家敗籠中物也問更有別紙可見否乃從壁間書夾中取二三十張大半是襄書間亦有李西臺川牋所寫詩數紙因以隨行白紙百餘幅易之欣然見授問其家世曰吾家祖亦嘗爲大官吾父罷官歸死于此吾時年幼養于近村學究家今從而李姓然吾祖官稱姓名皆不可得而知頃時如此紙甚多皆與小兒作書卷及糊窗用了會日已暮乃歸旅舍明日天未明即登途不及再往至今爲恨也

先公嘗言頃見李公擇云曾于高郵道上時正午暑見臨淸流有竹籬茅屋望之極雅潔前有修竹長松二道士臨流奕棋于松陰

間其一疎髯秀目其一美少年肌體如玉見公擇來皆欣然然與之語則凡俗鄙俚入其茅屋下往往堆積稾秸甖缶之類觀其寢處穢汚如僕厮然忽問予能飲否予曰粗能之其少年道士徐起取酒既而酒如米泔且將臭敗于樹間摘小毛桃子數枚置案上予疑其仙也乃危坐斂衽滿引不敢辭其盛酒物乃一大盆飲于破陶器中徐顧余僕曰此人亦得乃與之酒一陶器二道士乃先醉長嘯而入予愈疑焉既別數里許詢道傍人家曰二人者里胥之子也在城中出家今其父死歸謀還俗而分其家財耳

慶曆中胡瑗以白衣召對侍邇英講易讀乾元亨利貞不避上御名上與左右皆失色瑗曰臨文不諱後瑗因言孟子民無恆產讀爲常上微笑曰又却避此一字蓋自唐穆宗已改常字積久而讀熟雖曰尊經然坐斥君父之名亦未爲允上嘗詔其修國史瑗乃避其祖諱不拜

舊制講讀官坐而讀別置書策于御案上仁宗忽一日講讀官已班立俟上出久之忽有內侍官自御屏後出大聲曰有聖旨今後講筵官起立御案前講讀自是遂爲定制至神宗朝王安石爲侍讀以言道之所存請復賜坐有旨下禮官議韓維以謂當賜坐劉攽以爲不可紛爭不已議于上前維曰今有時禁中宣長老說法猶陞高踞坐吾儒講聖人大中至正之道乃獨不得坐耶攽曰彼髠徒何知自是朝廷不約束耳維讀聖人書乃亦欲如彼髠無君臣上下乎安石非爲道爲己重耳于是安石之請不行至元祐初程頤復請坐講太皇后曰皇帝幼冲豈可先教改動前人制度有旨令不得行

今皇帝卽位之明年范純仁卒其遺表有曰伏願陛下清心寡欲約己便民達孝道于精微擴仁心于廣遠深絕朋黨之論詳察正邪之歸搜抉幽隱以盡人才屏斥奇巧以厚風俗愛惜生靈而毋

輕議邊事包容狂直而毋易逐言官若宣仁之誣謗未明致保佑之憂勤不顯皆權臣務快其私忿非泰陵實謂之當然以致未究流人之往愆悉以聖恩而特敍尚使存沒猶玷瑕疵又復不解疆埸之嚴幾空帑藏之積有城不守得地難耕凡此數端願留聖聽此李之儀端叔之文也上令大書此表留禁中章惇由是貶雷州司戶端叔後坐黨籍終身廢棄

黃庭堅宜州之貶也坐爲承天寺藏記

張舜民彬州之貶也坐進兵論世言白骨如山沙似雪之詩此特一事耳兵論近于不遜矣舜民嘗因登對云臣頃赴潭州任因子細奏陳神宗感疾之因哲宗至于失聲而哭

元符二年十二月一日水開五丈河數處波浪湧起亦有聲如潮水高丈餘數日而止

宮丞相一日于墳寺剃度一僧貢父聞之笑曰彥國壞了幾箇人才度得一箇僧問之曰彥國每與僧對語往往獎譽過當其人恃此傲慢反以致禍者攽目擊數人矣豈非壞了乎皆大笑然亦莫不以其言爲當

趙悅道罷政閑居每見僧至接之甚有禮一日一士人以書贄見公讀之終卷正色謂士人曰朝廷有學校有科舉何不勉以卒業却與閑退之人說他朝廷利害士人皇恐而退後再往門下人不爲通士人謂閽者曰參政便直得如此敬重和尚閽者曰尋常來相見者僧亦只是平平人但相公道只是重他袈裟士人者笑曰我這領白襴直是不直錢財閽者曰也半看佛面士人曰便那輟不得些少來看孔夫子面人傳以爲笑

元祐五年先公爲契丹賀正使虜主問范純仁今在朝否先公曰純仁去年六月以觀文殿學士知潁昌府又問何故教出外先公云純仁病足不能拜暫令補外養病爾又問呂公著如何外補先

公云公著去年卒于位初不曾外補乃咨嗟曰朝廷想見闕人先公曰見不住召用舊人先是虜主聞先公言純仁以足疾外補乃回顧近立之人微笑先公既北歸不敢以是載于語錄嘗因便殿奏陳上微語曰因通書說與純著未幾先公捐舍次年純仁再入相上首以此告之且曰曾令李某通書說純仁曰不曾得書

說郛卷第八十二終

說郛卷第八十三

後山詩話 一卷

宋陳師道

王師圍金陵唐使徐鉉來鉉伐其能欲以口舌解圍謂太祖不文盛稱其主博學多藝有聖人之能使誦其詩曰秋月之篇天下傳誦之其句云云太祖大笑曰寒士語爾吾不道也鉉內不服謂大言無實可窮也以請殿上多驚懼相目太祖曰微時自秦中歸道華下醉臥田間覺而月出有句曰未離海底千山黑纔到天中萬國明鉉大驚殿上稱壽

孟嘉落帽前世以爲勝絕杜子美九日詩云羞將短髮還吹帽笑倩傍人爲正冠其文雅曠達不減昔人謂詩非力學可致正須胸中度世耳

望夫石在處有之古今詩人其用一律唯劉夢得云望來已是幾

千歲只似當年初望時語雖拙而意工黃叔度魯直之弟也以顧況爲第一云山頭日日風和雨行人歸來石應語語意皆工江南有望夫石每過其下不風即雨況得句處也

歐陽永叔不好杜詩蘇子瞻不好司馬史記予每與魯直怪歎以爲異事

費氏蜀之青城人以才色入蜀宮後主嬖之號花蕊夫人效王建作宮詞百首國亡入備後宮太祖聞之召使陳詩誦其國亡詩云君王城上豎降旗妾在深宮那得知十四萬人齊解甲更無一箇是男兒太祖悅蓋蜀兵十四萬而王師數萬爾

韓退之南食詩云鱟實如惠文山海經云鱟如惠文惠文秦冠也蠔相粘如山蠔牡蠣也

白樂天云笙歌歸院落燈火下樓臺又云歸來未放笙歌散畫戟門前蠟燭紅非富貴語看人富貴者也

楊蟠金山詩云天末樓臺橫北固夜深燈火見揚州王介甫云莊宅牙人語也解量四至吳僧錢塘白塔院詩云到江吳地盡隔岸越山多予謂分界堠子語也

黃魯直云杜之詩法出審言句法出庾信但過之耳杜之詩法韓之文法也詩文各有體韓以文爲詩杜以詩爲文故不工耳

黃魯直謂白樂天笙歌歸院落燈火下樓臺不如杜子美云落花游絲白日靜鳴鳩乳燕青春深也孟浩然云氣蒸雲夢澤波動岳陽城不如九僧云雲間下蔡邑林際春申君也蘇子瞻云子美之詩退之之文魯公之書皆集大成者也學詩當以子美爲師有規矩故可學退之于詩本無解處以才高而好爾淵明不爲詩寫其胸中之妙耳學杜不成不失爲工無韓之才與陶之妙而學其詩終爲樂天爾

退之詩云長安衆富兒盤饌羅羶葷不解文字飲惟能醉紅裙而

公有二妓號絳桃柳枝故張文昌云爲出二侍女合彈琵琶箏也又爲季干志敘當世名貴服金石藥欲生而死者數輩著之石藏之地下豈爲一世戒耶而竟以藥死故白傳云退之服硫黃一病竟不痊也荊公詩云力去陳言誇末俗可憐無補費精神而公文體數變莫年詩益苦故知言不可不愼也

子美懷薛據云獨當省署開文苑兼泛滄浪學釣翁省署開文苑滄浪憶釣翁據之詩也

王摩詰云九天宮殿開閶闔萬國衣冠拜冕旒子美取作五字云閶闔開黃道衣冠拜紫宸而語益工

楊大年傀儡詩云鮑老當年笑郭郎笑他舞袖太郎當若教鮑老當筵舞轉更郎當舞袖長語俚而意切相傳以爲笑

吳越後王來朝太祖爲置宴出內妓彈琵琶王獻詞曰金鳳欲飛遭掣搦情脉脉看即玉樓雲雨隔太祖起拊其背曰誓不殺錢王」

武王出度宮色最後庭裕陵得之會教坊獻新聲爲作詞號瑤臺第一層

宋玉爲高唐賦載巫山神遇楚襄王蓋有所諷也而文士多效之者又爲傳記以實之而天地百神舉無免者予謂欲界諸天當有配偶其無偶者則無欲者也唐人記后土事以譏武后爾

黃詩韓文有意故有工老杜則無工矣然學者先黃後韓不由黃韓而爲老杜則失之拙易矣

永叔謂爲文有三多看多做多商量多也

予以古文爲三等周爲上七國次之漢爲下周之文雅七國之文壯偉其失騁漢之文章華而贍其失緩東漢而下無取焉

熙寧初有人自常調上書迎合宰相意遂求御史蘇長公戲之曰有甚意頭求富貴沒些巴鼻便姦邪有甚意頭沒些巴鼻皆俗語也

王荆公暮年喜爲集句唐人號爲四體黃魯直謂正堪一笑爾

司馬溫公爲定武從事同幕私幸營妓而公諱之常會僧廬公往迫之使妓踰墻而去度不可隱乃具道公戲之曰年去年來來去忙暫偷閑臥老僧床驚回一覺遊仙夢又逐流鶯過短墻又杭之舉子中老榜第其子以緋讓之客賀之曰應是窮通自有時人生七十古來稀如今始覺儒爲貴不著青衣便着緋壽之醫者老娶少婦或嘲之曰偎他門戶傍他墻年去年來來去忙採得百花成蜜後爲他人作嫁衣裳眞可笑也

熙寧初爲外學置官師職簡地親多在幕席徐有學官喜詼語同府苦之詠蠅以刺之曰衣服有時遭點染杯盤無日不追隨

世稱杜牧南山與秋色氣勢兩相高爲警絕而子美纔用一句語益工曰千崖秋氣高也

魯直有癡弟畜漆琴而不御蟲蝨入焉魯直嘲之曰龍池生壁蝨而未有對魯直之兄大臨且見床下以溺器畜生魚問知其弟也大呼曰我有對矣乃虎子養溪魚也

黃詞云斷送一生惟有破除萬慮無過蓋韓詩有云斷送一生惟有酒破除萬慮無過酒纔去一字遂爲切對而語益峻又云杯行到手莫留殘不道月明人散謂思相離之憂則不得不盡而俗士改爲留連遂使兩句相失正如論詩云一方明月可中庭可不如滿也

子瞻謂孟浩然之詩韻高而才短如造內法酒手而無材料爾

魯直乞貓詩云秋來鼠輩欺貓死窺甕翻盤攪夜眠聞道貍奴將數子買魚穿柳聘銜蟬雖滑而可喜千載而下讀者如新也

少游謂元和聖德詩于韓文爲下與淮西碑如出兩手蓋其少作也

王夫人晁載之之母也謂庶子功名富貴有如韓魏公而未有文士也

退之作記記其事爾今之記乃論也少游謂醉翁亭記亦用賦體」

唐語曰二十四考中書令謂汾陽王也而無其對或以問平甫平甫應聲曰萬八千戶冠軍侯不惟對偶精切其貴亦相當也

予讀周書月令云反舌有聲佞人在側迺解老杜百舌過時如發口君側有讒人之句

韋蘇州詩云憐君臥病思新橘試摘纔酸亦未黃書後欲題三百顆洞庭須待滿林霜予往以爲蓋用右軍帖中贈子黃甘三百者比見右軍一帖云奉橘三百枚霜未降未可多得蘇州蓋取諸此」

予評李白詩如張樂于洞庭之野無首無尾不主故常非墨工槧人所可擬議吾友黃介讀李杜優劣論曰論文正不當如此予以爲知言

禮部員外郎裴說寄邊衣詩曰深閨乍冷開香篋玉筯微微溼紅

頹一陣霜風殺柳條濃烟半夜成黃葉重重白練明如雪獨下閑階轉凄切祇知抱杵搗秋砧不覺高樓已無月時聞寒雁聲相喚紗窗只有燈相伴幾展齊紈又懶裁離腸愁逐金刀斷細想儀形執牙尺回刀剪破澄江色愁捻金針信手縫惆悵無人試寬窄時時舉手勻殘淚紅牋漫有千行字書中不盡心中事一半殷勤託邊使裴說詩句甚麗零陵總記載說詩一篇尤詼詭也

世說云蘇明允不能詩歐陽永叔不能賦曾子固秦少游詩如詞韓詩如秋懷別元協律南溪始泛皆佳作也

子厚謂屈氏楚辭如離騷乃效頌其次效雅最後效風右丞蘇州皆學于陶王得其自在

裕陵嘗謂杜子美詩云勳業頻看鏡行藏獨倚樓謂甫之詩皆不迨此

太祖夜幸後池對新月置酒問當直學士爲誰曰盧多遜召使使賦詩盧請韻曰些子兒其詩曰太液池邊看月時好風吹動萬年枝誰家玉匣開新鏡露出春光些子兒太祖大喜盡以坐間飲食器賜之

茶經 三卷

唐陸羽 字鴻漸竟陵人

一之源 二之具 三之造 四之器 五之煮
六之飲 七之事 八之出 九之略 十之圖

一之源

茶者南方之嘉木也一尺二尺迺至數十尺其巴山峽川有兩人合抱者伐而掇之其樹如瓜蘆葉如梔子花如白薔薇實如栟櫚莖如丁香根如胡桃其字或從草或從木或草木幷其名一曰茶二曰檟三曰蔎四曰茗五曰荈其生地上者生爛石中者生礫壤下者生黃土凡藝而不實植而罕茂法如種瓜三歲可採野者上園者次陽崖陰林紫者上綠者次筍者上芽者次葉卷上葉舒次陰山坡谷者不堪採掇性凝滯令人結瘕疾茶之爲用味至寒爲飲最宜精行儉德之人若熱渴凝悶腦疼目澁四支煩遨百節不舒聊四五啜與醍醐甘露抗衡也採不時造不精雜以卉莽飲之成疾茶爲累也亦猶人參上者生上黨中者生百濟新羅下者生高麗有生澤州易州幽州檀州者爲藥無效況非此者設服薺苨使六疾不瘳知人參爲累則茶累盡矣

二之具

籯一曰籃一曰籠一曰筥以竹織之受五升或一㪷二㪷三㪷者茶人負以採茶也

竈無用突者釜川脣口者

承一曰臺一曰砧以石爲之不然以槐桑木半埋地中遣無所搖動

檐一曰衣以油絹或雨衫單服敗者爲之以檐置承上又以規置檐上以造茶也茶成舉而易之

芘莉一曰籯子一曰篣筤以二小竹長三尺軀亦二赤五寸柄五寸以篾織方限如圃人土羅闊二尺以列茶也赤與尺同

棨一曰錐刀柄以堅木爲之用穿茶也

樸一曰鞭以竹爲之穿茶以解茶也

焙鑿地深二尺闊二尺五寸長一丈上作短墻高二尺泥之

貫削竹爲之長二尺五寸以貫焙茶也

棚一曰棧以木構于焙上編木兩層高一尺以焙茶也茶之半乾昇下棚全乾昇上棚

穿音釧江東淮南剖竹爲之巴川峽山紉穀皮爲之江東以一斤爲上穿半斤爲中穿四兩爲小穿峽中以一百二十斤爲上穿八十斤爲中穿五十斤爲小穿字舊作釵釧之釧字或作貫串今則不然如磨扇彈鑽縫五字文以平聲書之義以去聲呼之其字以穿

名之

育以木制之以竹編之以紙糊之中有隔上有覆下有床傍有門掩一扇中置一器貯塘煨火令煴煴然江南梅雨時焚之以火

三之造

凡採茶在二月三月四月之間茶之笋者生爛石沃土長四五寸若薇蕨始抽凌露採焉茶之芽者發于叢薄之上有三枝四枝五枝者選其中枝穎拔者採焉其日有雨不採晴有雲不採晴採之蒸之擣之拍之焙之穿之封之茶之乾矣茶有千萬狀鹵莽而言如胡人鞾者蹙縮然（京錐文也）犎牛臆者廉襜然浮雲出山者輪囷然輕飇拂水者涵澹然有如陶家之子羅膏土以水澄泚之又如新治地者遇暴雨流潦之所經此皆茶之精腴有如竹籜者枝幹堅實艱于蒸擣故其形籭簁然有如霜荷者莖葉凋沮易其狀貌故厥狀委悴然此皆茶之瘠老者也自採至于封七經目自胡鞾至

于霜荷八等或以光黑平正言佳者斯鑒之下也以皺黃坳垤言佳者鑒之次也若皆言佳者及皆言不佳者鑒之上也何者出膏者光含膏者皺宿製者則黑日成者則黃蒸壓則平正縱之則坳垤此茶與草木葉一也

四之器 二十三器

風爐 灰承

風爐以銅鐵鑄之如古鼎形厚三分緣闊九分令六分虛中致其杇墁凡三足古文書二十一字一足云坎上巽下離于中一足云體均五行去百疾一足云聖唐滅胡明年鑄其三足之間設三窗底一窗以爲通飇漏燼之所上並古文書六字一窗之上書伊公二字一窗之上書羹陸二字一窗之上書氏茶二字所謂伊公羹陸氏茶也置墆垛于其內設三格其一格有翟焉翟者火禽也畫一卦曰離其一格有彪焉彪者風獸也畫一卦曰巽其一格有魚焉魚者水蟲也畫一卦曰坎巽主風離主火坎主水風能興火火能熟水故備其三卦焉其飾以連葩垂蔓曲水方文之類其爐或鍛鐵爲之或運泥爲之其灰承作三足鐵柈擡之

筥

筥以竹織之高一尺二寸徑闊七寸或用藤作木楦如筥形織之六出圓眼其底蓋若利篋口鑠之

炭檛

炭檛以鐵六稜制之長一尺銳一豐中執細頭系一小鍰以飾檛也若今之河隴軍人木吾也或作槌或作斧隨便也

火筴

火筴一名筯若常用者圓直一尺三寸頂平截無葱臺勾鏁之屬以鐵或熟銅製之

鍑 音輔

鍑以生鐵爲之今人有業冶者所謂急鐵其鐵以耕刀之趄鍊

而鑄之乃內摸土而外摸沙土滑于內易其摩滌沙澁于外吸其炎焰方其耳以正令也廣其緣以務遠也長其臍以守中也臍長則沸中沸中則末易揚末易揚則其味淳也洪州以瓷爲之萊州以石爲之瓷與石皆雅器也性非堅實難可持久用銀爲之至潔但涉于侈麗雅則雅矣潔則潔矣若用之恆而卒歸于銀也

交床

交床以十字交之剜中令虛以支鍑也

夾

夾以小青竹爲之長一尺二寸令一寸有節節已上剖之以炙茶也彼竹之篠津潤于火假其香潔以益茶味恐非林谷間莫

之致或用精鐵熟銅之類取其久也

紙囊

紙囊以剡藤紙白厚者夾縫之以貯所炙茶使不泄其香也

碾 拂末

碾以橘木爲之次以梨桑桐柘爲之内圓而外方内圓備于運行也外方制其傾危也内容墮而外無餘木墮形如車輪不輻而軸焉長九寸闊一寸七分墮徑三寸八分中厚一寸邊厚半寸軸中方而外圓其拂末以鳥羽製之

羅合

羅末以合蓋貯之以則置合中用巨竹剖而屈之以紗絹衣之其合以竹節爲之或屈杉以漆之高三寸蓋一寸底二寸口徑四寸

則

則以海貝蠣蛤之屬或以銅鐵竹匕策之類則者量也准也度也凡煮水一升用末方寸匕若好薄者減之嗜濃者增之故云則也

水方

水方以椆木槐楸等合之其裏并外縫漆之受一斗

漉水囊

漉水囊若常用者其格以生銅鑄之以備水溼無有苔穢腥澁意以熟銅苔穢腥澁也林栖谷隱者或用之竹木木與竹非持久涉遠之具故用之生銅爲囊織青竹以捲之裁碧縑以縫之紐翠鈿以綴之又作綠油囊以貯之圓徑五寸柄一寸五分

瓢

瓢一曰犧杓剖瓠爲之或刊木爲之晉舍人杜毓荈賦云酌之以匏匏瓢也口闊脛薄柄短永嘉中餘姚人虞洪入瀑布山採茗遇一道士云吾丹丘子祈子他日甌犧之餘乞相遺也犧木杓也今常用以梨木爲之

竹筴

竹筴或以桃柳蒲葵木爲之或以柹心木爲之長一尺銀裹兩頭

鹺簋 撅

鹺簋以瓷爲之圓徑四寸若合形或瓶或罍貯鹽花也其撅竹製長四寸一分闊九分撅策也

熱盂

熱盂以貯熱水或瓷或沙受二升

盌

盌越州上鼎州次岳州次壽州洪州次或者以邢州處越州上殊爲不然若邢瓷類銀越瓷類玉邢不如越一也若邢瓷類雪

則越瓷類冰邢不如越二也邢瓷白而茶色丹越瓷青而茶色綠邢不如越三也晉杜毓荈賦所謂器擇陶揀出自東甌甌越也甌越州上口脣不卷底卷而淺受半升已下越州瓷岳瓷皆青青則益茶茶作紅白之色邢州瓷白茶色紅壽州瓷紅茶色紫洪州瓷褐茶色黑悉不宜茶

畚

畚以白蒲卷而編之可貯盌十枚或用筥其紙幅以剡紙夾縫令方亦十之也

札

札緝栟櫚皮以茱萸木夾而縛之或截木束而管之若巨筆形

滌方

滌方以貯滌洗之餘用楸木合之制如水方受八升

滓方

滓方以集諸滓製如滌方受五升

巾

巾以絁布爲之長二尺作二枚互用之以潔諸器

具列

具列或作床或作架或純木竹而製之或木或竹黄黑可扃而漆者長三尺闊二尺高六寸具列者悉斂諸器物悉以陳列也

都籃

都籃以悉溲諸器而名之以竹篾內作三角方眼外以雙篾闊者經之以單篾纖者縛之遞壓雙經作方眼使玲瓏高一尺五寸底闊一尺高二寸長二尺四寸闊二尺

五之煮

凡炙茶愼勿于風燼間炙熛焰如鑽使炎涼不均持以逼火屢其翻正候炮出培塿狀蝦蟆背然後去火五寸卷而舒則本其始又炙之若火乾者以氣熟止日乾者以柔止其始若茶之至嫩者蒸罷熱搗葉爛而芽笋存焉假以力者持千鈞杵亦不之爛如漆科珠壯士接之不能駐其指及就則似無穰骨也炙之則其節若倪倪如嬰兒之臂耳既而承熱用紙囊貯之精華之氣無所散越候寒末之其火用炭次用勁薪其炭曾經燔炙爲膻膩所及及膏木敗器不用之古人有勞薪之味信哉其水用山水上江水中井水下其山水揀乳泉石池出者上其瀑湧湍漱勿食之久食令人有頸疾又水流于山谷者澄浸不洩自大火至霜降以前或潛龍蓄毒于其間飲者可決之以流其惡使新泉涓涓然酌之其江水取去人遠者井取汲多者其沸如魚目微有聲爲一沸緣邊如湧泉連珠爲二沸騰波湧浪爲三沸已上水老不可食也初沸則水合量調之以鹽味謂棄其啜餘無迺䤈艦而鍾其一味乎二沸出水一瓢以竹筴環激湯心則煎未當中心而下有頃勢若波濤濺沫

以所出水止之而育其華也凡酌置諸盌令沫餑均沫餑湯之華也華薄者曰沫厚者曰餑細輕者曰花如棗花漂漂然于環池之上又如迴潭曲渚青萍之始生又如晴天爽朗有浮雲鱗然其沫者若綠錢浮于水渭又如菊英墮于鐏俎之中餑者以滓煮之及沸則重華累沫皤皤然若積雪耳荈賦所謂煥如積雪燁若春藪有之第一煮水沸突其沫之上有水膜如黑雲母飲之則其味不正其第一者爲雋永或留熟以貯之以備育華救沸之用諸第一與第二第三盌次第之第四第五盌外非渴甚莫之飲凡煮水一升酌分五盌乘熱連飲之以重濁凝其下精英浮其上如冷則精英隨氣而竭飲啜不消亦然矣茶性儉不宜廣則其味黯淡且如一滿盌啜半而味寡况其廣乎其色緗也其馨歎也其味甘檟也不甘而苦荈也啜苦咽甘茶也

六之飲

翼而飛毛而走呿而言此三者俱生于天地間飲啄以活飲之時義遠矣哉至若救渴飲之以漿蠲憂忿飲之以酒蕩昏寐飲之以茶茶之爲飲發乎神農氏聞于魯周公齊有晏嬰漢有揚雄司馬相如吳有韋曜晉有劉琨張載遠祖納謝安左思之徒皆飲焉滂時浸俗盛于國朝兩都并荆渝間以爲比屋之飲有觕茶散茶末茶餅茶者乃斫乃熬乃煬乃舂貯于瓶缶之中以湯沃焉謂之痷茶或有用葱薑棗橘皮茱萸薄荷之等煮之百沸或揚令滑或煮去沫斯溝渠間棄水耳而習俗不已於戲天育萬物皆有至妙人之所工但獵淺易所庇者屋屋精極所着者衣衣精極所飽者飲食食與酒皆精極之茶有九難一曰造二曰別三曰器四曰火五曰水六曰炙七曰末八曰煮九曰飲陰採夜焙非造也嚼味嗅香非別也羶鼎腥甌非器也膏薪庖炭非火也飛湍壅潦非水也外熟內生非炙也碧粉縹塵非末也操艱攪遽非煮也夏興冬廢非

飲也夫珍鮮馥烈者其盌數三次之者盌數五若坐客數至五行
三盌至七行五盌若六人已下不約盌數但闕一人而已其雋永
補所闕人

七之事

三皇炎帝神農氏周魯周公旦齊相晏嬰漢仙人丹丘子黃山君
司馬文園令相如揚執戟雄吳歸命侯韋太傅弘嗣晉惠帝劉司
空琨琨兄子兗州刺史演張黃門孟陽傅司隸咸江洗馬統孫參
軍楚左記室太沖陸吳興納納兄子會稽內史俶謝冠軍安石郭
弘農璞桓揚州溫杜舍人毓武康小山寺釋法瑤沛國夏侯愷餘
姚虞洪北地傅選丹陽弘君舉高安任育長宣城秦精敦煌單道
開剡縣陳務妻廣陵老姥河內山謙之後魏瑯琊王肅宋新安王
子鸞鸞弟豫章王子尚鮑昭妹令暉八公山沙門譚濟齊世祖武
帝梁劉廷尉陶先生弘景皇朝徐英公勣

神農食經茶茗久服令人有力悅志
周公爾雅檟苦茶廣雅云荆巴間採葉作餅葉老者餅成以米膏
出之欲煮茗飲先炙令赤色搗末置瓷器中以湯澆覆之用葱薑
橘子芼之其飲醒酒令人不眠
晏子春秋嬰相齊景公時食脫粟之飯炙三戈五卵茗菜而已
司馬相如凡將篇烏喙桔梗芫華款冬貝母木蘗蔞芩草芍藥桂
漏蘆蜚廉雚菌荈詫白斂白芷菖蒲芒消莞椒茱萸
方言蜀西南人謂茶曰蔎
吳志韋曜傳孫皓每饗宴坐席無不率以七升爲限雖不盡入口
皆澆灌取盡曜飲酒不過二升皓初禮異密賜茶荈以代酒
晉中興書陸納爲吳興太守時衛將軍謝安欲詣納納兄子俶怪
納無所備不敢問之乃私蓄十數人饌安既至所設惟茶果而已
俶遂陳盛饌珍羞必具及安去納杖俶四十云汝既不能光益叔
父奈何穢吾素業
晉書桓溫爲揚州牧性儉每讌飲唯下七奠柈茶果而已
搜神記夏侯愷因疾死宗人字狗奴密見鬼神見愷來收馬幷病
其妻見着平上幘單衣入坐生時西壁大床就人覓茶飲
劉琨與兄子南兗州刺史演書云前得安州乾薑一斤黃芩一斤
桂一斤皆所須也吾體中憒悶常仰眞茶汝可置也
傅咸司隸教曰聞南方有以困蜀嫗作茶粥賣爲簾事打破其器
具又賣餅于市而禁茶粥以蜀嫗何哉
神異記餘姚人虞洪入山採茗遇一道士牽三青牛引洪至瀑布
山曰吾丹丘子也聞子善具飲常思見惠山中有大茗可以相給
祈子他日有甌犧之餘乞相遺也因立奠祀後常令家人入山獲
大茗焉
左思嬌女詩吾家有嬌女皎皎頗白晳小字爲紈素口齒自淸歷

有妹字惠芳眉目粲如畫馳騖翔園林果下皆生摘貪華風雨中
倏忽數百適心爲茶荈劇吹噓對鼎鑩
張孟陽登成都樓詩云借問揚子舍想見長卿廬程卓累千金驕
侈擬五侯門有連騎客翠帶腰吳鈎鼎食隨時進百和妙且殊披
林採秋橘臨江釣春魚黑子過龍醢果饌踰蟹蝑芳茶冠六情溢
味播九區人生苟安樂茲土聊可娛
傅巽七誨蒲桃宛柰齊柿燕栗恆陽黃梨巫山朱橘南中茶子西
極石蜜
弘君舉食檄寒溫既畢應下霜華之茗三爵而終應下諸蔗木瓜
元李楊梅五味橄欖懸豹葵羹各一杯
孫楚歌茱萸出芳樹顚鯉魚出洛水泉白鹽出河東美豉出魯淵
薑桂茶荈出巴蜀椒橘木蘭出高山蓼蘇出溝渠精稗出中田
華陀食論苦茶久食益意思

壺居士食忌苦茶久食羽化與韭同食令人體重
郭璞爾雅註云樹小似梔子冬生葉可煮羹飲今呼早取爲茶晚
取爲茗或一曰荈蜀人名之苦茶
世說任瞻字育長少時有令名自過江失志既下飲問人云此爲
茶爲茗覺人有怪色乃自分明云向問飲爲熱爲冷耳
續搜神記晉武帝宣城人秦精常入武昌山採茗遇一毛人長丈
餘引精至山下示以蘩茗而去俄而復還乃探懷中橘以遺精精
怖負茗而歸
晉四王起事惠帝蒙塵還洛陽黃門以瓦盂盛茶上至尊
異苑剡縣陳務妻少與二子寡居好飲茶茗以宅中有古塚每飲
輒先祀之二子患之曰古塚何知徒以勞意欲掘去之母苦禁之
而止其夜夢一人云吾止此塚三百餘年卿二子恆欲見毀賴相
保護又享吾佳茗雖潛壤朽骨豈忘翳桑之報及曉于庭中獲錢
十萬似久埋者但貫新耳母告二子慚之從是禱饋愈甚
廣陵耆老傳晉元帝時有老嫗每旦獨提一器茗往市鬻之市人
競買自旦至夕其器不減所得錢散路傍孤貧乞人人或異之州
法曹縶之獄中至夜老嫗執所鬻茗器從獄牖中飛出
藝術傳燉煌人單道開不畏寒暑常服小石子所服藥有松桂蜜
之氣所餘茶蘇而已
釋道該說續名僧傳宋釋法瑤姓楊氏河東人永嘉中過江過沈
臺眞請眞君武康小山寺年垂懸車飯所飲茶永明中敕吳興禮
致上京年七十九
宋江氏家傳江統字應遷愍懷太子洗馬常上疏諫云今西園賣
醯麪藍子菜茶之屬虧敗國體
宋錄新安王子鸞豫章王子尚詣曇濟道人于八公山道人設茶
茗子尚謂之曰此甘露也何言茶茗

王微雜詩寂寂掩高閣寥寥空廣廈待君竟不歸收領今就檟
鮑昭妹令暉著香茗賦
南齊世祖武皇帝遺詔我靈坐上愼勿以牲爲祭但設餅果茶飲
乾飯酒脯而已
梁劉孝綽謝晉安王餉米等啓傳詔李孟孫宣教旨垂賜米酒瓜
筍菹脯鮓茗八種氣苾新城味芳雲松江潭抽節邁昌荇之殊蘸
埸擢翹越葺精之美茅非純束野麏裛似雪之驢鮓異陶瓶河鯉
操如瓊之粲茗同食粲酢顏望柑免千里宿舂省三月種聚小人
懷惠大懿難忘
陶弘景雜錄苦茶輕身換骨昔丹丘子黃山君服之
後魏錄瑯琊王肅仕南朝好茗飲蓴羹及還北地又好羊肉酪漿
人或問之茗何如酪肅曰茗不堪與酪爲奴
桐君錄酉陽武昌廬江晉陵好茗皆東人作淸茗茗有餑飲之宜
人凡可飲之物皆多取其葉天門冬拔揳取根皆益人又巴東別
有眞茗茶煎飲令人不眠俗中多煮檀葉并大皂李作茶並冷又
南方有瓜蘆木亦似茗至苦澀取爲屑茶飲亦可通夜不眠煮鹽
人但資此飲而交廣最重客來先設乃加以香芼輩
坤元錄辰州溆浦縣西北三百五十里無射山云蠻俗當吉慶之
時親屬集會歌舞于山上山多茶樹
括地圖臨遂縣東一百四十里有茶溪
山謙之吳興記烏程縣西二十里有溫山出御荈
夷陵圖經黃牛荆門女觀望州等山茶茗出焉
永嘉圖經永嘉東三百里有白茶山
淮陰圖經山陽縣南二十里有茶坡
茶陵圖經云茶陵者所謂陵谷生茶茗焉本草木部茗苦茶味甘
苦微寒無毒主瘻瘡利小便去痰渴熱令人少睡秋採之苦主下

氣消食註云春採之

本草菜部苦茶一名茶一名選一名游冬生益州川谷山陵道傍凌冬不死三月三日採乾註云疑此卽是今茶一名茶令人不眠

本草註按詩云誰謂茶苦又云菫茶如飴皆苦菜也陶謂之苦茶木類非菜流茗春採之謂之苦搽

枕中方療積年瘻苦茶蜈蚣並炙令香熟等分擣篩煮甘草湯洗以末傅之

孺子方療小兒無故驚蹶以苦茶葱鬚煮服之

八之出

山南以峽州上　襄州荊州次

衡州下　金州梁州又下

淮南以光州上　義陽郡舒州次

壽州下　蘄州黃州又下

浙西以湖州上　常州次

宣州杭州睦州歙州下　潤州蘇州又下

劍南以彭州上　緜州蜀州次

邛州次雅州瀘州下　眉州漢州又下

浙東以越州上　明州婺州次

台州下

黔中生恩州播州費州夷州江南生鄂州袁州吉州嶺南生福州建州韶州象州其恩播費夷鄂袁吉福建泉韶象十一州未詳往往得之其味極佳

九之略

其造具若方春禁火之時于野寺山園叢手而掇乃蒸乃舂乃復以火乾之則之棨撲焙貫棚穿育等七事皆廢其煮器若松間石上可坐則具列廢用槁薪鼎櫪之屬則風爐灰承炭檛火筴交床等廢若瞰泉臨澗則水方滌方漉水囊廢若五人以下茶可末而精者則羅合廢若援藟躋岩引絙入洞于山口炙而末之或紙包合貯則碾拂末等廢既瓢盌筴札熟盂醝簋悉以一筥盛之則都籃廢但城邑之中王公之門二十四器缺一則茶廢矣

十之圖

以絹素或四幅或六幅分布寫之陳諸座隅則茶之源之具之造之器之煮之飲之事之出之略目擊而存于是茶經之始終備焉

說郛卷第八十三終

說郛卷第八十四

保生要錄一卷　蒲處貫

臣聞松有千歲之固雪無一時之堅若植松于腐壤不期月而必蘊藏雪于深山雖累月而不消違其性則堅者脆順其理則促者延物情既爾人理豈殊然則所謂調攝之術者又可忽乎臣竊覽前人所撰保生之書往往拘忌太多節目太繁行者難之在于崇貴尤不易爲臣少也多病留心養生研究既久編次云就其術簡易乘閒可行先欲固其神氣次欲調其肢體至于衣服居處藥餌之方蔬果禽魚之性有益者必錄無補者不書古方有誤者重明俗用或乖者必正目之曰保生要錄雖無裨于聞道粗有資于衛生冒昧上獻伏深戰慄臣蒲處貫序

養神氣

嵇叔夜云服藥求汗或有勿獲愧情一集渙然流漓明情發于中而形于外則知喜怒哀樂寧不傷人故心不撓者神不疲神不疲則氣不亂氣不亂則身泰壽延矣

調肢體

養生者形要小勞無至大疲故水流則清滯則濁養生之人欲血脉常行如水之流坐不欲至倦行不欲至勞頻行不已然宜稍緩卽是小勞之術也故手足欲時其屈伸兩臂欲左挽右挽如挽弓法或兩手雙拓如拓石法或雙拳築空或手臂前後左右輕擺或頭左右顧或腰胯左右轉時俯時仰或兩手相促細細捩如洗手法或兩手掌相摩令熱掩目摩面事閑隨意爲之各十數過而已每日頻行必身輕目明筋壯血脉調暢飲食易消無所壅滯體中少不佳快爲之卽解舊導引方太煩崇貴之人不易爲也今此術不擇時節亦無度數乘閑便作而見效且速

夫人夜臥欲自以手摩四肢胸腹十數過名曰乾沐浴臥欲側而曲膝益氣力常時濁唾則吐清津則嚥常以舌拄上齶聚清津而嚥之潤五臟悅肌膚令人長壽不老黃庭經曰口爲玉池大和官嗽嚥靈液災不干又曰閉口屈舌食胎津使我遂鍊獲飛仙頻叩齒令齒牢又辟惡夫人春時暑月欲得晚眠早起秋欲早眠早起冬欲晚眠晏起早不宜在雞鳴前晚不宜在日出後熱時欲舒暢寒月欲收密此合四氣之宜保身益壽之道也

論衣服

臣聞衣服厚薄欲得隨時合度是以暑月不可全薄寒時不可極溫盛熱能着單裌衣臥熱帳或腰腹膝脛已來覆被極宜人冬月綿衣莫令甚厚寒則頻添重數如此則不令人驟寒驟熱也故寒時而熱則減減則不傷于溫熱時而寒則加加則不傷于寒寒熱之時妄自脫着則傷于寒熱矣寒欲漸着熱欲漸脫腰腹下至足脛欲得常溫胸上至頭欲得稍涼涼不至凍溫不至燥衣爲汗濕卽時易之薰衣火氣未歇不可便着夫寒熱平和形神恬靜則疾疢不生壽年自永

論飲食

飲食者所以資養人之血氣血則榮華形體氣則衛護四肢精華者爲髓爲精其次者爲肌爲肉常時不可待極饑而方食猍極飽而撤饌常欲如飢中飽飽中飢靑牛道士云人欲先飢而後食先渴而後飲不欲強食強飲又不欲先進熱食而隨飡冷物必冷熱相攻而爲患凡食先熱食次溫食方可以飡冷食也凡食太熱則傷胃太冷則傷筋雖熱不得灼唇雖冷不可凍齒凡食溫勝冷少勝多熟勝生淡勝鹽凡食熱汗出勿洗面令人失顏色面上如蟲行食飽沐髮則頭風凡所好之物不可偏躭躭則傷而生疾所惡之味不可全棄棄則臟氣不均是以天有五行人有五臟食有五

味故肝法木心法火脾法土肺法金腎法水酸納肝苦納心甘納脾辛納肺鹹納腎木生火火生土土生金金生水水生木木制土土制水水制火火制金金制木木制土故四時無多食所旺幷所制之味皆能傷所旺之藏也宜食相生之味助旺氣也五臟不傷五氣增益飲食合度寒暑得宜則諸疾不生遐齡自永矣

論居處

傳曰土厚水深居之不疾故人居處隨其方所皆欲土厚水深土欲堅潤而黃水欲甘美而澄常居之室令周密勿有細隙致風氣得入久居善中人風者天地之氣也能生成萬物亦能損人初入腠理之間漸至肌膚之內內傳經脉達肝藏腑傳變尤廣爲患則深故古人云避風如避矢盛暑久坐兩頭通屋大招風夾道尤甚盛暑不可露臥凡臥自立春後至立秋前欲東其首立秋後至立春前欲西其首常抱藥枕勝于寶玉寶玉大冷腦其藥枕性大熱則熱氣衝上太冷又冷氣傷腦唯用理風平涼者乃爲得宜

藥枕方 久枕治頭風目眩

蔓荊子八分　甘菊花八分　細辛六分　香白芷六分
白朮四分　芎藭六分　通草八分　防風八分
藁本六分　羚羊角八分　犀角八分　石上菖蒲八分
黑豆五合揀擇拭令淨

右件藥細挫成碎末相拌令匀以生絹囊盛之欲其氣次用碧羅袋重盛縫之如枕樣內藥直令緊實置在合子中其合形亦如枕內藥囊令出合子唇一寸半已來欲枕時揭去合蓋不枕即蓋之藥氣不散枕之日久漸低更入藥以實之或添黑豆令如初三五月後藥氣歇則換之枕旬日或一月耳中微鳴是藥抽風之驗

論藥石

金石之藥有可服不可服之理欲究養生之術須窮藥石之由今假設問辭用明至理

或曰夫金石之藥埋之不腐煮之不爛用能固氣可以延年草木之藥未免腐爛之患烏有固駐之功答曰夫金石之藥其性慓悍而無津液人之壯盛服且無益及其衰弱毒則發焉夫壯年則氣潤而滑利盛則能制石滑則能行石故不發也及其衰弱則榮衛氣澁澁則不能行石弱則不能制石石無所制而行者留積故爲人大患也欲益而損何固駐之有哉問曰亦有未虛而藥發者乎荅曰憂恚在心而不能宣則榮衛澁滯而不行石熱結積而不散隨其積聚發諸癰瘡又有服石之人倚石熱而縱佚游石熱既行乃作強中之病不曉者以爲可効精液焦枯猛熱遂作銅釜加爨罕不焦然問曰金石之爲害若此農皇何以標之于本經答曰大虛積冷之人不妨暫服疾愈而止則無害矣又問前云石勢慓悍臟衰則發今先虛而服石者豈能制其勢力乎且未見其有害何也答曰初服之時石勢未積又乘虛冷之人故其毒不發也以此觀之大虛積冷之時暫可服餌若久長防患則不如草木之藥焉又問草木自不能久豈能固人哉答曰服之不倦勢力相接積年之後必獲大益夫攻療之藥以疾瘥而見功固駐之力覺體安而是效形神既寧則壽命自永矣

錢譜 一卷

貨錢

管子曰湯七年旱禹五年水湯以莊山禹以歷山之金並鑄幣以救人之困也至周而以金銀爲錢太公立九府圜法始名爲錢錢之形以圓含方輕重以銖國語註云古曰泉後轉而曰錢食貨志曰禹湯始用金鑄錢周立九府圜法貨寶于金利于刀流于泉布于布束于帛言錢之流布通于泉流秦鑄半兩錢漢高祖鑄八銖

錢文帝鑄四銖錢武帝鑄五銖錢又鑄半兩錢又鑄側錢一當五
漢與有榆莢錢以前錢重難用更鑄榆莢小錢以一當百狀如榆
莢王莽鑄貨泉徑六分重一銖曰小錢一當一三銖曰法錢一當
十五銖曰幼錢一當二十七銖曰中錢一當三十九銖曰壯錢一
當四十并大錢一當五十立爲九品漢公孫述鑄鐵錢梁王鑄鵝
眼錢食貨志曰貯藏曰泉流行曰布

古文錢

半兩漢志曰秦始皇鑄質如周錢重如之其文曰半兩漢呂后鑄
重八銖文帝鑄重四銖應劭曰今民間半兩中最小輕者是四銖
錢也漢武帝建元元年鑄重三銖如錢文曰三銖封演曰三銖又
有別種穿下有三竪文恐以此三畫爲三銖之別銖重三銖文曰
半兩今有折二小錢共六樣皆篆文

五銖漢文帝元符五年罷半兩錢行五銖錢王莽廢光武復興行
之三國魏文帝黃初二年鑄西晉南朝宋武帝梁武帝亦鑄有小
五銖錢謂之堆錢陳文帝後魏宣帝西魏文帝又有雜目五銖隋
文帝鑄小五銖錢其制輕小八九萬纔滿半斛唐高祖武德四年
廢五銖行開元錢今以篆文推之有七樣大五銖錢今有內郭者
小五銖錢亦有內郭者而錢文面後有點兩星大五銖錢無內郭
者錢之背有點四星者董適錢譜引張合曰五銖又有穿上一星
五字上下各一星南朝梁宋名兩柱錢鏝面傍一星至三星者五
字之內上下各一星上或有小星字或有五字穿上橫文穿下橫
文外四角缺文有郭無郭闌緣不可窮盡疑皆當時工人之意非
有別于年代今考于古四角缺之有郭無郭自是一種迨未嘗考
也又封演曰別有最小五銖文字輕薄未見晉志曰吳興沈充又
鑄小五銖錢謂之沈郎錢是也

四道五銖後漢靈帝鑄錢背內郭四角有路抵于外輪漢書云靈
帝中平三年帝鑄四出文錢流布四海錢譜曰五銖錢有四出道
于造緣俗謂之角錢或謂豈非此錢既成京師將壞而四出流布
四海乎至董卓焚宮乃劫鑾與西幸長安悉壞五銖錢矣

傳形五銖錢封演曰傳形五銖劉備所鑄文字輕重大小與五銖
無別但以五字在左銖字在右謂之傳形今考于古蜀嘗鑄五銖
矣但不言傳形耳

貨泉王莽所鑄徑一寸重五銖今有內郭者有重郭者其後光武
起舂陵白水鄉文成白水眞人是驗其讖也

大泉五十國語云王莽鑄大泉五十徑一寸二分重十二銖直如
其文今有折二錢又有小錢亦不多見今見鏝有斗劍龜蛇之文
者未之考也

大泉五百吳王孫權嘉禾五年鑄一當五百錢

大泉二千未詳所鑄年代一當二千

大泉當千吳孫權赤烏元年鑄一當千

太平百錢未詳所鑄年代一當百

四銖南朝宋文帝鑄又宋世祖鑄比重四銖

直百五銖南朝梁武帝鑄一當百

布泉陳文帝天嘉二年鑄錢文曰布泉一當百與五銖並行後周
武帝保定元年亦鑄布泉以一當五今有玉筯篆者有柳葉篆者
柳葉篆文又有重郭者董適錢譜云藏曰泉流曰布又引石氏曰
錢徑一寸重四銖懸針書者自梁武帝以來有之文曰布泉世謂
之男錢梁書曰布泉徑一寸重四銖半婦人佩之即生男也天子
頻下詔非勅鑄之錢並不許用敦素疑王莽時鑄亦無所據後周
布泉字皆玉筯與此甚異

大貨六銖陳書宣帝紀曰太建十一年七月辛卯初用大貨六銖
隋志曰陳宣帝鑄大貨六銖以一當五銖之十與五銖並行後復

當一人皆不從乃相與訛言六銖錢有不利縣官之象徐氏曰謠言大貨六銖有類人叉腰哭未幾宣帝崩竟至陳亡嶺南諸州多以鹽米布交易俱不用此錢矣

五行大布後周武帝紀曰建德三年六月壬子更鑄五行大布錢以一當十收商賈之利與布泉並行四年七月又以邊境之人多盜鑄乃禁五行大布泉不得入四關張合曰小者至徑八分脣錢之文上五下行又有上大下布者皆古篆文

永通萬國後周宣帝紀曰大象元年十一月初鑄文曰永通萬國徑一寸三分重十二銖背面肉好又有徑一寸二分半重八銖皆一當十

永通泉貨後周宣帝鑄永通泉貨以一當十南唐李璟亦鑄大錢以一當十大定錄曰顯德五年七月江南李氏亦鑄永通泉貨

永安五銖後魏敬宗永安年鑄徑九分重五銖北齊神武皇帝亦鑄永安五銖

太和五銖後魏獻文帝延興年中鑄其文曰太和五銖徑一寸重五銖

常平五銖北齊文宣帝天保三年改鑄其文曰常平五銖徑八分重五銖皆篆文

以上古錢計二十一樣自秦至隋所鑄之錢其錢之大小文之篆籀郭之有無推之共五十三樣董適曰又有所謂異錢雖不見于傳記然制作之近古者今錄之如李唐鑄撒帳錢其文有曰長命富貴金玉滿堂又有忠孝傳家五男二女天下太平封侯拜相之類又博戲錢有背字鏝者不及錄

平錢

開元通寶唐會要曰唐高祖武德四年七月十七日鑄開元通寶歐陽詢制詞及書字含八分篆隸二體俗謂之開通元寶其錢徑八分重十二銖積十錢僅重一兩得輕重大小之中今開元通寶錢鏝有文如初月者談賓錄曰武德初行開元通寶錢初進樣時文德皇后掐一粉甲痕因不復改鄭虔會碎云熙寧中劉斧撰青瑣高議且曰事出明皇貴妃彼徒見錢文有開元字便乃謂明皇時事亦不考實之過又有左桃開元錢雙桃開元錢篆字開元錢封演曰武宗會昌五年鑄開元錢時廢天下寺佛像宰相李德裕請以廢寺銅鐘佛像及僧尼瓶碗等物命所在鑄物揚州節度使李紳乃以所廢寺品鑄錢背加昌字以表年號又有敕令鑄錢所各加本郡州號名爲背文

京 京兆　洛 河南　興 鳳翔　梁 汴州　荆 江陵　桂 廣西

潭 湖南　廣 廣東　福 福建　越 浙東　洪 江西　潤 鎭江

昌 成都　鄂 湖廣　兗 兗州　梓 東川　襄 襄州　丹 河北

益 四川　宣 宣州　平 蕃山　揚 揚州　藍 藍田

共二十三監

乾封泉寶唐會要曰高宗祀昊天上帝于泰山改乾封年鑄徑一寸重十二銖六分以一當十其年而舊錢皆廢明年因穀價湧貴商賈不來又明年詔能之仍行開元錢

乾元重寶唐肅宗乾元二年第五琦請鑄小錢徑寸每緡重十斤與開元通寶參用以一當十今有折二又有小錢第五琦復爲相命鑄重輪乾元錢徑一寸四分重十二銖其文承昌背之外廓爲之重輪又爲之重稜每緡重十二斤以一當五十法既屢易物貨騰湧米斗錢至七十餓死者滿道上元年減重輪錢一當二十開元舊錢與乾元錢皆以一當十代宗卽位乾元小錢一當二重輪大錢一當三元載作相凡大小錢皆以一當一唐書謂之重稜錢今有當三折二小錢

大曆元寶唐代宗鑄

建中通寶唐德宗鑄
天成通寶後唐明宗年號至德年間安慶緒亦改元天成未知鑄錢否
天福鎭寶晉氏舊史以爲趙石虎所鑄
漢元通寶後漢劉智遠年號
周元通寶後周世宗毀天下銅佛鑄
以上平錢係大唐至于五代末所鑄之錢也錢共二十四樣

僭僞錢

得一元寶唐史思明僭鑄
順天元寶見上
保大元寶江南主李璟鑄
唐國通寶
大唐通寶南唐世家鑄五代史不載又有錢子

天感元寶未詳所鑄之地
壽昌元寶遼道宗壽昌年鑄
大興平寶錢之鏝有丁字疑五代僭僞錢也
大德重寶僞殷王建所鑄錢之鏝有殷字者
乾亨重寶僞漢劉儼所鑄　永平元寶前僞蜀王建鑄
通正元寶前僞蜀王建鑄　天漢元寶前僞蜀王建鑄
光天元寶前僞蜀王建鑄　乾德元寶前僞蜀王衍鑄
咸康元寶前僞蜀王衍鑄　廣政通寶前僞蜀孟昶改元
以上係唐末幷五代間僭僞所鑄共二十四樣

北地錢

乾亨通寶宋太平興國七年遼耶律隆緒鑄
統和元寶宋太平興國八年耶律隆緒鑄
太平元寶宋天僖五年耶律隆緒鑄

淸寧通寶宋至和二年耶律隆緒鑄
咸永通寶宋治平二年耶律洪基鑄
太康元寶宋熙寧七年耶律洪基鑄
太康通寶同上
大安元寶宋神宗元豐七年洪基鑄
乾統元寶徽宗崇寧九年延基鑄
天慶元寶宋政和二年契丹國主在燕山府鑄
阜昌重寶高宗建炎四年知濟南府劉豫反降金人以山東河南陝西爲齊國立豫僭號改元阜昌以上並載于聖政錄及見紀年通鑑
大定元寶金世宗鑄鏝有申酉字
正隆元寶海陵王鑄于太原府
以上係北地錢共一十三樣

海東番錢

三韓重寶（楷書二樣）　東國重寶（楷書篆二樣）
東國重寶　海東通寶
海東重寶　朝鮮通寶
以上係海東番錢共八樣董逌錢譜引徐氏曰又有重馭國錢徑七分厚薄肉好不異中夏敦素曰字文若梵書凡十樣

宋朝錢

聖宋元寶宋太祖鑄　宋元通寶同上
太平通寶宋太宗鑄　至道元寶宋眞宗鑄
淳化元寶　咸平元寶
景德元寶　大中通寶
祥符通寶　天禧通寶以上宋眞宗鑄
天聖元寶　景祐元寶

皇宋通寶　慶曆重寶
明道元寶　至和元寶
至和通寶　至和重寶
嘉祐元寶　嘉祐通寶巳上宋仁宗鑄
治平元寶　治平通寶英宗鑄
熙寧元寶　熙寧重寶
元豐通寶神宗鑄　元祐通寶
紹聖元寶　紹聖通寶
元符通寶巳上宋哲宗鑄　崇寧通寶徽宗年號
崇寧重寶　大觀通寶
政和通寶　重和通寶
宣和通寶　宣和元寶
靖康元寶欽宗年號　靖康通寶

建炎通寶高宗年號　建炎元寶
建炎重寶　紹興元寶
紹興通寶見上註　隆興元寶孝宗年號
乾道元寶　淳熙元寶
紹熙元寶光宗年號　慶元通寶寧宗年號
嘉泰元寶　開禧元寶
開禧通寶　嘉定元寶
大宋通寶理宗年號　紹定通寶
端平元寶　端平通寶
嘉熙元寶　淳祐元寶
寶祐元寶　開慶元寶
景定元寶　咸淳元寶度宗年號
德祐元寶幼主年號

以上係宋朝錢共一百三十五樣

元朝錢鈔

中統元寶交鈔世祖造　至元中行寶鈔
至大銀鈔武宗造　至大通寶武宗鑄
皇慶元寶仁宗　至治通寶英宗
致和通寶泰定帝　至正通寶順帝年號

以上元朝鈔三樣錢一十四樣

國朝寶鈔

洪武通寶聖朝太祖皇帝洪武年鑄
大明通行寶鈔
永樂通寶聖朝太宗皇帝永樂年鑄

以上國鈔二樣錢四樣

今見博戲中私鑄錢

合門淸吉　秦將散騎鏝有騎馬將軍　稱心遂意鏝有琢　出入通寶鏝有馬鞍　天下太平　長命富貴　封侯拜將　忠孝傳家　金玉滿堂　五男二女　長生不老鏝有雲日花草圈圓二字　八卦錢面有八卦文　命錢面有十二屬生肖　龍鳳文錢

師友雅言一卷

鶴山先生

經總說

劉道原謂經無五帝三皇之文厶謂亦無五伯三王之說

某向來曾說李微之說六經語孟發多少義理不曾有體用二字逮後世方有此字先儒不以人廢言取之以明理而二百年來纔說性理便欠此二字不得亦要別尋二字換卻終不得似此精密

王制與周禮不同周禮與左氏不同制度處直要參考

經中只說曾祖以上皆言曾其孫亦稱曾孫曾祖以下皆言曾無

高祖玄孫之文

易

周易備三易之義闔戶謂之坤卽歸藏終萬物始萬物莫盛乎艮卽連山

古者帝王開國承家必先蓍頓易一部凡國有大事大祭祀大賓客事事先于卜筮乎決之晦翁謂易爲卜筮而作所以明本義

易上下經之分或指體或指用如天行如地勢皆體也故上經之卦多指體如洊雷兼山隨風等是用也故下經之卦多指用也

古說雞屬巽天上日行歷巽宮雞鳴某謂屬木所日到寅則雞鳴易中兌離金巽屬五行雞屬酉漢上云巽九三爻酉也郭璞洞林以巽爲大雞酉爲小雞

十翼

漢上云十翼十篇以贊易道不相附近不居聖也王輔嗣始分象辭附于爻下乾存古文予曰翼附其體而有所行之謂也易非十翼以輔之則人指爲卜筮之書而所行不達矣

正義經分爲上下則彖象釋卦亦當隨卦而分故十翼云上彖下彖大象小象上繫下繫文言說卦序卦雜卦

詩

詩者歌也古之樂章也撮其大要爲亂辭所以節僔亂如今三節僔矣曲終乃更變章亂節故謂之亂如關雎之亂如𫾾那之亂按國語謂正考父校商之名頌十篇于周太師以那爲首其亂曰自古在昔先民有作溫恭朝夕執事有恪先聖王之有傳恭猶不敢專稱曰自古又曰在昔又曰先民正考父乃孔子之上祖禮記載鼎銘莫非恭之實而師乙謂商有五帝之遺聲自正考父至孔子又亡其七篇僅餘其五此鄭仲師所以深嘆也

書

其爾克紹乃辟于先王以登乃辟昭乃辟之有義永弼乃后于彝憲用會昭乃辟書中戒羣臣此類甚多蓋天下乃祖宗之天下而人主之身卽天下之身故人主不自以爲己事而多言乃辟乃后

洪範六極云弱註尫劣也呂氏曰弱何以與六極之數蓋弱者天下之大害學者之大患人之所以不能爲善多是不能立志爲善主于柔惡之原主前弱愚謂以上文攸好德看則惡乃善惡之惡弱乃強弱之弱如三達尊之言德三惡之言不愧不怍蓋有性焉而不傳委之命此有勉人爲善之意

禮記

曲禮第一陸氏曰本或作曲禮上者後人加也不知何人必大儒如鄭康成輩

毋不敬毋字有戒勑意毋字從女內有一畫有禁止意唐陸氏朗云鄭注易曰言語者君子之樞機今易謂言行君子之樞機以鄭本作語言其義長又曰安定二字諸君說得未盡大學謂定而後能慮慮而後能安想當細講若辭則聖賢以爲重如易所謂吉人凶人之辭與辭枝辭屈而孟子謂知言爲養氣之本則詖辭淫辭邪辭遁辭皆非今世辭華之比

人而無禮不亦禽獸之心乎聖人不曾有此等語呂東萊于皐陶朕言惠下說孟子自反一章及从自反而仁自反而有禮者而橫逆猶是則謂此亦妄人而已矣異于禽獸者幾希于禽獸又何難焉既云自反乃有此三語孟子之言有鋒稜孔子口中無之

周禮

晦翁所謂一部周禮盛水不漏者以其官相聯屬更無罅漏疏闊處

又云周禮一部可疑處甚多然制度紀綱縝密處亦有看周禮須是只用三代法度看義理方精密注多引後世之法釋經尤不是

周禮左氏

周禮左氏兩部字字謹嚴首尾如一更無疎漏處疑秦漢初人所作因聖賢遺言足成之

左傳

左傳范氏出于堯一段文不連屬賈逵以爲漢人添入劉氏要左傳行于世與虞不臘矣亦秦時字此左傳可疑處

又云三代以後稱呼猶嚴惟宋以客稱公魯以周公同二王後未曾妄以稱公者伯有一段以公稱漸有稱公之意若葉公則夷僭禮者也

又云左傳所載固未能全粹而格言精義賴此得存者居其六七如劉子受中一節曉然爲聖賢相傳之要

語孟

鶴山因講惠而不費（張子語）說人多講作費用之費似未盡如孟子

說分人以財謂之惠教人以善謂之忠以天下與人易爲天下得人難堯舜豈無所用其心哉亦不用于耕耳堯爲天下得舜舜爲天下得禹此卽惠而不費力豈必分人以財然後謂之惠

又云舜生于諸馮遷于負夏卒于鳴條孟子說得分曉南巡死蒼梧一妃從而投江皆誕妄

又云舜南巡時已一百歲二妃度亦百歲上下又後人謂舜死二妃至湘淚成斑竹帝者出巡妃嬪何得從行必無此理舜卒于鳴條當以孟子爲証

字義

鶴山云典刑制度字皆有義典是竹爲册而一相承之制如幣之制有尺寸

又云若顛木之由蘖由是物始生狀

又云亥古字豕字也二首六身是後世字亦左氏非丘明之證也

日在木中曰東木在臼中曰東東中八曰東今人三字一律是誤

又曰東字日在木中是扶桑也日在木上曰果在木下曰杳木中曰東每夜披册可商量十餘字

史

鶴山云周時天下諸侯無史及周衰齊晉各有史故太史公謂史記獨藏周室看漢書內外相加官事以列輔及百官表魏相傳參看說東朝長樂宮以宣昭紀看

緯書

凡緯書皆三字名如乾鑿度坤鑿度援神契參同契等皆然可細考然鄭康成皆有註是經書緯書盡讀也

天文

鶴山云日生于東月生于西日生于離東月生于坎西曾賦十六夜月詩云乾闕一鈎金

又一絕云東西日月自來往邊恤人間有喘牛

禮運一篇專以月爲量一句測天運故曰播五行于四時和而後月生焉是故三五而盈三五而闕而天度惟月盈虧乃可量度天度必鏡始于月令疏可考

四游升降地形亦升降所以揜南斗不見

陽在內陰不得而入則噴薄而爲雨陰在內陽不得而入則發散而爲風橫渠此語最造理

說郛卷第八十四終

說郛卷第八十五

護法論 一卷

宋張商英 觀文殿大學士無盡居士

孔子曰朝聞道夕死可矣以仁義忠信爲道耶則孔子固有仁義忠信矣以長生久視爲道耶則曰夕死可矣是果求聞何道哉豈非大覺慈尊識心見性無上菩提之道也不然則列子何以謂孔子曰丘聞西方有大聖人不治而不亂不言而自信不化而自行蕩蕩乎民無能名焉列子學孔子者也而遽述此說信不誣矣孔子聖人也尚尊其道而今之學孔子者未讀百十卷之書先以排佛爲急務者何也豈獨孔子尊其道哉至于上下神祇無不宗奉矧茲凡夫輒恣毀斥自昧已靈可不哀歟韓愈曰夫爲史者不有人禍則有天刑豈可不畏懼而輕爲之哉蓋爲史者採摭人之實迹尚有刑禍況無故輕薄以毀大聖人哉且茲人也無量劫來沉

淪諸趣乘少善力而得此身壽夭特未定也縱及耳順從心之年亦暫寄人間耳以善根微劣不能親炙究竟其道須臾老之將至爲虛生浪死之人自可悲痛何暇更從無明業識造端倡始誘引後世闡提之黨背覺合塵同入惡道罪萃厥身可不愼哉且佛何求于世但以慈悲廣大願力深重哀見一切衆生往來六道受種種苦無有已時故從兜率天宮示現淨梵國王之家爲第一太子道德文武端嚴殊特于聖人中而所未有于弱冠之年棄金輪寶位出家修道成等正覺爲天人師隨機演說三乘五教末後以正法眼藏涅槃妙心付囑摩訶迦葉爲教外別行更相傳授接上根輩故我本朝太宗皇帝之序金剛般若也則曰嘆不修之業溥傷強執無之愚迷非下士之所爲豈淺識之能究大哉聖人之言深可信服一從佛法東播之後大藏教乘無處不有故予嘗謂欲排其教則當盡讀其書深求其理摭其不合吾儒者與學佛之見質疑辨惑而後排之可也今不通其理而妄排之則是斥鷃笑鵬朝菌輕松柏耳歐陽修曰佛者善施無驗不實之事蓋亦未之思耳嘗原人之造妄者豈其心哉誠以賙急飢寒苟免患難而已佛者捨其至貴極富爲道忘身非飢寒之急無患難可免其施妄也何所圖哉若以造妄乖裕其徒凡夫尚知我躬不閱遑恤我後而佛豈不知耶古今世人有稍挾欺紿者必爲衆人所棄況有識之賢者乎若使佛有纖毫妄心則安能俾其佛教綿亘千古周匝十方天龍神鬼無不傾心菩薩羅漢更相洪化職此論之有詐妄心者求信于卑凡下愚尚不可得況能攝伏于具神通之聖人哉經云如來是眞語者實語者如語者不誑語者不異語者又云諸佛如來無妄語者信哉斯言明如皎日孟子曰誦堯之言行堯之行是堯而已矣予則曰誦佛之言行佛之行是佛而已矣何慊乎哉佛祖修行入道蹊徑其捷如此而人反以爲難深可憫悼撮其樞

要戒定慧而已若能持戒決定不落三塗若能定力決定功超六慾若能定慧圓明則達佛知見入大乘位矣何難之有哉詩曰德輶如毛民鮮克舉之其是之謂乎韓愈與大顛論議往復數千言卒爲大顛一問曰公自揣量學問知識能如晉之佛圖澄乎能如姚秦之羅什乎能如蕭梁之寶誌乎愈曰吾于斯人則不如矣大顛曰公不如彼明矣而彼之所從事者子以爲非何也愈不能加答其天下之公言乎佛豈妨人世務哉金剛波若云是故如來說一切法皆是佛法維摩經偈云經書呪禁術工巧諸伎藝盡現行此事饒益諸羣生法華經云資生業等皆順正法傅大士龐道元豈無妻子哉若也身處塵勞心常清淨則便能轉識爲智猶如握土成金一切煩惱皆是菩提一切世法無非佛法若能如是則爲在家菩薩了事凡夫矣豈不偉哉歐陽修曰佛爲中國大患何言之甚歟豈不爾思凡有害于人者奚不爲人所厭而天誅哉安能

深根固蔕于天下也桀紂爲中國天子害迹一彰而天下後世共怨之況佛遠方上古之人也但載空言傳于此土人天向化若偃風之草苟非大善大慧大利益大因緣以感格人天之心者疇克爾耶一切重罪皆可懺悔謗佛法罪不可懺悔誠哉是言也謗佛法則是自昧其心耳自昧其心則猶破瓦不復完死灰不重木矣可懺悔哉佛言惟有流通佛法是報佛恩今之浮圖雖千百中無一能髣髴古人者豈佛法之罪也其人之罪雖然如是禮非玉帛而不表樂非鐘鼓而不傳非藉其徒以守其法則佛法殆將泯絶無聞矣續佛壽命何賴焉濫其形服者誅之自有鬼神矣譬之自有果報矣威之自有刑憲矣律之自有規矩矣吾輩何與焉然則是言也予至于此卒存二說蘇子瞻嘗謂予曰釋氏之徒諸佛教法所繫不可以庶俗待之或有事至廷下則吾徒當以付囑流通爲念與之闊略可也又曾逢原作郡時釋氏有訟者閱實其罪必

罰無赦或有勉之者則曰佛法委在國王大臣若不罰一戒百則惡者滋多當今之世欲整齊之捨我輩其誰乎予考二公之言則逢原所得多矣其有不善者誠可惡也豈不念皇恩度牒不與征役者人主之惠哉豈不念古語有云一子出家九族生天哉豈不念辭親棄俗當爲何事哉豈不念光陰易往而道業難成哉豈不念道眼未明而四恩難報哉豈不念行業不修而濫膺恭敬哉豈不念道非我修而誰修哉豈不念正法將墜而魔法增熾哉蓋昔無著遇文殊時已有凡聖同居龍蛇混雜之說況今去聖世愈遠求其純一也不亦難乎然念大法所寄譬猶披沙揀金裒石攻玉縱于十斛之沙得粒金一山之石得寸玉尚可以爲世珍寶也非特學佛之徒爲然孔子之時已分君子儒小人儒矣況茲後世服儒服者豈皆孔孟顏閔者哉雖曰學者求爲君子安能保其皆爲君子耶歷觀自古巨盜奸臣強叛猾逆率多高才博學之士豈先

王聖教之罪歟豈經史之不善歟由此喻之末法像教之僧敗羣不律者勢所未免也韓愈曰佛者夷狄之一法耳自後漢時流入中國上古未嘗有也自黃帝以下文武以上舉皆不下百歲後世事佛漸謹年代尤促陋哉愈之自欺也愈豈不聞孟子曰舜生于諸馮遷于負夏卒于鳴條東夷之人也文王生于岐周卒于畢郢西夷之人也舜與文王皆聖人也爲法于天下後世安可夷其人廢其法乎況佛以淨梵國王爲南贍部州之中而非夷也若以上古未嘗有而不可行則蚩尤瞽叟生于上古周公仲尼生于後世豈可捨衰周之聖賢而取上古之凶頑哉而又上古野處穴居茹毛飲血而上棟下宇鑽燧改火之法起于後世者皆不足用也若謂上古壽考後世事佛漸謹而年代尤促者竊鈴掩耳之論也愈豈不知外丙二年仲壬四年之事乎豈不知孔鯉顏淵冉伯牛之夭乎又書無逸曰自時厥後亦罔或克壽或十年或七八年或五

六年或四三年彼時此方未聞佛法之名自漢明佛法至此之後二祖大師百單七歲安國師百二十八歲趙州和尚七百二十甲子豈佛法之咎也又曰如彼言可憑則臣家族合至灰滅此亦自蔽之甚也佛大慈大悲大喜大捨自他無間冤親等觀如提婆達多種種侵害于佛而終憐之受記作佛而後世若求喜怒禍福以爲靈則是邀祭祀之小小鬼神矣安得謂之大慈悲之父乎世間度量之人尚能遇物有容犯而不校況心包大虛量廓沙界之聖人哉信與不信何加損焉佛者如大醫王善施法藥有疾者信而服之其疾必瘳其不信者蓋自棄耳豈醫王之咎哉夏蟲不可語冰霜井蛙不可語東海吾于韓愈見之矣若謂事佛促壽則毀佛者合當永壽後世之人排佛者故多矣士庶不足道也如唐武宗會昌五年八月下旬廢教至六年三月初纔及半年而崩者此又何也如唐李白杜甫盧仝李翱之輩韓愈亦自知其不及矣然諸

子亦未嘗排佛亦不失高名也衆人之情莫不好同而惡異是此而非彼且世之所悅者紛華適意之事釋之所習者簡靜息心之法此其所以相違于世也諸有智者當察其理之所勝道之所在又安可不原彼此之是非乎林下之人食息禪燕所守規模皆佛祖法式古今依而行之舉皆證聖成道每見譏于世者不合流俗故也佛之爲法甚公而至廣又豈止緇衣祝髮者得私爲哉故唐相裴公美序華嚴法界觀云世尊初成正覺嘆曰奇哉一切衆生具有如來智慧德相但以妄想執着而不證得于是稱法界性說華嚴經佛之隨機接引故多開遮權變不可執一求也歐陽永叔曰無佛之世詩書雅頌之聲其民蒙禍如此永叔好同惡異之心是則是矣然不能通方遠慮何其隘哉若必以結繩之政施之于今可乎殊不知天下之理物稀則貴若使世人舉皆爲儒則孰不期榮孰不謀祿期謀者衆則爭競起爭競起則妬忌生妬忌生則褒貶勝褒貶勝則仇怨作仇怨作則擠陷多擠陷多則不肖之心無所不至矣不肖之心無所不至則爲儒亦不足爲貴矣非特儒者爲不足貴也士風如此則求天下之治也亦難矣佛以其法付囑國王大臣不敢自專也欲使其後世之徒無威勢以自尊隆道德以爲尊無爵祿以爲活依教法以求活乞食于衆者使其折伏憍慢下心于一切衆生又維摩經佛令迦葉前往問疾迦葉憶念昔于貧里而行乞食時維摩詰來謂我言唯大迦葉有慈悲心而不能普捨豪富從貧乞也肇法師註云迦葉以貧人昔不植福故生貧里若今不積善後復彌甚愍其長苦故多就乞食又曰見來求者爲善師想什法師注云本無施意就彼來求發我施心則爲我師故爲善師想也不畜妻子者使其事簡累輕道業易成也易其形服者使其遠離塵垢而時以自警也惜乎竊食其門者志願衰劣不能跂及古人良可歎也且導民善世莫盛乎教窮理盡性

莫極乎道彼依教行道求至乎涅槃者以此報恩德以此資君親不亦至乎故後世聖君爲之建寺宇置田園不忘付囑使其安心行道隨方設化名出四民之外身處六和之中其戒淨則福蔭人天其心眞則道同佛祖原其所自之恩皆吾君之賜也苟能以禪律精修于天地無愧表率一切衆生小則遷善遠罪大則悟心證聖上助無爲之化密資難報之恩則不謬爲如來弟子矣苟違佛祖之戒濫膺素飡罪豈無歸乎上世雖有三武之君以徇邪惡下臣之請銳意剪除既廢之後隨而愈興猶霜風之肅物也亦暫時矣如冬後有春之譬欲誅殲草木者能使冬後無春則可矣苟知冬後有春則何苦自當其惡而彰彼爲善也于己何益哉予嘗觀察其徒中間有辭榮捨富者俊爽聰明者彼亦不知富貴可樂春色可喜肥鮮之甘車服之美而甘心于幽深閴寂之處蔾羹韋布僅免飢寒縱未能大達其道是必漸有所自得者歟議者深嫉其徒不耕而食者亦人知其一而莫知其他也豈不詳觀通都大邑不耕而食者十居七八以至山林江海之上草竊姦宄市鄽邸店之下倡優厮役僻源斜徑之間欺公負販神祠廟宇之中師童巫祀者皆然也何獨至于守護心城者而厭之哉今戶籍之民自犂田力穡者矣豈獨今也如古之地藏禪師曰每自耕田嘗有語云鋤者其亦幾何釋氏有刀耕火種者栽植林木者灌溉蔬果者服諸方說禪浩浩地爭如我這裏種田博飯喫百丈惟政禪師命大衆開田曰大衆爲老僧開田老僧爲大衆說大法義大智禪師曰一日不作一日不食溈山問仰山曰子今夏作得箇什麼事仰山曰鋤得一片地種得一畬粟溈山曰子可謂不虛過時光斷際禪師每集大衆栽松钁茶洞山聰禪師常手植金剛嶺松故今叢林普請之風尚存焉釋氏雖衆而各止一身一粥一飯補破遮寒而其所費亦寡矣且其既受國恩紹隆三寶而欲復使之爲農可乎

况其田園隨例常賦之外復有院額科敷官客往來種種供給歲之所出猶愈于編民之多也其于公私何損之有予嘗疾今官有勸農之虛名而挾抑農之實患且世之利用苟有益者不勸而人自趨矣今背公營私者侵漁不已或奪其時作不急之務是抑之也何勸之有今游惰者十常七八耕者十止二三耕者雖少若使常稔則菽粟亦如水火矣近歲或旱或潦無歲無之四方之稼秀而不實者歲常二三甚者過半亦豈爲耕者少而糧不足哉老子曰我無爲而民自富苟無以致和氣而召豐年雖多耕而奚以爲歲之豐凶繫乎世數意其天理亦自有準量歟歲常豐穀愈賤耕者愈少此灼然之理僧者佛祖所自出也有苦行者有密行者各人有三昧隨分守常德孜孜于戒律念念在定慧能捨人之所難捨能行人之所不能行外富貴若浮雲視色聲如谷響求道則期大悟而後已惠物則念衆生而不忘今厭僧者其厭佛祖乎佛以

持戒當行孝不殺不盜不淫不妄不茹葷酒以此自利利他則仁及含靈耳又豈現世父母哉葢念一切衆生無量刦來皆曾爲己父母宗親故等之以慈而舉期解脫此以爲孝不亦優乎且聰明不能敵業富貴豈免輪回銅山奚補于餒亡金穴靡聞于長守予忝高甲之第仕至聖朝宰相其于世俗名利何慊乎哉拳拳繫念于此者爲其有自得于無窮之樂也重念人生幻化不啻浮泡之起滅于茲五蘊完全之時而不聞道可不惜哉若世間更有妙道可以印吾自肯之心過眞如涅槃者吾豈不能捨此而趨彼耶惡貧欲富畏死欣生飲食男女田園貨殖之事人皆知之君子不貴也所貴也者無尙妙道也或謂予曰僧者毀形遁世之人而子助之何多哉予曰予所存誠者佛祖遺風也豈恤乎他哉子豈不聞孟子言人少則慕父母知好色則慕少艾孰謂巾髮而娶者必爲孝子賢人今世俗之間博奕飲酒好勇鬭狠以危父母者比比皆是也又安相形而不論心哉前輩有作無佛論者何自蔽之甚也今夫日月星辰雷霆風雨昭昭然在人耳目豈無主張者乎名山大川神祇廟貌可謂無乎世間邪精魍魎小小鬼神猶尙恪然信其是有何獨至于佛而疑之曠大刦來修難行苦行成等正覺爲聖中至聖人天法王明極法身充滿沙界而謂之無可乎哉大集經云萬主天子問佛在世之日有所供養世尊是受者而施者獲福世尊滅後供養形像誰爲受者佛言諸佛如來法身也若在世若滅後所有供養其福無異華嚴亦曰佛以法爲身淸淨如虛空雖然諸佛而名其道叢善權方便接引之門耳若必謂之無則落空見外道斷見外道自昧自棄可悲也矣如雲門大師云我當時若見一棒打殺與狗子吃者此大乘先覺之人解粘去縛遺疑破執而已豈初學者可躐等哉此可與智者道不可與愚者語其教之興也恢弘之則有具神道之聖人信向之則有大根器之賢哲

以至天地鬼神之靈無不歆慕豈徒然哉大抵所尙必從其類擬之必從其倫般若正智菩提眞見豈凡庸之人所能睥睨哉故同安察云三賢尙未明斯旨十聖那能達此宗緣覺辟支四果聲聞尙不與其列况其下者乎在聖則爲大乘菩薩在天則爲帝釋梵王在人則爲帝王公侯上根大器功成名遂者在僧俗中亦必宿有靈骨負逸羣超世之量者方能透徹故古德云聞而不信尙結佛種之因學而未成猶益人天之福惜乎愚者昧而不能學慧者疑而不能至間有世智辨聰者必爲功名所誘思日競辰焚膏繼晷皇皇汲汲然涉略六經子史急目前之應對尙且不給何暇分陰及此哉或有成名仕路者功名汩其慮富貴蕩其心反以此道爲不急罔然置而不問不覺光陰有限老死忽至臨危湊亟雖悔奚追世有大道遠理之如此也而不窺其涯涘者愧于古聖賢多矣既不聞道則必流浪生死散入諸趣而昧者甘心焉是誰之過

歟嵩獄珪禪師云佛有三能三不能佛能空一切相成萬法智而不能卽滅定業佛能知羣有性窮億刼事而不能化導無緣佛能度一切有情而不能盡衆生界是謂三能三不能也今有心憤憤口悱悱聞佛似寇讐見僧如蛇虺者吾未如之何也已矣且佛尙不能化導无緣吾如彼何哉議者皆謂梁武奉佛而亡國蓋不採佛理者未足與議也國祚之短長世數之治亂吾不知其然矣堯舜大聖而國止一身其禪位者以其子之不肖而後禪也其子之不肖豈天罪之歟自開闢至漢明帝以前佛法未至于此而國有過難者何也唐張燕公所記梁朝四公者能知天地鬼神變化之事了如指掌而昭明太子亦聖人之徒也且聖者以治國治天下爲緒餘耳豈無先覺之明而愼擇可行之事以告武帝哉蓋定業不可逃矣嗚呼定業之不可作也猶水火之不可入也其報之來若四時之無爽也如西土師子尊者此土二祖大師皆不免也又

豈直師子二祖哉釋迦如來尙且不免金鏘馬麥之報況初學凡夫哉蓋修也者改往修來矣且宿業既還已則將來之善豈捨我哉今夫爲女形者實劣于男矣遽欲奉佛而可亟變爲男子乎必將盡此報身而願力有待于來世乎梁武壽高九十不爲不多以疾而卒不至大惡但捨身之謬以其先見禍兆筮得乾卦上九之變取其貴而無位高而無民以此自卑欲圖弭災召福者梁武自謬耳于佛何有哉梁武小乘根器專信有爲之果玆其所以不遇達摩之大法也過信泥跡執中無權者亦其定業使之然乎但聖人創法本爲天下後世豈爲一人設也孔子曰仁者壽而力稱回之爲仁而回且夭矣豈孔子之言無驗歟蓋非爲一人而言也梁武之奉佛其類回之爲仁乎侯景兵至而集沙門念摩訶般若波羅蜜者過信泥跡而不能權宜適變也亦猶後漢向詡張用作亂詡上便宜頗多譏刺左右不欲國家興兵但遣將兵于河上北向

讀孝經賊則當自消滅又如後漢蓋勳傳中平元年北地羌胡與邊章等寇亂隴右扶風宋梟爲守患多寇叛謂勳曰涼州寡于學術故屢多反暴今欲多寫孝經令家家習之庶或使人知義此亦用之者不善也豈孝經之罪歟抑又安知梁武前定之業禍不止此由作善以損之故能使若是之壽也帝嘗以社稷存亡久近問于誌公公自指其咽示之蓋讖侯景也公臨滅時武帝又復詢詰前事誌公曰貧僧塔壞陛下社稷隨壞公滅後奉敕造塔已畢武帝忽思曰木塔其能久乎遂命徹去改創以石塔貴圖不朽以應其記拆塔纔畢侯景兵已入矣至人豈不前知耶如安世高帛法祖之徒故來畢前世之對不遠千里自投死地者以其定業不可逃也如晉郭璞亦自知其不免況識破虛幻視死如歸者乎豈有明知宿有所負而欲使之避拒苟免哉歐陽永叔跋萬回神跡記碑曰世傳道士罵老子云佛以神怪禍福恐動世人俾皆信向致

僧尼得享豐饒而吾老子高談淸淨遂使我曹寂寞此雖鄙語有足采也永叔之是其說也亦小有才而未達通方之大道者歟不揣其本之如此也神怪禍福之事何世无之但儒者之言文而略耳又況眞學佛者豈以溫飽爲志哉本以求无上菩提出世間之大法耳且道士是亦棄俗人也若以出家求道則不以寂寞爲怨若以圖餔啜爲心則不求出離不念因果世間萬途何所不可哉或爲胥徒或習醫卜百工伎藝居沽負販皆可爲也棄此取彼孰禦焉唐太宗方四歲時已有神人見之曰龍鳳之姿天日之表必能濟世安民及其未冠也果然建大功業亦可爲大有爲之君矣歐陽修但一書生耳其修唐書也以私意臆說妄行褒貶比太宗爲中才庸主而後世從而和之無敢議其非者嗚呼學者隨世高下而歐陽修獨得專美于前誠可歎也作史者固當其文直其事核不虛美不隱惡故謂之實錄而修之編史也唐之公卿好道甚

多其與禪衲遊有機緣事迹者舉皆削之及其致事也以六一居士而自稱何也以居士自稱則知有佛矣知有而排之則是好名而欺心耳豈爲端人正士乎今之恣排佛以沽名者亦多矣如唐柳子厚移書韓退之不須力排二教而退之集無答子厚書者豈非韓公知其言之當而默從之故不復與之辨論也近世王逢原作補書鄙哉逢原但一孤寒庸生耳何區區闡提之甚也退之豈不能作一書而待後人補也其不知量也如此蓋漢唐以來帝王公侯奉佛者不可勝計也豈害其爲賢聖哉予嘗謂歐陽修曰道先王之言而作嚚訟匹夫之見今匿人之善偏求其短以攻刺之者嚚訟匹夫也公論天下後世之事者可如是乎甚哉歐陽修之自蔽也而欲蔽于人又欲蔽天下後世幸其私臆之流言終必止于智者雖見笑于通今博古之士而未免誘惑于躁進狂生耳如斯人也使之侍君則佞其君絕佛種性斷佛慧命與人爲友則導

其友戕賊眞性奔競虛名終身不過爲一聰明凡夫矣其如後世惡道何修乎修乎將謂世間更不別有至道妙理止乎如此緣飾些小文章而已豈非莊生所謂河伯自多于水而不知復有乎海若也使其得志則使後世之人永不得聞曠劫難逢之教超然出世之法豈不哀哉歧人天之正路瞎人天之正眼昧因果之眞教澆定慧之淳風無甚于修也予嘗觀歐陽修之書尺牒牒以憂煎老病自悲雖居富貴之地戚戚然若無容者觀其所由皆眞情也其不通理性之明驗歟由是念之大哉眞如圓頓之道豈僻隘淺丈夫之境界哉六道輪回三途果報由自心造實無別緣謂彼三途六道自然而然者何自棄之甚也一失人身悔將何及三界萬法非有無因而妄招果苟不顧因果則是自欺其心自欺其心則無所不至矣近世伊川程顥謂佛家所謂出世者除是不在世界上行爲出世也士大夫不知淵源而論佛者類如此也殊不知色受想行識世間法也戒定慧解脫解脫知見出世間法也學佛先覺之人能成就通達出世間法者謂之出世也稍類吾儒之及第者謂之登龍折桂也豈其眞乘龍而折桂哉佛祖應世本爲羣生亦猶吾教聖人吉凶與民同患五百年必有王者與其間必有名世者豈以不在世界上行爲是也超然自利而忘世者豈大乘聖人之意哉然雖如是傷今不及見古也可爲太息古之出世如靑銅錢萬選萬中裁瓊枝寸寸是玉拆旃檀片片皆香今則魚目混珠薰蕕共囿羊質虎皮者多矣遂至玉石俱焚古人三二十年無頃刻間雜用身心念念相應如雞伏卵尋師訪友心心相契印印相證琢磨淘汰淨盡無疑晦跡韜光陸沉于衆道香果熟諸聖推出爲人天師一言半句耀古騰今萬里同風千車合轍今則習口耳之學裨販如來披師子皮作野干行說時似悞對鏡還迷所守如塵俗之匹夫略無媿恥公行賄賂密用請託刦掠常住交結權

勢佛法凋喪大率緣此得不爲爾寒心乎予嘗愛本朝王文康公著大同論謂儒道釋之教沿淺至深猶齊一變至于魯魯一變至于道誠確論也予輒是而詳之予謂羣生失眞迷性棄本逐末者病也三教之語以驅其惑者藥石也儒者使之求爲君子治皮膚之疾也道書使之日損損之又損者治血脉之疾也釋氏直指本根不存枝葉者治骨髓之疾也其無信根者膏肓之疾不可救者也儒者言性而佛者見性儒者勞心而佛者安心儒者貪著而佛者解脫儒者諠譁而佛者純靜儒者尙勢而佛者忘懷儒者爭權而佛者隨緣儒者有爲而佛者無爲儒者分別而佛者平等儒者好惡而佛者圓融儒者望重而佛者念輕儒者求名而佛者求道儒者散亂而佛者觀照儒者治外而佛者治內儒者該博而佛者簡易儒者進求而佛者休歇不言儒者之無功也亦靜躁之不同矣老子曰常無欲以觀其妙猶是佛家金鎖之難也同安蔡云無

心猶隔一重關況着意以觀妙乎老子曰不見可欲使心不亂佛
則雖見可欲心亦不亂故曰利衰毀譽稱譏苦樂八法之風不動
如來猶四風之吹須彌也老子曰弱其心佛則立大願力老以玄
牝爲天地之根佛則曰若人欲識佛境界當淨其意如虛空外無
一法而建立法尙應捨何況非法老以抱一專氣知止不殆不爲
而成絕聖弃智此則正是圓覺作止任滅之四病也老子曰去彼
取此釋則圓同大虛無欠無餘良由取捨所以不如老子曰吾有
大患爲吾有身文殊師利則以身爲如來種肇法師解云凡夫沉
淪諸趣爲煩惱所蔽進無寂滅之歡退有死生之畏故能發迹塵
勞標心無上植根生死而敷正覺之華蓋幸得此身而當勇猛精
進以成辨道果如高原陸地不生蓮花卑溼淤泥乃生此花是故
煩惱泥中乃有衆生起佛法耳老曰視之不見名曰夷聽之不聞
名曰希釋則曰離色求觀非正見離聲求聽是邪聞老曰豫兮若

冬涉川猶兮若畏四鄰釋則曰隨流認得性無喜亦無憂老曰智
慧出有大僞佛則無礙清淨慧皆從禪定生以大智慧到彼岸老
曰我獨若昏我獨悶悶楞嚴則以明極爲如來三祖則曰洞然明
白大智則曰靈光洞耀逈脫根塵老曰道之爲物也唯恍唯忽窈
兮冥兮其中有精釋則務見諦明了自肯自重老曰道法自然楞
伽則曰前聖所知轉相傳受老曰物壯則老是謂非道佛則一念
普觀無量刧無去無來亦無住以謂道無今古豈有壯老入之幻
身亦老也豈謂少者是道老者非道乎老則堅欲去兵佛則以一
切法皆是佛法老曰道之出言淡乎其無味佛則云信吾言者猶
如食蜜中邊皆甜老曰上士聞道勤而行之中士聞道若存若亡
下士聞道大笑之若撼宗門中則勤而行之正是下士爲他以上
士之士兩易其語老曰塞其兌閉其門釋則屬造作以爲者敗執
者失又成落空老欲去智民復結繩而用之佛則以智波羅蜜變

衆生業識爲方便智換名不換體也不謂老子无道也亦淺奥之
不同耳雖然三教之書各以其道善世礪俗猶鼎足之不可缺一
也若依孔子行事爲名教君子依老子行事爲淸虛善人不失人
天可也若曰盡滅諸累純其淸淨本然之道則吾不敢聞命矣予
嘗論之讀儒書者則若趨炎附竈而速富貴讀佛書者則若食苦
噉澀而致神仙其初如此其效如彼富貴者未死以前溫飽而已
較之神仙孰爲優劣哉儒者但知孔孟之道而排佛者舜犬之謂
也舜家有犬堯過其門而吠之是犬也非謂舜之善而堯之不善
也以其所常見者舜而未常見者堯也吳書云吳王孫權問尙書
令闞澤曰孔丘老子得與佛比對否闞澤曰若將孔老二家比校
佛法遠之遠矣所以然者孔老設教法天制用不敢違天諸佛說
教諸天奉行不敢違佛以此言之實非比對明矣吳王大悅或曰
佛經不當誇示誦習之人必獲功德蓋不知諸佛如來以自得自

證誠實之語推已之驗以及人也豈虛言哉諸經皆云以無量珍
寶布施不及持經句偈之功者蓋以珍寶住相布施止是生人天
中福報而已若能持念如說修行或于諸佛之道一言見諦則心
通神會見諦疑亡了物我於一如徹古今于當念則道成正道覺
齊佛覺矣孰盛于此哉儒豈不曰爲其事而無其功者皃未嘗覩
也或曰始乎爲士終乎爲聖人語不云乎學也祿在其中矣易曰
積善之家必有餘慶書曰作善降祥此亦必然之理也豈吾聖人
以祿與慶祥誇示于人乎或曰誦經以獻鬼神者彼將安用予曰
子固未聞財施猶輕法施最重而古人蓋有遠行臨別不求珍寶
而乞一言以爲惠者如晏子一言之諷而齊侯省刑景公一言之
善而熒惑退舍吾聖人之門弟子或問孝或問仁或問政或問友
或問事君或問爲邦有得一言長善救失而終身爲君子者矣此
止終身治世之語耳比之如來大慈法施誠諦之語感通八部龍

天震動十方世界或向一言之下心地開明一念之間性天朗徹高超三界穎脫六塵淸涼身心剪拂業累契眞達本入聖超凡得意生身自然無礙隨緣作主遇緣卽宗先得菩提次行濟度世間之法復有過此者乎一切鬼神各欲解脫其趣其于如來稱性實談欣戴護持也宜矣又況佛爲無上法王金口所取說聖教靈父一誦之則爲法輪轉地夜叉唱空報四天王天王聞已如是展轉乃至梵天通幽通明龍神悅懌猶若綸言誕布詔令橫流寰宇之問孰不欽奉又況佛爲四生慈父如父命其子奚忍不從誦經之功其旨如此教中云若能七日七夜心不散亂者隨其所作定有感應若形留神往外寂中搖則尋行數墨而已何異春禽晝啼秋蟲夜鳴雖百萬遍果何益哉予謂耿恭拜井而出泉魯陽揮戈而駐日誠之所感只在須臾七日之期尙爲差遠十千之魚得聞佛號而爲十千天子五百之蝠因樂法音而爲五百聖賢蟒因修懺

而生天龍聞說法而悟道古豈欺我哉三藏教乘者權教也實際理地者唯此一事實也唯佛世尊是究竟法而一切法者爲衆生設也今不藉權教啓廸初機而遽欲臻實際理地者不亦見彈而思梟炙乎此善惠大士所謂渡河須用筏到岸不須船也其不然乎佛法化度世間皎如靑天白日而迷者不信是猶盲人不見日月也豈日月之咎哉但隨機演說方便多門未易究耳學者如人習射久久方中裴柏大士云存修却大敗放逸全乖急亦不成緩亦不得但知不休必不虛弃又白樂天問寬禪師無修無證何異凡夫師曰凡夫無明二乘執著離此二病是曰眞修眞修者不得動不得忘勤則近執着忘則落無明此爲心要耳此眞初學入道之法門也或謂佛教有施食眞言能變少爲多如七粒變十方之語豈有是理予曰不然子豈不聞句踐一器之醪而衆軍皆醉欒巴一噀之酒而蜀川爲雨心靈所至而無感不通況托諸佛廣大

願力廓其善心變少爲多何疑之有妙哉佛之知見廣大深遠具六神通唯其具宿命通則一念超入于多劫唯其具天眼通則一瞬遍周于沙界且如阿那律小果聲聞耳唯具天眼一通尙能觀大千世界如觀掌中況佛具眞天眼乎舍利佛亦小果聲聞爾于弟子中但稱智慧第一尙能觀人根器至八千大刼況佛具正徧知乎唯其智慧廣大深遠則說法廣大深遠矣又豈凡夫思慮之所能及哉試以小喻大均是人也有大聰明者有極愚魯者大聰明者于上古興亡治亂之跡六經子史之論事皆能知至于海外之國雖不能到亦可觀書以知之極愚鹵者誠不知也又安可以彼知者爲誕也一自佛法入此之後間有聖人出現流通輔翼試摭衆人耳目之所聞見者論之如觀音菩薩示現于唐文宗朝泗州大聖出現于唐高宗朝婺州義烏縣傅大士齊建武四年乙丑五月八日生時有天竺僧嵩頭陀來謂曰我昔與汝毗婆尸佛所

同發誓願今兜率天宮衣鉢現在何日當還命大士臨水觀形見有圓光寶蓋大士曰度生何急何思彼樂乎行道之時常見釋迦金粟定光三如來放光襲其體虢州閿鄉張萬回法雲公者生于唐貞觀六年五月五日有兄萬年久征遼左相去萬里母程氏思其信音公早晨告母而往至暮持書而還豐干禪師居常騎虎出入寒山拾得爲之執侍明州奉化布袋和尙坐亡于嶽林寺而復見于他州宋太始初誌公禪師乃金城宋氏之子數日不食無飢容語多靈應晉石勒時佛圖澄掌中照映千里鎭州普化臨終之時搖鈴騰空而去五臺鄧隱峰遇官兵與吳元濟交戰飛錫乘空而過兩軍遂解嵩岳帝受戒法于元珪禪師仰山小釋迦有羅漢來參幷受二王戒法破竈墮之類皆能證果鬼神達磨大師一百五十餘歲滅于後魏孝明帝太和十九年葬于熊耳山後三歲魏宋雲奉使西域回遇于葱嶺攜一革履歸西而去後孝莊聞奏啓

墳觀之果只一履存焉文殊師利佛滅度後四百年猶在人間天台南嶽羅漢所居應供人天屢顯聖跡汀州南安岩主靈異頗多潭州華林善覺禪師武寧新興嚴陽尊者俱以虎爲侍從道宣律師持律精嚴感毗沙門天王之子爲護戒神借得天上佛牙今在人間徽宗皇帝初登極時因取觀之舍利隔水晶匣落如雨點故太平盛典有御製頌云大士釋迦文盧空等一塵有求皆感應無剎不分身玉瑩千輪皎金剛百鍊新我今恭敬禮普願濟羣倫皇帝知予好佛而嘗爲予親言其事如前所摭諸菩薩聖人皆學佛者也予所謂若使佛有纖毫妄心則安能攝伏于具神通聖人也釋有如彌天道安東林慧遠生肇融睿陳慧榮隋法顯梁法雲智文之徒皆日記數萬言講則天花墜席頑石點頭亦豈常人哉如李長者龐居士非聖人之徒歟孫思邈寫華嚴經又請僧誦法華嚴經呂洞賓參禪設供彼神仙也豈肯妄爲无益之事哉況茲凡

夫敢恣毀斥但佛之言表事表理有實有權或半或滿設漸設頓各有攸當苟非具大信根未能無惑亦猶吾儒所謂子不語怪力亂神而春秋石言于晉神降于莘易曰見豕負塗載鬼一車此非神怪而何孟子不言利而言善教得民財于宋受餽金此非利而何蓋聖人之言從權適變有反常而合道者又安可以前後異同之言議聖人也諸同志者幸于佛祖之言詳彼諦信眞積力久自當證之方驗不誣天下人非之而吾欲證之正如孟子所謂一薛居州獨如宋王何予豈有他哉但欲以公滅私使一切人以難得之身知有無上菩提菩提各識自家寶藏狂情自歇而勝淨明心不從人得也吾何畏彼哉晉惠帝時王浮僞作化胡結蓋不知佛生于周昭王二十四歲滅于穆王五十二年歷恭懿孝夷厲宣幽平桓莊僖惠襄頃匡定一十六王滅後二百四十二年至定王三年方生老子過流沙時佛法遐被五天竺及諸鄰國著聞天下已三百餘年矣何待老子化胡哉呂夏卿序八師經曰小人不知刑獄之畏而畏地獄之磣雖生得以欺于世死亦不免于地下矣今有人焉姦雄氣焰足以塗炭于人而反不敢爲者以有地獄報應不可逃也若使天下之人事無大小以有因果之故皆不敢自欺其心善護衆生之念各無侵凌爭奪之風則豈不刑措而爲極治之世乎謂佛無益于天下者吾不信矣諒哉人天路上以福爲先生死海中修道是急今有欲快樂人天而不植福出離生死而不明道是猶鳥無翼而欲飛木無根而欲茂奚可得哉古今受五福者非善報而何嬰六極者非惡報而何此皆過去所修而于今受報寧不信哉或妄謂天堂是妄造地獄非眞說者何愚如此佛言六道而人天鬼畜灼然可知四者既已明矣唯修羅地獄二道但非凡夫肉眼可見耳豈虛也哉只如神怪之事何世無之亦涉史傳之載錄豈無耳目之聞見雖愚者亦知其有矣人多信于此而

疑于彼者是猶終日數十而不知二五也可謂賢乎曾有同僚謂予曰佛之戒人不食肉味不亦迂乎試與公詳論之雞之司晨貍之捕鼠牛之力田馬之代步犬之司禦不殺可也如猪羊鵝鴨水族之類本只供庖廚之物苟爲不殺則繁殖爲害將安用哉予曰不然子未知佛理者也吾當爲子言其崖略彰明較著善惡報應惟佛以眞天眼宿命道故能知之今惡道不休三途長沸良有以也一切衆生遞相吞噉昔相負而冥相償豈不然乎且有大身衆生如鯨鰲獅象巴蛇鵾鵬之類是也細身衆生如蚊蚋蟭螟螻蟻蚤蝨之類是也品類巨細雖殊均具一性也人雖最靈若只別爲一類耳倘不能積善明道識心見道瞀瞀然以嗜欲爲務成就種種惡業習氣于倏扇三二十年之間則與彼何異哉且迦樓羅王展翅闊三百三十六萬里阿修羅王身長八萬四千由旬以彼觀之則此又不直毫末耳安可以謀甞之差大心識之最靈欺他類

之眇小不靈而恣行殺戮哉只如世間牢獄唯治有罪之人其無
事者自不與焉智者終不曰建立郡縣設官置局不可閑冷却須
作一兩段事往彼相共鬧熱也今雖衆生無盡惡道茫茫若無寃
對卽自解脫復何疑哉若有專切修行決欲疾得阿耨菩提者更
食衆生血肉无有是處唯富貴之人宰制邦邑者又須通一線道
昔陸亘大夫問南泉云弟子食肉則是不食則是南泉曰食是大
夫祿不食是大夫福又宋文帝謂求那跋摩曰孤媿身徇國事雖
欲齋戒不殺安可得如法也跋摩曰帝王與匹夫所修當異帝王
者但正其出言發令使人神悅和人神悅和則風雨順時風雨順
時則萬物遂其所生也以此持齋齋亦至矣以此不殺德亦大矣
何必撥半日之餐全一禽之命乎帝撫几稱之曰俗迷遠理僧滯
近教若公之言眞所謂天下之達道可以論天人之際矣由是論
之帝王公侯有大恩德陶鑄天下者則可矣士庶之家春秋祭祀

用之以時者尙可懺悔圓顱方趾者承佛戒律受人信施而反例
塵俗飮酒食肉非特取侮於人而速戾于天亦袈裟下失人身者
是爲最苦忍不念哉吾儒則不斷殺生不戒酒肉于盜則但言慢
藏誨盜而已于淫則但言未見好德如好色而已安能使人不犯
哉佛之爲教則彰善癉惡深切著明顯果報說地獄極峻至嚴而
險詖強暴者尙不悛心況無以警之乎然五戒但律身之麤跡修
行之初步若升高必自下若陟遐必自邇求道證聖之人亦未始
不由此而入也至于忘思慮泯善惡融眞妄一聖凡單傳密印之
道又非可以紙墨形容而口舌辯也文章蓋世止是虛名勢焰驚
天但增業習若比以定慧之法治本有之神明爲過量人超出三
界則孰多於此哉士農工商各分其業貧富壽夭自出前定佛法
雖亡于我何益佛法雖存于我何損功名財祿本繫乎命非由謗
佛而得榮貴利達亦在乎時非由斥佛而致一時之間操不[illegible]心

安爲口禍非唯無益當如後患何智者愼之狂者縱之六道報應
勝劣所以分也予非佞也願偕諸有志者背塵合覺同底乎道不
亦盡善盡美乎或有闡提之性根于心者必不取于是說予無恤
焉

說郛卷第八十五終

說郛卷第八十六

遼志 二十七卷　葉隆禮

本末

契丹之始也中國簡册有所不載遠夷草昧復無書可攷其年代不可得而詳也本其風物地有二水曰地乜里沒里復名陶猥里沒里者是其一也其源出自中京西馬盂山東北流華言所謂土河是也曰裊羅箇沒里復名女古沒里者又其一也源出饒州西南平地松林直東流華言所謂潢河是也至木葉山合流爲一古昔相傳有男子乘白馬浮土河而下復有一婦人乘小車駕灰色之牛浮潢河而下遇於木葉之山顧合流之水與爲夫婦此其始祖也是生八子各居分地號八部落一曰祖皆利部二曰乙室語部三曰實活部四曰納尾部五曰頻沒部六曰內會雞部七曰某

解部八曰奚嗢部立遺像於木葉山後人祭之必刑白馬殺灰牛用其始來之物也後有一主號曰迺呵此主特一髑髏在穹廬中覆之以毡人不得見國有大事則殺白馬灰牛以祭始變人形出視事已即入穹廬中復爲髑髏因國人竊視之失其所在復有一主號曰喎呵戴野猪頭披野猪皮居穹廬中有事則出退復隱入穹廬如故後因其妻竊其猪皮遂失其夫莫知所如次復又一主號曰晝里昏呵唯養羊二十口日食十九留其一焉次日復二十口如之是三主者皆有治國之能名焉餘無足稱異矣哉毡中枯骨化形治事戴猪首服豕皮罔測所終當隱入穹廬之時不知其孰爲之主也孰爲之副貳也荒唐怪誕訛以傳訛遂爲口實其詳亦不可得而詰也自時厥後牛馬死損詞訟尨淹復遭風雨霜雪之害中遂衰微八部大人後復稍整兵二年一會於各部內選雄勇有謀略者立之爲主舊主退位例以爲常至阿保機爲衆所立後併七部而滅之契丹始立其國大原興自阿保機至耶律德光而寖張遭五季之衰天未厭亂石郎胎釁產禍諸華毒痡四海飛揚跋扈貪殘僭擬中國帝王名數竊盜有之冠履倒植薰蕕共染干戈之慘極矣迨宋眞宗屈已和戎不復以一矢相加遺含容覆護百有餘年聖興道三主以來天誘其衷革心慕義貪婪歲幣顧惜盟好銷烽寢柝號稱無事南北皆不知兵各保首領以沒茲非以德懷遠之明效歟嗟夫宋列聖之德可謂至哉若遼之威服諸夷奄有全燕何其強也天祚昏孱女眞生心深入一呼土崩瓦裂何其弱也且夫兵者不祥之器也天道好還盛極而微理固然也故其興也勃焉其亡也忽焉悲夫今摭舊聞裒其本末雖未能考其異而訂其同要之大略甚不相遠後之英主忠臣志欲溯今洄古可以鑒矣

族姓原始

契丹都部族本無姓氏惟各以其所居地名呼之婚嫁不拘地里至阿保機變家爲國之後始以王族號爲橫帳仍以所居之地名

曰世里著姓世里者上京二百里地名也復賜后族姓曰蕭氏番法王族惟與后族通婚更不限以尊卑其王族后族二部落之家若不奉北主之命皆不得與諸部族之人通婚或諸部族私相婚嫁不拘此限故北番惟耶律蕭氏二姓也

國土風俗

契丹國在庫莫奚東唐所謂黑水靺鞨者今其地也有七十二部落不相統制好爲寇盜父母死而悲哭者以爲不旺但以其屍置於山樹上經三年後方取其骨而焚之因酹酒而祝曰冬月時而陽食我若射獵時使我多得猪鹿其無禮頑嚚於諸夷最甚其風俗與奚靺鞨頗同至阿保機稍併服諸小國而用漢人漢人又教之以隸書半增損之作文字數千以代刻木之約又制婚嫁置官

號稱皇帝

部落

漢時爲匈奴所破保鮮卑山魏青龍中部酋爲王雄所殺衆遂逃橫水之南黃龍之北至元魏自號曰契丹在唐開元天寶閒使朝獻者無慮二十故事以范陽節度爲押奚契丹使至唐末契丹始盛

併合部落

初契丹八部族之大者曰大賀氏後分爲八部部之長號大人而常推一人爲王建旗鼓以統八部每三年則以次相代或其部有災疾而畜牧衰耗則八部衆議以旗鼓立其次而代之被代者以爲元約如此不敢爭及阿保機乃曰中國之王無代主者由是阿保機益以威制諸國不肯代其立九年諸部共責誚之阿保機不得已傳其旗鼓而謂諸部曰吾立九年所得漢人多矣吾欲別自

立一部以治漢城可乎諸部許之漢城在炭山東南灤河上有鹽鐵之利乃後魏滑鹽縣是也其地可植五穀阿保機率漢人耕種爲治城郭邑屋廛市如幽州制漢人安之不復思歸阿保機知衆可用用其妻述律策使人告諸部大人曰我有鹽鐵之利諸部所食然諸部知食鹽之利而不知有鹽主人可乎當來犒我諸部以爲然後共以牛酒會鹽池阿保機伏兵其旁俟其酒酣伏兵發盡殺諸部大人復併爲一國東北諸夷皆畏服之

兵馬制度

晉末契丹主部下謂之大帳有皮室兵約三萬騎人皆精甲也爲其爪牙國母述律氏部下謂之屬珊有衆二萬是先戎王阿保機牙將年老矣每東南來時量分借得三五千騎述律常留數百兵爲部落根本其諸大酋領太子偉王永康南北王子趙麻答五押等大者千餘騎次者數百人皆私甲也別族則有奚霫等勝兵亦千餘人人少馬多又有渤海酋領大舍利高模漢兵步騎萬餘人並髡髮左衽竊爲契丹之飾復有近界韃靼於厥里室韋女眞黨項亦被脅屬每部不過千餘騎其三部落吐渾沙陀洎幽州管內雁門以北千百餘軍州部落漢兵合三五萬餘衆此是石晉割賂契丹之地番漢諸族其數可見矣每契丹南侵其數不啻十萬國主入界之時步騎甲帳不從阡陌東行一槊而行大帳前及東西面差大首領三人各率萬騎支散游奕百十里內交相覘邏謂之欄子馬戎主吹角爲號衆則頓合環遶穹廬以近及遠折木稍屈之爲弓子輔不設槍營塹柵之備每軍行聽鼓三伐不問昏晝一布便來行逢大敵不乘戰馬俟近敵師卽競乘之所以新羈戰馬蹄有餘力其用軍之術成列而不戰俟退而乘之多伏兵斷糧道隨冒夜舉火上風曳柴積餉自齎退敗無恥散而復聚寒而益堅此其所長也

建官制度

賤他姓貴耶律蕭氏二姓其官有契丹樞密院及行官都總管司謂之北面以其在牙帳之北以主蕃事又有漢人樞密院中書省行官都總管司謂之南面以其在牙帳之南以主漢事其陽隱宗正寺也夷離畢參知政事也林牙翰林學士也夷離中刺史也內外官多倣中國者其下佐吏則有敞史本古思奴古都奴古徒奴古分領兵馬則有統軍侍衛控鶴司南王北王奚王府五帳分提失哥東西都省太師兵又有國舅軬轄迤輦裳袞諸司南北皮室二十部族節度頻必里九克漢人渤海女眞五節度五治火帥一百六百九百家奚凡民年十五以上五十以下皆籍爲兵將舉兵必殺灰牛白馬祠天地及木葉山神鑄金魚符調發兵馬其從馬及傳命有銀牌二百軍所舍有遠探欄子馬以夜聽人馬之聲每其立衆所得人戶馬牛金帛及其下所獻生口或犯罪沒入者別

為行官領之建州縣置官屬既死則設大穹廬鑄金為像朔望節辰忌日輒致祭築臺高丈餘以盆焚食謂之燒飯

宮室制度

十宮各有門戶出兵馬阿保機曰洪義宮德光曰永興宮兀欲曰積慶宮述律曰延昌宮明記曰章敏宮突欲曰長寧宮燕燕曰崇德宮隆緒曰興聖宮隆慶曰敦睦宮隆運曰文忠宮王府又有四樓在上京者曰西樓木葉山曰南樓龍化州曰東樓唐州曰北樓凡受册積柴升其上大會蕃夷其下乃燔柴告天而漢人不得預有諢子部百人夜以五十人番直四鼓將盡歌於帳前號曰聒帳每謁木葉山即射柳枝諢子唱番歌前導彈胡琴和之已事而罷」

衣服制度

國母與番官胡服國主與漢官即漢服番官戴氊冠上以金花為飾或以珠玉翠毛蓋漢魏時遼人步搖冠之遺像也額後垂金花

織成夾帶中貯髮一總服紫窄袍加繫鞊韘帶以黃紅色絛裹革為之用金玉水晶碧石綴飾又有紗冠制如烏紗帽無簷不撒雙馬額前綴金花上結紫帶末綴珠或紫皂幅巾紫皂窄袍束帶丈夫或綠中單綠花窄袍中單多紅綠色貴者被貂毛以紫黑色為貴青色為次又有銀鼠尤潔白賤者被貂毛羊鼠沙狐裘弓以皮為絃箭削樺為簳鞾韈勒輕快便於馳走以貂鼠或鵝項鴨頭為捍腰宋眞宗景德中太常博士王曙戶部員外郎李維往賀國主生辰還言國主見漢使強服衣冠事已即帳中雜番騎出郊射獵矣」

漁獵時候

每歲正月上旬出行射獵凡六十日然後並撻魯河鑿冰釣魚冰泮即縱鷹鶻以捕鵝雁夏居炭山或上京避暑七月上旬復入山射鹿夜半令獵人吹角效鹿鳴鹿既集而射之宋眞宗時晁迥往賀生辰還言始至長泊泊多野鵝鴨國主射獵令帳下騎擊扁鼓遶泊驚鵝鴨飛起乃縱海東擊之或親射焉國主皆佩金玉錐號殺鵝鴨錐每初獲即拔毛插之以鼓為坐遂縱飲酒醉以此為樂又好以銅及石為槌以擊兔每秋則衣褐裘呼鹿射之夏月以布易氊帳藉氊圍棋雙陸或深澗洗鷹

試士科制

太祖龍興朔漠之區倥傯干戈未有科目數世後承平日久始有開闢制限以三歲有鄉府省三試之設鄉中曰鄉薦府中曰甲府解省中曰及第時有秀才未愿赴者州縣必報刷遺之程文分兩科曰詩賦曰經義魁各名分為三歲一試進士貢院以二寸紙書及第者姓名給之號喜帖明日舉案而出樂作及門擊鼓十二面以法雷震殿試臨期取旨又將第一人特贈一官授奉直大夫翰林應奉文字第二人第三人止授從事郎餘並授從事郎聖宗時止以詞賦法律取士詞賦為正科法律為雜科若夫任子之令不

論文武並奏蔭亦有員數

歲時雜記

正旦

正月一日國主以糯米飯白羊髓相和為團如拳大於逐帳內各散四十九箇候五更三點國主等各於本帳內牕中擲米團在帳外如得雙數當夜動番樂飲宴如得隻數更不作樂便令師巫十二人外邊遶帳撼鈴執箭喝叫於帳內諸火爐內爆鹽并燒地拍鼠謂之驚鬼祟帳人第七日方出乃解禳之法北呼此謂之妳担離漢人譯云妳是丁担離是日

立春

立春日婦人進新春書以黃繒為幟刻龍像銜之或為蝦蟆

人日

人日京都人食煎餅於庭中俗云薰天未知所從出也

中和

二月一日大族姓蕭者並請耶律姓者於本家筵席此節為瞎里尀漢人譯云瞎里是請尀是時

上巳

三月三日國人以木雕為兔分兩朋走馬射之先中者勝其負者下馬跪奉勝朋人酒勝朋於馬上接盃飲之北呼此節為淘里化漢人譯云淘里是兔化是射

佛誕日

四月八日京府及諸州縣各用木雕悉達太子一尊城上舁行放僧尼道士庶民行城一日為樂

端午

五月五日午時採艾葉與綿相和絮衣七事國主著之蕃漢臣僚各賜艾衣三事國主及臣僚飲宴渤海廚子進艾糕各點大黃湯

下北呼此節為討賽離又以雜絲或綫結合歡索纏於臂膊婦人進長命縷宛轉皆為人像帶之

朝節

夏至日婦人進扇及脂粉囊謂之朝節

三伏

六月十八日大族耶律姓並請蕭姓者亦名瞎里尀

中元

七月十三日夜國主離行宮向西三十里卓帳先於彼處造酒食至十四日一應隨從諸軍並隨部落動蕃樂設宴至暮國主却歸行宮謂之迎節十五日動漢樂大宴十六日早却往西方令隨行軍兵大喊三聲謂之迎節此節謂賽離拾漢人譯云賽離是月拾是好是月好也

中秋

八月八日國主殺白犬於寢帳前七步埋其頭露其嘴後七日移寢帳於埋狗頭上北呼此節為担褐妳漢人譯云担褐是狗妳是頭

重九

九月九日國主打圍斗射虎少者輸重九一筵席射罷於地高處卓帳與蕃漢臣登高飲菊花酒出兔肝切以生鹿舌拌食之北呼此節為必里遲離漢人譯云九月九日也又以茱萸研酒灑門戶間辟惡亦有入鹽少許而飲之者又云男摘二九粒女摘一九粒以酒咽之大能辟惡也

小春

十月內五京進紙造小衣甲并鎗刀器械各一萬副十五日一時進呈國主與押蕃臣僚望木葉山奠酒拜用番字書狀一紙同焚燒奏木葉山神云寄庫北呼此時為戴辨漢人譯云戴是燒辨是

甲

冬至

冬至日國人殺白羊白馬白雁各取其生血和酒國主北望拜黑山奠祭山神言契丹死魂為黑山神所管又彼人傳云凡死人悉屬此山神所管富民亦然契丹黑山如中國之岱宗云北人死魂皆歸此山每歲五京進人馬紙甲各萬餘事祭山而焚之其禮甚嚴非祭不敢近山

臘月

臘月國主帶甲戎裝應番漢臣諸司使已上并戎裝五更三點坐朝動樂飲酒罷各等第賜御甲羊馬北呼此節為抄離尀漢人譯云抄離是戰尀是時是戰時也

治盜

五月十三日放國人做賊三日如盜及千貫以上依法行遣北呼

爲鶻里廝漢人譯云鶻里是偷廝是時也

行軍

契丹行軍不擇日用艾和馬糞於白羊琵琶骨上炙破便出行不破卽不出

午日

契丹出軍每遇午日起行如不用兵亦須排辦望西大喊三聲彼言午是北朝大王之日

旋風

契丹人見旋風合眼用鞭望空打四十九下口中道坤不刻七聲

舍利

契丹國內富豪民要裹頭巾者納牛駞十頭馬百疋并給契丹名目謂之舍利

跪拜

凡男女跪拜皆同其一足跪一足着地以手動爲節數止於三四彼言捏骨地者卽跪也

長白山

長白山在冷山東南千餘里蓋白衣觀音所居其山內禽獸皆白人不敢入恐穢其間以致蛇虺之害黑水發源於此舊云粟末河太宗破晉改爲混同江其俗刳木爲舟長可八尺形如梭子曰梭船上施一槳止以捕魚至渡車則方舟或三舟

澤蒲

西樓有蒲瀕水叢生一莖如柳長不盈尋丈用以作箭不矯揉而堅左氏所謂董澤之蒲是也

回鶻豆

回鶻豆高二尺許直榦有葉無旁枝角長二寸每角止兩豆一根纔六七角色黃味如粟

螃蟹

渤海螃蟹紅色大如椀螯巨而厚其脆如中國蟹螯岩舉鮀魚之屬皆有之

金國志 四十卷　宇文懋昭

初興本末

金國本名朱里眞番語舌音訛爲女眞或曰慮眞避契丹興宗名又曰女直肅愼氏遺種渤海之別族也或曰三韓辰之後拏氏於北地中最微且賤唐貞觀中靺鞨來中國始聞女眞之名世居混同江之東長白山下其山乃鴨綠水源南鄰高麗北接室韋西界渤海鐵離東瀕海三國志所謂挹婁元魏所謂勿吉唐所謂黑水靺鞨者今其地也其屬分六部有黑水部卽今之女眞其水掬之則色微黑契丹目爲混同江深二十丈餘狹處可六七十步闊者至百步居江之南者謂之熟女眞以其屬服契丹也江之北者謂

之生女眞亦臣于契丹後有酋豪受宣命爲首領號太師契丹自賓州混同江北八十里建寨以守又云契丹乘唐衰與北方併呑諸番三十六女眞在其中契丹恐女眞爲患誘豪右數千家處之遼陽之南而著籍焉分其勢使不得與本國通謂之合蘇欵自咸州東北分界入宮口至東沫江中間所居之女眞隸咸州兵馬司與其國往來無禁謂之回霸極遠而野居者謂之黃頭女眞又居東沫江之北寧州江之東地方千餘里人戶十萬餘無大君長亦無國名止是族帳散居山谷間自推豪傑爲酋長小者千戶大者數千戶蓋七十二部落之一也僻處契丹東北隅臣屬一百餘年世襲節度使兄弟相傳周而復始或又云其初酋長本新羅人號完顏氏完顏猶漢言王也女眞妻之以女生二子其長卽胡來也其自此傳二人至傷晧大師以至阿骨打以其國產金及有金水源故稱爲大金

初興風土

女眞在契丹東北隅地饒山林田宜麻穀土產人參蜜蠟北珠生金細布松實白附子禽有鷹鸇海東青之類獸多牛馬麋鹿野狗白彘青鼠貂鼠其人勇悍好詐貪婪殘忍善騎射喜耕種好漁獵每見野獸之蹤躡而求之能得其潛伏之所又以樺皮爲角吹作呦呦之聲呼麋鹿而射之其居多依山谷聯木爲柵或覆以板與梓皮如墻壁亦以木爲之多極寒屋纔高數尺獨開東南一扉扉既掩以草綢繆塞之穿土爲床煴火其下而寢食起居其上厚毛爲衣非入室不撤衣衣履稍薄則墮指裂膚雖盛夏如中華初冬俗勇悍喜戰鬬耐飢渴辛苦騎上下崖壁如飛濟江河不用舟楫浮馬而渡其樂惟鼓笛其歌惟鷓鴣曲第高下長短如鷓鴣聲而已其疾病無醫藥尙巫覡病者殺猪狗以禳之或用車載病者入深山大谷以避之其親友死則以刀剺額血淚交下謂之送血淚

死者埋之而無棺槨貴者生焚所寵奴婢所乘鞍馬以殉之其祭祀飲食之物盡焚之謂之燒飯其道路無旅店行者息於民家主人初則拒之拒之不去方具飯食而納之其市無錢以物博易無工匠其舍屋車帳往往自能爲之其禮則拱手退身爲諾跪左膝蹲右膝拱手搖肘爲拜其節序元旦則拜日相慶重午則射柳祭天稅賦無常隨用度多寡而斂之與契丹言語不通而無文字賦斂科發刻箭爲號事急者三刻之多以牛驢負物遇雨則張牛革以禦之緩則射獵急則戰鬬宗室皆謂之郎君事無大小皆屬焉

男女冠服

金俗好衣白櫟髮垂肩與契丹異垂金環留顱後髮繫以色絲富人用珠金飾婦人辮髮盤髻亦無冠自滅遼侵宋漸有文飾婦人或裹逍遙或裹頭巾隨其所好至於衣服尙如舊俗土產無桑蠶惟多織布貴賤以布之麤細爲別又以化外不毛之地非皮不可禦寒所以無貧富皆服之富人春夏多以紵絲錦紬爲衫裳亦間用細皮布秋冬以貂鼠青鼠狐貉或羔皮或作紵絲紬絹貧者春夏並以衫裳秋冬亦衣牛馬猪羊貓犬魚蛇之皮或獐鹿麋皮爲衫褲襪皆以皮至婦人衣曰大襖子不領如男子道服裳曰錦裙裙去左右各闕二尺許以鐵條爲圈裹以繡帛上以單裙襲之

婚姻

金人舊俗多指腹爲婚姻既長雖貴賤殊隔亦不可渝壻納幣皆先期拜門親戚偕行以酒饌往少者十餘車多至十倍飲客佳酒則以金銀瓶貯之其次以瓦瓶列於前以百數賓退則分餉焉先以烏金銀杯酌飲貧者以木酒三行進大軟脂小軟脂如中國寒具以進蜜糕人各一盆曰茶食宴罷富者瀹建茗留上客數人啜之或以粗者煎乳酪婦家無大小皆坐炕上壻黨羅拜其下謂之男下女禮畢壻牽馬百疋少者十疋陳其前婦翁選子姓之別馬

者視之好則留不好則退留者不過什二三或皆不中選雖壻所乘亦以充數大抵以留馬少爲恥女家亦視其數而厚薄之一馬則報衣一襲壻皆親迎既成婚壻留于婦家執僕隸役雖行酒進食皆躬親之三年然後以婦歸則婦氏用奴僕數十戶牛馬數十羣每羣九牸一牡以資遣之夫謂妻爲薩薩妻謂夫爲愛根一云婚嫁富者以牛馬爲幣貧者以女年及笄行歌於途其歌也乃自敍家世婦工容色以伸求侶之意聽者有求娶欲納之卽攜而歸後方補具禮偕來女家以告父母父死則妻其母兄死則妻其嫂叔伯死則姪亦如之無論貴賤人有數妻

飲食

飲食甚鄙陋以豆爲醬又嗜半生米飯漬以生狗血及蒜之屬和而食之嗜酒好殺釀糜爲酒醉則縛之俟其醒不爾殺人

皂隸

皂隷出身與廕人等甚以爲重如州郡都吏出職並補將仕郎授錄事判官司徒司判寺丞至儒林亦廕子部吏缺人令州縣擇人貢之十年無公私過補昭信校尉授下縣令或錄事漸爾亦可至知州同州

浮屠

浮屠之教雖貴戚望族多舍男女爲僧尼惟禪多而律少在京曰國師師府曰僧錄僧正列郡曰都綱縣曰維那披剃威儀與南宋等所賜號曰大師曰大德並賜紫所謂國師在京之老尊宿也威儀如王者國主有時而拜服眞紅袈裟升堂問話講經與南朝等僧錄僧正師府僧職也皆擇其道行高者限三年爲任任滿則又別擇人張官府設人從僧尼有訟者皆理而決遣之並服紫袈裟都綱則列郡僧職也亦以三年爲任有師號者賜紫無者如常僧服維那縣僧職也僧尼有訟者杖以下決遣之杖以上者並申解僧錄都綱司

道教

金國崇重道教與釋教同自奄有中州之後燕北燕南皆有之所設道職於師府置司正曰道錄副曰道正擇其法籙精專者授之以三年爲任任滿則別擇人其後熙宗又置道階凡六等有侍宸授經之類諸大貴人奉一齋施動獲千緡道教之傳有自來矣

科條

金國之法極嚴殺人剽刦者掊其腦而致之死籍其家爲奴婢親戚欲得者以牛馬財物贖之其贓以十分爲率六歸主四沒官罪輕者決柳條罪重者贖以物貨命則割耳鼻以誌之其獄掘地數丈置囚於其中罪無輕重悉賸背州縣官各許專決當其有國之初刑法並仍遼制常刑之外又有一物曰沙袋以革爲囊實以沙石繫於杖頭人有罪者持以決其背大率似脊杖之屬惟數多爲

自熙宗立始加損益首除沙袋之制至皇統間又下學士院令討論條例頒行天下目之曰皇統新制近千餘條海陵弑熙宗自立又去脊杖以其近人心故也斬刑者與上古之制一也處死者免決重杖止令紟紟絞也流者不流犯人之家屬也徒者非謂杖脊代徒實拘役也徒止五年五年以上即死罪也徒五年則決杖二百四年百八十三年百六十二年百四十一年百二十杖無大小止以荊決臀實數也拘役之處逐州有之曰都作院所徒之人或使之磨甲或使之土工無所不可脚腕以鐵爲鐐鎌鎖之罪輕者用一罪重者二之朝縱暮收年限滿則逐便不得依舊爲百姓刑法與舊不相遠惟僧尼犯姦者强盜不論得財與不得財並處死强奸者罪死則與古法異矣

赦宥

金國以赦宥最爲大事或改元或生子或册封或遷都或災異並皆肆赦罪無減等一例放之每赦必有恩內外大小文武百官並與覃遷一資熙宗臨季年一歲兩赦海陵立常謂赦宥非國家常典若惠奸宄則賊良民詔告天下自今以往更不議赦不兩年躬而蹈之其後復有改正條赦迨世宗立幾數年間已降三赦然洪忠宣公漠北紀聞云北朝惜赦無郊霈余銜命十五年纔見兩赦一爲舍都姑叛一爲皇子生豈是時天會年間惜赦而此後不惜赦耶

屯田

屯田之制本出上古金國行之比上古之制尤簡廢齊國後慮中州懷土三戸之意始置屯田軍非止女眞契丹奚家亦有之自本部族徙居中土與百姓雜處計其戸口給賜官田使自播種以充口食春秋量給衣服若遇出軍之際始月給錢米米不過十斗錢不過數千老幼在家依舊耕耨亦無不足之歎今屯田去處大名

府山東河北關西諸路皆有之約一百三十餘千戶每千戶止三四百人所居止處皆不在州縣築寨處村落間千戶百戶雖設官府亦在其内

田獵

金國酷喜佃獵昔會寧四時皆獵海陵遷燕以都城外皆爲民田三時無地可獵候冬月則出一出必踰月后妃親王近臣皆隨焉每獵則以隨駕軍密布四圍名曰圍場待狐兎猪獐麋鹿散走於圍中國主必先射之或以鷹隼擊之次及親王近臣出圍者許諸餘人捕之飲隨處而進或與親王近臣共食遇夜或宿於州府縣或宿於郊野無定海陵以其子光漢年十二獲獐取而告太廟熙宗尤甚有三事令臣下不諫曰作樂曰飯僧曰圍場其重佃獵如此

兵制

金國凡用師征伐上自大元帥中自萬戶下至百戶飲酒會食略不間列與父子兄弟等所以上下情通無閉塞之患國有大事邊野環坐畫灰而議自卑者始議畢即漫滅之不聞人聲軍將行大會而飲使人獻策主帥聽而擇焉其合者即爲特將任其事暨師還戰勝又大會問有功者隨功高下多少支賞舉以示衆薄則增之

旗幟

金國以水德王凡用師行征旗皆尚黑雖五色皆具必以黑爲主尋常車出入止用一日旗與后同乘則加月旗二旗相間而陳或數百隊或千餘隊日旗即以紅綃爲日刺於黃旗上月旗即以素帛爲月刺於紅旗上近御則又有日月大綉旗二如大禮袷享冊封一循古制旗無大小皆備焉然五方五星五嶽青龍白虎朱雀玄武鉮鳳外又有五星聯珠一日月合璧一象二天王二海馬二鷹隼二大白三近御又張一大旗其制極廣錯綜神物以猛士執之傍有數十人護之各施大繩以借風勢名曰蓋天

車繖

后妃並用殿車其車如五花樓之狀上以錦繡青毡爲蓋四圍以簾秋冬亦用毡並用金飾綠柱廊月板護泥皆飾以金玉或四輪或兩輪並朱車之四角后用金鳳妃用金孔雀如一品二品車車之四角夫人並用銀螭頭國王繖或紅或黃無定以金龍爲頂蓋后用金鳳太子用金龍妃紫繖用孔雀一品青繖用銀浮屠二品三品用紅浮屠四品五品青浮屠

服色

服色各以官品論如五品官便可服五品服如武臣至四品皆腰横金若文官則加魚不待錫賜而皆許自服焉國主視朝服純紗幞頭窄袖赭袍玉帶黃滿領如遇祭祀冊封告廟則加袞冕法服

平居閑暇皂巾雜服與士庶同

洞天福地記 一卷 無名氏

國家保安宗社修金籙齋設羅天醮祈恩請福謝過消災投金龍玉簡於天下名山洞府謹按本教龜山白玉上經具列所在去處云爾

第一王屋洞周迴一萬里名小有清虛之天在東都

第二委羽洞周迴一萬里名大有虛明之天在兗州東嶽

第三西城洞周迴三千里名太玄總眞之天在梁州西王母所居崑崙之別宮

第四西玄洞周迴一千里名三玄極眞之天在華州

第五青城洞周迴二千里名寶仙九室之天在蜀青城縣

第六赤城洞周迴三百里名上玉淸平之天在台州唐興縣

第七羅浮洞周迴五百里名朱明耀眞之天在惠州博羅縣八十

里

第八句曲洞周迴一百五十里名金壇華陽之天在潤州金壇縣界屬茅山

第九林屋洞周迴四百里名佐神幽墟之天在蘇州洞庭湖中

第十括蒼洞周迴三百里名成德隱玄之天在台州樂安縣界有宮一所

右十洞天大小悉皆相通光明景耀妙異不可備陳太上列上眞之封掌之

第一洞霍童山周迴三千里名霍林之天在福州長溪縣有三所觀及遊仙湖

第二洞東嶽太山周迴一千里名蓬玄之天在兖州

第三洞南嶽衡山周迴七百里名朱陵之天在衡州衡山縣

第四洞西嶽華山周迴三百里名總仙之天在華州

第五洞北嶽鎭山周迴一百三十里名總玄之天在鎭州

第六洞中嶽嵩山周迴三千里名思眞之天在洛州

第七洞峨嵋山周迴三百里名靈陵太妙之天在蜀嘉州

第八洞廬山周迴二百六十里名洞靈詠眞之天在江州

第九洞四明山周迴一百八十里名丹山赤水之天在明州

第十洞會稽山周迴三百五十里名陽明洞天一名極玄太元之天在越州

第十一洞太白山周迴五百里名玄德之天在明州

第十二洞西山周迴三百里名天寶極玄之天在洪州

第十三洞大圍山周迴三百里名好生玄上之天在潭州醴陵縣

第十四洞潛山周迴八十里名天柱司玄之天在舒州懷寧縣

第十五洞鬼谷山周迴七十里名玄思之天在信州貴溪縣

第十六洞武夷山周迴一百二十里名昇眞化玄之天在建寧府

第十七洞玉笥山周迴一百二十里名太秀法樂之天在臨江軍

第十八洞華蓋山周迴三十里名容成太玉之天在溫州永嘉縣

第十九洞蓋竹山周迴八十里名長耀寶元之天在台州臨海縣

第二十洞都嶠山周迴一百八十里名寶元之天在容州

第二十一洞白石山周迴七十里名瓊秀長眞之天在和州

第二十二洞勾漏山周迴四十里名玉闕寶圭之天在容州流陽縣

第二十三洞九疑山周迴三十里名相眞太虛之天在道州

第二十四洞洞陽山周迴一百十里名洞陽隱觀之天在潭州

第二十五洞幕阜山周迴一百里名玄眞太元之天在鄂州唐年縣

第二十六洞大酉山周迴一百里名大酉華妙之天在辰州

第二十七洞金庭山周迴三百里名金庭崇妙之天在剡縣

第二十八洞麻姑山周迴一百五十里名丹霞之天在撫州南城縣

第二十九洞仙都山周迴三百里名祈仙之天在處州縉雲縣

第三十洞青田山周迴四十里名青田太鶴之天在處州青田縣

第三十一洞鍾山周迴一百里名朱湖太生之天在潤州上元縣

第三十二洞良常山周迴三十里名方會之天在茅山東北

第三十三洞紫蓋山周迴八十里名紫玄洞照之天在衡山縣

第三十四洞天目山周迴二百里名太微玄蓋之天在杭州餘杭縣

第三十五洞桃源山周迴七十里名白馬玄光之天在朗州武陵縣

第三十六洞金華山周迴一百五十里名金華洞元之天在婺州金華縣

右三十六小洞天出本教龜山白玉上經

地肺山在潤州茅山　蓋竹山在台州臨海縣
石磕山在台州黄岩縣　東仙源在台州樂安縣
青嶼山在西海　赤水山在眞誥岩
郁木坑在臨江軍新淦縣　丹霞洞在撫州南城縣
君山在洞庭湖中　桂源山在桂州桂陽縣
靈墟在天台山　沃州在剡縣南
天姥岑在唐興縣　若耶溪在會稽縣
金庭山在剡縣　清遠山在浦陽縣
安山在交州　馬嶺山在郴州
鵝羊山在潭州長沙縣　洞眞墟在長沙縣西
青玉壇在衡山祝融峯西　洞靈源在南嶽招仙觀西
光天壇在南嶽　洞宮在長溪縣

陶山在溫州安固縣　三皇井在溫州永嘉縣
爛柯山在衢州西安縣　芹溪在建寧府建陽縣
龍虎山在信州貴溪縣　靈山在饒州
泉水源在龍川界　金精山在虔州虔化縣
閤皂山在臨江軍新淦縣　始豐山在豐城縣
逍遥山在洪州南昌縣　東白源在洪州新吳縣
缽池在楚山　論山在潤州丹徒縣
毛公壇在洞庭湖中　雞籠山在和州歷陽縣
桐柏山在台州唐興縣　平都山在忠州
綠羅山在武陵縣　彰龍山在澧陽縣
抱福山在連州　大面峯在鄂州
虎溪在江州　元辰山在都昌縣
馬蹄山在饒州鄱陽縣　德山在武陵縣

藍水在河中　玉峯在河中
天柱山在杭州於潛縣　商谷山在商州
張公洞在常州宜興縣　湖魚洞在姚州西
白山中條山在河中　司馬悔山在天台山北面
緜竹山在蜀西川　甘山在黔中
瑰山在溪山　金城山在古限戍
雲山在朗州武陵縣　北邙山在東都
武當山在均州　女几山在洛州福昌縣
少室山在東都　廬山在江州
西仙源在台州嶠嶺　南田山在東海
玉瑠山在樂城縣　抱犢山在鎭州

右七十二福地

說郛卷第八十六終

說郛卷第八十七

南方草木狀 三卷

晉　嵇含

南越交趾植物有裔最爲奇周秦以前無稱焉自漢武帝開拓封疆搜求珍異取其尤者充貢中州之人或昧其狀乃以所聞詮敘有裨子弟云爾

甘蕉望之如樹株大者一圍餘葉長一丈或七八尺廣尺餘二尺許花大如酒盃形色如芙蓉著莖末百餘子大各爲房相連累甜美亦可蜜藏根如芋魁大者如車轂實隨華每花一闔各有六子先後相次子不俱生花不俱落一名芭蕉或曰芭苴剝其子上皮色黃白味似蒲萄甜而脆亦療飢此有三種子大如拇指長而銳有類羊角名羊角蕉味最甘好一種大如雞卵有類牛乳名牛乳蕉微減羊角一種大如藕子長六七寸形正方少甘最下也其莖

解散如絲以灰練之可紡績爲絺綌謂之蕉葛雖脆而好黃白色不如葛赤色也交廣俱有之三輔黃圖曰漢武帝元鼎六年破南越建扶荔宮以植所得奇草異木有甘蕉二本

耶悉茗花茉莉花皆胡人自西國移植於南海南人憐其芳香競植之陸賈南越行紀曰南越之境五穀無味百花不香此二花特芳香者緣自胡國移至不隨水土而變與夫橘化爲枳異矣彼之女子以綵絲穿花心以爲首飾茉莉花似荼蘼之白者香愈於耶悉茗花

豆蔻花其苗如蘆其葉似薑其花作穗嫩葉卷之而生花微紅穗頭赤色葉漸舒花漸出舊說此花食之破氣消痰進酒增倍泰康二年交州貢一篚上試之有驗以賜近臣

山薑莖葉即薑也根不堪食於葉間吐花作穗如麥粒軟紅色煎服之治冷氣甚效出九眞交趾

鶴草蔓生其花麴塵色淺紫蒂葉如柳而短當夏開花形如飛鶴觜翅尾足無所不備出南海云是媚草上有蟲老蛻爲蝶赤黃色女子藏之謂媚蝶能致其夫憐愛

甘藷蓋薯蕷之類或曰芋之類莖葉亦如芋實如拳有大如甌者皮紫而肉白蒸食之味如薯蕷性不甚冷舊珠崖之地海中之人皆不業耕稼惟掘地種甘藷秋熟收之蒸曬切如米粒倉圌貯之以充糧糗是名藷糧北方人至者或盛具牛豕膾炙而末以甘藷薦之若粳粟然大抵南人二毛者百無一二惟海中之人百有餘歲者由不食五穀而食甘藷故耳

花之美者有水蓮如蓮而莖紫柔而無刺

水蕉如鹿葱或紫或黃吳永安中孫休嘗遣使取二花終不可致但圖畫以進

蒟醬蓽茇也生於蕃國者大而紫謂之蓽茇生於番禺者小而青

謂之蒟焉可以調食故謂之醬焉交趾九眞人家多種蔓生

菖蒲番禺多有澗澗中生菖蒲皆一寸九節安期生採服仙去但留玉舄焉

留求子形如梔子稜瓣深而兩頭尖似訶梨勒而輕及半黃而已熟中有肉白色甘如棗大治嬰孺之疾南海交趾俱有之

諸蔗一曰甘蔗交趾所生者圍數寸長丈餘頗似竹斷而食之甚甘榨取其汁曝數日成飴入口消釋北人謂之石蜜吳孫亮使黃門以銀椀并蓋就中藏吏取交州所獻甘蔗餳黃門先恨藏吏以鼠屎投餳中啓言吏不謹亮呼吏持餳器入問曰此器既蓋之且有油覆無緣有此黃門將有恨汝吏叩頭曰嘗從臣求莞席臣以席有數不敢與亮曰必是此問之具服南人云甘蔗可消酒又名干蔗司馬相如樂歌曰大尊蔗漿析朝酲是其義也泰寧六年扶南貢諸蔗一丈三節

草麯南海多美酒不用麯蘖但杵米粉雜以衆草葉治葛汁滫溲之大如卵置蓬蒿中蔭蔽之經月而成用此合糯爲酒故劇飲之既醒猶頭熱涔涔以其有草毒故也南人有女數歲即大釀酒既漉俟冬陂池竭時置酒罌中密固其上瘞陂中至春瀦水滿亦不復發矣女將嫁乃發陂取酒以供賀客謂之女酒其味絕美

芒茅枯時瘴疫大作交廣皆爾也土人呼曰黄茅瘴又曰黄芒瘴

南方多無積蘖瀕海郡邑多馬有草葉類梧桐而厚取以秣馬謂之肥馬草馬頗嗜而食之果肥壯矣

冬葉蘁葉也苞苴物交廣皆用之南方地熱物易腐敗惟冬葉藏之乃可持久

蒲葵如栟櫚而柔薄可謂葵笠出龍川

藥有乞力伽朮也瀕海所產一根有至數斤者劉涓子取以作煎令可丸餌之長生

赬桐花嶺南處處有之自初夏生至秋蓋草也葉如桐其花連萼皆深紅之極者俗名呼貞桐花貞皆訛也

水葱花葉皆如鹿葱花色有紅黄紫三種出始興婦人懷妊佩其花生男者即此花非鹿葱之花也交廣人佩之極有驗然其土多男不厭女子故不常佩也

蕪菁嶺嶠已南俱無之偶有士人因官攜種就彼種之出地則變爲芥亦橘種江北爲枳之義也至曲江方有菘彼人謂之秦菘

茄樹交廣草木經冬不衰故園圃之中種茄宿根有三五年者漸長枝幹乃成大樹每夏秋盛熟則梯樹採之五年後樹老子稀即伐去之別栽嫩者

綽菜夏生於池沼間葉類茨菰根如藕條南海人食之云令人思睡呼爲瞑菜

蕹葉如落葵而小性冷味甘南人編葦爲筏作小孔浮於水上種子於水中則如萍根浮水面及長莖葉皆出於葦筏孔中隨水上下南方之奇蔬也冶葛有大毒以蕹汁滴其苗當時萎死世傳魏武能噉冶葛至一尺云先食此菜

冶葛毒草也蔓生葉如羅勒光而厚一名胡蔓草置毒者多雜以生蔬進之悟者速以藥解不爾半日輒死山羊食其苗即肥而大亦如鼠食巴豆其大如㹠蓋物類相伏也

吉利草其莖似金釵股形類石斛根類芍藥交廣俚俗多畜蠱毒惟此草解之極驗吳黄武中江夏李俁以罪徙合浦始入境遇毒其奴吉利者偶得是草與俁服遂解吉利即遁去不知所之俁因此濟人不知其數遂以吉利爲名豈李俁者徙非其罪或俁自有隱德神明啓吉利救之耶

良耀草枝葉如麻黄秋結子如小粟食之解毒功用亞於吉利始昔有得是草者梁氏之子耀亦以爲名梁轉爲良爾花白似牛李

出高涼

蕙草一名薰草葉如麻兩兩相對氣如蘼蕪可以止癘出南海

凡草木之華者春華者冬秀夏華者春秀秋華者夏秀冬華者秋秀其華竟歲故婦女之首四時未嘗無華也

楓人五嶺之間多楓木歲久則生瘤癭一夕遇暴雷驟雨其樹贅暗長三五尺謂之楓人越巫取之作術有通神之驗取之不以法則能化去

楓香樹似白楊葉圓而岐分有脂而香其子大如鴨卵三月花發乃著實八九月熟曝乾可燒惟九眞郡有之

薰陸香出大秦在海邊有大樹枝葉正如古松生於沙中盛夏樹膠流出沙上方採之

榕樹南海桂林多植之葉如木麻實如冬青樹幹拳曲是不可以爲器也其本稜理而深是不可以爲材也燒之無焰是不可以爲

薪也以其不材故能久而無傷其陰十畝故人以爲息焉而又枝條既繁葉又茂細軟條如藤垂下漸漸及地藤梢入土便生根節或一大株有根四五處而橫枝及鄰樹卽連理南人以爲常不謂之瑞木

益智子如筆毫長七八分二月花色若蓮著實五六月熟味辛雜五味中芬芳亦可鹽曝出交趾合浦建安八年交州刺史張津嘗以益智子粽餉魏武帝

桂出合浦生必以高山之巔冬夏長青其類自爲林間無雜樹交趾置桂園桂有三種葉如柏葉皮赤者爲丹桂葉如柿葉者爲菌桂其葉似枇杷葉者爲牡桂三輔黃圖曰甘泉宮南有昆明池池有靈波殿以桂爲柱風來自香

朱槿花莖葉皆如桑葉光而厚樹高止四五尺而枝葉婆娑自二月開花至仲冬卽歇其花深紅色五出大如蜀葵有蕋一條長於

花葉上綴金屑日光所爍疑若焰生一叢之上日開數百朵朝開暮散插枝卽活出高涼郡一名赤槿一名日及

指甲花其樹高五六尺枝葉柔弱葉如嫩榆與耶悉茗茉莉花皆雪白而香不相上下亦胡人自大秦國移植于南海而此花極繁細纔如半粒米許彼人多折置襟袖間蓋資其芬馥爾一名散珠花

蜜香　沉香　雞骨香　黃熟香　棧香　青桂香　馬蹄香　雞舌香　按此八物同出於一樹也交趾有蜜香樹榦似柜柳其花白而繁其葉如橘欲取香伐之經年其根榦枝節各有別色也木心與節堅黑沉水者爲沉香與水面平者爲雞骨香其根爲黃熟香其榦爲棧香細枝緊實未爛者爲青桂香其根節輕而大者爲馬蹄香其花不香成實乃香爲雞舌香珍異之物也

桄榔樹似栟櫚其皮可作綆得水則柔韌胡人以此聯木爲舟皮中有屑如麪多者至數斛食之與常麪無異木如竹紫黑色有文理工人解之以製奕枰出九眞

訶梨勒樹似木梡花白子形如橄欖六路皮肉相著可作飲變白髭髮令黑出九眞

蘇枋樹類槐花黑子出九眞南人以染黃絳漬以大庾之水則色愈深

水松葉如檜而細長出南海土產衆香而此木不大香故彼人無佩服者嶺北人極愛之然其香殊勝在南方時植物無情者也不香於彼而香於此豈屈於不知己而伸於知己者歟物理之難窮如此

刺桐其木爲材三月之時布葉繁密後有花赤色開在葉間旁照他物皆朱殷然三五房凋再三五復發如是者竟歲九眞有之

棹樹榦葉俱似椿以其葉搗汁漬菓呼爲棹汁菓若以棹汁雜彘

肉食者卽時爲雷震死棹出高涼郡

杉一名被黏合浦東二百里有杉一樹漢安帝永初五年春葉落隨風飄入洛陽城其葉大常杉數十倍術士廉盛曰合浦東杉葉也此休徵當出王者帝遣使驗之信然乃以千人伐樹役夫多死者其後三百人坐斷株上食過足相容至今猶存

荊寧浦有三種金荊可作枕紫荊可作牀白荊堪作履與他處牡荊蔓荊全異又彼境有杜荊指病自愈節不相當者月暈時刻之與病人身齊等置床下雖危困自愈

紫藤葉細長莖如竹根極堅實重重有皮花白子黑置酒中歷二三十年亦不腐敗其莖截置烟炱中經時成紫香可以降神

榼藤依樹蔓生如通草藤也其子紫黑色一名象豆三年方熟其殼貯藥歷年不壞生南海解諸藥毒

蜜香紙以蜜香樹皮葉作之微褐色有紋如魚子極香而堅韌水

潰之不潰爛太康五年大秦獻三萬幅帝以萬幅賜鎮南大將軍當陽侯杜預令寫所撰春秋釋例及經傳集解以進未至而預卒詔賜其家令藏之

抱香履抱木生於水松之旁若寄生然極柔弱不勝刀鋸乘溼時刳而爲履易如削瓜既乾則韌不可理也履雖猥大而輕者若通脫木風至則隨飄而動夏月納之可禦蒸溼之氣出扶南大秦諸國太康五年扶南貢百雙帝深歎異然哂其制作之陋但置諸外府以備方物而已按東方朔瑣語曰木履起於晉文公時介子推逃祿自隱抱樹而死公撫木哀歎遂以爲履每懷從亡之功輒俯視其履曰悲乎足下足下之稱亦自此始也

檳榔樹高十餘丈皮似青銅節如桂竹下本不大上枝不小調直亭亭千萬若一森秀無柯端頂有葉葉似甘蕉條派開破仰望渺渺如插叢蕉於竹杪風至觸動似舉羽扇之狀掃天葉下繫數房房綴數十實實大如桃李天生棘重累其下所以禦衛其實也味苦澁剖其皮鬻其膚熟如貫珠堅如乾棗以扶留藤古賁灰幷食則滑美下氣消穀出林邑彼人以爲貴結婚會客必先進若邂逅不設用相嫌恨一名賓門藥餞也

荔枝樹高五六丈餘如桂樹綠葉蓬蓬冬夏榮茂青華朱實實大如雞子核黃黑似熟蓮實白如肪甘而多汁似安石榴有甜酢者至日將中翕然俱赤則可食也一樹下子百斛三輔黃圖曰漢武帝元鼎六年破南越建扶荔宮扶荔者以荔枝得名也自交趾移植百株于庭無一生者連年移植不息後數歲偶一株稍茂然終無華實帝亦珍惜之一旦忽萎死守吏坐誅死者數十遂不復茂矣其實則歲貢焉郵傳者疲斃於道極爲生民之患

椰樹葉如栟櫚高六七丈無枝條其實大如寒瓜外有粗皮次有殼圓而且堅剖之有白膚厚半寸味似胡桃而極肥美有漿飲之得醉俗謂之越王頭云昔林邑王與越王有故怨遣俠客刺得其首懸之於樹俄化爲椰子林邑王憤之命剖以爲飲器南人至今效之當刺時越王大醉故其漿猶如酒云

楊梅其子如彈丸正赤五月中熟熟時似梅其味甜酸陸賈南越行記曰羅浮山頂有胡楊梅山桃繞其際海人時登採拾上得於上飽噉不得持下東方朔林邑記曰林邑山梅其大如盃碗青時極酸既紅味如崖蜜以醞酒號梅香酎非貴人重客不得飲之

橘白華赤實皮馨香有美味自漢武帝得交趾置橘官長一人秩二百石主貢御橘吳黃武中交趾太守士燮獻橘十七實同一蔕人以爲瑞異郡人畢賀柑乃橘之屬滋味甘美特異者也有黃者有赬者赬者謂之壺柑交趾人以蓆囊貯蟻鬻於市者其窠如薄緜囊皆連枝葉蟻在其中幷窠而賣蟻赤黃色大如常蟻南方柑樹若無此蟻則其實皆爲羣蠹所傷無復一完者矣今華林園有柑二株遇結實上命羣臣宴飲於旁摘而分賜焉

橄欖樹身聳枝皆高數丈其子深秋方熟味雖苦澁咀之芳馥勝含雞骨香吳時歲貢以賜近侍本朝自泰康後亦如之

龍眼樹如荔枝但枝葉稍小殼青黃色形圓如彈丸核如木梡子而不堅肉白而帶漿其甘如蜜一朵五六十顆作穗如蒲萄然荔枝過即龍眼熟故謂之荔枝奴言常隨其後也東觀漢記曰單于來朝賜橙橘龍眼荔枝魏文帝詔羣臣曰南方菓之珍異者有龍眼荔枝令歲貢焉出九眞交趾

海棗樹身無閑枝直聳三四十丈樹頂四面共生十餘枝葉如栟櫚五年一實實甚大如盃碗核兩頭不尖雙卷而圓其味極甘美安邑御棗無以加也泰康五年林邑獻百枚昔李少君謂漢武帝曰臣嘗遊海上見安期生食巨棗大如瓜非誕說也

千歲子有藤蔓出土子在根下生鬚綠色交加如織其子一苞有

二百餘顆皮殼青黄色殻中有肉如栗味亦如之乾者殻肉相離撼之有聲似肉荳蔻出交趾

五歛子大如木瓜黄色皮脆軟味極酸上有五稜如刻出南人呼稜爲歛故以爲名以蜜漬之甘酢而美出南海

鉤緣子形如瓜皮似橙而金色胡人重之極芬香肉甚厚大如蘆菔女工競雕鏤花鳥漬以蜂蜜點以燕檀巧麗妙絶無以與比泰康五年大秦貢十缶帝以三缶賜王愷助其珍味夸示於石崇

海梧子樹似梧桐色白葉似青桐有子如大栗肥甘可食出林邑

海松子樹與松同但結實絶大形如小栗三角肥甘香美亦樽俎間佳菓也出林邑

菴摩勒樹葉細似合香花黄實似李青黄色核圓作六七稜食之先苦後甘術士以變白鬚髮有驗出九眞

石栗樹與栗同但生於山石罅間花開三年方結實其殼厚而肉少其味似胡桃熟時或爲鸚鵡羣至啄食略盡故彼人極珍貴之

說郛卷八十七　九　涵芬樓

出日南

人面子樹似含桃結子如桃實無味其核正如人面故以爲名以蜜漬之稍可食以其核可翫於席間飣餖禦客出南海

雲丘竹一節可以爲舡出扶南然今交廣有竹節長一二丈其圍一二丈者往往有之

篤簩竹皮薄而空者多大者徑不過二寸皮粗澁以鎊犀象利勝於鐵出大秦

石林竹似筀竹勁而利削爲刀割象皮如切芋出九眞交趾

思摩竹如竹大而笋生其節笋既成竹春而笋復生節交廣所在有之

篔竹葉踈而大一節相去六七尺出九眞彼人取嫩者槌浸紡績爲布謂之竹踈布

越王竹根生石上若細荻高尺餘南海有之南人愛其青色用爲酒籌云越王棄餘筭而生竹

吳下田家志十卷　宋陸　泳字伯翔

三旬

上旬交月雨謂朔日之雨也主月内多雨　風吹月建主米陡貴初二月下有横雲初四暗盆盆　中旬自十一至二十日也下旬自二十一日至三十日也　月交二十五有雨則主久雨二十五二十六若無雨初三初四莫行船　交月無過二十七晴二十二十一月上一更明　春雨甲子乘船入市夏雨甲子赤地千里秋雨甲子禾頭生耳冬雨甲子飛雪千里又云戊午元同甲子期始終七日最稀奇七日多晴兩月燥七日多雨兩月泥　甲申雨主米暴貴春主五穀不收夏主傷田禾秋主六畜死冬主人多病方言云甲申猶自可乙酉怕殺人　壬子日雨主久陰　方

說郛卷八十七　十　涵芬樓

言云甲日雨己日晴乙日雨直到庚甲雨乙拗又曰甲子旬中無燥土久雨久晴且看換甲　風吹鶴神口米長千錢斗纔逢癸巳上天堂己酉還歸東北方乙卯正東纔五日庚申巽上六朝藏離位丙寅坤辛未直西之日正當疆壬午乾宫戊子坎對衝其位定相妨　土鬼直黑道日並詳尅擇類　立春一日百草回芽春暖花香穰子還鄉但得五湖明月在春來依舊百花香大寒無過丑寅春寒多雨水五日寒食便下田寒食過了無時節娘養花蠶郎種田　清明斷雪穀雨斷霜　四月麥秀寒五月温和暖　未吃端午粽寒衣未可送　田家忙併無過麥蠶　黄梅三時纔出門蓑衣篛帽必隨身　一九二九扇子不離手三九二十七冰水甜如蜜四九三十六拭汗如出浴五九四十五頭戴秋葉舞六九五十四乘涼入佛寺七九六十三床頭尋被單八九七十二思量蓋夾被九九八十一家家打炭墼　大熱無過未申　蜘蟟蟬叫稻

生芒　朝立秋暮颼颾　處暑後十八盆湯立秋後四十日浴堂
乾　八月初一日雁門開懶婦催將刀尺裁九月重陽菱母消洋
九月九生衣出抖擻　霜降休節百工奔金取寶月　十月無工
只有梳頭吃飯工　河射角好夜作犂星沒水生骨　冬至前後
瀉水不走　一九二九相喚不出手三九二十七籬頭吹篳篥四
九三十六夜眠如鷺宿五九四十五太陽開門戶六九五十四貧
兒爭意氣七九六十三布衲兩頭擔八九七十二貓狗尋陰地九
九八十一犂杷一齊出　一日脫髆三日齷齪　耕田忌日痕大
月初六廿二廿三小月初八十一十三十七十九廿七　種秧忌
日痕同上忌日忌九焦日　耘田忌壬辰癸亥壬戌　甦田忌土
鬼　開田忌甲寅田租死丙戌田母死丁亥田父死田夫死田母
葬乙巳田主死丁未田祖田父葬辛亥田婦死田主田夫葬　播
種壬戌青帝死癸巳后稷死壬辰乙未爲天地不收成日　種麥

宜庚午辛未辛巳辛卯庚子庚午　種麻宜壬申辛巳甲申乙亥
戊申辛亥庚申　種荳宜甲子乙丑壬申丙子戊寅壬午壬寅
種瓜宜甲子乙丑辛巳庚子壬寅乙卯　種菜宜戊寅庚寅辛卯
壬戌　種葱韭甲子辛未己卯辛巳甲申辛卯　種蒜蕎戊申辛
未丙子辛巳　種薑甲子乙丑辛未壬申壬午　種芋壬申辛巳
壬午辛未　移種草木忌壬戌六乙日丙戌日　種竹忌子丑月
癸日忌地隔　作牛欄忌丑方　作羊棧忌未方　作猪㘸忌亥
方　作雞棲忌酉方　取納六畜無問大小並忌出入鶴神方向
一切蠶事並忌大小耗并受死日　出入忌月忌　交易忌破
日又忌赤口日　買田忌六戊日　立券忌六巳日　起造忌火
交天火雷火破敗狼藉黑道死氣　船下水忌水痕　修造門忌
庚寅門丈夫死忌春東夏南秋西冬北　穿井忌卯日又除日
作灶忌丙日丁日建除并四廢　安床忌壬申戊申癸亥　合帳
忌六戊日　裁衣忌庚午壬申庚申戊寅己亥　做酒忌戊子甲
辰又丁日　做醋忌水日如丙子丁日兼上下絃日俱忌　合醬
忌六辛日　入學忌孔子蒼頡死葬日　問求結婚姻下財並忌
申酉二日　嫁娶忌陰將陽將並周堂不道

格古論 三卷

曹昭 字明仲

玉

玉出西域于闐國有五色利刀刮不動溫潤而澤摸之靈泉應手
而生凡看器物白色爲上黃金碧玉色亦貴更碾琢奇巧敦厚者
尤佳有瑕玷散動如石及色不正欠溫潤者價低　白玉其色酥
者最貴但冷色卽飯湯色及有雪花者次之　黃玉如栗者謂之
甘黃玉焦者次之　碧玉其色靑如藍點者爲貴或有細墨星者
淡者次之　黑玉其色如漆又謂之墨玉價低西蜀亦有　赤玉
其色紅如雞冠好者人間少見　綠玉深綠色者爲佳色淡者次

之　甘靑玉其色靑而帶黃　菜玉非靑非綠色如菜葉玉之最
低者　古玉器物白玉上有紅如血謂之血古又謂之死古最佳
靑玉上有黑漆古有渠古有甄價低嘗見菜玉聯環上儼然黃土
一重並洗不去此古玉也

沙子玉

此玉罕得比之白玉此玉粉紅潤澤多作刀靶環子之類少有大
者

罐子玉

雪白罐子玉係北方用藥於罐子內燒成者若無氣服者與眞玉
相似但比眞玉則微有繩脚久遠不潤且脆

瑪瑙

瑪瑙多出北方南蕃西蕃亦有非石非玉堅而且脆快刀刮不動
凡看碗盞器皿要樣範好碾得薄不夾石者爲佳其中有人物鳥

獸者形最貴

水晶

古云千年冰化爲水晶其性堅而且脆刀刮不動色白如水清明而瑩無纖毫瑕玷槃痕者爲佳倭水晶第一南水晶黑信州水晶濁

硝子

假水晶用藥燒成者色暗青有氣眼或有黄青色者亦有白者但不潔白明瑩

玻璃

出南蕃有酒色有紫色白色者與水晶相似

犀角

出南蕃西蕃雲南亦有成株肥大花而好及正透者價高成株瘦小分兩輕花而不好者但可入藥用

鷿犀

其色與花班皆類山犀而無粟紋其紋理似竹故謂之鷿犀北犀非也不爲奇

珊瑚

生大海出陽處水底海人以鐵網取之其色如硃鮮紅樹身爲大枝柯者多爲勝但有髓眼及紅者價輕

琥珀

出南蕃西蕃乃楓木之精液多年化爲琥珀其色黄而明瑩潤澤其性若松香色紅而且黄者謂之明珀有香者謂之香珀黄色者謂之蠟珀紅者謂之血珀

蠟子

出南蕃西蕃性堅有紅蠟白蠟亦有紫色者俱明瑩有大如指面者亦有小者多儘大儘貴古云蠟重一錢價値千萬可廂嵌釧鐲碗盞戒指用

貓睛

出南蕃性堅黄如酒色睛活者中間一道白横搭轉側分明與貓兒眼睛一般者爲好若精散死而不活者或青黑者皆不爲奇

馬價珠

青珠兒出西蕃諸國色青如翠有指面大轉身青者多做管索之用亦有當三折二錢大者顔色好者直價如馬故謂之馬價珠

碧靛子

碧石出南蕃西蕃有青綠色好者與馬價珠相類有黑綠色者低皆不甚直錢又謂之比靛子宜廂嵌用

石榴子

出南蕃瑪瑙顔色紅色明瑩如石榴相似故名石榴子宜廂嵌用

鋪絨綠

此石顔色純綠明瑩如鋪絨綠相似宜廂嵌絛等用不甚直錢

金星石

出金坑色青如碫無金星不夾者好有金星蠟色者中

南珠

出南海蚌中南蕃者好廣東廣西次之要身圓及色白而精光者價高

北珠

出北海亦論大小分兩定價身分圓轉青色披肩結頂者價高

車渠

形似蚌蛤極高厚大色白有紋理不甚直錢

玳瑁

出南蕃大海中白多黑少價高黑班多者不爲奇有假者用龜筒夾玳瑁黑點宜細驗

龜筒

出南蕃海中其色如玳瑁而無斑

鶴頂

出南蕃海中有魚頂中鮀紅如血故名鶴魚今用龜筒夾鶴魚鮀爲梳故名鶴頂梳

象牙

出南蕃西蕃及廣西交趾皆有南蕃者長大廣西交趾者短小新鋸開粉紅色者佳

江猪牙

出南蕃如棗色紋理粗細與象牙相似世傳多年龍牙多作刀靶肩柄假者如白象牙用藥煮成

花羊角

多出北地黑色白花者高白身黑花者低作刀靶染油不滑凡刀

靶瀷鵝木爲最花羊角次之

黃涎

出大食國無香有脉色白如白藥煎而膩理黑者亞之如五靈脂而光燁能發衆香故用以合藥

金剛鑽

出西蕃深山之高巖人不可到處鷹隼打食在上同肉吃於腹中却於野地鷹糞中獲得看大小定價如辨眞僞於火中燒紅入釅醋中浸之假者踈而易碎眞者仍硬而可用如尖去和灰土擣在乳鉢中擂之響者是也

鬼功石

嘗有戒指嵌瑪瑙一塊面上碾成十二文生肖其紋細如髮似非人功故謂之鬼功石毬或云宋內院作者

天生聖像

嘗有降眞香節內及節中生成眞武像有石中及蚌中生成觀音像此乃天地造化眞世之奇寶也

鸂鶒杯

即海螺廣南土人雕木類鸂鶒或用銀廂足作酒杯故謂之鸂鶒杯鸂鶒杓亦海螺爲之俱不直錢

說郛卷第八十七終

說郛卷第八十八

竹坡詩話 三卷　宋周紫芝

戴良少所推服每見黄憲必自降薾悵然若有所失母問汝何不樂乎復從牛醫兒所來耶王履道詩不見牛醫黄叔度即尋馬磨許文休語雖工然牛醫乃叔度之父耳非叔度也

集句近世往往有之唯王荆公得此三昧前人所傳如雨荒深院菊風約半池萍之句非不律切但苦無思耳

孔毅父善集句東坡嘗以指呼市人如使兒戲之觀其寄孫元忠詩云不恨我衰子貴時經濟實籍英雄姿君有長才不貧賤莫令斬斷青雲梯驊騮作駒已汗血坐看千里當霜蹄省郎京尹必俯拾軍符侯印取豈遲殆不減胡笳十八拍也

紹興初有退相寓永嘉獨陳用中彥才雖鄰不謁及再相有薦之者止就部註邑連江戲作小詩云命賤安能比鉅公偶然年月與時同只因日上爭些子笑向連江作醉翁蓋其所生年月時適與時宰同但日差異耳

東坡遊西湖僧舍壁間見小詩云竹暗不通日泉聲落如雨春風自有期桃李亂深塢問誰所作或告以錢唐僧清順者即日求得之一見甚喜自是而順之名出矣余留錢唐七八年間有能誦順詩者往往不逮前篇正以所見之未多耳然而使其止於此亦足傳也

客有誦淵明閑情賦者想其於此亦自不淺或問坐客淵明有侍兒否皆不知所對有一人言知問其所以知曰所謂雍端年十三不識六與七此豈非有侍兒耶於是坐客皆發一笑

杜少陵之子宗武以詩示阮兵曹兵曹答以斧一具而告之曰欲子斫斷其手不然天下詩名又在杜家矣余嘗觀少陵作宗武生

日詩云自從都邑語已伴老夫名詩是吾家事人傳世上情則宗武之能詩爲可知矣惜乎其不可得而見也

士大夫學淵明作詩往往故爲平淡之語而不知淵明制作之妙已在其中矣如讀山海經云亭亭明玕照落落清瑤流豈無雕琢之功蓋明玕謂竹清瑤謂水與所謂紅皺曬簷瓦黄團繫門衡者異矣

鄭谷雪詩如江上晚來堪畫處漁人披得一簑歸之句人皆以爲奇絕而不知其氣象之淺俗也東坡以爲此小學中教童蒙詩可謂知言矣然而谷亦不可謂無好語如春陰妒柳絮月黑見梨花風味固自不淺惜乎其不見賞於蘇公遂不爲人所稱耳

有作淵明詩跋尾者言淵明讀山海經詩有形夭無千歲猛志固有在之句竟莫曉其意後讀山海經云刑天獸名也好銜干戚而舞乃知五字皆錯形夭乃是刑天無千歲乃是舞干戚耳如此乃與下句相協傳書誤謬如此不可不察也

徐陵玉臺新詠序云南都石黛最發雙蛾北地臙脂偏開兩臉崔正熊古今註云燕支出西方土人以染中國謂之紅藍以染粉爲婦人色而俗乃用臙脂或胭脂字不知其何義也杜少陵林花着雨臙脂溼亦用此二字而白樂天三千宮女燕支面却用此二字殊不可曉

冰肌玉骨清無汗水殿風來暗香滿繡簾一點月窺人攲枕釵橫雲鬢亂起來庭戶悄無聲時見疏星度河漢屈指西風幾時來不道流年暗中換此詩世傳以爲花蘂夫人作東坡嘗用此作洞仙歌曲或謂東坡託花蘂以自解耳不可不知也

白樂天長恨歌云玉容寂寞淚闌干梨花一枝春帶雨人皆喜其工而不知氣韻之近俗也東坡作送人小詞云故將別語調佳人要看梨花枝上雨雖用樂天語而別有一種風味非點鐵成黄金

手不能爲此也
自古詩人文士大抵皆祖述前人作語梅聖俞詩云南隴鳥過北隴叫高田水入低田流歐陽文忠公誦之不去口魯直詩有野水自添田水滿晴鳩却喚雨鳩來之句恐其用此格律而其語意高妙如此可謂善學前人者矣
郭功父晚年不廢作詩一日夢中作遊采石二詩明日書以示人曰予決非久於世者人問其故功父曰余近詩有欲尋鐵索排橋處只有楊花慘客愁之句豈特非予平日所能到雖前人亦未嘗有也忽得之不祥不逾月果死李端叔聞而笑曰不知杜少陵如何活得許多歲
呂舍人作江西宗派圖自是雲門臨濟始分矣東坡寄子由云贈君一籠牢收取盛取東軒長老來則是東坡子由爲師兄弟也陳無已詩云獨來一瓣香敬爲曾南豐則陳無已承嗣鞏和尚爲何疑余嘗以此語客爲林下一笑無不撫掌

貢父詩話　宋劉攽

太宗好文每進士及第賜聞喜宴常作詩賜之累朝以爲故事仁宗在位四十二年賜詩尤多然不必盡上所自作景祐初賜詩落句云寒儒逢景運報德合如何論者謂質厚宏壯眞詔旨也
劉子贈人詩云惠和官尚小師達祿須干取下惠聖之和師也達而子張學干祿之事或有除去官字示人曰此必番僧也其名達祿須干聞者大笑詩有詩病俗忌當諱之此偶自諧合無若輕薄子何非筆力過也
景祐中宋宣獻上楊太妃挽詩云神歸梁小廟禮祔漢餘陵文士稱其用事精當楊昌言詩曰先帝遺弓劍排雲上紫淸同時受顧託今日見昇平雖不用事意思宏深是爲警語
景祐末元昊叛夏鄭公出鎭長安梅聖俞送詩曰亞夫金鼓從天落韓信旌旗背水陳時獨刻公詩於石
王元之謫黄州詩曰又爲太守黄州去依舊郎官白髮生在朝與執政不相能作江魨詩以譏之曰江雲漠漠江雨來天意爲霖不干汝又曰噞喁鰕魚頗肥腯
潘閬字逍遙詩有唐人風格有云久客見華髮孤棹桐廬歸新月無朗照落日有餘輝漁浦水風急龍山烟火微時聞沙上雁一一望南飛僕以爲不減劉長卿
楊大年不喜杜工部詩謂爲村夫子鄉人有強大年者續杜句曰江漢思歸客楊亦屬對鄉人徐舉乾坤一腐儒楊默然若少屈歐公亦不甚喜杜詩謂韓吏部絕倫吏部於唐世文章未嘗屈下獨稱道李杜不已歐貴韓而不悅子美所不可曉然於李白甚賞愛將由李白超趠飛揚爲感動也
孟東野詩李習之所稱食薺腸亦苦強歌聲不歡出門如有礙誰謂天地寬可謂知音今世傳郊集五卷詩百篇又有集號咸池者僅三百篇其間語句尤多寒澁疑向五卷是名士所删取者東野與退之聯句詩語宏壯博辨若不出一手王深父云退之容有潤色也
張籍樂府詞淸麗深婉五言律詩亦平淡可愛至七言詩則質多文少才各有宜不可強衣飾文昌有謝裴司空馬詩云乍離華廐移蹄澁初到貧家舉眼驚此馬却是一遲鈍多驚者詩詞微而顯亦少其比
唐詩賡和有次韻（先後無易）有依韻（同在一韻）有用韻（用彼韻不必次）吏部和皇甫陸渾山火是也今人多不曉劉長卿餘干旅舍云搖落暮天迥丹楓霜葉稀孤城向水閉獨鳥背人飛渡口月初上鄰家漁未歸鄉心正欲絕何處擣征衣張籍宿江上館云楚驛南渡口夜深來客稀月明見潮上江靜覺鷗飛旅宿今已遠此行殊未歸離家久無信

愁聽擣砧衣兩詩偶似次韻皆奇作也

管子曰事无始終无務多業此言學者貴能成就也唐人爲詩量力致功精思數十年然後名家杜工部云更覺良工用心苦然豈獨畫手心苦耶

眞宗問近臣唐酒價幾何莫能對丁晉公獨曰斗直三百上問何以知之曰臣觀杜甫詩速宜相就飲一斗恰有三百青銅錢亦一時之善對

洪州西與滕王閣相對一僧盡覽詩板告郡守曰盡不佳因朗吟曰洪州太白方積翠倚穹蒼萬古遮新月半江無夕陽守異之遣出閩僧有朋多詩如虹收千幛雨潮展半江天又曰詩因試客分題僻棋爲饒人下着低亦巧思也

王丞相嗜諧謔一日論沙門道因曰投老欲依僧客遽對曰急則抱佛脚王曰投老欲依僧是古一句客亦曰急則抱佛脚是俗諺全語上去頭下去脚豈不的對也王大笑

孟蜀時花蕋夫人號能詩而世不傳王平父因治館中廢書得一軸八九十首而存者纔三十餘篇大約似王建句若廚船進食簇時新列坐無非侍從臣日午殿頭宣索鱠隔花催喚打魚人月頭支給買花錢滿殿宮娥近數千遇着唱名都不語含羞急過御床前

山東二經生同居因舉鄭谷詩云任是深山更深處也應無計避王徭一生難之曰野鷹安得王徭一生解之曰古人寧有失也是年必當率斂毛耳

蘇子美魁偉與宋中道並立下睞之笑曰交不着號爲錐宋爲其穎利而幺麽云贈詩曰譬如利錐末所到物已破後倅洺州洺本趙地有毛遂塚梅聖俞遂舉處囊事爲送行詩戲之

楊安國判監集學官飲必誦詩譜以侑酒舉盃屬客曰詩之興也諒不于上皇之世且飲酒裴如晦亦舉盃曰古者伏羲氏之王天下也不能飲矣一坐皆笑而楊不悟

汪白爲平糴詩刺時病云穴垣補牆隙牆成垣已壞斷屨補穿履履成屨已虧

陳亞以藥名詠白髮云若是道人頭不白老人當日合烏頭員郎上官佖嘗勸石少傅中立愼緘石勃然曰上官佖如下官口何

永州何仙姑不飲食無飢世傳其神異岳州天慶觀柱以震折有倒書謝仙火字仙姑云雷部夫婦二人長闊各三尺銀色莫不該信有熟于江湖閒事者曰南方賈人各以火自名一火猶一部也此賈名仙刻木記已物耳是亦不可知也常有道人自言隋唐間人談黄巢事甚悉因曰黄六晚節至此張安道尙書云巢六兄弟而巢最小當第六由是推之則道人之言信然乎

張介以命術遊公卿間寓居錢塘西湖上嘗自京師南歸士大夫

率爲詩贈之呂許公王沂公時方執政亦皆有詩夏鄭公留守南京爲詩繼二公曰上公詩筆千金重送客歸裝一舸輕莫道青山更招隱且留賢哲爲蒼生鄭公在朝數爲御史糾劾疑時宰諷旨作青雀詩青雀孤飛毛羽單卑棲豈敢礙鵷鸞明珠自有千金價莫爲他人作彈丸

紫薇詩話一卷　宋呂本中

晁伯禹載之學問精確少見其比嘗作昭陵夫人祠詩云殺翁分我一盃羹龍穉山來事杳冥安用生兒作劉季暮年無骨葬昭陵

晁知道詠之西池唱和詩有旌旗太一三山外車馬長楊五柞中柳外雕鞍公子醉水邊紈扇麗人行殆絕唱也

高秀實茂華人物高遠有出塵之姿其爲文稱是嘗和予高郵道中詩有中途留眼瞻星聚一夕披顏覺霧收之句便覺予詩急迫少從容閑暇處

汪信民革嘗作詩寄謝無逸云問訊江南謝康樂溪堂春木想扶疎高談終日看揮麈安步從容可當車但得丹霞訪龎老何須狗監薦相如新年更厲於陵節妻子同鉏五畝蔬饒德操節見此詩謂信民曰公詩日進而道日遠矣蓋用功在此而不在彼也

洪龜父朋寫韻亭詩云紫極宮下春江橫紫極宮中百尺亭水入方州界玉局雲映連山羅翠屏小楷四聲餘翰墨主人一粒蘐仙靈女蕭乘鸞不復返至今神界花冥冥作詩至此殆無遺恨矣

宣和末林子仁敏公寄夏均父倪詩云嘗憶他年接緒餘饒三落托我迂疎溪橋幾換風前沏僧壁今留醉後書忘記下四句饒三德操也

表叔范元實既從山谷學詩要字字有來處嘗有詩云夷甫雌黃須倚閣君卿脣舌要施行

從叔知止少年作詩云彭澤有琴常無絃大令奮物惟青氊我亦四壁對默坐中有一床供晝眠元實深賞愛之殆似山谷少時詩也

外弟趙才仲少時詩夕陽緣澗明等句精礄可喜才仲少學柳文曾內相肇晁丈以道說之皆以才仲能爲古人之文也

夏均父倪文詞富贍儕輩少及嘗以天寒霜雪繁遊子有所之爲韶作十詩留別饒德操不愧前人作也

晁季一貫之嘗訪杜子師輿不遇留詩云草堂不見浣花老折得青松渡水歸

衆人方學山谷詩時晁叔用沖之獨專學老杜詩衆人求生西方時高秀實獨求生兜率

叔用常戲謂余云我詩非不如子我作得子詩只是子差熟耳予戲答曰只熟便是精妙處叔用大笑以爲然

王立之直方病中盡以書畫寄交舊予亦得書畫數種與予書云劉玄德生兒不象賢蓋識其子不能守其圖書也予初未與立之相識而相與如此夏均父嘗寄立之詩云書來贅贅復斜斜蓋謂其病中作字如此

饒德操酷愛徐師川俯雙廟詩開元天寶間哀哀見諸公不聞張與許名在臺省中之句

張先生子厚與從祖子進同年進士也張先生自登科不復仕居毗陵紹聖中從祖自中書舍人出知睦州子厚小舟相送數程別後寄詩云籬鷃雲鵬各有程匆匆相別未忘情恨君不在蓬籠底共聽蕭蕭夜雨聲先生少有異才多異夢嘗作夢錄記夢中事予舊寶藏今失之先生夢中詩如楚峽雲嬌宋玉愁月明溪淨印銀鉤褱王定是思前夢又抱霞衾上玉樓又云無限寒鴉冒雨飛紅樹高高出粉牆之句殆不類人間人也紹聖初嘗訪祖父榮陽公於歷陽既歸乘小舟泝江至烏江還書云今日江行風浪際天嘗記往在京師歸作詩云苦厭塵沙隨馬足却思風浪拍舡頭

汪信民於文無不精到嘗代榮陽公作張先生哀詞云惟古制行必中庸兮降及末世戾不通兮首陽柱下更拙工兮其餘忘之矣

紹聖初榮陽公自浙中赴懷州叔祖赴睦州邂逅於鎭江別後寄絕句云江南江北來昨夜同枝宿平明一聲起四顧已極目

江西諸人詩如謝無逸富贍饒德操蕭散皆不減潘邠老大臨精苦也然德操爲僧後詩更高妙殆不可及嘗作詩勸予專意學道云向來相許濟時功大似頻伽餉遠空我已定交木上坐君猶求售管城公文章不療百年老世事能排雙頰紅好貸夜窗三十刻胡床趺坐究宗風

邠老嘗寄德操均父詩云文如二雅徒懷璧武似三明却報弓松榆參天西邑路時時騎馬訪龎公文如二雅謂德操武似三明謂均父也後德操爲僧名如璧殆詩之讖也

崇寧初滎陽公自曹州與相州太守劉壽臣唐老學士兩易會於滑州滑守陳伯修師錫殿院也坐中有詩云金馬舊遊三學士玉麟交政兩諸侯蓋記當時事也

元符初滎陽公謫居歷陽楊道孚爲州法曹掾嘗從公出遊以職事遽歸遺公詩云雨綠霜紅郭外田山濃水淡欲寒天參軍抱病陪清賞一檄呼歸亦可憐公甚稱之

李方叔廌嘗作寒食詩千株蜜炬出嚴闉走馬天衢賜近臣我亦茅簷自鑽燧煨針燒艾檢銅人又嘗贈汝州太守詩云安得吾皇四百州皆如此邦三千石

滎陽公元符末起知單州登城樓詩云斷霞孤鶩欲寒天無復青山礙目前世路崎嶇飽經歷始知平地是神仙

楊道孚深愛羲山嫦娥應悔偷靈藥碧海青天夜夜心以爲作詩當如此學

仲姑清源君嘗言前身當是陶淵明愛酒不入遠公社故流轉至今耳

正獻公自同知樞密院出知定州謝上表有云特以百年舊族荷累朝不貲之恩一介微軀辱主上非常之遇又云謂臣世服近僚有均休共戚之義察臣旁無厚援絕背公死黨之嫌又云進不敢希功而生事退不敢弛備以曠官

司馬溫公詩話一卷

詩話尚有遺者歐陽公文章名聲雖不可及然記事一也故敢續書之

文德殿百官常朝之所也宰相奏事畢乃來押班常至日旰守堂卒好以厚朴湯飲朝士朝士有久無差遣厭苦常朝者戲爲詩云立殘階下梧桐影喫盡街頭厚朴湯亦朝中之實事也

惠崇詩有劍靜龍歸匣旗閑虎繞竿其尤自負者有河分岡勢斷春入燒痕青時人譏其犯古者嘲之河分岡勢司空曙春入燒痕劉長卿不是師兄多犯古古人詩句犯師兄進士潘閬嘗謔之曰崇師爾當憂獄事吾去夜夢爾拜我爾豈當歸俗耶惠崇曰此乃秀才憂獄事耳惠崇沙門也惠崇拜沙門倒也秀才得無詣沙門島耶

梅聖俞之卒也予與宋子才選韓欽聖宗彥沈文通遘俱爲三司僚屬共痛惜之子才曰比見聖俞面光澤特甚意爲充盛不知乃爲不祥也時欽聖面亦光澤文通指之曰次至欽聖矣衆皆尤其暴謔不數日欽聖暴疾而卒余謂文通曰君雖不爲咒詛亦戲殺耳此雖無預時事然以其與聖俞同時事又相類故附之

鄭工部詩有杜曲花香醲似酒灞陵春色老於人亦爲時人所傳誦誠難得之句也

林逋處士錢塘人家於西湖之上有詩名人稱其梅花詩云疎影

橫斜水清淺暗香浮動月黃昏曲盡梅花之體態

魏野處士陝人字仲先少時未知名嘗題河上寺柱云數聲離岸櫓幾點別州山時有幕僚本江南文士也見之大驚邀與相見贈詩云怪得名稱野元來性不羣借冠來謁我倒屣起迎君仍爲延譽由是人始重之其詩效白樂天體眞宗西祀聞其名遣中使召之野閉戶踰垣而遁王太尉相且從車駕過陝野貽詩云昔時宰相年年替君在中書十一秋西祀東封俱已了如今好逐赤松遊王袖其詩以呈上累表請退上不許野又嘗上寇萊公準詩云好去上天辭將相却來平地作神仙又有啄木鳥詩云千林蠹如盡一腹餒何妨又竹盃枝詩云吉凶終在我反覆謾勞君有詩人規戒之風卒贈著作郎錫子孫租稅外其餘科役皆無預仲先詩有妻喜栽花活童誇鬬草贏眞得野人之趣以其皆非急務也仲先詩又有燒葉爐中無宿火讀書窗下有殘燈仲先既歿集其詩者

嫌燒葉貧寒太甚故改葉爲藥不唯壞此一句乃并下句亦無氣味所謂求益反損也仲先贈先公詩有文雖如貌古道不似家貧先公監安豐酒稅赴官嘗有行色詩云冷於陂水淡於秋遠陌初窮見渡頭猶賴丹青無處畫畫成應遣一生愁豈非狀難寫之景也

丁相謂善爲詩在珠崖猶有詩近百篇號知命集其警句有草解忘憂憂底事花能含笑笑何人少時好蹴踘長韻其一聯云鷹鶻騰雙眼龍蛇繞四肢躡來行數步蹺後立多時

寇萊公詩才思融遠年十九進士及第初知巴東縣有詩云野水無人渡孤舟盡日橫又嘗爲江南春云波渺渺柳依依孤村芳草遠斜日杏花飛江南春盡離愁斷蘋滿汀州人未歸爲人膾炙

陳文惠公堯佐能爲詩世稱其吳江詩云平波渺渺烟蒼蒼菰蒲纔綠楊柳黃扁舟繫岸不忍去秋風斜日鱸魚香又嘗有詩云雨網蛛絲斷風枝鳥夢搖詩家零落景采拾合如樵

龐穎公籍喜爲詩雖臨邊典藩文案塡委日不廢三兩篇以此爲適及疾亟予時爲諫官以十餘篇相示手批其後曰欲令吾弟知老夫病中嘗有此思耳字已慘澹難識後數日而薨

韓退處士絳州人放誕不拘浪迹秦晉間以詩自名常跨一白驢自有詩云山人跨雪精上便不論程嗅地打不動笑天休始行爲人所稱好着寬袖鶴氅醉則鶴舞石曼卿贈詩云醉狂玄鶴舞閑臥白驢號章獻太后上仙羣臣進挽歌數百篇唯曼卿一聯首出曰震出坤柔變乾成太極虛太后稱制曰仁宗端拱至是始親萬機曼卿詩切合時宜又不卑長樂也

李長吉歌天若有情天亦老人以爲奇絕無對曼卿對月如無恨月長圓人以爲勍敵

熙寧初魏公能相留守北京新進多陵慢之魏公鬱鬱不得志嘗爲詩云花去曉叢蜂蝶亂雨勻春圃桔槔閑人稱其微婉

范景仁鎭喜爲詩年六十三致仕一朝思鄉里遂輕行入蜀故人李才元大臨知梓州景仁枉道過之歸至成都日與鄉人樂飲散財於親舊之貧者遂遊峨嵋青城山下巫峽出荊門凡朞歲乃還京師在道作詩凡二百五篇其一聯云不學鄉人跨駟馬未饒吾祖泛扁舟此二事他人所不能用也

嘉祐中有劉諷都官簡州人亦年六十三致仕夫婦徙居潁山景仁有詩送之云移家尚恐靑山淺隱几惟知白晝長時有朱公綽送諷詩云疏草焚來應見史橐金散盡只留書皆爲時人所傳誦

大名進士耿仙芝以詩著名其一聯云淺水短蕪調馬地淡雲微雨養花天爲人所稱

唐明皇以諸王從學命集賢院學士徐堅等討集故事兼前世文辭撰初學記劉中山子儀愛其書曰非止初學可爲終身計

宗袞嘗曰殘忍矜才逆詐恃明吾終身不爲也猶唐相崔渙曰抑人於遠謗吾所不爲

杜甫終於耒陽藁葬之至元和中其孫始改葬於鞏縣元微之爲誌而鄭刑部文寶謫官衡州有經耒陽子美墓詩豈但爲誌而不克遷或已遷而故冢尚存耶

北都使宅舊有過馬廳按唐韓偓詩云外使進鷹初得按中官過馬不教嘶註云乘馬必中官馭以進謂之過馬既乘之然後蹀躞嘶鳴也蓋唐時方鎭亦效之因而名廳事也

珊瑚鉤詩話

宋張表臣

杜甫云軒墀曾寵鶴杜牧云欲把一麾江海去皆用事之誤蓋衛懿公好鶴鶴有乘軒者則軒車之軒耳非軒墀也顏延年詩云屢薦不入官一麾乃出守則麾麾去耳非麾旄也然子美讀萬卷書不應如是始傳寫之謬若云軒則善矣牧之豪放一時引用之誤

或有之邪

東坡讀隋書地里誌云黄州永安郡州東有永安城圖經謂春申君故城葢非是春申之居乃在吳國今無錫惠山有春申君之廟庶幾是乎予謂楚都申郢故黄歇封於春申如齊之孟嘗魏之信陵趙之平原各在其地也黄之永安爲之春申故城葢始封也謂之春者蘄春壽春是也謂之申者申光之間是也其必兼二城而封焉猶田文之食嘗薛耳後楚幷吳秦侵申郢楚遷壽春黄歇始請吳之故宫都焉然行相事未嘗去國所以有廟者後人作之也」

韓退之作羅池廟碑迎享送神詩葢出於離騷而晁無咎效之作楊府君碣系云范之山兮石如砥木蕭蕭兮草靡靡侯愛我邦兮歸萬里山中人兮春復秋日慘慘兮雲悠悠侯壯長兮所居游侯之來兮民咸喜風飄颻兮雨潇儿鼓淵淵兮舞侯耴紛進拜兮侯鄰里侯不可見兮德可思侯行不來兮民心悲謂侯飲食兮無去斯福爾之土兮以慰民之思予謂雜之韓文中豈復可辨耶

度世古玄歌云始青之下月與日兩半銅斗合成一大如彈丸黄如橘就中佳味甜如蜜出彼玉堂入金屋子若得之慎勿失退之樊宗師銘云惟古於詞必已出降而不能乃剽賊後皆指前公相襲從漢迄今用一律寥寥久哉莫覺屬神徂聖伏道絕塞既極乃通發紹述文從字順各有職有欲求之此其躅宋子京唐姦臣贊云二宰嘯凶牝奪晨林甫將蕃黄屋奔鬼質敗謀興元蹬崔柳倒持李宗覆韓宋之文皆宗於古然退之爲之則有餘子京勉之則不足又施於史詞似非所宜矣

詩以意爲主又須篇中練句句中練字方得工耳以氣韶清高深眇者絕以格力雅健雄豪者勝元輕白俗郊寒島瘦皆其病也

篇章以含蓄天成爲上破碎雕鎪爲下如楊大年西崑體非不佳也而弄斤操斧太甚所謂七日而混沌死也以平夷恬淡爲上怪險黮趨爲下如李長吉錦囊句非不奇也而牛鬼蛇神太甚所謂施諸廊廟則駭矣

精麤不可不擇也不擇則龍蛇蛙蚓往往相雜矣

瑕瑜不可不知也不知則瓊盃玉斝且多玷缺矣

斯文盛於漢魏之前而衰於齊梁之後老杜云縱使王楊操翰墨劣於漢魏近風騷又云竊攀屈宋宜方駕恐與齊梁作後塵意謂是耳

金陵鳳凰臺在城之東南四顧江山下窺井邑古題詠以謫仙爲絕唱其詩曰鳳凰臺上鳳凰游鳳去臺空江自流吳宮花草埋幽徑晉代衣冠成古邱三山半落青天外二水中分白鷺洲總爲浮雲能蔽日長安不見使人愁予遊覽壁間刻宋齊丘詩於梁棟間懸今人詩而乃無此篇予作絕句曰騎鯨仙伯已淩波奈爾三山二水何地老天荒成脉脉鳳凰臺上獨來過

劉禹錫作金陵詩云千尋鐵鎖沉江底一片降旗出石頭當時號爲絕唱又六朝中石頭城詩云山圍故國週遭在潮打空城寂寞回樂天讀之曰吾知後人不復措筆矣其自矜云餘雖不及然亦不辜樂天之賞耳

前人作詩未始和韻自唐白樂天與元微之爲二浙觀察往來置郵筒倡和始依韻而多至千言少或百數十言篇章甚富其自耀云曹公謂劉玄德曰天下英雄唯使君與操耳予於微之亦云豈詩人豪氣例愛矜詩耶安知後世士有異論

酒有若下謂烏程也九醞謂宜城也千日中山也蒲萄西京也竹葉豫北也土窟春滎陽也石凍春富平也燒春劍南也桑落陝右也烏孫國有青田核莫知其木與實而核如五六升瓠空之盛水俄而成酒劉章曾得二焉集賓設之一核纔盡一核又熟可供二十客名曰青田壺歷城北有使君林魏正始中鄭公慤三伏避暑

於此取大蓮葉置硯格上盛酒三升以簪刺葉令酒與柄通出屈莖吸之薌氣清洌名曰碧筒酒予詩曰釀憶靑田核觴誇碧藕筒直須千日醉莫放一盃空近時以黃柑釀酒號洞庭春色以糯米藥麴作白醪號玉友皆奇絕者耳

武侯創八陣圖與木牛流馬法後人俱不能得故予八陣圖詩云八陣功成妙用藏木牛流馬法俱亡後來識得常山勢從有桓溫恐未詳

玄都臺歌云王母晝下雲旗翻予解云味道集虛仙眞降焉故秋興詩曰西望瑤池降王母

說郛卷第八十八終

說郛卷第八十九

晝簾緒論一卷　胡太初天台人

盡己篇第一

涖官之要曰廉與勤不特縣令應爾也然縣有一州之體而視民最親故廉勤一毫或虧其害於政也甚烈且人孰不知廉吾分內事也物交勢迫浸不自由素貧賤者有妻子啼號之撓素富貴者有口體豢養之需喜聲譽則飾廚傳以娛賓務結託則厚苞苴以通好又其甚者婚男嫁女裝帛匱金皆此焉是資雖欲廉得乎貪黷亡恥之人固不暇恤稍有畏淸議者亦不過曰吾上不竊取於公帑下不妄取於民財足矣收買飲食素有官價吾行之奚愧供需賓客例斂吏貼吾循之奚怍不知以官價買民物民貧其何以堪而責吏供需他日吏以曲法受賂敢令責之得無愧辭乎故其要莫若崇儉苟能儉則買物不必仗官價以求多也燕賓不必科吏財以取樂也苞苴不必講也廚傳不必豐也涖官之日無異處家之時而用官之財不啻如用己之財斯可矣又孰不知勤吾職分之當然也聰明有限事機無窮竭一人之精神以捉衆人之奸詭已非易事況有愚暗無庸者一切聽可否於吏手苟且取具者率多黠智能於不用甚則銜杯嗜酒吹竹彈絲徒享宦遊之樂遂至獄訟經年而不決是非易位而不知詞訴愈多事機愈夥卒不免於司敗之見詰縱有鋭意自強者幾何人哉自其酬應日繁心力日耗方厭稅駕息肩之無其所何幸吏牘已備俛首涉筆終亦歸於苟道而已故其要莫若淸心心既淸則雞鳴聽政所謂一日之事在寅也家務盡屏所謂公而忘私也勿以酒色自困勿以荒樂自戕也今日有某事當決某牒當報財賦某邑當辦禁繫某人當釋時時察之汲汲行之毋謂姑俟來日則事無不理而此心亦

寧矣吁此廉勤之大略也他猶有可言也心不可不平心平則物情無往不燭怒不可或遷遷怒則吏民將受其枉其令必簡其政必和非時營繕所合力懲託詞科輸所當痛革子弟門客勿令與外人吏輩交接或恐有往來結託之嫌則禍起蕭牆若何拯救吏民婦女勿令其出入織紝貿易或恐有交通關節之謗則事干閨閫未易施行勿帶醫術或有干請難以相從勿置親隨處之內外皆所不便在已者既以曲盡則何施不可何事不公何盤根錯節之足慮哉故愚以盡己冠之篇首云

臨民篇第二

令爲民父母以慈愛爲車以明斷爲軌而行之以公恕斯得矣今之爲令者知有財賦耳知有簿書期會耳獄訟一事已不遑悉盡其心撫字云乎哉教化云乎哉昔陽城自署曰催科政拙撫字心勞考下下陽城已矣誰肯甘心考下而竭其撫字之誠者不知九

重以赤子授之令固望其字吾民也而可孤所寄乎故令視事之初其先務有四曰崇學校夫士者民之望也鄉校者議政之地也詣學奠謁之餘便當延見衿佩假之以辭色將之以禮意詢風俗之利病諮政事之得失廩餼必豐課試必謹其端厚俊秀者獎誘之其詞訟蔓及者覆護之其凌辱衣冠者懲治之則士悅而知慕矣曰獎悖悌人情敬其父兄則子弟悅故當首延父老以寓敬愛之意然後博詢鄉曲其有孝友著聞行義卓異者必屈己求見必置酒登延護其門閭寬其力役使邑人靡然知效或有兄弟訟財親族互訴者必曲加諷諭以啓其愧耻之心以彌其乖爭之習聽其和允勿事研窮則民俗歸厚矣曰勸農桑令以勸民繫銜朝廷以勸農著令非不勤至今也不然歲二月望爲文數行率同僚出近郊集父兄讀之飲食鮮少甚至折錢事畢即自擕酒肴妓女宴賞竟夕實意安在哉令到官之始不必姑俟來春便當以農桑衣食之本諄諄然喻之而所以妨害病擾之者必懲必戒則斯民咸安其業矣曰略勢分令爲近民之官而今也民視令不啻如天之遠如神明之可畏銜寃茹苦無由得入令尹之門幸而獲至其前則吏卒禁訶箠扑交錯畏懦者已神消氣沮矣故欲通下情莫若大啓門庭屏去吏卒躬自呼之几席之前怡色詰問以全其所欲言其壅蔽不得達者則設鑼縣門之外俾自扣擊如是則民情無有不獲自盡者矣行斯四者他如賑濟之不可不施追逮之不可或濫無藝橫斂毋事酷刑非甚不便於民不必好爲更革非甚宜益於民不必輕爲興舉其餘節目皆當次第而擴充之雖然愛民之要尤先於使民遠罪夫民之麗刑豈皆頑而好犯哉愚蒙亡知故抵冒而不自覺令宜以其條律之大者榜之牆壁明白戒曉曰某事犯某法得某罪使之自爲趨避其或有犯到官哀矜而體察之照法所行與殺一等亦忠厚之德也若悉欲盡法施行則必流

於酷矣昔卓茂爲密令諭其民曰我以禮教汝汝必無怨惡以律治汝汝何所措其手足乎吁此仁人之言也凡爲令者宜寫一通置之座右

事上篇第三

令領一邑太守察之諸監司察之所以防奸虐戒贓敗也公正自飭廉謹自持固令所當持循職事攸關尤合加察轉漕司惟財賦耳縣道賦入自有定數率是輸之羣家本自無甚干涉其他戶婚詞訟吾惟決之以公奚懼焉常平茶鹽司惟廩役與鹽課耳不產鹽不繫銜處於鹽無預若齊民之差役公吏之敍役與夫常平義倉之斂散吾無偏私無侵移又奚懼焉惟提點刑獄司則視諸司爲獨重何則刑獄民命所係苟有過誤厥咎匪輕殺傷多委同官驗視安知其無或疎鹵乎罪囚淹禁動經歲月安保其無或疾病乎結解公事惟憑供款又安信其果無翻異乎有一於茲便罹憲

緝故惟在我者無往不謹不審而又得部使者察其忠實寬其鞭驅庶乎可以免厥咎也其次本州則視憲司爲尤重何則州縣一家也令之視守猶子弟之於父兄也情苟不通事無可集若財賦若獄訟若日生事務無一不與相關而縣之最被害者莫若不時專人每專人一來淩蔑名分擒捽吏胥大者數百千少者百餘千方得其去又其次二稅專差吏拘催酒稅專差吏監督日食之供需公事之懇告令無不聽命惟謹甚而擅與威福鞯養娼妓需覓器用裒取錢物無所不有令謁郡之始便當明稟使君某職事不敢不勉而縣家苟有不逮亦乞加體恤之仁仍乞給紫袋曆二道絡繹往來彼此咸名御書之庶幾事情無有不達而文移之督促可省也如經兩月事不辦集然後甘受專人之擾慢令之罰若稅賦虛日額酒稅虧月額者率十之四五却乞遣吏監督不然告寬轡勒容竭其長夫州家亦欲集事耳差專人差公吏豈其得已令若

恃其相容遂至弛怠公事不集財賦不登亦奚咎夫郡之督促哉雖然奉法循理盡瘁効職監司郡守之難事猶可也惟是臺幙郡僚或捧墩經從或移書請托賓餞稍有不至奉承稍有不虔賢明仁厚之人固能推誠相亮否則情好易睽間隙易啓始於職事相關之際摺摭橫生甚而使長會聚之時譏讒肆入蓋有陰中其毒而獲戾者多矣故令之待臺幙郡僚者寧過於勤毋失之怠寧過於恭毋失於簡寧過於委曲毋失之率意而徑行此亦可以杜無妄之災矣

僚寀第四 缺

御吏第五 缺

聽訟第六 此篇失大半段

敎唆把持之人也須與研窮根勘重置于罰此其當行者五也凡與一人競訴詞內必牽引其父子兄弟五七人甚至无涉之家偶有宿憾亦指婦女爲證意謂未辨是非且得追呼一擾費耗其錢物淩辱其婦女此風最不可長令須察其事勢輕重止將要緊人點追一兩名若婦女未可遽行追呼且須下鄉審責供狀待其緊急方可引追此其當行者六也不應爲有罪不許因事告事法令昭然而今之爲令者喜聞人家隱微於是告訐之風滋長甚至收人白劄子見之施行於是愈無忌憚妄行指摘而民無寧居之日矣此亦合預行榜諭告訐者未問虛實先坐不應爲罪若狀詞本訴之外因而告首其家隱微者亦勿聽理併先坐罪此其當行者七也引到詞人供責必須當廳監視能書者自書不能者止令書舖附口爲書當職官隨即押過其事輕理明不待証會者自可隨手決遣若涉追証費勘會亦只憑此初供最不可押下案致令胥曹得以恐脅說誘而使之變易眞情此其當行者八也大凡聽訟一是必有一非勝者悅而負者必不樂矣愚民懵無知識一時爲

人鼓誘自謂有理故來求訴若令自據法理斷遣而不加曉諭豈能服負者之心哉故莫若呼理曲者來前明白開說使其自知理虧宛轉求和或求和不從彼受曲亦無辭矣此其當行者九也令每遇決一事案牘紛委憚於偏閱率令吏摘撮供具謂之事目不知吏受人囑其理長者不爲具出而理短者反爲聲說以此斷決多誤不若令自逐一披覽案卷不要案吏具單兼勝者固有理而負者亦未嘗無道理可說特不若勝者之多耳令合先述其是而折其非則負者雖欲翻訴不可得矣此其當行者十也此姑論大略若夫隨機應變遇事裁酌神而明之使民宜之則在明有司

治獄篇第七

刑獄重事也犴狴惡地也人一入其中大者死小者流又小者亦杖寧有白出之理脫或差誤胥吏奚恤其咎必屬之令縱可逃陽罰亦必損陰德詎可不加謹哉一曰禁繫必審二曰鞫視必親三

曰墻壁必完四曰飢寒必究五曰病疾必察六曰疑似必辨七曰出入必防令每有私忿怒輒置人於囹圄兩爭追會未圓亦且押下佐廳亦時有追至者謂之寄收長官多事漫不暇省遂至因循淹延不知一入坐獄閫戶抱憂飽暖失時疾病傳染殆有甚可慮之事而又有合共處不合共處者蓋兩爭若使異牢則有賂者可使獄吏傳狀稿通信息而無賂者必被其害孰若使之共處可以互相察視乎健訟之徒樂入囹圄因得以唆教獄詞變亂情節孰若別處一牢而使之不得與餘囚相近乎羸老之人必察其有無疾病或至沉重徒見費力婦人女子必察其有無娠孕脫其墮墜無以自明此所以禁繫之不可不審也在法鞫勘必長官親臨今也令多憚煩率令獄吏自行審問但視成款僉署便爲一定甚至有獄囚不得一見知縣之面者不知吏逼求賄賂視多寡爲曲直非法拷打何罪不招令合戒約推款不得自行訊鞫公事無大小

必令躬自喚上詰問再三頑狡不伏盡情然後量施笞榜周官有五聽之法亦以獄情難測不可專事箠楚也在法一更三點長官親自定牢今也聽政無暇則委佐官飲酒相妨則委典押不知脫有逃逸咎將誰歸況吏輩受賂則雖重囚亦與釋放安寢無賂則雖散禁亦必加之縲紲最不可不躬自檢察昔熊子復宰暨陽日間不時趨獄點視夜則置一鈴其索直達寢所夜半掣鈴獄卒應諾否則必罰由是並無不測之事最爲可法此所以鞫視之不可不親也今在在州縣獄墻壁多有頹敗不甚完固者固當亟加整葺然罪囚奸態萬狀尤宜深防每有獄吏受重囚賄賂放其自便日間因以飲水爲名將水噀壁浸漬泥溼夜深則脫鎖踰墻倏然而逃吏卒睡熟無由知覺既覺則追之勿及矣此最利害令當審量罪囚輕重重者勿使處近壁之匣墻之上必加以茨壁之內必加以板每五日一次躬自巡行點視有不完處隨加修補戒飭吏

卒每夜不可止留一人直更須要每更輪流兩三人明燭巡視諸牢次早令出廳先詣獄點名然後僉押文字日以爲常墻壁之當完者如此獄囚合給糧食自當於經費支破有因縣道匱乏而責諸吏者不知官給尙欲減剋而可使吏供輸乎寧節他費此不可節也人當日給米二升鹽菜錢十文朝巳晚申立定程式獄子聲諾報覆令躬點視然後傳入其有家自送飯者當即傳與仍檢點夾帶毒藥刀杖銅錢器皿文字之屬春夏天氣蒸鬱須與疏其窗槅蠲其穢汚使不至卑溼臭濮致興疫癘如稍向寒便當糊飾戶牖支給縣炭使各得溫暖和適可免病患飢寒之當究者如此不幸獄囚有以疾病告者將奈何哉曰此不可不察也有實病而吏不以告者有未嘗病而吏誣以告者蓋吏視囚猶犬豕不甚經意初有小病不加審詰必待困重方以聞官甚至死而後告者若有貲之囚吏則令其詐病巧爲敷說以覬責出漸爲脫免之地此令

所當深察責在推司日具有無病患申令於點視之際又自躬加察審如以病告者且與召醫療治日申增減其甚困頓不可支者然後責令親屬保領前去若必待病重方始聞官者推吏必寘於罰不然萬一死者接踵憲司歲計人多令能免咎乎又不幸獄情有疑似而難明者將奈何乎曰此不可不辨也世固有畏懼監繫覬欲早出而妄自誣伏者矣又有吏務速了而強加拷訊逼令招認者矣亦有長官自恃己見妄行臆度吏輩承順旨意不容不以爲然者矣不知監繫最不可泛及拷訊最不可妄加而臆度之見最不可恃以爲是也史傳所載耳目所知以疑似受枉而死而流而伏辜者何可勝數諺曰捉賊須捉贓捉姦須捉雙此雖俚言極爲有道故凡罪囚供款必須事事着實方可憑信不然萬一逼人於罪使無辜者受枉罰令得無愧於心乎乃若獄門出入之禁其責專在當日推司監牢嚴行拘督應當日而拋離不到者有罰吏

卒非係在獄而輒入者有罰令自點察之外許人告訐罪人水火茶飯各須有人監臨事畢即入元處不得放令閑散逐牢內門無故不得輒開若家屬傳送茶飯不得私令與囚相見吏卒亦不得因而與之傳遞信息漏泄獄情此皆所當深致其防者也夫縣獄與州郡不同州郡專設一官故防閑曲盡縣令期會促迫財賦煎熬於獄事每不暇詳謹罪之小者縣得自行決遣罪之大者雖亦申州而州亦惟視縣款爲之憑據則縣獄豈不甚重而令之任責豈容不曲盡其心哉故愚於此反覆諄諄不嫌於贅

催科篇第八

今之作縣者莫不以催科爲先務而其弊有不勝言者最是鄉胥走弄簿籍漫漶不惟驅督不登縣受郡之責抑亦逼抑過甚民受官之害邇者廷紳奏請以十戶爲一甲一甲之中擇管額多者爲首承帖拘催自浙而江往往行之已徧今不當別爲規約止是就

此察其弊而圖其官民兩不相病者爲善耳愚嘗思之去官之病者爲說有三去民之病者爲說亦有三其一曰民戶合管產業籍之於縣縣道合抱稅額籍之於州州視額督趣縣視產起催此常式也然多有坍壞有逃絕郡雖迫之縣縣實無可催者官之與吏徒被督責不若先與刷具事故數目實計若干申州乞差官究實與蠲其額容俟他時興復仍舊起催仍申省部照會或太守難之令能與合催財賦盡數趣辦使郡用不致匱乏當亦自能聽從也其二曰起催賦稅例是勒逐鄉鄉胥供具合管數目以憑給引不知鄉胥與富強之家素相表裏有稅未卽具上或不盡具至有每年不曾輸官者却止將良善戶先具催數或多科尺寸逼令輸納此只合選稍公實吏人具出等則先次起催上三等而後隨及四等以下戶又令自將前兩年產稅簿照看如吏人當具而不具與夫當催而不催者皆有罰所以不用新造簿而必用舊簿者防鄉胥爲欺也若誘曰升降不等過割不時畢竟田主雖易而田則未嘗易自可挨究官物之所在如是則無陷失之患其三曰每日催到官錢至夜方有定數已難入庫多是寄留廊頭或公吏處遂至侵貸移易或有止以虛數影過者其法合置兩大櫃且與櫃行收銷來早或躬親或委官點數入庫不可因循又須擇家計稍溫行止稍明有親戚保識人充庫子每旬休與之點視及將收支簿曆驅磨其庫壁須用板夾持十分堅固待其欺瞞侵盜之後雖斷刺估籍與夫抑勒衆人塡納亦無及矣此去官之病當爾其一曰甲帖之設本以優役戶今乃以困官戶蓋起催本是戶長之責今官戶不應役者亦承帖科催矣姑置勿論但差甲首之時弊倖尤多有囑者稅額雖多乃與分爲三數引而常爲甲下戶矣無囑者稅額雖少乃與最少下戶同引而常爲甲首矣不特先期輸納而甲下十標欲其分給人戶有居於縣市者有居於外都者安能一一

識認其家最爲被擾莫若各隨都分等則分差一等戶止與一等共甲仍不許將合納數目分作別引其納足乞改付下次者案吏不得邀阻違許執覆將吏科斷其二曰民戶之受害者莫甚於已納重追皆由案吏不相關照鄉胥不與銷豁夫先期樂輸本是畏法而點追苛擾與未納同又且呈鈔繳引分外費用人誰肯先輸乎此合責之典吏每日將已納戶名逐一銷豁若泛常引標成見印給者須要典押用保明印子若不時點追令自判押者兼要鄉胥印子保明卽非重追如虛甘罪異時或有以重追訴者必加罪於保明之人其三曰妄攤之弊尤不可不禁夫官戶輸納多憑幹人鄉戶則憑攬子二稅起催之初係攬幹各於逐處領錢入己輒將移易盜用逮官司催督嚴緊却推於已出某人合係某人抱納將來追會明白之後固自不可逃隱但圖一時且得推拒數限逐時湊辦而被攤被追者果何辜哉下戶之頑狡奸滑者計亦出是

要須每遇追到供攤者先責狀附案如虛甘受欺隱官司之罰然後方與追理事果虛妄斷在必懲此去民之病當爾夫有田則有賦頑猾抵官者誠所當治而善良樂輸者要當與之覆護其大要則合於移割加之意焉蓋產去賦存不可不察民有以出業報者便當關會受業之家割稅歸戶然後却與除退庶幾無泛追無濫罰無推攤抵捱之弊此則正本澄源之地也

理財篇第九

縣自常賦之外一毫不可妄取諸民雖有理財之策奚其施亦惟於酒稅加之意耳酒稅解郡月有常額措辦不及亦懷惴惴之憂況望其餘裕可助縣用哉雖然經理有方亦未嘗不沛然也今之言酒者不過曰官課之所以不行者私酤害之耳貼榜張旗專遣巷陌鳴鑼拽隊徧走街坊脫有斗升敗獲到官便輒枷訊禁繫累月蕩其生理妨其營趁卒至於飢餓病困之域猶之可也人有私

隙者便輒誣以釀酤密來首陳意在擾害不問虛實輒差弓手轎番十數爲羣持杖突入徧搜房屋遶打墻圍無異於大刼盜不知人之所以冒法私飲者皆由官醞不堪入口我苟留情酒政六物必良其在庫也謹滲漏隱瞞之弊其在店也防夾和剋退之欺酒司之外專差典押吏人各一名任責措置如發賣流通利息增衍則典押吏人酒司酒匠皆量支犒賞否則有罰官醞既多且旨誰肯私飲以自速辜故雖榷禁不嚴驅之亦不從矣今之言稅者不過曰官額之所以不登者商賈瞞隱爾於是嚴搜邏之策遣差攔頭弓手等輩於界首攔截動至三四十里之外追求客旅溪壑無厭得厚賂則私與放行徑不令其到務商稅不伏予以賂者則被擒到官倍稅之外費用如故猶之可也其所差攔頭弓手又復將帶游手惡少遍走鄉村以捉稅爲名打甃人家雞犬搶奪行旅籠仗固有望風畏遁轉相告報取他道而去者矣不知督促之嚴征斂之重是乃驅之使不敢至不若多出手榜四散貼示明諭重征之弊自此革絕照則例合行收稅一貫文者今且權收八百或九百其攔典合干人等費用一切痛革商稅一畢便給出子証應出縣更不許攔典稽滯乞覓若商旅不經縣務投稅輒行私路遁去爲本縣所獲定將物貨倍稅之外更與勘斷令衆候替斷不輕貸蓋取之雖少而來者則多課利自然盈衍孰不願出其塗哉此外則有牛驗醋息與夫茶麥牙契免丁房賃自可隨宜拘催近來諸邑別欲增衍多有出賣官紙者吏人行遣人戶投詞非官紙不用此本非法令所許若縣道籍此支用已非一日難於頓罷姑與循舊但不可創例作俑耳今之士大夫又有專務科罰者公吏有過則令罰直若干人戶論訴理曲合與斷罪乃以修造爲名各罰錢入官若干不知此錢果歸何地邪甚而羅織罪名恣行抄估信受妄狀沒人產業皆令所當深懲而痛革者也若夫坊場經總役錢等多屬佐廳故不復云

差役篇第十

有身斯有役而民之畏役甚於畏死者蓋百年治生壞於一年之充役而其患之大者在於催科始則用財囑託期於脫免中則逃亡死絕被抑塡陪終則箠楚禁錮連年莫脫其勢不至於敗家蕩產鬻妻賣子不止也吁置產以養身而反因產以害身亦可悲已今既行紹興甲首之法可免稅長與催頭之責則應役者不過輯保伍應期會而已民亦不至甚憚而巧計以求免也況自嘉定間朝廷主張義役自處發舉行馴至諸郡邑莫不嚮應行之既久官民咸以爲便昔有持使節者乃獨深惡義役其說專謂利上戶而不利下戶便富民而不便貧民蓋視產出財固爲均適而平日產力鮮少未嘗充役者乃因義役例被斂金及有掌管不得其人或致侵漁盜用又不免再行科率故深以爲民病不知義役本美事

但止令合充役人貟金緣廩而不及未嘗充役者兼令出財戶輪年掌管萬一虧折亦有責償之地便爲盡善何必深惡之耶今在州縣多是義役若猶未也亦宜勸勉爲之萬一事勢或有難行止合從官司每歲差役則其要當先委佐貳侍官驅磨產力簿及許人陳首詭挾僞簿書物力一定然後照各鄉則例物力及若干方令充役最小者充一年或半年倍與倍差者各隨多寡增年限循環充周而復始如是則亦无物力高而歇役近與物力低而歇役久者爭執之患若有原係不應充役白脚而近來增置田產歸併詭挾物力亦償及役則且差白脚仍爲圖揭之坐右以便閱視某都某人某日當滿每將滿數月前先行擬差下次役人告示知委如差不當仰即來陳理不許臨役方行推託蓋近來官司多是役滿方差下次一人被差之人不問當否且行推託圖得遷延待就役時已被其挨過若干月日矣而烽火盜賊等事無人任責最爲利害今之鄉司差役率爾受賂甲訴不當則轉而差乙乙訴不當則轉而差丙此風尤不可長使前之所差非則鄉胥豈得無罪前之所差是則今豈應復改而至於再至於三耶若當職官自能參酌簿籍從公定差當無是非舛錯之患差定合具圖子申倉司照會以杜其妄訴之漸則所差既當而斯民樂于就役也

賑恤篇第十一

歲獲大有家用平康不惟民之幸實令之幸一罹災歉何事不生若流離若剽奪若死者相枕藉啼飢連阡陌豈非令之責哉故不幸而疫癘倏興則當遣吏抄劄家數人口命醫給藥支錢付米其全家在寢者官爲傭債丐徒看直每日兩次點察其因病不救者官爲辦給棺木仍支錢與之津送或不幸盜賊竊發則當下都申嚴保伍每五家爲一甲五小甲爲一大甲保長統之有警則鳴梆集衆協力勦捕捕到官爲犒賞激厲其餘若乞兵防拓若出榜撫諭皆當隨宜行之其有水火挻災人民離散者當稟白州郡借貸錢米人各以若干米給之若干錢貸之使之整理室廬興復生業不贍則咨目偏白不被害上戶量物力借貸併與貸給齊民許其一月之後日償若干官却以其所償者償之上戶償之州家此策不虧官而便民最爲盡善若但知賑濟則恐如曾南豐所謂相率日待二升之廩於上勢不暇乎他爲吾恐官之所給无已時而民之不復業如故也其有旱澇傷稼民食用艱者當勸諭上戶各自貸給其農佃直至秋成計貸過若干官爲給文墨仰作三年償本主其逃遁逋負者官爲追督懲治蓋田主資貸佃戶此理當然不爲科擾且亦免費官司區處官之所當處者只市井耳却以官錢貸米鋪戶令其出外郡邑販米出糶但要有米可糴却不可限其價直米纔輻湊價自廉平雖無待開廣惠倉可也若先君宰金谿二年值歉只行此策民亦無飢不可不知也然此皆爲災歉設也

非令所願聞也平居無事令所以恤民者惟蠲役僦金耳雨暘祈禱大暑極寒固所當行甚而知縣尤以邀民之譽或到官或生辰或轉秩循資或差除薦舉悉放免若干日至有一歲放及太半者不知僦金既已折閱誰肯以屋予人積至塌壞傾頹不復整葺而民愈無屋可居矣是蓋不知貧富相資之義者也令果能以恤民爲心則政必簡刑必清无濫追无久繫不以科斂傷民力不以土役妨民時果何事而不可行吾恤民之心哉

用刑篇第十二

縣無甚重之刑小則訊大則決又大則止於杖一百而已吏民無甚愆過便輙以杖一百加之不知罪或大於此又將何術以處之哉而況行杖者或覰望聲勢或援受賄賂行遣之時殆同兒戲此非所以使人畏乃所以使人玩也愚謂杖一百之刑殆不可數施訊決亦止可十數下若大杖止七五下或十下須令如法決遣下

下嚴峻然後人自畏服初不在乎數目之多徒爲行杖者賣弄耶若杖一百却留爲極典非大過犯大愆誤不施須令人畏懼而不敢犯此則省刑之大略也每奸盗羣囚獲到之初首行腿訊多至二三百下此其不可者一也蓋被獲到官沿途縶縛拷打或饑餓困頓已非一日若又即從訊決多有斃於拚杖下者孰若徑押下獄明正典刑也豪強之家論訴鄰里官司不問是非便與行遣此其不可者二也蓋杖決雖微王法攸寓不可妄加無罪豈應副人情之具若徇其私請張其聲勢將來武斷鄉曲稔惡積愆欲救之無及矣盗賊累犯合與刺環今有初犯及盗不滿疋者一爲勢利所怵便與斷刺不知鞭撻至慘肌膚猶有可完之時一經刺環瘢痕永無可去之理所犯出於一時不得已而被罪至於終身不雪此所當戒者三也凶惡害民合與永鎖今有偶觸長官之怒及勢家所惡者便與幽之囹圄縶之尉寨不知罪不至死一身之困躓

難逃身既被囚數口之飢寒孰給所謂破家縣令皆是之類此所當戒者四也乃若用刑之節如入夜有禁遇日當禁皆當時時警省老幼不及疾孕不加皆當事事省察令甲備著毋待多云然又有三說一我醉二彼醉三羸瘠蓋我醉而行刑則旁觀必以使酒疑我萬一果有過當雖悔奚追彼醉而加刑則酩酊之中何知畏懼萬一因醉凌犯取辱貽羞羸瘠而受刑則必其人飲食之闕違氣力之困憊笞箠之下尤有不可測者今又有人求加於杖一百之外自知徒流以上不可用乃輒搥折手足尤爲殘忍某事某罪國有彝章法外戕人豈字民之官所當爲者戒之哉戒之哉

期限篇第十三

凡事非信不集況一邑之事至爲總總一令之威無甚赫赫乃使期限不信號令不肅其何以行之哉故其要莫先於立限之堅然立限有別應限有程泛常追會止給到限許其三次申展三展未圓厥罰訊若干然後換給定到許其二次申展二展又未了厥罰決若干仍換給不展引此則誠不可復展矣若更稽違則當勘杖若干枷監追集如有督捕緊切之事則當徑出定到之引或不展引拘確如前或恐縣道有十分緊急事務非可以頃刻稽違斷欲必集者則當給加牌不展引此牌引違則有大罰如勘錮如傳都皆當先示戒警又須以不數用爲尊一歲之中才三數次給發非有大故不發亦可凡限當展不展敢爲故意藏匿者決罰則視限之輕重立限之別如此都有廣狹地有遠近當量其力使之可以趁赴其去縣五十里以上及地分稍廣隔涉溪嶺者每限以七日或十日爲約下此者則以五日爲約此合先考遠近廣狹之數預立規式置簿明署某都限例十日或七日某都限例五日逮給限之時須令直日廳吏就案頭隨即抄記以伺令之自行稽察應限之程又如此夫上之役下固欲集事下之應役亦欲事集以免過

爾而今之里正以期會不報被笞索者纍纍也其弊在於上之給引泛濫而無統甚至一次當限累數十引追逮百餘輩其里正之代役者自知應赴不及必遭笞決於是併與其可以辦集者一切稽違却遍求被追者之賂其意以爲十違二三與十違七八被杖等爾何苦不求賂哉由是事愈難集此蓋役之者非宜自難責其下之必應也要當先令限司立定規式每都一限不得過十件如事多十引之外餘引與給後限若里正違引一件與免笞兩件量加笞決三件四件各決若干甚至十違八九則勘杖錮身不容輕貸呈比之初令限司先自具出某都申展若干件照約束合若何行遣其追人見到者謂之著到別作一沓其止是申展者謂之蹺申又別作一沓然後令視牘判行庶乎上不煩而下不慢此亦拘限之大綱也

勢利篇第十四

今之從政者類以抑強扶弱爲能其說曰貴者勢焰薰灼而喑嗚叱咤可使賤者奪氣富者田連阡陌而指揮拱揖可使貧者呑聲吾能中立不移剷貴沮富故凡以勢利至者不問是否例與摧抑嘻彼有畏首畏尾惴惴焉勢利之臨曲法循情奉承惟謹求以爲自全自媚之計者是誠不足齒矣然使一切以抑強扶弱爲說亦豈中道哉夫挾貴以凌人固有之矣亦豈無不驕者乎挾富以傲物固有之矣亦豈無好禮者乎使其例以矯世絕俗爲心而不問其事之曲直是非則此風既長佃者得以抗主強奴悍僕得以慢其弱子寡妻以至奸猾之徒飾爲藍縷而市井小輩凌辱衣冠末流將奈何哉故吾惟平心以遇物則其政平矣孟子曰爲政不難不得罪於巨室巨室者一鄉之望也齊民之所依倚者也其間有道義重士文獻故家過從往來儘可以問政請益植材潤屋積粟盈囷緩急凶荒亦欲其捐有濟無巨室本未嘗得罪於我乃遽以抑強扶弱之說先入乎其心因得罪於巨室不知巨室果何負於邑大夫哉其有凌轢善良欺慢寡弱或武斷於鄉曲或羅織於平民事若到官所當照法剖決然使小人無知蔑有名分因事以咆哮乘醉以憑陵詎容不與之懲戒乎其有聲勢凌人慘酷御下或呑併他人財產或強占他人婦女被苦有訴所合盡法施行然使頑狡行竊誣賴主家租債不伏了還界至輒行侵易詎容不與之理直乎戶門有故封狀過廳當量酌可否判行若兜攬關節爲他人致委曲此合平時預行稟白雖痛絕力卻其奚辭追陪節序饋遺往來當審度辭受酬答若因有懇禱遂以賄賂相及此合明示嫌疑力與辯避將之以委曲之意其奚怨夫律己未至處事不公一妄庸人亦得以有辭於我以誠敬相與以禮義相遇彼雖挾勢與利其敢以撓吾之政哉故愚謂勢利之交固不當委曲以相承亦不必矯亢以自異平居交際笑語相歡非意相干可以理遣在

我自有定論若惴惴然懼其持我疑其浼我思所以防閑抑遏之道亦非爲政之善者也

遠嫌篇第十五

禮經曰決嫌疑明是非夫我本無有他也而使人得以疑似之迹議我妄一男子蓋已不便於此況出而爲政將正己以正人乎故我未嘗私且怠也而人或以是而疑我是必有不公不勤之迹有以召人之疑我未嘗貪且濫也而人或以是疑我是必有不廉不正之迹有以召人之疑一事可疑將无事而不疑之矣一日可疑將無日而不疑之矣蒙是疑也我知之尚不可辨況人未必肯以是告我而人之疑我已自籍籍積而傳之道路達之臺府厥害豈淺鮮哉故君子於嫌疑是非之間最當早正其微而力遠其迹也且賓朋遊謁所不可辭自合延之書院或別室於是邑人相與語曰某往來甚密某款語甚久情好必甚相得利病可以悉言凡有訴在官詞理甚虧之人往往輻湊其門而請託之路開矣甚者賣廳角打筆套甲乞我金若干當爲轉達百里乙有請亦若是飛蓋馳轂趨謁縣齋語話移時倏然而退則告甲與乙曰已爲致委曲矣實未嘗及齒也他日令決其事必有一勝則如約取金曰將以納之琴堂令何辜而受此名哉愚謂納謁之時例止當於公廳相見吏民共覩自難致疑但使禮貌有加彼自不以爲慢也且節序宴會所不可廢自聚集娼妓出入宅堂其間子弟館客相見既密戲謔寧無賢者固不爲是然瓜田李下寧免相疑一語乖邪便輒傳播萬口喧籍動生風波而非褻之謗興矣其甚者多買姬妾却令妓女之精於樂藝者教習歌舞出入無間笑語無時豈惟絃歌之聲轉徹於街坊抑亦淫辟之語浸入於閨闥情好稠密事體叵量縱能潔身其他尤有難於防閑檢柅者令亦何利而爲此舉哉愚謂燕會之時非得台旨妓女不許輒入宅堂若旬休公暇欲與

僚寀士友會聚只爲文字清飲彼當不以我爲簡也剖決公事自有公理正法吾亦何心其間但自知縣懈怠多令吏人納案俟暇隙看閱或呼吏人入與評議或令吏人撰擬判稿於是或者得以疑其受成吏手矣要當於公廳之側幕帟一室遇暇則據胡床披案牘必不使吏至前也收到官錢自有庫眼封閉吾亦何私其間但自知縣過慮或恐胥吏侵貸盜賊鑽窺乃令分管別庫或俾寄留宅堂於是或者得以疑其萌意漁獵矣要當謹固壁落精擇司胥切不可率意移徙徙涉難明之迹其他疑似招謗故亦多端難以筆舌盡述但令每處一事必須昭晰明白如水清之無滓如止水之無波則彼雖欲點汚吹颺殆有不可得者若曰我此心平正無愧俯仰足矣奚必規規然遠嫌避跡求以示人哉殆恐將來或有悔尤必自嫌之不遠迹之不辨始雖噬臍無及矣

宗祥案四五兩篇及第六篇前半學津討原中皆全今不補以存眞相

說郛卷第八十九終

說郛卷第九十

師友談記一卷　宋李廌 字方叔

元祐癸酉正月二十六日見東坡先生公曰近因講筵從容爲上言人君之學與臣庶異臣等幼時父兄驅率讀書初甚苦之漸知好學則自知趨向既久則中心樂之既有好樂之意則自進不已古人所謂知之者不如好之者好之者不如樂之者陛下上聖固與中人不同然必欲進學亦須自好樂中有所悟入且陛下之學不在求名與求知不爲章句科舉計也然欲周知天下章疏觀人之文章事實又萬機之政非學無所折衷上甚以爲然退見宰輔誦其語且曰上天性好學某將自漢至唐擇其君臣大節政事之要爲一書以備進讀今讀三朝寶訓林予中所編也

東坡先生嘗謂某曰范淳夫講書爲今經筵講官第一言簡而當無一冗字無一長語義理明白而成文燦然乃得講書三昧也廌自太史先生初在講筵即游其門今且八年自昔嘗聞公誥朝當講即前一夕正衣冠如在上前命子弟侍坐先按講其說廌未始得與聽也邇來遂獲與聽先生平時溫溫其語若不出諸口及當講開列古義仍參之時事近代本朝典故以爲戒勸其音琅琅然聞者興起宜乎久侍邇英而爲儒林之冠也二月朔太史公當講廌前一夕獲聞按講王制巡狩望祀之禮曰古之人多因嘗望秩之說乃附會望秩之說爲封禪之事或以求神仙或以祈福或以告太平成功皆秦漢之侈心非古者巡狩省方之義爲人臣凡有勸人主封禪者皆佞臣也廌以此言爲守成之龜鑑

廌少時有好名急進之弊獻書公車者三多觸聞罷然其志不已復多遊鉅公之門自丙寅年東坡嘗誨之曰如子之才自當不沒要當循分不可躁求王公之門何必時曳裾也爾後常以爲戒自

昔二三名卿已相知外八年中未嘗一謁貴人中間有貴人使人諭殷勤欲相見又其人之賢可親然廌所守匹夫之志亦未嘗自變也嘗爲太史公言之公曰士人正當爾耳士未爲臣進退裕如也他日子仕於朝欲如今日足以自如未易得之矣李文正嘗曰士人當使王公聞名多而識面少此最名言蓋寧使王公訝其不來无使王公厭其不去如子尙何求名惟在養其高志爾廌以此如佩韋弦也

太史公嘗講禮曰擬人必於其倫先儒之說謂擬君於君之倫擬臣於臣之倫臣以爲此特位而已擬人必以德爲美桀紂人君也謂匹夫爲桀紂其人必不肯受孔孟匹夫也謂人君爲孔孟其人必不敢當

友人董耘餽長沙貓笋廌以享太史公太史公輒作詩爲貺曰因笋寓意且以爲贈爾其詩曰穿雲斵石遠林空來涉江波萬萬重

實比梧桐能養鳳籜翻風雨便成龍一枝未許塵鞍掛千畝終留渭水封陋巷簞瓢知不稱君王玉食願時供廌即和之亦以寓自興之意且述前相知之情焉其詩曰節藏泥滓氣凌空薦俎寧知肉味重未許韋編充簡冊已勝絲委誑蛟龍短萌任逐霜刀重美榦須煩雪壤封他日要令高士愛不應常奉宰夫供秦少游亦和之曰楚山春筍劚雲空北客常嗟食不重秀色可憐刀切玉清香不斷鼎烹龍調羹未愧尊千里入貢常隨傳一封薄祿養親甘旨少滿苞時賴故人供

廌謂少游曰比見東坡言少游文章如美玉而无瑕又琢磨之功殆未有出其右者少游曰某少時用意作賦習貫已成誠如所謂點檢不破不畏磨難然自以華弱爲愧邢和叔嘗曰子之文銖兩不差非秤上秤來乃筭子上筭來也廌曰人之文章闊遠者失之太疎謹嚴者失之太弱少游之文辭雖華而氣古事備而意高如鍾鼎然其體質規矩資重而簡易其刻畫篆文則後之鑄師莫彷彿宜乎東坡稱之爲天下之奇作也非過言矣

二月十日出陳橋門稍西十里白溝上原謁陽翟縣令孫敬之偕會開府承議郎張䆳非俊語張浙人也傳云劉蓊樞知定州錢穆父居樞位其實則無也廌謁孫敬之曰歲前廌到陽翟覩傳蔣穎叔爲辭熙帥奪待制以本官謫知舒州廌曰出京時上宮謝見蔣穎叔以待制屈從不足信衆鄉人咻之今日穆父之拜竊恐如穎叔之傳也已而果然乃知廡傳之書不必遠方雖國門之外已不足信矣敬之曰今年上元呂丞相夫人禁中侍宴獨以上相之夫人得以奉觴進於二聖餘執政命婦則並立副階上北向羅拜宴罷辭謝皆登露臺望拜奉觴以進頗戰慄寶慈曰夫人與吾年相若特命二女史扶擁以示恩意敬之曰呂相夫人乃中表親也爲某言禁中禮數甚詳曰御宴惟五人上居中寶慈在東長樂在西

皆南向太妃暨中宮皆西向寶慈暨長樂皆白角團冠前後惟白玉龍簪而已衣黃背子亦無華彩太妃暨中宮皆鏤金雲月冠前後亦白玉龍簪而飾以北珠珠甚大衣紅背子皆用珠爲飾中宮雖預坐而婦禮甚謹惟內顧寶慈坐不敢安雖廣樂在庭未嘗一視也上前後宮侍女固多皆天下奇色惟四人一樣粧梳衣服之類無少異俄至上側未移刻又忽四人至凡十有六番其服飾珠翠之盛信天下之所未覩上天顏穆然敬奉二宮有不邇聲色之意

秦少游論賦至悉曲盡其妙蓋少時用心於賦甚勤而專常記前人所作一二篇至今不忘也少游言凡小賦如人之元首而破題二句乃其眉惟貴氣貌有以動人故先擇事之至精至當者先用之使觀之便知妙用然後第二韻探原題意之所從來須使用議論第三韻方立議論明其旨趣第四韻結斷其說以明其題意思

全備第五韻或引事或反説第七韻反説或要終立義第八卒章尤要好意思耳少游言賦中工夫不厭子細先尋事以押官韻及先作諸隔句凡押官韻須是穩熟瀏亮使人讀之不覺牽強如和人詩不似和詩也

少游云賦中用事唯要處置纔見題便要類聚事實看緊慢分布在八韻中如事多者便須精擇其可用者用之可以不用者弃之不必惑於多愛留之徒爲累耳如事少者須於合用者先占下別處要用不可那欑

少游言賦中用事如天然全具對屬親確者固爲上如長短不等對屬不的者須別用其語而裁剪之不可全傍古語而有疵病也譬如以金爲器一則無縫而甚陋一則有縫而甚佳然則與其無縫而陋不如有縫而佳也有縫而佳則可知矣

少游言賦中用字直須主客分明當取一君二民之義借如六字句中兩字最緊只須用四字爲客兩字爲主其爲客者必須協順賓從成就其主使於句中煥然明白不可使主客紛然也

少游言賦中作用於雜文不同雜文在人意氣變化若作賦則惟貴鍊句之工鬬難鬬巧鬬新借如一事他人用之不過如此吾之所用則雖與衆同其語之巧迥與衆別然後爲工也

少游言賦家句脉自與雜文不同雜文語句或長或短一在於人至於賦則一言一字必要聲律凡所言語須當用意屈折斲磨須令協於調格然後用之不協律調義理雖是無益也

少游言凡賦句全藉牽合而成其初兩事甚不相侔以言貫穿之便可爲吾所用此鍊句之工也

少游言今賦乃江左文章凋敝之餘風非漢賦之比也國朝前輩多循唐格文冗事迂獨宋范滕鄭數公得名於世至於嘉祐之末治平之間賦格始備廢二十餘年而復用當時之風未易得也

少游言賦之説雖工巧如此要之是何等文字廌曰觀少游之説作賦正如塡歌曲爾少游曰誠然夫作曲雖文章卓越而不合於律其聲不和作賦何用好文章只以智巧飣餖爲偶儷而已若論爲文非可同日語也朝廷用此格以取人而士欲合其格不可奈何耳

東坡嘗云頃年文忠歐公薦其先君薦章纔上一時公卿爭先求識面交口推服聲名一日大振蓋歐公之言既取重於世而當時之人亦有喜賢好善之心無紛紛翕訿之間言也

東坡云頃同黄門公初赴制舉之召到都下是時同召試者甚多一日相國韓公與客言曰二蘇在此而諸人亦敢與之較試何也此語既傳於是不試而去者十蓋有八九矣

東坡曰國朝試科目亦在八月中旬頃與黄門公既將試黄門公忽感疾臥病自料不能及矣相國韓魏公知之輒奏上曰今歲召

制科之士惟蘇軾蘇轍最有聲望今聞蘇轍偶病未可試如此人兄弟中一人不得就試甚非衆望欲展限以俟上許之黄門病中魏公數使人問安否既聞全安方引試凡比常例展二十日自後科目並在九月蓋始於此比者相國呂微仲語及科目及何故延及秋末之説東坡與呂相國言之相國曰韓忠獻其賢如此深可慕爾

太史公講月令開題凡數千言備陳歷世遵陰陽爲政事之迹與魏相柳宗元之説反覆甚明前世論時令者莫能過也且曰儒者多言不必從月令故時令論立説誠有破漢儒附會災異之弊然洪範以五事應五行有休徵咎徵符契甚明後之人君不可不爲監也

太史公講月令開題曰行春令則云云者人君之政令非天之時氣也故此之時必當行本時之令以順之若逆之則五行相剋之

類隨類來應如人五臟相勝則有受克之處其不和之氣自來爲病也今人見時之氣寒燠非候曰行某令行某令者非也廌在元祐三年省試策問有魏相時令者廌之所對大略與太史公之說同但其卒曰王者應天以實不以文故人和而天地之和應之不必法其繁文末節但時和歲豐家給人足則便爲太平之實若求其芝草生鳳凰至等瑞皆漢代君臣不務本而區區尚其虛文也漢之好復古者無若王莽而劉歆又以儒術緣飾之奏祥瑞作頌聲者甚衆有益于治可救其亂乎詞多不能詳姑記其大槩耳既不效何必道乎

王豐甫言章元弼頃娶中表陳氏甚端麗元弼貌寢陋嗜學初眉山集有雕本元弼得之夜觀之忘寢陳氏有言求去元弼出之元弼每以此說與朋友言之且曰緣吾讀眉山集而致也元弼越人文蒙之子小廌一歲嘗以賢良方正科召太史公極愛之嘗三

薦於朝朝廷以太史公之薦元弼雖蔭補未登科亦除陳州州學教授元弼好謁當塗鉅公嘗自咸平晨湌行七十五里入都懷刺來謁中途不遑秣馬也甚癯瘁隆冬短褐冠弊履穿併日而食陳州之行太史之賜厚矣

蘇仲豫言蔣穎叔之爲江淮發運也其才智有餘人莫能欺漕運絡繹蔣與人暗知風水嘗於所居公署前立一旗曰占風旗使人日候之置籍焉令諸漕綱日程亦各計風之便逆蓋雷雨雪雹霧露等或有不均風則天下皆一每有運至取其日程曆以合之責其稽緩者綱吏畏服蔣之去占風旗廢矣

國朝法綱船不許住滯一時所過稅場不得檢稅兵稍口食許於所運米中計口分升斗借之至下卸日折筭逐人之俸糧除之蓋以舟不住則漕運甚速不檢則許私附商販附商販雖無明條許人而有意於兼容爲小人之啗利有以役之也借之口糧雖明許之然漕運既速所食幾何皆立法之深意也自洛司置舟官載客貨沿路稅場既爲所併而綱兵搭附遂止迴來遵洛司既廢然所過稅場有隨船檢稅之滯小人无所啗利日食官米甚多於是盜糶之弊興焉既食之又盜之而轉搬納入者動經旬月不爲交量往往鑿竅自沉以滅其迹有司治罪鞭配日衆大農歲計不充雖令犯人逐月剋糧塡納豈可敷足張文定爲三司使日云歲虧六萬斛今比年不啻五十餘萬斛矣而其弊乃在於綱兵也東坡爲揚州嘗陳前弊於朝請罷沿路隨船檢稅江淮之弊往往除焉然五十萬之闕未能遽復數十年之後可見其效淮南楚揚泗數州日刑綱吏不啻百人能救其弊此刑自省仁人之言其利溥哉

蘇仲豫言頃在先帝朝葉溫叟常提擧陝西保甲忽有詔曰御批問所隷諸州所教保甲精牣如何葉上劄子言臣所教保甲委是精牣奏至神宗笑之謂侍臣曰葉溫叟將謂牣字是精確也

晁无咎云著作職今不修日曆甚閑但改教坊判官致語口號等

及小祠祭校對祝版爾

晁无咎言頃仁宗嘉祐末英宗判宗正時館中進所校對祝版凡九每版皆曰嗣皇帝某或曰嗣天子臣某舊例御名處貼黃云署仁宗時苑中親作一亭甚華仁宗自名之曰迎曙亭已而藉乃英宗名也改之曰迎旭亭仁宗以旭字未安又改之曰迎煦亭皆默符英皇之名神宗御名今上御名也天命符瑞之驗預有定哉

李淳希聲言頃侍其祖茂直爲江西監司日聞徐禧德浩自御史中丞以母喪還洪府日洪有媼善以三世祿命書言人吉凶德浩俾占之媼曰當與兵死徐氏皆怒之媼曰无煩怒也其書古人所記其變具存以其書示之甚一僵尸身首異處血汚狼藉而烏鳥啄之徐氏猶欲以妖言將檄有司笞之媼以衆解得免後德浩敗永樂城破虜既害之蹂踐其尸正符媼說媼尚存洪人因重之又

曰禧經制西事日與沈括議入居永樂括不欲入禧以不同其計自以數萬人守焉禧自守虜大縱兵圍之四面不見其際禧節制諸將不許出戰城中兵相殘殺禧命曲珍內平之守既久城中無水兵皆渴至有殺人而吮睛飲血者禧命掘井數十尺方及泉既汲禧命以軍額高下次第飲之衆兵怨怒凡汲一罌衆兵皆以衣漬而吮之衆渴不已請開城飲於壕雖死不憾城開外兵遂入而居焉又言徐禧之妻黃魯直之堂妹也故禧死魯直祭文有文足以經邦武足以定難之語禧之沒朝廷厚其贈典至金紫光祿大夫吏部尚書謚忠愍官其子弟八人禧止有一子甚幼曰俯遂獨受其遺澤至通直郎今上即位覃恩轉奉議郎今年才十有六歲矣近娶呂溫卿之女蓋呂吉甫與禧厚善故也每讀責呂吉甫誥至於力引狂生之謀馴至永樂之禍未嘗不泣涕也好讀兵書善學其舅魯直近有詩云平生功名心夜窗短檠火大賞之也

東坡言普安禪院初在五代時有一僧曰某者卓庵道左方藝蔬丐錢以奉佛事一日於庵中晝寢夢一金色黃龍來食所藝萵苣數畦僧寤驚曰是必有異人至此已而見一偉丈夫於所夢地取萵苣食之僧視其貌神色凜然遂攝衣迎之延於庵中饋食甚勤復取數鐶餞之曰富貴无相忘因以所夢告之且曰公他日得志願爲老僧只在此地建一大寺幸甚偉丈夫乃藝祖也即位求其僧尚存遂命建寺賜名普安都人至今稱爲道者院元祐八年因送范河中是院閑言之爾

翰林志 一卷全抄

唐李 肇

昔宋昌有言曰所言公公言之所言私王者无私夫翰林爲樞機密宥之地有所慎者事之微也若制置任用則非王者之私漢制尚書郎主作文書起草更直於建禮門內臺給青縑白綾或以錦被幃帳氊褥晝通中枕大官供食湯官供餅餌五熟菓五日一美食下天子一等建禮門內得神仙門內得光明殿神仙殿自門下省中書省蓋以今翰林之制略同而所掌輕也漢武帝時嚴助朱買臣吾丘壽王司馬相如東方朔枚臯之徒皆在左右是時朝廷多事中外論難大臣數詘亦其事也

唐興太宗始於秦王府開文學館擢房玄齡杜如晦一十八人皆以本官兼學士給五品珍膳分爲三番更直宿於閣下討論墳典時人謂之登瀛洲貞觀初置弘文館學士聽朝之隙引入大內殿講論文義商較時政或夜分而罷至玄宗置麗正殿學士名儒大臣皆在其中後改爲集賢殿亦草書詔至翰林置學士集賢書詔乃罷

初國朝修陳故事有中書舍人六員專掌詔誥雖曰禁省猶非密切故溫大雅魏徵李伯藥岑文本褚遂良許敬宗上官儀時召草制未有名號乾封已後始曰北門學士劉懿之劉禕之周思茂元

萬頃范履冰爲之則天朝蘇味道韋承慶其後上官昭容獨掌其事睿宗則蘇頲賈膺福崔湜玄宗初改爲翰林待詔張說陸堅張九齡徐安貞相繼爲之改爲翰林供奉開元二十六年劉光謙張垍乃爲學士始別建學士院於翰林院之南又有韓紘閻伯璵孟匡陳兼李白蔣鎮在翰林院雖有其名不掌其事已後翰林始兼學士之名代宗初李泌爲學士而今壁記不列名氏蓋以不掌事之故也

按六典中書詔旨制敕璽書册命皆案典故起草進畫其禁有四一曰漏泄二曰稽緩三曰遺失四曰忘誤所以重王命也敕制既行有誤則奏而正之凡王命之制有七一曰册書立后建嫡封樹藩屏寵命尊賢臨軒備禮則用之二曰制書行大典賞罰授大官爵敍革舊政赦宥降虜則用之三曰慰勞制書褒賢良勸勉勳勞則用之四曰發白敕增減官員廢置州縣徵兵發馬除免官爵

授六品以下官處流以上罪並用之五曰敕旨爲百官承旨而爲程式奏事請施行者則用之六曰論事敕書慰諭公卿誡約臣下則用之七曰敕牒隨事承旨不易舊典則用之又答疏於王公則用皇帝行寶勞來勳賢乃用皇帝之寶徵召臣下則用皇帝信寶答四夷書則用天子行寶撫慰蠻夷則用天子之寶發番國兵則用天子信寶並甲令之定制也近朝大事直出中禁不由兩省不用六寶並從權也元和初置書詔印學士院主之凡赦書德音立后建儲大誅討免三公宰相命將曰制並用白麻紙不用印雙日起草候閤門鑰入而後進制隻日百僚立班於宣政殿樞密使引案自東上閤門出若謫宰相則付通事舍人矩步而宣之機務要速亦用雙日甚者雖休假退朝而出之凡賜與徵召宣索處分曰詔用白藤紙凡慰軍旅用黃麻紙並用印凡大批答表疏不用印凡太清宮道觀薦告詞文用青藤紙朱字謂之青詞凡諸陵薦告上表內道觀嘆道文並用白麻紙雜詞祭文禁軍號並進本

凡將相告身用金花五色綾紙所司印凡吐蕃贊普書及別錄用金花五色綾紙上白檀香木眞珠琴瑟鈿函銀鏁回紇可汗新羅渤海王書及別錄並用金花五色綾紙次白檀香木瑟瑟鈿函銀鏁諸蕃軍長吐蕃宰相回紇內外宰相摩尼已下書及別錄並用五色麻紙紫檀木鈿函銀鏁並不用印南詔及大將軍清平官書用黃麻紙出付中書奉行却送院封函與迴紇同凡畫而不行藏之函而不用者納之

凡參議奏論撰述注釋無定名奏復允者夜凡徵天下草澤之士臨軒策試則議科設問覆定與奪凡受宣有堂曆日記有承旨簿記大抵四者之禁尤殊而漏泄之禁大約爲甚天寶十二載安祿山來朝玄宗欲加同中書平章事命張垍草制不行及其去也怏怏滋甚楊國忠曰此張公之咎也遂貶盧溪郡司馬兄均建安郡太守弟埱宜春郡司馬德宗雅尚文學注意是選乘輿每幸學士院顧問錫賚尤所不至御饌珍肴輟而賜之又嘗召對於玉堂移院於金鑾殿對御起草詩賦倡和或旬日不出吳通微昆季同時擢用與陸贄爭恩不叶甚於水火天下醜之貞元三年贄上疏曰伏詳舊式及國朝典故凡有詔令合由於中書如或墨制施行所司不須承受蓋所以示王者无私之義爲國家不易之規貞觀中有學士一十八人太宗聽朝之餘但與講論墳籍時務得失悉不相干實錄之中具載其事玄宗末方置翰林張垍因緣國親特承寵遇當時之議以爲非宜然止於唱和文章批答表疏其於樞密輒不知肅宗在靈武鳳翔事多草創權宜濟急遂破舊章翰林之中始掌書詔因循未革以迄於今歲月滋深漸逾職分頃者物議尤所不平皆云學士是天子私人侵敗綱紀致使聖代虧至公之體宰相有備位之名陛下若俯順人情大革前弊凡在詔敕悉歸

中書遠近聞之必稱至當若未能變改且欲因循則學士年月校深稍稍替換一者謗議不積二者氣力不衰君臣之間庶存終始事關國體不合不言疏奏不納雖徵據錯謬然識者以爲知言貞元末其任益重時人謂之內相而上多疑忌動必拘防有守官十三考而不遷故當時言內職者榮滯相半及順宗不豫儲位未立王叔文起於非類竊學士之名內連牛美人李忠言外結奸黨取兵柄弄神器天下震駭是時鄭絪爲內廷之老首定大計今上即位綬絪中書侍郎平章事初授公輔行在命相及就第而拜之至李吉甫除中書侍郎平章事適與裴垍同直裴垍草吉甫制吉甫草武元衡制垂簾揮翰兩不相知至暮吉甫有嘆惋之聲垍終不言書麻尾之後乃相慶賀禮絕之敬主於座中及明院中使學士送至銀臺門而相府官吏候於門外禁署之盛未之有也

凡學士無定員皆以他官充下自校書郎上及諸曹尚書皆爲之

所入與班行絕迹不拘本司不繫朝謁常參官二周爲滿歲則遷知制誥一周歲爲遷官則奏就本司判記上月日北省官宰相送南省官給舍丞郎送上興元元年敕翰林學士朝服序班宜准諸司官知制誥例凡初遷者中書門下召令右臺門候旨其日入院試制書答共三首詩一首自張仲素後加賦一首試畢封進可者翌日受宣乃定事下中書門下於麟德殿候對同院賜宴營幕使宿設帳幕茵褥尚食使供珍饌酒坊使供美酒是爲敕設序立拜恩訖候就宴又賜衣一付絹二十疋飛龍司供馬一疋旬日又進文一軸內庫給青綺錦被青綺方褥青綾單帕漆通中枕銅鏡漆奩大小象篦象梳漆箱銅淶羅銅鑿碗紫絲履白布手巾畫木架床鑪銅案席毡褥之類畢備內諸司供膳飲之物主膳四人掌之內園官一戶三人以供使令其所乘馬送迎於掖仗門內擴門之西度支月給手力資四人人錢三千五百四品已上加一人每歲

內賜春服物三十疋暑服物三十疋綵七屯寒食節料三十疋酒飴杏酪粥屑肉餤清明火二社蒸饅端午衣一付金花銀器一事百索一軸青團鏤竹大扇一柄角粽三服沙蜜重陽酒糖粉糕冬至歲酒兎野雞其餘時菓新茗瓜新曆是爲經制直日就須授下直就第賜之凡內宴坐次宰相坐居一品班之上別賜酒食珍果與宰相同賜帛二十疋金花銀器一事貞元四年敕晦日上巳重九節百寮宴樂翰林學士每節賜錢一百千其日奏選勝而會賜酒脯茶果明年廢晦日置中和節宴樂如之非凶年旱歲兵革則每歲爲常

凡正冬至不受朝俱入進名奉賀大忌進名奉慰其日尚食供素饌賜茶十串

凡郊廟大禮乘輿行幸皆設幕次于御幄之側侍從親近人臣第一御含元殿丹鳳樓則二人於宮中乘馬別駕出殿門徐出就班大慶賀則俱出就班

凡當直之次自給舍丞郎入者三直無儤自起居御史郎官入五直一儤其餘雜入者十直三儤新遷官一直服儤名於次之中減半著爲別條例題於北壁之西閣

凡交直候內朝之退不過辰巳入者先之出者後之直者疏數視人之衆寡事之勞逸隨時之動靜凡節國忌授衣二分閏假之令不霑有不時而集併夜而宿者或內務不至外喧已寂可以探窮理養性浩然之氣故前輩傳楞伽經一本函在屋壁每下直出門相謔謂之小三昧出銀臺乘馬謂之大三昧如釋氏之去纏縛而自在也北廳前堦有花磚道冬中日影及五磚爲入直之候李程性嬾好晚入日過八磚乃至衆呼爲八磚學士

元和以後院長一人別敕承旨或密受顧問獨召對賜居北壁之東閤號爲承旨閤子其屋棟別列名爲政事堂駕在大內即於明

福門置院駕在興慶宮則於金明門內置院今在右銀臺之北第一門向牓曰翰林之門其制高大重複號爲胡門入門直西爲學士院即開元十六年所置也引鈴於外惟宣事入其北門爲翰林院又北爲少陽院東屋三院西廂之結麟樓南西並禁軍署有高品二人知院事每日晚執事於思政殿退而傳旨小使衣綠黃青者逮至十人更番守曹南序五間本學士駙馬都尉張垍飾爲公主堂今東西間前架高品使居之中架爲藏書南庫西三間前架中三洞豁設榻受制旨印信書詔二時會食之所四壁列制敕例名數其中使置博一局印櫃中間爲北一戶架東西各二間學士居之出北門橫屋六間當北序通廊東西三間爲藏書北庫其二庫書各有錄約八千卷小使主之西三間書官居之號曰待制北序五間東一間是承旨閤子並學士雜處之題記名氏存于壁者自呂問始建中以後年月遷換乃爲周悉南北二廳皆有懸鈴以

呼召前庭之南横屋七間小使居之分主日牘詔草紙筆之類又西南爲高品使之馬廐北爲寶庫庫之北小攀廊抵于北廳西舍之南其一門待詔戴小平常處其中死而復生因改爲南向之宇畫山水石樹號爲畫堂次二間貯遺詔草及制舉詞策又北迴而東並待詔居之又東盡于東垣爲典主堂待詔之職執筆硯以俟書寫多至五六員其選以能不以他故未嘗用士人自王伾得志優給頗厚率三歲一轉官有至四品登朝者廬廊曲壁多畫怪石松鶴北廳之西南小樓王涯率人爲之院內古槐松玉蕋藥樹柿子木瓜菴羅峘山桃李杏櫻桃紫薔薇辛夷蒲萄冬青玫瑰凌霄牡丹山丹芍藥石竹紫花蔓菁菊商陸蜀葵萱草紫菀諸學士至者雜植其間殆至繁盛元和十二年肇自監察御史入明年四月改左補闕依職守中書舍人張仲素祠部郎中知制誥段文昌改司勳員外杜元穎司門員外郎沈傳師在焉是時睿宗文武皇

帝裂海岱十二州爲三道之歲時以居翰苑皆爲凌玉清遡紫霄豈止於登瀛洲哉亦曰玉署玉堂焉

素書 一卷抄全　黃石公

原始

夫道德仁義禮五者一體也道者人之所蹈使萬物各知其所由德者人之所得使萬物各得其所欲仁者人之所親有慈惠惻隱之心以遂其生成義者人之所宜賞善罰惡以成功立事禮者人之所履夙興夜寐以成人倫之序夫欲爲仁之本不可無一焉故賢人君子明於盛衰之道通乎成敗之勢審乎治亂之機達乎去就之理故潛居抱道以待其時若時至而行則能極人臣之位得機而動則能成絕代之功如其不遇沒身而已是以其道高而名重於後世矣

正道

德足以懷遠信足以一異義足以得衆才足以鑒古明足以照下此人之俊也行足以爲儀表智足以決嫌疑信可以守約廉足以分財此人之豪也守職而不廢處義而不回臨難而不苟免見利而不苟得此人之傑也

求人之志

絕嗜禁欲所以除累抑非損惡所以禳過省色戒酒所以無汚避嫌遠疑所以不悞博學切問所以廣知高行微言所以修身恭儉謙約所以自守深謀遠慮所以不窮親仁友直所以扶顛近恕篤行所以接人任才使能所以濟務殫惡去讒所以止亂推古驗今所以不惑先揆後度所以應卒設變從權所以解結括囊順會所以无咎橛橛梗梗所以立功兢兢業業所以保終

本德宗道

夫志心篤行之術長莫長於博謀安莫安於忍辱先莫先於修德

樂莫樂於好善神莫神於至誠明莫明於體物潔莫潔於謹獨吉莫吉於知足苦莫苦於多願悲莫悲於精散病莫病於无常短莫短於苟得幽莫幽於貪鄙孤莫孤於自恃危莫危於任疑敗莫敗於多私

遵義

以明示下者闇有過不知者蔽迷而不返者惑以言取怨者禍令與心乖者廢後令謬前者毀怒而无威者犯好衆辱人者殃戮辱所任者危慢其所敬者凶貌合心離者孤親讒遠忠者亡近色遠賢者惛女謁公行者亂私人以官者浮凌下取勝者侵名不勝實者耗略己而責人者不治自厚而薄人者弃廢以小過弃大功者損羣下外異者淪上下相違者毀上下相怠者无功上下相易者頃既用不任者疏行賞吝色者沮多許少與者怨既迎而拒者乖薄施而厚望者不報貴而忘賤者不久念舊惡而弃新功者凶惡

舊念新者亡用人不得正者殆強用人者不畜爲人擇官者亂失其所強者弱決策於不仁者險陰計外泄者敗厚斂薄施者凋戰士貧游士富者衰貨賂公行者昧聞善忽略者不喜記過不忘者暴所任不可疑所疑不可任者濁牧人以德者集繩人以刑者散小功不賞則大功不立小怨不赦則大怨不生賞不服人者恨罰不甘心者叛賞及無功罰及無罪者酷聽讒而美聞諫而讐者亡能有其有者安貪人之有者殘

安禮

怨在不赦小過患在不預定謀福主在積善禍主在積惡飢在墮農寒在墮織安在得人危在失士富在迎來貧在弃時上無常操下多怨心輕上生罪侮下无親近臣不重遠臣輕之自疑不信人自信不疑人枉士無直友曲上無直下危國無賢人亂政無善人愛人深者求賢急樂得賢者養人厚矣士去之國王先逃君行善政賢人先出後人者昌失士者亡國將霸者士皆歸邦將亡者賢先避地薄者大木不產水淺者大魚不游樹禿者大禽不棲林疎者大獸不居山峭者崩波澤者溢弃玉取石者盲羊質虎皮者辱衣不舉領者倒走不視地者顛柱弱者屋壞輔弱者國傾足寒傷心人怨傷國根枯枝朽民困國殘山將崩者下先隳國將亡者民先弊與覆車同軌者傾與亡國同事者滅見已往者慎將來惡其迹者宜預避畏危者安畏亡者存人之所行有道則吉無道則凶吉者百福所歸凶者百禍所攻非其神聖自然所鍾務善策者無惡事無遠慮者有近憂重可所守固不可使臨陣貪可使攻取不可使臨陣廉可使主守不可使應機五者各隨其才而用之同志相得同仁相愛同惡相黨同愛相求同美相妬同志相謀同貴相害同利相忌同聲相應同感相類同類相依同義相親同難相濟同道相成同藝相規同巧相勝此乃數之所得不可與理違釋已

以教人者逆正己以化人者順逆者難從順者易行難從則亂易行則理詳體而行理身理家理國可也

說郛卷第九十終

說郛卷第九十一

世說 六卷　宋臨川王義慶

陳仲舉言爲士則行爲世範登車攬轡有澄清天下之志爲豫章太守至便問徐孺子所在欲先看之主簿白羣情欲府君先入廨陳曰武王式商容之閭席不暇煖吾之禮賢有何不可

周子居常云吾時月不見黃叔度則鄙吝之心已復生矣

荀巨伯遠看友人疾值胡賊攻郡友人語巨伯曰吾今死矣子可去巨伯曰遠來相視子令吾去敗義以求生豈荀巨伯所行邪賊既至謂巨伯曰大軍至一郡盡空汝何男子而敢獨止巨伯曰友人有疾不忍委之寧以我身代友人命賊相謂曰我輩無義之人而入有義之國遂班軍而還一郡並獲全

華歆遇子弟甚整雖閒室之內嚴若朝廷陳元方兄弟恣柔愛之

道而二門之裏兩不失雍熙之軌焉

鄧攸始避難于道中棄己子全弟子既過江取一妾甚寵愛歷年後訊其所由妾具說是北人遭亂憶父母姓名乃攸之甥也攸素有德業言行無玷聞之哀恨終身遂不復畜妾

庾元亮乘馬有的盧凶馬也不利主或令賣去庾云賣之必有買者即復害其主寧可不安己而移于他人哉昔孫叔敖殺兩頭蛇以爲後人古之美談效之不亦達乎

邊文禮見袁奉高言語失次序奉高曰昔堯聘許由面無怍色先生何爲顛倒衣裳文禮答曰明府初臨堯德未彰是以賤民顛倒衣裳耳

徐孺子年九歲嘗月下戲人語之曰若令月中無物當極明邪徐曰不然如人眼中有瞳子無此必不明也

孔文舉有二子大者六歲小者五歲晝日父眠小者床頭盜酒飲之大兒謂曰何以不拜答曰偷飲那得行禮

鍾毓兄弟小兒時值父晝寢因共偷飲藥酒其父時覺且託寐以觀之毓拜而後飲會飲而不拜既而問毓何以拜毓曰酒以成禮不敢不拜又問會何以不拜會曰偷本非禮所以不拜

顧司空未知名詣王丞相小極對之疲睡顧思所以叩會之因謂同坐曰昔每聞元公道公協贊中宗保全江表體少不安令人喘息丞相因覺謂顧曰此子珪璋特達機警有鋒

周僕射雍容好儀形詣王公初下車隱數人王公含笑看之既坐傲然嘯詠王公曰卿欲希嵇阮耶答曰何敢近舍明公遠希嵇阮

陶公侃疾篤無獻替之言朝士以爲恨仁祖聞之曰時無豎刁故不貽陶公話言時賢以爲德音

劉尹與桓宣武共聽講禮記桓公云時有入心處便覺咫尺玄門

劉曰此未關至極自是金華殿之語

王子敬云從山陰道上行山川自相映發使人應接不暇若秋冬之際尤難爲懷

謝太傅問諸子姪子弟亦何預人事而正欲使其佳諸人莫有言者車騎玄答曰譬如芝蘭玉樹欲使其生于階庭耳

范甯作豫章八日請佛有板衆僧疑或欲作答有小沙彌在坐末曰世尊嘿然則爲許可衆從其議

司馬太傅齋中夜坐于時天月明淨都無纖翳太傅嘆以爲佳謝景重在坐答曰意謂乃不如微雲點綴太傅因戲謝曰卿居心不淨乃復強欲滓穢太清耶

王中郎坦之甚愛張天錫問之曰卿觀過江諸人經緯江左軌轍有何偉異後來之彥復何如中原張曰研求幽邃自王何以還因時修制荀樂之風王曰卿知見有餘何故爲苻堅所制答曰陽消

陰息故天步屯蹇否剝成象豈足多識

謝混字叔源問羊孚曰何以器舉瑚璉羊曰故當以爲接神之器

陳仲弓爲太丘長時吏有詐稱母病求假事覺收之令吏殺焉主簿請付獄考衆姦仲弓曰欺君不忠病母不孝不忠不孝其罪莫大考求衆奸豈復過此

賀太傅邵字岳伯作吳郡初不出門吳中諸強族輕之乃題府門云會稽雞不能啼賀聞故出行至門反顧索筆足之曰不可啼殺吳兒于是至諸屯邸檢校諸顧陸役使官兵及藏逋亡悉以事言上罪者甚衆陸抗時爲江陵都督故上請孫皓然後得釋

鄭玄在馬融門下三年不得相見高足弟子傳授而已嘗筭渾天不合諸弟子莫能解或言玄能者融召令筭一轉便決衆咸駭服及玄業成辭歸既而融有禮樂皆東之歎恐玄擅名而心忌焉玄亦疑有追之乃坐橋下在水上據木融轉式逐之告左右曰玄在

橋下水上而據木此必死矣遂罷追玄竟以得免

何平叔注老子始成詣王輔嗣見王注精奇神妙乃曰若斯人可與論天人之際矣因以所注爲道德二論

劉眞長與殷淵源談劉理如小屈殷曰惡卿不欲作將善雲梯仰攻

南陽宗世林與魏武同時而甚薄其爲人不與之交及魏武作司空總朝政從容問宗曰可以交未答曰松柏之志猶存世林既以忤旨見疎位不配德文帝兄弟每造其門皆獨拜床下其見禮如此

嵇中散臨刑東市神氣不變索琴彈之奏廣陵散曲終曰袁孝尼嘗請學此散吾靳固未與廣陵散于今絕矣太學生三千人上書請以爲師不許文王亦尋悔焉

王戎爲侍中南郡太守劉肇遺筒中箋布五端戎雖不受厚報其書

曹公少時見橋玄玄謂曰天下方亂羣雄虎爭撥而理之非君不能君實是亂世之英雄治世之奸賊恨吾老矣不見君富貴當以子孫相累

戴安道年十餘歲在瓦官寺畫王長史見之曰此童非徒能畫亦終當致名恨吾老不見其盛時耳

陳仲舉嘗歎曰若周子居者眞治國之器譬諸寶劍則治世之干將

武元夏目裴王曰戎簡約楷淸通

汝南陳仲舉潁川李元禮二人共論其功德不能定前後蔡伯喈評之曰陳仲舉彊于犯上李元禮嚴于攝下犯上難攝下易仲舉在三君之下元禮居八俊之上

王夷甫以王東海比樂令故王中郎作碑云當時標榜爲樂廣之

儷

楊德祖爲魏武主簿時作相國門始構榱桷魏武自出看使人題門作活字便去楊見卽令壞之既竟曰門中活闊字王正嫌門大也

王東亭作宣武主簿常春月與石頭兄弟乘馬出郊時彥同遊者連鑣俱進惟東亭一人常在前覺數十步諸人莫能解石頭等既疲倦俄而乘輿回諸人皆似從官唯東亭奕奕在前其捷悟如此

陳林道遠在西岸都下諸人共要至牛渚會陳理既佳人欲共言折之陳以如意拄頰望雞籠山歎曰孫伯符志業不遂于是竟坐不得談

王司州在謝公坐詠入不言兮出不辭乘迴風兮載雲旂語人云當爾時覺一坐無人

桓玄西下入石頭外白司馬梁王奔叛玄時事形已濟在平乘上

笳鼓並作直高詠云簫管有遺音梁王安在哉

魏武將見匈奴使自以形陋不足雄遠國使崔季珪代帝自捉刀立床頭既畢令間諜問曰魏王何如匈奴使答曰魏王雅望非常然床頭捉刀人此乃英雄也魏王聞之追殺此使

魏明帝使后弟毛曾與夏侯玄共坐時人謂蒹葭倚玉樹

時人目夏侯太初朗朗如明月之入懷李安國豐頽唐如玉山之將崩

王夷甫容貌整麗妙于談玄恆捉白玉柄麈尾與手都無分別

有人語王戎曰嵇延祖卓卓如野鶴之在雞羣答曰卿未見其父耳

周處年少時兇強使氣爲鄉里所患又義興水中有蛟山中有白額虎並皆暴犯百姓義興人謂爲三橫而處尤劇或說處殺虎斬蛟實除二橫唯餘其一處即刺殺虎又入水擊蛟蛟或沉或沒行數十里處與之俱經三日三夜鄉里皆謂已死更相慶竟殺蛟而出聞里人相慶始知爲人情所患有自改意乃入吳尋二陸平原不在止見清河具以情告云欲自修改而年已蹉跎終無所成清河（陸機爲平原內史陸雲爲清河內史）曰古人貴朝聞夕死況君前途尚可且人患志之不立亦何憂令名不彰邪處遂改勵終爲忠臣孝子

王丞相拜司空桓廷尉彝作兩髻葛裙策杖路邊窺之嘆曰人言阿龍超阿龍故自超不覺至臺門

王右軍得人以蘭亭集序方金谷詩序又以己敵石崇甚有欣色

孟昶未達時家在京口嘗見王恭乘高輿被鶴氅裘于時微雪昶于籬間窺之歎曰此眞神仙中人

王仲宣粲好驢鳴既葬文帝臨其喪顧語同遊曰王好驢鳴可各作一聲以送之赴客皆一作驢鳴

王濬沖爲尚書令著公服乘軺車經黃公酒壚下過顧謂後車客

曰吾昔與嵇叔夜阮嗣宗共酣飲于此壚竹林之遊亦預其末自嵇生夭阮公亡以來便爲時所羈紲今日視此雖近邈若山河

王戎喪兒萬子山簡往省之王悲不自勝簡曰孩抱中物何至于此王曰聖人忘情最下不及情情之所鍾正在我輩簡善其言更爲之慟

嵇康遊于汲郡山中遇道士孫登遂與之遊康臨去登曰君才則高矣保身之道不足

李廞是茂曾第五子淸貞有遠操而少羸病不肯婚宦居在臨海住兄侍中墓下既有高名王丞相欲招禮之故辟爲府掾廞得牋命笑曰茂弘乃復以一爵假人

孟萬年及弟少孤陋居武昌陽新縣萬年遊宦有盛名當世少孤未嘗出京邑人士思欲見之乃遣信報少孤云兄病篤狼狽至都時賢見之莫不嗟重因相謂曰少孤如此萬年可死

陳嬰者東陽人少修德行著稱鄉里秦末大亂東陽人欲奉嬰爲主母曰不可自我爲汝家婦少見貧賤一旦貴富不祥不如以兵屬人事成少受其利不成禍有所歸

漢元帝宮人既多乃令畫工圖之欲有幸者輒披圖召之其中常者皆行貨賂王昭君姿容既麗志不苟求工遂毀爲其狀後匈奴來和求美女于漢帝帝以明君充行既召見而惜之但名字已去不欲中改于是遂行

漢成帝幸趙飛燕飛燕譖班婕好呪詛于是考問之辭曰妾聞生死有命富貴在天修善尙不蒙福爲邪欲以何望若鬼神有知不受邪佞之訴若其無知訴之何益故不爲也

荀勗嘗在晉武帝坐上食筍進飯謂在坐人曰此是勞薪炊也坐者未知信密遣問之實用故車脚

人有相羊祜父墓後應出受命君祜惡其言遂掘斷墓後以壞其

勢相者立視之曰猶應出折臂三公俄而祜墜馬折臂位果至公

郭景純過江居于暨陽墓去水不盈百步時人以爲近水景純曰將當爲陸今沙漲去墓數十里皆爲桑田其詩曰北阜烈烈巨海混混壘壘三墳惟母與昆

元帝正會引王丞相登御床王公固辭中宗引之彌苦王公曰若使太陽與萬物同暉臣下何以瞻仰

許玄度停都一月劉尹無日不往乃嘆曰卿復少時不去我成輕薄京尹

孝武在西堂會伏滔預坐還下車呼其兒語之曰百人高會臨坐未得他語先問伏滔何在在此不此故未易得爲人作父如此何如

劉伶病酒渴甚從婦求酒婦捐酒毁器涕泣諫曰君飲太過非攝生之道必宜斷之伶曰甚善我不能自禁唯當祝鬼神自誓斷之耳便可具酒肉婦曰敬聞命供酒肉于神前請伶祝誓伶跪而祝曰天生劉伶以酒爲名一飲一斛五斗解酲婦人之言愼不可聽便引酒進肉陶然以醉矣

阮公鄰家婦有美色當壚沽酒阮與王安豐嘗從之飲酒阮醉便眠其婦側夫始殊疑之伺察終無他意

王子猷居山陰夜大雪眠覺開室命酌酒四望皎然因起彷徨詠左思招隱詩忽憶戴安道時戴在剡溪即便夜乘小船就之越宿方至造門不前而返人問其故王曰吾本乘興而來興盡而返何必見戴

晉文王功德盛大坐席嚴敬擬于王者惟阮籍在坐箕踞嘯歌酣放自若

嵇康與呂安善每一相思千里命駕安後來直康不在子喜出戶延之不入題門上作鳳字而去喜不覺猶以爲忻故作鳳字凡鳥

也

王太尉問眉子汝叔名士何以不相推重眉子曰何有名士終日妄語

庾元規語周伯仁曰諸人皆以君方樂周曰何樂謂樂毅耶庾曰不爾樂令耳周曰何乃刻畫無鹽以唐突西子也

王右軍少時甚澀訥在大將軍許王庾二公後來右軍便欲去大將軍留之曰爾家司空導元規復何所難

和嶠性至儉家有好李王武子求之與不過數十王武子因其上直率將少年能食之者持斧詣園飽共噉畢伐之送一車李與和公因曰何如君李和既得唯笑而已

王戎儉吝其從子婚與一單衣後更責之

石崇每邀客宴集各令美人行酒客飲之不盡者使黃門交斬美人王丞相大將軍嘗共詣崇丞相素不能飲輒自勉強至于沉醉每至大將軍固不飲以觀其變已斬三人顔色如故尚不肯飲丞相讓之大將軍曰自殺伊家人何預卿事

物類相感志　宋蘇軾

凡帝王將生母必夢月故賦云夢月入懷生子爲王

墨子云丁酉日或乙酉日燒三歲白雞羽風立至又燒黑犬皮風立起

蝠在地中若羊非羊若猪非猪食人柏木穿其首則死今人種柏墓上以防其害也

淮南子云取竈前土持去令人不思鄉

人夜夢他好惡事欲令彼夢與已相同者覺則倒番被頭易枕而臥以氣三呼則彼人之夢還同已夢明日說同

人或頤无故癢搔不可止當食異味

人生死處已定不可輕易若人生他日合葬之地必少裂

陳藏器云食布穀腦骨令人宜夫婦

大藏經云有恩愛之國士不妻女不夫精氣相感不假交接而生子也

漢將軍李陵營中鼓不振索軍中婦人斬之乃鳴矣

姙娠時欲男將斧潛藏床下刃着下即生男

蒲牢獸名出海畔而性畏鯨魚鯨魚或觸之則鳴聲如鐘今人多狀其形于鐘上

大蛤燒灰葬隧道用百蟲不近尸也

桯史

宋岳珂（號亦齋相州人）

琵琶亭術者

淳熙己酉哲文倦勤詔以北宮爲重華宮光宗既登極羣臣奉表請以誕聖日爲重明節如故事時先君召還省闥過鄉邦維舟琵琶亭新著初袢小憩亭上有術者以拆字自名過焉因漫呼問家人字蹟多奇中命飲之酒忽作而曰近得邸報乎重華重明非佳名也其文皆二千日兆在是矣先君掩耳起亟以數鐶謝遣之既而甲寅之事果如其言此與太平興國一人六十之讖無異豈天道證應固有數乎抑符合之偶然也

晉盆杅

余居負山在湓城之中先君未卜築時嘗爲戎帥皇甫斌宅斌歸于袁廬其宅山有壁土凡市之塗壁板築咸得而畚致之無孰何者遂鑿其半獨餘一面壁立予家既來始厲其禁而山已不支慶元元年五月大雨隤其巔古冢出焉初僅數甃流下其上有刻如瑞草旁著字曰晉永寧元年五月造又有匠者姓名曰張某下有文如押字隷或得之以獻莫知所從來居數日而山隤聖周半墮骨髮棺槨皆无存矣兩傍列瓦盌二十餘左壁有一燈尙熒熒取之卽滅猶有油如膏見風凝結不可抉盌中有甘蔗節他皆已化

有小甆瓶如硯滴㲉其背爲蝦蟇形制甚朴足下有一瓦盆如甆器有銅帶數鍔粽合餘者一片傳木如鐵有半鏡一銅盆絕類今洗羅殊無古制度中有雙魚盆底有四鐶附着不測其所以用一銅杅穴底與市井庖人汁器同制每甓著年月姓名如先獲者環聖皆是碣曰晉征虜將軍墓余既哀而揜之既數日復雨山無址竟埋焉予考晉書永寧蓋惠帝年號距今九百餘載是時蓋未有城郭征虜之名漢雖有之在晉以此官顯者不著于史又無名氏可見甓範必有字古人作事如此不茍押字之制世以爲起于唐韋陟五朶雲而不知晉已有之予固疑其似是而非又不可強識亦可異也凡物皆腐而燈獨尙明驪山人魚之說固容有之蕭統文選弔冥漢君文亦有蔗意其肴核之所重云陶器以再隤皆碎裂餘或爲親識間持去盆杅僅在而予侍親如閩留于家丙辰歲詔禁挾銅者州家大索以輸嚴之神泉監家人懼杅復偕送官獨盆偶櫝他所今乃巋然存其出其毀要必有時亦重可嘆也因志于此以俟博識

金華士人滑稽

葉丞相衡罷相歸金華里居不復問時事但召布衣交日飮而已一日覺意中忽忽不怡問諸客曰某且死所恨未知死後佳否耳一士人在下坐作而對曰佳甚丞相驚顧問何以知之曰使死而不佳死者皆逃歸矣一死不返是以知其佳也滿座皆笑明年丞相竟不起王中父觀之宰德化暇日爲予戲言士人信今滑稽人也

賢己圖

元祐間黃秦諸君子在館暇日觀畫山谷出李龍眠所作賢己圖博奕摴蒱之儔咸列焉博者六七人方據一局投迸盆中五皆玈而一猶旋轉不已一人俯盆疾呼旁觀皆變色起立纖穠態度曲

盡其妙相與歎賞以爲卓絶適東坡從外來睨之曰李龍眠天下士顧乃效閩人語耶衆咸怪請其故東坡曰四海語音言六皆合口惟閩音則張口今全盆中皆六一猶未定法當呼六而疾呼者乃張口何也龍眠聞之亦笑而服

蘇衢人妖

予兄周伯以淳熙丙申召爲太府簿時姑蘇有民家姓唐一兄一妹其長皆丈有二尺里人謂之唐大漢不復能嫁娶每行倦倚市簷憩坐如堵墻不可出出輒傾市從觀之日啗斗餘无所得食因適野爲巨室受囷粟蓋立于囷外卽可舉手以致不必以梯也以是背微傴有璫以輅使客見之大驚遂入奏詔廪之殿前司時郭棣爲帥周伯間一往必敬喏其聲如鐘德壽時欲見之懼其聚民乃臥之浮于河至望仙專舟焉又江山邑寺有緇童眉長踰尺來淨慈都人爭出視之信然事聞禁中詔給僧牒賜名延慶寺僧日

坐之門護以行馬士女塡咽炷香謂之活羅漢遂哀施貲爲殿寺有故銅像甚侈乃位之中不期而成周伯亦親見之是非背貌賦形之正近于人妖矣後數年周伯去國皆不知所終

皁城王氣

崇寧間望氣者上言景州皁城縣有天子氣甚明徽宗勿之信既而方士之幸者頗言之有詔斷支隴以泄其所鍾居一年猶云氣故在特稍晦將爲偏閏之象而不克有終至靖康僞楚之立踰月而釋位逆豫既僭遂改元阜昌且祈于金酋調丁繕治其故營夷鏟若力役彌年民不堪命亦不免于廢也二僭皆皁城人卒如所占云

李白竹枝詞

紹聖二年四月甲申山谷以史事謫黔南道間作竹枝詞二篇題歌羅驛曰撑崖拄谷蝮蛇愁入箐攀天猿掉頭鬼門關外莫言遠五十三驛是皇州浮雲一百八盤縈落日四十九度明鬼門關外莫言遠四海一家皆弟兄又自書其後云古樂府有巴東王峽巫峽長猿鳴三聲淚沾裳但以抑怨之音和爲數叠惜其聲今不傳予自荆州上峽入黔中備嘗山川險阻因作二叠傳與巴娘今以竹枝歌之前一叠可和云鬼門關外莫言遠五十三驛是皇州後一叠可和云鬼門關外莫言遠四海一家皆弟兄或各用四句入陽關小秦王亦可歌也是夜宿于驛夢李白相見于山間曰予往謫夜郎于此聞杜鵑作竹枝詞三叠世傳之否予細憶集中无有三誦而使之傳焉其辭曰一聲望帝花片飛萬里明妃雪打圍馬上胡兒那解聽琵琶應道不如歸竹竿坡面蛇倒退摩圍山腰胡孫愁杜鵑无血可續淚何日金雞赦九州命輕人鮓甕頭船日瘦鬼門關外天北人墮淚南人笑靑壁無梯聞杜鵑今豫章集所刋蓋自謂夢中語也音響節奏似矣而不能掩其眞亦寓言之流歟

龍見赦書

金國熙宗亶皇統十年夏龍見御寨宮中雷雨大至破柱而去亶大懼以爲不祥欲厭禳之左右或以爲當肆赦遂召當制學士張鈞視草其中有顧茲寡昧及眇予小子之言文成奏御譯者不曉其退託謙沖之義乃曰漢兒強知識託文字以詈我主上耳亶驚問故譯釋其意曰寡者孤獨無親昧者不曉人事眇爲瞎眼小子爲小孩兒亶大怒亟召鈞至詰其說未及對以手劍剺其口棘而醢之竟不知譯之爲愚爲奸也其年亶弒亮于登寶位赦暴其惡而及此

武侯心書一卷 諸葛孔明

兵機 逐惡 知人 將才 將器 將弊 將忠 將善
將剛 將驕 將強 出師 擇才 智用 不陣 將誠
戒備 習服 軍蠹 腹心 謹候 機形 重刑 將蠹

審因　天勢　勝敗　假權　哀死　三賓　泛應　便利
應機　揣能　輕戰　地勢　情勢　擊勢　整師　勵士
自勉　戰道　和人　察情　將情　威令　東夷　南蠻
西戎　北狄

夫兵之權也是三軍之司命主將之威勢將能執兵之權操兵之勢而臨羣下譬如猛虎加之羽翼而翱翔四海隨所遇而施之若將失權不操其勢亦如魚龍離于江湖中欲求海洋之勢奔濤戲浪何可得也

夫軍國之弊有五害焉一曰結黨相連毀譖賢良二曰侈其衣服異其冠帶三曰虛誇妖術詭言神道四曰專察是非私以動衆五曰伺候得失陰結敵人此所謂奸僞悖德之人可遠而不可親也

夫知人之性莫能察焉美惡既殊情貌不一有溫良而爲盜者有外恭而內欺者有外勇而內怯者有盡力而不忠者然知人之道

有七焉一曰問之以是非而觀其志二曰窮之以辭辨而觀其言三曰咨之以計謀而觀其識四曰告之以禍難而觀其勇五曰醉之以酒而觀其性六曰臨之以利而觀其廉七曰期之以事而觀其信

夫爲將之道有八弊焉一曰貪而無厭二曰妬賢嫉能三曰信讒好佞四曰料彼不自料五曰猶豫不自決六曰荒淫于酒色七曰奸詐而心怯八曰強言而不以禮

兵者凶器將者危任是以氣剛則缺任重則危故善將者不恃強不崇勢寵之而不喜辱之而不懼見利不貪見美不淫以身狥國一意而已

將不可驕驕則失禮失禮則人離人離則衆叛將不可怯怯則賞不行賞不行則士不致命士不致命則軍無功軍無功則國虛國虛則寇實矣子曰如有周公之才之美使驕且吝其餘不足觀也已

古者國有危難君擇賢能而任之齋三日入太廟南面而立將北面太師進鉞于君君持鉞柄以授將誓詞曰從此至軍將軍其圖之復命曰見其虛則進見其實則止勿以身貴而賤人勿以獨見而違衆勿恃功能勿失忠信士未坐勿坐士未食勿食同寒暑等勞逸齊甘苦均危患如此則士必盡死敵必可亡授詞訖鑿凶門引軍而出君送之跪而推轂曰進退惟時軍中事不由君命皆由將出若此則無天于上無地于下無敵于前無主于後是以智者爲之慮勇者爲之鬭故能戰勝于外功成于內揚名于後世福流于子孫矣

夫師之行也有好鬭樂戰獨取強敵者聚爲一徒名曰報國之士有氣冠三軍才力勇健者聚爲一徒名曰突陣之士有輕足善步走如奔馬者聚爲一徒名曰搴旗之士有騎射若飛發無不中者

聚爲一徒名曰爭鋒之士有射必中中必死者聚爲一徒名曰飛馳之士有善發強弩遠而必中者聚爲一徒名曰摧鋒之士此六軍之善士各因其能而用之

夫爲將之道必順天因時依人以立勝也故天作時不作而人作是謂逆時時作天不作而人作是謂逆天天作時作而人不作是謂逆人智者不逆時亦不逆天又不逆人也

國之大務莫先于戒備若乃失之毫釐則差若千里覆軍殺將勢不踰息可不懼哉故有患難君臣旰食而謀之擇賢而任之若乃居安而不思危寇至而不知拒此謂燕巢于幕魚游于鼎亡不俟夕傳曰不備不虞不可以師又曰預備不虞古之善政又曰蜂蠆尚有毒而況國乎無備雖衆不可恃也故曰有備無患故三軍之行則不可無備矣

夫三軍之行有探候不審烽火失度後期犯令不應機速沮亂師

徒乍前乍後不合金鼓上不恤下斂削無度營私狥已不恤飢寒非言妖祥妄陳禍福好事喧雜驚惑將吏勇不受制專而陵上輕竭武庫擅給其身此九者三軍之蠹有之必敗也

夫行兵之勢有三焉一曰天二曰地三曰人天勢者日月清明五星合度孛彗不殃風氣調和地勢者峻城重崖洪波千里石門幽澗羊腸曲沃人勢者主聖將賢三軍由禮士卒周備糧甲堅備善將者因天之時就地之勢依人之利則所當者無敵所擊者萬全矣

賢者居上不肖居下三軍悅樂士卒畏懼相議以勇鬭相望以威武相勸以刑罰此必勝之徵也三軍數驚士卒惰慢下無禮信人不畏法相恐以敵相語以利相囑以禍福相惑以妖言此必敗之徵也

夫必勝之術合變之形在于機也非智者孰能見機而作見機之道莫先于不意故猛獸失險童子持戟以追之蜂蠆發毒壯士彷徨而失色以其禍出不圖變速非慮也

古之善用兵者揣其能而料其勝負主孰聖也將孰賢也吏孰能也糧餉孰豐也士卒孰練也軍容孰整也戎馬孰逸也形勢孰險也賓客孰智也鄰國孰懼也財貨孰多也百姓孰安也由此觀之強弱之形可決矣

夫用兵之道尊之以爵贍之以財則士無不至矣接之以禮勵之以信則士無不死矣畜恩不倦法若畫一則士無不服矣先之以身後之以人則士無不勇矣小善必錄小功必賞則士無不勸矣

夫一人之身百萬之衆束肩斂息踵足俛聽莫敢仰視法制使之然也若乃上無刑罰下無禮敬雖貴為天子富有四海而不能自免者桀紂之類也夫以匹夫之刑令之以賞罰而人不能逆其命者孫武穰苴之類也故令不可輕勢不可逆

東夷之性薄禮少義悍急能鬭依山塹海憑以自固上下和睦百姓安樂未可圖也若上亂下離則可以行間間起則隙生隙生則修文教以來之固兵甲以擊之其勢必勝也

南蠻多種性不能交合連朋黨失意則相攻居洞依山或聚或散西至崑崙東至洋海產出奇貨故人貪而勇戰春夏多病疾利在疾戰不可久師也

西戎之性勇悍好利或居城或野處米糧少金具多故人勇戰鬭難敗自積石以西諸戎種繁地廣形險負固強很故人多不臣當候之以外寡之以內亂則可圖也

北狄居無城郭隨逐水草勢利則南侵漢境勢失則北遁陰山足以自固足以自衛飢則捕獸飲乳寒則寢皮服裘奔走射獵以殺為務未可以道德懷之未可以兵戎服之漢兵不可以戰其略有三漢卒且耕且戰故疲而怯虜但牧獵故逸而勇以疲敵逸以怯敵勇不相鬭也此其不可戰者一也漢長于步日馳百里虜長于騎日乃倍之漢逐虜則齎糧負甲而隨之虜逐漢則驅疾騎而運日勝負之勢已殊走逐之形不等此其不可戰者二也漢戰多步虜戰多騎將奪地形之勢則騎疾于步遲疾勢懸此其不可戰者三也不得已則莫若守邊守邊之道揀良將而任之訓銳士以禦之廣營田以實之設烽堠而待之俟其虛而乘之因其衰而取之則所謂財不費而寇自除矣人不疲而虜自寬矣

三輔黃圖

苗昌言

三輔治所

京兆在故城南尚冠里

馮翊在故城內太上皇廟西南

扶風在夕陰街北

三輔者謂主爵中尉及左右內史漢武帝改曰京兆尹左馮翊右

扶風共治長安城中是謂三輔三輔郡皆有都尉如諸郡京輔都尉治華陰左輔都尉治高陵右輔都尉治郿王莽分長安城傍六鄉置帥各一人分三輔爲六都尉渭城安陵以西北至栒邑義渠十縣屬京尉大夫府居故長安寺高陵以北十縣屬師尉大夫府居故廷尉府新豐以東至湖十縣屬翊尉大夫府居城東霸陵杜陵以東至藍田西至武功郁夷十縣屬光祿大夫府居城西茂陵槐里以西至汧十縣屬扶尉大夫府居城西長陵池陽以北祋祤十縣屬列尉大夫府居後漢光武之後扶風出治槐里馮翊出治高陵

宮

萯陽宮秦文王所起在今鄠縣西南二十三里

棫陽宮秦昭王所作在今岐州扶風縣東北

西垂宮文公元年居垂宮

平陽封宮武公元年伐彭戲氏至于華山下居于平陽封宮

橐泉宮皇覽曰秦穆公冢在橐泉宮祈年觀下

步高宮在新豐縣亦名市丘城

步壽宮在新豐縣步高宮西

虢宮秦宣太后起在今岐州虢縣界

長楊宮在今盩厔縣東南三十里本秦舊宮至漢修之以備行幸宮中有垂楊數畝因爲宮名門曰射熊觀秦漢遊獵之所

蘄年宮穆公所造廟記曰蘄年宮在城外秦始皇本紀蘄年宮在雍

梁山宮始皇幸梁山在好畤

信宮亦曰咸陽宮

興樂宮秦始皇造漢修飾之周回二十餘里漢太后常居之

朝宮始皇三十五年以咸陽人多先王之宮庭小曰吾聞周文王都豐武王都鎬豐鎬之間帝王之都也乃營朝宮于渭南上林苑庭中可受十萬人車行酒騎行炙千人唱萬人和收天下兵聚之咸陽銷以爲鍾鐻高五丈鐘小者皆千石也銷鋒鏑以爲金人十二以弱天下之人立于宮門坐高三丈銘其後曰皇帝二十六年初兼天下改諸侯爲郡縣一法律同度量大人來見臨洮其大五丈足跡六尺銘李斯篆蒙恬書董卓悉椎破銅人銅臺以爲小錢英雄記曰昔大人見臨洮而銅人鑄臨洮生卓而銅人毀天下大亂卓身滅抑有以也餘二人魏明帝以徙詣洛陽清明門裏載至霸城重不可致便留之

阿房宮亦曰阿城惠文王造宮未成而亡始皇廣其宮規恢三百餘里離宮別館彌山跨谷輦道相屬閣道通驪山八十餘里表南山之顛以爲闕絡樊川以爲池作阿房前殿東西五十步南北五十丈上可坐萬人下建五丈旗以木蘭爲梁以磁石爲門周馳爲

複道度渭屬之咸陽以象太極閣道抵營室也阿房宮未成欲更擇令名名之作宮阿基旁故謂之阿房宮隱宮徒刑者七十餘萬人乃分作阿房宮

或作驪山蘭池宮始皇三十一年爲微行咸陽與武士四人俱夜出逢盜蘭池注渭城縣有蘭池宮

鐘宮在鄠縣東北二十五里始皇收天下兵銷爲鐘鐻此或其處也

馳道案秦本紀始皇二十七年治馳道註曰馳道天子道也蔡邕曰馳道天子所行道也今之中道然漢書賈山傳曰秦爲馳道于天下東窮燕齊南極吳楚江湖之上濱海之觀畢至道廣五十步三丈而樹厚築其外隱以金椎樹以青松漢令諸侯有制得行馳道中者行旁道無得行中央三丈也不如令沒入其車馬

雲閣二世所造起雲閣欲與南山齊

望夷宮在涇陽縣界長平觀道東北臨涇水以望北夷爲宮名
林光宮胡亥所造從廣各五里在雲陽縣界

都城十二門

長安城東出南頭第一門曰霸城門民見門色青名曰青城門或曰青門門外舊出佳瓜廣陵人邵平爲秦東陵侯秦破爲布衣種瓜青門外瓜美故時人謂之東陵瓜廟記曰霸城門亦曰青綺門漢書王莽天鳳三年霸城門災莽更霸城門曰仁壽門無疆亭

長安城東出第二門曰清明門一曰籍田門以門內有籍田倉一曰凱門漢書平帝元始四年東風吹屋瓦且盡卽此門也漢宮殿疏曰第二門名城東門王莽更名曰宣德門布恩亭

長安城東出北頭第一門曰宣平門民間所謂東都門漢書曰成帝建始元年有白蛾羣飛蔽日從東都門至枳道又疏廣太傅受少傅上疏乞骸骨歸公卿大夫爲設祖道供張東都門外卽此門

也其郭門亦曰東都門卽逢萌掛冠處也王莽更名春王門正月亭東都門至外郭亭十三里

長安城南出東頭第一門曰覆盎門一號杜門廟記曰覆盎門與洛城門相去十三里二百一十步門外有魯班所造橋工巧絕世長樂宮在城中近東直杜門其南有下杜城漢書集註云故杜陵之下聚落也故曰下門又曰端門北對長樂宮漢書曰戾太子所斫覆盎門出奔湖王莽更名曰永清門長茂亭

長安城南出第二門曰安門亦曰鼎路門北對武庫王莽更名光禮門顯樂亭

長安城南出第三門曰西安門北對未央宮一曰便門卽平門也古者平便皆同字武帝建元二年初作便門橋跨渡渭水上以趨陵其道易直三輔決錄曰長安城西門曰便橋橋北與門對因號便橋王莽更名曰信平門誠正亭

長安城西出南頭第一門曰章城門漢宮殿疏曰章城門漢城西面南頭第一門三輔舊事曰章門亦曰光華門又曰便門漢書成帝元延元年章城門社自亡王莽改曰萬秋門億年亭

長安城西出第二門曰直城門漢宮殿疏曰西出南頭第二門也亦曰故龍樓門門上有銅龍本名直門王莽更曰直道門端路亭

長安城西出北頭第一門曰雍門本名西城門王莽改曰章義門著義亭其水北入有函里民呼曰函里門

長安城北出東頭第一門曰洛城門又曰高門漢宮殿疏曰高門長安北門也又名鸛雀臺門外有漢武承露盤在臺上

長安城北第二門曰廚城門

長安城北出西頭第一門曰橫門

漢城門皆有候門候主候時謹啓閉也

長樂未央建章北宮甘泉

鴻臺秦始皇二十七年築高四十丈上起觀宇帝嘗射飛鴻于臺上故號鴻臺漢書惠帝四年長樂宮鴻臺災

臨華殿在長樂宮前殿後武帝建漢書成帝永始四年長樂宮臨華殿災

溫室殿漢宮殿疏在長樂宮又漢宮閣記在未央宮

長信宮漢太后常居之按通鑑記太后成帝母也后宮在西秋之象也秋主信故宮殿皆以長信長秋爲名又永壽永寧殿皆后所處也

右長樂宮

宣室溫室清涼皆在未央宮殿北宣明廣明皆在未央殿東昆德玉堂皆在未央殿西

宣室未央前殿正室也淮南子曰周武王殺紂于宣室漢取舊名也漢書曰文帝受釐宣室夜半前席賈生問鬼神之事卽此也又

王莽地皇四年城中少年朱弟張魚等燒宮莽避火宣室前殿火輒隨之

溫室殿武帝建冬處之溫暖西京雜記曰溫室以椒塗壁被之文繡香桂爲柱設火齊屏風鴻羽帳規地以罽賓氍毹漢書曰孔光爲尚書令歸休與兄弟妻子燕語終不及朝省政事或問溫室省中樹何木光不應

清涼殿夏居之則清涼也亦曰延清室漢書曰清室則中夏含霜卽此也董偃常臥延清之室以畫石爲牀文如錦紫琉璃帳以紫玉爲盆如屈龍皆用雜寶飾之侍者于外扇偃偃曰玉石豈須扇而後涼耶又以玉晶爲盆貯冰于膝前玉晶與冰同潔侍者謂冰無盆必融溼席乃拂玉盆墜冰玉俱碎玉晶千塗國所貢也武帝以此賜偃

麒麟殿未央宮有麒麟殿漢書哀帝燕董賢父子于麒麟殿視賢

曰吾欲法堯禪舜如何王閎曰天下乃高皇帝天下非陛下天下也陛下奉承宗廟當傳之無窮安可妄有所授帝業至重天子無戲言上默然不悅

金華殿未央宮有金華殿漢書曰成帝初方向學召鄭寬中張禹說尚書論語于金華殿中

承明殿未央宮有承明殿著述之所也班固西都賦序云內有承明著作之庭卽此也漢書武帝謂嚴助曰君厭承明之廬又成帝鴻嘉二年雉飛集承明殿屋

蒼龍白虎朱雀玄武天之四靈以正四方王者制宮闕殿閣取法焉

掖庭宮在天子左右如肘膝

椒房殿在未央宮以椒和泥塗取其溫而芬芳也武帝時後宮八區有昭陽飛翔增成合歡蘭林披香鳳凰鴛鴦等殿後有增修安處常寧蘭若椒風發越蕙草等殿爲十四位成帝趙皇后居昭陽殿

高門殿漢書曰汲黯請作高門註曰未央宮高門殿也

非常室漢書成帝綏和二年鄭通里人王褒絳衣小冠帶劍入北司馬門殿東門上前殿至非常室中

織室在未央宮又有東西織室織作文繡郊廟之服有令史

凌室在未央宮藏冰之所也

暴室主掖庭織作染練之署謂之暴室取暴曬爲名耳有嗇夫官屬

弄田在未央宮弄田者燕遊之田天子所戲弄耳漢書昭帝紀曰始元元年上耕于鉤盾弄田

內謁者署在未央宮屬少府續漢書云掌宮中步帳褻物丁孚漢官云令秩千石

金馬門宦者署武帝時大宛馬以銅鑄像立于署門因以爲名

右未央宮

駘蕩宮春時景物駘蕩滿宮中也

馺娑宮馺娑馬行疾貌馬行迅疾一日之間遍宮中言宮之大也

枍詣宮枍詣木名宮中美木茂盛也

天梁宮梁木至于天言宮之高也四宮皆在建章宮

奇華殿在建章宮旁四海夷狄器服珍寶火浣布切玉刀巨象大雀獅子宮馬充塞其中

鼓簧宮漢宮閣疏云鼓簧宮周迴一百三十步在建章宮西北

神明臺漢書曰建章有神明臺廟記曰神明臺武帝造祭仙人處上有承露盤有仙人舒掌捧銅盤玉杯以承天表之露以和玉屑服之以求仙道

右建章宮

壽宮北宮有神仙宮壽宮張羽旂設供具以禮神君神君未到蕭然風生帷帳皆動

明光宮武帝太初四年秋起在長樂宮後南與長樂宮相連屬漢書元后傳曰成都侯商嘗疾欲避暑從上借明光宮蒸卽此王莽建國元年改明光宮爲安定館安定太后居之

太子宮甲觀太子宮有甲觀畫堂甲者甲乙丙丁次也漢書曰孝成皇帝元帝太子也母曰王皇后元帝在太子宮生甲觀畫堂元后傳曰見于畫堂謂宮中彩畫之堂

右北宮

鉤弋宮列仙傳曰鉤弋夫人姓趙氏河間人少好酒病臥六年右手鉤卷飲食少望氣者云東北有貴人推而得之見召姿色佳麗武帝及其手得玉鉤而手展有寵生昭帝姙娠十四月上曰聞昔堯十四月而生今鉤弋亦然乃命所生門曰堯母門所居曰鉤弋

宮自夫人加婕妤後得罪掖庭獄死及殯香一月昭帝卽位追尊爲皇太后更葬之發六十二萬人起陽陵其棺櫬但有彩履王褒雲陽記曰鉤弋夫人從至甘泉而卒屍香聞十餘里葬雲陽武帝思之起通靈臺于甘泉宮有一青鳥集臺上往來至宣帝時乃不至漢武故事曰鉤弋宮在直門之南

昭臺宮在上林苑中孝宣霍皇后立五年廢處昭臺宮後十二歲徙雲林館乃自殺

長定宮林光宮中有長定宮三輔決錄曰后從帝行幸于甘泉宮居長定宮孝成許皇后廢處昭陽宮歲餘徙長定宮

長門離宮在長安城孝武陳皇后得幸頗妬居長門宮

永信宮孝哀帝尊恭皇太后稱永信宮

中安宮孝哀帝尊恭皇太后曰帝太后稱中安宮

儲元宮在長安城西漢書外戚傳曰信都太后與信都王俱居儲元宮

犬臺宮在上林苑中長安西二十八里漢書江充召見犬臺宮

葡萄宮在上林苑西漢哀帝元壽二年單于來朝以太歲厭勝所舍之此宮也

步壽宮秦亦有步壽宮今按其地與秦異則秦漢各有步壽宮耳

漢祋祤宮宣帝神爵二年鳳凰集祋祤縣鳳凰集處得玉寶乃起步壽宮

梁山宮梁山好畤界卽禹貢云壺口治梁及岐又古公踰梁山遷岐下及秦立梁山宮皆此山下也史記秦本紀始皇三十三年幸梁山宮卽此也

黃山宮在興平縣西三十里武帝微行西至黃山宮卽此也

回中宮史記秦始皇二十七年巡隴西北地出笄頭過回中漢書文帝十四年匈奴入蕭關殺都尉燒回中宮候騎至雍武帝元狩

四年幸雍通回中道遂北出蕭關又有三良宮相近

集靈宮集仙宮存仙殿望仙臺望仙觀俱在華陰縣界皆武帝宮觀名也

棠梨宮在甘泉宮苑垣外雲陽南三十里

竹宮甘泉祠宮也以竹爲宮天子居中漢舊儀云竹宮去壇三里

宜春宮本秦之離宮在長安城東南杜縣東近下杜

扶荔宮在上林苑中漢武帝元鼎六年破南越起扶荔宮以植所得奇草異木菖蒲百本山薑十本甘蔗十二本留求子十本桂百本蜜香指甲花百本龍眼荔枝檳榔橄欖千歲子甘橘皆百餘本土木南北異宜歲時多枯瘁荔枝自交趾移植百株于庭無一生者連歲猶移植不息後數歲偶一株稍茂終無華實帝亦珍惜之一旦萎死守吏坐誅者數十人遂不復蒔矣其實則歲貢焉郵傳者疲斃于道極爲生民之患後至漢安帝時交趾郡守極陳其弊

遂罷其貢

五柞宮漢之離宮也在扶風盩厔宮中有五柞樹因以爲名

鼎湖宮在湖城縣界昔黃帝採首山銅以鑄鼎鼎成有龍下迎帝仙去小臣攀龍髯而上者七十二人漢武帝于此建宮

思子宮武帝痛戾太子無辜被殺作思子宮爲歸來望思之臺于湖

萬歲宮武帝造汾陰有萬歲宮宣帝元康四年幸萬歲宮神爵翔集以元康五年爲神爵元年

首山宮漢武帝元封元年封禪後夢高祖坐明堂朝羣臣于是祀高祖于明堂以配天還作首山宮以爲高靈觀

明光宮武帝求仙起明光宮發燕趙美女二千人充之率取二十以下十五以上至滿三十者出嫁之掖庭令總其籍時有死出者隨補之

池陽宮在池陽南上原之坂去長安五十里

養德宮趙王如意年幼未能就外傅戚姬使舊趙王內傅趙媼傅之號其室曰養德宮

右甘泉宮

日華宮河間獻王德築日華宮置客館二十餘區以待學士自奉養甚薄不踰賓客

曜華宮梁孝王好營宮室苑囿之樂作曜華宮築兔園園中有百靈山有膚寸石落猿巖栖龍岫又有雁池池間有鶴州鳧渚其諸宮觀相連延亘數十里奇花異樹珍禽怪獸畢有王日與宮人賓客弋釣其中

苑囿

周靈囿文王囿也

漢上林苑卽秦之舊苑也

甘泉苑武帝置緣山谷行至雲陽三百八十一里西入扶風凡周回五百四十里苑中起宮殿臺閣百餘所有仙人觀石闕觀封巒觀鳷鵲觀

御宿苑在長安城南御宿川中漢武帝爲離宮別館禁禦人不得入往來遊觀止宿其中故曰御宿

思賢苑孝文帝爲太子立思賢苑以招賓客苑中有堂室六所客館皆廣廡高軒屏風幃褥甚麗

博望苑武帝立子據爲太子爲開博望苑以通賓客

西郊苑漢西郊有苑囿林麓藪澤連亘繚以周垣四百餘里離宮別館三百餘所

三十六苑漢儀注太僕牧馬諸苑三十六所分布北邊西邊以郎爲苑監官奴婢三萬人養馬三千萬疋養鳥獸者通名爲苑故謂之牧馬處爲苑

樂遊苑在杜陵西北宣帝仁壽三年春起

宜春下苑在京城東南隅

池沼

周文王靈沼在長安西三十里

鎬池在昆明池正北卽周之故都也

滄池在長安城中舊圖云未央宮有滄池言池水蒼色故曰蒼池

太液池在長安故城西建章宮北未央宮西南太液者言其津潤所及廣也

唐中池周迴十二里在建章宮太液池之南

百子池戚夫人侍兒賈佩蘭後出爲扶風人段儒妻說在宮內時戚夫人侍高祖嘗以趙王如意爲言而高祖思之幾半日不言歎息悽愴而未知其術使夫人擊筑高祖歌大風以和之七月七日臨百子池作于闐之樂樂闋以五色縷相羈謂之相眷愛八月四

日出雕房北戶竹下圍棋勝者終年有福負者終年疾病取絲縷就北斗星辰求長生病乃免正月上辰出池邊盥濯食蓬餌以祓妖邪三月上巳張樂于上十池上林苑有初池糜池牛首池蒯池積草池東陂池西陂池當路池大臺池郎池牛首池在上林苑中西頭蒯池生蒯草以織席西陂池郎池皆在古城南上林苑中陂郎二水名因爲池積草池中有珊瑚樹高一丈二尺一本三柯上有四百六十二條南越王趙佗所獻號爲烽火樹至夜光景常煥然

少府佽飛外池漢儀注佽飛具繒繳以射鳧雁給祭祀故有池

秦酒池在長安故城中

影娥池武帝鑿也以翫月其旁起蹛臺以眺月影入池中使宮人乘舟弄月影名影娥池亦曰眺蟾臺

琳池昭帝元始元年置

鶴池在長安城西盤池在西北並廢

冰池在長安城西舊圖云西有彪池亦名聖女泉蕊冰彪聲相近傳說之訛也

夢華錄　孟元老

僕從先人宦遊南北崇寧癸未到京師卜居于州西金梁橋西夾道之南漸次長立正當輦轂之下太平日久人物繁阜垂髫之童但習鼓舞班白之老不識干戈時節相次各有觀賞元宵燈夕雪際花時乞巧登高教池游苑舉目則青樓畫閣繡戶珠簾雕車競駐于天街寶馬爭馳于御路金翠耀目羅綺飄香新聲巧笑于柳陌花衢按管調絃于茶坊酒肆八荒爭輳萬國咸通集四海之珍奇皆歸市易會寰區之異味悉在庖廚花光滿路何限春遊簫鼓喧空幾家夜宴伎巧則驚人耳目侈奢則長人精神瞻天表則元夕教池拜郊孟享頻觀公主下降皇子納妃修造則創建明堂冶鑄則立成鼎鼐觀妓籍則府曹衙罷內省宴回看變化則舉子唱名武人換授僕數十年爛賞疊遊莫之厭足一旦兵火靖康丙午之明年出京南來避地江左情緒牢落漸入桑榆暗想當年節物風流人情和美但成悵恨近與親戚會面及曩昔後生往往妄生不然僕恐浸久論其風俗者失于事實誠爲可惜謹省記編次成集庶幾開卷得覩當時之盛古人有夢遊華胥之國其樂無涯者僕今追念回首悵然豈非華胥之夢覺哉目之曰夢華錄然以京師之浩穰及有未嘗經從處得之于人不無遺闕倘遇鄉黨宿德補綴周備不勝幸甚此錄語言鄙俚不以文飾者蓋欲上下通曉耳觀者幸詳焉紹興丁卯歲除日幽蘭居士東京孟元老敘

御街

坊巷御街自宣德樓一直南去約闊二百餘步兩邊乃御廊舊許市人買賣于其間自政和間官司禁止各安立黑漆杈子路心又

安朱漆杈子兩行中心御道不得人馬行往行人皆在廊下朱杈子外杈子裏有磚石甃砌御溝水兩道宣和間盡植蓮荷近岸植桃李梨杏雜花相間春夏之間望之如繡

宣德樓前省府宮寺

宣德樓前左南廊對左掖門爲明堂頒朔布政府祕書省右廊南對右掖門近東則兩府八位西則尚書省御街大內前南去左右則景靈東宮右則西宮近南大晟府次曰太常寺州橋曲轉大街面南曰左藏庫近東鄭太宰宅青魚市內行景靈東宮南門大街以東南則唐家金銀鋪溫州漆器什物鋪大相國寺直至十三間樓舊宋門自大內西廊南去卽景靈西宮南曲卽對報慈寺街進奏院百種員藥鋪至浚儀橋大街西宮南皆御廊杈子至州橋投西大街乃果子行街北則都亭驛大遼人使驛也相對有梁家珠子鋪餘皆賣時行紙畫花果鋪席至浚儀橋之西卽開封府御街

一直南去過州橋兩邊皆是居民街東則車家炭張家酒店次則王樓山洞梅花包子李家香鋪曹婆婆肉餅李四分茶至朱雀門街西過橋卽投西大街爲之麴院街街南則遇仙正店前有樓子後有臺都人謂之臺上此一店最是酒店上戶銀瓶酒七十二文一角羊羔酒八十一文一角街北薛家分茶羊飯熟羊肉鋪向西去皆妓女館舍都人謂之院街御廊西卽鹿家包子餘皆羹店分茶酒店香藥鋪居民

朱雀門外街巷

出朱雀門東壁亦人家東去大街麥稭巷狀元樓餘皆妓館至保康門街其御街東朱雀門外西通新門瓦子以南殺猪巷亦妓館以南東西兩教坊餘皆居民或茶坊街心市井至夜尤盛過龍津橋南去路心又設朱漆杈子如內前東劉廉宅以南太學國子監過太學又有橫街乃太學南門街南熟藥惠民兩局以南五里許皆民居又東去橫大街乃至五岳觀後門大街約半里許乃看街亭尋常車駕行幸登亭觀馬騎于此東至貢院什物庫禮部貢院車營務草場街南葆眞宮直至蔡河雲騎橋御街至南薰門裏街西五岳觀最爲雄壯自西門東去觀橋宣泰橋柳陰牙道約五里許內有中太一宮祐神觀街南明麗殿奉靈園九成宮內安頓九鼎近東卽迎祥池夾岸垂楊菰蒲蓮荷鳧雁遊泳其間橋亭臺榭棊布相峙唯每歲清明日放萬姓燒香遊觀一日龍津橋南西壁鄧樞密宅以南武學巷內曲子張宅武成王廟以南張家油餅明節皇后宅西去大街曰大巷口又西曰淸風樓酒店都人夏月多乘涼于此以西老鴉巷口軍器所直接第一座橋自大巷口南去延眞觀延接四方道民于此以南西去小巷口三學院西去直抵宜男橋小巷南去卽南薰門其門尋常士庶殯葬車馬皆不得徑由此門而出謂正與大內相對惟民間所宰猪須從此入京每日

至晚每羣萬數止數十人驅逐無有此亂行者

州橋夜市

出朱雀門直至龍津橋自州橋南去當街水飯爊肉乾脯王樓前貛兒野狐肉脯雞梅家鹿家鵝鴨雞兔肚肺鱔魚包子雞皮腰腎雞碎每个不過十五文曹家從食至朱雀門旋煎羊白腸鮓脯𤎩凍魚頭薑豉𠛬子抹臟紅絲批切羊頭辣腳子姜辣蘿蔔夏月麻腐雞皮麻飮細粉素簽沙糖水雪冷圓子水晶角兒生淹水木瓜雞頭穰沙糖菉豆甘草冰雪涼水荔枝膏廣芥瓜兒鹹菜杏片梅子薑萵苣筍芥辣瓜兒細料餶飿兒香糖果子間道糖荔枝越梅鋸刀紫蘇膏金絲黨梅香棖元皆用梅紅匣兒盛貯冬月盤兔旋炙猪皮肉野鴨肉滴酥水晶鱠煎角子猪臟之類直至龍津橋須腦子肉止謂之雜嚼直至三更

東角樓街巷

自宣德東去東角樓乃皇城東南角也十字街南去姜行高頭街北去從紗行至東華門街晨暉門寶籙宮直至舊酸棗門最是鋪席要鬧宣和間展夾城牙道矣東去乃潘樓街街南曰鷹店只下販鷹鶻客餘皆珍珠疋帛香藥鋪席南通一巷謂之界身並是金銀彩帛交易之所屋宇雄壯門面廣闊望之森然每一交易動卽千萬駭人聞見以東街北曰潘樓酒店其下每日自五更市合買賣衣服書畫珍玩犀玉至平明羊頭肚肺赤白腰子妳房肚胘鶉兔鳩鴿野味螃蟹蛤蜊之類訖方有諸手作人上市買賣零碎作料飯後飮食上市如酥蜜食棗䭔澄砂團子香糖果子蜜煎雕花之類向晚賣河婁頭面冠梳領抹珍玩動使之類東去則徐家瓠羹店街南桑家瓦子近北則中瓦次裏瓦其中大小勾欄五十餘座內中瓦子蓮花棚牡丹棚裏瓦子夜叉棚象棚最大可容數千人自丁先現王團子張七聖輩後來亦有人于此作場瓦中多

有貨藥賣卦喝故衣探搏飲食剃刀剪紙畫令曲之類終日俱此不覺抵暮

潘樓東街巷

潘樓東去十字街謂之土市子又謂之竹竿市又東十字大街曰從行裹角茶坊每五更點燈專一買賣衣服圖畫花環領抹之類至曉即散謂之鬼市子以東街北趙十萬宅街南中山正店東榆林巷北鄭皇后宅東曲首向北墻畔單將軍廟乃單雄信墓也上有棗樹世傳乃棗槊發芽生長成樹又謂之棗冢子巷又投東則舊曹門街北山子茶坊內有仙洞仙橋仕女往往夜遊喫茶于彼又李生菜小兒藥鋪仇防禦藥鋪出舊曹門朱家橋瓦子下橋南斜街北斜街內有泰山廟兩街有妓館橋頭人烟市井不下州南以東牛行街下馬劉家藥鋪看牛樓酒店亦有妓館一直抵新城自土市子南去鐵屑樓酒店皇建院街得勝橋鄭家油餅店動二十餘爐直南抵太廟街高陽正店夜市尤盛土市北去乃馬行街也人煙浩鬧北至十字街曰鵮兒市向東曰東雞兒巷向西曰西雞兒巷皆妓館所居近北街曰楊樓街東曰莊樓今改作和樂樓樓下乃賣馬市也近北曰任店今改作欣樂樓對門馬瑙家羹店

酒樓

凡京師酒店門首皆縛彩樓歡門惟任店入其門一直主廊約百餘步南北天井兩廊皆小閤子向晚燈燭熒煌上下相照濃粧妓女數百聚于主廊槏面上以待酒客呼喚望之宛若神仙北去楊樓以北穿馬行街東西兩巷謂之大小貨行皆工作伎巧所居小貨行通雞兒巷妓館大貨行通牋紙店白礬樓後改爲豐樂樓宣和間更修三層相高五樓相向各有飛橋欄檻明暗相通珠簾繡額燈燭晃耀初開數日每先到者賞金旗過一兩夜則已元宵則每一瓦隴中皆置蓮燈一盞內西樓後來禁人登眺以第一層下

視禁中大抵諸酒肆瓦市不以風雨寒暑白晝通夜駢闐如此州東宋門外仁和店姜店州西宜城樓藥張四店班樓金梁橋下劉樓曹門蠻王家乳酪張家州北八仙樓戴樓門張八家園宅正店鄭門河王家李七家正店景靈宮東墻長慶樓在京正店七十二戶此外不能徧數其餘皆謂之脚店賣貴細下酒迎接中貴飲食則第一白廚州西安州巷張秀以次保康門李慶家東雞兒巷郭廚鄭皇后宅後宋廚曹門塼筒李家寺東骰子李家黃胖家九橋門街市酒店彩樓相對繡旆相招掩翳天日政和後來景靈宮東墻下長慶樓尤盛

飲食果子

凡店內賣下酒廚子謂之茶飯量酒博士至店中小兒子皆通謂之大伯更有街坊婦人腰繫青花布手巾綰危髻爲酒客換湯斟酒俗謂之焌糟更有百姓入酒肆見子弟少年輩飲酒近前小心供過使令買物命妓取送錢物之類謂之閑漢又有向前換湯斟酒歌唱或獻果子香藥之類客散得錢謂之廝波又有下等妓女不呼自來筵前歌唱臨時以些小錢物贈之而去謂之劄客亦謂之打酒坐又有賣藥或果實蘿蔔之類不問酒客買與不買散與坐客然後得錢謂之撒暫如此處處有之惟州橋炭張家乳酪張家不放前項人入店亦不賣下酒惟以好淹藏菜蔬賣一色好酒所謂茶飯者乃百味羹頭羹新法鵪子羹三脆羹二色腰子蝦蕈雞蕈渾砲等羹旋索粉玉棊子羣仙羹假河魨白渫虀貨鱖魚假元魚決明兜子決明湯虀肉醋托胎襯腸沙魚兩熟紫蘇魚假蛤蜊白肉夾面子茸割肉胡餅湯骨頭乳炊羊熝羊鬧廳羊角炙腰子鵝鴨排蒸荔枝腰子還元腰子燒臆子入爐細項蓮花鴨簽酒炙肚胘虛汁垂絲羊頭入爐羊頭簽鵝鴨簽雞簽盤兔炒兔葱潑兔假野狐金絲肚羹石肚羹假炙獐煎鵪子生炒肺炒蛤蜊炒蟹

煠蟹洗手蟹之類逐時旋行索喚不許一味有闕或別呼宗變造
下酒亦即時供應又有外來托賣炙雞燠鴨羊脚子點羊頭脆筋
巴子姜蝦酒蟹獐巴鹿脯從食蒸作海鮮時果旋切萵苣生菜西
京筍又有小兒子著白虔布衫青花手巾挾白磁缸子賣辣菜又
有托小盤賣乾果子乃旋炒銀杏栗子河北鵝梨條梨乾梨肉膠
棗棗圈梨圈桃圈核桃肉牙棗海紅嘉慶子林檎旋烏李李子旋
櫻桃煎西京雪梨尖梨甘棠梨鳳棲梨鎮府濁梨河陰石榴河陽
查子查條沙苑榲桲回馬孛萄西川乳糖獅子糖霜峯兒橄欖溫
柑綿棖金橘龍眼荔枝邵白藕甘蔗漉梨林檎乾枝頭乾芭蕉乾
人面子巴欖子榛子榧子蝦具之類諸般蜜煎香藥果子罐子黨
梅柿膏兒香藥小元兒小臘茶鵬沙元之類更外賣軟羊諸色包
子猪羊和包燒肉乾脯玉板鮓犯鮓片醬之類其餘小酒店亦賣
下酒如煎魚鴨子炒雞兎煎燠肉梅汁血羹之類每分不過十五

錢諸酒店必有廳院廊廡掩映排列小閤子吊窗花竹各垂簾幙
命妓歌笑各得穩便

說郛卷第九十一終

說郛卷第九十二

書斷 四卷　唐張懷瓘

古文

按古文者黃帝史蒼頡所造也頡首有四目通于神明仰觀奎星
圓曲之勢俯察龜文鳥跡之象博采衆美合而爲字是曰古文孝
經援神契云奎主文章蒼頡倣象是也

大篆

按大篆者周宣王太史史籀所作也或曰柱下史始變古文或同
或異謂之爲篆篆者傳也傳其物理施之無窮甄酆定六書三曰
篆書八體書法一曰大篆又漢書藝文志云史籀十五篇並此也
以史官製之用以教授謂之史書凡九千字

籀文

周太史史籀所作也與古文大篆小異後人以名稱書謂之籀文
七略曰史籀者周時史官教學童書也與孔氏壁中古文體異甄

酆定六書二曰奇字是也

小篆

小篆者秦丞相李斯所作也增損大篆異同籀文謂之小篆亦曰
秦篆

八分

按八分者秦羽人上谷王次仲所作也王愔云王次仲始以古書
方廣少波勢建初中以隸草作楷法字爲八分言有模楷始皇得
次仲文簡略赴急疾之用甚喜遣召之三徵不至始皇大怒制檻
車送之于道化爲大鳥飛去

隸書

按隸書者秦下邽人程邈所作也邈字元岑始爲縣吏得罪始皇

幽繫雲陽獄中覃思十年益大小篆方圓而爲隸書三千字奏之始皇善之用爲御史以奏事繁多篆字難成乃用隸字以爲隸人佐書故曰隸書

章草

按章草者漢黄門令史史游所作也衛恆李誕並云漢初而有草法不知其誰蕭子良云章草者漢齊相杜操始變藁法非也王愔云漢元帝時史游作急就章解散隸體粗書之漢俗簡便漸以行之是也

行書

按行書者後漢潁川劉德昇所造也行書即正書之小僞務從簡易相間流行故謂之行書王愔云晉世以來工書者多以行書著名鍾元常善行押書是也爾後王羲之獻之並造其極焉

飛白

按飛白書者後漢蔡邕所作也王隱王愔並云飛白變楷制也本是宮殿題署勢既勁文字宜輕微不滿名曰飛白王僧虔云飛白八分之輕者邕在鴻都門見匠人施堊箒遂創意爲之

草書

按草書者後漢徵士張伯英所造也梁武帝草書狀曰蔡邕云昔秦之時諸侯爭長羽檄相傳望烽走驛以篆隸難不能就急遂作之草書也

汲冢書

汲冢書蓋魏安釐王時衛郡汲縣耕人于古冢中得之竹簡漆書科斗文字雜寫經史與今本校檢各有異同耕人姓不名準

李斯

秦丞相李斯曰自上古作大篆頗行于世但爲古遠人多不詳今删略繁者取其各體參爲小篆斯善書自趙高已下咸見伏焉刻諸名山碑璽銅人並斯之筆書秦望紀功銘乃曰吾死後五百三十年當有一人替吾跡焉斯妙篆始省改之爲小篆者蒼頡篇七章雖帝王質文世有損益終以文代質漸就澆漓則三皇結繩五帝畫象三王肉刑斯可況也古文可爲上古大篆爲中古小篆爲下古三古爲實草隸爲華妙極于華者義獻精窮其實者籀斯始皇以和氏之璧琢而爲璽令斯書其文今泰山嶧山及秦望等碑並其遺跡亦謂傳國之偉寶百世之法式斯小篆入神大篆入妙李斯書如爲冠蓋不易施手

蕭何

前漢蕭何善篆籀爲前殿成覃思三月以題其額觀者如流何使禿筆書

蔡邕

後漢蔡邕字伯喈陳留人儀容奇偉篤孝博學能畫善音明天文

術數工書篆隸絶世尤得八分之精微體法百變窮靈盡妙獨步今古又剏造飛白妙有絶倫伯喈八分飛白入神大篆小篆隸書入妙女琰甚賢明亦工書伯喈入嵩山學書于石室內得一素書八角垂芒篆寫李斯并史籀用筆勢伯喈得之不食三日乃大叫喜歡若對數十人伯喈因讀誦三年便妙達其旨伯喈自書五經于大學觀者如市蔡邕書骨氣洞達爽爽爲神

崔瑗

崔瑗字子玉安平人曾祖蒙父駰子玉官至濟北相文章蓋世善章草書師于杜度媚趣過之點畫精微神變無礙利金百鍊美玉天姿可謂冰寒于水也袁昂云如危峰阻日孤松一枝王隱謂之草賢章草入神小篆入妙

張芝

張芝字伯英性好書凡家之衣帛皆書而後練尤善章草又善隸

書韋仲將謂之草聖又云崔氏之肉張氏之骨其章草急就章字皆一筆而成伯英草行入神隸書入妙伯英書如漢武愛道憑虛欲仙

張昶

張昶字文舒伯英季弟爲黄門侍郎尤善章草書類伯英時人謂之亞聖文舒章草入神八分入妙隸入能

劉德昇

劉德昇字君嗣潁川人桓靈之世以造行書擅名既以草剏亦甚研美風流婉約獨步當時胡昭鍾繇並師其法世謂鍾繇善行押書是也而胡書體肥鍾書體瘦亦各有君嗣之美也

師宜官

師宜官南陽人靈帝好書徵天下工書于鴻都門至數百人八分稱宜官爲最大則一字徑丈小則方寸千言甚矜能而性嗜酒或時空至酒家因書其壁以售之觀者雲集沽酒多售則鏟滅之後爲袁術將鉅鹿耿球碑術所立宜官書也宜官書如鵬羽未息翩翩自逝

梁鵠

梁鵠字孟皇安定烏氏人少好書受法于師宜官以善八分書知名舉孝廉爲郎亦在鴻都門下遷選部郎靈帝重之魏武甚愛其書常懸帳中又以釘壁以爲勝宜官也于時邯鄲淳亦得次仲法淳宜爲小字鵠宜爲大字不如鵠之用筆盡勢也

左伯

左伯字子邑東萊人特工八分名與毛弘等列小異于邯鄲淳亦擅名漢末又甚能作紙漢興有紙代簡至和帝時蔡倫工爲之而子邑尤得其妙故蕭子良答王僧虔書云子邑之紙妍妙輝光仲將之墨一點如漆伯英之筆窮神盡思妙物遠矣邈不可追

胡昭

胡昭字孔明潁川人少而博學不慕榮利有夷皓之節甚能籀書眞行又妙衛恆云胡昭與鍾繇並師于劉德昇俱善草行而胡肥鍾瘦尺牘之跡動見模楷羊欣云胡昭得張芝骨索靖得其肉韋誕得其筋張華云胡昭善隸書茂先與荀勗共整理記籍又立書博士置弟子教習以鍾胡爲法可謂宿士矣

鍾繇

魏鍾繇字元常繇少隨劉勝入抱犢山學書三年遂與魏太祖邯鄲淳韋誕等議用筆繇乃問蔡伯喈筆法于韋誕誕惜不與乃自搥胸嘔血太祖以五靈丹救之得活及誕死繇令人盜掘其墓遂得由是繇筆更妙繇精思學書臥畫被穿過表如廁終日忘歸每見萬類皆書象之繇善三色書最妙者八分繇尤善書于曹喜蔡邕劉德昇眞書絕世剛柔備焉點畫之間多有異趣可謂幽深無際古雅有餘秦漢以來一人而已雖古之善政遺愛結于人心未足多也尚德哉若其行書則羲之獻之之亞草書則衛索之下八分則有魏受禪碑稱此爲最也大和四年薨迨八十矣元常隸行入神草八分入妙鍾書有十二種意外巧妙絕倫多奇

鍾會

鍾會字士季元常少子善書有父風稍備筋骨美兼行草尤工隸書遂逸致飄然有凌雲之志亦所謂劍則干將莫邪焉會嘗詐爲荀勗書就勗母鍾夫人取寶劍會兄弟以千萬造宅未移居勗乃潛畫元常形像會兄弟入見便大感慟勗書亦會之類也會隸行草章草並入妙

韋誕

魏韋誕字仲將京兆人太僕端之子官至侍中伏膺于張伯英兼邯鄲淳之法諸書並善題署尤精明帝凌雲臺初成令仲將題榜

高下異好宜就點正之因危懼以戒子孫無爲大字楷法袁昂云如龍拏虎據劍拔弩張張茂先云京兆韋誕誕子熊潁川鍾繇繇子會並善隸書初靑龍中洛陽許鄴三都宮觀始就詔令仲將大爲題署以爲永制給御筆墨皆不任用因奏蔡邕自矜能書兼斯喜之法非紈素不妄下筆夫工欲善其事必先利其器若用張芝筆左伯紙及臣墨兼此三具又得臣手然後可以逞徑丈之勢方寸千言然草跡之妙亞乎索靖也嘉平五年卒年七十五歲仲將八分隸書章草飛白入妙小篆入能兄康字元將工書子熊字少季亦善書時人云名父之子克有二事世所美焉又云魏明帝淩雲臺成誤先釘榜未題署以籠盛誕轆轤長絙引上使就榜題去地二十五丈誕危懼戒子孫絕此楷法

王羲之

晉王羲之字逸少曠子也七歲善書十二見前代筆說于其父枕中竊而讀之父曰爾何來竊吾所祕羲之笑而不答母曰爾看用筆法父見其少恐不能祕之語羲之曰待爾成人吾授也羲之拜請今而用之使待成人恐蔽兒之幼令也父喜遂與之不盈期月書便大進衛夫人見語太常王策曰此兒必見用筆訣近見其書便有老成之智流涕曰此子必蔽吾名晉帝時祭北郊更祝版工人削之筆入木三分三十三書蘭亭序三十七書黃庭經書訖空中有語卿書感我而況人乎吾是天台丈人自言其眞勝鍾繇羲之書多不一體逸少善草隸八分飛白章行備精諸體自成一家法千變萬化得之神功逸少隸行草章草飛白五體俱入神八分入妙妻郄氏甚工書有七子獻之最知名玄之凝之徽之操之並工草

又

羲之嘗以章草答庾亮亮示翼翼見乃歎伏因與羲之書云吾昔

有伯英章草十紙過江顚沛遂乃亡失嘗歎妙跡永絕忽見足下答家兄書煥若神明頓還舊觀舊說羲之罷會稽住蕺山下旦見一老姥把十許六角竹扇出市王聊問此欲貨耶一枚幾錢答云二十許右軍取筆書扇扇一字老姥大悵惋云老身舉家朝食惟仰于此云何書壞王答云無所損但道是王右軍書字請一百既入市人競市之後數日復以數十扇來請請更書王笑而不答又云羲之曾自書表與穆帝專精任意帝乃令索紙色類長短闊狹與王表相似使張翼寫效一毫不異乃題後答之羲之初不覺後更詳看乃歎曰小人亂眞乃爾羲之性好鵝山陰曇礦村有一道士養好者十餘王淸旦乘小舡故往看之意大愿樂乃告求市易道士不與百方譬說不能得之道士言性好道久欲寫河上公老子縑素早辦而無人能書府君若能自屈書道德經各兩章便合羣以奉羲之停半日爲寫畢籠鵝而歸大以爲樂又嘗詣一門生家設佳饌供給意甚感之欲以書相報見有一新榧几至滑淨王便書之草正相半門生送王歸郡比還家其父已刮削都盡兒還失書驚懊累日

又

晉穆帝永和九年暮春三月三日常遊山陰與太原孫統承公孫綽興公廣漢王彬之道生陳郡謝安石高平郄曇重熙太原王蘊叔仁釋支遁道林并逸少子凝徽操之等四十有一人修祓禊之禮揮毫制序興樂而書用蠶繭紙鼠鬚筆遒媚勁健絕代更無凡二十八行三百二十四字有重者皆搆別體就中之字最多

王獻之

王獻之字子敬尤善草隸幼學于父次習于張芝爾後改變制度別剏其法率爾師心冥合天矩初謝安請爲長史太元中新造太極殿安欲使子敬題榜以爲萬代寶而難言之乃說韋仲將題淩

雲臺之事子敬揣知其旨乃正色曰仲將魏之大臣寧有此事使其若此有以知魏德之不長安遂不之逼子敬年五六歲時學書右軍從後潛掣其筆不脫乃歎曰此兒後當有大名遂書樂毅論與之學其筆意能極小眞書可謂窮微入聖筋骨緊密不減于父如大門尤直而寡態豈可同年惟行草之間逸氣過也及論諸體多劣右軍總而言之季孟差耳子敬隸書行草章草飛白五體皆入神八分入能

又

羲之爲會稽子敬出戲見北館新白土壁白淨可愛子敬令取掃箒沾泥汁中以書壁爲方丈一字晻曖斐亹極有妙勢是日觀者成市羲之後見嘆其美問誰所作答曰七郎羲之于是作書與所親曰子敬飛白大有進是圖于此壁子敬好書觸遇造玄有一好事年少故作精白紙褫着往詣子敬便請褫書之草正諸體悉備兩袖及標略滿因自歎比來之合年少覺王左右有凌奪之色于是掣褫而走左右果遂于門外鬭爭分裂衣袖少年纔得一袖而已子敬爲吳興羊欣父不疑爲烏程令欣時年十五六書已有意爲子敬所知子敬往縣入欣齋欣着新白絹裙晝眠子敬乃書其裙幅及帶欣覺歎樂遂寶之後以上朝廷

又

獻之嘗與簡文帝書十許紙最後云下官此書甚合爾願聊存之此書謂桓玄所寶玄愛重二王不能釋手乃撰縑素及紙書正行之尤美者各爲一帙嘗置左右及南奔雖甚狼狽猶以自隨將敗竝投于江或謂小王爲小令非也獻之爲中書令卒于官族弟珉代之時以子敬爲大令季琰爲小令

王脩

王脩字敬仁仲祖之子官至著作郎少有秀令之譽年十三著賢令論劉眞長見之嗟嘆不已善隸行書嘗就右軍求書乃寫東方朔畫贊與之王僧虔曰敬仁書殆窮其妙王子敬每看咄咄逼人昇平元年卒年二十四始王導愛好鍾氏書喪亂狼狽猶衣帶中存尙書宣示過江後以賜逸少逸少與敬仁敬仁卒其母見此書平生所好以入棺敬仁隸行入妙殷仲堪書亦敬仁之亞也

荀輿

荀輿能書嘗寫狸骨方右軍臨之至今謂之狸骨帖

謝安

謝安字安石學書于右軍右軍云卿是解書者然知解書爲難安石尤善行書亦猶衛洗馬風流名士海內所瞻王僧虔云謝安入能書品錄也安石隸行草竝入妙兄尙字仁祖萬石竝工書

王廙

晉平南將軍侍中王廙右軍之叔父也工隸飛白祖述張衛法復索靖書七月二十六日一紙每寶翫之遭永嘉喪亂乃四疊綴衣中以渡江今蒲州桑泉令豆盧器得之疊迹猶在

戴安道康昕

晉戴安道隱居不仕總角時以雞子汁溲白瓦屑作鄭玄碑自書刻之文既奇麗書亦絕妙又有康昕亦善草隸王子敬常題方山亭壁數行昕密改之子敬後過不疑又爲謝居士題畫像以示子敬子敬歎服以爲西河之絕矣昕字君明外國人官至臨沂令

韋昶

晉韋昶字文休仲將兄康字元將涼州刺史之玄孫官至潁川太守散騎常侍善古文大篆及草狀貌尤古亦猶人則抱素木則封冰奇而且勁太元中孝武帝改治宮室及廟諸門竝欲使王獻之隸草書題榜獻之固辭乃使劉瓌以八分書之後又使文休以大篆改八分焉或問王右軍父子書君以爲云何答曰二王自可謂

能未是知書也又妙作筆王子敬得其筆歎爲絶世義熙末卒年七十歲餘文休古文大篆草書並入妙

蕭思話

宋蕭思話蘭陵人父源冠軍瑯琊太守思話官至征西將軍左僕射工書學於羊欣得其體法雖無奇峰壁立之秀運用連岡盡望勢不斷絶亦可謂有功矣王僧虔云蕭全法羊風流媚好殆欲不減筆力恨弱袁昂云羊眞孔草蕭行范篆各一時之妙也

王僧虔

瑯琊王僧虔博涉經史兼善草隸太祖謂虔曰我書何如卿曰臣正書第一草書第三陛下草書第二正書第三臣無第二陛下無第一上大笑曰卿善爲詞也然天下有道丘不與易也虔歷左僕射尚書令謚簡穆公僧虔長子慈年七歲外祖江夏王劉義恭迎之入中齋施諸寶物恣其所取慈惟取素琴一張孝子圖而已年

十歲共時輩蔡約入寺禮佛正見沙門等懺悔約戲之曰衆僧今日何乾乾慈應聲答曰卿如此不知禮何以興蔡氏宗約興宗之子孫也謝超宗見慈學書謂之曰卿書何如虔公答云慈書與大人猶雞之比鳳超宗鳳之子慈歷侍中贈太常卿約歷太子詹事

又

齊高帝嘗與王僧虔賭書畢帝曰誰爲第一僧虔對曰臣書臣中第一陛下書帝中第一帝笑曰卿可謂善自謀矣

王融

齊末王融圖古今雜體有六十四書少年倣傚家藏紙貴而風魚蟲鳥是七國時書元長皆作隸草字故貽後來所詰湘東王遣沮陽令韋仲定爲九十一種次功曹謝善勛增其九法合成百體其中以八卦爲書爲一以太爲兩法徑丈一字方寸千言

蕭子雲

梁蕭子雲字景喬武帝謂曰蔡邕飛而不白羲之白而不飛飛白之間在卿斟酌耳嘗大書蕭字後人匣而寶之傳至張氏賓護東都舊第有蕭齋前後序皆名公之詞也武帝造寺令蕭子雲飛白大書蕭字至今一字存焉李約竭產自江南買歸東洛建一小亭以翫號曰蕭齋

蕭特

海鹽令蘭陵蕭特善草隸高祖賞之曰子敬之書不如逸少蕭特之跡遂過其父

僧智永

陳永欣寺僧智永師遠祖逸少歷紀專精攝齊升堂眞草惟命智永章草及草書入妙行書入能兄智楷亦工書丁覘亦善隸書時人云丁眞永草

又

智永嘗于樓上學書業成方下

梁周興嗣編次千字文而有王右軍者人皆不能曉其始乃梁武教諸王書令殷鐵石于大王書中搨一千字不重者每字片紙雜碎無序武帝召興嗣謂曰卿有才思爲我韻之興嗣一夕編綴進上鬢髮皆白而賞賜甚厚右軍孫智永師自臨八百本散與人外江南諸寺各留一本永公住吳興永欣寺積年學書後有禿筆頭十甕每甕皆數石人來覓書幷請題額者如市所居戶限爲之穿穴乃用鐵葉裹之人謂爲鐵門限後取筆頭瘞之號爲退筆塚自製銘誌

嘗居永欣寺閣上臨書所退筆頭置之于大竹簏簏受一石餘而五簏滿

僧智果

隋永欣寺僧智果會稽人也煬帝甚善之工書銘石其爲瘦健造

次難類嘗謂永師曰和尚得右軍肉智果得骨夫筋骨藏于膚肉山水不厭高深而比公稍乏清幽傷于淺露若吳人之戰輕進易退勇力而非武虓張詩耀無乃小人儒乎智果隸行草入能

唐太宗

唐太宗貞觀十四年自眞草書屏風以示羣臣筆力遒勁爲一時之絕嘗謂朝臣曰書學小道初非急務時或留心猶勝棄日凡諸藝業未有學而不得者也病在心力懈怠不能專精耳又云吾臨古人之書殊不能學其形勢唯在其骨力及得其骨力而形勢自生矣嘗召三品以上賜宴于玄武門帝操筆作飛白書衆臣乘酒就太宗手中相競散騎常侍劉洎登御床引手然後得之其不得者咸稱洎登床罪當死請付法帝笑曰昔聞婕妤辭輦今見常侍登床

賺蘭亭序

王羲之蘭亭序僧智永弟子辨才嘗于寢房伏梁上鑿爲暗檻以貯蘭亭保惜貴重于師在日貞觀中太宗以聽政之暇銳志翫書臨羲之眞草書帖購募備盡唯未得蘭亭尋討此書知在辨才之所乃敕追師入內道場供養恩賚優洽數日後因言次乃問及蘭亭方便善誘無所不至辨才確稱往日侍奉先師實嘗獲見自師沒後荐經喪亂墜失不知所在既而不獲遂放歸越中後更推究不離辨才之所又敕追辨才入內重問蘭亭如此者三度竟靳固不出上謂羣臣曰右軍之書朕所偏寶就中逸少之迹莫如蘭亭求見此書勞于寤寐此僧耆年又無所用若得一智略之士設謀計取之必獲尚書左僕射房玄齡曰臣聞監察御史蕭翼者梁元帝之曾孫今貫魏州莘縣負才藝多權謀可充此使必當見獲太宗遂召翼翼奏曰若作公使義無得理臣請私行詣彼須得二王雜帖三數通太宗依給翼遂改冠微服至洛潭隨商人船下至越州又衣黄衫極寬長潦倒得山東書生之體日暮入寺巡廊以觀壁畫過辨才院止于門前辨才遥見翼乃問曰何處檀越翼前禮拜云弟子是北人將少許蠶種來賣歷寺縱觀幸過禪師寒溫既畢語議便合因延入房內即共圍棋撫琴投壺握槊談說文史意甚相得乃曰白頭如新傾蓋若舊今後無形迹也便留夜宿設缸面藥酒果等江東云缸面猶河北稱甕頭謂初熟酒也酣樂之後主賓賦詩辨才探得來字韻其詩曰初醖一缸開新知萬里來披雲同落莫步月共徘徊夜久孤琴思風來旅雁哀非君有祕術誰照不然灰蕭翼探得招字韻詩曰邂逅款良宵殷勤荷勝招彌天俄若舊初地豈成遥酒蟻傾還泛心猿躁自調誰令失羣翼長苦葉風飄妍蚩略同彼此諷詠恨相知之晚通宵盡歡明日乃去辨才云檀越閑即更來翼乃載酒赴之興後作詩如此者數四詩酒爲務其俗混然經旬朔翼因出示師梁元帝自畫職貢圖師嗟賞

不已因談論翰墨翼曰家世三傳二王楷書法弟子自幼來耽翫今有數帖自隨辨才欣然曰明日可將來此看翼依期而往出其書以視辨才辨才熟詳之曰是即是矣然未佳善也貧道有一眞迹頗是殊常翼曰何帖辨才曰蘭亭翼笑曰數經亂離眞迹豈在必是響搨僞作耳辨才曰禪師在日寶惜臨亡之時親付于吾付受有緒那得參差可明日來看及翼到師自于梁上檻內出之翼見訖故駁瑕指纇曰果是響搨書也紛競不定自示翼之後更不復安于伏梁上并蕭二王諸帖並借留置于几案之間辨才時年八十餘每日于窗下臨學數遍其老而篤好也如此自是翼往還既數童弟等無復猜疑後辨才出赴靈汜橋南嚴遷家齋翼遂私來房前謂童子曰翼遺却帛子在床上童子即與開門翼遂于案上取得蘭亭及御府二王書帖便赴永安驛告驛長凌愬曰我是御史奉敕來此今有墨敕可報汝都督知都督齊善行聞之馳來

拜謁蕭翼宣示敕旨具告所由善行走使人召辨才辨才仍在嚴
遷家未還寺遽見追呼不知所以又遣云侍御須及見師來見御
史乃是房中蕭生也蕭翼報云奉敕遣來取蘭亭今已得矣故喚
師來取别辨才聞語而便絶倒良久始蘇蕭翼便馳驛南發至都
奏御太宗大悦以玄齡舉得其人賞錦綵千段擢拜翼爲員外郎
加入五品賜銀瓶一金鏤瓶一瑪瑙椀一並實以珠內廐良馬兩
匹兼寶裝鞍轡宅莊各一區太宗初怒老僧之祕恡俄以其年耄
不忍加刑數月後仍賜物三千段穀三千石便敕越州支給辨才
不敢將入己用乃造三層寶塔塔甚精麗至今猶存老僧因驚悸
患重不能強飯惟啜粥歲餘乃卒帝命供奉搨書人趙模韓道政
馮承素諸葛貞等四人各搨數本以賜皇太子諸王近臣貞觀二
十三年聖躬不豫幸玉華宮含風殿臨崩謂高宗曰吾欲從汝求
一物汝誠孝也豈能違吾心耶汝意如何高宗哽咽流涕引耳而

聽受制命太宗曰吾所欲得蘭亭可與我將去後隨仙駕入玄宮
矣今趙模等所搨在者一本尚直錢數萬也

又

一説王羲之嘗書蘭亭會序隋末廣州好事寺僧有三寶寶而持
之一曰右軍蘭亭書二曰神龜三曰如意太宗特工書聞右軍蘭
亭眞迹求之得其他本若第一本知在廣州僧而難以力取故令
人詐僧果得其書僧曰第一寶亡矣其餘何愛乃以如意擊石折
而棄之又投龜一足傷自是不能行矣

漢王元昌

唐漢王元昌神堯之子善行書諸王仲季並有能名韓王曹王亦
其亞也曹則妙于飛白韓則工于八分魏王魯王亦韓王之倫也

歐陽詢

唐歐陽詢字信本博覽今古官至銀青光祿大夫率更令書則八
體盡能筆力勁險高麗愛其書遣使請焉神堯歎曰不意詢之書
名遠播夷狄貞觀十五年卒年八十五詢飛白隸行書入妙大篆
章草入能

又

率更嘗出行見古碑索靖所書駐馬觀之良久而去數步復下馬
佇立疲則布毯坐觀因宿其旁三日而後去今開元通寶錢武德
四年鑄其文乃歐陽率更書也

歐陽通

唐歐陽通詢之子也善書瘦怯于父嘗自矜能書必以象牙犀角
爲筆管狸毛爲心覆以秋兔毫松烟爲墨末以麝香紙必須堅薄
白滑者乃書之蓋自重其書薛純陀亦効歐草傷于肥肫亦通之
亞也

虞世南

虞世南字伯施會稽人仕隋爲祕書郎煬帝知其才嫉其鯁直止
爲七品十餘年仕唐至祕書監文皇曰世南一人遂兼五絶一曰
博學二曰德行三曰書翰四曰詞藻五曰忠直有一于此足謂名
臣而世南兼之行草之餘尤所偏工本師釋智永及其暮齒加以
遒逸卒年八十九伯施行草入妙

褚遂良

褚遂良河南人父亮太常卿遂良官至右僕射善書少則服膺虞
監長則師祖右軍眞書甚得其媚趣顯慶中卒年六十四遂良隸
行入妙亦嘗師受史陵然史亦有古直傷于疎瘦也

又

遂良問虞監曰某書何如永師曰吾聞彼一字直五萬官豈能若
此者曰何如歐陽詢曰聞詢不擇紙筆皆能如志公豈能若此褚
曰既然某何更留意于此虞曰若使手和筆調遇合作者亦深可

貴尙褚喜而退

薛稷

薛稷河東人官至太子少保書學褚尤尙綺麗媚好膚肉得師之半矣可謂河東公之高足甚爲時所珍尙稷隸行入能

又

稷外祖魏徵家富圖籍多有虞褚舊迹銳精模倣筆態遒麗當時無及之者又善畫博採古迹埒于祕書

高正臣

高正臣廣平人官至衛尉卿習右軍之法睿宗愛其書張懷素之先與高有舊朝士就高乞書或憑書之高嘗爲人書十五紙張乃戲換其五紙又令示高再看不悞客曰有人換公書高笑曰必是張公也乃審詳之得其三紙客曰猶有在高又觀之竟不能辨高嘗許人書一屏幛踰時未獲其人乃出使淮南臨別大悵惋高曰正臣故人在申州正與僕書一類公可便往求之遂立申此意陸柬之嘗爲高書告身高皇嫌之不將入秩後爲鼠所傷乃持云張公曰此鼠甚解正臣意風調不合一至于此正臣隸行草入能

王紹宗

王紹宗字承烈官至祕書少監祖述子敬欽羨柬之其中小眞書體象尤甚其行書及章草次于眞常與人書云鄙夫書翰無工者特出水墨之積習恆精心率意虛神靜思以取之每與吳中陸大夫論及此道明朝必不覺已進陸後于密訪之嘆賞不少將予比虞七以虞亦不臨寫故也但心準目想而已聞虞眠布被中恆手畫腹皮與予正同也承烈隸行草入能

鄭廣文

鄭虔任廣文博士學書而病無紙知慈恩寺有柿葉數間屋遂借僧房居止日取紅葉學書歲久殆遍後自寫所製詩幷畫同爲一

卷封進玄宗御筆書其尾曰鄭虔三絕

李陽冰

李陽冰善小篆自言斯公之後直至小生曹喜蔡邕不足言開元中張懷瓘撰書斷陽冰張旭並不載絳州有篆字與古不同頗爲怪異李陽冰見之寢臥其下數日不能去驗其書是唐初不載書者名姓碑有碧落二字時人謂之碧落碑（此下凡引張懷瓘書斷者兩見則非書斷明矣）

張旭

張旭書得筆法傳崔邈顏眞卿旭言始吾聞公主與擔夫爭路而得筆法之意後見公孫氏舞劍器而得其神飲醉輒草書揮毫大呼以頭搵水墨中天下呼爲張顚醒後自視以爲神異不可復得後輩言筆札者歐虞褚陸或有異論至長史無間言

又

旭釋褐爲蘇州常熟尉上後旬日有老父過狀判去不數日復至乃怒而責曰敢以閒事屢擾公門老父曰某實非論事但覩少公筆跡奇妙貴爲篋笥之珍耳長史異之因詰其何得愛書答曰先父愛書兼有著述長史取視之信天下工書者也自是備得筆法之妙冠于一時

僧懷素

長沙僧懷素好草書自言聖三昧棄筆堆積埋山下號筆塚

程邈

秦獄吏程邈善大篆得罪始皇囚于雲陽獄增減大篆體去其繁複始皇善之出爲御史名曰隸書

王羲之

王羲之告誓文今之所傳即其藁本不具年月日朔其眞本維永和十年三月癸卯九日辛亥而書亦眞開元初潤州江寧縣瓦官寺修講堂匠人于鴟吻內竹筒中得之與一沙門至八年縣丞李

延業求得上岐王王以獻便留內不出或云其後却借岐王十二年王家失火圖書悉爲灰燼此書亦見焚矣

潞州盧

東都頃年創造防秋館穿掘多蔡邕鴻都學所書石經後洛中人家往往有之王羲之借船帖書之尤工者也故山北盧匡寶惜有年盧公致書借之不得云只可就看未嘗借人也盧除潞州旌節在途纔數程忽有人將書帖就盧求售閱之乃借船帖也驚異問之云盧家郎君要錢遺賣耳盧歎異移時不問其價還之後不知落于何人京師書儈孫盈者名甚著盈父曰仲容亦鑒書畫精于品目豪家所寶多經其手眞僞無所逃焉公借船帖是孫盈所畜人以厚價求之不果盧公時其急切減而賑之日久滿百千方得盧公韓太冲外孫也故書畫之尤者多閱而識焉

桓玄

晉書中有飲食名寒具者亦無註解處後于齊民要術并食經中檢得是今所謂饊餅桓玄嘗盛陳法書名畫請客觀之客有食寒具不濯手而執書畫因有涴玄不懌自是會客不設寒具

蘭亭眞迹

太宗酷好書法有大王書迹三千六百紙率以一丈二尺爲一軸寶惜者獨蘭亭爲最置于坐側朝夕觀覽嘗一日附耳語高宗曰吾千秋萬歲後與吾蘭亭將去也及奉諱之日用玉匣貯之藏于昭陵

王方慶

龍朔二年四月高宗自書與遼東諸將書謂許敬宗曰許圉師愛書可于朝示之神功二年上謂鳳閣侍郎王方慶曰卿家合有書法方慶奏曰臣十代再從伯祖羲之先有四十餘紙貞觀十二年先臣進訖有一卷臣近已進訖臣十一代祖洽九代祖珣八代祖曇首七代祖僧綽六代祖仲寶五代祖騫高祖規曾祖褒并九代三從伯祖晉中書令獻之以下二十八人書共十卷見在上御武成殿召羣臣取而觀之仍令鳳閣舍人崔融作序目爲寶章集以賜方慶朝野榮之

八體

張懷瓘書斷曰篆籀八分隷書章草草書飛白行書通謂之八體而右軍皆在神品右軍嘗醉書數字點畫類龍爪後遂有龍爪書如科斗玉筯偃波之類諸家共五十二般

李都

李都爲荆南從事時與朝官親熟自京寓書書蹤甚惡李奇詩戲之曰華緘千里到荆門章草縱橫任意論應笑鍾張虛用力却教羲獻枉勞魂惟堪愛惜爲珍寶不敢留傳誤子孫深荷故人相厚處天行時氣許教吞

東都乞兒

大曆中東都天津橋有乞兒無兩手以右足夾筆寫經乞錢欲書時先用筆擲高尺餘以足接之未嘗失落書迹楷書不如

盧弘宣

李德裕作相日人有獻書帖德裕得之執玩頗愛其書盧弘宣時爲度支郎中有善書名召至出所獲者書帖令觀之弘宣持帖久之不對德裕曰何如弘宣有恐悚狀曰是某頃年所臨小王帖太尉彌重之

嶺南兔

嶺南兔嘗有郡牧得其皮使工人削筆醉失之大懼因剪己鬚爲筆甚善更使爲之工者辭焉語其由因實對遂下令使一戶輸人鬚或不能致輒責其直

漁樵問對一卷

邵雍 字堯夫康節先生

漁者垂釣于伊水之上樵者過之弛擔息肩坐于磐石之上而問于漁者曰魚可鉤取乎曰然曰鉤非餌可乎曰否曰非鉤也餌也魚利食而見害人利魚而蒙利其利同也其害異也敢問何故漁者曰子樵者也與吾異治安得侵吾事乎然亦可以爲子試言之彼之利猶此之利也彼之害亦猶此之害也子知其小未知其大魚之利食吾亦利乎食也魚之害食吾亦害乎食也子知魚終日得食爲利又安知魚終日不得食不爲害如是則食之害也重而鉤之害也輕子知吾終日得魚爲利又安知吾終日不得魚不爲害也如是則吾之害也重而魚之害也輕以魚之一身當人之一食則魚之害多矣以人之一身當魚之一食則人之害亦多矣又安知鉤乎大江大海則無易地之患焉魚利乎水人利乎陸水與陸異其利一也魚害乎餌人害乎財餌與財異其害一也又何別乎彼此哉子之言體也獨不知用耳樵者又問曰魚可生食乎曰

烹之可也曰必吾薪濟子魚乎曰然曰吾知有用乎子矣曰然則子知子之薪能濟吾之魚不知子之薪所以能濟吾之魚也薪之能濟魚久矣不待子而後知苟世未知火之能用薪則子之薪雖積丘山獨且奈何哉樵者曰願聞其方曰火生于動水生于靜動靜之相生水火之相息水火用也草木體也用生于利體生于害利害見乎情體用隱乎性一性一情聖人成能子之薪猶吾之魚微火則皆爲腐臭朽壞而無所用矣又安能養人七尺之軀哉樵者曰火之功大于薪固已知之矣敢問善灼物何必待薪而後傳漁者曰薪火之體也火薪之用也火無體待薪然後爲體薪無用待火然後爲用是故凡有體之物皆可焚之矣曰水有體乎曰然曰火能焚水乎曰火之性能迎而不能隨故滅水之體能隨而不能迎故熱是故有溫泉而無寒火相息之謂也曰火之道生于用亦有體乎曰火以用爲本以體爲末故動水以體爲本以用爲末故靜是火亦有體水亦有用也故能相濟又能相息非獨水火則然天下之事皆然在乎用之何如耳樵者曰用可得聞乎曰可以意得者物之性也可以言傳者物之情也可以象求者物之形也可以數取者物之體也用也者妙萬物爲言者也可以意得而不可以言傳曰不可以言傳則子烏得而知之乎曰吾所以得而知之者固不能言傳非獨吾不能傳之以言聖人亦不能傳之以言也曰聖人既不能傳之以言則六經非言也耶曰時然後言何言之有樵者贊曰天地之道備于人萬物之道備于身衆妙之道備于神天下之能事畢矣又何思何慮吾而今而後知事心踐行之于大不及子之門則幾至于殆矣乃析薪烹魚而食之飫而論易

漁者與樵者遊于伊水之上漁者歎曰熙熙乎萬物之多而未始有雜吾知遊乎天下之間萬物皆可以無心而致之矣非子則吾孰與歸焉樵者曰敢問無心致天地萬物之方漁者曰無心者無

意之謂也無意之意不我物也不我物然後能物物曰何謂我何謂物曰以我狥物則我亦物也以物狥我則物亦我也我物皆致意由是明天地亦萬物也何天地之有焉萬物亦天地也何萬物之有焉萬物亦我也何萬物之有焉我亦萬物也何我之有焉何物不我何我不物是則可以參天地可以司鬼神而況于人乎況于物乎

樵者問漁者曰天何依曰依乎地地何附曰附乎天曰然則天地何依何附曰自相依附天依形地附氣其形也有涯其氣也無涯有無之相生形氣之相息終則有始終始之間其天地之所存乎天以用爲本以體爲末地以體爲本以用爲末利用出入之謂神明體有無之謂聖唯神與聖能參乎天地者也小人則日用而不知故有害生實喪之患也夫名也者實之客也利也者害之主也名生于不足利喪于有餘害生于有餘實喪于不足此理之常也

養身必以利貪夫則以身殉利故有害生焉立身必以名衆人則以身殉名故有實喪焉竊人之財謂之盜其始取之也惟恐其不多也及其敗露也惟恐其多矣夫賄之與贓一物也而兩名者利與害故也竊人之美謂之徼其始取之也惟恐其不多也及其敗露也惟恐其多矣夫譽與毀一事也而兩名者名與實故也凡言朝者萃名之所也市者聚利之地也能以不爭處乎其間雖一日九遷一貨十倍何害生實喪之有耶是知爭也者取利之端也讓也者避名之本也利至則害生名興則實喪利至名興而無害生實喪之患惟有德者能之天依地地附天豈相遠哉

漁者謂樵者曰天下將治則人必尚行也天下將亂則人必尚言也尚行則篤實之風行焉尚言則詭譎之風行焉天下將治則人必尚義也天下將亂則人必尚利也尚義則謙讓之風行焉尚利則攘奪之風行焉三王尚行者也五霸尚言者也尚行者必入于義也尚言者必入于利也義利之相去一何如是之遠耶是知言之于口不若行之于身行之于身不若盡之于心言之于口人得而聞之行之于身人得而見之盡之于心神得而知之聰明猶不可欺況人之聰明乎是知無愧于口不若無愧于身無愧于身不若無愧于心無口過易無身過難無身過易無心過難既無心過何難之有吁安得無心過之人與之語心哉

漁者謂樵者曰子知觀天地萬物之道乎樵者曰未也願聞其方漁者曰夫所以謂之觀物者非以目觀之也非觀之以目而觀之以心也非觀之以心而觀之以理也天下之物莫不有理焉莫不有性焉莫不有命焉所以謂之理者窮之而後可知也所以謂之性者盡之而後可知也所以謂之命者至之而後可知也此三知者天下之眞知也雖聖人無以過之也而過之者非所以謂之聖人也夫鑑之所以能爲明者謂其能不隱萬物之形也雖然鑑之

能不隱萬物之形未若水之能一萬物之形也雖然水之能一萬物之形又未若聖人之能一萬物之情也聖人之所以能一萬物之情者謂其聖人之能反觀也所以謂之反觀者不以我觀物也不以我觀物者以物觀之謂也既能以物觀物又安有我于其間哉是知我亦人也人亦我也我與人皆物也此所以能用天下之目爲己之目其目無所不觀矣用天下之耳爲己之耳其耳無所不聽矣用天下之口爲己之口其口無所不言矣用天下之心爲己之心其心無所不謀矣夫天下之觀其于見也不亦廣乎天下之聽其于聞也不亦遠乎天下之言其于論也不亦高乎天下之謀其于樂也不亦大乎夫其見至廣其聞至遠其論至高其樂至大能爲至廣至遠至高至大之事而中無一爲焉豈不謂至神至聖者乎非唯吾謂之至神至聖者乎而天下謂之至神至聖者乎非唯一時之天下謂之至神至聖者乎而千萬世之天下謂之至神至聖者乎過此以往未之或知也已

樵者問漁者曰子以何道而得魚曰吾以六物具而得魚曰六物具也豈由天乎曰具六物而得魚者人也具六物而所以得魚者非人也樵者未達請問其方漁者曰六物者竿也綸也浮也沉也鈎也餌也一不具則魚不可得然而六物具而不得魚者非人也六物具而不得魚者有焉未有六物不具而得魚者也是知具六物者人也得魚與不得魚者天也六物不具而不得魚者非天也人也

樵者曰人有禱鬼神而求福者福可禱而求耶求之而可得耶敢問其所以曰語善惡者人也禍福者天也天道福善而禍淫鬼神其能違天乎自作之咎固難逃已天降之災禳之奚益修德積善君子常分安有餘事于其間哉樵者曰有爲善而遇禍有爲惡而獲福者何也漁者曰有幸與不幸也幸不幸命也當不當分也一

命一分人其逃乎曰何謂分何謂命曰小人之遇福非分也有命也當禍分也君子之遇禍非分也有命也當福分也非命也

漁者謂樵者曰人之所謂親莫如父子也人之所謂疏莫如路人也利害在心則父子過路人遠矣父子之道天性也利害猶或奪之况非天性者乎夫利害之移人如是之深也可不愼乎路人之相逢則過之固無相害之心焉無利害于前故也有利害在前則路人與父子又奚擇焉路人之能相交以義又何况父子之親乎夫義者讓之本也利者爭之端也讓則有仁爭則有害仁與害何相去之遠也堯舜亦人也桀紂亦人也人與人同而仁與害異耳仁因義而起害因利而生利不以義則臣弑其君者有焉子弑其父者有焉豈若路人之相逢一目而交袂于中逵者哉

樵者謂漁者曰吾嘗負薪矣舉百斤而無傷吾身加十斤則遂傷吾之身敢問何故漁者曰樵則吾不知之矣以吾之事觀之則易

地皆然吾嘗釣而得大魚與吾交戰欲棄之不能舍欲取之則未能勝終日而後獲幾有沒溺之患矣非直有身傷之患也魚與薪則異也其貪而爲傷則一也百斤力分之內者也十斤力分之外者也力分之外雖一毫猶且爲害而况十斤乎吾之貪魚亦何以異子之貪薪乎樵者嘆曰吾而今而後知量力而動者智矣哉

樵者謂漁者曰子可謂知易之道矣吾敢問易有太極太極何物也曰無爲之本也太極生兩儀兩儀天地之謂乎曰兩儀天地之祖也非止爲天地而已也太極分而爲二先得一爲一後得一爲二二謂兩儀曰兩儀生四象四象何物也曰大象謂陰陽剛柔有陰陽然後可以生天有剛柔然後可以生地立功之本于斯爲極曰四象生八卦八卦何謂也曰謂乾坤離坎艮巽兑震之屬也迭相盛衰終始于其間矣因而重之則六十四由是而生也而易之道始備矣

樵者問漁者曰復何以見天地之心乎曰先陰已盡後陽始生始則當天地始生之際中則當日月始周之際末則當星辰始終之際萬物死生寒暑代謝晝夜變遷非此無以見之當天地窮極之所必變變則通通則久故象言先王以至日閉關商旅不行后不省方順天故也

樵者謂漁者曰无妄災也敢問其故曰妄則可欺也得之必有禍斯有妄也順天而動有禍及者非禍也災也猶農有思豐而不勤稼穡者其荒也不亦禍乎農有勤稼穡而復敗諸水旱者其荒也不亦災乎故象言先王以茂對時育萬物貴不妄也

樵者問曰姤何也曰姤遇也柔遇剛也與夬正反夬始逼壯姤始遇壯陰始遇陽故稱姤焉觀其姤天地之心亦可見矣聖人之德化及此罔有不昌故象言施命告四方履霜之愼其在此也

漁者謂樵者曰春爲陽始夏爲陽極秋爲陰始冬爲陰極陽始則溫陽極則熱陰始則凉陰極則寒溫則生物熱則長物凉則收物寒則殺物皆一氣其別而爲四焉其生萬物也亦然

樵者問漁者曰人之所以能靈于萬物者何以知其然耶漁者對曰謂其目能收萬物之色耳能收萬物之聲鼻能收萬物之氣口能收萬物之味聲色氣味者萬物之體也耳目鼻口者萬人之用也體無定用惟變是用用無定體惟化是體體用交而人物之道于是乎備矣然則人亦物也聖人亦人也有一物之物有十物之物有百物之物有千物之物有萬物之物有億物之物有兆物之物生一一之物當兆物之物者豈非人乎有一人之人有十人之人有百人之人有千人之人有萬人之人有億人之人有兆人之人生一一之人當兆人之人者豈非聖人乎是知人也者物之至者也聖也者人之至者也物之至者始得謂之物之物也人之至者始將謂之人之人也夫物之至者至物之謂也而人之至者至

人之謂也以一至物而當一至人則非聖而何人謂之不聖則吾不信也何哉謂其能以一心觀萬心一身觀萬身一物觀萬物一世觀萬世者焉又謂其能以心代天意口代天言手代天工身代天事者焉又謂其能以上識天時下盡地理中盡物情通照人事者焉又謂其能以彌綸天地出入造化進退古今表裏人物者焉噫聖人者非世世而效聖焉吾不得而目見之也雖然吾不得而目見之察其心觀其跡探其體潛其用雖億萬年亦可以理知之也人或告我曰天地之外別有天地萬物異乎此天地萬物則吾不得而知之非惟吾不得而知之也聖人亦不得而知之也凡言知者謂其心得而知之也言言者謂其口得而言之也既心尚不得而知之口又鳥得而言之乎以心不可得知而知之是謂妄知也口不可得言而言之是謂妄言也吾又安能從妄人而行妄知妄言者乎

漁者謂樵者曰仲尼有言曰殷因于夏禮所損益可知也周因于殷禮所損益可知也其或繼周者雖百世可知也夫如是則何止于百世而已哉億千萬世皆可得而知之也人皆知仲尼之爲仲尼不知仲尼之所以爲仲尼不欲知仲尼之所以爲仲尼則已如其必欲知仲尼之所以爲仲尼則捨天地將奚之焉人皆知天地之爲天地不知天地之所以爲天地不欲知天地之所以爲天地則已如其必欲知天地之所以爲天地則捨動靜將奚之焉夫一動一靜者天地至妙者歟夫一動一靜之間者天地人至妙者歟是知仲尼之所以能盡三才之道者謂其行無轍迹也故有言曰予欲無言又曰天何言哉四時行焉百物生焉其此之謂與

漁者謂樵者曰大哉權之與變乎非聖人無以盡之變然後知天地之消長權然後知天下之輕重消長時也輕重事也時有否泰事有損益聖人不知隨時否泰之道奚由知變之所爲乎聖人不知隨時損益之道奚由知權之所爲乎運消長者變也處輕重者權也是知權之與變聖人之一道耳

樵者問漁者曰人謂死而有知有諸曰有之曰何以知其然曰以人知之曰何者謂之人曰耳目鼻口心膽脾腎之氣全謂之人心之靈曰神膽之靈曰魄脾之靈曰魂腎之靈曰精心之神發乎目則謂之視腎之精發乎耳則謂之聽脾之魂發乎鼻則謂之嗅膽之魄發乎口則謂之言八者具備然後謂之人夫人也者天地萬物之秀氣也然而亦有不中者各求其類也若全得人類則謂之曰全人之人夫全類者天地萬物之中氣也謂之曰全德之人也全德之人者人之人者也夫人之人者仁人之謂也惟全人然後能當之人之生也謂其氣行人之死也謂其形返氣行則神魂交形返則精魄存神魂行于天精魄返于地行于天則謂之曰陽行返于地則謂之曰陰返陽行則晝見而夜伏者也陰返則夜見而晝伏者也是故知日者月之形也月者日之影也陽者陰之形也陰者陽之影也人者鬼之形也鬼者人之影也人謂鬼之無形而無知者吾不信也

漁者問樵者曰小人可絕乎曰不可君子稟陽正氣而生小人稟陰邪氣而生無陰則陽不成無小人則君子亦不成惟以盛衰乎其間也陽六分則陰四分陰六分則陽四分陰陽相半則各五分矣由是知君子小人之時有盛衰也治世則君子六分小人四分小人固不勝君子矣亂世則反是君君臣臣父父子子兄兄弟弟夫夫婦婦謂各安其分也君不君臣不臣父不父子不子兄不兄弟不弟夫不夫婦不婦謂各失其分也此則由世治世亂使之然也君子常行勝言小人常言勝行故世治則篤實之士多世亂則緣飾之士衆篤實之士鮮不成事緣飾之士鮮不敗事成多國興敗多國亡國家亦由是而興亡也夫興家與國之人與亡國亡家

之人相去一何遠哉

樵者問漁者曰人所謂才者有利焉有害焉者何也漁者曰才一也利害二也有才之正者有才之不正者才之正者利乎人而及乎身者也才之不正者利乎身而害乎人者也曰不正則安得謂之才曰人所不能而能之安得不謂之才聖人所以惜乎才之難者謂其能成天下之事而歸之正者寡也若不能歸之以正才則才矣難乎語其仁也譬猶藥之療疾也毒藥亦有時而用也可一而不可再也疾愈則速已不已則殺人矣平藥則常日而用之可也重疾非所以能治也能驅重疾而無害人之毒者古今人所謂良藥也易曰大君有命開國成家小人勿用如是則小人亦有時而用也時平治定用之則否詩云他山之石可以攻玉其小人之才乎

樵者謂漁者曰國家之興亡與夫才之邪正則固得聞命矣然則

何不擇其人而用之漁者曰擇臣者君也擇君者臣也賢愚各從其類而爲奈何有堯舜之君必有堯舜之臣有桀紂之君必有桀紂之臣堯舜之臣生乎桀紂之世猶桀紂之臣生于堯舜之世必非其所用也雖欲爲禍爲福其能行乎夫上所以好下必好之其若影響豈待驅率而然耶上好義則下必好義而不義者遠矣上好利則下必好利而不利者遠矣好利者衆則天下日削矣好義者衆則天下日盛矣日盛則昌日削則亡盛之與削昌之與亡豈其遠乎在上之所好耳夫治世何嘗無小人亂世何嘗無君子不用則善惡何由而行也樵者曰善人嘗寡而不善人常衆治世嘗少而亂世常多何以知其然耶曰觀之于物何物不然譬諸五穀耘之而不苗者有矣蓬莠不耘者猶自生耘之而求其實也亦未如之何矣由是知君子小人之道有自來矣君子見善則喜之見不善則遠之小人見善則疾之見不善則喜之善惡各從其類也君子見善則就之見不善則遠之小人見善則遠之見不善則就之君子見義則遷見利則止小人見義則止見利則遷遷義則利人遷利則害人利人與害人相去一何遠耶家與國一也其興也君子常多小人常鮮其亡也小人常多而君子常鮮君子多而去之者小人也小人多而去之者君子也君子好生而小人好殺好生則世治好殺則世亂君子好義小人好利治世則好義亂世則好利其理一也

釣者談既已樵者曰吾聞古有伏羲今日如覩其面焉拜而謝之及旦而去

說郛卷第九十二終

說郛卷第九十三

國老談苑

宋王君玉（夷門隱叟）

太祖嘗語趙普曰唐室禍源在諸侯難制何術以革之普曰列郡以京官權知三年一替則無虞因從之

開寶中御廐新調御馬成進太祖御宣正殿親閱時太宗尹天府亟召之既至俾自殿陛乘之太宗固辭以人臣之禮不可上勉之不從其懇已而目送之且語左右曰令公眞他日太平天子也

太祖以范質寢疾數幸其家其後慮煩在朝大臣止令內夫人問訊質家迎奉器皿不具內夫人奏知太祖卽令翰林司送果子牀褥蓋酒器凡十二副以賜之復幸其第因謂質曰卿爲宰相何自苦如此質奏曰臣向在中書門無私謁所與飲酌皆貧賤時親戚安用器皿因循不致非力不及也猥蒙厚賜有涉近名望陛下察

之壽薨開寶中因相位乏人太祖累言如范質眞宰相也嗟悼久之

太祖嘗曲宴翰林學士王著御宴既罷著乘醉喧嘩太祖以前朝學士優容之令扶以出著不肯退卽趨近屏風掩袂慟哭左右拽之而去明日或奏曰王著逼宮門大慟思念世宗太祖曰此酒徒也在世宗幕府吾所素諳況一書生雖哭世宗何能爲也

太祖曰周世宗征淮南太祖總軍政然分部之制稟于世宗時宣祖不豫是役當淮將皇甫暉之敵也宣祖憚之密請移軍上告以世宗之命遂止上翼日銜戚奪志以圖報效挺身死戰血濡袍袖既而擒暉淮南平上功居第一王業肇定矣向若徇私移軍世宗有命則得禍無類又安能建不拔之基以延祀于萬世者乎

太祖提周師甚寡當李景十五萬衆陣于清流山下士卒恐懼太祖令曰明日午當破敵人心遂安翌日正午太祖果臨陣親斬僞驍將皇甫暉以覆其衆是時環滁僧寺皆鳴鐘而應之既不鳴鐘因爲定制趙時進滁州午鐘記

太祖嘗著月紗涼于後苑召翰林學士竇儀草詔處分邊事儀至苑門見太祖岸幘跣足而坐儀卽退立閤門使督趣儀曰官家方取便未敢進閤門使怒而奏之太祖自視而微笑遽索御衣而後召入未及宣詔意儀奏曰陛下新卽大位四方瞻望宜以禮示天下臣卽不才不足動聖顧臣恐賢傑之徒聞而解體太祖斂容謝之自後對近臣未嘗不冠帶也

太祖將親征李筠詔留後呂餘慶趙普于京師普因私謁太宗于朱邸且曰普托迹諸侯十五年今偶雲龍變家爲國賊勢方盛萬乘蒙塵是臣子效命之日幸望啓奏此誠願軍前自效太宗卽以聞太祖笑曰趙普豈勝甲冑乎因謂太宗曰是行也朕勝則不言萬一不利則使趙普分兵守河陽別作一家計度及凱旋第賞宰

臣擬官太祖曰普有從朕伐叛之勳宜當加等于是授侍郎樞密使

太祖一日袒裼幸翰林院時學士盧多遜獨直上行與語引入寢殿因指所御青縑帳紫綾褥謂多遜曰爾在外意朕豈侈也朕用此猶常愧之

太宗嘗冬月命撤獸炭左右或啓曰今日苦寒上曰天下民困是寒者衆矣朕何獨溫愉赴煖哉

太宗嘗幸龍圖閣閱書指西北架一漆函上親自署鑰者謂學士陳堯咨曰此田錫章疏也已而愴然久之

太宗一日寫書筆滯思欲滌硯中宿墨顧左右咸不在因自俯銅池滌之既畢左右方至上徐顧曰爾輩何處來

太宗志遵勤儉每居內服澣浣之衣或有穿者則命紉補以進

太宗退朝每以經籍自娛所閱之策以帕裹小黃門持之巡行殿

緤必以爲從檗糊之須率皆副焉又以柏爲界尺長數寸謂之隔筆簡每御製或飛宸翰則用以鎭所臨之紙

眞宗初卽位暇日召翰林學士王禹偁與之論文禹偁奏曰夫進賢黜不肖闢諫諍之路彰爲誥命施之四方延利萬世此王者之文也至于雕纖之言豈足軫慮思較輕重于瑣瑣之儒哉願棄末務大以成宗社之計上顧曰卿愛朕之深矣

眞宗在朱邸時諸王競營假山兗王山成合宴以賞眞宗預焉酒方洽王指謂侍讀姚坦曰是山崇麗乎坦曰聚血耳何山之謂也昔年夏侯嶠爲苑丘令田賦充而遲首督刑之血日沃于庭此山之工實倍彼賦非聚血而何上不懌而輟宴還第乃去山爲壁寫儒行篇他日對而命宴坦叩頭謝曰非英賢何能及此太宗聞之意有屬焉

眞宗在東宮一日太宗敕令學草書乃再拜曰臣聞王者事業功侔日月一照使隱微盡曉草書之跡誠于祕妙然達者蓋寡儻臨事或誤則罪有歸焉豈一照之心哉謹願已之太宗大喜顧謂之曰他日之英主也

仁宗在儲宮眞宗愼擇宮僚皆難其人魯宗道時作正言慷慨敢諫忽一日便坐召對眞宗曰太子天下之本當得正人輔之今以付卿其悉心導吾子宗道退讓敦獎遣之翌日除右諭德

仁宗既卽位每朝退多習翰墨一日學書適遇江陵王欽若奏章上達因飛白大書王欽若三字既罷左右取之呈于太后是時欽若有再命相之議太后遂令中使合其字緘爲湯藥馳驛以賜欽若卽日宣召之欽若至闕下故寂無知者

周世宗在漢爲護衛將軍嘗遊畿甸謁縣令（忘其姓名）令方聚邑客蒱博勿得見世宗頗銜之及卽位令因部吏犯贓數百疋宰相范質以具獄上奏世宗曰親民之官贓狀狼籍法當處死質奏曰受所監部財物有罪止贓雖多法不至死世宗怒厲聲曰法者自古帝王之所制本欲防奸朕立法殺一贓吏非酷刑也質曰陛下殺之卽可若付有司臣不可署敕遂貸其命因令今後犯者並以枉法論質乃奉詔今刑統中強率斂入已並同枉法者是也質之守正不回大率如是

范質在中書急于銓品人物凡清資華級未嘗虛授于人延士大夫講貫世務以觀器識顯德中殿中侍御史柴自牧右補闕裴英同謁質于中書質詢及民間利病因謂自牧曰常歷州縣乎自牧對以數任職事次問英英唐相贄之後以門第自負乃曰徒勞之役惟英偶免質怒責英曰質雖不才備位宰相坐政事堂與諫官御史論生民疾苦非戲言也浮薄之徒安可居諫署英慚懼而退明日質具奏其事英遂授散秩

趙普在中書每奏獄事有違戾太祖意者固請之于上或拂之于

地普綴拾之振塵以獻有及再三者理遂而已

曹彬初克成都有獲婦女者彬悉閉于一第竅度食且戒左右是將進御當嚴衛之洎事寧咸訪其親以還之無親者備禮以嫁之彬平蜀回輜重甚多或言悉奇貨也太祖令伺之皆古書畫無珠金寸錦之附

范質性儉約不受四方賂遺自五代以來宰相取給于方鎭由質絕之爲輔相居第止十一間門屋卑隘周太祖常令世宗詣質時爲親王車馬高大門不能容世宗卽下馬步入嗣位從容語質曰卿所居舊宅邪門樓一何小哉因爲治第

周世宗嘗欲以竇儀陶穀並命爲宰相以問范質質曰穀有才無行儀執而不通遂寢其事太祖又欲令儀參知政事趙普憚其剛嚴奏以薛居正代之終不入中書亦其命也

雷德驤判大理寺一日有疑讞非次請對時太祖放鷙禽于後苑

見德驤奏曰陛下以放禽爲急以刑獄爲常臣切未諭上怒舉持玉鉞撞之二齒墜地德驤拾而結于帶中上謂曰汝等訴我耶德驤曰臣安敢訴陛下自有史官書之上從而悔厚賜以遣之

啓儀自周朝以來負文章識度有望于時搢紳許以廟廊之器儀因以公台自許急于大用乃設方略以經營之爲端明殿學士判河南府括責民田增其賦調欲期恩寵以致相位當時洛人苦之又嘗奉詔按筠州獄希世宗旨鍛煉成罪枉陷數人士君子以此少之

田錫爲諫議大夫疾亟進遺表眞宗宣御醫賚藥馳往已無及矣俄召宰相對袖其表而示之且曰朕自臨大寶閱是表多矣非祈澤宗族則希恩子孫未有如錫生死以國家爲慮而儆戒于朕與嘆久之命優其贈典

寇準再入中書魏野貽詩曰好去上天辭富貴却來平地作神仙

未幾南遷嘗誦此詩句

崔遵度爲太子諭德性方正淸素尤精于琴嘗著琴箋以天地自然有十二聲徽非因數也范仲淹嘗問琴理于遵度對曰淸淨和順而遠琴書是也

李遵勗楊億劉筠常聚高僧論宗性遵勗命畫工各繪其像成圖目曰禪會

陳省華以大卿居家其子堯叟參樞密堯咨掌制誥每退朝端服夾侍過賓至則導若酪焉

張詠爲兵部尚書臨終上疏言丁謂奸邪用之亂國願斬之以謝天下

王旦在中書祥符末內帑災縑帛幾罄三司使林特請和市于河外章三上旦悉抑之頃而特率屬僚訴于宰輔旦徐曰瑣微之帛固因御至奈何彰國弱于四方居數日外貢并集受帛四百萬蓋旦先以密符督之也

王嗣宗爲御史中丞眞宗一日幸相國寺回自北門嗣宗上言曰天子行黃道豈可由後門臣任當風憲詎敢廢職上悅其直給內帑三千緡以自罰北門由是不常開焉

曹瑋彬之子也爲節度使其母一日閱宅庫見積錢數千緡召瑋指而示曰先侍中履歷中外未嘗有此積聚可知汝不及父遠矣

寇準出入宰相三十年不營私第處士魏野贈詩曰有官居鼎鼐無地起樓臺洎準南遷時北使至內宴宰執預焉使者歷視諸相語譯者曰孰是無地起樓臺相公坐無答者

王旦在中書二十年常日能歸徑趨書閣闔扉以自息雖家人之親密者不復接焉嘗以蝗旱憂愧辭位俄而疾發不食眞宗命內饔饋肉糜宸翰緘器以賜日嘗三四且疾亟聚家人謂曰吾無狀久坐台司今且死矣當祝髮緇衣以塞吾平昔之志未幾而絕家

人輩皆欲從其言惟婿蘇耆力排而止之

寇準鎭大名府北使路由之謂準曰相公望重何以不在中書準曰主上以朝廷無事北門鎖鑰非準不可

陶穀以翰林學士奉使吳越忠懿王宴之因食蝤蛑詢其名類忠懿命自蝤蛑至蟚蜞凡羅列十餘種以進穀視之笑謂忠懿曰此謂一代不如一代也

田錫知制誥太宗命三班奉職出使回上殿因訪民間利病錫上言曰陛下苟令三班奉職上殿言事未審設呂蒙正以下何用乃能之

趙世長以宗正卿北使時九月既宴薦瓜主客舉謂世長曰此方氣候誠早彼想未也世長對曰本朝來歲季夏此味方盛故知其節物晚也

滕涉以戶部副使聘北朝既宴主客問涉曰南朝食肉何故不去

皮涉曰本朝出產絲謚故肉不去皮

楊億在翰林丁謂參知政事億列賀焉語同列曰骰子選爾何多尙哉未幾辭親逃歸陽翟別墅

陳彭年在翰林所兼十餘職皆文翰清祕之目時人謂其署銜爲一條冰

馮拯姬媵頗衆多在中書密令堂吏市珠絡自持爲遺或未允所售出入懷之有及三四夕

魯宗道爲正言言事違忤眞宗稍忘之宗道一日自訟于上前曰臣在諫列言事乃臣之職陛下以數而忘之豈非有納諫之虛名俾臣負素飡之辱矣臣竊愧之謹願罷去上喜其忠懇勉而遺之他日追念其言御筆題殿壁曰魯直

蘇易簡在翰林太宗一日召對賜酒甚歡上謂易簡曰君臣千載遇易簡答曰忠孝一生心上悅以所御金器盡席悉賜之

种放隱終南山至老不娶養母非力耕之粒不饋四方從學者幾百人由此比召

寇準有飲量每飲賓席嘗闔扉輟驂以留之未嘗點燈雖溷厠馬廐必用爉炬

陳恕長于心計任鹽鐵使釐革宿弊大興利益太宗深器之嘗御筆題殿柱曰眞鹽鐵陳恕

李宗諤爲翰林學士家雖百口雍睦有制眞宗常語侍臣曰臣僚家法當如宗諤

李遵勗爲駙馬都尉折節待士宗楊億爲文于第中築室塑像晨夕伸函丈之禮刻石爲記未幾億卒

寇準年三十餘太宗欲大用上難其少準知之遽服地黃兼餌蘆菔以反之未幾鬚髮皓白

查道以勤儉率己爲龍圖閣待制每食必盡一器度不勝則不復下筯雖蔬茹亦然嘗謂諸親曰福當如是惜之

杜鎬廣博爲龍圖閣學士眞宗一日問檟食原于何代鎬對曰漢景帝爲太子文帝鍾愛既居東朝文帝念之曰太子之食必料差殊乃命大官每具兩擔檟以一賜之始此也

魯宗道爲參政以忠鯁自任常與宰執議事時有不合者宗道坐執不回或議少有異則廷諍不已然終多從宗道所論時人謂曰魚頭公蓋以骨鯁目之也

天聖初朝廷清明賞罰必信時王欽若王曾張知白魯宗道皆以忠義許國家故風采聳動雖姚宋佐唐蕭曹輔漢無以方此數君子者

戚綸待制龍圖閣天書初降羣臣表賀詞皆溢美綸獨言曰曠古未有此事不可恃之爲祥當戒愼修省以答天意眞宗覽而嘉之

張詠鎭杭州有訴者曰某家素多藏某二歲而父母死有甲氏贅

于某家父將死手券以與之曰吾家之財七分當主于甲三分吾子得之某既成立甲氏執遺券以析予數論于官咸是其遺言而見抑詠嗟賞之謂曰爾父大能微彼券則爲爾患在乳臭中矣遽命反其券而歸其貲

賀蘭歸眞有奇志異術隱居嵩山景德中眞宗朝陵因訪異人左右以歸眞聞乃召對問曰知卿有點化之術可以言之歸眞奏曰臣請言帝王點化之術願以堯舜之道點化天下可致太平惟陛下用之

盧多遜既卒許歸葬其子察護喪權厝襄陽佛寺將易以巨櫬乃啓其屍不壞儼然如生遂逐時易衣至祥符中猶然

晁氏客語

宋晁說之 字以道

古之學者爲己今之學者爲人與叔云古之學者純意于德行而無意于功名今之學者有意于功名而未純于德行至其下則又

爲利而學也

一日克己復禮天下歸仁焉只就性上看

顏淵問仁孔子告之以禮仁與禮果異乎

陳平令周勃先入北軍亦不是推讓功能底人只是占便宜令周勃先試難也

人臣事君當以王陵爲正

學者有益須是日新

人受天地之中以生當與天地齊量天地未嘗老而人自老觀今人之自老又不及古人其所以殘生傷性固不一且以人事之節論之古人十五成童二十弱冠三十壯有室四十強而仕今人未成童已冠未三十已娶未四十已仕所以爲自老

魯平公欲見孟子而不命駕之所之及臧倉請而後命是平公恐嬖人之惑而不得見孟子未有所爲觀其意已賢矣或謂其無斷

不忍違嬖人之意是責之終無已也不明于始必不能善其終近習之難明唐之文宗去平公遠甚是皆可哀者也

人之所誇與所仰慕皆不出本等唐杜牧詣僧僧不識人言其名亦不省故詩云家住城南杜曲傍兩枝仙桂一時芳山僧多不知名姓始覺空門興味長因爲之語云毀譽但能驅本等利害但能動適用也

王荆公教元澤求門賓須博學善士或謂發蒙恐不必然公曰先入之言爲之主予由是悟未嘗講學改易者幼年先入者也

韓魏公門人有擊關夜出者閽吏不得其賂詰且以鎖損訴于公公曰鎖不堪用討市買修來

凡財用于國則侈于家則儉人之病也識者謂韓魏公用家貲如國用謂不吝也曾魯公惜官物如己物謂誠儉也

王荆公著書立言必以堯舜三代爲則而東坡所言但較量漢唐而已觀其所爲又全不相似

名利皆不可好也然好名者比之好利者差勝好名則有所不爲好利則無所不爲也

張乖崖戲語云功業向上攀官職直下覷似爲專意于卜數者言也

或言章子厚在政府之日久而親族無一人歷淸要者一宗室曰何足道者先輩往往如是

有志于道德功名不足論也有志于功名富貴不足論也有志于富貴者則其與功名背馳亦遠矣

書有意異而語相似者有意相似而語異者如樂而不淫哀而不傷語相似而意異者也足食足兵民信之矣語異而意同者也

王平甫謂荆公長于議古而短于議今工于知己而拙于知人范堯夫謂識君子而不識小人或問其故曰小人意志不可無但不

使耳

少年嘗有以文投文正文正既愛且歎堯夫問之文正曰此人不宜早達是把孟子做不識字人看底人

鄒至完云以愛己之心愛人則仁不可勝用矣以惡人之心惡己則義不可勝用矣

陳襄述古云人之所學不可爲人所容爲人所容則下矣

徐仲車云作仁且作仁未到得能反處仁到盡處然後可以言能反

游定夫云血氣之剛能得幾時

楊中立云人要爲善須先明善始得

陳幷叟中勸學文云凡不可與父兄師友道者不可爲也凡不可與父兄師友爲者不可道也

哲廟時劉器之論宫人除邪或云九重之中安有邪物答云心乎

不得其正邪物得而窺之何間九重

呂原明元祐間侍講大雪不罷講講孟子有感哲廟一笑喜爲二絶云水晶宮殿玉花零點綴宮槐拂素屏特敕下簾延墨客不因風雪廢談經其二曰強記師承道古先無窮新意出陳編一言有補天顔動全勝三軍賀凱還

韓治與同僚處一日有卒悍厲衆皆怒之惟韓不顧凝如平時徐言曰無忿疾于頑惟頑能致人忿故也人謂其有家學蓋魏公之後

許沖元曾因故云常與某不足者于差除每用心或曰何也曰防其不肖之心生

釋氏謂火行爲變化性如甘草遇火則熱油麻入火則冷甘蔗煎爲砂糖則熱水成湯則冷

陰符經謂禽之制在氣王起云玄龜食蟒飛鼠斷猿狼蟲噉鶴青

要食虎此皆以小制大言在氣不在形也

非其道非其義則一介不可以取與如其義如其道故舜受堯之天下不以爲泰取與之大小皆所不論

范文正作守歲荒且疫公興作徭役以勞之曰在民得食其力又使人氣血運動豈類東山之遊

無爲爲道有爲爲事是道常無用也

伯夷非君不事非民不使思與鄉人處如以朝衣朝冠坐于塗炭疑乎隘也然不念舊惡此所以爲伯夷柳下惠不羞汙君不卑小官雖袒裼裸裎不以爲浼然不以三公爲介此所以爲柳下惠

呂正叔十八歲已能看春秋人問之曰以經按傳之眞僞以傳質經之是非

顔淵問爲邦孔子答以文質之中是非之公

齊地有蟲類蚯蚓大者人謂之曰巨白善擘地以行呼之聲訛也

孟子所謂吾必以仲子爲巨擘者卽蚯蚓之大者也蓋前脣謂蚓而後充其操註以爲大指非也

今之與楊墨辨者如追放豚既入其苙又從而招之說者以爲苙欄也非也香白芷之類異名豚之所甘既放之得所又召之非善防邪說者也

致遠謂范宏甫知幾不必在外事聲音貌象便須知因舉易上交不諂下交不瀆范云不獨在己當知之受人之諂瀆尤當知

古人顧是非不論利害顧利害者古人所恥今人幷利害亦不顧責名不責實者古人所恥今人名亦不責

善者人皆知可欲然必有諸己斯信有諸己矣然後充實光輝大而化聖而不可知用功處祗在有諸己

聞伯夷之風者頑夫廉懦夫有立志百世之下聞者莫不興起聞伯夷之風者猶如此子貢遊夫子之門而貨殖何也中立曰久長

難得入

出門如見大賓使民如承大祭未出門未使民時當如何中立曰對境不動難

原明答問秀老云譽之者過其實毀之者失其眞要之亦法門之猛將也

原明答佛儒之問吾儒事是人可做得佛家事只可自做不可教人做

原明謂六經藥方也史傳是人服藥之効也

韓師朴拜相謝詞云使天下皆知忠獻之有子則朕亦可謂得人

蒲傳正因鄆州梁山賊事責詞云汝不以龔黃爲心朕獨不愧孝宣之用人乎

上知後苑作使過太府等錢六十餘萬詔令非特旨不得于諸處借支一中官挾周禮進指膳夫內府之類惟王及后不會然之遂

罷

上書鄭谷雪詩于扇賜禁近亂飄僧舍茶烟溼改云輕飄僧舍茶烟溼云禁中諱危亂傾覆字宮中皆不敢道著

胡學士宗回率常人四千緡以賻鄭志完喪劉安上決舟子參志完者

子產惠人也云惟有德者能以寬服人其次莫如猛善自修其短也

狄仁傑一言而全人之社稷潁考叔一言而全人之母子晏子一言而省刑

韓文公詩號狀體謂鋪敍而無含蓄也若雖近不褻狎雖遠不背戾該于理多矣

梅聖俞作試官日登望有春色題于壁云不上樓來今幾日滿城多少柳絲黃唯歐公一見賞之以爲非聖俞不能

韓持國酷愛韋蘇州詩如贈孔先生詩云鳥啼春意闌林變夏陰早與蘇州詩云綠陰生晝寂孤花表春餘相類

元厚之許沖元同得郡沖元表云職由罪廢姑去近司命自恩遷更叨便郡

造玉清昭應宮隰州郡供木丁晉公自作公文云不得將皮補曲削凸見心

有微情者見一件事說輕重便別

人心動時言語相感

言順而理不可屈

君之視臣如土芥則臣視君如國人此爲君而言也非爲臣者所以責君父子之間不責善此爲父而言也非爲子者所以責父

陶朱公之遺子不從父言而子死郭汾陽待盧杞子用父之言而能全

馮道功高而名節非也當以管仲爲比曰管仲之器小哉微管仲吾其被髮左衽

張良致四皓以正太子分明是決然之策乃曰亦一助也

張良以五世事韓報仇故使高祖以伐項羽非高祖用張良張良用高祖也

醯醢百甕王齋日三舉皆護意根也

尋常心氣如入官印了疑未入又復看木老云做官放子細何妨

游定夫問程伊川陰陽不測謂之神伊川云賢是疑了問揀難底問

豐相之持定幾叟兄弟見之下堦未畢進揖未答下畢到尋常處方答

伊川云意從心從音猶聲鼓也音不離鼓出于鼓也意不離心已是心之發處

張子正蒙云冰之融結海不得而與焉伊川改爲不得而有焉

唐書不書詔列姦臣于夷狄後

徐仲車言退之拘幽操爲文王羑里作乃曰臣罪當誅兮天王聖明此可謂知文王之用心矣凱風七子之母猶不能安其室而云母氏聖善我無令人重自責也

射人先射馬擒賊先擒王用兵之法也

道非忽遽可言坐而論道則神閒意定

凡世間一切好惡甘苦事把來做吃飯着衣安排本分合做看便無事稍有厭惡心更無是處

富人有子不自乳而使人棄其子而乳之貧人有子不得自乳而棄之乳他人之子富人懶行而使人肩輿貧人不得不行而又肩輿人是皆習以爲常而不察者也天下事習以爲常而不察者推此亦多矣而人不以爲異悲夫

問世間名相事理如何得通解云但得本莫求末賢來問却是甚知若自有知却更問甚夫子常似怕人也似人罵也不動打也不動好怯怯地不如人

庚申甲子日三更一點氣交四更方至定

望杏而耕以爲候也或改爲幸

水土二行各兼信智

呼妻父爲泰山一說云泰山有丈人峰一說云開元十三年封禪于泰山三公以下例遷一階張說爲封禪使說婿鄭鎰以故自九品驟遷至五品兼賜緋因大酺宴明皇訝問之無可對伶人黃幡綽奏曰此泰山之力也今人乃呼岳翁又有呼妻母爲泰水呼伯叔丈人爲列岳謬誤愈甚

即眞二字今人多以爲常談非也班固敘傳所載彪對隗囂之問指王莽曰傾擅朝廷能竊位號是以即眞之後天下莫不引領

五代郭崇韜既貴而祀子儀爲遠祖本朝狄青人勸尊梁公辭曰予鄙人豈可以聲迹汙梁公

壽禪師日行一百二十事本老行三之一或問不亦勞乎答云善念熟

問佛住世救一切衆生何爲養鷹飼虎而喪其生不計輕重也答曰慈悲心勝一念既發不暇恤其他

張乖崖詩云兒童不慣錦衣榮故我歸來夾路迎不免舊溪高士笑天眞喪盡得虛名一同人歸太學和其韻云四窗滅盡讀書燈窗外惟聞步鐸聲辜負江山好明月閑來此地趁虛名因拂袖而去

李曰不欺之謂誠暢曰便以不欺爲誠非也徐仲車云不息之謂誠中庸言至誠則不息非以不息解誠也伊川曰無妄之謂誠不偏之謂中

大學曰物有本末事有終始知所先後則近道矣人之學莫大于本末終始致知在格物則所謂本也始也治天下國家則所謂末也終也治天下國家必本諸身其身不正而能治天下國家者無之格猶窮也物猶理也猶曰窮其理而已也窮其理然後足以致之不窮則不能致也格物者適道之始欲思格物則固已近道矣是何也以收其心而不放致知者吾之所固有然不致則不能得之而致知必有道故曰致知在格物大學論意誠以下皆窮其意而明之獨格物則曰物格而後知至此蓋可以意得而不可以言傳也自格物而充之然後可以至聖人不知格物而先欲意誠心正身修者未有能中于理者致知在格物非由外鑠我也我固有之也因物有遷迷而不知則天理滅矣故聖人欲格之

學莫貴乎自得得非外也故曰自得

君子之學要其所歸而已矣

民可明也不可愚也民可教也不可威也民可順也不可強也民可使也不可欺也

可以仕則仕可以止則止可以久則久可以速則速此皆時也未嘗不中故曰君子而時中

通乎晝夜之道而知晝夜死生之道也知生之道則知死之道盡事人之道則盡事鬼之道死生人鬼一而二二而一者也

孔子曰有德者必有言何也和順積于中英華發于外也故言則成文動則成章

自誇者近刑自喜者不進自大者道遠

君子之學必日新日新者日進也不日新者必日退未有不進而不退者惟聖人之道無所進退以其所造者極也

事上之道莫若忠待下之道莫若恕

中庸之書學者之至也而其始則曰戒愼乎其所不覩恐懼乎其

所不聞葢言學者始于誠也
或問文中子曰愚問荀子曰悖問韓子曰外愚悖外皆非學聖人者也揚雄其幾乎
不思故有惑不求故無得不問故不知
世之服食欲壽者其亦大愚矣夫命者受之于天不可增損加益而欲服食而壽悲哉

說郛卷第九十三終

說郛卷第九十四

厚德錄 四卷　宋李元綱 號百鍊真隱

錢若水爲同州推官知州性褊急數以胸臆決事不當若水固爭不能得輒曰當陪奉贖銅爾已而果爲朝廷及上司所駁州官皆以贖論知州愧謝已而復然前後如此者數矣有富家小女奴逃亡不知所之女父母訟于州州命錄事參軍鞫之錄事嘗貸物于富民不獲乃劾富民父子數人共殺女奴弃屍水中遂失其屍或爲元謀或從而加罪皆應死富人不勝榜楚自誣服具獄上州官審覆無反異皆以爲得實若水獨疑之留其獄數日不決錄事詣若水廳事詬之若受富民錢欲出其死罪耶若水笑謝曰今數人當死豈可不少宿留孰觀其獄辭耶留之且旬日知州屢趣之不能上下皆怪之若水一旦詣知州屏人言曰若水所以留其獄者密使人訪求女奴今得之矣知州驚曰安在若水因密送女奴於知州所知州垂簾引女奴父母問之曰汝今見汝女識之乎對曰安有不識也因從簾中推出示之父母泣曰是也乃引富民父子悉破械縱之其人號泣不肯去曰微使君之賜則某滅族知州曰推官之賜非我也其人趨詣若水廳事若水閉門拒之曰知州自求得之我何與焉其人不得入繞墻而哭傾家貲以飯僧爲若水祈福知州以若水雪冤死者數人欲爲之論奏其功若水固辭曰若水但求獄事正人不冤死耳論功非本心也且朝廷若以此爲若水功當置錄事於何地耶知州歎服曰如此尤不可及矣錄事詣若水叩頭愧謝若水曰獄情難知偶有過誤何謝也於是遠近翕然稱之未幾太宗聞之驟加進擢自幕職半年中爲知制誥二年中爲樞密副使

李繼隆討夏虜與轉運使盧之翰有隙欲陷之罪乃檄轉運司期

八月出塞令辦芻粟轉運司調發方集繼隆復爲檄言陰陽人狀陳國家八月不利出師當更取十月轉運司遂散芻粟既而復爲檄云得保塞胡偵候狀言賊且入塞當以時進軍芻粟即日取辦是時民輸輓者適散倉卒不可復集繼隆遂奏轉運司乏軍糧太宗大怒立召中使一人付三函取轉運使盧之翰竇玭及某人首級丞相呂端樞密使柴禹錫皆不敢言惟樞密副使錢若水爭之先推驗有狀然後行法上大怒拂衣起入禁中二府皆罷若水獨留廷中不去上既食久之使人偵視廷中有何人報曰有細瘦而長者尚立焉上出詰之曰爾以同州推官再朞爲樞密副使朕所以擢任爾者以爾爲賢耳乃不才如此爾尚留此安俟對曰陛下不知臣無狀使待罪二府臣當竭其愚慮不避死亡補益陛下以報厚恩李繼隆外戚貴重莫比陛下據一幅紙詔書誅二轉運使雖彼有罪天下何由知之鞫驗事狀明白乃爾加誅亦何晚焉獻可替否死以守之臣之常分臣未獲死故不敢退上意解乃召呂端等問之端等奏請如若水議先令責狀許之三人皆黜爲行軍副使既而虜欲入塞事皆虛繼隆坐落招討知秦州

曹彬侍中攻金陵垂克忽稱疾不視事諸將皆來問疾彬曰予之病非藥石所愈惟諸公共發誠心自誓以不妄殺一人則自愈矣諸將許諾共焚香爲誓明日稱愈及克金陵城中皆按堵如故曹翰克江州忿其久不下屠戮無遺彬之子孫貴盛至今不絕翰卒未三十年子孫有乞丐于海上者矣

曹彬侍中爲人仁愛多恕平數國未嘗妄斬人嘗知徐州有小吏犯罪既立案逾年然後杖之人皆不曉其旨彬曰吾聞此人新娶婦若杖之彼其舅姑必以此婦爲不利而惡之朝夕笞罵使不能自存吾故緩其事而法亦不可赦也其用志如此

趙康靖公槩與歐陽文忠公修同在館乃同修起居注槩性重厚寡言修意輕之及修除知制誥是時韓范在中書以槩爲不文乃除天章閣待制槩澹然不以屑意及韓范出乃復除知制誥會修甥嫁爲修從子晟妻與人淫亂事覺語連及修修時爲龍圖閣直學士河北都轉運使朝廷疾韓范者皆欲文致修罪云修與甥亂上怒獄急羣臣無敢言者槩乃上書言修以文學爲近臣不可以閨房曖昧之事輕加誣衊臣與修蹤跡素疏修之待臣亦薄所惜者朝廷大體耳書奏上不悅人皆爲之懼槩亦澹然如平日久之修終坐降爲知制誥知滁州執政私曉諭槩令求出乃出知蘇州遭喪去官服闋除翰林學士槩復表讓以歐陽修先進不可超越先爲學士奏雖不報時論美之

天章閣待制張昷之爲河北都轉運使保州界河巡檢兵士常以中貴人領之與使州抗衡事多齟齬不相干州常下之其士卒驕悍糧賜優厚雖不出巡徼常廩口食通判石待舉以爲虛費申轉運司罷之士卒怨怒遂作亂殺守倅朝廷知遣知制誥田況賫詔諭之乃降方其未降也中貴人楊懷敏與張昷之不協令軍中密奏曰賊于城上呼云得張昷之首我當降若賜昷之首以示賊宜可得上從之遣中使奉劍卽于軍中斬昷之首以示賊是時參知政事富弼宣撫河北遇之卽遣中使還且奏曰賊初無此言是必寃讐者爲之借令有之若以一卒之故斷都轉運使頭此後政何由得行上怒解昷之落職知虢州

王太尉旦薦寇萊公爲相萊公數短太尉於上而太尉專稱其長上一日謂太尉曰卿雖稱其美彼專談卿惡太尉曰理固當然臣在相位久政事闕失必多準對陛下無所隱益足以見其忠直此臣所以重準也上由是益賢太尉萊公在藩鎮嘗因生日建山棚大宴又服用僭侈爲人所奏上怒甚謂太尉曰寇準每事欲效朕可乎太尉徐對曰準誠能臣無如騃何上意解遽曰然此止是騃

耳遂不問太尉疾亟上問以後事唯對以宜早召寇準爲相

景祐中呂許公夷簡執政范希文仲淹以天章閣待制知開封府屢攻許公短坐落職知饒州徙越州康定元年復天章閣待制知永興軍尋改陝西都轉運使會許公自大名復入相語仁宗曰范仲淹賢者朝廷將用之豈可但除舊職即除龍圖閣直學士陝西經略安撫使上以許公爲長者天下亦美許公不念舊惡希文面謝曰嚮以公事忤犯相公不意相公奬拔乃爾許公曰夷簡豈敢復以舊事爲念耶

呂蒙正丞相不喜記人過初參知政事入朝堂士于簾內指之曰是小子亦參政耶蒙正佯爲不聞而過之其同列怒令詰其官位姓名蒙正曰若一知其姓名則終身不能復忘固不如不知也不問之何損時皆服其局量

章郇公得象之高祖建州人仕王氏爲刺史號章太傅其夫人練

氏智識過人太傅常出兵有二將後期欲斬之夫人置酒飾美姬進之太傅歡甚迨夜飲醉夫人密釋二將使亡去二將奔南唐後爲南唐將攻建州破之時太傅已死夫人居建州二將遣使厚以金帛遺夫人且以一白旂授之曰吾將屠此城夫人植旂于門丘吾以戒士卒勿犯也夫人反其金帛并旂勿受曰君幸思舊德願全此城之人必欲屠之吾家與衆俱死耳不願獨生二將感其言遂止不屠太傅十三子其八子夫人所生也及宋興子孫及第至達官者甚衆餘五房子孫無及第者其父亦八房子孫出繼五房耳

趙淸獻公閱道抃熙寧中以大資政知越州兩浙旱蝗米價踴貴餓死者十六七諸州皆榜衢路立告賞禁人增米價閱道獨榜衢路令有米者任增價糶之于是諸州米商輻湊詣越米價更賤民無餓死閱道治民所在有聲在成都杭越尤著

至和中范景仁爲諫官趙閱道爲御史以論陳恭公事有隙熙寧中介甫執政恨景仁數毁之于上且曰陛下問趙抃即知其爲人他日上以問閱道對曰忠臣上曰卿何由知其忠對曰嘉祐初仁宗違豫鎭首請立皇嗣以安社稷豈非忠乎既退介甫謂閱道曰公不與景仁有隙乎閱道曰不敢以私害公景仁云

王達者屯田郎中李曇僕夫也事曇久曇親信之既而去坐應募爲兵以選入捧日營凡十餘年會曇以子學妖術妄言事父子械繫御史臺獄上怒甚獄急曇平生執友無一人敢餉問之者達且夕守臺門不離給飮食候信問者四十餘日曇貶恩州別駕仍即時監防出城諸子皆流嶺南達追哭送之防者遏之達曰我主人也豈不得送之乎曇河朔人不習嶺南水土其家人皆辭去曰我不能從君之死鄕也數日曇感恚自縊死旁無家人達使母守曇屍出爲之治喪事朝夕哭如親父子見者皆爲流涕殯曇于城南

佛舍然後去嗚呼達賤隸也非知有古忠臣烈士之行又非矯迹求令名以取祿仕也獨能發于天性至誠不顧罪戾以救其故主之急終始無倦如此豈不賢乎哉嗟乎彼所得于曇不過一飯一衣而已今世之士大夫因人之力或致位卿相已而故人臨不測之患屛手側足戾目窺之猶懼其禍之延及己也若畏猛火遠避去又或從而擠之以自脫敢望其憂卹振救也耶彼雖巍然衣冠類君子哉稽其行事則此僕夫必羞之（出司馬溫公涑水紀聞）

許昌士人張孝基娶同里富人女富人只一子不肖斥逐之富人病且死盡以家財付孝基孝基與治後事如禮久之其子丐于塗孝基見之惻然謂曰汝能灌園乎答曰如得灌園以就食何幸孝基使灌園其子稍自力孝基怪之復謂曰汝能管庫乎答曰得灌園已出望外况管庫乎又何幸也孝基使管庫其子頗馴謹無他過孝基徐察之知其能自新不復有故態遂以其父所委財產歸

之此似法華窮子之事其子自此治家勵操爲鄉閭善士不數年孝基卒其友數輩遊嵩山忽見旌幢騶御滿野如守土大臣竊覘專車者乃孝基也驚喜前揖詢其所以致此孝基曰吾以還財之事上帝命主此山言訖不見

崇寧更錢法以一當十小民嗜利亡命犯法者紛紛或捕得數大伍誣以樞密章楶之子綖之所鑄也初遣監察御史沈畸既至繫者已數百人盡釋之閱實以聞時宰大怒別選煅煉綖竟坐刺配籍沒其家沈既得罪歸鄉以死張再遷亦不顯今三十年間沈氏有子登科張氏不復振矣二子皆東吳賢者不幸而當此大抵張之失在于但畏人而不畏天吁可以爲世之戒矣

建炎間侍御沈公追贈直龍圖閣訓詞云士有屈于生前而伸于歿後方其臨事執義以行其志亦奚暇擇利害于當時而冀顯榮于今日哉是可嘉歎也爾以直道居御史府執憲不回是爲稱職

而擯權誤國之人方且嫉惡而排斥之今公朝德明昭爾積年之無辜使雖沒世而不泯龍圖寓直職號清華精爽尚存歆予褒寵紹興已卯正言先生除監察御史訓詞云先皇帝有賢御史以議獄不撓忤柄臣至于流落以死朕嘗伸褒錄之典思其人而不及見況有令子克濟其美者哉以爾樂道修身勇于爲善峨冠在列有粹然安靜之風朕既知之矣賜觀昕廷察言可用其以柏寺雄職爲予司聰紹爾家聲則名稱報

陳安節學士云福州一農家子張生幼時父使持錢三千入山市斧柯過村人有爲逋負所迫欲自經者惻然盡以所賚賙之而親釋縛因坐石上旁有人不相識問飢渴乎曰然指路隅竹筒令食之堅不可咀徐傾小瓢水于掌以飲之生飲水頓覺精爽非常自此絕粒忽識字能爲詩頗言人未來事後祝髮爲浮屠參議何大圭自閩來云與師熟所遇乃鍾離先生至今往來不絕（出方勺泊宅篇）

韓魏公以使相出鎮相州因祀宣尼宿于齋館夜有偷兒入其室褰帷挺刃顧謂公曰不能自濟故來求濟于公公曰几上器具可直百千盡以與汝偷兒曰非謂此也願得公首以獻西人公即引頸偷兒投刃稽顙曰以公德量過人故來試公然几上之物已荷公賜願公無泄也公曰諾明日于宅庫如其數取償之終不以語人其後爲盜者以他事坐罪當死乃于市中備言其事曰慮吾死後惜公之遺德不傳于世也

范文正公幼孤隨母再適朱氏公性至孝以母在時方貧及顯非賓客不重肉妻子僅能自充然好施與所得俸祿盡置義莊以贍宗屬泛愛樂善故雖里巷之人亦知公之姓字

二宋丱角之年同于爨舍肄業有胡僧見而謂曰小宋他日當魁天下大宋亦不失甲科後十餘年春試罷復遇僧于廛邸僧執大宋手而驚曰公風神頓異昔時能活數十萬命者大宋笑曰貧儒

何力及是僧曰不然肖翹之物皆命也公試思之大宋俛思良久乃笑而言曰旬日前所居堂下有蟻穴爲暴雨所浸羣蟻繚繞穴傍吾乃戲編竹爲橋以渡之由是蟻命得全得非此乎僧曰是也小宋今歲固當首捷然公終不出小宋下二宋私相語曰妄也一歲固無兩魁比唱第小宋果中首選章獻太后當朝謂不可以弟先兄乃以大宋爲第一小宋爲第十始信僧言爲不妄

趙閱道少保寬厚長者與物無忤家于三衢所居甚隘弟姪有欲悅公意者厚以直易鄰翁之居以廣公第公聞不樂曰吾與此翁三世爲鄰矣忍棄之乎命亟還翁居而不追其直嘗知越州值歲大歉公召州之富民畢集勸誘以賑濟之義即自解腰間金帶置庭下于是施者雲集所全活者十數萬人曾子固作救災記備述其事（出陳正敏遯齋閑覽）

范文正公少貧悴依睢陽朱氏家常與一術者遊會術者病篤使

人呼文正而告曰吾善鍊水銀爲白金吾兒幼不足以付今以付子卽以其方與所成白金一斤封誌納文正懷中文正方辭避而術者已絕後十餘年文正爲諫官術者之子已長呼而告之曰而父有神術昔之死也以汝尚幼俾我收之今汝成立當以還汝出其方并白金授之封識宛然

張文定公齊賢以右拾遺爲江南轉運使一日家宴一奴竊銀器數事于懷中文定自簾下熟視不問爾後文定三爲宰相門下廝役往往皆得班行而此奴竟不沾祿奴乘間再拜而告曰某事相公最久後于某者皆得官矣相公獨遺某何也因泣下不止文定憫然語曰我欲不言爾乃怨我爾憶江南日盜吾銀器數事乎我懷之三十年不以告人雖爾亦不知也吾備位宰相進退百官志在激濁揚清安敢以盜賊薦耶念汝事我日久今予汝錢三百千汝其去吾門下自擇所安蓋吾既發汝平昔之事汝宜有愧于吾而不可復留也奴震駭泣拜而去

慶曆中呂許公罷政事以司徒歸第拜晏元獻公殊章郇公得象爲相乃以諫官歐陽修余靖上疏罷夏竦樞密使其他升拜不一是時石介甫爲國子監直講獻慶曆聖德頌褒貶甚峻而于夏竦尤極詆斥至目之爲不肖及有手鋤姦枿之句頌出泰山孫明復謂介甫曰子之禍自此始矣未幾黨議起介在指名遂罷監事通判濮州歸徂徠山而病卒會山東舉子孔直溫謀反或言直溫嘗從介學于是夏英公言于仁宗曰介實不死北走胡矣尋有旨編管介子于江南又出中使與京東部刺史發介棺以驗虛實是時呂居簡爲京東轉運使謂中使曰若發棺空而介果北走則雖孥戮不足以爲酷萬一介死未嘗叛去卽是朝廷無故剖人塚墓何以示後世耶中使曰誠如金部言然則若之何以應中旨居簡曰介之死必有棺斂之人又有內外親族及會葬門生何慮數百至于舉柩窆棺必有凶肆之人今皆檄召至此劾問之苟無異說卽皆令具軍令狀以保任之亦足以應詔也中使大以爲然遂自介親屬及門人姜潛以下并凶肆棺斂舁柩之人合數百狀皆結罪保證中使持以入奏仁宗亦悟竦之譖尋有旨放介妻子還鄉而世以居簡爲長者

自王均李順之亂後凡官于蜀者多不挈家以行至今成都猶有此禁張忠定公詠知益州單騎赴任是時一府官屬憚張之嚴峻莫敢蓄婢使者張不欲絕人情遂自買一婢以侍巾幘自此官屬稍稍置姬屬矣張在蜀四年被召還闕呼婢父母出貲以嫁仍處女也

劉彝所至多善政其知虔州也會江西飢歉民多棄子于道上彝揭榜通衢召人收養日給廣惠倉米二升每日一次抱至官中看視又推行之縣鎭細民利二升之給皆爲字養一境間子無夭閼者

江南有國日有縣令鍾離君與鄰縣令許君結姻鍾離女將出適買一婢以從嫁一日其婢執箕箒治地至堂前熟視地之窊處惻然淚下鍾離君適見怪問之婢泣曰幼時我父于此穴地爲毬窩道我戲劇歲久矣而窊處未改也鍾離君驚曰而父何人婢曰我父乃兩政前縣令也身死家破我遂落民間而更賣爲婢鍾離君遂呼牙儈問之復咨于老吏具得其實是時許令子納采有日鍾離君遽以書抵許氏而止其子且曰吾買婢得前令之女吾特憐而悲之義不可久辱當輟吾女之奩篚先求婿以嫁前令之女也更俟一年別爲吾女營辦嫁資以歸君子可乎許君答書曰蘧伯玉恥獨爲君子君何自專仁義願以前令之女配吾子然後君別求良配以嫁君女于是前令之女卒歸許氏此等事前輩之所常行今則不復得而見矣出魏泰東軒筆錄

竇禹鈞范陽人爲左諫議大夫致仕諸子登第義風家法爲一時標表馮道贈禹鈞詩曰燕山竇十郎教子以義方靈椿一枝老仙桂五枝芳人多傳誦生五子長曰儀次曰儼曰侃曰偁曰僖儀禮部尚書儼禮部侍郎皆爲翰林學士侃左補闕偁左諫議大夫參知政事僖起居郎初禹鈞家豐年三十無子夜夢亡祖亡父共謂之曰汝早修行緣汝無子又壽不永禹鈞唯諾禹鈞爲人素長者先有家童盜用房錢二百千慮事覺有女年十二三自寫券繫女臂云永賣此女于本宅償所負錢自是遠遁禹鈞見而憐之即焚券以其女囑妻曰善撫養之既笄以二百千擇良配得所歸後僕聞之乃還感泣訴以前罪禹鈞不問由是父子圖禹鈞像晨興祝壽嘗因元夕往延慶寺于後殿階側得遺銀二百兩金三十兩持歸明日侵晨詣寺候失物者須臾果一人涕泣而至禹鈞問之對曰父罪犯至大辟徧懇親知貸得金銀將贖父罪昨暮以一親置

酒酒昏忽失去今父罪不復贖矣公驗其實遂同歸以舊物還之加以憫惻復有贈賂同宗姻有喪不能自舉公爲出錢葬之由公而葬者凡二十七喪孤遺女及貧不能嫁公爲出錢而嫁之由公而嫁凡二十八人故舊相知雖與公有一日之雅遇其窘困必擇其子弟可委以財者隨多寡貸以金帛俾之販鬻由公活族者數十家四方賢士賴公學者不可勝數公每量歲之所入除伏臘供給外皆以濟人之急家惟儉素無金玉之飾室無衣帛之妾于宅南建書院四十間聚書數千卷禮文行之儒延致師席凡四方孤寒之士無供需者咸爲出之無問識與不識有志于學者聽其自至故其子見聞益博出公之門登貴顯者前後接踵來拜公之門必命左右扶公坐受其禮及公之亡蒙恩深者有持心喪三年以報遺德其後復夢亡祖亡父告之曰汝三十年實無子壽且促我嘗告汝今汝數年以來名掛天曹陰府以汝有陰德特延壽三紀賜五子各顯榮仍以福壽而終後當留洞天充眞人位言訖復謂曰陰陽之理大抵不異善惡之報或發于見世或報于來生天網恢恢疏而不漏此無疑也禹鈞愈積陰功年八十二沐浴別親戚談笑而卒世稱教子者必曰燕山竇十郎云出范文正公竇諫議事跡記

司馬溫公童稚時與羣兒戲一兒偶墮水甕中羣兒譟棄去公則以石擊甕水因穴而迸兒得不死葢其活人手段已見于齠齔中至今京洛間多爲小兒擊甕圖

范文正公在睢陽遣堯夫到姑蘇搬麥五百斛堯夫時尚少既還舟次丹陽見石曼卿問寄此久近曼卿曰兩月矣三喪在淺土欲葬之西北歸無可與謀者堯夫以所載麥舟付之單騎自長蘆捷徑而去到家拜起侍立良久文正曰東吳見故舊乎曰曼卿爲三喪未舉方留滯丹陽時無郭元振莫可告者文正曰何不以麥舟付之堯夫曰已付之矣出僧惠洪冷齋夜話

范文正公守邠州暇日帥僚屬登樓置酒未發觴見衰絰數人營理喪具者公亟令詢之乃寄居士人卒于邠將出殯近郊賵斂棺槨皆所未具憮然即撤宴席厚賙給之使畢其事坐客感歎有泣下者

趙鄰幾舍人好學善著述太宗擢知制誥逾年卒子來之亦有文前以職事死塞下家極貧三女皆幼無田以養無宅以居僕趙延嗣者久事舍人義不忍去竭力營衣食以給之雖勞苦不避如是十餘年三女皆長延嗣未嘗見其面一日至京師訪舍人之舊謀嫁三女見宋翰林白楊侍郎徽之發聲大哭具道所以二公驚謝曰吾徒被儒衣冠且與舍人交而不能恤舍人之孤不逮汝遠矣即迎三女京師求良士嫁之三女皆有歸延嗣乃去徂徠先生石守道爲之作傳以厲天下

曹州于令儀者市井人也長厚不忤物晚年家頗豐富一夕盜入

其家諸子擒之乃鄰舍子也令儀曰爾素寡過何苦而爲盜答曰迫于貧耳問其所欲曰得十千足以資衣食如其欲與之既去復呼之盜大懼語之曰爾甚貧負十千以歸恐爲邏者所詰留之至明使去盜大感愧卒爲良民鄉里稱君爲善士君擇子姪之秀者起學室延名儒以掖之子伋姪傑倣繼登進士第今爲曹南令族

司門郎中王繕濰州人治三傳春秋中第再調沂州錄事參軍時魯簡肅公宗道方爲司戶參軍家貧食口衆祿俸不給每貸于王猶不足則又懇王預貸俸錢魯御下嚴庫吏深怨之訴魯私貸緡錢并劾王王諭魯曰第歸罪某君無承也魯曰某貧不給于私干公過實自某公何辜焉王曰某碌碌經生仕無他志苟仰俸入以養妻子得罪無害矧以官物貸人過不及免君年少有志節明爽方正實公輔器無以輕過輒累遠業併得罪何益卒明魯不知而猶受私貸之罪魯深愧謝不自容王處之裕如無慊恨色由是沉困銓管二十餘年晚用薦者引對吏部狀其功過奏白有魯姓名時魯已參大政立侍殿中仁廟目魯曰豈卿也魯遽稱謝且具陳其實仁廟歎曰長者也先是有私過者例改等由是得不降等詔改大理寺丞仕至省郎累典名郡晚年田園豐腆子孫蕃衍壽八十九卒亦庇賢爲善之報也

明道末天下蝗旱知通州吳遵路乘民未飢募富者得錢幾萬貫分遣牙校航海糴米于蘇秀使物價不增又使民採薪芻官爲收買以其直糴官米至冬大雪即以元價易薪芻與民官不傷財民且蒙利又建蓬茅屋百間以處流移出俸錢置薦蓆鹽蔬日與飯參俵有疾者給藥以治之其願歸者具舟貯食還之本土是歲諸郡率多轉死惟通民安堵不知其凶歲也故其民愛之若父母明年范文正公安撫淮浙上公治狀頒下諸郡熙寧中命官于通距公之治逾四十年而民猶詠稱不已

貴詢廣都人倜儻有奇節輕財尚義樂濟人之難王均之叛縣宰初暐奔山中無以自匿恇怯不能行詢負匿其家又使親黨護送帥府暐卒免害暐感之作義士傳刻石三聖院

劉輝僉判哀族之人不能爲生者買田數百畝以養之初范文正公吳文肅公皆有志置義田及後登二府祿賜豐厚方能成其志而輝于初仕家無餘貲能力爲之士君子尤以爲難

蘇子美慶曆中監進奏邸承舊例以斥賣故紙錢祠神因以其餘享賓客言事者欲因子美以累一二大臣彈擊甚急宦者操文符捕人送獄皆一時之名士都下爲之紛駭左右無敢救解者獨韓魏公從容言于仁宗曰舜欽一醉飽之過止可付有司治之何至如此帝悔見于色魏公之仁厚愛賢實可尚已（出蒲中行澠水燕談）

張忠定公詠在成都府嘗夜夢謁紫府眞君接語未久吏忽報請到西門黃兼濟承事兼濟以幅巾道服而趨眞君降階接之禮頗隆藹且揖張公坐承事之下詢顧詳欵似有欽歎之意公翊旦即遣典客詣西門請黃承事者戒令具常所衣服來比至果如夢中所見公即以所夢告之問平日有何陰德蒙眞君厚遇如此且居某之上座耶兼濟云無他長惟每歲遇禾麥熟時以錢三萬緡收糴至明年禾麥未熟小民艱食之際糶之價直不增升斗亦無高下在我者初無所損而小民得濟所急公曰此承事所以坐某之上也令索公裳令二吏掖之使端受四拜黃公後裔繁衍至今在仕路者比比靑紫

張忠定公詠在蜀主帥平賊如風悖草亂久不得寧息公謂主帥曰有平民無害者在黨中亦宜治之翌日帥送賊三十餘人請公治之悉給公憑遣之曰各着業去帥怒曰何擅縱賊人公曰昨日李順脅民爲賊今日僕與足下化賊爲民用固邦本

張忠定公言吾頃與今丞相寇公南陽張覃取大名府解試罷衆

謂吾名居覃之右吾上府帥書言覃之德行于鄉里有古人風將以某之文近覃之文則未知覃之行遠某之行萬萬矣遂薦覃爲解元公曰士君子當以德義相先不然未足爲士矣

張忠定公視事退後有一廳子熟睡公詰之汝家有甚事對曰母久病兄爲客未歸訪之果然公翌日差場務一名給之且曰吾廳上有敢睡者耶此必心極幽懣使之然爾故憫之 出李畋張乖崖語錄

楊玢尙書致仕歸長安舊居多爲鄰里侵占子弟欲詣府訴其事以狀白玢玢批紙尾云四鄰侵我我從伊畢竟須思未有時試上含元殿基望秋風秋草正離離子弟不敢復言 出楊文公談苑

故事以丁崖州謂險詐然亦有長者言眞宗嘗怒一朝士再三語及輒稍退不答上作色曰如此叵耐問輒不應謂進曰雷霆之下臣若更加一言則虀粉矣眞宗欣然嘉納 出嘉祐雜志

故事州郡之獄有疑及情可憫者雖許上請而法寺多舉駁則官吏當不應奏之罪故皆移情就法不以上請燕肅判刑部奏天聖三年天下斷大辟二千四百三十六豈無法可疑情可憫者而州郡無所奏讞蓋畏罪也請自今奏而不應奏者不科以罪自是在讞者歲不減千人皆情可憫法可疑者無不貸免自天聖四年距今蓋五十年貸免無慮數萬人古所謂仁人之言肅有之矣

職方張淇知江陰軍吏盜錢三百萬蓋二十年矣淇發其奸捕繫數十人轉運使趙廓謂曰此應賞典顧竄吏吾以聞淇慘然曰殺人以求賞可乎悉召吏諭以償錢則貸出之不爾爾曹死矣吏之親屬聞者爭出錢以償十日而足乃推二人死者爲首餘悉貸不問廓愧且歎曰公長者非吾所及也淇乃簡肅公之婿

王章惠公隨舉進士時甚貧遊于翼城逋人飯執而入縣石務均之父爲縣吏爲償錢又飯之館之于其家而其母尤所加禮一日務均醉令王起舞舞不中節毆之王遂去明年登第久之爲河東

轉運使務均恐懼逃竄然王豈肯害之乎至是事敗文潞公爲縣捕之急往投王王已爲御史中丞矣未幾封一錠銀至縣葬務均之母事少解尋而王爲參知政事奏務均教練使務均亦改行自修以此知王公長厚而不忘一飯之恩也 出范蜀公東齋記事

韓魏公知北都有中外親獻玉盞一隻云耕者入塚而得表裏無纖瑕可指蓋絕寶也公以百金答之尤爲寶愛開燕召漕使顯官特設一桌覆以繡衣致玉盞其上且將用之酌酒遍勸坐客俄爲吏將誤觸臺倒玉盞俱碎坐客皆愕然吏將伏地待罪公神色不動笑謂坐客曰物破亦自有時謂吏將曰汝誤也非故也何罪之有公之量寬大厚重如此 出劉斧翰府名談

曹武惠王彬國朝名將勳業之盛無與爲比嘗曰自吾爲將殺人多矣然未嘗以私喜怒輒戮一人其所居堂室弊壞子弟請加修葺公曰時方大冬墻壁瓦石之間百蟲所蟄不可傷其生其仁心愛物蓋如此 出歐陽公歸田錄

李丞相沆有長者譽一世僕逋宅金數十千忽一夕遁去有女將十歲美姿格自寫一券繫于帶願賣于宅以償焉丞相大惻之視夫人曰願如己子育于室訓教婦德俟成求偶嫁之請夫人親結縭以主婚然而務在明潔夫人如所誨及笄擇一婿亦頗良具奩幣歸之女範果堅白其二親後歸舊京聞之淪感心骨丞相病夫婦割股爲羹饋之至薨衰絰三年以報 出僧文瑩湘山野錄

宮禁火災眞宗驚惶語王文正公旦曰兩朝所積朕不敢妄費一朝殆盡誠可惜也公對曰陛下富有天下財帛不足憂所慮者政令賞罰有所不當臣備位宰相天災如此臣當罷免繼上表待罪上乃降詔罪己許中外上封事言朝廷得失後有大臣言非天災乃王宮失于火禁請置獄上出其狀當斬決者數百人公持以歸翌日乞獨對言初火災陛下降詔罪己臣上言待罪今行此刑恐

不副前詔有違天意果欲行刑願罪臣以明無罪狀上欣然聽納免死者幾百輩

眞廟時有卜者上封事言干宮禁上怒令捕之繫獄坐以法因籍其家得朝士往還書尺上曰此人狂妄果臣僚與之遊從盡可付御史獄案劾王文正公且得之以歸翌日獨對曰臣看卜者家藏文字皆與之筭命選日草本即無言及朝廷事臣託往來亦曾令推步星辰其狀尚存因出以奏曰果行乞以臣此狀同問上曰卿意如何公曰臣不欲因以卜祝賤流累及朝臣上乃解公至政府即時焚去繼有大臣力言乞行欲因而擠之上令中使再取其狀公曰得旨已寢焚去之（出王素王文正公家錄）

韓魏公在魏府僚屬路拯者就案呈有司事而狀尾忘書名公即以袖覆之仰首與路稍稍潛卷語定從容以授之路君退而自見且愧且歎曰眞天下盛德也

韓魏公嘗言內官王昭德絕不類內官往年執政賈昌朝陳執中惡歐陽公欲因張氏事深治之令蘇世昌鞫獄獄不成蘇云不如鍛鍊仍乞不錄問昭德時爲勘官正色曰上令某監勘正欲盡公道爾鍛鍊何等語耶歐公遂淸脫

韓魏公帥定武時夜作書令一侍兵持燭于旁兵他顧燭燃公鬚公以袖麾之而作書如故少頃回視則已易其人矣公恐主吏鞭卒急呼曰勿易之渠方解持燭筆中爲之感服

韓魏公爲丞相每見文字有攻人隱惡者卽手自封之未嘗使人見歐陽永叔不以繫辭爲孔子書又多以文中子爲可取中書相會累年未嘗與之言及（出王岩叟忠獻魏公別錄）

王沂公曾留守洛師歲歉里有困積者飢民聚黨脅取鄰郡以強盜論報死者甚衆公但重笞而釋之遠近聞以爲法全活者數千計仍上言國初淮浙未下之日嘗命陝雍晉絳歲漕粟以赴京師遂詔給陝粟二十萬儲廩充而民息肩于今頌之

校書郎張子奭居三川閒嘗請見王沂公延于便坐屏左右語之曰聞伊闕令劉定基貪虐無狀民將興訟又出書一軸悉數其罪且曰爲吏至此誠不足念若舉以成獄則平民罹其害者不啻千人今將先事除之如何子奭對以漢薛宣故事公頷之未幾檄召令至府而詰之仍示以鄉來書軸俾自閱之劉首伏不敢有隱且求解去翌日以疾告自免由是訟息而民安（出王皡王沂公言行錄）

工部侍郎胡宿爲邑日丁晉公爲遊客見之胡待之甚厚丁因投詩索米明日胡延晉公常日所用樽皿悉屏去但陶瓦而已丁失望以爲厭己遂辭去往見之出銀一篋遺丁曰家素貧惟此飲器願以贐行丁始喻設陶器之因其後晉公極力推挽卒至顯位

朝士劉廷式本田家鄰舍公有一女約與廷式爲婚後契闊數年廷式讀書登科歸鄉閭訪鄰翁鄰翁已死女因病雙瞽家極困餓

廷式使人申前好而女子之家辭以病仍以傭耕不敢姻士大夫廷式堅不可曰與翁有約豈可以翁死子疾而背之卒與成婚閨門極雍睦其妻相攜而後能行凡生數子廷式嘗坐小譴監司欲逐之嘉其有美行遂爲之闊略而後廷式管勾江州太平宮而妻死哭之極哀蘇子瞻愛其義爲文以美之（出沈存中筆談）

李翰林宗諤其父文正公昉秉政時避遠勢出入僕馬與寒士無辨一日中路逢文正公前騶不知其爲公子而遽呵辱之是後每見斯人必自隱蔽恐其知而自愧也

京師人有以金銀繒錦寶二篋託付于其相知數年而死彼人歸諸其子子曰我父平日未嘗一言及此且無契券之驗殆長者之誤也其人曰我躬受之爾父豈待契券父與汝必預聞哉兩人相推無敢當其人遂持以白于官時包孝肅公尹京驗究其實斷與其子世俗之說皆爲今人無復良心惟知有利耳聞是二人之風

可以釋一世之疑

蘇子瞻云慶曆三年有李京者爲小官吳鼎臣在侍從二人相與通家一日京薦其友人與鼎臣求聞達于朝廷鼎臣即繳其書奏之京坐貶官未行京妻謁鼎臣妻以敘別鼎臣妻慙不出京妻立廳事召鼎臣幹僕語之曰我來既爲往還之久欲求一𠛙亦爲乃公嘗有數帖與吾夫禱私事恐汝家終以爲疑索火焚之而去（出呂原明語錄）

元祐中舉子吳中應大科以進卷遍投從官一日與李方叔諸人同觀文理乖繆撫掌絕倒范純夫偶出見之問所以然皆以實對純夫覽其文數篇不笑亦不言掩卷他語侍坐者亦不敢問他日吳中請見純夫諭之曰觀足下之文應進士舉且不可況大科乎此必有人相誤請歸讀書學文且習進士吳中辭謝而去（出晁氏客語）

兖州有民家婦姓賀氏里人謂之賀織女父母以農爲業其夫則負擔興販往來州郡賀初爲婦未浹旬其夫出外經求每一出數年方歸歸則數日復出不聞一錢濟其母給其妻家貧無賴閭巷呼爲不孝之子所得錐刀之利別于他處供給小妻賀知之每夫還但以欣然承事飯食漱濯必盡其力未嘗微露風彩言及小妻及干以衣食其夫自以有所慚負則必非理毆詈之婦亦不之酧對其姑老且病凍餒切骨婦則傭織以資之所得傭直盡歸其姑己則寒不釐衣飢不飽食姑又不慈日有凌虐婦益加恭謹下氣怡聲以悅其意雖閤室無人之所亦無怨嘆夫嘗挈小妻至家賀則以女弟呼之慇懃待之略無愠色賀爲婦二十餘年其夫在家前後無半載而能勤力奉養始終無怨可謂賢孝矣此婦生于窮賤之門口不知忠信之言耳不聞禮義之訓而能如此雖古之淑哲無以過也故曰十室之邑必有忠信斯言不謬矣書之以備鑒戒（出范資玉堂閑話）

孫學士元忠朴呂正獻公所薦館職也嘗爲呂居仁言元祐間某嘗對侍講非笑程正叔侍講謂某正叔有多少好事元忠不說何故只言其短某因釋然心服後不復敢深議正叔因思今人如元忠樂善者少矣侍講謂滎陽公呂原明也（出呂居仁童蒙訓）

曹彬侍中討蜀初克成都有獲婦女者彬悉閉于一第穀以度食曰是將進御當密衞之洎事寧咸訪其親以還之無者嫁之（出聖宋掇遺）

孫莘老知福州時民有欠市易錢者繫獄甚衆適有富人出錢五百萬葺佛殿請于莘老莘老徐曰汝輩所以施錢者何也衆曰願得福耳莘老曰佛殿未甚壞又無露坐者孰若與其錢爲獄囚償官逋使數百人釋枷鎖之苦其得福豈不多乎富人不得已諾之即日輸官囹圄遂空

范文正公少學于府庠同舍有病者文正親調藥以療病病亟囑文正曰吾無以報子平生有一術遊遠方未嘗窮乏者術之力也

今以遺子因授藥以一裹方書小策文正不得已留之未嘗取視後二十年得其子還之封記如故（出劉延平孫公談圃）

前宰相蔡確坐詩語譏訕簾中臺諫章疏交上必欲朝廷誅殛宰執侍從皆謂當然范忠宣公獨以爲不可遂于簾前開陳方今聖朝宜務寬厚不可以語言文字之間曖昧不明之過誅竄大臣今日舉動宜與將來爲法式此事甚不可開端也疏云蓋如父母之有逆子雖天地鬼神不能容貸如父母親置于必死之地則却恐傷恩臣之區區實在于此（出范忠宣公行狀）

慶曆中刼盜張海橫行數路將過高郵知軍晁仲約度不能禦喻軍中富民出金帛具牛酒使人迎勞且厚遺之海悅逕去不爲暴事聞朝廷大怒時范文正公在政府富鄭公在樞府鄭公議欲誅仲約以正法范公欲宥之爭于上前富公曰盜賊公行守臣不能戰不能守使民醵錢遺之法所當誅也不誅郡縣無復肯守者矣

聞高郵之民疾之欲食其肉不可釋也范公曰郡縣兵械足以戰守遇賊不能禦而反賂之此法所誅也今高郵無兵與械雖仲約之義當勉力戰守然事有可恕戮之非法意也小民之情得醵出財物而免于殺掠也理必喜之而云欲食其肉傳者過也仁宗釋然從之仲約由此免死既而富公慍曰方今患法不舉方欲舉法而多方沮之何以整衆范公密告曰祖宗以來未嘗輕殺臣下此盛德之事奈何欲輕壞之且吾與公在此同僚之間同心者有幾雖上意亦未知所定也而輕導人主以誅戮臣下他日手滑雖吾輩亦未敢自保也富公終不以爲然及二公迹不安范公出按陝西富公出按河北范公因出欲守邊富公自河北還及國門不許入未測朝廷意此夜徬徨不能寐繞床嘆曰范六丈聖人也出蘇子由龍川別志

李謙溥有招收將劉進者勇力絕人數以少擊衆幷人患之乃以

蠟丸封書讒進陽遺其兄晉帥趙贇得之以聞太祖卽詔謙溥械送闕下謙溥曰此反間也願以闔門保之太祖得奏遽釋進厚賜金帛遣之

侯可寓逆旅有書生病亟將爲庸醫所誤侯與書生無契素特哀其途窮輒叱去醫者自爲調藥餌病病間始與之告別出呂厚明呂氏家塾廣記

陳秦國公省華三子已貴秦公尚無恙每賓客至其家堯佐及仲季子侍立左右坐客踧踖不安求去秦公笑曰此兒子輩爾後天下皆以秦公教子爲法而以陳氏世家爲榮

竇儀尚書家法整肅每對客坐卽二侍郎三起居四參政五補闕皆侍立焉晉公談錄

韓許國公億在中書日嘗見天下諸路有職司捃拾官吏小過輒顏色不懌曰今天下太平主上之心雖蟲魚草木皆欲得所夫仕者大則望爲公卿次則望爲侍從職司二千石其下亦望京朝幕職奈何錮之于聖世持心如此昔袁安不以贓罪鞫人其韓公之謂乎

蘇兵部耆充陝西轉運使景祐中洛陽大旱穀貴百姓飢殍京東轉運使亦無以爲賑洛陽留守移書求耆粟三十萬斛遂移文陝府如數與之仍奏于朝時同職譖耆曰陝西沿邊之地屯軍甚多若有餘止可移之以實邊郡奈何移之別路耆曰天災流行春秋有卹鄰之義生民皆繫于君無內外之別奈何知其垂亡而不以奇贏賑卹邪曰苟有饋運耆當自謀必不以此相累朝廷甚嘉之出張唐英嘉祐名臣傳

沈邈嘗爲京東轉運使數以事侵宋元憲公庠後任御史又彈奏庠不可以爲執政及庠在洛邈子監麴院因出借縣人負物杖之道死死者實以他疾而邈之子府屬所惡痛治之以法庠獨不肯曰此何足以爲人也人以此稱庠長者

宋宣獻公綬判三司憑由司建言比歲下赦令釋逋而稽期未報者六十八州軍請諸路選官覆校限半月以聞以是脫械繫三千二百人所除數百萬

范文正公爲參知政事會王倫寇淮南州縣官吏有不能守朝廷盡欲誅之公曰時諱言武備盜賊猝至而專責守臣死事不可故守令皆得不誅

司馬待制池溫公父也知杭州轉運使江鈞張從革惡池摭其所決事十餘條奏降知虢州初轉運使既以奏池而會吏有盜官銀器繫州獄且自陳爲鈞償私廚出所費過半又越州通判私載物犯稅而實從革使之因遣人私請曰幸憐赦之或謂池獨不能忍也池卒不校人以長厚稱之

楊侍官偕知審官院元昊乞和而不稱臣偕上言以謂連年出師國力日以殫莫如以書遺之徐圖誅滅之計諫官歐陽修蔡襄交

章劾奏偕職爲從官不思爲國討賊而助元昊不臣之請罪當誅偕不自安求知越州道改知杭而褒謁告迎親杭而輕遊里市或謂曰何不以言於朝偕曰褒嘗以公事詆我我豈可以私報也

馬少保亮通判常州時吏有亡失官物械繫妻子至連逮者數百人亮一切縱去許自償所負不踰月而盡輸之咸平初命往京西河東二道放積欠官物奏除者數百萬還奏稱旨

馬少保以王均反爲西川轉運使賊平主將尙誅殺不已亮救全者千餘人明年召問蜀事會械送爲賊所詿誤者八十九人至京師知樞密院事周瑩欲盡誅之亮言愚民脅從者衆此特百之一二爾餘皆竄伏山林若不貸之恐遠人危懼重貽朝廷憂帝從之

馬少保爲西川轉運使時施州鹽井歲久泉涸而官督所負州繫捕各數百人亮盡釋繫者而廢其井凡除所逋二百餘萬提點福建刑獄始訊寃獄全活者數十人

馬少保爲御史中丞上言近歲以來父祖未葬而多別財異爨甚傷風教請自今未葬者不得析居

知制誥韓綜通判天雄軍會河水漲金堤民依丘塚者凡數百家水大至綜出令能活一人者予千錢民爭操舟栰盡救之已而丘塚潰

李給事行簡爲八州軍體量安撫時大飢遂發義倉賑貧乏蠲糴州逋租除龍圖閣待制眞宗數幸龍圖閣命講周易間訪大臣能否而行簡無怨昵必盡稱道其長人以爲長者

胡侍郎則提舉江南路銀銅場鑄錢監時得吏所匿銅數萬斤吏懼且死胡曰馬伏波哀重囚而縱亡之吾豈重貨而輕數人之生止籍爲羨餘及除廣西轉運按宜州重辟十九人而爲辨活者九人

胡侍郎在福州時前守陳絳坐嘗延蜀儒龍昌期爲州人講易得錢一萬事發自成都械昌期至則破械館以賓禮出俸錢爲償之

扈諫議稱爲梓州路轉運使屬歲飢道殣相望稱先出祿米以賑民故富家大族皆願以米輸入官而全活者數萬人

方諫議愼言爲侍御史時丁謂貶遣愼言籍其家得士大夫書多干請關通者悉焚之不以聞世稱長者

胥內翰偃未仕時家有良田數千頃既貴悉以與族人嘗與謝絳受詔試中書吏而大臣有以簡囑偃不發視而焚之且曰發而言之不亦傷刻薄乎

薛簡肅公奎知益州里父訟其子不孝者詰之乃曰貧無以爲養奎因出俸錢與之

范文正公爲江淮體量安撫所至賑乏絕又陳八事其四曰國家重兵悉在京師而軍食仰于度支則所養之兵不可以不精也禁軍代回五十以上不任披帶者降爲畿內及陳許等處近下禁軍

一卒之費歲不下百千萬人則百萬緡矣至七十歲乃放停且人方五十之時或有鄉園骨肉懷土之情猶樂舊里及七十後鄉園改易骨肉淪謝羸老者歸復何託是未停之前大蠹國用廢之之後復傷物情咸平中揀鄉兵人無歸望號怨之聲動于四野祥符中選退冗兵無歸之人大至失所此近事之鑒也請下殿前軍馬司禁軍選不堪披帶者與本鄉州軍別立就糧指揮至彼有田園骨肉者許之歸農則羸老之人亦不至失所矣

王待制質權知荆南府有媼訴其婦薄于養婦曰舅姑家既窮而婦且奉事無不謹質曰姑雖不良獨不顧若夫耶取家人衣衣媼又給以廩粟使歸養之皆感泣而去

劉吏部夔不治財產所收私田有餘穀則以賑救鄉里貧人前死數日作遺表以祿賜所餘分親屬

馬少保亮知潭州屬縣有亡命卒剽刦爲鄉人共謀殺之在法當

死者數人亮謂其僚屬曰夫能爲民去害而乃坐以死豈法意耶乃批其案悉貸之

馬少保知昇州行次九江屬歲旱民飢乃邀湖湘漕米數千艘以賑之因奏瀕江諸郡皆大歉而吏不之救願能官糴令民轉粟以相賙足朝廷從其言

馬少保知廣州是時宜州陳進初平而澄海兵從進反者法當配隸皆釋之不問又鹽戶逋課質其妻子于富室悉取以還其家徙虔州錄孝行圖于牙門以示民

張諫議師德判三司都理欠憑由司時建言有負官物而本非侵盜若惸獨貧病者維督保之卒無以自償請因上慮囚而一切蠲免之詔施用其言

楊諫議告除京西轉運副使時屬部歲飢所至發公廩又募富室出粟以賑之民伐桑易粟不能售告命高其估以給酒官由是獲

濟者甚衆

姚龍學仲孫爲許州司理參軍時王嗣宗知州事民有被盜殺者其妻訴里胥嘗貸賄于其夫不與而惡之此必盜也乃捕繫獄將坐以死而仲孫疑之嗣宗怒曰若非盜耶然亦不敢遽決後數日果得眞盜者嗣宗喜曰審獄當如是也改資州轉運使檄往富順監按疑獄全活者數十人

方諫議愼言知泉州會歲飢大發官廩以貸民又恤其鰥寡孤獨民皆愛之至有生子以方兒爲名者

張密學逸知益州會歲旱乃導江水爲堰以溉民田又自出公租減價以賑民初民飢多殺耕牛食之犯者皆配關中逸奏聞民殺牛以活將死之命與盜殺者異若不禁之又將廢穡事今歲小稔請一切放還復其業從之

錢秘監昆知梓州時會歲旱歉民多流移大發常平粟賑之而自劾釋不問

張密學奎守夔州有滯囚法當死獄成三問輒不伏轉運使命奎覆按一視牘而辨之得不死人皆服其明通判廬州罷歸會秦州逋鹽課緡錢數十萬事連十一州轉運使請遣制使按于鳳翔詔擇奎因言鹽法起于軍興之不足非仁政所行若不得已令商人幹流通行民間而出其征則縣官獲利爲多與夫壅之以自入官斂而民怨緣而興獄者異也于是悉除十一州所負奎性甚孝爲御史時母病乃齋戒割股肉和藥進之遂愈

唐待制肅爲泰州司理參軍有商人夜宿逆旅而同宿者殺人亡去且視之血汚其衣爲吏所執不能明遂自誣服肅爲白其冤而知州事馬知節趣令具獄肅固持不可後數日果得眞殺人者矣

陳龍學從易知虔州歲飢有持杖盜發倉囷者請一切減死論于是全活者千餘人

王待制居易知漢州會歲大飢乃出俸錢率僚吏及郡豪得穀數萬斛賑飢民全活者以萬計安撫使韓琦荐之

梅諫議摯通判蘇州初二浙飢官貸種食已而督償之甚急摯上言賑民所以爲惠也反撓民不便因下其奏他州悉得緩期償之

嵇內翰頴父適嘗爲荊南石首主簿民有父子坐重辟府特命適按劾之爲免其子死而父以抵法托言于人曰主簿仁人也且生令子明年頴生天聖中進士及第

張侍郎溥知楚州會歲飢貽書發運使求貸糧不報因歎曰民轉死溝壑矣尚待報耶乃發上供倉粟賑之所活以萬計因上章待罪降敕奬諭

李諫議應言少孤事母以孝聞除侍御史時鄆州民有傳妖法者其黨凡百餘人捕者欲邀功賞而極誣以不軌命應言往按其事止誅首謀數人餘悉全活之

吳龍學遵路知崇州會歲歉先期轉市米吳中以賑貧民自他流至者其全亦十八九丁母憂廬墓側蔬食終制旣歿家無長物其友范仲淹分俸賙其家

李給事允元通判寧州州卒謀亂事覺逮逮者衆允元極意辨析止坐首惡數人誅之爲利州路轉運使至所部會歲飢發官粟數萬石賑民乏得不流徙

趙樞密稹爲益州路轉運使邛州蒲江縣捕刧盜不得而官司反繫平民十數人楚掠彊服又合其辭若無疑者稹適出部意其有冤乃馳入縣獄因盡得冤狀釋出之

王待制鼎廉于財父死以財物分諸子鼎悉推與季弟及在臨邛轉運使令攝成都新繁縣事又推職田所入不取後奉使契丹得絹千餘疋散之族人一日盡事繼母孝教育孤姪甚至自奉養尤儉約

陳節使堯咨權通判流內銓時舊制選人皆用制奏舉乃得京寺官而士有孤寒不爲人知者堯咨特爲陳其功狀升擢之

陳郎中貫擢利州路轉運使屬歲飢出所得職田粟盡以賑民富民有積粟者率令計口自占其數有餘則皆發之

楊發運日華知嘉州先是蜀旱飢而州民逋官租以鉅萬計逮捕繫械歷數年不能償日華至悉奏蠲除之

石中允介爲嘉州軍事判官丁父母憂躬耕徂徠山下葬其五世之未葬者七十喪魯人號爲徂徠先生

劉從事顏爲齊州任城縣主簿會歲飢發大姓所積粟以活數千人也

李防禦允則知潭州會湖南飢欲發官廩先賑之而後奏轉運使以爲不可允則曰須報踰月則飢者無及矣不聽明年又飢復欲先賑之轉運使又報不可允則乃願以家貲爲質由是全活者數萬人矣

趙觀察滋知雄州時契丹大飢舊米出塞下不得過三升滋曰彼吾民也令出米無所禁

桑崇班懌嘗過大水有粟二廩將以舟載之見百姓走避水者遂弃其粟而載之得皆不死歲飢衆人盡食其粟盡而止

孫觀察廉權知滄州鹽山縣有刧盜獄成廉疑之謂僚屬曰我武人也獄辭非吾事試召其鄰里而周訪之皆曰此平居放不事事今以爲盜則非也旣二日果得眞盜降詔奬諭

靳提舉宗說監滄州鹽山縣務日嘗攝縣事有繫囚坐殺人法當死宗說疑之會犯者言其母年九十病且甚願得一別母而死宗說惻然釋囚縛令人與俱至家旣而更獲所殺人者

康團練德輿爲大名府鈐轄提舉金隄至和中河決少吳埽破東隄頓丘口居民之避水者趨隄上而水至不得達德輿以巨艘五

十順流而濟之免墊溺者數萬人李仲昌治貲聖埽役兵數千人會雨潦道不通不能得食又以舟濟以食

周諫議湛通判戎州日其俗尚巫有病輒不醫皆聽巫以飲食往往不得愈湛爲禁俗之習爲巫者又刻方書于石自是始用醫病者更得活提點廣東刑獄初江湖之民略良人鬻嶺外爲奴婢湛至聽其自陳得男女二千六百餘人還其鄉

陳運使希亮少時從鄉人宋輔學輔死母子貧困希亮以女妻其子而贍恤其母終身（出國朝諸臣傳）

沈內翰文通治杭州令行禁止人有貧不能葬及女子孤無以嫁者以公使錢葬嫁數百人娼優養良家女爲己子者奪歸其父母

曾侍中公亮爲相時每得四方奏獄必躬閱之密州銀沙發民田中有強盜者大理論以死公亮獨曰此禁物也罪不應死下有司議卒比刧盜禁法盜得不死先是金銀所發多以強盜坐死自是

無死者（出聚[illegible]故事名臣傳）

葉左丞夢得云予在許昌歲値大水災傷京西尤甚浮殍自鄧唐入吾境不可勝計令盡發常平所儲奏乞越常制賑之幾十萬人稍能全活惟遺棄小兒無由得之一日詢左右曰人之無子者何不收以自畜乎隸曰然人固願得之但患既長或來識認爾予爲閱法則凡傷災弃遺小兒父母不得復取乃知爲此法者亦仁人也夫彼既棄而不有父母之恩已絕矣若人不收之其誰與活乎遂作空劵數千具載本法即給內外廂界保伍凡得兒者皆使自明所從來書于劵付之略爲籍記使以時上其數給多者賞且分常平餘粟貧者量授以爲資事定按籍給劵凡三千八百人皆奪之溝壑而置之襁褓此雖細事不足道然每以告臨民者恐緩急不及知其法或不能出此術也

李文靖公沆爲相專以方嚴重厚鎭服浮躁尤不樂人論說短長附己故胡祕監旦謫商州久未召嘗與文靖同爲制誥聞其拜參政以成啓賀之詆前居職罷去云呂參政以無功爲左丞郭參政以酒失爲少監辛參政非才謝病優拜尚書陳參政新任失旨退歸兩省而譽文靖甚力意將以附之文靖慨然不樂命小吏封置別篋曰吾豈眞優于是者耶亦適遭遇耳乘人之後而譏其非吾所不爲況欲揚一己而短四人乎終爲相旦不復用舊聞韓宗武云後閱旦傳乃載此文

趙康靖公槩厚德長者口未嘗言人短與歐陽文忠公同知制誥後亦同秉政及文忠被謗康靖密申辨理至欲納平生誥敕而保之而文忠不知也

富韓公弼爲樞密副使坐石守道謗自河北宣撫使還除知鄆州復徙青州讒者不已人皆爲公危懼會河北大水流民轉徙東下者六七十萬人公皆招納之勸民出粟自爲區畫散處境內室廬飲食醫藥纖悉無不備從者如歸市有勸公非所以處疑弭謗禍且不測公傲然勿顧曰吾豈以一身易此六七十萬人之命哉卒行之愈力明年河北二麥大熟始皆襁負而歸則公所全活也于是雖讒公亦莫不畏服知不可搖而公疑亦因是浸釋公在政府不久而青州適當此疑嘗見其與一所厚書云在青州偶能全活數萬人勝二十四考中書令遠矣張侍郎舜民嘗刻之石（出葉少蘊避暑錄）

庚寅歲湖州孔目官朱氏以米八百石作粥散貧是歲生服服爲從官

潤州金壇縣陳亢熙寧八年饑殍無數作萬人冢每一尸設飯一甌席一領紙四帖藏尸不可記是歲生廓又生度皆爲監司孫登仕者相繼（出王定國聞見近錄）

王沂公曾執政外親戚可任者言之于上否者厚恤之以金帛自奉甚薄待客至厚薄于滋味無所偏嗜庖人請命未嘗改饌事諸

父諸母乳母盡其孝謹葬外氏十餘喪嫁姻族孤女數人凡四鎭所至悉興學校輟俸錢以助其費青州仍出家藏書篇卷甚廣以助習讀（出王皡王沂公言行錄）

仁宗時朝議在官七十而不致仕者有司以時按籍舉行翰林學士兼史館修撰胡宿以謂養廉恥厚風化宜有漸而欲一切以吏議從事殆非所以優老勸功之意當少緩其法使人得自言而全美節朝廷嘉其言是以至今行之（出李攸本朝事實）

天聖中玉淸昭應宮災太后曰先帝營奉此宮極天下之力今一旦灰燼皆守衛者不謹所致詔付御史臺推劾皆欲戮之御史中丞王晦叔上疏曰昔魯桓僖宮災孔子以爲桓僖親盡當毀也漢遼東高廟災及高園便殿災董仲舒曰高廟不當居陵旁故天災今玉淸之興不合經義先帝信方士邪巧之說蠹耗財用無紀今天焚之乃戒其侈而不經也上與太后感悟乃薄守衛者罪

仁宗嘗謂近臣曰比有貪墨之吏賊民自厚朕誠惡之今後曾有贓私罪犯更不得許臣僚奏舉審官院流內銓三班院更不得引見磨勘轉官時士人亦有才高而不能事上官者或上官以私憤而捃拾米鹽菓菜細碎事以爲贓私者遂永不得進用衆以爲寃右正言知制誥流內銓吳育奏欲乞應選人中曾犯贓私之類除情理重者無復在官其餘罪名雖同事體不一或以微物致累或以周防偶虧而所犯稍輕故得叙用候經兩任如別無私罪顯有才能並許奏舉特與磨勘

唐御史介上言陳宰臣文彥博之過貶授英州別駕介未至英州彥博奏出介至重是陛下因臣而退敢言之士願召用之尋通判潭州移知福州又召爲言事御史

孔寺丞牧早以文行見推鄉黨在汝州村居飢歲鄉民貸舉菽粟聽其自取牧皆不取償民有盜伐所種竹木者家童執之牧見而釋之且問其所欲之數欲伐而益之俾如其意盜者愧謝所居闤圃近水民有夜涉水盜蔬果者牧歎曰晦夜涉水或有陷溺卽爲製橋盜者慚不復渡

仁宗時天下郡國有災異飢饉而鄰郡多閉糴右正言尤祕閣校理吳及奏乞聖旨諸路或有災傷輒敢閉糴科違制之罪上從之初上晚年未有皇子而求嗣益切後宮所誕育者皆公主上言陛下左右內臣凡四千餘人是絕人之嗣多矣久無皇嗣豈以此耶上感寤之

仁宗時天下提刑轉運知府多以愛憎喜怒發擿官吏小失以快己意御史裏行陳洙奏欲望凡奏到公案其被奏官于理無罪者兼取問元案舉官司重行謫罰被奏之人移于鄰路以相迴避仍令班行天下戒監司州郡皆察者上深以爲然令審刑院大理寺今後諸處勘到命官使臣公案內有不合告罪顯涉捃拾者仰奏干係官吏自是少敢以喜怒愛憎羅織官吏

仁宗時審官院及流內銓條制應京朝官選人祖父母父母年及七十以上無子孫弟姪年二十以上侍養並令召保與家便差遣御史裏行陳洙奏應上件者須親到京方免遠注與授家便其中有親在五路者以員多闕少皆授差遣還家動經年歲夫人年過七十須臾無有侍側則煢然不安今使其子孫去親千里不幸疾病甘旨勿供醫藥勿繼則死者遺恨獨不累聖朝孝治之至耶臣欲乞京朝官選人得替在外親年七十以上的無兼侍者許召保仰逐處州軍疾速備錄具申審官院流內銓與注授家便路分合入差遣更不令親自到闕如此則老者得遂其安孝子得盡其力自是親老而無兼侍者皆外除之出張唐英仁宗君臣政要錄

元達爲馬步軍頭領嬀州團練使會部送亡命自首者引對軒陛左右或勸太宗殺之以戒效尤者達奏此類在山林尚多不如赦之使有自新之路以勸來者亦以成陛下好生之德太宗悅悉赦之

趙韓王普初爲滁州軍事判官太祖過滁上與語奇之會獲盜百餘人將就死者普意其有寃啓太祖更訊之所全活者十七八矣

薛文惠公居正知朗州湖湘初平卒多亡命山澤監軍使疑城中僧千餘人皆其黨欲誅之居正以計緩其事後擒賊帥汪端詰之僧果不與悉得全活

韓通少應募以勇力聞顯德二年河北大兵之後遺骸滿野通悉令收瘞爲萬人塚命記室賈湘刻石紀事立于無極縣

宋準所至皆有治聲盧多遜貶李穆坐同門生免左右無敢言者準因盛言穆長者有檢操嘗惡多遜專恣固非其黨也太宗悟遂復穆官

曹侍中彬北征之失律也趙昌言請行軍法及昌言自延安還因

事被劾未得入見彬在近密爲上請乃許朝謁
馬知節樞密知秦州州管質羌酋二十人屬殆逾二紀知節曰此亦人也豈不懷土悉遣還蕃落感其惠訖授代無敢犯塞者
何承矩繼筠之子太平興國五年知河南府時兩川綱運皆調丁男或囚之在道病亦令負擔承矩以爲疲民橫役悉奏令還之
謝德權咸平中凶人劉燁僧澄雅訟執政與許州民陰結西戎爲叛者詔溫仲舒謝泌鞫問令德權監之既而按驗無狀泌奏追大臣下獄乃可其奏德權曰泌欲陷大臣耶若大臣無罪受辱則人君何以御臣下臣何以事人君仲舒曰德權所奏者善乃可之
趙忠獻公普令親吏關隴市木治第親吏因而私販三司使趙玭潛白太祖太祖召普與玭面質玭大言普販木太祖大怒追班將逐普詔問太子太師王溥等普得何罪溥奏趙玭大誣枉大臣太祖意解因令扶出玭貶爲汝州牙校
喬惟岳陳洪進納土其子文顯爲泉州留守惟岳爲通判會盜起仙遊縣莆田縣百丈鎭衆十餘萬來攻城中兵三千監軍何承矩王文寶欲屠其城燔府庫而遁惟岳抗議以爲朝廷寄委今惠澤未布盜賊連結反欲屠城豈詔意哉未幾轉運使楊克讓以福州兵至賊圍遂解
高防初爲澶州防禦使張從恩判官有軍校段洪進盜官木造什物從恩怒欲殺之洪進紿云判官使爲之從恩問防防卽誣伏洪進免死乃以錢十千馬一疋遺防而遣之防別去終不自明既又以騎追復之歲餘從恩親信言防自誣以活人命從恩歎益加禮重
查道初赴舉貧不能上道親族裒錢三萬遺之道出滑州過父友呂翁家翁喪無以葬母兄將鬻其女以辦喪事道傾褚中錢悉與之又與嫁其女又嘗有營女爲人婢道贖之將女以嫁士族也

劉中丞溫叟性端厚方正動必由禮然以父名岳終身不聽絲竹人以太過爭繼母以孝聞雖盛暑非冠帶不敢見嘗令其子市藥藥有天靈蓋問此何從而產對以人骨卽愴然亟命致瘞于郊外一
李玉嘗客于滄州呂竟門下劉守光破滄州盡殺呂竟家竟子琦年十四玉負之以逃匄衣食以資之燕趙間以能存呂氏之孤推以爲義士淸泰中琦爲給事中端明殿學士時玉已卒乃薦其子度於知貢舉馬裔孫遂擢甲科
魏羽淳化中許王暴薨或有以宮府舊事上聞者太宗怒追捕僚吏將窮究之羽乘間言曰漢戾太子竊弄父兵當時言者以其罪當笞耳今許王之過未甚于是故被劾者皆獲輕典出范蜀公本朝蒙求
蔡卞章惇同事羅織遷謫元祐諸公卞率惇以奏乞發司馬光墓門下侍郎許將獨無言卞等退哲宗留將問曰卿不言何也將曰發人之墓非盛德事哲宗曰朕與卿同乃不從出邵伯溫辨誣錄
仁宗初蒞政問輔臣四方奏獄來上不知所以裁之如之何則可呂文靖公夷簡進曰凡奏獄必出于疑疑則從輕可也帝深以爲然故終仁宗之世疑獄一從于輕
魏仁浦丞相嘗以賈延徽譖幾遇禍總師出征有得延徽以獻者仁浦曰因兵戈報私怨不忍爲也人服其長者初事周世宗世宗卞急輕殺戮仁浦嘗救而免者十常七八從出征鋒鏑之下無橫死者
王文康公溥初周祖鎭蒲津召置幕府從征李守正王景崇得朝臣交結書周祖欲暴其事溥力請焚之後世宗嘗問漢相李崧蠟丸書結北虜有記其辭者否溥曰使崧有此肯以示人耶逢吉輩爲之爾世宗遂優贈其官
李文正公昉在相位循謹自守臨事多恕與張洎盧多遜善薄張泌上嘗問多遜昉頗爲辨釋上曰多遜嘗毀卿不値一文錢昉曰

臣不敢誣罷相張洎草詔深攻其短張泌時時造其第或問泌泌曰我爲廷尉獨李公未嘗以私事見干今雖退居可見

李濬父超爲禁卒從潘美掌刑刃美嗜殺戮超嘗緩之恕釋多全活者人以爲有隂德濬官至右司郎中樞密直學士

張司空齊賢前後治獄全活甚衆在相位事有涉干請辭連李沆而齊賢獨任其責物論甚美

王文穆公欽若判三司理欠憑由司奏蠲乾德至咸平逋負千餘萬釋繫囚三千餘人以廣惠澤

王沂公曾知審刑院初違制之法無故失率坐徒二年公請分故失非親被制書者止以失論上不說曰如是無復有違制者曾曰如陛下言亦無復有失者矣自是違制遂分故失

張文節公知白初參知政事爲宰相王欽若所排及知南京欽若謫分司南京衆謂必報之而知白待之加厚其在相位清約如寒士慎重名器人服其公

張文懿公士遜在相位陳堯佐罷參知政事有挾怨上言堯佐欲反復有諫官陰附宗室者遜置二奏上前且言儉言動搖朝廷若一開姦萌則臣亦不能自保矣上悟置告者于法諫官事亦寢

王章惠公隨知戎州人多畜遞卒或忤意則執以求賞故坐法者衆隨至下令能自歸者免仍隸舊籍多所全活

陳文忠公堯叟嘗爲廣西轉運使其俗有疾不服藥唯禱神堯叟以集驗方刻石桂州驛舍是後始有服藥者嶺外少林木井泉堯叟爲植木道旁鑿井置亭舍至今爲利性儉素事親至孝母馮性嚴堯叟未嘗忤其意

陳文惠公堯佐在樞府日太常博士陳詁知祥符縣以法繩吏吏悉逃去章獻太后怒事下樞密院詁連姻宰相呂夷簡欲因詁中傷夷簡堯佐以爲罪詁則奸人得計而能吏沮矣詁遂獲免

劉丞相沆曾祖景洪事楊行密爲江西牙將有彭玕者據州稱太宗脅景洪附洪面僞許之復以州歸行密遂不仕嘗謂人曰我不從彭玕當活萬餘人後必有隆者因名所居山曰後隆山山有唐牛僧孺讀書堂故基卽其上築臺曰聰明臺沆母夢牛相公來而生沆

賈文公昌朝爲中丞劉平石元孫陷西虜或誣以降議收其族昌朝言事未可知乃不果收及在相位元孫自西夏歸議賜死昌朝獨曰自古將帥被執歸不死元孫得不死判大名府河決商胡中書議歸之六塔昌朝力爭之不已其後河果不止塞振救瀕河水災之民全活甚衆

王化基爲御史中丞知樞密院柴禹錫僕受人金參知政事陳恕喻令及禹錫實不知一日引囚詣便殿上頗怒化基降殿令囚袒

以見箠掠且遍曰豈有受此而隱情不言太宗益以爲長者知杭州書記張賀頗傲忽之太宗知而面詢化基第薦其才語不及他居官俸多施及親舊

韓忠憲公億性方重有守治家嚴肅雖燕居未嘗見其惰容益州故事歲首官出米六萬石或五六倍之以濟貧民億知州常歲儉乃數倍賑之

李參政若谷在政府言轉運使提點刑獄失按所部官受贓類降差遣且監司所部甚廣巡按不過留三二日蓋未能遍察也苟州郡密發一贓吏先聞朝廷則監司不可勝黜自是詔轉運使提點刑獄再不覺察部內官受贓則降黜之

程文簡公琳知永興元昊死諒祚尚幼以三大將分治其國或謂因各授三將節度使以分弱其勢琳曰幸人之喪非所以示夷狄不如因而撫之

吳節使元辰知河南嘗值河溢城將壞躬涉泥濘督工塞民有避水于林杪者既濟以舟楫又以家財賑之時數郡被水患獨元辰所部民無墊溺

曹郡王彬敬慎和厚未嘗言人過失平蜀還太祖詢官吏善否對曰軍政之外非臣所聞時諸將皆欲屠城殺降彬獨仁恕而戢下所至悅服時諸將多有子女金帛彬橐中惟圖書衣衾而已故諸將俱貶而彬獨進及擢征江南亦緩攻取數遣開諭亦冀其降雖以城陷猶納歸欵僞朝君臣賴以獲免自出師至凱旋士衆畏服無輕肆者居朝俸入給宗族無餘積

王樞密博文天僖四年詔按朱能王先僞乾祐天書事連逮者衆唯治首惡脅從者請皆得減死論沿邊軍民逃入蕃部擒至者有錦袍銀帶茶綵之賞間有自歸而爲蕃部所得亦不能免法皆處斬博文遺習事者持信紙密招之至則驗而貸其罪減誅死者甚衆詔加褒諭仍推行其法于諸邊郡

王忠簡公疇博文之子也至和初爲開封府判官宦者李允良疑人毒死其叔父訴請發棺驗視疇獨曰驗而無實是無故暴人尸此安知非允良有姦既而窮治果引伏與叔家有怨

張文孝公觀爲人寬厚長者京東路舊止通安邑鹽而瀕海禁私煑觀知鄆州兼京東西路安撫使請弛其禁歲免黥配者不可勝計

夏英公竦知襄州歲飢發公廩募富人出粟嘗全活數萬人賜詔褒諭

田樞密況知成都府事自李順王均之亂蜀守皆得便宜從事雖或小罪并其家內徙流離道路失所者頗衆況察其非有甚惡釋之

包孝肅公拯爲御史言諸路轉運使加按察使之名以苛察相尚

奏劾官吏更倍于前皆摭細故使吏不自安詔爲罷之知瀛州除放一路所負回易公使錢十餘萬仍奏諸州毋得回易公使錢遂爲著令少爲劉筠所知筠無子爲奏其族子爲後而請還其所沒田廬

戚密學綸篤于古學喜談名教父同文幼孤事祖母亦以孝聞從邑人楊慤受經慤隱居不仕而以女弟妻同文遇疾因託以家事同文爲葬其三世之未葬者遭世喪亂亦不復仕聚徒講學相繼登科者五六十人踐臺閣者亦至十數尚信義喜賙人急所與交皆當世之名士楊徽之因事至郡多所酬唱及卒徽之及其門人追號曰堅素先生

陳龍學從易天禧中坐失舉送宰相寇準素惡之遂除知吉州及準貶道州從易爲湖南轉運使或謂曰可忘廬陵之命耶準至從易以故相禮敬之言者爲慚

郭防禦瓊齊州歲飢出俸以濟之民多自鄰境至者郡人詣闕以言詔立碑出曾子固隆平集

林積南劍人少時入京師至蔡州息旅邸既臥覺床第間有物逆其背揭席視之見一布囊其中有錦囊又其中則錦囊實以北珠數百顆明日詢主人曰前夕何人宿此主人以告乃巨商也林語之曰此吾故人脫復至幸令來上庠相訪又揭其名于室曰某年月日劍南林積假館遂行商人至京師取珠欲貨則無有急沿故道處處物色之至蔡邸見其榜即還訪林于上庠林具以告曰元珠俱在然不可但取可投牒府中當悉以歸商如其教林詣府盡以珠授商府尹使中分之商曰固所願林不受曰使積欲之前日已爲已有矣秋毫無所取商不能強以數百千就佛寺作大齋爲林君祈福林後登科至中大夫生子字德新爲吏部侍郎出洪景盧夷堅志

潭州彭子民隨董必察訪廣西時蘇子瞻在儋州董至雷議遣人

過僭彭顧黃涕泣不可曰人家各有子孫董遂感悟止遣一小使臣過僭但有遂出官舍之事

沙門島舊制有定額過額則取一人投之海中馬默處厚知登州建言朝廷既貸其生矣卽投諸海中非朝廷之本意今後溢額乞選年深自至配所不作過人移登州神宗深然之卽詔可著以爲定式未幾馬方坐堂上忽昏困如夢寐中見一人乘空來如世間所畫符使也左右挾一男一女至馬前大呼曰我自東嶽來聖帝有命奉天符馬默本無嗣以移沙門島罪人事上帝特命賜男女各一人遂覺二童乘黃雲而去馬驚起與左右卒隸見黃雲東去後生男女二人馬親語予如此

張文懿罷相由范文正攻彈也文懿復相一日仁宗語文懿曰范仲淹嘗有疏乞廢朕可施行之文懿曰仲淹法當誅然不見章疏乞付外施行上曰未嘗見其疏但比有爲朕言者且議其罪文懿

曰其罪大無他法無文案卽不可行望陛下訪之凡數日則一請其疏月餘凡十數請上曰竟未見之然爲朕言者多矣可從末減曰人臣而欲廢君無輕典既無明文則不可以空言加罪上意解卽曰仲淹在外初似疑今既無疑可稍遷之以慰其心上深然之

寇忠愍知永興軍于其誕日排設如聖節儀晚衣黃道服簪花走馬承受具奏寇準有叛心眞宗驚手出奏示執政曰寇準乃反耶范文正公熟視笑曰寇準許大年紀尙騃耳可劄與寇準知上意亦解

李和文都尉好士一日召從官呼左右軍官妓置會夜午臺官論之楊文公以告王文正文正不答退以紅箋書小詩以遺和文且以不得預會爲恨明日眞宗出章疏文正曰臣嘗知之亦遺其詩恨不得往也太平無象此其象乎上意遂解

王和甫嘗言蘇子瞻在黃州上數欲用之王禹玉輒曰軾嘗有此心惟有蟄龍知之句陛下龍飛在天而不敬乃反欲求蟄龍乎章子厚曰龍者非獨人君人臣皆可以言龍也上曰自古稱龍者多矣如荀氏八龍孔明臥龍豈人君也及退子厚詰之曰相公乃欲覆人家族耶禹玉曰此舒亶言爾子厚曰亶之唾亦可食乎

晁文元迥嘗言歷官行事未嘗挾情害人危人售進保全固護如免髮膚之傷（以上出王定國近錄雜記攟錄）

公言李相沆秉鈞日有狂生扣馬獻書歷詆其短李遜謝曰俟歸家當得詳覽狂生遂發詢怒隨公馬後肆言曰居大位不能康濟天下又不能引退久妨賢路寧不愧于心乎公但于馬上躬踖再三曰屢求退以主上未賜允終無忤色公嘗言以帷簿之罪加于人最爲暗昧萬一非辜則令終身被其惡名至使君臣父子之間難施面目言之得無忍乎

公言呂申公奏請天下獄有情可疑及情理可憫者皆取敕裁今

爲著令使其子孫昌盛宜矣公曰一隮覗聽察之間有可以和難解紛者不得不爲仰福祖考下芘子孫未必不由乖方便之力也某當書諸紳（以上出[illegible]獻簡公佚[illegible]）

華陰呂君舉進士聘里中女行既中第婦家言曰吾女故無疾既聘而後盲敢辭呂君曰既聘而後盲君不爲欺又何辭遂娶之生五男皆中進士第其一人爲丞相汲公是也（陳無已談叢）

神宗慶曆時淮南王倫者嘯聚其黨頗擾郡縣承平日久守令或有弃城而出者事定朝廷議功罪富鄭公在樞密凡弃城者請論如法范文正參預大政爭以爲不可今淮南郡縣徒有名耳其城壁非如邊塞難責城守神宗又容德寬仁故弃城者得以減死論既退鄭公忽謂文正曰六丈當欲作佛耶范公曰主上富于春秋吾輩輔導當以德若使人主輕于殺人吾輩亦不得容矣鄭公嘆服

閩人生子多者至第四子率皆不舉爲其資產不足以贍也若女則不待三往往臨產以器貯水纔產卽溺之謂之洗兒建劍尤甚四明俞偉仲寬宰劍之順昌作戒殺子文召諸鄉父老爲人所信服者列坐廡下以俸置醪醴親酌而侑之出其文使歸諭勸其鄉人無得殺子歲月間活者以千計故生子多以俞爲小字轉運判官曹輔上其事朝廷嘉之就改仲寬一官仍令再任復爲立法推行一路後予奉使于閩與仲寬爲婚家法當避仲寬罷去予嘗至其邑聞仲寬因被差他郡還邑有小兒數百迎于郊雖古循吏蓋未之有也偉有戒殺文甚詳行于世

應山二連伯氏庶字君錫仲氏庠字元禮少從學于二宋相繼登科君錫爲人淸修孤潔故當官人號爲連底淸元禮加以肅人號爲連底凍其父處士名舜賓字輔之爲鄉里悅服歲飢出穀萬斛損價以糶之惠及傍邑有盜其牛者官捕甚急窮自歸處士愧謝

厚遺以遣之故歐陽文忠公表其墓具述其事二宋謂元憲景文

鄭屯田建中其先本雍人五季時徙家安陸貲鏹鉅萬城中居人多舍客也每大雨過則載瓦以行間有屋漏則補之若舍客自爲之屋亦爲繕完又隆冬苦寒蠲舍緡仍日屯田公晚得一子卽侍郎公紓也登進士第官至祠曹前行職爲理寺少列侍郎有五子長曰彌中皇祐元年登第至朝奉大夫次卽侍讀公穀夫也皇祐五年魁天下士三子與孫皆任次官不繇選調世祿不絕陰施之報蓋不誣矣 以上出王彥輔麈史

說郛卷第九十四終

說郛卷第九十五

志林 一卷

宋蘇軾 眉山人

武王克殷以殷遺民封紂子武庚祿父使其弟管叔鮮蔡叔度相祿父治殷武王崩祿父與管蔡作亂成王命周公誅之而立微子于宋蘇子曰武王非聖人也昔孔子蓋罪湯武顧自以爲殷之子孫而周人也故不敢然數致意焉曰大哉巍巍乎堯舜也禹吾無間然其不足于湯武亦明矣曰武盡美矣未盡善也又曰三分天下有其二以服事殷周之德其可謂至德也已伯夷叔齊之于武王也蓋謂之弑君至恥之不食其粟而孔子予之其罪武王也甚矣此孔氏之家法也世之君子苟自孔氏必守此法國之存亡民之死生將于是乎在其孰敢不嚴而孟軻始亂之曰吾聞武王誅獨夫紂未聞弑君也自是學者以湯武爲聖人之正若當然者皆

孔氏之罪人也使當時有良史如董狐者南巢之事必以叛書牧野之事必以弑書而湯武仁人也必將爲法受惡周公作無逸曰殷王中宗高宗祖甲及我周文王茲四人迪哲上不及湯下不及武王亦以是哉文王之時諸侯不求而自至是以受命稱王行天子之事周之王不王不計紂之存亡也使文王在必不伐紂紂不見伐而以考終或死于亂殷人立君以事周爲二王後以祀殷君臣之道豈不兩全也哉武王觀兵于孟津而歸紂若改過否則殷人改立君武王之待殷亦若是而已矣天下無王有聖人者出而天下歸之聖人所以不得辭也而以兵取之而放之而殺之可乎漢末大亂豪傑並起荀文若聖人之徒也以爲非曹操莫與定海內故起而佐之所以與操謀者皆王者之事也文若豈教操反者哉以仁義救天下天下既平神器自至將不得已而受之不至不取也此文王之道文若之心也及操謀九錫則文若死之吾故以

文若爲聖人之徒以其才似張子房而道似伯夷也殺其父封其子其子非人也則可使其子而果人也則必死之楚人殺令尹子南子南之子弃疾爲王馭士王泣而告之既殺子南其徒曰行乎曰吾與殺吾父行將焉入然則臣王乎曰弃父事仇吾不忍也遂縊而死武王親以黃鉞誅紂使武庚受封而不叛豈人也哉故武庚之必叛不待智者而後知也武王之封蓋不得已耳殷有天下六百年賢聖之君六七作紂雖無道其故家遺俗未盡泯也三分有二殷不伐周而周伐之誅其君夷其社稷諸侯必有不悅者故封武庚以慰之此豈武王之意哉故曰武王非聖人也

太史公曰學者皆稱周伐紂居洛邑其實不然武王營之成王使召公卜居九鼎而周復都豐鎬至犬戎敗幽王周乃東徙于洛蘇子曰周之失計未有如東遷之繆者也自平王至于亡非有大無道者也髭王之神聖諸侯服享然終以不振則東遷之過也昔武

王克商遷九鼎于洛邑成王復增營之周公既沒蓋君陳畢公更居焉以重王室而已非有意于遷也周公欲葬成周而成王葬之畢此豈有意于遷哉今富民之家所以遺子孫者田宅而已不幸而有敗至于乞假以生可也然終不可議田宅今平王舉文武成康之業而大棄之此一敗而鬻田宅者也夏商之王皆五六百年其先王之德無以過周而後王之敗亦不減幽厲然至于桀紂而後亡其未亡也天下宗之不如東周之名存而實亡也是何也不鬻田宅之效也盤庚之遷也復殷之舊也古公之遷于岐方是時周人如狄人也逐水草而居豈所難哉衛文公東徙渡河恃齊而存耳齊遷臨淄晉遷于絳于新田皆其盛時非有所畏也其餘避寇而遷都未有不亡雖不亡未有能復振者也春秋時楚大飢羣蠻叛之申息之北門不啓楚人謀徙于阪高蔿賈曰不可我能往寇亦能往于是乎以秦人巴人滅庸而楚始大蘇峻之亂晉幾亡矣宗廟宮室盡爲灰燼溫嶠欲遷都豫章三吳之豪欲遷會稽將從之矣獨王導不可曰金陵王者之都也王者不以豐儉移都若弘衛文大帛之冠何適而不可不然雖樂土爲墟矣且北寇方強一旦示弱竄于蠻越望實皆喪矣乃不果遷而晉復安賢哉導也可謂能定大事矣嗟夫平王之初周雖不及楚之強顧不愈于東晉之微乎使平王有一王導定不遷之計收豐鄗之遺民修文武成康之政以形勢臨東諸侯齊晉雖強未敢二也而秦何自伯哉魏惠王畏秦遷于大梁楚昭王畏吳遷于都頃襄王畏秦遷于陳考烈王畏秦遷于壽春皆不復振有亡徵焉東漢之末董卓劫帝遷于長安漢遂以亡近世李景遷于豫章亦亡故曰周之失計未有如東遷之繆者也

秦始皇帝十八年取韓二十二年取魏二十五年取趙取楚二十六年取燕取齊初并天下蘇子曰秦并天下非有道也特巧耳非

幸也然吾以爲巧于取齊而拙于取楚其不敗于楚者幸也烏乎秦之巧亦創智伯而已韓魏肘足接而智伯死秦知創智伯而諸侯終不知師魏韓秦并天下不亦宜乎齊湣王死法章立君王后佐之秦猶伐齊也法章死王建立六年而秦攻趙齊楚救之趙乏食請粟于齊而不予秦遂圍邯鄲幾亡趙趙雖未亡而齊之亡形成矣秦人知之故不加兵于齊者四十餘年夫以法章之才而秦伐之建之不才而秦不伐何也太史公曰君王后事秦謹故不被兵夫秦欲并天下耳豈以謹故置齊也哉吾故曰巧于取齊者所以慰齊之心而解三晉之交也齊秦不兩立秦未嘗須臾忘齊也而四十餘年不加兵者豈其情乎齊人不悟而與秦合故秦得以其間取三晉三晉亡齊蓋岌岌矣方是時猶有楚與燕也三國合猶足以拒秦夫出兵伐楚伐燕而齊不救故二國亡而齊亦虜不閱歲如晉取虞虢也可不謂巧乎二國既滅齊乃發兵守西界不

通秦使烏乎亦晚矣秦初遣李信以二十萬人取楚不克乃使王翦以六十萬攻之盡空國而戰也使齊有中主具臣知亡之無日而掃境以伐秦以久安之齊而入厭兵空虛之秦覆秦如反掌也吾故曰拙于取楚然則奈何曰古之取國者必有數如取齠齒也必有漸故齒脫而兒不知今秦易楚以爲是齠齒也可拔遂抉其口一拔而取之兒必傷吾指必齧故秦之不亡者幸也非數也吳爲三軍迭出以肄楚出三年而入郢晉之平吳隋之平陳皆是物也惟苻堅不然使堅知出此以百倍之衆爲迭出之計雖韓白不能支而況謝玄牢之之流乎吾以是知二秦之一律也始皇幸勝而堅不幸耳

秦初并天下丞相綰等言燕齊荊地遠不置王無以鎮之請立諸子始皇下其議羣臣皆以爲便廷尉斯曰周文武所封子弟同姓甚衆然後屬疏遠相攻擊如仇讎諸侯更相誅伐天子勿能禁止

今海內賴陛下神靈一統皆爲郡縣諸子功臣以公賦稅重賞賜之甚足易制天下無異意則安寧之術也置諸侯不便始皇曰天下共苦戰鬬不休以有侯王賴宗廟天下初定又復立國是樹兵也求其寧息豈不難哉廷尉議是分天下爲三十六郡郡置守尉監蘇子曰聖人不能爲時亦不失時時非聖人之所能爲也能不失時而已三代之興諸侯無罪不可奪削因而君之雖欲罷侯置守可得乎此所謂不能爲時者也周衰諸侯相并齊晉秦楚皆千餘里其勢足以建侯樹屏至于七國皆稱王行天子之事然終不封諸侯不立強家世卿者以魯三桓晉六卿齊田氏爲戒也久矣世之畏諸侯之禍也非獨李斯始皇知之始皇既并天下分郡邑置守宰理固當然如冬裘夏葛時之所宜非人之私知獨見也所謂不失時者而學士大夫多非之漢高帝欲立六國後張子房以爲不可世未有非之者李斯之論與子房何異世特以成敗爲是非耳高帝聞子房之言吐哺罵酈生知諸侯之不可復明矣然卒王韓彭英盧豈獨高帝子房亦與焉故柳宗元曰封建非聖人意也勢也昔之論封建者曹元首陸機劉頌及唐太宗時魏徵李百藥顏師古其後有劉秩杜佑柳宗元宗元之論出而諸子之論廢矣雖聖人復起不能易也故吾取其說而附益之曰凡有血氣必爭爭必以利利莫大於封建封建者爭之端而亂之始也自書契以來臣弒其君子弒其父父子兄弟相賊殺有不出于襲封而爭位者乎自三代聖人以禮樂教化天下至刑措不用然終不能已簒弒之禍至漢以來君臣父子相賊虐者皆諸侯王子孫其餘卿大夫不世襲者蓋未嘗有也近世無復封建則此禍幾絕仁人君子忍復開之歟故吾以爲李斯始皇之言柳宗元之論當爲萬世法也

越既滅吳范蠡以爲句踐爲人長頸烏喙可與共患難不可與共

逸樂乃以其私徒屬浮海而行至于齊以書遺大夫種曰蜚鳥盡良弓藏狡兔死走狗烹子可以去矣蘇子曰范蠡知相其君而已以吾相蠡蠡亦烏喙也夫好貨天下賤士也以蠡之賢豈聚斂積財者何至耕于海濱父子力作以營千金屢散而復聚此何爲者哉豈非才有餘而道不足故功成名遂身退而心終不能自放者乎使句踐有大度能始終用蠡蠡亦非清淨無爲以老于越者也故曰蠡亦烏喙也魯仲連既退秦軍平原君欲封連以千金爲壽笑曰所貴于天下士者爲人排難解紛而無所取也即有取是商賈之事連不忍爲也遂去終身不復見逃隱于海上曰吾與富貴而詘于人寧貧賤而輕世肆志焉使范蠡之去如魯連則去聖人不遠矣嗚呼春秋以來用捨進退未有如蠡之全者而不足於此吾以是累嘆而深悲焉子胥種蠡皆人傑而揚雄曲士也欲以區區之學疵瑕此三人者以三諫不去鞭尸籍館爲子胥之罪以不

強諫句踐而棲之會稽爲種蠡之過雄聞古有三諫當去之説卽欲以律天下士豈不陋哉三諫而去爲人臣交淺者言也如宮之奇泄治乃可耳至于子胥吳之宗臣與國存亡者也去將安往哉百諫不聽繼之以死可也孔子去魯未嘗一諫又安用三父不受誅子復讐禮也生則斬首死則鞭尸發其至痛無所擇也是以昔之君子皆哀而恕之雄獨非人子乎至于籍館闔廬與羣臣之罪非子胥意也句踐困于會稽乃能用二子若先戰而強諫以死之則雄又當以子胥之罪罪之矣此皆兒童之見無足論者不忍三子之見誣故爲之言

魯定公十三年孔子言于公曰臣無藏甲大夫無百雉之城使仲由爲季氏宰將墮三都于是叔孫氏先墮郈季氏將墮費公山不狃叔孫輒率費人襲公公與三子入于季氏之宮孔子命申句須樂頎下伐之費人北二子奔齊遂墮費將墮成公斂處父以成叛公圍成勿克或曰殆哉孔子之爲政也亦危而難成矣孔融曰古者王畿千里寰內不封建諸侯曹操疑其論建漸廣遂殺融融特言之耳安能爲哉操以爲天子有千里之畿將不利己故殺之不旋踵季氏親逐昭公公死于外從公者皆不敢入雖子家羈亦亡季氏之忌克忮害如此雖地勢不及曹氏然君臣相猜蓋不減操也孔子安能以是時墮其名都而出其臧甲也哉考于春秋方是時三桓雖若不説然莫能違孔子也以爲孔子用事于魯得政與民而三桓畏之歟則季桓子之受女樂也孔子能却之矣彼婦之口可以出走是孔子畏季氏季氏不畏孔子也孔子蓋姑修其政刑以俟三桓之隙也哉蘇子曰此孔子之所以聖也蓋田氏六卿不服則齊晉無不亡之道三桓不臣則無可治之理孔子之用于世其政無急于此者矣彼晏嬰者亦知之曰田氏之僭惟禮可以已之在禮家施不及國大夫不收公利齊景公曰善哉吾今而後知禮之可以爲國也嬰能知之而莫能爲之嬰非不賢也其浩然之氣以直養而無害塞乎天地之間者不及孔孟也孔子以羈旅之臣得政期月而能舉治世之禮以律亡國之臣墮名都出藏甲而三桓不疑其害已此必有不言而信不怒而威者矣孔子之聖見于行事至此爲無疑也嬰之用于齊也久於孔子景公之信其臣也愈于定公而田氏之禍不少衰吾是以知孔子之難也孔子以哀公十六年卒十四年陳恆弒其君孔子沐浴而朝告于哀公曰請討之吾是以知孔子之欲治列國之君臣使如春秋之法者至于老且死而不忘也或曰孔子知哀公與三子之必不從而以禮告也歟曰否孔子實欲伐齊孔子既告哀公公曰魯爲齊弱久矣子之伐之將若何對曰陳恆弒其君民之不與者半以魯之衆加齊之半可克也此豈禮告而已哉哀公患三桓之逼嘗欲以越伐魯而去之夫以蠻夷伐國民不予也皐如出公之事斷可見矣

豈若從孔子而伐齊乎若從孔子而伐齊則凡所以勝齊之道孔子任之有餘矣既克田氏則魯之公室自張三桓不治而自服也此孔子之志也

商鞅用于秦變法定令行之十年秦民大説道不拾遺山無盜賊家給人足民勇于公戰怯于私鬭秦人富強天子致胙于孝公諸侯畢賀蘇子曰此皆戰國之游士邪説詭論而司馬遷闇于大道取以爲史吾嘗以爲遷有大罪二其先黃老後六經退處士進奸雄蓋其小小者耳所謂大罪二則論商鞅桑弘羊之功也自漢以來學者恥言商鞅桑弘羊而世主獨甘心焉皆陽諱其名而陰用其實甚者則名實皆宗之庶幾其成功此則司馬遷之罪也秦固天下之強國而孝公亦有志之君也修其政刑十年不爲聲色畋游之所敗雖微商鞅有不富強乎秦之所以富強者孝公務本力穡之效非鞅流血刻骨之功也而秦之所以見疾于民如豺虎毒

藥一夫作難而子孫無遺種則鞅實使之至于桑弘羊斗筲之才穿窬之智無足言者而遷稱之曰不加賦而上用足善乎司馬光之言也曰天下安有此理天地所生財貨百物止有此數不在民則在官譬如雨澤夏澇則秋旱不加賦而上用足不過設法陰奪民利其害甚于加賦也二子之名在天下者如蛆蠅糞穢也言之則汙口舌書之則汚簡牘二子之術用于世者滅國殘民覆族亡軀者相踵也而世主獨甘心焉何哉樂其言之便己也夫堯舜禹世主之父師也諫臣拂士世主之藥石也恭敬慈儉勤勞憂畏世主繩約也今使世主日臨父師而親藥石履繩約非其所樂也故爲商鞅桑弘羊之術者必先鄙堯笑舜而陋禹也曰所謂賢主專以天下適己而已此世主之所以人人甘心而不悟也世有食鍾乳烏喙而縱酒色以求長年者蓋始于何晏晏少而富貴故服寒食散以濟其欲無足怪者從其所爲足以殺身滅族者日相繼也

得死于寒食散豈不幸哉而吾獨何爲效之世之服寒食散疽背嘔血者相踵也用商鞅桑弘羊之術破國亡宗者皆是也然而終不悟者樂其言之便美而忘其禍之慘烈也

漢用陳平計間疏楚君臣項羽疑范增與漢有私稍奪其權增大怒曰天下事大定矣君王自爲之願賜骸骨歸卒伍歸未至彭城疽發背死蘇子曰增之去善矣不去羽必殺增獨恨其不早耳然則當以何事去增勸羽殺沛公羽不聽終以此失天下當於是去耶曰否增之欲殺沛公人臣之分也羽之不殺猶有君人之度也增曷爲以此去哉易曰知幾其神乎詩曰相彼雨雪先集維霰增之去當于羽殺卿子冠軍時也陳涉之得民也以項燕扶蘇項氏之興也以立楚懷王孫心而諸侯叛之也以弑義帝也且義帝之立增爲謀主矣義帝之存亡豈獨爲楚之盛衰亦增之所與同禍福也未有義帝亡而增獨能久存者也羽之殺卿子冠軍也是弑義帝之兆也其弑義帝則疑增之本心也豈必待陳平哉物必先腐也而後蟲生之人必先疑也而後讒入之陳平雖智安能間無疑之主哉吾嘗論義帝天下之賢主也獨遣沛公入關而不遣項羽識卿子冠軍于稠人之中而擢以爲上將不賢而能如是乎羽既矯殺卿子冠軍義帝意必不能堪非羽弑帝則帝殺羽不待智者而後知也增始勸項梁立義帝諸侯以此服從中道而弑之非增之意也夫豈獨非其意將必力爭而不聽也不用其言而殺其所立羽之疑增必自是始矣方羽殺卿子冠軍增與羽比肩而事義帝君臣之分未定也爲增計者力能誅羽則誅之不能則去之豈不毅然大丈夫也哉增年已七十合則留不合則去不以此時明去就之分而欲依羽以成功陋矣雖然增高帝之所畏也增不去項羽不亡嗚呼增亦人傑也哉

春秋之末至于戰國諸侯卿相皆爭養士自謀夫說客談天雕龍

堅白同異之流下至擊劍扛鼎雞鳴狗盜之徒莫不賓禮靡衣玉食以館于上者何可勝數越王勾踐有君子六千人魏無忌齊田文趙勝黃歇呂不韋皆有客三千人而田文招致任俠姦人六萬家于薛齊稷下談者亦千人魏文侯燕昭王太子丹皆致客無數下至秦漢之間張耳陳餘號多士賓客厮養皆天下豪傑而田橫亦有士五百人其略見于傳記者如此度其餘當倍官吏而半農夫也此皆姦民蠹國者民何以支而國何以堪乎蘇子曰此先王之所不能免也國之有姦也猶鳥獸之有鷙猛昆蟲之有毒螫也區處條理使各安其處則有之矣鋤而盡去之則無是道也吾考之世變知六國之所以久存而秦之所以速亡者蓋出于此不可不察也夫智勇辯力此四者皆天民之秀傑者也類不能惡衣食以養人皆役人以自養者也故先王分天下之貴富與此四者共之此四者不失職則民靖矣四者雖異先王因俗設法使出于一

三代以上出于學戰國至秦出于客漢以後出于郡縣吏魏晉以來出于九品中正隋唐至今出于科舉雖不盡然取其多者論之六國之君虐用其民不減始皇二世然當是時百姓無一人叛者以凡民之秀傑者多以客養之不失職也其力耕以奉上皆椎魯無能爲者雖欲怨叛而莫爲之先此其所以少安而不即亡也始皇初欲逐客用李斯之言而止既幷天下則以客爲無用于是任法而不任人謂民可以恃法而治謂吏不必才取能守吾法而已故墮名城殺豪傑民之秀異者散而歸田畝向之食于四公子呂不韋之徒者皆安歸哉不知其能槁項黃馘以老死于布褐乎抑將輟耕太息以俟時也秦之亂雖成于二世然使始皇知畏此四人者有以處之使不失職秦之亡不至若是速也縱百萬虎狼于山林而飢渇之不知其將噬人世以始皇爲智吾不信也楚漢之禍生民盡矣豪傑宜無幾而代相陳豨從車千乘蕭曹爲政莫之禁也至文景武之世法令至密然吳濞淮南梁王魏其武安之流皆爭致賓客世主不問也豈懲秦之禍以爲爵祿不能盡縻天下士故少寬之使得或出于此也耶若夫先王之政則不然曰君子學道則愛人小人學道則易使也烏呼此豈秦漢之所及也哉

秦始皇帝時趙高有罪蒙毅案之當死始皇赦而用之長子扶蘇好直諫上怒使北監蒙恬兵于上郡始皇東游會稽並海走瑯琊少子胡亥李斯蒙毅趙高從道病使蒙毅還禱山川未反而上崩李斯趙高矯詔立胡亥殺扶蘇蒙恬蒙毅卒以亡秦蘇子曰始皇制天下輕重之勢使內外相形以禁姦備亂者可謂密矣蒙恬將三十萬人威振北方扶蘇監其軍而蒙毅侍帷幄爲謀臣雖有大姦賊敢睥睨其間哉不幸道病禱祠山川尚有人也而遣蒙毅故高斯得成其謀始皇之遺毅毅見始皇病太子未立而去左右皆不可以言智然天之亡人國其禍敗必出于智所不及聖人爲天下不恃智以防亂恃吾無致亂之道耳始皇致亂之道在用趙高夫閹宦之患如毒藥猛獸未有不裂肝碎膽者也自書契以來惟東漢呂強後唐張承業二人號稱善良豈可望一二于千萬以致必亡之禍哉然世主皆甘心而不悔如漢桓靈唐肅代猶不足深怪始皇漢宣皆英主亦湛于趙高恭顯之禍彼自以爲聰明人傑也奴僕熏腐之餘何能爲及其亡國亂朝乃與庸主不異吾故表而出之以戒後世人主如始皇漢宣者或曰李斯佐始皇定天下不可謂不智扶蘇親始皇子秦人戴之久矣陳勝假其名猶足以亂天下而蒙恬持重兵在外使二人不即受誅而復請之則斯高無遺類矣以斯之智而不慮此何哉蘇子曰烏呼秦之失道有自來矣豈獨始皇之罪自商鞅變法以殊死爲輕典以參夷爲常法人臣狼顧脅息以得死爲幸何暇復請方其法之行也求無不獲禁無不止鞅自以爲軼堯舜而駕湯武矣及其出亡而無所舍然後知爲法之弊夫豈獨鞅悔之秦亦悔之矣荆軻之變持兵者熟視始皇環柱而走莫之救者以秦法重故也李斯之立胡亥不復忌二人者知威令之素行而臣子不敢復請也二人之不敢復請亦知始皇之鷙悍而不可回也豈料其僞也哉周公曰平易近民民必歸之孔子曰有一言而可以終身行之其恕矣乎夫以忠恕爲心而以平易爲政則上易知而下易達雖有賣國之奸無所投其隙倉卒之變無自發焉然其令行禁止蓋有不及商鞅者矣而聖人終不以此易彼商鞅立信于徙木立威于棄灰刑其親戚師傅積威信之極以及始皇秦人視其君如雷電鬼神不可測也古者公族有罪三宥然後制刑今至使人矯殺其太子而不忌太子亦不敢請則威信之過故也夫以法毒天下者未有不反中其身及其子孫者也漢武與始皇皆果于殺者也故其子如扶蘇之仁則寧死而不請如戾太子之悍則寧反而不訴知訴之必不察也

戾太子豈欲反者哉計出于無聊也故爲二君之子者有死于反而已李斯之智蓋足以知扶蘇之必不反也吾又表而出之以戒後世人主之果于殺者

魯隱公元年不書卽位攝也公子翬請殺桓公公曰爲其少故也吾將授之矣使營菟裘吾將老焉翬懼反譖公于桓而使賊殺公歐陽子曰隱公非攝也使隱而果攝也則春秋不書爲公春秋書爲公則隱非攝無疑也蘇子曰非也春秋信史也隱攝而桓弑著于史也詳矣周公攝而克復子者也以周公薨故不稱王隱公攝而不克復子者也以魯公薨故稱公史有謚國有廟春秋獨得不稱公乎然則隱公之攝也禮與曰禮也何自聞之曰聞之孔子曾子問曰君薨而世子未生如之何孔子曰卿大夫士從攝主北面于西階南何謂攝主曰古者天子諸侯卿大夫之世子未生而死則其弟若兄弟之子次當立者爲攝主子生而女也則攝主立男也則攝主退此之謂攝主古之人有爲之者季康子是也季桓子且死命其臣正常曰南孺子之子男也則以告而立之女也則肥也可桓子卒康子卽位既葬桓子南氏生男正常載以如朝告曰夫子有遺言命其圉臣曰南氏生男則以告於君與大夫而立之今生矣男也敢告康子請退康子之謂攝主古之道也孔子行之自秦漢以來不修是禮也而以母后攝孔子曰惟女子與小人爲難養也使預聞外事且不可牝雞之晨惟家之索而况可使攝位而臨天下乎女子爲政而國安惟齊之君王后吾宋之曹高向也蓋亦千一矣自東漢馬鄧不能無譏而漢呂后魏胡武靈唐武氏之流蓋不勝其亂王莽楊堅遂因以易姓由此觀之豈若攝主之庶幾乎使母后而可信也攝主亦可信也若均之不可信則攝主取之猶吾先君之子孫也不猶愈于異姓之取哉或曰君薨百官總己以聽于冢宰三年安用攝主曰非此之謂也嗣天子長矣宅

憂而未出令則以禮設冢宰若太子未生生而弱未能君也則三代之禮孔子之學決不以天下付異姓其付之攝主也夫豈非禮而周公行之歟故隱公亦攝也鄭玄儒之陋者也其傳攝主也曰上卿代君聽政者也使子生而女則上卿豈繼世者乎蘇子曰攝主先王之令典孔子之法言也而世不知習見母后之攝也而以爲當然故吾不可不論以待後之君子

公子翬請殺桓公以求太宰隱公曰爲其少故也吾將授之矣使營菟裘吾將老焉翬懼反譖公于桓公而弑之蘇子曰盜以兵擬人人必殺之夫豈獨其所擬塗之人皆捕繫之塗之人與盜非仇也以爲不繫則盜且并殺己也隱公之智曾不若是塗人也哀哉隱公惠公繼室之子也其爲非嫡與桓均耳而長于桓隱公追先君之志而授國焉可不謂仁人乎惜乎其不敏于智也使隱公誅翬而讓桓雖夷齊何以尚茲驪姬欲殺申生而難里克則施優來之二世欲殺扶蘇而難李斯則趙高來之此二人之智若出一人而其受禍亦不少異里克不免于惠公之誅李斯不免于二世之戮皆無足哀者吾獨表而出之爲世戒君子之爲仁義也非有計于利害然君子之所爲義利常兼而小人反是李斯聽趙高之謀非其本意獨畏蒙氏之奪其位故勉而聽高使斯聞高之言卽召百官陳六師而斬之其德于扶蘇豈有既乎何蒙氏之足憂釋此不爲而具五刑于市非下愚而何嗚呼亂臣賊子猶蝮蛇也其所螫草木猶足以殺人况其所噬齧者歟鄭小同爲高貴鄉公侍中常詣司馬師師有密疏未屏也如廁還問小同見吾疏乎曰不見師曰寧我負卿無卿負我遂酖之王允之從王敦夜飲辭醉先寢敦與錢鳳謀逆允之已醒悉聞其言慮敦疑己遂大吐衣面皆汙敦果照視之見允之臥吐中乃已哀哉小同殆哉岌岌乎允之也孔子曰危邦不入亂邦不居有以也夫吾讀史得魯隱公晉里克

秦李斯鄭小同王允之五人感其所遇禍福如此故特書其事後有君子可以覽觀焉

鄭子華言于齊桓公請去三族而以鄭爲内臣公將許之管仲不可公曰諸侯有討于鄭未捷苟有釁從之不亦可乎管仲曰君若綏之以德加之以訓辭而率諸侯以討鄭鄭將覆亡之不暇豈敢不懼若總其罪人以臨之鄭有辭矣公辭子華鄭伯乃受盟蘇子曰大哉管仲之相桓公也辭子華之請而不違曹沫之盟皆盛德之事也齊可以王矣恨其不學道不自誠意正身以刑其國使家有三歸之病而國有六嬖之禍故桓公不王而孔子小之然其予之也亦至矣曰桓公九合諸侯不以兵車管仲之力也如其仁如其仁曰仲尼之徒無道桓文之事者孟子蓋過矣吾讀春秋以下史而得七人焉皆盛德之事可以爲萬世法又得八人焉皆反是可以爲萬世戒故具論之太公之治齊也舉賢而尚功周公曰後

世必有篡弑之臣天下誦之齊其知之矣田敬仲之始生也周史筮之其奔齊也齊懿氏卜之皆知其當有齊國也篡弑之疑蓋萃于敬仲矣然桓公管仲不以是廢之乃欲以爲卿非盛德能如此乎故吾以爲楚成王知晉之必伯而不殺重耳漢高祖知東南之必亂而不殺吳王濞晉武帝聞齊王攸之言而不殺劉元海苻堅執兵之際信王猛之言而不殺慕容垂唐明皇用張九齡而不殺安祿山皆盛德之事也而世之論者則以爲此七人者皆失于不殺以啓亂吾以爲不然七人者皆自有以致敗亡非不殺之過也齊景公不繁刑重賦雖有田氏齊不可取楚成王不用子玉雖有晉文兵不敗漢景帝不害吳太子不用晁錯雖有吳王濞無自發晉武帝不立孝惠雖有劉元海不能亂苻堅不貪江左雖有慕容垂不能叛明皇不用李林甫楊國忠雖有安祿山亦何能爲秦之由余漢之金日磾唐之李光弼渾瑊之流皆蕃種也何負于中國哉而獨殺元海祿山乎且夫自今而言之則元海祿山死有餘罪自當時而言之則不免爲殺無罪豈有天子殺無罪而不得罪于天者上失其道途之人皆敵國也天下豪傑其可勝既乎漢景帝以鞅鞅而殺周亞夫曹操以名重而殺孔融晉武帝以臥龍而殺嵇康晉景帝亦以名重而殺夏侯玄宋明帝以族大而殺王彧齊後主以謠言而殺斛律光唐太宗以讖而殺李君羡武后以謠言而殺裴炎世皆以爲非也此八人者當時之慮豈非憂國備亂與憂元海祿山者同乎久矣世之以成敗爲是非也故夫嗜殺人者必有鄧侯不殺楚子爲口實以鄧之微無故殺大國之君使楚人舉國備亂如服藥養生者不過愼起居飲食節聲色而已節愼在未病之前而服藥在已病之後今吾憂寒疾而先服烏喙憂熱疾而先服甘遂則病未作而藥殺人亦必矣彼八人者皆未病而服藥者也

白虎通德論

漢班固 扶風人

五祀　五祀者何謂也謂門戸井竈中霤也所以祭何人之所處出入所飲食爲神而祭之何以知五祀謂門戸井竈中霤也月令曰其祀戸又曰其祀竈其祀中霤其祀門其祀井獨大夫已上得祭之何士者位卑祿微但祭其先祖耳禮曰天子祭天地諸侯祭山川卿大夫祭五祀士祭其祖曲禮曰天地四時山川五祀歲遍諸侯方祀山川五祀歲遍卿大夫祭五祀士祭其先非所當祭而祭之名曰淫祀淫祀無福祭五祀所以歲一遍何順五行也故春即祭戸戸人所出入春亦萬物始觸戸而出也夏祭竈竈者火之主人所以自養也夏亦火王長養萬物秋祭門門以閉藏自固也秋亦萬物成熟内備自守也冬祭井井者水之主藏行地中冬亦水王萬物伏藏六月祭中霤中霤者象土在中央也六月亦土王也故月令春言其祀戸祭先脾夏言其祀竈祭先肺秋言其祀門祭

先肝冬言其祀井祭先腎中央言其祀中霤祭先心春祀戶祭祀所以時先脾者何脾者土也春水王煞土故以所勝祭之也是冬腎六月心非所勝也亦祭何以爲土位在中央至尊故祭以心心者藏之尊者水最卑不得食其所勝祭五祀天子諸侯以牛卿大夫以羊因四時牲也一說戶以羊竈以雞中霤以豚門以犬井以豕或曰中霤用牛餘不得用豚井以魚

社稷　王者所以有社稷何爲天下求福報功人非土不立非穀不食土地廣博不可徧敬也五穀衆多不可一一而祭也故封土立社示有上尊稷五穀之長故封稷而祭之也尚書曰乃社于新邑孝經曰保其社稷而後保其民人蓋諸侯之孝也稷者得陰陽中和之氣而用尤多故爲長也歲再祭何春求穀之義也故月令仲春之月擇元日以用事于社援神契曰仲秋穫禾報社祭稷以三牲何重功故也尚書曰乃社于新邑羊一牛一豕一王制曰天子社稷皆大牢諸侯社稷皆少牢宗廟俱大牢社稷獨少何宗廟大牢所以廣孝道也社稷爲報功諸侯一國所報者少故也王者諸侯俱兩社何俱有土之君禮記三正曰王者二社爲天下立社曰太社自爲立社曰王社諸侯爲百姓立社曰國社自爲立社曰侯社太社爲天下報功王社爲京師報功太社尊于王社土地久故而報之王者諸侯必有誡社何示有存亡也明爲善者得之惡者失之故春秋公羊傳曰亡國之社奄其上柴其下郊特牲曰喪國之社屋之自言與天地絕也在門東明自下之無事處也或曰皆當自誡當近君置宗廟之墻南禮曰亡國之社稷必以爲宗廟屏示賤之也社稷在中門之外外門之內何親而尊之與先祖同也不置中門內何敬之不褻瀆也論語曰譬諸宮墻不得其門而入不見宗廟之美百官之富祭義曰右社稷左宗廟大夫有民其有社稷者亦爲報功也禮祭法曰大夫成羣立社曰置社月令曰

擇元日命人社論語曰季路使子羔爲費宰曰有民人焉有社稷焉不謂之土何封土爲社故變名謂之社別于衆土也爲社立祀法謂之稷語亦自變有內外或曰至稷不以稷爲社故不變其名事因可知也不正月祭稷何禮不常存養人爲用故立其神社無屋何達天地氣故郊特牲曰太社稷必受霜露風雨以達天地之氣社稷所以有樹何尊而識之使民人望見而敬之又所以表功也故周官曰司社而樹之各以土地所宜木尚書亡篇曰太社唯松東社唯柏南社唯梓西社唯栗北社唯槐王者自親祭社稷何社者土地之神也土生萬物天下之所主也尊重之故自祭也其壇大如何春秋文義曰天子之社稷廣五丈諸侯半之其色如何春秋傳曰天子有太社焉東方青色西方白色北方黑色南方赤色上冒以黃土故將封東方諸侯青土苴以白茅謹敬潔清也祭社有樂樂記曰樂之施於金石絲竹越于聲音用之于宗廟社稷曾子問曰諸侯之祭社稷俎豆既陳聞天子崩如之何孔子曰廢臣子哀痛之不敢終于禮也

災變　天所以有災變何所以譴告人君覺悟其行欲令悔過修德深思慮也援神契曰行有玷缺氣逆于天情感變出以戒人也災異者何謂也春秋潛潭巴曰災之言傷也隨事而誅異之言怪先感動之也何以言災有哭也春秋曰新宮災三日哭傳曰必三日哭何禮也災三日哭所以然者宗廟先禮所處鬼神無形體曰今忽得天火得無爲災所中乎故哭也變者何謂變者非常也文耀嘉曰禹將受位天意大變迅風靡禾雷雨晝冥服乘者何謂衣服乍大乍小言語非常故尚書大傳曰時則有服乘也孽者何謂也曰介蟲生爲非常尚書大傳曰時則有介蟲之孽時則有龜孽堯遭洪水湯遭大旱示有譴告乎堯遭洪水湯遭大旱命運特然所以或災變或異何各隨其行因其事也霜之爲言亡也陽以散

亡雹之爲言合也陰氣專精積合爲雹日食者必殺之何陰侵陽也鼓用牲于社社者衆陰之主以朱絲縈之鳴鼓攻之以陽責陰也故春秋曰日食大水則鼓用牲于社所以必用牲者社地別神也尊之故不敢虚責也日食大水則鼓於用牲於社大旱則雩祭求雨非苟虚也邪陽責下求陰遂也月食救之者陰失明也故角尾交日月食救之者謂夫人擊鏡傳人擊杖庶人之妻楔搔

耕桑　王者之所以親耕后親桑何以率天下農蠶也天子親耕以供郊廟之祭后之親桑以供祭服祭義曰天子三推三公五推卿大夫士七推耕于東郊何東方少陽農事始起桑于西郊西方少陰女功所成故曾子問曰天子耕東田而三反之周官曰后親桑率内外婦蠶于北郊禮祭義曰古者天子諸侯必有公桑蠶室近外水爲之築周棘墻而外閉之者也

八風　風者何謂也風之爲言萌也養物成功所以象八卦陽立

于五極于九五九四十五日變變以爲風陰合陽以生風距冬至四十五日條風至條者正也四十五日明庶風至明庶者迎衆也四十五日清明風至清明者清芒也四十五日景風至景大風陽氣長養四十五日涼風至涼寒也行陰氣也四十五日昌盍風至戒收藏也四十五日不周風至不周者不交也陰陽未合化也四十五日廣莫風至廣莫者大也同陽氣也故曰條風至地暖明庶風至萬物產清明風至物形乾景風至棘造實涼風至黍禾乾昌盍風至生薺麥不周風至蟄蟲匿廣莫風至則萬物伏是以王者承順之條風至則出輕刑解稽留明庶風至則修封疆理田疇清明風至出幣帛使諸侯景風至則爵有德封有功涼風至報地德化四鄉昌盍風至則申象刑飾囷倉不周風至則築宮室修城廓廣莫風至則斷大辟行刑獄

商賈　商賈何謂也商之爲言商其遠邇度其有亡通四方之物故謂之商也賈之爲言固固其有用物以待民來以求其利者也行曰商坐曰賈易曰先王以至日閉關商旅不行后不省方論語曰沽之哉我待價者也即如是尚書曰肇牽車牛遠服賈用方言遠行可知也方言欽厥父母欲留供養之也

壽命　命者何謂也人之壽也天命以使生者也命有三科以記驗有壽命以保度有遭命以遇暴有隨命以應行習壽命者上命者也若言文王受命惟中身享國五十年隨命者隨行爲命若言怠棄三正天用勦絕其命矣又欲使民務仁立義闕無滔天滔天則司命舉過言則用以弊之遭命者逢世殘賊上逢亂君下必災變暴至夭絕人命沙鹿崩于受邑是也冉伯牛危言正行而遭惡疾孔子曰命矣夫斯人也而有斯疾也夫子過鄭與弟子相失獨立郭門外或謂子貢曰東門有一人其頦似堯其頸似皐繇其肩似子產然自腰以下不及禹三寸儡儡如喪家之狗子貢以告孔

子孔子喟然而笑曰形狀末也如喪家之犬然哉乎然哉乎

天地　天者何也天之爲言鎮也居高理下爲人鎮也地者易也言養萬物懷任交易變化也始起之天始起先有太初後有太始形兆既成名曰太素混沌相連視之不見聽之不聞然後剖判清濁既分精出曜布度物施生精者爲三光號者爲五行行生情情生汁中汁中生神明神明生道德道德生文章故乾鑿度曰太初者氣之始也太始者形兆之始也太素者質之始也陽唱陰和男行女隨也天道所以左旋地道右周何以謂天地動而不別行而不離所以左旋右周者猶君臣陰陽相對之義男女總名爲人天地所以無惣名何曰天圓地方不相類故無總名也君舒臣疾卑者宜勞天所以反常行何以爲陽不動無以行其教陰不靜無以成其化雖終日乾乾亦不離其處也故易曰終日乾乾反覆道也

日月　天左旋日月五星右行何日月五星比天爲陰故右行右

行者猶臣對君也含文嘉曰計日月右行也刑德放日月東行而日行遲月行疾何君舒臣勞也日日行一度月日行十三度十九分度之七感精符曰三綱之義日爲君月爲臣也日月所以懸晝夜者何助天行化照明下地故易曰懸象著明莫大乎日月日之爲言實也常滿有節月之爲言闕也有滿有闕也所以有闕何歸功于日也八日成光二八十六日轉而歸功晦至朔旦受符復行故援神契曰月三日成魄也所以名之爲星何星者精也據日節言也一日一夜適行一度一日夜爲一日剩復分天爲三十六度周天三百六十五度四分度之一日月徑行千里也所以必有晝夜何備陰陽也日照晝月照夜日所以有長短何陰陽更相用事也故夏節晝長冬節夜長夏日宿在東井出寅入戌冬日宿在牽牛出辰入申月大小何天道左旋日月東行日日行一度月日行十三度月及日爲一月至二十九日未及七度即三十日者過行七度日不可分故月乍大乍小明有陰陽故春秋曰九月庚戌朔日有食之十月庚辰朔日有食之此三十日也又曰七月甲子朔日有食之八月癸巳朔日有食之此二十九日也月有閏餘何周天三百六十五度四分度之一歲十二月日過十二度故三年一閏五年再閏明陰不足陽有餘也故讖曰閏者陽之餘

四時　所以名爲歲何歲者遂也三百六十六日一周天萬物畢死故爲一歲也尚書曰朞三百有六旬有六日以閏月定四時成歲春夏秋冬時者期也陰陽消息之期也四時天異名何天尊各據其盛者爲名也春秋物變盛冬夏氣變盛春曰蒼天夏曰昊天秋曰旻天冬曰上天爾雅曰一說春爲蒼天等是也四時不隨正朔變何以爲四時據物爲名春當生冬當終皆以政爲時也或言歲或言載或言年何言歲者以紀氣物帝王共之據日爲歲春秋曰元年正月十有二月朔有朔有晦知據月斷爲言年載之言成也載成萬物終始言之也二帝爲載三王言年皆謂闕闔故尚書曰三載四海遏密八音謂二帝也又曰諒陰三年謂三王也春秋傳曰三年之喪其實二十五月知闕闔日言夜月言晦月言朔日言朝何朔之言蘇也明消更生故言朔日晝見夜藏有朝夕故言朝也

五刑　聖人治天下必有刑罰何所以佐德助治順天之度也故懸爵賞者示有勸也設刑罰者明有所懼也刑所以五何法五行也科條三千者應天地人情也五刑之屬三千大辟之屬二百宮辟之屬三百腓辟之屬五百劓墨辟之屬各千張布羅衆非五刑不見劓墨何其下刑者也腓者其臏宮者女子淫執置宮中不得出也丈夫淫割去其勢也大辟者謂死也刑不上大夫何尊大夫禮不下庶人欲勉民使至于士故禮爲有知制刑爲無知設也庶人雖有千金衣幣不得服刑不上大夫者據禮無大夫刑或曰撻

笞之刑也禮不及庶人者謂酬酢之禮也

鄉射　天子所以親射何助陽氣達萬物也春氣微弱恐物有窒塞不能自達者夫射自內發外貫堅入剛象物之生故必射達之也含文嘉曰天子射熊諸侯射麋大夫射虎豹士射鹿豕天子所以射熊何示服猛巧佞也熊爲獸猛巧者非但當服猛也示當服天下巧佞之臣也諸侯射麋者示達迷惑人也麋之言迷也大夫射虎豹者示服猛也士射鹿豕者示除害也各取德所能服也大夫士兩射者人臣示爲君親視事身勞苦也或曰臣陰故數偶也侯者以布爲之何用人事之始也本正則末正矣所以名爲侯何明諸侯有不朝者射之故禮射祝曰嗟爾不寧侯爾不朝于王所以故天下失業亢而射爾所以不射正身何君子重同類不忍射之故畫獸而射之射主何爲乎曰射義非一也夫射者執弓堅固心平體正然後中也二人爭勝樂以德養也勝負俱降以崇禮讓

可以選士故射選大夫士勝者發近而制遠也其兵短而害長也故可以戒難也所以必因射助陽選士者所以扶助微弱而抑其強和調陰陽戒不虞也何以知爲戒難也詩云四矢反兮以禦亂兮因射習禮樂射于堂上何示從上制下也禮曰賓主執弓請升射于兩楹之間天子射百二十步諸侯九十步大夫七十步士五十步明尊者所服遠也卑者所服近也所以十月行鄉飲酒之禮何所復尊卑長幼之意春夏事急浚井次墻至有子使父弟使兄故以事閑暇復長幼之序也王者父事三老兄事五更者何欲陳孝弟之德以示天下也故雖天子必有尊也言有父也必有先也言有兄也天子臨辟雍親袒割牲尊三老父象也竭忠奉几杖授安車濡輪恭綏執授兄事五更寵接禮交加容謙敬順貌也禮記祭義曰祀于明堂所以教諸侯之孝也享三老五更于太學者所以教諸侯悌也不正言父兄言五更者何老者壽考也欲言所令

者多也更者更也更所更歷者衆也即如是不但言老言三何欲言其明于天地人之道而老也更者欲言其明于五行之道而更事也三老五更幾人乎曰各一人何以知之既以父事父一而已不宜有三也

說郛卷第九十五終

說郛卷第九十六

燕翼詒謀錄　五卷

宋晉陽王栐撰

唐末進士不第如王仙芝輩唱亂而敬翔李振之徒皆進士之不得志者也蓋四海九州之廣而歲上第者僅一二十人苟非才學超出倫輩必自絕意于功名之途無復顧籍故聖朝廣開科舉之門俾人人皆有覬覦之心不忍自弃于賊盜奸宄開寶二年三月壬寅朔詔禮部閱貢士十五舉以上曾經終場者具名以聞庚戌詔曰貢士司馬浦等一百六人困頓風塵潦倒場屋學固不講業以難專非有特恩終成遐弃宜各賜本科出身此特奏所由始也自是士之潦倒不第者皆覬覦一官老死不止至景德二年三月丁巳因賜李迪等進士第賜特奏名五舉以上本科六十四人三傳十八人同學究二十二人三禮四十四人年老授將作監主簿

三十一人此特奏之名所由立也至景祐元年正月癸未詔進士諸科十取其二進士三經殿試諸科五經殿試或進士五舉年五十諸科六舉年六十雖不合格特奏名此特奏名所以漸多也至大中祥符八年二月丙子則命進士六舉諸科九舉特奏名並赴殿試則又以人多而裁抑之也況進士入官十倍舊數多至二十倍而特奏之多自是亦如之英雄豪傑皆汩沒消磨其中而不自覺故亂不起于中國而起于夷狄豈非得御天下之要術歟蘇子云縱百萬虎狼于山林而飢渴之不知其將噬人藝祖皇帝深知此理者也豈漢唐所可仰望哉

自唐以來進士皆爲知舉門生恩歸私門不復知有人主開寶六年不第人徐士廉擊登聞鼓言久困場屋乃詔入策進士終場經學並試殿庭三月庚午御講武殿覆試新進士宋準以下一百二十七人是歲禮部所放進士十一人而已五經止二十二人藝祖

皇帝以初御試特優與取放以示異恩而御試進士不許稱門生于私門一洗故習大哉宏模可謂知所先務矣

國初承五季之亂吏銓書判拔萃科久廢建隆三年八月因左拾遺高錫上言請問法書十條以代試判詔今後應求仕及選人並試判三道仍復書判拔萃科先是諸道州府參選者每年冬集于吏銓乾德二年正月甲申詔選人四時參選待之者甚厚責之者甚至眞得馭臣之柄矣後因銓部姑應故事不分臧否雖文紕繆書不成字者亦令注官故眞宗景德元年八月令銓司引對齋所試書判以備奏御仁宗卽位之初以諸路闕官凡守選者並與放選以示特恩至景祐元年正月遂廢書判爲銓試議者以爲奏補人多令人假手故更新制曾不思書判猶如今之簾外雖有假手不可代書若銓試之弊則又甚矣雖他人代書可也省試猶可況銓試乎承平時假手者用薄紙書所爲文挼成團名曰紙毬公然貨賣亦由朝廷施刑寖寬故也

五代時尉職以軍校爲之大爲民患建隆三年十二月癸巳詔諸縣置尉一員在主簿之右俸與主簿同始令初賜第人爲之從趙普之請也

國初選人有服緋紫或加階至大夫故人以爲榮雖老于選調不悔乾德二年六月庚寅中書詳定陶穀等議防禦團練軍事推官軍事判官（今從仕郎）三考加將仕郎試祕書省校書郎留守兩府節度推官（今文林郎）三考加承奉郎試大理評事掌書記防禦團練判官（今儒林郎）二考加宣德郎依前試大理評事兼監察御史留守兩府節度觀察判官（今承直郎）一考加朝散大夫試大理司直依前監察御史又轉而爲諸府少尹中奏加檢校官或加憲銜觀察判官以上服緋又十五年服紫但不佩魚謂之階緋階紫非有勞績而歷任無過失者並不改官故改官之法亦優

舊制借緋借紫皆不佩魚王詔爲刑部侍郎上奏云與胥吏無別非所以示觀瞻乞與賜服人同佩魚從之然既許其佩魚袋則當改其銜爲借紫金魚袋借緋魚袋今尚仍舊銜此有司失于申明也詔化基之孫舉元之子終工部尚書享年七十九

舊制縣尉捕盜無改官者乾德六年三月庚寅詔尉遇賊被傷全夥賜緋三分之二者減三選加三階五分之二者減二選加二階三分之一者減一選加一階縣令獲全夥陞朝人改服色餘如尉賞身死者錄用的親子弟又詔捕寇立定日限已罷限外之賞而終能獲賊者與除其罰不得書爲勞績賞罰非不重也若遽令改官親民則過矣

今之司理參軍五代之馬步軍都虞候判官也以牙校爲之州鎭專殺而司獄事者輕視人命太祖皇帝開寶六年七月壬子詔州府並置司寇參軍以新及第九經五經及選人資序相當者充其後改爲司理參軍

國初進士尚仍唐舊制每歲多不過二三十人太平興國二年太宗皇帝以郡縣缺官頗多放進士幾五百人比舊二十倍正月己巳宴新進士呂蒙正等于開寶寺賜御製詩二首故事唱第之後醵錢于曲江爲聞喜之飲近代于名園佛廟至是官爲供帳歲以爲常先是進士參選方解褐衣綠是歲錫宴後五日癸酉詔賜新進士并諸科人綠袍靴笏自後以唱第日賜之惟賜袍笏不復賜靴

世傳堂吏舊用士人呂夷簡改用吏人非也太祖皇帝以堂吏擅中書事權多爲奸贓開寶六年四月癸巳詔流內銓于前任令錄判司簿尉選諳練公事一十五人補堂後官三年一替令錄陞朝官餘上縣五月庚辰以姜寅亮任能夏德崇孔崇煦爲之此太祖開基立國之宏規也不特此爾寇準爲宰相刑部大理寺三司法

直副法直官舊例以令史遷補準悉用士人景德二年三月詔銓司選流內官一任三考無遺闕者引對試斷案授之蓋仰體太祖謹重堂後官之意而推廣之也然改制之初不能一掃而淸之新舊維用士大夫恥與爲伍又三年爲任人無固志舊吏長子孫爲世業一齊不勝衆楚之咻太祖皇帝美意數傳之後寂然無聞是可恨也

遠方寒士預鄉薦欲試禮部假丐不可得則寧寄舉不試良爲可念謹案開寶二年十月丁亥詔西川山南荆湖等道所薦舉人並給來往公券令樞密院定例施行蓋自初起程以至還鄉費皆給于公家如是而挾商旅干關節繩之以法彼亦何辭今不復聞舉此法矣

前代郵置皆役民爲之自兵農既分軍制大異于古而郵亭役兵如故太祖御位之始卽革此弊建隆二年五月詔諸道州府以軍卒代百姓爲遞夫其後特置遞卒優其廩給遂爲定制

五季武夫悍卒以軍功進秩爲節度使者不可數計而班在卿監之下太祖皇帝以節度使受禪遂重其選陞其班于卿監六曹侍郎之上此建隆三年三月壬午詔書也故恩數同執政官而除拜鎖院宣麻尤異焉非宗室近屬外戚國婿年勞久次不得爲此官此外則殿帥而已前宰執亦時有除拜者崇寧以來始有濫恩其後宦者皆得爲之殊失太祖改制之本旨矣

前代賜時服惟將相翰林學士至諸軍大校而止建隆三年太祖皇帝謂宰相曰時服不賜百官甚無謂也宜並賜之乃以冬十月乙酉朔賜文武常參官時服自後遂爲定制

唐制爲刺史者並借緋太平興國二年二月戊戌詔常參官知節鎭並借紫防禦團練刺史亦借緋候回日依舊服色其服緋人任諸州亦借紫惟軍壘則否

國初假試官乃以恩澤補授不拘選限太祖皇帝卽位牧伯皆遣子弟奉方物爲賀悉以試七選吏部南曹赴調引對始授以官自後假試方得齒仕版矣

太祖皇帝以趙普專權欲置副貳以防察之問陶穀以下丞相一等有何官穀以參知政事參知機務對乾德二年四月乙丑乃以薛居正呂餘慶爲參知政事不押班不知印不升政事堂曾不思唐朝宰相名色最多若僕射若內史若納言若參預朝政若同二品三品其爲相則均也而爲同平章事乃資歷之最淺者自天寶之亂多以資淺爲之而此名一定不易矣穀以儒學見重于太祖而不考前代典故如此此官之設幾于宰相之屬其後至道元年四月戊子更制令升政事堂知印押班一同宰相仍合班爲一其後爲相者漸多而參政之權漸得有所可否矣

官制未改之前凡宰執官自爲一班獨出百官之上雖前宰相以宮師致仕者皆不得與宰執官齒乾德元年太祖因朝會見太子師侯益等班次在下乃以閏十二月丙子降詔凡一品致仕曾帶平章事者朝會綴中書門下班自後禮絕百僚矣

先是選人不給印紙遇任滿給公憑到選以攷功過往往于已給之後時有更易不足取信太平興國二年正月壬申詔曰今後州府錄曹縣令簿尉吏部南曹並給印紙曆子外給公憑者罷之自此奔競巧求者不得以公憑營私更易改給矣

唐末藩鎭諸州聽命帥府如臣之事君雖或因朝命授除而事無巨細皆取決于帥與朝廷幾于相忘太平興國二年三月右拾遺李翰極言其弊太宗皇帝始詔藩鎭諸州直隸京師長吏自得奏事而後天下大權盡歸人主潛消藩鎭跋扈之心今長吏初除替滿奏事自此始也

舊制品官服緋紫者皆以品格故選人久次多服緋紫京朝遷轉

之速者反多服綠太平興國六年十一月冬至郊祀赦文令常參官衣緋綠二十年于吏部投狀具履歷以聞始以實歷後以應格者少改用蔭事日爲始遂爲定制

舊制中書舍人諫議大夫權侍郎並服黑帶佩金魚霍端友爲中書舍人奏事徽宗皇帝顧其帶問云何以無別于庶官端友奏非金玉無用紅鞓者乃詔四品從官改服紅鞓黑犀帶佩金魚今武臣大使臣以上紅鞓不知何所從始也國初士庶所服革帶未有定制大抵貴者以金賤者以銀富者尙侈貧者尙儉太平興國七年正月壬寅詔三品以上銙以玉四品以金五品六品銀銙金塗七品以上幷未常參官及內職武官以銀上所特賜不拘此令八品九品以黑銀今所謂藥點烏銀是也流外官工商士人庶人以鐵角二色其金荔枝銙非三品以上不許服太宗特新此銙其品式无傳焉其後毬文笏頭御仙又出于太宗特製以別貴賤而荔

枝反爲御仙之次雖非從官特賜皆許服初品京官特賜帶者卽服紫矣鞍轡之別亦始于太宗時太平興國七年正月詔常參官銀裝鞍轡絲條六品以下不得鬧裝仍不得用刺繡金皮飾韉未仕者烏漆素鞍則是一品以上皆可以銀裝鞍也近歲惟郡太守猶存銀裝絲條之制此外无敢用者若烏漆則庶人通用鞍皮之巧无所不至其用素鞍者鮮矣

國初仍唐舊制有官者服皁袍无官者白袍庶人布袍而紫惟施于朝服非朝服而用紫者有禁然所謂紫者乃赤紫今所服紫謂之黑紫以爲妖其禁尤嚴故太平興國七年詔曰中外官幷貢舉人或于緋綠白袍者私自以紫于衣服者禁之止許白袍或皁袍至端拱二年忽詔士庶皆許服紫所在不得禁止而黑紫之禁則申嚴于仁宗之時今虜中之服乃是國初申嚴之制此理所不可曉也

太祖皇帝收藩鎭之權雖大藩府不敢臣屬其下使之拜伏于庭而爲小官者亦漸有凌慢其上之意咸平五年五月壬戌知開封府寇準極陳其不可乃詔開封府左右軍巡使京官知司錄諸曹參軍知畿縣見知府並庭參設拜自後諸州選人並拜于庭故老泉上書亦嘗言之不知此禮廢于何時

進士舊無免解之條咸平二年六月丙戌詔貢舉應三舉人並免取解若三舉連中則是九年三舉不連中則有二三十年者不若限以十八年之爲均平也若四舉連中則亦罕有不爲濫矣

國初士大夫往往久任亦罕送迎小官到罷任多芒屩策杖以行婦女乘驢以爲過矣不幸丁憂解官多流落不能歸咸平二年三月甲戌詔川陝廣南福建路官丁憂不必離任聖主端居九重而思慮至此則從宦遠方者不至于畏憚而不敢往祖宗仁厚之澤大抵如此其後以川陝路京師不甚遠至景德二年三月復聽川

陝官丁憂惟長吏奏裁

尉職警盜村鄉爭鬭憚經州縣者多投尉司尉司因此置獄拷掠之苦往往非法咸平元年十月己丑有詔申警悉毀撤之詞訟悉歸之縣蓋後生初任未歷民事輕于用刑縣令權輕不能制伏民受其殃此令一行至今無敢犯者

銓曹吏人奸弊最甚掌銓者雖聰明過人皆不能出其手眞宗朝有以爲言者咸平三年十二月丁未詔選判司簿尉充吏部流內銓南曹主事所以重士大夫之選其視流外者霄壤不侔矣

國初三歲郊祀士大夫皆遷秩眞宗皇帝卽位孫何力陳其濫乞罷遷秩之例仍命有司考殿最臨軒黜陟咸平四年四月方頒行自後士大夫循轉頗難

國初進士科場尙寬禮闈與州郡不異景德二年七月甲戌禮部貢院言舉人除書案外不許將茶廚蠟燭等入除官韻外不得懷

挾書策犯者扶出殿一舉其申嚴誡是也而元豐貢院之火死者甚衆則是法不行也又試場所問本經義疏不過記出處而已如呂申公試卷問子謂子產有君子之道四焉所謂四者何答曰其行己也恭其事上也敬其養民也惠其使民也義謹對試卷不謄錄而考官批于界行之上能記則曰通不記則曰否十問之中四通則合格矣其誤記者亦只書曰不而全不能記答曰對未審謹對雖已彌封而兼采譽望尤在觀其字畫可以占爲人而士之應舉者知勉于小學亦所以誘人爲善也自謄錄之法行而字畫之繆或假手于人者肆行不忌人才日益卑下矣行卷之禮人自激昂以求當路之知其無文無行鄉閭所不齒亦不敢妄意于科舉使古意尚存則如章子厚者豈容其應進士舉乎

舊制進士首選同唱第人皆自備錢爲鞍馬費而京師遊手之民亦自以鞍馬俟于禁門外雖號廷魁與衆無以異也大中祥符八

年二月戊申詔進士第一人金吾司差七人導從兩節前引始與同列特異矣

進士考試差官屬之轉運使惟許本路差官大中祥符八年二月乙卯詔本路缺人即報鄰路差

國初無納粟補官天禧元年四月登州牟平縣學究鄭巽出粟五千六百石賑飢乞補第巽不從晁迥李維上言乞特從之以勸來者豐稔即止詔補三班借職（今承信郎）自後援巽例以請者皆從之然州縣官不許接坐止令庭參熙寧元年八月詔給將作監主簿齋郎助教牒募民實粟于邊此古人募民實粟塞下之遺意也因記淳熙間詔以旱故募出粟拯民三千石補初品官而龍舒一郡應募者數人郡以姓名來上孝宗皇帝疑而不與仲父軒山先生力諫以爲失信于人恐自後歉歲无應募者孝宗亟從之已而應募者衆

舊制朝臣監司因事謫官多爲監當雖在貶所猶以前任舉官言者以爲无以示貶抑之意天禧元年五月壬戌始制因罪監當不得舉官充知縣朝臣不得舉本州幕職官前朝貶謫雖重叙用亦驟未聞其黜免而置之閑地也王安石一時私意貽害无窮罪不勝誅國猶爲其所誤而況士大夫乎

國初士大夫俸入甚微薄尉月給三貫五百七十而已縣令不滿十千而三之二又復折支茶鹽酒等所入能幾何所幸物價甚廉粗給妻孥未至凍餒然艱窘甚矣景德三年五月丙辰詔京畿知縣已令擇人俸給宜優自今兩赤縣月支見錢二十五千米麥共七斛畿縣千戶以上朝官二十千六斛京官二十千五斛五千戶以上朝官二十千五斛京官十八千四斛三千戶以上朝官十八千京官十五千米麥四斛三千戶以下京官錢十二千米麥三斛是時已爲特異之恩至四年九月壬申詔曰並建庶官以釐庶務

宜少豐于請給以各勵于廉隅自今文武官月請折支並給見錢六分外任給四分而惠均覃四海矣

舊制士人與編民等大中祥符五年二月詔貢舉人曾預省試公罪聽收贖而所贖止于公罪徒其後私罪杖亦許贖論

唐朝職掌因五季之亂遂至錯亂或廢不舉給事中掌封駮不可一日無皇朝淳化四年太宗皇帝推考廢職始于唐末乃命魏庠柴成務同知給事中未幾隸銀臺通進司爲封駮司眞宗咸平四年七月吏部侍郎知封駮司陳恕乞鑄印命取門下印用之因改其名爲門下封駮司

國初五品以上任子有陳乞攝太祝者雖班初品選人下然不一二年經營巧求即同正員是與侍從奏補无以異也至道二年四月乙未太宗皇帝深懲其弊乃詔五品以上任子悉同學究出身不許攝太祝自後京選判然巧求者無所容其奸

應伎術官不許與士大夫齒賤之也至道二年正月申嚴其禁雖
見任京朝遇慶澤只加勳階不得擬常參官此與書學畫學筭學
律學並列于文武兩學者異矣
王師初下廣南北人畏瘴癘无敢往者雖武臣亦憚之後有武臣
自廣南替回陳乞免短使者銓部以聞大中祥符八年七月辛亥
始詔三班使臣任廣南差遣替回並免短使遂以爲制
祖宗立國之初崇尙儉素金銀爲服用者鮮士大夫罕以侈靡相
勝故公卿以清節爲高而金銀之價甚賤至東封西祀天書降天
神現而侈費寖廣公卿士大夫是則是傚而金銀之價亦從而增
故大中祥符八年十一月乙巳眞宗皇帝覽三司奏乏銀支用問
輔臣曰咸平中銀兩八百金兩五千今何增踊如此然不知是時
其價若干也蓋上以爲重則下競趨之求之者多則價不得不踊
咸平距祥符十數年間世變已如此況承平日久侈費益甚沿襲

至于宣政之間乎是宜價日增而未已也
國初沿江置務收茶名曰榷貨務給賣客旅如鹽貨然人不以爲
便淳化四年二月癸亥詔廢沿江八處一應茶商並許于出茶處
市之未幾有司恐課額有虧復請于上六月戊戌詔復舊制六飛
南渡後官不能運致茶貨而榷貨務只賣茶引矣
皇朝吏銓不曰尙書吏部而曰考課院其上著京朝官幕職州縣
官以別之淳化四年二月丙戌改考課京朝官院爲審官院考課
幕職州縣官院爲考課院而總謂之流內銓云
唐有理匭使五代以來九闕太宗皇帝淳化三年五月辛亥詔置
理檢司以錢若水領之其後改曰登聞院又置鼓于禁門外以達
下情名曰鼓司眞宗景德四年五月戊申詔改鼓司爲登聞鼓院
登聞院爲檢院應上書人並詣鼓院如本院不行則詣檢院以朝
官判之判院之名始于此

大理寺奏案刑部審覆奏而行之太宗皇帝慮刑部大理寺吏舞
文巧詆特置審刑院于禁中以李昌齡爲之中覆下丞相必又以
聞始論決淳化二年八月己卯詔行之謹重人命如此自官制改
併歸刑部不復有中覆矣
唐百官入閤有待制次對官德宗興元中日令常參官三兩人奏
事後唐天成中廢待制次對官五日一次內殿百官轉對長興二
年停晉天福七年復漢乾祐二年陶穀奏罷之淳化二年十一月
丙申太宗皇帝再復舊制詔百官次對每日兩次
諸州貢士國初未有限制來者日增淳化三年正月丙午太宗命
諸道貢舉人悉入對崇政殿凡萬七千三百人時承平未久也不
知其後極盛之時其數又幾倍也
世有惡少無賴之人肆凶大逞小則賭博大則屠牛馬銷銅錢公
行不忌其輸錢無以償則爲穿窬若黨類頗多則爲刼盜縱火行

奸殺人不防其微必爲大患淳化二年閏二月己丑詔相聚賭博
開櫃坊屠牛馬驢狗以食私銷銅錢爲器用並令開封府嚴戒坊
市捕之犯者定行處斬匿不以聞與同罪所以塞禍亂之源驅斯
民納之善也其後刑名寖輕而法不足以懲奸犯之者衆嘗怪近
世士大夫蒞官覩此三者爲不急之務知而不問者十嘗七八因
訐到官有不爲受理者是開賊盜之門也毋乃不思之甚乎
皇朝以孝治天下篤厚人倫子之出繼他姓者得封贈其本生父
母此前所未聞也李昉爲宰相上言臣叔父超故任工部郎中集
賢殿學士叔母謝氏故陳留郡君是臣本生父母臣不報罔極之
恩爲名教罪人今郊祀覃恩望與追榮太宗皇帝嘉之淳化四年
二月乙丑詔贈超爲太子太師謝氏鄭國太夫人然此猶因昉有
請而從之也至眞宗天禧元年八月辛未詔文武陞朝官父不在
無嫡母繼母者許敍封本生父母則四海之內均霑寵惠雖于古

禮違悖亦忠厚之至也

士大夫之家不幸出妻爲之子者非其親生猶可不服苟其所親生而視之恝然則非人類矣張永德父穎先娶馬氏生永德爲穎所出永德知鄧州于州廨作二堂左繼母劉氏居之右馬氏居之不敢以出母加于繼母永德事二母如一人无間言時大臣毋妻皆得入謁劉氏存日馬不敢同入禁中劉氏卒馬始得入謁太宗勞問嘉歎封莒國太夫人此可爲人子事出母之法仁宗皇帝景祐三年九月集賢校理郭稹乞爲嫁母服詔兩制御史太常寺禮院議詔自今並許解官申心喪

前代名賢之後累經褒表最顯著有四人一曰狄梁公仁傑二曰張曲江公九齡三曰段太尉秀實四曰郭汾陽王子儀眞宗景德三年正月丙戌張公九世孫元吉詣闕獻明皇墨跡并張公寫眞告身詔以爲韶州文學大中祥符四年八月丙辰以段公孫亮爲三班借職仁宗天聖六年七月張公九世孫錫又以公告身并明皇批答來獻補試國子四門助教慶曆三年三月壬辰詔以狄公孫華州明法狄國賓爲本州助教四年正月丙戌以郭公裔孫元亨爲永興軍助教元豐五年四月復以段公八世孫文酉爲隴州助教復其家國家非靳一命于先賢也譏惜名器雖賢者猶爾況褻用之乎

咸平景德以後粉飾太平服用寖侈不惟士大夫之家崇尚不已市井閭里以華靡相勝議者病之大中祥符元年二月詔金箔金銀綫貼金銷金間金蹙金綫裝貼什器土木玩之物並行禁斷非命婦不得以金爲首飾許人糾告並以違制論寺觀飾塑像者齎金銀并工價就文思院換易四年六月又詔宮院苑囿等止用丹白裝飾不得五綵皇親士庶之家亦不得用春幡勝除宣賜外許用綾絹不得用羅諸般花用通草不得用縑帛八年三月庚子又

詔自中宮以下衣服並不得以金爲飾應銷金貼金縷金間金戭金圈金解金剔金撚金陷金明金泥金榜金背金影金闌金盤金織金金綫皆不許造然上之所好終不可得而絕也仁宗繼統以儉樸躬行于慶曆三年五月戊辰申嚴其禁上自宮掖悉皆屛絕臣庶之家犯者必置于法然議者猶有憾以爲有未至焉自是而後此意泯矣

眞宗皇帝東封西祀思顯先烈大中祥符七年正月乙卯詔陞應天府爲南京建行宮正殿以歸德爲名以聖祖殿爲鴻慶宮奉太祖太宗像侍立于聖祖之旁其後遂開高宗皇帝中興之祥殆非偶然者矣

僧徒奸狡雖人主之前敢爲欺罔江東有僧詣闕乞修天台國淸寺且言如寺成願焚身以報太宗從之命中使衛紹欽督役戒之曰了事了來紹欽卽與俱往不日告成紹欽積薪如山驅使入火僧哀鳴乞回闕下面謝皇帝而後自焚紹欽怒以叉叉入烈焰僧宛轉悲號而絕歸奏太宗曰臣已了事太宗頷之苟非就焚太宗必以欺罔戮之于市矣

黃冠之教始于漢張道陵故皆有妻孥雖居宮觀而嫁娶生子與俗人不異奉其教而誦經則曰道士不奉其教不誦經惟假其冠服則曰寄褐皆遊惰无所業者亦有凶歲無所給食假寄褐之名挈家以入者大抵主首之親故也太祖皇帝深疾之開寶五年閏二月戊午詔曰末俗竊服冠裳號爲寄褐雜居宮觀者一切禁斷道士不得畜養妻孥已有家者遣出外居止今後不許私度須本師知觀同詣長吏陳牒給公憑違者捕繫抵罪自是宮觀不許停着婦女亦无寄食者矣而黃冠之兄弟父子孫姪猶依憑以居不肯去也名曰親屬大中祥符三年二月庚子眞宗皇帝詔道士不得以親屬住宮觀犯者嚴懲之自後始與僧同其禁約矣

國忌行香本非舊制眞宗皇帝大中祥符二年九月丁亥詔曰宣祖昭武皇帝昭憲皇后自今忌前一日不坐正殿羣臣進名奉慰寺觀行香禁屠廢務著于令自後太祖太宗忌亦援此例累朝因之今惟存行香而已進名奉慰久已不存亦不禁屠廢務雙忌則休務單忌亦不廢務矣

太祖征李重進還以御營建寺所御之榻存焉後僧徒共建一殿申嚴崇奉名彰武殿且請降御容使民庶瞻仰眞宗皇帝命翰林畫工圖寫嚴衛而往仍賜供具景德二年八月癸巳命中使前往奉安遇朔望州郡率官僚朝禮六飛南渡蕩爲煨燼後雖建宮殿不復奏請御容姑存遺迹而已

太宗皇帝命內使裴愈與山陰縣令李易直訪王羲之蘭亭舊跡其流杯修禊處在越州僧子謙因請建寺于舊地以藏御札至道二年二月壬辰詔從子謙之請賜寺名天章仍以御書賜之

東京相國寺乃瓦市也僧房散處而中庭兩廡可容萬人凡商旅交易皆萃其中四方趨京師以貨物求售轉售他物者必由于此太宗皇帝至道二年重建三門爲樓其上甚雄宸墨親填書金字額曰大相國寺五月壬寅賜之

僧寺戒壇尼受戒混淆其中因以爲奸太祖皇帝尤惡之開寶五年二月丁丑詔曰僧尼無間實紊教法應尼合度者只許于本寺起壇受戒令尼有德主之如違重置其罪許人告則是尼受戒不須入戒壇各就其本寺也近世僧戒壇中公然招誘新尼受戒其不至者反誣以違法尼亦不知法令本以禁僧也亦信以爲然官司宜申明禁止之

萬壽觀本玉淸昭應宮也宮爲火所焚惟長生崇壽殿存殿有三像聖祖眞宗各用金五千兩餘昊天玉皇上帝用銀五千餘兩仁宗天聖七年詔玉淸昭應宮更不復修以殿爲萬壽觀蓋明肅太后尚有修營之意宰臣猶帶使令領至是始去之示不復修營也

眞宗皇帝朝盛禮縟儀屢舉費金最多金價因此頓長人以爲病仁宗明道二年正月癸未詔册寶法物凡用金者並改用銀而以金塗之自此十省其九至金惟寶用金條皆金塗也

太宗皇帝以海內混一四方無虞乃于江南置太平軍江北置无爲軍取太平无爲之義太平後改爲州无爲州之建在淳化四年十二月戊戌至大中祥符二年復建軍方十有六年災異變怪忽發八月中有靑蛇長數丈出郡治十六日風雨林木城門營壘盡壞壓死千餘人夜三鼓方止九月乙亥奏至眞宗皇帝亟命中使張景宣馳驛恤民視壞屋者無出來年夏租壓死者家賜米一斛无主及貧乏者官收瘞之令長吏就宮觀精虔設醮爲民祈福是時方尚祥瑞宰相甚怒加譴郡守眞宗不從其守臣懲艾于五年三月壬午奏甘露降桐樹七年七月庚寅奏聖祖殿叢竹內獲毛

屨二雙爲聖祖降九年四月奏瑞氣覆巢湖畫圖來上皆奉承上意也洎至皇祐三年仁宗皇帝在位三十年矣六月丁亥守臣茹孝標奏城內小山芝三百五十本悉以上進改名其山曰紫芝山蕞爾一培塿不應一時所產若是之多也上怒曰朕以豐年爲瑞賢臣爲寶草木蟲魚之異烏足尙哉茹孝標與免罪戒州縣自今無得以聞大哉王言足以警臣子之進諛者矣

虞書載簫韶九成鳳凰來儀三代以後无傳焉惟漢宣帝時嘗見史不載其形狀如何眞宗景德元年五月七日午時白州有鳳凰三自南入城衆禽周遶至萬歲寺前棲高木上身如龍長九尺高五尺其文五色冠如金盞至申時飛向北去遂不復見州畫圖來上是時天下承平日久可謂治世宜其覽德輝而下也若麟惟先聖識之漢武獲一角獸當時以爲麟太史公不以爲然也太平興國九年十月癸巳嵐州獻獸一角似鹿无斑角端有肉性馴善詔

羣臣參驗徐鉉滕中正王佑等上奏曰麟也宰相宋琪等賀

官榷酒酤其來久矣太宗皇帝深恐病民淳化五年三月戊申詔曰天下酒榷先遣使者監管宜募民掌之減常課之十二使其易辦吏勿復預蓋民自鬻則取利輕吉凶聚集人易得酒則有爲生之樂官无譏察警捕之勞而課額一定無敢逋欠公私兩便然所入无贏餘官吏所不便也新法既行悉歸于公上散青苗錢于稅廳而置酒肆于譙門民持錢而出者誘之使飲十費其二三矣又恐其不顧也則命婦女坐肆作樂以蠱惑之小民无知爭競鬬毆官不能禁則又差兵官列枷杖以彈壓之名曰設法賣酒此設法之名所由始也太宗之愛民寧損上而益下新法惟剝下奉上而且誘民爲惡陷民于罪豈爲民父母之意乎今官賣酒用妓樂如故無復彈壓之制而設法之名不改州縣間無一肯釐正之者何耶

江南李主佞佛度人爲僧不可數計太祖既下江南重行沙汰其數尚多太宗乃爲之禁至道元年六月己丑詔江南兩浙福建等處諸州僧三百人歲度一人尼百人歲度一人自昔歲度僧道惟試經且因寺之大小立額如進士應舉然雖奸猾多竄身其中而庸蠢之甚者无所容自朝廷立價鬻度牒而僕廝下流皆得爲之不勝其濫矣

州長吏不親監決中唐以來爲然遇引斷皆牙校監決于門外太宗恤刑慮有寃濫至道元年六月己亥詔諸州長吏凡決徒罪並須親臨因太常博士王杕有請也今州郡杖罪悉委職幕官而徒罪必自監決帥府則以徒罪委通判聖朝謹嚴于用刑蓋以人命爲重也

喪家命僧道誦經設齋作醮作佛事曰資冥福也出葬用以導引此何義耶至于鐃鈸乃胡樂也胡俗燕樂則擊之而可用于喪柩乎世俗无知至用鼓吹作樂又何忍也開寶三年十月甲午詔開封府禁止士庶之家喪葬不得用僧道威儀前引太平興國六年又禁送葬不得用樂庶人亦不得用方相魌頭今犯此禁者所在皆是也祖宗于移風易俗留意如此惜乎州縣間不能舉行之也

江南李唐舊用鐵錢蓋因韓熙載建議以鐵錢六直銅錢四然銅鐵之價相去甚遠不可強也江南末年鐵錢十僅直銅錢一江南平民間不肯行用轉運使樊若水請廢之太平興國二年二月詔官收民間鐵錢鑄爲農器以給江北流民之歸附者於是江南鐵錢盡矣然川蜀陝西用之如故川蜀每鐵錢一貫重二十五斤銅錢一當十三小民鎔爲器用賣錢二千於是官錢皆爲小民盜銷不可禁止大中祥符七年知益州凌策請改鑄每貫重十二斤銅錢一當十民間無鋌銷之利不復爲矣慶曆初知商州皮仲容議采洛南紅崖虢州青水銅置阜民朱陽二監鑄大錢一可當小錢

三以之當十民間趨利盜鑄不已至八年張方平宋祁議以爲當更乃詔改銅錢當十先是慶曆元年十一月詔江饒池三州鑄鐵錢一百萬貫助陝西經費所積尤多錢重民苦之至是併罷鑄鐵錢其患方息

舊制命官鎖廳應舉先于所屬選官考試所業方聽取解至禮部程文紕繆勒停不合格者贖銅永不得應舉中格庭對唱第日仍降甲蓋期待任子者甚厚非比寒士也雖欲假手其可得乎故當時由此途出者皆爲文人仁宗欲開誘進之路天聖四年六月辛未詔免舉所業下第人免責罰仍許再應舉景祐元年復詔鎖廳人不合格除其罪以試者尚少而申明之也然自是任子心无所憚雖實无才能者亦求試矣

國朝故事三元張燈太祖乾德五年正月甲辰詔曰上元張燈舊止三夜今朝廷無事區宇乂安方當年穀之豐登宜縱士民之行

樂其令開封府更放十七十八兩夜燈後遂爲例太宗淳化元年六月丙午詔能中元下元張燈官雖廢之而私家猶有私自張燈者余曩仕山陽中元下元酒務張燈賣酒豈北方遺俗猶有存者邪

北俗遇月三七日不食酒肉蓋重道教之故而七夕改用六日太平興國三年七月乙酉詔曰七夕佳辰近代多用六日宜以七日爲七夕頒行天下蓋方其改用六日之時始于朝廷故亦正之自朝廷始

月令開冰獻羔在仲春之月五季之亂訛舛至用四月淳化三年三月己未詔改正之

祖宗留意民事叮寧戒飭雖州縣小官未嘗少怠太平興國八年三月丁未詔應京朝官受任于外并州縣幕職官朝辭幷于閤門宣旨戒飭以其詞著之坐右不知此制廢于何時苟州縣小官亦蒙皇恩宣綏決知自重思所以稱上意不敢自暴自弃矣惜無能舉行之者也

承平時闕多員少士大夫註擬必求須次者以自便蓋王事鞅掌久勞于外乍還鄉里展掃墳墓聚會親族料理生產作業勢使之然甚而遷延綑以三尺不能禁也淳化二年正月己丑詔京朝官幹務于外者受詔後給假一月澣濯所在州府以赴上日聞違者有罪其後進士既多任子亦衆故東坡進策有一官三人共之之說以爲居者一人去者一人而伺之者又一人湔官之日少閑居之日多而士大夫至于冒法況今一官而五六人共之邪

雍熙三年九月癸未詔知州通判幕職州縣官秩滿至京師于法寺內試問如全不知者量加殿罰所以防閑檢察癃老昏繆疾病之人也今知州到闕必須奏事通判而下不復舉行殊失祖宗謹重州縣勤恤民瘼之意豈非不才者多惡其害已而不欲舉行之乎

漢天子印符曰璽後世因其名不改國初御前之印詔誥之印天子合同之印其名不正雍熙三年十月丙午並改爲寶別鑄用之皇祐五年仁宗以奉宸庫有美玉廣尺厚半之命製爲鎭國神寶宰臣龐籍篆文劉沆書牌哲宗元符元年咸陽民段義獻玉璽云紹聖三年河南鄉修造家舍掘得是年詔求美玉製八寶以易六璽十一月壬戌詔曰永惟受命之符宜有一代之制而尙循秦舊六璽之用自天申命地不愛寶獲全玉于異域得妙工于編氓八寶既成旦无前比可以來年正月朔日御大慶殿恭受八寶是舉恩數特厚政和元年九月辛巳又製定命寶範圍天地幽贊神明保合太和萬壽無疆爲文廣九寸號九寶二聖北狩寶淪異域高宗皇帝復製八寶循大觀舊規也

大中祥符八年二月丁酉值仁宗皇帝誕生之日眞宗皇帝喜甚宰臣以下稱賀宮中出包子以賜臣下其中皆金珠也是年仁宗方就學天生聖人得于夢兆方五歲聖質已異常人故均福臣下者特異

眞宗時開封府洎京畿縣受納絲多取出剩訖事悉倍其餘均賜官吏而官吏無厭愈更多取歲增不已景德三年六月壬辰詔悉蠲之官吏所賜以官錢給其直

國初吏人皆士大夫子弟不能自立者忍恥爲之犯罪許用蔭贖吏有所恃敢以爲奸天聖七年三月乙丑三司吏毋士安犯罪用祖令孫蔭詔特決之仍詔今後吏人犯罪並不用蔭又詔吏人投募責狀在身无蔭贖方聽入役苟吏可用蔭則是仕宦不如爲吏也誘不肖子弟爲惡莫此爲甚禁之誠急務不可緩也

舊制京朝官實歷知縣三任入同判同判實歷三任入知州天聖六年七月己亥詔自今任內有五人同罪奏舉減一任同判後改

爲通判至今因之各以兩任四考關陞

審官院定差知州軍並以資歷不容超越資歷當得不容不與天聖七年九月辛巳詔審官院定差並申中書引上審視若惰庸老疾不任事者罷之今都堂審察其遺意也

國初奏薦之制甚寬不拘服屬遠近天聖四年始詔臣僚奏薦子弟須言服屬不許奏無服之親冒奏者不以赦原其後又以服屬之親疏爲奏官之高下可謂良法

乾興元年仁宗皇帝登寶位八月令學士院試諸州進奉賀登位人曾舉進士試大理評事曾舉諸科試祕書省正字餘試校書郎不願試人太廟齋郎凡四等試大理寺評事元豐爲假承事郎今爲通仕郎出官從事郎試祕書省正字元豐爲假承事郎今爲登仕郎出官迪功郎太廟齋郎元豐未改今爲將仕郎出官亦迪功郎其後例補將仕郎惟宰執得登仕郎

大中祥符八年仁宗封壽春郡王以張士遜崔遵度爲友講學之所爲資善堂此資善之所由始也自後元良就學所皆曰資善

五代諸侯跋扈枉法殺人主家得自殺其奴僕太祖建國首禁臣下不得専殺至建隆三年三月乙巳降詔郡國斷大辟錄案朱書格律斷詞收禁月日官典姓名以聞取旨行之自後生殺之權出于上矣然主家猶擅黥奴僕之面以快其忿毒眞宗咸平六年五月復詔士庶之家奴僕有犯不得黥面蓋重于戕人肌膚也祖宗謹重用刑苟可以施忠厚者无所不用其至如詔太歲三元聖節不決死罪則淳化二年三月也令衆人自五月一日至八月一日免則天聖四年辛未詔也列聖相承莫敢不遵此所以祈天永命歟

祖宗舊制州郡公使庫錢酒專饋士大夫入京往來與之官罷任旅費所饋之厚薄隨其官品之高下妻孥之多寡此損有餘補不足周急不繼富之意也其講睦鄰之好不過以酒相遺彼此交易復還公帑苟私用之則有刑矣治平元年知鳳翔府陳希亮自首曾以鄰州公使酒私用貶太常少卿分司西京乃申嚴其禁公使酒相遺不得私用並入公帑其後祖无擇坐以公使酒三百小瓶遺親故自直學士謫授散官安置況他物乎故先世所歷州郡得鄰郡酒皆歸之公帑換易答之一瓶不敢自飲也

師傅保輔佐人主其名甚重非道尊德重不可以居也師導之教訓傅傅其德義保保其身體如周召畢公之于成王可以當是名矣漢之張禹孔光辱莫甚焉鄧禹其庶幾乎後世以爲階官而序進之失其本旨矣若皇子加官而冠以師傅保之稱此何義也子雖賢而可爲父之師傅保乎況有年方孩幼即加是官者尤悖理矣故英宗治平二年御史中丞賈黯力陳其非四月丙午詔止加三公太尉司徒司空是也自此名正言順人无得而議宣政以後至以師傅保加之宦豎其悖理尤甚矣

選人改京朝官憚于作縣多歷閑慢比折知縣資序熙寧十年二月戊子詔選人磨勘改京朝官須入知縣雖不拘常制不得舉避近世此禁寖弛凡改官人有出身任教授无出身任僉判二考滿則赴部註破格通判矣孝宗皇帝申嚴舊制仍以三年爲任考第未足或有過犯不得註通判至今遵行之

禮經女子出適以父母三年之喪折而爲二舅姑父母皆爲期喪太宗孝明皇后居昭憲太后之喪齊衰三年故乾德二年判大理寺尹拙少卿薛允中等奏三年之內几筵尙存夫居苫塊之中婦被綺羅之飾夫婦齊體哀樂不同乞令舅姑之喪婦從其夫齊衰三年于義爲稱十二月丁酉朔詔從之遂爲定制

江南初下李後主朝京師其羣臣隨才任使公卿將相多爲官惟任州縣官者仍舊至于服色例令服綠不問官品高下以示別于

中國也太宗淳化元年正月戊寅赦文應諸路僞授官先賜緋人止令服綠今並許仍舊其先衣紫人任常參官亦許仍舊遂得與王朝官齒矣

楊萬頃殺張審素審素二子瑝琇爲父復仇殺萬頃張九齡欲活之李林甫必欲殺之而二子竟伏大刑蓋九齡君子喜人爲善林甫小人嫉人爲善好惡不同故也苟其父罪當死子不敢報讐父死不以罪或非出上命而爲人所擠陷以死可不報乎審素之讐所當報也太宗雍熙三年七月癸未京兆府鄠縣民甄婆兒報母讐殺人詔決杖遣之惜乎瑝琇之不遇聖時明主也

歐陽修少孤其叔父教之學既貴乞以一官回贈以報其德詔從之乃自員外郎贈郎中後世以爲美談不知又有先于修者王曾爲參知政事改葬叔太子中舍宗元叔母嚴氏自言幼孤叔父母育之詔贈宗元工部員外郎嚴氏懷仁縣太君

李遵勗本名勗崇矩之孫繼昌之子眞宗朝尚長公主御筆增爲遵勗升爲崇矩之子繼昌之弟自此爲例實亂人倫治平四年二月神宗皇帝手詔述英宗治命應公主出降其夫不得升同父行蓋英宗久欲釐正以病未果出命故神宗以遺命行可謂善述父之志矣

士大夫治小民之獄者縱小民妄訴雖虛妄灼然亦不反坐甚而聽其蓦越幾于搜攪生事矣曾不思善良之民畏官府如虎狼甘受屈抑不敢理雪而奸猾之民以恐脅把持爲生與吏囊橐視官府如私家肆行不忌士大夫墮其計中爲其所困殊不自覺良可歎也太祖皇帝乾德二年正月乙巳詔應論訴人不得蓦越陳狀違者科罪開基創業之初首念及此慮爲善良之害也眞宗咸平元年七月詔所訴虛妄好持人短長爲鄉里害者再犯三犯杖訖械送軍頭引見司苟能舉而行之庶幾妄訴者息矣

舊制期喪百日內妨試尊卑長幼同士人病之多入京冒哀就同文試洎中選被人論訴不免坐罪天禧四年二月壬申翰林學士承旨晁逈上言諸州士人以期制妨試奔湊京轂請自今卑幼期服不妨取解詔從之自後冒哀求試者寡矣大凡人家尊長期喪多年高者卑幼期喪多年幼者免避卑幼則妨試亦鮮

國初宗室尚少隸宗正寺仁宗景祐三年以宗室衆多特置大宗正司以皇兄寧江軍節度使允讓知大宗正事仍詔自今于祖宗後各擇一人爲之尚賢而不以齒糾正違失凡宗室奏陳先委詳酌而後聞不得專達其後又以宗室出居外州于西京置西外宗正司南京置南外宗正司矣

今州縣義倉米始于仁宗時始集賢校理王琪嘗于景祐中陳請乞每正稅二斗別輸一升領于轉運使遇水旱賑給有司會議不同而止慶曆元年九月琪申前議上特詔行之至新法行又增作

每一斗收一升然水旱賑給所賴爲多行之日久官吏視爲公家之物遇賑給靳惜特甚殊失原立法之意

仁宗重臺諫之選景祐元年四月癸丑詔御史臺置殿中侍御史監察御史裏行又詔舉三丞以上嘗歷知縣人除御史裏行二年除御史又二年除三司開封府判官自清要而歷繁劇選任既重一時號稱得人明道元年七月辛卯又以諫官無治所乃以門下省充諫院而別創門下省于右掖門之西蓋朝臣皆有入局之所獨諫院無之故也

眞宗欲以太宗配天于南郊而太祖之配不可改乃奉太宗並配仁宗郊天又益以眞宗則是以三帝配一上帝矣嘉祐七年因楊畋力諫乃定以太宗配今南郊又以祖宗並配矣

祖宗重堂後官更用士人其敘遷至員外郎者與外任其後多不願出惟求子孫恩澤遂以爲例仁宗嘉祐八年中書奏今後願留

人雖許供職其諸房提點並須擇才候職事修舉方補如不職與堂除知州蓋猶以士流之故優之也新法既行增置宰屬而士流不復爲堂後官因是朘削舊制堂後官外任止于通判不得爲知州先是皇祐三年四月詔堂後官無得佩魚若士人選用而至提點五房方許佩魚以示別也今雖非士人選用皆佩之矣

先聖後嗣自先聖封文宣王而襲王爵者稱文宣公文宣謚號也謚號非子孫所可襲仁宗至和二年三月用太常博士祖無擇議改爲衍聖公蓋取襲封之義

舊制婦人冠以漆紗爲之而加以飾金銀珠翠采色裝花初無定制自仁宗時宮中以白角改造冠并梳冠之長至三尺有等肩者梳至一尺議者以爲妖仁宗亦惡其侈皇祐元年十月詔禁中外不得以角爲冠梳冠廣不得過一尺長不得過四寸梳長不得過四寸終仁宗之世無敢犯者其後侈靡之風盛行冠不特白角又易以魚䰲梳不特白角又易以象牙玳瑁矣

國朝武臣正任十年一遷官熙寧八年特詔駙馬都尉七年一遷官仍著于令非獨示優亦所以杜其非理干請也元豐六年二月癸未詔吏部七年磨勘更不取旨

仁宗景祐元年四月癸酉詔以河南府學爲西京國子監置分司官其後南京北京皆援爲之崇寧四年秋七月丙午朔詔能三京國子監官各置司業一員秪在京具體而微矣

皇朝追褒先賢皆有所因仁宗景祐元年九月詔封扁鵲爲神應侯以上疾愈醫者許希有請也徽宗崇寧元年二月封孔鯉泗水侯孔伋沂水侯崇大聖之嗣也六月封伯夷爲淸惠侯叔齊爲仁惠侯重節義之風也宣和元年五月甲申封列禦寇沖虛觀妙眞君莊周微妙元通眞君尚虛無之教也然仁宗因醫者之請姑勉從之伯魚子思之封以配享從例封也伯夷叔齊遜千乘之國豈求身後虛名莊列物外人何羨眞君之號不必封可也

京師試于禮部者皆禱于二相廟二相者子游子夏也子游爲武城宰子夏聘列國不知何以得相之名也今行都試禮部者皆禱于皮場廟皮場即皮剝所也建中靖國元年六月傳聞皮場土地主瘍疾之不治者詔封爲靈貺侯今廟在萬壽觀之晨華館館與貢院爲鄰不知士人之禱始于何時館因何而置廟也

王安石創宮觀以處新法之異議者非泛施之士大夫也其後朝臣以罪出者多差宮觀其初出令也則優老也元豐元年二月辛亥詔年六十者聽註差宮觀以三十月爲任無得過兩任其後不拘此令矣

元豐初詔檢正官檢詳官各以四員爲額亦同都事錄事承旨分房掌管其品秩尚卑政和更制品秩甚高各置一員通掌諸房權任甚重所以擢用者不同或出于人主親擢則宰執反憚之所請

不敢不從出于宰臣進擬則人主反疑之因是品位不進近世自宰屬樞屬官爲旋窠人不以爲樂其人主親擢則又有跳出旋窠之號頗恃以自矜矣

樞密使拜罷與宰臣恩數等皇祐五年高若訥爲樞密使能政之時仁宗惡其奸邪特令舍人草詞能以示貶黜其後皆以前宰臣爲之皆帶平章事能政宣麻如故而自執政拜使者罷政不復宣麻踵若訥故事也

淮南轉運使舊有二員皆在楚州明道元年七月甲戌詔徙一員于廬州南渡以後廢江淮發運使而治楚州者移治眞州治廬州者移治舒州其後又自舒州移治無爲軍矣

太廟齋郎後改爲假將仕郎政和六年十一月詔假版官行于衰亂之世不可循用改假承仕郎爲將仕郎假承奉承務郎爲登仕郎改舊通仕郎爲從政郎舊登仕郎爲修職郎假從仕郎去假字

見任合改人幷帶假人但改正稱呼更不給告敕

舊貼職止于直祕閣直龍圖閣右文殿修撰三等政和六年九月手詔天下人才富盛赴事趨功者衆不足以待多士可增置直徽猷閣直顯謨閣直寶文閣直天章閣祕閣修撰集英殿修撰凡九等中興以後又增敷文煥章華文寶謨寶章五等矣等級既多遷轉亦易非舊比也

今判部判寺判監判院之稱乃官制未改以前實稱今加于實稱之上可謂重疊背有判刑部判禮部判兵部判工部惟戶吏二部無之蓋以流內銓三司使易其名矣官名既正又加以判甚無謂也其他寺監亦然至于登文鼓檢院進奏院舊稱判政和五年言者謂官制之改稱判者悉除去惟大宗正司以官尊者稱判其次爲知若六院不可復言判也遂詔悉改爲監

今之右文殿修撰舊爲集賢殿修撰政和六年四月奉御筆集賢殿舊無此名祕書省殿以右文殿爲名可改爲右文殿修撰

今之宣教郎卽昔之宣德郎政和四年九月詔宣德郎與宣德門名相犯可改爲宣教郎見任人不別給告但改稱呼

政和四年八月詔改端明殿學士爲延康殿學士改樞密直學士爲述古殿學士恩數品秩並依舊中興以後端明復舊而述古與樞密直皆廢矣

大夫之稱亞于卿而郎官上應列宿文臣以爲階官宜也况其來自古初非創意立名故神宗正官名遠考古制以大夫郎易職事舊稱爲寄祿官若武臣橫行正副使之稱與承制崇班供奉侍禁奉職借職差使借差非名之不正也政和乃悉易以大夫郎之稱此披堅執銳馳騁弓馬者之所宜稱乎橫行以十二階易十二階猶之可也正副使各十九階並以八階易之无乃輕褻名器之甚乎昔之超轉猶作九階之資則是副使四十五年可轉不過四資是減四十五年爲十六年矣祖宗多爲武臣等級責其邊功非有奇功殊勳無因超越故文臣正郎員外各止于三轉而武臣正使副使必各九轉聖君宏模一旦壞于建議之臣使良法美意掃地無遺最甚者稱謂不顧義理所在若文武官名一依元豐之制則人無得而議矣

紹聖二年三月監察御史常安民言乞考祖宗用人之制修立權侍郎遷進法詔三省議之章惇因奏乞自起居郎舍人侍御史帶修撰除者滿三年取旨自七寺卿國子祭酒太常少卿祕書少監直龍圖閣除者滿二年取旨除修撰與外任職事修舉者再留二年取旨除正與外任除待制卽才能爲衆所推績效顯著朝廷特拔擢者不拘此令詔從之且天子侍從之臣非有才能績效而可冒居之乎信如其言殆如銓部註擬常調計資歷歲月者之爲也是時雖出此令卒莫能行章惇之意蓋欲假此令以扼異己之人

而不次超越者則曰人主特拔擢也豈不愚哉

慶曆二年富弼乞罷殿試止令尚書禮部奏名次第唱名蓋以廷試惟用詩賦士子多僥倖故也王堯臣梁適皆狀元及第以爲譏已正月辛巳方從弼之請癸未又從堯臣適之請復舊制

慶曆元年十一月郊祀赦許功臣不限品數賜私門立戟文武官僚許立家廟已賜門戟給官地修建此循唐制也故有兄弟同居而各設門以列戟者想是時必有列戟之制特近代此制不舉无能舉舊事以言者若家廟則終不能行皇祐二年十二月甲申朔復頒三品以上家廟之制從宋庠之請也然一時議者欲令立廟之子孫襲其封爵世降一等自國公而至封男凡五世而封爵之卑者僅一二世或又擬襲封公爵惟三恪先聖之後有之此制一行數世之後必多又子孫或初命卑官不應襲公侯之爵議終不決竟緩不行是不詳考前代之制也君子惜之

國朝自眞宗時法令寖寬臣僚或以恩澤及所轉官爲子孫乞賜科名則召試而授之或乞親屬陞陟註超越差遣自小官卽爲通判知州其降官降差遣亦援此陳乞敍復大抵皆公卿大夫牽于人情而不可拒者積日累月不可數計慶曆四年正月丙戌詔並禁止不得陳乞

今縣邑門樓皆曰敕書樓淳化二年六月癸未詔曰近降制敕決遣頗多或有釐革刑名申明制度多所散失尤以講求論報踰期有傷和氣自今州府監縣應所受詔敕並藏敕書樓咸著于籍受代批書印紙曆子違者論罪則是敕書樓州縣皆有者也今州郡不聞有敕書樓矣

唐有王會圖明皇朝亦有四夷述職圖大中祥符八年九月直史館張復上言乞纂朝貢諸國衣冠畫其形狀錄其風俗以備史官廣記從之是時外夷來朝者惟有高麗西夏注輦占城三佛齊蒙國韃靼女眞而已不若唐之盛也

國初進奏官循五季舊例假官至御史大夫諸國既平天下一統諸州各置進奏官專達京師多至百數混于皂隸不復齒於衣冠之列眞宗大中祥符二年三月戊辰詔諸州進奏官十年以上補三班奉職每遇郊祀敍補五人迄今爲例

种放有別墅在終南山聚徒講學性嗜酒種秫自釀林泉之景頗爲幽勝眞宗聞之欲幸其家而不果咸平六年遣使畫圖以進六月己未召輔臣觀于龍圖閣再三褒美放父詡嘗爲吏部令史出官爲長安簿放幼好學長以古道自任奉母隱居于終南山之豹林谷自稱退士作退士說數千字又號雲溪醉叟太宗朝數召不起張齊賢薦其節行可厲風俗眞宗復遣中使召之起爲左司諫諫議大夫給事中力請還山從祀東封拜工部侍郎終身不娶既卒朝廷錄其姪世雍爲同學究出身

唐人重于避諱國初此風尙在劉溫叟以父名岳終身不聽樂部曲避監臨家諱尤甚太宗雍熙二年六月辛丑詔內外臣僚三代名諱止可行于已州縣長吏不得出家諱新授官職有家諱者除三省御史臺五品文班四品武班三品以上許準敕上言餘不在改請之限然法令明載官稱犯高曾祖父諱冒居者有罪則是與此詔相反也豈非此詔既行之後人無廉恥習以成風故又從而禁之也耶

民間訴水旱舊無限制或秋而訴夏旱或冬而訴秋旱往往于收刈之後欺罔官吏無從覈實拒之則不可聽之則難信故太宗淳化二年正月丁酉詔荆湖江淮二浙四川嶺南管內州縣訴水旱夏以四月三十日秋以八月三十日爲限自此遂爲定制

國初州郡官屬皆長吏自行奏辟姓名未聞于朝已先蒞職洎至命下則已蒞月日皆爲考任大抵皆其宗族親戚也太宗雍熙四年八月乙未詔曰諸處奏薦多是親黨既傷公道徒啓倖門今後如有員缺處當以狀聞自後奏辟不敢私于親戚或犯此令者人得而指擿之稍知所畏忌矣

唐制乘驛者給銀牌五代庶事草創但樞密院給牒太平興國三年李飛雄僞作牒乘驛謀反擒捕伏誅六月戊午詔復舊制應乘驛者並給銀牌中興以後此制不復講矣

仁宗時有染工自南方來以山礬葉燒灰染紫以爲黝獻之宦者洎諸王無不愛之乃用爲朝服乍見者皆駭觀士大夫雖慕之不敢爲也而婦女有以爲衫褑者言者亟論之以爲奇衺之服寖不可長至和七年十月己丑詔嚴爲之禁犯者罪之中興以後駐蹕南方貴賤皆衣黝紫反以赤紫爲御愛紫无敢以爲衫袍者獨婦人以爲衫褑爾

眞宗時試進士初用糊名法以革容私之弊張士遜以監察御史

爲巡鋪官因白主司有親戚在進士明日當引試願出以避嫌主司不聽士遜乃自言引去眞宗是之遂詔自今舉人與試官有親嫌者移試別頭別試所自此始且以御史爲巡鋪官決無容私矣易以宦官不知始于何年也

唐設武舉以選將帥五代以來皆以軍卒爲將此制久廢天聖七年以西邊用兵將帥乏人復置武舉至皇祐元年邊事寖息遂廢此科治平元年九月丁卯復置迄于今不廢淳熙甲辰距治平百二十載矣仲父軒山公知貢舉武舉林嶸陶天麟等來拜謝仲父問之曰朝廷設此科以擇將帥而公等不從軍何也答以不堪笞箠之辱仲父因奏孝宗皇帝乞更舊制申飭三衙沿江軍帥待以士禮至淳熙十四年始施行進士皆願從軍至紹熙庚戌仲父以知樞密院兼參知政事唱進士第復奏光宗皇帝命武舉進士從軍不許軍帥笞辱大罪按奏小罪罰俸此令一出皆願從軍而軍

中無所容之乃自三衙立同正員之額以至江上諸君每舉以二十四員爲額七年爲任第一名同正將第二名第三名同副將第四名以下同準備將而第二十五名以下只注巡尉自後軍帥亦仰承朝廷優卹之意待遇之禮與統領官等或令其兼同統領職事遇出戰多令守寨必自願親行陣者始聽之並軍中自統制以下多是假攝或以準備將而權統制者每於文移公牘書劄榜子削其本職爲寫權職而正遇東班便自居通判之上唯知凶暴陵駕士大夫一聞鉦鼓之聲則惴惴戰栗士大夫信其僞銜不復與較故以守闕進勇副尉爲統制者往往而是若於武舉中選願親行陣者使久於其任而序進之必趨事赴功矣

部吏賣闕之弊自昔有之皇祐中趙及判流內銓始置闕亭凡有州郡申到闕即時榜出以防賣闕立法非不善也然部吏每遇申到匿而不告今州郡寄居有丁憂事故數年不申到者亦有申部數年而部中不曾改正榜示者吏人公然評價長貳郎官爲小官時皆嘗由之亦不暇問太宗皇帝曰倖門如鼠穴不可塞也豈不信哉

國初宦者不過數十人眞宗時漸衆蓋以遇郊恩任子皆十數歲小兒積累至多故也皇祐五年閏七月戊戌言者以爲久弊當革乃詔自供奉官至行門以百八十員爲額遇缺額方許奏補至元祐元年二月又詔自供奉官至黃門以百人爲額然流弊之久終不能革至宣政間動以千數矣

仁宗朝言者以士大夫不安職守惟務奔競乞申嚴戒厲慶曆八年五月丁卯詔中外官滿二年方許差替其三年三十月爲任者仍舊此誠良法也中興以來職事官猶計資考故有須次一兩政者至于三丞以上至于郎官卿監有三四年不遷者故人無苟且之心近年滿年不遷則爲人指目居其位亦恐懼求去是不諳祖

宗典故爾

舊制御試詩賦論士人未免上請于殿陛之上出題官臨軒答之往復紛紜殊失尊嚴之體景祐元年三月丙子詔進士題具書史所出御藥院印給之士人不許上請自後進士各伏其位不敢復至殿庭

國朝待遇士大夫甚厚皆前代所無天聖五年詔臣僚薨卒當賜諡而本家不陳乞者令有司舉行又兄弟同在朝者令連狀封贈此推恩泉壤澤及幽冥也

九年十二月癸丑詔流內銓選人父母年八十以上權聽註近官此教人以孝且厚風俗也康定元年六月壬子詔臣僚之官罷任所過山險去處差軍士防送无過迎送人之半此閔其道路羈旅恐不得其所也仁宗施恩于臣下者如此可謂仁矣先是咸平六年眞宗詔命官遷謫嶺南亡歿者並許歸葬官給緡錢如親屬年

幼差牙校部送至其家蓋其人雖犯罪而其死則可閔威以懲其罪恩以恤其死施于死者猶爾況生者乎施于有罪者猶爾况無罪者乎仁宗可謂弘家法矣

宗室年五歲則官爲廩給此祖宗舊法也皇祐二年判大宗正事允讓請自三歲廩給仁宗以太過三月甲辰詔宗室三歲以上官爲給食今又復以五年爲限矣

西京學校舊爲河南府學景祐元年詔改爲西京國子監以爲優賢之所

商稅之任今付之初官小使臣或流外校尉副尉州郡縣令亦鄙賤之曾不思客旅往來鄉民入市動遭竭澤又復營私掩爲已有害民有甚焉者眞宗景福二年三月癸未詔商稅三萬貫以上選親民官監給通判添支所以重譏征之寄近時理親民資序爲監當者未之聞也往往以爲浼己不肯藝就矣然朝廷以場務之寄

責之長貳縣令知監當之雖于其人也故康定元年六月壬子詔天下州縣課利場務十分虧五釐以下州通縣令罰俸一月一分以下兩月二分降差遣增二分陞陟差遣賞罰不及于監當有深旨矣

大中祥符四年十二月己未越州言會稽縣民裘承詢同居十九世家無異爨詔旌表其門閭屈指今二百三十六年矣其號義門如故也予嘗至其村故廳事猶在族人雖異居同在一村中世推一人爲族長有事取決則坐于廳事有竹箄奕世相授矣族長欲撻有罪者則用之歲時會拜同族咸在至今免役不知十九世而下今又幾世也予嘗思之裘氏力農无爲士大夫者所以能久聚而不散苟有驟貴超顯之人則有非族長所能令者况貴賤殊塗炎涼異趣父兄雖守之子孫亦將變之義者將爲不義矣裘氏雖無顯者子孫世守其業猶爲大族勝于乍盛乍衰者多矣天之祐裘氏者豈不甚厚乎

國初進士詞賦押韻不拘平仄次第太平興國三年九月始詔進士律賦平仄次第用韻而考官所出官韻必用四平四仄詞賦自此整齊讀之鏗鏘可聽矣

司天監官自挈壺正轉保章正靈臺郎直長局丞至冬官正僅五遷爾舊制五年一轉或謂較之武臣洎醫官則大優欲增其等級慶曆五年六月乙卯朔詔自保章正至五官正十年一遷官雖循轉甚遲然比承信郎轉至武翼郎猶爲優矣

承平時溫州鼎州廣州皆貢柑子尙方多不過千或百數其後州郡苞苴權要負擔者絡繹又以易腐多其數以備揀擇重爲人害天聖六年四月庚戌詔三州不得以貢餘爲名餉遺近臣犯者有罰然終不能禁也今惟溫有歲貢鼎廣不復有之矣

五季日尋干戈其于軍卒尤先激厲凡一軍頭非有戰功皆號伴

飯指揮使皇朝一統邊境無虞伴飯者衆乃詔以處有罪者凡爲此職人皆望而知其犯罪也大中祥符二年二月詔改軍頭伴飯指揮使爲散指揮使然自此人不復以爲恥而激厲之權微矣

皇朝初下江南置水路陸路發運二使運江南之粟以贍京師其後以陸路不便悉從水路雍熙四年四月己亥詔合水路陸路發運爲一路以王繼昇掌之董儼爲同掌自此迄于宣和不改

國初進士期集以甲次高下率錢刋小錄事遊燕或富而名次卑所出无幾或貧而名次高至於假丐熙寧六年三月庚申詔賜進士及第錢三千緡諸科七百緡爲期集費一時歆豔以爲盛事次舉熙寧九年三月戊寅練亨甫奏罷期集錢止賜錢造小錄及第五百千諸科二百千而遊燕之費復率錢爲之至元祐三年三月甲戌詔復增進士錢百萬酒五百壺爲期集費相仍至今定爲千七百緡而局中凡所率錢皆以小錄爲名而同年得與燕集者无

幾又爲議事者日叨飲食所得小錄題名紙札裝潢皆精緻不費一金其不與職事者出錢而所得絕不佳不沾杯酌无乃大不均乎

元豐四年二月乙卯詔東南團結諸軍爲十三將蓋太祖皇帝初下江南人心未一分禁旅以戍之歲月寖久與郡州之兵無別故也淮東第一淮西第二浙西第三浙東第四江東第五江西第六湖北第七湖南第八全邵永第九准備廣州應援福建第十廣東第十一桂州今靜江府第十二邕州第十三廩給特厚與禁衞比若江上諸軍乃諸郡兵額因勤王入援失其土地故以駐劄名之其廩給與將兵不同况州郡之兵乎

僧道度牒每歲試補刊印板用紙摹印新法既行獻議者立價出賣每牒一紙爲價百三十千然猶歲立爲定額不得過數熙寧元年七月始出賣于民間初歲不過三四千人至元豐六年限以萬

數而夔州轉運司增價至三百千以次減爲百九十千建中靖國元年增至二百二十千大觀四年歲賣三萬餘紙新舊積壓民間折價至九十千朝廷病其濫住賣三年仍追在京民間者毀抹諸路民間聞之一時爭折價急售至二十千一紙而富家停榻漸增至百餘貫有司以聞遂詔已降度牒量增價直別給公據以俟書塡六年又詔改用綾紙依將仕郎校尉例宣和七年以天下僧道踰百萬數遂詔住給五年繼更兵火廢格不行南渡以後再立新法度牒自六十千增至百千淳熙初增至三百千又增爲五百千又增爲七百千然朝廷謹重愛惜不輕出賣往往持錢入行都多方經營而後得之後又著爲停榻之令許容人增百千輿販又增作八百千近歲因給降轉多州郡至減價以求售矣

至和元年二月乙未因大雨雪詔天下長吏詳酌公私房錢與放三日非過大雨雪不許蠲放仍每歲不得過三次是時天下承平百餘年矣仁宗皇帝凝神穆淸而念慮及于細微眞聖主也

國初凡事草創學校教養未甚加意皇祐三年七月壬子詔大學生舊制二百人如不足止百人爲限其簡如此元豐二年十二月乙巳神宗始命畢仲衍蔡京范鏜張璪詳定于大學剏八十齋三十人爲額通計二千四百人內上舍生百人內舍生三百人外舍生二千人崇寧元年徽宗剏立辟雍廣增生徒共三千八百餘人內上舍生二百人內舍生六百人教養于大學外舍生三千人教養于辟雍廢大學自訟齋大學之不率教者移之辟雍以祭酒總治兩學辟雍別置司業丞各一人博士十人正錄各五人分爲百齋講堂凡四所其後王黼反蔡京之政奏廢之而辟雍之士大學無所容矣

自江南既平兩浙福建納土之後諸州直隸京師无復藩府惟河北河東陝西以捍禦西北二虜帥臣之權特重其他諸路責任監

司按察而已嘉祐四年五月丁巳始詔楊廬江寧洪潭越福七路兼本路軍馬鈐轄各置禁軍駐泊三指揮越福二指揮以威果爲額每指揮四百人各路兵馬都監二員越福一員其後二廣經略京東西路安撫江東西路安撫皆因事令守臣兼領而加以鈐轄之名以至兩浙四川皆以調發之故後又改鈐轄爲總管而四川至今仍舊名開端于嘉祐之時而定制于中興之後然帥臣大抵權輕當緩急之時罕能成功承平無事惟事校閱而已矧自勤王諸將分爲駐劄州郡之額闕不復補名存實亡然人存政舉苟擇人而用之仍委以久任庶幾緩急有所恃也

舊制殿試皆有黜落臨時取旨或三人取一或十人取一或三人取二故有累經省試取中屢擯棄于殿試者故張元以積忿降元昊大爲中國之患朝廷始囚其家屬未幾復縱之于是羣臣建議歸咎于殿試黜落嘉祐二年三月辛巳詔進士與殿試者皆不黜

落迄今不改是一叛逆之賊子爲天下後世無窮之利也

通判舉人改官與太守同自提舉常平使者列于監司諸路頓增員數熙寧元年十二月始詔通判不得舉人改京官元豐初詔改官人五日引一甲一甲三人歲以百四十人爲額至元祐元年四月罷諸路提舉常平再命通判歲終舉改官一人或縣令一人間舉十二月以改官員多吏部侍郎孫覺請歲以百人爲額從之紹聖三年吏部乞以每甲五人引見不拘數則是歲有三百餘員也中興以來改官人數絶少歲不過數十人雖令選人舉官逐員放散數亦不增至紹熙初號爲頓增亦僅三十餘員慶元以後歲有溢額蓋孤寒路絶得舉官五員俱足而不得者多不破白勢使然也

納粟補官始以拯饑後以募民實粟于邊自王安石開邊國用不足而致粟于邊頗艱應募者寡元祐二年八月詔進納人許其改

官歷四任十考增舉主二員職司二常員五自此人樂於應募此法雖明未聞有改秩者或謂中興以後有一人官至太守忘其姓名

舊制監司太守舉京官有定數縣令初不限員數皇祐二年五月庚午京西提點刑獄張易舉十六人縣令乃詔河北陝西漕舉十二員憲六員河東京東西淮南漕十員憲五員兩浙江東西福建湖南北廣東西益利梓路漕憲各四員夔路漕四員憲二員六路制置發運使副六員開封府諸州軍各一員然立法之初舉縣令有出身三考無出身四考有舉主二人移注近縣令任滿無贓私升幕職再任知縣再任滿引對改京官則是受舉之後歷知縣兩任六考改官此天聖七年閏二月甲辰詔書也至熙寧四年詔再任知縣縣令人須有安撫轉運提刑知州通判奏舉五員方許再任內有職司二人者亦聽此乃就任改官也政和間又以州縣增官員復增舉員中興以來一循前例然亦時有增損

舊制特遷官者其理磨勘並自受告日爲始故有垂當磨勘忽拜特恩前功俱廢熙寧六年八月丙申詔文武臣僚特遷官者不隔磨勘施恩甚均人蒙實惠至今仍之

景祐三年五月詔中外臣僚許以家書附遞明告中外下進奏院依應施行蓋臣子遠宦孰無墳墓宗族親戚之念其能專人馳書必達官貴人而後可此制一頒則小官下位受賜者多今所在士大夫私書多入遞者循舊制也

國朝因唐制取士只用詞賦其解釋諸經者名曰明經不得與進士齒王安石罷去詞賦惟以經義取士元祐元年十一月立經義詞賦兩科用侍御史劉摯之言也

國初致仕以旌表士大夫之恬退者非如後世已死僞爲之也眞宗時主客郎中謝泌言致仕官如淸名爲衆所推粗有勞効方可

聽其納祿咸平五年五月丙戌詔年七十退者許致仕如因疾或歷任有贓犯者不在此限大中祥符九年正月詔乞致仕者審官院具歷任有無贓犯檢勘吏部申上取旨仁宗天聖四年始詔郎中以上致仕與一子官明道元年二月甲子又詔員外郎以上致仕者錄其子爲祕書省校書郎三丞以上爲太廟齋郎二年正月庚寅又詔三丞以上致仕無子聽官嫡孫若弟姪一人降一等凡此者皆以利誘之也景祐三年六月甲戌侍御史司馬池上言文武官年七十令自陳致仕依舊敕與一子官如分司給全俸違者御史臺糾察特令致仕更不與子官及全俸詔榜朝堂皇祐三年二月戊子又詔文武官年老無子孫奏朞親一人至和元年十二月庚子又詔文武官年七十以上未致仕更不考課遷官有功於國有惠於民勿拘嘉祐三年十二月辛未又詔年七十居官犯事未致仕更不推恩子孫凡此者皆以法繩之也慶曆二年六月壬

申朔御史中丞賈昌朝上言臣僚年七十筋力衰者優與改官致仕詔從之此以賞勸之也況法初行須受命之後陳乞恩澤病者尚不許豈容已死僞爲其後又限以受命後身故者方許陳乞恩澤後又但以陳乞後身故者放行而詐僞者公行不忌矣今士大夫解官持服批書丁憂月日或與其父致仕月日自相抵牾有司未嘗詰也至徽宗朝始放行員外致仕恩澤政和二年張克公乞依武官副使非降黜中身亡者聽蔭補從之詳考前後詔令斃端於眞宗之朝而詳密於仁宗之朝待遇甚厚防之甚嚴責之甚備然上勞聖訓丁寧至于六七而不已亦可見風俗之趨于薄而士大夫能守知足之戒者鮮矣

眞宗以朝官注擬于堂貧者留滯逆旅無以爲資乃置朝集院于朱雀門外此咸平四年四月癸丑詔也院既成詔陞朝官以上到闕並館于院中官給公券出入則乘馬開封府差兵士隨直惟可至廟堂省部銓曹官廳而已雖欲出入市廛不可得也故陞朝官以上造朝則先匿于親戚故舊之家俟所幹悉備方敢報闕門放見蓋閤門即日關報朝集院開封府人馬即至迎入院中雖不可出入而同院中士大夫日夕遊從情如兄弟或商榷文字或彼此詢問土風或因而結交互相推薦其況味與棲棲逆旅者大不侔矣景祐二年十月辛亥詔復增置以士大夫之來者日多故也」

國初擢用人才不問資序有初補京官便除知州或差通判既不知仕途之艱苦小官往往遭其慢視又且未歷民事不諳民間疾苦淳化四年十一月庚午蘇易簡上言初任京官未歷州縣不得擬知州通判詔從之然惟施之常調爾若人主特除則又不在此例呂公弼年十九以水部員外郎即知廬州正仍易簡所論不以改制而止也

説郛卷第九十六終

説郛卷第九十七

金山志

釋惠凱

方輿覽勝曰山在江中去城七里唐李錡鎭潤州表名金山自裴頭陀開山得金故名山前有三島號石牌稱郭璞墓按唐書韓滉羅建中之難陳少游在揚州以甲士三千臨江大閲滉亦總兵臨金山與少游會則是建中之時已有金山之名非始于李錡也長編建炎四年夏兀朮回至鎭江韓世忠提兵駐揚子江金山以邀之虜衆數萬世忠戰士纔八千兀朮約日會戰世忠募海船百餘艘泊金山下預命工鍛鐵爲長綆貫一大鈎比合戰世忠分海舟爲兩道每櫓一綆則拽一舟而入虜不得渡以輕船絶江而遁俘獲殺傷者甚衆周洪道雜記云山在京口江心上有龍游寺登妙高峯望焦山海門皆歷歷此山大江環繞每風四起勢欲飛動故南朝謂之浮玉山別有山島相傳爲郭璞墓大水不能沒下元水府亦在此諺云焦山山裹寺金山寺裹山

郡志曰龍游寺在金山舊名澤心寺不知始于何時或云始晉建武梁高僧傳天監四年武帝親臨寺設水陸大會宋熙寧中有進士楊諤者作金山水陸因緣引此事載于記中有碑見存祥符圖經寺起于唐之裴頭陀而尙書孫覿上梁文有曰萬川東注一島中屹長江介吳楚之衝故刹踵梁陳之舊與祥符圖經頗異咸平中寺僧幼聰獻山圖詔遣內侍藍繼宗賜大藏經祥符五年詔改山曰龍游天禧五年又遣內侍江德明就粧飾佛像給錢三百萬市木修寺寺僧表求舊名詔山曰金山寺曰龍游

有二塔曰薦慈宋丞相曾布元符末知樞密院事于金山建造追親遂請于朝賜額曰薦慈布有蘆場七十頃在建康至是撥故相王安石捨田蔣山例盡以施之永爲塔下香燈資薦慈母中廢淳

熙初重建

有臺曰妙高元祐初主僧了元立東坡有詩

有室曰楞伽宋太子少保張安道自翰林學士出守滁州一日入瑯琊山藏院呼梯梯梁得木匣發而視之乃楞伽經也恍然覺其前身葢寺之僧也寫楞伽經未終而化安道續書殘軸筆跡宛然如昔元豐末東坡居士蘇軾過南都安道以此經授軾且以錢三十萬使鏤板印施于江淮間軾曰此經在他人猶爲希世之瑞况于公乎請家藏爲子孫無窮之福金山龍游寺主僧了元謂軾曰印施有盡書而刻之則無盡矣軾乃留金山元請代書之使侍者曉機走錢塘求善士鏤板流傳四方乾道丙子主僧寶印卽軾寫經處扁曰楞伽室

有四堂一曰浮金宋徐無用邀東坡同遊二曰雄跨乾道初淮東路總管洪造取孝宗詩中語揭之三曰玉鑑翰林學士蘇紳詩有僧依玉鑑光中住人踏金鰲背上行之句取以揭之四曰水陸延祐間兩建水陸大會佛海慈慧禪師應深撰碑

有四閣一曰化城宋丞相王安石僧仲殊皆有詩二曰無邊三曰金鰲四曰奎文宋高宗幸建康孝宗以元子扈從道由金山賦詩有云崒然天柱鎮中流雄跨東南二百州郡守方滋刻石于閣下有記有六亭一曰留雲二曰呑海三曰回瀾四曰觀瀾寶祐四年主僧永茂重建五曰煙雨奇觀六曰江山一覽淳祐十年理宗御書大字賜臣趙葵遂于無邊閣西創庵揭之

遼東志略 一卷

遼東地方數千里東踰鴨綠而控朝鮮西接山海而抵大寧南跨溟渤而連靑冀北越遼水而亘沙漠又東北至奴兒干梁海有吉列廷諸夷之地咸屬統內稽古州郡有沿有革或合或分名號不一雖以槩載若不備之于註則始末奚詳今以歷代統屬提其要而因以事實繫于下繼之以目

一曰遼東遼在九州之東故名遼東

一曰遼陽水北曰陽遼東西之地其南皆遼故曰遼陽

一曰襄平遼東地所理漢之城名不知何所取義郡名襄平者以城而得名也漢初有襄平侯紀通嬌制納周勃于北軍討平諸呂

遼西

以在遼水之西故曰遼西上及漁陽大寧廣寧遼東皆古遼西也

樂浪 音洛郡

漢武元狩中開其地置郡本朝鮮地箕子所封高麗所都之平壤城卽漢之王儉城樂浪之所理也

玄菟

古朝鮮地漢武置郡去幽州東北三千里明帝築玄菟城

眞番

東夷國名應劭曰玄菟郡本眞番國漢武置郡

臨屯

漢武元狩中置郡

帶方

古帶方國漢末曹操置在遼東之東屬平州括地志云帶方故城在樂浪界

夷國　肅愼氏

史記虞舜本紀北山戎發肅愼鄭玄曰肅愼五百里北與沃沮相接自周武王至魏高貴鄉公東晉元帝及石季龍時皆貢楛矢名石砮其國東北山出石其利如鐵取以爲鏃卽石砮

靺鞨

括地志云肅愼氏卽今靺鞨有黑水靺鞨渤海靺鞨沈括曰黑山在大幕之北有城在其西南名慶州予奉使嘗帳宿其下土石皆

紫黑水出其西所謂黑水也靺鞨居黑水之北國名黑水靺鞨其渤海居扶餘城爲阿保機所滅改東丹國

勿吉

本肅愼氏之國後魏以後名勿吉

挹婁

東夷種名肅愼氏國也在扶餘東北卽魏時挹婁國

朝鮮

周初封箕子國于朝鮮餘見後高麗註

高麗

本朝鮮地漢武置縣屬樂浪郡後漢以後累代皆受中國封爵都平壤城卽朝鮮國王儉城也本扶餘別種平壤城亦名長安有水出靺鞨之白山若鴨綠水人喜學至窮理亦矜勉

新羅

居漢樂浪地在百濟東南魏平以後分王三韓之地

百濟

馬韓之屬也本扶餘王東明之後有仇台者篤于仁信立國于帶方故地遂爲東夷強國初以百家濟海因號焉東極新羅高麗西南俱限海其都曰居枝城亦曰固麻城

高句麗

東夷國名居遼東之東其先出扶餘王嘗得河伯女閉于室内爲日光所照旣而有娠生一卵置暖處有一男破卵而出及長字之曰朱蒙其俗言朱蒙者善射也雖一矢殪獸甚多扶餘人欲殺之朱蒙走紇骨城居之號曰高句驪因以高爲氏

扶餘

地名在長安城北本高驪國王子東名者王欲殺之走渡施掩水因都扶餘故以爲號在高麗北挹婁南有軍事則祭天殺牛觀蹄以占吉凶解者爲凶合者爲吉其王葬用玉匣也

東胡

東胡在瀛州之東北瀛州之境卽東胡烏桓地服虔曰東胡乃烏桓之先其後爲鮮卑國在匈奴東故號東胡

烏桓

與鮮卑皆東胡種漢初匈奴冒頓破東胡餘衆散保烏桓鮮卑二山因以爲族

鮮卑

國在遼東後有居遼水西者餘見烏桓註

渤海

本粟靺鞨附高麗者姓大氏南北皆新羅東窮海西初爲渤海郡唐寶應初爲渤海國北有五京十五府六十二州東京曰龍原府南曰鴨綠府去長安八十五里

沃阻

東夷國在高麗馬大山之東

辰國

古有三韓國曰馬韓曰辰韓曰弁韓此其一也在朝鮮眞番之東濊貊之南

濊貊

東夷國名三韓之屬與高麗同種在辰韓之北高麗沃阻之南朝鮮之東東窮大海皆以濊爲氏

北貉

北方貉種卽濊也與高麗同種在辰韓北朝鮮東東窮大海

契丹

東胡種居西樓在潢水南黃龍北得鮮卑故地或以爲鮮卑遺種至元魏時自號契丹五代末稱太陽契丹分其地有二水一曰北

也里沒里華言正河源出中京西馬盂山東北流一曰島羅箇沒理華言潢河源出饒州南西平松林在東流至木葉山與土河合流爲一相傳初有男子乘白馬浮土河下一婦人乘小車浮潢河而下遇于木葉山顧合流之水遂爲夫婦此其始祖

女眞

本完顔氏始居按出虎水于是國號大金至阿骨打始大按出虎華言金地有金綫河在今上京會寧府女眞種類不一開原以南爲熟女眞宋以前曰女眞元祖名帖木眞改眞爲直

孤竹國

在平州濱東海地志孤竹國城在遼西今文縣

白霫奚 音習

奚本號庫莫奚其先東胡宇文之別種爲匈奴所破竄居松漠之東與突厥同俗魏書達奚薄奚統奚吐奚四氏皆其部族也至隋

始去庫莫而但曰奚唐末居陰涼川在幽州西南即白霫蠻也鐵勒諸部之號其後契丹號奚萬舉部役屬于霫有東西奚

稽古定制 一卷

唐制

一凡王公以下屋舍不得施重栱藻井三品以上堂舍不得過五間九架廈兩頭門屋不得過三間五架五品以上堂舍不得過五間七架廈兩頭門屋不得過三間兩架仍通作烏頭大門六品七品以下堂舍不得過三間五架門屋不得過一間兩架非常參官不得造抽心舍及施縣魚瓦獸豸梁粧飾其祖父母舍宅門廕子孫雖廕藎聽依舊居住其王公以下及庶人宅皆不得造樓閣臨人家庶人所造房屋不得過三間四架不得輒施裝飾

家制

一凡公宇棟施瓦獸門設梐枑諸州正衙門及城門並施鴟尾不得施拒鵲六品以上宅舍許作烏頭門父祖宅舍有子孫許仍之凡庶民家不得施重栱藻井及五色文彩爲飾仍不得四鋪飛簷庶人屋舍許五架門一門兩廈而已

一凡屋舍非邸殿樓閣臨街市之處毋得爲冂殿作閙間入非品官毋得起門屋非宮室寺觀毋得彩畫棟宇及硃漆梁柱窗牖雕鏤柱礎

一太祖詔自今觀察防禦團練使刺史知州通判等能任日其官舍有破損及增修文帳以次交付其幕職州縣官代替日具曾修葺及創造舍宇劄子方許給由如損壞不完者殿一選

一承平時在京官多無廨宇外任官有廨舍而新舊交承不容他官居占今後職事官並以見占屋宇爲廨更不許移易

勸善錄 一卷　仁孝皇后

唐盧陵太守龐企字子及自說其遠祖不知幾何世常坐事繫獄

而非其罪不堪拷掠自誣服之及獄將上有螻蛄蟲行其左右其祖乃語螻蛄曰使爾有神能免我死不亦善乎因投飯與之螻蛄食飯盡去有頃復來形體稍大意每異之乃復與食如此去來至數十日間其大如豚及報當刑螻蛄夜掘壁根爲大孔乃破械縱之出去久時遇赦得活于是龐氏世世常以四節祀螻蛄于都衢處後世稍怠不能特爲饌乃投祭祠之餘以祠之

宋秀州華亭縣吏陳生者爲錄事不問事之曲直惟冒賄稔惡常帶一便袋每事即納其中既死夢其家人曰我已在湖州歇山寺爲犬家人驚慘詣寺問犬聞家人至急避于僧寮榻下意若羞赧家人竟不得見而去僧呼犬語曰陳大錄你家人去矣即擺尾而出見腹下垂一物若便袋狀有皮帶周匝繫腹隱隱可辨

宋開州吏徐林病死後夢所親曰吾平生行事但取快目前今到陰司始知有罪吾三日後托生在窜巷丘家幸見救度但身掛數

片皂衣者是也以手掩面號哭而去至期詢訪丘家是日乃生一黑花犬子

元江州田文英稟性毒虐婢僕有過則椎其脛皆蹣跚行躄至元乙亥北兵至境箭中其脛鏃入脛骨受苦三年而死人以爲椎脛之報

宋庾道季以久病醮告保命眞君曰庾道季處陽官貴勢不能順天用法憒憒慢信心形不同自少及長善功無一積惡不改罪目已定死在旦夕方欲修德以求濟免不亦晚乎數日果卒

明崇儼精于妖術凡物在千里外片時皆能立致一日獨寢室中無何爲鬼所刺既死刀子猶在心上人皆謂役鬼過苦鬼殺之也

宋朱勔喪父作黃籙醮請茅山道士陳赤東彥眞拜章伏待報應但見金甲神人仗劍叱云朱勔父子罪惡貫盈上天不赦汝焉得爲拜章彥眞不敢言于勔私爲親密者道不踰三年勔敗

漢河間王病瘕醫莫能治有玄俗者自言河間人也合巴豆雲母賣于鄉市七丸一錢治百病河間王買其藥服之下蛇數頭問其藥意俗曰王病乃六世殃非今世所招也王嘗放乳鹿麟母也人心感天故當遇俗耳語竟遂不見後見在常山下

宋景公二十七年熒惑守心心宋之分野景公憂之司星子常曰可移于相曰相吾股肱曰可移于民曰君者待民可移于歲曰歲飢民苦吾誰爲君子常曰天高聽卑君有君人之言三熒惑宜有動于是候之果徙三舍在位六十四年薨也

宋章齊一能詩好嘲人有醜行必形于詩由是盛傳不復可掩其間不無溢惡甚至破人婚姻隔人眷屬竟以此故晚得惡疾嚙舌而卒

陳司馬申能佞人主顏色有忤已者必以微言譖之申時晝寢于尚書省有烏啄其口流血時論以謂譖人之效烏羽族以好鳴見罪于人而能嫉讒如是使烏多力必能殺身不但于啄其口也

宋蛾眉令奉議郎王湘紹興辛巳歲因觀感應篇焚香誓行數十件事後氣疾昏悶殊絕更衣而臥男女環泣覺身在半空間哭聲如蜂蠅少頃有人云王湘方欲行感應篇中善事且速放還已而遂甦

夷堅志陰德 十卷　洪邁

林積南劍人少時入京師至蔡州息旅邸臥覺床簀間有物逆其背揭蓆視之見一布囊其中有錦囊實以北珠數百顆明日詢主人曰前夕何人宿此主人以告乃巨商也林語之曰此吾故人脫復至幸令來上庠相訪又揭其名于室曰某年某月日劍浦林積假館遂行商人至京師取珠子欲貨則無有急沿故道處處物色之至蔡邸見其榜即還訪林于上庠林具以告曰原珠具在然不可但取可投牒府中當悉以歸商如其教林詣府盡以珠授商府

尹使中分之客曰實固所願林不受曰使積欲之前日已爲己有矣秋毫無所取商不能強以數百千就佛寺作大齋爲林君祈福林後登科至中大夫生子文字德新爲吏部侍郎

衞仲達字達可秀州華亭縣人爲館職時因病入冥府立庭下俟命有四人坐其上西嚮少年者曰爲他檢一檢三人難之少年曰若不檢如何行遣三人曰渠已是合還何必檢恐出手不得爾少年意不可回攝衣謚意吏捧牙盤而上中置紅黑牌二紅者以金書善字黑者白書惡字少年指黑牌吏持以去少焉數人捧簿書出盈庭即有一秤橫前兩皆有枰吏舉簿置東枰枰重壓至地地爲動搖衞立不能安三人皆失色曰向固云不可檢今果爾奈何少年亦慘沮有悔意須臾曰更與檢善看吏又持紅牌去忽西北隅微明如落照狀一朱衣道士捧玉枰出四人皆起立道士至居中而坐望玉盤中文書僅如箭大吏持下置西枰枰亦壓地而東

梓高舉向空大風飆起捲其紙蔽天如烏鳶亂飛無一存者四人起相賀命席延衛坐衛拱手曰仲達年未四十平生不敢為惡何由薄書充塞如此少年曰心善者惡輕心惡者惡重舉念不正此即書之何必真犯也衛謝曰是則然矣敢問善狀何事也少年曰朝廷興工修三山石橋君曾上書諫此乃奏章也衛曰雖曾上疏朝廷不從何益于事曰善之在君盡矣君言得用豈只活數萬人命君當位極人臣奈惡籍頗多猶不失八座勉之遂遣人道歸後至吏部尚書

明州定海縣人蔣員外者輕財重義聞子姪中有不肖鬻田產者必隨其價買之既久度其無以自給復舉以還不取錢久而既貲又還至有數四者嘗泛海以趨郡偶柁樓便旋為回風所擊遂溺水舟人挽其衣救之不可制舟行如飛方號呼次遥見一人冉冉立水上隨風至舟所視之乃蔣也急取之問所以曰方溺時覺有

一物如蓬藉其足適順風吹蓬相送故得至人以為積善報云

許叔微字知可真州人家素貧夢人告之曰汝欲登科須積陰德許度力不足惟從事于醫乃可遂留意方書久之所活不可勝數計後夢前人來持一詩贈之其詞曰藥有陰功樓陳間處堂上呼盧唱六作五既覺姑記之于牘紹興壬子以第六登科用升甲恩加第五人得職官其上陳祖其下樓材夢已先定也

張成憲字維永監陳州糧料院時宛丘尉謁告暫攝其事捕獲強盜兩種合共五人送于縣具獄未上尉即出參告白郡守求合兩盜為一冀人數滿品可優得京官郡守素與尉善許諾以諭張張曰尉欲賞無不可若令竄易公牘合二者為一付有司鍛鍊遷就則成憲不敢為郡守不能奪尉殊忿恨殆成仇怨後十二年張為江淮發運司從事設醮茅山夜宿玉宸觀夢其叔告曰陳州事可保無虞但不可轉正郎已而殿庭上王者問曰此中文籍甚明無用証即出見一直符使各抱一錦綳與之曰以此相報張素无子是歲生男女各一人又七年轉大夫官得直祕閣而終考焉

張文規字正夫筠州高安人以特奏名入官再調英州司理參軍真陽縣有民張五者數輩盜牛里人胡達朱炎張運張周孫等保五追捕之羣盜散走獨張五抗拒不去殺人而取其貲盜不得妄以被劫告于縣縣令吳邈欲邀功盡取達炎以下十一人送獄刻以為強盜殺人鍛鍊備至皆自誣服至運二人瘐死既上府事下理院文規察囚辭色疑不實一問得其情又獲盜牛黨以證獄具胡達以手殺之杖脊餘人但等第杖斷而已炎運乃無罪時元祐七年也吳邈計不行恚忿歸番禺嘔血死文規雪冤獄活十人當得京秩郡守方希覺以其老年無援不剡奏但以舉者遷撫州臨川丞紹聖四年之官明年夏四月癸卯以檢屍感症遂困勺水不入口者一月昏不知人四體皆冷喘息不屬醫以為必死家人環

泣待盡越五月辛未忽微作聲索水飲身漸能動大言曰速差人搬取行李家人以為狂至夜半神氣始定乃言方病在床聞一人呼云英州下文字出視之有公吏三四輩曰攝官人照證事吾甚恐不知其由告以病篤乏力不能行又無公服吏曰彼中自有公服已具舟岸下矣某不得已與俱往登舟頃間已至英入城視井邑人物歷歷如舊唯市中酒樓不見問左右曰焚之矣吏止之令少行曰俟取公案須臾而至問何等文書曰吳邈解胡達案也吾念邈死已久何為追我方悟已死強行前入大官府門廡嚴峻戈戟列衛甚憯有同行者十餘人將入一門一卒持衣冠至服而入或告曰有持水漿來者切勿飲飲則不得還又前至一門衛兵愈盛力士數百皆執斧鉞果有持水至同行者皆飲吾辭以不渴又易茶持來復辭之其人怒曰何為難服事也遂復前行追者先入門出引衆俱進見殿宇樓觀金碧相照殿上垂簾目不敢仰視潛

問追者殿上爲誰曰王俄傳呼驅同行者使前旋卽捽去最後方及吾闡簾內所問枲吳邈事一一以實對王曰吾亦詳知然必須卿至結正者賞將實銜吾奏曰臣自勘使獄此十人將死得生獨不蒙朝廷賞勞敢問其說王曰臨川丞卽酧賞也吾曰准賞格當改合入官而今但用舉者循資耳王曰豈有舉主二人而遽得丞大邑乎蓋吾初得三薦章旣赴部而廣東提刑王彭年者以不用不謂冥間知之如此的遂奏曰官職旣有定分願以微功少延壽數卽聞殿上索簿俄有吏抗聲云已蒙王判則見文書自簾出降付衛者引吾至所司遙見吳邈荷校于簾下而朱炎張運立其傍吾借書欲觀衛者不可曰至司則見矣指司吏曰此濮州舉人也行己正直明法下第故死得主判于此至司揖吏問所判吏出示紙尾有添一紀三字吾佯爲不曉以問吏吏曰子宿學老儒豈不曉一紀之義乎十二年也子有雪活十人之功故王以一紀報之

此人問希有事也適在王所聞子應對王甚善夫上帝好生而惡殺經云與其殺不辜寧失不經又云好生之德洽于民心凡引此類數十端不能盡記吾從容謂之曰公本貫濮州邪吏愕曰何以知之吾笑曰平生聞濮州大鍾果有之乎吏作色曰此非戲所勿輕言復引出至殿下叩簾奏訖吏牽吾令退吾又前曰適蒙判增一紀六十七矣計其所增當至七十九然先父壽止七十八豈有人子而壽過其父乎王曰不然人壽短長係乎所修父子雖親不必同也遂拜謝而出見廊下一大門守衛嚴密吏曰都獄門也其間各有獄凡貪淫殺害嚴刑酷法譏陷忠良毀敗善類不問貴賤久近俱受罪于此欲入觀不可望見門內一僧持磬吏曰導冥和尚也凡人死魂皆此僧導引廊上有欄楯如州縣所謂沙子者其間亦有一女子年十七八呼曰聞官人得歸杭州煩爲白知州許朝散云十二娘至今未得生天願營功果救拔我朝散將來欲解保舉官人吾默思許守今年舉狀已盡安能及我俄聞傳呼張文規與罪人通語言驅至王所王問爲吾以實告王曰能爲言之理無所礙彼此當有利益吾遂行恐忘女子之言又至司就吏借筆書十二字于臂上忽追出見元追者引登舟行至一城乃南雄州也有黃衣來報方提舉已追至此乃英守方希覺者見提舉江西常平吾猶憶其任英時不保奏鞠獄事走卒妄言悅我以求利詰其所在曰在某所往求之不見復登舟卽抵岸送者推出船遂寤視臂間十二字隱隱若存時病已經月腰胯間肉壞見骨善醫者以水銀粉傅之肌肉立生許朝散者臨川守許中復也十二娘者乃其兄之女也聞其事者誦佛書飯僧薦之而方希覺者以文規甦後始死蓋氣未絕時精爽已逝矣文規在告幾百日漕司以爲不勝機郡守體量時罷之許守得其事實明言病愈已堪蒞務乃悟女子所謂保舉及王言彼此利益後有客自英來云市樓果爲

火所毀明年文規以通直郎致仕大觀二年七十八矣夢一羽衣來云向增壽一紀今數足矣陰君以公在英州嘗權司法斷婦人曹氏斬罪降作絞刑又添半紀文規寤而思之曹氏者本罪當斬欲全其首領故以處死定斷旣去官刑部駁問以爲失出偶事在赦前又王氏已死無所追上但索印紙批書而已至和四年乃卒年八十三考再生及夢凡增一紀有半當得十八年而盡十六年蓋自生還之歲至得夢時首尾爲一紀又自夢歲至終年爲半紀云

神僧傳 九卷

訶羅竭者莫詳氏族少出家誦經一日二萬言性虛玄守戒節善舉措美容色多行頭陀獨宿山野晉武帝太康九年暫至洛陽時疾疫流行死者相繼竭爲呪治十差八九至晉惠帝元康元年乃西入婁西至山石室中坐禪此室去水遠甚時人欲爲開澗竭曰

不假相勞乃自以左脚碾室西石壁壁陷沒指既拔足水從中出清香甘美四時不絕來飲者皆止飢渴除疾病至元康八年端坐從化弟子依國法闍維之焚燎累日而屍猶坐火中永不灰燼乃移還石室內

釋康法朗學術山中永嘉中與一比丘西入天竺行過流沙千有餘里見道邊敗壞佛像無復堂殿蓬蒿滿目法朗等下輅瞻禮見有二僧各居其傍一人讀經一人患痢穢汚盈房其讀經者了不營視朗等愴然與念爲煮糜粥除浣濯至六日病者愈劇注疾如泉朗等共料理之其夜朗等並謂病者必不移且至明晨往視之容色光悅病狀捐除然房中穢物皆是華馨朗等乃悟是得道之士以試人也病者曰隔房比丘是我和尚久得道惠可往禮覲法朗等先嫌讀經沙門無慈愛心聞已乃作禮悔過讀經者曰諸君誠契并至同當入道朗公宿學業淺此世未得願也謂朗伴云惠

若植根深當現世得願因而留之法朗後還山中爲大法師道俗宗之

曇邕姓楊氏閩中人少仕僞秦爲衛將軍形長八尺雄武過人太元八年從苻堅南寇爲晉軍所敗還至長安因從安公出家安公既往復事遠公後又于山之西南營立第宇與弟子曇杲澄思禪門嘗于一時杲夢見山神求受五戒杲曰家師在此可往諮受少時邕見一人著單袷衣風姿端雅從者二十許人請受五戒邕以杲先夢知是山神乃爲說法受戒神襯以外國七筯禮拜辭別倏忽不見至邕臨亡之日奔赴號踊後杲往荊州卒于竹林寺

僧登師者止匡廬大林寺通誦法華晝夜不息一日忽見空中有一銀殿漸下于房忽變成金殿師遂入殿坐起經行如是三載遠邇四衆嚴持香華從師乞戒登曰白日喧雜心多散亂當于清晨授之至夜正說戒相三師依歸之時師口吻放光明徧照大衆衆見光明競拜喧鬨師即不說光便收斂師云本欲受戒那得見光喧鬨光現但是受戒祥瑞來時得戒正緣今更復初大衆默然師又說法還復放光衆又喧鬨因而且止明日再來師即辭別歸山所現金殿還復如故一日忽謂人曰今登金殿不復回也即于是日倏然超化

釋惠瑱未詳其氏族住上黨開元寺奉戒貞確禮懺爲業後過國滅三寶瑱抱持經像隱于深山遇賊欲劫初未覺之也忽見一人形長丈餘美貌髯須具好衣服乘白馬朱鬃自山頂來往至瑱前下馬謂曰今夜賊至師可急避瑱居懸崖之下絕無餘道疑是山神乃曰今佛法毀滅貧道容身無地故來依投檀越今有賊來正可于此取死更何逃竄神曰師既遠投弟子弟子亦能護師遂失所在當夜忽降大雪可深丈餘雪深道隔遂免賊難後晴路開羣賊重來神遂告山下諸村曰賊欲劫瑱師汝等急往共救乃各嚴

器杖入山拒擊賊便驚散每日恆憑神力安業山阜不測其終

釋僧羣清貧守節蔬食持經居羅浮縣之霍山構立茅室孤在海中上有石盂水深六尺常有清流古老相傳是羣仙所宅羣因絕粒其菴今與石盂隔一小澗常以木爲梁由之汲水年至一百三十忽見一折翅鴨當梁頭羣將舉錫撥之恐有轉傷因此而止師遂絕水數日而終臨終謂左右曰我少時曾折一鴨翅驗者以爲報前日之恩也

沓闍梨者莫測其來止益州青城山寺時俗每至三月三日必往山遊賞多將酒肉酣樂香屢勸之不斷後因三月又如前集香令人穿坑方丈許忽曰檀越等嘗自飲噉未曾與香今日須飡一杯諸人爭奉殽酒隨得隨盡若塡巨壑至晚曰我大醉飽扶我就坑不爾汚地及至坑所張口大吐雉肉自口中出即能飛鳴羊肉自口中出即能馳走酒肉亂出將欲滿坑魚鰕鵝鴨游泳交錯衆咸

驚嗟誓斷宰殺自後酒肉永絕上山此香之風德也後因誌公寄語遂化于寺弟子營墓將殯擡棺大輕及開止見錫杖而已

釋尙圓姓陳氏廣漢人出家以呪術救物梁武陵王蕭紀宮中怪魅諸綵女或歌或笑紛然亂舉王乃令善射者控弦擬之鬼乃現形卽放箭射鬼便遙接還返擲人久而不已聞圓持呪請入宮中諸鬼競作諸變現龍蛇百獸倏忽前後在空在地怪變多端圓安坐告曰汝小家鬼何因敢入王宮能變我身則可自變萬種祇是小鬼有住聽我一言諸鬼合掌住立圓惟發云南無佛陀鬼皆失所宮中自爾安靜武帝問召大蒙賞遇年八十一終所住城

效顰集三卷　趙弼

文文山傳

至元壬午十二月有僧從閩中來言于省臣近日土星犯帝座疑有變未幾中山狂人薛保住自稱宋王聚衆數千欲取文丞相亦有投匿名書言某日燒蓑城之葦率兩翼兵入城丞相可無憂疑

丞相者文公天祥也世祖召公入殿中公長揖不拜世祖曰汝欲何言公厲聲對曰我大宋自藝祖太宗以堯舜之道平一天下列聖相承守其成憲天下晏然上無不道之君下無可弔之民北朝以遐陬之國雲擾中原恃戎馬之衆興無名之師侵我疆土殘我生靈毀我宗社滅我宋三百餘年宗廟欺人孤寡萬世之恥也我爲宋丞相竭心膂力以扶宋祚不幸姦臣賈餘慶劉岊等欺君賣國吾英雄無用武之地不能與扶反遭擒辱于此九泉之下目亦不瞑言既切齒頓足拊膺長嘆曰嗚呼天乎左右皆駭其言莫不縮頸吐舌或爲之太息世祖徐謂之曰天之所廢不可以與宋祚告終非人力所可爲也朕承天眷命混一區宇誠非偶然汝忠宋之心朕悉知矣今以事宋之義事我卽以汝爲中書丞相汝意如何公對曰天祥爲宋狀元宰相豈有事二姓之理宋既亡惟當速死不死久生徒日無面目見四横之客于地下也世祖又曰汝不爲丞相爲樞密可乎公曰天祥之心惟思盡忠宋朝而已餘非所願也世祖知不可屈麾之使退意欲舍之明日麥木丁謂世祖曰文丞相英才偉略古今罕有儻者開督府于汀州籌略號令本朝將帥皆不可及苟釋之使去彼必遁回江南號召天下爲國家之大患不如從其所請以絕禍根也世祖可其奏詔有司殺之公出獄且行且歌其歌曰昔年獫狁侵荆吳恃其戎馬恣攻屠忠臣國士有何辜舉家骨肉遭芟鋤我宋堂堂大典謨可憐零落蒙塵污二君從海不復都天潢失散知有無衣冠多士沉泥塗齊民盡陷故版圖我爲忠烈大丈夫詩書禮樂聖賢圖竭心罄力思匡扶嶇驅嶺表萬里途如何天假此強胡宗廟不輔丹心孤英雄喪敗氣莫蘇痛哀故主雙眸枯今朝此地喪元顱英魂直上升天衢神光皎赫明金烏遺骸不惜棄草蕪誰人酹奠致芻仰天長恨仲烏

乎公至柴市意氣揚揚顏色自若觀者萬餘人公問市人曰孰爲南面或有指之者公卽向南再拜曰我宋列聖在天之靈願俾天祥早生中原遇聖明之主當剿此胡以伸今日之恨仍索紙筆書二律云昔年單舸走維揚萬死逃生輔宋皇天地不容興社稷邦家無主失忠良神歸嵩嶽風雷變氣吐煙雲草樹荒南望九原何處是塵沙黯淡路茫茫衣冠七載混氈裘憔悴形容似楚囚龍馭兩宮崖嶺月貔貅萬竈海門秋天荒地老英雄散國破家亡事業休惟有一靈忠烈氣碧空長共暮雲愁書畢擲筆于地謂監刑者曰吾事已畢心無怍矣南面端坐待命觀者無不流涕俄有詔止之公已絕矣其日大風揚沙天地晝晦咫尺不辨城門晝閉南士留燕者無不悲悼或以酒殺酹奠明日世祖臨朝撫髀歎曰文丞相好男子不肯爲吾用一時輕信人言殺之誠可惜也數日歐陽夫人收其尸面顏如生觀者無不駭異是後連日陰晦若失白晝

宮中皆秉燭而行羣臣入朝亦爇炬前導世祖大以爲異如此月餘適耆山張眞人來朝世祖召入禁庭問其陰晦之由眞人對曰此由陛下殺文丞相所致也文公忠烈之志感通天地貫徹幽明及其將死不勝憤恨故其怨怒之氣充塞天壤間蟠鬱不散以至日色無光陰霾昏暗世祖歎曰吾亦悔殺此人至今傷悼嗟膴無及朕今以禮祭奠贈謚厚爵庶可解其幽明之恨乃敕省院大臣各行祭禮贈公特進金紫光祿大夫開府儀同三司檢校太保中書平章政事廬陵郡公謚忠武令知樞密院事王積翁書其神主灑掃柴市設壇以祀之仍敕南北文武官員皆預于祭丞相孛羅初行奠禮倏然狂飈從地而起吹沙滾石不能啓目捲其神主于雲霄之上空中隱隱雷鳴如恨怨之聲天色愈暗衆皆駭愕莫知所措眞人謂諸公曰文丞相留京七年念念宋室罔肯臣服至死不易其心今朝廷贈謚若此必戾其生前之心故其魂靈震怒作此暴風天地益爲昏晦可急易之孛羅等從其言改書在宋之官曰前宋少保右丞相信國公祭畢天果開霽舉城之人咸曰文丞相死猶不受封謚矧生而肯臣乎初有十義士收殯公于都城外具醴牲酹奠之

說郛卷第九十七終

說郛卷第九十八

中華古今註 三卷　五代馬縞

宮

宮謂之室室謂之宮皆所以通古今之語明同實而兩名之也秦始皇造阿房宮闕五百步南北千丈上可坐萬人下可建五丈旗幟咸陽二百里內爲宮觀二百七十所皆複道相連

闕

闕者觀也古每門樹兩觀于其前所以標表宮門也其上可居登之則可遠觀故謂之觀人臣將朝至此則思其所闕故謂之闕其上皆丹堊其下皆畫雲氣仙靈奇禽怪獸以昭示萬民焉蒼龍闕畫蒼龍白虎闕畫白虎玄武闕畫玄武朱雀闕上有朱雀二枚

城

城者盛也所以盛受人物也城門皆築土爲之累土曰臺故亦謂之臺門也

城隍

隍者城池之無水者也

秦所築長城

秦始皇三十二年得讖書云亡秦者胡也乃使蒙恬築長城以備之蓋秦終于二世帝胡亥也非爲胡人所患秦所築城土色皆紫漢塞亦然故稱紫塞者焉

楊溝

謂之楊溝植高楊于其上也一曰羊溝謂羊喜觝觸垣墻故爲溝以隔之故曰羊溝亦曰禁溝引終南山水從宮內過所謂御溝

封疆

畫界者封土爲臺以表識疆境也畫界者于二封之間又爲堳埒

以畫界分域也

闤闠

闠者市墻也闤者市門也

肆店

肆者所以陳貨鬻之物也店者所以置貨鬻之物也

罘罳屏

屏之遺像也塾門外之舍也臣來朝君至門外當就舍更詳其所應對之事也塾之爲言塾也行至門內屏外復應思惟也罘罳復思也漢西京罘罳合板爲之亦築土爲之每門闕殿舍皆有焉如今郡國廳前亦樹之也

宗廟

宗者宗祀也廟者貌也所以髣髴先人之靈貌也天子七廟諸侯五廟大夫三廟士二廟庶人無廟四時之享也

漢成帝廟

顧成廟有三玉鼎二眞金鑪槐樹悉爲扶老鉤欄畫雲龍角虛于其上也

堯誹謗木

程雅問曰堯設誹謗之木何也答曰今之華木也以橫木交柱頭狀如華也形如桔槔大路交衢悉施焉或謂之表木以表王者之納諫也亦以表識衢路秦乃除之漢始復修焉今西京謂之交午柱也

方徼

徼者繞也所以繞遮蠻夷使不得侵入中國也方者方面也南方徼色赤故稱丹徼焉

關塞

關者長安之關門也函谷潼關之屬也寨者塞也所以擁塞夷狄不侵中國也

孫亮金螭屏風

孫亮吳王權之子也作金螭屏風鏤作瑞應圖一百二十種之祥物也

孫權舸船

孫權吳之主也時號舸爲赤龍小船爲馳馬言如龍之飛于天如馬之走陸地也

漢高祖斬白蛇劍

漢世傳高祖斬白蛇劍長七尺漢高祖自稱提三尺劍而取天下有問予者予告之曰漢高爲泗上亭長上送徒驪山所提劍理應三尺耳後富貴別得七尺寶劍捨舊而服之漢之後世惟聞高祖以所佩劍斬白蛇而高祖常佩此劍卽斬蛇之劍也

魏武帝軍幨

魏武所制也以軍中服之輕便有作五色幨以表方面者也

吳大帝寶刀

吳大帝有寶刀三其一曰百鍊二曰靑犢三曰漏影

孫文臺靑玉馬鞍

孫文臺獲靑玉馬鞍其光照于衢路也

魏武帝馬勒酒椀

魏武帝以馬勒車渠石爲酒椀

大駕指南車

起于黃帝與蚩尤戰于涿鹿之野蚩尤作大霧以迷四方于是乃作指南車以示四方遂擒蚩尤而卽位故後漢桓建舊說云周公所作也周公治致太平越裳氏重譯來獻白雉一黑雉二象牙一使者迷其歸路周公錫以文錦二匹軿車五乘皆爲司南之制使越裳氏載之以南緣扶南林邑海際期年而至其國使大夫宴將

迨至國而還始制車轄轄皆以鐵至還鐵亦銷盡矣屬巾車氏攻而載之常爲先導示服遠人而正四方也車法在尚方故事漢末喪亂其法中絕馬先生鈞紹而作焉今指南車馬先生之遺法也

金根車

秦制也秦併天下閱三代之輿服謂殷得瑞山車一曰金根故因作爲金根之車秦乃增飾而乘御焉漢因而不改也

辟惡車

秦制也桃弓葦矢所以禳除不祥也春秋云桃弓荊矢以除其災所謂辟惡也

記里鼓

所以識道里也謂之大章車起于西京亦曰記里車車上有二層皆有木人焉行一里下一層擊鼓行十里上一層擊鐘尚方故事有作車法

街鼓

唐舊制京城內金吾昏曉傳呼以戒行者馬周請置六街鼓號之曰鼕鼕鼓

華蓋

黃帝所作也與蚩尤戰于涿鹿之野常有五色雲氣金枝玉葉止于帝上有花葩之像故因而作華蓋焉

曲蓋

太公所作也武王伐紂大風折蓋太公因折蓋之形制曲蓋焉戰國常於賜將帥自漢朝乘輿用謂曰䡊輗蓋有軍號者賜其一焉

雉尾扇

起于殷世高宗有雊雉之祥服章多用翟羽周制以爲王后夫人之車服輦車有翣即緝雉羽爲扇翣以障翳風塵也漢朝乘輿服之後以賜梁孝王魏晉以來以爲常准諸王皆得用

障扇

長扇也漢世多豪俠象雉尾而制長扇也

五明扇

舜所作也舜受堯禪廣開視聽求賢人以自輔故作五明扇秦漢公卿士大夫皆得用之魏晉非乘輿不得用之也

警蹕

所以戒行徒也周禮蹕而不警秦制出警入蹕謂出軍者皆警戒入國者皆蹕止也故曰出警入蹕也至漢朝梁孝王稱警稱蹕降天子一等焉一曰蹕路也謂行者皆警于途路也

唱

上所以促行徒也上鼓爲行節也

冕服

牛亨問冕者繁露何也答曰假玉而下垂如露而繁也文選云袞

冕垂旒所以蔽明黈纊塞耳所以蔽聰尚書云日月星辰山龍華蟲作會宗彝藻火粉米黼黻絺繡以五彩彰施于五色也所謂天子袞冕之服也

金斧

黃鉞也鐵斧玄鉞也三代通用之以斷斬今以黃鉞爲乘輿之飾玄鉞諸王公得建之武王以黃鉞斬紂故王者以爲戒太公以玄鉞斬妲己故婦人以爲戒漢制諸公亦建玄鉞鉞以太公秉之助武王斷斬故爲諸公之飾焉大將出征特加黃鉞者以銅爲之黃金塗刃及柄不得純金也得賜黃鉞則斬持節

公主建鍠

秦改鐵作鍠制也一本云鍠秦制也今諸王妃公主與乘輿通建之

信幡

古之徽號也所以題表官號以爲符信故謂之信幡乘輿則畫爲白虎取其義而有威信之德也魏朝有青龍幡朱雀幡玄武幡白虎幡黃龍幡而五色以昭東方郡國以青龍信南方郡國以朱雀信西方郡國以白虎信北方郡國以玄武信朝廷畿内則以黃龍信亦以麒麟幡高貴鄉公討晉文王自秉黃龍幡以麾是今晉朝惟用白虎幡書信幡用鳥書取其飛騰輕疾也一曰以鴻雁燕亂有去來之信也

豹尾

周制也所以象君子之豹變也尾言謙也古軍政建之今唯乘輿行建焉

馬前弓箭

兩漢京兆及河南尹執金吾司隸校尉皆使人導引傳呼使者止坐者起四人持弓矢走者則射之有乘高窺闞者亦射之魏晉已

來則用角弓設而不用焉

狸頭白首

昔秦始皇東巡狩有猛獸突於帝前有武士戴狸皮白首獸畏而遁遂軍仗儀服皆戴作狸頭白首以威不虞也

龍虎節

孝經云制節謹度滿而不溢高而不危所以長守貴也唐節制皆從太府寺准三禮定之周禮云山國用虎節土國用人節澤國用龍節紫檀木畫其形象御親金書以賜重臣碧油籠之歿而不用則例進之漢蘇武使單于不拜單于怒令武北海窖中牧羊毡裹節食雪臥節旄落還漢仗節而回旄盡落也

軍容袜額

昔禹王集諸侯于塗山之夕忽大風雷震雲中甲馬及九十一千餘人中有服金甲及鐵甲不被甲者以紅絹袜其首額禹王問之對曰此袜額蓋武士之首服皆佩刀以爲衛從乃是海神來朝也一云風伯雨師自此爲用後至秦始皇巡狩至海濱亦有海神來朝皆戴袜額緋衫大口袴以爲軍容禮至今不易其制

櫜鞬三仗

起自周武王之制也武王伐紂散鹿臺之財發鉅橋之粟歸馬于華山之陽放牛于桃林之野鑄劍戟以爲農器示天下不復用兵武王以安必防危理必防亂故韜弓匣劍以軍儀示不忘武也舊儀韜鞬三仗首袜額紅謂之櫜鞬三仗也

戈戟

魯陽以長戈指日日爲之退舍戈猶殳也戟以木爲之後世刻爲無復典刑赤油韜之亦謂之油戟亦謂之棨戟王公以下通用以爲前驅唐五品以上皆施棨戟于門

矛殳

矛亦楯也殳亦戟之象也詩云伯也執殳爲王前驅其器以木爲之

刀劍

河圖云黃帝攝政前有蚩尤兄弟八十一人並獸身人語銅頭鐵額食沙石子造立兵仗劍戟大弩威震天下誅殺無道不仁不慈萬民欲令黃帝行天子事黃帝仁義不能禁蚩尤遂不敵黃帝乃仰天而歎天遣玄女授黃帝兵法符制以服蚩尤吳大帝有寶刀三見上註中吳大帝有寶劍六其一曰白蛇二曰紫電三曰辟邪四曰奔星五曰青冥六曰百里晉朝武帝時武庫火焚有智伯頭孔子履高祖斬白蛇劍三物皆爲火焚之唯劍飛上天而去也又晉時牛斗間常有紫氣張華知非王者之氣乃是劍氣乃以雷煥爲豐城令煥知華博識到縣乃掘縣獄深得劍兩枚一送與張華一煥自佩後華卒子踐佩過延平津躍入水使人尋之乃見化爲

龍也雷煥卒子亦佩之于延平津亦躍入水化爲龍矣高祖斬白蛇劍見上註中

枷棒

易云何校滅耳凶禮云去桎梏桎梏亦枷杻也六月盛暑去囚人枷杻決斷刑獄赦宥之也唐時則天朝周興來俊臣羅織天下衣冠滅族者不可勝數俊臣特制刑獄造十枚大枷一曰定百脉二曰喘不得三曰突地吼四曰著即臣棒殺即臣五曰失魂魄六曰實同反七曰反是實八曰死猪愁九曰求即死十曰求破家遭此枷者宛轉于地斯須悶絶別有一枷名曰勴尾榆見即臣復有鐵圈籠頭名號數十又招集告事者常數百人造告密羅織經一卷每栲訊囚人先設枷棒破平人家不知其數

棒

棒者崔正熊註車輻也漢朝執金吾金吾亦棒也以銅爲之黃金塗兩足謂之金吾御史大夫司隸校尉亦得執焉用以夾車故謂之車輻一曰形似輻故曰車輻魏曹操爲洛陽北部尉乃懸五色棒于門以威豪猾也

車輻

棒形如車輻見上註中

旌旃

旌者旌也旌表賢人之德旃者善也以彰善人之德旌類旗之象旃類白旄之制書云旌別淑慝

麾旄

麾者所以指麾也武王執白旄以麾是也乘輿以黃諸王公以朱刺史二千石以纁也

文武車耳

古重較也文官靑耳武官赤耳或曰重較在車藩上重起如牛角

故曰重較

靑布囊

所以盛印也劾奏之日則以靑布囊盛印于前示奉王法而行也非劾奏之日則以靑緗爲囊盛印于後謂劾奏尙其質直故用布非劾奏日文明故用緗自晉朝以來劾奏之官專以印居前非劾奏之官專以印居後

簪白筆

古珥筆之遺像也腰帶劍珥筆示君子有文武之備焉

文武冠

文官進賢冠古緌貌冠之遺像也武官皮弁冠古緇布冠之遺像也緇布冠上古之制武人質木故須法焉

鑾輅

鑾者所以和鑾也禮云前行朱雀或謂朱鳥也鑾輅衡上金爵者朱鳥口銜鈴鈴謂之鑾所謂和鑾者也前有鸞鳥故謂鸞口銜鈴故謂之鑾或謂爲鑾事一而異義也

五輅

禮云春乘靑輅駕蒼龍載靑旗衣靑衣服蒼玉夏乘朱輅駕赤駵載赤旂衣朱衣服赤玉秋乘白輅駕白駱載白旂衣白衣服白玉冬乘玄輅駕鐵驪載玄旂衣玄衣服玄玉其制見三禮圖

貂蟬

胡服也貂者須其文而不煥炳外柔易而内剛勁也蟬者淸虛識變也在位者有文而不自耀有武而不示人淸虛自牧識時而動也

部伍兵陣

部伍者一伍之伯也五人曰伍長爲伯故稱伍伯一曰戶伯漢制兵吏五人一戶一竈四直一伯故云戶伯亦曰大伯以爲一竈之

主也漢制王公行戸伯各率其伍以導引也古兵士服韋弁令戸伯服赤幘纁衣常韎弁之遺法也

部者

封部之屬也語云千乘之邑百乘之家可使治其賦也

兵陳

左傳云兵猶火也不戢將自焚老子曰兵者不祥之器不得已而用之是以上將軍居右偏將軍居左言以喪禮處之

陳

陣者勝拒敵也類常山之率然擊其首則尾應擊其尾則首應擊其中則首尾俱應率然者常山之長蛇也唐朝高宗臨殿策問員半千曰兵書言天陣地陣人陣何也半千對曰天陣者是星辰孤虛地陣者是山川向背人陣者是偏裨彌縫以臣所見則不然夫師出以義有若時雨得天之時此天陣也兵在足食且戰且耕得

地之利此地陣也卒乘輕利將帥和睦此人陣也高宗大賞策爲上第

武臣缺胯襖子

隋文帝征遼詔武臣服缺胯襖子取軍用如服有所妨也其三品已上皆紫至武德元年高祖詔其諸衛將軍每至十月一日皆服缺胯襖子織成紫瑞獸襖子左右武衛將軍服豹文襖子左右翊衛將軍服瑞文鷹襖子其七品已上陪位散員官等皆服綠無文綾襖子至今不易其制又侍中馬周請于汗衫等上常以立冬日加服小缺襖子詔從之永以爲式

文武品堦腰帶

蓋古革帶也自三代以來降至秦漢皆庶人服之而貴賤通以銅爲銙以韋爲鞓六品以上用銀爲銙九品以上及庶人以鐵爲銙沿至貞觀二年高祖三品已上以金爲銙服綠庶人以鐵爲銙服白向下揷垂頭而取順合呼撻尾淡中興每以端午賜百僚烏犀腰帶魏武帝賜宮人金隱起師子銙腰帶以助將軍之勇也高祖貞觀中端午賜文武官黑玳瑁腰帶武官黑銀腰帶示色不改更故也

九環帶

唐革隋政天子用九環帶百官士庶皆同

靴笏

靴者蓋古西胡服也昔趙武靈王好胡服常服之其制短靿黃皮閑居之服至馬周改制長靿以殺之加之以氈及絛得着入殿省敷奏取便乘騎也文武百僚咸服之至貞觀三年安西國進緋韋短靿靴詔內侍省分給諸司至大曆二年宮人着錦靿靴侍于左右笏者記其忽忘之心禮云天子以玉諸侯以球大夫以魚須一品至五品以象爲之六品至九品以木爲之禮云端畢紳搢笏唐

德宗朝太尉段秀實以笏擊逆臣朱泚不忠反遭其禍

履舄

履者屨之不帶也不借草履是也以其輕賤易得故人人自有不假借也漢文帝履不借以視朝是也舄者以木置履下乾腊不畏泥溼也天子赤舄凡舄色皆象裳也禮云解屨不敢當階就屨跪而舉之春申君客三千皆珠履也漢制功臣閣老四賜曰入朝不趨贊禮不名劍履上殿肩輿入宮淳于髡諫楚王曰若堂上燭滅男女雜坐履舄交錯臣當此之時一飲一石晏子諫齊王曰今屨賤而踊貴也言齊王好刖人之足微諫之也

廚人襜衣

廚人襜衣厮徒之服也取其便于用耳乘輿進食者有服襜衣前漢董偃綠幘青褠加襜衣以見武帝廚人之服也

伺風鳥

夏禹所作也禁中置之以爲恒式

玉佩

玉佩之法漢末喪亂而不傳至魏侍中王粲識古佩之法更制焉

天子乘輿赤綬

天子乘輿之制赤綬四采黃赤縹紺黃爲圭長二丈九尺五百首

諸侯赤綬四采赤黃縹紺淳赤圭長二丈一尺三百首

公侯大將軍紫綬

紫綬二采紫白淳紫圭長一丈七尺一百八十首王公封君服紫綬九卿中二千石綠綬三采青白紅青圭長一丈七尺一百二十首一千石六百石墨綬二采青紺縕淳青圭長一丈六尺八十首四百石五百石之長同前制也三百石二百石黃綬淳黃一采圭長一丈五尺六十首一百石青綬青紺綸一采宛轉繆織長一丈二尺自青綬已上皆長三尺二寸綠綬同采而首半之縌者古佩

璲也佩綬相迎受故曰縌紫綬以上縌綬之間施玉環玦白墨綬以下縌皆長三尺與黃綬同采而首半之凡先合單方爲一絲四絲爲一扶五扶爲一首五成一文文采淳爲一圭皆廣一尺六寸

折獄龜鑑一卷 宋鄭克

向敏中丞相判西京有僧暮過村舍求宿主人不許求寢于門外車箱之中是夜有盜入其家攜一婦人幷囊衣踰墻出僧不寐適見之自念不爲主人所容而強求宿明日必以此事疑我執詣縣矣因去夜走荒草中忽墜眢井而踰墻婦人已爲人所殺尸在井中血汚僧衣主人蹤跡捕獲送官不堪掠治遂自誣云與婦人姦誘以俱亡恐敗露因殺之投尸井中不覺失脚亦墜于井贓與刀在井旁不知何人持去獄成皆以爲然敏中獨以贓仗不獲疑之詰問數四僧但云前生負此人命無可言者因問之乃以實對于是密遣吏訪其賊食于村店有嫗聞其自府中來不知其吏也問曰僧某獄如何吏紿之曰昨日已笞死于市矣嫗嘆息曰今若獲賊如何吏曰府已誤決此獄雖獲不敢問也嫗曰然則言之必無害彼婦人乃此村少年某甲所殺也吏問其人安在嫗指示其舍吏往捕幷獲其贓僧始得釋

錢治屯田爲潮州海陽令郡之大姓某氏火迹其來自某家吏捕訊之某家號寃不服太守刁諶曰獄非錢令不可治問大姓得火所發牀足驗之疑里仇家物因率吏入仇家取牀足合之是仇家即服曰火自我出故遺其跡某家者欲自免也某家乃獲釋

蔡高調福州長溪縣尉縣嫗二子漁于海而亡嫗氏以爲仇所殺告縣捕賊吏皆難之曰海有風波安知不死于水乎雖果爲仇所殺若不得尸則于法不可理高獨謂嫗氏有寃不可不爲理也乃陰察仇家得其迹與嫗約曰十日不得尸則爲嫗受捕賊之責凡宿海上七日潮浮二尸至驗之皆殺也乃捕仇家伏法高端明殿

學士襄之弟也

錢惟濟留後知絳州民有條桑者盜強奪之不能得乃自斫其右臂誣以殺人官司不能辨惟濟引問面給以食而盜以左手舉匙筯因語之曰他人行刃則上重下輕今下重上輕正用左手傷右臂也誣者引服

蘇煥郎中知衡州耒陽民爲盜所殺而盜不獲尉執一人指爲盜煥察而疑之問所從得曰弓手見血衣呼同儕視之得其人以獻煥曰弓手見血衣當自取衣以爲功尚何呼他人此必有奸訊之而服他日果得眞盜

梁適丞相嘗爲審刑院詳讞官梓州妖人白彥歡能依鬼神作詛呪法有死者獄上請讞皆以不見傷爲疑適曰殺人以刃尚或可拒今以詛呪其可免乎卒以重辟論

馬亮少保初以殿中丞通判常州吏有亡失官物者械繫妻子干

連十百人亮一切縱去許其自償所負不逾月而盡輸之

薛顔太卿知耀州有豪姓李甲者結客數十人號沒命社或不如意則推一人死鬬數年爲鄉人患莫敢發之顔大索其黨會赦當免特杖甲流甲海上餘悉籍于軍

范純仁丞相知河中府時錄事參軍宋儋年會客罷以疾告是夜暴卒蓋其妾與小吏爲姦之故純仁知其死不以理遂付有司案治會儋年子以喪柩歸移文追驗其尸九竅流血睛枯舌爛舉體如漆有司訊囚言置毒鼈胾在弟幾巡豈有中毒而能歸席耶必非實情命再劾之云初因客散醉歸置毒酒杯中而殺之此蓋罪人以儋年不嗜鼈而爲坐客所弄宜其後巡尚多欲爲他日翻異逃死之計爾

程顥察院知澤州晉城縣時有富民張氏子其父死未幾晨起有父在門曰我汝父也來就汝居具陳其由張氏子驚疑莫測相與

詣縣請辨之老父曰業醫遠出治疾妻子貧不能養以與張氏某年月日某人抱去某人見之顥謂曰歲久矣爾何說之詳也老父曰某歸而知之書于藥法册後因懷中取册以進其記曰某年月日某人抱時與張三翁顥問張氏子爾年幾何曰三十六爾父在年幾何曰七十六謂老父曰是子之生其父年四十人何得已謂之三翁老父驚駭服罪

歐陽曄都官知端州有桂陽監民爭舟相毆死獄久不決曄出囚于庭中去其桎梏而飲食之訖還于獄獨留一人留者色動曄曰殺人者汝也囚不知所以然曰吾視食者皆以右手持汝獨以左今死者傷左肋汝殺之明矣囚告曰我殺之不敢以累他人

程顥察院初爲京兆府鄠縣主簿民有借其兄宅以居者發地中藏錢兄之子訴曰父所藏也令言無證佐何以決之顥曰此易辨耳問兄之子曰爾父藏錢幾年矣曰二十年遣取千錢視之謂曰今官所鑄錢不五六年則遍天下爾此錢皆爾父未居前數十年所鑄何也其人遂服令大奇之

彭思永侍郎爲益州路轉運使時攝成都府事蜀民以交子貿易多置衣帶中而盜于爪甲間挾刃伺便微取之至十百而不敗民甚病之思永捕之一吏人盡疏其黨悉黥隸諸軍盜以衰息

張詠尚書知江寧府有僧陳牒出憑詠據案熟視久之判送司理院勘殺人賊翌日羣官聚問皆不曉其故詠乃召問僧幾年對曰七年又問何故額有繫巾痕即惶怖服罪蓋一民與僧同行于道中殺之取其祠部戒牒自披剃爲僧也

燕肅侍郎知明州俗輕悍善鬬肅推先毆者雖無傷必加以罪後毆者非折跌支體皆貸之于是鬬者駭息

葛源郎中初以吉州太和簿攝吉水令他日令始至猾吏誘民數百訟庭下設變詐以動令如此數日令厭事則事常在吏矣源至

立訟者兩廡下取其狀閱有如吏所爲者使自書所訴不能書者吏受之往往不能如狀窮之輒曰我不知爲此乃某吏教我所爲也悉捕勘致之法訟以故少吏亦終不得其意

周沆侍郎嘗爲河東轉運使自慶曆以來河東行鐵錢民多盜鑄吏以峻法繩之抵罪者繁衆不能禁沆乃命高估錢價盜鑄者無利不禁自息

胡向少卿爲袁州司理參軍時有盜七人皆當死向疑其有冤乃留訊之則二人果不同謀始受其傭而中道被脅以行卒得免死

李應言諫議爲侍御史時軍州民傳妖法者其黨與百餘人捕者欲邀功賞而誣以不軌命應言往案其事止誅首謀數人餘悉全活之

王延禧朝議郎爲岳州沅江令歲飢盜起捕盜獲十餘人贓皆應死法得遷官延禧歎曰皆是良民窮而爲盜今既無以活之又利

其死以爲己功亦何忍哉諭被盜者悉裁其贓盜得不死延禧王黃州孫也

樂善錄一　李昌齡 字伯壽

僕射王公至道初爲譙幕因案巡日時飢而流亡者數千家公力謀安集上疏論列乞貸以種粒牛糧朝廷皆從之一夕次蒙城驛夢空中有紫綬象笏者以一綠衣童子遺公曰上帝嘉汝有愛民心故以此爲宰相子後果生一男公亦拜相信造物賞善之速如此

陳公伯爲開封府法曹時章獻太后臨朝族人杖殺一卒公當驗尸太后遣中使十數輩諭旨吏惶懼欲以病死聞伯獨正色曰彼實寃死待我而伸吏何懼罪而驗不以實乎爾曹但勿預吾當任咎乃手自爲牘以白府尹程琳大喜曰官人用心如此前程非琳所及亟索人馬入奏雖大忤旨而公論歸之既而太后原其族人

公亦不及罪自此遂顯名不數年歷官臺省終于三司副使其孫傳道履常皆以詞章爲一時聞人蓋陰騭之報也今士大夫多不盡意于此而致死者寃不得伸亦豈能無累

兩浙田稅畝三斗錢氏國除朝廷遣王方贄均兩浙雜稅方贄悉令畝出一斗使還責擅減稅方贄謂畝稅一斗天下之通法兩浙既已爲王民豈當循僞國之法上從其說至今畝稅一斗者自方贄始唯江南福建猶循舊額蓋當時無人論列遂爲永式方贄除右司諫終于京東轉運使有五子皐準覃鞏罕準之子珪爲宰相其他亦多顯者豈非惠民之報歟

王淸化修西太一宮有古塚在其北欲毀之一道士再三乞不毀淸化遂止是夕其道士夢一大官召謝之人有平夷塚墓以廣園宅者豈獨無禍

大觀中有士人于京師貨靴者忽見其父葬時一靴在焉詰之鋪翁云官員攜來修俟其後至可問也頃之其人果來乃士人之父拜之不顧但取靴乘馬而去士人追隨二三里度力不及乃呼曰生爲父子何無一言見教其父曰爾可學鎭江太守葛蘩士人者遂往謁之備言其事因問蘩何以爲幽冥所重蘩對曰予始者日行一利人事嗣後或二或三或數四或十餘至今四十餘年未嘗少廢又問何以爲利人事蘩指坐間踏子曰此物置之不正則盛人足予爲正之若人渴時與盃水皆利人事也但隨其事而利之上自卿相下至乞丐皆可以行唯在乎長久而已後有異僧見蘩在淨土境中蓋其能以利人爲念則日用無非利人矣

有二士大夫以前程祈夢于京師二相公廟一人夢持簿者以簿示之云此乃公同行前程也視之以小官陞至宰相仍有以朱勾之者問曰勾之者何也曰此人愛財不義陽間取此一項故此間勾者一項若急改尙可至監司其人聞之更不敢安取後果至監司

臨南海郡嘗見太守見配至崖州人例止以三百爲率過其數則投先到者于海中乃奏白朝曰朝廷所以不殺而宥之遠方者欲生全之也今推于海是復殺之不若量移先到者入內地以彰朝廷寬仁之德蒙可其奏後生還者莫知其數太守素無子一日設香案作拜若取物而置懷中者凡五次人問之曰天帝以我活人之功賜我五男子後果生五男子皆登第豈非仁人之言其利溥造物者亦厚其報歟

有日者苦于貧窮問計于一得道者答云汝向日月邊去日者思之乃明字遂往明州其術盛行後復見得道者問其故答云汝前世于彼開井故也是知衣食有地皆前生所種之德故今生受之況所積之德有過于開井者耶

一獄官冬夜苦寒欲就寢其妻正色責之曰爾煖衣飽食畏寒不

出獄中罪人當如何其夫大感悟自此常留意于獄訟此婦人本娼女未有所生一夜夢神人以綠衣槐簡付之後生一子登第

昔太學二十人同年月日時生又同年發解過省二人約受相近差遣庶彼此得知災福故一人受鄂州教授一人黃州教授未幾黃州教授者死鄂州教授爲治後事于柩前祝曰我與公生年月日時同出處又同公先捨我去使我今即死已後公七日矣有靈宜託夢以告其夜果夢告云我生于富貴已享用過當故死公生于貧寒未曾享用故活以此知人之享用亦不可太過後鄂州教授歷官至典郡豈非聞此驚悟恐懼修省而然耶

皇朝類苑二十六卷　　江少虞

李相簡穆公沆嘗被同年馬亮責之曰外議以兄爲無口匏公笑曰吾居政府然無長才但外所陳利害一切報罷聊以此報國爾今國家防制纖悉密若凝脂苟被徇所陳一一行之則所傷實多

陸象先曰庸人擾之正此謂也憸人苟一時之進豈念于民耶

王文正公曾爲人方正持重在中書最爲賢相嘗謂大臣執政不當收恩避怨公嘗語尹師魯曰恩欲歸己怨使誰當聞者歎服以爲名言

薛簡肅公天禧初爲江淮發運使辭王文正公王無他語但云東南民力竭矣薛退而謂人曰眞宰相之言也

慶曆初仁宗服藥久不視朝一日聖體康健因見執政在便殿促召二府宰相呂許公聞命移刻方赴召比至中使數輩促公同列亦贊公速行公愈緩步既至上曰久疾方平喜與卿等相見遲緩之來何也公曰陛下不預中外頗憂一旦聞急召近侍臣臣等若馳奔以進慮人心驚耳上以其爲深得輔臣之體

文彥博知永興軍起居舍人毋湜鄠人也至和中湜上言陝西鐵錢不便于民乞一切廢之朝廷雖不從其鄉人多知之示以鐵錢買物者不肯受長安爲之亂民多閉肆僚屬請禁之彥博曰如此是愈使惑擾也召絲絹行人出其家縑帛數百疋使賣之曰納其直盡以鐵錢勿以銅錢也于是衆曉然知鐵錢不廢市肆復安

淳化中張鄧公爲射洪令會歲旱禱于白崖山陸史君祠遂雨立廷下若聽命然須雨足乃退蜀人刻石記其事祠中眞宗時爲廣東轉運會詔天下置天慶觀公因請即舊觀爲之以紓天下土木之勞

曹侍中彬爲人仁愛多恕平數國未嘗妄殺人常知州有吏犯罪既立案逾年然後杖之人皆不識其旨彬曰吾聞此人新娶婦若急杖之其舅姑必以婦爲不利而惡之朝夕笞罵使不能自存吾故緩其事而法亦不赦其用志如此

橫浦語錄一卷　　張九成

趙清獻帥蜀乃獨以一琴一鶴一龜自隨想其清致可知及再帥

蜀縱鶴放龜想又以此爲累矣自是渠清入妙處

有士夫見過云近日仕宦習氣可惡上下相蒙只圖苟免全無后慮若不如此則往往其禍先及爲之奈何先生曰精金百鍊則愈剛爲器益利人自不至誠豈有不可爲者小人爲不善其心豈不自知特無剛腸耳吾歷任雖不多然盡誠于我依公而行人雖以我異己然道理既是彼自愧恐又安能尤人誠平心處之當自知味

一士夫以改官少一二紙舉狀再三懇求宛轉當路其意甚切因謂之曰某平生不能爲人宛轉且據公入仕可言者然後某亦可說斯人歷舉其事事曰是公合做底事又問其入仕幾時又見其貧縷細以爲問皆一一言其所得若干老幼若干日用若干語理甚眞知其爲廉勤之士曰如此當爲公說然自此後不可失故步又不可舉此常爲話柄某一時倉卒間以言信公心公不可以言

欺此心

或問法未嘗不便于民而吏每至于害法吏者當如何先生曰仕宦者往往多以私意處法故吏得以欺之稍能以公心守正理則人情所在即是法意吏安能欺之

或問近日監司責守令守令唯務事辦往往有所不恤故人情法意每每多失其間有一執法守正者動多拘礙不敢容易不懦外斥黜以未能見鄙及違理背法一旦事敗者則又處之幸不幸此當如何先生曰做不得不如去既仕其職只得守理守法雖以懦斥或以無能見鄙于心無愧人豈不知若較之違法背理而自處于幸不幸者一敗塗地非特在我有愧于人終豈無見察之理豈可謂之幸不幸

或問孔孟一聖一賢轍環天下周遊戰國非不求進卒不肯遽進者豈其情耶先生曰君子之進不敢苟也必于義爲當則終身爲

榮則後世亦榮之一或不當終身受辱雖後世亦辱之如柳子厚劉禹錫結王叔文元稹結崔潭峻一則斥逐不用雖悔無益一則爲武儒衡以青蠅見譏書之史册後人讀之無不爲之愧汗想其在當時其心亦何以自處李栖筠抗元載不得相李鄘因吐突承璀得相而不願受至今猶欽重其人大抵窮通貴賤皆有定分切不可謬用其心以自取十世笑端

或問臨官之事何如先生曰切戒躁急則先自處不暇何暇治事以滑吏姦民窺伺機便以成其利非特害人于己甚害

或問趙廣漢爲京兆尹發姦擿伏使姦宄無所錯後人少有能繼者大抵皆挾術用數以此爲治何如曰此豈君子所爲揩摩吾心便明白無以私意亂公道如揭明鏡于中庭凡物至前長短大小妍媸肥瘠一一自見鏡何心哉使物至則應不必求之以應物

談錄一卷　丁晉公謂之

眞宗在儲貳時忽一日因乘馬出至朱雀門外方辰時有大星落于馬前迸裂有聲眞宗回東京驚恐時召司天監明天文者詢之云不干皇太子事不煩憂慮自是國家災五年方應至第五年果太宗晏駕

眞宗即位晉公言眞宗即位有彗星見于東方眞宗恐懼內愧涼德何以紹太祖太宗之德業是天禍也不敢詢于掌天文者惟俟命而已忽有先生云得一入見見聖容似有憂色密詰于中貴中貴述以聖上憂懼彗星之事得一遂奏云此星主契丹李栖筠契丹兵動十年方應至十年果契丹兵寇澶淵聖駕親征

景德中契丹寇澶淵在河北聖駕在河南陣敵次忽日食盡眞宗見之憂懼司天監奏云按星經云主兩軍和解眞宗不之信復檢晉書天文志亦云兵解尋時契丹兵果自退而續馳書至求通好時晉公爲紫微舍人知鄆州

一日有野雞入瑞玉宮眞宗召司天丁文泰令筮之云郊野位爻動必是郊野中五彩生氣物見于皇城內皇闈外王宮之中以此推之須是野雞若然則無他必王

晉公嘗云居帝王左右奏覆公事愼不可觸機繫于宸斷所貴行事歸功恩于主上耳嘗有一臣僚判審刑院因進呈一官員犯贓罪案眞宗方讀案遲回間欲寬貸次未有聖語其判院輒便奏云此是魏振男因茲眞宗便赫怒云是魏振男便得受贓便得爲不法拂下其案云依法正行遂處死後來有一知院因覩前車覆轍每奏事兢懼取進止忽復有詞科臣僚犯贓罪案進呈眞宗問云如何遂奏云此人悉以當辜聞說涕泣云玷陛下之與科名孤陛下之所任使更無面得見陛下更無面得見朝廷惟俟死而已眞宗聞之云特與貸罪安置

眞宗朝因宴有一親事官失却金碟子一片左右奏云且與決責

上云不可且令尋訪又奏云只與決小杖上云自有一百日限若百日內尋得只小杖亦不可行也帝王尙守法如此爲臣子誠合如何

眞宗朝嘗有兵士作過于法合死特貸命于横門決脊杖二十改配其兵士聲高叫喚乞劍不伏決杖從人把促不得遂奏取進止傳宣云須杖二十後別取進止處斬尋決訖取旨眞宗云此只是怕見吃杖後如此既已決了便送配所更莫與問其寛恤如此今洪基益固景祚緜昌豈不由祖宗積德之所及乎

太宗卽位後未數年舊邸宰執僕馭者皆位至節帥人皆歎訝之洎晉公爲福建路轉運使日建州浦城知縣李元侃善筭術因訪問之云人生名品皆蠹有階級固不可越誠土象行度臨照次第而使然也太宗卽位木在奎居兗州地分奎爲天奴僕宮故當時執御者皆驟居富貴豈偶然耳

晉公嘗見掌武太原公言先太師傾背時朝賢來弔朱紫盈門惟徐左省鉉獨搢一麻袍角帶于客位內更易後方入相弔以此知士大夫朝服臨喪慰問深不可也先太師卽兵部侍郎祐也

艾仲孺侍郎言仲孺嘗聞祖母當日歸時衣笥中得黑黲衣妯娌骨肉皆驚駭而詰之云父母將此令候翁家私忌日著此衣出慰之當時士族之家猶有此禮今之時固未嘗聞也

徐左省鉉職居近列雖盛寒入奉朝請卽未嘗披毛衫或詰之曰豈有雙闕之下衣戎服與每覘待漏院前燈火人物賣肝夾粉粥來往喧雜卽縐眉惡之曰眞同塞下耳一生好服寬袴未嘗窄衣裳謂諸士夫曰軒衮之家雞豕魚鱉果食蔬茹皆可備矣盍沽酒市脯不食何其敦尙儒素也如此

晉公被謫之初火掩房一日馮侍中拯熒背火守房王相公欽若熒背火拂著房而過因知公相大臣榮謝豈偶然哉

太祖豁達得天下後時韓王屢以在微時所不足者言之欲潛加害太祖曰不可若塵埃中總教識天子宰相則人皆去尋也自後韓王不復敢言

杜靖尙書鴻博之士也因看孫逖之文集云愼寬之詔沉思良久曰嘗徧閱羣書愼寬無所出也當是塡寬之詔出毛詩哀恤之義也愼寬傳寫之悞耳

眞宗欲東封泰山問兩地大臣可否大臣曰聖駕行幸豈無甲兵隨駕只恐糧草不備時晉公爲三司眞宗遂問曰朕東封糧草得備否晉公曰有備眞宗又曰如何是備晉公曰隨駕兵士大約不過十萬人每日請口食米二升半一日只計支米二千五百石或遇駐蹕處所不過三日只支得米七千五百石何處州縣無七千五百石斛斗往回之間俱可有備眞宗甚喜又問只與二升半米亦須與他些麵食晉公曰今來所經州郡只可借路而過使逐程

百姓榮觀國家大禮固不可科率臣欲省司行文字告示沿路所經州軍必恐有公用錢州軍及應文武臣僚州縣官僚僧道百姓有進蒸餬者仰先具州縣官位姓名蒸餬數目申來待憑進呈破係省錢支與一倍價錢回賜仍大駕往東封日進蒸餬回日並許進酒肉緣有公使節帥防團刺史有人可以勾當仰於經過縣鎭草市處排當經進者是州縣官員僧道百姓可於經過本州縣處進眞宗聞之又甚喜又問曰或遇泥雨非次支賜鞋鞽錢動要五七萬貫如何有備晉公對曰臣亦已有擘畫伏緣隨駕兵士各是披帶稍重到處若過有支賜錢物如何將行臣欲先令殿前指揮使曹燦問當六軍或遇路中有非次支賜置隨駕便錢一司仍各與頭子支便于兵士住營處或指定州軍便支與各人骨肉請領一則便于兵士請領二則兵士隨駕骨肉在營得便到支錢物因茲甚安人心尋曹燦問諸六軍皆曰隨駕請得何用兼難以將行

若聖恩如此皆感戴官家眞宗聞之又甚喜于是以此告諸兩地臣僚遂定東封聖駕往回略無闕誤眞宗于是因晉公奏事次密謂晉公曰今來封禪禮畢大駕往回凡百事須俱總辦集感卿用心晉公曰臣非才遭逢陛下過有委任臣實無所能今大禮已畢輒有二事上告陛下朝廷每有除改外面多謗議云某乙甚人主張某乙是甚人親戚此後每有除改外面多謗望聖聽不聽上曰朕深知不聽其如臣僚何晉公又曰只如每遇南郊大禮外面多竊議中書密院臣僚別有動靜今東封禮畢望陛下兩地臣僚並令依舊免動人心眞宗聞知甚喜彌加睠遇首臺掌武聞之益多奏議忽一日眞宗問馮拯如何晉公奏曰馮拯在中書密院十年却並無是非實亦公心于國家眞宗良久不答又奏復不答遂退尋問掌武曰丁某每來朕前保持馮拯不知馮拯屢來破除伊掌武奏曰丁某不獨于上前不言人非于臣處亦未嘗言人之非掌

武退謂晉公曰今後休於上前保持始平公亦別無他語掌武由是愈器重晉公

上谷寇公爲參政日素與馮拯不協拯以不合上章乞立儲貳太宗怒降授太常博士知杭州尋令轉官與太傅彭惟節同制時首台呂相公端除注二人俱授屯田員外郎上谷改其進呈文字將馮拯授虞部馮遂上章訟中書除授不當呂但於上前拜謝而待罪終不言寇之僭擅改授上聞之尋索元呂某除注文字視之由是睠注益厚馮遂移知江州然馮一生常追悔不合訟疏於寇亦如陳左丞恕之訟大將軍三司使王知瞻錢內輸易之訟馮侍中皆是一時間不獲已而爲之不免一生恥其缺行

竇儀尚書本燕人爲性嚴重家法整肅尚書每對客即二侍郎三起居四參政五補闕皆侍立焉尚書夫人先亡以房院稍多不敢與勢家爲親援遂再娶孔縣令女爲夫人夫人性愈嚴右丞夫人傾背即一房列五榻自孔夫人而下五房妯娌皆同寢處尚書薨孔夫人每召參政問事參政則披秉立于門外而應對焉其事嫂之禮有如此尚書周世宗時爲翰林學士每宿直世宗宮中不敢令奏樂恐竇儀聞之至宋太祖登極猶在翰林忽一日宣召入禁闥中顧問事行至屏幃間覘見太祖衩衣潛身却退中官謂曰官家坐多時請出見儀曰聖上衩衣必是未知儀來但奏云宣到翰林學士竇儀太祖聞之遂起索衫帶着後方召見復一日中書臣僚皆罷命韓王普爲相見無宰臣署敕太祖悔其倉遽良久曰但去問竇儀是他會儀對曰今晉王正守中書令合且送相印請晉王署敕用印太祖于是甚悅又晉公嘗言竇家二侍郎儼爲文宏贍不可企及有集一百卷得常楊之體又撰釋門數事五十件從一至百數皆節其要妙典故又善術數聽聲音而知興廢之未兆撰大周樂正一百卷周世宗時同兄儀在翰林爲學士儀常鄙其

詭怪世宗常令陶人應二十四氣燒瓦二十四片各題識其節氣遂隔簾敲響令辨之亦無差謬常指明德門謂楊盧二校書曰此門相次變爲大宮闕兵漸銷偃天下太平幾乎似開元天寶間耳然京師人却漸逼迫二校書將來富貴皆見之也盧雖甚貴其如壽不及楊尋世宗禪位太祖改明德門爲乾元門宮闕壯麗書軌混同多遜爲相貶朱崖而亡徽之爲尚書享年皆如其言又儀因于堂前雕起花椅子二隻以祗備右丞洎太夫人同坐儼忽見之謂兄曰好工夫奈何其間一隻至某月日先破儀于是以幕覆于屏風後愛護不用果至是日有內夫人至儀第其從人不知急于屏風後取此椅子就門外下馬遂爲馬踢而碎之此晉公聞于楊徽之尚書之說也又儼謂其弟偁參政曰儼兄弟五人皆不爲相衆總無壽其間惟四哥稍得然結裹得自家兄弟姊妹了亦住不得後偁果爲參政只有姊王家太夫人即王沔參政之母儀儼之

妹也無何亦得疾俾尋以抱病而嘆曰二哥嘗言結褁兄弟娣妹亦仕不得必不可矣果數日而薨晉公嘗謂竇二侍郎今之師曠也晉公即參政之東坦也

說郛卷第九十八終

說郛卷第九十九

鼠璞一卷　宋戴埴桃源人

媵妾

江有汜序有嫡媵之說鄭引公羊諸侯一娶九女二國媵之及引昏禮註古者女嫁姪娣送之晦翁以此詩不見勞而無怨之說以序爲疑予固不敢妄議然孝經傳媵特送昏之名猶喪之賵與賻史記載伊尹爲有莘媵臣古史載湯昏有莘乃以伊尹爲媵送女春秋載公子結媵陳婦于鄄與執虞公及井伯以媵秦穆姬晉將嫁女于吳齊侯使析歸父媵之伊尹公子結虞公井伯析歸父皆嘗爲媵初不言某國之女爲某國之媵妾也左氏同姓媵之異姓則否不過爲同姓至親可講餽送嫁女之禮異姓則可略也然春秋書齊人來媵與衛晉無異辭書人不書女其事甚明矧當時魯爲弱國嘗爲齊晉所凌猶恐不屑以女爲媵齊晉大國肯以女爲魯女從妾乎古有一娶九女之事與否皆不可知攷之經傳斷不以妾訓媵楚辭九章云波滔滔兮來迎魚鱗鱗兮媵予晦庵註媵送也波來迎魚來送易咸卦象曰咸其輔頰舌滕口說也釋文云媵達也鄭康成虞翻作媵而亦訓爲送以此証媵爲送益明爾雅曰媵將送也註遠于將之釋曰謂從行孫炎曰將行之送也即不指爲妾公羊禘于太廟用致夫人稱姜氏貶也譏以妾爲妻脅于齊媵之先也漢志謂董仲舒以熒娶于楚而媵之脅公立爲夫人此乃漢儒之論恐因詩序而訛自後記傳所載妾媵紛然矣

呼父爲爹

梁蕭憺刺荊州還人歌曰始興王人之爹赴急如水火何時來哺乳我傳謂爹徒我反荊土方言今浙人以父爲爹字同音異亦隨土聲而變廣韻爹涉斜切註羌呼父徒可切註北方呼父其說甚

明奢正奢切註吳人呼父爺以遮切註俗爲父聲音大率相似隋回紇傳以父爲爹亦此類

篙師

海儒呼篙師爲長年按杜詩長年三老歌聲裏白晝攤錢高浪中古今詩話謂川峽以篙手爲三老長年蓋推一舡之最尊者言之

正五九三長月

今俗人食三長月素按釋氏智論天帝釋以大寶鏡照四大神州每月一移察人善惡正五九月照南贍部州唐人于此三月不行死刑曰三長月節鎭因戒屠宰不上官是以天帝釋爲可欺也妄誕可笑然月令于孟春言無傷胎卵毋聚大衆不可稱兵于仲夏言君子齋戒處必掩身毋躁薄滋味節嗜慾靜事毋刑于季秋言命衆百官無不務内以會天地之藏無有宣出豈時令當然耶

俗字

俗字皆有所出釋常談載之詳矣予復得數字晉摯虞較古尺曰度量之由生皆絓音買挂也閡音亥隔也而不通卽今之絓閡字晉禮儀志有懊憹歌卽今之懊憹字衛恆說字勢曰或䵵黗點黵狀似連珠卽今之䵵黗字王沉釋時論曰鼻䶑䶎而刺天成公綏嘯賦曰䚯磕嘈卽今之䶑䶎嘈字古人用此等字不見爲俗何耶䶎牛救切仰鼻也䶑丘救反與䶎俱仰鼻也

虎石蛇杯

大率奇事易失實虎石蛇杯意義略同皆有二出漢書李廣出獵見虎射之沒矢視之石也射不入矣韓詩外傳熊渠子夜見虎射之沒金飲羽下視知石復射矢摧無跡晉樂廣賜客酒杯中有蛇既而疾廣意廳壁角弓影復置酒客頓愈風俗通應郴請杜宣酒杯中如蛇宣得疾後于故處設酒蛇乃弩影

探花郎

摭言載唐進士賜燕曲江置團司年最少爲探花郎本朝胡旦榜馮拯爲探花太宗賜詩曰二三千客裏成事七十四人中少年蔡寬夫詩話亦言期集擇少年爲探花是杏園賞花之會使少年者探之本非貴重之稱今以稱鼎魁不知何義東軒筆錄謂期集選少年三人爲探花使賦詩熙寧余中爲狀元乞罷宴席探花少厚風俗從之恐因此訛爲第三人

餛飩

續釋常談引資暇錄云餛飩以象渾沌不正書混沌從食不載故事事物紀原並無此名見唐逸史載李宗回客知人飲饌將同謁華陰令客曰與公食五般餛飩及見果然酉陽雜俎云今衣冠家有蕭家餛飩漉去湯肥可以瀹茗是舊有此名本草載艾葉療一切鬼氣炒作餛飩呑三五枚以飯厭之取混沌之義信矣俱從食邊何耶

傲骨

唐人言李白不能屈身以腰間有傲骨予觀世俗如脂如韋之人亦本氣質之自然詩曰籧篨口柔也不能俯戚施面柔也不能仰夸毗體柔也卑屈以柔順人天稟賦此質望其剛毅自立可乎

姓從人省

古人姓氏省文多矣如謝射落洛踈束萬万姒似莘辛橋喬熊能隨隋止十餘姓惟去邑者多如郱朱郳兒郤谷酆曹邵召鄣章鄀背亦有分爲二姓微有添減則𨛬去邑從衣郇去邑添草郜去邑添水大率古人用字務省繁文姓字從邑者多或謂避地避難避仇未必皆然

香藥卓

坡公與章質夫帖云公會用香藥皆珍物彌爲行商坐賈之苦蓋近造此例若奏罷之于陰德非小補予考坡仙以紹聖元年抵五

羊棨爲帥廣通舶出香樂時好事者創例他處未必然也今公宴香藥別卓爲盛禮私家亦用之作俑不可不謹

雁塔題名

予得唐雁塔題名石刻細閱之凡留題姓名僧道士庶前後不一非止新進士也唐進士特于曲江宴賞之暇有此會猶今北使過錢塘例于浙江觀潮天竺燒香耳若獨以雁塔題名爲登科慶賀之辭則觀潮燒香亦可顯言穹廬之來使乎

艾子

世傳艾子爲坡仙所作皆一時戲語亦有所本其說一蟹不如一蟹出聖宋掇遺陶穀奉使吳越因食蝤蛑詢其族類忠懿命自蝤蛑至蟹凡十餘種以進穀曰眞所謂一代不如一代也

倚門

俗說母之望子曰倚門按戰國策云王孫賈事齊閔王王出走賈

失王之處其母曰汝朝出而晚來則吾倚門望女女暮出而不還則吾倚閭而望女朝暮之出入固可言倚門若出稍久當言倚閭蓋門不可久倚故也今人但用倚門事豈以暮出不還爲俗忌耶

教官稱冷官

唐玄宗愛鄭虔之才以不事事爲置廣文館以虔爲博士而無曹司杜甫詩諸公衮衮登臺省廣文先生官獨冷非以學館爲冷及以登臺省爲進用蓋言諸公日趨局獨廣文無職掌耳今以教道之職爲冷官意正相反廣文館與四門太學國子並列亦那文學之職

巾箱本

今之刊印小冊謂巾箱本起于南齊衡陽王鈞手寫五經置巾箱中賀玠曰家有墳素何須蠅頭細書答曰檢閱既便且手寫不忘諸王從而效之古未有刊本雖親王亦手自抄錄今巾箱刊本無所不備嘉定間從學官楊璘之奏禁毀小板近又盛行第挾書非備巾箱之藏也

世事未嘗無對

唐宋遺史載張崇帥廬州不法民苦之既入覲人謂渠伊必不來崇計口索渠伊錢再入覲人不敢言捋鬚相慶崇索捋鬚錢五代史補載趙在禮自宋移永興人曰眼中拔却釘矣在禮乞還每日索釘錢方鎮不法信非一處此二事雅可爲對

右左

漢以右爲尊謂貶秩爲左遷仕諸侯爲左官居高位爲右職官周昌相趙高帝曰吾極知其左遷陳平以右丞相遜周勃位第一平爲左丞相第二謂左戚右賢居客之右朝廷無出其右皆此意也本朝官制如左右僕射左右丞相左右司左右丞左右曹左右諫議左右司諫正言皆不以右爲尊猶以右文爲秘省殿名何耶

中書見胡旦

湘山野錄載胡旦乞一入見王沂公奏旦瞽廢乞送中書問求見之故至堂沂公請與諸相具諸生禮列拜旦長揖而坐中書堂宰相治事之地表儀百辟者在是外臣乞對送中書引問自有公禮何暇講師生之私敬旦于都堂巍然受諸相之拜而不辭決無此理

桂玉

馬存字長游謂子游京師薪如束桂米如裹玉世以桂玉之地爲京師按戰國策蘇秦曰楚國食貴于玉薪貴于桂謁者難見如鬼王難見如天帝乃楚國故事

王儉紅蓮

庾杲之爲王儉衛將軍長史蕭緬與儉書曰盛府元僚實難其選庾景行汎綠水依芙蓉何其麗也今臺郡幕寮多用紅蓮故事始

此按齊衞將軍實預朝政猶漢三公開府豈汎常僚屬可比用之樞宰掾則其類也不然則用于諸戎之榦官却無害

中華古今註三卷上卷介爲一　後唐馬縞太常博士

古今音樂鳥獸魚蟲龜鼈等部凡六十八門

雉朝飛

牧犢子所作也齊處士湣宣王時人年五十無妻出薪于野見雉雌雄相隨而飛意動心悲乃作雉朝飛曲以自傷焉其聲中絕魏武帝宮人有盧女者故冠軍陰叔之妹年七歲沒入宮學鼓琴特異于餘妓善爲新聲能傳此曲盧女至明帝崩後出嫁爲尹更生妻

別鶴操

商陵牧子之所作也娶妻五年而無子父兄將爲之改娶妻聞之中夜起倚戶而悲嘯牧子聞之愴然而悲乃歌曰將乖比翼兮隔天端山川悠久兮路漫漫攬衣不寢兮食忘飡後人因爲樂章

走馬引

樗里牧恭所作也爲人報讐殺人而亡藏于山谷之下有天馬夜降圍而鳴覺聞其聲以爲追吏奔而亡去明旦視之乃天馬跡也遂惕然大語曰豈吾所處之將危乎遂荷糧而入于沂澤中援琴而鼓之爲天馬之聲故曰走馬引

淮南王歌

淮南小山所作也淮南王安求仙遍禮方士遂以八公相攜俱去莫知小山所在其徒思戀不已乃作淮南王歌焉

武溪深

馬援南征之所作也援門生爰寄生善吹笛援作歌以和之名曰武溪深其曲曰滔滔武溪一何深鳥飛不度獸不敢臨嗟哉武溪兮多毒淫

吳趨曲

吳人以歌其地也

箜篌引

朝鮮津卒霍里子高妻麗玉所作也子高晨起刺船而下有白首征夫披髮提壺亂河流而度其妻隨而止之不及遂墮河水死彼援箜篌鼓之作公無渡河聲音悽愴曲終自投河死霍里子高還以其聲授妻麗玉玉傷之乃引箜篌而寫其聲聞者莫不墮淚飲泣焉麗玉以其曲傳鄰女麗容名曰箜篌引

悲歌

平陵東翟義門人所作也王莽殺義門人作此歌以怨其暴也

薤露蒿里歌

薤露蒿里喪歌也出田橫門人橫自殺門人傷之爲悲歌言人命如薤上之露易晞滅也亦謂人死魂精歸于蒿里故有二章其一章曰薤上露何易晞露晞明朝更復落人死一去何時歸其二章曰蒿里誰家地聚斂精魂無賢愚鬼伯一何相催去人命不得少踟躕至孝武帝時李延年分二章爲曲薤露送卿貴人蒿里送士夫庶人使挽柩者歌之亦云挽歌

長歌短歌

言人壽命長短不可妄求

陌上桑歌

出秦氏女子秦氏邯鄲人有女名羅敷爲邑人千乘王仁妻王仁復爲趙王家令羅敷出採桑于陌上趙王登臺見悅之因置酒欲奪之羅敷行彈箏乃作陌上桑歌以自明焉

杞梁妻歌

杞殖妻妹明月之所作也杞殖戰死妻曰上無父中無夫下無子生人之苦至矣乃抗聲長哭長城感之而頽遂投水而死其妹悲

姊之貞操乃作歌名曰杞梁妻梁殖之字也

董逃歌

後漢遊童所作也終有董卓作亂卒以逃亡後人習之以爲歌章樂府奏之以爲規戒

短簫鐃歌

軍樂也黃帝岐伯所作以建武揚德風勸戰士也周禮所謂王大捷則令凱歌樂也漢樂有黃門鼓吹天子所作以宴樂羣臣短簫鐃歌鼓吹之一章耳亦以賜有功諸侯也

上留田

地名也其地人有父母死兄弟不撫字孤弟有鄰人爲其弟作悲歌以諷其兄故曰上留田也

日重光月重輪

羣臣爲漢明帝所作也明帝爲太子樂人作歌詩四首以贊天子

之德其一曰日重光其二曰月重輪其三曰星重輝其四曰海重潤漢末喪亂後二章亡舊說云天子之德光明如日規輪如月衆輝如星沾潤如海皆比太子賢德故曰重耳

橫吹

胡樂也張博望入西域傳其法西京惟得摩訶兜勒二曲李延年因胡曲更造新聲二十八解乘輿以爲武樂後漢以給邊將和帝時萬人將軍得用之魏晉以來二十八解不復具存而世所用者黃鵠出隴頭出關入關出塞入塞折楊柳黃華子赤之楊望行人一十四曲

後漢蔡邕益琴爲九絃

鞞鼓

高陽氏娶于陳豐氏女制鞞鼓鐘磬塤篪

問大琴大瑟

答曰古者伏羲氏造二十五絃瑟不聞二十絃之瑟廣雅云瑟長三尺六寸六分五絃舜之所造有琴而有瑟云

問女媧笙簧

問曰上古音樂未知而獨制笙簧其義云何答曰女媧伏羲妹蛇身人首斷鰲而立四極欲人之生而制其樂以發生之象其大者十九簧小者十二簧也

釣竿歌

伯常子所作也伯常子避仇河濱爲漁父其妻思之每至河測作釣竿之歌後司馬相如作釣竿詩今傳爲古曲

揚鳥

白鷺也似鷹而尾上白

扶老

秃鶖也狀如鶴大者高八尺善與人鬭好啖蛇

雁

自河北渡江南瘦瘠能高飛不畏繒繳江南食饒每至還河北體肥不能高飛恐有虞人所獲常銜蘆長數寸以防繒繳

鳧

常在江海邊沙上食砂石皆消爛惟食海蛤不消隨其糞出用爲藥倍勝餘者

鶴

千歲則變蒼又千歲則變黑所謂玄鶴

馬

自識其駒非其駒則齧殺之

猿

五百年化爲玃

鵂鶹

南方有鳥曰鷓鴣其名自呼常向日而飛畏霜露早晚稀出有時夜飛飛則以樹葉覆背上

驢

爲牡則馬爲牝則驢

秦始皇馬

有七名馬一曰追風二曰白兔三曰躡景四曰追電五曰飛翮六曰銅雀七曰神凫

曹眞駃馬

曹眞有駃馬名爲驚帆言其馳驟如風舉帆之疾

鴛鴦

水鳥凫類也雌雄未嘗相離人得其一則一相思而死故謂之匹鳥也

兔

口有缺尻有九孔

獐

有牙而不噬一名麏獐見人懼謂之獐

鹿

青州人謂鹿爲獐也

鵲

一名神女俗云七月塡河成橋詩云維鵲有巢維鳩居之言其鳩拙假鵲成巢

雀

一名佳賓常棲宿人家如賓客也詩云孰謂雀無角何以穿我屋

燕

一名神女一名天女一名鳦詩云燕燕于飛差池其羽齊人呼爲鳦也

鳩

一名鳲鳩一名鴶鵴今之布穀也江東人呼爲撥穀

烏

一名孝烏一名玄烏燕白頭烏白脰子須食母亦能自食其子也

雞

一名燭夜禮云雞曰翰音敷雞赤羽周禮曰文翰若采惟周成王時蜀入獻

狗

一名黃耳犬曰羹獻

鼩犬

周成王時渠搜國獻鼩犬能飛食虎豹

猪

一名參軍一名豕豕曰剛鬣禮云豚曰肥腯亦曰彘江東呼爲豨皆通名也豕生子多謂之豵

羊

一名髯主簿禮云羊曰柔毛易曰羝羊觸藩羸其角不能進不能退蓋羊好觝觸垣墻

鵁鶄

似凫脚高毛冠江東人家養之以厭水災

螢火

一名輝夜一名景天一名熠燿一名燐一名丹鳥一名夜光一名宵燭一名丹良腐草爲之食蚊蚋

螻蛄

一名天螻一名螜一名碩鼠有五能而不成技術其一曰飛不過屋其二曰緣不過木其三曰泅不度谷其四曰掘不能覆其五曰走不能絶人

蟋蟀

一名秋吟蛩秋初生寒則鳴噪濟南人謂之懶婦一名青蛩今之促織也

蝙蝠

一名仙鼠一名飛鼠五百歲色白腦重集物則頭垂故謂倒掛蝙蝠食之神仙

蟛蜞

小蟹也生海邊泥中食土一名長卿其有一螯大者名爲擁劍一名執火

長跂

蠨蛸也身小足長故謂長踦小蜘蛛長脚也俗呼爲蟢子

蠅虎

蠅狐也形如蜘蛛而色灰白善擒蠅蝗一曰蠅豹

莎雞

一名促織一名絡緯一名蟋蟀促織謂其鳴聲悲急一曰促機絡緯一曰紡緯

蚯蚓

一名蜿蟺一名曲蟺善長吟于地中江東謂之歌女或謂鳴砌亦呼爲蹇引

飛蛾

善拂燈一名火化一名慕光

蝘蜓

一曰守宮一曰龍子善于樹上捕蟬食之其長細五色者名曰蜥蜴其大長者名曰蠑螈一曰蛇醫大者長三尺其色玄紺善魅人一曰玄螈一名綠螈

蜻蛉

一名青蜓一名胡蝶色青而大是也小而黃者曰胡梨一曰胡離小而赤者曰赤卒一曰絳騶一曰赤衣使者好集大水一名爲赤弁丈人

蛺蝶

一名野蛾一名風蝶江東人謂撻末色白背青者是也其大如蝙蝠或青斑名曰鳳車一名鬼車生江南柑橘園中

紺蝶

一曰青令似蜻蛉而色玄紺遼東爲紺幡亦曰天雞好以七月羣飛暗天海邊夷貊食之謂海中青蝦化爲之也

魚子

魚子曰鱦亦曰鮇言如散稻米凡魚子總名鯤也

鯉魚

鯉魚之大者鱣魚即今之赤鯉魚也兗州人謂赤鯉爲赤驥謂青

鯉爲青馬謂黑鯉爲玄駒謂白鯉爲白騏謂黃鯉爲黃雄

鱣魚

鱣之大者曰鮪鱣魚也大者王鮪小者名鮇鮪今宜都郡自荊門已上江中通出鱣鱏之魚有一魚狀如鱣小建平人謂之鮥子即此魚也

蜣蜋

能以土包糞展轉而成丸圓正無邪角莊周所謂蛣蜣之智在于轉丸者也蜣蜋一名蛣蜣一名轉丸一名弄丸

蝸牛

陵螺也形如螔蝓殼如小螺熱則自懸葉下野人爲圓舍如蝸牛故曰蝸舍亦曰蝸牛之舍蝸殼婉轉有文章絞縛爲結似螺殼文故曰螺縛童子結髮亦曰螺髻亦謂其形似螺殼也

白魚

赤尾曰魟一曰魧或曰魟雄又曰魧魚子好羣浮水上者曰白萍

蝦蟇子

一名科斗一名玄針一名玄魚形圓而尾大尾脫即脚生者也

烏賊

一名河伯度事小吏

鯨魚

海魚也大者長三千里小者數千丈一生數萬子常以五六月就岸邊生子至七八月導從其子還大海中鼓浪成雷噴沫成雨水族畏之悉逃匿無魚敢當者其雌曰鯢大亦長千里眼爲明月珠

水居人魚

狀如人乘馬衆魚導從一名魚伯大水有之漢末有人河際見之人馬皆有鱗甲如大鯉魚但手足耳鼻與人不異視之良久乃入水

龜名

玄衣督郵又龜名十號一曰神龜二曰靈龜三曰攝龜四曰宗龜五曰文龜六曰筮龜七曰山龜八曰澤龜九曰水龜十曰火龜大凡物含異氣不可以常理推耳火龜由火鼠耳千歲之龜常有白氣起耳

鱉魚名

河伯從事江東人謂青衣魚爲婢鱺呼童子爲土父黿一名河伯使者

草蟲

結草蟲一名結葦好于草末折屈草葉以爲巢窟處處有之

鶢鶋

國語云海鳥曰爰居漢元帝有大鳥如馬駒時人謂之爰居出即凶也

說郛卷第九十九終

說郛卷第一百

前定錄 一卷　唐鍾輅

鄭虔

開元二十五年鄭虔爲廣文博士有鄭相如者年五十餘自隴右來應明經以從子謁虔虔待之無異禮他日復謁亦如之相如因謂虔曰叔父頗知某之能否夫子云其或繼周者雖百世可知也某亦庶幾于此若在孔門未敢鄰于顏子如言偃子夏之徒固無所讓虔大異之因詰所驗其應如響虔乃杜門累日與之言因謂之曰若然君何不早圖進取而淹碁如是相如曰某來歲方合成名所以不預來者時未至耳虔曰君當爲何官曰後七年選授衢州信安縣尉秩滿當卒虔曰吾之後事可得聞乎曰自此五年國家當改年號又十五年大盜起幽薊叔父此時當被玷汙如能赤

誠向國可以免遷謫不爾非所料矣明年春果明經及第後數年調授衢州信安縣尉將之官告以永訣涕泣爲別後三年有考使來虔問相如存否曰替後數月暴卒于佛寺至二十九年改天寶十五年安祿山取東都遣僞署西京留守張通儒至長安驅朝官就東洛虔至東都僞署水部郎中乃思相如之言佯中風疾求攝市令以自汙而亦潛拜章疏上肅宗肅宗即位靈武其年東京平令三司以按受逆命者罪虔以心不附賊貶台州司戶而卒

裴諝

寶應二年戶部郎中裴諝出爲廬州刺史郡有二遷客其一曰武徹自殿中侍御史貶爲長史其一曰于仲卿自刑部員外郎貶爲別駕諝至郡三日二人來候謁諝方在座俄而吏持一刺云寄客前巢縣主簿房觀請謁諝方與二客話舊不欲見觀語吏云謝主簿相訪方對二客請俟他日吏以告觀觀曰某以使君有舊宜以

今日謁固不受命吏又入白譖譖曰吾中外無有房氏爲舊者乃令疏其祖父官諱觀具以對又于懷中探一紙舊書以授吏譖覽之愀然遽命素服引于東廡而弔之甚哀既出未及易服顧左右問曰此有府職月請八九千者乎左右曰有名逐要者是也遽命吏出牒以署觀時二客相顧甚異之時莫敢發問譖既就榻歎息因謂二客曰君無爲復忠讁事固已前定某開元七年罷河南府文學時至大梁有陸仕佳爲浚儀尉某往候之仕佳坐客有陳留尉李揆開封主簿崔器方食有前襄州功曹參軍房安禹繼來時坐客聞其善相人皆請之安禹無所讓先謂仕佳曰官當再易後十三年而終次謂器曰君此去二十年當爲府寺官長有權位而不見曹局亦有壽考次謂揆曰君今歲名聞至尊十三年間位極人臣後二十年廢棄失志不知其所以然也次謂某曰此後歷踐清要然無將相年八十言訖將去私謂某曰少間有以奉托幸一至逆旅安禹既歸某即繼往至則言款甚密曰君後二十八年當從正郎爲江南郡守某明年當有一子後合爲所守郡一官君至三日當令奉謁然此子命薄不可厚祿願假俸十千已下此即安禹子也徹等咸異其事仕佳後再授監察御史卒器後爲司農丞肅宗在靈武以策稱旨驟拜大司農及歸長安累奉使後十餘年竟不至本曹局揆其年授右拾遺累至宰相後與時不叶放逐南中二十年除國子祭酒充吐蕃會盟使既將行而終皆如其言安禹開元二十一年進士及第官止南陽令

劉邈之

彭城劉邈之天寶中調授岐州陳倉尉邈之從母弟吳郡陸康自江南來有主簿楊豫尉張穎者聞康至皆來賀邈之時冬寒飲酒方酣適有魏山人琮來邈之命下簾帷迎于庭且問其所欲琮曰某將入關請一食而去邈之顧左右命具芻米于館琮曰某非悠悠求一食者今將追延山人就于驛日旰矣若就館則慮不及請于此食而過邈之以方飲有難色琮曰某頗能知人若果從容亦有所獻邈之聞之喜遽命搴帷而坐客亦樂聞其說咸與揖讓而坐時康已醉臥于東榻邈之乃具饌既食邈之有所請琮曰自此當再名聞某官至二邑宰而不主務二十五年而終言訖將去豫穎固止之皆有所問謂預曰君八月勿食驢肉食之遇疾當不可救次謂穎曰君後政官宜與同僚善勿與官長不叶如或不叶必爲所害豫穎不悅琮知其意乃言某先知者非能爲君禍福也因指康曰如醉臥者不知爲誰也明年當成名歷官十餘政壽考祿位諸君子不及也言訖遂去亦不知所往明年逆胡陷兩京玄宗幸蜀陳倉當路時預主郵務常念琮之言記之于手板及驛騎交至或有與預舊者因召與食誤啗驢腸數臠至暮腹脹而卒穎後爲臨濮丞時有寇至郡守不能制爲賊所陷臨濮令薛景先率吏及武士持刀與賊戰賊退郡平節度使以聞即日拜景先爲長史領郡務而穎常與不叶及此因事答之遂因忿而卒邈之後某年登科拜汝州臨汝縣令轉潤州上元縣令在任無政皆假椽以終考明年康明經及第授祕書正字充隴右巡官府罷調授咸陽尉遷監察御史盩厔令比部員外郎連典大郡歷官二十二考

武殷

武殷者鄴郡林慮人也少有名譽鄉里信愛嘗欲娶同郡鄭氏則殷從母之女也姿色絕世雅有令德殷甚悅慕女意亦願從之因求爲婿有成約矣無何逼于知己所薦將舉進士期以三年從母許之殷至洛陽聞勾龍生善相人兼好飲酒時殷持榼造焉生極喜延之竟夕因謂殷曰子之祿與壽甚厚然而晚遇未至七十而小厄殷曰今日之慮未暇論此請以近事言之生曰君言近事非名與婚乎殷曰然生曰自此三年必成大名如婚娶殊未有兆殷

曰約有所娶何言無兆生笑曰君之娶鄭氏乎曰然生曰此固非君之妻也君當娶韋氏後二年始生生十七年而君娶之時當官未踰年而韋氏卒殷異其言固問鄭氏之夫卽同郡郭子元也子元娶五年而卒然將嫁之夕君其夢之殷是年下第有內黃人郭紹家富于財聞鄭氏美納賂以求其婚鄭之母欣其族謀曰女年既笄殷未成事吾老矣且願見其所適今有郭紹者求娶吾欲許之何如諸子曰唯命鄭氏聞之泣恚將斷髮爲尼者數四及嫁之夕忽得疾昏眩若將不救時殷在京師其夕夢一女子嗚咽流涕似有所訴視之卽鄭氏也殷驚問其故良久言曰某常仰慕君子之德亦如君之意且曾許事君矣今不幸爲尊長所迫將適事他氏沒身之恨知復何言遂相對而泣因悠覺悲惋且異其事乃發使驗之則果適人問其姓氏則郭紹也殷數日思勾龍生言頗驗然疑其名之異耳及肅宗在儲邸名紹遂改子元殷明年擢第更

二年而子元卒後十餘年殷歷位清顯每求娶輒不應後自尚書郎謫官韶陽郡守韋安貞固以女妻之殷念勾龍生之言懇辭不允娶數月而韋氏亡矣其後皆驗如勾龍生之言爾

豆盧署

豆盧署本名輔眞貞元六年舉進士下第時遊信安以文謁太守鄭式瞻甚禮之館給數日稍狎因謂署曰子復姓不宜兩字爲名特爲改之何如署因起謝且求其所改式瞻書數字若著者箸者署者曰吾慮子宗族中有同者故書數字幸自擇之其夕宿于館夢一老人謂曰聞使君與子更名子當四舉成名四者甚佳後二十年爲此郡守因指郡隙地曰此可以建亭臺既寤思之四者署字也遂以爲名既二年又下第以爲夢無徵知者或誚之後二年果登第蓋自更名後四舉也太和九年署自秘書少監爲衢州刺史既至周覽郡內得夢中所指隙地立一亭名曰徵夢亭

喬琳

喬琳以天寶元年冬自太原赴舉至大梁舍于逆旅時天寒雪甚琳馬死傭僕皆去聞浚儀尉劉彥莊喜賓客遂往告之彥莊客申屠生者善鑒人自云八十以上頗箕踞傲物雖名士未嘗與之揖讓及琳至則言款甚狎彥莊異之琳既出彥莊謂生曰賓客賢與不肖未嘗見生與之一言向者喬生一布衣耳何詞之密歟生笑曰此固非常人也且當爲君之長吏宜善事之必獲其報向與之言蓋爲君結交耳然惜其情反于氣心不稱質若處極位不至百日年過七十當主非命子宜志之彥莊遂館之數日厚與車馬送至長安而申屠生亦告去且曰吾辱君之惠今有以報矣請從此辭竟不知所在琳後擢爲進士登第累佐大府大曆中除懷州刺史時彥莊任修武令誤斷獄有死者爲其家訴寃詔下御史劾其事及琳至竟獲免建中初徵拜中書侍郎平章事在位八十七日

以疾罷後陷賊朱泚中方削髮爲僧泚知之竟逼受逆命及收復亦陳其狀太尉李晟欲免其死上不可遂誅之年七十一矣

張轒

吳郡張轒自奉天尉將調集時李庶人錡在浙西兼權管轒與之有舊將往謁且求資糧未至夢一人將官誥至云張轒可知袁州新喻縣令轒夢中曰已曾爲赤尉不宜爲此固不肯受其人曰兩季之俸支牒已行不受何爲遂委之而去轒覺意惡之及見錡具言將選告以乏用錡留之數月將辭去錡因謂曰足下選限猶遠且能爲一職乎亦可資桂玉之費轒不敢讓因署毗陵郡鹽鐵場官轒以職雖卑而利厚遂受之既至所職視其簿書所用印乃袁州新喻縣印也轒以四月領務九月而罷兩季之俸皆如其言

龐嚴

京兆尹龐嚴爲衢州刺史到郡數月忽夢二僧入寢門嚴不信釋

氏夢中呵之僧曰使君莫怒予有先知因來相告耳嚴喜聞之乃問曰予爲相乎曰無有節制乎曰無曰然則當爲何官曰類廉察而無兵權有土地而不出畿內過此已往非吾所知也曰然壽幾何曰惜哉所乏者壽向使有壽則無求不可曰當何日去此曰來年五月二十三日及明年春有除替先以狀請于廉使元稹素與嚴厚必謂得請行有日矣其晦日宴客得元公復書云請候交割嚴發書曰吾固知未可以去具言其夢中事于座中竟以五月二十三日發後爲京兆尹而卒

李敏求

京兆尹趙郡李敏求應進士八就禮部試不利太和九年秋旅居宣平里日晚擁膝愁坐忽如沉醉俄而精魂去身約行六七十里至一城府門之外有數百人忽有一人出拜之敏求曰何人也答曰某郎十年前所使張岸也敏求曰汝前年從吾旅游卒于涇州

何得在此對曰某自離二十二郎後事柳十八郎職甚雄盛今作太山府君判官二十二郎既至此亦須一見遂于稠人中引入通見入門兩廊多有衣冠或有愁泣者或白衣者或執簡板者或有將通狀者其服率多慘紫或綠色既至廳柳揖與之言曰公何爲到此得非爲他物所誘乎公宜速去非久住之所也敏求具如此答柳命吏送出將去懇求知將來之事柳曰人生在世一食一宿無不前定所不欲人知者慮君子不進德修業小人怙于農耳君固欲見亦不難爾乃命一吏引敏求至東院西有一屋百餘間從地至屋書架皆滿文簿籤帖一一可觀吏取一卷唯出三行其第一行云太和二年罷舉第二行云其年婚姻得伊宰宅錢二十四萬其第三行云受官于張平子餘不復見敏求既醒具書于褾帙之間明年客遊西京過時不赴舉明年遂娶韋氏韋之外親伊宰將鬻別第召敏求而售之因訪所親得價錢二百萬伊宰乃以二十萬貺敏求既而當用之券頭以四萬爲貨時敏求與萬年尉戶曹善因請之卒君用所資伊亦貺焉累爲二十四萬明年以蔭調授河南北縣尉縣有張平子墓時說者失其縣名以俟知者

韓晉公

韓晉公滉在中書嘗召一吏不時至怒將撻之吏曰某有所屬不得遽至乞寬其罪晉公曰宰相之吏更屬何人吏曰某不幸兼屬陰司晉公以爲不誠怒曰既屬陰司有何所主吏曰某主三品以上食料晉公曰若然某明日當以何食吏曰此非細事不顯言請疏于紙過後爲驗乃恕之而繫其吏明旦遽有詔命既對適遇大官進食餲䭔一器上以半賜晉公食之美又賜之既退而腹脹歸私第召醫者視之曰食物所擁宜服少橘皮湯至夜可啗漿水粥明日疾愈思前夕吏言召之視其書則皆如其說公因復問人間之食皆有籍耶答曰三品以上日支五品已上而有權位者旬支

六品至九品者季支其有不食祿者歲支

張宣

杭州臨安縣令張宣寶曆中自越府戶曹掾調授本官以家在浙東意求蕭山宰出謁已前三日忽夢一女子年二十餘修刺來謁宣素貞介夢中不與之見女子云某是明府邑中之客得不相見邪宣遂見之禮貌甚肅曰妾有十一口依人在貴境有數十年矣今聞明府將至故來拜謁宣因問縣名竟不對宣因告其族人曰且誌之及後補湖州安吉縣令宣以家事不便將退之族人曰不然前夕所夢一女子安字有十一口吉字乎此陰騭已定退亦何益宣悟且笑曰若然固應有定遂受之及秩滿數年又將選時江淮水歉宣移家河南固求宋亳一官將引家住又夢前時女子顔貌如舊曰明府又當宰妾之邑也宣曰某已爲夫人之邑今豈再授乎女子曰妾自明府罷秩當卽還居今之所止非舊地也然往

者家屬凋喪略盡今惟三口爲累耳明府到後數月亦當辭去言訖似若悽愴宣亦未諭及唱官日乃得杭州臨安縣令宣歎曰三口臨字也數月而去吾其憂乎到任半年而卒

杜思溫

貞元初有太學生杜思溫善鼓琴多遊于公侯門館每登臨宴客往往得與嘗從賓客夜宿城南荀家觜中夜後山月如晝而遊客皆醉思溫獨攜琴臨水閑鼓忽有一叟支頤來聽思溫謂是座客殊不回顧及曲罷與語乃知非向者同遊之人遽置琴而起老人曰少年勿怖予是秦時河南太守梁陟也遭難身沒于此中平生好鼓琴向來聞君撫琴絃軫清越故來聽耳知音難遇無辭更爲我彈之思溫奏爲沉湘老人曰此弄初成我嘗尋之其間音指稍異此思溫固求其異隨而正之音韻涵古又多怨切時人莫之聞也叟因謂思溫曰君非太學諸生乎曰然叟曰君何不求于名譽

而常爲王門之伶人乎思溫竦然受教且問窮達之事叟曰予之少子主管人間祿籍當爲君問之此後二日當再會于此至期而思溫往見叟亦至焉乃告曰惜哉君終不成名亦無正官然有假祿在巴蜀十九年俸入不絕然愼勿爲武職當有大禍非祈禳所免誌之言訖遂不見思溫明年又下第遂罷舉西遊抵成都以所藝謁韋令公公甚重之累署要籍隨軍十七八年所請雜俸月不下二萬又娶大將軍女車馬第宅甚盛而妻父常欲思溫在棘門思溫記老人之言輒辭不就後一日密請韋令公遂補討擊使牒出方告不敢復辭而常懼禍至求爲遠使竟不果及劉闢反叛時思溫在鹿頭城城陷爲官軍所殺家族不知所在

李相國揆

李相國揆以進士調集在京師聞宣平坊王生善易筮往問之王生每以五百文決一局而來者雲集自辰至酉不得決而有空反者揆時持一縑晨往生爲之開卦曰君非文字之選乎當得河南道一尉揆負才華不宜爲此也悒忿而去王生曰君無怏怏自此數月當爲左拾遺前程事固不可涯也揆怒未解生曰若果然幸一枉駕揆以書判不中第補汴州陳留尉始以王生之言有徵復詣之生于几下取一緘書可十數紙以授之曰君除拾遺可發此緘不爾當大咎揆藏之既至陳留時採訪使倪若水以揆才華族望留假府職會郡有事須上請擇與中朝通者無如揆乃請行開元中郡府上書姓李者皆先謁宗正時李璆爲宗長適遇上尊號揆既謁璆璆素聞其才請爲表三通以此上之上召璆問曰百官上表無如卿者朕甚佳之璆頓首謝曰此非臣所爲是臣從子陳留尉揆所爲乃下詔召揆時揆寓宿于懷遠坊盧氏姑之舍子弟聞召且未敢出及知上意欲以推擇遂出既見乃宣命宰臣試文詞時陳黃門爲題目三篇其一曰紫絲盛露囊賦二曰答吐蕃書

三曰代南越獻白孔雀表揆自午及酉而成既封請曰前二首無所遺恨後一首或有所疑願得詳之乃許拆緘塗八字旁註兩句既進翌日授左拾遺旬餘乃發王生之緘視之三篇皆在其中而塗註者亦如之遽命駕往宣平坊訪王生則竟不復見矣

薛少殷

河南薛少殷舉進士忽一日暴亡于長安崇儀里有一使持牒云大使追俄引至府門見府官卽鮮于叔明也少殷欲有所訴叔明曰寒食將至何爲鏤雞子食也東面有一僧手持寶塔門扇雙開少殷已在其中叔明曰某方欲立事和尙何爲救此人乃迫而出令引少殷見判官及出門之西院閽者入白逡巡聞命素服乃引入所見乃亡兄也敍泣良久曰吾以汝久未成名欲薦汝于此分主公事故假追來非他也少殷時新婚姻懇不願住兄曰吾同院有王判官職居西曹汝既來此可以一謁而去乃命引少殷于西

院見之接待甚厚俄閩備饌海陸畢蒲未食王判官忽起顧見向者持塔僧僧曰不可食食之則無由歸矣少殷曰飢甚奈何僧曰惟蜜煎薑可食乃取食之而王判官竟不至僧曰可去矣少殷復出詣兄且請去兄知不可留乃入白府官許之少殷既得歸人間願知當爲何官兄曰此甚難言亦何用知之少殷懇請乃召一吏取籍尋閱不令少殷見之曰汝後年方成名初任當極西之官次得歷畿內赤縣尉又一官極南此外吾不知也臨別兄曰吾舊使祗承人李俊令隨汝去有危急卽可念之既去每遇危險皆見其僧前引少殷曰弟子素不相識和尚何乃見護如此僧曰吾爲汝持金剛經故相護爾及醒具述其事後年春果及第未幾授秘書省正字充和蕃判官及回改同安主簿秩滿適趙昌爲南安節度少殷與之有舊懇求爲從事欲歷極南之官昌許之曰乘遞之鎭未暇有表至江陵當以表請及表至少殷尋以母喪憂服除選授

萬年縣尉時靑淄卒吏與駙馬家童鬬死京兆府不時奏德宗怒時少殷主賊曹務一日乃貶高州雷澤縣尉十餘年備歷艱辛而李俊常有所護及順宗嗣位有詔收錄貶官少殷移至桂陽與貶官李定同行過水勒馬與一從人言卽李俊也云某月日已足拜別而去少殷曰吾兄言官止于此李俊復去將不及久矣李定驚感歎問其事具以告之少殷十數日卒

袁孝叔

袁孝叔者陳郡人也少事母以孝聞母嘗得疾恍惚踰月不痊孝叔忽夢一老父謂曰子母疾可治孝叔問其名居不告曰明旦迎吾于石壇之上當有藥遺子及覺乃周覽四境所居之東十里有廢觀古石壇而見老父在焉孝叔喜拜迎至于家卽于囊中取九靈丹一丸以新汲水服之卽日而瘳孝叔德之欲有所答皆不受或累月一來然不詳其所止孝叔意其必能歷筭爵祿常欲發問而不敢言其後一旦來謂孝叔曰吾將有他適故來訪別于懷中探出一編書以遺之曰君之壽與位盡具于此事已前定非智力之所及也今之躁求者適足徒勞耳君藏吾此書愼勿預視但授一命卽開一幅不爾當有所損孝叔跪受而別後孝叔寢病殆將不救其家或問後事孝叔曰吾爲神人授書一編未曾開何遽以後事問乎旬餘其病果愈後孝叔以門廕授衛州諸城縣尉五轉浙昔縣令每之官輒視神人之書時日無差後秩滿歸閿鄉別墅因晨起欲就巾櫛忽有物墜于鏡中類蛇而有四足孝叔驚仆于地不語數日而卒後逾月其妻因閱其笥得老父所遺之書猶餘半軸因歎曰神人之書亦有誣矣書尚未盡而人已死乃開視之其後唯有空紙數幅畫一蛇而盤鏡中矣孝叔之叔脩已元和初爲太學生具說其事

續前定錄 一卷

竇相易直

竇相易直初時名秘家貧就業村學教授叟有道術而人不知一日近暮風雪暴至學徒悉歸家不得已而宿于漏屋之下寒爭附火惟竇公寢于榻夜深方覺叟撫公令起曰竇祕君後爲人臣貴壽之極勉勵自愛也及德宗幸奉天日公方舉進士亦隨駕而乘蹇驢至開遠門人稠路隘其門扇將闔公懼勢不可進聞一人叱驢兼捶其後得疾馳而去顧見黑衣卒呼公曰秀才以後莫忘閽倩及陞朝訪得其子提挈累至大官吏中榮達

柳員外

柳宗元自永州司馬徵至京師意望錄用一日詣卜者問命且告以夢曰予柳姓也昨夜夢柳仆地其不祥乎卜者曰無苦但憂遠官耳夫生則柳樹仆則柳木木者牧也其牧柳州乎卒如其言也」

李涼公

李逢吉未掌制誥前家有老婢好言夢後多有應公望除官因訪婢一日婢晨至慘然公問故曰昨夜與郎君作夢不是好意不欲說公強之婢曰夢有人舁一棺至堂後云且置在地不久卽移入堂中此夢恐非佳也公聞夢竊喜俄爾除中書舍人知貢舉未幾入相

崔相

崔相國羣之鎭徐嘗以崔氏易林自筮遇乾之大畜其繇曰典策法書藏在蘭臺雖遭亂離獨不遇災及經王智興之變果除秘書監

盧賓客

盧賓客貞白父曰老彭有道術兼號知人元和初宗人弘宣簡辭弘正簡求俱候焉留坐目之曰一行五節度使可謂盛矣卒如其言又族子鍇初舉進士就安邑新居謁鍇曰爾求名大是美事但

此後十餘年方得勿以遲晚爲恨登朝亦大美官鍇至長慶元年始擢第大中十年終庶子

牛師

長慶中鄂州里巷人每語輒以牛字助之又有僧自號牛師乍愚乍智人有忤之者必云我兄卽到豈奈我何未幾而相國奇章公帶平章事節制武昌軍其語乃絕而牛師尚存僧者牛公之名也方知將相之位豈偶然也

陳存

進士陳存能爲古歌詩而命蹇主司每欲與第臨時皆有故不果時尚書孟容舊相知知舉貢日萬方欲爲申屈將試前夕宿宗人家宗人爲具入試食物兼備晨湌請存偃息以俟時五更後怪不起就寢呼之不應前視之已中風不能言也

鄭滂

進士鄭滂在名場歲久聲流多已榮達常有後時之歎一夕忽夢及第而與韋周方同年當時韋氏舉人無名周方者益悶之太和元年秋移舉洛中時韋弘景尚書廉察陝邦族弟景方赴舉過陝尚書語曰我名弘景汝兄弘方汝弟景方兄弟各分吾名一字誠無意也遂更名周方滂聞之喜曰吾及第有望矣四年周方升名而果同年焉滂子溥又自說應舉時曾夢看及第榜但見鳳字大中元年求解鳳翔偶看本府鄉貫首便是鳳字至東都試緱山月夜聞王子晉吹笙詩坐側諸詩悉有鳳字明年果登第焉

孔溫裕

河南尹孔溫裕以補闕諫討黨項貶柳州司馬久之得堂兄尚書溫業書報云憲府欲取作侍御史日望敕下忽又得書云宰相以右史處之皆無音耗一日有鵲喜于庭直若語狀溫裕雅拜且祝曰願早作官鵲既飛去墜下方寸紙有補闕二字無幾遂除此官

王蒙

王蒙與趙憬有布衣之舊常知其才趙公入相蒙自前新塗縣令求謁公見極喜給卹甚厚將擢爲御史時憲僚數少德宗難于除授而趙公之言多行蒙意可以坐待繡衣之拜一日偶詣慈恩寺僧占氣色者蒙問早晚得官僧曰觀君之色殊未見喜兆此後若干年當得一邊上御史蒙大笑而歸數日趙公奏言御史府闕太多就中監察尤爲要官臣欲擇三二人上曰此官須得孤貞茂實充選料卿祇應取輕薄後生朝中子弟耳此不如不置公曰臣之愚見正如聖意欲于錄事參軍縣令中求上喜曰如此卽朕之意公因薦二人其人一卽蒙也上曰早將狀來公既出逢裴延齡時以次對問公曰相公奏何事喜氣充溢公不對延齡慍罵而去云看此老叟所請得行否既見上奏事畢因問趙憬向論何事上曰趙憬極公心因說御史事延齡曰此大不可陛下何故信之且憬

身爲宰相豈諳州縣長績效向二人又不爲人所稱憬何由深知之必私也復來陛下但詰其所自即知矣他日上果問云卿何以知此二人公曰一是故舊一與臣微親熟諳之上無言他日延齡又入上曰憬所請果如卿料遂寢不行蒙遂歸故林而趙憬于相位後數年邊帥奏爲從事得假御史焉

黃損

黃損連州人有大志舉于盧山與桑維翰宋齊丘相遇每論天下之務皆出損下損益自負居無何遊五老峰遇磐石少憩頃之有叟長嘯而至指維翰齊丘曰公等皆至將相但各不得其死耳次指損曰此子有道氣可以隱居若求官不過一州從事耳宜思之損甚怒叟曰休戚之數定矣吾先知也何怒乎後皆然

張寶藏

貞觀中張寶藏爲金吾長嘗因下直歸櫟陽路逢年少畋獵割鮮

野食倚樹歎曰張寶藏身年七十未嘗得一食酒肉如此者可悲哉傍有一僧指曰張寶藏六十日內官登三品何足歎也言訖不見寶藏異之即時還京師時太宗苦于氣痢衆醫不效即下詔問殿庭左右有能治此疾者當重賞之寶藏嘗困是疾即具疏以乳煎蓽撥方進上服之立瘥宣下宰臣與五品官魏徵難之逾月不進擬上疾復發問左右曰吾前日飲乳煎蓽撥有效復命進之一啜又平復因憶曰嘗令與進方人五品官不見除授何也徵懼曰奉詔之際未知文武二吏上怒曰治得宰相不妨已授三品官職我天子也豈不及汝耶乃厲聲曰與三品文官授鴻臚卿時六十日矣

崔龜從

崔龜從未達時嘗至宣州夢到一府門屋宇深大非人間所有有綠衣吏抱案龜從揖而問之綠衣亦喜云生人同籍也崔問曰某未達應舉請爲一檢可乎吏唯之因爲檢曰灼然及第科名極高至此州刺史言訖遂覺崔自喜之明年果中第聯得科目官至中書舍人出爲華州刺史因爲妻曰昔夢皆驗今爲刺史位至此矣當爲身後之計俄除戶部郎中深不自會尋出爲宣州觀察使至日吏白曰舊例長史到皆謁敬亭神廟崔公命駕謁之既到道路門巷皆昔夢中所遊入門宛然遂陞堂見西壁有畫着綠衣吏抱案其吏即夢中所見乃歸而怏怏又謂妻曰昔夢綠衣人云合至此州刺史此已任矣及旬日得疾治之不愈謂妻曰本來之說此其驗矣妻曰昔日爲遊客尚獲佳夢今爲地主合再祈之崔公乃置酒食進祝之其夕又夢敬亭神自至曰大夫壽愈幸無憂也崔即告本廟吏之詞神曰吏以公當爲此州偶然爾公位極重不可盡言自此去尚有十四年壽耳言訖而覺崔公疾尋差後皆如其言時開成四年也

孫思邈

孫處儉嘗以諸子見思邈曰儉先顯侑晚貴佺禍在執兵後皆驗又太子詹事盧齊卿之少也思邈曰後五十年位方伯吾孫爲屬吏願自愛時思邈之孫溥尚未生及溥爲蕭丞而齊卿爲徐州刺史

武居常

武居常天后高祖也少時遊洛下人謂爲猴頰郎以居常頤下有若猿頷也其上有四靨一日伊水上遇一丐者曰郎君當有身後名而骨法當刑然有女當八十八後起家暴貴壽亦浸微居常不之信後卒如其言

房玄齡

房玄齡來買卜成都日者笑而掩鼻曰公知名當世爲時貴相奈無繼嗣何公怒時遺直以三歲在側日者顧指曰此兒此兒絕房

者此也公大悵而還後皆信然也

明皇

明皇始平禍亂在宮日與道士馮存澄因射覆得卦曰合因又得卦曰斬關又得卦曰鑄印乘軒存澄啓謝曰昔此卦三靈爲最善黄帝嗣炎帝而筮得之所謂合因斬關鑄印乘軒始當果斷終得嗣天明皇掩其口曰止矣然識之後即位應其術焉

姚宋

明皇初登極夢二龍銜符自紅霧中來上大隸姚崇宋璟四字掛之兩大樹上蜿蜒而去夢回上召申王圓之王進曰兩木相也二人今爲天遣龍致于樹即姚崇宋璟當爲輔相明矣上歎異之

柳柳州

羅池北龍城勝地也役者得白石上微刻畫云龍城柳神所守驅厲鬼山左首福土氓制九醜予得之不解其理特欲隱予于斯歟

玄宗

玄宗幸東都偶秋宵與一行師共登天宮寺閣臨眺久之遐顧淒然發歎數四謂一行曰吾甲子得無恙乎一行進曰陛下行幸萬里聖祚無疆及西狩初到成都前望大橋上舉鞭問左右曰是橋何名節度崔圓躍馬進曰萬里橋上因追歎曰一行之言今果符之吾無憂矣

李景讓

宣宗將命相必採中外人情合爲相三兩人姓名撚之置香案上以椀覆之宰相闕必添香探丸以命草麻上切于李景讓竟探名不著有以見其命也

康訾

牛相新昌宅泓師號爲金椀言金或傷庶可重製本將作大匠康訾宅訾自辨岡阜形勢以其宅當出宰相後每命相有案必引領望之宅竟爲牛所得

劉逸

劉逸在淮汴州時韓弘爲右廂都虞候王某爲左廂與弘相善或譖王不利于劉劉大怒召詰之王年老股戰不能自辨劉令拉坐杖三十新造赤棒頭徑數寸固以筋漆數五六當死矣韓意其必死及昏造其家並無哭聲訪問即言大使無恙弘遂至臥內問之王曰我讀金剛經四十三年今方得力就說初坐時見巨手如簸箕翕然遮背因袒示韓都無撻痕

論衡 三十卷 漢王充

談天

儒書言共工與顓頊爭爲天子不勝怒而觸不周之山使天柱折地維絶女媧銷鍊五色石以補蒼天斷鼇足以立四極天不足西北故日月移焉地不足東南故百川注焉此久遠之文世間是之

言也文雅之人怪而無以非若非而無以奪又恐其實然不敢正議以天道人事論之殆虛言也與人爭爲天子不勝怒觸不周之山使天柱折地維絶有力如此天下無敵以此之力與三軍戰則士卒螻蛄也兵革莛芒也安得不勝之恨怒觸不周之山乎且堅重莫如山以萬人之力共推小山不能動也如不周之山大山也使是天柱乎折之固難非柱乎觸不周山而使天柱折是亦復難信顓頊與之爭舉天下之兵悉海內之衆不能當也何不勝之有且夫天者氣也體耶如氣乎與雲烟無異安得柱而折之女媧以石補之是體也如審然天乃玉石之類也石之質重千里一柱不能勝也如五岳之巔不能上極天乃爲柱如觸不周上極天乎不周爲共工所折當此之時天毀壞也如審毀壞何用舉之斷鼇之足以立四極說者曰鼇古之大獸也四足長大故斷其足以立四極夫不周山也鼇獸也夫天本以山爲柱共工折之代以獸足骨

有廢朽何能立之久且鼇足可以柱天體必長大不容于天地女媧雖聖何能殺之如能殺之殺之何用足可以柱天則皮革如鐵石刀劍戈戟不能刺之強弓利矢不能勝之也察當今天去地甚高古天與今無異當共工缺天之時天非墜于地也女媧人也雖長無極天者夫其補天之時何登緣階據而得治之豈古之天若屋廡之形去人不遠故共工得敗之女媧得補之乎如審然者女媧多前齒爲人者人皇最先人皇之時天如蓋乎說易者曰元氣未分渾沌爲一儒書又言溟涬濛澒氣未分之類也及其分離淸者爲天濁者爲地如說易之家儒書之言天地始分形體尚小相去近也近則或枕于不周之山共工得折之女媧得補之也含氣之類無有不長天地含氣之自然也從始立以來年歲甚多則天地相去廣狹遠近不可復計儒書之言殆有所見然其言觸不周山而折天柱絕地維銷煉五色石以補蒼天斷鼇之足以立四極

猶爲虛也何則山雖動共工之力不能折也豈天地始分之時山小而人反大乎何以能觸而折之以五色石補天尚可謂五石若藥石治病之狀至其斷鼇之足以立四極難論言也從女媧以來久矣四極之立自若鼇之足乎

鄒衍之書言天下有九州禹貢之上所謂九州也禹貢九州所謂一州也若禹貢以上者九焉禹貢九州方今天下九州也在東南隅名曰赤縣神州復更有八州每一州者四海環之名曰裨海九州之外更有瀛海此言詭異聞者驚駭然亦不可實幸相隨觀讀諷述以談故虛實之事並傳世間眞僞不別也世人惑爲是以難論按鄒子之知不過禹禹之治洪水以益爲佐禹之治水益之記物極天之廣窮地之長辨四海之外竟四山之表三十五國之地鳥獸草木金石水土莫不畢載不言復有九州淮南王劉安召術士伍被左吳之輩充滿宮殿作道術之書論天下之事地形之篇

道異類之物外國之怪列三十五國之異不言更有九州鄒子行地不若禹益聞見不過被吳才非聖人事非天授安得此言案禹之山經淮南之地形以察鄒子之書虛妄之書也太史公禹本紀言河出崑崙其高三千五百餘里日月所於辟隱爲光明也其上有玉泉華池今自張騫使大夏之後窮河源惡睹本紀所謂崑崙者乎故言九州山川尚書近之矣至禹本紀山經所載怪物予不敢言也夫勿敢言者謂其虛也崑崙之高玉泉華池世所共聞張騫親行無其實按禹貢九州山川怪奇之物金玉之珍莫不悉載不言崑崙山上玉泉華池按太史公之言山經禹紀虛妄之言凡事難知是非難測極爲天中方今天下在禹極之南則天極北必高多民禹貢東漸于海西被于流沙此則天地之極際也日刺徑千里今從東海之上會稽鄞縣察日之初出徑二尺尚遠之驗也遠則東方之地尚多東方之地尚多則天極之北天地廣長不復

訾矣夫如是鄒衍之言未可非禹紀山海淮南地形未可信也鄒衍言方今天下在地東南名赤縣神州天極爲天中如方今天下在地東南視極當在西北今正在北方今天下在極南也以極言之不在東南鄒衍之言非也如在東南近日所出日如出時見光宜大今從東海上察日及從流沙之地視日小大同也相去萬里小大不變方今天下得地之廣少矣雒陽九州之中也從雒陽北顧極正在北東海之上去雒陽三千里視極亦在北推此以度從流沙之地視極亦必復在北焉東海流沙九州東西之際也相去萬里視極猶在北者地小居狹未能辟離極也日南之郡去雒且萬里徙民還者問之言日中之時所居之地未能在日南也度之復南万里日在日之南是則去雒陽二萬里乃爲日南也今從雒地察日之去遠近非與極同也極爲遠也今欲北行三萬里未能至極下也假令之至是則名爲距極下也以至日南五萬里極北

亦五萬里極東西亦皆五萬里焉東西十萬里南北十萬里相承百萬里鄒衍之言天地之間有若天下者九案周時九州東西五千里南北亦五千里五五二十五一州者二萬五千里天下若此九之乘二萬五千里二十二萬五千里如鄒衍之書若謂之多計度驗實反為少焉

儒書曰天氣也故其去人不遠人有是非陰為德害天輒知之又輒應之近人之效也如實論之天體非氣也人生于天何嫌天無氣猶有體在上與人相去遠祕傳或言天之離天下六萬餘里數家計之三百六十五度一周天下又周度高有里數如天審氣氣如雲烟安得里度又以二十八宿效之二十八宿為日月舍猶地有郵亭為長吏廨也郵亭着地亦如星舍着天也案附書者天有形體所據不虛由此考之則無恍惚明矣

說郛卷一百　二十　涵芬樓

隨筆 十六卷　宋洪邁

范增非人傑

世謂范增為人傑予以為不然夷考平生蓋出戰國縱橫之餘見利而不知義者也初勸項氏立懷王及羽奪王之地遷王于郴已而弑之增不能引君臣大義爭之以死懷王與諸將約先入關中者王之沛公既先定關中則當如約增乃勸羽殺之又徙之蜀漢羽之伐趙殺上將宋義增為末將坐而視之坑秦降卒殺秦降王燒秦宮室增皆親見之未嘗聞一言也至于滎陽之役身遭反間然後發怒而去嗚乎疎已哉東坡公論此事偉甚猶未盡也

翰苑故事

翰苑故事今廢棄無餘唯學士入朝猶有朱衣冠吏雙引至朝堂而止及景靈宮行香則引至立班處公文至三省不用申狀但尺紙直書其事下語云諮報尚書省狀候裁旨日月押謂之諮報此兩事僅存

袁盎溫嶠

趙談常害袁盎盎兄子種曰君與鬬廷辱之使其毀不用文帝出談參乘盎諫曰天子所與共六尺輿者皆天下豪英陛下奈何以刀鋸餘人載上笑下談談泣下車溫嶠將去王敦而懼錢鳳為之姦謀因敦餞別嶠起行酒至鳳擿鳳幘墜作色曰錢鳳何人溫太眞行酒而敢不飲及發後鳳入說敦曰嶠於朝廷甚密未必可信敦曰太眞昨醉小加聲色豈得以此便相讒貳由是鳳謀不行二者之知如此

樂天侍兒

世言白樂天侍兒唯小蠻樊素二人予讀集中小庭亦有月一篇云菱角執笙簧谷兒抹琵琶紅綃信手舞紫綃隨意歌自註曰菱谷紫紅皆小臧獲名若然則紅紫二綃亦女奴也

樂天除書

說郛卷一百　二十一　涵芬樓

樂天好用黃紙除書字如紅旗破賊非吾事黃紙除書无我名正聽山鳥細陽眠黃紙除書落枕前黃紙除書到青宮詔命摧

白用杜句

杜子美詩云夜足霑沙雨春多逆水風白樂天詩云巫山暮足沾花雨隴水朝多逆浪風全用之

詩讖不然

今人富貴中作不如意語少壯時作衰病語詩家往往以為讖白公十八歲病中作絶句云久為勞生事不學攝生道少年已多病此身豈堪老然白公壽七十五

青龍寺詩

樂天和錢員外青龍寺上方望舊山詩云舊峯松雪舊烟雲悵望今朝竟屬君共道使臣非俗吏南山莫動北山文予于乾道四年講筵開日蒙上書此章于扇以賜改使臣為侍臣云

郭璞葬地

世說郭景純過江居于暨陽墓去水不盈百步時人以爲近水景純曰將當爲陸今沙漲去墓數十里皆爲桑田此說蓋以郭爲先知也世說錦囊葬經爲郭所著行山卜宅兆者印爲元龜然郭知水之爲陸獨不能卜吉以免其非命乎厠上銜刀之見淺矣

周亞夫

周亞夫拒吳楚堅壁不出軍中夜驚內相攻擊擾亂至于帳下亞夫堅臥不起頃之復定吳奔壁東南陬亞夫使備西北已而果奔西北不得入漢史書之以爲亞夫能持重按亞夫細柳時天子先驅至不得入文帝稱其不可得而犯今乃有軍中夜驚相攻之事安在其能持重乎

漢輕族人

袁盎陷鼂錯但云方今計獨有斬錯耳而景帝使丞相以下劾奏

遂至父母妻子同產無少長皆棄市主父偃陷齊王于死武帝欲勿誅公孫丞相爭之遂族偃郭解客殺人吏奏解無罪公孫大夫議遂族解且偃解兩人本不死因議者之言殺之足矣何遽至族乎漢之輕于用刑如此

漏泄禁中語

京房與漢帝論幽厲事至于十問十答西漢所載君臣之語未有如是之詳盡委曲者蓋漢法漏泄禁中語爲大罪如夏侯勝出道上語宣帝責之故退不敢言人亦莫能知者房初見帝時出爲御史大夫鄭君言之又爲張博道其語博密記之後竟以此下獄棄市今史所載豈非獄辭乎王章與成帝論王鳳之罪亦王音側聽聞之耳

秦用他國人

七國虎爭天下莫不招致四方游士然六國所用相皆其宗族及國人如齊之田忌田嬰田文韓之公仲公叔趙之奉陽平原君魏至以太子爲相獨秦不然其始與之謀國以開霸業者魏人公孫鞅也其後有樓緩趙人張儀魏冉范雎皆魏人蔡澤燕人呂不韋韓人李斯楚人皆委國而聽之不疑卒之所以兼天下者諸人之力也燕昭王任郭隗劇辛樂毅幾滅強齊辛毅皆趙人也楚悼王任吳起爲相諸侯患楚之強蓋衛人也

戾太子

戾太子死武帝追悔爲之族江充家黃門蘇文助充譖太子至于焚殺之李壽加兵刃于太子亦以他事族田千秋以一言至爲丞相又作思子宮爲歸來望思之臺然其孤孫囚係于郡邸獨不能釋之至于掖庭令養視而不問也豈非漢法至嚴既坐太子以逆反之罪雖心知其冤而有所不救者乎

單于朝漢

漢宣帝黃龍元年正月匈奴單于又來朝二月歸國十二月帝崩元帝竟寧元年正月又來朝五月帝崩故哀帝時單于願來朝時哀帝疾或言匈奴從上游來厭人自黃龍竟寧時中國輒有大故上由是難之既不許矣俄以揚雄之言復許之然元壽二年正月單于朝六月帝崩事之偶然符合有如此者

儒人論佛

韓文公送文暢序言儒人不當舉浮屠之說以告僧其語云文暢浮屠也如欲聞浮屠之說當自就其師而問之何故謁吾徒而來請也元微之作永福寺石壁記云佛書之妙奧僧當爲予言予不當爲僧言二公之語可爲至當歸一而已

四海一也

海一而已地之勢西北高而東南下所謂東北南三海其實一也北至于青滄則云北海南至于交廣則云南海東漸吳越則云東

海無由有所謂西海者詩書禮經所載四海蓋引類而言之漢西域傳所云蒲昌海疑亦渟居一澤爾班超遣甘英往條支臨大海蓋即南海之西云

唐重牡丹

歐陽公牡丹釋名牡丹初不載文字唐人如沈宋元白之流皆善詠花當時有一花之異者彼必形于篇什而寂無傳焉惟劉夢得有詠魚朝恩宅牡丹詩但云一叢千朶而已亦不云其美且異也

予按白公集有白牡丹一篇十四韻又秦中吟十篇內買花一章凡百言云共道牡丹時相隨買花去一叢深色花十戶中人賦而諷諭樂府有牡丹芳一篇三百四十七字絕道花之妖豔至有遂使王公與卿士遊花冠蓋日相望花開花落二十日一城之人皆若狂之語又寄微之百韻詩云唐昌玉蕊會崇敬牡丹期註云崇敬寺牡丹花多與微之有期又惜牡丹花詩云明朝風起應吹盡

夜惜衰紅把火看醉歸盩厔詩云數日非關王事繫牡丹花盡始歸來元微之有入永壽寺看牡丹詩八韻和樂天秋題牡丹叢三韻酬胡三詠牡丹一絕又有牡丹五言二絕句許渾亦有詩云近來無奈牡丹何數十千錢買一窠徐凝云三衢九陌花時節萬馬千車看牡丹又何人不愛牡丹花占盡城中好物華然則元白未嘗無詩唐人未嘗不重此花也

張良無後

張良陳平皆漢祖謀臣良之爲人非平可比也平嘗曰我多陰謀是道家之所禁吾世即廢矣以吾多陰禍也平傳國至曾孫而以罪絕如其言然良之爵但能至子去其死纔十年而絕後世不復紹封其禍更促于平何哉予蓋嘗考之沛公攻嶢關秦將欲連和良曰不如因其懈怠擊之沛公乃引兵大破秦軍項羽與漢王約中分天下既解而東歸矣良有養虎自遺患之語勸王回兵追羽而滅之此其事固不止于殺降也其無後宜哉

俗語有所本

俗語謂錢一貫有畸曰千一千二米一石有畸曰石一石二布帛長一丈有畸曰丈一丈二之類按考工記殳長尋有四尺註云八尺曰尋殳長丈二史記張儀傳尺一之檄漢淮南王安書云丈一之組匈奴傳尺一之牘後漢尺一詔書唐城南去天尺五之類然則亦有所本云

三女后

王莽女爲漢平帝后自劉氏之衰常稱疾不朝會莽敬憚傷哀欲嫁之后不肯及莽敗后曰何面目以見漢家投火中而死楊堅女爲周宣帝后其父有異圖意頗不平形于言色及禪位憤惋愈甚堅內甚愧之欲奪其志誓不許乃止李昪女爲吳太子璉妃昪既篡吳封爲永興公主妃聞人呼公主則流涕而辭三女之事略同

可畏而仰彼爲其父者安所置愧乎

鳳毛

宋孝武嗟賞謝鳳之子超宗曰殊有鳳毛今人以子爲鳳毛多謂出此按世說王劭風姿似其父導桓溫曰大奴固自有鳳毛其事在前與此不同

牛米

燕慕容皝以牛假貧民使佃苑中稅其什之八自有牛者稅其七參軍封裕諫以爲魏晉之世假官田牛者不過稅其什一自有牛者中分之不取其七八也予觀今吾鄉之俗募人耕田十取其五而用主牛者取其六謂之牛米蓋晉法也

噴嚏

今人噴嚏不止者必噀唾祝云有人說我婦人尤甚予按終風詩寤言不寐願言則嚏鄭氏箋云我其憂悼而不能寐女思我心如

是我則噎也今俗人噎云人道我此古之遺語乃知此風自古以來有之

野史不可信

野史雜說多有得之傳聞及好事者緣飾故類多失實雖前輩不能免而士大夫頗信之姑摭眞宗朝三事于左魏泰東軒錄云眞宗次澶淵語寇萊公曰虜騎未退何人可守天雄軍公言參知政事王欽若退卽召王于行府諭以上意授敕俾行王未及有言公遽酌大白飲之命曰上馬杯且曰參政勉之回日卽爲同列也王馳騎入魏越十一日虜退召爲同中書門下平章事或曰王公數數進疑詞于上前故萊公因事出之予按澶淵之役乃景德元年九月是時萊公爲次相欽若爲參政閏九月欽若判天雄二年四月罷政三年萊公罷相欽若復知樞密院至天禧元年始拜相距景德初元凡十四年其二事者沈括筆談云向文簡拜右僕射眞

宗謂學士李昌武曰朕自卽位以來未嘗除僕射敏中應甚喜昌武退朝往候之門闌悄然明日再對上笑曰向敏中大耐官職存中自註云向公拜僕射年月未嘗考于國史因見中書記是天禧元年八月而是年二月王欽若亦加僕射予按眞宗朝自敏中之前拜僕射者六人呂端李沆王旦皆自宰相轉陳堯叟以罷樞密使拜張齊賢以故相拜王欽若自樞密使轉及敏中轉右僕射與王欽若自加左僕射同日降制是時李昌武死四年矣昌武者宗諤也其三事者存中筆談又云時丁晉公從眞宗巡幸禮成賜輔臣玉帶時輔臣八人行在祗候庫止有七帶尚衣有帶謂之比玉價直數百萬上欲以足其數公心欲之自以位在七人之下度必不及已乃諭有司某自有小私帶可服候還京別賜可也既各受賜而晉公一帶僅如指闊上顧近侍速易之遂得尚衣御帶予按景德元年眞宗巡幸西京大中祥符元年巡幸泰山四年幸河中丁謂皆爲行在三司使未登政府七年幸亳州謂始以參知政事從時輔臣六人王旦向敏中爲宰相王欽若陳堯叟爲樞密使皆在謂上謂之下尚有樞密副使馬知節卽不與此說合且既爲玉帶而又名比玉尤可笑魏泰無定論沈存中不應爾也

謗書

司馬遷作史記于封禪書首述武帝神仙鬼怪方士之事甚備故王允謂之謗書國朝景德祥符間治安之極王文穆陳文忠陳文僖丁晉公諸人造作天書符瑞以爲固寵容悅之計及眞宗上仙王沂公懼貽後世譏議故請藏天書于梓宮以滅迹而實錄之成乃文穆監修其載崇奉宮廟祥雲芝鶴惟恐不詳遂爲信史之累蓋與太史公謗書意異而實同

不買磁器

彭器資尚書文集有送許屯田詩曰浮梁巧燒瓷顏色比瓊玖因官射利疾衆喜君獨不父老爭歎息此事古未有註云浮梁父老曰作知縣不買瓷器者一人許君是也作饒州不買者一人程少卿嗣宗是也惜乎不載許君之名

防患備險

易乾坤二卦之下繼之以屯蒙需訟師比之卦六者皆有坎聖人防患備險之意深矣

賞功不以貴賤

衞青爲大將軍霍去病始爲校尉乃以功封侯青失兩將軍亡翕侯功不多不益封其後各以五萬騎深入去病益封五千八百戶裨校封侯益邑者六人而青不得益封吏卒無封者武帝賞功必視法如何不以貴賤爲高下其明白如此後世處此必曰青久爲上將倶出塞致命正不厚賞亦當有以慰其心不然他日無以使人蓋失之矣

周世中國地

成周之世中國之地最狹以今地里考之吳越楚蜀閩皆爲蠻淮南爲羣舒秦爲戎河北眞定中山之境乃鮮虞肥鼓國河東之境有赤狄甲氏留吁鐸辰潞國洛陽爲王城而有楊距泉皋蠻氏陸渾伊洛之戎京東有萊牟介莒皆夷也杞都雍丘今汴之屬邑亦用夷禮邾近于魯亦曰夷其中國者獨衞晉齊魯宋鄭陳許而已通不過數十州蓋于天下特五分之一耳

詩什

詩二雅及頌前三卷題曰某詩之什陸德明釋云歌詩之作非止一人篇數既多故以十篇編爲一卷名十爲什今人以詩爲篇什或稱譽他人所作爲佳什非也

其惟聖人乎

乾卦其惟聖人乎魏王肅本作愚人後結句始作聖人見陸德明釋文

史館玉牒所

國朝熙寧以前祕書省无著作局故置史館設修撰直館之職元豐官制行有祕書官則其職歸于少監及著作郎佐矣而紹興中復置史館修撰檢討是與本省爲二也宗正寺修玉牒所官亦然官制既行其職歸于卿丞矣而紹興中復差侍從爲修牒又以他官兼檢討是與本寺爲二也然則今有戶部可別置三司有刑部可別置審刑院矣又玉牒舊制每十年一進謂甲子歲進書則甲戌甲申歲復然今乃從建隆以來再行修補每及十年則一進以故不過三二年輒一行賞書局僭賞此最甚焉

嚴州當爲莊

嚴州本名睦州宣和中以方寇之故改焉雖以威嚴爲義然實取嚴陵灘之意也殊不考子陵乃莊氏東漢避顯宗諱以莊爲嚴故史家追書以爲嚴光後世當從實可也

孟子書百里奚

柳子厚復杜溫夫書云生用助字不當律令所謂乎歟耶哉夫也者疑辭也矣耳焉者決辭也今生則一之宜考前聞人所使用與吾言類且異精思之則有益也予讀孟子百里奚一章曰曾不知以食牛干秦繆公之爲汙也可謂智乎不可諫而不諫可謂不智乎知虞公之將亡而先去之不可謂不智也時舉于秦知繆公之可與有行也而相之可謂不智乎味其所用語助字開闔變化使人之意飛動此雖與溫夫輩言也

霍光賞功

漢武帝外事四夷出爵勸賞凡將士有軍功無問貴賤未有不封侯者及昭帝時大鴻臚田廣明平益州夷斬首捕虜二萬但賜爵關內侯蓋霍光爲政務與民休息故不欲求邊功益州之師不得已耳與唐宋璟抑郝靈佺斬默啜之意同然數年之後以范明友擊烏桓傅介子刺樓蘭皆即侯之則爲非是蓋明友光女壻也

皇甫湜正閏論

晉魏以來正閏之說紛紛前人論之多矣蓋以宋繼晉則至陳而無所終由隋而推之爲周爲魏則上無所起故司馬公于通鑑取南朝承晉訖于陳亡然後係之隋開皇九年姑籍其年以記事無所抑揚也惟皇甫湜之論不然曰晉之南遷與平王避戎之事同而元魏種實匈奴自爲中國之位號謂之滅耶晉實未改謂之禪耶已無所傳而往之著晉者有帝元今之爲錄者皆閏晉失之遠矣晉爲宋宋爲齊齊爲梁江陵之滅則爲周矣陳氏自樹即奪無容于言故自唐推而上唐受之隋隋得之周周取之梁推梁而上以至于堯舜爲得天下統則陳僭于南元閏于北其不昭昭乎此說亦有理然予復考之滅梁江陵者魏文帝也時歲在甲戌又三

年丁丑乙卯周乃代魏不得云江陵之滅則爲周也

漢官名

漢官名有不書于百官表而因事乃見者如行寃獄使者因張敞殺絮舜而見美俗使者因何並代嚴詡而見河隄使者因王延世塞決河而見直指使者因暴勝之而見豈非因事置官事已即罷乎

五胡亂華

劉聰乘晉之衰盜竊中土身死而嗣滅男女無少長滅于靳準劉曜承其後不能十年爲人擒石勒嘗盛矣國奪于虎盡有秦魏燕齊韓趙之地死不一年而後嗣屠戮無一遺種慕容雋乘石氏之亂跨據河山亦僅終其身至子而滅苻堅之興又非劉石比然不能自免社稷爲墟慕容垂乘苻氏之亂秦盡復燕祚死未期年基業傾覆此七人者皆夷狄亂華之巨擘也而不能久如此今虜爲

國八十年傳數世矣

三公改他官

國初以來宰相帶三公官居位及罷去多有改他官者范質自司徒侍中改太子太傅王溥自司空改太子太保呂蒙正自司空改太子太師是也天禧以前惟趙普王旦乃依舊公師仍復遷秩天聖而後恩典始隆張士遜致仕至以兵部尚書得太傅云

古彝大器

三代彝器其存至今者皆寶爲奇玩然自春秋以來固重之矣經傳所記取郜大鼎于宋魯以吳壽夢鼎賄荀偃晉賜子產莒之二方鼎齊賂晉以紀甗玉磬徐賂齊以甲父之鼎鄭賂晉以襄鐘衞欲以文之舒鼎定之鞶鑑納魯侯樂毅爲燕破齊祭器設于寧臺大呂陳于元英故鼎反乎曆室是也

說郛卷第一百終

此書凡集明抄本六種始成完璧一爲京師圖書館殘卷（第三第四第二十三至第三十二）無年號白綿紙書極高大似隆萬間寫本一爲江安傅沅叔先生藏本沅叔先生之書係彙明抄本三種而成一洪武間抄本一弘農楊氏抄本一叢書堂抄本本不全書估挖填割裂卷首尾湊足百卷凡本書墨筆所抄卷數有與目錄不符者皆是其中以洪武抄爲最舊前後書各條錯誤最多推測可知係自南村稿本錄出而稿本則必係裝衣式脫落之後後人隨便粘貼故有此誤一爲涵芬樓藏本似係萬曆抄者未缺各卷每數卷前有目錄今之目錄即自此本寫定者至二十二八十六至九十六卷則五種明抄皆闕聞孫仲容先生所藏亦有說郛殘卷去夏曾訪之不得要領以爲此生難遇矣本年秋奉命督浙學臨行沅叔先生餞之于娛萊室案頭有書估攜來之明抄說郛檢閱一過缺卷皆在匆匆南下不及借抄沅叔先生至浙觀潮竟攜至南方見假得成全書盛情高誼感何可言壬戌冬海寧張宗祥記

説郛校勘記

張宗祥 撰

説明

一九二七年(民國十六年)上海商務印書館排印出版的《説郛》，係張宗祥先生據原北平圖書館藏隆慶、萬曆間殘抄本，傅氏雙鑑樓藏明抄本三種(弘農楊氏本、弘治十八年抄本、吴寬叢書堂抄本)，涵芬樓藏明抄殘存九十一卷本，瑞安孫氏玉海樓藏明殘抄本十八册等六種明抄本校理而成，數十年來向爲學術界主要的通行本，一般稱涵芬樓一百卷本。一九五二年，張宗祥先生又得休寧汪季青家所藏明抄殘本二十五册，以涵芬樓本與之對校，校得之文字用墨筆記録在涵芬樓本的天頭地脚上。此部張先生手校之《説郛》，一直庋藏在張先生府上，未嘗傳世。張先生以高齡校勘古書，曾説：「目昏夜不能書，年衰不能速。黨與領導優待老人，無微不至，而老人報國之力，不能多而快，可愧也！」他深望後繼有人實事求是從事校勘。今蒙張先生之女張珏、子張兆提供此手校原書，我們遂請陳稼禾同志以張先生手校文字整理爲校記，用資研究之用。

休寧汪季青家所藏明抄殘本與張先生原校理之六種明抄本的目録、文字頗有不同，以張先生所校文字回讀休寧汪氏藏本原文，便可看到其各卷所輯書籍種數及卷次分合與涵芬樓本有異，其文字除補充了很多條文的標題外，又大多能訂正涵芬樓本的衍脱誤訛之處，具有較高的版本價值。今試舉數例以説明之：

涵芬樓本三十一卷二十七頁A面八行：「公猶却之妓使忽進元肅公此説未然。」休寧汪氏藏本作：「公猶却此妓使勿進元肅云此説未然。」

涵芬樓本三十一卷十四頁B面首行：「且獻日本國車□乘。」休寧汪氏藏本作：「且獻日本國車一乘。」

涵芬樓本三十四卷十一頁A面首行：「因寇丞相名準至今大寫準者省小准字。」休寧汪氏藏本此十五字作小字注文。

涵芬樓本三十四卷十一頁B面首行：「著作佐郎吳淑呂文仲胡河汀。」休寧汪氏藏本作：「著作佐郎吳淑呂文仲胡汀。」

涵芬樓本九十三卷四頁B面八行：「世宗即下馬步入嗣位從容語質曰。」休寧汪氏藏本作：「世宗即下馬步入及嗣位從容語質曰。」

休寧汪氏藏本系明抄殘本，據張宗祥先生校得的文字統計，其卷次僅相當涵芬樓本之卷四、卷八至九、卷十一、卷十三至十五、卷十九、卷二十六至二十九、卷三十一、卷三十三至三十四、卷四十五至四十六、卷五十至五十五、劵六十五至七十六、卷八十、卷八十二、卷八十四至八十九、卷九十至九十一、卷九十三至九十八，共計五十一卷，僅約涵芬樓本之半數。

休寧汪氏藏本亦有自己的衍脱訛誤之處，如六十七卷《沈公談圃》作者宋代孫升，字君孚，「君孚」誤爲「君平」；又如卷七十六《六一筆記》「是聲在虚器之中乎」，「乎」字爲衍文，等。這些錯誤正可用涵芬樓本校正。

在整理校記時，我們發現張宗祥先生在十九卷六頁B面《打馬圖經》後有「甲午五月據粵雅堂本校一過，益知此本之善」；九十一卷十九頁B面四行「覆盎門與洛城門相去十三里二百一十九步」之「洛城門」天頭上有「一本作洛門，無城字」等字句，是以知張先生除以休寧汪氏藏本與涵芬樓本對校外，尚以粵雅堂本等本子與涵芬樓本作校。但其所書文字皆用墨筆，難以憑字迹一一識别何處文字以何本校勘所得，故只得將全部所校文字俱整理收入本校記中。此外個别校文係張先生之理校，如「×疑作×」、「×當爲衍文」等，亦一并收入本校記。

本校記整理之方法爲據張先生手校文字及各種符識，先紀卷、頁、面、行之次第，再據涵芬樓本文字按斷句擷録原文，然後寫出校語。其中有的原文擷録稍長，主要是爲了便于讀者根據校記識讀休寧汪氏藏本原文；也有因某行有數處需出校而行次不易標清，故以數句作一條校記者。斷句擷録文字有轉行者，其行次一律以張先生所校文字及符識所指示行次爲准。

上海古籍出版社　一九八六年九月

説郛校勘記

一九五二年七月，得休寧汪季清家所藏明抄殘本二十五册，用墨筆校一過。宗祥記。

目録

頁二A末行　成都古今記下接七十三卷陽谷漫録至記文譚六種挖改爲卷四十三。

頁四A首行　卷九　此卷同。

同上十一行　卷十一　此卷同。

頁四B七行　卷十三　此卷同。

同上九行　卷十四　此卷同。

頁五A三行　卷十五　此卷同。無廣知一種。

頁七A六行　卷二十六　此卷同。

同上九行　卷二十七　此卷同。

同上倒二行　卷二十八　此卷同。

頁七B首行　卷二十九　此卷皆同。

同上十行　卷三十一　此卷亦同。少侯鯖録一種。

頁八A六行　卷三十三　此卷同。

同上倒二行　卷三十四　此卷同。

頁十A倒三行　卷四十五　此卷同。

頁十B二行　卷四十六　此卷同。

同上七行　卷四十七　此卷同。

頁十一A五行　卷五十　此卷同。

同上七行　卷五十一　此卷同。

同上十行　卷五十二　此卷同。

頁十一B首行　此卷聞見録後尚有第七十五卷所載之甲申雜記等五種。

同上二行　卷五十四　此卷同。

同上五行　卷五十五　此卷同。

頁十三A二行　卷六十六　此卷挖改爲四十。

同上五行　卷六十七　此五種挖改爲卷三十。

同上九行　卷六十八　此卷挖改爲卷六。

同上倒二行　善綉文、官箴、翰墨志三種挖改爲卷二十三。

頁十三B三行　菊譜至梅譜四種挖改爲卷七。

同上五行　牡丹榮辱志、芍藥譜、海棠譜及前六十五卷中臨漢隱居詩話、續齊諧記、采異記、神異記、香譜等挖改爲卷四十一。

同上九行　以亢倉子及七十二卷龍城録、法帖譜系，七十三卷雜説、真誥等五種挖改爲卷三十九。

同上末行　顔子、老子後又以上卷鬼谷子、關尹子、文中子、揚子挖改爲卷二十二。

頁十四A三行　刀劍録、荆州記、鄴中記三種挖改爲卷四十二。

同上九行　卷七十四　此卷挖改爲卷十九。

頁十四B二行　自蘇氏演義至初學記挖改爲卷二十一。

同上倒三行　卷七十六　此卷挖改爲卷五。

頁十六B七行　以世説、相感志二種挖改爲卷八。

同上八行　以程史一種爲卷二，武侯心書三種爲卷三。

同上倒二行　卷九十三　此卷挖改爲卷二十。

頁十七A二行　厚德録前二卷挖改爲卷二十五，後二卷挖改爲卷二十四。

同上三行　卷九十五　此卷挖改爲卷四。

同上五行　卷九十六　燕翼詒謀録前半挖改爲卷三十八，此卷以下半卷挖改爲卷四十四。

同上七行　卷九十七　此卷挖改爲卷十八。

同上末行　中華古今注至横浦語録五種挖補爲卷一。

卷四

成都古今記

頁八A七行　前行有標題張儀樓，占一行。

同上九行　前行有標題海棠樓，占一行。

同上十行　前行有標題望妃樓，占一行。

同上倒二行　前行有標題紅樓，占一行。

頁八B二行　前行有標題錦樓，占一行。

同上　錦樓在龜城山　山作上。

同上三行　白敏中常賦詩於其上　上前有壁字。

同上七行　前行有標題墨寶，占一行。

同上八行　謂之筆寶　筆作墨。

同上九行　前行有標題聞樂知凶吉，占一行。

同上十行　出告人曰　出作密。

同上倒二行　前行有標題益州之義，占一行。

廣異記

頁十B首行　前行有標題晁良正打太歲，占一行。

同上　掘後忽見一白物　白作肉。

同上五行　前行有標題鬼竊人女，占一行。

同上九行　有頃而至女　至女作女至。

同上末行　前行有標題龜報，占一行。

同上　劉彦回父爲湘州刺史　湘作潮。

頁十一A五行　前行有標題王弼守門，占一行。

同上八行　前行有標題神降鄭絳家，占一行。

同上　有神降於鄭浠家　浠作絳。

卷八

緯略

頁二十一A九行　陳蘭齋以玉剛卯壽向薌林詩曰　蘭作簡。

卷九

感應經

頁一A六行　虎知衝破有能畫地卜　有作者。

同上末行　若伸也　伸作神。

頁一B二行　梟乃布翼當伏地死　伏上有户字。

同上　説文曰　曰後有鵲知太歲之所在博物志云十一字。

頁二A二行　餘同上所説　同上有亦字。

同上三行　伯趙鴟梟害親逆　梟下重一梟字。

同上八行　令不得哺　哺作食。

同上倒三行　令適停　適作通。

頁二B二行　不可舉也　可下有以字。

賈氏談録

頁二B五行　庚午歲　庚上有序字。

同上末行　出德裕爲京南節度使　京作荆。

頁三A五行　故遺法迄今不泯　故下有其字。

同上七行　基址最爲斬絶　斬作嶄。

同上九行　面皆隱起魚龍花鳥之狀　皆作背。

頁三B四行　長安士族多避寇南山中　士作巨。

中朝故事

頁四A七行　左右皆傳唱之　之下有：播於遠近人競以曲效吹故詞人張祜詩曰紅樹蕭蕭閣半開玉皇曾幸此宫來至今風俗驪山下村笛猶吹阿濫堆。

同上十行　無觸吾清境　觸下有汙字。

頁四B六行　久亦不寢　久作夕。

步里客談

頁五B二行　魏秦託梅聖俞之名　秦作泰。

吹劍録

頁五B十行　前行有標題序，占一行。

同上倒二行　淳祐三年八月序　八月作人日。

同上末行　前行有標題李泰伯不喜孟子，占一行。

頁六A二行　則偃然稱之於以見此時雖孟子亦不知有周王矣　於作予。

同上四行　前行有標題尊王，占一行。

同上末行　前行有標題寇讎視君，占一行。

頁六B三行　前行有標題論諸葛亮，占一行。

頁七B二行　楊彪且不肯臣之　楊上有然字。

同上四行　爲劉備耶　耶作也。

同上七行　宜其志慮之所圖回　回作向。

頁八A四行　前行有標題聖人稱字，占一行。

同上九行　以百世帝王之師名呼而齊之盜跖　齊作儕。

同上十行　前行有標題文法，占一行。

頁八B二行　前行有標題温公亦齋僧，占一行。

同上四行　前行有標題易言酒，占一行。

同上六行　前行有標題論詩，占一行。

同上倒三行　前行有標題賢者猶作情語，占一行。

頁九A六行　前行有標題鑑湖，占一行。

同上九行　前行有標題詠月，占一行。

同上十行　至云一二三蛾眉天上安　一二三作一二初三四。

同上倒三行　前行有標題丙丁年中國之災，占一行。

同上末行　請用山前地　地下有丁字。

頁九B三行　所在湖陂河井枯竭　竭下有耳字。

同上八行　前行有標題伯樂，占一行。

同上倒三行　前行有標題避煞，占一行。

頁十A五行　甚至婦女皆不敢向者　者作前。

同上六行　非但枕籍碑極不仔細　碑作簟。

同上十行　前行有標題俗信浮屠，占一行。

同上倒三行　則滅罪生天　滅作減。

同上倒二行　又安得知　知作施。

頁十B二行　前行有標題治喪不用浮屠，占一行。

同上七行　出弄花鼓鎚　花下有鈸字。

頁十一A七行　前行有標題面褁之始，占一行。

同上九行　前行有標題婦人行狀，占一行。

同上十行　漢列女傳搜次林行　林作材。

聞見録

頁十一B首行　前行有標題唐書，占一行。

同上四行　前行有標題理不可曉，占一行。

同上六行　前行有標題用事之誤，占一行。

同上九行　前行有標題墓田帖，占一行。

同上　今在邵村家　村作材。

同上倒三行　前行有標題優伶戲刺，占一行。

同上倒二行　我悉能窺之　之下有：法當用渾儀設玉衡若對其人窺之。

同上末行　秦師垣曰相星也　也下有韓蘄王曰將星也七字。

同上　衆駭復令窺之　衆下有皆字。

頁十二A首行　中不見星　中作終。

同上三行　前行有標題寵名，占一行。

同上五行　前行有標題攝生，占一行。

同上八行　前行有標題漢二十八將，占一行。

頁十二B首行　合三十二人　三十二作一十八。

同上二行　後行有：

見聞録　胡汭

太祖晚年自西洛駐蹕白馬寺而生佛心洎回金闕寫金剛經讀之趙普因奏事見上上曰不欲洩於甲冑之士或有見者止謂朕讀兵書可也

西溪叢語

頁十二B四行　前行有標題序，占一行。

同上七行　西溪姚寬令威云　云作識。

同上八行　前行有標題諸皋，占一行。

同上十行　見祝巫皋　祝字作梗陽之三字。

頁十三A首行　乃斷取五寸陰乾　五作三。

同上三行　前行有標題飛遁，占一行。

同上八行　前行有標題倉頡姓名，占一行。

同上九行　前行有標題水碧，占一行。

同上十行　翰曰水碧水玉也　翰作注。

同上倒二行　水碧輟流温　温作溼。

同上　然皆滅其明光　明光作光明。

頁十三B二行　有水脂碧首　首作者。

同上四行　前行有標題真膺，占一行。

同上五行　前行有標題花爲客，占一行。

同上九行　玫瑰爲刺客　刺作俠。

同上倒二行　前行有標題齊斧，占一行。

頁十四A首行　或云鉞也　鉞下有斧字。

同上四行　前行有標題試滷，占一行。

同上八行　前行有標題橐鑰沙，占一行。

同上十行　前行有標題水殿詩，占一行。

同上末行　前行有標題治金蠶蠱毒，占一行。

頁十B四行　前行有標題金虎，占一行。

同上十行　前行有標題妻曰卿里，占一行。

同上倒三行　知會稽人言家里　知作今。

同上末行　前行有標題行香，占一行。

頁十五A五行　前行有標題鹽藥，占一行。

同上九行　前行有標題熟紙裝潢，占一行。

同上倒二行　則古用黄紙寫書久已　已作矣。

頁十五B二行　前行有標題燈檠，占一行。

同上四行　前行有標題盧詩，占一行。

同上七行　前行有標題戢武閣，占一行。

同上八行　而後改之耶　耶下有：又段志玄碑亦云圖戢武閣。

同上九行　前行有標題以字行，占一行。

頁十六A首行　前行有標題河伯姓字，占一行。

同上　唐河侯新祠頌　侯作伯。

同上二行　服石得水仙爲河伯　石作藥。

同上四行　其實無考稽處則同　考作所，又處作據。

同上五行　前行有標題招提，占一行。

娛書堂詩話

頁十六A九行　前行有標題天貽地腑，占一行。

同上　遠賦憶天台　台作貽。

同上倒二行　前行有標題窮袴，占一行。

頁十六B二行　前行有標題澆書攤飯，占一行。

同上五行　前行有標題題徽宗畫，占一行。

同上倒三行　前行有標題遁甲勾庚，占一行。

同上末行　前行有標題倦繡圖，占一行。

嬾真子録

頁十七A二行　宋馬永卿　馬作馮。

同上三行　前行有標題孝經庶人章不引詩，占一行。

頁十七B首行　前行有標題魚袋，占一行。

同上七行　前行有標題五角六張，占一行。

同上九行　明皇兄弟六人早亡　人下有一人二字。

頁十八A首行　前行有標題裝潢，占一行。

同上　凡六十七人　六十七作六七十。

同上六行　前行有標題太公之年增減，占一行。

同上十行　前行有標題小滿芒種，占一行。

頁十八B五行　前行有標題賣絹牙郎，占一行。

同上末行　前行有標題譯經潤筆，占一行。

頁十九A十行　前行有標題友壻，占一行。

頁十九B三行　前行有標題月黑白，占一行。

同上十行　月有大盡小盡　小盡之盡下有故也二字。

同上倒二行　乃印度四月盡日也　乃下有屬遊瑟叱月乃六字。

頁二十A首行　前行有標題陶甑，占一行。

同上四行　實一穀崇直　直作尺。

同上八行　前行有標題寒食押餳，占一行。

同上末行　前行有標題邵康節爲人所敬重親愛，占一行。

頁二十B九行　前行有標題用印之事，占一行。宗祥按：當作印用之字。

同上倒三行　以之字足也　也作之。
頁二十一A二行　前行有標題阿堵，占一行。
同上七行　前行有標題二十八宿音義，占一行。
同上　二十八宿與今韻略所呼　與字無。
同上九行　皆有止宿之意　意作義。
同上十行　故有高剛之義　剛作亢。
同上倒三行　爾雅天根氏也　雅下有云字。
同上末行　故有角之義　角作觜。
頁二十一B二行　前行有標題噓噴占，占一行。
同上七行　前行有標題剛卯，占一行。
同上倒二行　前行有標題會稽郡，占一行。
頁二十二A三行　餘姚杭州也　姚作杭。
同上五行　前行有標題朱鳥，占一行。
同上倒二行　前行有標題陶氏世系，占一行。
同上末行　撫劍風邁　風作夙。
頁二十二B四行　鬱鬱洪河　河作柯。
同上末行　前行有標題會粹，占一行。
頁二十三A五行　前行有標題輯濯，占一行。
同上九行　前行有標題不佞，占一行。
同上　繼之曰不佞不佞　後一不佞無。
同上末行　前行有標題將無同，占一行。
頁二十三B六行　前行有標題復復，占一行。
同上九行　下復無目反　無作扶。
同上十行　前行有標題駙馬，占一行。
頁二十四A首行　前行有標題九龍一妃，占一行。
同上　人云馮瀛王之女也　人上有士字。

冷齋夜話

頁二十四A四行　前行有標題牧猳豘，占一行。
同上七行　急欲血澆之　欲下有用字。
同上九行　前行有標題書壁，占一行。
同上倒三行　前行有標題的對，占一行。

涑水紀聞

頁二十四B三行　前行有標題大丈夫當自決，占一行。
同上九行　前行有標題杜夫人有識，占一行。
同上倒二行　前行有標題天子廨舍，占一行。
頁二十五A首行　前行有標題帝王子讀書，占一行。
同上三行　前行有標題太祖節儉，占一行。

該聞録

頁二十五A六行　前行有標題路隨終身不覽鏡，占一行。
同上九行　世有朝感而暮悦　感作慼。
同上十行　斯孝之佞者　佞作純。
同上倒三行　前行有標題唐肅論丁謂，占一行。
頁二十五B七行　前行有標題外廉内貪，占一行。
頁二十六A首行　前行有標題術醫宅怪，占一行。
同上五行　此必因冷氣蓄在一隅　冷作沴。
同上八行　前行有標題駒，占一行。
頁二十六B首行　又二條在第二卷　卷下有：
張乖崖治蜀有盗擒獲公詰之盗曰常以半年爲盗五月至八月夜短以蚊蚋人必少睡故不敢爲盗九月至二月夜長

天寒多畏寒{嬾}起乃可爲盜公曰春秋作何業盜曰小小營販往州縣熟訪人家事力人口出入門戶之處故十數年不敗露公曰盜亦有道誠然哉

林逋隱處西湖朝廷命守臣王濟體訪逋聞之投贄一啓皆儷偶聲律之流乃以文學保薦詔下賜帛而巳濟曰草澤之士文須稽古不及王侯文學之士則修詞立誠俟時致用今林逋兩失之

緗素雜記

頁二十六B三行　前行有標題罘罳，占一行。
同上五行　罘罳謂連曲閣也　連下有闕字。
同上倒二行　罘罳晝卷夜閶闔晨開　夜字無。
頁二十七A二行　數遣使壞諸陵園門罘罳　諸作渭，又陵下有延陵二字。
同上七行　罘罳闕之屛也　闕作門。
同上倒三行　又云嵩岳倚罘罳　岳作嶽。
同上倒二行　注皆以謂人臣至屛俯伏　皆作家。
頁二十七B首行　前行有標題參撾，占一行。
同上二至三行　衡擊鼓作漁陽摻撾　復擊鼓參撾而去至今有漁陽參撾　撾皆作撾。
同上八行　尤嗜學博　學下有該字。
同上倒三行　禰衡作漁陽參撾古歌詞云　古作鼓。
同上倒二行　今謂撾撾一也　今作余。
頁二十八A二行　沈存中筆談論廣陵散云云　散下有：是曲名如操弄摻談序引之類乃引潘岳笙賦。又云云，下一云字無。
同上三行　則知散爲曲名矣　名下有明字。
同上　正如廣陵之散是也　之、是二字皆無。
同上七行　前行有標題五夜，占一行。
同上末行　又嘉話云　嘉上有劉公二字。
頁二十八B首行　甲乙丙丁戊更相送之　送之作迭也。
同上四行　衛士甲乙徹相傳　徹作徼。
同上五行　丁月又蝕既　月作夜，又既字無。
同上九行　嬰能歌子夜　嬰作鶯。
頁二十九A首行　前行有標題黃堂，占一行。
同上倒三行　老依滴曲作藩牧　曲作漏。
頁二十九B首行　前行有標題蚩尾，占一行。
同上三行　作蚩尤字者是也　者字無。
頁三十A三行　前行有標題夕郎，占一行。
同上五行　名曰夕郎　名作門。
同上八行　前行有標題五松，占一行。
同上　休於樹下　樹上有松字。
頁三十B首行　唯舒王詠松詩云　松作柏。
同上二行　前行有標題伎養，占一行。
同上八行　前行有標題倏緩，占一行。
同上末行　前行有標題詩剩，占一行。
頁三十一A五行　前行有標題慮囚，占一行。
同上倒三行　二十年幸華林園　二十作十二。
頁三十一B三行　前行有標題樓羅，占一行。
同上五行　則知樓羅之言起巳多時　言作名。
同上七行　言人善當何幹辦於事者遂謂之樓羅　善下有勾字。又何字無。

同上倒二行　前行有標題馬歲，占一行。
頁三十二A二行　前行有標題甘羅，占一行。
同上六行　又使於楚王欲置相於秦　楚下重一楚字。
同上七行　范蝟以爲不可　蝟作雎。
同上十行　前行有標題十圍，占一行。
頁三十三A首行　前行有標題宅家，占一行。
同上六行　今急訛以大爲宅焉　訛作語。
同上八行　前行有標題千字文，占一行。
頁三十三B五行　前行有標題果下馬，占一行。
同上　召皇太后御小馬車　召作詔。

鑑戒録

頁三十四A三行　前行有標題改名有讖，占一行。
同上　與崔相國連構大事　國下有亂字。
同上八行　前行有標題性迷二教，占一行。
頁三十四B六行　前行有標題蜀醫，占一行。
同上倒三行　六腑者陰陽風雨晦明也　腑作氣。
頁三十五A三行　如處賊圍　圍作圍。
同上五行　前行有標題王建死徵，占一行。
同上六行　鷹兔至甚相刑　兔下有并字。
同上倒三行　前行有標題俚詩，占一行。
頁三十六A二行　抑又神其靈也　神下有祇字。

卷十一

玉泉子真録

頁一A三行　前行有標題鄭路女遇賊自沉，占一行。
同上倒二行　前行有標題沈洵夫妻同日死，占一行。
同上　沈徇之節使山北　徇之作洵文。
同上末行　其夕妾亦遇害　妾作妻。
頁一B二行　前行有標題崔鉉家僮戲規妻妬，占一行。
同上　習其家僮以諸戲　習作集。又僮下有教字。
同上四行　旋辟唯諾其間　旋作盤。
同上十行　前行有標題巢寇亂先讖，占一行。
同上　議者尤之　與下行初製巾首接排。
頁二A二行　前行有標題令狐綯問父老，占一行。
同上八行　前行有標題風漢及第，占一行。

金華子雜編

頁二A倒二行　前行有標題茶苦猶甘薺，占一行。
頁二B二行　州部間或忽有遺火沿燒不數舍　部作郡。
同上四行　遺賦反復　賦作賊，又復作覆。
同上五行　前行有標題李景讓母不取地中財物，占一行。
同上七行　僕修築次　僕上有僮字，又修作版。
同上倒三行　他日爲俸錢賫吾門　爲作得。
頁三A二行　前行有標題杜晦辭喜得一妓，占一行。
同上七行　此風聲賤人　聲作塵。
同上倒三行　前行有標題龜王，占一行。
同上　龜值中紋　值作直。
同上末行　前行有標題龜寶，占一行。

頁三B八行　前行有標題燕巢白鳳雛，占一行。
頁四A一行　琢又云起提行。又前行有標題燕巢赤龍子。

燈下閒談

頁四A十行　前行有標題俠客追還劉損妻，占一行。
頁四B七行　吟詠不輟　吟上有詩成二字，又輟下有因字。

清尊録

頁五A九行　前行有標題亡妻爲怪，占一行。
同上倒三行　如小兒吹叫子狀　子作之。
頁五B四行　前行有標題死後變驢，占一行。
同上末行　前行有標題男飾女，占一行。
頁六A一行　獨不售千萬錢耶　千萬二字作數十萬三字。
同上四行　於是女僧及貴遊好事者踵門　僧作儈。
同上十行　前行有標題陰摩羅鬼，占一行。
頁六B三行　前行有標題狄氏，占一行。
頁七A七行　且以告生　且作具。
同上倒二行　我亡兄忌可往　忌下有日字。
頁八A二行　前行有標題私奔，占一行。
頁八B七行　易姓名爲妓　妓字作蘇媛二字。
同上九行　不覺雙雙淚墮酒中　雙雙，後一雙字無。
同上末行　前行有標題再生，占一行。
頁十A五行　吳興顧道尹京云　云下有其事二字。
同上六行　前行有標題馬吉爲盜行仁，占一行。
頁十B首行　如吉殆是耶　吉下有者字。
同上二行　前行有標題康節預知修史人，占一行。
同上倒三行　尹侍郎曒説　曒作焞。

意林

頁十一A倒二行　意林　林下有：馬總字元會扶風人。
頁十一B七行　慎終而始　而作與。
同上末行　貧窮忿怒起提行。
頁十二A五行　曷云　曷作故。
同上十行　一心可以事百君起提行。
頁十二B五行　言而信起提行。
同上七行　繁於樂者重於憂起提行。
頁十三A三行　蛟龍得水而神立　立作生。
同上　聖人得民而威成　聖人作人主。
同上五行　初雖有鄰　鄰作憐。
同上七行　五穀民之司命起提行。
頁十三B首行　伯樂不可欺一馬起提行。
同上二行　與人善言起提行。
同上　與人惡言　人惡作惡人。
同上倒二行　百足之蟲起提行。
頁十四A三行　飢馬在廐起提行。
同上四行　濟溺以金石起提行。又入水憎濡懷起又提行。
同上六行　木匠不能斷水　斷作斲。
同上倒三行　喜而便賞起提行。
頁十五A倒二行　垂雲而澤　垂作乘，又而澤二字作雨潤澤三字。

頁十七A三行　長兄視神故不出家　視神作神視，又故下有名字。

同上　仲兄親毫毛　親作神。

頁十七B三行　家富則宗族聚起提行。

同上四行　不聽不明不能王起提行。

同上九行　六親不和有孝子起提行。

頁十九A五行　猶生於楚不能無楚語　生下有長字，又語下有也字。

同上八行　併聲氣軍旅之言　併作屏。

同上倒三行　不如不見　如下之不作無。

頁二十A倒三行　雖伊尹造父不能化　化下有任數者勞而無功七字。

頁二十B首行　多愛害知　愛作憂。

同上五行　前行有：鳥窮則啄獸窮則觸人窮則詐。

頁二十一A首行　歌者不期於利聲起提行。

同上六行　告王曰　王下重一王字。

頁二十二A四行　自云秦王　秦王二字作秦始皇三字。

同上末行　昆弟勢疎　勢作世。

頁二十二B末行　以弱去弱者弱　以弱作以强。

頁二十三A二行　隙大墻壞　大下有則字。

同上六行　高鳥相木而集起提行。

頁二十三B倒三行　伐舟于長川　伐作艤。

頁二十四A倒二行　理天綱仗八柄運元象撮衆有者　天作大，又象作氣。

頁二十五A八行　前行有標題魏子十卷，占一行。

頁二十七A倒二行　濁霧成雪　雪作雲。

頁二十七B首行　將言者口默　默下有將走者身仆五字。

頁二十八B三行　佞人之人　後一人字作入。

同上八行　受金行穢起提行。

同上倒三行　雖武步不能發　發作移。

頁二十九A四行　千里之隄起提行。

同上九行　教化始于童昏　昏作竪。

同上倒二行　恐鵷雛之奪也　也作已。

頁二十九B八行　小字注文：柳範字元則　柳作桓。

頁三十B六行　故醜好相昭　昭作照。

頁三十一A四行　是身後也　後作沒。

頁三十二B六行　即差　差作止。

同上七行　飲酒者一丸置舌下　飲上有欲字，又者下有取字。

同上倒二行　使心高　使下有中字。

卷十三

畫鑒

頁一A二行　元湯垕　垕下有小字注文字君載東楚人六字。

同上五行　采真子東楚湯垕載之自號也　垕下有君字。

頁一A末行　真蹟不可見　見下有矣字。

頁一B五行　唐吳道玄　道作通。

同上六行　宣和紹興便作真蹟　便下有題字。

同上七行　謝茠云　茠作赫。
同上十行　内亦有番僧手持髑髏者　髏下有盂字。
同上倒二行　復有維摩像觀音像觀摩利支天像　復有作余見，又觀音像下之觀字無。
同上末行　一點一畫　畫作拂。
頁二A三行　意度具足下爲唐畫之祖　下字無。
同上七行　王藏繆畫至三百軸　繆作珍。
同上十行　傳法太上像　太上作大士。
同上倒三行　步輦圖　步上有又見二字。
頁二B四行　吳道子筆法超妙起提行。
同上七行　世謂之吳裵　裵作裦。
同上八行　五代宋繇亦能彷彿　宋作朱。
同上九行　覽者當意得之　當作自。
同上倒三行　帝釋像木紋　木作水。
同上　托塔天　天下有王字。
頁三A八行　但存神采　但作粗。
頁三B末行　朱衣白帽人騎五明馬　騎下有驊騮二字。
頁四A五行　亦各臻妙　臻下有其字。
同上十行　韓晉公滉畫人物及馬牛圖　馬作爲。
頁四B三行　資集諸家之善　資作纂。
同上七行　各得熙家學　熙字無。
頁五A倒二行　以朱暈耳眼　眼作根。
同上末行　税去筆墨畦町　税作脱。
同上　予小年見一幀　小作少。
頁五B二行　江南人家鑄鑑圖　家下有有字。

同上七行　張南本畫大水水本無情之物　大作火，又後一水字作火。
同上八行　覽之凜然　凜下重一凜字。
同上末行　元章畫史稱庶人章　人作幾，又人下之章字無。
頁六A三行　五代左禮與韓虬各畫佛像入妙　各字作同名二字。
同上　曾見畫身小羅漢坐岩中　身小作小身，又岩下有石字。
同上六行　董元天真爛漫平澹多□　元下有畫字，又闕文作佳字。
同上七行　樹石幽潤　石作木。
同上末行　然得元之正傳者　正作心。
頁六B倒三行　用墨作棘針　用上有若字。
頁七A三行　甚佳　甚上有意字。
同上八行　當有知者賞予言　言下有焉字。
同上倒二行　感應祈雨龍神　龍神作神龍。
同上末行　嘗見紙上畫一人騎甚佳　人下有一字。
頁七B三行　以飾爲上　上作工。
同上十行　在宜興岳氏　氏下有家字。
同上末行　營度瑟縮　營作容。
頁八A三行　唐人畫李八百妹黄庭經圖　妹下有洗字。
同上四行　一白衣婦人踞地臨溪　地作池。
同上八行　尤佳絶　絶下有也字。
同上倒二行　黄苓畫枯木信手塗抹　苓作筌。
頁八B三行　僧貫休起提行。

同上八行　郝登畫馬甚俗　登作澄。
同上九行　金陵郝登　登作澄。
同上十行　又見渲馬圖　渲作洗。
頁九A二行　舊藏高仲山家　高作喬。
同上五行　曹仲玄三官及五方如來像　玄下有畫字。
同上倒三行　不傳于世四字無。
同上倒二行　之迹兩字無。
同上末行　傳古龍約看至十四五本亦曾收過三本移至前行五代之後。
頁九B三行　于畫法甚戲　戲作虧。
同上六行　本傳家者流　傳作儒。
同上倒三行　五代衰㦲　㦲作義。
頁十A五行　作五方帝君羣從服御　羣作部。
頁十B五行　照黃失之似　似作工，又下有紀失之巧四字。
同上六行　淺意未易斷也　意字作見者二字。
頁十一A八行　士人高仲　高作喬，又下有一作伴三字。
同上倒三行　佳作　作下有也字。
同上末行　王端　端作瑞。
頁十一B五行　仙杖皆頃相倚　皆作背。
同上十行　議論相反者每如此　此下有哉字。
同上倒二行　杭人收秋涉圖　收下有其字。
頁十二A四行　但以能獐猨名之　能字無。
同上五行　燕文季作山水細潤辟清可愛　細下有碎字，又潤辟清三字作清潤二字。
同上七行　雖摹昭道法　昭道作不得。

同上　至於水痕林藪　於下有筆意二字。
同上九行　在浙右人家　人作民。
同上倒三行　間有如神品者　如作入。
同上倒二行　至徽可謂盡意　徽下有宗字。
頁十二B五行　每一枝二葉　二作一。
同上九行　徽宗御批其後曰　其下有畫字。
頁十三A五行　平生止見真者五本　平上有余字。
同上六行　往見張受益右齋泥壁屏上倒垂枝　右作古。
同上末行　墨竹凡見十數　數字作四卷二字。
頁十三B首行　僕曾收枯木竹石圖有元章一詩　圖下有上字。
同上倒三行　平生亦見真玩人不曾易手　真作珍，又人字無，又手字作于人二字。
同上末行　上題數百行字　行字無。
頁十四A二行　代吾名書碑及平大字　平字作手揮二字。
同上四行　華亭李用字景元　用字作公年二字。
同上六行　如大年小景墨雍雜禽　雍作雁。
同上倒三行　與元章同爲畫友　爲下有書字。
頁十四B八行　雲霧霄漢　霧作霞。
同上十行　今在嘉興陳氏　氏下有家字。
同上末行　張受益收松竹幛八幅　八字作三大二字。
頁十五A三行　致所爲寫意者也　致作正。
同上五行　江參貫道　參下有政字。
同上七行　卞圭　卞作夏。
同上倒三行　亦人未到也　人下有易字。

頁十五B首行　自號逃禪道人　道作老。
同上二行　楊昇雅　昇作叔。
同上四行　如飛白畫狀　畫作書。
同上　戲墨皆入神品　戲墨作墨戲，又神作妙。
同上九行　得筆法　法作趣。
同上倒三行　常州太和寺佛殿後　和作平，又後下有壁字。
同上倒二行　有之妙豈在是哉　有作友。
頁十六A十行　此不爲足耳　不爲作爲不。
頁十六B首行　及平生所臨畫藁　及作乃。
同上四行　皆稱其妙　稱作臻。
頁十八A三行　見畫便知何誰　誰作如。
同上八行　蓋艸艸不經意處有自然之妙　蓋後有其字。
同上倒二行　專考米公之失　考作攻。
頁十八B九行　唐人畫卷多用碧綾裲背　背作裝。
同上倒三行　玉綾作引首　玉作紅。
頁十九B四行　家多資力　家上有好事二字。
頁二十A六行　皆平昔偶爾看熟　皆下有是字。
同上八行　山水花竹窠石等　山上有若字
同上倒二行　奚責其知味哉　責作貴。
頁二十B八行　况筆墨規尺　規作矩。
同上十行　其他如王士元趙忠義輩數人而已　輩下有三字。
頁二十一A五行　此弊自高宗莊宗始也　莊上有朝字，又始上有古字。

卷十四

就日録

頁一A三行　前行有標題僧寺爲警司，占一行。
同上四行　然而大藏經千百億佛　而作一。
同上倒二行　當求孝子立意廬墓之心　孝子立意作立意孝子。
頁一B一行　高千百尺　尺作丈。
同上七行　前行有標題論夢，占一行。
同上　一曰無明薰習　明作名。
同上八行　三曰四大偏增　偏增作增偏。
頁二A倒三行　前行有標題命，占一行。
同上倒二行　是聖人素其位而行道　道上有其字。
同上末行　所以嚴君平在蜀設肆　肆作卜。
頁二B三行　且如從漢帝入關二百人皆封侯　漢下有高字，又二作三。
同上五行　近東淮岳總卿刊江西廖君所類　東作來，又岳作兵。
頁三A三行　尸其享祭　尸作叨。
同上九行　前行有標題潮，占一行。
同上末行　必符于日月日月與海相推　兩日字無。
頁三B四行　如湧而爲濤　如作始。
同上五行　瀆渤往來　瀆作溟。
同上九行　地承水力以自持　承作乘。
頁四A三行　前行有標題焚紙錢，占一行。

同上十行　李珂松窗百説　説作記。

頁四B五行　萬一幽冥中六鑿雖衆　衆作無。

同上八行　前行有標題符籙，占一行。

同上倒三行　用此符籙而馘除之　馘作滅。

同上倒二行　可以功超仙列　功字無，又超下有登字。

同上末行　假此沽譽以苟衣食　沽下有名要二字，又苟作狗。

頁五A首行　又且召役嶽帝城隍　召役作鋪設。

同上六行　前行有標題不肖子，占一行。

同上八行　憑藉父母祖蔭　母字無，又祖下有門字。

同上倒二行　父有因此淹抑成疾　父作又。

同上末行　又增利錢　利下有貸字。

頁五B九行　不肖子俱無所施　俱作計。

茅亭客話

頁六A七行　成都人唐季明　季作子。

同上八行　識者解云　識上有有字。

同上十行　即識者之言諒有證矣　即下有知字。

頁六B首行　今川民皆圖畫供養之　川作州。

同上末行　許其斷頸剖心　許作誑。

頁七A六行　南市渠中　渠字作街衢二字。

同上　年七十八歲　十字無。

頁七B七行　李吹口　口下有刺虎二字。

同上八行　虎暮失蹤　暮作暴。

同上九行　長吏追善捕獵者李吹口　追作遣，又者下有捕之獵者四字。

頁八A首行　無官佩之無憎病者　病作嫉。

同上六行　凡日月暈　日字無。

閒談録

頁八A倒三行　前行有標題使宅魚，占一行。

同上倒二行　武肅大設一圖　設下有有字。

同上末行　應聲曰　應上有隱字。

頁八B三行　前行有標題太宗儉德，占一行。

同上四行　皆浣濯再矣　濯下有者字。

同上五行　皆非臣之所有　臣作朕。

同上六行　豈可以一身而枉費用乎　枉下有加字。

同上　是知祖宗儉德　祖作太。

同上八行　前行有標題陶穀姓字，占一行。

同上　李相濤出典河中　濤作沆。

同上倒三行　前行有標題相逢此地，占一行。

頁九A首行　前行有標題驢面書馮道，占一行。

卻掃編

頁九A五行　前行有標題相法，占一行。

同上　劉器之待制對客默坐　客下有多字。

同上八行　前行有標題童貫家資，占一行。

同上十行　前行有標題閒居有道，占一行。

同上倒二行　前行有標題文正門客，占一行。

頁九B四行　前行有標題投豆自警，占一行。

同上八行　前行有標題功臣號，占一行。

同上　凡從行者中悉賜號奉天元從定難功臣　中字無，

又元作翊。
同上倒二行　掌兵則中果雄勇宣力　雄作毅。

倦遊雜録

頁十A四行　前行有標題子死孝妻死義，占一行。
同上八行　前行有標題皂羅障窗，占一行。
同上　中書皆用皂羅糊屏風　皆作省。
同上十行　前行有標題熊館，占一行。
同上　悉有給伏之所　給作跧。
同上倒二行　前行有標題員外郎不比苑中獅子，占一行。
同上　而西域獻獅子蓄于御苑　蓄作畜。
頁十B首行　吾輩參預郎曹　參作忝。
同上三行　前行有標題瓜虀譜，占一行。
同上七行　前行有標題匍匐圖，占一行。
同上九行　于是烏巾襴鞹行二十餘里　鞹作衫，又行上有皂靴兩字。
同上倒二行　前行有標題陳亞滑稽，占一行。
同上末行　爲殿中丞日知嶺南思州　丞下有一字，又思作恩。
頁十一A三行　前行有標題覓石礪刃，占一行。
同上　乃古滑州之地滑源出焉　兩滑均作渭。
同上六行　前行有標題嶺南人易物名，占一行。
同上　草蟲曰茅蝦　蟲作蚤。
同上七行　海魚之異者起提行。又前行有標題海魚變化，占一行。
同上八行　沙魚之斑者化爲鹿　鹿作虎。
同上九行　前行有標題桂人食包衣，占一行。
同上倒三行　前行有標題湯餅籠炊，占一行。
同上　今人呼奢麪爲湯餅　奢作煮。
頁十一B首行　前行有標題石燕，占一行。
同上二行　高巖石上有如燕狀者　高上有見字。
同上四行　前行有標題廣南香，占一行。
同上六行　蓋木得水方結　結下有香字。
頁十二A首行　前行有標題名附雄文，占一行。
同上　有善謔者熙寧中曾以先光禄卿荐守番禺　先字無。

稽神録

頁十二A五行　前行有標題廣陵男子，占一行。
同上六行　見槽中無菽　菽作草。
同上九行　前行有標題鬼虎，占一行。
頁十二B首行　前行有標題周寶，占一行。
同上七行　前行有標題朱書隸文，占一行。
同上八行　木中朱書文六字　書下有隸字。
同上倒三行　畫置天之左右　之作字。
頁十三A首行　前行有標題馬希範，占一行。
同上四行　前行有標題桃林禾稼，占一行。
同上五行　掘地求之則皆倒懸土下　掘上有試字，又懸下有在字。
同上十行　前行有標題山倒，占一行。

游宦紀聞

頁十三B二行　前行有標題置閏成歲，占一行。

頁十四A首行　前行有標題翡翠銷金人氣粉犀，占一行。

同上倒三行　前行有標題書大字和墨法，占一行。

同上倒二行　用水小盂　水下有一字，盂作盞。

同上末行　研至五色見浮采　見作光。

頁十四B三行　前行有標題製藥法，占一行。

同上　如本草炮炙及許學士方　方下有中字。

同上九行　前行有標題皂莢止鹽滷，占一行。

同上末行　前行有標題去油法，占一行。

頁十五A三行　此皆試之效　皆下有已字，又之作有。

同上四行　前行有標題驗油漆法，占一行。

同上七行　前行有標題古人不諱字，占一行。

同上八行　未嘗深考　考作致。

頁十五B二行　前行有標題書畫古器，占一行。

同上九行　麟鳳　麟作鸞。

同上十行　鹿馬象鸞夔犧蜼皃　馬下有犀字，又鸞作獅，又皃下有雁字。

頁十六A四行　豆獻　獻作甗。

同上五行　鍑　作鑊。

同上末行　其色微黄而潤　潤下有澤字。

頁十六B二行　亦有數百年句容所鑄　年下有前字。

同上四行　前行有標題辨端硯眼，占一行。

同上八行　諺謂火黯爲焦　焦作佳。

同上倒三行　前行有標題辨玉，占一行。

頁十七B四行　前行有標題支干爲枝幹，占一行。

同上六行　前行有標題天涯海角，占一行。

同上九行　今在市人楊家園　楊作湯。

同上末行　前行有標題喉吹笛，占一行。

頁十八A六行　前行有標題龍涎香，占一行。

芥隱筆記

頁十九A五行　又自太上生後　上作初。

頁十九B首行　蓋出入師經　入作八。

同上二行　孔世三十八　三十兩字作卅字。

楚史檮杌

頁二十B九行　前行有標題問爲國第一，占一行。

頁二十一A二行　寡人豈敢以偏國驕士民哉　偏作褊。

同上三行　前行有標題相人第二十三，占一行。

同上四行　布衣也　布上有觀字，又也作者。

同上五行　觀事君者也　也字無。

同上十行　前行有標題築臺第二十四，占一行。

頁二十一B十行　又色加寡人故用子之諫　故下有：皆致死今子之説動寡人之心又不色加諸寡人故。

幕府燕閒録

頁二十一B末行　前行有標題填築西湖爲城當王千年，占一行。

頁二十二A四行　前行有標題尹師魯評范文正公文，占一行。

同上七行　希文撫己曰　己作几。

同上九行　前行有標題逸馬斃犬，占一行。
頁二十二B首行　前行有標題嫁金蠶，占一行。
同上四行　閫左股上有物蠕動　閫下有覺字。
同上七行　此謂之金蠶　之下有嫁字。
頁二十三A七行　前行有標題幞頭，占一行。
同上十行　自唐中葉以後謂諸帝改製　謂字無。
頁二十三B五行　二角左右長丈餘　丈作尺。
同上十行　今時以垂脚素紗者爲纏緵　緵作絲。
同上倒三行　前行有標題納粟穀博，占一行。

博異志

頁二十四A七行　前行有標題王昌齡，占一行。
同上十行　而以一首詩令使至彼而禱之　使下有者字。
同上倒三行　直爲猛風波裹驟　裹作浪。

卷十五

因話録

頁一A二行　因話録　録下有小字注文六卷兩字。
頁一A三行　前行有標題肅宗見龍，占一行。
同上五行　上問顗在何處　顗作頭。
同上六行　前行有標題和政公主一言免阿布思妻配掖庭，占一行。
同上　降柳潭　潭作渾。
頁一B二行　前行有標題酒盡不須歌，占一行。
同上七行　前行有標題鄭還古孝友，占一行。
同上十行　留待二十九郎償博　二作三。
頁二A二行　前行有標題黄幡綽滑稽，占一行。
同上九行　前行有標題拗項橋，占一行。
同上倒三行　前行有標題音聲樹，占一行。
同上倒二行　祠部呼爲冰廳起提行。又前行有標題冰廳，占一行。

幽怪録

頁二A末行　唐牛僧孺　孺下有小字注文隴西人三字。
頁二B首行　前行有標題郭代公，占一行。
同上　于晉之汾夜行　于作自。
同上二行　久而絶遠有燈火光　火下有之字。
同上十行　曰二更　二下有三字。
頁三B六行　夫神承天而爲鎮也　而作命。
頁四A八行　雖主遠地而棄于鬼神　主作生。
同上十行　前行有標題尼妙寂，占一行。
同上倒三行　貞元十一年春　貞元作元和。
同上末行　故吾隱于報汝　于作語。
頁四B七行　于是緇衣上元　緇下有之字。
頁五A八行　其尼遂呼曰　遂作遽。
同上末行　于是勤奉執事　奉作恭。
頁五B三行　門鏁啟閉悉委焉　門作開。
同上四行　而蘭春叔季出處　季出作出季。
同上八行　竭誠獲讐　竭作血。
同上倒三行　田因話奇志持以相示　奇志持作其事特。

續幽怪録

頁六A首行　前行有標題李湘遇盧從史，占一行。
同上五行　聞端溪縣女巫者知未來之事　者字無。
頁六B五行　憂疑日極　極作亟。
同上六行　空中曰大有人接引　大上有此去二字。
同上八行　而久處冥寞　寞下有乎字。

泊宅編

頁七A六行　前行有標題韓白多悲多樂，占一行。
同上七行　言飲酒者九百首　百作十。
同上八行　前行有標題一家宰相十七人，占一行。
同上末行　前行有標題巧宦爲鑽，占一行。
頁七B首行　前行有標題留面文以勸天下士卒，占一行。
同上二行　臣非不能　能下有去字。
同上四行　前行有標題泊宅村，占一行。
同上十行　前行有標題長城，占一行。
同上倒二行　前行有標題羽山，占一行。
同上末行　前行有標題梅市鄉，占一行。
同上　隱爲吳門卒　吳下有市字。
頁八A二行　前行有標題木綿木，占一行。
同上三行　李琛詩有腥味魚中墨衣成木上棉之句　琛作琮。
同上五行　前行有標題螺填器，占一行。
同上六行　前行有標題行李之義，占一行。
同上倒三行　當時之言治行皆治裝之意　行下有李字。
同上末行　前行有標題獄中皋陶廟，占一行。
頁八B二行　前行有標題張孝基作神，占一行。
同上三行　久之其子匄于途　匄字作行乞二字。
同上倒二行　前行有標題宰予不得心喪，占一行。
同上末行　其姊曰　姊作弟。
頁九A三行　前行有標題杭州地湧血，占一行。
同上四行　即暗門也　門字作竹園二字。
同上五行　右出文節公林子申野史　申作中。
同上六行　前行有標題唐禁食鯉，占一行。
同上七行　至號鯉爲赤鯶公不足怪也　公作亦。
同上九行　前行有標題物盛爲寇，占一行。
同上　凡物盛多謂之寇　多下有者字。
同上倒三行　前行有標題積怒則全剛生，占一行。
同上倒二行　積怒而後全剛生焉　積上有蓋字。
頁九B首行　前行有標題中興野人和東坡詞，占一行。
同上三行　誰作長城壁　壁上有堅字。
同上七行　前行有標題不禁令史出入，占一行。

相鶴經

頁十A二行　復十六年大變而不食生物　十六作六十。
同上十行　瘦頭珠頂則沖霄　珠作朱。
同上倒三行　鴻鴿燕膺則體輕　鴻鴿作鳩頷。
同上末行　洪髀纖指則好翹　下有：此相工備者也鳴則聞于天飛則一舉千里又云聖人在位則與鳳凰翔于甸。
頁十B首行　得其經藏高山石室　高作嵩。
同上二行　遂傳于世　下有：世之傳記所載多不完後雲

臺希夷公鴻濛君茅嶺陳碧虛從鴻濛君游故録之。

相貝經

頁十B八行　謂之朱貝　朱明目　上下二朱字皆作珠。

同上倒二行　可以明目遠察　遠察作察遠。

頁十一首行　黑白各半是也　半下有者字。

同上二行　黄脣點齒有赤駮是也　駮下有者字。

同上四行　醬貝使童之遇　遇作愚。

同上　有青脣赤鼻是也　鼻下有者字。

土牛經

頁十二A八行　即春與歲齊　即下有是字。

質龜論

頁十二B九行　夫龜者水産而形　而下有成字。

同上十行　在于荷　荷下有下字。

頁十三A三行　其淹可惡　淹作洿。

同上七行　復其岩之上　復作覆。

養魚經

頁十三A倒二行　聞公在湖爲漁父　湖作吳。

同上末行　曰公生足千萬　生足二字作所住輒至四字。

頁十三B三行　八月内三神守者鱉也　者上重神守二
字。

同上五行　二萬三百六十　二萬作魚滿。

同上六行　内鱉則魚不復去　下有：矣凡魚遠行則肥池中養魚慮其瘦故於池中聚石作九島魚繞之日行千里。

又去下在池中周繞九洲無窮九字無。

同上倒三行　谷中立水二尺六字無。

師曠禽經

頁十三B末行　師曠禽經　經下有張華注官太傅六字。

頁十五A九行　曰鷃言其尾色光輝也　尾作毛。

同上倒三行　曰羽馱夏翟雉尾至夏則光鮮矣　矣下空一
格，有青質五采解上説七字。

頁十六A六行　黄栗留聲轉耳　留下有語字。

頁十六B七行　自呼謝豹　呼下有曰字。

頁十七A三行　鳴自呼　鳴上有其字。

同上四行　其心懷南不北徂也　心作志。

頁十八A十行　水鳥夜⿰口夜　⿰口夜作啼。

頁十八B三行　豢擾之　豢上有既字。

同上十行　小尾長喙　小作尖。

漢武帝別國洞冥記

頁二十A四行　前行有標題赤鳧之祥，占一行。

同上　如崇蘭閣　如作入。

同上八行　前行有標題東方朔，占一行。

同上十行　都夷香如棗核起提行。　又前行有標題都夷
香，占一行。

同上倒三行　元封五年起提行。　又前行有標題細鳥媚
夫，占一行。

頁二十B三行　建元二年起提行。　又前行有標題騰光

臺，占一行。

同上倒二行　甘泉宫南昆明池中起提行。　又前行有標題靈波殿，占一行。

頁二十一A首行　照神壇　照下有于字。

同上二行　波祇國亦名波弋國起提行。　又前行有標題神精草，占一行。

同上五行　元鼎元年起提行。　又前行有標題招仙閣，占一行。

同上十行　因名玉燕釵　釵下有言吉祥也四字。

同上　元鼎五年起提行。　又前行有標題馬肝石，占一行。

同上倒二行　元封中起提行。　又前行有標題青櫳木，占一行。

頁二十一B首行　外國所貢青櫳之燈　之燈二字無。　又櫳下有：木有膏如淳漆別置器中以蠟和之塗布燃照數里。

同上　起神明臺起提行。　又前行有標題神明臺，占一行。

同上三行　琳圓碧李　圓作國。

同上四行　吠勒國起提行。　又前行有標題吠勒，占一行。

同上　四頭角表有光　頭下有狀如水兕四字。

同上六行　被髮至踵　踵下有乘犀象之車五字。

同上七行　元封三年起提行。　又前行有標題花蹄牛，占一行。

同上倒三行　帝好微行起提行。　又前行有標題玉蝸，占一行。

同上末行　天漢二年起提行。　又前行有標題種火山，占一行。

頁二十二A首行　至種火之山　山下有：日月所不照有青龍銜燭火以照山之四極亦。

同上三行　亦名洞冥艸　艸下有：帝令剉此草爲泥以塗雲明之館夜坐此館不加燈燭。

同上　有草似蒲起提行。　又前行有標題夢草，占一行。

同上五行　有鳳葵艸起提行。　又前行有標題鳳葵草，占一行。

同上六行　葉長四寸　寸下有味甘二字。

同上七行　得黄蛇珠一枚　枚下有：色如真金或言如黄蛇之卵。

同上八行　有五味艸起提行。　又前行有標題五味草，占一行。

同上　有五味草　草下有初生味甘花時味酸八字。

同上十行　烏哀國起提行。　又前行有標題龍爪薤，占一行。

同上　烏哀國有龍爪薤　薤下有長九尺色如玉六字。

同上倒三行　有掌中芥起提行。　又前行有 標題掌中芥，占一行。

同上　掌中芥　芥下有葉如松三字。

同上末行　帝嘗見彗星起提行。　又前行有標題指星木，占一行。

頁二十二B首行　有紫柰大如斗起提行。　又前行有標題紫柰，占一行。

同上二行　有龍肝瓜起提行。　又前行有標題龍肝瓜，占一行。

同上三行　善苑國嘗貢一蟹起提行。　又前行有標題百足蟹，占一行。

同上四行　帝嘗夕望起提行。又前行有標題雙白鵠化神女，占一行。

同上八行　拂雲開日光也　也下有：亦名開日樹樹有汁滴如松脂也。

同上　有玄都翠水起提行。又前行有標題翠水菱，占一行。

同上九行　有遠飛雞起提行。又前行有標題遠飛雞，占一行。

同上末行　前行有標題望鵠臺，占一行。

同上　帝于望鵠臺西起俯月臺臺下穿　穿下有：池廣千尺登臺以眺月影入池中使仙人乘舟弄月影因名影娥池亦曰瞻蟾臺酌雲葅酒葅以玄草黑蕨金蒲甜蓼果以青櫻龍瓜白芋紫莖寒蕨地花氣菖此菖牙地下生花入地十丈乃得此菖其根倒出亦名金虎鬚草因名紫藤菖也。

同上　影娥池起提行　又前行有標題影娥池，占一行。

頁二十三A三行　亦名石麻　麻下有亦可爲布也五字。

同上　有司夜雞起提行。又前行有標題司夜雞，占一行。

同上五行　前行有標題喜日鵜，占一行。

卷十九

打馬圖經

頁一A三行　惠即通　惠作慧宗祥案惠慧古通。　又即作則。

同上　專即精　即亦作則。

同上七行　博者無他　博上有夫字。

同上八行　但平生隨多寡　但作且，又隨字無。

同上九行　今年冬十月朔　冬字無。

同上倒三行　從南走北　從作自。

同上倒二行　旁午絡繹莫卜所之　旁作傍，又卜所之作不失所。

同上末行　涉岩灘之險　岩作嚴。

頁一B首行　于是乎博奕之事講矣　乎字無。

同上二行　近世無傳者打褐大小猪窩挨鬼胡畫數倉賭快之類　者作若，又褐作褐，又挨作族。

同上三行　見藏弦撙蒱雙蹙融　弦撙作酒樽。

同上四行　選仙加減插關太質魯任命　太作火。

同上五行　特爲關防雅戲　關防作閨房。

同上七行　一種一將十馬者　者字無。

同上　一種無將二十馬者　二十作二十四。

同上　流行既久　行作傳。

同上八行　互有同異　同異作異同。

同上十行　使兒輩圖之　使作俟。

頁二A二行　撙蒱遂廢　撙作樽。

同上　實博奕之上流　博奕作小道。

同上三行　乃閨房之雅戲　閨房作深閨。

同上四行　珊珊佩響　佩作珮。

同上五行　胡山葉飛　胡作燕。

同上六行　或問望久高　問作聞。

同上八行　昂昂而去　去作出。

同上九行　同異金錢　同作何。
同上十行　冣以殿最　以作其。
同上倒三行　小藝者士之末技　小作游。
同上末行　故知機而先退　機作幾。
頁二B二行　況爲之不異是實見于正經　異是作巳事。
同上四行　別墅未逾　逾作輸。
同上五行　正當師袁彥道之擲也　道下有布帽二字。
同上　佛貍定見卯年死　定作之。
同上六行　滿眼驊騮雜騄耳　雜騄作兼緑。
同上十行　小標題賞色第一行上按：諸色骰點粤雅堂本
全誤，宜依此本。
同上倒二行　銀十　銀作艮。
頁三A三行　角梭　梭作後。
同上　大開門　開字脱。
同上四行　篳篥頭　篳篥作箄策。
同上　大鎗　鎗作搶。
同上五行　皁鶴　皁作阜。
同上　野雞頂　雞頂作雀卷。
同上　八五　八作人。
同上六行　絛巾　巾作中。
同上　腰曲縷　縷作樓。
同上七行　小鎗　鎗作搶。
同上　急火鑽　鑽字脱。
同上九行　妹九　九作几。
同上倒三行　白七　作七白。
同上　夾七　七作山。

頁三B一行　然不過四五人數　不下有可字，又人下有
之字。
同上二行　多致喧鬧　鬧下有矣字。
同上五行　罰十帖入盆　盆下有中字。
同上七行　行末小字注文：例作到，又造鶴作平頭。
頁四A首行　小字注文：須用當二當三錢以絶盜下之事
當二當三錢作當三錢當二，又盜字無，又事作時。
同上　堂印後小字　四作如。
同上二行　行首小字注文：如十本采　十下有五字。
同上　拍板兒下小字注文：賞四帖三字脱。
同上　小字注文：如八本采　八作五。
同上三行　承人真撞下小字注文：謂下次隨手擲用　隨
作道，又擲用作抑同。
同上四行　自擲賞色　自作日。
同上　自擲賞色下小字注文：靴楦銀十撮十黑十七　撮
上有作字，又撮下之十作手。
同上　別人擲自家傍本采傍撞　人字無。
同上八行　豐功重賜　賜作錫。
同上九行　行首小字注文：凡下次人未有本采上次人雖
擲賞采不理賞采　本字無。又雖下有入雖二字。
同上倒三行　遇入窩而必賞既能據險一以當十便不得賞
一擲　而必賞既能據險一以當十便不得十四字作不打
二字。
同上末行　放于窩而必賞　放于作故入。
頁四B首行　請回後騎必避先登　請作謝。又必作以。
同上四行　行百里者　行上有自馬不礙四字。

頁五A五行　欲雪孟明三敗之恥　三作五。

頁五B八行　小字注文：謂如六六么行一路么么六行六路雖渾花亦各算夾　么皆誤作公。又雖作呈，各算夾作衹等本。

同上　夾六細滿矣　夾字無，六上空二格，又細下空二格。

同上九行　李亞子以夾寨而興者　者字無。

同上末行　直待自擲之　之作諸。

頁六A首行　下次擲真撞　真下有傍字。

同上二行　方許依元初下馬之數飛出　出作去。

同上三行　項羽之騅兮悲不逝　兮作方。

同上　元德之騎兮出如飛　兮作已。

同上　請同凡例　同作回。

同上七行　打出別人全馬　出作去。

同上八行　全馬先至尚乘局　至作到。

同上　過尚乘局爲麄滿　過作遇。

頁六B二行　小字注文：多則重復難供　多字脱。

同上　自擲之渾花賞采　之作諸。

同上三行　脱小字注文：如下十馬賞十帖下一馬賞一帖。

同上　在局人皆供別人擲人真傍本采　人字脱。

同上三行　隨手真傍真撞　真字無。

同上　凡打得一馬賞一帖　打下有馬字。

——甲午五月據粤雅堂本校一過，益知此本之善。

張宗祥記時年七十三

卷二十六

宣政雜録

頁一B首行　金民來居京師　金作餘。

頁二B六行　孝女　女下有卧冰二字。

頁三A四行　唐述志碑　唐作武后二字。

頁三B首行　丙午　午下有夢讖二字。

同上六行　而次年金人犯順　順作闕。

頁四A九行　聖學非從臣可及　從作衆。

洛陽名園記

頁四B六行　風俗之習　習作美。

頁五A三行　今記稱潞公年九十而杖履東西　西作南。

頁五B三行　則一園之景勝可顧覽而得　景勝作勝景。

同上五行　直北走土筠洞　土作玉。

同上倒二行　曲有奥思　曲作皆。

頁六A一行　不爲行列區處疑因景物歲增月葺所成　疑因作周旋。

同上三行　四面甚蔽　蔽作敞。

同上五行　池南有堂面高亭堂雖不宏大　高作亭。

同上七行　豈前世所謂迷樓者耶　者下有類字。

同上倒三行　實小如松而甘香過之　松下有實字。

頁六B三行　環谿王開府宅園甚潔華亭者南臨池谿左右翼而北過涼樹　甚作其，又池下之谿亦作池。

頁七A倒三行　而獨名牡丹曰花　花下有王字。

頁七B倒三行　故有七葉二樹對峙　二作樹。
頁八A二行　然此猶未盡得之丞相故園　之作王。
頁八B四行　迎翠濯纓觀清超然五亭　五作四。
同上八行　北修堂　修作構。
頁九B十行　其曰讀書堂者數十椽屋　十字無。
同上倒三行　又特結竹杪　蕃蔓繫爲之爾　杪下有落字，又繫作草。
頁十A末行　伊洛二水自東南分經河南城中　經作注。
頁十B五行　入地數十丈　丈作尺。
同上六行　又有嘉猷會節　恭安溪園　又上有舍 此二字，又園下有等字。
頁十一A五行　放乎一己之私自爲　私下有意字，又自爲二字無。
同上七行　夷虜以勢役祝融回祿　夷上有靖康後三字。

洛陽花木記

頁十一B七行　宋周敍　敍作學。
頁十二A七行　然而知洛之所植　洛下有陽字。
同上末行　今摭舊譜之所未載　載下有者字。
頁十二B二行　元豐五年二月鄞江周序　周下有學字。
同上九行　魏花　魏下有紅字。
同上　勝魏　都勝　都勝二字作小字注文。
同上倒三行　一捻紅　捻下有勝字。
同上末行　探金毬　探作採。
頁十三A末行　多葉紅花其別三十有二　三十有二作有三十二。

頁十三B四行　西京强　西作兩。
同上七行　白馬草　草作山。
頁十四A倒二行　硬條旋心　條作幹。
頁十四B二行　柳圃新接　下有：紅絲頭　陳紅小。
同上四行　龍間紫　間作家。
頁十五A末行　粉紅躑躅　四字無。
頁十六A五行　水梅　水作白。
同上十行　黑葉杏　葉作蒂。
頁十六B二行　大洛梨　洛作谷。
同上倒二行　清帶李　清作湆。
頁十八A九行　探白大　大作子。
頁十八B首行　硃紅金燈　硃作粉。
同上五行　水仙花　花下有小字注文：前重或同名者。
頁十九A九行　驕藤　驕作嬌。
同上倒二行　前行有標題黃色花，占一行。
頁十九B首行　大率間歲乃成千葉　歲下有開字。
頁二十B二行　後行有一節文字誤在紅色花中，其文曰：金繫腰千葉黃花也數間金而無蕋每葉上有金線一道橫於半葉上故目之爲金繫腰其花本出于緱氏山中。
同上八行　前行有標題紅色花，占一行。
同上　而淺葉杪微淺　微淺作微淡。
頁二十一A二行　其花端麗精美　美作彩。
同上倒三行　深于瑞雲　深上有色字。
同上末行　微帶紫　紫作黃。
頁二十一B首行　其蓋夾黃蕊之所變也　其下有花字。

同上二至三行　此節文字應移至頁二十B二行後。

頁二十二A十行　于接頭一本上歧歧爲二色　歧歧二字作歧一字。

頁二十二B九行　本出于月坡隄之福嚴寺　坡作波。

頁二十三B二行　而又無含樓之異云　樓作稜。

頁二十四A二行　前行有標題白色花，占一行。

同上五行　前行有標題緋色花，占一行。

同上倒二行　每至盛開多低之　之作枝。

同上末行　前行有一節文字誤入雜色花中，其文曰：一百五者千葉白花也洛中寒食衆花未開獨此花最先故此貴之。

同上　前行有標題雜色花，占一行。

頁二十四B三行　惟有色異耳　有作香。

同上六行　此節文字應移至頁二十四A倒二行後。

同上十行　木瓜上接下小字注文：石南軟山木瓜香木瓜　南作楠，又軟字無，又香作大。

頁二十五A四行　軟棗上接諸般柿　諸般柿三字作小字注文。

同上七行　紅莧　莧下空一格，有：玉筋子　望仙子。

頁二十五B七行　蓋家祖子根前而嫩　前作全。

頁二十六A八行　坑欲闊平而　平而作而平。

頁二十六B末行　若花芽須平而圓實　須作頭。

頁二十七A五行　每窠須當四芽　當作留。

同上六行　以上一生好細黃土和泥漿蘸花根　一生二字無。

卷二十七

雲仙散録

頁一A三行　前行有標題序，占一行。

同上七行　又數歲復得中篇者　中作終。

同上末行　曰幽人筆正當如此　正作止。

頁一B四行　如刃物聲　刃下有斫字。

同上六行　元頤本枰棊聲與律呂相應、枰作稱。

同上倒二行　方鎔隱天門山　鎔作容。

頁二A二行　號曰括春　春作香。

頁二B三行　印刻胭脂末爲之　末作木。

頁二B四行　使娼妓戴拂帶　帶作啇。

頁三A二行　明其聲也　明作助。

同上　行末小字注文：敍閣録　閣作聞。

同上四行　設客以吳興臠團糟　興作會。

同上十行　但午橋莊松雲嶺未成　雲作雪。

頁三B三行　八分羊　羊作燈。

同上四行　盡納得至迷香洞　納下有之字。

頁四A五行　笑曰　笑作嘆。

同上九行　縝以絳蠟　縝作續。

頁四B二行　行末小字注文：張桐林桂林志　桐作洞。

同上四行　行末小字注文：常春真湘潭記　春作奉。

頁五B四行　過吾北林兒遠矣　北作比。

同上七行　展乃發磚　磚作砌。

頁六A十行　行末小字注文：陶家瓶餘事　瓶作屏。

頁六B六行　或以綵羅大組换之　大作文。
同上倒三行　西陽庶實方　庶作至。
頁七A三行　盡日率友朋次第飲之　盡作晉。
頁九A首行　賣賫沽酒以澆花樹　賣上有文字。

高齋漫録

頁九B首行　宋曾慥　慥下有纂字。
同上二行　前行有標題納言，占一行。
同上六行　前行有標題后德，占一行。
同上十行　前行有標題除拜有命，占一行。
頁十A二行　前行有標題章惇罷相，占一行。
同上四行　長官發怒　怒作惡。
同上五行　前行有標題東坡戲謔，占一行。
同上倒三行　前行有標題論茶墨，占一行。
頁十B二行　前行有標題相婆，占一行。
同上六行　前行有標題驚厮踢，占一行。
同上八行　前行有標題荆公字説，占一行。
同上倒三行　前行有標題祕色，占一行。
頁十一A首行　乃至唐已有祕色　色下有矣字。
同上二行　前行有標題三碑，占一行。
同上四行　前行有標題祝香，占一行。
同上七行　前行有標題讀書强記，占一行。
同上　張安道歐陽永叔延譽於朝　叔下有爲字。
同上倒二行　前行有標題相法，占一行。
頁十一B二行　前行有標題舉蒙詩，占一行。
同上三行　命成作詩　詩上有舉蒙二字。

同上六行　前行有標題拚命者能殺人，占一行。
同上　章子厚爲商州商令　令上有縣字。
同上九行　岸甚狹　岸作崖。

山房隨筆

頁十二A首行　前行有標題劉改之詩，占一行。
頁十二B二行　前行有標題楊妃菊詩，占一行。
同上四行　前行有標題道君詩，占一行。
同上六行　前行有標題張郢州，占一行。
同上八行　一夕忽大風雨皆不利　雨下有行止二字。
同上十行　後身出多驅除恢復矣　多作必。
同上倒二行　前行有標題聶碧窗詩，占一行。
頁十三A五行　北來者見必拜　者見作見者。
同上七行　前行有標題轉矢氣詩，占一行。
同上十行　前行有標題四六，占一行。
頁十三B六行　前行有標題文本心啓，占一行。
同上八行　前行有標題鑷白髮詩，占一行。
同上十行　前行有標題北行詩，占一行。
頁十四A首行　前行有標題元氏詩，占一行。
同上六行　前行有標題題竹，占一行。
同上八行　前行有標題陳剛中詩，占一行。
頁十四B首行　前行有標題卓嫁翁詞，占一行。
同上四行　前行有標題鐵椎銘，占一行。
同上十行　前行有標題傅省元，占一行。
同上　昔紹興學正　昔下有爲字。
頁十五A六行　前行有標題忠義，占一行。

同上八行　即登棹船發至瓜州被刑　棹船發作船發棹。

同上十行　望相公以妾之故夫許妾將屍焚化　夫字無。

頁十五B三行　前行有標題催妝詞，占一行。

同上六行　前行有標題陳詵狎妓，占一行。

頁十六A四行　既而終席　終作降。

同上十行　前行有標題瓊花烈女，占一行。

同上末行　前行有標題歸婦吟，占一行。

頁十六B二行　豈無數存乎其間夫　夫作乎。

同上四行　亦可謂悲復歡聚復散者　聚復散作散復聚。

同上五行　東平士王宥詩曰　平下有下字。

同上九行　前行有標題潘文虎四禽言，占一行。

頁十七A首行　行來數里日已低　來作未，又日作足，又低作胝。

同上七行　前行有標題梁楝禽言，占一行。

同上　錦官宮殿迷烟樹　迷烟作烟迷。

同上末行　前行有標題刺賈秋壑詩，占一行。

頁十七B九行　縱有清漳人百死　百死作去也。

同上倒三行　前行有標題賈不利鄭，占一行。

頁十八A首行　仍假以武功大夫押其行　仍作乃。

同上四行　前行有標題賈始末，占一行。

頁十八B七行　前行有標題養樂園，占一行。

三朝野史

頁十九A首行　前行有標題史彌遠，占一行。

同上七行　覺長坐化圓寂于法堂上　長下有老字。

同上九行　後以覺字爲彌遠之小名　之字無。

同上末行　前行有標題長興李侯托夢，占一行。

頁十九B首行　欲屠湖州一城人民　欲屠二字無，又湖上有：改湖州爲安吉州史彌遠取旨差大統制領軍剿洗。

同上四行　前行有標題史彌遠欲赴水，占一行。

同上七行　相公且耐區處　且下有少字。

同上九行　前行有標題義娼，占一行。

同上末行　前行有標題判案，占一行。

頁二十A六行　安知漳獄囚　漳作漢。

同上倒三行　前行有標題哭世道，占一行。

頁二十B首行　前行有標題理宗問猫鼠，占一行。

同上四行　前行有標題獨睡丸，占一行。

同上八行　前行有標題致語，占一行。

同上倒三行　前行有標題弔夏貴，占一行。

同上　淮西閫夏貴歸附大元　閫下有帥字。

同上倒二行　贈以詩云　贈上有有字。

頁二十一A二行　前行有標題賈似道檄，占一行。

頁上倒二行　前行有標題賈似道，占一行。

頁二十一B四行　前行有標題宋朝興廢，占一行。

同上五行　諱顯德顯德二字不期而合　顯上之德作而。

同上十行　前行有標題桃符句，占一行。

卷二十八

遂初堂書目

頁三B二行　吳氏書傳　吳作呂。

頁四A末行　真禮　真作直。
頁六A十行　濡石論語解　濡作湍。
同上倒二行　吕與叔論語解　語下有續字。
頁六B四行　吴領夷義訓　領作顧。
同上十行　類篇　下有書名廣韻攷正。
頁十B四行　編年全要　全作詮。
頁十一B倒二行　温公瑣語　下有宋序二字。按此二字恐衍文，非書名。
頁十二A八行　幼老春秋　幼老作老幼。
同上十行　小心鏡　小作水。
頁十三A倒三行　慶曆編類勳臣姓名録　按此系兩書：慶曆編類、勳臣姓名録。
頁十三B末行　章申公家辨誣　誣下有録字。
同上　陳規德安守潔録　潔作禦。
頁十四B十行　漢官舊儀　舊作典。
同上倒二行　唐典百官職紀　典作興。
同上　唐杜英師職核　核作該。
頁十五A十行　翰院羣書　院作苑。
頁十六B八行　乾道重修三省密院敕令格式申明　按此系兩書：乾道重修三省密院敕令、格式申明。
同上倒三行　紹興二十七年至三十一年春攽　攽下有條令總類四字。
同上　紹興二年春攽　攽下有條令總類四字。
同上倒二行　條令總類　四字删去。
頁十七B十行　邵忠史例　忠作祕。
同上末行　兩漢補遺　兩作西。
頁十八A三行　通鑑入約　入作分。
同上四行　兩漢法語　兩作西。
同上十行　經史品題　品作釋。
頁二十A三行　天台山圖　圖下有經字。
同上五行　羊角山度唐觀記　度作慶。
同上　湘州記　州作川。
同上倒二行　廣東西會要　要下有録字。
頁二十一B三行　晉楊方五經鉤沈　方作芳。
同上倒三行　刁衔本説　衔作衎。
頁二十二A三行　諸儒名道集　名作鳴。
同上六行　洙泗言仁説　仁作行。
同上倒二行　程尚書極言　言作書。
頁二十四A十行　靈山賦集　山作仙。
頁二十六A三行　風后握機　作風后握奇經。
同上四行　風后握機贊　機作奇。
頁二十六B二行　天象賦　天作大。
頁二十七A三行　李淳風乙巳占瑞録　按此系兩書：李淳風乙巳占、瑞録。
頁二十七B二行　課鈐　鈐作鈐。
頁三十A首行　窮神祕苑　窮作稽。
同上二行　吕南公測幽　公作宫。
頁三十B倒二行　張丘建算經　丘建作立達。
頁三十二B首行　文選雙事　事作字。
頁三十三A八行　失肱活人書　失作朱。
頁三十四B倒三行　劉禹錫外内集　外内作内外。
頁三十五A七行　王貞白集　白下有靈溪二字。

頁三十五B末行　鮑溶　溶下有集字。
頁三十六A二行　王貞白靈溪集　上書名删去。
同上七行　孟歸唐集　歸字無。
頁三十六B九行　竇華集　華作鞏。
同上倒二行　崔顥集　顥作灝。
頁三十七A二行　顧佐銘集　佐作在。
頁三十七B首行　崔櫓集　櫓作魯。
同上　石臺集　臺作召。
同上倒二行　熊登集　熊下有騰字。
頁三十九A五行　彭器資集　資作之。
頁四十B四行　鮑欽心集　心作止。
頁四十一A四行　倪綺川集　倪下有偁字。
頁四十一B首行　黄陳詩注　下有小字注文：以下皆詩。
同上四行　强常川詩　川作州。
頁四十二B六行　孫升元祐諫疏　升作邦。
頁四十三A二行　章且叟奏議　且作直。
頁四十五B末行　聖賢不過託之憲言以垂世示後　憲作空。

卷二十九

桃源手聽

頁二B二行　剛不可以屈物　剛下有强字。
同上末行　秋之天祭無林木者　之天作天之。

東坡手澤

頁四A倒二行　皆此論也　皆上有凡字。
頁四B七行　此最可歎云　歎作笑。
頁五A十行　昔吾先君先夫人僦宅于眉之紗轂行　轂作縠。
頁五B七行　切莫猖狂愛詠詩　切作慎。
同上十行　予乃出　出作去。
頁六A二行　不妨此是喚醒他　不妨下重不妨二字。
同上四行　成都人有費孝先始來眉山　始字無。
同上末行　蓋以其知歲也耶　蓋作豈。
頁七A五行　然匡衡上疏大雅曰　疏下有引字。
同上六行　蓋至德之本也　至作孝。
頁七B十行　皆檢飾之義　檢下有束脩二字。
同上倒二行　星有好風　風下有雨字。
頁八A二行　四宿者風起之日也　四上有此字。
同上倒三行　史事重出　出作見。
同上B倒三行　所以覆矢　所字上無冰字。
頁九B四行　坡詩乃云十八灘頭一葉身　身作舟。
頁十A末行　當禁絶之　禁作斥。

碧湖雜記

頁十一B四行　注所謂桑落酒者　酒作河。
頁十二B二行　涼州羌寇反抄三輔　寇反作反寇。
同上三行　中國益發田卒麥多委棄　田卒作卒田。
同上四行　不敢公言私相語也　相作咽。

頁十三A首行　惟老嫗同居　嫗作嫲。

朝野遺記

頁十三A九行　欽廟挽其裾而蹕之曰第與吾南歸　而蹕之曰第與作泣曰歸與弟言。

同上倒三行　苟不迎若有瞽吾目　有作者。

頁十四A五行　方伯彥潛善紊安之際　方下有汪字，又彥下有黃字。

同上倒三行　睿宗嘗帝數年　睿上有唐字。

頁十五A五行　帝語索　索作塞。

同上A八行　自上聞貴妃以子故殞　以子作無疾。

同上九行　星月上皎　上作尚。

同上十行　燎火帘幕皆僕　僕作焚

頁十五B十行　無近於龍樓云　近作迹。

頁十六A五行　大臣屢排當位何故　臣作哥，又位字無。

頁十六B十行　梓人進榫幾有小白之泚　進下有棺字。

頁十七A倒二行　然謂王且使楊氏寄汝家　王下有曰字。

頁十七B十行　故后克自抑勵　克作尤。

頁十八A五行　而非其人者　而作苟。

同上倒二行　事且媾　媾下有合字。

頁十九A五行　遂索湯餞客　湯作酒。

頁二十A三行　戰眎餘耳　戰下有爭字。

頁二十一B倒二行　秦檜妻　妻下有謀殺岳飛四字。

頁二十二A倒四行　及是汝告曰　告下有官字。

澹山雜識

頁二十二B五行　乃夫又移其長子　移作遺。

頁二十三B三行　坡節葬時　節作即。

昭德新編

頁二十四A八行　前行有標題格言，占一行。

頁二十四B四行　澄神定靈故不動　靈作慮。

岩下放言

頁二十五A倒三行　而勿悟也　而下有自字。

頁二十五B首行　楚辭言些　些下有小字注文息个反、又音細六字。

頁二十七A四行　驕梵缽提異舌知味　異作無。

頁二十八A五行　與幹挾其酋領數十人偕至　與上有乃字。

玉堂逢辰録

頁二十八B倒三行　燒儀鸞司使燒朝元殿後閣　使作便。

頁二十九A四行　風急迴東北　急作忽。

頁二十九B六行　火遂大作　作下有焉字。

家王故事

頁三十B二行　錢惟寅　錢上有宋字。

同上末行　時開運中四年十二月晦也　四上有廿字。

卷三十一

紫微雜記

頁一A四行　我欲爲汝改某事事凡二十餘條　前事下有某字。

頁一B三行　晁伯禹學問精碻少見比　見下有其字。

同上五行　晁之道詩　之作以。

同上六行　晁之道西池唱和云　之作以。

同上十行　是毋亦尊尊之義也　毋字無。

同上倒二行　新婦嬌于母處則稱之　母下重一母字。

頁二A三行　不免共引　共作再。

藝圃折中

頁七A九行　一身之累于腹心　于作爲。

同上末行　何遽爲稱首　稱作禍。

頁七B九行　去就之險迹同姦謀　險同際。

同上倒三行　桐宮之放與夷羿唯阿耳　阿耳作何甚。

頁八A八行　學仲尼之叛者也　之作而。

同上九行　則文武成康之道業庸可幾乎　道作遺，又幾作既。

同上倒二行　如之何而安明諸不救之地哉　安明作直置。

頁九A倒三行　京師坐鬻猶有小兒方啼　有下有體焉二字。

頁九B九行　夫步武之地不過容足之外廣狹何與焉　足下重一足字。

同上倒三行　高人不望其神守也　望作妄。

頁十A十行　陶淵明逸鶴狂風　狂作冲。

頁十B六行　僕素非沉重者而率當不犯　當作常。

同上倒二行　王介甫見周人書放井牧施舍散斂致太平叚得政欲乘其轍　放作考，又叚作既。

同上末行　嗚呼兒真癡矣夫　兒真癡作真癡兒。

東齋記事

頁十一A六行　其後后生兩天子及天下之養　及作享。

同上八行　朕有三帶　三下有條字。

同上九行　民河一條　民上有惠字。

頁十一B二行　于壽亦嘗言周恂相法爲蛇精　精作形。

同上四行　通判有怪鼓角將累日不打三更　更下有問司鼓者四字。

同上七行　劉從德卒録姻戚廝僕七十餘人　廝作婢。

同上倒二行　自親婢疾　自親作省視。

頁十二B首行　蓋見執政子弟服羅而石止服絹　見下有在坐二字。

文昌雜録

頁十二B八行　蚌蛤采月華玩此　此作弄。

頁十三B三行　須宰臣奏事畢　須作俟。

頁十四A七行　司門范郎中云　門作馬。

同上九行　北京留守王宣徽洛中園宅尤勝　宅作宇。

頁十四B首行　旦獻日本國車□乘　闕文作一字。
同上末行　五品之上緋褶　之作以。
頁十六A三行　宿漸雲露　雲作雨。
同上五行　岡陰不矚　陰作幽。
同上六行　依源辨覆兩艸　源作原。
同上八行　而不除戮　而作苟。

談藪

頁十六B九行　前行有標題斬發墓人，占一行。
頁十七A二行　前行有標題代言，占一行。
同上五行　王公以次對帥　對作封。
同上十行　前行有標題音詞，占一行。
同上　上庠登第後道州教官　後下有授。
頁十七B首行　前行有標題樂語，占一行。
同上三行　前行有標題甄龍友滑稽，占一行。
同上末行　前行有標題遣妾猶處子，占一行。
頁十八A四行　前行有標題布袋和尚頌，占一行。
同上七行　前行有標題好餌鼠，占一行。
同上倒三行　前行有標題畏内，占一行。
頁十八B四行　前行有標題謝希孟，占一行。
同上八行　英靈之氣　英上有承天地三字。
同上倒三行　你自歸家我自歸　後一歸下有舸字。
頁十九A七行　前行有標題世態翻覆，占一行。
頁十九B六行　新州之行　上四字作德新於詠之行六字。
同上九行　前行有標題傀儡詩，占一行。

頁二十A首行　前行有標題妓警慧，占一行。
同上　贛妓朱雲楚字卿　楚字作字楚。
同上三行　曰藕露絲飛　藕下有斷字。
同上四行　前行有標題嫁故人女爲娼者，占一行。
同上十行　召時從屏間窺室風采　室作識。
頁二十B二行　前行有標題勝遊，占一行。
頁二十一B二行　前行有標題紅葉題詩，占一行。
頁二十二A七行　飄流處莫趁潮汐二恐斷紅上有相思字二字無。
同上十行　前行有標題天吳，占一行。
同上倒三行　問坐客曰　問上有顧字。
頁二十二B首行　又不吳不敎　又下有詩字。
同上五行　前行有標題大溪洞，占一行。
同上八行　成咒語或藥方　成作或。
同上十行　前行有標題沙板，占一行。
頁二十三A五行　前行有標題朱買臣廟，占一行。
同上九行　前行有標題雕花蜜煎，占一行。
同上倒二行　前行有標題肥匱骨缽，占一行。
同上末行　前行有標題猴虎，占一行。
頁二十三B十行　前行有標題侏儒女，占一行。
同上末行　前行有標題妖術，占一行。
頁二十四A五行　俄時警夜卒過焉　時作頃。
同上八行　前行有標題治蛇傷，占一行。
頁二十四B五行　前行有標題孫路鈴醫，占一行。
頁二十五A九行　前行有標題徐淵子諧謔，占一行。
頁二十五B首行　前行有標題房中術，占一行。

同上七行　前行有標題兀朮殺卒奪妻，占一行。
同上倒二行　前行有標題沙板所出，占一行。
同上　未言産沙板地名沙甫洞羅　未作朱。
頁二十六A二行　或即來得　來作采。
同上六行　前行有標題蔡太師花圃，占一行。
頁二十六B首行　前行有標題天王，占一行。
同上七行　前行有標題鐵鉗缺耳，占一行。
同上十行　前行有標題三賤三薦，占一行。
同上末行　前行有標題不犯姬侍，占一行。
同上　入蜀者不挈家　入作任。
頁二十七A八行　公猶郄之妓使忽進元肅公此説未然。之作此，又忽作勿，又肅下之公作云。
同上九行　爲帥守者不許將官家　官家作家官。
同上　擇處子十人執院紉紅之役　院作浣，又紉下有女字。
同上十行　一年將歸　一作二。
頁二十七B三行　清獻段留此女　段作既。
同上五行　余意此皆近世所傳　意作按。
同上七行　前行有標題總轄機警，占一行。
同上八行　則令唾掌中如其言　中下有徒字。
頁二十八A六行　前行有標題婢名，占一行。
同上八行　前行有標題尤延之號秤鎚，占一行。
同上十行　前行有標題洪景盧爲虜辱，占一行。
頁二十八B首行　前行有標題生子無眼，占一行。
同上二行　爲違節制行軍法　制下有當字。
同上六行　前行有標題蔡季通，占一行。
同上倒二行　前行有標題王申輕薄，占一行。
同上　王中建陽人　中作申。
頁二十九A二行　前行有標題解魁自伐，占一行。
同上　賈誼作秀才　作作舉。
同上三行　君無務巳試之功　務作矜。
同上五行　前行有標題盲湯，占一行。
同上六行　所語盲也　語作謂。

卷三十二

遯齋閒覽

頁一A倒三行　及開宴召佐飲酒　召下有僚字。
同上　釋如無聞　聞作間。
同上倒二行　于是人畏剛果而樂其曠達　畏下有其字。
頁一B五行　可以攜索就之　以攜索作攜壺以。
同上倒三行　明皇常以十月至驪山　至作幸。
頁二A三行　塵上驚羌勦　上作土，又羌作勛。
同上四行　今之吏胥也　今上有猶字。
同上七行　郡國最其盛處　國作園。
頁二B八行　亦染成五色織斑布　織下有爲字。
同上倒二行　故荆公有詩云　公下有亦字。
頁三A五行　譯者但取在語音與中國相近者　在作其。
同上九行　今人遂用爲休上人詩古事又擬陶淵明田園詩云　古作故，又明下有歸字。
頁三B倒三行　元稹以語兼人人所獨專斯言　語作謂，

又後一人字無。
同上倒二行 而語之李杜 語作謂。
頁四A首行 亦語之李杜 語作謂。
同上五行 先而白居易與元稹同時唱和 而作時。
同上六行 則語之曰劉白 語作謂。
同上十行 或者又曰評詩曰 前一曰字無。
同上倒二行 詩又在庾鮑下矣 詩字無。
同上末行 唯一時戲劇之談 唯作雖。
頁四B八行 太平興國江東有僧詣闕 國下有中字。
同上九行 高品衛紹欽督事其 事其作其事。
同上末行 其季娶婦逾年輒風使其夫分異 婦下有未字。
頁五A倒二行 陳浩吉通直云 浩作好。
同上末行 同輩每休招妓燕集 休下有日字。
頁五B首行 其司李供奉 司作同事二字。
同上三行 妻抱衾見履 抱作拖。
頁六A倒二行 疾平受 受下有直字。
頁六B三行 前行有類目標題紀異，占一行。
同上六行 終不計其何怪也 計作詳。
頁七B首行 家人沃之以酒立至盡常日所飲之數而止。
至盡作盡至。
同上五行 又歐常過河朔高唐縣 歐下有陽公二字。
同上六行 人畜之聲可辨 辨下有一一二字。
同上 高虛云海實遠 虛云作唐去。
同上十行 車馬人喧闐之聲 人下有物字。
同上 出以告州將將遣數人驗之不誣 前一將字下有州字。
頁八B七行 其初離昌化時 其作某。
頁九A二行 其語蓋本諸袁山松 山松二字作崧字。
頁九B九行 僞趙石勒虎以麻將軍秋爲帥 勒字無。
同上倒三行 啼聲不絶 不作即。
頁十A三行 李庭邽墨 邽作珪。
同上四行 唐末墨工李超與其子庭邽 邽作珪。
同上五行 庭邽其後改之 邽作珪，又其上有始名庭邽四字。
同上 故世有奚庭邽墨又有李庭邽墨 邽俱作珪。
同上六行 庭邽之弟之子文用皆能世其業 邽作珪。又弟下有 廷瑋廷瑋之子承晏承晏十字。
同上七行 然皆不及庭邽祥符中治昭應宫用庭邽墨爲染飾 邽俱作珪。
頁十B首行 故世言鳳州有三出 出作玉。
同上七行 故巢因而不傾 因作固。
同上八行 皆鳥之有智者也 皆上有此字。
頁十一A八行 余嘗偶居北門鎮小寺 偶作寓。

迷樓記

頁十三A三行 子知之乎何也人生難遇太平世 乎下有曰字，又也下有叟曰二字。
頁十三B七行 颯履步庭下 颯作靸。
同上 自待聊非常 待作恃。
頁十四A三行 日引飲巳百盃而渴不止 巳作幾。

海山記

頁十四B八行　親之甚久　親作視。

同上倒三行　好鈎賾人情淺深　賾作摘，又深下有焉字。

頁十五A五行　帝因忿懣　帝上有文字。

同上六行　回面向之不言　之作內。

同上九行　素執圭謂百官曰　謂作語。

同上倒三行　帝執之乃上　執作援。

頁十五B七行　聚土石爲山　土作巧。

同上八行　天下共進花木艸卉鳥獸魚蟲莫知其數　共作供。

頁十六B五行　玉管朱絃聞盡衣　盡衣作晝夜。

同上八行　斜日暖搖清翠動　清作晴。

頁十七A二行　帝意恍惚　惚下有間字。

頁十九A二行　汝知天下之亂乎　之作將。

同上倒三行　諫謀莫從　謀作諍。

頁十九B八行　安敢議諫　諫作奏。

同上九行　乃逢富貴　逢作邀。

趙飛燕外傳

頁二十B五行　小字注文：一卷　下有全抄二字。

同上七行　編集樂聲亡章　亡作七。

同上八行　聞者心動　動下有焉字。

頁二十一A首行　于時人稱趙主子，　時人稱趙主子作趙主侍人主之。

同上二行　屢爲組文刺繡獻臨　組作紉。

同上四行　至終日不得食待直貲服疏苦財　至上有聽字，又疏苦作玩錢。

頁二十一B八行　宣帝時披香博士淖方成教授　成下有白髮二字。

同上末行　嫕呼萬歲□　闕文作賀曰二字。

頁二十二A二行　婕妤事后爲侍兒拜　后下有常字，又侍字無。

頁二十二B倒三行　后報以雲錦五色帳　色作成。

同上倒二行　詔益州留州輸　留下之州字作三年二字。

頁二十三A九行　求安殿　求作永。

同上　后貴寵益思放蕩　思字無。

頁二十三B十行　昭儀素卑　卑作善。

同上倒三行　樊嫕脫舊簪　舊字無。

同上末行　且無外搏　搏作持。

頁二十四A三行　帝嘗早臘　臘作獵。

同上九行　昭儀曰覽巾使撤燭　曰字無。

同上倒二行　帝使夜從帑益或至百金　使作賜，又益作蓋。

頁二十四B六行　無所務式　務作矜。

同上末行　凡天淫于色非慧、凡字無，又天作夫。

頁二十五A首行　禮義成則之說　則作敗。

同上九行　更始年　始下有二字。

同上倒二行　不可興曉　興作具。

同上末行　詎與臣勗書同校定相證　詎作謹。

趙飛燕別傳

頁二十六A二行　無强近之愛　愛作親。
頁二十七A三行　利上器主受經　器主作主器。
同上五行　復加善視之　視作祝。
頁二十七B三行　乃吾之私意實非也　實非二字作非實
言三字。

明皇雜録

頁二十八B倒三行　禄山揣幽　戎王蕃胡　酋長多未見之。
幽下有燕字。
頁二十九A倒二行　宅在東都通遠里中堂制度甲于都下
中下有建字。
頁二十九B八行　羣賊陷兩京　兩作西。
同上十行　皆羅捕遞脅　遞作迫。
頁三十A八行　還是人生一夢中　夢作世。

羣居解頤

頁三十一A倒二行　冬子不熱　冬上有經字。
頁三十一B二行　此意省博此人云非但省博亦當省博
省俱作著，末一博作杜字。
頁三十二B二行　逆風孤帆　孤作張。
同上八行　莫所信乎者　所作若。
同上九行　久而悟之曰　悟之作語人。
同上倒二行　其在河北　其下有子字。
頁三十三A末行　栽種茄子者宿根二三年者　前一者字
無，又根下有有字。
頁三十三B三行　至十月但率以扇一柄相遺　但作旦。

同上六行　數女不以針縷紡績爲功　數作教。
同上十行　有女奴獻之者　有下有一字。
頁三十四A八行　雖不得括諷諭　括作託。
頁三十四B五行　舍如大慈三學院　如作於。
同上六行　蜀主復謁坐于聽　聽作廳。
同上　婦女到次拜　到作列。
同上七行　俳優王含楊言曰　王含楊三字作三舍城楊四
字。
同上九行　邦禿鶖　邦作詠。
同上十行　來大禿鶖鳥　來作有。
同上倒三行　萬般徵意不如無　意作異。

拊掌録

頁三十五A首行　前行有標題序，占一行。
頁三十五B首行　回顧子孫在後侍立者　者下有曰字。
同上　孩兒濾切記之是季且莫教我喫冷湯水　濾作們，
又季作年。
頁三十六A首行　不進不知儀　上五字作或進止不如儀
六字。
同上六行　按：以上講論語、假作僧道、署吏爲聖人、燒裙
四條一本在羣居解頤優人滑稽條後。
頁三十六B五行　更以是得罪　更作竟。
同上九行　法度日嚴　度作禁
頁三十七A五行　錢遞田家子　遞作道。
頁三十七B六行　常往來天使求詩　天作大。
頁三十九A五行　東坡　昔眘　客語茶主人曰　語茶作茶

語。
同上六行　主人不曉　曉下有徐曰二字。
同上倒三行　吾死以大鋼一妝坐之　妝作枚。
頁三十六B首行　官同强之作詩　官同作同官。

卷三十三

二老堂詩話

頁一A二行　宋周必大　大下有小字注文封益公三字。
同上五行　口銜干戚而舞　口下有中好二字。
同上六行　以此句爲刑天舞干戚　戚下有：故與猛志固常在相應。
同上倒二行　以爲己説皆誤矣　誤作謬。
頁一B首行　語氣尤穩切　切下有：白樂天元微之皆不入此律也。
同上四行　蘇文忠公詩文少重復者　復作複。
同上七行　似未記魏樂府　府下有：予謂太和蕭人傑秀才作如寄齋説引文忠公詩甚詳。
同上十行　持牙牌刻班齊二字　刻作唱。
同上倒三行　上即出方轉照殿　殿作壁。
頁二A四行　耳中無時作風雨聲　作下有聞字。
同上六行　自矜他日盲宰相　矜作憐。

歲寒堂詩話

頁二A九行　歲寒堂詩話　下有小字注文一卷二字。
同上十行　前行有標題韓退之詩，占一行。
同上倒三行　然二家之持論俱失矣　持作評。
頁二B八行　前行有標題柳子厚詩，占一行。
同上　然不若退之變態百出矣　矣作也。
同上倒三行　前行有標題韋蘇州王右丞詩，占一行。
頁三A首行　前行有標題白樂天詩，占一行。
同上四行　其意味豈可及也　豈下有復字。
同上五行　蘇端明子瞻喜之獨于是有由然　喜之獨于是五字作獨喜之良四字。
同上八行　前行有標題孟東野詩，占一行。
同上十行　其才亦豈可易得也　也作耶。
同上倒三行　前行有標題文彩警策，占一行。
同上　論詩文當以文體爲先　體作采。
頁三B三行　前行有標題劉隨州詩，占一行。
同上　韋蘇州律詩自古劉隨州古詩自律　自俱作似。
同上七行　前行有標題張司業詩，占一行。
同上十行　前行有標題李義山劉夢得杜牧之詩，占一行。
同上　得力不能相上下　得作筆。
同上倒二行　義山多真趣　真作奇。
同上末行　前行有標題李賀詩，占一行。
頁四A五行　前行有標題杜甫詩集成，占一行。
同上七行　而蘇端明專以新意爲工　工作主。
同上倒二行　前行有標題詩有邪思，占一行。

搜神祕覽

頁四B九行　前行有標題卸腕醫人，占一行。

同上末行　自段簡者妄知不能也哉　自作似，又妄作安。
頁五A首行　前行有標題費孝先軌革，占一行。
同上五行　卻講終身之好　卻作欲。
同上十行　呼旻汝比隣何人也康七道遣人捕之　旻下有問曰二字，又康上有曰字，又道作遂。
同上倒二行　旻既辦　辦作辨。

睽車志

頁五B七行　因就嘉禾流寓試　寓下有就字。
同上末行　匿不言　不下有敢字。
頁六A二行　行首有小字標題岳侯神降。
同上五行　流竄者數人人有死者　人人二字作人一字。
同上七行　飲食成捫器貯之　飲食二字作飯字。
同上倒三行　如始聞此事　如作予。
同上倒二行　郭巨得金之類至謂囊米旦常盈　郭上有如字，又旦下重一旦字。
同上末行　然范得老爲人誠慤　得作德。
頁六B首行　故録以爲之勸云　以爲之作之以爲。
同上四行　行首小字標題：玉真妃子　妃作娘。
同上倒三行　葉伯小　伯小作百三。
頁七A四行　宗左藏晛嘗言　宗作宋。
同上七行　行首有小字標題孿生。
同上末行　行首有小字標題服妖。
頁七B二行　卒爲其下所戕于江上　戕下有死字。
同上九行　不衣而出則以備盜　則下有：心繫念因市一鎖出則鎖之或衣以出歸則牢關。
同上　不能自立　立作在。
同上十行　是大可歎　歎作笑。
頁八A四行　亦此類也　也下有夫字。

宜春傳信録

頁八A五行　羅綉　羅上有宋字。
同上六行　行首有小字標題落驢橋。
同上　唐徵士揖雲之孫也　揖作擒。
同上九行　復何爲客　客作容。
同上十行　伉失聲而墮故衰　衰下有：人諺曰湛郎登第彭伉落驢今落驢橋即其地也。
同上　肇字子發起提行。又肇前有盧字。又提行之行首有小字標題盧肇謝啓。
頁八B首行　巨鰲戴之　戴作戴。
同上二行　或曰袁將出擧人耶　將作州。
同上六行　屯田郎中李公衢名道中通判筠時　名作明，又時作州。
同上八行　惻然良久　惻上有公字。
同上九行　官受秋租而利乞無藝　利作吏，又乞下有取字。
頁九A三行　鄉人常請公作絛崇勝院佛殿記　絛作修。
同上六行　惟或報應捨萬金垂如也　或作惑，又垂作唾。
同上八行　爲其子迎接師友　迎作延。
同上九行　嘗以羨餘買國子監壽文兩本　壽文作內書。
同上十行　中間目則爲販夫子孫恥之　則字無。
同上倒三行　他人豈誰肯爲善乎　他下有日字。

同上倒二行　于是略窺易首尾而去販夫字　窺作竄。

啽囈集

頁九A首行　宋元　宋上有元字。

同上二行　李温歸縣後　温作煜，又縣作朝。

同上三行　人傳小樓昨夜又東風　人作又。

同上　遂被相襲襄江南録云　相襲襄作禍龍衮。

同上四行　李國王小周后隨後主歸縣　王作主，又縣作朝。

同上五行　後主外聞之主多宛轉避之　外作恐，又之主作于外。

同上　又縣玉汝家有國主歸縣後與金陵舊宫人書曰　上縣字作韓，下縣字作朝。

同上七行　江南國王李景女曰　王作主，又曰作也。

同上　初嫁共奉官孫某　共作供。

同上九行　趙至忠虞部自北虜歸明官　明官二字作朝字。

同上十行　晁補之爲比都教官　晁上有時字，又比作北。

同上末行　公獻籍來朝未央　來字無。

頁十A首行　秦淮朝水鐘山樹　朝作潮。

同上五行　薄命如雲言流轉　言作信。

同上十行　刊姓氏于后有太寧公主嘉公主　后作石，又嘉上有永字。

同上倒二行　行首有小字標題贈十萬緡。

畫史

頁十B八行　畫史　下有小字注文一卷二字。

同上倒二行　何可謂也然則才子鑒士　謂作爲，又鑒作賢。

頁十一A四行　連城照乘不保實　保作足。

同上倒三行　行首小字標題：李無山水論　上五字作無李論三字。

同上倒二行　枝葉鬱然　鬱作蔚。

頁十二A六行　若晉筆須第二重掛唐筆爲襯　晉作留。

同上倒二行　慈聖光獻太后起提行。又提行之行首有小字標題論李成。

頁十二B首行　内以四軸爲真　内作因。

同上二行　正與内類　内作此。

同上三行　因語泫然囑吾愛惜　然下有如字。

同上八行　劉涇自以李成直筆多于是　直作真。

頁十三A首行　内合同乃其璽起提行。又提行之行首有小字標題印。

同上二行　至梁高祖始用御前之印也　高作太。

同上十行　有洪谷子荆浩筆字在合緑色抹石之下　合字無。

同上末行　行首小字標題：王端　端作瑞。

同上　王端學關同人物益入俗　端作瑞。

頁十四A倒三行　嗣濮王宗漢作蘆雁有佳思　漢作瑾。

頁十五A二行　如以一花頭瓦安三足爾　花字無。

同上四行　唐詢字彦猷始作鐵心凹研　凹作凸。

同上九行　人生適目之事　適作過。

頁十五B十行　其字在箇瓦中不破　箇作筒。

同上倒三行　雖熟絹新終硬　新終作終新。

頁十六A四行　横幅直捲裂文直　後一直字下有也字。

同上六行　乾薰者烟臭　臭作直。

同上九行　或云畫孝嚴殿壁　嚴作岩。

頁十六B首行　蜀青圓錢雙鸞錦最俗　錢下有錦字。

頁十七A四行　行首有小字標題雜評。

同上十行　最易辨仍　仍作認。

瀟湘録

頁十七A倒二行　李隱　李上有唐字。

頁十七B二行　宮人開坎作藥爐比藥中有燒香者穿地方深一二尺　比藥中有燒香者七字無。

同上四行　遽命棄于後苑内　苑下有池字。

頁十八A三行　加以佐小不當 其用心自亂也　加作如，又心作必。

同上　此又國家任人也　又作猶。

同上四行　老夫常以此爲念　夫下有賣藥二字。

同上倒二行　去之一峭拔奇秀之山　去下之之作至。

頁十九A六行　見白鳳銜書一有似詔敕　見下有一字，又書一作一書。

同上七行　起而熟視　視下有之字。

同上十行　内則兼夫人備位　兼夫人備位五字作韓虢蠹政四字。

頁十九B六行　奢佚不節　佚作汏。

頁二十B二行　有知此事者遥詣賓家以告　遥作逕。

同上七行　無人心　人作仁。

同上倒三行　其子領羣賊盗千餘人至門　賊字無。

同上末行　後行有：　瀟湘録

洛陽牟穎郊外葬一骷髏夢人來謝云我本强寇爲同輩所害感公掩藏願陰護公或有急但呼赤丁子則至矣後累有應驗

楊妃嘗獨坐有一白鳳至前口銜書取視乃天帝詔敕謂妃爲謫仙責其妬媢言有馬嵬之事

開元初前浚儀令焦封客遊于蜀道逢一青衣引至甲第見一女子稱夫人設瓊漿玉饌索紅箋寫詩曰妾失鴛鴦侶君方蓬梗遊少年歡醉後必恐苦相留封酬曰心常名宦外終不恥狂遊誤入桃源裏仙家爭肯留夫人笑曰誰教他誤入來要不留亦不得也封笑曰祇恐不留留則千年萬年矣遂伸伉儷之情封留月餘告去夫人臨岐别贈一玉環方登閣道夫人奔逐曰我不忍與君别幸挈我偕行前途旅次忽有十餘猩猩來其妻喜曰君不顧我東去我今幸女伴相召歸山遂化爲猩猩與同伴相逐而去

三水小牘

頁二十一A首行　皇甫枚　皇上有唐字。

同上三行　向來夢神長丈餘　神下有人字。

同上八行　則故徐帥崔常侍彦曾別業也　崔作翟。

頁二十一B首行　袁白之後方調授汝州郟城　城下有令字。

同上七行　豈可受草賊污土賊辱　土賊二字無。

同上八行　見者無不洒涕矣　矣字無。

同上九行　行首有小字標題女靈神。
頁二十二A二行　予調補縣印吏實尸嘗祭　印作郎，又尸嘗作嘗尸。
同上三行　與同舍生譙國夏侯禎階行　階作偕
頁二十二B首行　夏侯生康預如故　預作豫。
同上二行　行首有小字標題封夫人。
同上四行　固不教而生知　教作學。
同上六行　故祕省校書保晦遐搆　遐搆二字無，又晦下有扶我孫也四字。
頁二十三A五行　二主二夫實女之醜行　實下有士字。
同上八行　以予有春秋學命筆以削備史官之闕　以削作削以。
同上九行　行首有小字標題雨雹。
同上倒二行　明日予抵洛帥　帥作師。
頁二十三B十行　繚繞諸人　人作女。
頁二十四A四行　行首有小字標題非煙傳。
同上五行　好文墨尤工擊甌　墨作筆，又甌作筑。
同上七行　時方居喪禮　居喪禮三字作寢苫枕草四字。
同上　忽一日于南垣隙中窺見非煙神氣俱喪　神上有而字。
同上末行　蓋鄙武生麄悍　生下有之字。
頁二十五A倒二行　就殞無恨　就作九。
頁二十五B三行　但靜室焚香虔禱以候　候作俟。
同上八行　遂背釭解幌　幌上有綃字。
頁二十六A末行　而里巷間皆知其死矣　其下有强字。
頁二十六B首行　洛中才士有崔李二生嘗與武掾游處有下有著非煙傳者傳中七字。
同上六行　隴西李垣代之　隴上有秩滿二字。
同上七行　故洛祕事亦知之而垣復爲手訦故得以傳焉。洛下有表字，又手訦作予說。
同上倒二行　李公侍婢數十要之偕也　要作莫。
同上末行　而巧媚才捷　巧上有要字。
頁二十七A首行　李公四子長曰延範延祚　曰下有延禧次曰四字。
同上　皆年少狂夫　夫作佚。
同上二行　中堂垂繡幕皆銀釭　皆作背。
同上四行　可于東廳裏東南留佇相待僕常侍郡君眠熟當至　佇下有立字，又僕作候。
同上五行　可于東廳東北角相守　廳下有裏字，又守作待。
同上七行　可于東廳裏面西南角相待　面字無。
同上八行　可于東廳裏面西北角相待　面字無。
同上　延禧于角中屏息以待　延上有時字。
同上九行　見其三弟比而至　比下重一比字。
同上十行　却要燃蜜炬疾向所豁雙扇而照之　所作廳。
同上末行　猶一顧動人情　情字無。
頁二十七B首行　行首有小字標題張直方。
同上六行　懿宗授之左藏衛大將軍　藏作武。
同上七行　往往設置梁于通道　梁下有罟字。
同上八行　臧獲有不如意者殺之　者下有立字。
同上十行　俾分務洛帥焉　帥作師。
同上倒二行　東諸侯之貢士也　之下有幕字。

頁二十八A七行　而韝采之擾甚夥　擾作獲。

同上八行　日將夕焉　焉作矣。

頁二十八B首行　今但有友人將歸于崆峒舊隱者　但作旦。

同上五行　有秉蜜炬自内至者　蜜字無。

同上六行　知古前發仍述厥由　發作見。

同上八行　是見溺不救也　救作援。

同上倒二行　既當春秋　當作富。

同上末行　嘗託媒妁爲求諧對久矣　諧作佳。

頁二十九A六行　唯以雅女是懷　雅作稚。

同上七行　上言飛書　言作京。

同上倒三行　知古謝以凡近仙　謝下有曰字。

頁二十九B十行　食頃而雲方洞然　雲作東。

頁三十A三行　于是直方命四周張彀弓以待内則秉蘊荷鍤　張下有羅字，又秉作束。

同上七行　則强死于穢獸之穴也　也作矣。

卷三十四

春明退朝録

頁一A二行　春明退朝録　録下有小字注文三卷二字。

同上三行　行首有小字標題序。

同上六行　行首有小字標題四十拜相。

同上八行　行首有小字標題三十爲樞密。

同上倒三行　行首有小字標題三十參知政事。

同上倒二行　行首有小字標題二十知制誥。

頁一B首行　行首有小字標題三十爲學士。

同上四行　吳政肅言　政作正。

同上五行　損其點畫　畫下有云字。

頁二A三行　行首有小字標題官誥之制。

同上末行　三司使翰林學士承旨至直學士待制承郎　承郎作丞郎。

頁二B十行　後官中書樞密院主事諸軍職都盧侯　官作宮，又盧作虞。

同上倒三行　内供奉官至四品　四作内。

頁三A六行　暈銀褾袋　暈銀作法錦。

頁三B首行　自後率如之　之下有：陸贄嘗以諫德宗宗袞著尊號録一篇繫以贊云損之又損天下歸仁蓋託諷焉上即位羣臣凡再上尊號率不許。

頁四A首行　賜名太平御覽　名下有曰字。

同上二行　道士孫德純　孫作韓。

同上三行　真宗詔諸儒編君臣事迹千卷　千上有一字。

同上七行　司天冬官正楊文鎰言　言上有建字。

同上九行　並不見當生紀年　紀年作年紀。

同上倒二行　行首有小字標題三省。

頁四B末行　諸衛上將軍　軍下有太子賓客四字。

頁五A四行　少府監　監下有：將作監諸衛將軍輕車都尉爲從四品。

同上五行　太常少卿　卿下有宗正少卿四字。

同上六行　内侍省左右班都知客省事　事作使。

同上七行　諸州刺使　使作史。

同上八行　光禄衛尉太僕大理鴻臚司農少卿諫議大夫。
農下有太府二字，又諫作朝。

同上九行　宣度使　度作慶。又使下有：入内内侍省郎知内侍省左班郎知右班郎知四方館使太子少詹事太子左右諭德宣政使入内内侍省副郎知内侍省左班副郎知右班副郎知東西上閤門使昭宣使入内内侍省押班内侍省押班樞密承旨副郎知上州驍騎尉爲正六品起居舍人侍御史起居郎尚書左右司員外郎中朝請大夫朝散大夫朝奉大夫少府將作軍器少監開封府判官推官知中下州靈臺令飛騎尉爲從六品殿中侍御史左右司諫樞密院副承旨皇城以下諸司使尚書諸司員外郎樞密院諸房副承旨朝請郎朝散郎侍講直龍圖閣太子侍讀兩赤縣令上州通判雲騎尉爲正七品客省引進閤門副使左右正言監察御史承議郎皇城以下諸司副使直祕閣諸政殿説書太子中書親王府翊善侍讀侍講太常宗正祕書殿中丞大理正著作郎尚食尚藥尚醞尚衣尚舍尚輦奉御太醫丞閤門通事舍人開封府司録參軍事太子諸率府率書藝圖畫局藝學奉御太史局令中下州通判武騎尉爲從七品奉議郎光禄衛尉太僕大理鴻臚司農太府寺丞祕書郎太常博士大理司直大理評事内殿承制通直郎内殿崇班内常侍開封府軍巡使判官開封府諸曹參軍事京府判官太史局正五官正書藝局畫局副藝學奉御藝學祗候門下省録事中書省録事尚書省都事京畿縣令兩赤縣丞三京赤縣。

頁五B三行　節正上中下四録事參軍事京州軍處判官。
正作鎮，又四作州，又處作巡。

同上六行　保障正書藝學祕祗候直長　書下有藝圖畫局副五字。

同上　門下中書尚書樞密院主事令史書吏　吏字作令史二字。

同上七行　京畿縣三京赤縣丞　三上有丞字

同上十行　光禄寺大官令左右殿直太正　右下有班字，又太下有學字。

同上倒三行　三京尉　京下有赤縣二字。

同上倒二行　主簿尉　尉下有三京畿縣主簿尉七字。

同上　内品三班奉職借　借下有職字。

頁六A首行　翰林醫學參軍事　學下有諸將司事大學六字。

同上　行末小字注文：爲從五品句下原書有缺　上十字無。

同上二行　行首有小字標題總論官品。

同上五行　有執事者爲侍從官　事作掌。

同上八行　節度觀察留後至七使領他官者爲遥郡　使下有兼字。

同上九行　内内省都至内侍省内品爲侍官　内内上有入字，又都下有知字，又爲下有内字。

同上倒二行　司録參軍至監主簿爲州縣官　至下有馬字。

趨朝事類

頁七A二行　光録大夫　夫下空一格，有銀青光禄大夫六字。

同上　武弁出身　上四字提行。

同上　進義校尉起提行。

同上四行　承忠郎　承作成。

同上九行　武翼郎大夫　郎大夫三字爲小字注文。

同上倒二行　右武郎大夫　郎大夫三字爲小字注文。

同上末行　宣正　正下空一格，有正侍二字。

頁七B八行　經恩一便加騎都尉　一作亦。

同上末行　王子兄弟封國案王之子承嫡爲嗣王　案作親。

頁八A首行　宗室近親及特旨者郡王見前任宰執食邑實封共萬户及承襲並郡公　者下、並下俱有一封字。

同上五行　四百户　三百户　五百户　五百户三字移至四百户前，下空一格。

同上七行　以上輕恩宰執以上加千户　輕作經。

同上九行　宗室副率以上三百户　户下有實一百户四字。

頁八B九行　司賓　司室　司賓下有司寶二字，上下各空一格。又室作飾。

同上　典室　室作寶。

同上十行　典圜　典籍　典醋　圜作圍，又醋作醞。

同上倒三行　掌録　録作綵。

同上倒二行　知尚書内省事　事下空一格，有：仙韶使　仙韶副使，下空一格。

頁九A首行　小殿直等一等長行　直下空一格，又一上之等作第。

同上四行　中殿直等一等長行　中作小，又直下空一格，又等一作第二。

同上八行　第三等長行著緋著緑女童　著上空一格。

同上末行　從一品封三代　封下有贈字。

頁九B三行　正二品封三代　封下有贈字。

同上五行　正三品封二代　封下有贈字。

同上七行　正四品封一代　封下有贈字。

同上九行　正五品封一代　封下有贈字。

頁十A首行　大中大夫以下封合人　合作令。

同上五行　東宫二郎三少　二郎作三師。

同上六行　左右金吾衛上將軍主觀察使六貫　主作至，又小字注文六貫二字作六貫五百四字。

同上七行　小字注文：三貫六百　作二貫五百。

同上八行　朝議至承議郎諸率府副率一貫五百　副字無。又小字注文一貫五百作一貫八百，又小字注文下有：奉議通直諸率府副率一貫五百。

同上十行　若金章閣直學士以上　金作奎。

頁十B七行　本縣百司初稱隨駕其司　其作某。

同上末行　凡尚書省施行事以由奉山所造紙每張文與免户役　奉作拳，又文上有二字。

頁十一A首行　因寇丞相名凖至今寫大凖省小准字　上十五字作小字注文。

同上三行　祖宗即位時所生也　生作坐。

同上　皇朝類苑日謂之正衙法座　日作曰。

同上四行　金□四足　闕文爲飾字。

麟臺故事

頁十一A十行　程柤　程上有宋字，又柤作祖。

同上倒三行　雜三十門爲十卷號宣元天神祥異書。　雜作離，又宣作實。
頁十一B首行　詔翰林學士承旨季防翰林學士扈蒙侍中直學士院徐鉉　季防作李昉，又侍字作給事二字。
同上四行　著作佐郎吳淑呂文仲胡河汀　河字無。
同上　國子監丞舒雅等　丞下有杜鎬將作監丞六字。
同上五行　小字注文：胡河汀　河字無。
同上　小字注文：吳敞　敞作淑。
頁十二A五行　著作佐郎直史館陳越同編修　越作鉞。
同上六行　祕閣校理劉均　均作筠。
同上九行　總三十一部有總序一千一百有小序　部下重一部字，又百下有四門門三字。
同上倒二行　節第有昇降　節作等。
頁十二B三行　行首有小字標題國朝會要。
同上四行　命參知政事宋緩看詳纂　緩作綬。

豪異祕纂

頁十三A首行　收其策而對　對作退。
同上三行　忽聞叩門而聲泣者　泣作低。
同上七行　彼屍居餘氣　氣作息。
同上倒二行　既就牀　就作設。
頁十三B六行　客抽腰間匕首切食之竟　切下有肉共二字。
頁十四A二行　靖之友劉文靜昔與之狎　昔作者。
同上四行　達之明日方曙俟我于汾陽橋　日下重一日字。
同上倒三行　訪我於馬行東酒樓下有此驢　樓下重一樓字。
頁十四B首行　擇深穩處駐一妹　擇下有一字。
同上三行　文靜時爽　爽作奕。
同上四行　俄而文皇道來　道作到。
同上五行　局全輸矣　局上有此字。
同上八行　可與一妹同詣某坊曲小宅相訪娌　娌字無。
同上九行　李郎相從一妹懸然知鑒　知鑒作如磬。
同上倒二行　奴二十人引公入東廳之陳設窮極珍異　廳下重一廳字。
同上末行　既傳云三郎來　既下有畢字。
頁十五A五行　當或龍戰三二載　二下有十字。
頁十五B五行　我皇家垂萬福業　萬福作福萬，又業作葉。
同上七行　從孫無釋　從上有高宋二字。
同上八行　羅隱　羅上有吳越二字。
同上九行　蜀石　石作后。
同上　王仁裕　王上有後唐二字。
同上末行　徐寓其二女直以感遂納之　寓作寫，又直作真，又感下有太祖太祖四字。
頁十六A首行　不守宗祝　祝作祧。
同上二行　亟戮重臣　亟作淫。
同上　娣妹以巡禮至境爲名　至作聖。
同上三行　恣風月烟花之勝性　性字無。
同上　倍役生靈　倍作苦。
同上十行　舜帝歸梧也　也作野。
同上倒三行　方候再躋攀　候作俟。

同上倒二行　彩服耀金微　微作徽。

頁十六B二行　步黏苔蘚龍橋目門掩烟蘿蔦徑迷莫道窮天無分到　目作滑，又門作目，又蔦作鳥，又分作路。

同上三行　登登丹壑到玄都　後一登字作尋。

同上四行　即問週迴雖上看　雖作嵩。

同上八行　同尋僻徑惡攜手　惡作思。

頁十七A二行　殿罷孫氏兒碎暗係師名夜月望壇醮　罷作嚴，又兒作貌，又碎作碑，又望作登。

同上三行　雲浮翠輦留陽平　留作屆。

同上七行　隅望天涯極　隅作滿。

同上八行　登臨雨脚紅　雨作日。

同上倒三行　順聖又題天旦郵云因尋靈境散花雨　旦郵作迴驛，又花雨作幽情。

同上倒二行　即恨烟光看未足　即作既。

同上末行　夢魂猶自在清城　清作青。

頁十七B六行　宗王宗獻　宗作宋。

同上　資王宗霸祧承祀　霸下有子字。

同上七行　韓召　召作昭。

同上九行　無方以比　方以比作以比方。

同上十行　仁裕有戮後主出降詩曰　戮作詠。

耳目記

頁十八A三行　行首有標題大明神示亂兆，下空一格。

同上四行　夜至明山一值風雨暴至　夜上有會字，又一作下。

同上六行　見旌旂閃車馬闐　閃下重一閃字，又闐下重一闐字。

同上九行　其西榻之首黃澤之神也　首下有即字。

同上十行　四坐讀論　讀作談。

同上末行　衆感問言何謂也　感作咸。

頁十八B首行　黃河之右令屠害人民六十餘萬　令作合。

同上三行　豈此生民寡沽當其殺戮乎　沽作佑。

同上四行　飲饌之畢　之作既。

同上六行　自後至今已二十餘載相尋　二作三，又載下有干戈二字。

同上七行　干戈不息　干戈作兵革。

同上九行　進士柴朋龜學問精深文章充贍　柴作樂，又充作華。

頁十九A四行　常山王開幙起提行。又常上有標題徐佛子，下空一格。

同上　能相行有東海徐員外爲稱首　能相作然德。

同上七行　頗事威　威下有權。

同上八行　又及度支使　及作辟。

同上倒三行　累家之用然燈燭　累字無，又之作人。

同上　詐詔各登車遂大小觀之　詐詔各登車五字無。

同上倒二行　非義之物安可買　買字作寶之二字。

同上末行　鬻于御肆　御作街。

頁十九B四行　行首有標題天地變異，下空一格。

同上　滄州人言海水縮狹四百盡　盡作尺。

同上六行　宗主嗣位　宗作宋。

同上七行　又加微雲花墜地皆青墨色　雲字作雪雪二

字。
同上八行　明年正月改元夜閏　夜閏作應順。
同上倒三行　行首有標題石晉末災異，下空一格。

辨疑記

頁二十A首行　辨疑志　志作記。
同上　陸長源　陸上有唐字。
同上三行　歲獻文服妝粉不絶　文作衣，又妝作脂。
同上四行　巫祕密恐懼不可若開有風雨之變　巫下有輒字，又可下有開字，又開下有便字。
同上五行　聞皆信事之　聞作村閭二字。
同上八行　標題：陝州　州下有鐵牛二字
同上　陝州城南有鐵牛出長數尺　長作土。
同上十行　其河北出以爲陝州凡臨大河　凡作北。
同上倒二行　以巨楬財之員亦纔深二丈更無私遂却　財作材，又員作負，又私字作根絲二字。
頁二十B首行　標題：石老　老下有化鶴二字。
同上二行　其疾猶扶持而行比其子號泣叫四鄰云　疾作夕，又比下有明字。
同上四行　遂指雲中白鶴擗地號傾之人異而觀之　號下有叫字，傾作頃。
同上七行　太清宫道士改常著續仙傳　改作段。
同上八行　鞠乃爲絹不平　鞠字作推鞠二字。
同上十行　州縣差人檢驗于所沉處滂漉得屍　驗下有兼字。
同上倒三行　里五節科次瘞其石老死屍　節下有級字，又次作決。
同上末行　故其在大河中　其下有墓字。
頁二十一A三行　乃平人明向來皆繆耳　平人二字無。
同上　吳閭門外有太伯廟起提行。又吳上有標題太伯，下空一格。
同上四行　謂廟東又有一宅者有塑像　謂字無，又宅者作室中。
同上五行　云是太伯三郎長尊　長尊二字無。
同上　若得福　若下有欲字。

談淵

頁二十一A九行　淳化初爲許沂州陽翟令　沂字無。
同上倒三行　而胡之辟簾下窺之丁公重影　辟字作郡君二字，又之下有見字。
頁二十一B四行　俄覺空而去　覺下有騰字。
同上五行　使者貴人　者下有使字，又人作入。
同上八行　西至于闐尋　尋下有寶字。
同上九行　貴至秦州以道遠懼　懼上有悔字。
同上倒三行　此于闐國北境通聖山皃復引貴至一日池池中有仙人出　皃作也，又日字無，又人作童。
頁二十二A首行　行首有標題曹彬有識惠，下空一格。
同上倒三行　緒案當銜並命時　緒作緖。
同上倒二行　如今我得休官志　志作去。
同上　邊輔咸知焉當時　邊作近，又知作和。
同上末行　緒案當銜並命時　緒作緖。
頁二十二B首行　如今我得休官志　志作去。

同上二行　古儒之流也　古作名。
同上五行　藝祖應答曰　應下有聲字。
同上六行　行首有標題雀餳，下空一行。
同上七行　子姪輩驚白于鎬味之慘然不懌　驚下有喜字，又鎬下重一鎬字。
同上末行　太原王仁裕家道祖母約二百餘歲　道作遠。
頁二十三A三行　如我出慎勿開即我不來也　開下有此箱開三字，又不下有回字。
同上四行　一日恃酒而歸　恃作酣。

嶺表録異記

頁二十三A七行　前行有標題緑珠井，占一行。
同上十行　追後雖有產女端者　端下有麗字。
同上倒三行　前行有標題珠池，占一行。
頁二十三B三行　前行有標題犀牛，占一行。
同上　脚似象蹄有三甲　三作二。
同上九行　是牯犀額上有心花多是撒豆　有作者。
頁二十四A三行　恂有親表曾奉使雲南　恂作余。
同上五行　前行有標題兩頭蛇，占一行。
同上　皆錯錦文　皆作背。
同上九行　前行有標題海鏡，占一行。
頁二十四B首行　前行有標題水母，占一行。
同上六行　前行有標題彭螖，占一行。
同上七行　前行有標題章舉，占一行。
同上　石距乃章舉之類也起提行。又前行有標題石距，占一行。
同上九行　前行有標題瓦屋子，占一行。
同上首行　前行有標題蟻卵醬，占一行。
頁二十五A二行　前行有標題聖虀，占一行。
同上　容南土風好食水牛肉　容作雲。
同上五行　前行有標題蚺蛇膽，占一行。
同上九行　被入籠　被作收。
同上倒三行　前行有標題春堂，占一行。
頁二十三B首行　前行有標題鵝毛被，占一行。
同上四行　前行有標題雞毛筆，占一行。
同上六行　前行有標題沓潮，占一行。
同上十行　前行有標題沙著，占一行。

卷四十五

錢氏私誌

頁一B七行　曹詩可尚承壽公主　承作永。
頁二A八行　董婆來娘娘處説都尉來　婆下重一婆字。
頁二B六行　平生淡薄壽享正七十有九　薄作泊，又壽享作享壽。
頁三A八行　右設黑光五明金銀鍍撮角倚子茶牀　銀鍍作鍍銀。
頁三B五行　傍有墮釵横　傍上有倚字。
同上末行　歐知貢舉題目出通其變使民不倦　變下有而字。

同上　賢良伯昌云　昌作唱。
頁四A二行　親王宰相使相歲賜公使錢七千貫　七作一。
同上七行　正其席　正上有乞字。
頁四B倒三行　皆服其敏辨得體　皆上有衆字。
頁五A倒二行　今日可謂第一　下有：米田太師龜山二字便是第一蔡云某怎得第一。
頁五B二行　既不見題又懼少更落也　懼少二字無，又題下有且字，又落下有韻字。
同上三行　曹南院知清州　清作渭。
同上五行　我探騎伺彼巡邊兵來逆靺鞨　逆作適。
同上九行　并所用餘器十餘兩悉皆棄而遁歸　用下之餘作銀，十作千。
頁六A三行　吕辨老蔡門人　老作者。
同上五行　徐神翁起提行。又徐上有小字標題魔君降生。
頁七A六行　販金販錦　金下之販作及。
頁八A四行　下臣不得如名　如作而。
同上十行　忽苦痁疾　痁作瘵。
頁八B二行　大皇帝姬之多　皇作王。
同上七行　髣髴鈿合金釵云　云字無，又釵下有之異愈疑非常人也八字。

默記

頁九A十行　藝祖諸將同入內　祖下有與字。
同上倒三行　乃世宗二子紀王又王也　又作某。
頁九B倒二行　後主相持大哭　哭作笑。
同上　當時悔殺却潘佑李平　却下有了字。
同上末行　乃有旨再對　再作召。
頁十一A首行　后時即還父母家　后時作時后。
同上七行　寺後失火　失作大。
頁十二A二行　寘果魁天下　寘作宣，又宣上有其年廷對四字。
同上十行　會令內侍供奉官王昭明同往相度河事　河下有東字。
頁十三A二行　尚與朋黨之風云云　與作興。
同上三行　其後荆公爲蘇安世埋銘　荆上有王字。
同上六行　相力救之　相作極。
同上八行　同官之子爲千牛謁者　謁字無。
頁十三B八行　聲聞于外多宛轉避之　外下有後主二字。
同上倒二行　闞去州三十里則平川　則作即。
頁十四A九行　再乘勝而出　出下有戰字。
頁十五A八行　引爲上介　介作賓。
同上九行　辟爲歸德軍節度使巡官　巡作判。

平陳記

頁十五B首行　其皇后沈氏者　其字無。
同上十行　始鄮都將七官　七作亡。
頁十六A七行　以觜畫地成文　文下有云字。
同上九行　隋火德至得火而灰　至作王。
頁十六B五行　僧辨本色巴馬于擊侯景　色作名，又于作曾。

同上六行　咸謂灰能知　灰作莫。

幸蜀記

頁十六B九行　記諸色博弄無不周徧　記字無。
同上末行　聞買得　得下有馬字。

田間書

頁十七A六行　前行有標題言之當，占一行。
同上八行　前行有標題難易當戒，占一行。
同上倒三行　前行有標題慎言養氣，占一行。
同上末行　前行有標題愛子教子，占一行。
頁十七B二行　前行有標題貴賤盡力，占一行。
同上四行　前行有標題事神事心，占一行。
同上五行　前行有標題有容，占一行。
同上六行　前行有標題利誘，占一行。
同上七行　前行有標題相濟相勝，占一行。
同上九行　前行有標題養器，占一行。
同上倒三行　前行有標題仁暴　占一行。
同上末行　前行有標題移愛，占一行。
頁十八A二行　前行有標題用約，占一行。
同上三行　前行有標題氣識，占一行。
同上　人不能棄信而言　言作立。
同上四行　天以氣運起三句移至前行人不能棄信而立後。
同上五行　前行有標題聖知天，占一行。

雜言

頁十八A七行　前行有標題墨魚戒，占一行。
同上十行　前行有標題遊山擻，占一行。
同上倒三行　味樂之真今日政在我輩　味作求。
頁十八B二行　前行有標題赴火蟲，占一行。
同上六行　前行有標題釣魚記，占一行。
同上十行　旨哉意成乎道也　成作幾。
同上倒三行　前行有標題蝨賦，占一行。
同上末行　前行有標題買問農，占一行。
頁十九A二行　若釋爾之業而從我則何如　若上有無字。
同上四行　農本也　也下有買末也三字。
同上六行　農事毋式廢而賢人名相近于耕今古相望　式作或，又近作起，又耕下有者字。
同上八行　前行有標題論李斯，占一行。
同上　謂斯從荀卿學　謂上有或字。
同上倒二行　前行有標題術解，占一行。
頁十九B二行　前行有標題義鵲，占一行。
同上六行　前行有標題黃金，占一行。

蜀檮杌

頁十九B八行　前行有標題王建，占一行。
同上九行　使至武當　至作去。
頁二十A四行　而邠寧李昌符朱玫等遣人焚棧道　玫作孜。
同上五行　夜宿陂下　陂作阪。

頁二十一B九行　笮橋門爲坤德門　坤作乾。
同上十行　子城子門南爲崇禮門　城下之子作南。
頁二十二A八行　逐穩便處署立　署作置。
同上倒三行　少有文調　調作詞。
同上倒二行　遷左拾遺　左作右。
頁二十三B首行　聞上至洛水　洛作穀。
同上　及至洛果遭弒逆　洛下有陽字。
頁二十四B七行　炕字疑夢　疑作凝。
同上八行　遂夙恙成疾　夙作風。
同上末行　受秦鳳階成之信　信作俘。
頁二十五A八行　二人相會曰　會作謂。
同上倒三行　國號改稱大漢　大作天。
頁二十七B五行　識洞兵機　識洞作洞識。
頁二十八B首行　婦人雜坐　人作女。
同上二行　龍舟綵舫十里綿亘　綿作錦。
頁二十九B四行　有朱光嗣　朱作宋。
頁三十A七行　唐遣客省使李嚴來聘　李嚴作嚴勞。
同上九至十行　由是大唐中興皇帝念太祖太宗之業倏爾
　隳隤　太祖作高祖，又隤作隕。
頁三十一B十行　知星者趙廷又言曰　廷又作延文。
頁三十二A二行　俄而宗弼亦棄緜谷奔白芬　芬作芀，
　又其下有小字注文音迢。
同上九行　屬梁室挺災　室作孽。
頁三十三A五行　王宗壽輩以鯁忠而見侮　鯁忠作忠
　鯁。
頁三十三B首行　前行有標題孟知祥，占一行。

同上　荆州隴岡人　荆作邢。
同上六行　中官屢以罪被誅　官作門使二字。
同上十行　有司出內府幄幕玩館于宮　館作器。
同上倒二行　知祥之石塚　之作至，又塚作壕。
頁三十四A二行　又王氏宮殿皆題匠人孟德名姓　德作
　得。
頁三十四B二行　以蜀王而老于孤足矣　于下有是字。
同上八行　御得聖門　聖作勝。
同上倒三行　上合爲真王　王作主。
頁三十五A五行　前行有標題孟昶，占一行。
同上倒三行　嘗夢太陽自天墜落其懷　太陽作大星。
同上末行　江原縣民張元母死　原作源。
頁三十六B四行　賦輿是切　輿作與。
頁三十八A末行　故處回積鏹比內藏三之二　三作五。
頁三十八B五行　權司天監及太廟令宰相范仁恕禱請寺
　觀　請寺作青羊。
同上末行　乃召陽安白直至成都　召作自呂二字。
頁三十九A七行　前行有：十八年周世宗伐蜀攻自秦州
　昶以韓繼勳爲雄武軍節度使聞周師來伐歎曰繼勳豈足
　以當周師耶客省使趙季札一作禮請行乃以季札爲秦州
　監軍季札行至德陽聞周兵至遽馳奏事昶召問之季札惶
　懼不能道一言昶怒殺之乃遣高彥儔李廷珪以拒周彥儔
　大敗走青泥于是秦成階鳳復入周昶懼分遣使者聘于南
　唐東漢以張形勢。
同上八行　昶遣使至書謝　至作致。
同上末行　二十三年正月　月下有人日二字。

頁四十A二行　卒年二十九年　卒下之年作于，又二字無。

同上八行　命王全斌顧彥進等六將鳳州路　顧作崔，又將下有由字。

頁四十B五行　巡邊至汶州　汶作文。

頁四十二A七行　遂結董璋攻攻遂閬　攻攻，去一攻字。

卷四十六

松窗雜録

頁一A三行　前行有標題一行先見，占一行。

同上八行　前行有標題丞相通馬經，占一行。

頁一B首行　前行有標題玄宗遇少年飲酒，占一行。

同上七行　前行有標題何后廢黜，占一行。

同上末行　前行有標題牡丹詩，占一行。

頁二A四行　上笑謂賢妃曰　賢作貴。

同上六行　前行有：狄梁公爲相有姨盧氏居午橋南別墅姨止一子未嘗來都城公因休沐候姨安否適見表弟縱獵擕雉兎歸公啓姨曰某今爲相弟有何欲某願悉力從其欲者姨曰相自貴耳姨止一子不欲令事女主公大慚而退。

瑞桂堂暇録

頁二A六行　行下端有宋字，蓋爲著書人之時代也。

同上七行　前行有標題論易畫卦之原，占一行。

頁二B七行　孟子起提行。又前行有標題春秋天之事，占一行。

頁三A四行　譏時王之失　譏上有深字。

同上五行　前行有標題齊桓衣裳之會，占一行。

同上倒三行　前行有標題世變接頭，占一行。

頁三B二行　前行有標題秦繼周，占一行。

同上四行　前行有標題周禮晚出，占一行。

同上九行　前行有標題文章集成，占一行。

同上末行　詩如武庫矛戟已無不利鈍　已下有具字，無不作不無。

頁四A三行　前行有標題張文定識二蘇，占一行。

同上倒三行　前行有標題文章貴不蹈襲，占一行。

頁四B三行　韓愈學于樊宗師　學下有澀字。

頁五A三行　前行有標題文章不溢美，占一行。

同上倒三行　前行有標題王公衮殺掘墓賊，占一行。

頁五B三行　時楊春爲給事中　春作椿。

同上九行　小字注文：楊春字元老　春作椿。

同上十行　前行有標題六甲納音義，占一行。

同上　此以金木火土水之音而明之也　火土水作水火土。

頁六A五行　乙酉其數二十二者土也　二均作三。

頁六B二行　前行有標題東坡配軍頭，占一行。

同上五行　前行有標題張九萬拆字，占一行。

同上九行　前行有標題翟欽甫詩，占一行。

頁七A首行　前行有標題陸放翁作韓侂胄園碑，占一行。

同上二行　前行有標題士人訪妓詞，占一行。

同上四行　夜深沾輛繡鞋兒　輛作緉。

同上七行　前行有標題字原，占一行。
頁七B五行　前行有標題李易安金石録序，占一行。
同上七行　比間見世間萬事　比下之間字無。
頁八A六行　不自已　不下有能字。
同上七行　當時雖貴家子求二十萬豈易得耶　求字無，
萬下有錢字。
同上九行　仰取俯拾　仰作偏。
頁八B八行　侯守淄　淄下有川字。
頁九A四行　戰手遥應曰　戰作戟。
同上倒三行　又傳江當禁疾　疾作渡。
頁九B倒三行　後宮軍收叛卒取閩　閩作去。
頁十B二行　前行有標題士試韓魏公度量，占一行。
同上八行　前行有標題劉光祖夫婦不警竊物，占一行。
同上倒二行　彼方收之入未穩　之字無，又入作拾。
頁十一A首行　前行有標題魏公拔士，占一行。

墨子

頁十一A十行　行下端有宋人墨翟四字。
同上倒三行　前行有標題序，占一行。
頁十一B倒三行　招木近伐　招作桔。
頁十二A六行　謷不可巧而立也　謷作言。

子華子

頁十二B九行　前行有標題序，占一行。
頁十三A三行　是時簡子殺竇犢及舜華　竇下有鳴字。
同上倒二行　前行有目録：

陽城胥渠問一　孔子贈二　北宮子仕三
虎會問四　晏子五　晏子問黨六
執中七　大道八　北宮意問九
神氣十

頁十四A六行　不能以及其所不至　至下空一格。
頁十四B二行　前行有標題後序，占一行。

曾子

頁十五B四行　弗知而不問故也　故作固。
同上末行　水非水不流　流下空一格。

尹文子

頁十六A五行　尹文子　下有小字注文一卷二字。
同上六行　前行有標題序，占一行。
同上七行　與宋鈃彭蒙田駢同學于老子之道著書二篇。
老子之道四字無，又著上有公孫龍公孫龍稱之八字，
又二作一。
同上倒三行　聊識修次撰足爲上下篇　識修作條次，又
足作定。
頁十六B首行　稱器有名　名下空一格。
同上十行　不以明正之則亂萬名具列不以形應之則乖
明作名，又名作民，又形作刑。
同上末行　以易御御險難　御御去一御字。

孔叢子

頁十七B四行　前行有標題序，占一行。

頁十八A六行　連叢子二十二　子下有上字。又其下欄有：連叢子下二十三。

同上八行　小字注文：劉文公卿士川摯之子文公卷也　士下有劉字。

頁十八B倒二行　繫絶高墜之于深　絶下有于字。

頁十九A八行　小字注文：謂聖臣與君讓禮樂之美　謂聖臣與君五字作謂君聖臣賢稱六字。

同上　大禹謨禹貢可以觀事　事下有小字注文：謂任賢運德宅土貢賦之事。

同上倒三行　通此七者書之大義舉矣　矣下空一格。

同上　書之于事遠而不闊　事下有也字。

頁十九B二行　小字注文：記夫子并弟子諸侯所問之義　并作答。

同上七行　小字注文：莊子魯大夫武伯懿之子仲孫蔑也　懿下有子字。

同上倒三行　顔讐　讐下有由字。

頁二十A六行　古有禮然後有刑　禮下有教字。

頁二十B四行　夫子忻然嘆曰　嘆作笑。

頁二十一A末行　此爲不利大矣　不字無。

頁二十一B二行　小字注文：中有在齊適宋又言　又作之。

同上倒三行　小字注文：詳其行已疑爲公儀休　休下有之兄弟三字。

頁二十二A七行　容何行爲　容上有求字。

同上倒二行　鰥魚亦難得者也　亦作魚之二字。

頁二十二B倒三行　小字注文：大死曰殤故不作生　大作夭，又生作主。

同上倒二行　八尺謂之仞　八作四。

頁二十四A首行　小字注文：一作二順　二順作子慎。

同上二行　爲謀父　爲作名。

頁二十四B七行　世治則助之道行　道行作行道。

同上十行　陳涉讀國語　陳下有王字。

同上倒三行　晉獻或聽讒　或作惑。

頁二十五A四行　故凡若晉侯驪姬床簀之私事事不能掩爲　事事去一事字。

同上五行　今此書實事纍若貫珠　此下有皆字。

卷四十七

公孫龍子

頁一A二行　公孫龍　公上有趙人二字。

同上末行　願爲弟子久　久下有矣字。

頁二A二行　以智與學焉　焉字無。

同上七行　此真吾所謂士也　此上有善字。

同上八行　所願而不得也　不下有可字。

頁三A二行　爲有白馬之非馬何也　白馬作馬白。

同上九行　馬未與白爲　白爲作爲白。

同上末行　此飛者入池棺槨異處　池下有而字。

頁五A六行　堅不可謂無堅而之石也之于然也，然作堅。

同上九行　堅白石不相外藏三可平有曰　平作矣，有字無。
頁五B首行　白石不相離者固乎　白石作堅白。
頁六A四行　不當而亂也　而下有當字。
同上七行　知此之非也　非下有此字。

鬻子

頁六A十行　鬻子　其下端有：鬻熊楚人。
同上倒三行　前行有標題序，占一行。
同上　年九十見王　王上有文字。
頁六B六行　辭多斥救之要　斥作匡。
同上七行　實元達之奧言　元作先。
頁七B六行　鬻子貴道五帝三王周政乙第一　一作五。
同上八行　以其明也　明作民。
同上九行　故其道首首　道下之首作若。
頁八A七行　卿相君侯之本也　君作者。
頁八B首行　昔者帝高陽年十五而佐黃帝　高陽作顓項。
同上三行　昔者帝嚳年十五而佐帝高陽　高陽作顓項。
同上五行　鬻子上禹政第六　上下有第字。
同上八行　鬻子上禹政第七　上下有第字。
頁九A首行　小字注文：朝廷之間靜沾而無事也　沾作治。
同上三行　而人爲爲政焉　而上有萬物生三字。
同上六行　故有冥有旦　故作日。
同上七行　前行有標題序，占一行。
同上倒二行　君子謂子然　然字作歎。

頁十B七行　異同之不可別起提行。
同上倒三行　循名責實起提行。
頁十一A二行　前行有：治世位不可越職不可亂百官有司各務其刑上循名以督實下奉教而不違所美規其所終所惡計其所窮喜不以賞怒不以罰可謂治世。
頁十一B六行　兀者以及走馬　兀上有責字。
同上七行　事有遠而親起提行。
同上十行　譬如拯溺投之以石　投作錘。
同上倒二行　夫建道者無知之道也　建作達。
頁十二A二行　故見其象致其行　行作形。
同上八行　選善退惡　選作遷。
頁十二B三行　無爲爲之也矣　矣字無。
頁十二B六行　其在振目搤腕手據鞭扑而後爲治歟　其作豈。
頁十三A五行　不用在早圖起提行。
同上六行　以避其爲危　爲字無。
頁十三B倒三行　立君而爭愚　爭作尊。
頁十四A十行　故其疾賢若仇　疾作嫉。
頁十四B四行　隨于國則下能持　下作不。
同上五行　故喜而使賞不必富功　富作當。

韓非子

頁十五B二行　韓非子　子下有小字注文二十卷三字。
同上三行　前行有標題序，占一行。
頁十六B倒二行　一舉而天下之從不破　舉下有足字。
頁十九A八行　乃羣臣士民之所禍也　所下有福字。

頁二十A七行　物有理不可以相薄物有理不可以相薄下物有理不可以相薄八字無。
同上八行　萬物各異理萬物各異理　下萬物各異理五字無。
頁二十三A二行　不肖之制賢以勢　賢下有也字。
頁二十三B五行　四曰一聽責下　責作貴。
頁二十四A六行　人之救火者死比死敵之賞　者死作死者。
同上末行　臨戰而使人絶頭刳腹而無顧心賞在兵也　心下有者字。
頁二十四B四行　以人善戰射也　戰字無。
同上五行　六微　微作徵。
同上八行　賞罰者起提行。
同上末行　況于吏勢乎　吏作利。
頁二十五B二行　孔子曰起提行。
同上　不能爲吏者怨怨　怨作樹。
同上三行　治國不可失平也　國下有者字。
同上九行　桓公問管仲曰起提行。
同上十行　此所以若于社鼠也　若作苦。
頁二十六A七行　管仲曰　管上有：齊桓公微服而行于民間有鹿門稷者行年七十而無妻桓公問於管仲曰有民老而無妻者乎管仲曰有鹿門稷者行年七十矣而無妻桓公曰何以令之有妻。
同上　管仲曰　曰下有臣聞之三字。
同上倒二行　畊漁與陶非舜者也　者作官。
同上末行　舜其信仁乎　仁作人。
頁二十六B八行　小字注文：亡老反　亡作七。
頁二十七B末行　今上下之接無子父之澤起提行。
頁二十八A倒三行　當使虎豹失其爪牙　當作而。

卷五十

識遺

頁一A三行　前行有標題序，占一行。
同上六行　前行有標題莊子借孔子以尊老子，占一行。
同上十行　小字注文：故益難信　難下有據字。
頁一B四行　則聃之學又何有禮之可問也　也作耶。
頁二A八行　前行有標題雉釋文，占一行。
同上末行　申生雉于城廟　于下有新字。
同上　被獲必屈折其頭而死　頭作頸。
頁二B三行　前行有標題姬周姓，占一行。
同上十行　豈惟姬姓後世以目賤之　豈字無。
頁三A二行　前行有標題兩韓信非，占一行。
同上八行　立横陽君成爲韓王　横作廣。
同上末行　前行有標題子冠氏上，占一行。
頁三B四行　何休云　休下有釋字。
同上五行　朱子于周程蓋師尊之　師尊作尊師。
同上六行　前行有標題孔子生年，占一行。
同上七行　穀梁以爲生十二月二十二庚子　庚上之二作一日二字。
頁四A四行　前行有標題寺觀藏，占一行。

頁四B三行　狐兎穴居州吕藏　州吕作例名。
同上六行　前行有標題鐸鈸，占一行。
同上　今華俗專以送終　終作凶。
同上八行　前行有標題佛入中國，占一行。
頁五A七行　前行有標題豚犬呼子，占一行。
同上倒二行　前行有標題飲器，占一行。
頁五B四行　前行有標題夏后氏，占一行。
同上七行　前行有標題三教，占一行。
頁六A首行　賜澡水縣南孔子祠爲孔子寺　澡作栗。
同上二行　豈孔子真佛派也　豈作意。
同上三行　不能訶其繆　訶作訂。
同上　古今論著周素異記云　素作書。
同上六行　則又安有前唐虞夏商預記生爲伏羲女媧等理乎　記作託。
同上十行　前行有標題姦雄人出科目，占一行。

桂海虞衡志

頁六A末行　前行有標題序，占一行。
頁七A倒三行　發地峭壁林立四野　壁作豎。
頁九A六行　既有四山遶之碧玉每十峯倒影水面　遶之作巉巖，又每字無，又十作千。
同上　而湖心又浸隱山　隱作陰。
同上九行　或以釘盤相問遺　釘作飣。
同上倒二行　上洞差小一寺就洞中結架　差下有窄字，小一作一小。
頁十A末行　小山峰端漸鋭且長如冰牀　牀作柱。

頁十一A六行　又美之所種也　種作鍾。
同上　然廣東香乃自舶上來　乃作皆。
同上七行　廣右香廣海北者亦凡品　香下之廣作産。
同上倒三行　香之節因久蟄土中滋液下向　蟄作蟄，又向作流。
同上倒二行　環島四郡果皆有之　果作界。
頁十一B首行　焚一博投許氛翳彌室　投下有少字。
同上四行　中州人士但用廣州舶占城真蠟等香　舶下有上字。
頁十三B五行　無槽箭編架而射也　槽箭作箭槽。
頁十四A首行　鐵青黑沉沉不錔　錔作銹。
同上末行　細畫紅花紋以爲飾　細作油。
頁十四B三行　其製如坐墊而空其下　墊作墩。
頁十七A九行　煎附子汁與之即愈　與作飲。
頁十七B八行　其溺及乳汗主治大風疾奇效　汗作汁。
頁十八A十行　不可得　得作近。
頁十八B七行　飼以小鮮　朝作鱗。
同上倒三行　亦雕爲杯　雕下有琢字。
頁十九A六行　竹魚出灕水　灕作灘。
同上末行　以燈夕前後開故得名　得字無。
頁十九B五行　淡紅鮮研如桃杏花色　研作妍。
同上七行　詞人託興如比目連理云　如作曰。
頁二十一B二行　世謂芭蕉乾者是也　世下有所字。
頁二十二A倒二行　菩提子色黄如石榴　如下有大字。
頁二十三A倒二行　異艸瑰木多生窮山野荒　野荒作荒野。

頁二十三B十行　息樠木生兩江州洞　息作思。

頁二十五B五行　及商人持其國佛經題識猶用囫字者　猶下有有字。

頁二十六A三行　蠻之區落不可悉記　悉作殫。

同上四行　姑即其聲聞相接帥司常有事于其地者數種　聞作問。

同上末行　酋豪或娶數妻皆曰媚娘　此句無。

頁二十六B十行　其説以爲宜州徼外即唐黄家賦之地　賦作賊。

頁二十七B四行　黎海南四郡島上蠻也島直雷州　島均作隝。

同上　島之中有黎母山　島作隝。

同上五行　山極高常霧靄中　常下有在字。

卷五十一

豫章古今記

頁一A二行　豫章古今記　記下有小字注文一卷二字。又其下端有唐字，蓋指是書系唐時人所撰也。

同上七行　新塗　塗作淦。

同上八行　鄡陽　鄡作鄵。

同上　贛縣等　縣下有建城二字。

頁一B首行　小字注文：今屬建安縣　安作昌。

同上　新英縣等四縣　英作吳。

同上九行　鄡陽　鄡作鄵。

同上倒二行　新塗　塗作淦。

頁二A二行　太康十二年　二作一。

頁二B三行　爲饒州師操師乞林士弘等破廢　州下之師字無，又操下之師作帥，又乞字無。

同上四行　割豫章江西置三縣入縣州南昌金塘　入下之縣作孫。

同上倒二行　又門北之西爲西北門　又下之門作開。

同上末行　郡墻東南雙欵吳鳳凰二年太守維揚府君張俊字于房所造　雙下有闕字，又于房作子彦。

頁三B四行　小字注文：晉陶侃字士行　行作衡。

同上五行　累年不移其石　其下有膝磨二字。

頁四A首行　女道觀　女作玄。

同上二行　同真觀祈仙觀高安縣二十五里黄輔仙人宅同作洞，又縣下有西南二字，又二作四。

同上五行　高安縣東南一百一十六步　一百作二百。

頁四B八行　建業觀在高安縣安鄉　縣作豐。

頁五A三行　翠岸寺　岸作岩。

同上十行　東晉永和初于浮雲山南修鍊九轉靈丹　雲作雪。

頁五B二行　劉道成新吳人　吳下有縣字。

頁六A倒三行　山遥看如馬鞍也　山作其像二字。

頁六B六行　洪淬山　淬作萍。

同上末行　晉丁遥二女于此修道　女作子。

頁七A二行　高安西南有石燒爲灰　灰作炭。

同上三行　今入高安　入作在。

同上四行　晉吳猛騎猛虎入山處　騎下之猛字無。

同上五行　古浮雲山起提行。
同上九行　在廬山　山下有南字。
頁八B二行　程曾字秀升　升作叔。
同上　遷海西令　海西作西海。
頁九B四行　吳黄龍四年任荆州及豫章三郡事　事作守。

侍講日記

頁九B九行　侍講日記　下有小字注文一卷二字。
同上十行　前行有標題青出于藍，占一行。
同上倒二行　前行有標題武人不可爲樞臣，占一行。
頁十A二行　前行有標題八蜡，占一行。
同上三行　而昆蟲爲八之一　而下有以字。
同上四行　前行有標題八珍，占一行。
同上　炮也　炮下有豚字。
同上六行　前行有標題宴會書問，占一行。
同上十行　前行有標題鏖糟陂，占一行。
同上倒三行　前行有標題見父執，占一行。
頁十B首行　前行有標題竿牘請謁，占一行。
同上七至八行　始則既其文中則既其實　二既俱作無。
同上九行　不猶愈于觸情而徑行者歟　觸作直。
同上倒三行　前行有標題詩，占一行。
同上　病較齋僧語藥王　語作誤。
同上倒二行　前行有標題卒會，占一行。
頁十一A首行　身之所歷　身作足。
同上二行　于是乃與楚政叔通議王安之朝議耆老六七人　朝議作常參。
同上四行　命之曰率會　曰下有真字。
同上九行　前行有標題李京妻賢，占一行。
頁十一B首行　前行有標題王嗣宗剛正，占一行。
同上二行　嗣宗知即集諸色獵户　即作郡。
同上八行　而不加罪嗣宗去郡有人送詩曰　嗣宗下重嗣宗二字。
同上十行　但刻此于石置墓傍　此下有詩字。
同上倒三行　前行有標題奇詩，占一行。
頁十二A三行　前行有標題儒臣進講，占一行。

洛陽搢紳舊聞記

頁十二A六行　前行有標題序，占一行。
同上　予未應舉前十數年中　十數作數十。
同上十行　前行有標題梁祖優待儒臣，占一行。
頁十三A四行　請秀才題一篇無雲雨詩　雨下重一雨字。
頁十三B倒三行　健兒十五七人悉擒言柳樹好作車頭者　十五七作五七十。
同上倒二行　安忍雄猜甚于古昔　安作殘。
頁十四A首行　前行有標題李少師賢妻，占一行。
同上末行　李公嘗將命置安邑解縣兩池鹽利　命下有制字。
頁十四B四行　因是上言曰　是下有密字。
頁十五A五行　及獻虜主萬全必歸　全作金。
頁十五B六行　無妬忌疎財者皆難　難下有事字。

同上九行　與夫飾粧黛弄眉首　首作目。

同上末行　前行有標題周令妬妻，占一行。

同上十行　亦勸誡之道也有益于世教云　也字無。

同上倒三行　前行有標題始否終泰，占一行。

同上　有容色兼多技藝　兼字作惠黠二字。

同上末行　辰至酉　辰上有自字。

頁十七A三行　書之者有以見婦人微賤者豈可輕易之乎　書上有因字。

同上六行　前行有標題假劍客，占一行。

同上十行　見之乎　見上有曾字。

頁十七B五行　皆狗屠角抵輩　抵作觝。

頁十八A五行　皮篋一　一下有箇字。

頁十八B二行　君子誌之　誌作覽。

安南行記

頁十八B八行　至二十三年　至下有元字。

同上九行　惡語見誣執反稱成臣罪　執作勢。

頁十九A四行　烏馬兒參政久領船軍別出海外　久作又。

同上十行　亦不免貪利邊功語奏流言之罪也　語作誣。

同上倒三行　差人前就界首迎送大王歸國　迎作遞。

頁十九B首行　抑亦普率之國實享陛下仁心仁聞之大幸也　率下之之作諸。

同上七行　又唐兀歹哈散剌斛古剌歹等口奏事亦已聽悉　古作吉。

頁二十A首行　唆都報底曾庶當來三也　報作根，又庶作遮。

頁二十一A八行　繼而仲弟益稷將使軍前投拜　繼作既。

同上末行　泛義郎阮孟聰等敬賫謝罪　泛作從。

頁二十三A七行　盛金蓮葉牒一口　牒作碟。

頁二十三B首行　一錕厮鑼十面　十作五。

同上六行　明善相副雨山禮侍使安南　雨作兩。

卷五十二

北邊備對

頁一A三行　前行有標題序，占一行。

頁一B五行　後漢班超又嘗遣甘華輩親至其地也　其作戎，又也字無。

頁三B首行　其後裴羅又殺白眉可行　行作汗。

頁四B五行　故豐州北面正拄大河　拄作抵。

頁五A九行　秦人爲城以城中夏　以下之城作域。

頁六A末行　至涿山與南匈奴兵合　涿下有邪字。

頁六B二行　去塞五千餘里　五作三。

漢孝武故事

頁七B五行　長主指左右長御百餘人　長上有王曰欲得婦五字，又長下有公字。

同上七行　長主大悦　長下有公字。

同上八行　長主伺其短　長下有公字。

同上十行　長主日譖之　長下有公字。

同上　王夫人陰告長主使大臣請立栗姬爲后　長下有公字。

頁八A四行　長主伐其功　長下有公字。

同上五行　今又忤長主　長下有公字。

同上八行　長主自伐滋甚　長下有公字。

同上　長主失望　長下有公字。

同上末行　長主以宿恩猶自親近　長下有公字。

頁十一A三行　因葬雲陵　陵作陽。

大觀茶論

頁十一B二行　前行有標題序，占一行。

頁十三B十行　盞茶色　茶下有之字。

頁十四A倒三行　過一盞則必歸其餘　其下有有字。

頁十四B八行　又復傷湯　傷作增。

同上十行　霧雲雖泛　霧雲作雲霧。

頁十五A二行　周環表裏洞徹　環下有旋轉二字。

同上四行　欲輕盈而透達　盈作勻。

同上倒二行　本性酸　本作木。

頁十六A二行　良久却置焙土上　土作于。

同上五行　以手援茶體雖甚熱而無害　援作援。

同上倒二行　名擅其門　門作間。

頁十六B六行　殊不知至鬱雖等而蔑風骨　至作體。

困學齋雜録

頁十七A首行　困學齋雜録　録作鈔。

同上二行　行前有標題中州名公，占一行。

同上　河東人　東作中。

同上三行　陳司諫規字正叔稷山人　叔字無，又稷下有中字。

同上四行　諫官稱許古陳規　古字無。

同上九行　爲州司户　爲下有唐字。

同上倒二行　爲祖課所官　租作稅。

頁十七B十行　移沔池廷許　廷作遷。

同上倒二行　正大元年經義第一人　正作至。

同上末行　有政聲　有上有幼字，又政作賦。

頁十八A四行　道士申志真　真作貞。

同上五行　志真其一人也　真作貞。

頁十八B三行　自悟以前身爲紫陽宫道士　以字無。

同上五行　永年人　年作平。

同上十行　病人要吃没鐵鍼　鐵作錢。

頁十九A九行　前行有標題辨冤獄，占一行。

同上倒二行　又索辦　辦作辨。

頁十九B九行　會開封故吏除名州　名作洺。

同上倒三行　所至必先伸明泛初不應受理之令　泛作從。

同上倒二行　爲監察御史李得甫慮江淮行省囚流人張傑等聲寃　得作德。

頁二十A二行　君幸脱祕當有厚報　祕作我。

同上六行　傑以散卒調斫木于池之西山　斫作斫。

頁二十B七行　臺言白之惜哉　白之惜哉四字無。又言下有："于省下其事于江東宣慰司考驗得實乃釋傑等時錢勝張友仁皆已死省吏今尚無恙是又不可曉也。

卷五十三

鉤玄

頁一A二行　鉤玄　玄下有小字注文一卷二字。

同上三行　前行有標題舜禹不返葬，占一行。

同上　舜禹南巡不返葬　巡下有崩字。

同上四行　氣則無所不之也　氣上有魂字。

同上六行　前行有標題胎息，占一行。

同上　養生家有知息説　知息説三字作胎息之説四字。

頁一B三行　自便是百穀之實初問此語急不能省　自作息，又問作聞。

同上十行　心息相依謂心靜調久久可成勝定　靜下重一靜字。

頁二A首行　此齊人踵息之楗法也　楗作捷。

同上二行　雖不得升齋肉　升齋肉三字作升堂臍內四字。

同上三行　因增之以詩曰　增作贈。

同上六行　張樂金有言　金作全。

同上倒三行　若謂胎息者則皆妄也　者作等。

同上倒二行　獨非擊驢橛耶　擊作繫。

頁二B二行　前行有標題治水蠱，占一行。

同上六行　前行有標題兄弟永訣，占一行。

同上末行　吾父母去矣　去作老。

頁三A三行　及其子可終等勉以忠孝　終作忠。

同上六行　前行有標題少陵骨，占一行。

同上十行　前行有標題治走馬疳，占一行。

同上　用蚶子蓮肉火煅存性　蓮作連。

同上倒二行　前行有標題治瘡疹，占一行。

同上　于火盆焚之　盆下有內字。

頁三B首行　前行有標題又治走馬疳，占一行。

同上二行　前行有標題治惡瘡，占一行。

同上四行　前行有標題治破傷風，占一行。

同上六行　前行有標題治惡瘡，占一行。

同上七行　前行有標題治小兒耳瘡，占一行。

同上　腎疳也　疳作疽。

同上九行　前行有標題五不男不女，占一行。

四朝聞見録

頁四A四行　前行有標題賜宴滌爵，占一行。

同上六行　後行有：

大臣衩衣見百官

大臣見百官主賓皆用朝服時暑伏甚丞相淮體弱不能升閤至絶上亟詔醫疾有間後有詔許百官以衣衩見丞相衣衩見丞相自淮始。

九里松用金字

或問予曰今九里松一字門匾吳説所書也字何用金予謂之曰高宗聖駕幸天竺由九里松以入顧瞻有扁翌日取入欲自爲御書翻覽湖山命筆研書數番歎息曰無以易説所書也止命匠就以金填其字復揭之于一字門云。

同上七行　前行有標題張司封廟，占一行。

同上倒三行　紹興十四年　興作熙。
頁四B首行　後寓于夢　于夢作夢于。
同上六行　後行有：

楊和王相字

楊和王沂中閒居郊行遇相押字者相者以筆札進王拒之但以所執杖大書地作一畫相者作而再拜曰閣下何爲微行至此宜自愛重王謂詰其所以則又拜曰土上作一畫乃王字也王笑批予錢五百萬仍用常所押字命相者翌日詣司帑徵取司帑持劵熟視曰爾何人乃敢作我王膺押來兑錢吾當執汝詣有司相者具言本末至聲屈冀動王聽王之司謁與司帑同列醵金五十緡與之相者持金大慟痛駡司帑而去閒因僉押支用曆乘閒曰王前日批與相者五百萬有之乎王曰是司帑進曰某以非恩主押字拒之衆人合打五十千與之矣王驚曰汝何故曰不可他今日説是王者來日又胡説增添則王之謗厚矣且恩王已開王社何所復用相王起而撫其背曰爾説得是就以予相者錢五百萬旌之

同上七行　前行有標題武林，占一行。
同上八行　頷下隱隱有斧鑿痕　下字下有石字。
同上倒二行　道士易如剛閒因攻媿樓公齋宿　如作知。
頁五A四行　後行有：

吳雲壑

四明高似孫號疎寮由校中祕書授徽倅道出金陵投留守吳公琚號雲壑字居父以詩曰四朝渥遇鬢微絲多少恩榮世少知長樂花深春侍宴重華香暖夕論詩黄金籯滿無心愛古錦囊歸有字奇一笑難陪珠履客看臨古帖對梅枝公之客曰儲用項安世周師稷劉翰玉輝王明清晚得王大受轂子姪官授之凡游從皆極一時之彦公他無嗜好居近城與東樓平先皇爲書扁以賜不名其名而名其官樓下設維摩榻尤愛古梅日臨鍾王帖以爲課非其所心交者迹不至此高氏獨知其詳故落句及之亦精于所聞矣公所居于舊游也自廳事側梯東樓樓下以半植鎮安旌節半爲燕坐處樓相直有亭僅着賓主四人因城叠石曰南麓麓後數級登汲以甕洩之以管淙淙環珮聲入方池池才四五尺晝三三于扁自麓之後登城爲嘯臺下有堂依城南榜曰讀書臺有級可下又有臺入洞門依雉堞有平地可壇園植碧桃有石可棋與坐自西行有逕亭曰物表亦先皇賜扁面直吳山又曲折旁轉入荼蘼洞茅頂而圜内揭以鏡曰定庵與僧智彬語達摩學則至大抵地僅尋尺而藤蔓聯絡花竹映帶鳥啼鶴唳寂如山林公野服麈斧大滌蒲履徜徉其間望之者疑爲仙云公爲憲聖猶子以詞翰被遇孝宗憲聖未殁宫花盛開必召諸子姪入侍孝宗萬幾之暇即命中使召公論詩作字而罷故疎寮頷聯及之時琚已爲直閣孝宗欲待以真學士吳亦不難之

同上五行　前行有標題高宗御書石經，占一行。
同上七行　前行有標題萬年國清，占一行。
同上十行　上質何以驗之也對曰　也作毛。
同上倒二行　前行有標題皇甫真人，占一行。
頁五B七行　汝即管與太子爭　即作只。
頁六A五行　上怒未怠　怠作息。
同上倒三行　終忽克執喪　忽作弗
同上倒二行　前行有標題楊沂中穴西湖，占一行。
頁六B四行　後行有：

憲聖不妬忌之行

憲聖初不以色幸自南渡以來以至爲天下母率多魚貫以進即以疾辭思陵念其勤勞之久每欲正六宫之位而屬太后遠在沙漠不敢舉行上嘗語憲聖曰極知汝相同勞苦反與後進者齒朕甚有愧俟姐姐歸諭太后爾其選已憲聖再拜對曰大姐姐遠處北方臣妾缺于定省每遇天日清美侍上宴集才一思之肚里淚下臣妾誠夢不到此上爲泣下數行愈以后爲賢暨太后既旋鑾馭以向當與憲聖均爲徽宗左右徽宗遂以憲聖賜高宗太后恐憲聖記其微時事故無援立意上侍太后拜而省請曰德妃吳氏服勞滋久外廷之議謂其宜主中饋更合取自姐姐教旨太后陽語上云這事由在爾而陰實不欲上遂批付外廷曰朕奉太母之命云云德妃吳氏云云可立爲后后遂開擁佑三朝之功云

同上五行　前行有標題佑聖觀，占一行。

同上倒三行　前行有標題寧皇二屏，占一行。

頁七A四行　前行有標題陸放翁，占一行。

頁八A十行　前行有標題高廟知命，占一行。

同上倒三行　後行有：

秦夫人淮青魚

憲聖召檜夫人入禁中賜宴進淮青魚憲聖顧問夫人曾食此否夫人對以食此已久又魚視此更大且多容臣妾翌日供進夫人歸亟以語檜檜恚之曰夫人不曉事翌日遂易糟餘魚大者數十枚以進憲聖笑曰我便道是無許多青魚夫人誤爾

宣政宫燭

予既修王竹西封還宫中降炭樣如胡桃紋鵓鴿色蓋宣政事建炎紹興猶襲用未改故竹西力陳請罷去宣政極盛時宫中以河陽花燭蠟無香爲恨遂用龍涎沉腦屑灌蠟燭列兩行數百枝豔明而香滃鈞天所無也建炎紹興久不進此惟太后旋鑾沙漠復值稱壽上極天下之養故用宣政故事然僅列十數炬太后陽若不聞上至奉卮白太后以燭頗愜聖意否太后謂上曰爾爹爹每夜常設數百枝諸人閤分亦然上因太后起更衣微謂憲聖曰如何比得爹爹富貴

詩當折簡

孝宗以奉太母故加眷吳郡王益益太母弟也秋氣尚清聖意怡懌至于手書御札一聯云趁此一天風月好橘香酒熟待君來命近璫特以賜益益入對頓首稱謝上笑曰聊復當折簡爾

韓侂胄婢妾

韓侂胄既敗羣婢放逐之時韓門巷至有三數輩皆稱爲某妾某人父母宛轉而入皆謂父母宫中遂命願認父母者聽除首飾衣服之外不許以奩載出金釵至滿頭衣服至着數襲市人利其物而因以可轉貿其身故相競相逐願爲之父母至有引羣妾之裾必欲其同歸者亦足一笑也亦足爲鑒云

同上倒二行　前行有標題閱自南園，占一行。

同上末行　宴樂笑語徹聞神御之所　語下有聲字，又聞字無。

頁八B八行　不類其爲園也　類作數。

同上九行　因在天衢咫尺有旨盡給還寧壽　衢下有只有二字，又尺下有後韓敗三字。

頁十B七行　前行有標題南園記考異，占一行。

同上倒三行　前行有標題四夫人，占一行。

卷五十四

文子通玄真經

頁一A七行　道德者拒邪以爲政　拒作匡。

同上倒三行　故聖人怵怵爲天下孩　怵怵作休休。

頁一B首行　有身者而遇壘之質　遇壘作患累。

頁二A八行　恬愉無矜而得乎和　和作智。

同上倒三行　天常之道生物而不有　天作夫。

頁三A倒二行　極神于心　極作栖。

頁四A五行　存亡定頓若一　頓下有而字。

頁四B五行　二月血脈　血作而。

頁七A倒二行　夫道德者匡邪以爲正　邪作衺。

頁七B四行　無道蒞天下　蒞作治。

頁八A三行　是非輻輳中爲之轂也　轂作較。

頁八B七行　貪者可令進取　進作攻。

頁九B二行　敗兵先戰而後勝　後作求。

頁十B七行　後行有：

　上禮

老子曰鄷水之深十仞而不受塵垢金石在中形見于外非不原且清也魚鱉蛟龍莫之爲也石上不生五穀秃山不遊麋鹿無所蔭蔽故也故爲政以苛爲察以切爲明以刻下爲忠以計多爲功如此者譬猶廣革也大則裂之道也其政汶汶其民惽惽其政察察其民缺

北轅録

頁十一A三行　使副拜望如儀　拜望作望拜。

頁十一B六行　謂走車　謂下有之字。

同上　籠車三十六輛　三作二。

頁十二A八行　詔即衙域以爲大內　域作城。

頁十二B首行　本襄邑縣　本上有郡字。

同上四行　地名三家　家作冢。

頁十三A二行　過師枕席上云　席下有之字，又云字無。

同上十行　實古鄭相魏文侯始封之地　相作都。

頁十三B八行　石橋從空架起　石字無。

頁十四A二行　通侍郎李慶和賜餛合湯藥　餛作銀。

同上倒三行　有天使完顏汴傳宣撫問　汴作卞

頁十五A首行　仁政門左門用甲士訖見無人跛倚者　無下有一字。

同上四行　佐佑之初　佑下有小字注文一作治三字。

同上五行　死者不計其數　死上有斷手二字。

同上　亦倚一柱以立　亦作依。

同上倒二行　所用皆木膺也　膺下有故字。

同上末行　名金濶蓋用金濶水以釀之也　濶皆作瀾。

蒙韃備録

頁十七A首行　興衰起滅之不長　長作常。

頁十七B七行　二公主曰阿里黑百因　因作目。

頁十八A七行　又有鵰博者官亦穹　穹作高。

頁十九B倒三行　彼國亦有一二處黑黍米彼亦解煮粥

處下有出字，又煮下有爲糜二字。

頁二十A首行　起得官家没去處　起作趕。

頁二十B六行　亦置領録尚書令　録作省。

同上七行　亦置大元帥等職　大作太師二字。

頁二十一B四行　太守親跪以効勤　効勤作郊勞。

頁二十二B四行　又要有人來請喚　又作不。

卷五十五

聖武親征録

頁一A二行　小字注文：一卷　卷下有全字。

同上七行　烈祖蚤世上冲幼　世下有時字。

同上八行　上聞近侍脱端火兒貞亦將叛　亦作赤。

同上九行　夙將察刺海背上中鎗創甚　夙作宿。

頁一B二行　遂與泰赤烏亦乞刺思兀魯吾郡也勒八魯刺思霸鄰諸部合謀　郡作那

同上四行　亦乞判部人揑羣之子字徒先在麾下玉自是曲鄰君山遣卜亦台慕哥二人　羣作辟，又字作孛，又玉作至，又自是作是自。

同上五行　凡有三翼　凡下有十字。

同上六行　三哈初來之子奔塔出拔相禿不哥逸敦木忽兒好蘭等統阿塔兒斤察忽蘭大魯刺諸部及鮮明昆那顔之子迭良坑火力白不荅合輩爲一翼　相作都，又逸作速，又大作火，又白作台。

同上八行　札刺兒及阿哈部爲一翼　翼下有：兀忽出之子忽都阿兒黨吉爲一翼蒙哥都吉顔之子長壽及璦吉兒拜要烏部爲一翼。

同上十行　忽相刺可汗之子搠只可汗爲一翼　相作都。

同上倒二行　共吉牙部塔降吉拔相統雪干札刺吾思爲一翼　相作都。

同上　達相赤納玉列貞赤刺二部爲一翼　相作都。

頁二A三行　記合上日　記字作既而二字。

同上四行　已追半還　追作遣。

同上七行　照烈之長玉律拔相謀于族長馬兀牙荅納　相作都。

同上八行　何遽降不之從　不之作之不。

同上　玉律拔相遂與塔海荅魯領所部來歸　相作都。

同上十行　以泰赤烏長母之子計殺故也　計作討。

同上　我擔當棄親從義而招之　擔作誓。

同上倒二行　餘悉力而助也　餘作余。

同上　叛歸少族人　少作其。

同上末行　忽數忽兒章怨塔海荅魯反仄　數作敦，又章作輩。

頁二B二行　赤刺温拔相哲別二人實泰赤烏族脱脱哥家人　刺作老，又相作都

同上三行　赤刺温拔相交桉魯罕失刺密釋之　刺作老，又相交作都父。

同上四行　失力哥相也不干手執忽阿赤拔相塔兒忽台二人來至忽相渾野復從之止將已子萬才阿刺二人來歸　哥下之相字無，又拔下之相、忽下之相皆作都，又從作縱，又之下有去字，又萬才作乃牙。

同上八行　上同月倫太后暨哈撒兒斡真那顏昆弟族薛徹太出等各以車載潼酥大會于斡河林木間　顏下有諸字，又弟下有及字，又族下有人字，又出作丑，又以下有㫌字，又斡下有難字。

同上倒三行　泣白　白作曰。

同上倒二行　蓋以捏碎太后葉速該命拔相二君去世　命字無，又相作都。

同上末行　親揺上馬　揺作控。

頁三A三行　斫木拔疾鬬　拔作枝。

同上六行　金至遣丞相完顏襄帥兵逐塔塔兒北走　至作主。

同上八行　上以麾下兵與戰細剌禿失圖忽剌禿天圖之野　細作納，又天作失。

同上九行　又獲大珠衾銀綳車各一　綳作綳。

同上十行　亦册克烈部長脫憐爲主　主作王。

同上倒二行　令何乃乘敵勢凌我　令作今。

同上末行　惟薛徹太出僅以妻孥數人脫走　出作丑。

頁三B三行　王可汗始與葉速該可汗和好　王字作汪罕二字。

同上四行　由初王可汗父忽兒札忽思盃禄可汗既崩王可汗殺戮昆弟　王皆作汪，又札下之忽作胡。

同上五行　其叔父菊兒可汗率兵與王可汗戰逼王可汗于哈剌温隘　王皆作汪。

同上七行　王可汗感德　王作汪。

同上八行　後王可汗弟也力可哈剌者　王作汪。

同上九行　赤難赤可汗發兵伐王可汗　王作汪。

同上十行　王可汗脫身　王作汪。

頁四A首行　上自怯禄阿連親迎　阿字無，又連下有河字。

同上　上同王可汗會于土兀剌河上黑林間　王作汪。

同上二行　月兒斤部先脫走者薛徹大出追至帖列徒塈滅之　大出作太丑，又塈作隘。

同上三至四行　上發兵于哈剌河伐滅里乞部主脫脫戰于莫邪察山遂掠兀相夷滅里乞二部　剌下有哈字，又邪作那，又相作都。

同上五行　上盡以所獲給王可汗　王作汪。

同上六行　虜忽相台察勒渾二哈敦　相作都。

同上八行　後上與王可汗征盃禄可汗　王作汪。

同上十行　其鞍馬轉墜擒之　鞍馬作馬鞍。

同上倒三行　是夜王可汗多燃火于陣地　王作汪。

同上倒二行　時札木在聖下　聖作麾。

同上末行　日出望見王可汗立旗幟非舊處　王作汪。

同上　王知衆否　衆作之。

頁四B首行　予有白翎鵲也　有作猶。

同上三行　和都赤剌温因是亦叛王可汗　赤剌作剌赤，又王作汪。

同上　上見王可汗移去　王作汪。

同上四行　王可汗至土九剌河　王作汪，又九作兀。

同上五行　其弟亦剌合鮮昆及札阿紺白孛也造兒按臺河來會父軍　亦字無，又白孛作孛白，又造作迭。

同上六行　又掠王可汗所居邊民牛馬輜重而還　王作汪。

同上七行　亦剌合札阿紺孛以身免奔告王可汗王可汗命赤剌合將己兵往追之　亦作赤，王皆作汪。

同上十行　遂遣博爾木赤顏木華黎國王博兒垣那顏赤剌温拔都四將帥兵救之　兒垣作羅渾。

頁五A首行　盡掠所奪歸之王可汗王可汗深感上德　王皆作汪。

同上五行　上會王可汗于薩里川　王作汪。

同上九行　阿忽兀忽出忽敦忽兒章走入兒忽貞隘　入作八。

同上十行　後哈塔斤散只兀朵魯班塔塔兒弘吉剌諸部會盟于河雷泉上　河作阿。

同上倒三行　欲襲我軍及王可汗　王作汪。

同上　遂與王可汗發兵　王作汪。

同上倒二行　冬王可汗分兵由怯緣憐河指忽八海　王作汪。

同上末行　先發部衆後成列而進　後字無。

頁五B首行　以王可汗反覆不常遂謀于渾分　王作汪，又分作八力二字。

同上五行　道路飢困祖誓之語　祖作相。

同上六行　我心非汝也　汝下有心字。

同上九行　冬王可汗　王作汪。

同上末行　于是弘吉剌遂附札木合與亦乞剌思大魯剌思朵魯班塔塔兒哈塔斤撒只吾諸部會于揵河　大作火。

頁六A十行　言苟泄與他人願斷汝腰裂汝背　願字無。

同上末行　隊中人出追兀抄兀兒　兀抄二字無。

頁六B六行　上合虎必來哲別二將　合作令。

同上八行　來犯我軍及王可汗　王作汪。

同上九行　有騎自赤黑山來告鑾漸至　告下有兀字。

同上十行　上與王可汗自兀魯回失連真河移軍入塞王可汗與赤剌哈居北邊後至　王皆作汪，又連作速。

頁七A首行　上與王可汗並阿闌塞爲壁　王作汪。

同上三行　札木合引兵回還立已回可汗者諸部　還作遇。

同上四行　駐于阿不札闞惑哥兒之山王可汗居于別里却沙陀中　惑作忒，又王作汪。

同上五行　是時上與太子朮赤求聘王可汗抄兒百姬王可汗之孫禿散合亦求上公主火阿貞伯姬　王皆作汪，又百作伯。

同上七行　吾按荅常遣使逼信于乃鑾太陽可汗　逼作通。

同上八行　當從旁脅助　脅作協。

同上　時赤剌合居別所來會父王可汗　王作汪。

同上九行　上族人荅力台幹貞斤按難火察兒塔海忽剌海剌荅兒斤木忽兒哈檀札木哈等背我逃　按下有彈字，又等下有皆字。

同上十行　吾等願爲効力　爲下有汝字。

同上倒三行　遣塞罕脱干言之于王可汗可汗曰　王作汪，前一汗字下有汪字。

同上末行　王可汗曰　王作汪。

頁七B首行　吾身有立　有作存。

同上三行　王可汗爲詐計曰　王作汪。

同上五行　越明日與滅力池赤哥謀使回王可汗語曰　池

作也，又王作汪。
同上六行　我牧鮮羸弱方從思之　鮮作羣，又思作息。
同上七行　時王可汗近侍也可察合闌者聞圖上謀　王作汪。
同上八行　人若有言泄此于上　言泄此作泄此言。
同上　此死據之言　死作無。
同上九行　可察合闌牧馬乞失月供馬潼適至微有聞問其弟抱帶曰　乞上有者字，又月作力，又抱作把。
同上十行　適所議者何事該知否抱帶曰　該作汝，又抱作把。
同上倒三行　抱帶謂乞失力曰　抱作把。
同上末行　王可汗將圖太子　王作汪。
頁八A二行　王可汗亦領兵自莫運都兒山陽由忽剌河卜魯哈二山而來　王作汪。
同上四行　見王可汗軍至　王作汪。
同上五行　先敗朱力斤部衆　朱作失。
同上六行　進逼王可汗護傳　王作汪，又傳作衛。
同上八行　沿吟勒合河順進　吟作哈。
同上倒二行　上遣使阿里海致責于王可汗曰　王作汪。
頁八B二行　是故菊兒可汗逼汝哈剌溫之隘　兒作律。
同上三行　遂以百騎來歸我先君　遂作僅。
同上五行　其時道哈剌不花出谷之上　道下有經字。
頁九A首行　太出乞魯爲我弟　出作丑。
同上三行　我昔與兀都夷部戰于哈丁里山之西木那乂笑力之野　里作黑。
同上五行　曩汝征滅萬乞　萬作力。

同上八行　又汝子乃蠻相戰拜哈剌邊只兒之野時火部赤剌溫合部叛歸　子下有與字，又部作都。
同上九行　汝又爲曲薛兀撒八剌追襲于汝人民　于作掠。
同上倒三行　昔我出哈兒合山谷馬君忽剌阿班荅兀卓兒完忽奴之山相見時　馬作與，又君下有于字。
頁九B五行　我有汝子　有作猶。
同上八行　凡此諭王可汗也　王作汪。
同上九行　時上族人火察兒按攤兒在王可汗部中　攤兒作難彈，又王作汪。
同上十行　吾嘗謂上輩人兒合拔都二子薛徹太出詐可使斡難河之地無主　人作八，又出詐作丑詎。
同上末行　以而父嘗謂可汗推位汝　位作立。
頁十A五行　我以汝是馬祖家奴　馬作高。
同上九行　昔我等居王可汗所早起也得飲王青潼馬乳　居下之王作汪，又也作者。
同上十行　汝輩豈知吾先飲而妒之也　妒作嬄。
同上倒二行　即王可汗交人馬厭于我尚爾　王作汪。
頁十B四行　可于納是脫憐乎陳腦兀之源來會　是作昃，又乎作呼。
同上六行　王可汗聞上前語曰　王作汪。
同上七行　特以覡視我耳　特作時。
同上八行　又何嘗遣辨士馳御馬以及哉　哉作我。
同上十行　上既遣使于王可汗　王作汪。
同上倒三行　至班朱泥河　朱作未。
同上末行　妻子爲王可汗所虜上挾幼子脫忽走　王作汪，又上作止。

頁十一A首行　上與王可汗戰于哈闌貞涉陀之後　王作
汪，又涉作沙，又後作地。
同上　王可汗居于只忒忽盧之地　王作汪。
同上三行　及忽都花部衆在王可汗所相與謀害王可汗曰
王皆作汪。
同上四行　王可汗覺其事　王作汪。
同上六行　按攤折温火察兒別吉忽相花札木合等奔乃蠻
王太陽可汗　相作都。
同上七行　進伐王可汗上遣使哈柳荅兒抄兒塞二人往王
可汗所　王皆作汪，又柳作抑。
同上九行　遥遥忽及遠擔涉往　忽作勿，又擔字無，又往
字作捷徑二字。
同上倒三行　王可汗因遣使亦禿兒干以煮漆器盛血與之
盟哈柳荅兒抄兒塞二使將亦利兒干來　王作汪，又柳
作抑，又利作禿。
同上末行　領兵夜馳主徹徹兒運都山出其不意破王可汗
軍　主作至，又王作汪。
頁十一B首行　盡降克烈夷部衆王可汗僅以子及數騎脱
走　夷字無，又王作汪。
同上五行　散走西域曰先城徹兒哥思蠻之地　城作君。
同上六行　上既滅王可汗　王作汪。
同上九行　奪其孤失　孤失作弧矢。
同上十行　即阿剌忽思即遣使朵兒必塔失以是謀先告于
上　前一即字無。
同上末行　今畜牧疾瘦　疾作疲。
頁十二A三行　乃蠻欲奪王孤失　孤失作弧矢。
同上倒三行　突乃蠻　蠻下有軍字。
同上倒二行　驍將火力速入赤曰　入作八。
頁十二B三行　雖駁革哥許猶食不捨　駁作殺，又哥作
奇。
同上六行　于是朵兒班塔塔兒哈塔斤散只兀諸部亦來降
兒下有哈哈兒三字。
同上倒二行　上遣孛羅桓那顔及赤剌温拔相弟闊拜二人
相作都。
頁十三A六行　冬克斡羅汝城　汝作孩。
同上倒三行　時斡亦勒部長忽都花別吉等遇我前鋒　勒
作剌。
頁十三B首行　畏吾兒國王奕相護聞上威名　相作都。
同上二行　奕相護大喜　相作都。
同上六行　是時滅力乞脱脱子大都赤剌温馬札兒禿薛干
四人　大作火。
同上八行　先遣別干者使奕相護奕相護殺之　相皆作都。
同上九行　奕相護先遣其官阿思蘭斡却孛羅的斤亦難海
牙倉赤四人來告滅力乞事　相作都。
同上十行　奕相護果誠心效力于我　相作都。
同上倒三行　尋遣安魯不也女荅兒班二人復使其國奕相
護遣使奉珍寶方物爲貢　女作奴，又相作都。
同上末行　其主失相兒忽出降　失相作天都。
頁十四A二行　上居怯緑速河　速作連。
同上　時西域哈兒鹿部主阿兒蘭可汗來歸　兒作昔。
同上三行　奕相護兒亦來朝　相作都。
同上五行　遣將忽察兒率騎二千　將下有脱字。

同上八行　又遣哲伯率衆取東京哲伯知其中堅　伯皆作别。

同上十行　一晝夜馳還忽攻　忽作急。

同上末行　畜不虞之際宜速騎以掩之　畜作乘。

頁十四B三行　若不然即話之　話作詬。

同上五行　其人馬蹂躪者不可勝計　躪下有死字。

同上七行　臣素有歸志恐其間　間作見。

同上倒三行　金帥高琪將兵舉戰　舉作拒。

同上末行　遂别衆西行　别作引。

頁十五A首行　忽使及平地　忽作勿。

同上三行　繼而又還諸部精兵五千騎　還作選。

同上四行　命二日拔之　二下有十餘二字。

同上五行　破保州中山邢洺磁相衛輝懷孟等州　洺作洛。

同上六行　破諸沂等城而還　諸作洙。

同上　上與四太子馭諸部君抵黄河　君作軍。

同上七行　哈撒兒安赤那顔朱兒撒台薄察爲左軍　左作右。又軍下有：沿東海破灤薊等城而還上與四太子馭諸部軍。

頁十五B五行　遂殺主帥褒昆而叛　褒作衮。

同上六至七行　福興聞變軍陌膚溝使忽得度荅及其裨將塔塔兒帥輕騎千人潛渡水　變下有遣字，又陌膚作阻盧，又忽作勿，又度下有斫字，又及作等使二字。

同上八行　盡掠衣甲器械牧馬之相迎者　迎作近。

頁十六A三行　人賞糧三斗　賞作賫。

同上倒二行　而重雍古兒阿兒海哈撒兒等之不珍也　珍作稱。

頁十六B首行　惟張復張鏁柄衆哥也思瓦帥據守信安不下　鏁作鑁，又帥作郎。

同上三行　直趨汴望　望字無。

同上五行　破大名東平　名下有至字。

同上六行　木黎筆攻北京　黎筆作華黎。

同上九行　木華黎遣英進道等攻廣寧府　英作史。

同上倒二行　上命木華里以左軍討平之　里作黎。

頁十七A首行　遇其長大相戰　大相作火都。

同上四行　總率王孤部萬騎火朱勒部千騎　朱作失。

同上七行　及北剌兒所將契丹兵　北作札。

同上九行　上遣徵兵于乞兒乞思部　兒下之乞字無。

頁十七B首行　至斡脱羅地城　地作兒。

同上三行　上與四太子進攻十哈兒薛迷思干等城　十作卜。

同上五行　命忽相忽那顔爲前鋒　相作都，又那上之忽字無。

同上　分遣大太子二太子三太子率左軍攻玉龍傑赤城　左作右。

同上七行　命四太子攻也里左沙兀兒等城　左作泥。

同上八行　上親克迭兒密城　密作察。

同上倒二行　上方攻塔里寨　里下有寒字。

頁十八A首行　時西域速里札闌丁遁去　里下有壇字。

同上六行　札蘭丁脱身入水　蘭丁作丁蘭。

同上　遂遣入剌那顔將兵急追之　入作八。

同上倒三行　遂行至河温察　河作可，又察作寨。

同上倒二行　旋師住谷避暑　住谷作往東。
頁十八B六行　諸王駙馬百官大會曲雕阿蘭　會下有怯緣連河四字。
同上九行　又西域之西忻相歹不剌夷國主躬來朝會　相作都。
同上八行　命兀相撒罕主之　相作都。
頁十九A三行　兀相撒罕中書令　相作都。
同上六行　時有西夏人速哥者來告黃河有坡可渡　有下有白字。
同上十行　有金大將哈荅麾下欽察者來逃　來逃作逃來。
頁十九B首行　是日與哈荅移哈剌合戰于三峰山　移下之哈字無。
同上二行　視戰所住之　住作佳。
同上三行　禁州等來降　禁作滎。
同上四行　上至南京合忽相忽攻之　合作令，又相作都。
同上五行　速不歹拔相忒木火兒赤貴由拔相塔察兒等適與金戰　相皆作都。
同上六行　留速不台拔相以兵三萬守鎮河南　相作都。
頁二十A四行　別遣按脱等抄籍漢民七十三萬奇　萬下有有字。
同上十行　又遣忽相忽主治漢民　相作都。
頁二十B二行　試漢儒選擢除本貫職位　位下有參佐二字。
同上四行　己亥　亥下有皇子闊端軍至自西川九字。
同上七行　十一月初七日　日下有大獵還三字。

卷六十五

臨漢隱居詩話

頁十二A六行　前行有標題真斑竹，占一行。
同上九行　前行有標題李肇記韓愈登華山非妄，占一行。
同上倒三行　余觀退之贈張詩云　張下有籍字。
頁十二B首行　前行有標題春秋五傳，占一行。
同上四行　前行有標題劉希夷枉殺，占一行。
同上九行　前行有標題分井，占一行。
同上倒三行　前行有標題論馬嵬詩，占一行。
頁十三A六行　前行有標題于默壽李迪詩，占一行。
同上七行　李文定公迪八月十五日生于黔中作中秋八月詩以獻縷僅數百言　黔作默，又中字無，又八月二字無，又縷字無。
頁十三B首行　前行有標題西崑體，占一行。
同上三行　前行有標題蹈襲愈工，占一行。

續齊諧記

頁十三B九行　桓玄簒位後來朱雀門中忽見兩小兒　來字無。
同上十行　茫籠茵　茫作芒，又茵作目。
同上倒二行　積久比常失之而復得之　積上有槌字。
同上末行　荆州斬玄首用敗籠茵包之　茵作目。

采異記

頁十四B六行　葬室于是　室字作寶公二字。

頁十五A七行　其事以故高氏大神之　其作具，又故作獻。

同上倒二行　嘗謂簪組爲梏身其狀卒年自下葬地　其作具，又下作卜。

同上末行　既兆穴之　穴下有開字。

神異記

頁十五B八行　載一黑熊　載作戴。

同上九行　小字注文：九尾反　九尾作堅堯。

同上倒二行　并立東南　并作恒。

同上末行　惟飲露　飲下有天字。

頁十六A二行　或隘或塞　隘作溢。

頁十六B七行　頭上戴采　采作冢。

頁十七A三行　遇人有善行而無抵觸之　無作往。

同上八行　人嘗以竹着火中爆而臊皆驚憚　而下有山字。

同上九行　臊體捕蝦蟇　臊上有深山之中四字。

頁十七B三行　水至其所處之國雨水滂沱　所處作處所。

同上　小字注文：河府北府也　北字作河伯二字。

香譜

頁十八A三行　龍腦香出波律國　香下有酉陽雜俎云五字。

同上四行　形似松柏作杉木氣　柏下有脂字。

同上五行　如麥麩者不佳　如上有久曬風日或五字。

同上七行　氣味差薄焉　焉下有蓋易入他物故也。

同上八行　麝香食柏葉及蛇　香下有：唐本草云生中臺川谷及雍州益州皆有之陶隱居云麝形似麞常。又及下有噉字。又蛇下有：或于五月得者往往有蛇皮骨。

同上九行　雜以餘物　物下有：大都亦有精粗破皮毛共在裹中者爲勝。

同上　出寒香滿　出作至。

同上倒二行　沉水香出天竺單于二國　香下有唐本草注云五字。

頁十八B二行　香之類者四　者作有。

同上三行　謂如文木也　如下有鳥字。

同上六行　白檀香出崑崙國　香下有唐本草云四字，又國字無，又崙下有盤盤之國四字。

同上七行　人間遍有之　之下有：又陳藏器云本草拾遺曰樹如檀出南海。

同上八行　蘇合香生中臺川谷　香下有神農本草云五字，又谷下有陶隱居云四字。

同上九行　真者紫赤色　者下有難別二字，又色下有如紫檀三字。

同上　主辟邪瘧　瘧下有痢蛀去三尸五字。

同上十行　安息香出西域國　香下有本草云三字。又域國二字無。又西下有：戎似柏脂黃黑色爲塊新者亦柔軟。

同上　其樹呼爲辟邪樹　樹下有長三丈許皮色黄黑八字。
同上倒三行　刻皮膠如餳　皮下有出字。
同上倒二行　名安息也　息下有香字。
同上末行　鬱金香生大秦國　香下有魏略云三字。國下有：二三月花如紅藍四五月採之。
同上　其香十二葉　葉下有：爲百草之英本草拾遺曰入諸香用説文曰鬱金芳草者火以釀鬯以降神也。
頁十九A首行　雞舌香生崑崙及交廣已南　香下有唐本草云四字。
同上二行　雄樹也　也下有採花釀以成香六字。
同上三行　薰陸香出天竺及邯鄲　香下有：廣志云生南海也又壀方注曰即羅香也海藥本草云其香樹一名馬尾香是樹皮鱗甲採之復生唐本草注云。
同上　邯鄲者多緑　多作夾，又緑下有色香不甚烈五字。
同上五行　詹糖香生晉安岑州及交廣　香下有本草云三字。又廣下有：以南樹似橘煎枝葉爲之似糖而黑多白少其皮及蠹糞雜之。
同上　難得真正者　真作淳，又者下有惟軟爲佳四字。
同上六行　丁香生廣州　香下有：山海經曰生東海及崑崙國二三月花開七月方結實開寶本草注云。
同上　樹高丈餘　餘下有陵冬不凋四字。
同上八行　波律香即波律膏也　香下有：本草拾遺曰出波律國與龍腦同樹之清脂。
同上十行　薰陸之類也　也下有仙方多用通邪六字。
同上　今以通明者爲勝目曰的乳　的作滴。

同上倒三行　又其次曰瓶香　香下有：然多夾雜成大塊如瀝青之狀又其細者謂之香纏。
同上倒二行　雞骨香亦沉水香同樹　亦字無，又沉上有本草拾遺曰即六字，又香下有黑斑形似雞骨者七字，又同樹二字無。
同上　以其枯燥輕浮故名之也　以上十字無。
同上末行　青桂香即沉水香黑斑者也　即上有本草拾遺曰五字。又黑斑者也四字無。又後一香字下有：同樹細枝緊實未爛者以其枯燥輕浮故名之也。
頁十九B二行　如餾之黏齒者良久　如字無，餾上有堅實二字。
同上三行　降真香出交廣舶上　出交廣舶上五字無。又香下有：南州記星南海諸山又生大秦國仙傳云燒之感引鶴降醮星辰燒此香誠爲第一小兒帶之能辟邪氣。
同上五行　艾納香似細艾　香下有交廣志云出西國七字。
同上七行　䅂香亦沉水同類　香下有本草拾遺曰五字。
同上八行　尤勝于䅂　䅂下有又謂之龍鱗香六字。
同上九行　芸香似邪蒿　香下有倉頡解詁曰五字。
同上　典略云　典上有魚豢二字。
同上　藏書者稱芸臺　者作臺。
同上十行　芳草即白芷也　草下有本草云三字。又也下有：一名茝又名虈又曰符離又名澤芬生下溼地河東川谷尤佳。
同上　道家用此以浴去尸蟲又用合　去下有三字，又合下有香字。
同上　馬蹄香即杜蘅也起提行。又香下有本草云三字，又也下有葉似葵中少用六字。

同上倒三行　形如馬蹄　蹄下有俗呼爲馬蹄香藥七字。
同上　令人身及衣皆香　香下有一名蘾香四字。
同上倒二行　蕙香緑葉紫花　香下有廣志云三字。
同上末行　都梁香出交廣　出交廣三字無。又香下有：荆州記曰都梁縣有山山上有水其中生蘭草因名都梁香。
同上　形如藿香　香下有：廣志云都梁出淮南亦名煎澤草也。
頁二十A首行　蠡類大如拳　類下有生雲南者四字。
同上　長四五寸　寸下有：取厴灰用之南人亦煮其肉噉。
同上三行　出西域　域下有：魏文帝有賦亦嘗用本草拾遺曰令衣香燒之去邪。
同上五行　食一顆則經月不飢　飢下有：或投水中俄滿大盂也。
同上六行　王子拾遺記　子下有年字。
同上七行　常以此香屑鋪地　地下有四五寸三字。
同上　使舞其上而無跡　舞下有人立二字，又而字無。又跡下有：香出波戈國浸地則土石皆香着朽木腐草莫不茂蔚以薰枯骨則肌肉皆生又出獨異志。
同上八行　辟寒香辟邪氣香瑞麟香金鳳香皆異國所獻　氣字無，又獻下有杜陽編云四字。
同上倒三行　月氏國貢神香　香下有：武帝取看之狀若燕卵凡三枚大似棗帝不燒付外庫。
同上倒二行　宫人得疾者便燒之病即差　者便燒之病五字無。又疾下有：衆使者請燒一枚以辟疫氣帝然之宫中病者。
頁二十B首行　沉光香門中燒之有光　香下有洞冥記塗鬼國貢七字。光下有：而堅實難碎太醫以鐵杵舂如粉而燒之。
同上二行　然沉榆之香　香下有：舂雜寶爲屑以沉榆和之若泥以分尊卑華戎之位。
同上三行　茵墀香　香下有拾遺記三字。
同上　經月不散　月下有香字。
同上四行　石葉香疊疊狀如雲母　香下有拾遺記曰此香六字，又母下有其氣辟癘四字。
同上五行　鳳腦香穆宗常于藏真島前燒之　香下有杜陽編三字，又之下有以崇禮尊人五字。
同上六行　紫述香一名紅蘭香一名麝草香　紫述香之香下有述異記三字，又紅蘭香之香下有又名金香四字，又麝草香之香下有出蒼梧桂林二郡界八字。
同上八行　因以爲名也　以爲名也四字無。又因下有：香名百濯復自其室曰香媚寢。
同上九行　蘅蕪香　香下有拾遺記三字。
同上　香氣猶着衣　衣下有枕歷月不散五字。
同上十行　九真雄麝香即趙昭儀上姊飛燕香也　即字無，又趙上有西京雜記四字，又香也二字無。又燕下有：三十五物有青木香沉水香九真雄麝香。
同上倒三行　洞冥記金日磾既入侍　記下有曰字。
同上倒二行　自命此香　香下有：帝果悦之日磾嘗以自薰宫人以見者以增其媚。
頁二十一A首行　前行有標題香序，占一行。
同上二行　安息鬱金並被珍于外國　金下有捺多和羅之屬六字。

同上五行　甲煎淺俗比徐湛之　之下有：甘松蘇合比惠休道人沉實易和蓋自比也。

同上八行　南海有香市以香交易　南上有述異記曰四字，又以香交易四字無，又市下有乃商人交易香處七字。

同上九行　香户　户下有述異記曰四字。

同上十行　香洲　洲下有述異記曰四字。

同上　出諸異香　香下有往往有不知名者七字。

同上倒三行　披香殿漢宫有披香殿　宫下有闕名長安四字，又有下有合歡殿三字。

同上末行　元載寵姬薛瑶英母以香啗英　母下有趙娟幼三字。

頁二十一B首行　應劭至侍中年老口香　劭下有曰字，又中下有刀存二字。

同上四行　後充聞其香　充下有與壽宴三字。

同上　遂祕之因妻焉　因字無，又妻上有以女二字。

同上六行　因戲賭取焚之　之下有玄遂止三字。

同上七行　博山香罏　罏下有東宫故事曰五字。

同上　後丁緩又作九層博山香爐　後字無，又丁上有西京雜記四字。

同上九行　被中香罏長安巧工丁緩始爲之　長安巧工丁緩始爲之九字無。又罏下有：西京雜記被中香爐本出房風其法後絶。

同上十行　可置之被褥間　間下有故以爲名四字。

同上倒三行　沉香火山　山下有杜陽編三字。

同上倒二行　暗則以甲煎沃之　之下有香聞數十里五字。

同上末行　檀香亭宣州觀察使楊牧造之　亭下有杜陽編三字，又之字無。又造下有：檀香亭子初成命賓樂之。

頁二十二A二行　因移植于沉香亭前　于下有興慶池東四字。

同上五行　捧七寶博山罏自暝徹曉　曉下有：王元寶好賓客務求華侈器玩服用僭求王公而四方久亡盡歸仰焉嘗于寢帳牀前刻矮童二人一云設金女童二人捧七寶博山香罏自暝焚香徹曙其驕貴如此一作玄宗非王元寶。

同上八行　檀合龍腦　合作香。

同上　麝香各一兩　鬱金　作：麝香鬱金各一兩　甲煎。

同上九行　不得熟和燒之　不上有輕煉二字，又熟下有合字，又和下有令勻二字。

同上末行　每藥末一兩使熟蜜一兩　後一兩字下有：杵勻末丸前再入臼杵百餘下油單紙密封貯瓷器中燒之。

頁二十二B四行　檀香　檀上有白字。

同上八行　與諸香同爲末　同下有搗羅二字。

同上倒三行　麝香　香下有小字注文一錢二字。

頁二十三A首行　小字注文：炒冷紫色　冷作令。

卷六十六

酒譜

頁二B二行　醪滓汁酒也　滓作渾。

同上十行　羙酒曰醁　羙作美。

頁三A九行　擿酒三鉼寄夜航　擿下有小字注文：音審木名煮其汁味甘可爲酒。

頁三B三行　京城西市空蝦蟇陵　空作腔。

同上六行　而孔子不食酤酒者　食作飲。

頁四A三行　鄭公慤避暑歷城之北林　慤作愨。

同上六行　山簡有荆襄　有作在。

頁四B末行　桂陽程卿有千里醉飲之至家而醉　里下之醉作酒。

頁五A首行　劉杳爲辨其樽字之誤　樽作榐。

同上三行　麥陰也　麥作麯。

同上十行　唐薄白公以户小飲薄酒　唐下之薄字無。

頁五B六行　欲士之致死力　士下有卒字。

同上九行　巵之事史記及後漢書皆不載　之下有一字。

頁六A九行　二爵而言言斯　言言作誾誾，又斯下有舉矣二字。

同上末行　馮政　政作跋。

頁六B三行　涿郡則親廬子幹　廬作盧。

同上九行　吾無患矣　患作憂。

頁七A二行　樂天在河南自稱爲醉尹　樂上有白字。

頁八A四行　酣而綽慢即過度　即作節。

同上九行　汝南王悦兄懌爲元乂所枉殺　悦下有無行其三字，又兄下有清河王三字。

頁八B五行　唐進士劉遇劉參　參作恭。

同上八行　鄭泉願得美酒滿一百斛船甘脆置兩頭反覆没飲之　泉下有嗜酒每日四字，又船下有以四時三字。

頁九A二行　教小子有政有事無彝酒　子作人。

同上四行　輅曰酒不可盡吾欲持才以愚何患之有也　輅上有：卿有水鏡之才所見者妙仰觀雖神禍如膏火不可不慎卿時獻才遊於雲漢之間不憂不富貴也。又可下有極才不可四字。又欲下有持酒以禮四字。

同上六行　古人繫重離必有贈言　人下有所字。

同上八行　王悦卷從弟也　卷作泰。

同上末行　劉韶平原人也　韶下有字士和三字。

頁九B首行　梁王魏嬰觴諸侯于范臺　嬰作瑩。

同上六行　性歡而量已滿人　性作常，又歡下有有餘二字。

同上倒二行　公曰禮乎臣聞酒入舌出　乎下有曰字。

頁十A八行　紂遇周武所以亡　武下有王字。

同上倒三行　二少力　少力作筋力耗三字。

同上倒二行　十身壞終墮諸惡道　壞下有命字。

頁十B二行　不可以湎　湎下有醞之遇切四字。

同上三行　以白爲賢人　白下有酒字。

同上五行　以鶴鷸裘就里人楊昌换酒　换作貰。

同上九行　楊子拒妻劉泰瑛貞懿達禮　拒作樞。

頁十一A倒三行　齊人因乃能之爲千日酒起提行。又能之作之能。

同上倒二行　計千日當醒　計上有乃之二字。

頁十一B首行　其滷而浮爲蓬芽　而浮作浮而。

頁十二A三行　天人眖王子喬璚蘇緑酒　天作夫。

頁十二B八行　居常不可發也　發作致。

同上十行　又有崑崙酒名事見盛魯望詩　盛作陸。

同上倒二行　殺百蟲惡氣　蟲作邪。

頁十三A三行　其首論後世人多夭促　論下有酒曰二字。
同上四行　以妄爲常　妄下有小字注文一作妾三字。
同上八行　每糯米一斗　斗作斛。
同上九行　冷着小麥麯一斤半　斤作片。
同上十行　須薄之　薄作冷。
同上末行　令極熱投中　極作炙。
頁十三B三行　且説蒲萄解酒宿醒淹露汁多除煩解熱　萄下有酒善二字，又酒字無，又淹作花。
同上倒三行　故予不達其事　達字作敢述二字。
同上末行　二升曰斛　斛作觚。
頁十四A二行　由六國以來多云製巵形制未詳也　製巵形作巵形製，又制字無。
同上五行　豐干杜舉皆因器以爲戒者見禮　干作杆。
同上七行　人復借沽　復作腹。
頁十四B倒三行　雕琢妙功倕　功作工。
頁十五A八行　使公乘不仁爲觴政其酒令之漸乎　觴作酒。
同上十行　後世浮波疎泉之始也　疎泉作流盃。
頁十五B首行　爲禺人轉之以指席者　禺作偶。
同上五行　又公亦云　又作文。
同上倒三行　孫程字雅卿　雅作稚。
同上倒二行　子州友父　友作支。
頁十六A末行　運天德以明世　明作名。
頁十六B末行　歸而焰然棄天下　棄字作喪其二字。
頁十七A首行　因姑射人以假道　射下有神字。

同上二行　數十代與鄉隔其臣羲和以甲子而逃鯀臻其鄉失落而道夭　與下有醉字，又以作棄，又鯀作冀，又落作路。
同上三行　至乎子孫桀紂　子作末。
同上　南面望幸不見醉鄉　面字作向而二字，又幸作遂。
同上五行　二十年刑不用　刑下有措字。
同上十行　酒德頌云云　酒德頌三字低四格，系標題。又小字云云二字無。
同上倒三行　前行有：
有大人先生以天地爲一朝以萬期爲須臾日月爲扃牖八荒爲廷除車無轍迹行無屋廬幕天席地縱意所如止則操巵執觚動則挈榼提壺惟酒是務焉知其餘有貴介公子縉紳處士聞吾風聲異其所以乃奮袂攘臂怒目切齒陳説禮法是非蜂起先生於是方捧罌承糟銜杯漱醪奮髯箕踞枕麯藉糟無思無慮其樂陶陶兀然而醉恍爾而醒靜聽不聞雷霆之聲熟視不見泰山之形不知寒暑之切肌利欲之感情俯觀萬物之擾擾若江海之載浮萍二豪侍側兮如蜾蠃之與螟蛉劉伶撰。
同上末行　往游于田　游作俘。
頁十七B九行　莫不羨之以是名漸徹于天子一旦召見　羨作美，又徹作顯，又于下有天下二字。
頁十八A二行　知中山宜城　知作如。
同上五行　悉善賓客所居冠蓋如織　悉作喜，又織作雲。
同上七行　臣心如水嘆曰　水下有上字。
頁十八B二行　能令公怪者耶　怪作怒。
同上三行　王公卿士如灌夫季布祖彬李景儉之徒　祖作

桓。

同上六行　如相承朱子元執劉文叔郭解長孫登皆不悦如下有丞字，又承字無，又執下有金吾二字。

同上九行　慮以虚文廢事由是以疎斥之　文作閑，又事下有上字。

同上倒二行　曰醉曰醛曰酘曰醽　醉作醥。

同上末行　父風矣　風下有替字。

頁十九A四行　先生之名見于諸書亦衆矣　諸作詩。

同上七行　此中之庛　中下有人字，又庛作疵。

同上九行　反爲傳　反作乃，又爲下有之字。

同上　使不獨蒙惡聲　聲下有焉字。

同上倒三行　小字云云二字無。又小字云云上有：

晉陶潛飲酒詩曰清晨聞扣門倒裳往自開問子爲誰與田父有好懷壺漿遠見候疑我與時乖藍縷茅簷下未足爲高栖舉世皆尚同願君汩其泥深感父老言稟氣寡所諧紆轡誠可學屈己詎非違且共歡此飲吾駕不可回義農去我久舉世少復真汲汲魯中史彌縫使其醇鳳鳥雖不至禮樂暫得新洙泗輟微響漂流逮狂秦詩書復何罪一朝成灰塵區區諸老翁爲事誠殷勤如何絶世下六籍無一親終日馳車走不見所問津若復不快飲空負頭上巾但恨多謬誤君當恕醉人唐李白對酒詩曰天若不愛酒酒星不在天地若不愛酒地應無酒泉天地既愛酒愛酒不愧天已開清比聖伏道濁如賢賢聖既已飲何必求神仙三杯通大道一斗合自然但得飲一作酒中趣勿爲醒者傳又車旁側推一壺酒鳳笙龍管行相催咸陽市上歎黄犬何如月下傾金罍又溧陽酒樓三月春楊花茫茫愁殺人胡雛緑眼吹玉笛悮歌白紵飛梁塵又將進酒樂府曰君不見黄河之水天上來奔流到海不復回又不見高堂明鏡悲白髮朝如青絲暮如雪人生得意須盡歡莫使金尊空對月天生我材必有用千金散盡還復來烹羊宰牛且爲樂會須一飲三百杯岑夫子丹丘生將進酒君莫停與君歌一曲請君爲我側耳聽鐘鼓玉帛不足貴但願長醉不願醒古來聖賢皆寂寞惟有飲者留其名陳王昔時宴平樂斗酒十千恣歡謔主人何爲言少錢徑須沽酒對君酌五花馬千金裘呼兒將出換美酒與爾同消萬古愁杜甫詩曰酒不復疑忘形倒耳支痛飲真吾師又却憶去年人醉時今年未醉已先悲數莖白髮那抛得百罰深杯亦不辭又飲中八仙歌曰知章騎馬似乘船眼花落井水底眠汝陽三斗始朝天道逢麯車口流涎恨不移封向酒泉左相日與費萬錢飲如長鯨吸百川銜杯樂聖稱世賢宗之瀟洒美少年舉觴白眼望青天皎如玉樹臨風前蘇晉長齋繡佛前醉中往往愛逃禪李白一斗詩百篇長安市上酒家眠天子呼來不上船自稱臣是酒中仙張旭三杯草聖傳脱帽露頂王公前揮毫落紙如雲烟焦遂五斗始卓然高談雄辨驚四筵白居易詩曰盛時陪上第暇日會羣賢桂折應同樹鶯遷各賀年賓階紛組綬妓館儼花鈿足膝分榮賤差肩次後先助林泉下水消酒雪中天地日深沉者無忘共此筵杜荀鶴詩曰憑君滿斟酒聽我醉中吟客路如天遠侯門似海深新墳侵古道白髮戀黄金不以貧爲恥從來恨此心後二句一作共有人間事頓懷物外心翁綬詩曰逃暑迎春復送秋無非緑蟻滿杯浮百年莫惜千日醉一盞能消萬古愁幾爲芳菲眠細草曾因風雪上高樓平生名利關心者不識狂歌到白頭宋蘇軾詩曰擣香節辣入瓶盆盎盎春溪帶雨渾收

拾小山藏社甕招呼明月到芳尊酒材已遣門生致菜把仍叨地主恩明　急掃風軒洗破觥豈意青州六從事化爲烏有一先生　漫遶東籬嗅落英南海使君今北海定分百榼餉春耕。

同上倒二行　見酒之苦薄者無新塗以是獨醒者彌歲　無下有如字。

同上末行　亦猶孫公想天台而賦之　孫下有興字。

竹譜

頁十六B四行　晉戴凱之　之下有慶餘撰三字。

同上六行　或起岩陸　起作挺

同上末行　小字注文：嶺南夷人取其竹灰着糞種以爲麻精者如縠　着糞作煮績。

頁二十A三行　條榦並節　條作脩，並作平。

同上四行　洪細有差　細作纖。

同上十行　小字注文：音　音下有雹字。

頁二十B六行　江漢之間謂之䈽竹　䈽下有小字注文音快二字。

續竹譜

頁二十一A六行　前行有標題釣竹，占一行。

同上七行　前行有標題毛竹，占一行。

同上九行　前行有標題方竹，占一行。

同上十行　前行有標題瑞竹，占一行。

同上倒三行　前行有標題挲摩竹，占一行。

同上　載二尺許釘入土　載作截。

同上倒二行　斯年長芽笋　芽下有生字。

同上末行　前行有標題篁竹，占一行。

頁二十一B二行　前行有標題篤竹，占一行。

同上三行　小字注文：廣州志云　志作記。

同上四行　前行有標題羅浮竹，占一行。

同上五行　小字注文：忽海上浮來相合　上下有有山二字。

同上九行　前行有標題斑竹，占一行。

同上十行　前行有標題黄竹，占一行。

同上倒三行　前行有標題紫竹，占一行。

同上倒二行　前行有標題椶竹，占一行。

同上　亦謂之桃竹　竹下有大者椶重十餘斤七字。

同上末行　前行有標題貓兒竹，占一行。

頁二十二A首行　前行有標題紅竹，占一行。

同上二行　前行有標題越王竹，占一行。

同上　南嶺實煩有毛竹簹竹青皮竹木竹釣絲竹桃竹越王竹　南嶺二字作嶺南竹三字。

同上四行　前行有標題簕竹，占一行。

卷六十七

孫公談圃

頁一A二行　宋劉延世　劉延世三字作孫升二字。

同上　小字注文：臨江人　臨江二字作字君平高郵人六字。

同上三行　前行有標題序，占一行。
同上四行　惟閩郡獨孫公一人遷于臨汀　汀作江。
頁一B三行　建中靖國元年正月四日引　日下有臨江劉延世述之七字。
同上四行　前行有標題陳學究，占一行。
同上九行　遲明拂衣而去　去下有其後藝祖踐祚而陳八字。
頁二A首行　前行有標題鏖糟鄙俚叔孫通，占一行。
同上二行　而程頤引論語子于是日哭則不歌　頤下有固爭二字。
同上四行　頤可謂鏖糟波俚叔孫通　波作鄙。
同上五行　前行有標題毀碑殺臣，占一行。
同上七行　前行有標題富人捨錢，占一行。
同上倒二行　前行有標題王德用狀類藝祖，占一行。
同上　從父討西域　域作賊。
頁二B三行　前行有標題林英不會煩惱，占一行。
同上六行　前行有標題仁宗立皇嗣，占一行。
同上倒三行　前行有標題巫山仙女，占一行。
頁三A二行　前行有標題玉女井，占一行。
同上　高郵軍南橋去東河丈餘地　去東作東去。

平泉山居記

頁三A七行　前行有標題平泉山居戒子孫記，占一行。
同上十行　正是北州梨棗熟　北作此。
頁三B首行　平生素懷于此足矣　懷作願。
同上三行　終無辱殆邈難及矣　無下有玷字。
同上四行　越蠡泛五湖以肥遯　泛五湖作激文二字。
頁四A五行　天目之青神鳳集鍾山之月桂青颸楊梅　集作隼，又颸作楓。
同上七行　其水物之美者　者下有有字。
頁四B三行　九華山藥樹天蓼青櫪黄心棬子朱杉龍骨　棬作桄，其下有：音銑棗木。

國史異纂

頁四B七行　前行有標題速降爲上計，占一行。
同上八行　怯怛不知所答　怛作懼。
同上九行　前行有標題與魏收藏拙，占一行。
同上　録其文集與陵　與字作以遺二字。
同上倒三行　前行有標題行秘書，占一行。
同上　未及求書闕書一字無失　一上有之字。
頁五A二行　前行有標題北堂書鈔，占一行。
同上　于省後堂集羣書中事不可爲文用者　不字無。
同上三行　號爲北堂祕抄　祕作書。
同上四行　前行有標題搊琵琶，占一行。
同上五行　前行有標題驢畜御史裏行，占一行
同上　武后初稱國　國作周。
同上九行　謂曰今日汝有藝　謂下有驢字，又日字無。
同上倒三行　前行有標題玉樹，占一行。
同上　故有槐而葉細土人謂之玉樹子甘泉賦云　有下有似字，又樹下有揚字。
同上倒二行　後左思誇爲珍怪　誇字無，又思下有以雄爲假稱五字。

同上末行　江寧縣寺有吳長明燈　吳作晉。

驃國樂頌

頁五B三行　唐之盛天子宅位二十有三載　盛作聖。

同上　輔臣司徒皋鎮蜀十有七年　徒下有公字。

同上五行　司徒公中書令南康王使使者護送于闕下　王下有皋字。

同上七行　朕聲教洎動于無心　教下有所字。

同上末行　條暢遐邃　邃作邇。

頁六A十行　曷以覩期樂識斯人　覩期作覩斯。

頁六B七行　至若驃國來循萬里進貢　至作豈。

詩論

頁六B倒二行　前行有標題論王安石詩，占一行。

頁七A三行　染溼衣衿不自知　染溼作泪染。

同上四行　屏蕩老健之節　屏作淡。

同上六行　前行有標題論詩意句境句，占一行。

同上八行　獨意不得其妙者　意下有句字。

頁七B七行　數箇沙鷗似水安　水作未。

同上　曾買江南十本畫　十作千。

同上九行　禁腐謂奪胎法者　腐作臠。

同上十行　千金欲買吳州畫今向吳州畫裏行　吳皆作湖。

卷六十八

釋常談

頁一A五行　時大將軍耿康用超爲行軍司馬　耿康作竇固。

同上八行　所聞甚多忽即易主　主下有小字注文：按富貴無常一段漢書蓋寬饒傳曰富貴忽則易人如此傳舍所閱多矣無甲第二字此云漢書不知何據。

同上九行　程據常以氣凌周瑜　據作普。

同上十行　程據自慚遂投分于瑜曰與公瑾爲友如飲醇醪　據作普，又爲友二字作交字。

頁一B五行　鵝謂右軍　謂下有之字。

頁二A二行　噪人之詞多　噪作躁。

同上倒二行　外甥謂宅相　謂下有之字。

頁三B首行　大可通流也　流下有者字。

同上倒三行　蔡澤知唐舉戲之乃曰君更得四十三年矣　曰下有：富貴吾所自有吾所不知者壽也唐舉曰先生之壽從今以往者。又君更得三字無，又年作歲，又矣字無。

同上倒二行　後果代應侯爲丞相　丞作秦。

頁四B三行　無不奔怕　怕作懼。

同上四行　將爲畏狐　爲作謂。

同上九行　喬氏雖至流離　氏字作公二女三字。

頁五A六行　何壯也　何下有其字。

同上十行　秦王謂趙王曰　謂趙王作飲酒酣。

頁五B三行　某等各辭親而仕君者　親下有戚字。

同上四行　慕君之高也　高下有義字。

同上五行　吾尚不怕秦王豈怕廉頗乎　怕皆作畏。

同上七行　乃負荆之相如門　之作詣。

頁六A五行　且周易云顔氏之子其庶幾乎　且作即。

同上倒二行　長鋏兮歸來食無魚　兮字無，又來下有乎字。

頁七B六行　何訝也　訝下有速字。

同上倒三行　闕吏曰　吏下有予軍繻軍問以此何爲吏十字。

同上倒三行　此前棄繻生也　此下有使者乃三字。

頁八A末行　帝再三顧問　帝下有既字。

頁八B三行　今我不迴顧者　今我作我今。

同上倒二行　秦發兵圍平原君遂遣使告信陵君　圍下有邯鄲二字。

頁九A九行　蓋怕曹操此語　怕作懼。

頁九B倒三行　有衛人公孫鞅因官者景監得見孝公　官作宦。

頁十A二行　商君怕乃逃去　怕作懼。

同上七行　晉獻公後納驪姬爲后姬謂其前太子申生于公曰　后字作夫人二字，又謂作譖。

同上八行　公遂令申生往其陵祭之　其陵作曲沃。

同上九行　祭回潜置堇于酒食中申生欲上公所祭酒食　祭回二字作歸鼈于君四字，又申生作宰人，又上下有胙獻二字，又所祭酒食四字無。

同上倒三行　晉悼公染疾醫療不瘳乃遣使入秦召盧醫盧醫未至悼公夢二童子相謂曰　悼皆作景，又染疾二字作疾病求三字，又前一醫字下有于秦秦伯使醫緩爲之九字，又療不瘳乃遣使入秦召盧醫盧醫十三字無。

頁十B首行　悼公曰　悼作景。

頁十一B五行　鄰人又來問　來下有惜字　。

同上倒三行　母曰參不殺人　參下有必字。

同上末行　投杼出望　出下有門而二字。

頁十三A九行　酣醉而歸　醉作暢。

頁十三B五行　汝罪三也　也下有而曰爾何無罪與七字。

同上　吾過也　也作矣，又下有：吾離羣而索居亦已久矣。

頁十四A五行　事有相續謂之亹亹　亹亹下有易繫云成天下之七字。

同上末行　智者達于未萌不納公子成之言　萌下有遂字。

頁十五B五行　能修志業苦求身事謂之俯拾地芥　求身作身求。

卷六十九

善誘文

頁三A十行　或出路而見其可憐　憐作憫。

官箴

頁四A五行　常自以爲不必敗持不必敗之意　兩不必皆作必不。

頁五A十行　今日且休　日下有得休二字。

頁六A七行　又如舊舉將及舊嘗爲舊任按察官者　爲下

之舊作常字。

頁六B二行　當官取備錢般家錢之類　般作船。

翰墨志

頁九A八行　習尚亦與之汙隆　之作人。

頁十A八行　後芾一帖云　後下有得字。

同上九行　以此得潔之理　理作疾。

頁十B十行　士于書法則必先學正書者　則字無。

頁十一A四行　又其序草大略雖趙一非之　一作壹。

同上　昔人自製書草　書草作草書。

同上六行　無如本朝作字真記姓名爾　真作直。

頁十一B三行　士人于字法少加臨池之勤　法下有若字。

卷七十

菊譜

頁一A七行　又松者天下堅正之木也　下下有歲寒二字。

同上倒二行　有花葉者花本不可食　有下之花字無，又葉下有可食二字，又本不作未必，又可字無。

頁二B八行　而子以態爲後與　後下有何字。

同上末行　雜羅香毬玉鈴之類　雜作新。

頁三B三行　支肱而小　肱作股。

頁五A二行　蓋以花形似秋萬鈴耳　秋作金。

同上五行　開之初　之初二字作于初秋三字。

頁五B末行　一枝之杪聚生百餘花若小毬　聚作藂。

頁六A四行　或曰非時而花　而作則。

同上六行　夫特以生非其時而置之諸菊之上　上作下。

頁六B二行　頗得滴漏花　得作類。

頁九A二行　葉卷爲筒　筒下有：謂花葉也凡菊鈴葉有五出皆如鐸鈴之形又有卷生爲筒無尖闕者故謂之筒葉他與此同。

同上十行　而枝葉細小　細小作纖細。

頁九B四行　深淺紅叢有兩色　淺字作黄淡二字。

頁十B二行　然搜訪所有未至　所有作有所。

頁十B九行　而能遠近山野　近作生。

石湖菊譜

頁十B末行　前行有標題序，占一行。

頁十一A首行　此幽人逸士之操　此作似。

頁十二A首行　前行有：

黄花

勝黄金一名大金黄菊以黄爲正此品最爲豐縟而殊輕盈花葉微尖但條梗纖弱難得團簇作大本須留意扶植乃成

疊金黄一名明州黄又名小金黄花心極小疊葉穠密狀如笑靨花有富貴氣早開

棣棠花一名金槌子花纖穠酷似棣棠色深如赤金他花色皆不及蓋奇品也窠枝不甚高金陵最多

疊羅黄狀如小金黄花葉尖瘦如剪羅縠三兩花自作一枝高出叢上意度瀟洒

麝香黄花心豐腴傍短葉密承之格極高勝亦有白者大略似白佛頂勝之遠甚吳中比年始有

千葉小金錢略似明州黄花葉中外疊疊整齊心甚大太真菊花如小金錢加鮮明

單花小金錢花心尤大開最早重陽前已爛熳

垂絲菊花蕊深黄莖極柔細隨風動摇如垂絲海棠

鴛鴦菊花常相偶葉深碧

金鈴菊一名荔枝菊舉體千葉細瓣簇成小毬如小荔枝枝條長茂可以攬結江東人喜種之有結爲浮圖樓閣高丈餘者予頃北使樂城其地多菊家家以盆盎遮門悉爲鸞鳳亭臺之狀即此一種

毬子菊如金鈴而差小二種相去不遠其大小名字出于栽培肥瘠之别

小金鈴一名夏菊花如金鈴而極小無大本夏中開藤本花密條柔以長如藤蔓可編作屏幛亦名棚菊種之坡上則垂下裊數尺如瓔珞尤宜池潭之瀕

十様菊一本開花形模各異或多葉或單葉或大或小或如金鈴往往有六七色以成數通名之早樣菊岩間花黄杭之屬有白者

甘菊一名家菊人家種以供蔬茹凡菊葉皆深緑而厚味極苦或有毛惟此葉淡緑柔瑩味微甘咀嚼香味俱勝擷以作羹及泛茶極有風致天隨之所賦即此種花差勝野菊其本不繁

野菊旅生田野及水濱花單葉極瑣細

白花

五月菊花心極大每一鬚皆中空攢成一匾毬子紅白單葉繞承之每枝只一花徑二寸葉似蒿夏中開近年院體畫草蟲喜以此菊寫生

金杯玉盤中心黄四傍淺白大葉三數層花頭徑三寸菊之大者不過此半出江東比年稍移栽吳下此與五月菊二品以其花徑寸特大故别之前

喜容千葉花初開微黄花心極小花中色深外微暈淡欣然豐豔有喜色甚稱其名久則變白尤耐封殖可以引長七八尺至一丈亦可攬結白花中高品也

御衣黄千葉花初開深鵝黄大畧似喜容而差疏瘦久則變白

萬鈴菊中心淡黄鎚子傍白花葉繞之花端極尖香尤清烈

蓮花菊如小白蓮花多葉而無心花頭疏極蕭散清絶一枝只一葩緑葉亦甚纖巧

芙蓉菊開就者如小木芙蓉尤穠盛者如樓子芍藥雖培植多不能繁蕪

茉莉菊花葉繁縟全似茉莉緑葉亦似之長大而圓淨木香菊多葉略似御衣黄初開淺鵝黄久則淡白花葉尖薄盛開則微卷芳氣最烈一名腦子菊

酴醾菊細葉稠疊全似酴醾比茉莉差小而圓

艾葉菊心小葉單緑葉尖長似蓬艾

白麝菊似麝香黄花差小亦豐腴韻勝

銀杏菊淡白時有微紅花葉尖緑葉全似銀杏葉

白荔枝與金鈴同但花白耳

波斯菊花頭極大一枝只一葩喜倒垂下久則微捲如鬚之鬈

雜色

佛頂菊亦名佛頭菊中黄心極大四旁白葉一層繞之初秋先開白色漸沁微紅

桃花菊多至四五重粉紅色濃淡在桃杏紅梅之間未霜即開最爲妍麗中秋後便可賞以其質如白之受采故附白花

臙脂菊類桃花菊深紅淺紫比胭脂色尤重比年始有此品既出桃花菊遂無顔色蓋奇品也姑附白花之後紫菊一名孩兒菊花如紫茸叢茁細碎微有菊香或云即澤蘭也以其與菊同時又常及重九故附于菊

史老圃菊譜

頁十二A十行　小字注文：一卷　卷下有全抄二字。

頁十二B三行　嶺南冬至始有微霜故也　故下有其花二字，又也下有晚字。

同上九行　而白菊一二年過多有變黄者　過字無。

同上末行　若夫耳目之所未接　所字無。

頁十三A四行　一葉翠大如衆花　如作於。

頁十三B倒三行　花多半開如鈴　開下有者字。

頁十四A七行　前行有標題後序，占一行。

同上倒三行　秋花不落春花落　上一落字作比。

頁十四B首行　王彦實言古人之言有不必盡循者　實作賓，又循作信。

同上四行　王彦實之徒又從而爲之贅疣　實作賓。

范村梅譜

頁十四A十行　范村梅譜　譜下有小字注文一卷全抄四字。

同上　宋范大成　成下有小字注文至能二字。

同上倒三行　前行有標題序，占一行。

頁十五A三行　前行有標題江梅，占一行。

同上六行　前行有標題早梅，占一行。

同上　吳中春曉二月始爛熳　曉作晚。

同上九行　立春梅已過　已下有開。

同上倒二行　前行有標題官城梅，占一行。

頁十五B二行　前行有標題消梅，占一行。

同上五行　前行有標題古梅，占一行。

頁十六A二行　隨記之附古梅後　隨下有筆字。

同上四行　前行有標題重葉梅，占一行。

同上七行　前行有標題緑蕚梅，占一行。

同上倒三行　前行有標題百葉緗梅，占一行。

同上末行　前行有標題紅梅，占一行。

頁十六B倒二行　前行有標題鴛鴦梅，占一行。

頁十七A首行　前行有標題杏梅，占一行。

同上二行　前行有標題蠟梅，占一行。

同上七行　實如垂鈴　實上有結字。

同上　又如大桃雙子在其中　雙作奴。

同上倒二行/江西有梅楊補之者尤有名　梅字無。

同上末行　惟廉宣仲所作差有風致　廉作康。

牡丹榮辱志

頁十七A二行　牡丹榮辱志　志下有小字注文一卷全抄四字。

同上三行　前行有標題序，占一行。

同上　其貌正心荏莖節葉蕊聳抑檢曠　節作薾。
同上四行　儼衣冠當其前也　儼下有然字。
頁十八A三行　故以王以妃以示上下等第也　王上有爲字，又王下之以字無，又妃下有次之二字。
同上八行　視崇高富貴一之于内外也　貴下有均字。
頁十九A八行　柳浦　浦作蒲。
頁二十一B五行　落村僧道寺觀裏　寺作士院二字。

芍藥譜

頁二十五A倒三行　芍藥譜　譜下有小字注文一卷全抄四字。
頁二十六B十行　枝條及緑葉並與大旋心一同　一字無。
頁二十七A五行　枝硬而緑葉青薄　青作稍。
頁二十八A倒二行　中心堅堆　堅作緊。
頁二十九B末行　銀含稜　含作合。

海棠譜

頁三十一A八行　小字注文：二卷　二卷二字作三卷上卷全抄六字。
同上九行　前行有標題前序，占一行。
頁三十一B八行　往往而得　得作傳。
同上末行　小字注文：今古詩話　今古作古今。
頁三十二B首行　韓持國雖剛果特立　雖作性。
同上三行　意謝而去　意作竟。
同上七行　曉旦雨過海棠開　旦作瘴。
同上倒三行　侔淵材聞之　侔作劉。
頁三十三A八行　惟紫緜色者始謂之海棠　緜作錦。
頁三十三B三行　大率富沙多此　沙作家。
頁三十四B倒二行　惟枝多曲　多下有屈字。
頁三十五A首行　黄海棠本性類海棠　本作木。
同上　充滑不相類　充作光。
同上二行　盛開漸淺黄矣　矣下有小字注文花木録三字。

卷七十一

亢倉子

頁一A九行　色有不釋　釋作懌。
同上末行　吾是以不釋于老聃之言　釋作懌。
頁一B六行　本祖乎堯舜之間　祖作禮，下有小字注文禮字。
同上十行　榮之樗不釋　釋作懌。
頁三A三行　天子之以也以全天氣　之下之以作動。
同上五行　所爲國鬱者主德不下宣　爲作謂。
同上末行　所謂　邦國者謂其有人衆也　闕文作有字。
頁四A首行　太平可知矣　知作臻。

關尹子

頁五A七行　前行有標題一字，占一行。
頁六A四行　物亡而道何在　在作存。

同上倒二行　前行有標題二柱，占一行。

頁六B倒三行　而所爲水者實無去來　爲作謂。

同上倒二行　前行有標題三極，占一行。

頁七B六行　前行有標題四符，占一行。

同上末行　前行有標題五鑑，占一行。

頁八A二行　故其來無從　從作往。

同上六行　前行有標題六七，占一行。

同上八行　耕夫習牛則獷起提行。

同上倒二行　前行有標題七釜，占一行。

頁八B四行　前行有標題八等，占一行。

同上九行　前行有標題九藥，占一行。

文中子

頁九A五行　前行有標題五道，占一行。

同上　吾家頃銅川六世矣　銅作鋼。

同上末行　邪正之迹明故考焉而皆常　常作當。

頁九B二行　前行有標題天地，占一行。

同上十行　前行有標題事君，占一行。

頁十A七行　前行有標題周公，占一行。

頁十B首行　其和神定氣綏天下平　平下有：太原府君曰何如子曰或決而成之或泰而守之吾不知其變也噫。

同上三行　前行有標題問易，占一行。

同上九行　前行有標題禮樂，占一行。

頁十一A首行　前行有標題述史，占一行。

同上五行　孰爲季之知樂　之作子。

同上八行　前行有標題魏相，占一行。

同上九行　前行有標題立命，占一行。

頁十一B首行　前行有標題闕朗，占一行。

揚子

頁十一B十行　前行有標題學行，占一行。

頁十二A五行　前行有標題吾子，占一行。

同上七行　或曰霧縠之組麗　麗作籠。

同上倒三行　前行有標題修身，占一行。

頁十二B二行　前行有標題問道，占一行。

同上倒三行　前行有標題問神，占一行。

頁十三A三行　和同天下之際　下作人。

同上八行　前行有標題問明，占一行。

同上倒三行　前行有標題寡見，占一行。

頁十三B四行　前行有標題五百，占一行。

同上七行　前行有標題先知，占一行。

同上倒三行　夫齊桓公欲徑陳　徑作往。

頁十四A三行　前行有標題重黎，占一行。

同上五行　前行有標題淵騫，占一行。

同上九行　前行有標題君子，占一行。

同上倒二行　前行有標題孝至，占一行。

鬼谷子

十四B四行　後行有目錄：

捭闔　反應　抵巇　內揵　飛箝

忤合　揣篇　摩編　權篇　謀篇

決篇　符言　轉丸　胠篋　陰符

持樞　中經

同上五行　前行有標題捭闔，占一行。

頁十五A七行　捭闔者道之大化説之變也起提行。

同上倒三行　高榮顯名　高字無，又名下有譽字。

頁十五B首行　捭闔之道以陰陽試之起提行。

同上四行　益損去就皆反以陰陽御其事　就下有倍反二字，又反字無。

同上五行　陽還終始　還終作終還，又始作陰。

同上九行　前行有標題反應，占一行。

同上倒二行　其有象比以觀其次　象比作比象。

頁十六A二行　前行有標題内揵，占一行。

同上七行　前行有標題抵巇，占一行。按此條應移至本頁本面二行前。

同上倒三行　前行有標題飛箝，占一行。

頁十六B三行　或伺候見澗而箝之　澗作間。

同上五行　前行有標題忤命，占一行。

同上六行　所以明名也　明作君。

同上倒三行　前行有標題揣，占一行。

同上末行　知其所安可夫情變于内者　可下有乎字。

頁十七A三行　前行有標題摩，占一行。

同上九行　前行有標題權，占一行。

頁十七B三行　變易而不危者觀要得理　觀作窺。

卷七十二

顔子

頁五A末行　容乃公公王乃天　王上有乃字，王下重一王字。

頁七B六行　不敢以取强果而勿矜　强下有焉字。

龍城録

頁八B四行　將巳二鼓　將作時。

頁九B末行　見太白與一道士在高山笑語久之　山下有上字。

頁十A四行　覺後亦似胸中如物噎　如下有一字。

同上九行　風鬟霧鬢偉如也　鬢下有信字。

頁十B六行　白霧初澄　霧作露。

頁十一A倒二行　上皇因想素娥風中飛舞袖被　被作袂

頁十二A末行　前行有：

王宏善爲八體書

王宏濟南人太宗幼日同學因問爲八體書太宗既即位因訪宏而鄉人竟傳隱去是亦子陵之徒歟

頁十二B十行　反爲漸謝　漸作慚。

同上倒三行　適會路逢一老人一談此事　一作亦。

頁十四B八行　落左耳而已失所在　而下有三珠二字。

頁十五A二行　飽書性作條山集三十卷　性字無。

法帖譜系

頁十五A末行　前行有標題序説，占一行。

頁十五B八行　淳化三年壬戌十一月六日　壬戌二字作

壬辰歲三字。
同上十行　當時皆用歙州所貢墨本賜羣臣　墨下重一墨字。
同上倒二行　但用潘光墨　光作谷。
頁十六A三行　當時御府板者多用匱子　板作拓，又子作紙。
同上四行　今都下亦時有舊板者　板作拓。
同上九行　修内司恭奉聖旨模勒于石　于作上。
頁十七B五行　與長沙古本首尾無少異　尾下有略字。
同上十行　亦無尾歲月　無下有卷字。
同上倒二行　三山師司書庫有歷代帖板本　師作帥。
同上末行　卷帙皆同　帙下有規模二字。
頁十八A三行　謀舟載入黔江之紹聖院　江下有壁之黔江四字。
頁十九A二行　福州福清縣民家有板刻絳閣急就章雁塔題名四帖　家下有舊字。
同上三行　但彼中匠者不用善蠟　用善作善用。
同上八行　武陵郡齋板本較諸帖增亦最多　亦作益。
頁十九B十行　右法帖十卷　右作古。
同上倒二行　始終六年乃獲就　獲下有成字。

卷七十三

刀劍録

頁一A二行　刀劍録　録下有小字注文一卷二字。
同上　梁陶宏景　景下有小字注文丹陽人三字。
同上三行　前行有標題序，占一行。
同上五行　前行有標題夏，占一行。
同上末行　前行有標題商，占一行。
頁一B四行　前行有標題周凡二條，占一行。
同上八行　前行有標題秦，占一行。
同上十行　秦始皇在位三十七年　皇下有政字。
同上　採北祇銅鑄二劍　祇作砥。
同上倒三行　小篆書李斯書　斯下之書作刻。
同上末行　前行有標題西漢，占一行。
同上　前漢劉季在位十二年　漢下有高祖二字。
頁二A十行　前行有標題新凡一條，占一行。
同上倒二行　前行有標題更始凡一條，占一行。
同上末行　前行有標題東漢凡六條，占一行。
頁二B三行　沉之于洛　洛下有水中二字。
同上八行　疑有山王在也　也下有小字注文一作疑山王也六字
同上末行　前行有標題三國魏凡二條，占一行。
同上　魏武帝曹操以建安二年于幽谷得一劍　二下有十字。
頁三A四行　前行有標題蜀漢凡二條，占一行。
同上六行　並皆亮書　皆作是。
同上八行　本名方古　方作師。
同上十行　及改名師古爲奏請爲章武　及作乃。
頁三B首行　前行有標題吳凡三條，占一行。
同上六行　前行有標題晉凡五條，占一行。

同上九行　隸書　隸作篆。
同上倒三行　前行有標題宋凡四條，占一行。
同上　銘曰　銘下有其背二字。
頁四A五行　前行有標題齊凡二條，占一行。
同上七行　銘曰朝元　元作儀。
同上八行　前行有標題梁凡一條，占一行。
同上十行　並小篆書　篆作隸。
同上倒二行　前行有標題前趙凡一條，占一行。
同上末行　前行有標題後趙凡二條，占一行。
頁四B三行　前行有標題後蜀凡一條，占一行。
同上四行　前行有標題前涼凡一條，占一行。
同上五行　前行有標題後魏凡四條，占一行。
同上倒三行　前行有標題前秦凡一條，占一行。
同上倒二行　前行有標題前燕凡一條，占一行。
同上　銘曰二十八將者也　者也二字無。
頁五A首行　前行有標題後燕凡一條，占一行。
同上三行　前行有標題後秦凡一條，占一行。
同上四行　前行有標題西秦凡一條，占一行。
同上五行　前行有：

後涼凡一條

後涼呂光以麟嘉元年造一刀銘背曰麟嘉長三尺六寸

南涼凡一條

南涼禿髮烏孤以太初三年造一刀狹小長二尺五寸青色匠人曰當作乏時夢見一人被朱服云吾是太一神來看汝作云此刀有獻必鳴後落突厥可汗所有也

南燕凡一條

南燕慕容玄明以建平元年作刀四口文曰建平隸書

西涼凡一條

西涼李暠以永建元年造珠碧刀一口銘曰百勝隸書

北涼

北涼沮渠蒙遜以永安三年造刀百口銘曰永安隸書

夏

夏州赫連勃勃以龍昇二年造五口刀背刃有龍雀環兼金縷作一龍形長三尺九寸銘曰古之利器吳楚湛盧大夏龍雀名冠神都可以懷遠可以柔邇如風靡草威服九區宋王劉裕破長安得此刀後入于梁

吳將刀

周瑜作南郡太守造一刀背上有邊寇將軍字八分書蔣欽拜列郡司馬造一刀文曰司馬隸書

周幼平擊曹公勝拜平虜將軍因造一刀銘背曰幼平董元成少果勇自打鐵作一刀後討黃祖於蒙衝河元成引刀斷衝頭爲二流拜大司馬號斷蒙刀

潘文拜偏將軍爲擒關羽拜固陵太守因造一刀銘曰固陵朱理君少受征討黃武中累功拜安國將軍作一佩刀文曰安國

蜀將刀

關羽爲先主所重不惜身命自採都山鐵爲二刀銘曰萬人及羽敗惜刀投之水中

同上七行　遂抽刀刺山刀不折而去　山下有投字，又折作拔。
同上倒二行　刀遂飛水中　飛下有入字。
頁五B三行　及卓貴五官郎將蔡邕曰此項羽之刀也　貴

下有示字，又邕下重一邕字。
同上六行　郭維于太原得一刀　郭作姜。
同上　及與蜀將戰敗失此刀　蜀作魏。

荆州記

頁五B倒三行　前行有標題城柳，占一行。
同上倒二行　前行有標題雁塞，占一行。
同上　雁飛者羽至此即回翼　者羽二字作翥字。
頁六A首行　前行有標題石帆，占一行。
同上二行　前行有標題黄牛峽，占一行。

鄴中記

頁六A七行　前行有標題莫難扇，占一行。
同上十行　前行有標題石勒諱胡，占一行。
同上倒三行　前行有標題七尺髮，占一行。

暘谷漫録

頁六A末行　前行有標題廚娘，占一行。
頁六B四行　予以寶祐丁巳參閫寓江陵　閫作閶。
同上八行　價不屑較　價作費。
同上九行　近回自府地　地作第。
同上倒三行　歷叙慶新　新作幸。
頁七A首行　小選親朋輩議舉杯爲賀　輩作皆。
同上三行　食品第一爲羊頭簽　簽作僉。
同上五行　姑從之而密覘其所用　所字無。
同上倒三行　衆怒無語以答　衆下有雖字。

頁七B八行　前行有標題檀弓脱字，占一行。
同上末行　前行有標題十二辰屬，占一行。
頁八A七行　前行有標題僉字謎，占一行。
同上八行　然無理處極多　理下有義字。
同上　曩記同僚胡推坐間舉僉字謎　胡作相。
同上九行　此予如何過　此作比。
同上倒三行　前行有標題十二時竹，占一行。
同上倒二行　非土地所生風氣所宜也　非上有以字。
頁八B首行　竹繞節所生　所作亞。
同上七行　前行有標題道字義，占一行。
同上　此類爲道説何莫由斯道也　爲道作道爲。
同上八行　此類訓道爲導道千乘之國　訓道爲導作道路之道。
同上九行　以今俗語官員銜位爲一道　語下有指字。

無名公傳

頁九A四行　安得與之僻　與作謂。
同上五行　安得與之泛　與作謂。
同上六行　既而四方之人又疑質之于古今之人　疑下有其質二字，又質下之字無。
同上八行　四方迷亂　方下有之人二字。
同上倒三行　無心者無迹者雖鬼神不可得而名　神下有有不可得而知六字。
頁九B二行　弄丸余假　假作暇。
同上三行　未嘗妄祭祝故其詩曰禍如虚免人須諂　祝作祀，又虚作許。

同上八行　惟求冬暖夏涼　暖作暎。

同上　墻高于牖　牖作肩。

同上九行　氣血胸中　血作吐。

同上十行　終身無瀤　懷作甘壞。

書訣墨藪

頁十A末行　前行有標題鍾繇教子學書，占一行。

同上　學書須精意　意作思。

頁十B二行　前行有標題蔡邕入嵩山石室，占一行。

同上　蔡邕入嵩山石室中得數書　數作素。

同上三行　前行有標題草隸八分書法，占一行。

同上五行　前行有標題點鈎法，占一行。

同上六行　前行有標題印泥畫沙，占一行。

同上八行　前行有標題婢作夫人，占一行。

同上　褚遂良起提行。

同上九行　前行有標題金生玉潤，占一行。

同上十行　前行有標題能中能妙中妙，占一行。

同上倒三行　前行有標題筆陣圖，占一行。

同上末行　前行有標題宋翼作字，占一行。

頁十一A二行　前行有標題墨入木七分，占一行。

同上三行　前行有標題墨猪，占一行。

同上五行　前行有標題張芝張旭書，占一行。

南楚新聞

頁十一A七行　前行有標題氈根，占一行。

同上八行　一棵氈羹數十根　羹作根，下有小字注文羊也二字。又根作皴。

同上十行　前行有標題通腸米，占一行。

同上倒二行　前行有標題十哲爲衙官，占一行。

同上　文德中　文作天。

頁十一B首行　前行有標題夢風，占一行。

同上三行　前行有標題錦褾子，占一行。

同上五行　前行有標題賦柳讖楊，占一行。

同上七行　前行有標題德宗儋耳龍，占一行。

同上九行　前行有標題六合大同印，占一行。

同上十行　前行有標題枕天子膝，占一行。

同上　臣絶粒無家　粒字無。

同上倒二行　前行有標題李泌五不可住，占一行。

頁十二A首行　前行有標題琉璃眼，占一行。

同上　皇孫奏節王好詩如煮茶加酥椒之類求詩　奏作奉，又如作以，又類作題。

同上三行　前行有標題端居室，占一行。

同上四行　前行有標題以銀爲召，占一行。

同上五行　代宗欲相泌　代字接于前行謂之鏁子骨下。

同上六行　召己必矣　召己必作己且召。

同上七行　前行有標題醉人祥瑞，占一行。

同上九行　前行有標題天子造命，占一行。

同上十行　前行有標題小心奸態，占一行。

同上倒三行　前行有標題獻生子，占一行。

同上末行　前行有標題難爲諧，占一行。

同上　宿内院阿師旦起有竊泌鞋送帝所　阿下有足字。

頁十二B二行　前行有標題李泌少年詩，占一行。

同上四行　前行有標題李泌身輕，占一行。

談賓録

頁十二B七行　前行有標題錢文甲跡，占一行。
同上九行　前行有標題羅隱下第詩，占一行。
同上倒三行　前行有標題王會篇，占一行。
同上末行　毫采備得精神　采作末。
頁十三A首行　前行有標題三祖，占一行。
同上二行　前行有標題脈不可言傳，占一行。

記文譚

頁十三A四行　前行有標題元白詩句暗合，占一行。
同上六行　前行有標題錦帳娶妓，占一行。
同上　陸丹隱一見求納焉　陸丹隱作睦州尹。
同上九行　前行有標題賜四色緋，占一行。
同上倒三行　前行有標題作筆法，占一行。
同上末行　前行有標題金鰲目光如日，占一行。

雜説

頁十三B四行　前行有標題鵝腿子，占一行。
同上五行　前行有標題鼠牙刻筆，占一行。
同上六行　前行有標題香煙樓閣，占一行。
同上七行　前行有標題塗歸，占一行。
同上八行　前行有標題嘲李德裕，占一行。
同上十行　前行有標題諸王修事，占一行。

真誥

頁十三B倒二行　前行有標題萼緑華降羊權家，占一行。
頁十四A首行　前行有標題九華真妃論眼耳面髮，占一行。
同上四行　前行有標題林夫人，占一行。
同上五行　前行有標題火棗交梨，占一行。
同上六行　前行有標題觀香，占一行。
同上七行　前行有標題生死栽，占一行。
同上八行　前行有標題玉斧，占一行。
同上十行　前行有標題服日月芒法，占一行。
同上倒三行　日有九芒，日字接于前行以遊上清下。
同上倒二行　前行有標題爲道如射箭，占一行。
同上末行　前行有標題含真臺，占一行。
頁十四B首行　前行有標題蕭閒堂，占一行。
同上二行　前行有標題服霧，占一行。
同上四行　前行有標題重思，占一行。
同上五行　前行有標題許長史，占一行。
同上六行　前行有標題金條脱，占一行。

卷七十四

大中遺事

頁一A三行　前行有標題軒轅先生，占一行。
同上　能以桐竹葉滿手挼之悉成錢　挼作捼。

同上五行　前行有標題對脈，占一行。
同上六行　前行有標題老博士，占一行。
同上九行　前行有標題一骨二骨，占一行。
同上十行　前行有標題浮圖開闔欲傾，占一行。
同上末行　前行有標題花郎，占一行。
同上　擇貴人與弟子美者　與字無。

秦中歲時記

頁一B二行　前行有標題封牛，占一行。
同上四行　前行有標題探花使，占一行。
同上七行　前行有標題瘦馬藩氈，占一行。
同上　乞兒還有大適年　適作通。
同上九行　前行有標題扇市，占一行。
同上十行　前行有標題拔解，占一行。
同上倒二行　前行有標題選門，占一行。
頁二A首行　前行有標題儺公儺母，占一行。

芝田録

頁二A三行　前行有標題序，占一行。
同上四行　前行有標題元德秀誅，占一行。
同上七行　前行有標題人乳止訟，占一行。
同上九行　前行有標題牟價救荒，占一行。
同上　境內方旱　方作荒。
同上末行　前行有標題帽筒鵲巢中牛，占一行。
同上　詣桑國師曰　國下有師占二字。
頁二B首行　叟迎公道訴之　道作馬首二字。

同上二行　叟往探下見傍有繫牛　下作不。
同上三行　前行有標題鑰以魚，占一行。
同上四行　前行有標題盤龍齋，占一行。
同上五行　前行有標題杜牧好逸遊，占一行。
同上八行　前行有標題御小李，占一行。
同上十行　前行有標題刀飛如蛇，占一行。
同上倒三行　前行有標題水遞，占一行。

江南録

頁二B末行　前行有標題周后尋譜按霓裳，占一行。
頁三A二行　前行有標題畫龍化獺飛去，占一行。
同上　韓熙載居戚家山　山字無。
同上　即吳淮王筆也　筆下有跡字。
同上六行　前行有標題舐目復明，占一行。

辨惑論

頁三A九行　謝庭芳　謝上有元字。
頁三B首行　前行有標題死生，占一行。
同上八行　人道具矣　具作畢。
同上九行　有始有終巳　始下有則字，又巳作也。
同上十行　前行有標題疫癘，占一行。
頁四A首行　前行有標題鬼神，占一行。
同上　鬼神一節　節作事。
同上九行　骨肉斃于下陰雨爲野土　雨字無。
頁四B二行　前行有標題祭祀，占一行。
同上倒二行　前行有標題淫祀，占一行。

頁五A六行　前行有標題妖怪，占一行。
同上　今于妖怪之事乃力言之　今下有予字。
頁五B首行　前行有標題巫覡，占一行。
同上倒二行　前行有標題卜筮，占一行。
頁六A倒三行　天旱而雩　雩下有之字。
同上　非義其爲得求也　義作以。
頁六B二行　前行有標題治喪，占一行。
同上九行　則禮樂不足　樂作雖。
同上末行　前行有標題擇葬，占一行。
頁七A四行　前行有標題相法，占一行。
同上十行　前行有標題祿命，占一行。
頁七B五行　前行有標題方位，占一行。
同上七行　前行有標題時日，占一行。
同上倒三行　前行有標題異端，占一行。
頁八A四行　前行有標題莊老，占一行。
同上六行　則顔氏之子閔氏之孫其如怠　怠作台。
同上　少欲至周君臣之義　周下有罔字。
同上七行　前行有標題方士，占一行。
同上十行　前行有標題佛氏，占一行。

大事記

頁八B五行　魯哀公蔣　蔣作將。
同上六行　齊簡公壬　壬作任。
同上倒二行　閼逢困敦　敦下有小字注文一字。
頁九B倒三行　宋公則成　則作剔。
頁十A倒三行　楚懷王會　會作魏。

褚氏遺書

頁十四B八行　前行有標題受形，占一行。
頁十五A首行　羸女宜近時而嫁　近作及。
同上二行　前行有標題本氣，占一行。
同上七行　則痰疾生焉　痰作疢。
頁十五B五行　前行有標題平脈，占一行。
頁十六A首行　故右手寸下之關爲肺肺木生火　肺肺作肝肝
同上五行　而腎脈從腎　而下之腎無。
同上倒三行　前行有標題津潤，占一行。
同上倒二行　在上爲疾　疾作痰。
頁十六B二行　充四肢則充動强　則下之充作舉。
同上四行　凝血不易醫　凝作喉咳二字。
同上六行　耳因鼻口陰尻竅也起提行。　又因作目。
同上七行　養目力者常順　順作瞑。
同上八行　養皮趾者常步履　皮作股。
同上九行　胸色心火　色作包。
同上倒三行　有消長疾痛生死者宪痛而已　宪痛作疣瘤。
同上倒二行　前行有標題精血，占一行。
同上　飲食五味養髓骨肉血肌膚毛髮　血字無。
頁十七A三行　雖針養之歷無有不下　養作芥。
同上四行　凡與形消父母者以其常于父母之身無不歷也　與作子，又無下有所字。
同上五行　則子一肢不肖其母一目虧　其下有父字。

同上十行　亦不調則舊血不出　調下有不調二字。
同上倒三行　或清而如骨　清作漬。
同上　男子多則歷枯虛　虛下有難于合女四字。
同上末行　前行有標題除疾，占一行。
同上　除疾之道極其候證　極作視。
同上　觀而人之所患　而作時。
頁十七B首行　則勞其病之始終也勞其病　矣　勞皆作察。
同上三行　至劑獨味爲上　至作制。
同上四行　心發沸　心作辛，又沸作滞。
同上六行　知其知兵以軍付之　其下有賢字，又兵字無。
同上七行　知其知伎以生付之　其下之知作方。
同上九行　前行有標題審微，占一行。
同上　疾有誤涼而得今　今作冷。
同上　乳票經三氣篇曰　乳票作浮粟。又曰下有：諸瀉皆爲熱諸冷皆爲節熱則先冷臟冷則先溫血腹疾篇曰。
同上十行　餘刺變皆爲熱諸冷皆爲即熱則先涼藏冷則先溫血腸疾篇曰乾痛有時當爲蟲產餘刺變皆痛腫　上三十九字作餘刺痛皆變爲腫七字。
同上倒二行　傷風時疫濕暑宿痰作虐作疼傷寒俱類　傷寒俱類作俱類傷寒。
頁十八A首行　殺之發散劑吐汗下俱此至證號宿痰失導必役發　殺作投，又此至作至此，又役作肢。
同上三行　前行有標題辨書，占一行。
同上　大撓作甲子　子下有：隸首作數誌歲月日時遠近耳故以當年爲甲子。
同上　歲冬至于甲子月相爲甲子日　于作爲，又相作朔。
同上五行　一亦有條而不紊色配以立以五方　色作也，又立以二字無。
同上六行　人嬰所氣　所作斯。
同上七行　推驗多奸　奸作舛。
同上十行　說不幸理　幸作乖。
同上倒三行　維出後書之託名于聖哲也　維作雖。
同上倒二行　由漢時而後學亦是涼書　涼作良。
頁十八B首行　師友良醫因而言讖變　而言作言而。
同上二行　建平王妃姬等起提行。又前行有標題問子，占一行。
同上三行　擇良家子未笄女人御又無子　人作入。
同上六行　以近男也　也作色。
同上八行　大王誠能訪求多易婦人謀易宮府　多下之易作男，又謀下之易作置。
同上九行　未再期生三男　三作六。
同上十行　有一子之道也　有上有亦字，又一字無。

卷七十五

蘇氏演義

頁一A三行　前行有標題蚩尾，占一行。
同上五行　前行有標題婁羅，占一行。
同上六行　前行有標題乾没，占一行。
同上　每陸沉之義同　每作與。

同上七行　前行有標題龍鍾，占一行。

同上八行　前行有標題神龜骨白，占一行。

同上　龜經元　元作云。

同上九行　前行有標題操觚，占一行。

談助

頁一B首行　前行有標題太牢筆少牢口，占一行。

同上三行　前行有標題花複，占一行。

同上四行　前行有標題籠竹，占一行。

同上　員丘帝竹起提行。又前行有標題帝竹，占一行。

同上六行　前行有標題邛竹，占一行。

同上　功竹可杖爲　功作邛，又杖爲作爲杖。

同上七行　前行有標題竹根，占一行。

同上八行　凡百穀皆以始生爲春熟成爲秋　熟成作成熟。

同上九行　前行有標題煮簣，占一行。

同上倒三行　前行有標題昭君村，占一行。

同上倒二行　前行有標題天何生，占一行。

洞微志

頁二A首行　前行有標題一家多壽，占一行。

同上二行　自稱楊遐年八十一遨守中詣所居居其父　遐下有舉字，又其上之居作見。

同上四行　此吾七代祖也不語不食不書　七作九，又書作知。

同上六行　前行有標題蘿蔔火官，占一行。

同上七行　天時由來汝腑中　時作府。

同上十行　小者脾神也　者作姑。

同上倒三行　即以蘗兼蘿蔔食　食下有之字。

同上倒二行　前行有標題丸化，占一行。

同上　皆白色　白作五。

頁二B首行　前行有標題石人怪，占一行。

同上　汴都之南香余里　香作百。

同上二行　多稱魯枝書　枝作校。

同上三行　前行有標題勃賀猪立化，占一行。

同上五行　一日于五大河側見一小兒逐一大猪名勃賀　大作丈。

同上六行　能引羣猪令不亂遂受婆何故以名　受作愛。

同上七行　僧試呼其名以投之　以下有書字。

同上九行　前行有標題鼠化人，占一行。

同上十行　孔緒之車適得　車下有初字。

同上倒三行　化爲大鼠入倉　倉下有而去二字。

同上倒二行　前行有標題敗土色，占一行。

頁三A首行　前行有標題鴉豘，占一行。

同上　挨鴉雛之毛者　之下有未字。

雞跖集

頁三A四行　前行有標題玉虎鳴，占一行。

同上五行　前行有標題銀河，占一行。

同上六行　前行有標題五丁，占一行。

同上八行　前行有標題拒風冠，占一行。

同上九行　前行有標題簾妓衣，占一行。

同上十行　前行有標題雪丹，占一行。

同上倒三行　前行有標題雌甲辰，占一行。
同上末行　前行有標題飲墨，占一行。
頁三B首行　前行有標題佐伯紙仲將墨，占一行。
同上三行　前行有標題旌節花，占一行。
同上五行　前行有標題宦海，占一行。
同上六行　前行有標題象履鳥啄，占一行。

國史補

頁三B八行　前行有標題大蟲老鼠，占一行。
同上十行　前行有標題婦翁與女婿，占一行。
同上倒二行　前行有標題王維竊人佳句，占一行。
頁四A三行　前行有標題貴妃錦襪，占一行。
同上五行　前行有標題李光弼代汾陽，占一行。
同上七行　前行有標題出家大丈夫事，占一行。
同上九行　前行有標題竇申喜鵲，占一行。
同上倒三行　前行有標題沸汗錢贍軍，占一行。
頁四B首行　前行有標題止伐西京道槐，占一行。
同上三行　前行有標題熱風，占一行。
同上六行　前行有標題家無制草，占一行。
同上八行　前行有標題三脱，占一行。
同上十行　前行有標題羅浮二，占一行。
同上倒三行　前行有標題婦人之貴，占一行。
同上倒二行　近代婦人之貴無如此也　也作者。
同上末行　前行有標題黄帖，占一行。
頁五A二行　前行有標題滌炊，占一行。
同上三行　乃出數點曰　點作品。

同上四行　前行有標題張顛，占一行。
同上五行　旭每大醉書亦精　亦作益。
同上六行　前行有標題功德山，占一行。
同上八行　前行有標題埋懷村，占一行。
同上十行　前行有標題李載山，占一行。
同上　李載者代燕豪士　者作山。
同上倒三行　而氣不及　及下有其父二字。
同上末行　前行有標題韋山甫，占一行。
同上　服其藥多暴死　藥下有者字。
頁五B三行　前行有標題王彦伯醫寒熱，占一行。
同上　立四五釜煮藥于庭　立作列。
同上五行　前行有標題宋清有義，占一行。
同上　朝官移貶輒賣藥迎送　賣作賫。
同上六行　長安言人有義聲賣藥宋清　聲字作者稱二字。
同上七行　前行有標題食麪發暴熱，占一行。
同上九行　前行有標題讀書不如寫書，占一行。
同上十行　前行有標題聽琴，占一行。
同上倒二行　前行有標題博經，占一行。
頁六A首行　前行有標題颶風，占一行。
同上三行　前行有標題雷斧雷墨，占一行。
同上五行　前行有標題蚊母蚊樹，占一行。
同上　吐蚊子叢葦間　子作于。
同上七行　前行有標題魯公家童，占一行。
同上八行　前行有標題慟華巔，占一行。
同上九行　前行有標題毬場草生，占一行。

同上倒三行　前行有標題室老，占一行。
同上倒二行　前行有標題一枝桃李，占一行。
頁六B首行　前行有標題別後闌干。

青瑣後集

頁六B四行　前行有標題宣宗待臣下嚴，占一行。
同上八行　前行有標題慎氏詩，占一行。
同上　慣氏毗陵儒家女無嗣出之慣氏登舟留詩　慣皆作慎。
同上十行　即是孤帆從此出　出作去。
同上倒三行　前行有標題殺假生真，占一行。
頁七A首行　前行有標題曹翰嫁韓熙載女，占一行。

金鑾密記

頁七A五行　前行有標題韓偓試文，占一行。
同上十行　前行有標題朱全忠攻岐，占一行。
同上　掘蚰蜒攻城　蜒下有壕字。
頁七B首行　前行有標題李茂貞無臣禮，占一行。

士林紀實

頁七B五行　前行有標題龍鹽，占一行。
同上七行　前行有標題蝶詩，占一行。
同上九行　前行有標題鄭獬謝啓，占一行。
同上　自稱獬過省　獬作解。

水衡記

頁六B倒二行　二三月名桃花水　二下有月字。

橘録

頁八A三行　宋韓彦直　直下有小字注文延安人三字。
同上四行　前行有標題總論柑，占一行。
同上九行　則黄柑位在陸吉上　在下有：緑橘一作陸吉。又陸吉二字無。
頁十A末行　包橘取其纍然　纍下重一纍字。
頁十一B二行　形色頗類木甘　甘作柑。
同上五行　是爲橘作　是爲作爲是。
頁十三A末行　中枝葉乃不茂盛也　中作而。
頁十四B倒三行　味與商州之枳絶逼真矣　絶作幾。

東觀奏記

頁十五A二行　前行有標題以人臣比天子，占一行。
同上　此詩雖貴水日千里　貴作桂。
同上六行　前行有標題不勝紫方袍，占一行。
同上八行　前行有標題清污，占一行。
同上十行　前行有標題科目記，占一行。

洽聞記

頁十五A末行　前行有標題石蓮樹，占一行。
頁十五B首行　前行有標題江黄，占一行。

初學記

頁十五B五行　前行有標題孔紹石榴詩，占一行。

同上六行　前行有標題劉賓客始次韻，占一行。
同上八行　前行有標題水厄，占一行。
同上九行　前行有標題雷鳴茶井，占一行。
同上倒三行　前行有標題琵琶名，占一行。
同上倒二行　前行有標題龜兒，占一行。
同上末行　前行有標題茶癖酒狂，占一行。

甲申雜記

頁十六A二行　前行有標題神宗手詔，占一行。
同上　曾彥和旼云　旼作皎。
同上四行　前行有標題寃報，占一行。
同上倒三行　前行有標題猪產人，占一行。
同上倒二行　前行有標題曹后，占一行。
頁十六B二行　前行有標題天帝降，占一行。
同上　其同事楊久中一日忽遇天帝降其室　楊作孫。
同上九行　前行有標題龍治水，占一行。
同上倒二行　前行有標題食飢掩骼，占一行。
頁十七A三行　前行有標題賜姓包，占一行。
同上六行　前行有標題赦例，占一行。
同上七行　前行有標題帝賜子，占一行。

聞見近録

頁十七B二行　聞見近録　近作雜。
同上　小字注文：二卷　二作一。
同上三行　前行有標題衝節，占一行。
同上五行　前行有標題執政奏事，占一行。
同上八行　前行有標題仁宗禱雨，占一行。
頁十八A三行　前行有標題仁宗出女口，占一行。
同上末行　前行有標題太平之象，占一行。
同上　呼左右軍官妓置會　官作管。
頁十八B四行　前行有標題敏對，占一行。
同上五行　內翰拜時鬚撇地　撇作拂。
同上六行　前行有標題太祖絕宮人腕，占一行。
同上十行　前行有標題太宗射殺金城夫人，占一行。
同上　上酌巨觥以勸太宗固辭　宗下有太宗二字。
頁十九A首行　前行有標題乖崖義俠，占一行。
同上八行　前行有標題太祖御方鎮，占一行。
頁十九B首行　前行有標題李文靖端默寡言，占一行。
同上四行　前行有標題夜光珠，占一行。
同上九行　前行有標題金州石洞，占一行。
同上末行　前行有標題聖泉，占一行。
頁二十A三行　龍王龍王萬歲歲渴矣　歲歲二字作姓字。
同上五行　前行有標題揚州瓊花，占一行。
同上八行　前行有標題張文懿作相，占一行。
同上　出城遇村寺寺老僧必迎于道　後一寺字無。
同上倒三行　夜夢告曰　告下有謂僧二字。
同上末行　後文懿三入中書　三作再。
頁二十B二行　前行有標題玉牒，占一行。
同上四行　所封國王子曰王子公孫惟皇子得稱　王子公作公子王。

隨手雜録

頁二十一A九行　前行有標題少年相蔡黄，占一行。

頁二十一B二行　前行有標題東坡際遇，占一行。

頁二十二A首行　前行有標題潘美不解兵，占一行。

同上二行　後行有：

聞見雜録　　趙槩

廣守數人連卒多先夢燈段燁作守夢燈徧郡城未幾病卒宋景文公遺戒云吾没之後稱家有無以治喪用浣濯之衣鶴氅裘帽綫履三日棺三月葬慎無爲流俗陽陰拘忌也棺用雜木漆其四會三塗即成使數十年足以臘吾骸朽衣巾而已吾學不名家文章僅及中人不足垂後爲吏在良二千石下非若古人無功于國無惠于人不可請謚不可受贈典不可求巨公作碑志不可作佛道豪齋醮汝等不可違命是以吾死爲無知也

席上腐談

頁二十二A三行　席上腐談　談下有小字注文二卷二字。

同上　小字注文：字玉音　音作吾。

同上四行　前行有標題論飛潛動植之初，占一行。

同上十行　前行有標題稱婦人曰嫣嫣，占一行。

同上　皆隨牝而不入他羣　皆上有牝字。

同上末行　前行有標題虱，占一行。

頁二十二B二行　前行有標題肝肺，占一行。

同上五行　前行有標題鳥之雌雄，占一行。

同上七行　舊云翼左覆右是雄　雄下有右覆左是雌五字。

同上八行　又燒灰納水　灰作毛。

同上十行　前行有標題玉洞定時，占一行。

同上末行　前行有標題瘈狗，占一行。

同上　狼去腸　腸下有狗去腎三字。

頁二十三A六行　前行有標題前筵後筵，占一行。

同上八行　前行有標題素積，占一行。

同上倒三行　前行有標題織絲，占一行。

同上　織音織音志今訛爲注　後織音二字無。

同上末行　紵者寧非註也　者寧二字爲小字注文。

頁二十三B首行　前行有標題子黏，占一行。

同上三行　前行有標題蒙衫，占一行。

同上五行　前行有標題氈毯，占一行。

同上九行　前行有標題西毗，占一行。

同上　桂桊出桊國　出下有闕字。

同上倒二行　前行有標題幞頭，占一行。

頁二十四A七行　前行有標題渾不似，占一行。

同上十行　前行有標題錯刀，占一行。

同上倒二行　前行有標題鬢眉髭鬚，占一行。

同上　楊倞諒麋與眉同　諒作註。

頁二十四B二行　前行有標題車拂，占一行。

同上三行　前行有標題柴積，占一行。

同上五行　前行有標題女媧，占一行。

同上七行　莊子所謂偶女高　謂下有女字，又高作商。

同上八行　前行有標題后土，占一行。

頁二十五A首行　前行有標題人名諱，占一行。

同上五行　前行有標題地名諱，占一行。

同上七行　前行有標題牛王廟，占一行。

同上九行　前行有標題玄武，占一行。

同上十行　江南人家祀之以厭火如漢武帝柏梁殿殿設以鴟尾　火下有災字，又殿下之殿字無。

頁二十五B六行　前行有標題又，占一行。

同上十行　前行有標題雲笈七籤，占一行。

同上倒三行　至游子曾慥作道樞集起提行。又前行有標題道樞，占一行。

石林家訓

頁二十六A首行　前行有標題曰必讀書，占一行。

同上八行　此不得吾言是知也　得作待。

同上十行　前行有標題慎言，占一行。

頁二十六B七行　若後三失吾不能無憂　三作二。

同上倒二行　友疏快者每謹其戒而無輕薄　薄作傳。

同上末行　前行有標題孝友，占一行。

頁二十七A三行　有懷于中避就不敢盡言　就作難。

頁二十七B五行　忽然而于成隙　于字無。

同上七行　較貨物之入以增減相奪類此不可不預知而早戒也　相下有傾字，又類字無。

頁二十八A三行　其居此山　其作共。

同上四行　吾視世道方難　難作艱。

同上五行　亦不可得也矣　也字無。

卷七十六

青箱雜記

頁一A三行　前行有標題敍豔詞，占一行。

同上九行　前行有標題張乖崖歌，占一行。

頁一B四行　前行有標題韓魏公詞，占一行。

同上七行　前行有標題司馬温公詞，占一行。

同上八行　海波殷　波作霞。

同上十行　前行有標題曹修古詩，占一行。

同上倒二行　前行有標題又温公詞，占一行。

頁二A九行　前行有標題宛陵集豔詞，占一行。

頁二B二行　妾乘白雲駒　雲作雪。

同上七行　前行有標題范文正詩，占一行。

獨斷

頁四A二行　其文曰制詔三公赦命贖令之屬是也　命作令。

頁五A三行　王者臨撫之別名　按此係標題行首空四格。又名下有小字注文凡三條三字。

同上四行　百乘之家曰百姓　姓下有小字注文：百乘之家子男之國也。

同上八行　天子命令之別名　按此系標題行首空四格。又名下有小字注文凡五條三字。

同上倒二行　弟事月　弟作姊。

同上末行　秋夕夕月于西門之外　秋下之夕作暮。

頁五B首行　天子父事三老者起提行。

同上二行　能以善道改更己者　者下有也字。

同上三行　三代建正之別名　按此係標題，行首空四格。又名下有小字注文凡三條三字。

同上五行　殷以十二月爲正起提行。

同上六行　周以十一月爲正起提行。

同上八行　三代年歲之別名　按此係標題，行首空四格。又名下有小字注文凡二條三字。

同上倒二行　天子諸侯后妃夫人之別名　按此係標題，行首空四格。又名下有小字注文凡一條三字。

頁六A三行　色以緑　緑下有小字注文一作似緑四字。

同上四行　天子后立六宮之別名　按此係標題，行首空四格。又名下有小字注文凡一條三字。

同上倒三行　王者子女封邑之差　按此係標題，行首空四格。又差下有小字注文凡一條三字。

頁六B首行　天子諸侯宗廟之別名　按此係標題，行首空四格。又名下有小字注文凡二條三字。

同上八行　大夫以下廟之別名　按此係標題，行首空四格。又名下有小字注文凡二條三字。

頁七A三行　薦考妣于適寢之所祭　按此係標題，行首空四格。又祭下有小字注文凡七條三字。

頁七B三行　天子爲羣姓立七祀之別名　按此係標題，行首空四若。又名下有小字注文凡一條三字。

同上五行　諸侯爲國立五祀之別名　按此係標題，行首空四格。又名下有小字注文凡一條三字。

同上七行　大夫以下自立三祀之別名　按此係標題，行首空四格。又名下有小字注文凡一條三字。

同上九行　四代臘之別名　按此係標題，行首空四格。又名下有小字注文凡一條三字。

同上倒三行　五帝臘祖之別名　按此係標題，行首空四格。又名下有小字注文凡一條。

頁八A首行　天子大蜡八神之別名　按此係標題，行首空四格。又名下有小字注文凡一條三字。

同上五行　五祀之別名　按此係標題，行首空四格。又名下有小字注文：祀臣五義　凡一條。

同上八行　六號之別名　按此係標題，行首空四格。又名下有小字注文凡一條三字。

同上九行　鬼號若曰皇祖伯某　某下有也字。

同上倒二行　凡祭祀宗廟禮牲之別名　按此係標題，行首空四格。又名下有小字注文凡二條三字。

頁八B五行　太祝掌六祝之辭　按此係標題，行首空四格。又辭下有小字注文凡一條三字。

同上七行　策祝遠罪病也　策作榮。

同上八行　五等爵之別名　按此係標題，行首空四格。又名下有小字注文：一本作周制也　凡二條。

頁九A二行　諸侯大小之差　按此係標題，行首空四格。又差下有小字注文凡一條三字。

同上六行　王者耕耤田之別名　按此係標題，行首空四格。又名下有小字注文凡一條三字。

同上八行　三代學校之別名　按此係標題，行首空四格。又名下有小字注文凡一條三字。

同上倒三行　五帝三代樂之别名　按此係標題，行首空四格。又名下有小字注文凡一條三字。
頁九B三行　朝士卿朝之法　按此係標題，行首空四格。又法下有小字注文凡一條三字。
同上六行　四代獄之别名　按此係標題，行首空四格。又名下有小字注文凡一條三字。
同上九行　四夷樂之别名　按此係標題，行首空四格。又名下有小字注文凡二條三字。

續書譜

頁九B末行　續書譜　譜下有小字注文一卷二字。
頁十二A末行　縱復晉代之賢亦苦不相遠　復作使，又之作諸，又苦作若。

六一筆記

頁十三B首行　是聲在虚器之中　中下有乎字。
頁十四A倒三行　其所以警動千萬者　萬作古。
頁十五A九行　凡物者必有常理　者必二字無。
頁十五B首行　可不念哉　哉下有付奕二字。

祛疑説

頁十五B三行　前行有標題呪水自沸並移景法，占一行。
同上倒三行　前行有標題呪劍斬鬼，占一行。
頁十六A五行　前行有標題呪棗烟起及棗焦，占一行。
同上八行　前行有標題燒香召雷神并錢入水即化，占一行。
頁十六B二行　前行有標題請封書仙，占一行。
同上六行　前行有標題呼鶴自至，占一行。
同上倒三行　前行有標題呼鼠祛蚊，占一行。
頁十七A三行　前行有標題覆射，占一行。
同上倒二行　前行有標題知術，占一行。
頁十七B二行　前行有標題邪正，占一行。
同上八行　前行有標題鬼神之理，占一行。
頁十八B三行　前行有標題赤口煞，占一行。

卷八十

盛事美談

頁六B末行　云象膽隨四時左足　按時下有脱文。

卷八十二

道山清話

頁六B三行　神宗朝韓子華爲中丞劾奏宰臣富弼　按此節有脱文。

卷八十四

保生要録

頁四A七行　及其衰弱則榮衛氣澁則不能行石　澁下有衰字。

卷八十五

護法論

頁一B倒三行　嘆不修之業溥傷强執無之愚迷　强字無。

頁十五A五行　金口所取説聖教靈父　取字無，又父作文。

卷八十六

金國志

頁十二A倒三行　以進蜜糕　以字疑作次字。

卷八十七

南方草木狀

頁一A三行　南越交趾植物有裔最爲奇　按裔最處疑有誤脱。

頁八A五行　上得於上飽噉不得持下　上得疑作但得。

格古論

頁十三A首行　其中有人物鳥獸者形最貴　者形作形者。

卷八十九

晝簾緒論

頁八B八行　起催賦税倒是勒逐鄉鄉胥供具　逐下之鄉下有胥字。

頁十七B五行　今何辜而受此名哉　今作令。

卷九十

素書

頁十六B九行　重可所守固不可使臨陣　所作使。

卷九十一

世説

頁一A三行　前行有標題德行，占一行。

同上倒二行　遂班軍而還一郡並獲全　一字無。

頁一B五行　庾元亮乘馬有的盧　元字無。

同上　或令賣去　或下有語字。
同上八行　前行有標題言語，占一行。
同上　邊文禮見袁奉高言語失次序　次字無。
同上倒二行　無此必不明也　必作則。
頁二A二行　其父時覺且託寢以觀之　寢作寐。
同上五行　詣王丞相小極對之疲睡　相下有導丞相三字。
同上倒三行　無獻替之言　無上有都字。
頁二B六行　范甯作豫章八日請佛有板　板作數。
頁三A三行　前行有標題政事，占一行。
頁三B六行　前行有標題方正，占一行。
同上十行　前行有標題雅重，占一行。
同上末行　南郡太守劉肇遺筒中夷布五端　筒作筩。
頁四A二行　前行有標題識鑒，占一行。
同上七行　前行有標題嘗歎，占一行。
同上十行　前行有標題品藻，占一行。
頁四B二行　前行有標題捷悟，占一行。
同上八行　前行有標題豪爽，占一行。
頁五A二行　前行有標題容止，占一行。
同上倒三行　前行有標題自新，占一行。
同上末行　蛟或沉或没　沉作浮。
頁五B六行　前行有標題企羨，占一行。
同上倒三行　前行有標題傷逝，占一行。
頁六A六行　前行有標題棲逸，占一行。
頁六B首行　前行有標題賢媛，占一行。
同上倒三行　前行有標題術解，占一行。
同上倒二行　坐者未知信　知作之。
頁七A五行　前行有標題寵禮，占一行。
同上　王公曰　公字無。
同上倒二行　前行有標題任誕，占一行。
同上　婦捐酒毀器　捐作拍。
頁七B十行　前行有標題簡傲，占一行。
頁八A二行　前行有標題輕詆，占一行。
同上八行　前行有標題儉嗇，占一行。
同上倒二行　前行有標題汰侈，占一行。
同上　使黃門交斬美人　交作腰。

物類相感志

頁八B三行　物類相感志　志下有小字注文十八卷三字。
同上四行　前行有標題夢月，占一行。
同上　凡帝王將生母必望月故賦云　凡字無，又望作夢，又月下有入懷二字。又故下有：元后后母曾夢入懷而生后又月。
同上五行　前行有標題風術，占一行。
同上　燒三歲白雞羽風立至又燒黑犬皮風立起　羽下有揚其灰三字，又至下有更立止三字，又皮下有揚灰二字。
同上七行　前行有標題蝹，占一行。
同上　蝹在地中若羊非羊若猪非猪食人柏木穿其首則死　蝹在地中四字無。又中下有秦穆公時陳倉人掘地得一物十二字。又食人二字無。又柏上有：獻穆公道中逢二童子曰此名蝹在地中食死人腦若以。

同上九行　前行有標題竈土，占一行。

同上　淮南子云取竈前土持去令人不思鄉　子作術。又鄉下有：蓋取竈前三寸土掘方寸半取中土持行遠出令人不思鄉井也。

同上十行　前行有標題夢合已，占一行。

同上　人夜夢他好惡事　他下有人字。

同上倒二行　前行有標題頤癢，占一行。

同上　人或頤無故癢搔不可止當食異味　或下有下字。又味下有：不然有饋珍鮮與食指同。

同上末行　前行有標題人生地裂，占一行。

同上　若人生他日合葬之地必少裂　裂下有若然者生死分定七字。

頁九A首行　前行有標題布穀腦骨，占一行。

同上　食布穀腦骨令人宜夫婦　婦下有帶之令人夫婦愛敬八字。

同上二行　前行有標題思幽之國，占一行。

同上　有恩愛之國　恩愛作思幽。

同上四行　前行有標題婦人啞鼓，占一行。

同上　漢將軍李陵營中鼓不振索軍中婦人斬之乃鳴矣　鼓下有忽字，又乃下有振字。

同上五行　前行有標題男子術，占一行。

同上六行　前行有標題蒲牢獸，占一行。

同上　出海畔而性畏鯨魚　畔下有食人二字。

同上七行　今人多狀其形于鐘上　上下有：斵木爲鯨而擊之天子出則擊之。

同上八行　前行有標題蜃灰去蟲，占一行。

同上　大蛤燒灰葬隧通用百蟲不近尸也　大上有以字。又燒下有作字。又灰下有：舉行及散于所睏臥處百蟲不敢近人身是故。又用下有之貴攘三字。又也下有孝子之本心也六字。

桯史

頁九A倒三行　哲文倦勤　文下有即孝宗三字。

頁十B八行　士人信令滑稽人也　信令作姓金。

頁十二A二行　古樂府有巴東王峽巫峽長　王作三。

武侯心書

頁十二B倒二行　將誡　將誡作試將。

頁十三A三行　和人　和作知。

同上五行　前行有標題兵機，占一行。

同上九行　前行有標題逐惡，占一行。

同上倒二行　前行有標題知人，占一行。

頁十三B五行　前行有標題將弊，占一行。

同上七行　八曰强言而不以禮　强作狂。

同上八行　前行有標題將忠，占一行。

同上倒三行　前行有標題將驕，占一行。

頁十四A二行　前行有標題出師，占一行。

同上倒三行　前行有標題擇材，占一行。

頁十四B四行　前行有標題智用，占一行。

同上七行　前行有標題戒備，占一行。

同上末行　前行有標題軍蠹，占一行。

頁十五A二行　非言妖祥　祥作辭。
同上三行　竭武庫擅給其身　武作府。
同上四行　前行有標題天勢，占一行。
同上六行　石門幽涸　涸作洞。
同上七行　士卒周備　周備作用命。
同上九行　前行有標題勝敗，占一行。
同上末行　前行有標題應機，占一行。
頁十五B三行　前行有標題揣能，占一行。
同上　時孰賢也　時作將。
同上六行　强弱之形可決矣　可下有以字。
同上七行　前行有標題勵士，占一行。
同上八行　勵之以信　信作言。
同上　畜恩不倦　恩作息。
同上十行　前行有標題威令，占一行。
頁十六A首行　前行有標題東夷，占一行。
同上四行　前行有標題南蠻，占一行。
同上　性不能交　交作教。
同上七行　前行有標題西戎，占一行。
同上　金具多　具作貝。
同上九行　當候之以外寡之以內亂則可圖也　寡字作釁
釁二字。
同上十行　前行有標題北狄，占一行。
頁十六B三行　虜逐漢則驅疾騎而運日勝負之勢已殊
日作之。
同上四行　奪地形之勢則騎疾于步　奪上有爭字。

三輔黃圖

頁十七A四行　屬京尉大夫府居　京作宗。
同上末行　文公元年居垂宫　居下有西字。
頁十九B四行　覆盎門與洛城門相去十三里二百一十步
洛城門一本作洛門，無城字。
頁二十A三行　章城門社自亡　社作杜。
同上十行　長安城北第二門曰廚城門　廚城門下有：長
安廚在門內因爲門名王莽更爲建子門廣世亭。
頁二十B五行　又漢宫閣記在未央宫　閣作闕。
頁二十一A八行　文如錦紫琉璃帳　錦紫作紫錦。
同上九行　以紫玉爲盆　盆作盤。
同上十行　又以玉晶爲盆　盆作盤。
同上倒三行　侍者謂冰無盆必融溼席乃拂玉盆　盆皆作
盤。
頁二十一B七行　內有承明著作之庭　庭作廬，下有小
字注文一作庭三字。
頁二十二B首行　因以爲名　名下有：東方朔主父偃嚴
安徐樂皆待詔金馬門。
同上五行　杍諸宫杍諸木名　諸皆作諸。
頁上七行　巨象　巨作白。
同上九行　漢宫閣疏云鼓簧宫周迴一百三十步　閣作
闕，又一作三。
同上十一行　以和玉屑服之　以字無。
頁二十三A首行　神君未到肅然風生　未作來。
同上六行　甲者甲乙丙丁次也　按上八字爲小字注文。

又丁下有之字。
同上八行　見于畫堂　于下有丙殿此其例也六字。
頁二十三B九行　孝成許皇后廢處昭陽宮　陽作臺。
同上十行　長門離宮在長安城　門下有宮字。
同上倒三行　孝哀帝尊恭皇太后稱永信宮　后下有曰帝太后四字。
頁二十四A三行　漢哀帝元壽三年　哀作元。
同上九行　始皇三十三年幸梁山宮　三作二。
頁二十四B二行　存仙殿　殿下有存神殿三字。
頁二十五A倒二行　至滿三十者出嫁之　至作年。
頁二十五B首行　池陽宮在池陽南上原之坂　原作阪，又坂下有有長平阪四字。
同上十行　五日與宮人賓客弋釣其中　中下有此二宮不在三輔内八字。
頁二十六B首行　宣帝仁壽三年春起　仁壽作神爵。
同上六行　故曰蒼池　蒼作滄。
頁二十七A二行　取絲縷就北斗星辰求長生　生作命。
同上三行　張樂于上　于下有池字。
同上十行　池上林苑有初池起提行。
同上倒三行　起鵲臺以眺　起下有望字。

夢華録

頁二十七B五行　前行有標題序，占一行。
同上七行　元宵燈夕　元作燈，又燈作月。
頁二十八A四行　近與親戚會面及曩昔　面下有談字。
同上九行　倘遇鄉黨宿德補綴用備　用作周。
頁二十八B十行　南曲即對報慈寺街進奏院百種員藥鋪　街下有都字，又種員作鍾圓。
同上倒二行　大遼人使驛也　按上六字爲小字注文。
頁二十九A二行　次則王樓山洞梅花包子　王作三。
同上倒二行　東劉廉宅以南太學國子監　廉下有訪字。
頁二十九B倒三行　延接四方道民　道作遊。
頁三十A首行　無有此亂行者　此字無。
同上倒三行　滴蘇水晶鱠煎角子猪臟之類　蘇作酥，又角作夾。
頁三十一A首行　終日俱此不覺抵暮　俱作居。
同上八行　又謂之棗家子巷又投東則舊曹門　家作冢，又投作接。
頁三十一B六行　惟任店八其門一直主廊約百餘步　八作入。
同上八行　聚于主廊槺面上　槺作橅。
同上倒三行　珠簷繡額　簷作簾。
頁三十二A末行　俗謂之焌糟　焌作煖。
頁三十二B八行　假河鲀　假作蝦。
頁三十三A首行　或别呼宗夔造下酒亦即時供應　宗夔作索變。
同上九行　綿棖金橘　棖作根。
同上倒二行　猪羊和包　和作荷。
同上末行　梅汁血羹之類　羹下有粉羹二字。

國老談苑

頁一A三行　前行有標題京官知郡，占一行。
同上五行　前行有標題太平天子，占一行。
同上　太祖御宣正殿親閱　正作政。
同上八行　前行有標題范質真宰相，占一行。
頁一B三行　前行有標題王著哭世宗，占一行。
同上七行　前行有標題太祖不肯移軍，占一行。
同上倒二行　前行有標題滁州午鐘記，占一行。
頁二A三行　前行有標題太祖冠見臣下，占一行。
同上九行　前行有標題趙普願自効，占一行。
頁二B三行　前行有標題太祖不侈用，占一行。
同上六行　前行有：
　田錫章疏
　太祖嘗幸龍圖閣閱書指西北架一漆函上親自署鑰者謂學士陳堯咨曰此田錫章疏也已而愴然久之。
同上　太宗嘗冬月命撤獸炭　按此條無。
同上八行　太宗嘗幸龍圖閣閱書　按此條已見于前，此處無。
同上十行　前行有標題太宗洗硯，占一行。
同上倒二行　前行有標題太宗服澣濯紉補之衣，占一行。
同上末行　前行有標題太宗親經籍，占一行。
頁三A首行　藥糊之須　須作需。
同上三行　前行有標題帝王之文，占一行。
同上七行　前行有標題真宗去假山，占一行。
同上九行　令田賦充而遷首　首字無。
同上末行　前行有標題真宗不學草書，占一行。
頁三B二行　謹願已之　已作罷。
同上四行　前行有標題魯宗道傅仁宗，占一行。
同上七行　前行有標題召王欽若，占一行。
同上倒三行　前行有標題范質守正不回，占一行。
頁四A首行　受所監部財物有罪　部作臨。
同上六行　前行有標題范質抑浮薄，占一行。
同上末行　前行有標題趙普奏牘求理遂，占一行。
頁四B二行　前行有標題曹彬嫁殍婦，占一行。
同上四行　皆古書畫無珠金寸錦之附　書作圖，又珠作銖。
同上六行　前行有標題范質不治門第，占一行。
同上八行　車馬高大　車作軒。
同上　世宗即下馬步入嗣位從容語質曰　入下有及字。
同上十行　前行有標題竇儀陶穀不得入相，占一行。
同上末行　前行有標題雷德驤落齒直諫，占一行。
頁五A二行　汝等訴我耶　等作待。
同上四行　前行有標題竇儀安希相位，占一行。
同上六行　判河南府　府下有時字。
同上九行　前行有標題田錫死生爲國，占一行。
同上末行　前行有標題魏野貽寇準詩，占一行。
頁五B二行　前行有標題崔遵度精於琴，占一行。
同上四行　清淨和順而遠琴書是也　順作潤。
同上五行　前行有標題禪會圖，占一行。
同上　李遵勗楊億劉筠常聚高僧論宗性　宗性作性宗。
同上七行　前行有標題陳省華二子，占一行。

同上九行　前行有標題張詠遺表乞斬丁謂，占一行。
同上倒三行　前行有標題王旦持抑林特，占一行。
同上倒二行　頃而特率屬僚訴于宰輔　輔作府。
同上末行　固因即至　因即作應旨。
頁六A二行　前行有標題天子行黄道，占一行。
同上五行　前行有標題曹璨母，占一行。
同上七行　前行有標題無地起樓臺相公，占一行。
同上十行　前行有標題王旦遺命祝髮，占一行。
頁六B二行　前行有標題北門鎖鑰非準不可，占一行。
同上三行　北門鎖鑰非準不可　可下有耳字。
同上四行　前行有標題一代不如一代，占一行。
同上七行　前行有標題三班奏職不得上殿言事，占一行。
同上十行　前行有標題節物晚，占一行。
同上末行　前行有標題肉不去皮，占一行。
頁七A二行　前行有標題楊億逃歸陽翟，占一行。
同上　丁謂參知政事　謂下有初字。
同上四行　前行有標題一條冰，占一行。
同上六行　前行有標題馮拯懷珠絡，占一行。
同上　馮拯姬媵頗衆多　衆字無。
同上八行　前行有標題魯直，占一行。
同上九行　陛下以數而忘之　忘作忌。
同上十行　勉而遺之　遺作遣。
同上倒二行　前行有標題忠孝一生心，占一行。
頁七B首行　前行有標題种放力耕養母，占一行。
同上二行　由此比召　比作被。
同上三行　前行有標題寇準用蠟炬，占一行。

同上五行　前行有標題真鹽鐵陳恕，占一行。
同上七行　前行有標題家法當如李宗諤，占一行。
同上九行　前行有標題李遵勗禮拜楊億，占一行。
同上倒三行　前行有標題寇準服地黄蘆菔，占一行。
同上　上難其少　上作尚。
同上末行　前行有標題查道惜福，占一行。
頁八A二行　前行有標題賜櫃食太子，占一行。
同上五行　前行有標題魚頭公，占一行。
同上　宗道坐執不回　坐作堅。
同上八行　前行有標題天聖時衆賢輔世，占一行。
同上倒三行　前行有標題天書不可恃以爲祥，占一行。
同上末行　前行有標題張詠斷爭家財，占一行。
頁八B五行　前行有標題帝王點化天下，占一行。
同上九行　前行有標題盧多遜尸不壞，占一行。

晁氏客語

頁八B倒三行　晁氏客語　語下有小字注文一卷二字。
同上倒二行　前行有標題爲利而學，占一行。
同上　古之學者純意于德行而無意于功名　純下之意無。
頁九A二行　前行有標題性上看仁，占一行。
同上三行　前行有標題仁禮，占一行。
同上四行　前行有標題陳平占便，占一行。
同上六行　前行有標題法王陵，占一行。
同上七行　前行有標題日新，占一行。
同上八行　前行有標題自老，占一行。

同上倒二行　前行有標題魯平公不忍違孌人，占一行。
頁九B三行　前行有標題驪本等，占一行。
同上七行　前行有標題先入爲主，占一行。
同上九行　前行有標題韓魏公門人擊關夜出，占一行。
同上倒三行　前行有標題韓曾有財，占一行。
同上末行　前行有標題王法三代蘇較漢唐，占一行。
頁十A二行　前行有標題好名差勝好利者，占一行。
同上四行　前行有標題張乖崖戲語，占一行。
同上六行　前行有標題章子厚親族無歷清要，占一行。
同上八行　前行有標題志道德功名富貴之殊，占一行。
同上十行　前行有標題意異語似語似意異，占一行。
同上倒二行　前行有標題王荆公拙於知人，占一行。
頁十B二行　前行有標題把孟子做不識字人看，占一行。
同上四行　前行有標題仁義不可勝用，占一行。
同上六行　前行有標題爲人所容則下等，占一行。
同上七行　前行有標題處仁能反，占一行。
同上九行　前行有標題血氣不久，占一行。
同上十行　前者有標題明善始得善，占一行。
同上倒三行　前行有標題勸學文，占一行。
同上末行　前行有標題心不正邪竅之，占一行。
頁十一A二行　前行有標題吕原明講書感動哲宗作詩志喜，占一行。
同上六行　前行有標題頑致人忿，占一行。
同上　一日有卒悍厲　厲作戾。
同上九行　前日有標題防不肖心，占一行。
同上倒三行　前行有標題火行變性，占一行。

同上末行　前行有標題大小不拘，占一行。
頁十一B四行　前行有標題興役救荒，占一行。
同上六行　前行有標題道常無用，占一行。
同上七行　前行有標題伯夷下惠，占一行。
同上九行　然不以三公爲介　爲字作易其二字。
同上十行　前行有標題吕正叔十八歲能春秋，占一行。
同上倒二行　前行有標題文質是非，占一行。
同上末行　前行有標題巨白，占一行。
頁十二A三行　前行有標題豚甘白芷，占一行。
同上六行　前行有標題知幾，占一行。
同上八行　前行有標題是非名實，占一行。
同上十行　前行有標題功貴有諸己，占一行。
同上倒二行　前行有標題學貴久常，占一行。
同上末行　久長難得入　長作常。
頁十二B二行　前行有標題對鏡不動，占一行。
同上四行　前行有標題法門猛將，占一行。
同上六行　前行有標題儒佛人已不同，占一行。
同上八行　前行有標題六經藥方，占一行。
同上九行　前行有標題忠獻有子，占一行。
同上十行　前行有標題蒲傳正責詞，占一行。
同上倒二行　前行有標題非特旨不許借支，占一行。
同上末行　一中官挾周禮進起提行。又前行有標題中官挾周禮，占一行。
頁十三A二行　前行有標題諱危亂傾字，占一行。
同上四行　前行有標題胡宗回聘鄭志完，占一行。
同上六行　前行有標題子産善修已短，占一行。

同上八行　前行有標題一言全事，占一行。
同上十行　前行有標題韓詩狀體，占一行。
同上　謂鋪敍而無含蓄也　鋪作直。
同上倒二行　前行有標題歐陽公賞梅聖俞詩，占一行。
頁十一B首行　前行有標題韓持國愛韋蘇州詩，占一行。
同上三行　前行有標題許冲元表玉清宫牒文，占一行。
同上七行　前行有標題有情説事，占一行。
同上八行　前行有標題心動言感，占一行。
同上九行　前行有標題言順理屈，占一行。
同上十行　前行有標題非責君責父，占一行。
同上倒二行　前行有標題從違父言之成敗，占一行。
頁十四A首行　前行有標題馮道比管仲，占一行。
同上三行　前行有標題張良致四皓，占一行。
同上四行　前行有標題張良用漢高，占一行。
同上六行　前行有標題護意根，占一行。
同上七行　前行有標題做官仔細，占一行。
同上八行　前行有標題疑問揀難問，占一行。
同上十行　前行有標題尋常揖處方答揖，占一行。
同上　到尋常處方答　常下有揖字。
同上末行　前行有標題意是心之發處，占一行。
頁十四B首行　前行有標題伊川改正蒙句，占一行。
同上二行　前行有標題唐書列姦臣于夷狄後，占一行。
同上三行　前行有標題拘幽操，占一行。
同上六行　前行有標題射馬擒王，占一行。
同上七行　前行有標題忽遽不可論道，占一行。
同上八行　前行有標題處世不可有厭惡心，占一行。

同上十行　前行有標題習常不爲異，占一行。
頁十五A首行　前行有標題名相事理，占一行。
同上四行　前行有標題庚申氣交，占一行。
同上五行　前行有標題望杏，占一行。
同上六行　前行有標題水土信智，占一行。
同上七行　前行有標題太山之稱，占一行。
同上倒二行　前行有標題即真，占一行。
頁十五B首行　前行有標題狄青不肯祖梁公，占一行。
同上三行　前行有標題善念熟，占一行。
同上五行　前行有標題慈悲心勝，占一行。
同上七行　前行有標題太學生和張乖崖詩隱去，占一行。
同上八行　一同人歸太學　歸作居。
同上倒三行　前行有標題解誠字，占一行。
頁十六A首行　前行有標題格物致知，占一行。
同上倒二行　前行有標題自得，占一行。
同上末行　前行有標題學要其歸，占一行。
頁十六B首行　前行有標題治民，占一行。
同上三行　前行有標題時中，占一行。
同上四行　未嘗不中　不下有合字。
同上五行　前行有標題晝有死生，占一行。
同上　知生之道起提行。又前行有標題知死知生，占一行。
同上七行　前行有標題有德必有言，占一行。
同上九行　前行有標題三自之非，占一行。
同上十行　前行有標題日新日進，占一行。
同上倒二行　前行有標題忠恕，占一行。

同上末行　前行有標題學始於誠，占一行。
頁十七A二行　或問文中子曰條　按此條無。
同上四行　前行有標題三不之失，占一行。
同上五行　前行有標題戒服食求壽，占一行。

卷九十四

厚德録

頁一A三行　前行有卷數並標題一卷錢若水決獄，占一行。
頁一B末行　前行有標題李繼隆陷盧之翰，占一行。
頁二B四行　前行有標題曹彬曹翰報應，占一行。
同上九行　前行有標題曹彬寬吏責，占一行。
同上末行　前行有標題趙槩讓歐陽修，占一行。
頁三A倒三行　前行有標題楊懷敏陷張昷之，占一行。
頁三B八行　前行有標題王旦薦寇準，占一行。
頁四A二行　前行有標題呂夷簡薦范文正公，占一行。
同上九行　前行有標題呂蒙正不記人過，占一行。
同上末行　前行有標題章夫人全城，占一行。
頁四B十行　前行有標題趙抃平米價，占一行。
頁五A首行　前行有標題趙抃不以私害公，占一行。
同上六行　前行有標題王達義僕，占一行。
頁五B八行　前行有標題張孝基讓財爲神，占一行。
頁六A五行　前行有標題沈畸辨寃獄，占一行。
同上七行　別選煆煉　選下有張某二字。

頁六B八行　前行有標題張生遇仙，占一行。
頁七A首行　前行有標題韓魏公遇盜，占一行。
同上八行　前行有標題范文正公，占一行。
同上倒三行　前行有標題二宋兩魁，占一行。
頁七B七行　前行有標題趙抃賑濟，占一行。
同上末行　前行有標題范文正不受乾汞術，占一行。
頁八A六行　前行有標題張齊賢不發盜，占一行。
頁八B二行　前行有標題呂居簡執不發石介甫坟，占一行。
同上倒二行　誠如金部言　金作東。
頁九A六行　前行有標題張詠不淫侍女，占一行。
同上倒三行　前行有標題劉彝全活棄子，占一行。
頁九B二行　前行有標題鍾離君嫁前令女，占一行。
頁十A首行　前行有標題竇禹鈞行義，占一行。
頁十B九行　凡四方孤寒之士無供需者感爲出之　出作給。
頁十一A五行　前行有卷數並標題二卷小兒擊甕，占一行。
同上八行　前行有標題麥舟，占一行。
頁十一B首行　前行有標題撤宴席助喪，占一行。
同上五行　前行有標題義僕趙延嗣，占一行。
同上末行　前行有標題于令儀慰盜，占一行。
頁十二A六行　前行有標題王繟庇魯宗道，占一行。
頁十二B二行　豈卿也　也作耶。
同上六行　前行有標題吳遵路治通州，占一行。
頁十三A首行　前行有標題賈詢匿縣宰，占一行。

同上四行　前行有標題劉輝義田，占一行。
同上七行　前行有標題韓魏公仁厚愛賢，占一行。
同上倒二行　前行有標題黄兼濟平糴，占一行。
頁十三B九行　前行有標題化賊爲民，占一行。
同上末行　前行有標題張詠薦張覃，占一行。
頁十四A四行　前行有標題張詠聽子，占一行。
同上七行　前行有標題楊玢不爭舊基，占一行。
同上十行　前行有標題丁謂有長者言，占一行。
同上末行　前行有標題燕肅仁人之言，占一行。
頁十四B三行　自是在讞者歲不減千人　在作左。
同上六行　前行有標題張淇不顧殺人以求賞，占一行。
同上倒三行　前行有標題王隨長厚，占一行。
頁十五A六行　前行有標題韓魏公不罪吏碎玉盞，占一行。
同上倒三行　前行有標題曹彬仁愛及物，占一行。
頁十五B二行　前行有標題李沆嫁義女，占一行。
同上八行　前行有標題王旦奏免失火人之死，占一行。
頁十二A三行　前行有標題王旦焚書，占一行。
同上倒三行　前行有標題韓魏公不責僚屬，占一行。
頁十六B首行　前行有標題王昭德不類内官，占一行。
同上四行　歐公遂清脱　清作得。
同上五行　前行有標題韓魏公燃鬚，占一行。
同上八行　前行有標題韓魏公封攻人文字，占一行。
同上九行　歐陽永叔不以繫辭爲孔子書起提行。又前行有標題繫辭文中子，占一行。
同上倒三行　前行有標題王曾釋飢民，占一行。

頁十七A二行　前行有標題出貪吏，占一行。
同上八行　前行有標題胡宿厚丁謂，占一行。
同上倒二行　前行有標題劉廷式娶瞽妻，占一行。
頁十七B六行　前行有標題李宗諤，占一行。
同上　其父文正公昉秉政時避遠勢　避下有嫌字。
同上九行　前行有標題讓金錦，占一行。
頁十八A二行　前行有標題李京妻焚私帖，占一行。
同上八行　前行有標題吳中不文，占一行。
同上末行　前行有標題孝婦賀氏，占一行。
頁十九A首行　前行有標題非笑程正叔，占一行。
同上五行　前行有標題曹彬嫁俘婦，占一行。
同上七行　前行有標題孫莘老釋囚，占一行。
同上倒二行　前行有標題范文正公還方書，占一行。
頁十九B首行　今以遺子因授藥以一裹方書小策　藥下之以字無。
同上三行　前行有標題范忠宣公救蔡確，占一行。
同上九行　前行有標題范六丈聖人，占一行。
頁二十末行　前行有標題反間，占一行。
同上B四行　前行有標題侯可醫書生，占一行。
同上六行　前行有標題陳省華教子，占一行。
同上九行　前行有標題竇儀家法，占一行。
同上倒三行　前行有卷數並標題三卷韓億保全官吏，占一行。
頁二十一A三行　前行有標題蘇耆借粟賑飢，占一行。
同上十行　前行有標題宋庠不報私讎，占一行。
頁二十一B首行　前行有標題宋綬釋罪人，占一行。

同上四行　前行有標題范文正公全令守，占一行。
同上七行　前行有標題司馬池長厚，占一行。
同上倒二行　前行有標題楊偕不報蔡襄，占一行。
同上　楊侍官偕知審官院　侍下之官作郎。
頁二十二A二行　而襄謁告迎親杭而輕游里市　親下有之字。
同上四行　前行有標題馬亮縱囚，占一行。
同上七行　前行有標題馬亮活賊，占一行。
頁二十二B首行　前行有標題未葬不析居，占一行。
同上三行　前行有標題韓綜活溺人，占一行。
同上六行　前行有標題李行簡賑貧乏，占一行。
同上　遂發義倉賑貧乏　倉下有粟字。
同上九行　前行有標題胡則辨活重囚，占一行。
同上末行　前行有標題胡則出俸代償官，占一行。
頁二十三A二行　前行有標題扈稱出祿米賑民，占一行。
同上四行　前行有標題方慎言焚書，占一行。
同上六行　前行有標題胥偃不發囑簡，占一行。
同上九行　前行有標題薛奎俸助不孝子，占一行。
同上倒三行　前行有標題范文正公調停退兵，占一行。
頁二十三B八行　前行有標題王質助貧婦，占一行。
同上倒三行　前行有標題劉夔賑貧，占一行。
同上末行　前行有標題馬亮貸殺賊人死，占一行。
頁二十四A三行　前行有標題馬亮賑九江，占一行。
同上六行　前行有標題馬亮三善，占一行。
同上九行　前行有標題張師德，占一行。

同上倒二行　前行有標題楊告賑西京，占一行。
頁二十四B二行　前行有標題姚龍學決疑獄，占一行。
同上七行　前行有標題方皃，占一行。
同上九行　前行有標題張逸奏還配人，占一行。
同上末行　前行有標題錢昆發倉自刻，占一行。
頁二十五A二行　前行有標題張奎決獄，占一行。
同上九行　前行有標題唐肅次疑獄，占一行。
同上倒二行　前行有標題陳從易全飢賊，占一行。
頁二十五B首行　前行有標題王居易賑漢州，占一行。
同上三行　前行有標題梅摯奏緩民償民錢，占一行。
同上五行　前行有標題嵇適仁人，占一行。
同上八行　前行有標題張溥發粟自劾，占一行。
同上倒三行　前行有標題李應言釋妖黨，占一行。
頁二十六A首行　前行有標題吳遵路孝，占一行。
同上四行　前行有標題李允元賑民，占一行。
同上七行　前行有標題趙稹釋冤獄，占一行。
同上十行　前行有標題王鼎廉孝，占一行。
頁二十六B首行　前行有標題陳堯咨拔孤寒，占一行。
同上三行　前行有標題陳貫發粟，占一行。
同上五行　前行有標題楊日華釋囚，占一行。
同上七行　前行有標題徂徠先生，占一行。
同上九行　前行有標題劉顏賑任城，占一行。
同上倒三行　前行有標題李允則質官粟賑飢，占一行。
頁二十七A二行　前行有標題趙滋不過糴，占一行。
同上四行　前行有標題桑懌棄粟，占一行。
同上六行　前行有標題孫廉辨盜，占一行。

同上七行　此平居放不事事　事事二字作自檢者三字。
同上九行　前行有標題靳宗説釋疑獄，占一行。
同上倒二行　前行有標題康德輿濟人，占一行。
同上　河决少吳埽　少作小。
頁二十七B三行　前行有標題周湛仁政，占一行。
同上七行　前行有標題陳希亮厚師，占一行。
同上九行　前行有標題沈文通治杭，占一行。
同上倒三行　前行有標題曾公亮寬盜銀法，占一行。
頁二十八A二行　前行有標題葉夢得活小兒數千，占一行。
同上三行　幾十萬人稍能全活　十字作千餘二字。
同上末行　前行有標題李沆不用胡旦，占一行。
頁二十八B八行　前行有標題趙槩保歐陽修，占一行。
同上倒三行　前行有標題富弼活數十萬人，占一行。
頁二十九A七行　前行有標題朱孔目設粥，占一行。
同上九行　前行有標題陳亢葬死尸，占一行。
同上倒二行　前行有標題王曾懿行，占一行。
頁二十九B四行　前行有標題胡宿奏優老，占一行。
同上八行　前行有標題玉清宫災，占一行。
頁三十A首行　前行有標題吳育奏寬贓私之禁，占一行。
同上九行　前行有標題文彦博救唐介，占一行。
同上倒二行　前行有標題孔牧不治盜，占一行。
頁三十B四行　前行有標題吳及直諫，占一行。
同上九行　前行有標題除羅織官吏，占一行。
頁三十一A二行　前行有標題親老外除，占一行。
同上倒二行　前行有標題元達奏赦亡命，占一行。

頁三十一B三行　前行有標題趙普活寃獄，占一行。
同上五行　前行有標題薛居正救誅僧，占一行。
同上八行　前行有標題萬人塚，占一行。
同上十行　前行有標題李穆復官，占一行。
同上末行　前行有標題曹彬不報趙昌言，占一行。
頁三十二A二行　前行有標題馬知節縱羌人，占一行。
同上四行　前行有標題何承矩還疲民，占一行。
同上五行　時兩川綱運皆調丁男或囚之在道病亦令負擔　囚作因。
同上六行　前行有標題謝德權奏謝泌陷大臣，占一行。
同上十行　前行有標題趙玭誣罔大臣，占一行。
同上倒二行　溥奏趙玭大誣枉大臣　玭下之大字無，又枉作罔。
頁三十二B首行　前行有標題喬惟岳止屠城，占一行。
同上六行　前行有標題高防自誣活人，占一行。
同上倒三行　前行有標題查道貧能行義，占一行。
同上末行　又嘗有營女爲人婢　營字作僚卒二字。
頁三十三A首行　前行有卷數並標題四卷劉温叟至孝，占一行。
同上四行　前行有標題李玉義女，占一行。
同上八行　前行有標題魏羽諫太宗，占一行。
同上倒三行　前行有標題不發司馬光墓，占一行。
頁三十三B首行　前行有標題疑獄從輕，占一行。
同上四行　前行有標題魏仁浦全活人，占一行。
同上八行　前行有標題王溥庇李崧，占一行。
同上倒二行　前行有標題李昉張泌，占一行。

頁三十四A三行　前行有標題李超緩殺，占一行。
同上五行　前行有標題張齊賢獨任責，占一行。
同上七行　前行有標題王欽若釋囚，占一行。
同上九行　前行有標題違制請分故失，占一行。
同上倒二行　前行有標題張知白不報王欽若，占一行。
頁三十四B二行　前行有標題張士遜明陳堯佐不反，占一行。
同上六行　前行有標題王隨活戎人，占一行。
同上八行　前行有標題陳堯叟治廣，占一行。
同上倒二行　前行有標題陳堯佐全陳詁，占一行。
頁三十五A二行　前行有標題夢牛僧孺，占一行。
同上　有彭玕者據州稱太宗　太宗作大宋。
同上七行　前行有標題賈昌朝庇人，占一行。
同上倒二行　前行有標題王化基，占一行。
頁三十三B四行　前行有標題韓億賑益州，占一行。
同上七行　前行有標題李若谷，占一行。
同上倒三行　前行有標題程琳不乘人喪，占一行。
頁三十六A首行　前行有標題吳元扆濟溺，占一行。
同上四行　前行有標題曹彬不嗜殺，占一行。
同上十行　前行有標題王博文招降人，占一行。
頁三十六B二行　前行有標題王疇不發棺，占一行。
同上五行　前行有標題張觀弛鹽禁，占一行。
同上八行　前行有標題夏竦賑襄州，占一行。
同上十行　前行有標題田況活蜀，占一行。
同上末行　前行有標題包拯事跡，占一行。
頁三十七A五行　前行有標題堅素先生，占一行。
同上倒三行　前行有標題陳從易敬寇相，占一行。
頁三十七B首行　前行有標題出俸賑飢，占一行。
同上三行　前行有標題林積還珠，占一行。
同上九行　然不可但取可投牒府中　但取作取但。
同上末行　前行有標題董必諫彭子民，占一行。
頁三十八A三行　前行有標題馬默天賜子，占一行。
同上倒三行　前行有標題張文懿明范仲淹無廢君之心，占一行。
頁三十八B五行　前行有標題寇準非叛，占一行。
同上九行　前行有標題太平無象，占一行。
同上倒二行　上意遂解　解作釋。
同上末行　前行有標題螫龍知，占一行。
頁三十九A五行　前行有標題晁迥不害人，占一行。
同上七行　前行有標題狂生犯李沆，占一行。
同上末行　前行有標題呂申公請憫疑獄，占一行。
頁三十九B四行　前行有標題娶盲女，占一行。
同上七行　前行有標題范文正請寬棄城之罪，占一行。
同上　神宗慶曆時　神作仁。
同上十行　神宗又睿德寬仁　神作仁。
頁四十A首行　前行有標題俞偉戒溺小兒，占一行。
同上十行　前行有標題應山二連，占一行。
頁四十B二行　前行有標題鄭建中冥報，占一行。

卷九十五

志林

頁一A三行　前行有標題武王非聖人，占一行。

頁一B三行　殷王中宗高宗祖甲及我周文王　兩宗下皆有及字。

同上末行　吾故以文若爲聖人之徒　吾故二字作故吾嘗三字。

頁二A六行　武王之封蓋不得已耳　已下有焉字。

同上七行　其故家遺俗未盡泯也　俗作民。

同上八行　三分有二　分下有天下二字，又有下有其字。

同上十行　前行有標題周東遷失計，占一行。

同上末行　髭王之神聖　髭作顧，下有小字注文一作髭三字。

頁二B首行　成王復增營之　王下有周公二字。

同上三行　今富民之家所以遺子孫者　今下有夫字。

同上七行　是何也不鬻田宅之效也　不上有則字。

同上倒三行　雖不亡未有能復振者也　不下有即字。

頁三A倒二行　前行有標題秦絀取楚，占一行。

頁四A六行　兒必傷吾指必齧　指下之必作爲。

同上倒三行　前行有標題秦廢封建，占一行。

頁五A末行　前行有標題論子胥種蠡，占一行。

頁六A十行　前行有標題論魯三桓，占一行。

頁六B倒三行　三桓不臣則無可治之理　則下有魯字。

頁七A倒三行　將若何　若下有之字。

頁七B四行　前行有標題司馬遷二大罪，占一行。

頁八A九行　世主繩約也　主下有之字。

頁九A末行　前行有標題遊士失職之禍，占一行。

頁九B倒三行　蓋出于此不可不察也　可下有以字。

頁十B五行　前行有標題趙高李斯，占一行。

頁十一A二行　夫閹宦之患　宦作尹。

頁十二A四行　前行有標題攝主，占一行。

同上倒二行　卿大夫士從攝主北面于西階　南何　何作向。

頁十三A三行　故隱公亦攝也　攝下有主字。

同上六行　故吾不可不論以待後之君子　後下有世字。

同上七行　前行有標題隱公不幸，占一行。

同上九行　途之人皆捕繫之　繫作擊。

同上十行　以爲不繫則盜且并殺己也　繫作擊。

頁十三B五行　故勉而聽高　勉字作俛思二字。

頁十四A三行　前行有標題七德八戒，占一行。

同上　鄭子華言于齊桓公　鄭下有太字。

同上六行　若總其罪人以臨之　總作縱。

頁十五A十行　使楚人舉國備亂　國下有：而仇之其亡不愈速乎吾以謂爲天下如養生憂國。

白虎通德論

頁十五B首行　白虎通德論　論下有小字注文十卷二字。

同上三行　爲神而祭之　爲上有故字。

同上九行　夏祭竈者火之主　竈下重一竈字。

同上十行　秋祭門門以閉藏自固也　以上有者字。

頁十六A二行　春水王煞土　水作木。

同上九行　故封土立社示有上尊　上作土。
同上十行　保其社稷而後保其民人　保作和。
頁十六B首行　社稷獨少何　少下有牢字。
頁十七B二行　按下行接鄉射條，鄉射條後爲災變條。
同上五行　隨事而誅異之言怪　言作而。
同上七行　宗廟先禮所處　禮作祖。
頁十八A首行　日食者必殺之何　殺作救。
同上四行　日食大水則鼓於用牲於社　鼓下之於字無。
同上五行　邪陽責下求陰遂也　邪作敕，又遂作道。
同上末行　陽立于五極于九　立作生。
頁十八B二行　條者正也　正作生　生下有小字注文一作王三字。
同上三行　景大風　風作也字。
同上四行　戒收藏也　戒下有小字注文一作咸三字。
同上六行　同陽氣也　同下有小字注文一作開三字。
頁十九A七行　惟中身　中作終字。
頁十九B首行　孔子喟然而笑曰　笑作歎。
同上　如喪家之犬　犬作狗。
同上三行　天之爲言鎮也居高理下爲人鎮也　鎮俱作顛。
頁二十B倒三行　皆以政爲時也　政作正。
頁二十一A七行　示有勸也　勸上有所字。
同上八行　大辟之屬二百　二作三字。
同上九行　各千張　千下有五百二字。
頁二十一B八行　身勞苦也　身下有先字。
同上九行　故禮射祝曰　禮上有曲字。
同上十行　所以故天下失業　故作致。
頁二十二A四行　因射習禮樂　因作用。
同上七行　尊卑長幼之意　意作義。

卷九十六

燕翼詒謀録

頁一A二行　燕翼詒謀録　燕上有宋朝二字。
同上　小字注文：五卷　卷下有全抄二字。
同上三行　前行有：

宋朝燕翼詒謀録序

仰唯藝祖皇帝肇造區夏宏規遠略傳之萬世太宗皇帝真宗皇帝仁宗皇帝嗣守丕基善繼善述凡所更張設施無非忠厚故深仁厖澤固結人心牢不可解雖中更新法多所更易其後封豕長蛇薦食上國而民以身殉國有死無貳至有城破比肩拱手就戮無一降者其培植涵養深根固蔕豈一朝一夕之故哉昔漢祖入關之初約法三章唐宗甫得天下定租庸調而漢四百年唐三百年基業實本於此然漢祖殁而吕氏用事唐宗亡而武氏革命今孝文繼立紹先志景帝刻薄則又反是玄宗討亂復以肇亂其視皇朝列聖相繼卒代而廣聲者萬萬不侔矣人皆知罪熙豐以來用事之臣而不原祖宗立國之本旨苟非規摹宏遠德澤深厚則其効驗尚不能如漢唐之季世何以再肇中興之基寅攷建隆迄于嘉祐良法美意燦然具陳治平以後此意泯矣今備述如後與識者商榷之以稽世變云寶慶丁亥孟冬既望求志老叟

晉陽王栐叔永書于山陰寓居求志堂中

一卷進士特奏

同上六行　不忍自棄于賊盜奸兇　兇作宄。

頁一B十行　前行有標題御試不稱門生，占一行。

頁二A三行　前行有標題吏銓試書判，占一行。

頁二B二行　前行有標題復置縣尉，占一行。

同上三行　在主簿之右　右作下。

同上五行　前行有標題選人服緋紫，占一行。

同上九行　二考加宣德郎　二作三。

頁三A首行　前行有標題借緋紫佩魚，占一行。

同上五行　前行有標題盜賞不改官，占一行。

同上倒三行　前行有標題置司理參軍，占一行。

頁三B二行　前行有標題因闕官增進士額，占一行。

同上六行　先是進士參選起提行。又前行有標題進士解褐衣緑，占一行。

同上九行　前行有標題堂吏用士人，占一行。

同上倒三行　令録陞朝官　録下有除字。

頁四A七行　前行有標題進士試吏部給公券，占一行。

同上　則寧寄舉不試　不作下。

同上倒二行　前行有標題置遞卒代遞夫，占一行。

頁四B二行　前行有標題陞節度使班，占一行。

同上八行　前行有標題賜常參官時服，占一行。

同上倒三行　前行有標題知州借緋紫，占一行。

頁五A首行　前行有標題定試銜官爲七選，占一行。

同上四行　前行有標題置參知政事，占一行。

同上九行　多以資淺爲之　淺下有者字。

同上末行　前行有標題一品綴中書班，占一行。

頁五B四行　前行有標題選人給印紙，占一行。

同上八行　前行有標題藩鎮屬州直隸京師，占一行。

同上　雖或因朝命授除　授除作除授。

同上末行　前行有標題常參官衣緋緑，占一行。

頁六A四行　前行有標題黑帶紅鞓，占一行。

同上七行　國初士庶所服革帶未有定制起提行。又前行有標題革帶，占一行。

頁六B二行　鞍轡之别起提行。又前行有標題鞍轡之别，占一行。

同上四行　則是一品以上皆可以銀裝鞍也　品作命。

同上五行　鞍皮之巧　鞍上有而字。

同上七行　前行有標題臣庶許服紫袍，占一行。

同上十行　或于緋緑白袍者　于作以。

頁七A首行　前行有標題僚屬拜官長，占一行。

同上六行　前行有標題進士免拜，占一行。

同上九行　前行有標題遠官丁憂不解官，占一行。

頁七B二行　前行有標題尉司不得置獄，占一行。

同上六行　前行有標題吏銓主事用選人，占一行。

同上九行　前行有卷數並標題二卷定遷秩之制，占一行。

同上倒二行　前行有標題禮闈禁懷挾，占一行。

頁八A二行　又試場所問起提行。又前行有標題衆人命題，占一行。

同上倒二行　前行有標題進士第一給金吾前行，占一行。

頁八B五行　前行有標題納粟補官，占一行。

同上　登州牟平縣學究鄭巽出粟五千六百石賑飢　巽作

河。

同上六行　乞補第巽不從　巽作選。

同上十行　三千石補初品官　三作二。

頁九A首行　前行有標題謫官不得薦舉，占一行。

同上六行　前行有標題增百官俸，占一行。

頁九B三行　前行有標題貢品得贖罪，占一行。

同上五行　前行有標題復置封駮司，占一行。

同上十行　前行有標題攝太祝不許同正員，占一行。

頁十A首行　前行有標題伎術官不得擬常參官，占一行。

同上四行　前行有標題三班任廣南免短使，占一行。

同上七行　前行有標題金銀價錢，占一行。

頁十B二行　前行有標題沿江榷貨務，占一行。

同上六行　前行有標題考課院更名，占一行。

同上九行　前行有標題置登聞鼓院，占一行。

頁十一A首行　前行有標題置審刑院于禁中，占一行。

同上五行　前行有標題復百官次對，占一行。

同上九行　前行有標題淳化貢舉人數，占一行。

同上倒二行　前行有標題嚴禁蒲博，占一行。

頁十一B七行　前行有標題許封本生父母，占一行。

頁十二A二行　前行有標題爲出母服，占一行。

同上九行　詔兩制御史太常寺禮院識　識作議。

同上十行　前行有標題褒前賢後，占一行。

頁十二B七行　前行有標題禁奢侈，占一行。

頁十三A七行　前行有標題陞應天府爲南京，占一行。

同上倒三行　前行有標題殺欺罔僧，占一行。

頁十三B四行　前行有標題禁宮觀寄褐，占一行。

頁十四A首行　有標題國忌行香，占一行。

同上六行　前行有標題揚州彰武殿，占一行。

同上倒三行　前行有標題蘭亭天章寺，占一行。

頁十四B首行　前行有標題東京相國寺，占一行。

同上三行　重建三門　重上有命字。

同上五行　前行有標題尼不得于僧寺受戒，占一行。

同上七行　令尼有德主之　有作大。

同上倒三行　前行有標題萬壽觀金銀像，占一行。

頁十五A首行　宰臣猶帶使令領　令字無。

同上二行　前行有標題册寶法物用塗金，占一行。

同上四行　至金惟寶用金　至下之金作今。

同上五行　前行有標題無爲軍災祥瑞，占一行。

頁十五B三行　守臣茹孝標奏城内小山芝三百五十本山下有生字。

同上七行　前行有標題鳳凰麒麟見瑞，占一行。

頁十六A二行　前行有標題設法賣酒，占一行。

同上五行　官無譏察驚捕之勞　驚作警。

同上八行　又恐其不願也　願長願。

頁十六B首行　前行有標題歲限度僧，占一行。

同上七行　前行有標題州長史親決，占一行。

同上倒二行　前行有標題喪葬不得用僧道，占一行。

頁十七A五行　前行有標題鐵錢權銅錢，占一行。

同上　以鐵錢六直銅錢四　直作權。

頁十七B首行　一可當小錢三以之當十　三下有次字。

同上五行　前行有標題鎖廳不合格，占一行。

同上倒二行　前行有標題罷張燈，占一行。

頁十八A五行　前行有標題七夕改用七日，占一行。
同上九行　前行有標題二月獻羔開冰，占一行。
同上倒三行　前行有標題朝辭宣旨戒飭，占一行。
頁十八B三行　前行有標題外官給告澣濯，占一行。
同上十行　前行有標題州縣官秩滿試法，占一行。
頁十九A二行　前行有標題大觀八寶，占一行。
同上六行　河南鄉修造家舍掘得　得下有：之色綠如藍文云受命於天既壽永昌其背螭紐五盤詔蔡京等議之咸以爲真秦璽也詔仍舊爲傳國璽徽宗大觀元。
同上　是年詔求美玉製八寶以易六璽　是字無。
同上十行　政和元年九月辛巳　元作七。
同上末行　前行有標題仁宗誕日賜包子，占一行。
頁十九B四行　前行有標題捐納綿出剩，占一行。
同上七行　前行有標題有蔭人不得爲吏，占一行。
同上倒二行　前行有標題關陞資序，占一行。
頁二十A二行　前行有標題審視差知州軍，占一行。
同上五行　前行有標題奏薦以服屬，占一行。
同上八行　前行有標題進奉人等第推恩，占一行。
頁二十B首行　前行有標題資善堂，占一行。
同上三行　前行有標題主家不得黥奴僕，占一行。
同上倒二行　前行有標題公使庫不得私用，占一行。
頁二十一A七行　前行有標題皇子不得爲師，占一行。
頁二十一B二行　前行有標題京朝官須入知縣，占一行。
同上倒二行　前行有標題改江南官服飾，占一行。
頁二十二A四行　前行有標題報母讐免死，占一行。
同上六行　子不敢報讐　敢作當。

同上十行　前行有標顯移恩贈叔父母，占一行。
頁二十二B首行　前行有標題駙馬不得升行，占一行。
同上六行　前行有標題越禁訴，占一行。
同上倒二行　詔所訴虛妄好持人短長爲鄉里害者再犯三犯杖　再犯下有徒字。
頁二十三A首行　前行有標題卑幼期喪免妨試，占一行。
同上六行　前行有標題創大宗正司，占一行。
同上倒三行　前行有標題州縣立義倉，占一行。
頁二十三B三行　前行有標題增置臺諫，占一行。
同上九行　前行有標題祖宗配天，占一行。
同上倒二行　前行有標題堂吏不得爲知州，占一行。
同上末行　仁宗嘉祐八年　仁作英。
頁二十四A六行　前行有標題衍聖公襲封，占一行。
同上九行　前行有標題婦人冠梳，占一行。
頁二十四B二行　前行有標題駙馬都尉遷官，占一行。
同上五行　前行有標題置三京國子監，占一行。
同上八行　前行有標題褒封先賢，占一行。
頁二十五A二行　前行有標題二相廟皮場廟，占一行。
同上七行　前行有標題官觀優老，占一行。
同上倒三行　前行有標題創檢正檢詳官，占一行。
同上末行　權任甚重所以擢用者不同　重下有而字。
頁二十三B首行　近世自宰屬樞屬官爲旋窩　自作目，又樞作推。
同上四行　前行有標題樞密使罷不草制，占一行。
同上八行　前行有標題淮南轉運使，占一行。
同上倒三行　前行有標題改假板官，占一行。

同上末行　假從仕郎去假字　從作將。
頁二十六A二行　前行有標題增置貼職，占一行。
同上七行　前行有標題改判院官名，占一行。
同上十行　至于登文鼓檢院進奏院舊稱判　文作聞。
同上末行　前行有標題改集賢修撰爲右文，占一行。
頁二十六B二行　前行有標題改宣德郎爲宣教郎，占一行。
同上四行　前行有標題改二學士名，占一行。
同上七行　前行有標題武臣改階官，占一行。
同上倒三行　此披堅執銳馳騁弓馬者之所宜稱乎　此下有豈字。
頁二十七A六行　前行有標題權侍郎遷除，占一行。
頁二十七B二行　前行有標題殿試更革，占一行。
同上五行　前行有標題功臣立戟置家廟，占一行。
同上　郊祀赦許功臣不限品數賜私門立戟　許作文。
同上八行　皇佑二年十二月甲申朔　皇上有至字。
同上倒三行　或又擬襲封公爵惟三恪先聖之後有之　擬作疑。
頁二十八A首行　前行有標題禁臣僚陳乞科名，占一行。
同上　國朝自真宗時法令寖寬　朝作初。
同上六行　前行有標題勅書樓，占一行。
同上倒三行　前行有標題四夷述職圖，占一行。
頁二十八B二行　前行有標題奏進吏補官，占一行。
同上六行　前行有標題种放別墅，占一行。
頁二十九A首行　前行有標題禁士大夫避諱，占一行。
同上八行　前行有標題訴水旱立限日，占一行。

同上倒二行　前行有標題嚴奏辟之令，占一行。
頁二十九B四行　前行有標題乘驛給銀牌，占一行。
同上七行　前行有標題禁服黝紫，占一行。
同上倒三行　無敢以爲衫袍者　無上有亦字。
同上末行　前行有標題初立別頭試，占一行。
頁三十A五行　前行有標題武舉更革，占一行。
同上倒三行　至淳熙十四年始施行　年下有事字。
頁三十B倒三行　前行有標題吏部闕榜，占一行。
頁三十一A四行　前行有標題定官員額，占一行。
同上九行　前行有標題中外官二年爲任，占一行。
同上倒二行　至于三亟以上　亟作丞。
頁三十一B二行　前行有標題殿試不許上請，占一行。
同上六行　前行有標題臣僚賜謚，占一行。
同上九行　九年十二月癸丑　按此句起接于前行此推恩泉壤澤及幽冥也下。
同上十行　康定元年六月壬子起提行。又前行有標題優恤士大夫，占一行。
頁三十二A四行　前行有標題宗室廩給，占一行。
同上七行　前行有標題府學改國子監，占一行。
同上九行　前行有標題親民官監商税，占一行。
頁三十二B五行　前行有標題裒氏義門，占一行。
頁三十三A二行　前行有標題詞賦平仄用韻，占一行。
同上五行　前行有標題司天監轉官，占一行。
同上九行　前行有標題禁柑子饋遺，占一行。
同上末行　前行有標題伴飯指揮使，占一行。
頁三十三B四行　前行有標題水陸發運使，占一行。

同上七行　前行有標題賜進士小録錢，占一行。
頁三十四A四行　前行有標題東南駐劄十三將，占一行。
同上倒三行　前行有標題僧道度牒，占一行。
頁三十四B倒二行　前行有標題放官司房錢，占二行。
頁三十五A二行　前行有標題太學辟雍，占一行。
同上六行　徽宗創立辟雍廢增生徒共三千八百餘人　廢
字無。
同上倒二行　前行有標題諸路帥臣，占一行。
頁三十五B首行　始詔楊廬江寧洪潭越福七路兼本路軍
馬鈐轄　楊作揚。
同上十行　前行有標題殿試不黜落，占一行。
頁三十六A首行　爲天下後世無窮之利也　世下有士子
二字。
同上二行　前行有標題選人改官，占一行。
同上倒二行　前行有標題進納人改官，占一行。
頁三十六B四行　前行有標題舉縣令，占一行。
頁三十七A首行　然亦時有增損　損下有舊制二字。
同上二行　前行有標題特恩轉官不隔磨勘，占一行。
同上　舊制特遷官者其理磨勘　舊制二字無。
同上五行　前行有標題入遞發書，占一行。
同上九行　前行有標題經義詞賦兩科，占一行。
同上倒二行　前行有標題致仕推恩，占一行。

卷九十七

金山志

頁一A二行　金山志　志下有小字注文八卷二字。
同上三行　前行有標題沿革，占一行。
頁一B三行　前行有標題寺考，占一行。
同上八行　寺僧幼聰獻山圖　幼作幻。
同上倒三行　前行有標題塔考，占一行。
同上　于金山建造追親　追作報。
頁二A二行　前行有標題妙高臺，占一行。
同上三行　前行有標題楞伽室，占一行。
同上倒二行　前行有標題四堂，占一行。
同上　宋徐無用邀東坡同遊　無作元。
同上末行　乾道初淮東路總管洪造取孝宗詩中語揭之
造作适。
頁二B三行　前行有標題四閣，占一行。
同上六行　有六亭起提行。又前行有標題六亭，占一行。

遼東志略

頁二B十行　前行有標題總論，占一行。
頁三A首行　而因以事實繫于下　因以二字作以因革三
字。
同上三行　其南皆遼　遼下有海字。
頁三B十行　即石砮　砮下有也字。
頁四A首行　國名黑水靺鞨　國作因。
同上二行　其渤海居扶餘城爲阿保機所滅　海下有靺鞨
二字。

同上十行　都平壤城　都作郡。

同上倒二行　亦矜勉　勉下有也字。

頁四B首行　魏平以後分王三韓之地　平作晉。

同上倒二行　本高驪國王子東名者　東名二字作名東明三字。

頁五A倒三行　木粟靺鞨附高麗者姓大氏　木粟作本屬。

同上末行　去長安八十五里　十五二字作千字。

頁六A二行　源出饒州南西平松林　饒州作中京，又南西作西南，又平下有地字。

同上三行　相傳初有男子乘白馬浮土河下　河下有而字。

稽古定制

頁六B末行　凡公宇棟　宇棟二字作廨棟宇三字。

頁七A二行　凡庶民家不得施重栱藻井及五色文彩爲飾　庶民作民庶。

同上三行　庶人屋舍許五架門一門兩厦而已　一下之門作間。

同上四行　毋得爲口殿作開間入　間作門。

同上五行　非品官毋得起門屋　屋作房。

勸善録

頁七A末行　前行有標題螻蛄救人，占一行。

頁七B七行　前行有標題陳大録化犬，占一行。

同上倒二行　前行有標題徐林化犬，占一行。

頁八A三行　前行有標題田文英椎脛報，占一行。

同上六行　前行有標題保命真君告庾道季，占一行。

同上九行　前行有標題鬼殺明崇儼，占一行。

同上倒三行　前行有標題天怒朱勔，占一行。

同上　不踰三年勔敗　三作二。

頁八B首行　前行有標題蛇殺宿報，占一行。

同上五行　前行有標題熒惑退舍，占一行。

同上九行　前行有標題章齊一嚼舌報，占一行。

同上倒二行　前行有標題烏啄讒口，占一行。

同上　陳司馬申能候人主顏色　馬下有龍字。

頁九A首行　必能殺身　身作申。

夷堅志陰德

頁九A七行　前行有標題林積還珠，占一行。

同上　卧覺床簀間有物　卧上有既字。

同上末行　然不可但取可投牒府中　但取作取但。

頁九B四行　前行有標題衛仲達善籍重，占一行。

同上末行　望玉盤中文書僅如箭大　箭作筯。

頁十A九行　前行有標題蔣員外墮水藉蓬，占一行。

同上十行　久而既賣又還　而下有復賣二字，又賣作買。

頁十B二行　前行有標題樓陳並名之召，占一行。

同上五行　唱六作五　唱作喝。

同上七行　前行有標題張成憲獲子，占一行。

同上末行　上王者問曰　上上有殿字。

頁十一A首行　即出見一直符使　即作既。

同上二行　得直祕閣而終考焉　考字無。

同上三行　前行有標題張文規爲善增壽，占一行。
同上五行　胡達朱炎張運張周孫等保五追捕之　五作伍。
同上　殺人而取其貲　人作之。
同上六行　刻以爲强盜殺人　刻作劾。
同上九行　胡達以手殺之杖脊　杖脊作抵罪。
同上倒三行　郡守方希覺以其老年無援不刻奏　刻作例。
同上倒二行　紹聖四年之官　聖作興。
頁十二B首行　王甚善　善作喜。
同上九行　其間各有獄　獄下有犯字。
同上倒三行　有欄楯如州縣所謂沙子者　沙作隙。
同上倒二行　聞官人得歸杭州　杭作撫。
頁十三A倒二行　漕司以爲不勝檄郡守體量時罷之許守得其事實　勝下有任字，又時作特，又得字無，又其字作具保二字。
同上末行　乃悟女子所謂保舉及王言彼此利益　益下有說字。
頁十三B五行　無所追上　上作正。
同上六行　當得十八年而盡十六年　盡作只。

神僧傳

頁十三B十行　前行有標題訶羅竭，占一行。
同上倒三行　多行頭陀獨宿山野　行作能。
頁十四A三行　端坐從化　從作而。
同上五行　前行有標題康法朗，占一行。
同上　釋康法朗學術山中　術作于。
同上六行　見道邊敗壞佛像　像作刹。
同上八行　至六日病者愈劇注疾如泉　劇下有痢字，又疾字無。
同上十行　病狀損除　損作頓。
頁十四B三行　前行有標題曇邕，占一行。
同上十行　前行有標題登師，占一行。
同上倒二行　當于淸晨授之　晨作夜。
頁十五A六行　前行有標題惠瑱，占一行。
同上　釋惠瑱未詳其氏族　瑱作項。
同上七行　瑱抱持經像隱于深山　瑱作項。
同上八行　往至瑱前下馬　往作徑，又瑱作項。
同上末行　賊欲劫瑱師　瑱作項。
頁十五B二行　前行有標題僧羣，占一行。
同上七行　驗者以爲報前日之恩也　恩作怨。
同上八行　前行有標題香闍梨，占一行。
頁十六A二行　擡棺大輕　擡作怪。
同上三行　前行有標題尚圓，占一行。
同上八行　衹是小鬼有住　有作且。
同上　圓惟發云　發下有語字。
同上九行　武帝問召　問作聞。

效顰集

頁十六倒二行　至元壬午十二月　月下有八日二字。
同上　言于省臣　臣下有曰字。
頁十六B八行　吾英雄無用武之地不能興扶　吾作使，

又扶作復。
同上十行　世祖徐謂之曰　謂作諭。
同上末行　宋既亡惟當速死不死久生　宋下有室字，又不下之死字作可。
頁十七A九行　二君從海不復都　從作泛。
頁十七B十行　公巳絶矣　絶作死。
頁十八A首行　如此月餘　月餘作半月。
同上八行　令知樞密院事王積翁書其神主　知作僉。
同上倒三行　空中隱隱處鳴如恨怨之聲　怨作怒。
同上末行　必戾其生前之心　心作志。

卷九十八

中華古今註

頁一A二行　五代馬縞　縞下有小字注文國子太學博士六字。
頁一B四行　隍者城池之無水者也　城上有池也二字。
同上九行　楊溝　楊溝二字作長安御溝四字。
頁三A三行　孫亮吳王權之子也　王作主。
頁三B首行　有作五色幘以表方面者也　者字無。
頁四A首行　至還鐵亦銷盡矣屬巾車氏攻而載之　矣作以。
同上六行　漢因而不改也　也字無。
頁四B末行　諸王皆得用　用下有之字。
頁五B首行　所以蔽聽　蔽作閉。
同上七行　漢制諸公亦建玄鉞鉞以太公秉之助武王斷斬鉞鉞，去一鉞字。
同上九行　得賜黄鉞則斬持節　持下有小字注文一作逆三字。
頁六A五行　是今晉朝惟用白虎幡　今作令。
同上倒二行　皆使人導引傳呼使者止坐者起　使下有行字。
頁六B四行　遂軍仗儀服皆戴作貍頭白首　遂下有令字。
同上倒三行　軍容袜額　袜作抹。
同上倒二行　雲中甲馬及九十一千餘人　九十二字作卒字。
同上末行　以紅絹袜其首額　袜作抹。
頁七A首行　此袜額蓋武士之首服　袜作抹。
同上三行　皆戴袜額　袜作抹。
頁七B五行　造立兵仗劍戟大弩　劍作刀。
同上十行　有智伯頭孔子履高祖斬白蛇劍三物皆爲火焚之　頭下有小字注文一云王莽頭五字，又三作二。
頁八A九行　名曰勳尾榆見即臣復有鐵圈龍頭名號數十勳作勦，下有小字注文普迷切三字。又龍作籠。
頁九A十行　古綏貌冠之遺像也　綏作緌。
同上末行　鑾者所以和鑾也　以作謂。
頁九B五行　服赤玉　玉下有：季夏中央土乘大輅駕黄騮載黄旗衣黄衣服黄玉。
頁十B七行　左右翊衛將軍服瑞文鷹襖子　文鷹作鷹文。

同上末行　沿至貞觀二年高祖三品已上以金爲鎔服緑
　高祖二字無。
頁十一A二行　高祖貞觀中端午賜文武官黑玳瑁腰帶
　高祖作太宗，又武字無。
頁十一B首行　唐德宗朝太尉段秀實以笏擊逆臣朱泚不
　忠　忠作中。
同上三行　不借草履是也　履作屨，又是字無。
同上七行　贊禮不名　禮作拜。
頁十二A十行　墨綬二采青紺緝淳青圭　緝字無。
同上末行　緑綬同采而首半之綖者古佩襚也　綖作縺。
頁十二B首行　佩綬相迎受故曰綖紫綬以上綖綬之間施
　玉環玦　綖皆作縺。
同上二行　自墨綬以下綖皆長三尺　綖作縺。

折獄龜鑑

頁十二B五行　前行有標題向敏中釋僧寃獄，占一行。
同上倒二行　詰問數四　詰作諮，又四作次。
同上　因問之　因作固。
同上末行　食于村店　店作廟。
頁十三A五行　前行有標題究失火因，占一行。
同上六行　太守刁湛曰　湛作湛。
同上九行　前行有標題蔡高明殺人賊，占一行。
同上　媪氏以爲仇所殺　媪下有某字。
同上倒三行　高獨謂媪氏有寃　氏作事。
頁十三B二行　前行有標題錢惟濟辨盜斷臂，占一行。
同上三行　惟濟引問而給以食　給作給。
同上六行　前行有標題蘇煥明枉盜，占一行。
同上七行　曰弓手見血衣呼同儕視之　衣下有草中二
　字。
同上十行　前行有標題梁適讞妖獄，占一行。
同上倒三行　梓州妖人白彦歡能依鬼神作詛咒法有死者
　法下有人字。
同上末行　前行有標題馬亮釋囚，占一行。
頁十四A二行　前行有標題薛顔除豪惡，占一行。
同上　薛顔太卿知耀州　太作大。
同上五行　前空一行。按此條缺標題。
同上十行　宜其後巡尚多　宜作疑。
同上倒二行　前行有標題朋冒認子，占一行
頁十四B首行　妻子貧不能養　妻下有生字。
同上四行　某人抱時與張三翁　時作兒。
同上七行　前行有標題歐陽曄辨囚殺人，占一行。
同上倒三行　前行有標題辨冒認藏錢，占一行。
同上倒二行　令言無證佐　令作今。
頁十五A首行　爾此錢皆爾父未居前數十年所鑄　前爾
　字無。
同上三行　前行有標題彭思永息盜，占一行。
同上五行　思永捕之一吏人盡疏其黨悉獸隸諸軍　之作
　獲，又獸作黥。
同上六行　前行有標題辨僧殺人，占一行。
同上十行　前行有標題燕肅息民爭，占一行。
同上倒二行　前行有標題葛源止訟，占一行。
頁十五B二行　不能書者吏受之往往不能如狀　吏受之

三字無。
同上四行　前行有標題周沆止盜鑄錢，占一行。
同上七行　前行有標題胡向免脅從盜，占一行。
同上九行　前行有標題李應言釋傳妖法人，占一行。
同上　時軍州民傳妖法者其黨與百餘人　軍作鄆。
同上倒二行　前行有標題王延禧活飢盜，占一行。

樂善録

頁十六A四行　前行有標題天賜宰相子，占一行。
同上六行　上帝嘉汝有愛民心　民下有深字。
同上九行　前行有標題陳公伯不畏權勢，占一行。
頁十六B四行　前行有標題王方贄均田租獲報，占一行。
同上十行　前行有標題道士求不毀墓，占一行。
同上倒二行　人有平夷塚墓以廣園宅者豈獨無禍　獨作能。
同上末行　前行有標題利人生淨土，占一行。
同上　大觀中有士人于京師貨靴者　貨作買。
頁十七A二行　士人追隨二三里　隨下有約字。
同上六行　此物置之不正則盛人足　盛作妨。
同上七行　若人渴時與盃水　時下有予字。
同上十行　前行有標題二士人祈夢，占一行。
同上　有二士大夫以前程祈夢于京師二相公廟　程下有事字。
頁十七B二行　前行有標題活囚得五子，占一行。
同上三行　乃奏白朝曰　朝下有廷字。
同上四行　今推于海　推下有之字。

同上九行　前行有標題前身明州開井，占一行。
同上末行　前行有標題獄官妻得子報，占一行。
頁十八A三行　前行有標題同生人異生死，占一行。

皇朝類苑

頁十八A倒三行　前行有標題無口匏，占一行。
同上倒二行　但外所陳利害一切報罷　但下有中字。
同上末行　今國家防制纖悉密若凝脂苟被徇所陳一一行之　悉下有周字，又被字無，又徇下有彼字。
頁十八B二行　前行有標題宰相不當收恩避怨，占一行。
同上五行　前行有標題真宰相言，占一行。
同上七行　前行有標題呂許公得輔臣體，占一行。
同上九行　喜與卿等相見遲緩之來何也　見下有而字。
同上十行　陛下不預中外頗憂一旦聞急召近侍臣　預作豫，又近作內，又侍下有近字。
同上倒三行　上以其爲深得輔臣之體　其下有言字。
同上倒二行　前行有標題行鐵錢，占一行。
頁十九A四行　前行有標題張鄧公禱雨，占一行。
同上六行　公因請即舊觀爲之　因作固。
同上八行　前行有標題曹彬決罪人于一年之後，占一行。
同上　常知州　知下有徐字。
同上十行　若急杖之其舅姑必以婦爲不利而惡之　其上有彼字。
同上倒三行　吾故緩其事而法亦不赦　赦下有也字。

橫浦語録

頁十九A末行　前行有標題趙清獻公，占一行。
頁十九B二行　前行有標題士習，占一行。
同上　有士夫見過云　士下有大字。
同上三行　若不如此則往往其禍先及　其作奇。
同上八行　前行有標題不以言欺息，占一行。
同上　一士夫以改官少一二紙舉狀　士下有大字。
同上十行　斯人歷舉其事曰是公合做底事　其作某，又事上之事下有某字。
頁二十A二行　前行有標題人情法意，占一行。
同上五行　前行有標題幸不幸，占一行。
同上六行　不敢容易不懦外升　懦上有以字。
同上七行　一旦事敗者　者作日。
同上倒三行　豈可謂之幸不幸　後幸下有而已哉三字。
同上倒二行　前行有標題戒干進，占一行。
頁二十B六行　切不可謬用其心以自取十世笑端　十作千。
同上七行　前行有標題臨事戒躁急，占一行。
同上　或問臨官之事如何　官作事，又事作時。
同上八行　以滑吏姦民窺伺機便　以上有如字。
同上九行　前行有標題無私鑑物，占一行。
同上　使姦宄無所錯　錯作措。
同上十行　以此爲治何如曰此豈君子所爲揩摩　治作法，又摩作模。